미시경제학

| 제 3 판 |

Austan Goolsbee, Steven Levitt, Chad Syverson   지음

김광호, 김재홍, 박병형   옮김

Σ시그마프레스

미시경제학 제3판

발행일 | 2021년 2월 25일 1쇄 발행
　　　　 2022년 6월 30일 2쇄 발행

지은이 | Austan Goolsbee, Steven Levitt, Chad Syverson
옮긴이 | 김광호, 김재홍, 박병형
발행인 | 강학경
발행처 | (주)시그마프레스
디자인 | 이상화
편　집 | 윤원진

등록번호 | 제10-2642호
주소 | 서울시 영등포구 양평로 22길 21 선유도코오롱디지털타워 A401~402호
전자우편 | sigma@spress.co.kr
홈페이지 | http://www.sigmapress.co.kr
전화 | (02)323-4845, (02)2062-5184~8
팩스 | (02)323-4197

ISBN | 979-11-6226-303-7

Microeconomics, Third Edition

역자 서문

이 책은 굴스비, 레빗, 사이버슨 공저 *Microeconomics* 제3판을 번역한 것이다. 저자들은 미국 시카고대학교의 경제학과 및 경영대학원에 재직 중인 경제학자들로, 특히 레빗은 세계적으로 선풍적인 인기를 끌었고 우리나라에서도 **괴짜경제학**이라는 제목으로 출간되어 큰 반향을 일으킨 *Freakonomics*의 저자이다.

이들은 모두 활발하게 연구활동을 하고 있는 중진 경제학자들로 특히 실증(empirical)연구에 중점을 둔다는 공통점을 가지고 있는데, 이 점이 이 책에도 유감없이 잘 나타나 있다. 기존의 미시경제학 교과서들이 이론적 논의에 초점을 맞추어 그 배후에 있는 직관적인 논리나 현실적 의미를 다소 소홀히 취급하는 경향이 있는 데 비해, 이 책은 지나치게 어렵거나 수학적인 논의를 최소화하고 그 대신 중요하고 기본적인 이론을 매우 상세하고 깊이 있게 설명하고 있으며 다양한 방법을 통해 이론과 현실의 접목을 보여준다.

특히 다양한 현실 사례나 최신의 실증연구 결과를 통해 경제이론과 의미를 전달해주는 〈응용〉, 때로는 예상외의 내용까지 포함해서 여러 사건에 대해 흥미로운 경제학적 분석을 제시하는 〈괴짜경제학〉, 학생들에게 시험에서 주의해야 할 실용적인 지침을 알려주는 〈시험 잘 보는 법〉 등은 다른 책들과는 구분되는 이 책만의 특징이라고 하겠다. 독자들이 이를 통해서 경제학적 사고방식의 '아름다움과 위력, 그리고 실용성'을 체험할 수 있으리라 기대한다. 제3판에서는 설명이 보다 간결해지고 〈응용〉과 〈괴짜경제학〉이 상당 부분 새로운 내용으로 교체되는 등 다양한 수정·보완이 이루어졌다.

이 책의 주된 독자는 원론 수준의 경제학을 학습한 학부 2학년 학생들이 되겠지만, 설명이 워낙 친절하고 자세하여 경제학에 대한 별다른 기초지식이 없는 일반 독자들도 충분히 이해할 수 있을 것이다. 따라서 경제학 전공자뿐 아니라 경제학에 관심은 있지만 심리적 진입장벽으로 인해 선뜻 다가가지 못하는 비전공자에게도 큰 도움이 될 수 있으리라 믿는다.

끝으로 이 책이 나오기까지 수고해주신 ㈜시그마프레스 편집부 직원들께 감사드리며, 남아 있을지도 모르는 오류나 미흡한 부분은 꾸준히 고쳐나갈 것을 약속드린다.

2021년
역자 일동

저자 서문

우리는 미시경제학이 그 우아함과 유용성으로 학생들에게 영감을 불어넣고 흥분시켜야 한다고 믿으며 또한 교과서가 이러한 목표를 뒷받침해야 한다고 믿는다.

우리 세 사람은 오래된 친구이다. 그런데 왜 그런 우정을 해칠 위험을 무릅쓰고 함께 교과서를 쓰는 어려운 과제를 시작했을까? 우리는 경제학과와 경영대학원에서 경제학을 가르치고 있으며 적극적으로 활동 중인 실증 미시경제학 연구자이다. 우리는 중급 미시경제학에 기존과 다른 관점을 가져오고 싶었다. 경험으로 인해 우리는 이론이 실용적으로 사용되면 얼마나 현실적일 수 있는지 학생들에게 보여주는, 그리고 경제학자들이 이론을 검증하고 정련하기 위해 데이터와 실증분석을 어떻게 사용하는지 분명히 보여주는 교과서를 쓰고 싶었다.

지금까지의 세 판에서 우리의 미시경제학 접근법에 대한 시각적 단서를 제공해왔다. 즉 스위스 군용칼을 책의 표지에 실었다. 스위스 군용칼에는 많은 다양한 임무를 성취하는 데 이용할 수 있는 여러 기본적 도구가 있다. 다음이 우리가 미시경제학을 바라보는 방법이다.

- 미시경제학은 모든 다양한 형태의 경제학과 그 확장에 근본이 되는 도구를 소개한다.
- 미시경제학은 사업, 정부, 일상생활의 의사결정에서 매우 유용하다.

우리는 학생 개개인이 경제원론을 조금 배운 사람에서 경제학자처럼 경제학 분석도구를 현실 상황에 적용할 수 있는 사람으로 성장하도록 돕고 싶다. 그리고 이 책을 계획하고 집필함에 있어 학생들로부터 미시경제학 수업과 관련하여 자주 듣는 다음 두 질문을 효과적으로 다루고 싶었다.

사람과 기업은 정말 이론처럼 행동하는가?

모든 미시경제학 교과서는 경제학의 표준적인 도구와 이론을 소개하며 모두 사례를 수록하고 있다. 하지만 그 책들은 이러한 이론이 작동할 것이라고 학생들이 믿고 받아들이기를 기대하는 경우가 많다. 이러한 이론들이 구체적이고 실용적인 방법으로 이용될 수 있다는 것을 항상 효과적으로 보여주지는 못한다.

더구나 데이터 수집과 분석 비용이 계속 감소함에 따라 미시경제학에 근본적인 변화가 발생했는데, 현재 교과서들은 응용 미시경제학 연구에서 실증연구가 극적으로 확대된 추세를 충분히 따라가지 못했다. 미시경제학이 이론만을 설명하는 것이 아니라 그것을 어떻게 이용하는지 보여주고 이론을 뒷받침할 현실 세계의 데이터를 제공한다면 학부생들과 경영대학원 학생들은 미시경제학이 설득력 있다고 느낄 것이다. 우리는 풍부한 최신 사례에서 이론의 배후에 있는 실제를 학생들에게 보여줄 것이다. 우리는 경제학자들이 아이디어를 검증하기 위해 실제 데이터를 어떻게 이용하는지에 유념하면서 사건, 주제, 실증연구를 개발하고 선별했다.

어떻게 하면 미시경제학을 실용적으로 이용할 수 있을까?

학생들은 중급 미시경제학 과목이 추상적이고 이론적이라고 생각하는 경우가 많다. 이 과목이 많은 노력을 요구하므로 학생들은 배우는 내용이 왜, 어떻게 유용한지 알아야 한다. 그것을 모르면 학생들은 지루해지고 동기를 상실할 것이다. 그래서 우리는 유용한 경제학 책을 쓰고 싶었다. 잘 배웠을 때 경제학은 실제로 매우 유용하다. 사업에 유용하고 정책에 유용하며 인생에 유용하다. 이 책은 학생들에게 그들이 배우는 도구를 써서 무언가를 하는 법을 보여준다.

제3판에 대해

기쁘게도 제2판에 대해 긍정적이고 건설적인 피드백을 받았다. 그런 만큼 전체적인 구조와 교육적 특징은 유지했지만 사례는 완전히 업데이트했다.

짧아진 글

짧은 편지를 쓸 시간이 없어서 대신 긴 편지를 썼다는 오래된 농담이 있다. 제3판까지 내면서 더 짧은 책을 쓸 시간이 충분히 생겼다. 내용의 핵심을 잃지 않으면서도 어느 부분을 줄일 수 있는지 알아냈다. 3판은 통틀어서 2판보다 10% 정도 짧다. 그럼에도 불구하고 풍부한 미시경제학 수업 내용의 핵심을 분명하고 완전하게 제시할 수 있었다. 이 책의 특징인 현실과 도구 기반 초점을 희생해서 그렇게 한 것이 아니다. 사실 어떤 것들을 더 간결하게 제시함으로써 실제로 내용 흡수가 더 쉬워지기를 바란다. 동시에 교수자와 학생에게 충분한 유연성을 남겨두어 희망하는 더 구체적인 주제에 보다 깊이 파고들 수 있도록 했다.

현실 세계, 실생활

이 책은 겉보기에는 평범한 것에 특이한 시각을 부여하는 사례를 제시한다. 우리는 현실적이고 최신이며 무엇보다 재미있는 사례와 〈응용〉을 다양한 방법으로 설명에 집어넣은 것에 대해 압도적으로 긍정적인 반응을 얻은 것에 만족했다. 교수자들은 특히 실증 사례를 광범위하게 포함한 것을 높이 평가했다. 다 합쳐서 200개가 넘는 사례(그중 20%는 제3판에 새로 들어간 것이다), 〈응용〉, 〈괴짜경제학〉 코너는 미시경제학 도구 상자가 경제학과 인생의 모든 측면을 밝히고 이해하는 데 얼마나 유용한지 보여준다.

  특히 〈괴짜경제학〉 코너는 흔한 현상뿐 아니라 보통 경제학자의 영역이라고 생각되지 않는 것들조차 어떻게 경제학이 (종종 놀라운 방식으로) 규명할 수 있는지 보여준다.

응용 플로리다의 유독 조류

정기적으로 따뜻한 수온과 과다한 농지 유출수가 플로리다의 걸프코스트에 '적조'(또는 '녹색점액)로 알려진 유독 조류 더미를 발생시킨다. 수온 상승의 결과, 시간이 지남에 따라 조류 더미가 더 흔하게 발생하게 되었고, 어떤 경우에는 수백 마일에 걸쳐 퍼지고 몇 달간 지속된다. 조류 더미가 도달하면 지독한 냄새가 나며 안전요원들은 폐 감염을 막기 위해 종종 방독면을 착용해야 한다. 수많은 물고기가 죽어 해안을 뒤덮는다. 수천 명의 여행객들이 계획했던 걸프로의 휴가를 취소한다.

플로리다 주지사가 적조를 공식적 자연재해로 선언하면 플로리다의 경제개발위원회는 상인들이 재난으로부터 입는 피해를 보상하려고 노력한다. 그리고 그 이슈들을 분석하기 위한 조사를 설계한다. 그들이 계산하려고 하는 것은 간단히 말해 생산자잉여의 손실이다.

손실을 계산하기 위해서는 수요곡선과 공급곡선을 추정한 후 수요의 이동을 고려해야 한다.

그림 3.5 플로리다의 '적조' 피해

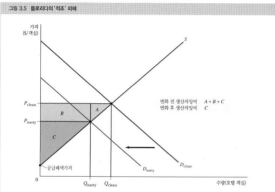

플로리다에서 적조 발생 후, 걸프코스트를 방문하는 사람들의 호텔 객실에 대한 수요는 D_{clean}에서 안쪽으로 이동하여 D_{nasty}가 된다. 걸프코스트의 물이 깨끗할 때 호텔 객실의 균형가격과 수량은 각각 P_{clean}과 Q_{clean}이고, 생산자잉여는 음영 표시된 전체 영역인 $A + B + C$이다.

물이 더러워지면 균형가격과 수량은 P_{nasty}와 Q_{nasty}로 하락하며, 생산자잉여는 C영역으로 감소한다. $A + B$영역은 그 지역 호텔의 생산자잉여 손실을 나타낸다.

응용 등록금에서의 완전 가격차별

학생들 스스로는 인식하지 못했을지 모르나, 학생들이 대학에 가기로 결정했을 때 완전 가격차별에 가까운 무언가를 경험했을 것이다. 미국에서 대학의 학자금 지원을 신청하는 가족은 연방 학자금 지원 신청서(Free Application for Federal Student Aid, FAFSA)를 제출해야 한다. 이 서식에는 학생의 자산 및 소득과 함께 그 가족의 자산과 소득에 대해서도 완전한 정보를 기록해야 한다. 이런 정보는 해당 학생이 얼마만큼의 학자금 지원 자격을 갖추었는지 판정하기 위해 정부가 사용하는 것이지만, 대학으로서도 각 학생의 지불용의가격에 대한 거의 완전한 정보를 얻게 된다. 이를 통해서 대학들은 정부 보조금을 보충하게 될 장학금을 개인마다 맞춤형으로 제시할 수 있다. 하지만 이것은 대학들이 학생마다 얼마나 지불할 수 있다고 보는지에 따라서 상이한 등록금을 부과한다는 것과 같은 얘기다.

경제학자 이언 필모어는 이러한 가격차별이 시장에 막대한 영향을 준다는 것을 보였다.[1] 그의 추정에 따르면, 상위 대학들에서 실제로 받은 등록금은 대학이 장학금 (즉 학생의 유효 등록금) 수준을 결정할 때 학생 가족의 재무정보를 사용할 수 없었을 경우에 비해서 연간 거의 1,000달러만큼 더 많았다. 하지만 앞에서 본 것처럼, 이러한 가격 상승은 (거의) 완전한 가격차별에 따른 효율성 증대 효과에 의해 부분적으로 중화된다. 연구 결과에 따르면, 대학들은 부유하고 지불용의가 높은 가정의 학생들이 지불할 비싼 등록금을 사용해서 보다 어렵고 지불용의가 낮은 가정의 학생들을 보조하게 된다. 그래서 모두에게 동일한 등록금을 부과해야만 하는 상황이라면 돈 때문에 포기했을 상위 대학교에 재력이 약한 가정의 학생도 입학할 수 있게 되는 것이다. 학생과 가족의 재무정보를 대학에 제출함으로써 수혜자가 되는지 피해자가 되는지 여부는 결국 그 정보가 정확히 어떤 내용인지에 따라 달라진다. ■

괴짜경제학

우버는 어떻게 택시산업을 사로잡았나

눈보라가 뉴욕시를 강타할 때라도 사람들은 시장균형의 교훈을 얻는다. 교통이 혼잡해진다. 사람들의 울분이 치솟는다. 그리고 택시는 찾기가 사실상 불가능하다. 하지만 우버와 같은 차량공유 회사 승객들은 대기 시간이 거의 없이 차를 부를 수 있다.

거대한 뉴욕 택시 시스템이 작동하지 않아도 통근자를 집으로 데려다주기 때문에 그런 통근자들이 행복해할 것이라고 생각할 것이다. 하지만 대개 그렇지 않다. 그런 경우 우버 가격이 상승하기 때문이다. 그것도 매우 많이.

눈보라는 택시 기사에게 공급과 수요의 악몽을 높는다. 그들은 가격을 조정할 수 없다. 시 당국이 택시 요금을 규제하므로, 돈을 벌려면 기사는 운행을 더 많이 해야만 한다. 도로 상태가 나쁘면 택시 기사가 별로 없을 수 있는 돈은 곤두박질친다(이자 위험이 올라간다). 많은 경우 택시 기사는 운행을 계속할 가치가 없어 다수가 차고지로 돌아간다. 수요는 높고 공급은 낮다. 하지만 요금이 올라야 하지만 그럴 수 없다.

반면 우버는 공급과 수요가 일치하도록 가격을 조정할 수 있다. 다음 두 가지 일이 발생하기 때문에 시장가격에 탑승을 하려는 사람이 누구나 그럴 수 있다. 즉, 일부 소비자는 더 높은 가격을 의향이 없이 시장에서 나간다. 또한 평소 가격보다라면 운행하기를 원하지 않았을 일부 우버 기사는 더 높은 요금에 승객을 태운다. 충분히 높은 가격을 택함으로써 우버는 눈보라와 같은 극한 상황에서도 공급과 수요를 일치시킬 수 있다. 하지만 우버의 문제점은 때때로 균형가격이 매우 높다는 것이다. 이 경우 승객의 트위터는 폭발한다.*

기사로서 나는 가격 상승이 없다면 눈보라가 칠 때 내가 그냥 집에 있을 거라서 상승 요금을 모두가 뎌달았으면 좋겠다. 그러면 기사가 없을 테고 모든 사람은 여섯 블록을 가려고 차를 30분이나 기다릴지도 모른다.

우버가 가격을 올리면 택시의 불충분히 공급된 것처럼 우버 차도 충분하지 않을 것이다.

하지만 경제적 균형의 냉정한 논리는 홍보 측면에서 심각하게 나쁜 평판을 가져올 수 있다. 우버의 자동화된 가격 상승 알고리즘은 뉴욕시의 폭탄 위협과 런던과 시드니의 대규모 폭력적 공격 직후 수요가 급증했을 때 가격을 극적으로 올렸다. 위험에서 벗어나려면 평소 가격의 4배를 내야 했다.

오늘날 우버는 그 나쁜 평판으로부터 교훈을 얻었다. 여전히 가격 상승제를 사용하지만 상황을 뒤어 위기 상황에서는 소비자에게 가격이 너무 높이 오르지 않도록 한다. 그런 식으로 그러면서 그린 상황에서는 계속 운행하도록 보장하면서 우버는 기사들이 소비자에게 책임지는 행위는 가격을 기사에게 그대로 지급한다. 달리 말하면 가격 약화의 탐승에 대해 손실을 부담한다. 이는 우버의 경영진이 이러한 정책의 장기적 편익이 단기적 비용보다 크다고 결론 내렸기 때문이다.

그것은 다른 종류의 균형이다.

뉴욕시에 눈이 내리기 시작하면… 택시 잡는 데 행운이 있기를.

* Jose Martinez, "Uber Prices Are Surging Because of Snow and People Aren't Happy," November 15, 2018, https://www.complex.com/life/2018/11/uber-prices-are-surging-because-of-the-snow-and-people-arent-happy/uber-surge-6.

괴짜경제학

양고기에 대한 추억

아마도 당신은 양고기(mutton)를 먹어본 적이 없고 그래서 아마도 다행으로 여길지도 모른다. 양고기는 다 자란 양의 고기이다. 그것은 어린양고기(lamb)보다 강하고 상당히 꼭 씹어 먹어야 한다. 양고기를 좋아하는 사람들조차 그것은 후천적으로 얻어진 취향임을 인정한다. 그러나 양고기가 칠면조, 치즈, 코코아, 혹은 쌀 보다 더 많이 소비되었던 적이 있었고 그런데 왜 양고기가 사라진 것일까? 답은 당신이 상상할 수 없었을 것이다.

양고기의 파멸에 주문을 건 사람은 필리스 홀 캐러더스로 거슬러 올라간다. 캐러더스는 멜라웨어주 윌밍턴에 살있던 키가 작고 주장을 쓴 사람이었다. 그는 양고기에 관심이 없었다. 그는 복잡한 화학적 흐름을, 특별히 폴리아미드라고 불리는 분자 군에 열정을 가지고 있었다. 그는 종종 보호시설에 격리되어야 할 정도로 강박적으로 일했다. 사실 1935년 2월의 위대한 발견은 그가 정신병원에서 퇴원한 직후에 이루어진 것이다.

캐러더스는 양고기의 대체재를 발견한 것은 아니다. 양고기를 퇴출시킬 정도의 결함을 발견한 것도 아니다. 그가 발견한 것은 나일론이었다.

나일론은 여성의 패션을 혁명적으로 바꾼 방적의 섬유였다. 나일론에 대한 수요는 급등했다. 수백 혹은 수천의 여성들이 나일론 스타킹을 사기 위해 백화점 앞에 줄을 서는 '나일론 폭동'은 1940년대에 이르러서는 일상적인 현상이 되었다. 한 사건을 보자면, 13,000컬레의 스타킹 중의 하나를 살 기회를 얻기 위해 4만 명의 여성들이 피츠버그의 한 상점 앞에서 줄을 섰다.

점점 더 많은 여성들이 양모 스타킹을 포기하고 나일론 스타킹을 선택했다. 양모에 대한 수요가 급작하게 하락했다. 그로 인해 농부들은 양 사육을 줄였다. 농부들이 양을 키운 것은 양고기 때문이 아니라 양모 때문이었다. 도살된 양을 고기로 파는 것은 단지 약간의 부수입을 가져다주었을 뿐이다. 양 사육이 줄어들자 양고기 공급도 줄었다. 양고기의 희소성은 그것을 희귀한 방식으로 만들 수도 있겠지만 그런 일은 일어나지 않았다. 오늘날 미국에서는 양고기는 보통 개와 고양이 사료로 사용될 뿐이다.

한 시장이 타 시장에 미치는 영향은 바로 일반균형이 의미하는 바이다. 그러나 일반균형의 효과는 양고기와 나일론의 관계처럼 항상 미묘한 것은 아니다. 나일론이 발명된 몇 년 후 폴리에스테르라고 불리는 새로운 물질이 거리를 강타했다. 그것은, 대부분의 화학물질 및, 그리고 옆에 대해 나일론보다 강했다. 나일론의 지위는 즉시 폴리에스테르에 의해 잠식되자 오늘날 폴리에스테르는 시장에서 나일론보다 10배 정도 더 많이 팔린다. 양고기 애호가들이 나일론이 몰락하자 정의가 살아났다고 믿었을지 모르는데, 나일론의 몰락은 양고기의 귀환을 야기하지 못했다. 나일론과 마찬가지로 폴리에스터도 양모의 대체재였고 따라서 양고기의 양은 더 줄어들었던 것이다.

학습 도우미

예제

학생들의 문제 풀이 능력을 연마하고 개선하는 데 도움을 주려는 우리의 노력에 대해 교수자와 학생들 모두 압도적으로 긍정적인 반응을 보인 데 대해 특히 기쁘게 생각한다. 우리가 초판과 제2판을 쓸 당시, 검토자와 포커스 집단 참여자, 수업 검사자들은 학생들이 자신이 배운 것을 이용해 문제를 해결하는 능력으로 전환하는 데 어려움을 느낀다고 계속 얘기해주었다. 이 문제를 해결하기 위해 각 장에는 여러 개의 〈예제〉가 있다. 상세하고 풀이가 달린 이 문제들은 학생들이 문제가 정확히 무엇을 묻는지 분석하고 문제를 풀기 위해 필요한 도구를 알아내고 그 도구를 이용해 해답에 도달하는 법을 인내심 있고 꼼꼼하게 설명한다.

 예제 6.3

한 기업이 100명의 노동자(W = 시간당 15달러)와 50단위의 자본(R = 시간당 30달러)을 고용하고 있다. 현재 고용 상태에서 노동의 한계생산은 45이고 자본의 한계생산은 60이다. 기업은 현재 비용을 최소화하고 있는가, 아니면 더 나아지는 방법이 있는가? 설명하라.

풀이

비용최소화 투입 선택은 $MP_L/W = MP_K/R$일 때 성립된다. 이 기업의 경우 그러한지 확인할 필요가 있다.

$MP_L = 45$, $W = 15$ 따라서 $MP_L/W = 45/15 = 3$

$MP_K = 60$, $R = 30$ 따라서 $MP_K/R = 60/30 = 2$

그러므로 $MP_L/W > MP_K/R$이다. 기업은 현재 비용을 최소화하고 있지 않다.

$MP_L/W > MP_K/R$이므로 1달러를 노동에 지출하면 자본에 지출할 때보다 더 큰 한계생산(즉 더 많은 생산량)을 얻게 된다. 자본 사용을 줄이고 노동 사용을 늘림으로써 더 좋아질 수 있다. 자본을 줄임에 따라 자본의 한계생산은 증가함에 유의하자. 마찬가지로 노동을 추가로 고용하게 되면 노동의 한계생산은 감소할 것이다. 따라서 결국에는 $MP_L/W = MP_K/R$인 비용최소화 투입 선택에 도달하게 될 것이다.

각 장 끝의 연습문제

이번 판에는 제2판보다 많은 350개 이상의 연습문제가 있으며, 그중 30%는 제3판에 새로 추가되었다. 각 장의 모든 절에 대한 연습문제가 있으며 본문의 〈예제〉와 조화를 이룬다. 학생들이 〈예제〉를 끝마쳤다면 연습문제를 성공적으로 풀 수 있을 것이다. 모든 연습문제는 각 장의 내용을 테스트하는 데 유효하고 유용한지 확인하기 위해 교수자들에 의해 철저하게 검토되었다.

시험 잘 보는 법

〈시험 잘 보는 법〉은 학생들이 만날 수 있는 흔한 함정을 지적하고, 미시경제학 이론의 세부적인 논점을 탐험하는 데 도움을 주며, 학생들이 숙제나 시험에서 흔히 실수하는 주제에 대한 실용적인 조언을 제시한다.

글과 그림

경제학 교과서에서 설명을 탁월하게 잘하는 것은 두 가지 주요 요인에 달려 있다. 우리는 이 책이 각각을 확실하게 구현하도록 했다.

- 직접적이고 이해하기 쉬운 글을 썼다. 강력하고 복잡하며 유용한 아이디어는 추상적이고 건조하며 복잡한 언어로 전달되어서는 안 된다.
- 명료한 언어 표현 못지않게 중요한 것이 명료한 시각적 표현이다. 색, 명료한 라벨, 자세한 설명 캡션을 통해 각 그래프는 글을 보완하며 학생들에게 심도 있는 이해를 위한 강력한 도구를 제공한다.

이 책에서 수학을 다루는 법

수학은 경제학적 분석을 위한 강력한 도구이며 우리는 모든 수준의 학생들이 수학을 효과적으로 사용하기를 원한다. 다양한 학생들에게 도움이 될 내용을 제공하였으며, 학생들이 경제학적 분석의 잠재적 능력을 열어줄 수학적 기술을 사용할 것을 장려한다. 설명과 자료가 다목적으로 구성되어 있으므로 이 책을 표준적인 대수와 기하에 초점을 맞춘 강의나 미적분을 더 많이 사용하는 강의 어느 것에도 사용할 수 있다.

　우리가 제시한 분명하고 이해하기 쉬운, 말과 그림으로 된 설명은 철저한 단계별 설명에 의해 뒷받침된다. 개념을 수학적으로 발전시키는 각 단계에 대한 이유와 원인이 항상 분명하게 제시되어 있어서, 수학 실력이 부족한 학생들도 수학 사용이 어떻게 경제학적 분석을 강화하고 단순화할 수 있는지 쉽게 이해할 수 있다. 본문은 대수와 기하를 이용하지만, 미적분 부록과 자료는 미적분이 이 책의 이론, 실제, 응용 설명과 쉽게 통합되도록 해준다.

수학 부록

이 과목에 입문하는 학생 대부분에게는 기초적 대수이든 미적분이든 수학 개관이 도움이 될 것이다. 이 책 뒷부분의 〈수학 부록〉은 학생들이 이 책 전체에 걸쳐 사용할 수학을 준비하는 데 필요한 개관을 제공한다.

미적분

미적분은 부록에 수록되어 있고 본문과 같은 대화체와 직관적 접근법을 취하고 있으며 사례와 〈예제〉를 포함한다(이 문제들은 본문의 대수에 기초한 〈예제〉와 같은 경우가 많다). 이렇게 하면 학생들은 미적분 분석이 어떻게 대수적 분석을 뒷받침하는지 알 수 있다. 학생들이 배운 것을 실행할 기회를 제공하기 위해, 각 부록은 미적분 사용을 요하는 문제를 수록하고 있다.

각 장에 제시된 내용을 미적분 부록과 연결 짓기 위해 각 장에 주석을 달았다. 이 주석은 학생들을 적절한 부록으로 인도하며, 미적분이 개념 이해에 구체적으로 어떻게 사용될지 설명한다. 이런 주석으로 미적분에 친숙한 학생들이 스스로 미적분을 활용하게 되기를 바란다.

본문에 포함된 수학 부록
제4장　효용극대화와 지출극소화
제5장　소득효과와 대체효과
제6장　비용극소화
제7장　기업의 비용 구조
제9장　이윤극대화

이 책의 구성

여기서는 특별한 주목을 받았거나 다른 책들과 다른 특정 주제에 관한 토의와 함께 이 책 각 장의 내용을 간단히 서술한다. 제1장에서 제11장까지는 대부분의 교강사가 가르칠 핵심 장이라고 생각한다. 나머지 제12장에서 제18장까지는 각기 독립적으로 가르칠 수 있다.

제1장　미시경제학 입문　이 책은 학생들이 미시경제학 공부에 흥미를 갖도록 하기 위해서 커피 생산 및 구매 시장에 대한 간단한 소개 장으로 시작한다. 〈응용〉과 〈괴짜경제학〉을 통해, 이 과목에서 배우게 되는 미시경제학 도구가 경제학과 경영학 연구뿐 아니라 일상생활에서도 얼마나 유용한지 학생들에게 즉시 보여줄 것이다.

제2장　공급과 수요　제2장과 제3장에서는 소비자와 생산자 행동으로 가기 전에 공급과 수요에 대한 단단한 기초를 놓는다. 대부분의 미시경제학 교과서에서는 이 단순하지만 강력한 모형의

설명과 응용이 분리되어 있다. 초반에 모형 전체를 보여주는 것이 논리적으로 말이 되며, 우리 (그리고 이 책을 사용한 사람들)는 수업에서 이 접근법으로 성공을 경험했다.

제2장은 공급-수요 모형의 기초를 제시한다. '공급과 수요 모형의 핵심 가정'을 소개한 절이 특히 중요하다. 이 절은 미시경제학 이론 개발과 설명에 필요한 주의와 명료성에 대한 좋은 사례이다.

제3장 공급과 수요를 이용한 시장 분석 제3장에서는 공급-수요 모형을 이용해서 소비자잉여와 생산자잉여, 가격규제와 수량규제, 조세와 보조금을 광범위하게 분석한다. 이 개념들이 더 일찍 소개되고 더 충분히 설명될수록 과목 전체에 걸쳐 이용하기가 더 쉬워진다고 믿는다. 제3장은 신축적으로 설계되었으므로 어느 주제를 가르치고 강조할지 선택할 수 있다.

제4장 소비자 행동 이용가능한 엄청나게 다양한 재화와 서비스가 있는 상황에서 소비자는 무엇을 얼마나 소비할지 어떻게 결정할까? 이 중요한 장에서는 먼저 소비자 행동에 대한 가정을 한 절에서 제시한다. 교수들의 실제 시험 결과, 이런 접근법이 학생들에게 특히 도움이 되었음이 일관되게 나타났다.

제5장 개별수요와 시장수요 여기서는 소비자 선호를 이용해 시장수요를 도출하는 법을 보여준다. 5.3절 '가격 변화에 대한 소비자의 반응 : 대체효과와 소득효과'는 학생들이 어려워하는 이 주제를 주의 깊게 설명한다. 풍부한 응용과 피해야 할 함정에 대한 논의로 이 주제가 특히 이해하기 쉽고 재미있어진다.

제6장 생산자 행동 회사는 생산에서 어떤 투입요소 조합을 사용할지 어떻게 결정하며, 이 결정은 생산비에 어떤 영향을 미치는가? 이 장에서는 먼저 '기업의 생산행위에 대한 단순화 가정'을 분명하게 제시한다. 다음으로 시간이 지남에 따라 기업의 생산성에서 기술 변화가 수행하는 역할에 온전한 한 절을 할애한다. 여러 응용과 사례를 통해 이 주제가 학생들에게 생생하게 전달된다.

제7장 비용 비용곡선은 기업의 생산량에 따라 비용이 어떻게 변하는지를 보여주며 시장공급을 도출하는 데 결정적 역할을 한다. 기회비용과 매몰비용이 학생들이 숙지하는 데 자주 어려움을 겪는 개념이기 때문에, 제7장의 초반부에서 특히 주의를 기울여 이 개념들을 구분하고 의사결정 시 이런 개념들이 수행하는 역할을 보여준다. 학생들이 이 장의 어려운 개념을 더 잘 이해하도록 사례로 학생들의 주의를 끈다.

제8장 경쟁시장에서의 공급 이 장에서는 시장 구조에 대한 분석을 시작한다. 텍사스 전력 산업과 같은 실제 산업을 이용해 경쟁적 시장이 작동하는 방식을 설명한다. 학생들이 종종 혼란스러워하는 주제인 기업의 조업 중단 결정에 대해서 명확히, 조심스럽게, 인내심을 가지고 설명한다.

제9장 시장력과 독점 이 장에서는 먼저 시장력의 원천과 그것이 기업의 생산 및 가격책정 결정에 미치는 영향에 대해 철저히 논의한다. 거의 독점에 가까운 힘을 가진 실제 기업 사례를 이용해 독점적 시장력이라는 개념에 활기를 불어넣는다. 특수한 탄산음료를 만드는 닥터브라운

이 그런 예이다. 풍부한 사례를 이용해 추가적으로 학생들의 흥미를 끈다.

제10장 시장력과 가격책정 전략 실용적인 이 장은 특히 경영학과 학생들에게 매력적일 것이다. 기업이 가격책정 능력을 활용하는 많은 방법을 알아보고, 어떤 상황에서 어떤 가격책정 전략이 유용한지 명확하게 설명한다.

제11장 불완전경쟁 이 장에서는 과점과 독점적 경쟁기업들을 살펴본다. 완전경쟁기업이나 독점기업과 달리, 이 기업들은 이윤극대화를 위해 경쟁자의 행동을 고려해서 전략적으로 행동해야 한다.

제12장 게임이론 게임이론 도구를 이용하면 기업들 간의 전략적 상호관계를 설명하고 시장결과를 예측할 수 있다. 학생들은 이 책의 게임이론 분석(이해를 돕기 위해 한 장에서 설명함)이 이해하기 쉽다는 것을 알게 될 것이다. 축구의 페널티킥에서부터 진입위협에 대한 항공사의 대응까지 다양한 사례는 게임이론이 기업활동뿐 아니라 일상적인 의사결정에도 유용함을 보여준다.

제13장 생산요소시장 이 장은 요소시장의 다양한 특징을 다룬다. 개념을 더 구체화하기 위해 내용 전개에 있어 노동시장을 예로 자주 사용하지만, 다른 요소시장의 독특한 특징도 논의한다. 요소 수요와 공급은 개별 기업이나 노동자 수준에서 구축된 후 산업균형으로 합쳐진다.

제14장 투자, 시간, 그리고 보험 시간에 따른 위험과 불확실성의 역할에 대한 이해는 투자와 보험에 관한 개인이나 기업의 경제적 의사결정을 돕는다. 기업과 소비자가 매일 직면하는 많은 결정에서 현재 비용, 미래 이익, 시간, 불확실성이 핵심적인 역할을 함을 명확하게 설명한다. 검토자들은 특히 이 모든 주제를 한 장에서 간결하게 다루는 것을 좋아했다.

제15장 일반균형 공급-수요 분석 틀의 확장 모형을 이용해 일반균형 개념을 직관적으로 설명한다. 또한 교환, 투입, 산출 효율성 간의 관계를 설명하고 이를 후생정리와 연결한다.

제16장 비대칭정보 앞 장들에서 시장이 잘 작동하기 위해 성립해야만 하는 조건에 대해 논의한 후, 시장이 잘 작동하지 않는 상황을 살펴본다. 제16장에서는 정보가 거래의 당사자들 간에 동일하게 공유되지 않는 경우에 시장 결과가 어떻게 왜곡되는지 살펴본다. 여기서도 자동차보험, 신용카드, 해적 등 다양한 사례를 통해 미시경제학 개념들이 일상생활의 많은 영역에서 유용함을 학생들에게 보여준다.

제17장 외부효과와 공공재 이 장에서는 시장실패에 대한 논의의 연장선으로, 거래가 구매자나 판매자가 아닌 사람들에게 영향을 줄 경우에 시장 결과가 어떻게 되는지, 그리고 한 재화의 편익이 동시에 많은 사람들에 의해 공유될 경우 어떤 일이 일어나는지 살펴본다. 이 장의 내용은 외부효과가 왜 발생하며 어떻게 치유될 수 있는지 학생들에게 분명히 보여준다.

제18장 행동 및 실험 경제학 최근 행동경제학의 발전은 사람들이 실제로 전통이론의 예측대로 행동하는지에 대해 의문을 제기한다는 점에서 전통적 미시경제학에 도전을 제기한다. 이 문제

는 모든 미시경제학 책에 난제를 던지는데, 이는 행동경제학을 수용하면 책에서 배운 방법론이 무너지는 것처럼 보이기 때문이다. 이 장은 비합리적인 세계에서 합리적으로 사고하는 법을 설명한다. 어떤 사람들이 비합리적인 경제적 의사결정을 한다면(사람들이 실수하는 경향이 있는 상황에 대한 행동적 증거가 제시된다), 다른 시장 참여자는 이런 비합리성을 이용해서 득을 볼 수 있다.

맺음말

가족들이 (특히 우리가 고마움을 전하지도 못할 만큼 바쁠 때) 우리 작업에 보여준 변함없는 지원에 진심으로 감사의 말을 전한다.

결국 어떤 교과서든 도구이고, 학생들이 교실에서 또 서로에게 배우는 것에 대한 보완재일 뿐이다. 이 책이 여러분의 경제학 사용을 향한 여정에 도움이 되기를 바란다.

Austan Goolsbee   **Steven Levitt**   **Chad Syverson**

요약 차례

차례

3   공급과 수요를 이용한 시장 분석

제2부   **소비와 생산**

4   소비자 행동

5 개별수요와 시장수요

제3부 **시장과 가격**

8 경쟁시장에서의 공급

11 불완전경쟁

제4부   **기본을 넘어서**

14 투자, 시간, 그리고 보험

15 일반균형

16 비대칭정보

17 외부효과와 공공재

18 행동 및 실험 경제학

미시경제학 입문

페 루에 있는 셀바 알타 언덕의 아침이다. 해는 이미 몇 시간째 하늘에 걸려 있다. 로사 발렌시아는 자신이 키운 커피나무를 감탄하며 바라본다. 다 익으면 붉은색을 띠기 때문에 체리라고 불리는 커피나무 열매가 수확을 앞두고 있다. 로사가 고용한 일꾼들이 손으로 열매를 따서 열매를 가공하는 별채로 옮긴다. 거기서 다른 일꾼들은 체리를 분류한 후 과육을 제거하여 그 안에 있는 2개의 씨앗, 즉 커피콩을 빼낸다. 이 콩을 세척한 후 건조와 로스팅을 할 준비를 한다.

같은 날 아침, 8,000km 정도 떨어진 스타벅스의 고향 워싱턴주 시애틀에서 로렌 러셀은 물리학 문제와 씨름을 한다. 오전 중에 잠깐의 휴식을 위해 그녀는 교정에서 한 블록 떨어진 자신이 즐겨 찾는 커피숍에 와 있다. 테이블 위 책 옆에는 그녀가 즐겨 마시는 저지방 카푸치노가 놓여 있다. 계산 중간중간 틈날 때마다 로렌은 커피를 한 모금씩 마시면서 그 깊고 풍부한 맛을 음미한다.

로렌과 로사는 서로 만난 적도 없고, 아마 앞으로도 절대 만날 일이 없을 것이다. 하지만 이들의 아침 일상은 서로 연결되어 있는데, 이것은 그들이 커피시장이라는 같은 시장의 구성원이기 때문이다. 음료에 대한 로렌의 취향은 로렌을 로사와 연결한다. 로사는 그 음료를 만드는 데 중요한 투입요소를 제공한다. 두 사람 모두 이 연결로부터 이득을 본다. 로사는 커피 재배로부터 이윤을 얻고, 로렌은 자신이 지불할 용의가 있는 가격에 카푸치노를 맛본다. 이것이 현실에서 작동하고 있는 미시경제학이다.

잘 익은 커피 '체리'와 향긋한 카푸치노는 동일한 시장의 두 측면이다.

1.1 미시경제학

로사와 로렌이 연결된 것은 수많은 결정과 거래에 따른 결과이다. 이 결정과 거래가 합쳐져 로사는 커피 재배가 자신의 시간과 노력을 투입할 만한 가치가 있다고 믿고, 로렌은 저지방 카푸치노가 그 가격을 지불할 만한 가치가 있다고 느끼게 된다. 이 책에서는 이러한 수많은 결정과 거래, 그리고 시장에서의 이들의 상호작용을 연구한다.

우리는 이러한 결정들을 미시경제학이라는 틀을 통해 살펴볼 것이다. **미시경제학**(micro-economics)은 (로렌과 같은) 소비자와 (로사와 같은) 생산자의 구체적인 선택을 연구하는 경제학 분야이다. 이에 반해 거시경제학은 더 넓은 렌즈를 통해 세상을 보며, 소비자와 기업이 활동하는 더 크고 복잡한 체계를 묘사한다. 거시경제학은 로사와 로렌과 같은 개별 생산자와 소비자 다수를 대상으로 하여, 그들의 개별적 결정의 총합이 어떤 행동 양태를 보이고 어떤 결과를

미시경제학
소비자와 생산자들의 특정한 선택을 연구하는 경제학 분야

낳는지 설명하고 예측하려고 노력한다. 이 책에서 우리는 거시경제학적인 문제들은 다루지 않는다.

이 책의 기본 개요와 내용은 경제원론 수준의 미시경제학과 비슷하지만 몇 가지 중요한 차이점이 있다. 첫째, 우리는 모형에 그래프와 함께 수학도 포함시킨다. 경제학은 근본적으로 자원 배분에 큰 관심을 갖는다는 점을 기억하자. 따라서 우리는 최적수량을 구할 수 있는 정확한 모형을 만들어내기를 원한다. 예를 들어 우리는 종종 제한된 소득을 가진 소비자가 자신의 행복(효용)을 극대화하기 위해 각 재화를 얼마나 소비하려 할지 알고 싶어 한다. 또 우리는 기업이 이윤을 극대화하기 위해 어떤 방식으로 생산량을 정하고 그 생산에 필요한 투입요소의 양을 정하는지 모형화하고 싶어 한다. 그래프와 말로 하는 설명도 도움이 되지만, 수학을 사용하면 경제주체의 이러한 결정을 더 잘 수량화할 수 있다.[1]

둘째, 중급 미시경제학의 분석 수준이 더 높다. 수요의 법칙이나 공급의 법칙과 같은 관계를 더 이상 당연한 것으로 여기지 않고, 그러한 관계가 존재하는 이유에 대해 자세히 조사한다.

끝으로, 중급 미시경제학은 미시경제원론 과목보다 정책에 더 큰 초점을 둔다. 소비자와 생산자의 경제적 행동을 이해하는 것은 적절한 정책을 개발하는 데 핵심이 된다. 우리는 또한 이러한 깊이 있는 지식을 이용해 다양한 정책(제안되거나 시행 중인)이 개인과 기업의 유인과 행동을 어떻게 바꾸는지 예측할 수 있다.

미시경제학 도구 익히기

이론과 모형
경제주체의 행동 방식과 그 이유에 대한 이해와 예측을 도와주는, 사물의 작동 방식에 대한 설명

미시경제학을 공부해나가면서 어떤 종류의 도구를 익히게 될까? 우리는 항상 **이론과 모형**(theory and model)으로부터 시작한다. 이론과 모형은 사물의 작동 방식에 대한 설명으로, 경제주체(소비자, 생산자, 산업, 정부 등)의 행동 방식과 그 이유에 대한 이해 및 예측을 도와준다. 복잡한 이론과 모형을 배우기 위해 우리는 그래프와 수학이라는 도구를 사용한다.

우리는 또 이론과 모형을 이용해 사람들과 기업이 (겉보기에는 경제학적이지 않은 상황을 포함해) 현실에서 어떻게 행동하는지 살펴본다. 미시경제학적 이론이 현실의 사건이나 의사결정, 실증적 데이터와 갖는 상호작용은 미시경제학의 핵심이다. 이 책 각 장의 다음과 같은 부분에서 이러한 상호작용에 대한 예시를 제공한다.

■ **응용** 섹션에서는 여러 흥미로운 현실 상황에서 미시경제학이 경제학적 의사결정을 내리는 데 어떻게 사용되는지 보여줌으로써 이론이 현실에서 작동하는 방법을 이해하는 데 도움을 준다. 플로리다의 유독 조류(藻類)의 영향에 대해 알고 싶은가? 혹은 동물들이 공정성에 대해 신경 쓰는지 알고 싶은가? 아니면 소비자와 생산자가 주택, 영화, 발전(發電), 옥수수, 음악, 아보카도 시장에서 어떻게 그리고 왜 지금과 같이 행동하는지 알고 싶은가? 어떤 〈응용〉에서는 이 같은 소비자와 생산자가 현실에서 어떻게 행동하는지에 대한 구체적 사항을 철저히 조사한다. 다른 〈응용〉에서는 최근의 미시경제학 연구를 통해 미시경제학자가 수집한 데이터가 골프 토너먼트, 배관공의 명성, 헬스클럽 회원권, 특허권 존속기간, 암 치료제

---

1   기본적인 수학적 도구에 대한 개관이 필요한 학생들을 위해 이 책 뒤에 있는 부록은 수학적 개관을 제공한다. 이 책 전체에 걸쳐 대수만 사용하지만, 몇몇 장에서는 부록에서 (일계도함수를 구하는 것과 같은) 간단한 미적분 기법을 사용하여 분석을 단순화하는 방법을 볼 것이다.

괴짜경제학

토머스 스웨이츠의 토스터

토머스 스웨이츠(Thomas Thwaites)는 토스트를 정말로 좋아하는 것이 틀림없다.

토스트를 만들기 위해 단순히 토스터를 사는 것에 만족하지 않고, 2009년에 무(無)에서 시작하여 토스터를 만드는 임무에 착수했다. 그는 원료부터 시작해서 구리, 운모, 니켈, 원유(플라스틱을 만들기 위해)를 모았는데, 그것들 중 일부는 영국 시골의 버려진 탄광에서 그가 직접 캐낸 것이다. 심지어 그는 토스터의 그릴과 용수철을 만드는 데 필요한 철광석을 제련하기 위해 자신만의 초음파 제련기를 만들기까지 했다. 마침내 그가 집에서 만든 기묘한 기계장치는 월마트에서 20달러도 안 주고 살 수 있는 가

토머스 스웨이츠의 토스터 프로젝트
매우 비싼 주문제작 토스터

장 싼 토스터 정도의 성능으로 토스트를 만들 수 있게 되었다. 지출된 시간, 노력, 돈을 고려한다면 그의 토스터는 상점에서 파는 토스터에 비해 만드는 데 수천 배의 비용이 든 셈이다.

무에서 토스터를 만드는 것이 힘들 것이라는 사실이 스웨이츠에게는 놀라운 일이 아니었을 것이다. 적어도 그가 경제학에 대해 조금이라도 알았다면 말이다. 당신이 오늘 단 하루 동안 소비한 재화와 서비스, 그리고 그것들을 만드는 데 들어간 모든 재료, 기술, 기술자의 솜씨, 조정 작업 등을 생각해보라. 현대 경제는 기적이나 다름없다. 스웨이츠를 포함한 우리는, 직접 생산한다면 들 비용과 노력의 극히 일부에 해당하는 가격에 거의 무한한 종류의 생산물을 우리에게 가져다주는 시장의 놀라운 능력에 완전히 의존하게 되었다.

소비자로서 우리가 사용하는 다른 것들에 비해 토스터는 매우 단순하다. 원료로부터 시작해 완전히 무에서 컴퓨터나 자동차를 만드는 것을 상상해보라. 저녁 식사를 만드는 것조차 우리가 음식을 재배해야 한다면 엄청난 시간이 걸리는 일이 될 것이다.

말할 나위 없이 스웨이츠의 토스터 실험은 그에게 매우 힘든 방식으로 현대 경제에 대해 가르침을 주었다. 그의 목표가 경제학을 배우는 것이라면, 예를 들어 그가 다음번에 아이스크림이 먹고 싶을 때는 다른 접근법을 택할 것을 제안한다. 소를 키우고 사탕수수를 재배하고 바닐라콩을 손으로 따는 대신, 주변의 편의점에 들러 가게에서 파는 아이스크림을 즐기면서 이 책의 제2장을 읽기를 제안한다.

개발 등의 다양한 주제에 걸친 이론적 예측에 어떻게 정보를 제공하고 그를 검정하는지 살펴본다.

■ 괴짜경제학 에세이는 경제학이 우리 주위의 세상에서 일어나는 매우 다양한 현상을 탐구하는 독특한 관점을 제공하는 놀라운 방식을 보여준다. 이 에세이들은 수제 토스터, 백악관 사진, 미식축구 경기장, 인도 어부의 휴대전화 등과 같이 다양한 주제를 다룬다. 이런 이야기들은 우리를 둘러싼 경제 현상에 대해 생각하는 틀을 제공한다.

미시경제학 도구 사용하기

뉴욕시를 구경 온 한 여행객에 관한 오래된 농담이 있다. 그 여행객이 현지인에게 "카네기 홀은 어떻게 갑니까?"라고 묻자 그 뉴욕 시민은 "연습하고, 연습하고, 또 연습해야지요."라고 대답했다고 한다. 미시경제학도 마찬가지다. 미시경제학 도구 사용을 연습하는 것이 미시경제학에 능숙해지는 방법이다. 그리고 독자들이 이 책을 읽어나감에 따라 이런 측면에서 많은 도움이 제공된다.

A⁺ 시험 잘 보는 법

다른 모든 조건을 고정하기

아마 이전의 경제학 수업에서 보았겠지만, 경제학자는 세상을 더 알기 쉽게 이해하기 위해 종종 단순화 가정을 한다. 이 책에서 계속 사용하는 가장 중요한 가정 중 하나는 '다른 조건은 일정하다(ceteris paribus)'이다. 예를 들어 친구의 아이스크림 수요와 관련하여, 아이스크림 가격의 상승이 친구의 수요에 어떤 영향을 미치는지 생각하고 있

M. Unal Ozmen/Shutterstock; wildarrow/iStock/Getty Images

이 두 아이스크림 간에는 조건이 일정하게 유지되고 있지 않다.

다고 하자. 그 영향을 따지기 위해서는 친구의 결정에 영향을 미치는 다른 모든 요인, 이를테면 친구가 가진 돈, 바깥의 기온, 친구가 구입하는 다른 물건의 가격, 심지어 아이스크림에 대한 친구의 선호까지 고정시켜야 한다. 이 '다른 것은 모두 일정하다'는 가정이 있어야 비로소 당신의 관심사인 아이스크림의 가격이라는 요인에 초점을 맞출 수 있다.

어떤 응용 사례를 분석할 때 이 가정 때문에 실수하기 쉬우므로 조심해야 한다! 주어진 요인 이상으로 시나리오에 의미를 부여하거나, 분석하고 있는 문제에서 제공된 것 이상의 각종 가상적인 상황을 끌어들여 골머리를 썩여서는 안 된다(예 : 친구가 젖당에 과민증상이 있다면? 날씨가 춥고 바람이 분다면? 친구가 막 실직을 했다면? 등).

그뿐만 아니라 '다른 조건은 일정하다'는 가정이 우리가 고려하는 재화에도 적용된다는 사실을 잊지 않는 것도 중요하다. 어떤 특정 재화에 대해 얘기할 때 우리는 그 재화의 모든 단위가 동일하다고 가정한다. 즉 그 재화의 모든 특성을 고정시키는 것이다. 이 말은 우리가 아이스크림에 관해 얘기할 때 특정한 크기와 질을 가진 아이스크림에 대해 이야기한다는 것을 의미한다. 아이스크림이 고급 제품으로 바뀌었거나 또는 아이스크림은 같지만 초콜릿으로 코팅된 와플 콘에 담겨 나와 가격이 올랐다고 생각하면 안 된다. 이런 변화를 도입하면 가격뿐 아니라 재화 자체의 속성을 바꾸는 것이 된다. 아이스크림 가격 이외의 요인을 변화시키면 '다른 조건은 일정하다'는 가정을 위배하게 된다.

- 각 장에는 예제라고 이름 붙은, 풀이가 제공된 문제가 있다(예를 들어 24쪽을 보라). 이는 숙제, 퀴즈, 시험에서 당신이 접하게 될 전형적인 문제들로, 책 전반에 걸쳐 등장하여 이론이나 그래프, 수학에 대한 이해를 성공적인 문제 풀이 기술로 옮기는 방법을 보여준다. 각각의 예제는 문제가 정확히 무엇을 묻고 있는지를 이해하는 법과 갓 배운 도구를 이용해 정확히 그 문제를 푸는 법을 단계적으로 알려준다.

- 각 장의 끝에는 **연습문제**가 있다. 당신이 학습한 도구를 다양한 문제를 통해 새로운 상황, 각본, 딜레마에 적용하는 훈련을 하게 된다. 가능한 많은 문제를 풀어보아야 하며, 선별된 문제에 대해서는 자신의 답을 이 책 끝에 수록된 풀이와 비교할 수 있다. 문제를 풀다가 막히면 예제로 나온 문제들을 다시 검토해서 정확한 답을 얻기 위해 필요한 단계를 복습하기 바란다.

- 여러 장에 있는 **시험 잘 보는 법**이라는 글상자는 때때로 헷갈리는 미시경제학 이론 및 그 적용법을 성공적으로 이해하는 방법에 관한 힌트와 설명을 담고 있다. 시험이나 퀴즈를 보기 전에 이 상자를 주의 깊게 읽으면 중급 미시경제학 수업에서 학생들이 흔히 저지르는 실수를 피하는 데 도움이 될 것이다.

1.2 이 책에 관하여

미시경제학에 대한 우리의 탐구는 로렌과 같은 소비자의 선호(시장의 수요 측면)가 어떻게 로사의 커피 재배와 같은 기업의 의사결정(공급 측면)과 결합하여 커피와 같은 재화의 판매량과 가격을 결정하는지 개관하는 것으로 시작한다(제2, 3장). 예를 들어 우리는 가격 변화에 대한 소비자와 공급자의 반응이 왜 다른지, 그리고 이런 차이가 소비자의 선호나 생산기술이 바뀔 때 일어나는 일에 어떤 영향을 주는지 분석한다. 또 우리는 카푸치노 구입과 같은 시장 거래의 편익이 로렌과 같은 소비자와 커피 가게나 로사와 같은 생산자 사이에 어떻게 나뉘는지 살펴본다.

소비자와 생산자의 의사결정

개관을 마친 후 이 책의 다음 부분에서는 소비자의 의사결정을 시작으로 시장의 각 측면을 훨씬 깊게 탐구할 것이다(제4, 5장). 무엇이 로렌이 커피 대신 차를 마시도록, 혹은 스타벅스 말고 다른 가게에 가도록, 혹은 완전히 다른 일을 하도록 결정할까? 만약 더 부자가 된다면 로렌의 선택은 바뀔까? 우리는 수많은 종류의 재화와 서비스가 주어지는 상황에서 소비자들이 어떤 재화를 각각 얼마씩 소비할지 어떻게 결정하는가 하는 질문에 답한다. 그리고 모든 소비자의 이런 결정을 합한 것이 총시장수요곡선이 됨을 볼 것이다.

소비자의 행동을 자세하게 분석한 후 우리는 생산자의 의사결정을 다루는 문제를 탐구한다(제6, 7장). 예를 들어 로사의 농장과 같은 회사들이 생산을 할 때, 농기계류(자본), 일꾼(노동)과 같은 생산요소의 조합을 어떻게 결정할까? 나중에 보게 되듯이 기업의 이런 결정은 소비자가 어떤 물건을 구입할지 정할 때 내리는 결정과 여러 측면에서 유사한 것으로 나타난다. 기업의 생산요소 조합 선택에 대해 설명하고 나서 이것이 생산비용에 어떤 영향을 미치는지 살펴본다. 특히 우리는 기업의 생산 수준에 따라 이런 비용이 어떻게 변하는지에 주목하는데, 이러한 변화는 비용곡선에 구체적으로 나타난다. 가령 로사가 생산량을 2배로 늘린다면 총비용은 2배가 될까, 2배 이상이 될까, 아니면 2배보다 작게 될까? 우리는 기업의 생산량 변화에 따른 비용의 움직임에 초점을 맞추는데, 그것이 시장의 공급 측면의 형태를 결정하는 데 매우 중요하기 때문이다.

 응용 미시경제학적인 자동차 공동이용

미시경제학에서 우리는 대체로 소비자(구매자)와 생산자(기업)라는 두 경제주체에 초점을 맞춘다. 우리 모두는 소비자로서는 충분한 경험이 있다. 슈퍼마켓이나 대학교 구내서점에 갈 때 우리는 소비자이다. 이런 경험 때문에 소비자 문제에 대한 경제학적 직관을 파악하는 것은 비교적 쉽다. 상대적으로 생산자와 생산자가 직면하는 문제를 이해하는 것이 더 어려운 경우가 많은데, 이는 우리 대부분이 일생 동안 생산에 관한 의사결정을 할 일이 훨씬 적기 때문이다.

생산에 대해 생각할 때 우리는 P&G(Procter & Gamble, 미국의 생활용품 제조업체)나 유나이티드항공 같은 대기업을 떠올린다. 하지만 세계 최대의 회사들이 직면한 것과 동일한 근본적 결정에 직면한 많은 작은 생산자도 있다. 차량공유 서비스 영업을 하려는 운전자가 직면하는 생산 결정을 살펴보자.

우버에 가입할지 리프트에 가입할지 결정하는 것은 당신이 내리는 수많은 결정 중 하나에 불과하다.

당신이 택시의 대안이 되는 이러한 영업에 관심이 있다고 하자. 당신이 내려야 하는 첫 번째 결정은 어느 회사와 제휴할 것인지다. 우버(Uber)와 리프트(Lyft)가 가장 큰 회사이므로 많은 운전자들이 이 둘을 주요 선택으로 고려한다. 우버가 더 크고 좀 더 고급을 지향한다(우버는 기사에게 신형 차를 요구하며, 리무진/세단 서비스 등을 제공한다). 리프트는 재미있고 멋지다는 것을 판매 전략으로 내세우는데, 기사가 때로는 손님과 주먹을 맞부딪치고 차의 대시보드에 선명한 분홍색 콧수염을 붙이는 식으로 손님을 맞이한다. 당신은 어느 회사가 당신의 소득을 더 높여줄 것 같은지 결정해야 한다. 이 회사들은 당신이 받은 요금의 일부를 가져가며, 회사마다 당신이 지불해야 하는 청구 항목(가령 손님의 요청을 받아서 연결해주는 전화에 대한 비용)이 다르다. 두 회사 모두와 제휴하고, 당신이 받을 것으로 기대되는 요금에 근거하여 두 회사를 오가는 방법을 시도할 수도 있다.

계약을 하고 나면 당신이 제공하는 서비스의 질과 빈도를 결정해야 한다. 야간과 주말에 일할지 여부부터 승객과 대화를 할지 아니면 라디오를 켤지 여부까지, 고려해야 할 변수가 많이 있다. 고객의 경험은 당신에 대한 평가와 미래에 더 많은 고객을 확보할 확률에 영향을 미칠 가능성이 크다. 당신은 장기적인 결정에도 직면할 것이다. 예를 들어 우버 기사는 훨씬 더 많은 돈을 벌 잠재적 가능성을 보고 우버블랙(UberBlack) 기사 자격을 얻기 위해 고급 차량을 구입하고 전속 운전사 면허를 취득할 수도 있다. 한 손님과는 대화를 나누고 그다음 손님과는 대화를 나누지 않을 수는 있지만, 차는 마음이 바뀌었다고 해서 쉽게 바꿀 수 있는 것이 아니다. 여기서 고급차 구입이 가치 있는 투자인지 결정하기 위해서는 자동차 공동이용 회사들의 미래 전망이 어떤지 고려해야 한다.

당신이 직면할 많은 생산 결정의 이러한 예들은 한 가지 기본 원리를 공유한다. 즉 결정에 따른 비용(금전, 시간, 노력)이 당신의 선택을 가치 있는 것으로 만들 정도로 충분한 추가적 수입을 가져다주는지 알아내야 한다. 이 책에서 보게 되듯이 미시경제학의 도구는 당신과 모든 생산자에게 무엇이 더 좋은 선택인지 분명해지도록 결정의 틀을 짜게 해준다.

생산 결정의 미시경제학이 소비 결정의 미시경제학만큼 쉽게 다가오지 않을 수도 있지만, 당신이 혹시라도 자신이나 다른 사람의 사업을 운영하게 된다면 생산 측면에 대한 이해가 정보에 입각한 현명한 선택을 하는 데 도움이 될 것이다. ■

시장공급

다음으로 이 책은 기업이 시장에 생산물을 공급하는 여러 가능한 형태의 경로를 비교한다. 먼저 기준이 되는 완전경쟁의 경우부터 시작한다(제8장). 완전경쟁시장에서 모든 기업은 시장가격을 주어진 것으로 받아들인 상태에서(기업은 상품의 판매가를 결정할 능력이 없다) 얼마나 생산할지를 결정한다. 이것은 로사의 경우에 가깝다. 국제 커피시장은 대규모이고 전 세계 커피 재배자들에 의해 커피가 공급되므로, 로사가 커피를 얼마나 많이 시장에 내놓는지는 시장가격에 두드러진 영향을 미치지 않을 것이다. 완전경쟁적인 산업에서 공급은 로사와 다른 모든 커피 재배자의 비용곡선의 총합을 나타내며, 산업 전체의 공급은 시장수요와 결합하여 단기와 장기 양 기간에 걸쳐 가격과 수량의 움직임을 결정한다.

완전경쟁을 살펴본 후 우리는 반대쪽 극단인 독점을 살펴본다(제9장). 한 기업만이 시장에 재화를 공급할 때의 상황은 완전경쟁과는 여러 측면에서 다르다. 핵심적 사항은 기업이 이제는 판매가격을 정할 능력이 있다는 것이다. 이러한 능력이 의미하는 바는, 만약 로사가 전 세계 커피 소비자를 상대로 하는 독점기업이라면 설령 생산을 더 많이 하는 데 필요한 생산 능력이 있다 하더라도 산업이 경쟁적일 때의 전체 생산량보다 적게 생산할 것이라는 사실이다. 그 이유는 생산량을 제한하면 커피 판매가격이 올라가기 때문이다. 우리는 정부가 왜 독점금지법을 이용해 그런 상황에 개입하려고 하는지(또한 왜 실제로 개입하기도 하는지) 살펴볼 것이다. 다음으로 우리는 독점기업이 다른 방법으로 가격책정 능력을 이용하는 경우에 대해 논의한다(제10장). 지불용의금액이 높은 소비자에게 더 높은 가격을 매긴다거나 상품을 묶어서 하나의 묶음으로 소비자에게 판매한다거나 하는 것이 그런 방법에 속한다.

시장의 공급 측면에 대한 마지막 주제로 우리는 과점에 대해 분석한다(제11장). 과점은 복수의 기업이 동일 시장에서 전략적으로 상호작용할 때 존재한다. 이런 시장에서 기업은 어느 정도 가격을 설정할 능력이 있지만, 그들의 성쇠는 부분적으로 시장에 있는 다른 기업의 행위에 의해 결정된다. (그런데 영향을 받을 뿐 아니라 주기도 한다. 기업 자신의 행위가 다른 기업에 영향을 주기도 한다.) 이러한 상황은 흔하다. 기업이 순수 독점기업이거나 완전경쟁적인 가격수용자인 경우는 거의 없다. 기업들 간의 전략적 상호작용은 여러 가지 흥미로운 문제를 제기하는데, 우리는 게임이론이라는 도구를 이용해 이런 문제를 분석할 수 있다(제12장). 예를 들어 로렌이 자주 가는 커피숍은 길 건너 새로 문을 연 커피점에 어떤 방식으로 대응할까?

상위 주제

시장의 수요와 공급 측면의 기본적인 사항에 대해 자세히 살펴본 후 이 책의 후반부에서는 구체적인 주제 몇 개를 공부한다. 여기서 다루는 경제학적 개념은 많은 시장에 존재하는 것이다. 어떤 경우에는 이런 개념들이 이 책 전반부에서 소개한 기본적인 분석 구조를 보완하여 시장에 대한 우리의 이해를 심화한다. 어떤 경우에는 경제적 상호작용의 모든 필요 요소를 파악하기에는 기본 모형만으로 불충분해서, 특정 시장의 행태를 이해하는 데 이런 개념들이 절대적으로 필요하다.

우리가 파헤치는 첫 번째 구체적 주제는 요소시장이 작동하는 원리이다(제13장). 생산요소는 노동, 자본, 토지처럼 생산에 쓰이는 투입요소이다. 이 시장들이 로사의 농장과 같은 생산자의 결정과 상호작용하여 노동자가 어디서 얼마의 임금에 일하는지, 그리고 공장이 어디에 세워지는지 결정한다.

다음으로 우리는 경제적 의사결정에서 위험, 불확실성, 시간이 결합적으로 수행하는 역할을 살펴본다(제14장). 이런 특징은 특히 투자 결정에서 현저하게 나타난다. 투자는 전형적으로 미래의 수익을 바라고 비용을 먼저 지불하는 형태를 띠는 선택이다. 따라서 이런 결정은 우리 탐구의 초점이 된다. 투자 결정에 있어서 위험, 불확실성, 시간의 상호작용을 이해하면 로사가 신형 원두건조시설에 투자해야 하는지 혹은 로렌이 경영대학원에 진학해야 하는지와 같은 문제에 답하는 데 도움이 된다.

다음으로 우리는 각 시장이 어떻게 상호 연결되는지 탐구한다(제15장). 어떤 재화의 공급이나 수요가 변하면 간접적으로 다른 시장에 유사하거나 반대되는 변화를 가져올 수 있다. 이러한 상호 연관성을 공부하고 나면 중국의 차 재배 지역에서 발생한 공급 중단이 어떻게 로사의 커피 판매가격과 로렌이 사 먹는 카푸치노의 가격을 올리는지 알 수 있게 된다. 시장을 한데 묶게 되면 경제가 효율적으로 작동하기 위해 필요한 조건을 분석할 수 있다. 예를 들어 생산자들이 현재 커피와 차의 '올바른' 조합을 가장 낮은 비용으로 공급하고 있을까? 이런 질문에 대답할 수 있게 되면 시장이 재화나 서비스의 사회적 편익을 극대화하고 있는지 확인할 수 있다.

시장이 잘 작동하기 위해 필요한 조건을 확인한 후 우리는 시장이 잘 작동하지 **않는** 일련의 상황에 대해 살펴볼 것이다. 그런 상황 중 하나는 기호, 비용, 품질에 대한 정보가 시장에서 잠재적 거래 당사자 모두에게 똑같이 공유되지 않는 경우이다(제16장). 예를 들어 로사가 농장에서 쓸 중고 트랙터를 사려고 할 때, 구입 전에는 트랙터가 얼마나 잘 작동하는지 100% 정확하게 알 수 없을 것이고, 특히 트랙터가 제대로 작동하지 않기 **때문에** 현 주인이 그것을 팔고 싶어 하는 것은 아닐까 걱정이 될 수 있다. 이러한 정보 부족이 로사의 결정에 어떤 영향을 미칠까? 혹은 로렌이 자신이 근면한 고용인이 될 것이라는 점을 취직 전에 잠재적 고용주에게 확신시키고자 한다면 어떻게 하면 좋을까?

시장이 효율적으로 작동하지 않을 수 있는 두 번째 상황은, 거래가 구입자 측도 아니고 판매자 측도 아닌 사람에게 영향을 주거나 시장에서 한 재화의 편익이 동시에 많은 사람에게 공유되는 경우이다(제17장). 로사가 자신의 작물에 살충제를 뿌릴 것인지 여부를 결정하는 것을 예로 들 수 있다. 살충제 살포는 로사 자신의 손익 계산에 영향을 미칠 뿐 아니라 다른 사람에 대해서도 파급효과를 갖는다. 가령 로사의 이웃 농장은 주위의 해충이 줄어들어 득을 볼 수 있다. 반면 다른 이웃과 일꾼, 그리고 아마도 커피 소비자는 살충제 사용에 따른 화학적 오염으로 피해를 입을 수 있다. 이러한 상황을 흥미롭게 만들고 시장에서 사회적으로 최적인 결과가 나타나기 어렵게 하는 요인은, 로사가 살충제를 사용할지 말지 결정할 때 살충제가 자신의 생산에 미치는 영향은 고려할 가능성이 높지만 이웃 농장이나 지역 주민, 시애틀의 커피 소비자에게 미치는 영향은 잘 고려하지 않을 것이라는 사실이다.

이 책의 마지막 부분은 행동경제학을 다룬다(제18장). 심리학과 경제학의 교점에 해당하는 이 연구는 경제학에서 점점 더 중요한 연구 분야가 되고 있다. 사람들은 종종 깊게 형성된 편견과 사회적 선호를 가지고 있고, 이런 것들은 우리가 경제학 분석에서 자주 가정하는 완전히 이성적이고 이기적인 방식으로 행동하는 능력을 제한한다. 만약 이것이 사실이라면, 우리가 가진 기본적 분석 구조를 앞에서 논의한 심화된 개념을 통해 보완한다고 하더라도 경제적 의사결정을 설명하기에 부적절할 수 있다.

데이터에 주목하기

이런 모든 주제는 우리 주위의 세상을 연구하는 미시경제학적 도구를 제공해준다. 지난 50년에 걸쳐 이러한 도구들은 확장되고 변화되었다. 미시경제학은 보다 **실증적인**(empirical) 학문, 즉 경제 현상을 탐구하기 위해 추상적인 이론뿐 아니라 데이터 분석과 실험을 전보다 훨씬 더 많이 사용하는 학문으로 진화하였다. 계산 혁명이 이것을 바꿔 놓았다. 이 책에서 배우게 되는 것처럼, 한 재화의 가격이 떨어지면 그 재화의 소비량은 늘어난다. 이것은 계산의 경우에도 적용

실증적
현상을 설명하기 위해 자료 분석과 실험을 동원하는 것

되었다. 경제를 이해하려는 현대의 경제학자는 예전에 비해 데이터와 측정에 더 많은 노력을 집중하고 있다.

흥미로운 학습을 시작하자!

미시경제학 수업이 끝날 때쯤이면 당신은 경제학자들의 방식으로 세상을 분석하는 데 필요한 자원을 갖게 될 것이다. 우리는 이미 미시경제학 도구를 이용해 커피 생산자 로사와 대학생 로렌 사이의 매우 구체적인 경제적 교환을 대략적으로 묘사해보았다. 하지만 미시경제학의 막강한 힘은 그것이 로사와 로렌이 등장하는 것과 같은 시장만이 아니라 어떤 시장에도 적용될 수 있다는 데 있다. 미시경제학을 이용해 당신은 매일 직면하는 어떤 선택(경제적이든 비경제적이든)에 대해서도 합리적으로 생각할 수 있다. 중급 미시경제학 학습이 끝나면 당신은 경제학자처럼 생각할 수 있을 뿐 아니라 그것이 얼마나 유용한지 알게 될 것이다.

 ## 응용 경제학 공부의 편익

경제학을 공부하는 이유는 여러 가지다. 어쩌면 당신은 경제학을 이해하고 싶어 하는 불타는 열정을 가진 소수의 행운아일 수도 있다. 아니면 단순히 졸업을 위해 경제학 수업이 필요할지도 모른다. 어느 쪽에 속하든 당신은 이 수업을 통해 단지 경제적인 것뿐 아니라 모든 종류의 결정을 더 잘 내리게 해주는 도구들을 학습할 것이다. 심지어 경제학을 전공하면 더 부자가 된다는 증거도 있다.

경제학자 댄 블랙, 세스 샌더스, 로웰 테일러는 전공에 따라 사람들이 돈을 얼마나 버는가 하는 문제를 분석했다.[2] 그들은 이 문제에 대해 대규모의 데이터와 양적 통계치를 이용하는 전형적인 경제학적 방식으로 접근했다. 전국 대학 졸업생 설문조사를 미국 센서스에서 나온 정보와 결합하여, 이들은 다른 사회과학 전공자에 비해 경제학 전공자가 거의 20%나 더 소득이 높다는 사실을 발견했다. (회계, 재무, 마케팅 전공자들도 경제학 전공자들과 비슷하다.) 음악 전공자들은 봉급 측면에서는 별로 성과가 좋지 않다. 이들의 소득은 경제학 전공자에 비해 대략 40% 정도 낮다.[3]

이 분석에 있어 한 가지 걱정할 수 있는 것은, 실제로 경제학을 배워서 더 높은 임금을 받는 것인지 아니면 경제학을 전공하는 사람들이 가령 사회학을 전공하는 사람들과는 다른 종류의 사람들이어서 전공과 상관없이 어차피 돈을 더 많이 벌었을 것인지 하는 점이다. 이러한 비판에 적어도 부분적으로 대응하기 위해, 연구진은 보다 좁은 직업경로 내의 소득을 살펴보았다. 예를 들어 법학대학원에 진학한 학생들만을 대상으로 해서, 연구진은 학부에서 경제학을 전공한 학생들이 다른 전공자에 비해 소득이 더 높고 사회학 전공자에 비해서는 35%까지 더 높다는 사실을 밝혀냈다. 경제학 학위는 결국 MBA 과정을 밟는 학생들에 대해서도 마찬가지로 유익하다.

2 Dan A. Black, Seth Sanders, and Lowell Taylor, "The Economic Reward for Studying Economics," *Economic Inquiry* 41, no. 3 (2003): 365–377.

3 연구를 위해 사용할 수 있는 데이터는 최근 몇 년 치이지만, 이런 패턴은 상당히 일관되게 나타났다. http://www. payscale.com/college-salary-report/majors-that-pay-you-back/bachelors를 보라.

우리는 당신이 경제학에 매혹되어 큰 관심을 쏟기를 바란다. 하지만 돈만 보고 그런다면 잘 하지 못할 수도 있다. ■

요약

1. **미시경제학**은 개인과 기업의 선택에 대해 연구하기 위해 **이론과 모형**에 의존한다. 중급 미시경제학은 미시경제학 원론을 기반으로 수학적 모형을 더하여 소비자와 생산자의 행동을 분석한다. 미시경제학 이론의 기초를 이루는 수학을 훈련하는 것이 숙련된 경제학자가 되기 위한 핵심 사항이다. 아울러 중급 미시경제학은 정책과 그것이 행위에 미치는 영향에 크게 초점을 맞춘다. [1.1절]

2. 미시경제학은 재화와 서비스 시장에서 소비자와 생산자가 상호작용을 하면서 내리는 다양한 결정과, 소비자와 생산자가 활동하는 다양한 시장 구조를 살펴본다. 위험과 불확실성, 정보의 역할, 행동경제학 등과 같은 폭넓은 주제를 통해 소비자와 생산자의 상호작용에 관한 미시경제학을 더 심도 있게 이해한다. 최근 들어 미시경제학은 주로 이론에 의존하던 학문에서 **실증적인** 연구(데이터 분석과 실험)에 기반을 둔 학문으로 진화하였다. [1.2절]

복습문제

1. 미시경제학과 거시경제학을 구별 짓는 것은 무엇인가?
2. 당신이 소비자인 사례를 하나만 들어보라.
3. 소비와 생산은 어떻게 상호 연결되어 있는가?
4. 미시경제학을 공부하기 위해 어떤 도구를 이용하는가?
5. 미시경제학은 왜 실증적 학문으로 진화하였는가?

공급과 수요

오늘날의 컴퓨터는 초당 수행할 수 있는 수학적 연산의 수 측면에서 최초의 상업적 컴퓨터에 비해 1조 배 이상 더 강력하다. 이러한 경탄스러운 성능의 증가는 오락에서 생산, 의료, 그리고 그 사이의 모든 것까지 경제의 사실상 모든 부문에 사용되게 되었다.

연산 능력의 적용 사례 중 하나는 또한 전력의 최대 사용자인 것으로 드러난다. 바로 비트코인 채굴이다. 새로운 비트코인을 만들려면 그것이 '채굴'되어야 하는데, 이는 컴퓨터를 이용해 복잡한 수학 문제를 풀어야 함을 의미한다. 새로운 비트코인 공급은 비트코인이 채굴될수록 수학 문제가 어려워진다는 사실에 의해 제한을 받는다. 이는 추가적 계산 능력과 그에 필요한 전력을 요한다. 이제는 채굴이 매우 자원집약적이 되어서, 그 대부분이 채굴을 위한 수학 문제 풀이에 특화하여 설계된 프로세서를 쓰는 거대한 서버 농장을 운영하는 대기업에 의해 이루어진다. 몇몇 추정치에 의하면 2018년 비트코인 채굴은 전 세계 전기 생산량의 0.3% 이상을 사용했다. 이는 오스트리아나 칠레의 국가 전체 전기 사용량과 비슷하다. 그 결과, 채굴 서버 농장은 종종 전기가 상대적으로 저렴하고 거대한 서버 농장 냉각이 더 용이한 아이슬란드 같은 곳에 위치한다.

비트코인은 유사하게 채굴되는 여러 암호화폐 중 하나에 불과하다. 채굴회사는 희망하는 재화, 즉 암호화폐의 공급자로서 이윤을 얻을 수 있다고 믿기 때문에 그처럼 막대한 양의 자원을 지출할 용의가 있다. 사려는 욕구, 즉 비트코인과 다른 암호화폐에 대한 수요는 소비자들이 그것이 가치 있다고 여기는 다양한 이유에 기인한다.

이 장에서 우리는 이러한 힘, 즉 경제학에서 가장 강력한 힘인 공급과 수요에 대해 탐구할 것이다. 우리는 경제학에서 가장 근본적인 다음과 같은 질문에 답할 것이다. "소비자와 생산자는 재화나 서비스 시장에서 어떻게 상호작용하여 판매량과 가격을 결정하는가?"

2.1 시장과 모형

현대 경제는 놀라울 정도로 복잡하다. 세계 각지의 생산자들은 소비자가 고를 수 있는 거의 무한한 종류의 다양한 재화와 서비스를 제공한다. 대형 슈퍼마켓 선반에는 100종류 이상의 시리얼이 있다. 학위를 수여하는 대학교가 수천 개 있다. 어느 날이든 아마존이나 이베이에서는 수백만 개의 상품이 판매 중이다. 전 세계적으로 70억이 넘는 사람들이 있고 이들 각자의 선호와 소득이 다르며 이들에게 재화와 서비스를 공급하는 수천만 개의 사업체가 있는 상황에서, 소비자는 어떤 상품을 얼마나 구입할지 어떻게 결정할까? 그리고 생산자는 어떤 상품을 생산할지 어떻게 결정할까? 그리고 이런 상품들의 판매가격은 누가 결정할까?

이런 질문들에 답하는 것은 가망이 없을 정도로 복잡한 과제처럼 보일지도 모른다. 실제로 우리가 이런 문제들을 한꺼번에 다루려고 하면 가망이 없을 것이다. 그렇게 하는 대신 우리는 경제학자가 복잡한 문제에 접근할 때 쓰는 표준적인 방법을 따른다. 즉 문제를 단순화하여 다루기 쉽게 하는 것이다.

공급
한 시장에서 모든 생산자가 판매하려고 하는 한 재화의 총량

수요
모든 소비자가 구매하려고 하는 한 재화의 총량

공급과 수요 모형은 현실 시장의 여러 핵심적 요소를 쉬운 분석 방식으로 파악하고자 하는 경제학자의 최선의 시도를 나타낸다. **공급**(supply)은 한 시장의 모든 생산자가 팔 용의가 있는 재화의 총량이다. **수요**(demand)는 모든 소비자가 살 용의가 있는 재화의 총량이다. '시장'이라는 개념은 경제학에 있어 중심이 된다.

시장이란 무엇인가?

엄격한 의미에서 시장은 거래되는 특정 상품(예 : 오렌지나 비트코인), 특정 장소(예 : 쇼핑몰, 도시, 혹은 인터넷), 시점(예 : 1월 4일)에 의해 정의된다. 원칙적으로 한 시장의 구매자는 그 시장에서 판매자를 찾을 수 있어야 하고 그 반대도 마찬가지다. 그렇게 연결되기 위해서는 (경제학자가 '탐색비용'이라고 부르는) 수고가 다소 필요할 수도 있지만 말이다.

현실에서는 우리가 논의하는 시장이 폭넓게 정의되는 경향이 있다. 시장은 상품(예를 들어 단지 오렌지가 아니라 모든 식료품), 장소(종종 우리는 북미 전역이나 심지어 세계를 지역시장으로 간주한다), 기간(일일 판매량보다는 연간 판매량) 측면에서 더 폭넓을 수 있다. 이러한 더 폭넓은 시장은 종종 더 흥미로우며 분석할 수 있는 더 많은 데이터를 가져다주지만, 나중에 보게 되듯이 시장을 이렇게 넓게 정의하면 수요와 공급 모형의 가정이 성립할 가능성이 낮아진다. 따라서 우리는 기본 가정은 잘 충족하지만 크기가 작고 덜 중요한 시장을 연구하는 것과, 중요도는 더 높지만 가정을 잘 만족하지 않는 시장을 연구하는 것 사이에서 맞교환관계에 직면한다.

공급과 수요에 대한 핵심 가정

공급과 수요 모형의 전개에 기초가 되는 4개의 기본 가정이 있다(표 2.1에 요약). 실제 시장이 보통 이런 가정을 완전히 따르지는 않지만, 공급과 수요 모형은 시장이 작동하는 법에 대해 생각하는 데 매우 유용함이 증명되었다.

1. **한 시장의 공급과 수요에 국한하여 초점을 맞춘다.** 첫 번째 단순화 가정은 여러 시장을 동시에 다루지 않고 단 하나의 시장에서 공급(한 시장에서 모든 생산자가 판매하려고 하는 한 재화의 총량)과 수요(모든 소비자가 구매하려고 하는 한 재화의 총량)가 상호작용하여 재화와 서비스의 판매량과 판매가격이 결정되는 것을 살펴본다는 것이다. 하나의 시장에 초점을 맞출 때 우리가 다른 시장을 완전히 무시하는 것은 아니다. 사실 다른 종류의 재화가 거래되는 시장 간의 상호작용은 공급과 수요에 있어 핵심적인 사항이며, 우리는 나중에 등장하는 장에서 이에 대해 논의할 것이다. 하지만 여기서는 우리가 분석하는 시장에 영향을 미치는 한도

표 2.1 공급과 수요 모형에 깔려 있는 네 가지 핵심 가정

1. 한 시장의 공급과 수요에 초점을 맞춘다.

2. 시장의 모든 재화는 동일하다.

3. 시장의 재화는 모두 같은 가격에 판매되며, 모든 사람은 같은 정보를 갖는다.

4. 시장에는 다수의 생산자와 소비자가 있다.

내에서만 다른 시장에 대해 신경 쓰기로 한다. 특히 우리가 분석하고 있는 시장에서 일어난 변화가 다른 시장에 파급효과를 미칠 가능성에 대해서는 무시하기로 한다.

2. **시장에서 구매하고 판매하는 모든 재화는 동일하다.** 시장에서 구매·판매하는 모든 재화는 동질적이라고 가정한다. 동질적이라는 말은 소비자가 동일한 단위의 한 재화(예 : 휘발유 1갤런은 판매자에 상관없이 매우 동질적이다)에 대해 같은 만족도를 느낀다는 것이다.[1] 이 가정을 가장 잘 반영하는 제품은 **동질적 상품**(commodities)인데, 이러한 제품이 거래되는 시장에서 소비자들은 다른 종류의 재화를 기본적으로 교환가능한 것으로 간주한다. 밀, 콩, 원유, 못, 금, 연필 같은 것들이 이런 동질적 상품이다. 주문제작 보석, 식당 메뉴판의 다양한 음식, 웨딩드레스 같은 것들은 소비자들이 보통 세부 사항을 매우 중시하기 때문에 동질적 상품으로 보기 어렵다.

3. **시장의 재화는 모두 같은 가격에 판매되며, 모든 사람은 가격이나 판매되는 재화의 질 등에 대해 동일한 정보를 갖는다.** 이 가정은 위의 동질적 재화 가정을 자연스럽게 연장한 것인데, 이 가정은 또한 특정 소비자에 대한 특별 거래나 수량할인이 없음을 의미한다. 게다가 누구나 다른 사람들이 얼마를 가격으로 지불하는지 안다.

4. **시장에 다수의 생산자와 소비자가 있다.** 이 가정은 어떤 특정한 소비자나 생산자도 시장에서 일어나는 일, 특히 가격 수준에 현저한 영향을 미칠 수 없음을 의미한다. 이 가정은 생산자보다는 소비자에 대해 더 쉽게 정당화될 수 있다. 예를 들어 바나나 소비에 대해 생각해보자. 당신이 앞으로 바나나를 전혀 안 먹는다고 해도 그 결정이 바나나 시장 전체에 미치는 영향은 거의 없다. 마찬가지로, 당신이 칼륨이 결핍되었다는 생각이 들어 바나나 소비를 4배로 늘린다고 해도 그것이 바나나 시장의 수량과 가격에 미치는 영향은 여전히 무시할 만한 수준일 것이다. 하지만 생산자 측면에서는 대부분의 바나나(그리고 많은 다른 제품들)는 소수의 대기업에 의해 생산된다. 이 기업들의 생산량 결정이나 시장진출 결정은 시장가격과 수량에 큰 영향을 미칠 가능성이 높다. 우리는 당분간 이러한 가능성을 무시하고 다수의 생산자가 있는 상황만 다룰 것이다. 제9장부터는 시장에 하나 혹은 소수의 판매자가 있는 경우에 어떤 일이 일어나는지 분석할 것이다.

공급과 수요 모형의 가정이 완전히 현실적이지는 않음에 주목하라. 현실에서 그들을 완전히 충족시키는 시장은 거의 없다. 하지만 이 모형의 강점은 모형의 구체적 가정 중 일부(혹은 심지어 대부분)가 성립하지 않아도 여전히 현실 세계에서 시장이 어떻게 작동하는지를 잘 설명해낸다는 것이다. 어떤 모형도 완전하지는 않지만, 공급과 수요 모형은 유연성과 폭넓은 적용가능성 때문에 오랜 세월에도 불구하고 건재하며 많은 역할을 수행하고 있다. 기본적인 공급과 수요 모형이 모든 시장에 완벽하게 들어맞는 것은 아니지만, 이 모형을 깊이 있게 이해하는 것은 경제학자로서 당신이 갖출 수 있는 가장 중요한 도구 중 하나이다. 게다가 경제학이 항상 가장 엄격한 형태의 모형을 고집하는 것도 아니다. 이 책의 대부분에서, 그리고 더 일반적으로는 경제학이라는 분야에서, 모형의 가정을 바꾸면 시장 결과에 관한 모형의 예측이 어떤 영향을 받

동질적 상품
시장에서 거래되는 상품 중 소비자들이 여러 제품을 사실상 대체가능한 것으로 보는 상품

---

[1] 이 책 전체에서 '재화'는 트럭, 컴퓨터, 보석 등과 같은 유형의 재화와 이발, 개 산책시키기, 재무설계 등과 같은 서비스를 모두 의미한다. 이 용법에서는 소비자가 가치 있게 생각하는 것이면 그것이 유형의 것이건 아니건, 구체적이건 추상적이건 모두 재화이다.

는지 분석하는 데 큰 노력을 기울인다.

　이러한 가정을 세웠으니 이제 이것들이 시장의 작동 방식을 이해하는 데 어떻게 도움이 되는지 살펴보자. 먼저 수요에 대해 살펴보고 다음으로 공급에 대해 살펴볼 것이다.

2.2 수요

세계에서 가장 잘 알려진 공설시장 중 하나인 파이크플레이스마켓(Pike Place Market)은 시애틀 시내 북동쪽 지역 여러 블록에 걸쳐 이어져 있다. 이 시장은 1907년 이래 계속 영업을 해오고 있으며 시장에는 매일 생선, 고기부터 농산물, 꽃, 공예품, 골동품 등에 이르기까지 여러 물건을 파는 가게 수백 개가 있다. 연간 1,000만 명 정도의 사람들이 이 시장을 방문한다.

수요에 영향을 미치는 요인

토마토는 파이크플레이스마켓과 같은 농산물 직판장의 상인에게 인기 있는 품목이다. 수많은 요인이 소비자가 시장에서 토마토를 얼마나 구입할지에 영향을 미친다. 가장 중요한 요인들에 대해 논의해보자.

가격　토마토 가격이 아마도 가장 중요한 고려 사항일 것이다. 토마토 1파운드에 40달러를 지불하려는 소비자는 거의 없을 것이다. 하지만 파운드당 1달러라면 관심을 갖는 소비자가 많을 것이다.

소비자의 수　다른 조건이 일정하다면 시장에 사람이 많을수록 희망하는 재화의 양이 많아질 것이다.

소비자의 소득이나 부　부유해짐에 따라 소비자는 대부분의 재화를 더 많이 살 것이다. 토마토(그리고 옷, 자동차, 보석, 고급 소고기 스테이크)는 대부분의 사람들에게 그러한 재화 범주에 들어간다. 하지만 소비자가 부자가 됨에 따라 어떤 재화를 덜 사는 경우도 있다. 예를 들어 대중교통을 이용하지 않고 자동차를 사거나, 유스호스텔 대신 좋은 호텔에 묵을 수 있다. 이러한 재화에 대한 소비도 여전히 소득이나 부에 반응하는 것이지만, 그 방향이 다르다.

소비자의 기호　(소비자의 소득과 토마토 가격이 주어진 상태에서) 소비자의 선호나 기호가 변하면 소비자가 구입하려는 토마토의 양도 달라진다. 기호 변화는 여러 종류의 힘에 의해 발생할 수 있다. 예를 들어 토마토를 먹으면 건강에 좋다는 뉴스가 나오면 많은 소비자가 토마토를 더 많이 먹으려 할 것이다. 반면 수확된 토마토 일부에서 살모넬라균이 발견되었다는 뉴스가 나오면 소비자들은 토마토 구입을 주저하게 될 것이다. 어떤 제품들은 인기 있는 광고나 유행, 연령 구조의 변화 등에 의해 기호 변화가 일어날 수도 있다.

다른 재화의 가격　파이크플레이스마켓의 농산물 가게는 양파나 후추와 같이 소비자들이 샐러드를 만들거나 햄버거에 얹는 데 쓸 수 있는 다른 재화들을 판다. 다른 재화 대신 쓸 수 있는 재화를 **대체재**(substitute)라고 부른다. 대체재의 가격이 떨어지면 소비자는 그것을 더 사고 원래 재화는 덜 사려고 할 것이다. 토마토 가격에 비해 양파와 후추의 가격이 상대적으로 낮아질수록

대체재
다른 재화 대신에 사용될 수 있는 재화

토마토 소비자 수는 줄어든다. 또한 어떤 다른 시장(가령 소비자의 동네에 있는 식품점과 같이 위치가 다른 곳)에서 파는 토마토도 파이크플레이스마켓에서 파는 토마토의 대체재로 볼 수 있다. 식품점의 토마토 가격이 낮아지면 파이크플레이스마켓에서 장 보는 사람들은 파이크플레이스마켓에서 토마토를 덜 사려 할 것이다.

파이크플레이스마켓에 있는 가게는 소비자들이 토마토와 함께 사용하고 싶어 하는 재화도 판다. 특정 재화와 같이 구매하여 사용하는 재화를 **보완재**(complement)라고 부른다. 보완재의 가격이 떨어지면 소비자들은 그것도 더 사고 원래 재화도 더 사려 할 것이다. 예를 들어 바질(basil)이나 모차렐라 치즈나 상추와 같이 사람들이 토마토와 같이 소비하고 싶어 하는 재화가 있다. 바질 가격이 떨어지면 결과적으로 소비자들은 토마토를 더 사려고 할 가능성이 높다.

대체재와 보완재의 가격은 둘 다 소비자의 구입량에 영향을 미치지만 반대의 효과를 갖는다. 한 재화의 대체재의 가격이 떨어지면 소비자는 원래 재화를 덜 사게 되지만, 보완재의 가격이 떨어지면 원래 재화를 더 사게 된다.

보완재
다른 재화와 함께 구매되어 사용되는 재화

수요곡선

경제학에서 '수요'는 재화를 구입하려는 소비자의 의향에 영향을 미치는 많은 상이한 요인들을 포착하여 뭉뚱그려 모아놓은 말이다. 수요에 영향을 미치는 요인이 매우 많기 때문에, 그런 다양한 요인이 한꺼번에 변하면 어떤 일이 일어날지 알기 어렵다. 우리는 소비자의 수요를 결정하는 다른 모든 요인은 불변인 상태에서 재화의 가격만 변할 때 소비자의 수요량이 어떻게 되는지를 생각하는 방법으로 문제를 단순화한다.

수요곡선
다른 조건은 고정된 상황에서, 재화의 가격과 소비자들의 수요량 간의 관계

수요곡선의 시각적 표현　이러한 단순화 가정의 결과로 얻는 것이 **수요곡선**(demand curve)이다.[2]

그림 2.1　토마토에 대한 수요

파이크플레이스마켓의 토마토에 대한 수요곡선 D_1은 가격에 따른 토마토 수요량을 보여준다. 토마토 가격이 하락함에 따라 소비자들은 토마토를 더 많이 사려고 하고, 이에 따라 우하향하는 수요곡선이 만들어진다. 가격이 5달러일 때 소비자들은 토마토를 사려고 하지 않는다. 가격이 4, 3, 2, 1달러일 때 소비자들은 각각 토마토 200, 400, 600, 800파운드를 구입한다.

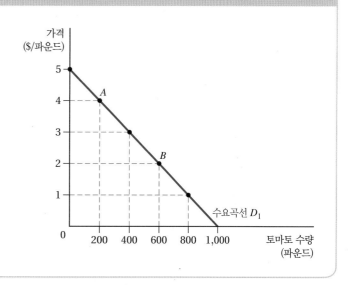

2　경제학자들은 종종 수요곡선을 직선으로 그리며 이 책에서도 대부분 그렇게 할 것이다. 이것은 순전히 편의를 위해서이다. 이름이 암시하는 것과 같이 현실에서의 수요곡선은 보통 곡선이다.

수요곡선은 소비자가 수요하는 재화의 양과 그 재화의 가격 간 관계이다. 가격이 세로축에 있고 수요량이 가로축에 있다. 그림 2.1은 파이크플레이스마켓의 토마토 수요곡선을 묘사하고 있다.

수요곡선에서 가격 이외의 다른 모든 요인을 고정시킨다는 점은 매우 중요하기 때문에 다시 반복해서 이야기할 만한 가치가 있다. 수요곡선은 소비자의 소득이나 기호, 다른 재화의 가격과 같이 소비자의 구매량에 영향을 미칠 수 있는 다른 어떤 요인에도 변화가 없다는 가정하에 그린다. 이것은 그림 2.1의 곡선이 다음과 같은 사고실험 결과를 구체화한 것이라는 뜻이다. 어느 주말에 우리가 파이크플레이스마켓에 가서 토마토 가격과 소비자들이 구입하는 총량을 관찰한다. 우리가 과거로 돌아갈 수 있는 마법이 있다고 상상해보자. 이 힘을 이용해서 시장에 있는 토마토의 가격표를 바꿔 파운드당 가격이 1달러 낮아지게 만든다. 그다음에 날씨도 같고 시장에 방문하는 사람들도 같고 전시된 상품이나 다른 모든 것도 같게 만들고 나서 그 주말이 다시 새로 지나가도록 한다. 유일한 차이는 토마토가 전에 비해 파운드당 1달러 싸다는 것뿐이다. 이 새로운 가격에서 소비자들이 구입하는 총량은 얼마인가? 이런 작업을 다른 가격들에 대해 반복하면 우리가 수요곡선이라고 부르는 가격과 수량 조합의 집합을 얻는다.

그림 2.1의 수요곡선은 수요곡선의 근본적인 특징을 보여준다. 즉 수요곡선이 우하향한다는 사실이다.[3] 이는 다른 모든 조건이 일정할 때 가격이 낮을수록 구매량이 늘어난다는 점을 다른 방식으로 말한 것이다.

수요곡선의 수학적 표현   그림 2.1의 수요곡선은 다음 식에 의해 수학적으로 나타낼 수도 있다.

$$Q = 1,000 - 200P$$

여기서 Q는 (파운드로 나타낸) 수요량이고 P는 (파운드당 달러로 나타낸) 가격이다. 이 식은 파운드당 가격이 1달러 상승하면 토마토 수요량이 200파운드 감소함을 의미한다. 수요량이 0이 되는 가격(여기서는 5달러)은 특별한 이름을 갖는다. **수요폐색가격**(demand choke price)이 그것이다. 이는 사려는 용의를 가진 소비자가 없는 가격이다.

때때로 경제학자들은 이 관계를 뒤집는다. **역수요곡선**(inverse demand curve)은 가격이 수요량의 함수 형태로 쓰인 수요곡선이다. 파이크플레이스마켓의 토마토에 대한 역수요곡선은 $P = 5 - 0.005Q$가 된다. (수량을 가격의 함수로 나타낸 수요곡선식을 단순히 재정리하여 가격을 수량의 함수로 표시한 것이다.) 어떤 경우에는 역수요함수를 이용해 분석하는 것이 더 쉬운데, 이는 부분적으로 수요함수가 세로축에 가격, 가로축에 수량을 두고 그려지기 때문이다.

수요폐색가격
구매하려는 소비자가 없고 수요량이 0이 되는 가격 수준. 역수요곡선의 수직축 절편

역수요곡선
가격이 수요량의 함수 형태로 표시된 수요곡선

수요곡선의 이동

그림 2.1의 D_1과 같은 수요곡선은 그 재화의 가격만 변할 때 수요량이 어떻게 바뀌는지 보여준다. 수요에 영향을 주는 다른 (비가격) 요인 중 하나가 변하면 그 변화는 모든 가격대에서 토마토 소비자의 구매량에 영향을 준다. 예를 들어 갑자기 살모넬라균 중독이 발생하고 공공보건 당국자들이 토마토가 그 원인일지도 모른다고 믿으면, 소비자의 기호는 바뀔 것이다. 소비자들은 어떤 가

---

3   이에 대한 흥미롭지만 흔치 않은 예외가 기펜재(Giffen good)이다. 기펜재는 수요곡선이 우상향한다. 그런 재화에 대해서는 제5장에서 논의할 것이다. (기펜재가 아닌) 일반적인 재화의 수요곡선은 우리가 다음 절에서 논의하는 것처럼 수평일 수도 있다. 수요곡선이 왜 보통 우하향하는지는 제4, 5장에서 더 깊이 있게 살펴보기로 한다.

그림 2.2 수요곡선의 이동

수요곡선 D_1은 수요에 영향을 미치는 어떤 가격 요인이 변하면 이동한다. 토마토가 살모넬라균의 원인으로 의심되면 모든 가격대에서 소비자가 전보다 토마토를 덜 수요할 것이고, 수요곡선은 D_1에서 안쪽으로 이동하여 D_2가 된다. 반대로 토마토에 항암 효과가 있다는 사실이 발견되면 토마토에 대한 수요는 D_1에서 바깥쪽으로 이동하여 D_3가 될 것이다.

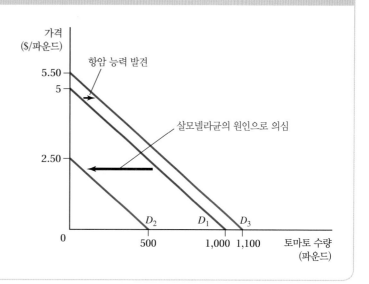

격에서도 전보다 토마토를 더 적게 원할 것이고, 수요곡선은 그림 2.2에서와 같이 왼쪽 안으로 이동하여 D_2가 된다.[4] 수학적으로, 수요곡선 D_2는 $Q = 500 - 200P$에 해당한다.

마찬가지로, 만약 과학자들이 토마토가 암 예방에 도움이 된다는 사실을 발견하면, 소비자는 어떤 가격에서도 전보다 토마토를 더 많이 사려고 할 것이고 토마토에 대한 수요곡선 전체는 D_1에서 오른쪽 바깥으로 이동하여 D_3가 될 것이다(그림 2.2). 수학적으로 새로운 수요곡선 D_3는 $Q = 1,100 - 200P$와 같은 식으로 나타난다. 여기서 우리가 수요곡선을 이동시킬 때 기울기를 유지하는 가장 간단한 방법을 쓰고 있음에 주목하기 바란다. 실제 시장에서는 반드시 그래야만 하는 것은 아니다. 수요가 가격에 대해 더 혹은 덜 민감해지면 새로운 곡선은 기울기도 바뀔 것이다.

비가격 요인이 변할 때 모든 가격에서 발생하는 수요량 변화는 다음의 중요한 구분을 보여준다.

- **수요량의 변화**(change in quantity demanded)는 주어진 수요곡선상의 이동으로 나타나며(예 : 그림 2.1에서 A점에서 B점으로의 이동), 재화의 가격이 변하지만 다른 모든 조건은 일정하게 유지될 때 발생한다.

- **수요의 변화**(change in demand)는 재화의 전체 수요곡선의 이동으로 나타나며(예 : 그림 2.2에서 D_1의 D_2, D_3로의 이동), 수요에 영향을 미치는 가격 이외의 요인의 변화에 의해 야기된다.

우리는 가격을 수요에 영향을 미치는 다른 요인들과 다르게 취급하는데, 이는 가격이 재화의

수요량의 변화
가격의 변동에 따른 수요곡선상의 이동

수요의 변화
수요의 결정 요인 중 자체 가격 외의 다른 요인의 변동에 따른 수요곡선 전체의 이동

---

4 '이동(shift)'이라는 말을 쓸 때, 이는 그림 2.2에서와 같은 평행이동뿐만 아니라 회전이동(이 경우 수요곡선의 기울기가 바뀐다)인 경우도 포함한다. 어떤 경제적 힘이 수요곡선의 기울기에 영향을 주는지는 추후 더 자세히 논의할 것이다.

공급에도 영향을 미치는 요인이어서 공급과 수요를 묶는 데 결정적으로 중요하기 때문이다.

2.3 공급

우리는 공급과 수요 모형에서 수요 측 반쪽을 개관했다. 다른 반쪽, 즉 시장의 모든 생산자가 판매할 용의가 있는 재화의 총량에는 어떤 요인이 영향을 미치는가?

공급에 영향을 미치는 요인

수요를 결정하는 요인이 많은 것처럼 공급에 영향을 미치는 요인도 많다. 이러한 요인들을 앞에서 본 파이크플레이스마켓의 토마토 사례의 맥락에서 논의해보자.

가격 수요에 대해 그런 것처럼 가격은 공급 결정에도 중요한 역할을 한다. 만약 농부들이 파이크플레이스마켓에서 토마토를 파운드당 40달러에 팔 수 있을 것이라고 기대한다면 토마토를 매우 많이 들여올 것이다. 만약 가격을 파운드당 1달러로 예상하면 판매가능한 수량은 훨씬 적을 것이다.

공급자의 생산비용 생산요소의 가격과 생산기술이 변하면 공급자의 생산비용이 변할 것이다. 생산자가 토마토를 생산하여 시장에 내놓기 위해서는 많은 생산요소를 사용해야 한다. 몇 가지만 들어보면 땅, 토마토 종자, 비료, 수확 기구, 파이크플레이스와 같은 시장에서의 점포 임대료, 토마토를 시장에 운반하는 데 필요한 휘발유 같은 것들이다. 이러한 생산요소의 가격이 변하면 생산자의 비용이 변해 시장에 공급되는 토마토 수량에 영향을 줄 것이다.

마찬가지로, 토마토와 같은 재화를 만들고 유통시키고 판매하는 과정인 **생산기술**(production technology)이 변하면 생산비용이 변할 것이다. 비용이 낮아지면 판매자가 토마토를 공급하려는 의사가 높아질 것이다.

생산기술
재화를 만들고 유통하고 판매하는 데 사용되는 과정들

판매자의 수 파이크플레이스에 토마토를 가져오는 농부가 많아질수록 공급이 늘어날 것이다.

판매자의 외부 옵션 파이크플레이스마켓에서 토마토를 파느라 바쁜 농부는 다른 제품을 팔거나 다른 어떤 장소에서 토마토를 팔거나 하지 않는다. 시장에서 다른 물건 장사를 하거나 다른 시장에서 토마토를 팔거나 하는 일에 대한 농부의 전망이 바뀌면, 파이크플레이스마켓에서 토마토를 공급하려는 의향이 영향을 받을 수 있다. 이러한 전망은 농부가 재배하여 판매할 수 있는 다른 재화의 가격이나 파이크플레이스가 아닌 다른 시장에서의 토마토 가격과 같은 요인에 의존한다.

공급곡선

수요에 대해 더 집중적으로 생각하기 위한 방법으로 수요곡선을 도입한 것처럼, 공급에 대해서도 마찬가지 작업을 할 수 있다. **공급곡선**(supply curve)은 다른 모든 요인을 고정시킨 상태에서 재화의 공급량과 재화의 가격 간 관계를 보여준다. 수요곡선과 마찬가지로 공급곡선은 공급에 영향을 미치는 요인을 (1) 가격과 (2) 다른 모든 것의 두 집단으로 나눌 수 있다는 생각을 담고 있다.

공급곡선
다른 조건들은 고정된 상황에서, 재화의 가격과 공급량 간의 관계

그림 2.3 토마토 공급

파이크플레이스마켓의 토마토 공급곡선인 S_1은 가격에 따라 토마토 공급량이 어떻게 변하는지 보여준다. 토마토 가격이 상승함에 따라 생산자들은 토마토를 더 많이 공급하고, 이에 따라 공급곡선은 우상향하게 된다. 파운드당 1달러의 가격에서 생산자들은 토마토를 전혀 공급하지 않는다. 2, 3, 4, 5달러에서는 토마토를 각각 200, 400, 600, 800파운드 공급한다.

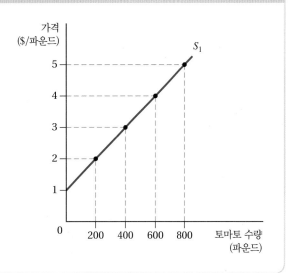

공급곡선의 시각적 표현　그림 2.3은 파이크플레이스마켓의 토마토 공급곡선을 나타낸다. 세로축은 재화의 가격을 나타내고 가로축은 공급량을 나타낸다. 그림의 공급곡선은 우상향한다. 즉 다른 모든 조건이 일정할 때 생산자는 가격이 오를수록 더 많이 공급하려고 한다. 우상향하는 공급곡선 배후에 있는 간단한 직관은, 생산비용과 여타 비가격 요인이 주어진 상황에서 기업은 가격이 높을 때 더 많은 양을 시장에 공급하려고 한다는 것이다.[5] 예를 들어 많은 기업은 생산량이 늘어남에 따라 생산비 증가를 겪게 된다. 이 경우 기업들이 더 많이 생산하도록 유도하려면 시장에서 얻는 가격이 높아져야 한다.

공급곡선의 수학적 표현　그림 2.3의 공급곡선은 수학적으로 다음과 같이 쓸 수 있다.

$$Q = 200P - 200$$

여기서 Q는 (파운드 단위로 표시된 토마토) 공급량이고 P는 파운드당 달러이다. 이는 다른 조건들이 일정할 때 가격이 1달러 오를 때마다 토마토 공급량이 200파운드씩 상승함을 나타낸다. **공급폐색가격**(supply choke price)은 재화를 생산할 용의를 가진 기업이 없어서 공급량이 0이 되는 가격으로, 역공급곡선의 세로절편이다. 이 예에서는 1달러이다. **역공급곡선**(inverse supply curve)은 가격이 공급량의 함수 형태로 쓰인 공급곡선이다. 여기서 역공급곡선은 $P = 0.005Q + 1$이다.

공급폐색가격
생산하려는 기업이 없고 공급량이 0이 되는 가격 수준. 역공급곡선의 수직축 절편

역공급곡선
가격이 공급량의 함수 형태로 표시된 공급곡선

공급곡선의 이동

그림 2.3의 S_1과 같은 하나의 주어진 공급곡선은 오로지 재화의 가격만이 변할 때 그 재화의 공급량이 어떻게 바뀌는지 보여준다.

---

5 공급곡선이 수평인 경우도 있고(특히 장기에) 완전 수직인 경우도 있지만, 보통 공급곡선은 우상향한다. 특별한 공급곡선에 대해서는 추후에 논의할 것이다.

공급에 영향을 미치는 다른 (비가격) 요인 중 하나가 변하면 그 변화는 모든 가격대에서 공급자들이 판매하고자 하는 토마토 수량에 영향을 미친다. 예를 들어 누군가가 토마토를 더 낮은 비용으로 더 빨리 수확할 수 있는 기계를 발명한다면, 파운드당 4달러에 토마토 600파운드를 생산하려던 생산자는 이제는 파운드당 4달러에 기꺼이 800파운드를 생산하고자 할 것이다. 파운드당 2달러에 200파운드를 생산하려던 생산자는 이제는 2달러에 기꺼이 400파운드를 생산하고자 할 것이다. 다른 가격에서도 마찬가지 변화가 일어난다. 모든 가격대에서 생산자들이 토마토를 더 많이 공급하므로 공급곡선 전체가 그림 2.4에서처럼 S_1에서 오른쪽 바깥의 S_2로 이동한다. 우리가 그린 방식에서는 어느 가격대에서든 수량이 200파운드 증가하지만, 공급의 이동이 반드시 이런 형태를 따라는 법은 없다.[6] 수학적으로 공급곡선 S_2는 식 $Q = 200P$와 같이 표현된다.

마찬가지로, 가뭄이 들면 생산자가 밭에 물을 대는 데 비용이 들 것이다. 모든 가격대에서 전에 비해 토마토를 덜 공급하려 할 것이고, 공급곡선은 왼쪽 안의 S_3로 이동할 것이다. 수학적으로 공급곡선 S_3는 $Q = 200P - 600$에 해당한다. 수요곡선과 마찬가지로 모든 가격에서의 수요량 변화는 다음과 같은 구분을 보여준다.

공급량의 변화
가격의 변동에 따른 공급곡선상의 이동

공급의 변화
공급의 결정 요인 중 자체 가격 외의 다른 요인의 변동에 따른 공급곡선 전체의 이동

■ **공급량의 변화**(change in quantity supplied)는 주어진 공급곡선상의 이동을 나타내며, 재화의 가격이 변하지만 다른 모든 것은 그대로일 때 발생한다.

■ **공급의 변화**(change in supply)는 전체 공급곡선의 이동으로 나타나며, 재화 자체 가격 이외의 요인의 변화에 의해 야기된다.

수요곡선이 가격이 수요에 미치는 영향을 분리하는 것과 똑같이 공급곡선은 가격이 공급에

그림 2.4 공급곡선의 이동

공급에 영향을 미치는 어떤 비가격 요인이 변하면 공급곡선 S_1은 이동한다. 더 빠른 수확 방법이 개발되면 토마토의 공급은 S_1에서 S_2로 바깥쪽으로 이동할 것이다. 반대로 가뭄이 들면 토마토의 공급은 S_1에서 S_3로 안쪽으로 이동할 것이다.

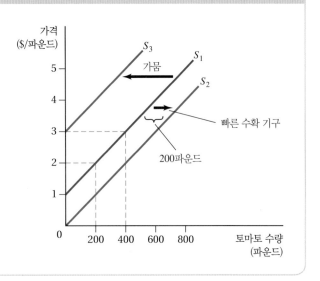

---

6 수요곡선에서와 마찬가지로 공급곡선이 선형일 필요는 없다. 이런 방식으로 그리는 것은 단지 단순화를 위해서이다.

미치는 영향을 분리하며, 가격은 공급과 수요 모두에 직접 영향을 미치는 요인이다. 가격은 시장의 두 측면을 한데 묶는 결정적으로 중요한 요소이다. 공급과 수요 양측에서의 가격의 역할은, 가격이 자유롭게 조정되어 소비자에 의한 수요량이 생산자에 의한 공급량과 같아지게 할 수 있음을 뜻한다. 이런 상황이 발생하면, 시장에서 현재 가격에 사려고 하는 사람은 누구나 그렇게 할 수 있고 현재 가격에 팔려고 하는 사람도 모두 그렇게 할 수 있다.

다음 절에서 보듯이, 공급과 수요 모형을 이용해서 비가격 요인의 변화가 시장 결과에 어떤 영향을 주는지도 예측할 수 있다. 하지만 그렇게 할 수 있는 단계에 도달하려면 우선 애초의 시장가격과 판매량을 찾아내야 한다. 가격을 특별하게 취급하면 그것이 가능하다.

2.4 시장균형

수요 공급 모형의 진정한 힘은 수요곡선과 공급곡선을 결합할 때 나타난다. 두 곡선 모두 수량과 가격의 관계를 나타내므로 가격은 세로축, 수량은 가로축에 놓은 동일한 그래프에 두 곡선을 그릴 수 있다. 그림 2.5는 시애틀 파이크플레이스마켓의 원래의 수요곡선과 공급곡선을 겹쳐서 보여준다. 기억을 상기시키기 위해 다시 설명하면, 식으로 표현했을 때 수요곡선은 $Q = 1,000 - 200P$이고(역수요함수 $P = 5 - 0.005Q$와 동일), 공급곡선은 $Q = 200P - 200$이다(역공급함수로는 $P = 1 + 0.005Q$).

공급곡선과 수요곡선이 만나는 점이 **시장균형**(market equilibrium)이다. 균형은 그림 2.5에서 E로 표시되어 있고, 이 점에서의 가격과 수량은 P_e와 Q_e로 표시되어 있다. **균형가격**(equilibrium price) P_e는 공급량과 수요량이 일치하는 유일한 가격이다.

시장균형
수요곡선과 공급곡선이 만나는 점

균형가격
공급량과 수요량이 일치하는 유일한 가격

균형의 수학적 분석

파이크플레이스의 토마토 사례에서 시장균형은 무엇일까? 그림 2.5로부터 균형가격 P_e는 파운

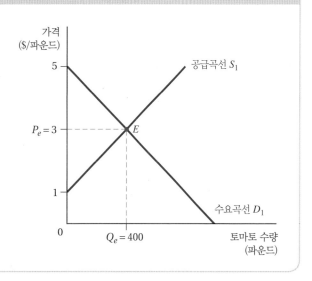

그림 2.5 시장균형

공급곡선 S_1과 수요곡선 D_1이 교차하는 점이 시장균형을 나타낸다. 이 점에서의 가격과 수량은 P_e와 Q_e로 표시되어 있다. 토마토의 균형가격과 수량은 각각 파운드당 3달러와 400파운드이다.

드당 3달러이고 균형수량 Q_e는 400파운드라는 것을 읽어낼 수 있다. 하지만 균형가격과 수량을 수요곡선과 공급곡선의 식으로부터 수학적으로 알아낼 수도 있다. 수요량은 $Q^D = 1,000 - 200P$이고(식이 수요곡선이라는 것을 상기시키기 위해 위첨자 'D'를 붙임), 공급량은 $Q^S = 200P - 200$이다(여기서도 위첨자를 붙임). 시장균형에서는 수요량과 공급량이 일치해야 한다. 즉 $Q_e = Q^D = Q^S$이다. 위의 식을 이용하면 다음을 얻는다.

$$Q^D = Q^S$$
$$1,000 - 200P = 200P - 200$$
$$1,200 = 400P$$
$$P_e = 3$$

가격 P가 파운드당 3달러일 때 수요량 Q^D는 공급량 Q^S와 같으므로, 그림 2.5에서 보는 것과 같이 균형가격 P_e는 3달러이다. 균형수량 Q_e를 찾으려면 이 P_e값을 수요곡선이나 공급곡선 중 아무것에나 다시 대입하면 된다. 균형가격에서는 수요량과 공급량이 같기 때문이다.

$$Q_e = 1,000 - 200P_e = 1,000 - 200(3) = 1,000 - 600 = 400$$

우리는 방금 균형에서 수요량과 공급량이 같다는 사실을 이용해서 수요곡선과 공급곡선식을 같게 놓아 균형가격과 수량을 구했다. 이 방법 대신, 시장균형수량에서는 역수요함수로 주어진 가격이 같다는 사실을 이용해도 같은 답을 얻을 수 있다. 즉 다음 식을 이용한다.

$$5 - 0.005Q_e = 1 + 0.005Q_e$$

이 식을 풀면 전과 같이 $Q_e = 400$파운드를 얻는다. $Q_e = 400$을 역수요나 역공급식 중 아무것에나 다시 대입하면 예상대로 시장가격 P_e가 파운드당 3달러임을 알 수 있다.

시장이 균형으로 수렴하는 이유

시장이 균형에 있을 때 소비자의 수요량과 생산자의 공급량은 현재의 시장가격에서 일치한다. 균형이 왜 안정적인 상황인지 알아보기 위해 가격이 균형 수준이 아닐 때 어떤 일이 발생하는지 보자. 현재의 가격이 균형가격보다 높다면 초과공급이 발생할 것이다. 가격이 균형가격보다

A⁺   시험 잘 보는 법

균형에서 공급량과 수요량이 같은가?

방금과 같은 방법으로 시장균형을 구하는 것은 중급 미시경제학 수업에서 가장 흔한 시험문제 중 하나이다. 기본적인 발상은 늘 같다. 수요곡선과 공급곡선을 나타내는 식을 이용해 균형가격을 구하고 그 균형가격을 공급곡선이나 수요곡선 중 하나(어느 것인지는 중요하지 않다)에 다시 대입하여 균형수량을 알아내는 것이다. 이 방법은 간단하지만 시험에서는 시간제약의 압박 때문에 실수를 하기 쉬운데, 특히 수요나 공급곡선이 우

리가 여기서 다루는 기본적인 사례보다 복잡한 형태를 띨 때 그렇다.

간단한 요령을 이용하면 답이 맞는지 확인할 수 있는데, 시간도 얼마 걸리지 않는다. 구한 균형가격을 수요곡선과 공급곡선 둘 다에 대입해본다. 균형가격을 공급곡선식과 수요곡선식에 대입했을 때 답이 같지 않다면 풀이 과정에서 계산 실수를 한 것이다. 균형에서 수요량과 공급량은 같아야 하기 때문이다.

그림 2.6 P_e가 균형가격인 이유

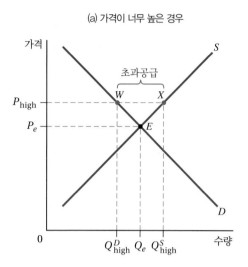
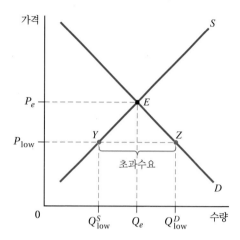

(a) 가격이 너무 높은 경우

(b) 가격이 너무 낮은 경우

(a) 균형가격 P_e보다 높은 P_{high}에서 생산자들은 Q^S_{high}만큼 생산하는 반면 소비자들은 Q^D_{high}만큼만 사려고 한다. 이것은 재화의 초과공급을 초래하며, 그림으로는 점 W와 X 사이의 거리로 나타난다. 시간이 지남에 따라 가격이 떨어지고 시장은 균형인 E점을 향해 움직일 것이다.

(b) 균형가격 P_e보다 낮은 P_{low}에서 생산자들은 Q^S_{low}만큼 생산하는 반면 소비자들은 Q^D_{low}만큼 사려고 한다. 이것은 재화의 초과수요를 초래하며, 그림으로는 점 Y와 Z 사이의 거리로 나타난다. 시간이 지남에 따라 가격이 상승하고 시장은 균형인 E점을 향해 움직일 것이다.

낮다면 초과수요가 발생할 것이다.

초과공급 그림 2.6a에 나타난 것처럼 균형가격보다 높은 가격을 P_e 대신 P_{high}라고 부르면, 공급량 Q^S_{high}는 수요량 Q^D_{high}보다 크다. 가격이 이렇게 높으면 생산자들이 물건을 팔려고 나타나지만, 모든 생산자가 그 가격에 물건을 사려는 구매자를 만날 수 있는 것은 아니다. 판매를 위해 내놓은 수량 중 초과분은 P_{high} 가격에서 공급곡선과 수요곡선 간의 수평 거리인 $Q^S_{high} - Q^D_{high}$와 같다. 이 초과공급량을 없애려면 생산자는 더 많은 구매자를 끌어들여야 하고, 그러려면 판매자는 가격을 낮춰야 한다. 가격이 떨어짐에 따라 수요량이 증가하고 공급량은 감소해 시장은 균형인 E점에 도달한다.

초과수요 그림 2.6b에는 반대 상황이 나타난다. 가격이 P_{low}이면 소비자는 생산자가 공급하려는 양인 Q^S_{low}보다 더 많은 양인 Q^D_{low}를 사려고 하지만, 그 양은 생산자가 공급할 용의가 있는 Q^S_{low}보다 많다. 이 초과수요를 없애기 위해서, 구입가능한 재화를 찾지 못하는 구매자는 가격을 더 높여 부를 것이고 기업정신이 왕성한 생산자는 당연히 가격을 인상하려고 할 것이다. 가격 상승에 따라 수요량이 떨어지고 공급량은 늘어나 시장은 균형인 E점에 도달한다.[7]

---

7 가격은 상당 기간 균형값이 아닌 수준으로 지속되기도 하는데, 특히 시장에 가격상한(법으로 허용된 최고가격)이나 가격하한(법으로 규정된 최저가격)과 같이 정책에 기반을 둔 개입이 있을 때 그렇다. 이런 상황은 제3장에서 논의한다.

예제 2.1

문자를 무제한 보낼 수 있는 월간 휴대전화 요금제에 대한 수요곡선과 공급곡선이 다음과 같다고 하자.

$$Q^D = 50 - 0.5P$$
$$Q^S = -25 + P$$

이 요금제의 현재 가격은 1개월에 40달러이다. 이 시장은 균형에 있는가? 가격이 상승할 것으로 예상되는가, 하락할 것으로 예상되는가? 만약 그렇다면 얼마나 상승하거나 하락하겠는가? 설명하라.

풀이

가격이 상승할지 하락할지를 묻는 첫 번째 문제는 두 가지 방식으로 풀 수 있다. 첫 번째는 현재 시장가격인 40달러에서의 수요량과 공급량을 계산해서 비교하는 것이다.

$$Q^D = 50 - 0.5P = 50 - 0.5(40) = 50 - 20 = 30$$
$$Q^S = -25 + P = -25 + 40 = 15$$

수요량이 공급량보다 크므로 시장에 초과수요(부족)가 있다는 것을 알 수 있다. 많은 사람들이 무제한 문자 요금제를 사고 싶어 하지만 그 가격에 팔려고 하는 공급자가 많지 않기 때문에 늘 매진이 된다. 공급량과 수요량을 일치시키기 위해 가격이 올라가서 결국 시장이 균형으로 움직이게 된다.

이 방법 대신 먼저 균형가격부터 구해서 문제를 풀 수도 있다.

$$Q^D = Q^S$$
$$50 - 0.5P = -25 + P$$
$$1.5P = 75$$
$$P = \$50$$

현재의 시장가격인 40달러는 균형가격 50달러 아래이다. (이것이 시장에 초과수요가 존재하는 이유이다.) 따라서 가격이 10달러 상승할 것이라고 예측할 수 있다. 시장이 균형에 도달해 가격이 50달러가 되면, 모든 구매자는 판매자를 찾을 수 있고 모든 판매자는 구매자를 찾을 수 있다. 그러면 가격은 시장이 변해 수요곡선이나 공급곡선이 이동하지 않는 한 50달러로 유지될 것이다.

균형으로의 조정 현실에서는 균형이 이해하기 어려울 수도 있다는 점에 주목해야 한다. 정형화된 모형에서 우리는 마치 모든 생산자와 소비자가 한 장소에 모여 일종의 경매인에게 각 가격에서 얼마나 생산하고 소비할지 보고하는 것처럼 생각하고 있다. 경매인이 이런 모든 정보를 결합해 시장청산가격을 계산해서 발표하면 그제야 모든 판매자와 구매자가 발표된 시장청산가격에서 거래를 맺는다. 하지만 현실의 시장에서는 위대한 18세기 스코틀랜드 경제학자 스미스 (Adam Smith)가 '보이지 않는 손'이라고 부른 것에 의존해야만 한다. 생산자는 자신이 팔 수 있을 것이라고 생각하는 가격에 제품을 얼마나 생산할지 독립적으로 결정해야 하며, 소비자는 물건을 사기 위해서 가게나 주유소, 웹사이트를 직접 방문한다. 단기적으로 생산자가 공급을 너무 많이 하거나 너무 적게 할 수도 있지만, 이런 실수는 시장을 통해 교정되는 경향이 있다. 경제학자들은 보통 그 과정에 대해서는 구체적으로 밝히지 않고 시장이 이런저런 방법으로 어떻게든 균형에 도달한다고 가정한다.

수요 이동의 영향

지금까지 배운 것처럼, 수요곡선과 공급곡선에서는 가격 이외에 수요량과 공급량에 영향을 줄 수 있는 다른 모든 것이 일정하게 유지된다. 따라서 그림 2.5에 나타난 시장균형은 이런 다른 요인 중 변하는 것이 하나도 없어야 유지된다. 만약 다른 요인이 변하면 수요곡선이나 공급곡선이 이동할 것이기 때문에 새로운 시장균형이 생길 것이다.

그림 2.7 토마토 수요 감소의 효과

살모넬라균 급증 이후 토마토 수요가 감소하여 그 결과 수요곡선이 D_1에서 D_2로 이동한다. 이 수요 감소의 결과로 최초의 균형점인 E_1보다 낮은 새로운 균형점 E_2가 나타난다. 균형수량은 Q_1(400파운드)에서 Q_2(150파운드)로 떨어지고, 균형가격은 P_1(3달러)에서 P_2(1.75달러)로 떨어진다.

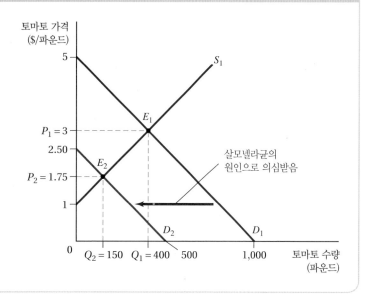

이전의 사례에서처럼 토마토가 살모넬라균 급증의 원인으로 의심된다는 뉴스 보도가 나오면 토마토 수요가 감소한다고 하자. 이에 따른 소비자 기호의 변화로 인해 그림 2.7에서와 같이 수요곡선 D_1이 안쪽(즉 왼쪽)으로 이동해 D_2가 된다.

이러한 수요 이동 후에 시장균형은 어떻게 변할까? 균형가격과 수량이 둘 다 떨어진다. 균형수량은 Q_1에서 Q_2로 떨어지고 균형가격은 P_1에서 P_2로 떨어진다. 이런 이동이 일어나는 이유는 수요 감소 이후에도 가격이 P_1에 머물면 토마토 경작자는 소비자가 사려고 하는 것보다 훨씬 더 많은 양을 공급할 것이기 때문이다.

새로운 수요곡선 D_2를 나타내는 식인 $Q = 500 - 200P$를 이용해 전과 같은 접근법을 써서 새로운 균형가격과 수량을 구할 수 있다. (공급곡선은 불변이다.)

$$Q^D = Q^S$$
$$500 - 200P_2 = 200P_2 - 200$$
$$400P_2 = 700$$
$$P_2 = 1.75$$

따라서 수요 이동 전 균형가격이 파운드당 3달러였던 데 비해 새로운 균형가격은 파운드당 1.75달러이다. 이것을 새로운 수요곡선(혹은 공급곡선)에 대입하면 새로운 균형수량을 얻는다.

$$Q_2 = 500 - 200(1.75) = 150$$

새로운 균형수량은 150파운드로, 수요가 이동하기 전의 균형수량의 절반 이하이다.

수요가 증가해서 수요곡선이 바깥쪽으로 이동하는 사례도 마찬가지로 쉽게 분석할 수 있다. 소득이 상승하거나, 대체재가 더 비싸지거나 할 수 있다. 공급곡선이 그대로 있어도 수요가 이처럼 증가하면 수요곡선이 오른쪽 위로 이동하고 그로 인해 균형가격과 수량이 둘 다 증가하게

예제 2.2

땅콩 시장의 공급과 수요 그래프를 그려라.

a. 누군가 땅콩 알레르기에 대한 치료법을 발견하여, 이전에는 땅콩으로 만든 음식을 피해야 했던 일군의 사람들이 땅콩을 먹을 수 있게 되었다. 균형가격과 수량이 어떻게 되겠는가?

b. 이 변화는 수요의 변화를 나타내는가, 아니면 수요량의 변화를 나타내는가?

풀이

a. 땅콩은 다른 식품의 대체재이다. 땅콩 알레르기가 치료되어 전보다 더 많은 사람들이 땅콩을 먹을 수 있게 되면 땅콩에 대한 수요가 증가하고 수요곡선은 오른쪽 바깥으로 이동할 것이다. 그림에서 보듯이 이러한 이동의 결과로 균형가격이 상승하고 땅콩 구입량이 증가할 것이다.

b. 알레르기 치료가 모든 가격에서 땅콩의 매력을 변화시키기 때문에 이것은 땅콩 수요의 변화이다.

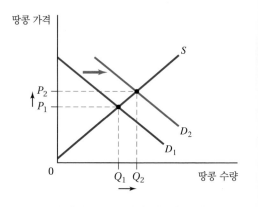

된다. 원래의(이동 전의) 시장가격에서, 이동 후의 수요량은 판매자의 공급량보다 클 것이다. 그러면 가격이 상승하면서 공급곡선상의 이동이 발생하고 결국 공급량과 수요량이 일치하게 된다.

곡선의 이동 대 곡선상의 이동   이러한 분석은 수요나 공급곡선의 이동(shifts in a curve)과 곡선상의 이동(movements along a curve)을 구분하는 것이 중요하다는 점을 잘 보여준다. 이런 구분이 어떨 때는 혼란스러워 보일 수도 있지만, 이것을 이해하는 것은 이 책에 등장하는 대부분의 분석에 있어 대단히 중요하다. 우리는 소비자의 기호가 변하여 제품을 부정적으로 보게 되면 시장에 어떤 일이 발생하는지 그림 2.7에서 보았다. 이러한 기호 변화에 따라 소비자가 모든 가격대에서 전보다 제품을 덜 사고 싶어 하게 되었다. 즉 수요곡선이 안쪽으로 이동하게 된다. 어떤 특정 가격에서 소비자가 사고 싶어 하는 제품의 수량을 변화시키는 요인은 반드시 수요곡선을 이동시킨다는 점을 기억하기 바란다. 동시에 이러한 기호 변화는 각 가격대에서 생산자가 팔기를 바라는 수량에는 영향을 주지 않았다. 그것은 생산비나 외부 옵션에 영향을 미치지 않는다. 따라서 공급은 변하지 않고 공급곡선은 이동하지 않는다. 그러나 **공급량**은 변한다. 공급량은 감소된 수요에 반응하여 떨어진다. 이러한 공급량의 변화는 공급곡선상의 이동이다. 이 예에서 공급량이 감소하는 유일한 이유는 수요곡선의 이동으로 균형가격이 낮아졌고 가격이 낮아지면 공급자가 재화 생산을 덜 하기 때문이다. 따라서 수요곡선이 **이동**하면 공급곡선상의 이동이 발생해 새로운 균형으로 옮겨간다.

공급 이동의 영향

이제 공급곡선이 이동하지만 수요곡선은 이동하지 않는 경우 어떤 일이 발생하는지 생각해보자. 그림 2.8은 토마토 공급이 늘어나 공급곡선이 S_1에서 S_2로 바깥쪽으로 이동하는 경우를 보

그림 2.8 토마토 공급 증가의 효과

비료가 싸지면 모든 가격대에서 농부는 토마토를 더 많이 공급하여, 공급곡선은 S_1에서 바깥쪽으로 이동해 S_2가 된다. 균형수량은 E_1(400 파운드)에서 E_2(600파운드)로 증가하고, 반면 균형가격은 P_1(파운드당 3달러)에서 P_2(파운드당 2달러)로 하락한다.

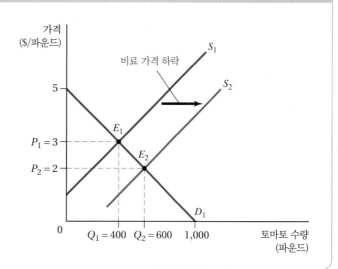

여준다. 이러한 이동은 농부들이 어떤 주어진 가격에서도 전보다 더 많은 양의 토마토를 팔고자 한다는 것을 의미한다. 이러한 이동은 농부의 생산요소 구입비용이 줄어들 때, 예를 들어 비료 가격이 하락할 때 발생할 것이다. 비용이 감소하면 주어진 어떤 가격에서도 공급량이 늘어나는 이유는 논리적으로 간단하다. 가격이 파운드당 3달러일 때 농부들이 파운드당 가령 1달러의 평균이윤을 낼 수 있다면, 비용이 1달러 하락(이것은 이윤을 증가시킨다)하면 농부들은 더 많은 양을 판매하려고 할 것이다. 하지만 이러한 비용 변화가 수요곡선에는 직접적인 영향을 주지 않는다는 사실에 주목하기 바란다. 가격이 고정되어 있는 상태에서 소비자들은 전보다 토마토를 더 사려고도, 덜 사려고도 하지 않는다.

공급곡선이 원래 위치인 S_1(식으로는 $Q = 200P - 200$)에서 S_2(식으로는 $Q = 200P + 200$)로 이동했다. 공급 이동 이후에도 가격이 원래 균형가격인 P_1으로 유지되면 판매자들이 공급하려고 하는 토마토 수량이 소비자의 수요량을 초과할 것이다. 따라서 균형가격은 그림에서처럼 떨어져야 한다. 이러한 가격 하락으로 인해 수요곡선을 따라 수량이 증가하게 된다. 가격은 수요량이 다시 한번 공급량과 같아질 때까지 하락한다. 새로운 균형가격은 P_2이고 새로운 균형수량은 Q_2이다.

원래 수요함수와 새로운 공급함수식을 이용해 새로운 균형가격과 수량을 구할 수도 있다.

$$Q^D = Q^S$$
$$1,000 - 200P_2 = 200P_2 + 200$$
$$400P_2 = 800$$
$$P_2 = 2$$

비용 하락과 그에 따른 공급 증가로 균형가격은 파운드당 3달러에서 2달러로 하락한다. 이것은 직관에 부합한다. 농부의 비용 하락이 결국 더 낮은 시장가격에 반영되고 있는 것이다. 이 가격을 수요곡선이나 새로운 공급곡선에 대입하면 새로운 균형수량을 얻을 수 있다.

$$Q_2 = 1,000 - 200(2) = 600$$

$$Q_2 = 200(2) + 200 = 600$$

토마토 균형수량은 공급 증가와 균형가격 하락에 대응해 400파운드에서 600파운드로 증가한다.

괴짜경제학

우버는 어떻게 택시산업을 사로잡았나

눈보라가 뉴욕시를 강타할 때마다 사람들은 시장균형의 교훈을 얻는다. 교통이 혼잡해진다. 사람들의 울분이 치솟는다. 그리고 택시는 찾기가 사실상 불가능하다. 하지만 우버와 같은 차량공유 회사 승객들은 대기 시간이 거의 없이 차를 부를 수 있다.

거대한 뉴욕 택시 시스템이 작동하지 않아도 우버가 통근자들을 집으로 데려다주기 때문에 그런 통근자들이 행복해할 것이라고 생각할 것이다. 하지만 대개 그들은 그렇지 않다. 그런 경우 우버 가격이 상승하기 때문이다. 그것도 매우 많이.

눈보라는 택시 기사에게 공급과 수요의 악몽을 낳는다. 그들은 가격을 조정할 수 없다. 시 당국이 택시가 책정할 수 있는 요금을 규제하므로, 돈을 벌려면 기사는 운행을 더 많이 해야만 한다. 도로 상태가 나쁘면 택시 기사가 벌 수 있는 돈은 곤두박질친다(게다가 사고 위험이 올라간다). 많은 경우 택시 기사는 운행을 계속할 가치가 없어 다수가 차고지로 돌아간다. 수요는 높고 공급은 낮다. 가격이 올라야 하지만 그럴 수 없다.

반면 우버는 공급과 수요가 일치하도록 가격을 조정할 수 있다. 다음 두 가지 일이 발생하기 때문에 시장가격에 탑승을 하려는 사람은 누구나 그럴 수 있다. 즉 일부 소비자는 더 높은 가격을 낼 의향이 없어 시장에서 나간다. 또한 평소 가격에서라면 운행하기를 원하지 않았을 일부 우버 기사

는 더 높은 요금에 승객을 태운다. 충분히 높은 가격을 택함으로써 우버는 눈보라와 같은 극한 상황에서도 공급과 수요를 일치시킬 수 있다. 하지만 우버의 문제점은 때때로 균형가격이 매우 높다는 것이다. 이 경우 승객의 트위터는 폭발한다.[*]

이런 승객들은 기본적 균형 원리를 잊어버린 것 같다. 기사 한 명이 증가하는 불만에 다음과 같이 응답한 것처럼.

기사로서 나는 가격 상승이 없다면 눈보라가 칠 때 내가 그냥 집에 있을 거란 사실을 모두가 깨달았으면 좋겠다. 그러면 기사가 없을 테고 모든 사람은 여섯 블록을 가려고 차를 30분이나 기다렸다고 불평하고 있을 것이다.

우버가 가격을 올리지 않으면, 택시가 충분하지 않은 것처럼 우버 차도 충분하지 않을 것이다.

하지만 경제적 균형의 냉정한 논리는 홍보 측면에서 심각하게 나쁜 평판을 가져올 수 있다. 우버의 자동화된 가격 상승 알고리즘은 뉴욕시의 폭탄 위협과 런던과 시드니의 대규모 폭력적 공격 직후 수요가 급증했을 때 가격을 극적으로 올렸다. 위험에서 멀어지려면 평소 가격의 4배를 내야 했다.

오늘날 우버는 그 나쁜 평판으로부터 교훈을 얻었다. 여전히 상승 가격제를 사용하지만 상한을 두어 위기 상황에서는 소비자에게 가격이 너무 높이 오르지 않도록 한다. 그리고 기사들이 그런 상황에서도 계속 운행하도록 보장하기 위해, 우버는 기사들이 소비자에게 책정하기를 원하는 가격을 기사에게 그대로 지불한다. 달리 말해 우버는 기상 악화 시의 탑승에 대해 손실을 부담한다. 이는 우버의 경영진이 이러한 정책의 장기적 편익이 단기적 비용보다 크다고 결론 내렸기 때문이다.

그것은 다른 종류의 균형이다.

뉴욕시에 눈이 내리기 시작하면… 택시 잡는 데 행운이 있기를.

Caro / Marc Meyerbroeker/Newscom

---

[*] Jose Martinez, "Uber Prices Are Surging Because of Snow and People Aren't Happy," November 15, 2018, https://www.complex.com/life/2018/11/uber-prices-are-surging-because-of-the-snow-and-people-arent-happy/uber-surge-6.

예제 2.3

오렌지 주스 공급이 $Q^S = 40P$로 나타난다고 하자. 여기서 Q는 파인트 단위로 측정되고 P는 파인트당 센트로 측정된다.

a. 오렌지 주스 수요가 $Q^D = 5,000 - 10P$라면 현재의 균형가격과 수량은 얼마인가?

b. 플로리다에서 된서리로 인해 오렌지 가격이 상승하고, 따라서 오렌지 주스 생산비용이 올라갔다고 하자. 비용 인상에 대응하여 생산자들이 모든 가격대에서 오렌지 주스 공급량을 400파인트씩 줄였다. 새로운 오렌지 주스 공급을 나타내는 식은 무엇인가?

c. 서리가 내린 후 새로운 오렌지 주스 균형가격과 수량은 얼마겠는가?

풀이

a. 균형가격을 구하기 위해서는 수요량과 공급량을 같게 놓아야 한다.

$$Q^D = Q^S$$
$$5,000 - 10P = 40P$$
$$50P = 5,000$$
$$P = 100센트$$

균형수량을 구하기 위해서는 균형가격을 수요곡선이나 공급곡선 중 하나(혹은 둘 다!)에 대입한다.

$$Q^D = 5,000 - 10(100) = 5,000 - 1,000$$
$$= 4,000파인트$$
$$Q^S = 40(100) = 4,000파인트$$

b. 모든 가격대에서 오렌지 주스 공급량이 400파인트씩 감소하면 공급곡선은 모든 가격대에서 400씩 왼쪽으로 (평행하게) 이동한다.

$$Q_2^S = Q^S - 400 = 40P - 400$$

새로운 공급곡선은 $Q_2^S = 40P - 400$으로 표시된다.

c. 새로운 균형을 찾기 위해 $Q^D = Q_2^S$로 놓자.

$$Q^D = Q_2^S$$
$$5,000 - 10P_2 = 40P_2 - 400$$
$$50P_2 = 5,400$$
$$P_2 = 108센트$$

새로운 균형수량은 균형가격을 수요나 공급을 나타내는 식에 대입해서 구할 수 있다.

$$Q^D = 5,000 - 10(108) = 5,000 - 1,080 = 3,920파인트$$
$$Q^S = 40(108) - 400 = 4,320 - 400 = 3,920파인트$$

우리의 예상대로(표 2.2 참조) 균형가격은 상승하고 균형수량은 하락한다.

공급 감소를 분석할 때도 같은 과정을 거치면 된다. 공급곡선은 왼쪽 위로 이동할 것이다. 이러한 공급 감소는 균형가격을 올리고 균형수량을 줄일 것이다.

각종 영향의 요약

표 2.2는 수요곡선이나 공급곡선 중 하나만 이동하고 다른 하나는 그 자리에 있을 때 나타나는 균형가격과 수량의 변화를 요약한 것이다. 수요가 이동할 때 가격과 수량은 같은 방향으로 움직인다. 수요가 증가하면 소비자는 이전 균형가격에서 생산자가 공급하고자 하는 양보다 더 많은 양을 구매하려고 한다. 이것은 가격을 인상시키고 이에 따라 생산자들이 생산을 더 많이 하도록 유도된다. 생산자의 반응은 공급곡선상의 이동으로 나타난다.

공급곡선이 이동하면 가격과 수량은 반대 방향으로 움직인다. 공급이 증가하면 공급곡선이 바깥쪽으로 이동하고, 이전 균형가격에서 생산자는 소비자가 사려고 하는 양보다 더 많은 양을 생산하려고 한다. 이는 가격을 끌어내려 소비자가 재화를 더 많이 구입할 유인을 제공할 것이

표 2.2 수요곡선과 공급곡선 중 하나만 이동할 때의 효과

이동하는 곡선	이동 방향	균형에 미치는 영향	
		가격	수량
수요곡선	바깥쪽(D 증가)	↑	↑
	안쪽(D 감소)	↓	↓
공급곡선	바깥쪽(S 증가)	↓	↑
	안쪽(S 감소)	↑	↓

다. 마찬가지로, 공급이 안쪽으로 이동하면 수요량을 줄이기 위해 균형가격은 상승해야 한다. 수요곡선이 우하향하기 때문에, 수요곡선상의 이러한 이동에 따라 가격과 수량은 반대 방향으로 움직인다.

응용 공급 이동과 비디오게임의 몰락

사람들은 비디오게임을 무척 좋아한다. 미국에서 가족 중 적어도 1명이 게임을 하는 가구가 전체 가구의 약 절반 이상이며, 이들 중 많은 가구는 여러 대의 게임기를 갖고 있다. 2017년 미국의 비디오게임기와 소프트웨어 판매수입은 약 146억 달러였다. 이 숫자가 어느 정도나 되는지 감을 잡아보면, 그것은 2017년 미국 국내 극장 수입 총액인 111억 달러보다 3분의 1이나 더 많다.

이런 숫자를 보면, 게임 산업의 초창기에 많은 이들이 게임은 지나가는 유행이며 이윤을 내기에 불가능한 산업이라고 단언했던 시절이 있었다는 사실을 결코 알지 못할 것이다. 왜 사람들이 그런 말을 했을까? 문제는 수요가 아니었다. 퐁(Pong)부터 스페이스 인베이더(Space Invader)까지 초창기의 비디오게임과 아타리 2600(Atari 2600)과 같은 게임기는 대히트를 기록했고 문화적 시금석이었다. 문제는 공급이었다. 공급이 너무 많았던 것이다. 몇 가지 요인이 결합하여 1983년에 북미 비디오게임 산업의 공급이 대규모로 이동했고, 결국 산업이 수년 동안 심각한 손상을 입었다.

두 가지 주요 요인이 공급 이동을 초래했다. 아타리 2600이 선도가 되었지만 마텔(Mattel)과 콜레코(Coleco) 같은 인기 있는 기계를 포함

한참 묻혀 있다가 뉴멕시코 매립지에서 발견된 E.T. 아타리 게임

해 가정용 비디오게임기는 1980년대 초반에 급격히 유행했다. 이런 산업 초창기에 게임기 생산자는 제3자인 게임 생산자와의 특허권 조정 문제를 처리할 최선의 방법을 아직 알지 못했다. 결과적으로 거의 아무나 원하기만 하면 게임기용 게임을 만들 수 있었다. 그리고 거의 아무나 실제로 그렇게 했다. 애완동물 사료회사인 퓨리나(Purina)조차 게임이 있었다. 퓨리나는 척 왜건(Chuck Wagon) 상표의 개 사료를 홍보했다. [척 왜건을 쫓아라(Chase the Chuck Wagon)라는 이 게임에서는 개가 미로에서 척 왜건을 추격한다.] 요컨대 골드러시가 일어난 것이다. 너무나 많은 생산자들이 각자 빠르게 성장하는 시장의 한 부분을 차지하기를 바라면서 동시에 시장에 진입했고, 이에 따라 어느 생산자가 사전에 개별적으로 예상했던 것보다도 많은 총공급이 발생했다. 같은 현상이 게임기 생산에도 일어났다. 시장을 선도하는 아타리 게임기의 복제품을 여러 회사가 만들었고, 어떤 회사들은 독자적인 기계와 게임을 만들었다.

선도적인 게임기 제조사도 자사 게임의 생산 결정을 제대로 하지 못했다. 가장 악명 높은 실패는 아타리가 독자적으로 만든 팩맨(Pac-Man)과 E.T.였다. 아타리 경영진은 두 제품 모두에 대해 전례 없는 매출을 기대했는데, 팩맨은 아케이드 버전이 엄청난 인기를 누렸고 E.T.는 그것과 관계된 영화가 큰 인기를 누렸기 때문이다. 실제로 아타리는 그 당시 존재하는 게임기가 1,000만 대밖에 안 되는데도 불구하고 게임기를 가진 모든 사람이 그 게임을 살 뿐만 아니라 다른 수백만 명이 단지 그 게임을 하기 위해 게임기를 살 것이라고 추정하고는 팩맨을 1,200만 개 생산했다. 두 제품 모두 연말휴가 쇼핑 시즌을 위해 급하게 생산되었다. 하지만 게임이 너무 많아졌고 인하한 가격에서도 공급량은 수요량을 훨씬 초과했다.

생산자들이 갑자기 제품을 시장에 내놓자 공급곡선은 바깥쪽으로 이동했다. 생산자의 행동을 보면, 그들이 두어 해 전인 1981년 초에 비해 어느 가격대에서든 1983년에 들어 더 많이 생산하려고 했다는 점이 분명해진다. 그리고 가정용 비디오게임이 여러 가구에 확산되면서 그에 대한 수요가 상승하는 추세에 있기는 했지만, 새로운 게임과 게임기의 생산 급증은 아마도 수요곡선에는 큰 영향을 미치지 않은 것 같다. (사실 새로운 게임의 질이 좋지 않았기 때문에 심지

그림 2.9 비디오게임 공급 증가의 효과

1983년에 비디오게임 생산자 수가 갑자기 늘어나자 공급곡선이 S_{1981}에서 S_{1983}으로 이동했다. 균형에서 가격은 P_1(35달러)에서 P_2(5달러)로 떨어진 반면, 수량은 Q_1에서 Q_2로 증가했다.

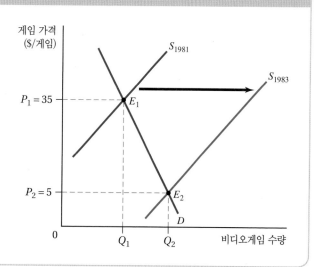

어 수요곡선이 안쪽으로 이동했을 수도 있다.) 그렇다면 수요곡선은 생산자의 골드러시에도 움직이지 않았다고 가정하는 것이 타당하다. 수요는 일정한데 공급곡선이 바깥쪽으로 이동하면 그림 2.9에서 보는 바와 같이 공급량이 증가하고 가격이 하락하게 된다. (오늘날 비디오게임 회사들은 새 게임 출시에 더 주의를 기울인다.)

이것이 바로 비디오게임 산업에 일어났던 일이다. 특히 가격 변화는 급격했다. 한 해 전에 35~50달러에 팔리던 게임이 5달러, 심지어 1달러에도 팔리게 되었다. 게임기 가격도 역시 수십 % 떨어졌다. 게임이 이 정도 가격에서 판매되자 수량도 어느 정도 증가했지만 게임 제작자가 이윤을 얻을 수 있는 수준에는 근처에도 가지 못했다. 게임기 회사와 게임 제조사 모두 수십 곳이 폐업했다. 그때까지 고수익을 내던 아타리는 결국 출하되지 않은 수십만 개의 E.T. 게임을 은밀하게 뉴멕시코의 매립지에 묻게 되었다. 아타리는 다시는 회복하지 못했다. 피해가 너무 막대해서 어떤 소매업자들은 그 시장이 가망이 없다고 생각하고는 더 이상 게임을 가게에 비치하려 하지 않았다. 사실상 생산자가 3~4년 동안 시장에서 소멸되어 버렸는데, 기술경쟁이 끝없이 일어나며 빠르게 발전하는 산업에서 이는 엄청나게 긴 시간이다. 닌텐도라는 회사가 자사의 신제품인 8비트 닌텐도 엔터테인먼트 시스템이 빈사 상태의 산업을 소생시킬 것이라고 소매업자들에게 확신을 주자 마침내 상황이 호전되었다.

따라서 만약 당신이 왜 지금도 닌텐도가 스위치(Switch)용 게임을 출시하는 데 시간을 끄는지 궁금하다면 이제는 그 이유를 알 것이다. ■

 예제 2.4

당신은 지난달에 아스파라거스 가격이 상승 중이라는 사실과, 또 그 전달에 비해 아스파라거스가 덜 팔리고 있다는 사실을 알게 되었다. 아스파라거스의 수요와 공급 변화에 대해 어떤 추론을 할 수 있는가?

풀이

수요나 공급이 어떻게 되어야 이 문제에 묘사된 변화가 일어나는지 알아내기 위해서는 역순으로 생각해야 한다. 가격 변화부터 생각해보자. 아스파라거스 균형가격이 상승하고 있다. 이는 다음 둘 중 하나를 의미한다. 아스파라거스 수요가 증가했거나 아스파라거스 공급이 감소한 것이다. (잘 모르겠으면 간단히 그림 몇 개를 그려보기 바란다.)

우리는 또 아스파라거스 균형수량이 감소했다는 것을 안다. 균형수량의 감소 원인은 아스파라거스 수요 감소나 아스파라거스 공급 감소이다. (여기서도 그림을 그려 결과를 알

아볼 수 있다.)

어느 것이 이동해야 균형가격은 상승하고 균형수량은 감소할까? 그림과 같이 공급이 감소해야만 한다.

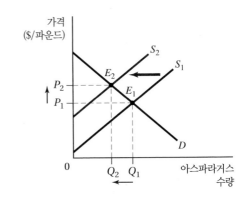

A⁺ 시험 잘 보는 법

곡선 자체가 이동했는가, 아니면 곡선상의 이동인가?

수요와 공급에 관해 흔히 나오는 시험문제는 시장에 발생하는 '충격', 즉 수요와 공급에 영향을 미치는 요인의 변화와 관련된 것이다. 당신이 해야 할 일은 이런 충격이 수요와 공급에 미치는 영향과, 더 나아가 시장의 균형가격 및 수량을 알아내는 것이다. 일반적으로 이런 문제에서 가장 까다로운 부분은 가격과 수량 변화가 주어진 수요곡선이나 공급곡선상의 이동에 따른 결과인지 아니면 곡선 자체가 이동하고 있는지 여부를 알아내는 것이다.

몇 가지 간단한 과정을 거치면 이런 유형의 문제는 크게 어렵지 않다.

1. **어떤 문제에서 충격이 무엇인지 알아내라.** 충격은 공급곡선이나 수요곡선 둘 중 하나 혹은 모두를 이동시키는 변화이다. 충격의 종류는 무수히 많다. 광범위한 전염병이 수많은 소비자를 없애버릴 수도 있고, 새로운 발명이 재화의 생산비용을 낮출 수도 있고, 소비자가 더 좋아하는 다른 재화가 나올 수도 있고, 궂은 날씨로 어떤 농작물 대부분이 피해를 입거나 없어질 수도 있다.

   하지만 중요한 것은, 분석 대상인 시장의 가격이나 수량의 변화는 충격이 될 수 없다는 것이다. 이 *시장에서의* 가격과 수량의 변화는 충격의 *결과*지 충격 그 자체는 아니다. 하지만 다음 사항에 주의할 필요가 있다—어떤 *다른* 시장의 가격이나 수량의 변화는 이 시장에 충격으로 작용할 수 있다. 예를 들어 덩어리가 든 땅콩버터의 가격이 하락하면 포도젤리나 크림 형태의 땅콩버터 시장에 충격으로 작용할 수 있다.

2. **충격이 수요곡선을 이동시키는지 아니면 공급곡선을 이동시키는지 알아내라.**
   a. 충격이 수요곡선을 이동시키는지, 그리고 어떻게 이동시키는지 알아내기 위해서 다음과 같은 질문을 해보자—이 재화의 가격이 변하지 않는다면 소비자는 충격 이후 그 재화를 더 소비하려 할까, 덜 소비하려 할까, 아니면 전과 같은 양을 소비하려 할까? 충격 이후 소비자가 같은 가격에 전보다 재화를 더 사려고 한다면, 그 충격은 모든 가격대에서 수요량을 증가시켜 수요곡선이 바깥쪽(오른쪽)으로 이동하게 된다. 충격 이후 소비자가 같은 가격에 전보다 재화를 덜 사려고 한다면, 그 충격은 수요를 감소시켜 수요곡선은 안쪽으로 이동한다. 같은 가격에서 소비자가 전과 같은 양을 원한다면 수요곡선은 전혀 움직이지 않은 것이고 그 충격은 대개 공급충격일 것이다.

   포도젤리의 예로 다시 돌아가보자. 그 예에서 충격은 땅콩버터 가격의 하락이다. 땅콩버터가 쌀 때 (포도젤리 가격은 일정한 상태에서) 소비자들은 포도젤리를 더 찾을까, 덜 찾을까? 이 질문에 대한 답은 아마도 '더'일 것이다. 땅콩버터가 싸지면 소비자는 땅콩버터를 더 살 것이고, 사람들은 대체로 땅콩버터와 젤리를 같이 먹기 때문에 젤리 가격이 그대로여도 소비자들은 아마 젤리를 더 찾을 것이다. 따라서 땅콩버터 가격 하락은 포도젤리에 대한 수요를 바깥쪽으로 이동시킬 것이다.

   b. 충격이 공급곡선을 이동시키는지, 그리고 어떻게 이동시키는지 알아내기 위해 다음과 같은 질문을 해보자—이 재화의 가격이 변하지 않는다면 공급자는 충격 이후 그 재화를 더 생산하려 할까, 덜 생산하려 할까, 아니면 전과 같은 양을 생산하려 할까? 젤리의 예에서 땅콩버터의 가격 변화는 젤리의 생산비용에 영향을 미치지 않는다. 땅콩버터는 젤리 생산에 필요한 생산요소가 아니기 때문이다. 하지만 포도 가격 상승은 포도젤리 시장에서 공급충격일 것이다.

3. **충격 이전과 이후의 시장수요곡선과 공급곡선을 그려라.** 젤리의 예에서 원래 수요곡선과 공급곡선을 그리고, 다음으로 땅콩버터 가격이 낮아져서 젤리 수요가 증가한 결과 나타난 새로운 수요곡선(원래 수요곡선의 오른쪽)을 추가한다. 이제 충격이 균형가격과 수량에 미치는 영향을 설명하는 마지막 과정을 실행하는 것은 쉽다. 포도젤리의 경우 수요 증가가 젤리의 균형가격과 균형수량의 증가를 가져오는데, 이것은 수요 이동이 젤리 공급곡선상의 이동을 야기하기 때문이다.

이런 방식으로 분석하는 것을 연습하면 공급곡선과 수요곡선을 다루는 것은 아주 간단한 일이 될 것이다.

가격과 수량 변동의 크기를 결정하는 요인

지금까지 이 장의 분석(표 2.2에 요약됨)은 수요곡선과 공급곡선이 이동할 때 균형가격과 수량이 움직이는 방향에 대해 알려준다. 하지만 우리는 이런 변화의 크기는 아직 알지 못한다. 이 절에서는 가격과 수량 변화의 크기를 결정하는 요인에 대해 논의한다.

이동의 규모 균형가격과 수량 변화 크기에 명백하고도 직접적으로 영향을 미치는 것은 수요와 공급곡선 이동의 규모 그 자체이다. 이동 규모가 클수록 균형가격이나 균형수량의 변화도 크다.

그림 2.10 균형가격 및 수량 변화의 크기와 공급 및 수요곡선의 기울기

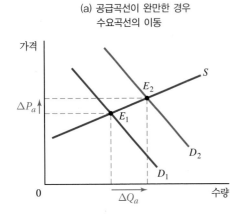

(a) 공급곡선이 완만한 경우
수요곡선의 이동

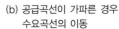

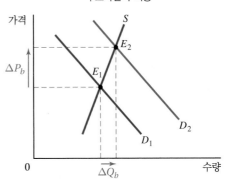

(b) 공급곡선이 가파른 경우
수요곡선의 이동

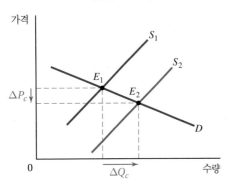

(c) 수요곡선이 완만한 경우
공급곡선의 이동

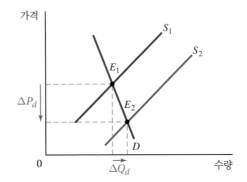

(d) 수요곡선이 가파른 경우
공급곡선의 이동

(a)와 (b)는 D_1에서 D_2로의 동일한 수요곡선 이동을 보여준다. 공급곡선은 (a)에서는 상대적으로 완만한 반면, (b)에서는 상대적으로 가파르다. 수요곡선이 이동할 때, 공급곡선이 (a)처럼 완만하면 균형수량 변화(ΔQ_a)는 상대적으로 크지만 가격 변화(ΔP_a)는 작을 것이다. 공급곡선이 (b)처럼 가파르면 가격 변화(ΔP_b)는 크고 수량 변화(ΔQ_b)는 작다. 같은 결과가 공급 곡선 이동에 대해서도 성립한다. (c)와 (d)는 S_1에서 S_2로의 동일한 공급곡선 이동을 보여준다. 수요곡선이 (c)처럼 상대적으로 완만할 때, 공급곡선이 S_1에서 S_2로 이동하면 균형가격 하락은 ΔP_c로 상대적으로 작을 것이고 균형수량 증가는 ΔQ_c로 상대적으로 클 것이다. 수요곡선이 (d)처럼 상대적으로 가파를 경우, 공급이 S_1에서 S_2로 이동하면 균형가격 하락은 ΔP_d로 상대적으로 클 것이고, 균형수량 증가는 ΔQ_d로 상대적으로 작을 것이다.

곡선의 기울기   수요나 공급곡선이 일정한 폭만큼 이동해도 그에 따른 균형가격과 수량 변화의 크기는 달라질 수 있다. 구체적으로 보면, 가격과 수량 변화의 **상대적** 크기는 수요곡선과 공급 곡선의 기울기에 의존한다(그림 2.10). 수요곡선이 이동할 때 그에 따라 균형가격은 상대적으로 크게 변하고 균형수량은 상대적으로 작게 변하는지 아니면 그 반대인지 여부를 결정하는 것은 공급곡선의 기울기이다. 공급곡선이 이동하면 중요한 것은 수요곡선의 기울기이다.

이 분석은 다음과 같은 명백한 문제 하나를 제기한다—수요곡선과 공급곡선의 기울기에 영향을 미치는 것은 무엇일까? 우리는 다음에서 수요곡선이나 공급곡선의 기울기를 결정하는 경제적 힘에 대해 논의한다.

두 곡선이 모두 이동할 때 시장균형의 변화

공급곡선과 수요곡선이 동시에 이동하는 상황에 처할 때도 있다. 예를 들어 그림 2.11에는 수요곡선과 공급곡선이 둘 다 감소(안쪽으로 이동)하는 두 가지 이동이 결합되어 있다. 파이크플레이스마켓의 토마토 시장의 예로 돌아가서, 유가가 크게 상승했다고 하자. 이러한 유가 상승은 생산비를 인상시킨다. 판매자들의 수확과 배송비용이 상승하기 때문이다.

이 특정 경우, 공급곡선과 수요곡선이 동시에 안쪽으로 이동함에 따라 균형수량이 크게 감소하고 가격은 조금만 올라갔다. 수량 감소는 직관에 부합한다. 수요곡선이 안쪽으로 이동했다는 것은 모든 가격대에서 소비자들이 전보다 덜 사려 한다는 것을 의미한다. 공급곡선이 안쪽으로 이동했다는 것은 모든 가격대에서 공급자들이 전보다 덜 팔려 한다는 것을 의미한다. 소비자와 생산자 모두 더 적은 수량을 원하므로 균형수량은 Q_1에서 Q_2로 명백히 떨어진다.

하지만 균형가격에 미치는 영향은 그렇게 분명하지 않다. 공급곡선이 고정되어 있을 때 수요곡선이 안쪽으로 이동하면 가격이 떨어지지만, 수요곡선이 고정되어 있을 때 공급곡선이 안쪽으로 이동하면 가격이 상승한다. 두 곡선이 동시에 움직이기 때문에, 어떤 효과가 더 클지 그리고 이에 따라 균형가격이 상승할지 하락할지는 불분명하다. 그림 2.11에서는 가격이 P_1에서 P_2로 살짝 상승하는 것으로 그려졌다. 하지만 공급곡선과 수요곡선의 이동 폭이 달랐다면(혹은 두 곡선이 더 가파르거나 더 완만했다면) 두 곡선의 안쪽 이동에 따라 균형가격이 하락하거나 전혀 변하지 않았을 수도 있다.

일반적인 규칙은, 두 곡선이 동시에 이동할 때 균형가격이나 균형수량 중 하나의 변화 방향은 확실하게 알 수 있지만 둘 다 알 수는 없다는 것이다. 이 결과는 표 2.2를 꼼꼼히 살펴보면 알 수 있다. 수요와 공급곡선의 이동이 가격을 같은 방향으로 변화시키는 경우는 (1) 수요곡선이 바깥쪽으로 이동하고 공급곡선이 안쪽으로 이동하거나 (2) 수요곡선이 안쪽으로 이동하고 공급곡선이 바깥쪽으로 이동하는 두 경우인데, 각각의 경우에서 두 이동은 수량을 반대 방향으로 움직인

그림 2.11　수요와 공급이 동시에 이동하는 예

원래 균형은 D_1과 S_1의 교점인 E_1점에서 발생했다. 수요곡선과 공급곡선이 둘 다 안쪽으로 이동하면 S_2와 D_2가 만나는 점에서 새로운 균형 E_2가 발생한다. E_2에서 가격은 P_1에서 P_2로 소폭 상승했고 수량은 Q_1에서 Q_2로 감소했다.

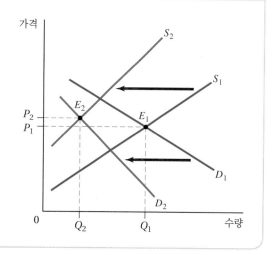

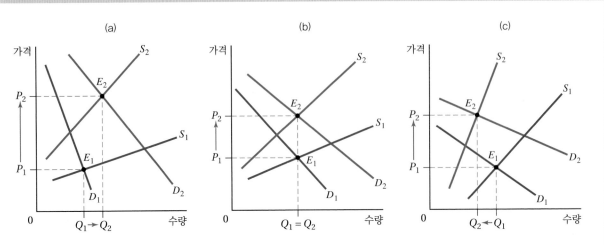

그림 2.12 두 곡선이 모두 이동하면 가격과 수량 중 하나는 방향이 불명확하다

(a) 세 그림 모두에서 수요는 바깥쪽으로 이동하고(D_1에서 D_2로), 공급은 안쪽으로 이동한다(S_1에서 S_2로). 위 경우 균형가격도 상승하고(P_1에서 P_2로) 균형수량도 증가한다(Q_1에서 Q_2로).

(b) 균형가격은 P_1에서 P_2로 상승하지만 균형수량은 그대로이다($Q_1 = Q_2$).

(c) 균형가격은 P_1에서 P_2로 상승하지만 균형수량은 Q_1에서 Q_2로 감소한다.

다. 마찬가지로, 수요와 공급곡선의 이동이 수량을 같은 방향으로 변화시키는 경우는 (3) 수요와 공급이 둘 다 바깥쪽으로 이동하거나 (4) 수요와 공급이 둘 다 안쪽으로 이동하는 두 경우인데, 각각의 경우에서 두 이동은 가격을 반대 방향으로 움직인다. 우리가 방금 전에 그림 2.11에서 본 예는 (4)의 경우이다.

이러한 모호성은 그림 2.12의 예에서도 분명히 나타난다. 수요곡선과 공급곡선의 이동 방향은 각 그림에서 동일하다. 공급은 S_1에서 S_2로 안쪽으로 이동하고 수요는 D_1에서 D_2로 바깥쪽으로 이동한다. 이 두 이동은 모두 가격을 상승시키며, 이것은 균형의 변화(E_1에서 E_2)에 나타난다. 하지만 그림에서 보듯이 균형수량이 올라갈지, 내려갈지, 그대로일지는 이동의 상대적 규모와 곡선의 기울기에 달렸다. 공급곡선과 수요곡선이 모두 이동하는 상황을 검토할 때, 먼저 각각의 이동을 따로 그리고, 각각의 이동에 따른 균형수량과 가격의 변화를 알아낸 후 이 두 정보를 합쳐 답을 얻는 방법을 사용하면 도움이 될 것이다.

2.5 탄력성

수학적으로, 수요곡선과 공급곡선의 기울기는 가격 변화를 수요량이나 공급량의 변화와 관련지어 준다. 곡선이 가파르다는 것은 가격 변화에 대한 수량 변화가 상대적으로 작다는 것을 의미한다. 수요곡선이 가파르면 이는 소비자들이 그다지 가격에 민감하지 않아 가격 변화에 따라 수요량을 크게 바꾸지 않을 것임을 의미한다. 마찬가지로, 공급곡선이 가파르면 이는 생산자의 공급량이 가격 변화에 특별히 민감하지 않음을 의미한다. 반면 수요나 공급곡선이 완만하면 이는 수요 변화에 따라 수량 변화가 크다는 것을 의미한다. 수요곡선이 완만한 시장에서는 가격이 바뀜에 따라 소비자의 수요량이 크게 변한다. 공급곡선이 완만한 시장에서는 가격이 변함에 따라 공급량에 큰 변화가 생긴다.

탄력성 개념은 다른 변수의 변화에 따른 한 변수의 민감도(여기서는 구체적으로 가격에 대한 수량의 민감도)를 나타낸다. **탄력성**(elasticity)은 한 변수의 변화율과 다른 변수의 변화율의 관계를 나타낸다. 따라서 예를 들어 가격에 대한 소비자의 수요량 민감도에 관해 이야기할 때는 **수요의 가격탄력성**(price elasticity of demand), 즉 가격의 변화율에 따른 수요량의 변화율을 살펴본다.

탄력성
한 변수의 백분율 변화와 다른 변수의 그것과의 비

수요의 가격탄력성
가격이 1% 변화할 때 나타나는 수요량의 백분율 변화

기울기와 탄력성은 같지 않다

수요의 가격탄력성이 수요곡선의 기울기와 상당히 비슷한 것 같다고 생각할 수 있다 — 수요곡선의 기울기는 가격이 변할 때 수요량이 얼마나 바뀌는지를 알려준다. 탄력성과 기울기가 확실히 관련은 있지만 그 둘은 같지 않다.

기울기는 한 수준(가격)과 다른 수준(수량)의 관계를 나타낸다. 토마토 사례에서 수요곡선은 $Q = 1,000 - 200P$였다. 이 수요곡선의 기울기는 −200이다. 즉 가격이 파운드당 1달러 상승할 때 수요량은 200파운드 떨어진다.

수요곡선과 공급곡선의 기울기만을 이용해 가격 민감도를 재는 데는 두 가지 큰 문제점이 있다. 첫째, 기울기는 우리가 선택하는 측정 단위에 전적으로 의존한다. 토마토 가격 P를 파운드당 달러가 아닌 센트로 측정한다고 해보자. 가격이 1센트 오를 때마다 토마토 수요량이 2파운드씩 떨어지므로 이제 수요곡선은 $Q = 1,000 - 2P$가 될 것이다. 하지만 P의 계수가 200이 아니라 2가 되었다고 해서 소비자들의 가격 민감도가 전에 비해 100분의 1이 된 것은 아니다. 이 시장에서 소비자의 가격 민감도는 전혀 바뀌지 않았다. 가격이 1달러 상승하면 수요량은 여전히 200파운드 떨어진다. 기울기의 변화는 단순히 P의 단위 변화를 나타낼 뿐이다.

기울기의 두 번째 문제점은 서로 다른 재화 간에 기울기를 비교할 수 없다는 것이다. 우리가 소비자들의 식료품 구매 형태에 대해 연구하면서 파이크플레이스마켓의 토마토에 대한 가격 민감도를 가령 셀러리의 가격 민감도와 비교하려고 한다고 하자. 셀러리 가격이 10센트 오를 때마다 소비자들의 셀러리 수요가 100개씩 감소한다는 사실이, 소비자들이 토마토 시장보다 셀러리 시장에서 가격에 더 혹은 덜 민감하다는 것을 뜻할까? 수요량을 셀러리 개수, 가격을 셀러리 1개당 센트로 측정할 때 셀러리 수요곡선의 기울기는 −10이다. 이 기울기를 토마토 수요곡선의 기울기인 −200과 도대체 어떻게 비교할 수 있을까?

탄력성을 이용해 민감도를 나타내면 모든 것이 상대적인 변화율로 나타나기 때문에 이런 까다로운 문제들을 피할 수 있다. 탄력성을 이용하면 단위 문제가 사라지고(변하는 것이 어떤 단위로 측정되든 10% 변화는 10% 변화이다) 서로 다른 시장 간에 그 크기를 비교할 수 있다.

수요와 공급의 가격탄력성

수요의 가격탄력성은 가격의 변화율에 대한 수요량의 변화율의 비다. 수학적으로 탄력성 공식은 다음과 같다.

$$\text{수요의 가격탄력성} = \text{수요량의 변화율(\%)} / \text{가격의 변화율(\%)}$$

공급의 가격탄력성도 유사하다.

$$\text{공급의 가격탄력성} = \text{공급량의 변화율(\%)/가격의 변화율(\%)}$$

지금부터는 식을 간단히 하기 위해 다음의 표기법을 사용하기로 한다. E^D는 수요의 가격탄력성, E^S는 공급의 가격탄력성을 나타내고, $\%\Delta Q^D$와 $\%\Delta Q^S$는 각각 수요량과 공급량의 변화율, $\%\Delta P$는 가격의 변화율을 나타낸다. 이 표기법을 사용하면 위의 두 식은 다음과 같이 된다.

$$E^D = \frac{\%\Delta Q^D}{\%\Delta P}$$

$$E^S = \frac{\%\Delta Q^S}{\%\Delta P}$$

따라서 예를 들어 어떤 재화의 가격이 4% 상승하자 수요량이 10% 감소했다면, 이 재화의 수요탄력성은 $E^D = -10\%/4\% = -2.5$가 된다. 이 예와 관련하여 몇 가지 주목할 사항이 있다. 첫째, 수요곡선이 우하향하므로 수요의 가격탄력성은 항상 음이다. (더 정확히 말하면, 양수가 될 수 없다. 우리가 뒤에서 볼 특수한 경우에 수요의 가격탄력성은 0이 될 수 있다.) 둘째, 수요의 가격탄력성은 비(ratio)이므로 가격 1% 상승에 대한 수요량의 변화율로도 해석할 수 있다. 즉 위 재화는 가격이 1% 상승하면 수요량은 -2.5% 변한다.

공급의 가격탄력성도 정확히 마찬가지다. 예를 들어 가격이 50% 상승하여 생산자의 공급량이 25% 상승하면 공급의 가격탄력성은 $E^S = 25\%/50\% = 0.5$이다. 재화의 가격이 상승하면 공급량이 증가하므로 공급의 가격탄력성은 항상 양수이다(더 정확하게 말하면 비음수이다). 그리고 수요탄력성과 마찬가지로 공급탄력성도 가격 1% 상승에 대한 수량의 변화율로 해석할 수 있다.

가격탄력성과 가격 민감도

탄력성을 정의하였으므로 그것을 이용해 수요량과 공급량이 가격 변화에 얼마나 민감한지 생각해보자.

수요(공급)가 가격에 매우 민감하다면 가격이 조금만 변해도 수요량(공급량)이 크게 변할 것이다. 이것은 탄력성식에서 분자, 즉 수량의 변화율이 분모에 있는 가격 변화율에 비해 매우 크다는 것을 의미한다. 수요의 가격탄력성에서는 수량의 변화가 가격의 변화와 반대 부호를 가지므로 탄력성은 음이 될 것이다. 하지만 그 크기(절댓값)는 소비자들이 가격 변화에 매우 민감할 때 클 것이다.

- 수요의 가격탄력성이 큰 시장, 즉 수요량이 가격 차이에 민감한 시장은 소비자가 해당 재화와 다른 재화를 대체할 수 있는 능력이 높은 시장이다. 식품점에서 파는 사과에 대한 수요는 가격에 상당히 민감할 가능성이 높다. 사과 가격이 높으면 사과 대신 소비자가 살 수 있는 다른 과일들이 많고, 사과 가격이 낮으면 소비자들이 다른 과일 대신 사과를 살 것이기 때문이다. 사과 수요의 가격탄력성은 예를 들면 -4와 같은 값이 될 것이다. 즉 가격이 1% 상승할 때 소비자의 수요량은 4% 떨어진다.

- 수요의 가격탄력성이 덜 민감한 시장, 즉 수요량이 가격 변화에 상당히 둔감한 시장은 소비자의

대체 선택권이 더 적은 시장이다. 서커스에서 (어린아이의 부모를 대상으로 파는 것이 틀림없는) 사탕의 수요는 필시 수요의 가격탄력성이 매우 낮을 것이다. 이 경우 수요의 가격탄력성은 예를 들어 −0.3과 같은 값이 될 것이다. 즉 가격이 1% 상승할 때 수요량은 0.3% 하락할 것이다. (또는 가격이 10% 상승할 때 수요량이 3% 하락할 것이라고 표현할 수도 있다.)

■ 공급의 가격탄력성이 큰 시장, 즉 공급량이 가격 차이에 민감한 시장은 공급자가 가격 변화에 따라 생산량을 쉽게 조절할 수 있는 시장이다. 공급자들은 아마도 단위당 비용의 큰 상승 없이 원하는 만큼 생산할 수 있는 생산 구조를 가졌을 것이다. 예를 들어 소프트웨어 시장에서 어떤 프로그램이 매우 인기가 좋아 가격이 올라가면, 게임 제작자가 DVD를 더 찍거나 프로그램을 추가적으로 다운로드할 수 있게 하는 것은 매우 쉽다. 따라서 이 시장에서 공급탄력성은 매우 높아 예를 들어 12와 같은 값이 될 것이다(즉 가격이 1% 상승하면 공급량은 12% 증가한다).

■ 공급의 가격탄력성이 낮은 시장, 즉 공급량이 가격 변화에 대해 상당히 둔감한 시장은 생산량을 증가시키기 어려운 시장이다. 생산자가 생산 수준을 바꾸는 데 비용이 들거나, 생산자가 진입하거나 탈퇴하는 것이 어려운 시장에서는 이런 일이 일어날 것이다. 슈퍼볼(Super Bowl, 미국 프로미식축구의 우승팀을 결정하는 경기) 입장권의 공급곡선은 경기장 좌석 수가 정해져 있기 때문에 가격탄력성이 매우 낮을 것이다. 오늘 입장권 가격이 오른다고 해도 경기장 소유주가 좌석을 더 설치할 수는 없는 노릇이다. 이 시장의 공급탄력성은 0에 가까울 것이다. 하지만 소유주가 시야 제한 좌석을 팔거나 임시 좌석을 설치할 수도 있기 때문에 탄력성은 아마도 작은 양의 값을 가질 것이다.

 응용 수요탄력성과 대체재 이용가능성

우리는 대체재 이용가능성이 어떻게 수요의 가격탄력성에 영향을 줄 수 있는지 논의하였다. 쉽게 다른 제품이나 시장으로 옮겨갈 수 있다면 소비자는 어떤 특정 재화의 가격 변화에 더 민감할 것이다. 이는 가격이 조금만 상승해도 수요량이 크게 감소해서 수요의 가격탄력성이 (절댓값으로) 상대적으로 클 것임을 의미한다.

표 2.3은 다양한 재화에 대해 경제학자들이 추정한 다른 탄력성을 보여준다. '주스'나 '소고기'와 같이 크게 묶으면 수요가 비탄력적이 되는 경향이 있다. 재화가 더 좁게 정의될수록(그래서 대체 상품이 더 많아질수록) 수요는 더 탄력적이 되는 경향이 있다. 따라서 소고기의 탄력성은 −0.35밖에 안 되지만 슈레디드 휘트(Shredded Wheat) 상표의 아침식사 시리얼의 탄력성은 −4.25이다.

2017년에 아마존은 홀푸드(Whole Foods)를 인수하여 매우 공개적인 방법으로 홀푸드 상점의 많은 물건의 가격을 깎았다. 이 결정은 특히 단골 고객들조차 그 체인을 '홀 급료(Whole Paycheck)'로 부르는 것으로 알려졌다는 점에서 매우 주목할 만했다! 이 가격 인하 전략에 대한 가능한 한 가지 해석은 아마존이 이전 경영진보다 홀푸드의 여러 제품에 대한 수요가 탄력적이라고 믿었다는 것이다. 아마존은 소비자가 식료품을 살 때 가지고 있는 많은 선택권으로 인해 식료품에 대한 수요가 매우 탄력적이라고 보았다. 이런 손쉬운 대체가능성은 홀푸드 제품에 대한 선호를 가진 소비자들 사이에서조차 높은 가격이 다수의 잠재적 고객을 멀어지게 할 수 있

표 2.3 특정 재화의 탄력성 추정 예

상품	자기 가격 수요탄력성 추정치
광범위한 음식군	
달걀	−0.06
소고기	−0.35
생선	−0.39
주스	−1.05
특정 아침식사 시리얼	
캡틴 크런치	−2.28
프루트 룹스	−2.34
켈로그 콘플레이크	−3.38
치리오스	−3.66
슈레디드 휘트	−4.25
특정 자동차	
지프 그랜드 체로키	−3.06
캐딜락 세비야	−3.16
도요타 코롤라	−3.92

출처 : 음식 : K. S. Huang and B. Lin, *Estimation of Food Demand and Nutrient Elasticities from Household Survey Data*, Technical Bulletin 1887, Food and Rural Economic Division, Economic Research Service, U.S. Department of Agriculture, August 2000. 시리얼 : Aviv Nevo, "Measuring Market Power in the Ready-to-Eat Cereal Industry," *Econometrica* 69, no. 2 (March 2001): 307–342. 자동차 : Steven Berry, James Levinsohn, and Ariel Pakes, "Differentiated Products Demand Systems from a Combination of Micro and Macro Data: The New Car Market," *Journal of Political Economy* 112, no. 1, Part 1 (February 2004): 68–105.

음을 의미했다. 이론적으로 아마존은 가격을 인하함으로써 훨씬 더 큰 매출을 올릴 것으로 기대했다(탄력성이 큰 수요는 양방향으로 작용한다. 즉 높은 가격은 매출의 대규모 손실을 가져오지만 낮은 가격은 큰 수량 증가를 낳는다).

식료품 수요의 탄력성에 대한 아마존의 믿음이 정확한지는 시간이 말해줄 것이다. 그동안에는 홀푸드 소비자는 유기농 퀴노아에 대해 높은 가격을 지불하지 않을 것이다. ■

탄력성과 경과된 시간   가격 차이에 반응하는 소비자와 생산자의 유연성을 결정하여 수요량과 공급량의 가격탄력성을 결정하는 핵심적인 요인으로서 경과된 시간의 길이를 들 수 있다.

단기적으로는 소비자들이 소비 패턴을 바꾸는 능력에 한계가 있는 경우가 많으나, 시간이 더 많이 주어지면 소비자는 조정을 통해 더 큰 유연성을 가질 수 있다. 이것에 관한 고전적인 예는 휘발유 시장이다. 가격이 급등할 경우 많은 소비자들은 사실상 꼼짝 못 하고 가격 급등 전과 거의 같은 양의 휘발유를 소비할 수밖에 없게 된다. 어쨌든 전과 차도 같고 통근 거리도 같고 일

정도 같기 때문이다. 2명이 때때로 차를 함께 쓰거나, 카풀을 더 자주 할 수도 있겠지만, 가격에 대한 대응 능력은 제한되어 있다. 이 때문에 휘발유 수요의 단기 가격탄력성은 상대적으로 낮다. 휘발유 시장을 전문적으로 연구하는 경제학자들의 실증적 추정치에 따르면 그 값은 −0.2 정도이다. 즉 휘발유 가격이 1% 변할 때 수요량은 가격 변화와 반대 방향으로 0.2%밖에 변하지 않는다. 하지만 시간이 지남에 따라 사람들이 소비를 조정할 여지가 더 커진다. 가격 인상이 영구적이거나 적어도 상당 기간 지속된다면, 사람들은 앞으로 계속 차를 함께 타도록 협의하거나, 연비가 더 좋은 차를 사거나, 심지어 직장과 더 가까운 곳으로 이사해 통근 거리를 줄일 수도 있다. 따라서 휘발유 수요의 장기 가격탄력성은 훨씬 더 크다. 실증연구에 따르면 그 값은 보통 −0.8 정도이다. 이는 소비자들이 가격 변화에 대해 취할 수 있는 수량 조정이 단기에 비해 장기에서 4배라는 것을 의미한다.

같은 논리가 생산자와 공급탄력성에 대해서도 성립한다. 경과시간이 길수록 가격 변화에 대해 생산자들이 생산량을 조정할 수 있는 여지가 커진다. 이미 완전가동 중인 생산자는 가격이 오를 경우 단기에서는 생산량을 크게 늘리고 싶어도 그렇게 하지 못할 수도 있다. 하지만 가격이 계속 높은 상태로 유지되면 노동자를 더 고용하거나 더 큰 공장을 지을 수도 있고, 새로운 회사가 생산시설을 세우고 시장에 진입할 수도 있다.

이런 이유로 대부분의 제품 수요와 공급의 가격탄력성은 단기에서보다 장기에서 더 크다. (즉 수요의 경우 절댓값이 더 큰 음수가 되며, 공급의 경우 더 큰 양수가 된다.) 다음 절에서 보게 되듯이, 탄력성이 크다는 것은 수요곡선과 공급곡선이 더 완만하다는 것을 뜻한다. 결과적으로 장기 수요곡선과 장기 공급곡선은 단기에서보다 더 완만한 경향이 있다.

크기에 따른 탄력성 분류 경제학자들은 특정 크기의 탄력성에 대해 특별한 용어를 가지고 있다. 탄력성이 (절댓값으로) 1보다 크면 **탄력적**(elastic)이라고 한다. 앞의 예에서 사과 수요는 탄력적이고 소프트웨어 공급은 탄력적이다. 탄력성이 1보다 작으면 **비탄력적**(inelastic)이라고 한다. 서커스에서 파는 사탕과 슈퍼볼 입장권의 공급은 비탄력적이다. 수요의 가격탄력성이 정확히 −1이거나 공급의 가격탄력성이 정확히 1이면 **단위탄력적**(unit elastic)이라고 한다. 가격탄력성이 0이라면, 다시 말해 가격 변화에 수량이 반응하지 않으면, 해당 재화는 **완전비탄력적**(perfectly elastic)이라고 한다. 끝으로 가격탄력성이 무한대(수요의 경우 −∞, 공급의 경우 +∞)라면, 즉 수요량이나 공급량이 가격 변화에 따라 무한히 변화한다면 **완전탄력적**(perfectly elastic)이라고 한다.

탄력성과 선형 수요 · 공급곡선

앞에서 논의한 것처럼 경제학자들은 주로 편의상 선형(직선) 수요곡선과 공급곡선을 이용한다. 선형 곡선이 매우 널리 쓰이기 때문에 선형 곡선의 탄력성이 어떻게 되는지 논의할 필요가 있다. 더 중요하게는, 이 둘의 관계를 살펴보면 우리가 지금까지 사용한 가격 민감도의 두 척도인 곡선의 기울기와 탄력성이 정확히 어떤 관계에 있으며 어떻게 다른지 알 수 있게 된다.

탄력성과 수요 · 공급곡선의 기울기 사이의 관계를 더 쉽게 알 수 있도록 탄력성 공식을 다시 쓸 수 있다. 수량의 변화율($\%\Delta Q$)은 수량의 변화(ΔQ)를 원래 수량 수준 Q로 나눈 것이다. 즉 $\%\Delta Q = \Delta Q/Q$이다. 마찬가지로 가격의 변화율은 $\%\Delta P = \Delta P/P$이다. 이것을 앞에서 본 탄력

탄력적
가격탄력성의 절댓값이 1보다 큰 경우

비탄력적
가격탄력성의 절댓값이 1보다 작은 경우

단위탄력적
절댓값이 1이 되는 가격탄력성

완전비탄력적
값이 0인 탄력성. 가격이 변해도 수요량이나 공급량에 변화가 없음

완전탄력적
무한대의 가격탄력성. 가격이 어떻게 변해도 그로 인해 수요량 또는 공급량은 무한대로 변함

성 공식에 대입하면 다음을 얻는다.

$$E = \frac{\%\Delta Q}{\%\Delta P} = \frac{\Delta Q/Q}{\Delta P/P}$$

여기서 E는 Q가 수요량을 나타내는지 공급량을 나타내는지에 따라 수요나 공급의 탄력성이 된다.

이 식을 재정리하면 다음을 얻는다.

$$E = \frac{\Delta Q/Q}{\Delta P/P} = \frac{\Delta Q}{\Delta P} \cdot \frac{P}{Q}$$

즉

$$E = \frac{1}{기울기} \cdot \frac{P}{Q}$$

이다. 여기서 '기울기'는 통상적인 가격-수량 평면에서의 수요나 공급곡선의 기울기인 $\Delta P/\Delta Q$를 가리킨다.

선형 수요곡선·공급곡선의 탄력성   그림 2.13의 수요곡선을 분석한다고 하자. 기울기는 -2지만 곡선을 따라 움직임으로써 P/Q가 달라지므로 탄력성도 달라진다. 세로축과 만나는 A점부터 생각해보자. $Q = 0$에서 P는 양수(20달러)이고 Q는 0이므로 P/Q는 무한대이다. 곡선의 (일정한) 기울기가 음이라는 사실과 결합하면 이는 수요의 가격탄력성이 $-\infty$라는 것을 뜻한다. 그 배후에 있는 논리는 다음과 같다. 가격이 20달러인 A점에서 소비자는 이 재화를 전혀 사려고 하지 않지만, 가격이 조금이라도 떨어지면 수요량은 여전히 작기는 하더라도 양의 값이 될 것이다. 이 수요량의 변화가 재화의 수나 단위로는 매우 작지만, 소비의 변화율로 따지면 수요량이 0에서 상승하는 것이기 때문에 무한대이다.

그림 2.13   선형 수요곡선의 탄력성

수요곡선의 가격과 수량의 비(P/Q)와 탄력성의 크기는 곡선 아래로 내려감에 따라 감소한다. A점에서는 $Q = 0$, $P/Q = \infty$이고 수요의 가격탄력성은 $-\infty$이다. A점과 B점 사이에서는 수요곡선이 탄력적이고 수요의 가격탄력성은 -1보다 작다. B점에서는 수요곡선이 단위탄력적이다. B점과 C점 사이에서는 수요가 비탄력적이고 수요의 가격탄력성은 -1보다 크다. C점에서 $P = 0$, $P/Q = 0$이고 수요의 가격탄력성은 0이다.

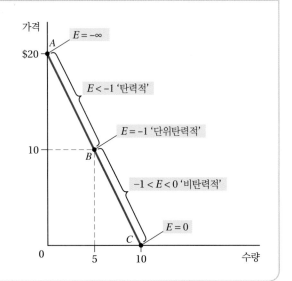

수요곡선을 따라 아래로 내려가면 P/Q비가 떨어져서 수요의 가격탄력성 크기가 작아진다. (기울기가 변하지 않으므로 탄력성 중 그 부분은 그대로 있음을 기억하기 바란다.) 얼마간은 탄력성이 계속 탄력적일 것이다. 즉 크기가 1보다 클 것이다. 결국에는 탄력성의 절댓값이 1로 떨어지고 그 점에서 수요곡선은 단위탄력적이 된다. 그림 2.13의 곡선에서 이 점은 $P = 10$이고 $Q = 5$인 점인데, 이는 $E^D = -(1/2) \times (10/5) = -1$이기 때문이다. 이 점은 그림에서 B점으로 표시되어 있다.[8] 수요곡선을 따라 오른쪽 아래로 계속 내려가면 탄력성의 크기가 더 작아져서 수요는 비탄력적이 될 것이다. 수요곡선이 가로축과 만나는 점(그림의 C점)에서 가격은 0이므로 $P/Q = 0$이고 수요의 가격탄력성은 0이다.

선형 공급곡선을 따라 움직이면 비슷한 효과가 나타난다. 여기서도 곡선의 기울기는 일정하므로 곡선을 따라 움직일 때 일어나는 탄력성의 변화는 가격-수량비에 의해 발생한다. 공급곡선이 세로축과 만나는 점에서 $Q = 0$이고 P/Q는 무한대이다. 이 점에서 공급의 가격탄력성은

 예제 2.5

조그만 시골 동네에 있는 헬스클럽 회원권에 대한 수요가 $Q = 360 - 2P$이다. 여기서 Q는 월간 회원 수이고 P는 월 회비이다.

a. 가격이 한 달에 50달러일 때 헬스클럽 회원권에 대한 수요의 가격탄력성을 계산하라.

b. 가격이 한 달에 100달러일 때 헬스클럽 회원권에 대한 수요의 가격탄력성을 계산하라.

c. (a)와 (b)의 답에 근거하여 선형 수요곡선의 가격과 수요의 가격탄력성 간의 관계에 대해 어떤 말을 할 수 있는가?

풀이

a. 수요의 가격탄력성은 다음과 같이 계산된다.

$$E = \frac{\Delta Q/Q}{\Delta P/P} = \frac{\Delta Q}{\Delta P} \cdot \frac{P}{Q}$$

수요곡선의 기울기부터 계산해보자. 가장 쉬운 방법은 식을 P에 관해 정리해서 역수요곡선을 구하는 것이다.

$$Q = 360 - 2P$$
$$2P = 360 - Q$$
$$P = 180 - 0.5Q$$

이 수요곡선의 기울기는 -0.5임을 알 수 있다. Q가 1씩 상승할 때마다 P가 0.5씩 하락하기 때문이다.

따라서 우리는 기울기와 가격을 안다. 탄력성을 계산하기 위해서는 가격이 50달러일 때의 수요량을 알아야 한다. 이 값을 찾기 위해 50달러를 수요식의 P에 대입하면 다음을 얻는다.

$$Q = 360 - 2P = 360 - 2(50) = 360 - 100 = 260$$

이제 탄력성을 계산할 준비가 되었다.

$$E = \frac{1}{-0.5} \cdot \frac{50}{260} = \frac{50}{-130} = -0.385$$

b. 가격이 한 달에 100달러일 때 수요량은 다음과 같다.

$$Q = 360 - 2P = 360 - 2(100) = 360 - 200 = 160$$

탄력성 공식에 집어넣으면 다음을 얻는다.

$$E = \frac{1}{-0.5} \cdot \frac{100}{160} = \frac{100}{-80} = -1.25$$

c. (a)와 (b)로부터, 수요곡선을 따라 가격이 상승하므로 수요는 비탄력적인 영역($|-0.385| < 1$)에서 탄력적인 영역($|-1.25| > 1$)으로 움직임을 알 수 있다.

---

8 가격축 및 수량축과 만나는 선형 수요곡선에서 수요곡선이 단위탄력적인 점은 언제나 중점이다. 곡선의 기울기는 세로축 절편의 가격(P_Y라 하자)을 가로축 절편의 수량(Q_X라 하자)으로 나눈 값과 같으므로 이 기울기의 역수는 $-Q_X/P_Y$이다. 중점에서의 가격-수량비는 $(P_Y/2)(Q_X/2)$, 간단히 하면 P_Y/Q_X와 같다. 따라서 이 두 비의 곱인 탄력성은 -1이다.

+∞이다. 수요곡선에서와 같은 논리가 다음과 같이 성립한다. 즉 가격이 아주 조금 상승할 때 공급량은 0에서 양수로 증가하므로 공급량 변화율은 무한대이다.

공급곡선을 따라 위로 움직임에 따라 P/Q비는 감소한다. P/Q가 무한대보다 작아질 것은 분명하지만 이 값이 계속 하락할지 궁금해할 수 있다. P와 Q가 둘 다 상승하기 때문이다. 답을 얘기하자면, 그 값은 반드시 계속 하락한다. 하지만 수요곡선에서와 달리 P/Q비가 절대 0으로 떨어지지는 않는데, 이는 공급곡선이 가로축과 절대 만나지 않기 때문이다. 따라서 공급의 가격탄력성은 0으로 떨어지지 않는다.

완전비탄력적 · 완전탄력적인 수요와 공급

탄력성과 기울기의 관계를 보여주는 공식은 또한 특수하지만 자주 논의되는 두 가지 경우인 완전비탄력적이거나 완전탄력적인 수요와 공급의 경우에 곡선이 어떻게 생겼는지에 대한 실마리를 제공한다.

완전비탄력적 앞에서 가격탄력성이 0인 경우 수요와 공급이 완전비탄력적이라고 했다. 어떤 선형 수요곡선에서든 수요곡선이 가로(수량)축과 만나는 점에서는 탄력성이 0이라는 것을 방금 보았다. 하지만 모든 점에서 완전비탄력적인 수요곡선은 어떻게 생겼을까? 선형 수요곡선의 기울기가 −∞라면 탄력성과 기울기의 역의 관계 때문에 수요의 가격탄력성이 0이 될 것이다. 기울기가 무한대인 곡선은 수직선이므로 완전비탄력적인 수요곡선은 수직선이다. 그런 곡선의 예가 그림 2.14a에 그려져 있다. 이것은 직관적으로 타당하다. 수직의 수요곡선은 소비자에 의한 수요량이 가격에 상관없이 변하지 않음을 나타낸다. 가격 변화율이 얼마든 그에 따른 수요량 변화는 0%이다. 달리 말해 수요의 가격탄력성이 0이다.

완전비탄력적인 수요곡선은 흔하지 않지만(어쨌든 가격이 극단적으로 0이거나 무한대라면

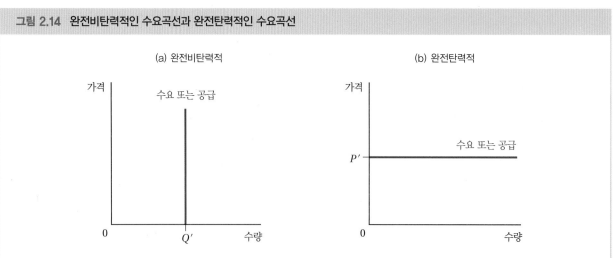

그림 2.14 완전비탄력적인 수요곡선과 완전탄력적인 수요곡선

(a) 완전비탄력적

가격

수요 또는 공급

0   Q′   수량

(b) 완전탄력적

가격

수요 또는 공급

$P′$

0   수량

(a) 수요나 공급곡선이 수직이면 기울기는 무한대이고 곡선은 완전비탄력적이다. 즉 가격이 변해도 그에 따른 수요량이나 공급량 변화는 0%이다.

(b) 수요나 공급곡선이 수평이면 기울기는 0이고 곡선은 완전탄력적이다. 즉 가격이 조금만 변해도 그에 따른 수요량이나 공급량의 변화는 무한대가 될 것이다.

소비자나 공급자는 거의 언제나 재화 간 대체가 가능하다), 그에 가까운 경우는 볼 수 있다. 예를 들어 당뇨병 환자는 인슐린에 대해 매우 비탄력적인 수요를 갖는다. 이 사람들의 수요곡선은 거의 수직일 것이다.

같은 논리가 공급에 대해서도 성립한다. 수직의 공급곡선은 공급이 완전비탄력적이어서 공급량이 가격 차이에 전혀 반응하지 않음을 가리킨다. 특정 공연이나 운동경기 입장권 공급은, 장소의 수용 능력 제한으로 인해 공급곡선이 거의 수직선이어서 완전비탄력적인 경우에 가까울 것이다.

완전비탄력성으로부터 나오는 한 가지 함의는, 시장의 수요나 공급곡선이 이동하면 시장균형가격만 변하고 수량은 변하지 않을 것이라는 점이다. 이는 완전비탄력적인 수요곡선을 따라 원래 균형에서 새로운 균형으로 움직일 때 수량이 변할 여지가 전혀 없기 때문이다. 마찬가지로, 공급곡선이 완전비탄력적일 때 수요곡선이 이동하면 균형 변화는 수량이 아닌 가격 변화로만 나타난다.

완전탄력적 반면 수요나 공급이 완전탄력적일 경우 가격탄력성은 무한대이다. 선형인 수요곡선이나 공급곡선은 기울기가 0일 때, 즉 수평선일 때 탄력성이 무한대가 된다. 그런 곡선의 예가 그림 2.14b에 나타나 있다. 이 모양 역시 직관적으로 타당하다. 완만한 수요곡선이나 공급곡선은 가격 차이에 따라 수량 반응이 크다는 것을 의미하므로, **완전히 평평한** 곡선은 가격 차이에 따른 수량 변화가 무한히 크다는 것을 의미한다. 마찬가지로, 가격이 수평 공급곡선의 위에서 아래로 조금만 변해도 생산자의 공급량은 무한대에서 0으로 이동한다.

동질적 재화를 생산하는 소규모 생산자들은 자신의 제품에 대해 거의 수평인 수요곡선에 직면할 가능성이 높다. (이에 대해서는 제8장에서 더 자세히 논의한다.) 예를 들어 소규모 옥수수 농장주는 시장가격에 원하는 수량을 얼마든지 판매할 수 있다. 만약에 이 농장주가 시장가격이 너무 낮다고 판단하여 현재 가격보다 돈을 더 쳐줄 것을 요구한다면, 누구도 이 농장주로부터 구매를 하려 하지 않을 것이다. 사람들은 더 싼 가격에 다른 사람으로부터 물건을 구입할 수 있다. 그렇다면 사실상 이 농장주에게는 자신의 옥수수에 대해 현행 가격(혹은 어떤 이유로 더 싸게 팔 용의가 있다면 더 낮은 가격)에서는 수요량이 무한대지만 그보다 높은 가격에서는 수요량이 0인 것과 마찬가지다. 달리 말하면 현행 시장가격에서 농장주는 수평인 수요곡선에 직면한 것이다.

생산자들이 거의 비슷한 비용 구조를 가지며 진입과 탈퇴가 매우 쉬운 경쟁 산업에서는 공급곡선이 완전탄력적인 상태에 가깝다. (이 점에 대해서도 제8장에서 더 자세히 논의할 것이다.) 이런 조건이 의미하는 것은 경쟁으로 인해 가격이 (공통의) 비용 수준으로 수렴하고 공급량의 차이는 산업에 진입하거나 산업에서 탈퇴하는 기업들에 의해 흡수될 것이라는 점이다. 시장의 경쟁 구조로 인해 어떤 기업도 비용보다 높은 가격에 판매할 수 없으며, 그리고 당연히 어떤 기업도 비용보다 낮은 가격에 판매하려고 하지는 않을 것이다. 따라서 산업의 공급곡선은 생산자의 비용 수준에서 사실상 수평이다.

완전비탄력적인 경우와 반대로, 수요가 완전탄력적인 시장에서는 공급곡선이 이동하면 균형가격은 변하지 않고 균형수량만 변할 것이다. 수요곡선이 수평일 때 균형가격이 변하는 것은 불가능하다. 마찬가지로, 공급이 완전탄력적인 시장에서는 수요곡선이 이동하면 균형수량만 변하고 균형가격은 변하지 않는다.

'다른 모든 것'에 속하는 요인

지금까지 가격탄력성에 초점을 맞추었는데 거기에는 합당한 이유가 있다. 가격탄력성은 수요와 공급의 움직임을 결정하는 핵심 요인 중 하나이며, 시장이 작동하는 방식에 관한 우리의 이해를 돕는 데 중요한 역할을 수행하기 때문이다. 그러나 수요와 공급의 분석에서 중요한 탄력성은 가격탄력성만이 아니다. 수요와 공급에 영향을 주는 요인을 가격과 다른 모든 것으로 구분했음을 기억하자. '다른 모든 것'으로 분류된 요인들 각각도 수요나 공급에 영향을 주며, 이런 영향은 탄력성으로 측정될 수 있다. 이런 탄력성 중 가장 흔히 사용되는 것은 가격 이외의 두 가지 다른 요인이 수요량에 미치는 영향을 측정하는 것이다. 수요의 소득탄력성과 수요의 교차가격탄력성이 그것이다.

수요의 소득탄력성
소비자의 소득 1% 변동에 따른 수요량의 백분율 변화

수요의 소득탄력성 수요의 소득탄력성(income elasticity of demand)은 수요량 변화의 백분율을 그에 대응하는 소비자의 소득(I)의 변화율로 나눈 비다.

$$E_I^D = \frac{\%\Delta Q^D}{\%\Delta I} = \frac{\Delta Q^D}{\Delta I} \cdot \frac{I}{Q^D}$$

(동일한 표현으로, 이는 소비자의 소득 1% 상승에 따른 수요량 변화율이다.)

소득탄력성은 수요가 소득 변화에 얼마나 민감한지를 나타낸다. 재화는 소득탄력성의 부호와 크기에 따라 분류되기도 한다.

열등재
소득이 증가하면 수요량이 감소하는 재화

- 소득탄력성이 음인 재화(소득이 상승함에 따라 소비자가 그 재화를 더 적게 소비함)는 **열등재**(inferior good)라고 부른다. 이 명칭은 재화의 내재적인 질에 대한 언급이 아니다. 단지 사람들의 소득에 따라 소비가 어떻게 변하는지를 묘사할 뿐이다. (하지만 한 상품 범주에 속하는 것 중 질이 낮은 제품이 경제학적 정의에 따른 열등재인 경우가 많다는 점에 주목할 필요가 있다.) 열등재가 될 가능성이 높은 재화의 예로 버스표, 유스호스텔, 핫도그 등을 들 수 있다.

정상재
소득 증가에 따라 수요량이 증가하는 재화

- 소득탄력성이 양인 재화(소득 상승에 따라 소비자들의 수요량이 상승함)는 **정상재**(normal good)라고 부른다. 이름이 가리키듯이 대부분의 재화는 이 범주에 속한다.

사치재
소득탄력성이 1보다 큰 재화

- 소득탄력성이 1보다 큰 정상재는 **사치재**(luxury good)라고 부르기도 한다. 소득탄력성이 1보다 크다는 것은 이런 제품의 수요량이 소득보다 더 빠른 속도로 상승함을 뜻한다. 결과적으로 소비자의 예산 중 사치재에 지출되는 비중이 소비자의 소득이 상승함에 따라 더 커진다. (한 재화가 예산에서 차지하는 비중이 일정하려면 소비량이 소득과 같은 속도로 증가해야 한다. 사치재는 수량이 더 빨리 증가하므로 사치재가 차지하는 비중은 소득 증가에 따라 상승한다.) 요트, 집사, 미술품은 모두 사치재이다.

소득과 소비자 수요와의 관계에 대해서는 제4장과 제5장에서 더 자세히 살펴본다.

수요의 교차가격탄력성
다른 재화 Y의 가격 변화율에 따른 한 재화(가령 X)의 수요량 변화율

수요의 교차가격탄력성 수요의 교차가격탄력성(cross-price elasticity of demand)은 한 재화(가령 상품 X)의 수요량 변화율을 다른 재화 Y의 가격 변화율로 나눈 비다.

$$E_{XY}^D = \frac{\%\Delta Q_X^D}{\%\Delta P_Y} = \frac{\Delta Q_X^D}{\Delta P_Y} \cdot \frac{P_Y}{Q_X^D}$$

[혼동을 피하기 위해, 우리가 앞에서 논의했던 가격탄력성, 즉 같은 재화의 가격 변화율에 대한 수요량의 변화율에 관한 가격탄력성을 **수요의 자체가격탄력성**(own-price elasticities of demand) 이라고 부르기도 한다.]

한 재화가 다른 재화와 양의 교차가격탄력성을 가지면, 이것은 다른 재화가격이 상승함에 따라 소비자들이 그 재화를 더 많이 사려고 함을 의미한다. 달리 말해 이 재화는 다른 재화의 대체재이다. 다른 재화가 더 비싸짐에 따라 소비자들이 이 재화로 바꾸는 것이다. 많은 재화가 서로 대체재이다. 다른 상표의 시리얼, 식당에서 먹는 식사와 집에서 먹는 식사, 대학 등이 그러한 예이다. 경제학자 아비브 네보(Aviv Nevo)는 서로 다른 시리얼의 대체가능성을 측정했다. 그는 예를 들어 프루트 룹스(Froot Loops)가 다른 아동용 시리얼인 프로스티드 플레이크(Frosted Flakes)나 캡틴 크런치(Cap'n Crunch)의 대체재임을 발견했다(각각 $E_{XY}^D = 0.131$과 0.149). 하지만 프루트 룹스는 성인용 시리얼인 슈레디드 휘트에 대해서는 정도가 훨씬 낮은 대체재여서 교차가격탄력성이 0.020밖에 안 된다.[9]

어떤 재화가 다른 재화와 음의 교차가격탄력성을 가지면, 다른 재화가격이 상승함에 따라 소비자는 원래 재화를 덜 사려고 한다. 이것은 두 재화가 보완재임을 나타낸다. 보완재는 주로 같

> **수요의 자체가격탄력성**
> 재화 자체가격의 백분율 변화로 인해 나타나는 수요량의 백분율 변화

 예제 2.6

시리얼 수요의 가격탄력성이 −0.75이고 시리얼과 우유 가격 간의 교차가격탄력성이 −0.9라고 하자. 우유 가격이 10% 상승할 경우, 우유 가격 상승을 정확히 상쇄하여 시리얼 수요량이 변하지 않으려면 시리얼 가격이 어떻게 되어야 하는가?

풀이

첫 번째 단계는 우유 가격이 10% 상승할 때 시리얼 수요량이 어떻게 되는지 살펴보는 것이다. 이를 위해서는 교차탄력성을 이용하면 된다. 우유 가격에 대한 시리얼의 교차탄력성은 $\frac{\%\Delta Q_{시리얼}}{\%\Delta P_{우유}} = -0.9$이다. 이 식을 이용하면 우유 가격이 10% 상승했으므로 분모가 10이라는 것을 알 수 있다. 따라서 다음을 얻는다.

$$\frac{\%\Delta Q_{시리얼}}{\%\Delta P_{우유}} = \frac{\%\Delta Q_{시리얼}}{10} = -0.9$$

$$\%\Delta Q_{시리얼} = -9$$

따라서 우유 가격이 10% 상승할 때 시리얼 수요량은 9% 하락한다.

이제 시리얼 가격을 변화시켜 이러한 시리얼 수요량의 하락을 어떻게 상쇄할지 생각해야 한다. 달리 말해 시리얼 수요량이 9% 상승하려면 시리얼 가격이 어떻게 되어야 할까? 수요법칙에 따르면 가격과 수요량 사이에 역의 관계가 있기 때문에, 시리얼 가격이 반드시 하락한다는 것은 분명하다. 그런데 수요의 가격탄력성을 알고 있으므로 시리얼 가격이 얼마나 떨어져야 하는지 실제로 알아낼 수 있다.

시리얼 수요의 가격탄력성은 $\frac{\%\Delta Q}{\%\Delta P} = -0.75$이다. 우유 가격 상승으로 인한 시리얼 소비 감소를 상쇄하기 위해서는 수요량의 변화율이 +9%가 되어야 한다. 따라서 9%를 탄력성 식의 분자에 집어넣어 다음과 같이 분모를 구할 수 있다.

$$\frac{\%\Delta Q}{\%\Delta P} = -0.75$$

$$\frac{9}{\%\Delta P} = -0.75$$

$$\%\Delta P = \frac{9}{-0.75} = -12$$

우유 가격 상승이 시리얼 수요량에 미치는 영향을 정확히 상쇄하기 위해서는 시리얼 가격이 12% 하락해야 한다.

---

9 Aviv Nevo, "Measuring Market Power in the Ready-to-Eat Cereal Industry," *Econometrica* 69, no. 2 (2001): 307–342.

이 소비되는 재화이다. 두 재화 중 하나가 비싸지면 소비자는 그 재화를 덜 살 뿐만 아니라 다른 재화도 덜 사게 된다. 우유와 시리얼은 보완재이며, 테니스 라켓과 테니스 공, 컴퓨터와 소프트웨어도 마찬가지다.

2.6 결론

이 장에서는 경제학에서 가장 중요한 두 개념인 공급과 수요에 대해 소개했다. 단순화된 공급과 수요의 틀을 이용해 균형가격 및 수량, 충격이 공급과 수요에 미치는 영향, 탄력성 등 다양한 주제를 분석했다.

하지만 이 장에서 우리가 살펴본 많은 사례는 대부분 단순화되어 있고 매우 추상적이다. 현실에서는 한 시장의 수요와 공급곡선을 측정하고 균형가격과 수량을 찾는 일이 더 어렵고 복잡할 수 있다. 예를 들어 우리가 이 장에서 수행한 것과 같은 형태의 분석에 근거하여 생산 결정을 내리려는 기업은 가격, 탄력성, 수요곡선 등과 같이 현실 세계에서 정확한 값이 알려져 있지 않은 광범위한 데이터를 관찰해야 한다. 결과적으로 생산자들은 단순화된 모형에서 감안하는 것보다 더 많이 시행착오를 통한 연습에 의존해야 할 수도 있다. 사실 기업에 대해 우리가 갖고 있는 경험에 따르면, 생산 결정을 하는 사람들이 항상 경제학자처럼 문제에 접근하고 분석하는 것은 아니다. 만약 그렇게 한다면 기업들은 재무적으로 더 성공적일 것이다. 제6장을 시작으로 하여 제3부 시장과 가격에서 우리는 생산자들이 현실에서 직면하는 상황과 그들이 내려야 하는 생산 결정, 예를 들어 어떤 상품을 얼마나 생산할지, 어떻게 생산할지, 어떤 특정 시장에 진입해야 할지 여부 등에 대해 더 많이 논의할 것이다. 그리고 이런 결정이 기업의 공급곡선에 어떻게 반영되는지 살펴볼 것이다. 그때까지는 우리가 이 장에서 발전시킨 단순화된 공급과 수요의 틀이 시장과 균형가격 및 균형수량에 대해 깊이 있는 탐구를 하는 데 귀중한 체계를 제공한다.

요약

1. 경제학자는 시장을 분석하기 위해 모형을 사용한다. 모형은 단순화 가정을 통해 현실의 엄청난 복잡성을 감소시켜 일반적인 통찰력을 얻는다. **공급과 수요** 모형은 경제학에서 가장 많이 사용되는 분석 틀이다. 이 모형은 분석 대상인 시장에 대해 몇 가지 가정을 하는데, 시장에서 구매·판매하는 모든 재화가 동질적이며, 같은 가격에 팔리고, 시장에 수많은 생산자와 소비자가 있다는 것 등이 이에 해당한다. [2.1절]

2. 수요는 소비자가 한 제품을 구매하려는 의도를 나타낸다. 수요에 영향을 미치는 요인에는 가격, 소득, 질, 기호, **대체재와 보완재**의 이용가능성 등 여러 가지가 있다. 경제학자는 **수요곡선**이라는 개념을 자주 사용하는데, 이것은 기본적으로 수요에 영향을 미

치는 요인을 가격과 다른 모든 것이라는 두 집단으로 나눈다. 수요곡선은 수요에 영향을 주는 다른 모든 요인은 고정시키고 소비자의 수요량과 그 재화의 가격 간의 관계를 보는 것이다. 재화의 가격 변화는 수요곡선상의 이동을 낳는다. 비가격 요인이 변하면 모든 가격대에서 수요량이 변해 수요곡선 전체가 이동한다. [2.2절]

3. 공급은 생산자가 제품을 생산해 판매하려는 의도를 나타낸다. 공급에 영향을 미치는 요인에는 가격, 이용가능한 **생산기술**, 생산요소의 가격, 생산자의 외부 옵션 등이 있다. **공급곡선**은 다른 모든 공급 요인을 고정시키고 공급량과 가격 간의 관계만을 떼어낸다. 재화의 가격 변화는 주어진 공급곡선상의 변화를 낳

는다. 비가격 요인이 변하면 모든 가격대에서 공급량이 변해 공급곡선 전체가 이동한다. [2.3절]

4. 수요곡선과 공급곡선을 결합하면 **시장균형**가격을 알아낼 수 있다. 균형가격은 수요량과 공급량이 일치하는 가격이다. 수요곡선과 공급곡선이 수요와 공급 모두에 영향을 미치는 요인인 가격과 수량 간의 관계를 따로 떼어내서 보기 때문에 균형을 알아낼 수 있다. 균형에서는 현행 가격에서 구매하려는 소비자는 누구나 그렇게 할 수 있고, 현재의 시장가격에서 판매하려는 판매자는 누구나 그렇게 할 수 있다. [2.4절]

5. 수요나 공급에 영향을 미치는 (가격 이외의) 요인들이 변하면 시장균형가격과 수량이 변한다. 공급곡선의 이동이 없을 때, 수요를 증가시켜 수요곡선을 밖으로 이동시키는 변화는 **균형가격**과 균형수량을 상승시킨다. 반대로 어떤 변화로 인해 수요가 감소하고 수요곡선이 안쪽으로 이동하면 가격과 수량은 떨어진다. 수요곡선에 변화가 없다고 가정할 때, 공급을 증가시켜 공급곡선을 밖으로 이동시키는 변화는 균형수량을 증가시키고 가격을 낮춘다. 공급을 감소시켜 공급곡선을 안쪽으로 이동시키는 변화는 수량을 감소시키고 가격을 올린다. [2.4절]

6. 공급과 수요가 둘 다 이동하면 균형가격 혹은 균형수량 둘 중 하나에 미치는 효과는 불명확하다. 수요와 공급이 같은 방향으로 움직이면 균형수량은 같은 방향으로 움직이지만 가격에 미치는 영향은 알 수 없다. 반대로 수요와 공급이 반대 방향으로 움직이면 균형가격은 수요와 같은 방향으로 움직이지만(즉 수요가 상승하면 가격이 오르고 수요가 감소하면 가격이 떨어짐) 균형수량에 대한 효과는 확실하게 얘기할 수 없다. [2.4절]

7. 경제학자는 일반적으로 다양한 요인, 특히 가격에 대한 수요와 공급의 민감도를 탄력성을 통해 나타낸다. **탄력성**은 두 변수의 변화율 비다. **수요의 가격탄력성**은 가격 1% 변화에 따른 수요량의 변화율이고, **공급의 가격탄력성**은 가격 1% 변화에 따른 공급량의 변화율이다. [2.5절]

8. 자주 쓰이는 다른 탄력성은 소득과 다른 재화가격 변화에 대한 수요량의 민감도를 측정한다. **수요의 소득탄력성**은 **정상재**의 경우 양이고 **열등재**의 경우 음이다. **수요의 교차가격탄력성**은 대체재의 경우 양이고 보완재의 경우 음이다. [2.5절]

복습문제

1. 공급과 수요 모형의 바탕을 이루는 핵심 가정 네 가지가 있다. 이 가정들이 무엇인지 말하라.

2. 어떤 재화의 보완재와 대체재는 그 재화에 대한 수요에 영향을 미친다. 보완재와 대체재를 정의하라.

3. 수요곡선을 그리기 위해 어떤 단순화 가정을 하는가? 수요곡선은 왜 우하향하는가?

4. 수요량의 변화와 수요의 변화는 어떻게 다른가?

5. 역공급곡선과 역수요곡선식은 어떤 형태를 취하는가? 경제학자들은 왜 종종 역함수식을 이용해 공급과 수요를 나타내는가?

6. 공급곡선은 왜 우상향하는가?

7. 공급량의 변화와 공급의 변화는 어떻게 다른가?

8. 시장균형을 정의하라. 시장균형에서는 공급량과 수요량에 대해 어떤 사실이 성립하는가?

9. 가격이 균형가격보다 낮으면 어떤 일이 일어나는가?

그 이유는 무엇인가?

10. 수요 이동의 결과로 가격과 수량은 어느 방향으로 움직이는가?

11. 공급 이동의 결과로 가격과 수량은 어느 방향으로 움직이는가?

12. 공급과 수요가 둘 다 이동할 때 왜 가격과 수량 중 하나의 변화 방향은 알 수 없는가?

13. 수요와 공급이 같은 방향으로 이동할 때 균형가격은 어떻게 되는가? 같은 상황에서 균형수량은 어떻게 되는가?

14. 탄력성과 기울기의 차이는 무엇인가?

15. 특정 값을 갖는 탄력성에 대해 경제학자들이 특별한 용어를 쓴다는 것을 배웠다. 비탄력적, 탄력적, 단위탄력적, 완전탄력적, 완전비탄력적인 경우의 탄력성이 얼마인지 말하라.

16. 수요의 소득탄력성의 개념을 이용하여 정상재, 사치재, 열등재에 대해 설명하라.

17. 수요의 교차가격탄력성의 개념을 이용하여 대체재와 보완재에 대해 설명하라.

연습문제

(별표 표시가 된 문제의 풀이는 이 책 뒤에 있다.)

1. 공급과 수요 모형의 가정 중 하나는 구매 및 판매되는 모든 재화가 동일하다는 것이다. 경제학자들이 왜 흔히 그런 가정을 한다고 생각하는가? 재화가 동일하지 않다면 공급과 수요 모형은 그 유용성을 잃어버리는가?

2. 공급과 수요 모형의 가정들을 열거하라. 그리고 각 가정에 대해 그 가정이 만족되는 시장과 만족되지 않는 시장의 예를 각각 들라. 가정들이 위배될 때 공급과 수요 모형을 사용하는 것이 타당한가?

*3. 유기농 당근에 대한 수요가 다음 식에 의해 주어져 있다.

$$Q_O^D = 75 - 5P_O + P_C + 2I$$

여기서 P_O는 유기농 당근의 가격이고, P_C는 일반 당근의 가격이며, I는 소비자의 평균소득이다. 이 식은 유기농 당근 수요량과 유기농 당근 가격의 관계만을 보여주는 통상적인 수요곡선이 아님에 주목하라. 이 수요함수는 다른 요인, 즉 다른 재화(일반 당근)의 가격과 소득이 수요에 어떤 영향을 미치는지도 나타낸다.

   a. $P_C = 5$이고 $I = 10$일 때 유기농 당근의 역수요곡선을 그려라. 폐색가격은 얼마인가?

   b. (a)에서 그린 수요곡선을 이용하면 $P_O = 5$일 때 유기농 당근의 수요량은 얼마인가? $P_O = 10$일 때는 어떠한가?

   c. P_C가 15로 상승한 반면 I는 여전히 10이라고 하자. 유기농 당근의 수요량을 계산하라. 이러한 변화의 영향을 그래프에 나타내고 폐색가격을 표시하라. 유기농 당근에 대해 수요의 변화가 발생했는가 아니면 수요량의 변화가 발생했는가?

   d. 일반 당근의 가격이 오르면 유기농 당근에 대한 수요는 어떻게 되는가? 유기농 당근과 일반 당근은 완전보완재인가 완전대체재인가? 어떻게 알 수 있는가?

   e. 소비자의 평균소득이 상승할 때 유기농 당근에 대한 수요는 어떻게 되는가? 당근은 정상재인가, 열등재인가?

*4. 다음 중 어느 것이 커피 수요의 증가를 가져올 것 같은가? 설명하라.

   a. 차 가격 상승

   b. 도넛 가격 상승

   c. 커피 가격 하락

   d. 커피 섭취가 심장병의 위험을 낮춘다는 공중위생국장의 발표

   e. 폭우로 콜롬비아 커피 수확량이 최저치를 기록

5. 다음 각각이 미국의 패스트푸드 햄버거의 공급곡선이나 수요곡선을 어떻게 이동시키겠는가? 어떤 곡선(들)이 영향을 받는지, 또 이동 방향이 안쪽인지 바깥쪽인지 명시하라.

   a. 소고기 가격이 3배가 된다.

   b. 닭고기 가격이 절반만큼 하락한다.

   c. 인구 고령화에 따라 경제의 10대 인구가 하락한다.

   d. 소고기 섭취에 따라 발생하는 매우 드물지만 치명적인 질병인 광우병이 미국에서 자주 발생한다.

   e. 고기의 다량 섭취를 장려하는 다이어트 방식이 건강에 해롭다는 보고서를 식품의약청이 발표한다.

   f. 맛있는 햄버거를 만들 수 있는 저렴한 신제품 가정용 석쇠를 TV에서 자주 광고한다.

   g. 최저임금이 상승한다.

6. 밀의 공급곡선이 다음 식에 의해 주어졌다.

$$Q_W^S = -6 + 4P_w - 2P_c - P_f$$

여기서 Q_W^S는 100만 부셸 단위로 측정된 밀의 공급량이고 P_w는 부셸당 밀의 가격이며 P_c는 부셸당 옥수수 가격, P_f는 갤런당 트랙터 연료 가격이다.

   a. 옥수수가 부셸당 4달러에 팔리고 연료가 갤런당

2달러에 팔릴 때 역공급곡선 그래프를 그려라. 공급폐색가격은 얼마인가?

b. 가격이 4달러일 때 밀이 얼마나 공급되겠는가? 8달러일 때는 어떠한가?

c. 옥수수 가격이 부셸당 6달러로 상승하면 밀 공급은 어떻게 되겠는가? 직관적으로 설명하고 새로운 역공급곡선을 주의 깊게 그린 후 새로운 폐색가격을 표시하라.

d. 이제 옥수수 가격은 4달러로 유지되지만 연료 가격이 1달러로 하락한다고 하자. 그 결과 밀의 공급은 어떻게 되겠는가? 직관적으로 설명하고 새로운 역공급곡선을 주의 깊게 그려라. 새로운 폐색가격을 반드시 표시하라.

7. 비트코인과 다른 암호화폐는 그것을 이용해 거래를 하려는 사람들이나 그것의 미래 가치를 노리고 투기하려는 사람들에 의해 수요된다. 비트코인은 수학 문제를 풂으로써 비트코인을 '채굴'하는 연산 능력을 활용하는 수천의 경쟁적 채굴자에 의해 공급된다. 비트코인이 더 많이 채굴될수록 수학문제는 더 어려워진다.

a. 이 장의 서두에 나온 정보를 이용하여 비트코인 공급곡선이 왜 우상향할 가능성이 높은지 설명하라.

b. 연산 속도의 증가는 다른 조건이 일정할 때 채굴자가 비트코인을 채굴하는 것을 더 쉽게 만들었다. 연산 능력 증가가 비트코인 공급에 어떤 영향을 미치는지 보여주는, 명칭이 잘 붙은 그래프를 그려라.

c. 비트코인 시장의 유일한 변화가 (b)에 설명된 변화라고 하자. 그 변화가 균형가격과 수량에 어떤 영향을 주겠는가?

8. 2002년 3월의 휘발유 소매가격은 갤런당 1.19달러로 1990년 8월과 똑같았다. 하지만 휘발유 총생산 및 소비는 1990년 주당 660만 배럴에서 2002년 주당 870만 배럴로 증가했다. 다음 그림을 이용해 수요와 공급을 적절히 이동시켜 이 현상을 설명하라.

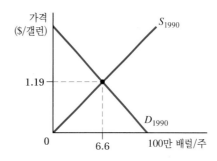

9. 화장지 수요가 증가할 때 균형판매량은 증가한다. 소비자는 더 많이 사고 생산자는 더 많이 만든다.

a. 새로운 수요를 충족시키려면 생산을 늘려야 한다는 신호를 생산자는 어떻게 받는가?

b. 생산량 증가는 공급의 증가를 반영하는가 아니면 공급량의 증가를 반영하는가? (a)를 이용하여 설명하라.

*10. 수건에 대한 수요가 $Q^D = 100 - 5P$, 수건의 공급은 $Q^S = 10P$로 주어졌다고 하자.

a. 역공급곡선과 역수요곡선을 도출하고 그래프를 그려라.

b. 균형가격과 균형수량을 구하라.

c. 공급이 변해서 각 가격대에서 팔려고 내놓는 수건이 20장씩 줄어든다고 하자. 새로운 역공급곡선을 도출하고 그래프를 그려라.

d. 새로운 균형가격과 균형수량을 구하라. 공급 감소가 균형가격과 판매량에 어떠한 영향을 주는가?

e. 공급은 변하지 않는 대신 수요가 감소해서, 각 가격대에서 소비자가 원하는 수건이 25장씩 줄어든다고 하자. 새로운 균형가격과 수량을 구하라. 수요 감소가 균형가격과 판매량에 어떠한 영향을 주는가? 이런 변화는 (d)에 대한 답과 비교할 때 어떠한가?

11. 스코틀랜드의 위스키 시장이 다음의 수요와 공급식에 의해 나타난다.

$$수요 : Q^D = 80 - P$$
$$공급 : Q^S = -40 + 2P$$

여기서 P는 위스키 1리터의 가격이고 Q는 주당 판매되는 1,000리터 단위로 측정한 리터 수이다. 스코틀랜드 정부가 리터당 60파운드의 가격을 강제한다고 하자.

   a. 시장은 균형을 이루는가? 그 이유는?

   b. 정부가 정한 가격에서 위스키의 초과수요가 있는가, 초과공급이 있는가?

   c. 정부가 위스키 가격이 정부에 의해서가 아니라 시장에 의해서 정해지도록 결정한다고 하자. (b)에 대한 답을 근거로 할 때, 위스키 가격이 오를까, 내릴까, 아니면 그대로일까? 추론을 직관적으로 설명하라.

12. 탄소강으로 만든 셰프칼의 역수요가 $P = 120 - \frac{1}{2}Q^D$ 와 같다. 여기서 P는 셰프칼의 가격이고 Q^D는 1,000개 단위로 표시된 주당 셰프칼 수요량이다. 셰프칼의 역공급은 $P = 20 - 2Q^S$와 같다. 여기서 Q^S는 1,000개 단위로 표시된 주당 셰프칼의 공급량이다.

   a. P를 세로축에, Q를 가로축에 두고 역공급과 역수요곡선을 정확하게 그려라.

   b. 그래프에서 구매자와 판매자의 폐색가격은 얼마인가? 역수요와 역공급식을 통해 동일한 폐색가격을 어떻게 구할 수 있는가?

   c. 역수요와 역공급을 같게 놓아, 판매되는 셰프칼의 균형수량을 구하라. (힌트 : 균형에서 $Q^D = Q^S$이므로 Q^D와 Q^S를 총칭해서 Q로 바꾸라.)

   d. (c)에서 구한 수량을 역수요곡선에 대입하여 균형가격을 구하라. 그리고 동일한 수량을 역공급곡선에 대입하여 계산을 재확인하라.

13. 미국에서 최대의 쇼핑이 이루어지는 날은 추수감사절 다음 날인 '블랙 프라이데이'이다. 블랙 프라이데이마다 대형 소매점의 지역 지점은 대중들에게, 판매되는 첫 100대의 54인치 평면 TV를 대당 50달러의 할인가격에 판매한다는 제안을 한다. 고객들은 이 엄청난 할인을 누리기 위해 가게 문이 열리기 전에 장사진을 친다.

   a. 이 시나리오에서 54인치 평면 TV의 '가격'은 얼마인가?

   b. 그 '가격'은 소매상이 첫 100대가 아니라 첫 500대의 TV를 개당 50달러에 판매하면 어떻게 바뀌겠는가? 첫 50대만 할인가격이 적용되면 어떻게 되겠는가?

14. 다음과 같은 일들이 맥주 판매 가격 및 수량에 미치는 영향을 밝혀라. 맥주는 정상재라고 가정하라.

   a. 맥주의 대체재인 포도주의 가격이 하락한다.

   b. 맥주의 보완재인 피자의 가격이 상승한다.

   c. 맥주를 만들 때 재료로 쓰이는 보리의 가격이 상승한다.

   d. 맥주 양조업자들이 맥주보다는 포도주를 생산하면 돈을 더 많이 벌 수 있다는 사실을 발견한다.

   e. 경제가 불경기에서 회복됨에 따라 소득이 상승한다.

*15. 오리털 베개에 대한 수요가 $Q^D = 100 - P$, 공급은 $Q^S = -20 + 2P$로 주어졌다고 하자.

   a. 균형가격을 구하라.

   b. 균형가격을 수요식에 다시 대입해 균형수량을 구하라.

   c. 균형가격을 공급식에 다시 대입해 균형수량을 구하여 위 풀이가 맞는지 재확인하라. 답이 (b)에서 구한 것과 일치하는가?

   d. 균형점에서의 수요와 공급의 탄력성을 구하라. 수요와 공급 중 어느 쪽이 더 탄력적인가?

   e. 수요함수와 공급함수의 역함수를 구하고(즉 각 식을 P에 대해 풀고) 그래프를 그려라. 그래프에 나타난 균형점과 상대적인 탄력성이 위에서 구한 답과 일치하는가?

16. 미국과 프랑스에서 모두 이발에 대한 수요는 $Q^D = 300 - 10P$로 주어진다. 하지만 미국에서 공급은 $Q^S = -300 + 20P$로 주어져 있는 반면, 프랑스에서 공급은 $Q^S = -33.33 + 6.67P$로 주어져 있다.

   a. 각국의 이발 공급과 수요 그래프를 그려라. (각 축에 동일한 스케일을 사용하여 주의 깊게 그래프를 그려라!)

   b. 각국의 이발 균형가격과 수량을 구하라.

   c. 미국의 이발 수요가 모든 가격대에서 100단위 증가하여 새로운 수요가 $Q^D = 400 - 10P$라고 하자. 이 새로운 수요곡선을 적절한 그래프에 넣고 미국의 새로운 균형가격과 수량을 구하라.

   d. 마찬가지 방식으로 프랑스의 이발 수요가 모든 가격대에서 100단위 증가한다고 하자. 새로운 이발 수요곡선을 적절한 그래프에 추가하고 새로운 균형가격과 수량을 구하라.

e. (c)와 (d)에 대한 답에 근거하여 다음 진술에 대해 논평하라. "수요 증가의 영향은 공급곡선의 기울기에 결정적으로 달려 있다."

17. 새내기 경제학자 벅이 토피(설탕, 버터, 물을 함께 끓여 만든 캔디) 사탕의 역수요곡선을 $P = \$100 - Q^D$, 역공급곡선을 $P = Q^S$로 측정했다고 하자. 벅의 경제학자 친구인 페니는 모든 것을 센트 단위로 재는 것을 좋아한다. 그는 토피 사탕의 역수요곡선을 $P = 10{,}000 - 100Q^D$, 역공급곡선을 $P = 100Q^S$로 측정한다.

a. 벅의 측정치를 이용하여 역수요곡선의 기울기를 구하고 시장균형에서의 수요의 가격탄력성을 계산하라.

b. 페니의 측정치를 이용하여 역수요곡선의 기울기를 구하고 시장균형에서의 수요의 가격탄력성을 계산하라. 이 기울기는 벅이 계산한 것과 같은가? 수요의 가격탄력성은 어떠한가?

18. 마약 복용자들이 직면하는 가격을 인상하기 위해 미국 정부가 코카인과 같은 불법마약을 구매해야 한다고 어떤 정책 입안자들이 주장했다. 이 견해는 받아들일 만한 점이 있는가? 이 논리를 간단한 공급과 수요의 틀에서 그림으로 나타내라. 마약 수요의 탄력성이 이 정책의 효과성과 어떤 관계를 갖는가? 수요가 비탄력적이라면 이 정책을 더 지지하겠는가, 덜 지지하겠는가?

*19. 조는 $P = 3/Q^D$로 주어진 개구리 다리에 대한 역수요를 가진 반면, 카일의 개구리 다리에 대한 역수요는 $P = 4 - Q^D$로 주어져 있다고 하자. 각 소비자의 수요곡선 그래프는 다음과 같다.

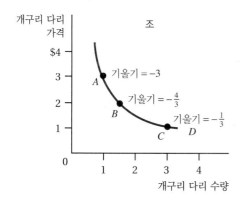

a. 조의 개구리 다리에 대한 수요는 단위탄력적임을 보여라.

b. 카일의 개구리 다리에 대한 수요의 탄력성은 점마다 다름을 보여라.

c. (a)와 (b)에 대한 답을 이용하여 수요곡선의 기울기와 수요의 탄력성 간 차이에 대해 논평하라.

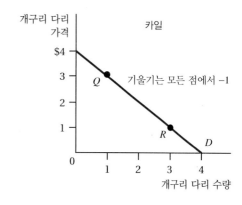

20. 수요의 교차탄력성은 다른 재화의 가격이 1% 변할 때 한 재화의 수요량이 몇 퍼센트 변하는지 측정한다. 수요의 소득탄력성은 구매자의 소득이 1% 변할 때 재화의 수요량이 몇 퍼센트 변하는지 측정한다.

a. 두 재화가 샴푸와 헤어 컨디셔너라면 교차가격탄력성의 부호는 어떻게 되겠는가? 그 이유는 무엇인가?

b. 두 재화가 휘발유와 에탄올이라면 교차가격탄력성의 부호는 어떻게 되겠는가? 그 이유는 무엇인가?

c. 두 재화가 커피와 신발이라면 교차가격탄력성의 부호는 어떻게 되겠는가? 그 이유는 무엇인가?

d. 재화가 뜨거운 돌로 하는 마사지라면 소득탄력성의 부호는 어떻게 되겠는가? 그 이유는 무엇인가?

e. 재화가 라면이라면 소득탄력성의 부호는 어떻게 되겠는가? 그 이유는 무엇인가?

f. 재화가 식탁용 소금이라면 소득탄력성의 부호는 어떻게 되겠는가? 그 이유는 무엇인가?

21. 다음 중 어느 경우에 균형가격과 균형수량이 각각 가장 크게 하락하겠는가? 그래프를 그려 답을 확인하라.

a. 수요가 매우 비탄력적이며 공급이 상대적으로 대

폭 증가하였다.

b. 수요가 매우 탄력적이며 공급이 상대적으로 소폭 증가하였다.

c. 공급이 매우 비탄력적이며 수요가 상대적으로 소

폭 감소하였다.

d. 공급이 매우 탄력적이고 수요가 매우 비탄력적이며 공급이 상대적으로 대폭 증가하였다.

공급과 수요를 이용한 시장 분석

정부는 종종 시장의 작동 방식에 영향을 미치는 정책을 제정한다. 이런 정책의 목표는 특정 유권자에게 이득을 주기 위해서일 수도 있고 필요한 조세수입을 얻기 위해서일 수도 있으며, (제17장에서 보게 되듯이) 시장실패를 바로잡기 위해서일 수도 있다. 예를 들어 휘발유 가격이 대중들이 용인할 수 있는 수준 이상으로 오를 때마다, 일부 정치인들은 휘발유 가격에 대한 상한(혹은 적어도 조사)을 요구한다. 이런 시기에 통상 행해지는 여론조사로부터 판단할 때, 많은 사람들은 이 정책이 좋은 방안이라고 생각한다. 사람들의 생각은 옳은 것일까? 시장 조건의 변화가 시장에 대한 정부개입의 결과이든, 아니면 공급이나 수요, 혹은 둘 다에 영향을 미치는 많은 요인들 중 어떤 것이 변해서 생긴 결과이든, 우리는 공급과 수요 분석을 이용해 가격과 수량이 어떻게 변하는지뿐만 아니라 누가 이득을 보고 누가 손실을 보며 어느 정도 이득이나 손실을 보는지도 알아낼 수 있다.

제2장에서 우리는 공급과 수요 분석이라는 도구를 소개했다. 우리는 공급곡선과 수요곡선이 구체적으로 나타내는 경제적 결정에 대해 학습하고, 시장이 균형에 있다는 것이 무엇을 의미하는지 정의했다. 이 장에서는 이러한 도구를 이용해 시장이 어떻게 작동하는지 더 깊게 살펴본다. 시장에서 소비자와 생산자가 얻는 총편익을 어떻게 측정하는지, 수요나 공급이 이동할 때 이런 편익이 어떻게 변하는지 공부한다. 또한 정부의 다양한 시장개입이 소비자와 생산자의 후생에 어떤 영향을 미치는지 살펴본다.

3.1 소비자잉여와 생산자잉여 : 시장에서 이득을 보는 사람은 누구인가?

어떤 정책이 시장에 미치는 영향을 이해하려면 소비자와 생산자가 재화를 사고파는 것으로부터 얻는 편익을 측정할 방법이 필요하다. 경제학자들은 이런 편익을 소비자잉여와 생산자잉여라는 개념을 이용해 측정한다.

소비자잉여

소비자잉여(consumer surplus)는 소비자가 어떤 재화를 구입하기 위해 지불할 용의가 있는 가격(수요곡선의 높이로 측정됨)과 소비자들이 실제로 지불해야 하는 가격 간의 차이다. 소비자잉여는 주로 화폐 금액으로 측정된다. 주머니에 1,000달러를 가지고 있는 어떤 사람이 사막에서 길을 잃어 극도로 갈증을 느끼고 있다고 하자. 그가 우연히 편의점을 발견했는데 거기서 물을 팔고 있다. 그는 물을 위해 1,000달러 전체를 지불하려고 할 것이다. 제2장에서 배운 탄력성의 개념을 적용하면, 음료수에 대한 이 사람의 수요는 거의 완전비탄력적이라고 할 수 있다. 즉 이 사람은 가격에 관계없이 물 한 병을 사려고 할 것이다. 이 가게에서 물 한 병에 1달러를 받는다고 하자. 목마른 이 사람은 물에 1,000달러를 지불할 용의가 있었지만 시장가격인 1달러만 내면 된다. 거래 후 그는 물 한 병과 주머니에 남은 돈 999달러를 갖게 된다. 이 999달러, 즉 지불할 용의가 있었던 금액과 실제로 지불한 가격 간의 차이, 이것이 이 사람의 소비자잉여이다.

소비자잉여
소비자가 어떤 재화를 구입하기 위해 지불할 용의가 있는 가격(수요곡선의 높이로 측정)과 실제로 지불해야 하는 가격 간 차이

그림 3.1 소비자잉여 : 소비자들의 지불용의금액과 지불해야 하는 가격 간 차이

시장수요곡선은 주어진 가격에서 소비자들이 몇 파운드의 사과를 사려고 하는지 보여준다. A점에 있는 사람은 사과 1파운드에 5달러까지 지불할 용의가 있다. 가격이 파운드당 3.50달러라면 그 사람은 사과를 사고 소비자잉여 1.50달러도 챙길 것이다. B점에 있는 사람은 파운드당 4.50달러까지 지불할 용의가 있으므로 소비자잉여 1달러를 얻으며, C점에 있는 사람은 소비자잉여 0.50달러를 얻는다. D점에 있는 사람은 사과 1파운드에 대해 3.50달러를 지불할 용의가 있는데 1파운드에 시장가격 3.50달러를 지불해야만 한다. 따라서 이 사람에게는 소비자잉여가 없다.[1] E점에 있는 사람은 사과를 사지 않을 것이다. 그는 파운드당 3달러만 지불할 용의가 있는데 이것은 시장가격의 아래이기 때문이다. 전체 시장의 소비자잉여를 알고 싶다면 A, B 등 사과를 구입한 각 개인의 모든 이득을 더하면 된다. 모든 이득을 더하고 나면 파이크플레이스마켓 전체의 총소비자잉여는 수요곡선 아래쪽이면서 가격 위쪽인 부분의 면적, 즉 그림 3.1에서 음영으로 표시된 삼각형 CS의 면적과 같다는 것을 알 수 있다. 소비자잉여 삼각형의 밑변은 판매량이다. 이 삼각형의 높이는 시장가격(3.50달러)과 수요폐색가격, 즉 수요량이 0으로 감소하는 가격(파운드당 5.50달러)의 차이다.[2]

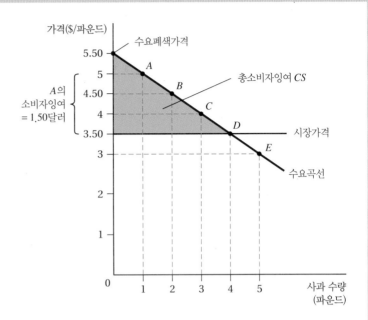

한 사람만 있는 이 예를 이용해 소비자잉여를 전체 시장의 수요곡선으로 확장할 수 있다. 예컨대 파이크플레이스마켓의 예로 돌아가서 이제는 사과시장에 대해 생각해보자. 그림 3.1의 시장수요곡선은 주어진 가격에서 소비자들이 사과를 몇 파운드나 사려고 하는지 보여준다. 시장수요곡선상의 각 점이 사과 1파운드에 대한 여러 사람의 지불용의금액을 나타낸다면, 앞의 목마른 사람의 경우에서처럼 각 사람의 소비자잉여를 측정할 수 있다.

이 파이크플레이스마켓의 예에서 수요곡선은 재화 1단위에 대한 지불용의금액이 각기 다른 소비자를 모아놓은 것을 나타낸다. 지불용의금액이 높은 사람들은 곡선의 왼쪽 위에 위치하며, 지불용의금액이 낮은 사람들은 곡선을 따라 오른쪽 아래에 있게 된다. 같은 논리가 개별수요곡선에도 적용된다. 개별수요곡선은 추가적인 재화 1단위에 대해 지불용의금액이 감소하는 것을

---

1 몇 년 전에 다른 대학으로 스카우트된 경제학자가 있었다. 그를 유혹하기 위한 거래의 일부로 새로운 학교는 연봉을 대폭 인상했다. 그가 가을학기에 새 대학에 왔을 때 학장은 그가 오기로 결정해서 기쁘다고 말했다. 이 경제학자는 그 학교가 정말로 기쁘게 생각한다면 그가 돈을 충분히 요구하지 않은 셈이라고 답했다. 그는 새 학교에 소비자잉여를 남겨주고 싶지 않았던 것이다.

2 이런 종류의 계산에는 두 가지 기술적 사항이 결부되어 있다. 첫째, 이 영역은 수요곡선이 직선이어야만 삼각형이다. 우리가 직선인 수요곡선을 사용하는 것은 편리함 때문인데, 현실에서 수요곡선은 곡선인 경우가 많다. 둘째, 총소비자잉여를 달러 단위로 계산하는 것은 소득의 한계효용이 일정할 때에만 정확하다. 효용에 관한 내용은 제4장에서 논의한다. 소득 1달러가 소득이 높을 때보다 소득이 낮을 때 훨씬 더 가치가 있다면, 소비자잉여 각 1달러가 사람들의 후생에 동일한 영향을 준다고 확언할 수는 없다.

나타낸다. 예를 들어 사과 구매자가 자신이 구매하는 사과 첫 1파운드에 대해서는 5달러를 지불할 용의가 있으나 두 번째 파운드에 대해서는 4달러, 세 번째 파운드에 대해서는 3.50달러만 지불하려고 할 수 있다(사과 저장 능력에 한계가 있거나, 시간이 좀 지나면 사과 먹는 데 단순히 물리게 되거나 할 수 있다). 시장가격이 파운드당 3.50달러라면 그는 사과를 3파운드 살 것이다. 소비자잉여는 첫 번째 파운드에 대해서는 1.50달러, 두 번째 파운드에 대해서는 0.50달러, 세 번째 파운드에 대해서는 0이어서 총합이 2달러가 된다. 모든 사과 구매자에 대해 이런 계산을 해서 각 사람들의 소비자잉여를 모두 더하면 그림 3.1의 삼각형과 동일한 형태의 소비자잉여를 얻게 된다.

생산자잉여

소비자가 시장 거래에 참여해 잉여를 얻는 것처럼 생산자도 잉여를 얻는다. **생산자잉여**(producer surplus)는 생산자가 자신의 재화를 팔 용의가 있는 가격(공급곡선의 높이로 측정됨)과 실제로 그 재화를 팔아서 받는 가격 간의 차이다. 파이크플레이스마켓 사과시장의 공급곡선(그림 3.2)은 주어진 가격에 생산자들이 사과를 몇 파운드나 팔려고 하는지 알려주며, 제2장에서 논의했고 제7, 8장에서 더 자세히 설명할 것처럼 이는 재화 생산비로부터 온다.

그림 3.2의 공급곡선은 판매용의금액이 각기 다른 생산자들을 모두 모아놓은 것을 나타낸다.

생산자잉여
생산자가 재화를 팔고 실제로 받는 가격과 재화 생산비용(공급곡선의 높이로 측정) 간 차이

그림 3.2 생산자잉여 : 생산자가 재화에 대해 받는 가격과 재화 생산비용 간 차이

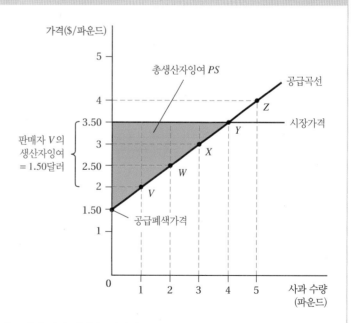

공급곡선의 각 점이 서로 다른 사과 판매자를 나타내는 것으로 보면, V사는 파운드당 2달러의 가격에 사과를 공급할 용의가 있다는 것을 알 수 있다. 하지만 시장가격 3.50달러로 사과를 팔 수 있기 때문에 V사는 1.50달러의 생산자잉여를 얻는다.[3] W사는 파운드당 2.50달러에 사과를 팔 용의가 있으므로 1달러의 생산자잉여를 얻고, X사는 0.50달러의 생산자잉여를 얻는다. Y사는 사과 1파운드를 3.50달러에 팔 용의가 있으므로 잉여를 얻지 못한다. Z사는 시장에서 제외된다. 시장가격인 파운드당 3.50달러가 Z사의 판매용의금액(4달러)보다 낮기 때문이다.

시장 전체의 총생산자잉여는 공급곡선상의 모든 판매자의 생산자잉여를 합한 것이다. 이 합은 공급곡선의 위쪽이면서 시장가격의 아래쪽인 부분, 즉 그림 3.2에서 음영으로 표시된 삼각형 PS의 면적과 같다. 이 삼각형의 밑변은 판매량이다. 이 삼각형의 높이는 시장가격(3.50달러)과 공급폐색가격, 즉 공급량이 0이 되는 가격 간의 차이다. 여기서 공급폐색가격은 파운드당 1.50달러로, 어느 판매자도 이 가격 밑으로는 판매하려 하지 않는다.

---

3 생산자잉여를 '이윤'이라고 부르고 싶은 유혹을 참기 바란다. 여기서는 그렇게 부르는 것이 자연스러워 보이지만, 이 책의 뒤에서 '이윤'은 경제학에서 명확한 의미를 가지며 생산자잉여와는 다르다는 것을 알게 될 것이다.

예제 3.1

중서부 한 도시의 초코바 수요 및 공급곡선이 다음과 같이 주어져 있다.

$$Q^D = 152 - 20P$$
$$Q^S = 188P - 4$$

여기서 Q는 하루 초코바 1,000개 단위로 측정되며, P는 초코바 1개당 달러로 측정된다.

a. 균형가격과 수량을 구하라.
b. 균형가격에서의 소비자잉여 및 생산자잉여를 계산하라.

풀이

a. 균형은 $Q^D = Q^S$일 때 발생한다. 따라서 수요곡선과 공급곡선을 같게 놓아 균형을 구할 수 있다.

$$Q^D = Q^S$$
$$152 - 20P = 188P - 4$$
$$156 = 208P$$
$$P = \$0.75$$

따라서 초코바 균형가격은 0.75달러이다. 균형수량을 찾기 위해서는 균형가격을 수요곡선이나 공급곡선 중 하나에 대입해야 한다.

$$Q^D = 152 - 20P \qquad\qquad Q^S = 188P - 4$$
$$= 152 - 20(0.75) \qquad\qquad = 188(0.75) - 4$$
$$= 152 - 15 \qquad\qquad\qquad = 141 - 4$$
$$= 137 \qquad\qquad\qquad\qquad = 137$$

Q가 하루 초코바 1,000개 단위로 측정됨을 기억하자. 따라서 균형수량은 하루 137,000개이다.

b. 소비자잉여와 생산자잉여를 계산하기 위한 가장 쉬운 방법은 그림을 그리는 것이다. 첫째, 수요곡선과 공급곡선을 그려야 한다. 각 곡선에 대해 점 2개를 찾을 수 있다. 첫 번째 점은 균형점으로, 균형가격(0.75달러)과 균형수량(137,000개)의 조합이다. 두 번째 점은 수요와

공급의 폐색가격이다. 이 점은 다음과 같이 Q^D와 Q^S를 0으로 놓고 P에 대해 풀어 구할 수 있다.

$$Q^D = 152 - 20P \qquad\qquad Q^S = 188P - 4$$
$$0 = 152 - 20P \qquad\qquad 0 = 188P - 4$$
$$20P = 152 \qquad\qquad\qquad 4 = 188P$$
$$P = \$7.6 \qquad\qquad\qquad P = \$0.02$$

따라서 수요폐색가격은 7.60달러이고 공급폐색가격은 0.02달러이다.

수요곡선과 공급곡선은 아래 그림과 같이 그려진다. 소비자잉여는 수요곡선의 아래쪽이면서 가격의 위쪽인 부분(A영역)이다. 그 면적은 다음과 같이 계산할 수 있다.

$$CS = A의\ 면적 = \frac{1}{2} \times 밑변 \times 높이$$
$$= (0.5) \times (137,000 - 0) \times (\$7.60 - \$0.75)$$
$$= (0.5) \times 137,000 \times \$6.85 = \$469,225$$

생산자잉여는 가격의 아래쪽이면서 공급곡선의 위쪽인 부분(B영역)이다.

$$PS = B의\ 면적 = \frac{1}{2} \times 밑변 \times 높이$$
$$= (0.5) \times (137,000 - 0) \times (\$0.75 - \$0.02)$$
$$= 0.5 \times 137,000 \times \$0.73 = \$50,005$$

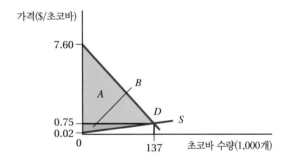

총생산량이 늘어남에 따라 추가적인 생산물을 생산하는 데 드는 기업의 비용이 증가하는 경우, 개별 생산자의 공급곡선에도 똑같은 논리가 적용된다. 이 경우 기업은 1단위를 추가로 팔기 위해 더 높은 가격을 받아야 한다.[4] 기업의 생산자잉여는 시장가격과 생산자가 각 단위를 팔기 위

---

4 여기서는 또한 기업이 가격을 주어진 것으로 받아들인다고 가정하고 있다. 제8장과 제9장에서는 이러한 경우 및 이와는 달리 기업이 가격 설정 능력을 갖는 경우에 대한 기업의 공급 행위를 살펴볼 것이다.

해서 받아야 하는 최소가격 간의 차이를 합한 것이다.

 응용 기술혁신의 가치

소비자잉여와 생산자잉여라는 개념을 갖추면 경제학에서 가장 중요한 이슈 중 하나인 신제품의 도입에 대해 약식으로 분석해볼 수 있다. 경제학자들은 한 사회의 생활 수준을 높이는 데 있어 기술혁신과 새로운 재화가 갖는 중요성을 강조한다. 기술혁신의 가치에 대한 어떤 논의에서 든 신제품이 소비자에게 얼마나 많은 편익을 주는지 계산할 방법이 필요하다.

신제품의 가치 측정을 위해 간단히 제안할 수 있는 방법은 사람들이 신상품 구매에 쓴 돈을 그냥 합하는 것이다. 하지만 실제로는 많은 소비자들이 자신이 물건을 사는 데 지불한 가격보다 제품의 가치를 훨씬 더 높이 평가하기 때문에 이 접근법은 정확하지 않다. 하지만 소비자잉여는 소비자들이 자신이 지불한 가격 **이상으로** 제품의 가치를 어떻게 평가하는지 알려주기 때문에 신제품의 가치를 제대로 측정한다.

새로운 재화시장에서의 잠재적 소비자잉여의 크기를 결정하는 핵심 요인은 수요곡선의 기울기이다 — 다른 조건이 동일하다면 수요곡선이 가파를수록 소비자잉여는 커진다. 이것은 수요곡선이 가파르면 적어도 일부의 소비자(수요곡선의 왼쪽 윗부분에 해당하는 소비자)는 그 재화에 대해 매우 높은 지불용의금액을 갖기 때문이다. (가격-수량 수요곡선 그림으로부터 이 점을 볼 수 있다. 먼저 균형시장가격을 나타내는 수평선을 그린다. 다음으로 기울기는 다르지만 같은 점에서 이 가격과 만나 균형수요량이 같은 수요곡선을 여러 개 그린다. 수요곡선이 가파를수록 소비자잉여를 나타내는 삼각형이 커짐을 볼 수 있다.)

안경을 예로 들어 살펴보자. 경제학자 조엘 모키어(Joel Mokyr)는 그의 책 부의 지렛대(*The Lever of Riches*)에서, 1280년경의 안경 발명으로 장인들이 전에 비해 세밀한 작업을 수십 년 더 오래 할 수 있게 되었다고 설명했다. 안경을 1280년경의 '신기술'로 본다면, 안경에 대한 수요곡선이 어떤 모습일지 시각화할 수 있다. 1280년 당시 많은 사람들이 안경 없이는 잘 볼 수 없었을 것이기 때문에, 수요곡선은 필시 매우 가팔랐을 것이다. 즉 안경에 대한 지불용의금액이 매우 높은 일군의 사람들이 있었다. 이는 또한 수요가 가격에 특별히 민감하지 않음을 암시한다. 수요곡선은 이후 수백 년 동안 아마도 계속 가파른 상태로 안정적으로 유지되었을 것이다. 그러다가 마침내 20세기 후반부에 첫 상용 콘택트렌즈가 출시되었다.

제2장에서 우리는 대체재를 쉽게 구할 수 있으면 수요가 보다 탄력적으로 된다는 사실을 배웠다. 이것은 안경의 경우에도 적용된다. 콘택트렌즈가 이용가능하게 되자 안경 수요는 가격에 대해 보다 탄력적으로 되었다. 이런 탄력성 변화가 안경의 존재로부터 사람들이 얻는 소비자잉여에 어떤 영향을 미쳤을까? 그림 3.3이 답을 보여준다.

소비자잉여는 사람들이 재화에 지불할 용의가 있는 최대금액에 의해 결정된다는 점을 기억하자. 이 최대가격은 대안이 생기면 감소한다. 시력 교정을 위한 대안적 방법이 이용가능해지면 안경은 실질적 필수품이라기보다는 선택사항 중 하나에 지나지 않게 되고, 안경과 연관된 소비자잉여는 감소한다. 이 예를 보고 기술혁신이 잉여를 파괴한다는 걱정이 든다면, 대체재가 그 자신의 잉여를 창출한다는 점을 기억하기 바란다. 각 대체재마다 그에 대한 수요곡선이 있으며, 이 수요곡선의 아래쪽이면서 대체재 가격의 위쪽인 영역 역시 소비자잉여이다. 예를 들어

그림 3.3 소비자잉여와 수요의 탄력성

콘택트렌즈가 이용가능해지기 전에는 안경에 대한 수요 D_1이 비탄력적이었기 때문에, 즉 더 잘 보기 위해서는 안경이 유일한 대안이었기 때문에 소비자잉여가 컸다. 소비자잉여는 가격 위이면서 D_1 아래 영역, 즉 $A + B$였다. 가격이 P보다 훨씬 높아도 사려는 사람들이 많았다. (이것이 비탄력적 수요곡선이 의미하는 바이다.)

콘택트렌즈가 이용가능하게 되자 안경 수요는 D_2와 같이 훨씬 더 탄력적이 되었다. 균형에서 전과 같은 수의 사람이 안경을 구입한다고 해도, 이제는 대안이 있기 때문에 안경 가격이 많이 올라가면 많은 사람들이 안경을 더 이상 구입하지 않게 된다. 그림은 콘택트렌즈가 출시된 이후 안경으로부터의 소비자잉여가 감소함을 보여준다. 전에 비해 완만한 새로운 수요곡선의 아래쪽이면서 가격 위쪽인 부분은 B영역에 지나지 않는다.

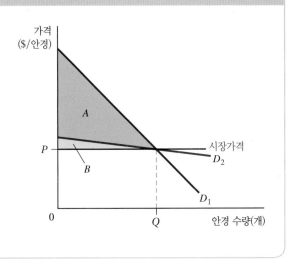

콘택트렌즈 발명은 안경이 주는 소비자잉여를 감소시키지만 새로운 콘택트렌즈 시장에서 대규모의 잉여를 창출한다. ■

시장 조건의 변화에 따른 이득과 손실의 배분

우리가 정의한 생산자잉여와 소비자잉여의 좋은 점 중 하나는 어떤 변화가 생산자나 소비자에게 미치는 영향을 분석할 때 제2장에서 수행한 분석 방법을 기반으로 할 수 있다는 것이다. 제2장에서 우리는 공급과 수요에 대한 충격이 가격, 수요량, 공급량에 어떤 영향을 주는지 학습했다. 이제 우리는 이런 충격이 생산자와 공급자가 시장 참여로부터 얻는 편익에 어떤 영향을 주는지 보일 수 있다. 그림 3.4는 도넛시장의 원래 공급과 수요를 보여준다. 시장가격이 P_1일 때 도넛 구매자의 편익은 그들이 도넛 사는 데 지불한 가격보다 크다(소비자잉여 영역인 $A + B + C + D$에 나타남). 마찬가지로, 도넛 생산자가 도넛을 만드는 데서 얻는 편익은 그들이 도넛을 파는 가격보다 크다(생산자잉여 영역인 $E + F + G$에 나타남).

이제 도넛시장에 충격이 발생한다고 하자. 베리 종류의 작황이 좋지 않아 도넛에 채워 넣는 젤리 가격이 올랐다. (제과점에서 사용하는 소에 진짜 과일이 들어 있다고 가정한다!) 이 충격이 발생하면 도넛 생산비가 오르고, 공급자는 어떤 가격대에서도 전과 같은 양의 도넛을 공급하려고 하지 않는다. 따라서 도넛 공급이 감소하는데, 이는 도넛 공급곡선이 S_1에서 S_2로 안쪽으로 이동하는 것으로 나타난다. 젤리 가격 충격에 대응해 도넛 균형가격은 P_2로 상승하고 도넛시장에서 매매되는 도넛 수량은 Q_2로 하락한다.

이 변화는 소비자잉여와 생산자잉여 모두에 영향을 미친다. 균형가격 상승과 균형수량 하락은 둘 다 소비자잉여를 감소시키는 역할을 한다. 그림 3.4의 삼각형 $A + B + C + D$에 비해 삼각형 A는 훨씬 작다. 이와 같은 가격 및 수량효과는 공급곡선이 안쪽으로 이동하면 소비자잉여가 반드시 감소함을 보여주지만, 이런 변화가 생산자잉여에 미치는 충격에 대해서는 일반적인 법칙이 없다. 공급 이동에 따른 균형수량 하락은 생산자잉여를 감소시키지만 가격 상승은 생산자잉여를 증가시킨다. 이 상반되는 효과를 그림 3.4에서 볼 수 있다. 공급곡선 이동 전의 생산자

그림 3.4 공급 이동에 따른 잉여 변화

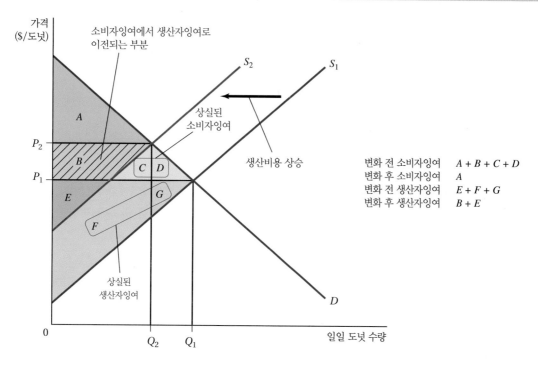

변화 전 소비자잉여 $A + B + C + D$
변화 후 소비자잉여 A
변화 전 생산자잉여 $E + F + G$
변화 후 생산자잉여 $B + E$

S_1과 D는 원래의 공급곡선과 수요곡선이다. 시장가격이 P_1일 때 소비자잉여는 $A + B + C + D$영역이며 생산자잉여는 $E + F + G$ 영역이다.

　도넛 생산비용이 상승하면 공급곡선이 S_1에서 S_2로 왼쪽으로 이동하게 된다. 새로운 균형가격(P_2)과 균형수량(Q_2)에서 소비자 잉여는 A영역으로 축소되었다. 새로운 생산자잉여는 $B + E$로 나타난다. 공급 이동이 생산자잉여에 미치는 영향은 불확실하다. 이런 불확실성이 나타나는 이유는 균형수량 하락은 생산자잉여를 감소시키는 역할을 하는 반면, 균형가격 상승은 생산자잉여를 증가시키는 역할을 하기 때문이다.

잉여 중 일부, 구체적으로는 원래 공급곡선과 새로운 공급곡선의 사이면서 수요곡선의 아래쪽인 $G + F$영역이 사라진다. 하지만 가격 상승에 따라 전에는 소비자잉여였던 부분 중 일부가 생산자잉여로 이전된다. 이 이전된 부분이 B영역이다. 하지만 균형가격이 비용 증가보다 작게 상승하기 때문에(우하향하는 수요곡선에 따른 결과이다), 가격 상승에 따른 생산자잉여의 증가는 비용 증가로 인한 잉여 손실보다 반드시 작다. 따라서 공급곡선의 안쪽 이동이 생산자잉여에 미치는 순효과는 음이다. 소비자잉여와 생산자잉여에 대한 이러한 효과는 공급곡선이 바깥쪽으로 이동하면 반대가 된다.

　수요 이동의 효과에 대해서도 비슷한 분석을 할 수 있다. 수요가 안쪽으로 이동하면 균형가격과 수량이 하락하는데, 이 둘 모두 **생산자잉여**를 감소시킨다. 그러나 소비자잉여에 미치는 영향은 불확실하다. 균형수량 감소는 소비자잉여를 감소시키지만 이런 감소는 가격 하락에 의해 상쇄된다. 공급이 이동한 위의 경우와 마찬가지로(하지만 방향은 반대이다), 수요곡선이 안쪽으로 이동하면 전에는 생산자잉여였던 것 중 일부가 소비자에게 이전된다. 이러한 효과를 다음의 〈응용〉에서 살펴본다.

응용 플로리다의 유독 조류

정기적으로 따뜻한 수온과 과다한 농지 유출수가 플로리다의 걸프코스트에 '적조'(또는 '녹색 점액')로 알려진 유독 조류 더미를 발생시킨다. 수온 상승의 결과, 시간이 지남에 따라 조류 더 미가 더 흔하게 발생하게 되었고, 어떤 경우에는 수백 마일에 걸쳐 퍼지고 몇 달간 지속된다. 조류 더미가 도달하면 지독한 냄새가 나며 안전요원들은 폐 감염을 막기 위해 종종 방독면을 착용해야만 한다. 수많은 물고기가 죽어 해안을 뒤덮는다. 수천 명의 여행객들이 계획했던 걸 프로의 휴가를 취소한다.

플로리다 주지사가 적조를 공식적 자연재해로 선언하면 플로리다의 경제개발위원회는 상인 들이 재난으로부터 입는 피해를 보상하려고 노력한다. 그리고 그 이슈를 분석하기 위한 조사를 설계한다. 그들이 계산하려고 하는 것은 간단히 말해 생산자잉여의 손실이다.

손실을 계산하기 위해서는 수요곡선과 공급곡선을 추정한 후 수요의 이동을 고려해야 한다.

그림 3.5 플로리다의 '적조' 피해

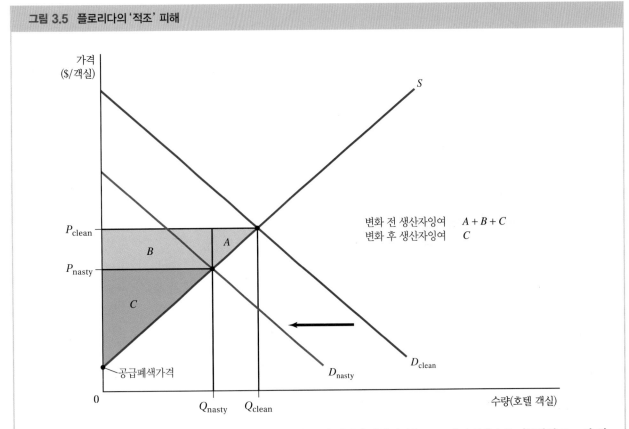

변화 전 생산자잉여 $A + B + C$
변화 후 생산자잉여 C

플로리다에서 적조 발생 후, 걸프코스트를 방문하는 사람들의 호텔 객실에 대한 수요는 D_{clean}에서 안쪽으로 이동하여 D_{nasty}가 된 다. 걸프코스트의 물이 깨끗한 기간에 호텔 객실의 균형가격과 수량은 각각 P_{clean}과 Q_{clean}이고, 생산자잉여는 음영 표시된 전체 영역인 $A + B + C$이다.

물이 더러워지면 균형가격과 수량은 P_{nasty}와 Q_{nasty}로 하락하며, 생산자잉여는 C영역으로 감소한다. $A + B$영역은 그 지역 호텔 의 생산자잉여 손실을 나타낸다.

그러한 이동이 그림 3.5에 나타나 있다. 모형이 암시하는 것처럼 가격과 수량은 적조 사태로 인해 감소한다. 적조 이전에 생산자잉여는 그래프에서 균형가격의 아래이고 공급곡선의 위인 영역, 즉 $A + B + C$이다. 적조 이후 그 영역은 C가 된다. 수요 감소로 인한 생산자잉여의 손실분은 A와 B가 된다. 위원회는 가격과 수량이 얼마나 변하는지에 대한 정보를 이용해 그것을 알아낼 수 있다. 이를 위해 단순히 판매수입의 손실분, 즉 $P_{clean} \times Q_{clean} - P_{nasty} \times Q_{nasty}$만 계산해서는 안 된다는 점에 주목하라. 그러한 추가적 재화를 생산하지 않음으로써 생산자가 절감하는 비용, 즉 Q_{nasty}와 Q_{clean} 사이의 공급곡선 아래 부분 영역도 빼주어야 한다. ■

예제 3.2

지역 타이어 시장이 다음과 같은 식과 그림으로 나타난다.

$$Q^D = 3,200 - 25P$$
$$Q^S = 15P - 800$$

여기서 Q는 1주일에 판매되는 타이어 수이며 P는 타이어 개당 가격이다. 균형가격은 타이어 개당 100달러이며 매주 타이어 700개가 팔린다.

타이어 제작기술의 발달로 생산비가 감소하여 모든 가격대에서 판매자들이 타이어를 전보다 더 많이 팔려고 한다고 하자. 구체적으로, 모든 가격대에서 공급량이 200만큼 늘었다고 하자.

a. 새로운 공급곡선은 무엇인가?
b. 새로운 균형가격 및 수량은 얼마인가?
c. 이런 변화의 결과로 생산자잉여와 소비자잉여는 어떻게 되는가?

풀이

a. 공급량이 모든 가격대에서 200단위만큼 상승하므로 Q^S 식에 200을 더하면 된다.

$$Q_2^S = 15P - 800 + 200 = 15P - 600$$

b. 새로운 균형은 $Q^D = Q_2^S$일 때 발생한다.

$$3,200 - 25P = 15P - 600$$
$$3,800 = 40P$$
$$P = \$95$$

균형수량은 균형가격을 공급곡선이나 수요곡선 중 하

나(혹은 둘 다)에 대입하여 다음과 같이 구할 수 있다.

$$\begin{array}{ll} Q^D = 3,200 - 25(95) & Q_2^S = 15(95) - 600 \\ \quad = 3,200 - 2,375 & \quad = 1,425 - 600 \\ \quad = 825 & \quad = 825 \end{array}$$

새로운 균형수량은 1주일에 825개이다. 공급이 증가했기 때문에 우리가 예측하는 것처럼 균형가격은 하락하고 균형수량은 상승했음에 주목하기 바란다.

c. 소비자잉여와 생산자잉여의 변화를 알아내는 가장 쉬운 방법은 다음 페이지와 같은 그림을 이용하는 것이다. 관계된 모든 영역을 계산하기 위해서는 반드시 공급 증가 전후의 수요폐색가격과 공급폐색가격을 계산해야 한다.

수요폐색가격은 수요량이 0이 되는 가격이다.

$$Q^D = 0 = 3,200 - 25P$$
$$25P = 3,200$$
$$P = \$128$$

수요폐색가격은 128달러이다.

공급폐색가격은 공급량이 0이 되는 가격이다. 공급곡선이 이동하고 있으므로 각 공급곡선의 공급폐색가격을 계산해야 한다.

$$\begin{array}{ll} Q_1^S = 0 = 15P - 800 & Q_2^S = 0 = 15P - 600 \\ 15P = 800 & 15P = 600 \\ \quad P = \$53.33 & \quad P = \$40 \end{array}$$

원래의 공급폐색가격은 53.33달러지만 공급이 증가

하면 40달러로 하락한다.

폐색가격과 두 균형가격 및 수량 조합을 이용해 공급과 수요 그래프를 그릴 수 있다.

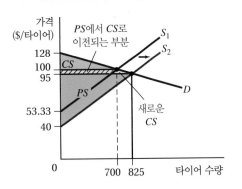

소비자잉여 : 처음의 소비자잉여는 수요곡선의 아래쪽이면서 원래 균형가격(100달러)의 위쪽인 삼각형의 면적이다.

$$CS_{initial} = \frac{1}{2} \times 밑변 \times 높이$$
$$= \frac{1}{2} \times (700 - 0) \times (\$128 - \$100)$$
$$= (0.5)(700)(\$28) = \$9,800$$

새로운 소비자잉여는 수요곡선의 아래쪽이면서 새로운 균형가격(95달러)의 위쪽인 삼각형의 면적이다.

$$CS_{new} = \frac{1}{2} \times 밑변 \times 높이$$
$$= \frac{1}{2} \times (825 - 0) \times (\$128 - \$95) = (0.5)(825)(\$33)$$
$$= \$13,612.50$$

따라서 공급곡선이 바깥쪽으로 이동한 후 소비자잉여는 3,812.50달러 증가한다.

생산자잉여 : 처음의 생산자잉여는 원래 균형가격의 아래쪽이면서 원래 공급곡선(S_1)의 위쪽인 삼각형의 면적이다.

$$PS_{initial} = \frac{1}{2} \times 밑변 \times 높이$$
$$= \frac{1}{2} \times (700 - 0) \times (\$100 - \$53.33) = (0.5)(700)(\$46.67)$$
$$= \$16,334.50$$

새로운 생산자잉여는 새로운 균형가격의 아래쪽이면서 새로운 공급곡선(S_2)의 위쪽인 삼각형의 면적이다.

$$PS_{new} = \frac{1}{2} \times 밑변 \times 높이$$
$$= \frac{1}{2} \times (825 - 0) \times (\$95 - \$40) = (0.5)(825)(\$55)$$
$$= \$22,687.50$$

공급 증가로 생산자잉여 또한 6,353달러 증가했다.

3.2 가격규제

정치인들은 가격이 많이 오른 제품에 대해 종종 가격상한을 요구한다. 이 절에서는 시장가격 설정에 대한 정부의 직접적 개입의 효과에 대해 탐구한다. 최고가격을 설정하는 규제(예 : 휘발유 가격상한)와 최저가격을 설정하는 규제(예 : 최저임금제와 같은 가격하한)를 둘 다 살펴볼 것이다.

가격상한

가격상한

재화 또는 용역에 대해 합법적으로 지불될 수 있는 가격의 최고 수준을 정하는 가격규제

가격상한(price ceiling)은 어떤 재화나 서비스에 대해 법적으로 지불될 수 있는 최고가격을 설정하는 것이다. 케이블 TV, 자동차보험, 홍수보험, 전기, 전화요금, 휘발유, 처방약, 아파트, 식료품, 기타 많은 재화에 여러 차례 가격상한이 설정된 적이 있다.

가격상한이 시장균형가격보다 높다면 구속적이지 않아서 자유시장 결과를 막지 않을 것이다. 더 흥미로운 경우는 가격상한이 시장균형보다 낮은 경우이다.

한 대학도시의 시의회가 피자 가격을 통제하는 규제를 통과시켰다고 하자. 주머니 사정이 좋지 않은 대학생들을 돕기 위한 의도로 시의회가 피자가게에서 피자 한 판에 8달러 이상은 받을

수 없다고 발표한다. 학기 중 한 달 동안의 피자 수요곡선이 식 $Q^D = 20,000 - 1,000P$로 나타난 다고 하자. 피자가 더 싸질수록 피자를 먹는 학생들이 많아질 것이므로 수요곡선은 통상적인 경우처럼 우하향한다. 가격이 0이라면 한 달에 피자 20,000판이 팔릴 것이다(이 도시의 대학은 그리 크지 않으며, 한 사람이 먹을 수 있는 식사량은 정해져 있다). 수요폐색가격은 피자 한 판 당 20달러이다. 즉 피자 한 판에 20달러면 피자가 전혀 팔리지 않을 것이다.

피자 공급이 $Q^S = 2,000P - 10,000$으로 주어졌다고 하자. 가격이 오르면 피자가게가 피자를 더 많이 만들 것이기 때문에 피자 공급은 우상향한다. 가격이 5달러 밑이면 아무도 피자를 안 만든다. 5달러 이상에서는 피자 한 판의 가격이 1달러 올라갈 때마다 한 달에 피자가 2,000판 더 공급된다.

그림 3.6은 이 두 식으로 표시된 공급곡선과 수요곡선의 그래프를 보여준다. 그림에서 자유 시장균형은 w점이다. 즉 가격 통제 이전에는 균형가격이 한 판에 10달러이며, 그 가격에서 피

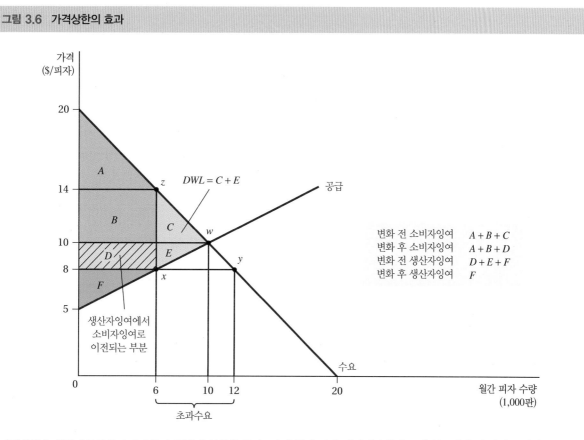

그림 3.6 가격상한의 효과

변화 전 소비자잉여	$A + B + C$
변화 후 소비자잉여	$A + B + D$
변화 전 생산자잉여	$D + E + F$
변화 후 생산자잉여	F

가격상한은 생산자잉여와 소비자잉여 모두에 영향을 준다. 가격 통제 전에 피자시장에서 소비자는 피자 한 판에 10달러를 지불 하며, 생산자는 균형점 w에서 매주 피자 10,000판을 공급한다. 소비자잉여는 삼각형 $A + B + C$이며 생산자잉여는 $D + E + F$이 다. 가격상한이 8달러로 설정되면 피자가게는 피자를 6,000판만 공급하지만(x점) 소비자는 피자를 12,000판 사려고 하므로(y점) 피자가 6,000판 모자라게 된다. 피자가게들이 전보다 낮은 가격에 더 적은 양을 팔고 있으므로 생산자잉여는 F영역으로 축소된 다. 새로운 소비자잉여는 $A + B + D$영역이며 소비자에게 돌아가는 순이득은 $D - C$가 된다. 음영 표시된 $C + E$영역이 가격상한 에 의해 생겨난 후생손실이다.

자 10,000판이 공급된다. 기준이 되는 시장 조건이 주어지면 그래프나 식을 이용해 가격상한의 영향을 조사할 수 있다. 먼저 그래프부터 생각해보자.

그래프를 이용한 분석   가격 통제가 있기 전에 피자를 먹는 학생들이 누리는 소비자잉여는 수요 곡선의 아래쪽이면서 자유시장가격인 10달러 위쪽인 $A + B + C$영역이다. 생산자잉여는 공급곡 선의 위쪽이지만 가격의 아래쪽인 $D + E + F$영역이다.

시의회가 가격을 통제하는 규제를 시행하면 피자가게가 피자 한 판에 매길 수 있는 최고가격 은 8달러인데, 이것은 시장청산가격인 10달러보다 낮다. 8달러의 가격에서 학생들은 피자를 총 12,000판 사려고 한다(y점). 이 수요량은 자유시장균형에서의 수요량인 피자 10,000판보다 큰 데, 이는 상한가격이 자유시장가격보다 낮기 때문이다. 하지만 8달러의 가격에서 피자가게는 피자를 6,000판만 공급하려고 한다(x점). 즉 **초과수요**(excess demand)가 존재한다. 초과수요는 가격상한에서의 수요량과 공급량의 차이다. 그 가격에서는 수요량이 공급량을 초과한다. 가격 상한에서 피자를 사고 싶은 만큼 살 수 없어 좌절하는 학생이 많이 있을 것이다.

이제 가격 통제의 결과로 두 집단이 얼마나 좋아지거나 나빠지는지 알아내기 위해 소비자잉 여와 생산자잉여를 생각해보자. 피자가게가 더 나빠지는 것은 명확하다. 자유시장에서는 더 높 은 가격에(10달러 대 8달러) 피자를 더 많이 팔았을 것이다(10,000판 대 6,000판). 가격 통제법 이후 생산자잉여는 상한가격의 아래쪽이면서 공급곡선의 위쪽인 모든 영역이다. 따라서 생산 자잉여는 $D + E + F$영역에서 F영역으로 축소된다.

이 법은 피자 가격을 낮춰 학생들에게 이익을 주기 위해 통과되었다. 하지만 결과적으로 학 생들이 확실히 좋아졌는지 여부는 사실 말하기 어렵다.[5] 새로운 소비자잉여는 수요곡선의 아래 쪽이면서 가격의 위쪽인 $A + B + D$영역이다. 소비자잉여는 이제 D영역도 포함하는데, 이는 가 격통제 부과로 인해 그 영역이 생산자잉여의 일부에서 소비자잉여의 일부로 바뀌었기 때문이 다. D영역을 생산자로부터 소비자로의 **이전**(transfer)이라고 부른다. 이는 가격규제의 결과 생 산자에서 소비자로 혹은 그 반대로 이동하는 잉여를 말한다.

그러나 가격상한법 이후 피자가 전보다 덜 구매됨에 따라 소비자는 C영역을 잃게 된다. 따라 서 가격상한이 소비자에게 미치는 영향은 생산자로부터 이전되는 잉여(D영역)와 C영역으로 나 타나는 손실의 상대적 크기에 의해 결정된다. 법이 실행되기 전에 비해 2달러 낮은 가격으로 한 달에 피자 6,000판을 살 수 있게 된 학생들에게는 잘된 일이다. 이들은 D영역을 이전으로 받는 다. 하지만 자유시장에서 피자 4,000판을 더 즐길 수 있었지만 더 이상 그럴 수 없는 학생들은 배를 곯게 되었다.

$C + E$영역으로 표시된 생산자잉여와 소비자잉여는 가격상한 때문에 사라져버렸다. 누구도 더 이상 이 잉여를 누리지 못한다. 이 둘을 합친 영역은 **후생손실**(deadweight loss, DWL)로 알

초과수요
가격상한에서의 수요량과 공급 량의 차이

이전
가격규제의 결과로 잉여가 생산 자에게서 소비자로, 혹은 그 반 대 방향으로 이동하는 것

후생손실
한 시장으로부터 소비자와 생산 자가 얻을 수 있는 총잉여의 최 대치와 가격규제 이후 그들이 얻 는 총이득 간 차이

---

5   소비자잉여에 대한 분석은 초과수요가 있는 상황에서는 조금 복잡해질 수 있다. 초과수요는 가격상한이 없었더 라면 제품에 관심조차 없었을 구매자가 시장에 들어오도록 하는 유인을 제공할 수 있는데, 이는 이 구매자들이 통 제된 낮은 가격에 재화를 구입하여 그 재화에 더 높은 가치를 부여하는 구매자에게 더 높은 가격에 팔기를 바라기 때문이다. (매진된 공연이나 게임에 관심이 없는 암표상들이 여전히 표를 구하기 위해 열심히 노력하는 이유가 이 때문이다.) 그런 구매자가 얼마나 많이 시장에 들어오는지, 그들이 재화를 결국 얼마에 재판매하는지, 이러한 재 판매 과정에 수반되는 추가적 비용이 얼마인지 모두가, 시장에 얼마나 큰 잉여가 존재하며 누가 그것을 얻는지에 영향을 미친다.

려져 있다. 후생손실은 한 시장으로부터 소비자와 생산자가 얻을 수 있는 총잉여의 최대치와 가격규제 이후 그들이 얻는 총이득 간의 차이이며, 가격상한의 비효율성을 나타낸다. 그것이 후생손실이라고 불리는 이유는, 시장가격에 구매하려는 소비자와 판매하려는 생산자가 있는, 규제가 없는 시장에서라면 발생할 수 있었던 잉여창출거래(이 경우는 피자 구입) 일체를 나타내기 때문이다. C영역이 소비자가 입는 후생손실이며, E영역이 생산자가 입는 후생손실이다.

피자 구입에 쓰이지 않는 돈을 학생들이 그대로 갖게 되어도 소비자잉여의 손실이 있다는 것을 이해하는 것이 중요하다. 가격 통제법 이후 피자 4,000판을 못 먹게 된 학생들은 돈 10달러를 절약하고 싶은 것이 아니라는 점을 기억하자. 그들은 피자를 원한다! 가격 통제가 없었더라면 그 학생들이 얻을 수 있었던 피자가 그들에게 10달러 이상의 가치를 갖기 때문에 소비자잉여의 손실이 발생하는 것이다. 구매자는 수요곡선 중 시장가격의 위쪽 부분에 있다(시장가격과 정확히 같은 점에 있는 사람은 예외이다). 그들의 지불용의금액은 지불해야 하는 가격보다 높다. 가격 통제로 인해 그 차이를 잃어버리게 되는 것이다.

가격상한의 결과로 생산자잉여의 일부도 후생손실이 된다. 8달러보다는 높지만 균형가격인 10달러보다는 낮은 가격에서 피자를 팔려는 피자가게가 존재한다. 8달러의 가격상한이 주어지면 이것이 추가적인 피자를 만드는 데 드는 비용을 대기에 충분하지 않기 때문에 피자가게는 피자 4,000판을 시장에서 빼낼 것이다. 따라서 가격 통제 전에는 학생과 피자가게 모두 거래로부터 이득을 보고 있었지만, 가격상한이 시행된 이후에는 그런 거래가 더 이상 일어나지 않아 이런 편익들이 상실되는 것이다.

식을 이용한 분석 이제 앞에서 설명한 공급과 수요의 식을 이용해 피자가 거래되는 자유시장과 규제된 시장을 비교해보자. 식을 이용해 자유시장균형을 구하기 위해서 공급량과 수요량을 같게 놓고 시장청산가격 P를 구한다.

$$Q^S = Q^D$$
$$2,000P - 10,000 = 20,000 - 1,000P$$
$$3,000P = 30,000$$
$$P = \$10$$

이 가격을 공급식이나 수요식 중 하나에 대입하면 다음과 같이 피자 10,000판을 얻는다.

$$
\begin{array}{lll}
Q^S = 2,000P - 10,000 & \text{또는} & Q^D = 20,000 - 1,000P \\
\quad = 2,000(10) - 10,000 & & \quad = 20,000 - 1,000(10) \\
\quad = 20,000 - 10,000 & & \quad = 20,000 - 10,000 \\
\quad = 10,000 & & \quad = 10,000
\end{array}
$$

자유시장에서의 소비자잉여는 삼각형 $A + B + C$이다. 이 삼각형의 면적은 다음과 같다.

$$CS = \frac{1}{2} \times (밑변) \times (높이)$$

$$= \frac{1}{2} \times (판매량) \times (수요폐색가격 - 시장가격)$$

수요폐색가격은 $Q^D = 0$인 가격이다. 이 경우 그 값은 다음과 같다.

$$0 = 20,000 - 1,000(P_{DChoke})$$
$$1,000(P_{DChoke}) = 20,000$$
$$P_{DChoke} = \$20$$

소비자잉여 삼각형은 다음과 같다.

$$CS = \frac{1}{2} \times (판매량) \times (P_{DChoke} - 시장가격)$$
$$= \frac{1}{2} \times (10,000)(\$20 - \$10)$$
$$= (5,000)(\$10) = \$50,000/월$$

(수량이 월간 피자 수로 측정되므로 소비자잉여는 월간 달러로 측정됨을 기억하기 바란다.)

생산자잉여는 그래프에서 삼각형 $D + E + F$이다. 이 삼각형의 면적은 $PS = \frac{1}{2} \times (판매량) \times (시장가격 - 공급폐색가격)$이다.

공급폐색가격은 공급량이 0이 되는 가격이다.

$$Q^S = 2,000P - 10,000$$
$$0 = 2,000(P_{SChoke}) - 10,000$$
$$P_{SChoke} = 10,000/2,000 = \$5$$

이 가격을 생산자잉여식에 대입하면 다음을 얻는다.

$$PS = \frac{1}{2} \times (판매량) \times (시장가격 - P_{SChoke})$$
$$= \frac{1}{2}(10,000)(\$10 - \$5)$$
$$= (5,000)(\$5)$$
$$= \$25,000/월$$

이제 가격상한의 영향에 대해 생각해보자. 피자 가격은 자유시장에서처럼 10달러로 상승할 수 없다. 오를 수 있는 최고가격이 8달러이다. 이 정책이 물품 부족을 야기한다는 것을 그래프를 이용한 분석에서 보았다. 이 부족분은 가격상한(P_c)에서의 수요량과 공급량의 차이다.

$$Q_c^D = 20,000 - 1,000P_c \qquad\qquad Q_c^S = 2,000P_c - 10,000$$
$$= 20,000 - 1,000(8) \qquad\qquad = 2,000(8) - 10,000$$
$$= 12,000 \qquad\qquad\qquad\quad = 6,000$$

부족분은 12,000 − 6,000, 즉 한 달에 피자 6,000판이다. 이는 피자를 6,000판 더 주문하기 위해 피자가게에 전화를 거는 학생들이 있지만 피자가게에서는 새로운 가격에 그 주문을 받을 의향이 없음을 의미한다.

다음으로, 가격 통제가 부과된 이후의 소비자잉여와 생산자잉여를 계산하자. 생산자잉여는 F영역이다.

$$PS_c = \frac{1}{2}(Q_c^S) \times (P_c - P_{SChoke})$$

$$= \frac{1}{2}(6,000)(\$8 - \$5)$$

$$= (3,000)(\$3) = \$9,000/월$$

이것은 가격상한 이전에 피자가게들이 얻던 생산자잉여인 25,000달러의 1/3을 약간 넘는 수준에 불과하다. 생산자들이 이런 법에 반대하는 것은 놀라운 일이 아니다.

소비자잉여는 이제 $A + B + D$영역이다. 이 잉여를 쉽게 계산하는 방법은 삼각형 A의 면적을 사각형 B와 D의 면적에 더하는 것이다. 삼각형 A의 면적은 다음과 같다.

$$A의 면적 = \frac{1}{2}(Q_c^S) \times (P_{DChoke} - z점에서의 가격)$$

여기서 z점에서의 가격은 수요량과 새로운 공급량인 피자 6,000판이 일치하는 가격이다. 이 가격을 알아내기 위해서는 $Q^D = Q_c^S$로 놓고 가격에 대해 푼다.

$$Q^D = 20,000 - 1,000P_z = Q_c^S$$

$$20,000 - 1,000P_z = 6,000$$

$$20,000 - 6,000 = 1,000P_z$$

$$P_z = 14,000/1,000 = \$14$$

이것은 피자 가격이 실제로 14달러라면 수요량이 정확히 피자 6,000판이 될 것임을 의미한다. z점에서의 가격을 이용하면 다음을 얻는다.

$$A의 면적 = \frac{1}{2}(Q_c^S) \times (P_{DChoke} - P_z)$$

$$= \frac{1}{2}(6,000)(\$20 - \$14)$$

$$= (3,000)(\$6)$$

$$= \$18,000/월$$

사각형 B의 면적은 다음과 같다.

$$B = Q_c^S \times (P_z - 자유시장가격)$$

$$= (6,000)(\$14 - \$10)$$

$$= \$24,000/월$$

사각형 D의 면적(이전되는 부분)은 다음과 같다.

$$D = Q_c^S \times (자유시장가격 - P_c)$$

$$= (6,000)(\$10 - \$8)$$

$$= \$12,000/월$$

이 세 면적을 더하면 피자에 대한 가격상한 이후의 총소비자잉여가 한 달에 $A + B + D = 54,000$ 달러임을 알게 된다.

따라서 소비자 **전체로서는** 자유시장에서보다 더 좋아진다. 이전에는 소비자잉여가 한 달에 4,000달러였기 때문이다. 하지만 이 결과는 큰 차이를 숨기고 있다. 10달러가 아니라 8달러에 피자 6,000판을 얻는 운 좋은 학생들은 더 좋아지지만, 자유시장에서라면 구입가능했지만 더 이상 공급되지 않는 4,000판의 피자가 있다. 이 사라진 피자를 소비할 수 있었던 학생들은 전에 비해 나빠진 것이다.

가격이 통제된 시장의 비효율로부터 나오는 후생손실은 얼마일까? 전체 후생손실은 그림에서 삼각형 $C+E$의 면적이므로 다음을 얻는다.

$$DWL = \frac{1}{2} \times (\text{자유시장가격} - Q_c^S) \times (P_z - P_c)$$

$$= \frac{1}{2}(10,000 - 6,000)(\$14 - \$8)$$

$$= \frac{1}{2}(4,000)(\$6)$$

$$= \$12,000/\text{월}$$

후생손실의 문제점 앞에서 살펴본 바와 같이 가격상한은 후생손실을 낳는다. 후생손실은 말 그대로 그냥 손실이다. 그것은 전에는 소비자(C)나 생산자(E)가 누렸지만 가격상한이 있으면 누구도 얻지 못하는 잉여이다. 이 분석은 가격상한이나 다른 명령과 규제가 세금처럼 소비자나 생산자가 직접 돈을 지불하는 일이 없더라도 비용을 수반할 수 있다는 점을 보여주었다.

후생손실의 크기에 대해 생각하는 자연스러운 방법은, 이전되는 부분에 해당하는 D와 비교하여 후생손실의 비중이 어느 정도 되는지 따져보는 것이다. 가격 통제가 피자가게에서 학생들에게로 잉여를 이전하도록 고안되었기 때문에, 후생손실은 이런 규제를 통해 잉여를 이전하는 과정에서 얼마나 많은 돈이 사라지는지를 우리에게 알려준다. 앞의 예에서 후생손실(12,000 달러)은 이전되는 금액과 크기가 같다. 달리 말해 가격상한을 통해 피자가게에서 학생들에게로 소득을 이전하는 과정에서 1달러 이전에 대해 잉여 1달러가 소실된다.

이 예는 규제를 이용한 소득 이전의 딜레마를 보여준다. 만약 시의회가 가격을 바꾸지 않고 어떻게든 생산자가 $D-C$에 해당하는 금액을 소비자에게 직접 지불하게 할 수 있다면, 소비자의 후생은 가격 통제가 있는 경우와 같을 것이다. 그만큼이 후생손실 후 소비자들이 얻는 순이득이기 때문이다. 생산자 역시 더 좋아질 것이다. F만 얻는 대신에, 생산자는 자유시장에서의 생산자잉여인 $D+E+F$에서 소비자에게 지불하는 $D-C$를 뺀 값을 갖게 된다. 이 두 값에서 D의 면적은 상쇄되므로 피자가게가 얻는 값은 $E+F+C$가 되는데 이는 가격상한법이 있을 때 그들이 얻는 생산자잉여인 F보다 크다. 가격을 통제하는 규제는 가격을 변화시켜 소득을 이전하는데, 가격 변화는 유인에 영향을 미쳐 비효율을 낳기 때문에 후생손실이 발생한다. 하지만 현실적으로 말해 가격을 바꾸지 않고 $D-C$의 지불액을 조직화하는 방법을 찾기란 어렵다. 예를 들어 피자 한 판당 피자가게에서 학생에게 보조금을 주는 방법은 가격을 낮추는 것과 같은 결과를 가져올 것이고, 따라서 3.5절에서 설명하는 것과 같이 그 나름의 후생손실을 불러올 것이다.

가격탄력성의 중요성 공급과 수요의 탄력성은 후생손실과 이전(transfer)의 상대적 크기를 결정하는 핵심 요인이다. 그림 3.7의 서로 다른 두 피자시장을 생각해보자. (a)에서는 두 곡선이 상

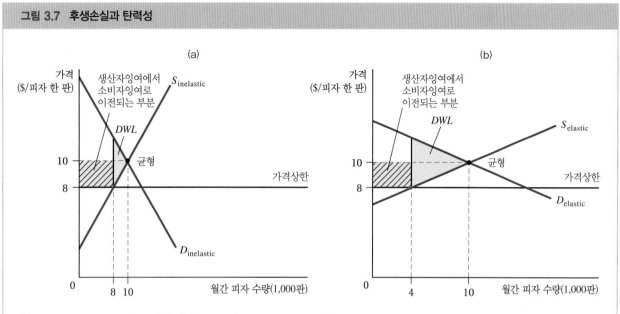

그림 3.7 후생손실과 탄력성

(a) $S_{inelastic}$과 $D_{inelastic}$은 낮은 가격 민감도를 보여준다. 가격 통제가 있을 때, 자유시장에서라면 거래했을 구매자와 판매자 중 상대적으로 소수만 시장에서 제외되고, 이전되는 부분이 후생손실보다 훨씬 크다.

(b) 공급과 수요곡선이 $S_{elastic}$과 $D_{elastic}$으로 탄력적인 시장에서는 자유시장에서라면 거래했을 구매자와 판매자 중 상대적으로 다수가 시장에서 제외되고, 가격상한에 의해 생기는 후생손실이 이전되는 부분보다 훨씬 크다.

대적으로 비탄력적이어서 가격 민감도가 작다. (b)에서는 공급곡선과 수요곡선이 상대적으로 탄력적이어서 가격 민감도가 크다. 두 시장에 똑같은 가격 통제가 적용될 때, 이전되는 부분에 대한 비중으로 따졌을 때 공급과 수요가 탄력적일수록 후생손실이 더 커진다는 점이 그림으로부터 분명해진다.

이 결과의 배후에 있는 직관은 다음과 같다. 가격상한의 후생손실이 발생하는 이유는 자유시장가격에서라면 거래를 할 판매자와 구매자가 가격상한으로 인해 그렇게 하지 못하기 때문이다. 이런 사람들이 적다면(달리 말해 규제 후의 수량이 규제 전과 비슷하다면), 후생손실에 따른 왜곡은 작다. 이런 사람이 얼마나 많은지는 수요와 공급이 가격에 얼마나 민감한지에 달려 있다. 수요와 공급이 상대적으로 비탄력적이면 수요량이나 공급량을 바꾸는 사람이나 기업의 수가 적을 것이다. 수요와 공급이 상대적으로 탄력적이면 수요량이나 공급량을 바꾸는 사람이나 기업의 수가 클 것이다.

가격하한

다른 형태의 주요 가격규제는 **가격하한**[price floor, **가격지지**(price support)라고 부르기도 한다]으로, 재화나 서비스에 법적으로 지불될 수 있는 최저가격을 설정하는 가격규제이다.

세계 곳곳의 입법자들은 여러 종류의 재화와 서비스의 가격을 떠받치기 위해 가격하한을 사용한다. 농산물은 특히 잘 사는 나라에서 가격하한이 자주 사용되는 품목이다. 일찍이 1930년대에 미국연방정부는 우유, 옥수수, 밀, 담배, 땅콩 등과 같은 농산물에 가격하한을 설정하기

가격하한(가격지지)
재화 또는 용역에 대해 합법적으로 지불될 수 있는 가격의 최저 수준을 정하는 가격규제

그림 3.8 가격하한의 효과

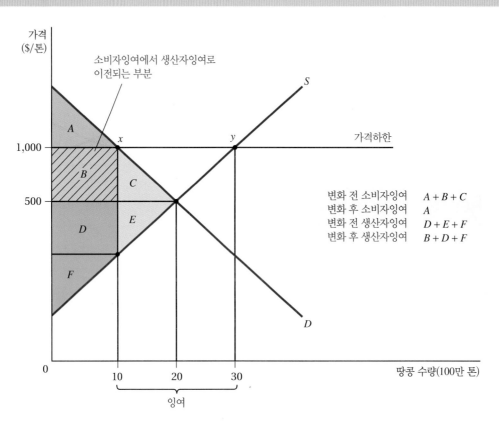

가격하한은 생산자잉여와 소비자잉여 모두에 영향을 미친다. 땅콩시장에서 가격 통제 전에 소비자는 톤당 500달러를 지불했고, 생산자는 땅콩 2,000만 톤을 공급했다. 소비자잉여는 삼각형 $A + B + C$이고 생산자잉여는 $D + E + F$이다. 톤당 1,000달러라는 가격하한이 설정되면 땅콩 재배 농민은 땅콩 3,000만 톤을 공급하지만(y점) 소비자는 1,000만 톤만 사려고 해서(x점) 땅콩 2,000만 톤의 초과공급이 발생한다. 이에 따라 소비자잉여는 A로 감소한다. 생산자잉여는 이제 $B + D + F$이므로 생산자가 얻는 순이득은 $B - E$이다. 후생손실은 $C + E$이다.

시작했다. 목표는 농민들에게 농작물에 대한 최저가격을 보장해주어 변동하는 가격으로부터 농민을 보호하는 것이었다. 우리는 가격상한에서와 마찬가지로 소비자잉여와 생산자잉여라는 도구를 이용해 가격하한을 분석할 것이다.

땅콩시장을 살펴보자. 규제가 없는 땅콩시장이 그림 3.8에 나타나 있다. 땅콩의 균형수량은 2,000만 톤이고 균형가격은 톤당 500달러이다. 정부가 농민들이 땅콩에 대해 톤당 500달러보다 더 많이 받아야 한다고 결정하여 땅콩이 톤당 1,000달러보다 낮게 팔려서는 안 되도록 하는 규제를 통과시켰다고 하자.

문제가 발생할 것임을 바로 알 수 있다. 더 높은 가격에서 땅콩 재배 농민들은 땅콩을 훨씬 더 많이, 즉 3,000만 톤을 팔려고 한다. 하지만 그 가격에서 수요량은 훨씬 적어 1,000만 톤에 불과하다(땅콩이 톤당 1,000달러이면 땅콩버터 샌드위치는 너무 비싸진다). 이런 불균형은 시장에 **초과공급**(excess supply)을 초래한다. 즉 그 가격에서 생산자는 소비자가 사려고 하는 것

초과공급
가격하한에서 공급량과 수요량
의 차이

보다 더 많은 제품을 팔려고 한다. 이것은 그림에서 가격하한에서의 땅콩 공급량과 수요량이 2,000만 톤 차이가 나는 것으로 나타난다.

가격하한의 목표는 농민을 돕는 것이므로 이 정책이 목표를 얼마나 잘 달성하는지 알기 위해서는 생산자잉여를 살펴보아야 한다. 규제 전에는 생산자잉여가 $D + E + F$영역이었다. 규제 이후, 구매자와 만난 땅콩 재배 농민은 전보다 높은 가격을 받고, 따라서 생산자는 B영역을 소비자로부터 이전된 부분으로 얻는다. 농민은 땅콩 1,000만 톤을 팔고 자유시장에서보다 톤당 500달러를 더 받는다. 하지만 땅콩 재배자들은 시장 일부를 잃는다. 수요량이 2,000만 톤에서 1,000만 톤으로 감소하면, 시장가격에서 땅콩을 판매하여 그것으로부터 소량의 생산자잉여를 얻던 생산자는 퇴출된다. 이 E영역은 규제에 의한 생산자 측면의 후생손실이다.

전체적으로 생산자는 $B - E$만큼의 잉여를 얻는다. 만약 공급과 수요가 충분히 탄력적이라면 (즉 두 곡선이 충분히 완만하다면) 생산자는 자신들을 돕기 위해 시행된 가격하한 때문에 더 나빠질 수도 있다. 이는 생산자 몫의 후생손실인 E영역이 소비자로부터 생산자로 이전되는 부분인 B영역보다 클 수 있기 때문이다. 이 결과는 공급곡선과 수요곡선이 탄력적일수록 후생손실이 커진다는 앞서의 논의를 보여주는 또 다른 사례이다.

가격하한이 제정되면 소비자들은 어떻게 될까? 다음과 같이 추측할 수 있을 것이다 ─ 소비자잉여는 $A + B + C$에서 A로 하락한다. B영역은 소비자로부터 생산자에게로 이전되는 잉여이며, C영역은 소비자 측면의 후생손실이다.

따라서 가격하한 정책은 소비자로부터 땅콩 재배 농민에게로 소득을 이전시키지만, 그 와중에 $C + E$(후생손실)만큼을 없애버린다. 여기서도, 소비자가 B영역만큼의 금액을 땅콩 재배 농민에게 직접 지불할 방법이 있다면 농민들은 규제가 있을 때 얻는 것보다 더 많은 잉여를 얻을 수 있으며(생산자잉여로 $B - E$가 아닌 B를 얻음), 소비자 역시 더 좋아질 것이다(소비자잉여로 A가 아닌 $A + C$를 얻음). 수량과 무관하게 소득 이전을 행하는 대신 실제의 땅콩 가격을 바꿈으로써, 가격하한은 사람들의 유인을 왜곡하여 후생손실 $C + E$와 같은 비효율을 초래한다.

이 분석은 또한 가격하한과 관련한 영원한 딜레마를 보여준다. 가격하한에서의 공급량은 수요량보다 크다. 그러면 초과된 땅콩은 어떻게 될까? 시장에서 팔리기보다는 저장고에 쌓이게 된다. 이런 결과를 피하기 위해 정부는 종종 규제된 시장에서 생산물을 팔 수 없는 생산자에게 초과 생산물(우리 예에서는 초과된 땅콩 2,000만 톤)을 생산하지 **않도록** 돈을 지급한다. 예를 들어 미국 농무부는 시장에서 가격하한의 적용을 받는 농작물의 과다생산을 줄이기 위한 여러 제도를 감독한다. 그런 제도 중 하나인 보전 비축제(Conservation Reserve Program, CRP)는 땅을 생산에 사용하지 않는 대가로 2017년에 농민들에게 18억 달러(에이커당 평균 약 77달러)를 지불했다. 이 제도가 손실의 일부를 완화하는 환경적 편익도 가져오지만, 보조금을 CRP 지불액으로 대체함으로써 보조금을 받는 작물의 재배량을 줄이는 역할도 한다. 또한 매년 땅콩버터 같은 식품 수백만 달러어치(2017년에는 10억 달러)를 재판매하지 않는다는 조건으로 학교급식이나 빈곤층에게 배분하는 제도들이 다수 있다. 여기서도 이런 제도들은 잉여 농산물을 시장에서 치우는 역할을 한다.

가격하한의 또 다른 예는 최저임금이다. 여기서 '제품'은 노동이고 '가격'은 임금이지만 분석은 전과 같다. 정부가 학생들이 등록금 버는 것을 돕기 위해 모든 여름방학 인턴제가 시간당 40달러를 지불하도록 강제하면, 인턴 노동공급량이 수요량보다 훨씬 많아질 것이다. 결과적으로,

균형임금에서라면 일자리를 구했겠지만 이제는 일자리를 찾지 못하는 인턴 희망자가 많이 생길 것이다.

앞에서 본 예들에서처럼, 최저임금으로 증가하는 실업자의 수(가격하한 그림에서의 초과공급량), 노동자에게로 이전되는 소득 금액(생산자잉여의 변화분), 후생손실의 크기는 모두 노동공급과 노동수요의 탄력성에 의해 결정된다. 가격하한의 후생손실은 자유시장가격에서라면 시장에서 거래했을 판매자와 구매자가 규제된 가격에서는 그러지 못하기 때문에 발생한다. 공급자와 수요자가 가격에 상대적으로 둔감하다면 가격하한에 의해 줄어드는 거래의 수는 상대적으로 적고 따라서 후생손실도 상대적으로 작다. 탄력성이 크면 다수의 거래가 소실되고 이전소득 대비 후생손실이 크다. 가격하한이 자유시장 균형가격보다 낮게 설정되면 비구속적이어서 시장에 영향을 미치지 않고 초과공급이나 후생손실을 발생시키지 않을 것이다.

3.3 수량규제

때때로 정부는 가격을 규제하기보다는 수량을 규제한다. 이 절에서는 이런 규제에 대해 논의하고 그것이 시장의 결과에 미치는 효과를 분석한다.

수량할당

수량할당
어떤 재화나 서비스를 일정 수량으로 정하는 규제

수량할당(quota)은 공급되는 재화나 서비스의 수량을 설정하는 규제이다. 수량할당이 기업들에게 어떤 재화(가령 독감에 대비하는 백신)를 특정 수량만큼 생산하도록 강제하기 위해 사용되는 경우도 가끔 있지만, 재화의 양을 제한하는 경우가 더 흔하다.

예를 들어 수입을 제한하고 싶지만 공개적으로 관세(수입품에 부과되는 조세)를 발표하고 싶지는 않은 나라들은 수량할당을 설정해 수입을 제한할 수 있다. 예를 들어 미국 정부는 여러 나라로부터 수입되는 설탕의 양에 수량할당을 부과하고 있다.[6] 어떤 경우에는 정부가 사람들이 잡을 수 있는 물고기양이나 우유 생산량을 제한하기도 한다.[7] 프랑스는 TV에서 방송할 수 있는 미국 TV 프로그램의 양을 제한한다. 싱가포르는 사람들이 구매할 수 있는 자동차의 수를 제한한다. 런던의 히스로 공항은 미국 공항에서 오는 직항의 수를 제한한다. 토지사용제한법은 또 다른 형태의 수량할당을 부과한다. 대부분의 도시에는 문신 시술소 수를 제한하는 것처럼 특정 구역에 들어설 수 있는 건축물을 제한하는 토지사용제한법이 있다.

예를 들어 리버시티라는 가상적 도시에 공급될 수 있는 문신 서비스 양에 대한 수량할당의 영향에 대해 생각해보자. 이 도시에서 시 당국은 문신에 대한 우려로 문신을 제한하려고 한다. 문신의 수요곡선이 $Q_d = 2,500 - 20P$이고 공급곡선이 $Q_s = 100P - 3,500$이라고 하자. 여기서 수요량과 공급량은 둘 다 연간 시술되는 문신 횟수로 측정된다. 그래프와 식을 이용해 수량할

---

6 법적으로는 설탕에 부과된 현재의 수량할당이 완전히 구속적이지는 않다. 한 나라가 배분된 수량할당을 넘겨도 여전히 미국에 설탕을 수출할 수 있지만, 그렇게 하려면 추가적인 관세를 지불해야 한다. 하지만 현실적으로는 이 관세가 매우 높아서 배분된 수량할당을 초과해서 물건이 들어오는 일은 없다.

7 제17장에서 외부효과에 대해 논의할 때 보게 되겠지만, 정부가 어떤 재화의 생산을 제한하는 데는 여러 이유가 있을 수 있다. 여기서는 표준적인 시장 상황에서 수량할당이 어떤 효과를 갖는지만 보려고 한다.

당이 가격과 수량에 미치는 영향을 분석할 수 있다.

그래프를 이용한 분석 리버시티의 자유시장에서 문신의 균형공급량과 수요량은 연간 1,500회이며 1회당 가격은 50달러이다(그림 3.9).

리버시티 시장이 문신 시술소는 사회의 병충해와 같은 존재라고 확신하여 리버시티에서 한 해 500회 이상의 문신은 할 수 없도록 결정했다고 하자. 시장은 문신을 하고 싶은 사람은 문신을 새기기 전에 문신 허가증을 구입하도록 규정함으로써 이 수량할당을 시행한다.

수량할당 규제로 공급곡선이 구부러져 수량 500에서 수직선이 된다. 달리 말해 문신 가격이 얼마이든 시술소는 500회 이상은 공급할 수 없다. 이런 일이 일어나면 공급은 500에서 완전비탄력적이 되어 새로운 공급곡선 S_2는 그림 3.9의 붉은 선처럼 된다. 이제 수요곡선은 x점이 아니라 z점에서 공급곡선과 만나며, 가격은 50달러에서 100달러로 상승한다. 소비자잉여는 $A + B + C$영역에서 A영역으로 하락한다. A는 수요곡선의 아래쪽이면서 수량할당 이후의 가격인

그림 3.9 수량할당의 효과

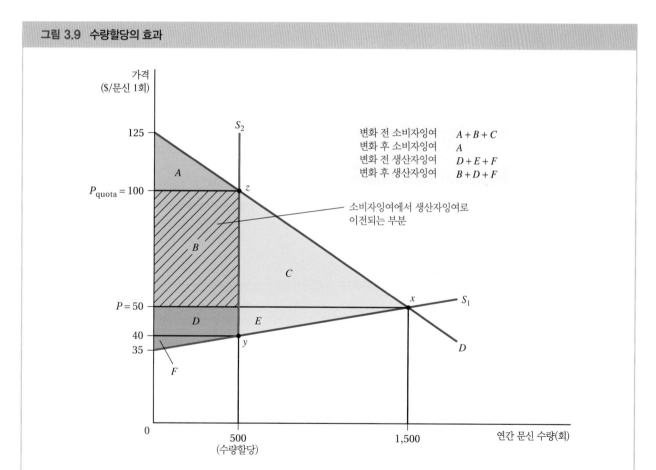

리버시티의 문신 자유시장에서, 생산자들은 균형(x점)에서 문신 1회당 50달러의 가격에 연간 1,500회의 문신을 공급한다. 소비자잉여는 $A + B + C$이고 생산자잉여는 $D + E + F$이다. 리버시티 시장이 문신을 받기 위해 허가증을 요구한 이후, 문신 공급은 수량 500에서 수직선이 된다. 새로운 균형(z점)에서 생산자는 인상된 가격인 100달러에 문신 500회를 공급한다. 소비자잉여는 A로 줄어든다. 생산자잉여는 $B + D + F$이고 생산자들이 얻는 순이득은 $B - E$이다. 후생손실은 $C + E$이다.

P_{quota}의 위쪽에 위치한 유일한 영역이다. 수량할당 이후의 생산자잉여는 공급곡선의 위쪽이면서 새로운 가격의 아래쪽인 부분이다. 이 $B + D + F$영역은 소비자로부터 생산자로 이전되는 잉여인 B를 포함한다. $C + E$영역이 후생손실이다.

식을 이용한 분석   균형가격은 공급량과 수요량이 같아지는 가격이다.

$$Q^D = Q^S$$
$$2,500 - 20P = 100P - 3,500$$

P와 Q를 구하면 다음을 얻는다.

$$P = \$50$$
$$Q^D = 2,500 - 20(50) = 1,500 \quad \text{또는} \quad Q^S = 100(50) - 3,500 = 1,500$$

자유시장의 균형가격과 수량에서 소비자잉여는 다음과 같다.

$$CS = \frac{1}{2} \times (\text{밑변}) \times (\text{높이})$$
$$= \frac{1}{2} \times Q \times (P_{DChoke} - P)$$

수요폐색가격인 P_{DChoke}는 $Q^D = 0$이 되는 가격으로, 이 경우에는 다음과 같다.

$$Q^D = 2,500 - 20(P_{DChoke}) = 0$$
$$20P_{DChoke} = 2,500$$
$$P_{DChoke} = \$125$$

따라서 소비자잉여는 다음과 같다.

$$CS = \frac{1}{2} \times Q \times (P_{DChoke} - P)$$
$$= \frac{1}{2}(1,500)(\$125 - \$50)$$
$$= (750)(\$75) = \$56,250$$

생산자잉여는 그래프에서 삼각형 $D + E + F$이다. 이 삼각형의 면적은 다음과 같다.

$$PS = \frac{1}{2} \times Q \times (P - P_{SChoke})$$

공급폐색가격인 P_{SChoke}는 공급량이 0이 되는 가격으로, 다음과 같다.

$$Q^S = 100(P_{SChoke}) - 3,500 = 0$$
$$P_{SChoke} = 3,500/100 = \$35$$

따라서 규제가 없는 문신시장의 생산자잉여는 다음과 같다.

$$PS = \frac{1}{2} \times Q \times (P - P_{SChoke})$$

$$= \frac{1}{2} \times 1,500 \times (\$50 - \$35)$$

$$= (750)(\$15) = \$11,250$$

문신 500회라는 수량할당이 시행된 이후 공급곡선은 $Q^S = 500$까지는 전과 같지만, 그 점(y점)에서 완전비탄력적이 된다. 균형가격은 다음과 같다.

$$Q^S = Q^D$$

$$500 = 2,500 - 20P_{\text{quota}}$$

$$P_{\text{quota}} = \$100$$

이 가격에서 소비자잉여는 A영역이다.

$$CS = \frac{1}{2} \times Q_{\text{quota}} \times (P_{\text{DChoke}} - P_{\text{quota}})$$

$$= \frac{1}{2}(500)(\$125 - \$100)$$

$$= (250)(\$25) = \$6,250$$

이것은 자유시장에서의 소비자잉여인 56,250달러에서 극적으로 감소한 것이다. 리버시티의 문신 애호가들에게는 안된 일이다.

생산자잉여는 $B + D + F$영역으로 측정된다. 이 영역을 따로 쪼개서 볼 수 있다.

$$F영역 = \frac{1}{2} \times Q_{\text{quota}} \times (y점에서의 가격 - P_{\text{SChoke}})$$

y점에서의 가격은 공급량이 수량할당과 같아지는 가격이다. 다음과 같이 $Q^S = 500$으로 놓고 P를 구해서 그 값을 알아낼 수 있다.

$$Q^S = 100(y점에서의 가격) - 3,500 = 500$$

$$100(y점에서의 가격) = 4,000$$

$$y점에서의 가격 = 4,000/100 = \$40$$

따라서 다음을 얻는다.

$$F영역 = \frac{1}{2} \times 500 \times (\$40 - \$35) = \$1,250$$

사각형 B는 다음과 같고,

$$B영역 = Q_{\text{quota}} \times (P_{\text{quota}} - P)$$

$$= 500(\$100 - \$50) = \$25,000$$

사각형 D는 다음과 같다.

$$D영역 = Q_{\text{quota}} \times (P - y점에서의 가격)$$

$$= 500(\$50 - \$40) = \$5,000$$

따라서 총생산자잉여는 $F + B + D = 31,250$달러이다.

수량할당에 따른 결과를 규제가 없이 자유로운 리버시티 문신시장의 결과와 비교해보자. 소비잉여가 56,250달러에서 6,250달러로 하락했기 때문에 소비자의 입장에서는 훨씬 나빠졌다. 이런 감소는 부분적으로 자유시장에서는 문신을 할 수 있지만 수량할당 이후에는 그럴 수 없는 추가적인 1,000명이 입는 손해를 반영한다. 하지만 소비자잉여의 손실은 문신을 받는 사람들도 가격할당 때문에 더 높은 가격을 지불해야 한다는 사실 또한 반영한다. 이런 가격 인상은 소비자들이 문신에 지불할 용의가 있는 금액과 그들이 실제로 지불해야 하는 금액 사이의 차이를 좁힌다.

공급 측면에서, 문신 시술소로서는 더 좋아진다. 수량할당이 시행되면 E영역의 생산자잉여를 잃게 되지만, 수량 제한으로 생산물 가격이 훨씬 높아진다. 생산자는 소비자로부터 대규모의 이전(B영역)을 받고, 이에 따라 생산자잉여는 수량할당이 없을 때 11,250달러인 데 비해 수량할당이 시행되면 31,250달러가 된다. 이런 이득은 왜 문신 시술소가 자신들이 판매할 수 있는 문신 횟수를 줄이는 법령에 대해 불평하지 않는지 설명할 수 있을 것이다. 경제학자가 아니라면 문신 시술소가 불평할 것이라고 예상할지도 모르겠지만 말이다.

수량을 제한하는 수량할당은 문신 시술 가격을 올린다. 그러는 와중에 수량할당은 대규모의 잉여를 문신 구매자로부터 문신 시술소로 이전시키며 대규모의 후생손실을 낳는다($C + E$영역으로, 앞의 계산에 근거하면 총 25,000 + 5,000 = 30,000달러이다).

이 분석은 2019년 뉴욕시가 우버나 리프트와 같은 회사의 시내 탑승공유 기사 수에 대한 수량할당을 부과한 것과 현실적으로 연관성을 갖는다. 명목상으로는 교통량을 감소시켜 주민의 삶의 질을 개선하기 위해 수량할당을 적용했다. 하지만 기본 모형은 주된 영향이 소비자가 탑승을 위해 지불해야 하는 가격에 발생할 것임을 암시한다. 실제로 택시회사들은 해당 법령을 통과시키기 위해 강한 로비활동을 펼쳤는데, 그 이유는 쉽게 알 수 있다.

3.4 세금

각 단계의 정부(지역, 주, 연방)는 여러 종류의 물건에 세금을 부과하는데, 부과 방식은 여러 가지다. 어떤 경우에는 공급자들이 법적으로 세금을 납부하도록 규정된다. 예를 들어 미국의 상점은 판매세를 거두어 주 국세청에 보내는데, 이는 캐나다와 유럽에서 생산자들이 부가가치세를 거두어 보내는 것과 같다. 어떤 경우에는 법적 부담이 소비자에게 떨어진다. 주민들이 다른 주에서 구입한 물건에 대해 주에서 부과하는 '사용세'가 그런 경우이다. 또 다른 경우에는 법적 부담을 분담한다. 예를 들어 미국 연방소득세(사회보장연금과 메디케어의 자금원이 됨)의 절반은 노동자들이 임금을 받기 전에 고용주가 지불하며, 나머지 절반은 임금에서 공제되는 형태로 노동자가 지불한다.

이 절에서 우리는 공급과 수요 모형을 이용하여 경제학의 가장 놀라운 발견 중 하나를 소개한다. 즉 경쟁시장에서는 구매자와 판매자 중 누가 법적으로 정부에 세금을 내도록 규정되어 있는지가 중요하지 않다는 것이다. 어느 경우든 소비자와 생산자에게 미치는 영향은 늘 같다. 즉 법을 바꿔 판매자 대신 소비자에게 판매세를 내게 하거나 고용주가 소득세를 전부 다 내게 하더라도 시장의 결과는 바뀌지 않는다는 것이다. 세금이 소비자와 생산자에게 미치는 영향의 총합은 공급과 수요곡선의 기울기에만 좌우되며, 누가 세금을 내는지에는 영향을 받지 않는다.

그런데 왜 이런 사실이 성립하는지 이해하려면 먼저 세금이 시장에 어떤 영향을 미치는지부터 알아볼 필요가 있다.

세금이 시장에 미치는 효과

먼저 균형 상태에 있고 세금이 없는 시장인 매사추세츠주 보스턴의 영화표 시장으로부터 시작한다. 2000년대 초반에 보스턴 시장은 재정적자를 상쇄하기 위해 영화표에 50센트의 세금을 부과할 것을 제안했다. 많은 사람들은, 보스턴의 영화 관람객이 대부분 그레이터 보스턴(Greater Boston) 지역에 살면서 동시에 보스턴 유권자는 아닌 대학생이기 때문에 시장이 그러한 세금을 제안했다고 생각했다. 동기가 무엇이든 세금이 법제화되었다면(의회에서 그 제안을 부결했다), 극장주는 표 1장당 50센트를 정부에 납부해야 했을 것이다. 그런 변화가 영화표 시장에 어떤 영향을 줄지 그래프와 식을 둘 다 이용해 생각해보자.

그래프를 이용한 분석　세금이 없을 때 통상적인 방법으로 모형을 풀면 자유시장 균형가격 P_1과 균형수량 Q_1, 그리고 이에 따른 소비자잉여와 생산자잉여를 구할 수 있다(그림 3.10).

세금은 극장의 비용이 영화표 1장당 50센트 상승하는 것과 마찬가지다. 우리는 제2장의 내용으로부터 생산비가 상승하면 모든 가격대에서 공급자가 전보다 더 적은 양을 공급하게 된다는 것을 안다. 따라서 세금이 부과되면 공급곡선은 세액(50센트)만큼 위로 이동해서 S_2가 되며, 영화표의 균형수량은 Q_2로 하락한다.[8]

하지만 세금은 일반적인 공급곡선의 이동과는 다른 작용을 한다―세금은 구매자가 지불하는 가격(시장가격)과 생산자가 실제로 받는 가격(시장가격에서 세금을 뺀 값) 사이에 격차(wedge)를 초래한다. 일반적인 공급곡선의 경우, 공급곡선상의 어느 점에서의 가격은 생산자가 자신의 제품을 판매했을 때 받는 가격이다. 하지만 세금이 부과되는 경우, 물건은 P_b의 가격에 팔리지만(구매자가 지불하는 가격에는 'b'를 붙임) 판매자는 P_s밖에 받지 못한다(판매자가 받는 가격에는 's'를 붙임). 이것은 구매자가격에서 세금을 뺀 값이다. 즉 '$P_s = P_b -$ 세금'이다. 달리 말해 어떤 수량대에서도 구매자는 전보다 50센트를 더 내야 하지만, 극장은 그 초과액을 갖지 못하고 단지 예전보다 높아진 가격에서 세금을 뺀 값만 받는다.

이와 같은 격차 때문에 보스턴 영화시장의 새로운 균형에서는 관련된 가격이 2개 존재한다. 첫 번째인 y점은 구매자가 극장에서 지불하는 50센트의 세금이 포함된 가격(9.30달러)이다. 두 번째인 z점은 전보다 높아진 가격에서 50센트를 빼내 정부에 보낸 후 공급자가 받는 가격(8.80달러)이다.

조세 부과 이후의 시장에서 주목해야 할 핵심적 사항 2개가 있다. 첫째, 영화표 가격이 상승하지만 세금인 50센트만큼 상승하지는 않는다. 이것은 그림 3.10에서 볼 수 있다. 세금의 크기는 P_b(9.30달러)와 P_s(8.80달러)의 수직 거리로 나타난다. 하지만 영화표 가격 인상분은 9.30달러와 세금이 없을 때의 균형가격 9.00달러 간의 차이다. 이러한 차이가 발생하는 이유는 비용이

8　판매세 6%처럼 백분율로 표시된 세금을 종가세(ad valorem tax)라고 하는데, 이는 여기서의 영화표 1장당 50센트와 같이 금액이 정해진 종량세(specific tax)와 대비된다. 종가세 형태의 세금은 공급곡선을 이동시키지만 모든 점에서 정해진 양만큼 이동시키지는 않는다. 그 대신 공급량이 0이 되는 점을 중심으로 공급곡선이 정해진 백분율만큼 회전할 것이다.

그림 3.10 세금이 보스턴 영화표에 미치는 효과

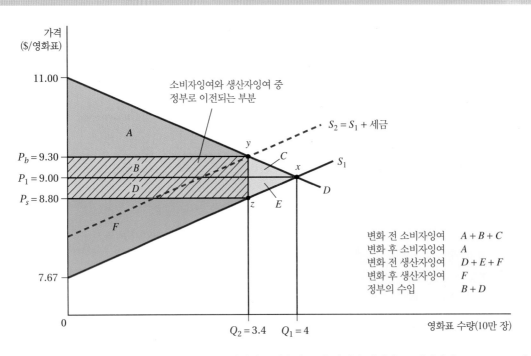

세금 부과 이전의 시장에서, 공급과 수요는 균형가격 9달러와 균형수량 40만 장에서 만난다. 소비자잉여는 $A + B + C$이고 생산자잉여는 $D + E + F$이다. 영화표 1장당 50센트의 세금이 부과되면 공급곡선 S_1이 세금 금액만큼 안쪽으로 이동하여 S_2가 되며, 균형수량은 34만 장으로 감소한다. 그 결과 발생한 조세격차(tax wedge)는 두 개의 가격, 즉 구매자가 직면하는 가격인 9.30달러와 판매자가 실제로 지불하는 가격 8.80달러를 낳는다. 새로운 소비자잉여는 A이고 생산자잉여는 F이다. $B + D$영역은 정부의 조세수입이고, 반면 $C + E$영역은 후생손실이다.

가장 높은 극장 중 일부가 조세격차로 인해 시장에서 퇴장하기 때문이다. 주목해야 할 두 번째 특징은 정부가 세금으로부터 수입을 얻는다는 것이다. 총수입은 세금 50센트 × 새로운 영화표 판매량 Q_2이다.

소비자와 생산자잉여 분석에서 이용한 모든 친숙한 개념들을 이 새로운 균형에 적용할 수 있다. 전과 같이 하나의 공급곡선을 움직이기보다는, 조세로 인해 우리가 추적해야 하는 두 번째 공급곡선이 생긴다는 점만 기억하면 된다. 극장주가 중시하는 공급곡선은 원래 공급곡선인 S_1이다. 조세 부과 후에도 극장이 특정한 가격에서 공급하려는 영화표 수는 여전히 이 곡선에 의해 주어진다. 이는 S_1의 수준이 영화표 판매로부터 극장주가 손에 얻는 세후 금액을 나타내기 때문이다. 하지만 구매자가 실제로 직면하는 공급곡선은 S_2이다. 이 공급곡선은 조세 크기만큼 위쪽으로 이동했는데, 이는 그것이 특정한 공급량에 대해 관람객들이 지불해야 하는 가격이기 때문이다.

상황을 더 분명히 보기 위해 이 예를 좀 더 자세히 분석하자. 그림 3.10에서 보스턴의 영화표 수요곡선은 $Q^D = 22 - 2P$이고 영화표 공급은 $Q^S = 3P - 23$이다. 수요곡선과 공급곡선에서 수요량과 공급량은 모두 표 10만 장 단위로 측정된다. 의회가 이 세금을 통과시키면 모든 극장주는 판매된 표 1장당 50센트를 시에 납부해야 한다. 우리는 그래프나 식을 이용해 세금의 효과를 분석할 수 있다.

세금으로 인해 소비자들은 이제 새로운 공급곡선 S_2에 직면하는데, 이는 S_1을 세액 50센트만큼 위로 이동시킨 것과 같다. 이로 인해 시장에서 구매되는 영화표 수는 40만 장에서 34만 장으로 줄어든다. 이 수량에서 구매자가 지불하는 가격은 9달러에서 9.30달러로 오른다. 법에 따라 공급자(극장주)는 판매하는 표 1장당 50센트씩 정부에 세금을 지불해야 하므로 9.30달러를 그대로 갖지 못하고 8.80달러(= 9.30달러 – 50센트)만 갖게 된다.

세후시장에서 소비자잉여와 생산자잉여는 어떻게 될까? 새로운 소비자잉여는 전에 비해 작다. 세금이 없는 시장에서 소비자잉여는 $A + B + C$였다. 이제는 수요곡선의 아래쪽이면서 구매자가 지불해야 하는 가격인 9.30달러의 위쪽인 A만이 소비자잉여이다.

새로운 생산자잉여 역시 전보다 작다. 세금 부과 전에 생산자잉여는 $D + E + F$였다. 세금 부과 후 생산자잉여는 공급곡선의 위쪽이면서 공급자가 세금을 납부한 후 받는 가격 8.80달러의 아래쪽인 F뿐이다.

세금 부과로 소비자잉여와 생산자잉여의 총합은 $(A + B + C) + (D + E + F)$영역에서 불과 $A + F$영역으로 감소한다. B, C, D, E영역의 잉여는 어디로 가버렸을까? $B + D$영역은 더 이상 소비자잉여도 생산자잉여도 아니다. 그것은 정부의 조세수입으로, 세금에 세금 부과 후의 판매량을 곱한 값이다. 세금이 부과될 때, 앞의 예에서 본 것처럼 생산자와 소비자 간에 잉여가 이전되는 것은 없다. 대신 생산자와 소비자 모두 잉여의 일부를 정부에 이전한다. 이 조세수입은 그 후 정부 서비스의 형태로 소비자와 생산자에게 '환급'되므로 손실이 아니다.

C와 E영역은 세금으로부터 발생하는 후생손실이다. 이 영역은 영화 관람객과 극장주가 전에는 경쟁가격에서 영화표를 매매하여 얻었던 잉여이다. 이 잉여는 이제 사라져버렸다. 소비자는 가격이 높아져 영화표를 덜 사고 판매자는 세금 부과 후 가격이 낮아져 영화표를 덜 공급하기 때문이다.

가격규제의 경우에서와 마찬가지로, 후생손실의 크기를 살펴보는 자연스러운 방법은 그것이 이전되는 잉여와 비교해 얼마나 되는지 보는 것이다. 전에는 잉여가 생산자로부터 소비자로 이전되거나(최고가격제의 경우) 소비자로부터 생산자로 이전되었다(최저가격제의 경우). 이제는 잉여가 생산자와 소비자로부터 정부로 이전된다. 이 경우 그 비는 $B + D$영역 대비 $C + E$영역인데, 이는 조세수입 대비 비율로 나타낸 후생손실의 크기이다.

식을 이용한 분석 보스턴의 영화표 수요곡선은 $Q^D = 22 - 2P$이고 영화표 공급은 $Q^S = 3P - 23$이다. 여기서 이 곡선의 수요량과 공급량은 모두 표 10만 장 단위로 측정된다. 세금이 없는 시장의 균형은 수요량과 공급량을 같게 놓아 구할 수 있다.

$$Q^D = Q^S$$
$$22 - 2P = 3P - 23$$
$$5P = 45$$
$$P_1 = 45/5 = \$9/\text{영화표 1장}$$
$$Q^D = 22 - 2(\$9) = 4 \quad \text{또는} \quad Q^S = 3(\$9) - 23 = 4$$

따라서 세금 부과 전에 균형가격은 9달러이고 40만 장의 표가 팔린다.

세금 부과 전의 소비자잉여는 그림 3.10에서 나타난 것처럼 가격의 위쪽이면서 수요곡선의 아래쪽인 삼각형으로 다음과 같다.

$$CS = \frac{1}{2} \times Q \times (P_{DChoke} - P_1)$$

여기서도 폐색가격은 다음과 같이 수요량을 0으로 만드는 가격을 알아내서 찾을 수 있다.

$$Q^D = 22 - 2P_{DChoke} = 0$$
$$P_{DChoke} = \$11$$

즉 이 수요곡선에 따르면 영화표가 11달러일 때 (아마도 교외에 있는 극장이 매력적인 대안이 될 것이기 때문에) 아무도 보스턴 시내에 있는 극장에 가지 않을 것이다.

수요폐색가격을 소비자잉여 공식에 대입하면 다음과 같이 소비자잉여를 얻는다.

$$CS = \frac{1}{2}(400,000)(\$11 - \$9)$$
$$= \$400,000$$

생산자잉여는 공급곡선의 위쪽이면서 가격의 아래쪽인 삼각형으로 다음과 같다.

$$PS = \frac{1}{2} \times Q \times (P_1 - P_{SChoke})$$

공급폐색가격은 공급량이 0이 되게 하는 가격으로 다음과 같다.

$$Q^S = 3P_{SChoke} - 23 = 0$$
$$P_{SChoke} = \$7.67$$

즉 표 1장당 7.67달러보다 낮은 가격일 때 어떤 극장도 보스턴에서 영업하지 않을 것이다. 이 공급폐색가격을 생산자잉여 공식에 대입하면 다음과 같은 생산자잉여를 얻는다.

$$PS = \frac{1}{2}(400,000)(\$9 - \$7.67)$$
$$= \$266,667$$

시에서 50센트의 세금을 부과하면 소비자잉여와 생산자잉여는 어떻게 될까? 극장은 판매하는 영화표에 대해 주정부에 세금을 내야 한다. 이로 인해 이중 공급곡선 상황이 만들어진다. 극장주의 공급곡선은 원래 공급곡선과 같다. 극장은 여전히 시장가격에서 공급곡선에 따라 표를 공급하려고 한다. 하지만 이제 소비자가 직면하는 공급곡선은 세금 금액만큼 위로 이동한다. 각 가격대에서 소비자에게 공급되는 영화표는 50센트만큼 비용이 더 든다. 구매자가 직면하는 공급곡선과 판매자가 직면하는 공급곡선의 차이는 세금 금액과 같다. 즉 극장의 공급곡선에 따르면 (세금 납부 후) 표 1장당 9달러를 받을 때 극장은 표 40만 장을 팔려고 하지만, 극장이 표 1장당 9달러를 받으려면 극장이 받는 가격 중 50센트가 세금으로 납부되어야 하므로 구매자는 실제로 9.50달러를 지불해야 한다. 결과적으로 구매자와 판매자에게 적용되는 가격은 $P_b = P_s +$ \$0.50이라는 식으로 요약된다.

세후 수량과 가격을 구하기 위해서는 두 공급가격을 연결하는 이 식을 공급과 수요식에 다음과 같이 대입한다.

$$Q^D = Q^S$$
$$22 - 2P_b = 3P_s - 23$$
$$22 - 2(P_s + 0.50) = 3P_s - 23$$
$$22 - 2P_s - 1 = 3P_s - 23$$
$$5P_s = 44$$
$$P_s = 44/5 = \$8.80$$

따라서 구매자는 다음과 같은 가격에 직면한다.

$$P_b = P_s + 0.50 = \$8.80 + 0.50 = \$9.30$$

이제 구매자가격을 수요곡선식에 집어넣고 공급자가격을 공급곡선식에 집어넣으면 다음과 같이 동일한 세후 시장수량을 얻게 된다.

$$Q_2 = 22 - 2(9.30) = 3.4 \quad \text{또는} \quad Q_2 = 3(8.80) - 23 = 3.4$$

세금이 부과되면 표가 34만 장만 팔릴 것이다.

세금 부과 후 소비자잉여는 수요곡선의 아래쪽이지만 구매자가 지불하는 가격의 위쪽인 부분이다.

$$CS = \frac{1}{2}(340,000)(\$11.00 - \$9.30)$$
$$= \$289,000$$

생산자잉여는 공급곡선의 위쪽이면서 공급자가 받는 가격의 아래쪽인 부분이다.

$$PS = \frac{1}{2}(340,000)(\$8.80 - \$7.67)$$
$$= \$192,667$$

(7.67달러는 그보다 큰 가장 가까운 센트로 반올림했다.)

따라서 세금이 없는 시장균형과 비교했을 때 세금으로 인해 소비자잉여는 111,000달러, 생산자잉여는 74,000달러 하락한다. 하지만 잉여 손실분인 185,000달러 중 일부는 조세수입의 형태로 정부로 흘러 들어간다. 이 수입은 장당 0.50달러를 세후 판매량으로 곱한 값으로 다음과 같다.

$$\text{수입} = \$0.50Q_2$$
$$= \$0.50(340,000) = \$170,000$$

상실된 잉여의 총량인 185,000달러가 정부가 발생시킨 수입인 170,000달러보다 크다는 점에 주목하기 바란다. 둘 간의 차이인 15,000달러가 세금의 후생손실이다.

후생손실을 계산하는 다른 방법은 밑변이 수량의 변화분이고 높이가 세금 금액인 삼각형의 면적을 구하는 것이다.

$$DWL = \frac{1}{2} \times (Q_1 - Q_2) \times (P_b - P_s) = \frac{1}{2} \times (Q_1 - Q_2) \times 세금$$

$$= \frac{1}{2}(400,000 - 340,000)(\$0.50) = \$15,000$$

이는 세금에 의해 생긴 수입의 9% 정도이다. 달리 말해 조세수입 11달러당 1달러만큼의 잉여가 후생손실로 없어지는 것이다.

괴짜경제학

쓰레기에 대한 세금의 의도치 않은 결과

사우스노퍽은 영국 동부에 자리한 목가적인 지역이다. 만약 2005년 이후에 그곳을 방문했다면 당신은 매력적인 마을, 들판에서 풀을 뜯고 있는 소 떼, 언덕에 드문드문 있는 성, 그리고 길가를 따라 무계획적으로 흩뿌려진 쓰레기 더미를 보았을 것이다.

사우스노퍽 주민들이 일반적으로 지저분한 게으름뱅이인 것이 아니다. 무언가 크게 잘못되었다. 정부가 어떤 문제에 대처하기 위해 간단한 경제학적 도구를 사용했다. 그리고 그것은 잘 작동했다. 지나치게 잘 작동했다.

쓰레기를 모으는 것은 정부의 책임이며 쓰레기를 모아 매립지에 묻는 것에는 비용이 수반된다. 정부는 보통 주민들에게 정액 요금을 부과함으로써 이 비용을 조달한다. 비용을 한 번 지불하면 양이 크든 작든 필요한 양의 쓰레기를 버릴 수 있다. 쓰레기에 대해 한계적으로 세금을 부과하지 않는 이러한 관행의 결과, 사람들은 자신이 만들어내는 쓰레기의 전체 비용을 지불하지 않으며 결과적으로 쓰레기를 너무 많이 만들어낸다. 명백한 경제적 해법은 만들어내는 쓰레기의 양에 따라 요금을 부과하는 것이다. 그리고 이것이 정확히 사우스노퍽 지방의회가 2005년에 이 정책을 시범적으로 시작했을 때 목표로 한 것이었다. 지방정부는 쓰레기 수거함에 마

이크로칩을 부착하여 마이크로칩으로 측정된 쓰레기의 무게에 따라 주민들에게 세금을 부과할 계획을 세웠다.

사우스노퍽 주민들은 쓰레기 *불법투기*를 통해, 즉 운전 중에 차창 밖으로 쓰레기봉투를 던짐으로써 잠재적인 세금을 피할 수 있다는 것을 깨달았다. 불법투기는 시범 시행이 시작되자 250% 이상 증가했다. 지방의회는 좌절 속에 시범 시행을 종료했다. 버지니아주의 샬러츠빌과 같은 다른 지역은 쓰레기봉투당 세금을 매기는 정책을 실험했는데, 쓰레기봉투의 숫자가 37%나 급락했으며 이는 경제이론과 일치한다. 하지만 수집된 쓰레기의 무게는 단지 14%만 감소했다. 사람들은 봉투 하나에 전보다 더 많은 쓰레기를 집어넣었다. 이것은 그렇게 나쁜 결과는 아니다…. 정부의 수입을 감소시키기는 하지만 다른 문제점을 야기하지는 않는다.

하지만 조세회피가 항상 순조롭게 진행되는 것은 아니다. 아일랜드도 최근에 종량제를 도입했는데 어떤 사람들은 쓰레기를 태움으로써 세금을 회피할 수 있을 것으로 생각했다. 쓰레기에 대한 세금이 부과된 후, 화상으로 인한 응급실 방문 횟수는 전과 같은 수준을 유지했지만 뒤뜰에 발생한 화재는 2배 이상이 되었다는 사실로부터 이를 알 수 있다![*]

여기서 얻을 수 있는 일반적인 교훈은, 강한 유인을 제공하면 사람들이 강하게 반응한다는 것이다. 사람들은 당신이 원하는 방식으로만 행동을 바꾸는 것이 아니라 당신이 바라지 않는 모든 종류의 다른 방식으로도 행동을 바꾼다. 위대한 경제학자를 별로 위대하지 않은 경제학자와 구분 짓는 특징 중 하나는, 유인이 바뀌었을 때 행동이 영향을 받을 수 있는 모든 다양한 방법을 주의 깊게 생각해내는 능력이다. 그러므로 당신이 훌륭한 법을 도입하고 있거나 혹은 상벌의 결과를 숙고하고 있다면, 우선 사우스노퍽 길가를 따라 흩뿌려진 그 모든 쓰레기를 떠올리고, 어떤 종류의 비열하고 교활한 반응이 당신의 훌륭한 계획을 망칠 수 있는지 상상하라.

사우스노퍽 길가에 불법투기된 쓰레기

* S. M. Murphy, C. Davidson, A. M. Kennedy, P. A. Eadie, and C. Lawlor, "Backyard Burning," *Journal of Plastic, Reconstructive & Aesthetic Surgery* 61, no. 2 (2008): 180–182.

세금이 후생손실을 가져오는 이유

가격규제 및 수량규제에서 보인 것처럼, 조세수입 대비 세금으로부터 발생하는 후생손실의 크기를 결정하는 주된 요인은 세금이 부과될 때 수량이 얼마나 변하는가 하는 것이다. 변화의 크기는 결국 공급과 수요가 가격에 얼마나 민감한지에 달려 있다. 예를 들어 피자 가격 통제에 따른 후생손실은, 시장가격에서 거래를 원하고 그에 따라 잉여를 얻을 수 있었으나 최고가격으로 인해 거래에 참여하지 못하게 된 소비자와 생산자가 있기 때문에 발생했다. 세금이 있는 경우, 거래가 금지되는 것은 아니다. 그러나 손실이 발생하는 근원은 같다. 세금이 없었더라면 시장가격에서 영화표를 구매하고 이로부터 잉여를 얻을 수 있었던 사람들이 존재한다. 정부가 세금을 부과하면 세후가격이 올라 이 소비자들이 더 이상 표를 사지 않는다. 이 사람들은 돈을 계속 갖고 있게 되는데, 전에는 그 돈으로 무언가를 사서 잉여를 얻을 수 있었다. 마찬가지로, 시장가격에서라면 영화를 상영했겠지만 세후가격이 영업을 정당화하기에 너무 낮아 영업을 하지 않게 되는 극장이 생기기 때문에 극장은 잉여를 잃게 된다. 이러한 잉여의 손실이 세금의 후생손실이다.

높은 세금이 낮은 세금보다 훨씬 더 나쁜 이유

앞의 분석으로부터 나오는 흥미로운 결과는, 이 분석에 따르면 후생손실의 크기로 대표되는 비효율성은 세금이 커질수록 훨씬 더 커진다는 것이다. 영화표 세금의 예에서(그림 3.10), 세금에서 발생하는 후생손실은 $C + E$영역이고 조세수입은 $B + D$임을 보았다. 시에서 영화표 세금을 인상하기로 결정하면 어떻게 될까? 이러한 대폭적 세금 인상으로 조세수입과 후생손실은 얼마나 더 커질까?

그림 3.11은 일반적인 경우에 대한 결과를 보여준다. 인상된 세금은 수량을 더 감소시켜 Q_2에서 Q_3가 된다. 사실 세금이 충분히 높으면 세금으로부터 나오는 영화표 1장당 수입의 증가가 영화표 판매 감소에 의해 상쇄되고도 남아, 조세수입의 증가가 전혀 없게 될 것이다!

일반적인 어림 계산에 따르면 세금의 후생손실은 세율의 제곱에 비례해 상승한다.[9] 다시 말해 세율이 2배가 되면 후생손실은 4배가 된다. 이것이 바로 경제학자들이 소위 '세율은 낮고 세원은 넓은' 조세정책을 선호하는 이유이다. 이는 다른 조건이 동일하다면 열 가지 품목에 낮은 세율을 부과하는 것이 다섯 가지 품목에는 세금을 매기지 않고 다섯 가지 품목에는 높은 세율을 매기는 것보다 좋다는 의미이다. 후생손실이 세율의 제곱에 비례해 증가하기 때문에, 전체적인 후생손실은 낮은 세율이 10개 있을 때보다 높은 세율이 5개 있을 때 더 클 것이다.

조세부담의 귀착 : 납부자가 누구인지는 중요하지 않다

영화표의 예에서 주목해야 할 중요한 사실은 법적으로 보스턴시에 표 1장당 50센트를 납부할

---

9 이러한 직관이 어디에서 오는지 알아보기 위해서는, 공급곡선과 수요곡선이 선형일 때 세금의 후생손실은 밑변은 세금에 의한 수량 감소분이고 높이는 세액인 삼각형이라는 점에 주목할 필요가 있다. 공급곡선과 수요곡선이 선형이므로 수량 감소분은 세금에 비례한다. 구체적으로, 수량 감소분은 $\Delta Q = A \times t$인데, 여기서 A는 수요와 공급곡선의 기울기에 의해 결정되는 어떤 숫자이다. 따라서 후생손실의 면적은 $\frac{1}{2} \times A \times t \times t = \frac{1}{2} \times A \times t^2$이다. 이 면적은 세금의 제곱에 비례한다. 수요와 공급곡선이 비선형인 경우 이 공식은 근사치에 불과하지만, 비선형의 정도가 너무 크지만 않다면 그 직관은 앞의 경우와 같다.

그림 3.11 세금 인상이 보스턴 영화표에 미치는 효과

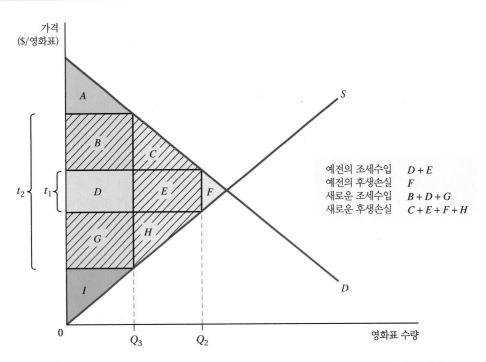

보스턴 영화표에 대한 세금이 t_1에서 t_2로 상승한 후 소비자가 지불하는 가격과 극장이 받는 가격 간의 조세격차는 증가하는 반면, 균형에서의 영화표 수량(Q_3)은 감소한다. 세금이 낮을 때 $D + E$영역이었던 정부 수입은 이제 $B + D + G$영역이다. 하지만 정부는 E영역을 잃게 되는데, 이는 세금 인상 후 어떤 사람들은 더 이상 영화표를 사지 않기 때문이다. 발생한 수입에 대한 비율로 후생손실의 크기를 살펴보면, 세금 인상에 의해 발생하는 추가적 수입은 세금이 낮았던 경우에 비해 더 큰 비효율을 야기한다. 처음에는 후생손실이 F이고 조세수입은 $D+E$였다. 하지만 여기서 추가적인 후생손실은 $C + E + H$인 반면 수입 증가는 $B + G - E$에 불과하다.

의무가 있는 것은 극장주라고 가정했지만 극장주들이 세금부담 전체를 지는 것은 아니라는 점이다. 세금이 부과되기 전에 극장주는 표 1장당 9달러를 받았고 영화 관람객들은 표 1장당 9달러를 지불했다. 50센트의 세금이 부과된 이후 영화 관람객은 표 1장에 9.30달러를 지불한다. 하지만 극장은 세금을 낸 후 표 1장당 결국 8.80달러밖에 얻지 못한다. 따라서 소비자가격이 30센트 올랐기 때문에, 정부로 가는 50센트 중 30센트(60%)는 소비자의 호주머니에서 나오고 있는 것이다. 극장이 정부에 세금을 납부하지만 세금의 상당 부분을 인상된 가격을 통해 소비자에게 전가할 수 있다. 이는 공급자에 의해 실현되는 가격은 20센트만 하락함을 의미한다. 누가 실제로 세금부담을 지는가 하는 문제를 **조세부담의 귀착**(tax incidence)이라고 부른다. 위 세금의 60%는 소비자에게, 40%는 공급자에게 귀착된다.

조세부담의 귀착
세금을 실제로 부담하는 사람이 누구인가 하는 문제

이제 보스턴시가 누가 정부에 세금을 납부하는지에 대한 규칙을 바꿨다고 하자. 극장이 정부에 세금을 납부하는 대신, 영화 관람객이 극장이 책정하는 가격에 영화표를 구입한 후 들어갈 때 '세금'이라고 쓰인 상자에 50센트를 내는 방식으로 세금을 내는 것이다. 이는 누가 물리적으로 세금을 내는지 변화시키지만 조세부담의 귀착은 바꾸지 않는다. 다음 식이 그 이유

그림 3.12 조세부담의 귀착

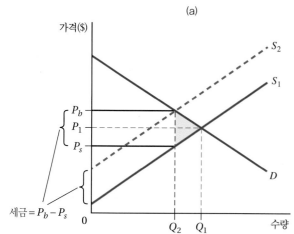

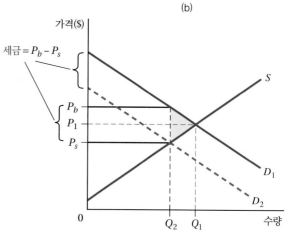

(a) 조세부담의 귀착은 판매자가 세금을 내는지 아니면 구매자가 세금을 내는지에 의해 영향을 받지 않는다. 판매자가 세금을 낼 경우 공급곡선이 세금만큼, 즉 $P_b - P_s$만큼 안쪽으로 이동해 S_1이 S_2로 이동한다. 판매자는 이제 균형에서 P_s의 가격에 직면하고 구매자는 가격으로 P_b를 지불한다.

(b) 구매자가 세금을 낼 경우 수요곡선이 세금만큼, 즉 $P_b - P_s$만큼 안쪽으로 이동해 D_1이 D_2로 이동한다. 균형수량은 Q_1에서 Q_2로 감소한다. (a)에서와 마찬가지로 판매자는 이제 균형에서 P_s의 가격에 직면하고 구매자는 가격으로 P_b를 지불한다.

를 보여준다. 공식을 보면, 공급자가 받는 금액에서 세금을 빼든 구매자가 지불하는 금액에 세금을 더하든 상관이 없다. 식 '$P_s = P_b -$ 세금'은 식 '$P_s +$ 세금 $= P_b$'와 동일하다. 영화 관람객들이 영화를 볼 때 50센트를 상자에 집어넣도록 하면 그들의 수요곡선이 그만큼 아래로 이동한다. 그런 이동이 발생하면, 공급자는 수요량과 공급량을 일치시키는 가격(이제 8.80달러이다)을 찾기 위해 영화표에 더 낮은 가격을 책정해야 한다. 극장주가 세금을 내던 경우와 마찬가지로, 영화 관람객들은 극장에 들어가기 위해 결국 총 9.30달러를 지불하게 된다. 50센트를 상자에 넣었지만, 시장을 청산하는 영화표의 (세전) 가격이 낮아졌기 때문에 세금 중 20센트는 실질적으로 극장주가 지불하는 것이다.

그래프를 통해서도 이를 확인할 수 있다. 극장이 세금을 납부하는 원래 경우가 그림 3.12a에 나타나 있다. 세금을 극장 대신 구매자가 지불하면 수요량은 세금을 포함한 가격에 의해 결정된다. 하지만 공급자가 이 수요량에서 받는 가격은 세금을 제외한 가격이다. 이 차이를 설명하기 위해 세금 금액만큼 수요곡선을 아래로 이동시키면 그림 3.12b에서 D_1이 D_2로 이동한다. 하지만 결과는 바뀌지 않았다. 즉 수요량은 여전히 Q_2이고, 구매자가격과 판매자가격의 차이는 여전히 세액과 같다. 따라서 조세부담의 귀착은 누가 법적으로 세금을 부담해야 하는지에 영향을 받지 않는다.

세금을 그래프에 그릴 때 세금이 공급곡선을 위로 움직이는지 수요곡선을 아래로 움직이는지 잊어버리는 것이 도움이 되는 것은 이 때문이다. 그 대신, 세금 부과 전의 원래 균형에서 출발해서 공급곡선과 수요곡선의 수직 거리가 세금 금액과 같아질 때까지 왼쪽으로 이동한다. 이

A⁺ 시험 잘 보는 법

후생손실을 정확히 측정했을까?

몇 가지 간단한 요령을 사용하면 후생손실과 관련한 문제를 푸는 데 도움이 된다. 첫째, 정부 정책의 결과로 소비량이 떨어지는 경우 항상 후생손실이 발생한다. (이것이 *완전히* 정확한 것은 아니다. 외부효과가 존재하는 경우, 정부 정책은 사실 시장의 결과를 개선할 수도 있다. 외부효과에 관한 더 많은 내용은 제17장에서 배운다.) 수량이 왜곡되지 않는다면 후생손실은 발생하지 않는다. 둘째, 후생손실은 거의 항상 삼

각형 형태를 띠며, 더욱이 이 삼각형은 시장 왜곡이 없는 효율적인 균형점을 향한다. 왜 그럴까? 이는 후생손실이 소비자잉여와 생산자잉여의 상실분을 측정하기 때문이다. 우리가 본 것처럼 이 후생손실은 효율적 균형에서 멀어지면 멀어질수록 커진다. 삼각형의 두 변의 거리가 점점 멀어지는 것이 이러한 사실을 반영한다.

렇게 하면 세금이 법적으로 공급자에게 적용되는지 구매자에게 적용되는지에 관계없이 올바른 답을 얻게 된다.

이 점은 조세부담의 귀착과 관련해서 매우 중요하다. 세계 거의 모든 국가에서 정부는 노동자의 임금에 급여세를 부과한다. 미국에서 정부는 급여세를 거두어 사회보장연금과 노인의료보험의 재원을 마련하는데, 세율은 노동자와 고용주 사이에 균등하게 나뉜다. 달리 말해 만약 당신이 1,000달러를 벌 경우, 당신이 그것의 7.65%를 급여세로 내고 고용주가 자신의 비용으로 7.65%를 내야 한다.[10] 어떤 사람들은 고용주가 15.3%를 내고 노동자는 한 푼도 내지 않도록 제도를 바꿀 것을 제안한다. 다른 이들은 고용주가 아니라 노동자만 조세를 내야 한다고 말한다. 우리가 앞에서 마친 분석에 따르면 그런 변화는 아무런 영향을 미치지 않을 것이다. 경쟁 시장에서 임금은 시장의 어느 쪽이 실제로 세금을 내는지에 관계없이 같은 수준으로 조정될 것이다.

이러한 세금의 경제적 효과와 관련해서 유일하게 중요한 것은 노동의 공급과 수요가 얼마나 탄력적인가 하는 것이다. 그 이유를 보기 위해 두 극단적인 상황에 대해 생각해보자.

수요곡선은 상대적으로 탄력적이고 공급곡선은 비탄력적인 경우 수요는 상대적으로 탄력적이고 공급은 비탄력적인 시장에서는 구매자는 가격에 매우 민감하고 공급자는 그렇지 않다. 노동경제학자들은 대부분 노동시장을 다음과 같이 생각하는 경향이 있다. 즉 노동공급은 상당히 비탄력적이고(사람들은 상이한 임금수준에서 동일한 양을 일한다), 기업의 노동수요는 상당히 탄력적이다. 이 시장은 그림 3.13a에 나타나 있다.

이 절 전체에 걸쳐 우리가 사용했던 방법을 적용하면, 세금은 거의 전부 공급자, 여기서는 노동을 공급하는 노동자가 지게 된다는 것을 알 수 있다. 세금이 부과되면 고용주는 세금이 없을 때의 임금인 W_1보다 조금 높은 W_b를 임금으로 지급해야 한다. 하지만 세금 부과 후 노동자는 W_1보다 훨씬 낮은 W_s를 임금으로 받는다. 따라서 노동자는 세금 부과 후 고용주보다 훨씬 사정이 나빠진다. 그리고 조세부담의 귀착에 관한 앞의 논의로부터 우리는 정부가 만약 급여세 규

---

10 FICA 세금은 임금이나 급여와 같은 '노동소득'에만 적용된다. 2017년에 사회보장세는 개인당 첫 128,400달러에 대해서 적용되었다. 그 이후로는 세금의 메디케어 부분만 적용된다(세율은 2.9%에 기준 소득수준을 초과한 부분에 추가적으로 부가되는 0.9%를 합친 것이다). 한도는 해마다 증가할 수 있는데, 주로 물가상승률에 연동된 비율만큼 증가한다.

그림 3.13 조세부담의 귀착과 탄력성

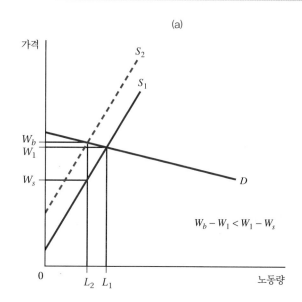

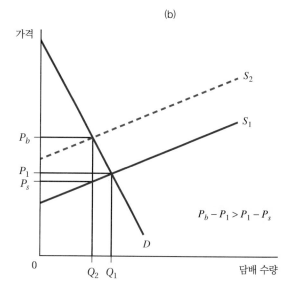

(a) 수요는 탄력적이고 공급은 비탄력적인 노동시장에서, 공급곡선이 S_1, 수요가 D, 균형가격 및 수량이 (W_1, L_1)인 상황에서 시작한다. $W_b - W_s$만큼의 조세를 부과하면 공급곡선이 S_1에서 S_2로 위쪽으로 이동하여 균형노동량이 L_1에서 L_2로 감소한다. 이 시장에서 노동자는 가격에 그다지 민감하지 않고 고용주는 민감하기 때문에, 세금이 노동자가 받는 임금에 미치는 영향은 세금이 고용주가 지불하는 임금에 미치는 영향보다 훨씬 크다. 즉 $W_b - W_1 < W_1 - W_s$이다.

(b) 수요는 비탄력적이고 공급은 탄력적인 담배시장에서, 공급곡선이 S_1, 수요가 D, 균형가격 및 수량이 (P_1, Q_1)인 상황에서 시작한다. $P_b - P_s$만큼 세금을 부과하면 공급곡선은 S_1에서 S_2로 위쪽으로 이동한다. 이 시장에서 흡연자는 가격에 그다지 민감하지 않고 담배회사는 민감하기 때문에, 세금이 소비자가 지불하는 가격에 미치는 영향은 세금이 회사가 받는 가격에 미치는 영향보다 훨씬 크다. 즉 $P_b - P_1 > P_1 - P_s$이다.

칙을 바꾸어 고용주가 전체 금액을 다 내게 된다고 해도 노동자의 처지가 더 좋아지지 않을 것이라는 사실을 안다. 노동자의 임금은 거의 고용주의 세금이 올라간 만큼 떨어진다.

수요곡선은 상대적으로 비탄력적이고 공급곡선은 탄력적인 경우 그림 3.13b는 수요가 상대적으로 비탄력적이고(구매자들이 가격에 민감하지 않다) 공급이 탄력적인(공급자들이 가격에 매우 민감하다) 시장을 보여준다. 예를 들어 담배시장에서 구매자 다수는 중독이 되어 가격이 얼마나 오르든 비슷한 양을 구매한다. 담배 공급은 보다 탄력적이다. 이 경우 세금을 대부분 소비자가 부담한다는 것을 그림에서 알 수 있다. 담배에 세금이 부과되면 구매자가격이 P_1에서 P_b로 거의 세금 금액 전체만큼 상승한다. 공급자는 높아진 비용을 비탄력적인 소비자에게 전가할 수 있기 때문에 상황이 아주 조금만 나빠진다.

영화표의 예에서처럼 식을 이용해 전체 분석을 수행할 수도 있다. 사실 소비자와 생산자의 세금부담 몫에 대한 일반적인 근사치 공식이 있다. 지금까지의 논의에 비추어 놀라운 일이 아니지만, 이 부담분은 다음과 같이 탄력성에 의해 결정된다.

$$소비자의 \ 부담 \ 몫 = \frac{E^S}{E^S + |E^D|}$$

$$생산자의 \ 부담 \ 몫 = \frac{|E^D|}{E^S + |E^D|}$$

공급의 가격탄력성(E^S)이 무한대라면 소비자의 부담 몫은 1이 된다. 즉 공급이 완전탄력적일 경우 소비자가 전체 부담을 지게 된다. 수요의 가격탄력성의 절댓값($|E^D|$)이 무한대라면 소비자의 세금부담 몫은 0이고 공급자가 전체 세금부담을 지게 된다.

 예제 3.3

다음 식에 의해 표현되는 어느 콜라시장의 수요와 공급에 대해 생각해보자.

$$Q^D = 15 - 10P$$

$$Q^S = 40P - 50$$

여기서 Q는 연간 100만 병 단위이고, P는 1병당 가격이다. 콜라 균형가격은 병당 1.30달러이고 매년 200만 병이 팔린다.

a. 균형가격과 수량에서 수요와 공급의 가격탄력성을 계산하라.

b. 소비자와 생산자가 지게 되는 세금부담 몫을 계산하라.

c. 병당 0.15달러의 세금이 부과되면 소비자가 지불해야 할 가격은 얼마가 될 것으로 예상되는가? 세금 부과 후 판매자는 얼마의 가격을 받게 될 것인가?

풀이

a. 수요의 가격탄력성 공식은 다음과 같다.

$$E^D = \frac{\Delta Q^D}{\Delta P} \times \frac{P}{Q^D}$$

수요곡선에서 $\frac{\Delta Q^D}{\Delta P}$를 계산할 수 있다. P가 1단위 바뀔 때마다 Q^D는 10씩 하락한다. 따라서 다음을 얻는다.

$$\frac{\Delta Q^D}{\Delta P} = -10$$

탄력성 공식에 대입하면 다음을 얻는다.

$$E^D = \frac{\Delta Q^D}{\Delta P} \times \frac{P}{Q^D} = -10 \times \frac{1.3}{2} = \frac{-13}{2} = -6.5$$

공급의 가격탄력성 공식은 다음과 같다.

$$E^S = \frac{\Delta Q^S}{\Delta P} \times \frac{P}{Q^S}$$

공급곡선에서 $\frac{\Delta Q^S}{\Delta P} = 40$임을 알 수 있다. P가 1단위 오를 때마다 Q^S는 40씩 증가함에 주목하라.

따라서 공급의 가격탄력성은 다음과 같다.

$$E^S = \frac{\Delta Q^S}{\Delta P} \times \frac{P}{Q^S} = 40 \times \frac{1.3}{2} = \frac{52}{2} = 26$$

b. 구매자가 부담하는 세금의 비율은 다음과 같다.

$$\frac{E^S}{E^S + |E^D|} = \frac{26}{26 + |-6.5|} = \frac{26}{32.5} = 0.8$$

판매자가 부담하는 세금의 비율은 다음과 같다.

$$\frac{|E^D|}{E^S + |E^D|} = \frac{|-6.5|}{26 + |-6.5|} = \frac{6.5}{32.5} = 0.2$$

따라서 구매자가 세금의 80%를 부담하고 판매자는 20%만 부담할 것이다.

c. 병당 0.15달러의 세금이 부과되면 구매자가 세금의 80%를 부담할 것이다.

$$P_b의 \ 증가분 = (0.80)(\$0.15) = \$0.12$$

구매자가 지불하는 가격은 병당 1.30달러(원래의 균형가격)에서 1.42달러로 오른다.

판매자는 세금의 나머지 20%를 부담할 것이다.

$$P_s의 \ 감소분 = (0.2)(\$0.15) = \$0.03$$

판매자가 받는 가격은 병당 1.30달러에서 1.27달러로 하락할 것이다.

3.5 보조금

보조금(subsidy)은 정부가 어떤 재화나 서비스의 구매자나 판매자에게 돈을 지급하는 것이다. 보조금은 본질적으로 세금과 정반대이다. 사실 보조금이 시장에 미치는 효과를 분석할 때 우리는 보조금을 음의 세금으로 취급할 수 있다. 따라서 보조금 지급 후 구매자가 지불하는 가격은 공급자가 받는 가격보다 낮다. 예를 들어 정부가 휘발유에 대해 갤런당 1달러를 보조해준다면, 구매자는 주유소에 갤런당 3.50달러를 지불하지만 주유소는 3.50달러에 정부 보조금을 더해 받기 때문에 4.50달러를 받게 된다. 이 관계는 $P_b +$ 보조금 $= P_s$이다. 여기서 P_b는 구매자가 지불하는 가격(시장가격)이고 P_s는 보조금 지급 후 공급자가 받는 가격이다.

옥수수를 재료로 한 연료 첨가물로 휘발유와 섞어 쓸 수 있는 에탄올의 국내 생산에 대해 미국 정부가 지급하는 보조금의 효과에 대해 살펴보자(그림 3.14). (이 보조금에 대한 일반적인 근거는 석유 수입에 대한 미국의 의존도를 낮추자는 것이다. 우연치 않게도 대규모 옥수수 재배 지역 출신 정치인이 이 정책을 소리 높여 지지하기는 했지만 말이다.) 이 에탄올 보조금은 사실상 에탄올과 혼합되는 휘발유에 대한 보조금이다.

보조금
재화나 용역의 구매자 또는 판매자에게 정부가 지급하는 것

그림 3.14 생산자 보조금의 영향

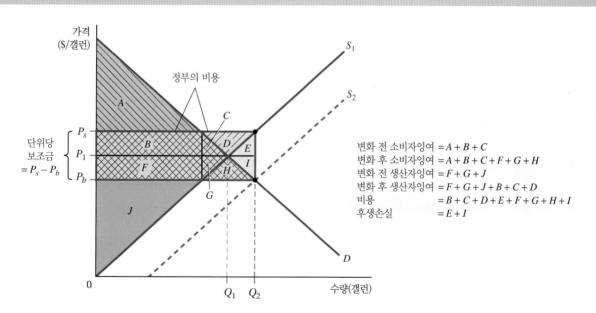

보조금 지급 전 휘발유 시장에서 공급곡선 S_1은 균형가격 P_1, 균형수량 Q_1에서 수요곡선 D와 만난다. 소비자잉여는 $A + B + C$이고 생산자잉여는 $F + G + J$이다. 정부가 연료 생산자에게 판매하는 가스-에탄올 혼합물 1갤런당 1달러를 주면, 공급곡선은 보조금의 크기인 $P_s - P_b$만큼 하락하여 S_2로 이동한다. 소비자가 연료탱크를 채우기 위해 지불하는 금액이 주유소가 받는 금액보다 작기 때문에, 구매자가 직면하는 공급곡선은 원래 공급곡선보다 더 낮다. 이는 정부가 돈의 일부를 내주기 때문이다(세금의 효과는 이와 정반대이다). 균형에서 수량은 Q_2로 증가하고 공급자가 직면하는 가격은 P_s이며 구매자가 직면하는 가격은 P_b이다. 소비자잉여는 이제 $A + B + C + F + G + H$이고, 생산자잉여는 $F + G + J + B + C + D$이다. 보조금 지급에 드는 비용은 $B + C + D + E + F + G + H + I$이고 후생손실은 $E + I$이다. 따라서 보조금에 수반된 비용이 생산자와 소비자에게 돌아가는 편익의 합보다 크다.

　　보조금 지급 전 소비자잉여는 그림 3.14에서 수요곡선의 아래쪽이면서 소비자가 지불하는 가격(P_1)의 위쪽인 $A + B + C$영역이었다. 보조금 지급 후 소비자잉여는 바뀔 것이다. 하지만 세금의 경우처럼 작아지는 것이 아니라 커질 것이다. 새로운 소비자잉여는 수요곡선의 아래쪽이면서 소비자가 지불해야 하는 가격(전보다 낮은 새로운 가격인 P_b)의 위쪽이다. 이것은 이전의 소비자잉여인 $A + B + C$에 새로운 부분인 $F + G + H$를 더한 값이다. 이 추가적인 잉여는 낮아진 가격과 이 가격에서의 추가적인 판매량으로부터 나온다.

　　보조금 지급 전 생산자잉여는 공급곡선의 위쪽이면서 공급자가 받는 가격(P_1)의 아래쪽인 $F + G + J$영역이었다. 보조금 지급 후 생산자잉여 역시 커진다. 생산자 자신의 공급곡선 S_1의 위쪽이면서 공급자가 받는 가격(P_s)의 아래쪽인 영역은 이제 $F + G + J$에 $B + C + D$를 더한 값이다. [생산자잉여를 계산할 때 생산자의 공급곡선(S_1)을 이용하는데, 이것이 공급자의 생산비를 나타내는 공급곡선이기 때문이다.]

　　양측 모두 전보다 잉여가 늘어나기 때문에 이 경우 소비자잉여와 생산자잉여의 일부는 겹친다는 점에 주목하기 바란다($B + C + F + G$영역). 하지만 이것이 가능하려면 다른 누군가가 돈을 내주는 방법밖에 없다. 이 경우 그것은 정부이다. 보조금을 지급하려면 돈이 든다. 보조금의 비용은 보조금 금액에 생산량을 곱한 값인 $Q_2 \times (P_s - P_b)$인데, 이것은 사각형 $B + C + D + E + F + G + H + I$에 해당한다.

　　하지만 보조금에 드는 비용은 이것만이 아니다. 다른 가격규제와 마찬가지로 보조금 역시 후생손실을 낳는다. 보조금 지급 후 소비자와 생산자가 둘 다 좋아지는데 후생손실이 있다는 것이 처음에는 이상하게 보일지도 모른다. 핵심은 잉여 증가분을 보조금에 드는 정부 비용과 비교하는 것이다. 소비자잉여가 $F + G + H$만큼 상승하고 생산자잉여가 $B + C + D$만큼 상승했지만, 보조금 지급을 위한 정부의 총지출은 $(F + G + H) + (B + C + D) + (E + I)$이다. 따라서 보조금의 후생손실은 $E + I$이다. 사회 전체적으로는 보조금을 위해 지불한 돈이 보조금에 따른 소비자와 생산자의 추가 편익보다 크다. 정부가 어떻게든 가격을 바꾸지 않고 보조금 지출액을 소비자에게 넘겨줄 수 있다면 사회는 더 좋아질 것이다. 하지만 가격을 바꿈으로써 전에는 구입에 별 관심이 없었던 사람들이 추가적으로 가스-에탄올 혼합물을 구입하게 되는 것이다.

　　이 장의 앞부분에서 시장개입에 대해 살펴보았을 때, 후생손실은 세금이나 규제가 없었더라면 물건을 샀을 것이지만 세금 때문에 가격이 너무 높아 사지 않는 사람들이 잃게 되는 손실에서 비롯되었다. 여기서는 반대이다. 후생손실은 경쟁시장에서라면 물건을 구입하지 **않았을** 사람들로부터 나온다. 이 사람들은 보조금으로 가격이 낮아졌기 때문에 물건을 구입한다. 이들이 추가적인 수량에 대해 부여하는 가치는 정부가 이 사람들로 하여금 그것을 구입하게 만드는 데 드는 돈보다 작다. 어떤 이들은 같은 이유로 크리스마스가 비효율적이라고 말한다. 즉 받는 사람이 평가하는 가치보다 15% 더 많은 돈을 들여 선물을 준다는 것이다.[11]

---

11 Joel Waldfogel, "The Deadweight Loss of Christmas," *American Economic Review* 83, no. 5 (1993): 1328-1336. 크리스마스의 후생손실을 지적하는 일은 경제학자에게 맡겨두라!

예제 3.4

한 작은 마을의 에탄올 수요와 공급곡선이 다음과 같다고
하자.

$$Q^D = 9,000 - 1,000P$$

$$Q^S = 2,000P - 3,000$$

여기서 Q는 1일 갤런 수이고, P는 갤런당 가격을 나타낸
다. 현재 균형가격은 4달러이고 균형수량은 하루에 5,000갤
런이다.

이제 정부가 에탄올 사용을 장려하기 위해 갤런당 0.375달
러의 보조금을 지급하려 한다고 하자.

a. 구매자가 갤런당 지불하는 가격, 판매자가 갤런당 받는
가격, 하루에 소비되는 갤런 수는 어떻게 되는가?

b. 이 보조금의 정부 비용(그리고 궁극적으로는 납세자의
비용)은 얼마인가?

풀이

a. 보조금하에서 구매자와 판매자가 직면하는 가격을 알
아내는 것은 세금이 있을 때 구매자와 생산자의 가격을
알아내는 것과 비슷한 방법으로 할 수 있다. 하지만 한
가지 큰 차이가 있다. 이제는 판매자가 받는 가격이 소
비자가 지불하는 가격보다 (보조금 덕분에) 더 크다.

$$P_s = P_b + 보조금$$

따라서 우리의 문제에서는 다음이 성립한다.

$$P_s = P_b + 0.375$$

다음과 같은 공급과 수요곡선에서 출발해야 한다는 점
을 기억하자.

$$Q^D = 9,000 - 1,000P_b$$

$$Q^S = 2,000P_s - 3,000$$

이제 공급식의 P_s에 앞의 식을 대입하면 다음과 같이
된다.

$$Q^S = 2,000P_s - 3,000$$

$$Q^S = 2,000(P_b + 0.375) - 3,000 = 2,000P_b + 750 - 3,000$$

$$= 2,000P_b - 2,250$$

이제 Q^D와 Q^S를 같게 놓아 P_b를 구할 수 있다.

$$9,000 - 1,000P_b = 2,000P_b - 2,250$$

$$3,000P_b = 11,250$$

$$P_b = 3.75$$

$$P_s = P_b + 0.375$$

$$P_s = 4.125$$

보조금 시행 후의 에탄올 판매량을 구하기 위해서는 P_b
를 수요식에 대입하거나 P_s를 공급식에 대입하면 된다.
(맞게 했는지 확인하기 위해서는 둘 다 하는 것이 좋다.)

$$Q^D = 9,000 - 1,000P_b = 9,000 - 1,000(3.75)$$

$$= 9,000 - 3,750 = 5,250$$

$$Q^S = 2,000P_s - 3,000 = 2,000(4.125) - 3,000$$

$$= 8,250 - 3,000 = 5,250$$

따라서 구매자는 갤런당 3.75달러를 지불하고 판매자는
갤런당 4.125달러를 받으며, 매일 5,250갤런이 판매될
것이다. 그림에서 이것을 볼 수 있다.

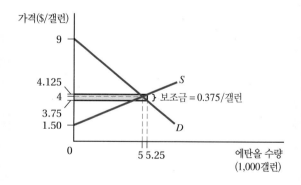

b. 보조금 비용은 갤런당 보조금을 판매된 갤런 수로 곱한
것이다.

$$보조금 비용 = (\$0.375)(5,250) = \$1,968.75/일$$

3.6 결론

이 장에서 우리는 공급과 수요라는 망치로 눈에 보이는 모든 못을 두드렸다. 우리는 시장 거래에 의해 발생하는 소비자잉여와 생산자잉여를 어떻게 계산하는지, 신상품의 가치를 어떻게 평가하는지, 후생손실이 무엇인지에 대해 배웠다. 공급, 수요, 총잉여를 이용해 산업을 분석하고, 산업이 시장의 변화, 특히 가격과 수량의 통제, 세금, 보조금에 대응해 어떻게 변하는지 배웠다. 그렇게 간단한 모형으로 이렇게 많은 일을 할 수 있기 때문에 공급과 수요 모형은 미시경제학의 주요 도구가 되는 것이다.

요약

1. **소비자잉여**는 소비자가 시장 거래에 참여해서 얻는 가치다. 그것은 소비자가 어떤 것을 얻기 위해 지불하려고 하는 최대치와 그들이 실제로 지불하는 가격 간의 차이다. 공급과 수요 그래프에서 소비자잉여는 수요곡선의 아래쪽이면서 가격의 위쪽인 영역의 면적으로 측정된다. **생산자잉여**는 생산자가 시장 거래에 참여해서 얻는 편익이다. 그것은 생산자가 제품을 판매하는 가격과 제품을 팔기 위해 받을 의향이 있는 최저가격 간의 차이다. 공급과 수요 그래프에서 생산자잉여는 공급곡선의 위쪽이면서 가격의 아래쪽인 영역의 면적으로 측정된다. [3.1절]

2. 소비자잉여와 생산자잉여를 이용해 우리는 공급과 수요의 이동이 소비자와 생산자의 후생에 어떤 영향을 미치는지 계산할 수 있다. 공급곡선이 안쪽으로 이동하면 소비자잉여가 감소하는데, 이는 이러한 이동에 따른 균형가격 상승과 균형수량 하락이 모두 소비자잉여를 감소시키는 작용을 하기 때문이다. 반대로 공급곡선이 바깥쪽으로 이동하면 소비자잉여는 증가한다. 수요곡선이 안쪽으로 이동하면 균형가격과 수량이 둘 다 하락하므로 생산자잉여는 감소한다. 수요곡선이 바깥쪽으로 이동하면 반대 효과가 나타난다. [3.1절]

3. 정부가 집세 규제와 같은 **가격상한**이나 최저임금제와 같은 **가격하한** 등 가격규제를 부과하면, 원래 시장가격에서의 수요량과 공급량이 달라져서 재화의 **초과공급**이나 **초과수요**가 발생한다. 이러한 규제는 또한 **후생손실**을 낳는다. 후생손실은 규제가 시행되기 전에는 이루어졌던 잉여창출거래가 규제 환경에서는 이루어지지 않기 때문에 발생한다. 가격을 바꾸지 않고 한쪽에서 다른 쪽으로 직접 소득을 이전하는 것이 소비자와 공급자를 돕는 더 효율적인 방법이다. 후생손실은 공급과 수요가 탄력적일수록 커진다. [3.2절]

4. 정부가 생산량에 상한을 부과하거나(**수량할당**) 생산물을 직접 공급하면, 이런 조치는 가격규제와 마찬가지로 시장을 변화시켜 후생손실을 낳는다. 하지만 이 경우 가격이 조정되어 시장이 청산되기 때문에 초과수요나 초과공급은 발생하지 않는다. [3.3절]

5. 세금은 생산량을 줄이고 가격을 올린다. 그 와중에 소비자잉여와 생산자잉여가 줄어들지만 조세수입이 발생한다. 세금이 창출하는 수입은 잉여에 가해지는 손해보다 작은데, 이 차이가 세금의 후생손실이다. **조세부담의 귀착**이라는 개념은 누가 실질적으로 조세부담을 지는지 알려준다. 법에 의해 누가 실제로 세금을 납부하는지는 중요하지 않다. 중요한 것은 수요와 공급의 탄력성이다. 탄력성이 더 높은 쪽이 세금이 부과된 재화에서 다른 재화로 더 쉽게 옮겨갈 것이기 때문에 조세부담을 덜 질 것이다. [3.4절]

6. **보조금**은 자유시장균형에 비해 소비자잉여와 생산자잉여를 둘 다 증가시킨다. 하지만 여전히 후생손실이 발생하는데, 보조금 지출 비용이 두 집단의 잉여 증가분을 초과하기 때문이다. [3.5절]

복습문제

1. 소비자잉여와 생산자잉여를 정의하라.

2. 수요폐색가격은 소비자잉여와 어떤 관련이 있는가?

3. 공급폐색가격은 생산자잉여와 어떤 관련이 있는가?

4. 주어진 시장에서 공급곡선의 이동은 소비자잉여와 생산자잉여에 어떤 영향을 미치는가? 공급곡선이 안쪽으로 이동하는 경우와 바깥쪽으로 이동하는 경우 모두에 대해 생각해보라.

5. 주어진 시장에서 수요곡선의 이동은 소비자잉여와 생산자잉여에 어떤 영향을 미치는가? 수요곡선이 안쪽으로 이동하는 경우와 바깥쪽으로 이동하는 경우 모두에 대해 생각해보라.

6. 가격상한이란 무엇인가? 가격상한은 왜 재화의 초과수요(부족)를 낳는가?

7. 가격하한이란 무엇인가? 가격하한은 왜 재화의 초과공급(잉여)을 낳는가?

8. 후생손실이란 무엇인가? 어느 재화의 가격탄력성이 크면 후생손실이 크겠는가, 아니면 작겠는가?

9. 가격상한이 비구속적인 경우는 언제인가? 가격하한이 비구속적인 경우는 언제인가?

10. 수량할당이란 무엇인가? 가격상한이나 가격하한과는 어떻게 다른가?

11. 재화에 세금이 부과되면 재화의 균형가격과 수량은 어떻게 되는가? 세금은 왜 소비자가 지불하는 가격과 생산자가 받는 가격 사이에 격차를 발생시키는가?

12. 세금은 소비자잉여와 생산자잉여에 어떤 영향을 미치는가? 세금은 왜 후생손실을 낳는가?

13. 조세부담의 귀착이란 무엇인가? 어떤 요인이 조세부담의 귀착을 결정하는가?

14. 보조금이란 무엇인가?

15. 보조금은 소비자잉여와 생산자잉여에 어떤 영향을 미치는가?

16. 보조금은 왜 후생손실을 낳는가?

연습문제

(별표 표시가 된 문제의 풀이는 이 책 뒤에 있다.)

1. 식 $Q^D = 224 - 4P$로 주어진 광대역 인터넷 서비스에 대한 수요에 대해 생각해보자. 여기서 Q는 어느 지역의 가입자 수(100명 단위)이고 P는 월간 달러로 측정된 가격이다. 이 수요곡선은 다음 그림에 나타나 있다. 광대역 서비스 가격이 한 달에 25달러라고 가정하자. 수량의 단위에 주의하여 다음을 구하라.

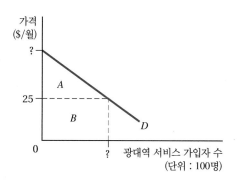

a. 이 가격에서의 총가입자 수

b. 광대역 서비스에 대해 가입자가 지불하는 총금액

인 B의 면적

c. 가입자가 얻는 소비자잉여인 A의 면적

d. 광대역 서비스 소비자에게 돌아가는 총가치인 A와 B의 면적

2. 광대역 인터넷 서비스의 공급을 나타내는 다음 그림에 대해 생각해보자. 광대역 서비스의 공급은 $Q^S = 12.5P - 150$인데, 여기서 Q는 서비스의 수(100명 단위)이고 P는 월 가격이다. 광대역 서비스의 가격이 한 달에 25달러라고 가정하자. 수량의 단위에 주의하

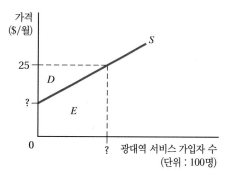

여 다음을 구하라.

a. 이 가격에서 공급자가 공급할 총서비스 수

b. 서비스에 대해 공급자가 받는 총금액인 D와 E의 면적

c. 공급자가 얻는 생산자잉여인 D의 면적

3. 알래스카주 페어뱅크스의 풀스펙트럼 LED 전구에 대한 연간수요가 $Q^D = 20{,}000 - 1{,}000P$로 추정된다. 공급은 $Q^S = -12{,}000 + 3{,}000P$로 추정된다.

a. 알래스카주 페어뱅크스의 LED 전구 균형가격과 수량을 구하라.

b. 균형가격에서의 소비자잉여와 생산자잉여를 계산하라.

c. LED 전구 시장에서 발생하는 총잉여는 얼마인가?

4. 수요 증가는 일반적으로 소비자잉여 증가를 가져온다. 하지만 항상 그런 것은 아니다. 수요 증가가 실제로는 소비자잉여 감소를 초래하는 상황을 예시하라. 시장의 공급 측면에서 어떤 조건이 만족되면 이런 일이 일어날 가능성이 높아지는가?

*5. 팔라우 공화국의 관광청이 자국 스쿠버다이빙 여행의 수요곡선을 $Q^D = 6{,}000 - 20P$와 같이 추정하였다. 여기서 Q는 한 달 동안의 다이버 수이고, P는 다이빙의 가격이다. 스쿠버다이빙 여행의 공급은 $Q^S = 30P - 2{,}000$이다. 균형가격은 160달러이고 매달 다이버 2,800명이 서비스를 누린다. 호주발 새로운 항공편으로 인해 매주 각 가격대에서의 다이빙 수요가 1,000회 증가했다.

a. 새로운 수요곡선식은 무엇인가?

b. 새로운 균형가격과 수량은 얼마인가?

c. 수요 변화의 결과로 소비자잉여와 생산자잉여가 어떻게 되는가?

6. 1997년에 소니는 DVD 플레이어를 도입하여 VHS 비디오테이프를 대체하고 고화질 영화 시청의 새 시대를 이끌었다. 곧 100개가 넘는 다른 플레이어 모델이 경쟁했다. DVD는 집에서 영화를 보는 표준적이고 선호되는 방법이 되었다. VHS 영화는 대여하거나 구매하기가 점점 더 어려워졌다. 그리고 2010년에 넷플릭스가 사용자가 직접 TV나 모바일 기기로 영화를 보는 스트리밍 비디오를 도입했다.

a. DVD 플레이어 구매자가 얻은 소비자잉여가 왜 1997~2010년에 높았을 가능성이 큰지 설명하라.

b. 2010년 이후, 스트리밍 비디오 도입이 DVD 구매자가 얻는 소비자잉여를 어떻게 바꾸었을지 서술하라.

c. 2010년 이후 영화 관람객들의 소비자잉여가 증가했을 것으로 믿는가 아니면 감소했을 것으로 믿는가? 설명하라.

7. 미숙련노동자가 경쟁시장에서 활동한다. 노동공급은 $Q^S = 10W$이고(여기서 W는 시간당 임금으로 측정되는 노동의 가격이다), 노동수요는 $Q^D = 240 - 20W$이다. Q는 노동 고용량(1,000시간 단위)을 측정한다.

a. 균형임금과 균형에서 일하는 미숙련노동량은 얼마인가?

b. 정부가 시간당 9달러의 최저임금을 통과시키면 새로운 노동 고용량은 얼마가 되는가? 노동의 부족이 발생하는가, 과잉이 발생하는가? 크기는 얼마인가?

c. 이 가격하한의 후생손실은 얼마인가?

d. 이 경우 미숙련노동자는 얼마나 좋아지며(달리 말해 생산자잉여는 얼마나 변하며) 고용주는 얼마나 나빠지는가?

e. 최저임금이 9달러가 아니라 11달러로 책정되면 (c)와 (d)에 대한 답은 어떻게 바뀌는가?

*8. 다음 그림은 소고기 시장을 나타낸다. 정부가 파운드당 4달러라는 가격하한을 설정해 소고기 지원 프로그램을 제도화했다고 하자. 이 프로그램하에서 팔리지 않는 소고기는 정부가 구입해 장기 보관한다.

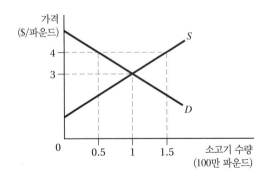

a. 잉여 손실에 따른 소비자의 비용은 얼마인가?

b. 팔리지 않은 소고기 구입에 드는 납세자의 비용은 얼마인가?

c. 소고기 판매자의 생산자잉여 증가분은 얼마인가?

d. 소고기 프로그램에 따른 사회적 손실은 얼마인가?

e. 전국목축협회 회장이 소비자에게 다음과 같은 반협박성 제안을 한다. "앞으로 매달 우리에게 220만 달러를 내면 우리가 의원들에게 로비를 해서 가격지원 프로그램을 포기하도록 하겠소." 소비자들은 목축협회에 돈을 지불해야 하는가? 그 이유는 무엇인가?

9. 독일 맥주 순수령(Reinheitsgebot)은 1500년대 제정된, 독일에서 맥주의 생산과 판매를 규제하는 법이다. 조항 중 칙령은 한 해의 여러 시기에 양조업자가 책정할 수 있는 최고가격을 설정해놓았다. 가령 "성미카엘 축일부터 제오르지오 축일 사이에 바이에른 1리터의 가격은 1뮌헨페니히를 초과할 수 없다." 값싼 맥주, 이것은 소비자에게 근사한 일임에 틀림없다. 맥주에 대한 수요가 $Q^D = 6{,}000 - 1{,}500P$로 주어져 있고, 맥주 공급은 $Q^S = -1{,}000 + 2{,}000P$로 주어져 있다.

a. 맥주 수요와 공급을 주의 깊게 그려라.

b. 자유시장에서의 균형가격과 수량을 계산하라. 그리고 소비자잉여와 생산자잉여를 계산하라.

c. 1페니히의 가격상한이 소비자가 맥주에 대해 지불하는 가격에 어떤 영향을 미치겠는가? 소비량에는 어떤 영향을 미치겠는가?

d. 1페니히의 가격상한이 부과된 후 맥주 소비자가 얻는 소비자잉여와 맥주 공급자가 얻는 생산자잉여를 계산하라.

e. 이 가격상한으로 사회는 더 좋아지는가? 맥주 생산자는 더 좋아지는가? 맥주 소비자는 어떠한가?

f. 맥주 가격을 더 감당가능하도록 만들기 위해 고안된 규칙이 반드시 소비자들을 좋게 만드는가? 주어진 예를 이용하여 그 이유를 설명하라.

10. 가격상한이 후생손실을 낳는다는 점에서 사회적으로 비용이 든다는 점을 알고 있다. 하지만 가격상한은 다른 방식으로도 비용을 수반할 수 있다. 정부가 빵한 조각에 1달러의 가격상한을 부과한다고 하자. 이 규제가 그것이 만들어내는 후생손실 이상으로 자원 낭비를 초래하는 방법을 적어도 두 가지 열거하라.

11. 다음 각 진술이 사실인지 평가하라.

a. "마가린에 대한 수요가 완전탄력적이라면, 마가린 시장의 가격상한은 소비자잉여를 반드시 증가시킬 것이다."

b. "가격상한이 소비자의 후생에 미치는 영향은 수요곡선의 형태에만 달려 있다."

12. 암시장은 정부의 규칙과 규제를 위반하여 물건이 판매되는 시장이다.

a. 정부가 빵 판매에 자유시장가격보다 훨씬 낮은 개당 1달러의 가격상한을 부과한다고 하자. 빵 암시장의 존재가 어떻게 잠재적으로 사회후생을 개선할 수 있는지 설명하라.

b. 정부가 옥수수 시장에 부셸당 20달러의 가격하한을 설정한다고 하자. 옥수수 암시장의 존재가 어떻게 잠재적으로 사회후생을 개선할 수 있는지 설명하라.

13. 노니는 하와이에서 자라는 열대과일로, 다양한 질병에 대한 약초 치료제로 널리 거래된다. 노니시장이 그래프에 그려져 있다.

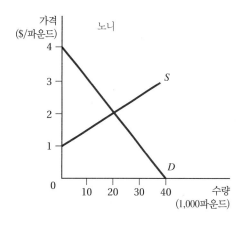

노니 열매가 습관성이 되고 좋지 않은 부작용을 낳을 수 있다고 우려하여 미국 농무부(USDA)와 식약청(FDA)이 가용한 노니 수량을 감소시키기 위해 월간 생산량을 1만 파운드로 제한하기로 결정했다.

a. 공급곡선을 변화시켜 수량규제가 노니시장에 미치는 영향을 나타내라.

b. 규제가 실행된 후 노니의 시장가격은 어떻게 되겠는가?

c. 규제 결과 소비자잉여는 어떻게 되겠는가?

d. "우리는 노니 열매 생산자로서 이러한 강압적이고 불필요한 수량규제에 맞서 단결한다. 노니 소비의 위험이 완전히 문서로 입증될 때까지, 우리는 원하는 만큼의 노니를 생산할 자유를 위해 싸울 것이다!" 이런 공적인 선언을 볼 때, 노니 재배자들이 이 규제에 대해 강하게 맞서 싸울 것 같은가?

14. 당신은 미국 농무부의 경제학자이며 상원재정위원회가 조언을 얻기 위해 당신에게 왔다. 정부는 재정을 개선하기 위해 소금이나 블루치즈에 세금을 부과할 것을 검토하고 있다. 당신은 소금과 블루치즈 시장이 대략 비슷한 규모지만 소금에 대한 수요는 매우 비탄력적인 반면 블루치즈에 대한 수요는 매우 탄력적이라는 것을 알고 있다. 소금과 블루치즈의 공급탄력성은 비슷하다. 비용이 덜 드는 선택으로 둘 중 어느 것을 추천하겠는가?

*15. 아이스크림에 대한 수요가 $Q^D = 20 - 2P$로 주어져 있다. 여기서 수량은 갤런 단위로 측정된다. 아이스크림 공급은 $Q^S = 4P - 10$으로 주어져 있다.

 a. 공급과 수요곡선을 그리고 아이스크림의 균형가격과 수량을 구하라.

 b. 정부가 갤런당 1달러의 세금을 법으로 제정해 소비자에게서 받는다고 하자. 위에서 그린 그래프에 새로운 수요곡선을 그려라. 세금 부과의 결과로 수요는 증가하는가, 아니면 감소하는가?

 c. 세금 부과의 결과로 구매자가 지불하는 가격은 어떻게 되는가? 판매자가 받는 가격은 어떻게 되는가? 아이스크림은 몇 갤런이 팔리는가?

 d. 누가 세금부담을 더 많이 지는가? 그 이유를 설명할 수 있는가?

 e. 세금 부과 전후의 소비자잉여를 모두 계산하라.

 f. 세금 부과 전후의 생산자잉여를 모두 계산하라.

 g. 정부는 조세수입을 얼마나 올렸는가?

 h. 세금이 후생손실을 얼마나 발생시키는가?

*16. 매년 가을이 되면 펌킨 스파이스 라테(PSL)에 대한 수요가 증가한다. 올해 가을에 중간 규모의 한 중서부 도시의 PSL 수요는 $Q^D = 10 - 0.5P$로 주어져 있다. 여기서 P는 PSL의 달러 가격이며 Q는 1,000잔 단위의 일일 PSL 수량이다. 이에 대응하는 공급은 $Q^S = -5 + 2P$로 주어져 있다. PSL의 균형가격은 6달러이며 균형수량은 7,000이다.

 a. 균형가격과 수량에서의 수요와 공급의 가격탄력성을 계산하라.

 b. 중독성 있는 PSL의 성질을 이용하려고 시의회가 PSL 한 잔에 1달러의 세금을 부과하기로 결정했다. "그 수익금을 이용해 시청에 에스프레소 머신을 살 돈을 마련할 수 있습니다!"라고 외친다. ⒜에 대한 답을 이용해 PSL 소비자가 부담하는 세금 비율과 판매자가 부담하는 세금 비율을 계산하라.

 c. 세금 부과 후 구매자가 지불해야 할 기대 가격을 구하라. 그리고 세후 판매자가 받을 기대 가격을 계산하라.

17. 미국 상원이 대통령 희망자를 대상으로 한 컴퓨터 교육의 자금 마련을 위해 노트북 컴퓨터 판매에 세금을 부과하는 법안을 고려하고 있다. 의회예산처는 대당 12달러의 낮은 세금을 매기면 조세수입이 프로그램에 필요한 돈과 정확히 같을 것이라고 추정하고 있다. 의회예산처는 또한 대당 230달러의 높은 세금 역시 정확히 프로그램에 드는 금액을 징수할 것으로 추정했다.

 a. 낮은 세금과 높은 세금이 어떻게 프로그램에 드는 정확한 금액을 징수할 수 있는가? 그래프를 이용해 답을 설명하라.

 b. 당신이 상원 재무위원회의 경제 고문이고 위와 같은 세금안의 효과를 분석하는 과제를 맡았다고 하자. 어느 안을 추천하겠으며 그 이유는 무엇인가?

18. 세금은 구매자가 지불하는 가격을 높이고 판매자가 받는 가격을 낮춘다. 그래서 사회는 나빠진다. 반면 보조금은 구매자가 지불하는 가격을 낮추고 판매자가 받는 가격을 높인다. 다음 진술의 진위 여부를 판별하라. "보조금의 효과가 세금의 효과와 반대이기 때문에 보조금으로 사회는 좋아진다." 그 논리를 설명하라.

19. 인터넷 접근성이 오늘날의 사회에 필수적이라고 믿어, 접근성을 강화하기 위해 정부가 모바일 기기 구매에 대한 보조를 제안한다. 모바일 기기에 대한 역수요가 $P = 500 - 0.1Q^D$로 주어져 있다. 공급은 $P = 200 + 0.1Q^S$로 주어져 있다.

a. 이 시장의 균형가격과 수량을 구하고 생산자잉여와 소비자잉여를 계산하라.

b. 정부가 모바일 기기 판매자에게 대당 100달러의 보조금을 제공한다고 하자. 역공급에 대한 식을 수정하여 이 보조금을 반영하라.

c. 보조금이 지급되면 모바일 기기가 몇 대 판매되겠는가? 판매자가 받는 가격은 얼마가 되겠는가?

d. 이 보조금 프로그램에 드는 정부 비용은 얼마가 되겠는가? 보조금이 사회의 총잉여에 미치는 순 효과는 얼마가 되겠는가?

소비자 행동

한국 전자회사인 삼성은 스마트폰을 만든다. 연말 연휴 기간에 맞춰 삼성은 판매를 늘리기 위해 갤럭시폰의 다음 버전에 새로운 기능을 추가할 필요가 있다. 삼성이 추가할 기능은 소비자의 선호에 크게 의존한다. 배터리가 얼마나 오래 가기를 원하는지, 메모리를 얼마나 사용하는지, 원하는 카메라의 종류가 무엇인지, 더 큰 화면을 위해 얼마나 지불하려 할지 등이 그것이다. 이러한 질문에 대한 답을 알아내야만 삼성은 시장의 승자가 될 수 있다.

이 장은 다음과 같은 핵심적인 질문에 관한 내용을 다룬다 ─ 소비자는 구입가능한 무한히 많은 제품과 서비스 조합 중 어떤 것을 (또한 각각을 얼마나 많이) 소비할지 어떻게 결정할까? 이 간단한 질문의 답을 이해하는 것은 기본적인 공급과 수요 모형에서 수요곡선의 기초 역할을 할 뿐 아니라, 그 설명력이 대단히 커서 잠재적으로 수많은 사례에 적용될 수 있다.

이 장에서는 먼저 소비자 선호(그들이 좋아하는 것과 좋아하지 않는 것)의 성질과, 경제학자들이 효용(소비자의 후생에 대한 척도)과 효용함수 개념을 이용해 선호를 요약하는 법에 대해 논의한다. 추가로 이 장에서는 앞으로 계속 만나게 될 개념인 제약하의 최적화에 대해 탐구할 것이다. 소비자들은 결정에 직면하면, 쓸 수 있는 돈의 금액처럼 주어진 제약하에서 최선을 다하려고(최적화하려고) 한다. 행복이 극대화되는 선택을 하기 위해서 소비자들은 가장 현명한 방식으로 맞교환을 해야 한다. 그러한 맞교환관계는 소비자의 선호, 소비자가 쓸 수 있는 돈, 재화의 가격에 달려 있다. 우리는 이런 아이디어들을 결합해 소비자가 어떻게 행동하는지, 즉 어떤 물건의 가격이 오르면 왜 사람들이 그것을 덜 사는지(즉 수요곡선이 왜 우하향하는지), 사람들이 부유해지면 왜 같은 물건을 훨씬 더 많이 사기보다는 다른 재화를 사는지 등을 분석할 것이다.

제약하의 소비자 최적화 문제를 분석하기 위해 사용하는 기법과 사고방식은 이 책 전체에 걸쳐, 그리고 당신이 장차 수강할 어떤 경제학 과목에서든 약간씩 수정된 방식과 달라진 설정으로 반복해서 나타날 것이다. 한번 그것을 배우면 영원히 사용할 수 있다.

4.1 소비자 선호와 효용의 개념

소비자 선호는 소비자가 내리는 모든 결정의 기초가 된다. 소비자는 선택 시 직면하는 제약하에서 자신이 가장 좋아하는 것에 대해 합리적인 선택을 한다고 경제학자들은 상정한다.

소비자 선호에 대한 가정

소비자들은 매일 무엇을 사고 무엇을 사지 않을지에 대해 많은 선택을 한다. 이런 선택은 많은 다양한 재화와 관련이 있다 ─ 큰 봉지에 든 사탕을 사고 집에 걸어갈까, 아니면 버스를 타고 달콤함을 찾는 입맛은 포기할까? 새로 나온 비디오게임을 살까, 아니면 차의 오일을 교환할까? 소비자가 수천 가지 재화와 서비스에 대해 어떻게 선호를 형성하는지 이해하려면 몇 가지 단순화 가정을 할 필요가 있다. 구체적으로, 우리는 무엇을 살지에 대한 모든 결정이 다음의 네 가지 특성을 만족한다고 가정한다.

소비묶음
소비자가 구매하려는 재화 또는 용역의 집합

1. **완비성(completeness)과 순위결정가능성(rankability)** 소비자는 가능한 모든 재화 집합 간에 비교를 할 수 있다고 가정한다. 경제학자들은 이러한 재화 모음을 묘사하기 위해 **소비묶음(consumption bundle)**이라는 용어를 사용한다[그냥 **묶음(bundle)**이라고 부르기도 한다]. 이 가정은 주어진 어떤 두 묶음에 대해서도 소비자가 둘 중 어느 것을 더 좋아하는지[혹은 무차별(indifferent)한지, 즉 둘을 똑같이 좋아하는지] 결정할 수 있음을 의미한다. 이 가정은 중요한데, 우리가 논의하려고 하는 어떤 재화묶음에 대해서도 경제학 이론을 적용할 수 있다는 것을 의미하기 때문이다. 재화묶음에 사파이어와 SUV가 포함되어 있든 영화, 오토바이, 현대미술, 마시멜로가 포함되어 있든, 소비자는 어떤 재화묶음이 더 좋은지 결정할 수 있다. 하지만 이 가정이 소비자가 어떤 재화묶음을 가장 좋아하는지 말해주지는 않음에 주목하라. 이 가정은 단지 하나가 다른 하나보다 더 좋은지 결정할 수 있다는 것을 의미할 뿐이다.

2. **대부분의 재화는 많은 것이 적은 것보다 좋다(또는 최소한 나쁘지는 않다).** 일반적으로 우리는 재화가 많으면 좋다고 생각한다. 충돌 사고 시 안전한 차를 좋아한다면 차가 더 안전할수록 좋아할 것이다.[1]

3. **이행성(transitivity)** 어떤 세 재화묶음(A, B, C라 하자)에 대해서도, 어느 소비자가 A를 B보다 좋아하고 또한 B를 C보다 좋아한다면 이 소비자는 A를 C보다 좋아해야 한다. 예를 들어 당신이 사과를 오렌지보다 좋아하고 오렌지를 바나나보다 좋아한다면, 이행성에 따르면 당신은 사과를 바나나보다 좋아해야 한다. 늘 그렇듯 이 비교를 할 때 다른 모든 것은 일정하게 유지하고 있음에 주목하기 바란다. 이행성은 당신이 모든 경우에 사과를 바나나보다 좋아해야 함을 뜻하는 것이 아니다. 그보다는 어떤 주어진 순간에 사과를 바나나보다 좋아한다는 것을 의미한다. 이행성은 소비자에게 논리적인 일관성을 부과한다.

4. **어떤 특정 재화를 더 많이 갖게 될수록, 소비자가 그 재화를 더 얻기 위해 포기할 용의가 있는 다른 재화의 양은 줄어든다.** 이 가정의 배후에 있는 발상은 소비자가 다양성을 좋아한다는 것이다. 당신이 만약 설탕 뿌린 도넛을 좋아하는데 최근에 먹지 않았다면, 당신은 도넛을 먹기 위해 많은 것을 포기하려 할 것이다. 도넛을 사려고 높은 가격을 지불하거나, 도넛을 사기 위해 긴 줄을 서서 기다리거나, 마지막 남은 우유 한 팩을 맛있는 도넛과 바꿀 것이다. 반면 당신이 방금 도넛 8개를 연속으로 먹어치웠다면, 당신은 아홉 번째 도넛에 첫 번째만큼 많은 돈을 지불하려 하지 않을 것이다.[2]

---

1 재화가 더 많아져도 더 이상 좋아지지 않는 점에 이를 수도 있다. 경제학자들은 이것을 포만점(satiation point)이라고 부른다. 예를 들어 젤리빈을 먹을 때 처음 하나는 좋지만 1,437번째 젤리빈을 먹으면 메스꺼워져서 1,436개를 먹는 경우보다 더 나빠질 수도 있다. 그러나 사람들이 나중을 위해 젤리빈을 아껴두거나, 갖고 싶은 다른 것을 위해 타인과 교환하거나, 아니면 그냥 남들에게 줄 수 있기 때문에 포만점은 현실적으로는 그다지 중요하지 않다.
　또한 단순성을 유지하기 위해 소비자가 원하지 않는 재화를 비용을 들이지 않고 버릴 수 있다고 가정하는데, 이 개념은 경제학자들이 '무상처분(free disposal)'이라고 부르는 것이다.

2 어떤 특별한 경우에는 이것이 사실이 아닐 수도 있다. 예를 들어 대부분의 사람들은 수상스키와 농구화 각각을 한 짝씩 갖기보다는 수상스키나 농구화를 한 쌍으로 갖기를 선호할 것이다. 하지만 수량 증가로부터의 이득이 감소할 가능성은 거의 언제나 사실이며 우리의 분석을 훨씬 간단하게 만든다.

효용의 개념

효용에 관한 이러한 가정들이 주어지면 소비가능한 여러 재화 묶음에 대한 소비자의 선호 목록을 작성할 수 있다. 하지만 그런 목록은 수십억 개의 재화묶음을 포함하기 때문에 결정을 돕는 장치로는 기본적으로 무용할 것이다. 그 대신 경제학자들은 선호를 좀 더 간결하게 묘사하기 위해 효용이라는 개념과 효용함수라고 하는 수학적 관계를 이용한다.

멋진 풍경은 소비자의 후생을 높이는 효용 투입물의 한 종류에 지나지 않는다.

■ **효용**(utility)은 소비자가 얼마나 만족했는지 나타내는 척도이다. 실제로는 이것을 행복이나 후생을 좀 더 고상하게 표현한 말로 생각하면 된다. 효용이 소비자가 얼마나 부유한지를 재는 척도가 아니라는 점을 인식하는 것이 중요하다. 소득이 효용에 영향을 미칠 수는 있지만, 그것은 효용에 영향을 미치는 많은 요소 중 하나에 불과하다.

■ **효용함수**(utility function)는 소비자가 소비하는 것과 소비자의 후생수준 사이의 관계를 수학적으로 묘사한다. 함수는 투입물을 산출물과 연결하는 수학적 관계이다. 예를 들어 달걀, 밀가루, 설탕, 바닐라, 버터, 당의(frosting), 양초라는 투입물을 잘 결합하면 생일 케이크라는 산출물을 얻게 된다. 소비자 행동에서 효용함수에 들어가는 투입물은 사람에게 효용을 줄 수 있는 여러 가지 물건이다. 효용함수에 들어가는 투입물의 예로는 자동차, 초콜릿 캔디, 헬스클럽 회원권, 비행기 탑승과 같은 전통적인 재화와 서비스를 들 수 있다. 하지만 효용에 들어가는 다른 종류의 투입물도 많이 있는데, 이를테면 경치, 숙면, 친구와 시간 보내기, 자선을 베푸는 데서 오는 즐거움 등이 그것이다. 효용함수의 산출물은 소비자의 효용수준이다. 소비자가 고려하는 다양한 재화묶음을 그 소비자의 후생수준에 대한 명시적 척도와 연결함으로써 효용함수는 재화묶음의 순위를 매길 수 있는 간결한 방법을 제공한다.

효용
소비자가 얼마나 만족하는지의 척도

효용함수
소비자가 실제 소비한 양과 만족 수준의 관계를 보여주는 수학적 함수

효용함수는 다양한 수학적 형태를 띨 수 있다. 어떤 사람이 주니어 민트(Junior Mints, 초콜릿을 입힌 박하사탕의 일종)와 킷캣(KitKats, 초콜릿으로 코팅된 비스킷) 소비로부터 즐기는 효용에 대해 살펴보자. 일반적으로 이 효용을 $U = U(J, K)$라고 쓸 수 있는데, 여기서 $U(J, K)$는 효용함수이고 J와 K는 각각 이 소비자가 먹는 주니어 민트와 킷캣의 양이다. 이 소비자의 구체적 효용함수의 예로 $U = J \times K$를 들 수 있다. 이 경우 효용은 이 소비자가 먹는 주니어 민트와 킷캣 수를 곱한 것과 같다. 하지만 이 소비자의 효용함수는 이와 달리 이 소비자가 먹는 주니어 민트와 킷캣의 총합일 수도 있다. 이 경우 효용함수는 $U = J + K$이다. 또 다른 가능성은 소비자의 효용이 $U = J^{0.7} K^{0.3}$과 같이 주어지는 경우이다. 주니어 민트의 지수(0.7)가 킷캣의 지수(0.3)보다 크기 때문에, 이 효용함수는 증가율이 같을 경우 주니어 민트가 킷캣보다 효용을 더 많이 증가시킬 것임을 의미한다.

이러한 예는 여러 재화 조합에 대해 소비자가 가질 수 있는 다양한 효용함수 중 일부에 지나지 않는다. 현시점의 소비자 행동 분석에서 특정한 효용함수가 취하는 형태에 대해 그리 제한적일 필요는 없으며, 여기서 하나를 선택하는 것은 다소 자의적이다. 효용함수가 소비자의 선호를 나타낸다는 점만 기억하라. 효용함수는 사람들이 실제로 좋아하는 것을 나타내기 위한 것

이다. 그리고 선호에 관한 네 가지 가정(순위결정가능성과 완비성, 많을수록 좋다는 가정, 이행성, 다양성이 중요하다는 가정)을 따라야 한다.

한계효용

효용함수와 관련하여 가장 중요한 개념 중 하나가 **한계효용**(marginal utility)이다. 한계효용은 소비 1단위의 증가로 소비자가 얻는 추가적 효용을 말한다.[3] 효용함수 안의 각 재화는 개별적인 한계효용을 갖는다. 주니어 민트와 킷캣의 예를 이용하면, 주니어 민트의 한계효용 MU_J는 다음과 같다.

$$MU_J = \frac{\Delta U(J, K)}{\Delta J}$$

여기서 ΔJ는 소비자가 먹는 주니어 민트 수의 작은(1단위) 변화이고, $\Delta U(J, K)$는 그에 따라 소비자가 얻는 효용의 변화이다. 마찬가지로, 킷캣 소비로부터의 한계효용은 다음과 같다.

$$MU_K = \frac{\Delta U(J, K)}{\Delta K}$$

이 장의 뒷부분에서 우리는 한계효용이 소비자의 소비 선택을 이해하는 데 핵심적 요인임을 보게 된다.

효용과 비교

선호에 관한 네 가지 가정과 관련해서 중요한 점은 이러한 가정으로 어떤 특정한 소비자의 재화묶음에 순위를 매길 수는 있지만, 이 소비자가 어떤 상품묶음을 다른 재화묶음보다 얼마나 더 좋아하는지는 결정할 수 없다는 것이다. 수학 용어를 사용해 말하면, 우리에겐 재화묶음의 서수적(ordinal) 순위(재화묶음을 가장 좋은 것부터 가장 나쁜 것까지 늘어놓을 수 있음)는 있지만 기수적(cardinal) 순위(한 재화묶음이 다른 재화묶음보다 정확히 얼마나 더 좋은지 말할 수 있음)는 없다. 이렇게 말하는 이유는 우리가 효용을 측정하는 단위가 본질적으로 자의적이고 만들어낸 것이기 때문이다.

예를 들어 설명하면 이 점이 분명해질 것이다. '유틸'이라고 부르는 효용의 측정단위를 정의했다고 하자. 그리고 재화묶음이 A, B, C 3개가 있는데, 어느 소비자가 A를 가장 좋아하고 C를 가장 덜 좋아한다고 하자. 그러면 이 세 재화묶음에 각각 8, 7, 6유틸을 부여할 수 있을 것이다. 문제는 우리가 이 재화묶음에 8, 7, 2(혹은 19, 17, 16 등)라는 값을 부여해도 여전히 이 상황을 완벽하게 묘사할 것이라는 점이다. 어떤 것을 더 좋아한다고 말할 수는 있지만, 그것 때문에 얼마나 행복해졌는지를 어떤 객관적인 줄자에 의해 어떻게 묘사할 수 있겠는가? 달러, 그램, 인치와 같이 효용을 측정할 수 있는 현실 세계의 측정단위가 없기 때문에, 재화묶음에 대한 선호의 순위를 바꾸지 않는 한 효용함수를 상수만큼 이동시키거나 잡아 늘리거나 축소시켜도 관찰가능한 함의는 바뀌지 않는다.[4] 서수적 순위만 갖고도 여전히 개인 소비자가 어떻게 행동하고 이

런 행동이 어떻게 우하향하는 수요곡선을 가져오는지와 같은 중요한 문제에 대한 답을 제시할 수 있다.

하지만 우리가 할 수 없는 것은 효용의 개인 간 비교, 즉 한 사람의 효용을 다른 사람의 효용과 비교하는 것이다. A라는 사람과 B라는 사람이 둘 다 주니어 민트보다 킷캣을 좋아한다고 말할 수는 있지만, 누가 더 킷캣을 좋아하고 그래서 그것을 전부 다 사야 하는지, 아니면 캔디를 골고루 나눠야 하는지는 말할 수 없다. 이런 질문은 **후생경제학**(welfare economics)이라는 분야와 관련된다. 후생경제학은 사회 전체의 경제적 복지와 관련된 경제학 분야로, 우리는 이 책의 뒷부분에서 이에 대해 논의할 것이다. 하지만 여기서는 한 번에 한 소비자에만 초점을 맞춘다.

효용함수를 분석할 때 세우는 가정 못지않게, 우리가 가정하지 않는 것들도 중요하다. 우선 우리는 소비자에게 특별한 선호를 부과하지 않는다. 사람들은 자기가 좋아하는 것을 좋아한다. 어떤 사람들은 애완동물로 개보다 족제비를 좋아한다. 사람들이 선호에 관한 네 가지 가정을 따르는 한, 우리는 무엇이 가치 있는지에 대한 판단을 하지 않는다. 설령 표현된 선호가 저스틴 비버의 공연표라고 하더라도, 선호는 단지 사람들을 행복하게 하는 것에 대한 묘사일 뿐이다. 우리는 또한 시간이 흘러도 선호가 변함없기를 요구하지도 않는다. 어떤 사람이 오늘 밤에는 영화 보는 것보다 잠자는 것을 좋아할 수 있지만, 내일은 반대일 수도 있다.

효용과 효용함수라는 개념은 매우 일반적이어서 이를 이용하면 여러 재화에 대한, 그리고 재화들이 결합된 다양한 재화묶음에 대한 소비자의 선호를 설명할 수 있다. 하지만 소비자의 행동에 관한 모형을 구축할 때 우리는 소비자가 두 재화만 있는 재화묶음을 구입하는 간단한 모형에 초점을 맞춘다. 더 복잡한 상황에서도 이 아이디어가 여전히 적용되기는 하지만 말이다.

4.2 무차별곡선

앞 절에서 논의한 것과 같이 효용은 상대적인 관점에서 생각해야 한다. 즉 어느 재화묶음이 다른 묶음보다 소비자에게 효용을 더 주는가 덜 주는가 하는 측면에서 생각해야 한다. 효용을 이해하는 특별히 좋은 방법은, 소비자가 재화묶음 사이에 **무차별**(indifferent)한 특수한 경우를 고려하는 것이다. 이는 소비자가 둘 이상의 상품묶음 각각에서 얻는 효용수준이 동일한 특별한 경우이다.

면적과 친구의 수, 이렇게 두 '재화' 사이에서 선택해야만 하는 아파트 임차의 경우를 생각해 보자. 송이는 넓은 아파트를 원하지만 또한 친구와 쉽게 만나기를 원한다. 그림 4.1a는 송이에게 동일한 효용을 주는 상이한 면적/친구 조합 세 묶음(아파트), 즉 면적이 750제곱피트이고 친구 5명이 사는 건물에 있는 아파트, 면적이 500제곱피트밖에 안 되지만 친구 10명이 사는 건물에 있는 아파트, 면적이 넉넉하게 1,000제곱피트이지만 주변에 사는 친구 3명으로 만족해야 하는 아파트를 나타낸다. 송이에게 동일한 효용수준을 주는 것이 이 세 묶음만 있는 것은 아니다.

후생경제학
사회 전체의 경제적 후생 문제를 다루는 경제학 분야

무차별
소비자가 둘 이상의 소비묶음 각각에서 동일한 효용수준을 얻게 되는 특수한 경우

다. 주니어 민트와 킷캣 소비에 따른 효용함수의 첫 번째 예인 $U = J \times K$를 생각해보자. 효용함수가 이와 달리 $U = 8J \times K + 12$라고 하자. 가능한 어떤 주니어 민트와 킷캣 묶음에 대해서도 이 새로운 효용함수는 소비자의 효용수준에 대해 원래 효용함수와 같은 순위를 매긴다. (구체적인 숫자 몇 개를 집어넣어 이를 확인해볼 수 있다.) 소비자의 상대적 선호가 바뀌지 않기 때문에 효용함수가 어느 것이든 소비자는 각 재화를 얼마나 살지에 대해 동일한 결정을 내릴 것이다.

그림 4.1 무차별곡선 만들기

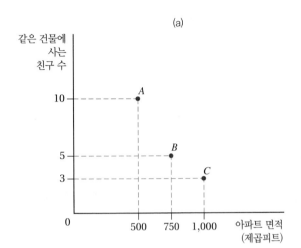

(a)

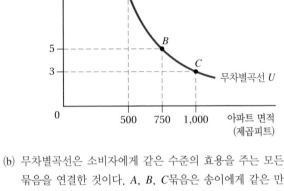

(b)

(a) 같은 아파트 건물에 사는 친구 수와 아파트 면적에서 효용을 얻으므로, 송이로서는 건물에 친구가 10명 있고 아파트 면적이 500제곱피트인 경우나, 건물에 친구가 5명 있고 아파트 면적이 750제곱피트인 경우나 효용이 같다. 마찬가지로 송이는 1,000제곱피트짜리 아파트를 갖기 위해 친구 2명을 더 포기할(그래서 3명만 가질) 용의가 있다. 이 세 묶음은 송이에게 동일한 효용을 주는 여러 면적/친구 조합에 속한다.

(b) 무차별곡선은 소비자에게 같은 수준의 효용을 주는 모든 묶음을 연결한 것이다. A, B, C묶음은 송이에게 같은 만족을 준다. 따라서 무차별곡선은 송이가 같은 건물에 사는 친구 수와 아파트 면적을 얼마의 비율로 맞바꾸려고 하는지 나타낸다.

무차별곡선
소비자에게 동일한 효용을 가져다주는 모든 상이한 소비묶음을 연결한 것의 수학적 표현

이 목표를 달성하는 많은 다른 묶음이 있다. 친구의 일부분에만 접근할 수 있다는 것이 말이 되지 않는다는 점을 무시하면(어쩌면 말이 될 수도?), 실은 무한대의 묶음이 존재한다.

소비자에게 동일한 효용을 주는 여러 재화묶음을 모두 결합한 것을 **무차별곡선**(indifferent curve)이라고 한다. 그림 4.1b는 송이의 무차별곡선을 나타내는데, 이 무차별곡선은 그림 4.1a에 나타난 세 점을 포함하고 있다. 이 무차별곡선에는 우리가 논의한 세 묶음뿐 아니라 다른 많은 면적/친구 조합이 포함되어 있다는 점에 주목하자. 또한 무차별곡선은 항상 우하향한다는 점에 주목하자. 송이에게서 친구를 1명씩 빼앗을 때마다 송이를 무차별하게 하려면 매번 아파트 면적을 늘려주어야 한다. (마찬가지로 아파트 면적을 줄일 때 송이의 효용을 유지시키려면 친구 수를 늘려주어야 한다.)

각 효용수준에 대해 하나의 무차별곡선이 존재한다. 그림 4.2는 송이의 무차별곡선 2개를 보여준다. 어느 것이 더 높은 효용수준에 대응할까? 이것을 알아내는 가장 쉬운 방법은 소비자처럼 생각하는 것이다. 무차별곡선 U_1 위의 한 점은 친구가 5명이고 아파트 면적이 500제곱피트일 때 송이가 얻는 효용을 나타낸다. 곡선 U_2에는 친구 수는 같고 아파트 면적이 1,000제곱피트인 묶음이 들어가 있다. '많을수록 좋다'는 가정에 의해 송이는 무차별곡선 U_2에서 반드시 효용이 더 높다. 이와 달리 아파트 면적을 고정시키고 어느 무차별곡선에서 친구 수가 더 많은지를

그림 4.2 소비자의 무차별곡선

각각의 효용수준은 별개의 무차별곡선을 갖는다. 많은 것이 적은 것보다 좋다고 가정하기 때문에, 한 무차별곡선의 오른쪽 위에 있는 무차별곡선은 더 높은 효용수준을 나타낸다. 이 그래프에서 곡선 U_2상의 조합은 원점(두 재화 모두 0단위)에 더 가까운 곡선인 U_1상의 조합보다 더 높은 효용을 송이에게 준다. 같은 건물에 사는 친구의 수를 5로 고정할 때, 송이는 아파트 면적이 500제곱피트일 때보다 1,000제곱피트일 때 더 행복하다.

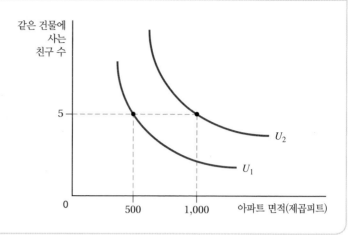

물어도 같은 답을 얻을 것이다. 다른 곡선보다 원점(두 재화가 모두 0단위)에 더 가까운 무차별곡선의 효용이 더 낮다(뒤에서는 무차별곡선이 교차하지 않는다는 것을 배운다). 송이의 효용은 U_1상의 어떤 점에서보다 U_2상의 모든 점에서 더 높다.

무차별곡선의 특징

일반적으로 말해서 무차별곡선의 위치와 모양은 소비자의 행동과 결정에 대해 많은 것을 알려 준다. 하지만 효용함수에 관한 네 가지 가정으로 인해, 무차별곡선이 취할 수 있는 모양에는 몇 가지 제약이 따른다.

1. **항상 무차별곡선을 그릴 수 있다.** 첫 번째 가정인 완비성과 순위결정가능성에 따르면 언제나 무차별곡선을 그릴 수 있다. 모든 재화묶음은 효용수준을 가지며 그 순위를 결정할 수 있기 때문이다.
2. **어느 무차별곡선에서 효용이 더 높은지, 왜 무차별곡선이 우하향하는지 알 수 있다.** '많을수록 좋다'는 가정에 따르면 일군의 무차별곡선을 보고 어느 무차별곡선에서 효용수준이 더 높은지 알아낼 수 있다. 한 재화의 수량을 고정하고 다른 재화의 수량이 어느 무차별곡선에서 더 큰지 보면 된다. 이것이 바로 우리가 그림 4.2에 대해 했던 것이다. 이 가정은 또한 무차별곡선이 절대 우상향할 수 없음을 뜻한다. 만약 무차별곡선이 우상향한다면, 이는 소비자가 어떤 재화묶음과 그 재화묶음보다 두 재화의 수량이 더 많은 다른 재화묶음에 대해 무차별하다는 것을 의미하게 된다. 재화가 많을수록 효용이 높다면 이것은 절대 성립할 수 없다.
3. **무차별곡선은 절대 교차하지 않는다.** 이행성에 따르면 한 소비자의 무차별곡선은 절대 교차할 수 없다. 왜 그런지 보기 위해 아파트를 찾고 있는 송이의 가상적인 무차별곡선이 그림 4.3과 같이 서로 교차한다고 하자. '많을수록 좋다'는 가정에 의하면 재화묶음 E가 재화묶음 D보다 면적도 넓고 친구 수도 많기 때문에 송이는 E를 D보다 선호한다. 이제 E와 F가 동일한 무차별곡선 U_2상에 있으므로, 정의상 어느 재화묶음을 소비하든 송이의 효용은 같다. 또

그림 4.3 무차별곡선은 교차할 수 없다

무차별곡선은 교차할 수 없다. 여기서 송이는 재화묶음 D와 F에 대해 무차별하며, 재화묶음 E와 F에 대해서도 무차별하다. 따라서 이행성 성질에 의해 송이는 재화묶음 D와 E에 대해 무차별해야 한다. 하지만 적은 것보다 많은 것이 좋고 D에 비해 E에서 두 재화가 더 많기 때문에(건물에 친구도 많고 아파트도 더 크다), 이것은 성립할 수 없다.

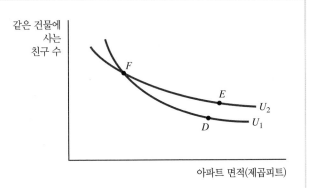

재화묶음 F와 D가 동일한 무차별곡선 U_1상에 있으므로 송이는 이 두 재화묶음에 대해 무차별해야 한다. 하지만 여기서 문제가 생긴다. 지금까지의 논의를 전부 합치면 송이는 E와 D에 대해 무차별하다. E와 D 모두 F와 같은 효용을 주기 때문이다. 우리는 이것이 성립할 수 없다는 것을 알고 있다. E에서 두 재화가 모두 더 많기 때문에 송이는 D보다 E를 더 좋아해야 한다. 무언가 잘못된 것이다. 문제는 무차별곡선을 교차하게 하여 이행성 성질을 위배한 것이다. 무차별곡선이 교차하면 동일한 재화묶음(교차점에 위치한 재화묶음)이 서로 다른 두 효용수준을 주게 되는데, 이것은 불가능하다.

4. **무차별곡선은 원점에 대해 볼록하다(즉 중간 부분은 원점을 향해 휘고 양 끝은 원점에서 멀어지는 방향으로 휜다).** 네 번째 가정, 즉 어떤 재화를 더 많이 가질수록 그 재화를 더 갖기 위해 포기할 용의가 있는 다른 재화의 양이 줄어든다는 가정은 무차별곡선의 곡률에 대해 무언가 시사하는 바가 있다. 구체적으로 말해 이 가정에 따르면 무차별곡선은 원점에 대해 볼록하다. 즉 원점이 무차별곡선을 안쪽으로 끌어당기는 것과 같은 형태로 무차별곡선이 원점을 향해 안쪽으로 휘어진다.

그림 4.4 무차별곡선상의 맞교환관계

무차별곡선이 A점에서와 같이 가파르면, 송이는 아파트 공간을 조금 더 얻기 위해 친구를 여러 명 포기할 용의가 있다. 친구는 이미 많지만 아파트 면적은 작은 조합에서 송이가 이런 맞교환을 하려는 것은 우연이 아니다. 이미 재화 하나(같은 건물에 사는 친구)가 많기 때문에 송이가 친구 한 명을 더 얻기 위해 다른 재화(아파트 크기)를 포기하려는 의사는 줄어든다. 반면 B점에서처럼 무차별곡선이 상대적으로 완만한 곳에서는 친구와 아파트 크기 사이의 교환관계는 반대가 된다. B점에서는 아파트는 이미 크지만 주변에 친구가 거의 없다. 따라서 친구가 조금 더 줄어드는 상황에서도 송이가 전과 효용이 같으려면 아파트 공간을 추가적으로 매우 많이 받아야 한다.

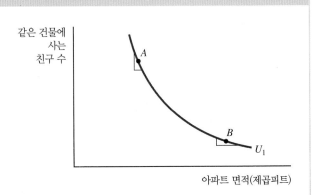

이런 곡률이 소비자 행동의 측면에서 무엇을 의미하는지 알아보기 위해 무차별곡선의 기울기가 무엇을 의미하는지 생각해보자. 여기서도 송이의 예를 이용할 것이다. 그림 4.4에서, 무차별곡선이 가파른 A점에서 송이는 면적 몇 제곱피트를 더 얻기 위해 많은 친구를 포기할 용의가 있다. 건물에 이미 친구는 많지만 공간이 좁기 때문이다. 무차별곡선이 상대적으로 완만한 B점에서는 송이는 아파트는 넓지만 주변에 친구가 거의 없어서, 친구가 조금 더 줄어들 때 만족도가 전과 같으려면 큰 공간을 필요로 할 것이다.

재화 간의 맞교환관계가 일반적으로 재화묶음에서 각 재화가 얼마나 있는지에 달려 있기 때문에 무차별곡선은 원점에 대해 볼록하다. 무차별곡선이 완전히 수평선이 되거나 직각으로 구부러지는 몇몇 극단적 경우(이런 사례를 이 장의 뒷부분에서 논의할 것이다)를 제외하면, 우리가 그리는 무차별곡선은 모두 이런 형태를 띤다.

한계대체율

무차별곡선의 핵심은 맞교환관계이다. 다른 재화를 조금 더 얻기 위해 소비자가 한 재화를 얼마나 포기할까? 무차별곡선의 기울기는 정확히 이러한 맞교환관계를 포착한다. 경제학자들은 무차별곡선의 기울기에 대해 특별한 이름을 붙였는데, 그것이 바로 **Y에 대한 X의 한계대체율**(marginal rate of substitution of X for Y, MRS_{XY})이다. 이것은 소비자가 X재(가로축의 재화) 1단위를 Y재(세로축의 재화)와 이 비율로 교환하거나 대체하면서도 전과 효용이 같게 되는 값으로, 식으로는 다음과 같다.

$$MRS_{XY} = -\frac{\Delta Y}{\Delta X}$$

(기술적 주 : 무차별곡선의 기울기는 음이므로 경제학자들은 MRS_{XY}를 양수로 만들기 위해 기울기에 음수를 붙인 값을 이용한다. 무차별곡선이 우하향하기 때문에 무차별곡선의 기울기는 그 자체로는 음수이다.) '한계'라는 말은 우리가 재화묶음 조합의 미세한 변화, 즉 한계에서의 변화와 관련된 맞교환관계를 다루고 있다는 것을 나타낸다. 두 재화 간의 대체 의사는 소비자가 무차별곡선의 어디에 위치해 있는지에 따라 달라지기 때문에 한계적 변화에 초점을 맞추는 것은 논리적으로 타당하다.

그림 4.5는 음식에 대한 연아의 월간 선호를 나타내는 무차별곡선 위의 두 점을 보여준다. A점에서 무차별곡선은 매우 가파른데, 이는 연아가 라테 한 잔을 더 얻기 위해 부리토(burrito, 옥수수 가루로 만든 토르티야에 고기나 콩 등을 싸 먹는 음식) 여러 개를 포기할 것임을 의미한다. B점에서는 그 반대가 성립한다. 이 점에서 연아는 부리토 하나를 더 얻기 위해 라테 여러 잔을 내놓을 것이다. 무차별곡선을 따라 움직일 때 연아의 교환 의사가 이렇게 변하기 때문에 무차별곡선은 원점에 대해 볼록한 형태를 띤다.

무차별곡선상에서 한 재화를 다른 재화로 대체하려는 의사가 이렇게 변하는 것이 처음에는 헷갈릴 수도 있다. 곡선의 기울기(이 값은 곡선상의 각 점에서 달라진다)보다는 직선의 기울기(일정하다)에 대해 생각하는 것에 더 익숙할 수도 있다. 또한 하나의 무차별곡선상에서 선호가 다르다는 점이 이상하게 느껴질 수도 있을 것이다. 어쨌든 소비자가 동일한 무차별곡선상의 한 점을 다른 점보다 더 좋아할 수는 없는데, 여기서는 곡선을 따라 움직이면 두 재화에 대한 소비

Y에 대한 X의 한계대체율 (MRS_{XY})
소비자가 동일한 수준의 효용을 유지하면서 한 재화(X축 재화)를 다른 재화(Y축 재화)로 대체할 수 있는 비율

그림 4.5 무차별곡선의 기울기는 한계대체율이다

한계대체율은 소비자가 한 재화를 다른 재화와 교환하려는 의사를 측정한다. 그것은 무차별곡선의 어느 점에서의 기울기에 음(−)의 부호를 붙인 것으로 측정된다. A점에서 곡선의 기울기는 −2인데, 이것은 한계대체율(MRS)이 2임을 뜻한다. 이것은 주어진 이 재화묶음에서 연아가 라테 한 잔을 더 얻기 위해 부리토 2개를 교환할 용의가 있음을 의미한다. B점에서 연아는 라테 한 잔을 더 얻기 위해 부리토를 0.5개만 포기할 용의가 있다.

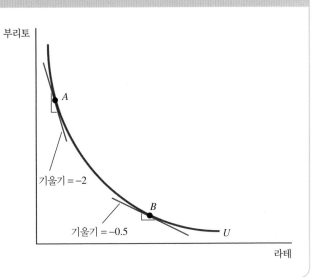

자의 상대적인 맞교환관계가 바뀐다고 얘기하고 있다. 이 주제 각각에 대해 차례로 논의를 진행해보자.

첫째, 곡선의 기울기는 직선과 달리 곡선의 어디에서 기울기를 재느냐에 따라 달라진다. 어느 점에서 곡선의 기울기를 재기 위해서는 그 점에서 곡선과 만나며(하지만 곡선을 통과해서는 안 된다) 다른 점에서는 만나지 않는 직선을 그린다. 이 직선(접선이라고 한다)이 곡선과 만나는 점을 접점이라고 한다. 이 직선의 기울기가 접점에서의 곡선의 기울기이다. A점과 B점이 접점인 접선이 그림 4.5에 나타나 있다. 이 두 접선의 기울기가 두 점에서의 무차별곡선의 기울기이다. A점에서의 기울기는 −2인데, 이는 이 점에서 연아가 라테 한 잔을 포기하려면 부리토 2개가 더 필요하다는 것을 나타낸다. B점에서의 기울기는 −0.5인데, 이는 이 점에서 연아가 라테 한 잔을 포기하기 위해 부리토 0.5개만 요구할 것임을 나타낸다. 둘째, 소비자가 동일한 무차별곡선상의 어느 두 점에 대해서도 무차별한 것은 사실이지만, 이것이 두 재화에 대한 소비자의 상대적 선호가 곡선상의 모든 점에서 같다는 것을 의미하는 것은 아니다. 앞에서 논의한 바와 같이 연아의 상대적 선호는 연아가 이미 갖고 있는 각 재화의 수에 따라 달라진다.

무시무시한 이름에도 불구하고 한계대체율은 직관적인 개념이다. 한계대체율은 소비자가 가로축 재화를 조금 더 얻는 데 두는 상대적 가치를 세로축 재화의 단위로 알려준다. 우리는 이런 종류의 결정을 늘 한다. 식당에서 무언가를 주문할 때, 자전거를 탈지 운전을 할지 결정할 때, 혹은 어떤 브랜드의 청바지를 살지 결정할 때 당신은 상대적 가치를 평가하고 있다. 이 장의 후반에서 보듯이, 재화에 가격이 붙었을 때 소비자가 무엇을 소비할지 결정하는 것은 결국 소비자가 두 재화에 두는 가치와 두 재화의 상대가격을 비교하는 문제가 된다.

한계대체율과 한계효용

그림 4.5의 A점에 대해 생각해보자. A점에서의 무차별곡선의 기울기는 −2이므로 이 점에서의 한계대체율은 2이다.

$$MRS_{XY} = -\frac{\Delta Y}{\Delta X} = -\frac{\Delta Q_{부리토}}{\Delta Q_{라테}} = 2$$

말로 하면 이것은 라테 1잔을 더 얻기 위한 대가로 연아가 부리토 2개를 포기할 용의가 있음을 뜻한다. B점에서 한계대체율은 0.5이고, 이것은 연아가 라테 1잔을 더 얻기 위해 부리토 0.5개만을 포기할 것임을 의미한다(라테 2잔을 위해 부리토 1개를 포기하는 것과 동일하다).

한계에서 두 재화 사이의 대체 의사가 이렇게 변하는 것은, 재화가 한 단위 더 늘어날 때 소비자가 얻는 편익이 소비자가 이미 갖고 있는 수량이 많아짐에 따라 감소하는 경향이 있기 때문이다. 만약 당신이 먹을 수 있는 만큼의 라테를 전부 다 마셔버려서 이미 카페인이 충분하다면, 부리토 하나를 추가로 얻기 위해 라테를 여러 잔 포기할 용의가 있을 것이다.

이상의 논의를 살펴보는 또 다른 방법은, 무차별곡선의 한 점에서 시작해서 무차별곡선을 따라 조금만 이동할 때 생기는 효용의 변화(ΔU)에 대해 생각해보는 것이다. A점에서 시작한 후 곡선을 따라 오른쪽 아래로 조금만 움직인다고 해보자. 이런 이동으로 인해 발생하는 효용의 변화는, 라테의 한계효용(소비되는 라테 한 단위의 증가로부터 소비자가 추가적으로 얻는 효용인 $MU_{라테}$)에 이런 움직임에 기인한 라테 수량의 증가($\Delta Q_{라테}$)를 곱하고, 부리토의 한계효용($MU_{부리토}$)에 이런 움직임에 기인한 부리토 수량의 감소($\Delta Q_{부리토}$)를 곱하여 둘을 합한 것으로 쓸 수 있다. 이 효용의 변화는 다음과 같다.

$$\Delta U = MU_{라테} \times \Delta Q_{라테} + MU_{부리토} \times \Delta Q_{부리토}$$

여기서 $MU_{라테}$와 $MU_{부리토}$는 각각 A점에서 라테와 부리토의 한계효용이다. 핵심은 다음과 같다 ─ 하나의 무차별곡선을 따라 움직이고 있으므로(곡선상에서 효용은 일정하다), 이동에 따른 효용의 총변화는 반드시 0이다. 위 식을 0으로 놓으면 다음을 얻는다.

$$0 = \Delta U = MU_{라테} \times \Delta Q_{라테} + MU_{부리토} \times \Delta Q_{부리토}$$

항들을 재정리하면 다음과 같은 중요한 관계를 볼 수 있다.

$$-MU_{부리토} \times \Delta Q_{부리토} = MU_{라테} \times \Delta Q_{라테}$$

$$-\frac{\Delta Q_{부리토}}{\Delta Q_{라테}} = \frac{MU_{라테}}{MU_{부리토}}$$

식의 좌변이 무차별곡선의 기울기에 음의 부호를 붙인 것, 즉 MRS_{XY}라는 점에 주목하기 바란다. 이제 다음과 같은 매우 중요한 연결관계를 볼 수 있다 ─ 한 무차별곡선상의 점에서의 두 재화 사이의 MRS_{XY}는 두 재화의 한계효용의 비의 역수와 같다. 즉 다음 관계가 성립한다.

$$MRS_{XY} = -\frac{\Delta Q_{부리토}}{\Delta Q_{라테}} = \frac{MU_{라테}}{MU_{부리토}}$$

더 기본적인 말로 표현하면, MRS_{XY}는 우리가 처음에 강조했던 다음과 같은 점을 보여준다 ─ 즉 사람들이 어떤 물건의 가치를 얼마로 평가하는지는 사람들이 그 물건을 얻기 위해 무엇을 포기할 용의가 있는지를 보면 알 수 있다는 것이다. 사람들이 물건을 포기하는 비율이 재화의 한계효용을 알려준다.

우리는 두 재화에 대한 소비자의 선호와 무차별곡선의 기울기(MRS_{XY}) 사이의 관계를 찾아냈다. 이 둘은 서로 같은 것이다. 무차별곡선은 소비자가 한 재화를 다른 재화와 교환하려는 의사, 즉 각 재화의 상대적 한계효용을 드러낸다. 이 관계를 거꾸로 뒤집으면 무차별곡선의 모양이 소비자의 효용함수에 대해 무엇을 알려주는지 알 수 있다. 다음 두 절에서는 무차별곡선의 핵심적인 두 성질, 즉 기울기와 곡률에 대해 논의한다.

무차별곡선의 기울기

그림 4.6은 공연표와 MP3에 대해 서로 다른 선호를 나타내는 두 무차별곡선 집합을 보여준다. 무차별곡선이 ⓐ에서는 가파른 반면 ⓑ에서는 완만하다. (이 두 무차별곡선 집합은 곡률의 정도가 같으므로 기울기와 곡률을 혼동할 가능성은 없다.) 무차별곡선이 가파르면 소비자는 가로축 재화를 조금 더 얻기 위해 세로축 재화를 많이 포기할 용의가 있다. 따라서 무차별곡선이 ⓐ처럼 가파르게 나타나는 선호를 가진 소비자는 MP3를 조금 더 얻기 위해 공연표 여러 장을 내놓으려 할 것이다. ⓑ에서는 그 반대가 성립한다. ⓑ에서는 무차별곡선이 완만하다. 이런 선호를 가진 소비자는 공연표 1장을 더 얻기 위해 MP3를 많이 포기하려 할 것이다. 이런 관계는 우리가 앞에서 소개한 MRS_{XY}의 개념을 다른 방식으로 재진술한 것일 뿐이다.

그림 4.6   무차별곡선의 기울기

(a) 가파른 무차별곡선

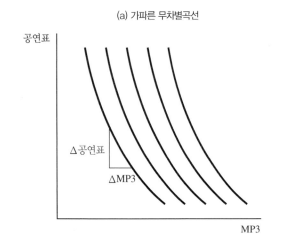

(b) 완만한 무차별곡선

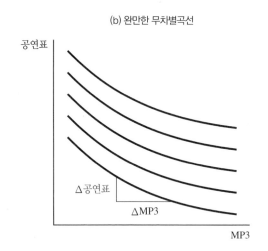

한계대체율이 소비자가 한 재화를 다른 재화와 교환하려는 의사를 측정하기 때문에, 무차별곡선의 기울기를 살피면 선호에 관해 많은 이야기를 할 수 있다. (a) 상대적으로 가파른 무차별곡선은 소비자가 가로축 재화 한 단위를 더 얻기 위해 세로축 재화를 많이 포기할 용의가 있음을 나타낸다. 여기서 소비자는 MP3를 추가적으로 얻기 위해 공연표를 여러 장 포기할 용의가 있다. (b) 상대적으로 완만한 무차별곡선은 소비자가 세로축 재화 한 단위를 포기하려면 가로축 재화가 크게 증가해야 함을 의미한다. 완만한 무차별곡선을 가진 소비자는 공연표 1장을 더 얻기 위해 MP3를 많이 포기할 것이다.

예제 4.1

송이는 음악 다운로드(M)와 공연표(C)를 소비한다. 송이의 효용함수는 $U = 0.5M^2 + 2C^2$이다. 여기서 $MU_M = M$이고 $MU_C = 4C$이다.

a. MRS_{MC}식을 써라.

b. ($M = 4$, $C = 1$) 묶음과 ($M = 2$, $C = 2$) 묶음은 동일한 무차별곡선상에 있는가? 그것을 어떻게 알 수 있는가?

c. $M = 4$, $C = 1$일 때와 $M = 2$, $C = 2$일 때의 MRS_{MC}를 계산하라.

d. (b)에 대한 답에 근거할 때 송이의 무차별곡선은 볼록한가? (힌트 : M이 증가할 때 MRS_{MC}가 감소하는가?)

풀이

a. 우리는 한계대체율 MRS_{MC}가 MU_M/MU_C와 같다는 것을 안다. 또한 $MU_M = M$이고 $MU_C = 4C$이다. 따라서 $MRS_{MC} = \dfrac{MU_M}{MU_C} = \dfrac{M}{4C}$ 을 얻는다.

b. 재화묶음이 동일한 무차별곡선상에 있으려면 소비자에게 같은 수준의 효용을 주어야 한다. 따라서 ($M = 4$, $C = 1$)과 ($M = 2$, $C = 2$) 묶음에 대해 송이의 효용수준을 계산해야 한다.

$M = 4$이고 $C = 1$일 때, $U = 0.5(4)^2 + 2(1)^2 =$ $0.5(16) + 2(1) = 8 + 2 = 10$

$M = 2$이고 $C = 2$일 때, $U = 0.5(2)^2 + 2(2)^2 =$ $0.5(4) + 2(4) = 2 + 8 = 10$

각 묶음이 송이에게 같은 수준의 효용을 주므로, 두 묶음은 반드시 동일한 무차별곡선상에 있다.

c, d. 송이의 무차별곡선이 볼록한지 알아내기 위해서는 두 묶음에서의 MRS_{MC}를 계산해야 한다. 그러면 무차별곡선을 따라 내려갈 때(즉 M은 증가하고 C는 감소할 때) MRS_{MC}가 하락하는지 알아낼 수 있다.

$M = 2$이고 $C = 2$일 때,
$MRS_{MC} = \dfrac{2}{(4)(2)} = \dfrac{2}{8} = \dfrac{1}{4} = 0.25$

$M = 4$이고 $C = 1$일 때,
$MRS_{MC} = \dfrac{4}{(4)(1)} = \dfrac{4}{4} = 1$

이 계산은 효용을 고정한 상태에서 음악 다운로드가 2에서 4로 증가하면 MRS_{MC}는 0.25에서 1로 상승함을 보여준다. 이것이 의미하는 것은, 송이가 음악 다운로드는 더 많이 소비하고 공연표는 더 적게 소비하면 음악 다운로드를 더 얻기 위해 공연표를 맞바꾸려는 의도가 더 커진다는 것이다. 이것은 M이 증가함에 따라 무차별곡선은 완만해지는 것이 아니라 가팔라짐을 의미한다. 달리 말해 무차별곡선이 원점에 대해 볼록한 것이 아니라 오목할 것이고, 이는 앞에서 제시된 무차별곡선의 네 번째 성질을 위배한다.

응용 아침식사용 시리얼의 무차별곡선

아침식사용 시리얼 한 그릇 없이 아침을 시작하지 못하는 사람들이 많다. 한 조사에 따르면 조사가 진행된 해에 미국 가족의 90% 이상이 아침식사용 시리얼을 구입했으며, 연간 총판매액은 100억 달러를 초과했다. 수백 종류의 다양한 시리얼이 북미 전역에 걸쳐 슈퍼마켓 선반을 채운다.

경제학자들은 시리얼 시장을 연구하여 사람들이 어떤 시리얼을 살지를 어떻게 결정하는지 분석했다. 이들의 연구 결과는 무차별곡선에 대한 직접적인 추정치를 제공한다.

경제학자 아비브 네보는 65개 도시에서 25개의 인기 있는 상표를 들여다보았다.[5] 그는 설탕,

5 Aviv Nevo, "Measuring Market Power in the Ready-to-Eat Cereal Industry," *Econometrica* 69, no. 2(2001): 307–342.

칼로리, 지방, 섬유질, 무른 정도 등의 측면에서 시리얼의 특성에 대한 정보를 수집하고 각 시리얼을 이러한 특성의 묶음으로 취급했다. [상품의 특성을 이용한 분석을 헤도닉 분석(hedonic analysis)이라고 하며, 경제학자들은 차, 컴퓨터, 주택, 기타 많은 종류의 상품에 대해 헤도닉 분석을 수행했다.]

네보는 서로 다른 가격에서 여러 시리얼에 대한 수요를 비교함으로써 서로 다른 제품 특성에 대한 한계대체율을 간접적으로 계산했다. 사람들이 시리얼을 구입할 때 소비하는 두 '재화'인 설탕과 섬유질에 대해 그가 얻은 결과를 살펴보자. 둘 다 가치를 가지며 둘 다 생산하는 데 비용이 들기 때문에, 소비자들은 어느 시리얼을 구입할지 결정할 때 양자 간 맞교환을 해야 한다.

네보가 얻은 결과를 이용해 각 부류의 사람들에 대해 섬유질과 설탕 간의 한계대체율의 직접적 추정치를 계산할 수 있다. 다른 모든 조건을 고정시킨 상태에서, 네보는 소득이 전국 평균보다 1/3이 높은 50세의 소비자(리카도라고 부르자)의 한계대체율이 1.24임을 발견했다. 현재의 시리얼과 현재보다 섬유질이 1그램 적은 시리얼 간에 무차별하려면, (이 거래를 성사시키기 위해) 리카도는 새로운 시리얼에서 설탕 1.24그램을 더 가져야 한다. 그는 분명히 아침식사 때 섬유질을 얻는 것을 좋아한다.

하지만 다른 부류의 사람들은 한계대체율이 다르다. 소득이 전국 평균보다 1/3이 낮은 20세의 소비자(데이비드라고 부르자)는 섬유질에 대한 선호가 훨씬 낮다. 네보의 측정치에 따르면 데이비드의 설탕에 대한 섬유질의 한계대체율은 0.57에 지나지 않는다. 데이비드가 현재의 시리얼과 현재보다 섬유질이 1그램 적은 새로운 시리얼 간에 무차별하려면 단지 0.57그램의 추가적인 설탕만 필요로 한다. 그는 리카도에 비해 설탕을 더 좋아하며 설탕을 얻기 위해 섬유질을 포기할 용의가 더 크다.

그림 4.7   아침식사용 시리얼에 대한 중년층과 청년층의 선호

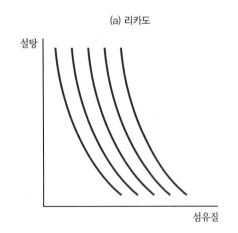

(a) 리카도

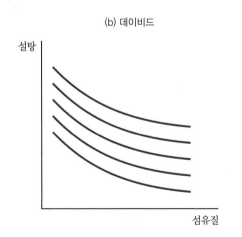

(b) 데이비드

50세의 리카도(a)는 설탕에 대한 섬유질의 한계대체율이 20세의 데이비드(b)보다 더 크다(그리고 무차별곡선이 더 가파르다). 따라서 리카도는 섬유질을 원할 가능성이 더 높고 설탕을 얻기 위해 섬유질 성분을 포기할 가능성이 더 낮다. 설탕에 대

한 섬유질의 한계대체율이 데이비드에서 더 낮기 때문에, 데이비드는 설탕을 얻기 위해 섬유질을 포기할 의사가 더 크다. 결과적으로 무차별곡선이 더 완만하다.

우리는 설탕에 대한 섬유질의 한계대체율이 한계비용의 비인 $MU_{섬유질}/MU_{설탕}$이라는 것을 알고 있다. 리카도의 비가 데이비드의 비보다 더 큰데, 이는 리카도가 섬유질을 얻기 위해 설탕을 더 많이 포기할 용의가 있기 때문이다. 따라서 섬유질이 가로축에, 설탕이 세로축에 있는 그림에서 리카도의 무차별곡선(그림 4.7a)은 데이비드의 무차별곡선(그림 4.7b)보다 더 가파르다. 시리얼에 대한 선호가 다르기 때문에 한계대체율, 그리고 결국 무차별곡선의 기울기는 중년층과 청년층 간에 다르게 나타난다.

이 결과는 필시 켈로그의 허니 스맥스(Honey Smacks, 1컵당 설탕 20그램과 섬유질 1.3그램 함유)를 사는 사람들이 카시(Kashi)의 고린(GoLean, 1컵당 설탕 6그램과 섬유질 10그램 함유)을 사는 사람들과 같지 않을 가능성이 높은 이유도 설명해준다. ■

무차별곡선의 곡률 : 대체재와 보완재

무차별곡선의 기울기는 소비자가 한 재화를 다른 재화로 교환할 용의가 있는 비율을 알려준다. 무차별곡선의 곡률도 의미를 갖는다. 무차별곡선이 그림 4.8a처럼 거의 직선이라고 하자. 이 경우 소비자(민준이라고 하자)가 같은 양의 두 번째 재화(디카페인 커피)를 얻기 위해 포기할 용의가 있는 첫 번째 재화(디카페인 라테)의 양은, 이 소비자가 디카페인 커피에 비해 디카페인 라테를 훨씬 많이 가지고 있든 그 반대이든 관계없이 대략 같다. 한계대체율을 이용해 표현하면, 무차별곡선을 따라 움직일 때 디카페인 커피에 대한 디카페인 라테의 한계대체율이 크게 변하지 않는다. 실용적으로 표현하면, 이것은 민준의 효용함수에서 두 재화가 서로 밀접한 대체재임을

그림 4.8 무차별곡선의 곡률

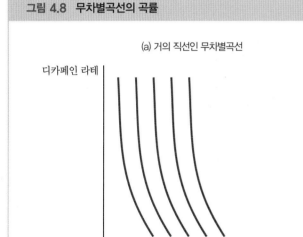

(a) 거의 직선인 무차별곡선

디카페인 라테

디카페인 커피

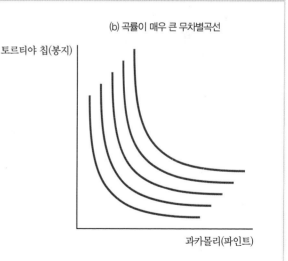

(b) 곡률이 매우 큰 무차별곡선

토르티야 칩(봉지)

과카몰리(파인트)

무차별곡선의 곡률은 기울기와 마찬가지로 두 재화에 대한 소비자의 선호에 관한 정보를 반영한다. (a) (디카페인 라테와 디카페인 커피 같은) 대체성이 높은 재화는 상대적으로 직선에 가까운 무차별곡선을 가질 가능성이 높다. 이것은 무차별곡선을 따라 한 점에서 다른 점으로 이동할 때 한계대체율이 크게 변하지 않음을 의미한다. (b) 보완적인 재화는 일반적으로 곡률이 더 큰 무차별곡선을 갖는다. 예를 들어 한 소비자에게 토르티야 칩은 많고 과카몰리는 별로 없다면, 그는 과카몰리를 조금 얻기 위해 토르티야 칩을 많이 내놓으려 할 것이다. 또 소비자에게 과카몰리는 많고 토르티야 칩은 별로 없다면, 그는 과카몰리를 얻기 위해 칩을 포기하려는 정도가 더 낮을 것이다.

뜻한다. 다시 말해 소비자가 두 대체재에 부여하는 상대적인 가치가 이 소비자가 한 재화를 다른 재화에 비해 얼마나 많이 가지고 있는지에 일반적으로 별로 민감하게 반응하지 않는다. (이 예에서 많은 소비자가 서로 밀접한 대체재라고 간주하는 두 재화를 사용하는 것은 우연이 아니다.)

반면 토르티야 칩과 과카몰리(으깬 아보카도에 양파, 토마토, 고추 등을 섞어 만든 멕시코 요리)처럼 대체재가 되기 어려운 재화에 대해서(그림 4.8b) 추가적인 과카몰리 1단위의 상대적인 가치는, 과카몰리는 많고 칩은 없을 때에 비해 칩은 많고 과카몰리가 적을 때 훨씬 클 것이다. 이런 경우에 무차별곡선은 그림에서처럼 급격히 구부러진다. 칩에 대한 과카몰리의 한계대체율은 무차별곡선의 맨 왼쪽(소비자에게 과카몰리가 거의 없는 영역)에서는 매우 높고 맨 오른쪽(소비자에게 과카몰리가 넘쳐 나는 영역)에서는 매우 낮다. 무차별곡선의 곡률이 뜻하는 것의 배후에 있는 직관은 가장 극단적인 경우인 완전대체재와 완전보완재에 초점을 맞추면 더 이해하기 쉽다.

완전대체재
다른 재화와 일정하게 바꾸어 써도 같은 효용수준을 얻을 수 있는 재화

완전대체재   완전대체재(perfect substitute)는 소비자가 다른 재화와 고정된 단위로 교환을 하고 동일한 효용수준을 얻을 수 있는 재화이다. 그림 4.9는 완전대체재가 될 수 있는 두 재화, 즉 12온스 용량의 토르티야 칩과 3온스 용량의 토르티야 칩을 보여준다. 모든 소비자가 토르티야 칩 총량만 중시한다면, 소비자가 둘을 몇 봉지씩 가지고 있든 큰 봉지 하나를 작은 봉지 4개와 교환해도 효용이 그대로일 것이다.[6] 이런 종류의 선호는 선형 무차별곡선을 낳으며, 완전대체재의 효용함수는 $U = aX + bY$와 같은 일반적인 형태를 띤다. 여기서 a와 b는 각각 X와 Y를 추가적으로 한 단위 더 소비할 때의 한계효용을 나타내는 숫자이다. 이것이 정확히 그림 4.9에 나타난 상황이다. 완전대체재인 두 재화는 무차별곡선이 직선이다. 이 경우 소비자는 현재 각각을 몇

그림 4.9   완전대체재의 무차별곡선

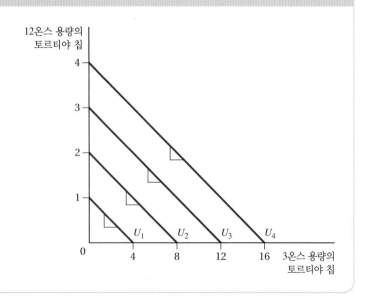

완전대체재의 경우, 무차별곡선은 기울기가 일정한 직선이며, 본문의 예에서 기울기는 −1/4인데 이는 MRS_{XY}도 1/4로 같음을 의미한다. 여기서 실제로 a와 b의 값이 얼마인지는 알 수 없고 단지 그 비가 1:4라는 것만, 즉 $a/b = 1/4$이라는 것만 알 수 있다. 그림의 무차별곡선은 가령 $a = 1$이고 $b = 4$이든 아니면 $a = 40$이고 $b = 160$이든 동일할 것이다. 이것은 우리가 앞에서 논의했던 점을 다시 한번 보여준다. 즉 상품묶음에 대한 소비자의 선호 순서를 변화시키지 않고 효용함수를 변환시키면 동일한 선호를 나타내게 된다.

---

6 용량이 다른 과자가 완전대체재가 될 수 없는 이유를 생각해낼 수도 있다. 예를 들어 작은 봉지 여러 개는 사무실에 점심으로 가져오기에 더 편할 수도 있다. 하지만 그럼에도 불구하고 그들은 완전대체재에 가깝다.

봉지씩 가졌던 12온스 용량의 토르티야 한 봉지를 3온스 용량의 토르티야 네 봉지와 교환할 용의가 있으며, 칩에 대한 소비자의 선호는 무차별곡선을 따라 움직여도 변하지 않는다. *MRS*는 이 경우 일정하다.

또 다른 형태의 완전대체재는 특정 소비자가 전혀 상관하지 않는 제품 특성이 있는 경우에 발생할 수 있다. 예를 들어 어떤 사람들은 생수의 상표가 아쿠아피나(Aquafina)인지 다사니(Dasani)인지 상관하지 않는다. 따라서 아쿠아피나 생수와 다사니 생수를 비교할 때 이런 사람들의 무차별곡선은 직선일 것이다. 반면 그런 특성을 신경 쓰는 다른 소비자들은 그런 재화들을 완전대체재로 보지 않으므로 무차별곡선이 구부러진 형태일 것이다.

두 재화가 완전대체재라고 해서 소비자가 반드시 두 재화 각각에 대해 무차별하지는 않다는 것을 이해하는 것이 중요하다. 가령 위에서 본 토르티야 칩의 예에서 소비자는 작은 봉지보다 큰 봉지를 훨씬 더 좋아한다. 이것이 소비자가 큰 봉지 하나를 포기하기 위해서는 작은 봉지 4개를 받아야 하는 이유이다. 완전대체재의 배후에 있는 발상은 두 재화에 대한 소비자의 교환비율, 즉 한계대체율이 소비자가 각 재화를 얼마나 많이 갖고 있는지에 의존하지 않고 무차별곡선의 어느 점에서든 일정하다는 것일 뿐이다.

완전보완재 완전보완재(perfect complement)는 소비자가 얻는 효용이 그 재화가 다른 재화와 고정된 비율로 사용되는 것에 의존하는 재화이다. 소비자가 어떤 재화로부터 얻는 효용이 그 재화가 다른 재화와 고정된 비율로 이용되는 것에 의해 결정되면 이 두 재화는 완전보완재이다. 그림 4.10은 오른쪽 신발과 왼쪽 신발에 대한 무차별곡선을 보여준다. 오른쪽 신발과 왼쪽 신발은 완전보완재(또는 적어도 완전보완재에 매우 가까운 재화)이다. *A*점(오른쪽 두 짝과 왼쪽 두 짝)과 *B*점(오른쪽 세 짝과 왼쪽 두 짝)을 비교해보자. *B*점에서 신발 한 짝이 더 많지만 다른 쪽 발에 신을 짝이 되는 신발이 없으므로, 하나 더 있는 신발은 소비자에게 무용지물이다. 따라서 소비자는 이 두 재화묶음에 대해 무차별하며 두 묶음은 동일한 무차별곡선상에 있다. 마찬가지

완전보완재
다른 재화와 고정된 비율로 사용되는지 여부에 따라 효용수준이 정해지는 재화

그림 4.10 완전보완재의 무차별곡선

두 재화가 완전보완재이면 L 모양의 무차별곡선을 갖는다. 예를 들어 *A*점에서 소비자는 왼쪽 신발 두 짝과 오른쪽 신발 두 짝을 갖는다. 왼쪽 신발의 수를 일정하게 유지한 채 오른쪽 신발 한 짝을 더해도 소비자의 효용은 증가하지 않으므로 *B*점은 *A*점과 동일한 무차별곡선상에 위치한다. 마찬가지로, 왼쪽 신발 한 짝이 더 생겨도 오른쪽 신발이 추가되지 않으면 소비자의 효용은 증가하지 않고, 따라서 *C*점은 *A*, *B*점과 동일한 무차별곡선상에 위치한다. 신발은 언제나 오른쪽 신발 한 짝과 왼쪽 신발 한 짝이 함께 소비되기 때문에, 소비자의 효용은 소비자가 두 재화를 모두 많이 갖게 될 때에만(*A*점에서 *D*점으로 이동) 증가한다.

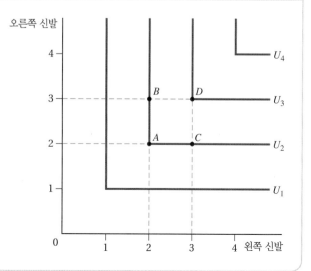

로 그림에서 A와 C점을 비교해보면, 왼쪽 신발 한 짝이 더 있어도 오른쪽 신발과 짝이 맞지 않으면 추가적인 효용을 제공하지 않고 따라서 A와 C는 동일한 무차별곡선상에 위치해야 함을 알 수 있다. 그러나 왼쪽 신발 한 짝이 추가로 생기고 동시에 오른쪽 신발 한 짝이 추가로 생기면 (A점에서 D점으로) 소비자는 더 좋아지게 된다. 이것이 D가 더 높은 무차별곡선상에 있는 이유이다.

완전보완재는 특징적인 'L' 모양의 무차별곡선을 갖는다. 수학적으로 이는 $U = \min\{aX, bY\}$와 같이 나타낼 수 있는데, 여기서 a와 b는 X와 Y를 더 소비하는 것이 효용에 어떤 영향을 미치는지를 나타내는 숫자이다. 이 수학적 구조는 소비자가 각 재화 X와 Y의 최소량을 소비함으로써 주어진 효용수준에 도달함을 의미한다. 예를 들어 동일한 무차별곡선 U_2상에 있으려면 소비자는 최소한 왼쪽 신발 두 짝과 오른쪽 신발 두 짝을 가져야 한다. 무차별곡선이 꺾인 점은 그 효용수준에서 각 재화의 최소량을 소비하고 있는 곳이다.[7]

이 'L' 모양은 무차별곡선의 곡률 중 가장 극단적인 경우이다. 이것은 완전보완재의 경우 발생하는 직선인 무차별곡선의 반대쪽 극단이며, 그 모양은 MRS_{XY}에 대해 흥미로운 결과를 낳는다. 무차별곡선의 수평 부분에서는 MRS_{XY}가 0인 반면, 수직 부분에서 한계대체율은 무한대이다. 이미 본 바와 같이 무차별곡선은 일반적으로 곡률이 중간 정도로, 완전대체재와 완전보완재의 무차별곡선 모양 사이의 어딘가에 속할 것이다.

특정 소비자가 갖는 다른 모양의 무차별곡선   무차별곡선의 곡률과 관련한 마지막 논점은 특정 소비자에 대해서도 효용수준에 따라 무차별곡선이 다양한 모양을 띨 수 있다는 것이다. 무차별곡선이 모두 같은 모양을 띨 필요는 없다.

예를 들어 그림 4.11의 무차별곡선 U_A는 거의 직선이다. 이것은 낮은 효용수준에서 이 소비자가 바나나와 딸기를 거의 완전대체재로 간주한다는 것을 의미한다. 이 소비자가 생존에 대해

그림 4.11 동일한 소비자라도 모양이 다른 무차별곡선을 가질 수 있다

한 소비자의 무차별곡선은 효용수준에 따라 다양한 모양을 띨 수 있다. 예를 들어 낮은 효용수준에서 바나나와 딸기는 대체재여서, 소비자는 그냥 과일을 사고 싶어 하지 그것이 바나나인지 딸기인지는 신경 쓰지 않을 수도 있다. 이것은 U_A의 경우처럼 무차별곡선이 거의 직선임을 의미한다. 하지만 높은 효용수준에서 이 소비자는 다양한 과일을 선호할 수도 있다. 이것은 이 소비자가 바나나가 굉장히 많이 있을 때는 딸기 하나를 더 얻기 위해 바나나를 많이 포기할 용의가 있지만, 바나나가 조금밖에 없을 때는 그렇지 않을 것임을 의미한다. 이 경우 소비자의 무차별곡선은 U_B와 같이 곡률이 더 클 것이다.

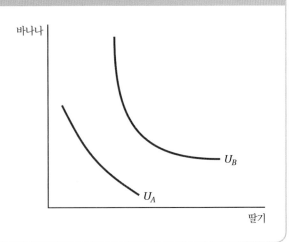

---

7 완전보완재가 소비되는 비율은 왼쪽 신발과 오른쪽 신발의 예에서처럼 반드시 일대일일 필요는 없다. 예를 들어 어떤 소비자에게는 젓가락과 중국식 뷔페 점심이 완전보완재일 수 있는데, 이 재화들은 젓가락 두 짝과 뷔페 식사 하나의 비율로 소비될 것이다.

예제 4.2

민준은 TV에서 유튜브(Y)나 리얼리티 쇼(R)를 볼 수 있다. 유튜브를 더 많이 보면 민준의 효용은 올라가지만 리얼리티 쇼는 좋든 나쁘든 별로 상관하지 않는다. 유튜브와 리얼리티 쇼를 보는 시간에 대한 민준의 무차별곡선을 나타내는 그림을 그려라. (리얼리티 쇼를 가로축에 둘 것.) 민준이 각 재화를 한 단위만 소비할 때 MRS_{RY}는 얼마인가?

풀이

민준의 선호를 그림으로 나타내는 가장 쉬운 방법은 다양한 리얼리티 쇼와 유튜브 묶음을 고려하여 그것들이 같은 무차별곡선상에 있는지 다른 무차별곡선상에 있는지 확인하는 것이다. 예를 들어 민준이 리얼리티 쇼를 1시간, 유튜브를 1시간 시청한다고 하자. 이것을 그림 A에서 A점으로 표시하자. 이제 민준이 리얼리티 쇼를 1시간, 유튜브를 2시간 시청한다고 하자. 이것을 B점으로 표시하자. 유튜브를 더 많이 보면 민준의 효용이 올라가기 때문에 B점은 A점보다 높은 무차별곡선상에 있어야 한다.

다음으로 리얼리티 쇼 2시간, 유튜브 1시간인 점을 생각해보자. 이 점을 C라고 하자. C점은 A점과 유튜브 시간은 같지만 리얼리티 쇼 시간은 더 많다. 하지만 민준은 리얼리티 쇼를 좋아하지도 싫어하지도 않으므로 리얼리티 쇼를 더 많이 봐도 효용은 변하지 않는다. 따라서 A와 C점은 동일한 무차

별곡선상에 있다. 이것은 D점과 E점에 대해서도 적용된다. 효용에 영향을 주지 않는 재화를 경제학자들은 종종 '중립재'라고 부른다.

그림 A를 보면 A, C, D, E점을 지나는 수평의 무차별곡선이 있을 것임을 알 수 있다. 모든 무차별곡선이 수평선일까? 확인을 위해 다른 재화묶음을 생각해보자. 민준이 F점처럼 리얼리티 쇼를 3시간, 유튜브를 2시간 본다고 하자. 유튜브를 더 보게 되기 때문에 민준이 D점보다 F점을 더 좋아한다는 것은 분명하다. 또한 민준이 B와 F점에서 효용이 같다는 것도 분명하다. 유튜브 보는 시간은 같고 리얼리티 쇼는 효용에 영향이 없기 때문이다. 그림 B에 나타난 것처럼 B와 F점은 동일한 무차별곡선(U_2)상에 있고, 밑에 있는 무차별곡선(U_1)상의 재화묶음보다 더 큰 효용을 준다.

민준이 각 재화 한 단위를 소비할 때의 한계대체율을 계산하려면 A점에서의 U_1의 기울기를 계산해야 한다. 무차별곡선이 수평선이기 때문에 기울기는 0이다. 그러므로 MRS_{RY}는 0이다. 이것은 논리적으로 타당하다. 리얼리티 쇼가 효용에 영향을 주지 않기 때문에 민준은 리얼리티 쇼를 더 보기 위해 유튜브를 포기하려고 하지 않을 것이다. MRS_{RY}가 MU_R/MU_Y와 같다는 점을 기억하기 바란다. MU_R이 0이므로 MRS_{RY} 역시 0이다.

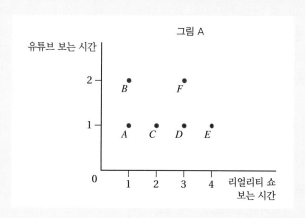

그림 A

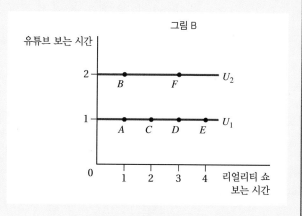

그림 B

서만 걱정한다면(U_A에 의해 나타난 매우 낮은 효용수준에서는 그럴 수 있다) 자신이 먹는 과일의 혼합에 까다롭지 않을 것이다. 반면 무차별곡선 U_B는 곡률이 매우 크다. 이것은 높은 효용수준에서는 두 재화가 완전보완재에 가깝다는 것을 의미한다. 과일이 많으면 이 소비자는 먹을

때 다양성을 즐기는 것에 더 관심을 갖는다. 이로 인해 이 소비자는 두 과일 중 하나만 많은 것보다는 각 과일이 적당히 있는 것을 더 좋아할 것이다. 하지만 효용수준에 따라 소비자의 무차별곡선이 달라질 수는 있어도 무차별곡선이 절대로 교차하지는 않는다는 점을 기억하자.

 ## 응용 '혐오재'의 무차별곡선

주택 가격에 대한 실제 데이터를 조금 들여다보자. 스티브 레빗과 채드 사이버슨이 수행한 연구논문은 주택의 특성에 따라 주택 판매 가격이 어떻게 바뀌는지 살펴보았다.[8] 이들의 분석은 네보의 아침식사용 시리얼에 대한 연구와 마찬가지로 헤도닉 회귀분석을 사용하였다. 이러한 종류의 분석이 효용함수를 직접적으로 측정하는 정도에 대해서는 경제학자들 간에 논란의 여지가 있지만, 이러한 논의의 구체적인 내용은 다음과 같은 우리의 기본 논점을 이해하는 데는 중요하지 않다. 즉 어떤 것들은 '재화'의 반대라는 것이다. 그런 재화를 **혐오재**(bad)라고 부른다.

혐오재
음(−)의 효용을 갖는 재화 또는 서비스

다른 측면에서는 유사한 주택들(가령 동일한 건축 양식, 동일한 외장용 자재, 심지어는 같은 도시 구역)을 비교하기 위해 회귀분석 기법을 사용하여, 레빗과 사이버슨은 침실이 하나 추가되면 주택 판매 가격이 5% 정도 상승함을 발견했다. 중앙 냉난방은 약 7%, 최신식 주방은 거의 8%, 벽난로는 4%를 증가시킨다. 이러한 각각의 편의시설과 주택의 판매 가격 간의 상관관계는 주택 보유자들이 그런 편의시설에 돈을 지불할 용의가 있음을 암시한다. 달리 말해 침실, 중앙 냉난방, 첨단 주방, 벽난로는 모두 '재화'이다(이들은 단지 주택이라는 형태로서 사전 제작된 묶음으로 판매될 뿐이다).

하지만 레빗과 사이버슨은 주택 가격에 음의 영향을 미치는 특성도 발견했다. 바로 집의 연한(年限)이다. 앞에서와 마찬가지로 다른 측면에서 유사한 주택들을 비교하여, 그들은 연한이 6~10년 된 주택들은 6년 이내에 지어진 집에 비해 9% 더 낮은 가격에 팔렸다는 사실을 발견했다. 연한이 11~25년 된 집들은 6~10년 된 집들에 비해 판매 가격이 6% 낮았다. 연한이 11~25년 된 집들과 26~50년 된 집들 사이에는 추가적인 3%의 가격 하락이 있었다. (그보다 더 오래된 집들에 대해서는 가격 하락이 멈추거나 심지어 약간 상승하기도 했는데, 이는 결국에는 '연한'이 '매력'으로 간주됨을 암시한다.) 따라서 적어도 연한이 50년 미만인 집들에 대해서 연한은 '혐오재'이다. 즉 다른 모든 조건이 일정할 때 구매자들이 더 오래된 집에서 얻는 효용은, 다른 측면에서는 비슷하지만 더 새로운 집에서 얻는 효용보다 낮다.

연한(혐오재)과 침실(재화) 묶음에 대한 무차별곡선이 그림 4.12에 나타나 있다. 무차별곡선이 우하향하는 것이 아니라 우상향함을 볼 수 있다. 왜 그럴까? 동일한 무차별곡선 U_1상에 있는 A, B묶음에 대해 먼저 생각해보자. B묶음(더 오래되고 침실은 더 많음)에서 얻는 효용이 A묶음(오래되지는 않았지만 침실 수가 더 적음)에서 얻는 효용과 같아지려면, 오래된 집을 좋아하지 않는 주택 구매자에게는 침실이 더 필요하다. C묶음은 A묶음과 연한은 같지만 공간이 더 넓으므로 C가 A보다 반드시 선호된다. 더 위쪽에(더 넓은 공간) 그리고 왼쪽에(적은 연한) 있는 무차별곡선은 더 높은 효용수준을 나타낸다.

8 Steven Levitt and Chad Syverson, "Market Distortions When Agents Are Better Informed: The Value of Information in Real Estate Transactions," *Review of Economics and Statistics* 90, no. 4 (2008): 599-611.

그림 4.12 '혐오재'의 무차별곡선

경제학적 '혐오재'는 소비자의 효용을 감소시키는 제품이다. 이 주택 구매자의 효용은 주택 연한이 증가함에 따라 떨어진다. 따라서 이 소비자의 효용을 동일하게 유지하려면 주택 연한을 증가시킬 때 침실의 수를 늘려주어야 한다. 이에 따라 무차별곡선은 우상향하게 된다. 무차별곡선 U_2는 U_1보다 효용이 높은데, 이는 (침실 수가 일정할 때) B묶음이 C묶음보다 주택 연한이 길어 구매자의 효용이 낮아지기 때문이다. 다른 방법으로 보면, A와 C점에서 주택 연한은 같지만 C점에서 침실이 더 많다. 따라서 주택 구매자는 (U_1상의) A점보다 (U_2상의) C점에서 효용이 더 높다.

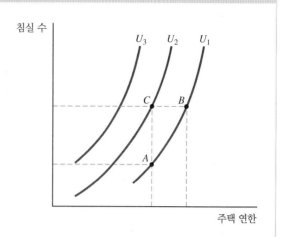

그림 4.13 '혐오재' 부재에 대한 무차별곡선

경제학적 '혐오재'는 '재화'로 전환될 수 있다. 경제학적 혐오재인 주택의 '증가된 연한'을 경제학적 재화인 주택의 '새로운 정도'로 바꿈으로써 주택 구매자가 좋아하는 두 재화를 얻을 수 있고, 이에 따라 우하향하고 볼록한 전형적인 무차별곡선을 얻는다. 주택의 침실 수와 주택의 새로운 정도 중 하나가 커지면 주택 구매자의 효용은 증가한다.

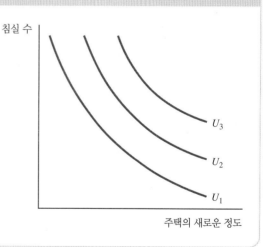

많을수록 좋다는 가정을 혐오재가 위배하는 것처럼 보이겠지만, 우리는 언제나 연한 요인을 '새로움', 즉 연한의 부재로 재정의할 수 있다. 그리고 새로움은 일반적 재화이며, 그러면 새로움과 침실 수에 대한 무차별곡선은 우하향하게 된다. 연한의 반대인 '집이 얼마나 새 것인가'의 측면에서 주택 구매자의 무차별곡선을 그리면 그림 4.13에서와 같이 우리가 다루어왔던 우하향하는 표준적인 무차별곡선을 얻는다. ■

4.3 소비자의 소득과 예산제약

앞에서 우리는 소비자의 선호가 효용함수에 의해 어떻게 묘사될 수 있는지, 왜 무차별곡선이 효용에 대해 생각하는 편리한 방법인지, 무차별곡선의 기울기인 한계대체율이 소비자가 한계에서 각 재화로부터 얻는 상대적 효용을 어떻게 포착하는지 등을 분석하였다. 이 장에서 우리의 궁극적인 목표는 소비자가 어떻게 자신이 소비할 재화묶음을 선택하여 효용을 극대화하는지 이해하는 것이다. 소비자가 돈을 무한대로 가진 것도 아니고 재화가 공짜도 아니기 때문에, 각 재화를 얼마나 소비할지 결정할 때 소비자는 맞교환을 해야 한다. 그 결정은 소비자가 각 재화로부터 얻는 효용뿐 아니라 쓸 돈이 얼마나 있는지와 재화의 가격에도 달려 있다. 우리는 이런 모든 요인의 상호작용을 분석해야 한다.

몇 가지 가정(여기서도 단순화를 위해 두 재화만 있는 모형에 초점을 맞출 것이다)으로부터 시작해야 한다. 우리는 다음 세 가지를 가정할 것이다.

1. 각 재화의 가격은 고정되어 있으며 소비자는 소득만 있다면 이 가격에 원하는 만큼 재화를 살 수 있다. 각 소비자는 재화시장의 작은 부분에 지나지 않으므로 그 소비자의 소비 결정이 균형시장가격에 영향을 주지 않을 것이기 때문에 이런 가정을 할 수 있다.
2. 소비자에겐 쓸 수 있는 고정된 액수의 소득이 있다.
3. 당분간 소비자는 저축할 수도 없고 돈을 빌릴 수도 없다. 돈을 빌릴 수 없기 때문에 주어진 시기에 소득보다 돈을 더 많이 지출할 수 없다. 저축을 할 수 없기 때문에 쓰지 않는 돈은 영원히 사라지고, 따라서 돈을 쓸 것이냐 잃어버릴 것이냐의 문제가 된다.

예산제약
소비자가 소득을 모두 지출할 때 구매할 수 있는 소비묶음의 집합을 나타내는 곡선

가격과 소비자의 소득을 소비자 행동 모형에 포함시키기 위해 **예산제약**(budget constraint)을 사용한다. 예산제약은 소비자가 가진 돈을 전부 다 써서 구입할 수 있는 소비묶음의 집합 전체를 나타내는 곡선이다. 예를 들기 위해 연아와 부리토, 라테의 예로 돌아가보자. 연아가 부리토(하나에 10달러)와 라테(1잔에 5달러)에 쓸 수 있는 소득이 50달러 있다고 하자. 그림 4.14는 이 예에 대응하는 예산제약을 보여준다. 라테 수량은 가로축에 있고 부리토 수량은 세로축에 있다. 연아가 소득 전부를 라테에만 쓴다면 라테 10잔을 소비할 수 있으며(1잔에 5달러이므로 10잔은 50달러이다) 부리토는 소비할 수 없다. 이 조합이 그림의 A점이다. 반대로 돈 전부를 부리

그림 4.14 예산제약

예산제약은 소득과 두 재화의 가격이 주어졌을 때 소비자에게 이용가능한 선택을 보여준다. 이 예에서 소득은 50달러이고, 부리토 가격은 10달러, 라테 가격은 5달러이다. 가로축 절편은 소비자가 모든 소득(I)을 라테에 썼을 때 살 수 있는 라테의 수량인 $I/P_{라테}$이다. 세로축 절편은 소비자가 모든 소득을 부리토에 썼을 때 살 수 있는 부리토의 수량인 $I/P_{부리토}$이다. 이를 고려하면 예산제약의 기울기는 두 재화의 가격에 음의 부호를 붙인 것, 즉 $-P_{라테}/P_{부리토}$이다.

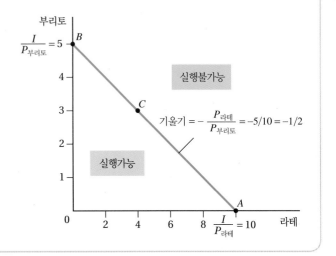

토에 쓴다면 연아는 부리토를 5개 살 수 있고 라테는 살 수 없는데, 이 조합은 *B*점으로 나타난다. 연아는 이 두 점을 잇는 직선 위의 어떤 부리토와 라테 조합도 구입할 수 있다. 예를 들어 연아는 부리토 3개와 라테 4잔을 살 수 있다. 이것이 *C*점이다.

예산제약의 수학적 식은 다음과 같다.

$$소득 = P_X Q_X + P_Y Q_Y$$

여기서 P_X와 P_Y는 재화 *X*와 *Y*(이 예에서는 라테와 부리토의 가격) 1단위의 가격이며, Q_X와 Q_Y는 두 재화의 수량이다. 이 식은 단순히 두 재화에 대한 총지출(각 재화의 단위당 가격 곱하기 구입한 단위 수)이 소비자의 총소득과 같다는 사실을 말하고 있다.

소비자가 구입할 소득이 있는, 예산제약상에 있거나 그 아래쪽에 있는 재화 조합(즉 제약상의 점을 포함해서 원점과 예산제약 사이의 어떤 점)은 모두 **실행가능 묶음**(feasible bundle)이다. 예산선의 오른쪽 위에 있어 소비자가 살 수 없는 재화묶음은 **실행불가능 묶음**(infeasible bundle)이다. 이 묶음들에는 소비자가 소득을 전부 다 써도 도달할 수 없다. 그림 4.14는 예산선 $50 = 5Q_{라테} + 10Q_{부리토}$에 대해 실행가능한 묶음과 실행불가능한 묶음을 보여준다.

그림 4.14의 예산제약은 곡선이 아니라 직선인데, 이는 연아가 단위당 주어진 가격에 원하는 만큼 재화를 살 수 있다고 가정했기 때문이다. 첫 번째 라테를 사든 열 번째 라테를 사든 가격은 동일한 것으로 가정한다. 추후에 보듯이 구입량에 따라 재화의 가격이 변하면 예산선은 재화 구입량에 따라 모양이 바뀔 것이다.

실행가능한 (소비)묶음
소비자가 구매할 수 있는 묶음으로, 소비자의 예산제약선상 또는 그 아래에 위치함

실행불가능한 (소비)묶음
소비자가 구매할 능력이 없는 묶음으로, 소비자의 예산제약선보다 위쪽에 위치함

예산제약의 기울기

두 재화의 상대가격은 예산제약의 기울기를 결정한다. 예산제약선상에서 소비자는 가진 돈을 전부 다 쓰기 때문에, 재화 하나를 더 사면서 계속 제약선에 있으려면 다른 재화를 덜 사야 한다. 상대가격이 두 재화 구입이 서로 맞교환되는 비율을 결정한다. 예를 들어 소비자가 부리토 하나를 더 사려면(10달러의 비용이 듦) 잔당 5달러인 라테를 두 잔 덜 사야 한다.

상대가격과 예산제약의 기울기가 동등하다는 것을 다음과 같이 예산제약을 재정리함으로써 알 수 있다.

$$소득 = P_X Q_X + P_Y Q_Y$$
$$P_Y Q_Y = 소득 - P_X Q_X$$
$$Q_Y = \frac{소득}{P_Y} - \frac{P_X}{P_Y} Q_X$$

이 식은 만약 *X*재 구입량인 Q_X가 1단위 증가하면 구입할 수 있는 *Y*재 수량인 Q_Y가 P_X/P_Y만큼 하락함을 보여준다. 이러한 *Y*재 가격에 대한 *X*재 가격의 상대비는 예산제약의 기울기에 음의 부호를 붙인 것이다. 이 가격 비가 제약의 기울기를 결정하는 것은 논리적으로 타당하다. *X*재가 *Y*재에 비해 상대적으로 비싸다면(즉 P_X/P_Y가 크다면), *X*를 추가적으로 사기 위해서는 *Y*재를 많이 포기해야 한다. 반면 *X*재가 상대적으로 싸다면 *X*를 더 사기 위해 *Y*를 많이 포기할 필요가 없어 제약선은 완만할 것이다.

예산제약식(소득 $= P_X Q_X + P_Y Q_Y$)을 이용해 기울기와 절편을 알아낼 수 있다. 그림 4.14에 나

타난 예산제약(50 = 5$Q_{라테}$ + 10$Q_{부리토}$)을 이용하면 다음을 얻는다.

$$50 = 5Q_X + 10Q_Y$$

$$10Q_Y = 50 - 5Q_X$$

양변을 Y의 가격인 10으로 나누면 다음과 같이 기울기 −1/2을 얻는다.

$$Q_Y = 5 - \frac{1}{2}Q_X$$

앞에서 본 것과 같이, 연아가 소득을 전부 라테에만 쓴다면 라테 10잔을 살 것이고(x절편) 부리토에만 쓴다면 부리토 5개를 살 수 있다(y절편). 이 상대가격과 절편이 그림 4.14에 표시되어 있다.

다음 절에서 무차별곡선과 예산제약을 결합할 때 분명해지듯이, 예산제약의 기울기는 어떤 소비묶음이 소비자의 효용수준을 극대화하는지 알아낼 때 매우 중요한 역할을 수행하는 것으로 드러난다.

예산제약에 영향을 미치는 요인

상대가격이 예산제약의 기울기를 결정하기 때문에 상대가격이 바뀌면 기울기가 바뀐다. 그림 4.15a는 앞의 예에서 라테 가격이 잔당 10달러로 2배가 되면 예산제약이 어떻게 되는지 보여준다. 예산제약이 세로축을 중심으로 시계 방향으로 회전하여 기울기가 2배가 된다. 이는 (P_X가 2배가 되어) P_X/P_Y가 2배가 되기 때문이다. 연아가 소득 전부를 라테에 쓴다면, 가격이 2배가 되었다는 것은 같은 소득으로 이전의 반밖에 사지 못함을 의미한다(전의 10잔에 비해 A'점으로 나타난 5잔). 반면 돈 전부를 부리토에 쓴다면(B점) 라테 가격의 변화는 연아가 소비할 수 있는 묶음에 영향을 주지 않는다. 이는 부리토 가격이 10달러로 전과 같기 때문이다. 가격 인상 후 실행가능한 소비묶음의 집합이 줄어들었다는 점에 주목하기 바란다. 즉 이제 연아가 소득으로 살 수 있는 재화의 조합이 전보다 더 적다.

부리토의 가격이 20달러로 2배가 되지만 라테 가격은 원래 가격 그대로 5달러라면(그림 4.15b), 예산제약의 변화는 반대가 된다. 즉 예산제약이 가로축을 중심으로 반시계 방향으로 회전하여 기울기가 절반이 된다. 라테만 사려는 사람은 영향을 받지 않지만 부리토만 사려는 사람은 전에 비해 부리토를 반밖에 얻지 못해 B'묶음을 소비하게 된다. (이는 부리토를 1/2개 살 수 있을 경우에 성립하는데, 당분간 우리는 이것이 가능하다고 가정할 것이다.) 이 가격 인상 역시 라테 가격 인상과 마찬가지로 실행가능 집합을 축소시킨다는 점에 주목하기 바란다. 가격이 오르면 예산제약이 원점을 향해 회전하고, 가격이 떨어지면 예산제약이 원점에서 멀어지는 방식으로 회전한다는 점을 항상 기억하기 바란다.

이제 가격은 그대로지만 연아의 소득이 반으로(25달러로) 줄어든다고 하자. 소득이 반밖에 안 되므로 전에 비해 라테와 부리토를 반밖에 살 수 없다(그림 4.15c). 연아가 소득 전부를 라테에 쓴다면 이제는 5잔밖에 살 수 없다. 부리토만 산다면 2.5개만 살 수 있다. 하지만 상대가격은 변하지 않았으므로 재화 간 맞교환 조건은 변하지 않았다. 부리토 1개를 더 사려면 연아는 여전히 라테 2잔을 포기해야 한다. 따라서 예산제약의 기울기는 전과 같다.

가격이 둘 다 2배가 되고 소득은 그대로라면 예산제약은 그림 4.15c의 새로운 예산제약과 동

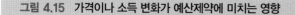

그림 4.15 가격이나 소득 변화가 예산제약에 미치는 영향

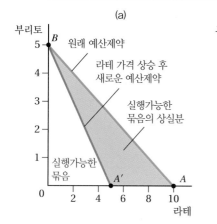 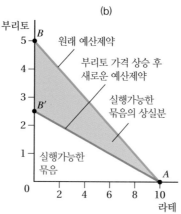 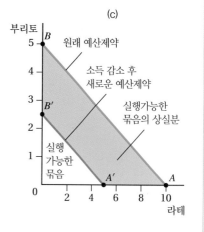

(a) 라테 가격이 상승하면 가로축 절편($I/P_{라테}$)이 작아지고 기울기($-P_{라테}/P_{부리토}$)가 가팔라져서 예산제약은 원점을 향해 회전하고, 소비자(연아)가 선택할 수 있는 라테와 부리토 조합의 집합이 줄어든다. 라테 가격의 상승은 전에 비해 라테를 조금만 살 수 있다는 것을, 혹은 라테를 전과 같이 살 경우 부리토 사는 데 남는 돈이 전에 비해 적다는 것을 의미한다.

(b) 부리토 가격이 상승하면 세로축 절편($I/P_{부리토}$)이 작아지고 기울기($-P_{라테}/P_{부리토}$)가 완만해져서 예산제약은 원점을 향해 회전하고, (a)의 경우와 마찬가지로 연아의 선택 집합은 줄어든다. 부리토 가격의 상승은 전에 비해 부리토

를 조금밖에 못 산다는 것을, 그리고 부리토 구입량이 주어진 경우 라테를 살 수 있는 돈이 전보다 적다는 것을 의미한다.

(c) 연아의 소득이 감소하면 가로축과 세로축 절편이 모두 작아져서 예산제약이 안쪽으로 이동한다. 가로축 절편이 줄어드는 것은 소득 I가 줄어들어 ($I/P_{라테}$)가 떨어지기 때문이다. 세로축에 대해서도 마찬가지다. 양 축을 따라 일어나는 변화가 소득 변화에 의한 것이기 때문에(I 감소는 두 축상에서 동일하다) 새로운 예산제약은 원래 예산제약과 평행하다. 만약 두 가격이 모두 2배가 되었지만 소득은 전과 같다면, 예산제약은 그대로일 것이다.

일할 것이라는 사실에 주목하기 바란다. 다음과 같이 예산제약을 기울기와 절편의 형태로 나타낸 식에서, 가격에 $2P_X$와 $2P_Y$를 대입하면 이 점을 더 명확히 알 수 있다.

$$Q_Y = \frac{소득}{2P_Y} - \frac{2P_X}{2P_Y}Q_X$$

$$Q_Y = \frac{1}{2}\left(\frac{소득}{P_Y}\right) - \frac{P_X}{P_Y}Q_X$$

이러한 형태의 가격 변화는 그림과 식에서 모두 소비자 소득의 구매력을 감소시켜 예산제약을 안쪽으로 이동시킨다. 두 경우 모두 동일한 재화묶음 집합이 실행가능하다. 예에서처럼 연아의 소득이 감소하는 것이 아니라 증가한다면(아니면 두 재화의 가격이 같은 비율로 하락한다면), 예산제약은 안쪽이 아니라 바깥쪽으로 이동할 것이다. 하지만 부리토와 라테의 상대가격이 변하지 않았으므로 예산제약의 기울기는 변하지 않을 것이다.

우리는 앞에서 소득이 변하고 가격은 불변인 경우와 가격이 변하고 소득은 불변인 경우, 이렇게 두 상황에서 예산제약이 어떻게 되는지 생각해보았다. 만약 가격과 소득이 모두 같은 비율로 상승하면(가령 가격과 소득이 전부 2배가 되면) 어떻게 될까? 예산제약은 전혀 변하지 않

예제 4.3

민준은 매주 20달러의 소득으로 개당 5달러에 비디오게임을 대여(R)하거나 개당 1달러에 사탕(C)을 살 수 있다.

a. 민준의 예산제약식을 쓰고 비디오게임을 가로축에 놓은 그래프 위에 그려라. 예산제약의 절편과 기울기를 반드시 표시하라.

b. 20달러를 전부 쓴다고 가정하면 민준이 비디오게임 3개를 빌릴 때 사탕은 몇 개 구입하는가?

c. 비디오게임 대여 가격이 5달러에서 4달러로 떨어진다고 하자. 민준의 새로운 예산제약을 그려라(절편과 기울기를 나타낼 것).

풀이

a. 예산제약은 현재 가격과 소득이 주어졌을 때 민준이 구입할 수 있는 비디오게임 대여(R)와 사탕(C)의 실행가능한 조합을 나타낸다. 예산제약의 일반적인 형태는 소득 $= P_R R + P_C C$이다. 실제 가격과 소득을 대입하면 $20 = 5R + 1C$를 얻는다.

예산제약을 그리기 위해서(그림 참조) 먼저 가로축과 세로축의 절편을 찾는다. 가로축 절편은 예산선에서 민준이 가진 돈 20달러를 전부 비디오게임 대여에 쓸 때의 점이다. x절편은 4(20달러/5달러)로 예산선상의 A점이다. 세로축 절편은 민준이 예산 전체를 사탕에 쓰는 점을 나타낸다. 민준은 그림의 B점에 나타난 것처럼 사탕을 20개(20달러/1달러) 구입할 수 있다. 민준이 몇 개를 사든 사탕 가격과 비디오게임 대여 가격은 변하지 않기 때문에 예산제약은 이 두 점을 잇는 직선이다.

예산제약의 기울기는 세로축 변화분을 가로축 변화분으로 나눈 값으로 측정할 수 있다. 따라서 기울기는 $\frac{\Delta C}{\Delta R} = -\frac{20}{4} = -5$이다. 예산제약의 기울기는 두 가격의 비에 음의 부호를 붙인 것, 즉 $-\frac{P_R}{P_C} = -\frac{5}{1} = -5$라는 사실을 기억하면 위 계산을 확인할 수 있다. 예산제약의 기울기는 민준이 사탕을 비디오게임 대여와 교환할 수 있는 비율이라는 점을 기억하자.

b. 민준이 현재 비디오게임 3개를 빌린다면 이는 민준이 비디오게임에 15달러(=5달러×3)를 쓴다는 것을 의미한다. 그러면 사탕 사는 데는 5달러(=20달러 – 15달러)가 남는다. 개당 1달러의 가격에 민준은 사탕을 5개 구입할 수 있다.

c. 비디오게임 대여 가격이 4달러로 떨어지면 세로축 절편에는 변화가 없다. 민준이 20달러를 사탕을 사는 데 쓰면 1달러의 가격에 여전히 20개를 살 수 있다. 따라서 B점은 여전히 새로운 예산제약상에 있을 것이다. 그러나 가로축 절편은 4에서 5로 증가한다. 개당 가격이 4달러이면, 예산 전체를 비디오게임 대여에 배정할 때 민준은 이제 5개를 빌릴 수 있다(C점). 새로운 예산제약은 B점과 C점을 연결한 선이다.

예산제약의 기울기는 $\frac{\Delta C}{\Delta R} = -\frac{20}{5} = -4$이다. 이것은 두 재화의 가격 비의 역수와 같다는 점에 주목하기 바란다 $\left(-\frac{P_R}{P_C} = -\frac{4}{1} = -4 \right)$.

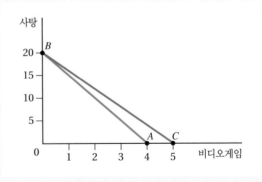

는다. 돈이 2배가 되지만 비용도 전부 2배가 되기 때문에, 가격과 소득이 변하기 전과 같은 재화묶음만 구입할 수 있다. 앞에서 본 예산제약식에서 이것을 수학적으로 볼 수 있다. 즉 가격과 소득을 임의의 양의 상수(k라고 하자)로 곱하면 k가 전부 지워져 원래 식만 남게 된다.

비표준적인 예산제약

지금까지 본 모든 예에서 예산제약은 직선이었다. 예산제약이 이와 달리 꺾이는 경우도 존재

그림 4.16 수량할인과 예산제약

전화 데이터 요금이 MB당 10센트로 일정할 때 명수의 데이터 사용량과 피자에 대한 예산제약은 실선으로 나타난 것처럼 기울기가 일정하다. 하지만 통신사가 데이터 사용량에 대해 수량할인을 제공하면 명수의 예산제약은 꺾이게 된다. 여기서 명수의 데이터 요금제는 매달 첫 600MB에 대해서는 MB당 10센트를 부과하고 그 이후로는 MB당 5센트를 부과하여, 결과적으로 점선으로 나타난 것처럼 데이터 사용량 600MB에서 꺾이게 된다. 원래 예산제약의 위쪽이면서 점선의 아래쪽 부분인 삼각형은 명수가 MB당 10센트로 가격이 일정할 때는 구입할 수 없었으나 새로운 가격 체계에서는 구입할 수 있는 데이터 사용량과 피자의 조합을 나타낸다.

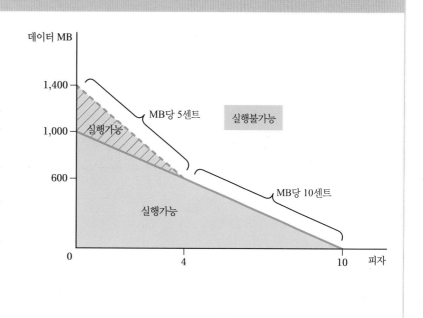

한다.

수량할인 명수가 소득 100달러를 피자와 전화 데이터 용량에 쓴다고 하자. 피자 가격은 10달러이다. 명수가 돈 전부를 피자에 쓴다면 피자 10판을 살 수 있다. 전화 데이터 요금이 MB당 10센트로 일정하다면 데이터를 1GB(1,000MB) 구입할 수 있다(그림 4.16). 데이터 요금이 10센트로 일정한 경우 예산제약은 데이터 0MB, 피자 10판을 나타내는 점과 데이터 1,000MB, 피자 0판을 나타내는 점을 잇는 실선으로 주어진다.

전화요금제는 데이터에 종종 수량할인을 제공한다. 수량할인이 있으면 소비자가 재화 단위당 지불하는 가격은 구매량에 의해 결정된다. 명수의 통화요금제가 매달 첫 600MB에 대해서는 MB당 10센트이고 그 이후로는 MB당 5센트라면, 명수의 예산제약은 꺾이는 점을 갖게 된다. 특히 데이터가 600MB가 넘어가면 데이터 요금이 낮아지므로 실제 예산제약은 데이터 600MB와 피자 4판인 점에서 꺾일 것이다. y축 재화(데이터 사용량)의 가격이 상대적으로 낮아지기 때문에 예산제약은 이 수량에서 시계 방향으로 회전해 가팔라진다. 예산제약의 세로절편을 찾기 위해서는 명수가 돈을 데이터에만 쓸 때 몇 MB를 구입할 수 있는지 알아내야 한다. 이 총량은 1,400MB[(600 × 0.10달러) + (800 × 0.05달러) = 100달러]이다. 그림 4.16에서 결과적으로 나타나는 예산제약은 피자 10판과 데이터 0MB에서 피자 4판과 데이터 600MB로 이어진 후(실선의 일부), 다음으로 피자 0판과 데이터 1,400MB로 이어진다(점선).

수량제한 어느 재화의 소비량에 제한이 있는 경우에도 예산제약이 꺾일 수 있다. 아이폰 신제품이 출시되면 애플은 종종 고객당 한 개로 구매 대수를 제한한다. 마찬가지로 제2차 세계대전 중 미국에서는 설탕이나 버터와 같은 특정 재화가 배급되었다. 각 가구는 정해진 수량만 살 수

그림 4.17   수량제한과 예산제약

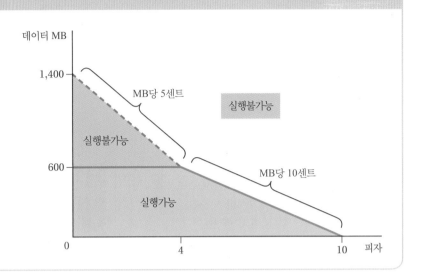

한 사람이 소비할 수 있는 재화의 수량에 제한이 있으면 예산제약은 꺾이게 된다. 명수의 한 달 데이터 사용량이 600MB로 제한되면 그 수량에서 예산제약은 수평선이 된다. 예산제약의 수평선 부분 위쪽이면서 점선 아래쪽 부분인 삼각형은 이제 명수에게 실행불가능한 데이터 사용량과 피자의 조합을 나타낸다. 소득과 가격이 바뀌지 않았기 때문에 명수가 여전히 이 집합을 살 여력이 있지만 구입량에 대한 규제로 인해 살 수 없다는 점에 주목하기 바란다.

있었다. 1970년대 원유 가격이 급등했던 시기에 주유소는 사람들이 구입할 수 있는 휘발유의 양을 종종 제한했다. 이 제한으로 인해 예산제약이 꺾이는 효과가 발생했다.[9]

명수의 통신사나 정부(혹은 명수의 부모님)가 명수의 주당 데이터 사용량을 600MB로 명확하게 제한했다고 하자. 이 경우 예산제약 중 600MB를 넘어서는 부분은 실행불가능하게 되어, 그림 4.17의 실선과 같이 600MB에서 수평선이 된다. 이 예에서 명수의 소득이나 가격 어느 것도 변하지 않았다는 점에 주목하기 바란다. 명수는 예산제약 중 점선으로 표시된 부분 아래의 '실행불가능'이라고 표시된 영역에 속한 어느 점이든 살 수 있는 충분한 돈을 가졌다. 단지 그렇게 돈을 쓸 수 있도록 허용되지 않을 뿐이다. 따라서 예산제약 중 평평한 부분에서는 명수가 쓰지 않고 남는 돈이 있을 것이다. 다음 절에서 보게 되듯이, 우리는 예산제약의 평평한 부분에 놓인 재화묶음은 절대 실제로 소비하려고 하지 않을 것이다. (답을 보기 전에, 그 이유를 알아낼 수 있는지 생각해보기 바란다.)

4.4 효용, 소득, 가격의 결합 : 소비자는 무엇을 소비할까?

이제 우리는 효용을 극대화하는 소비자가 각 재화를 얼마나 소비할지 알아내는 데 필요한 모든 요소를 갖추었다. 우리는 효용함수 및 그와 연관된 무차별곡선으로부터 가능한 모든 재화묶음에 대한 소비자의 선호를 안다. 우리는 소비자의 예산제약을 알고, 소득과 재화의 가격이 주어졌을 때 어떤 재화묶음이 실행가능한지 안다.

소비자의 최적화 문제 풀기

이 장의 서론에서 언급한 것처럼, 얼마나 소비할 것인가 하는 선택은 (다른 많은 경제적 결정과

---

9   소비자가 구입할 수 있는 수량에 대한 제한은, 그 제한이 시장 전체가 아니라 개별 소비자에게 적용된다는 점만 제외하면 우리가 제3장에서 배웠던 수량할당과 매우 비슷하다.

괴짜경제학

교통 체증이 이혼을 불러오는가?

부부가 이혼하는 이유는 많다. 교통 체증은 보통 우리가 그 목록 상단에 있으리라고 기대하는 것이 아니다. 하지만 베이징에서는 나쁜 교통 상황이 이혼을 불러오고 있는데, 그 이유는 결코 추측하지 못할 것이다.

베이징의 교통 체증은 세계에서 최악이다. 중국 경제가 성장하면서 자동차에 대한 수요도 증가했다. 그에 따른 교통 체증과 대기오염이 너무 심각해져 2011년 정부는 행동을 취해야 한다는 것을 깨달았다. 교통 혼잡에 대한 해결책을 찾기 위해 위원회가 구성되었다. 위원회는 많은 사람들이 훌륭하다고 여긴 계획을 생각해냈다. 그것은 매달 발급되는 번호판 수를 시에서 제한하는 것이었다. 공식 번호판이 없으면 차를 운전할 수 없으므로 이 정책은 급증하는 자동차 수를 멈출 수 있을 터였다. 추가적으로, 베이징 주민 모두에게 공정한 기회를 주기 위해 번호판은 매달 26일에 열리는 복권에 의해 수여하기로 결정되었다.

VCG/Getty Images

이 새 정책이 잘 작동했을까? 정부가 바랐던 대로는 절대 아니었는데, 이는 어느 경제학자라도 예견할 수 있는 이유에서였다. 이 정책은 새 번호판 공급을 극적으로 감소시키고, 복권에 혹시 당첨될 경우 새 번호판 가격을 낮게 유지했다. 낮아진 그 가격에 번호판을 원하는 소비자의 수가 가용한 번호판 수보다 훨씬 커서 복권에 당첨될 확률이 낮아졌다. 이것을 알고 그 시점에서 차가 없던 사람들조차 어쨌든 복권을 샀다. 운 좋게 당첨되면 실제로 차를 구입할 준비가 될 때까지 새 번호판을 가지고 있을 수 있었다. 복권에 당첨될 확률이 1,907분의 1로 매우 낮았기 때문에, 번호판을 사용할 수 있기 전에 그것을 획득하는 것에 대해 걱정해야 하는 사람들이 많지 않았다.

시장이 균형에 도달하는 것을 정부 정책이 막을 때, 소비자들은 정책을 우회하는 방법을 찾는다. 번호판 암시장이 곧 생겨났다. 또 다른 해결책은 베이징 주민이 다른 지역에서 차를 사서 그것을 베이징으로 운송하는 것이다(그 행동이 불법이어서 경찰이 매번 불러 세울 때마다 100~200위안, 즉 15~30달러의 벌금을 매길 수 있더라도 말이다).

베이징에서 합법적으로 번호판을 한 사람에서 다른 사람으로 이전하는 방법은 단 하나, 결혼을 통한 것뿐이다. 가령 아내가 복권에 당첨되면 그 번호판을 남편에게 주는 것이 허용된다. 사람들은 얼마나 절실하게 번호판을 원했을까? 글쎄, 행복한 결혼 생활을 누리던 부부 중 일부가 이혼을 결심하는 것으로 드러났다. 그 다음에 부부 중 한 명이 복권 당첨자에게 돈을 주어 그(또는 그녀)와 결혼하게 하고, 곧바로 이혼한 후 원래 배우자와 재혼하는 것이다!

이것이 나쁜 교통 상황이 공급과 수요의 힘에 유의하지 않는 정부 정책과 결합되어, 어떤 사람으로 하여금 단지 한 번이 아니라 두 번이나 이혼하도록 만드는 사연이다.

마찬가지로) 제약하의 최적화 문제이다. 무엇인가 극대화하려고 하는 것(이 경우에는 효용)이 있고, 얻을 수 있는 좋은 것의 양을 제한하는 것(이 경우에는 예산제약)이 있다. 그리고 다음 장에서 보듯이 예산제약하의 최적화 문제는 수요곡선의 기초를 형성한다.

이 제약하의 최적화 문제를 풀기 전에, 잠시 이 문제가 까다로운 이유에 대해 생각해보자. 이 문제는 돈으로 측정되는 것(소득과 가격)과 돈으로 직접 변환할 수 없는 가상의 단위로 측정되는 것(소비자 효용)을 비교하도록 한다. 효용 몇 단위를 더 얻기 위해 3달러를 낼 용의가 있는지 여부를 어떻게 알 수 있는가? 사실 알 수 없다. 하지만 가령 1달러를 추가적으로 골프공 사는 데 쓰는 것이 1달러를 추가적으로 AAA 건전지와 같은 다른 무언가에 쓰는 것보다 효용을 더 주는지 덜 주는지는 알아낼 수 있다. 나중에 드러나듯이, 무차별곡선과 예산제약을 이용해 이 선택을 해결하면 소비자의 최적화 문제를 푸는 것이 간단해진다.

그림 4.18   소비자의 최적 선택

소비자의 최적 소비묶음은 예산선과 무차별곡선이 접하는
점에서 발생하는데, 여기서는 A점으로 나타난다. 소비자는
B, C, D점으로 나타나는 소비묶음도 구입할 수 있으나, 이
점들은 A점(U_2)보다 낮은 무차별곡선(U_1)상에 있다. E점은
더 높은 무차별곡선(U_3)상에 있지만 소비자의 예산제약 밖
에 있어 실행불가능하다.

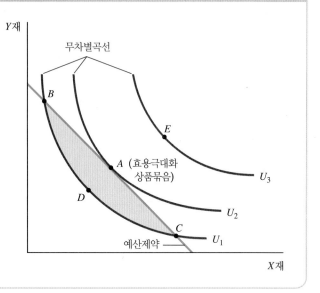

무차별곡선과 예산제약을 보여주기 위해 사용한 축들을 보자. 이 둘은 같다—즉 한 재화의
수량이 세로축에 있고 다른 재화의 수량이 가로축에 있다. 이런 식으로 처리한 것은 매우 중요
한데, 이는 두 재화에 대한 무차별곡선과 예산제약을 같은 그래프에 나타낼 수 있어 소비자 문
제가 풀기 쉬워지기 때문이다.

그림 4.18은 무차별곡선과 예산제약을 결합한 예를 보여준다. 소비자는 예산제약에 의해 부
과된 제한하에서 재화 소비로부터 최대한의 효용을 얻으려고 한다는 점을 기억하자. 소비자는
어떤 묶음을 고를까? A점에 있는 묶음이다. 이것이 예산선이 주어졌을 때 소비자가 도달할 수
있는 가장 높은 무차별곡선이다.

왜 A가 효용을 극대화하는 소비묶음일까? A점을 다른 실행가능한 묶음, 가령 B와 비교해보
자. B점은 예산제약선상에 있어서 소비자는 소득으로 이 점을 살 수 있다. 그러나 A점(U_2)에 비
해 B가 더 낮은 무차별곡선(U_1)상에 있기 때문에, 재화묶음 B는 A보다 효용이 낮다. C와 D묶음
도 실행가능하지만 역시 소비자의 효용은 더 낮다. 소비자는 U_2보다 높은 효용수준에 대응하는
무차별곡선(U_3)상에 있는 E와 같은 점을 소비하기를 원할 것이다. 유감스럽게도 소비자는 E를
살 여력이 되지 않는다. 즉 이 점은 예산제약 밖에 있다. 기본적으로 소비자는 하늘을 향해 손
을 뻗을 수는 있지만 예산제약이 허락하는 높이까지만 닿을 수 있다.

그림 4.18에서 소비자의 최적 소비묶음인 A를 보면 눈에 띄는 특징이 있다는 것을 알 수 있
다. 즉 그 점을 지나는 무차별곡선 U_2가 정확히 A에서 예산제약과 단 한 번 접촉한다는 것이다.
수학적으로 말하면 U_2와 예산제약이 A점에서 접한다. 효용에 관해 앞에서 가정했던 것이 성립
하는 한, 우리가 그릴 수 있는 다른 어떤 무차별곡선도 이런 특징을 갖지 않는다. 다른 무차별
곡선은 어떤 것도 예산제약과 접하지 않아서, 예산제약을 두 번 통과하거나 아예 통과하지 않
을 것이다. 접하는 다른 무차별곡선을 그릴 수 있다면, 그 무차별곡선은 그림 4.18에 그려진 곡
선을 통과하여 이행성 가정을 위배하게 될 것이다. (한번 시도해보기 바란다. 유용한 연습이 될

것이다.)

이처럼 한 번 접하는 것은 우연이 아니다. 사실 그것은 효용극대화가 되기 위한 조건이다. 그 이유를 살펴보기 위해 무차별곡선과 예산선이 결코 접촉하지 않는다고 해보자. 그러면 이 무차별곡선상의 어떤 점도 실행가능하지 않으므로, 정의에 의해 이 무차별곡선상의 어떤 재화묶음도 주어진 소득하에서 소비자가 효용을 극대화하는 방법이 될 수 없다.

다음으로 무차별곡선이 예산선을 두 번 통과한다고 하자. 이것은 이 무차별곡선상의 어떤 점보다 소비자에게 높은 효용을 주면서 소비자가 구입가능한 소비묶음이 있다는 것을 의미한다. 예를 들어 그림 4.18에서 무차별곡선 U_1과 예산선 사이의 음영으로 표시된 부분은 실행가능하면서 B, C, D묶음, 혹은 U_1상의 어떤 점에 비해서도 효용이 높은 묶음을 전부 나타낸다. 이것은 U_1상의 어떤 묶음도 효용극대화가 될 수 없음을 의미한다. 구입가능하면서 효용은 더 높은 다른 묶음이 있기 때문이다. 비슷한 추론에 의해 이 결과는 무차별곡선 U_1뿐만 아니라 예산선을 두 번 통과하는 어떤 무차별곡선에 대해서도 성립한다. 이것은 (1) 실행가능하고 (2) 효용수준이 더 높은 다른 소비묶음이 없는 점은 접점뿐이라는 것을 의미한다. 이 접점이 소비자의 효용을 극대화하는 재화묶음이다.

수학적으로, 무차별곡선과 예산제약이 접한다는 것은 최적 소비묶음에서 둘의 기울기가 같다는 것을 의미한다. 이것은 최적묶음의 위치를 이해하는 데 핵심이 되는 매우 중요한 경제학적 해석을 갖는다. 4.2절에서 우리는 무차별곡선의 기울기에 음의 부호를 붙인 것을 한계대체율로 정의하고 MRS_{XY}가 두 재화의 한계효용의 비를 나타낸다는 것을 보았다. 4.3절에서는 예산제약의 기울기가 두 재화의 가격의 비에 음의 부호를 붙인 것과 같다는 것을 보았다. 따라서 소비자의 효용극대화 묶음이 무차별곡선과 예산제약의 접점이라는 것(그리고 예산제약의 안쪽이 아니라 선상에 있다는 것)은 다음과 같은 핵심적 통찰력을 제공한다. 즉 소비자가 소득을 전부 사용할 때 최적 소비묶음은 재화의 한계효용의 비가 재화의 가격의 비와 정확히 같은 점이다.

효용극대화 배후에 있는 이러한 경제학적 사고를 수학적으로 나타낼 수 있다. 접점에서 다음이 성립한다.

$$\text{무차별곡선의 기울기} = \text{예산제약의 기울기}$$

$$-MRS_{XY} = -MU_X/MU_Y = -P_X/P_Y$$

$$MU_X/MU_Y = P_X/P_Y$$

소비자가 효용을 극대화할 때 한계효용의 비와 가격의 비는 왜 같을까? 만약 둘이 같지 않다면 소비자는 한 재화에서 다른 재화로 소비를 바꾸어 효용을 높일 수 있다. 왜 그런지 보기 위해 연아가 게토레이와 단백질 바의 소비를 통해 효용을 극대화하고 있다고 하자. 게토레이 1병이 단백질 바 하나보다 2배 비싸지만 두 재화로부터의 한계효용의 비는 가격 비인 2:1이 아닌 묶음을 연아가 고려하고 있다고 하자. 연아가 게토레이를 1병 더 마시는 것과 단백질 바 하나를 더 소비하는 것에서 한계적으로 같은 양의 효용을 얻고, 따라서 재화의 한계효용의 비가 1이라고 하자. 주어진 상대가격하에서 연아는 게토레이 1병을 포기하고 단백질 바 2개를 더 얻을 수 있고, 이렇게 하면 더 높은 효용수준에 도달할 수 있다. 왜 그럴까? 추가된 단백질 바 2개는 잃어버린 게토레이 1병에 비해 효용 측면에서 2배의 가치가 있기 때문이다.

이제 게토레이 1병이 한계적으로 연아에게 단백질 바의 4배의 효용을 준다고 하자. 이 경우

게토레이와 단백질 바에 대한 연아의 한계효용의 비(4:1)가 가격 비(2:1)보다 높고, 따라서 연아는 단백질 바를 2개 덜 사고 대신 게토레이를 1병 더 살 수 있을 것이다. 게토레이가 단백질 바 2개에서 잃어버린 효용의 2배를 주기 때문에, 단백질 바를 덜 사고 게토레이를 더 사면 연아는 효용이 올라갈 것이다.

이 최적화 조건을 다음과 같이 지출된 달러당 소비자의 한계효용 측면에서 다시 써보면 도움이 될 때가 많다.

 예제 4.4

민준이 두 재화인 햄버거와 감자튀김으로부터 효용을 얻는다고 하자. 민준의 효용은 다음과 같이 주어진다.

$$U = \sqrt{BF} = B^{0.5}F^{0.5}$$

여기서 B는 민준이 먹는 햄버거의 양이고 F는 감자튀김의 양이다. 민준의 한계효용은 햄버거로부터는 $MU_B = 0.5B^{-0.5}F^{0.5}$이고 감자튀김으로부터는 $MU_F = 0.5B^{0.5}F^{-0.5}$이다. 민준의 소득은 20달러이며 햄버거와 감자튀김의 가격은 각각 5달러와 2달러이다. 민준의 효용을 극대화하는 햄버거와 감자튀김의 양은 얼마인가?

풀이

우리는 소비자의 극대화 문제의 최적해에서는 한계대체율, 즉 재화의 한계효용의 비가 다음과 같이 재화의 가격 비와 같다는 것을 안다.

$$MRS_{BF} = \frac{MU_B}{MU_F} = \frac{P_B}{P_F}$$

여기서 P_B와 P_F는 재화의 가격이다. 따라서 효용을 극대화하는 햄버거와 감자튀김의 양을 찾기 위해서는 다음과 같이 한계효용의 비를 재화의 가격 비와 같게 놓고 단순화한다.

$$\frac{MU_B}{MU_F} = \frac{P_B}{P_F}$$

$$\frac{0.5B^{-0.5}F^{0.5}}{0.5B^{0.5}F^{-0.5}} = \frac{5}{2}$$

$$\frac{0.5F^{0.5}F^{0.5}}{0.5B^{0.5}B^{0.5}} = \frac{5}{2}$$

$$\frac{F}{B} = \frac{5}{2}$$

$$2F = 5B$$

$$F = 2.5B$$

이 조건은 민준이 감자튀김과 햄버거를 5:2의 비로 먹을 때 효용이 극대화됨을 알려준다. 이제 우리는 최적수량의 비는 알지만, 민준이 소비할 양은 정확히 알지 못한다. 이것을 알아내기 위해서는 예산제약을 이용하면 된다. 예산제약은 민준이 지출할 수 있는 총액을 정확히 정해주고, 이에 따라 민준이 소비할 수 있는 각 재화의 총량을 알 수 있다.

민준의 예산제약은 다음과 같이 쓸 수 있다.

$$\text{소득} = P_F F + P_B B \quad \text{또는}$$

$$B = \frac{\text{소득}}{P_B} - \frac{P_F}{P_B}F$$

문제에서 주어진 값을 대입하면 다음을 얻는다.

$$B = \frac{20}{5} - \frac{2}{5}F$$

$$B = 4 - 0.4F$$

이제 효용극대화 조건인 $F = 2.5B$를 예산제약에 대입해 다음과 같이 민준이 소비할 햄버거의 양을 알아낼 수 있다.

$$B = 4 - 0.4F$$

$$B = 4 - 0.4(2.5B)$$

$$B = 4 - B$$

$$2B = 4$$

$$B = 2$$

그리고 $F = 2.5B$이므로 $F = 5$이다.

따라서 주어진 예산제약하에서 민준은 햄버거 2개와 감자튀김 5인분을 소비함으로써 효용을 극대화한다.

$$\frac{MU_X}{MU_Y} = \frac{P_X}{P_Y} \Rightarrow \frac{MU_X}{P_X} = \frac{MU_Y}{P_Y}$$

여기서 효용극대화 문제는 소비자에게 돈에 비해 가장 큰 가치를 주는 소비묶음을 찾는 것으로 고쳐 말할 수 있다. 이것은 지출된 달러당 한계효용(MU/P)이 모든 재화에 대해 같을 때 발생한다. 이것이 성립하지 않으면 소비자는 X재와 Y재의 소비를 조정해서 효용을 개선할 수 있다.[10]

효용극대화의 함의

한계효용의 비가 가격 비와 같아야 한다는 결과는 경제 전체에 대해 또 다른 함의를 갖는데, 이 함의는 처음에는 매우 놀라울 수도 있다. 두 소비자가 두 재화에 대해 매우 다른 선호를 갖는다 하더라도 균형에서 두 재화에 대한 한계효용의 비는 같을 것이다. 이는 효용극대화에 의해 각 사람의 한계대체율이 가격 비와 같을 것이고 그 비가 두 사람에게 동일하기 때문이다.[11]

이것은 이상해 보일 수도 있다. 우선 우리는 사람들 간에 효용수준을 비교할 수 없다고 말했다. 둘째, 설사 비교가 가능하더라도, 가령 A는 껌 9통과 아이튠즈 다운로드 1건을 소비하고, 반면 B는 다운로드 9건과 껌 1통만을 소비한다면, A는 껌을 매우 좋아하고 따라서 껌 1통을 더 얻기 위해 B보다 더 많은 돈을 지불하려고(그리고 아이튠즈에는 돈을 덜 지불하려고) 할 것처럼 보인다.

이 주장은 A와 B가 둘 다 같은 묶음을 소비한다면 맞지만, 이 둘은 같은 묶음을 소비하지 않아도 된다. 이들은 각 재화를 얼마나 소비할지를 선택할 수 있다. A는 껌을 매우 좋아하기 때문에 껌을 매우 많이 소비할 것이고 이에 따라 한계효용이 낮아져 결국 A와 B가 효용극대화 소비묶음에 도달할 때쯤에는 두 재화에 같은 수준의 상대적 가치를 부여하게 된다. 결국 이들이 (한계적으로) 두 재화에 부여하는 상대적 가치는 상대가격에 의해 결정된다. A와 B가 동일한 가격에 직면하기 때문에 상대적 가치도 같게 된다.

이 상황이 그림 4.19에 나타나 있다. 단순화를 위해 A와 B의 소득이 같다고 가정하자. 이들이 또한 동일한 상대가격에 직면하기 때문에 예산제약도 같다. A는 아이튠즈 다운로드에 비해 껌을 훨씬 좋아해서 무차별곡선이 완만하다. 즉 줄어든 껌을 보상해주려면 아이튠즈 다운로드를 매우 많이 받아야 한다. B는 반대의 선호를 갖는다. B가 아이튠즈 다운로드를 포기하고도 효용이 같으려면 껌을 매우 많이 받아야 한다. 따라서 B의 무차별곡선은 가파르다. 그럼에도 불구하고 A와 B의 효용극대화 묶음은 동일한 예산선상에 있고 이 묶음에서 둘의 한계대체율은 같다. A의 무차별곡선(U_A)이 B의 무차별곡선(U_B)과 예산선에 접하고 따라서 효용극대화 묶음을 포함하도록 그림이 그려져 있다.

둘의 MRS_{XY}는 같지만 각 묶음에서 둘이 소비하는 각 재화의 양은 다르다. 껌을 좋아하는 A는, 껌이 많고 아이튠즈는 많지 않은 묶음(A)을 선택함으로써 효용을 극대화한다. 반면 B의 최

---

10 흥미롭게도 소비자 효용극대화 문제는 비용극소화 문제로 대신 풀어도 정확히 같은 답을 준다. 이 경우 소비자는 목표 효용수준에 도달하는 데 드는 비용을 최소화하려고 한다. 경제학자들은 이것을 효용극대화 문제의 '쌍대 (dual)'라고 부른다. 이 장의 부록은 두 접근법 배후에 있는 수학을 알려주며, 왜 이 두 접근법이 동일한 답을 주는지 보여준다.

11 기술적으로 말해 이것은 소비자가 두 재화를 소비하는 양이 모두 양(+)인 경우, 다시 말해 경제학적 용어로 '내부' 해를 가질 경우에만 성립한다. 이 주제에 대해서는 다음 절에서 논의할 것이다.

그림 4.19 두 소비자의 최적 선택

예산제약이 같아도 A와 B는 상대적 선호가 달라서 최적 소비묶음이 다르다. A는 아이튠즈 다운로드에 비해 껌을 좋아하기 때문에 무차별곡선(U_A)이 완만하고, 최적 소비묶음인 A점에서 아이튠즈보다 껌을 훨씬 더 많이 소비한다. B의 무차별곡선(U_B)은 훨씬 더 가파르고 껌보다 아이튠즈 다운로드를 상대적으로 더 선호하는 것을 나타낸다. B의 효용극대화 묶음은 B점으로 나타난다. 둘의 소비묶음은 다르지만 각 최적 소비점에서의 한계대체율은 같다.

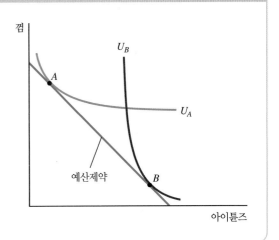

적 소비묶음(B)에는 아이튠즈는 많고 껌은 거의 없다. 여기서도 기본적 발상은 각 소비자가 더 강한 선호를 가진 재화를 더 많이 소비함에 따라 결국 효용극대화 묶음에서 한계대체율이 서로 같아진다는 것이다. 이런 식으로 행동함으로써 A와 B는 선호하는 재화의 상대적 한계효용을 낮추어 결국 한계효용의 비가 가격 비와 같아지게 되는 것이다.

이 두 무차별곡선이 교차한다는 사실에 주목하기 바란다. 앞에서 무차별곡선은 절대 교차하지 않는다고 배웠지만, '교차 금지' 규칙은 한 개인의 무차별곡선에 대해서만 적용된다. 그림 4.19는 선호가 다른 두 사람의 무차별곡선을 나타내므로 우리가 앞에서 얘기했던 이행성은 성립하지 않는다. 당신은 껌을 아이튠즈보다 좋아하고, 당신의 친구는 아이튠즈를 가령 커피보다 더 좋아한다고 해서, 이것이 당신이 껌을 커피보다 더 좋아해야 한다는 것을 의미하지는 않는다. 따라서 동일한 소비묶음(가령 껌 3통과 아이튠즈 다운로드 5건)이 다른 사람에게는 다른 효용을 줄 수 있다.

특수한 경우 : 구석해

지금까지 우리는 소비자가 최적묶음에서 두 재화 모두를 어느 정도 소비하는 경우를 분석하였다. 이 가정은 효용함수의 특성상 우리가 어떤 재화를 더 많이 갖게 될수록 그 재화를 더 얻기 위해 포기할 용의가 있는 다른 재화의 양이 점점 줄어든다면 대체로 타당하다. 재화의 첫 몇 단위의 한계효용이 가장 높기 때문에 소비자는 보통 그 재화를 적어도 어느 정도는 원할 것이다.

구석해
효용극대화 소비묶음이 예산제약선의 한 구석에 위치하는 경우로, 여기서 소비자는 두 재화 중 하나만을 구매하게 됨

내부해
두 재화의 소비량이 모두 양수인 효용극대화 소비점

하지만 선호와 상대가격에 따라 소비자는 어떤 경우에는 돈 전부를 한 재화에만 쓰려고 할 것이다. 주어진 예산제약하에서 재화 하나만 소비하고 다른 재화는 전혀 소비하지 않을 때 효용이 극대화되는 상황을 **구석해**(corner solution)라고 한다. (이 이름은 최적 소비묶음이 예산제약과 축이 만나는 '구석'이라는 사실에서 유래한다.) 효용극대화 묶음에서 두 재화의 수량이 우리가 지금까지 살펴본 경우에서처럼 모두 양이라면 그 최적묶음은 **내부해**(interior solution)라고 부른다.

그림 4.20은 구석해를 나타낸다. 소비자인 민준은 소득이 240달러이며 추리소설과 블루투스

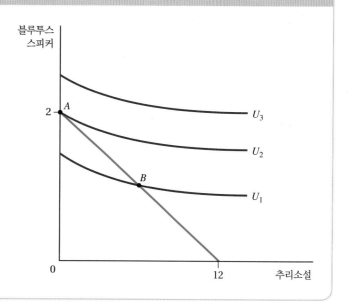

그림 4.20 구석해

구석해는 소비자가 돈 전부를 한 재화에 쓸 때 발생한다. 추리소설과 블루투스 스피커의 상대가격 및 소득이 주어졌을 때, 민준은 블루투스 스피커 2개와 추리소설 0권을 소비할 것이다(A). B점과 같은 다른 모든 실행가능한 소비조합은 A점에서의 무차별곡선 U_2보다 낮은 무차별곡선에 대응한다. 민준은 현재 소득으로는 U_3와 같이 더 높은 효용수준에서의 소비묶음은 구입할 수 없다.

스피커의 소비수준을 고르고 있다. 양장본 추리소설이 20달러이고 블루투스 스피커가 120달러라고 하자. 블루투스 스피커가 추리소설보다 비싸기 때문에 민준은 추리소설은 12권까지 살 수 있지만 블루투스 스피커는 2개밖에 살 수 없다. 그럼에도 불구하고 주어진 소득에서 민준이 얻을 수 있는 최대효용은 A묶음을 소비할 때 나오는데, 이 점에서 민준은 블루투스 스피커만 소비하고 추리소설은 소비하지 않는다.

A가 최적묶음인지 어떻게 알 수 있을까? 실행가능한 다른 묶음, 가령 B에 대해 생각해보자. 민준은 이 묶음을 살 수 있지만 이 점은 U_2보다 낮은 효용수준에 대응하는 무차별곡선 U_1상에 있다. 동일한 논리가 U_1과 U_2 사이의 어느 무차별곡선에 대해서도 적용될 것이다. 그뿐만 아니라 U_2보다 효용이 높은(즉 U_2의 오른쪽 위) 묶음은 어느 것이든 민준의 소득으로는 실행불가능하다. 따라서 U_2가 민준이 얻을 수 있는 최대효용일 수밖에 없으며, 민준은 A묶음을 소비해야만 최대효용을 얻을 수 있다. 이는 A묶음이 이 무차별곡선상에서 민준이 구입할 수 있는 유일한 묶음이기 때문이다.

구석해에서 가장 높은 무차별곡선은 예산제약과 단 한 번 접촉하는데, 이는 앞에서 논의한 내부해의 경우와 같다. 구석해의 경우 유일한 차이점은 A묶음이 접점이 아니라는 것이다. 이 점(그리고 다른 모든 점)에서 무차별곡선이 예산제약보다 완만하다. 이는 민준의 한계대체율, 즉 블루투스 스피커로부터의 한계효용 대비 추리소설로부터의 한계효용이 두 재화의 가격 비와 같지 않고 더 작음을 뜻한다. 달리 말해 민준이 추리소설을 전혀 소비하지 않을 때에도 추리소설로부터의 한계효용이 매우 낮아서, 가격을 지불하고 추리소설을 소비할 가치가 없다는 것이다. 줄어든 블루투스 스피커 소비에 따라 포기해야 하는 한계효용이, 블루투스 스피커에 쓸 돈 일부를 소설에 쓸 수 있다고 해서 보상이 되지는 않을 것이다.

예제 4.5

한 피자 체인점이 최근에 다음과 같은 특별 판촉을 제안하였다. "피자 1판을 정가에 사시면 다음에 사시는 피자 3판을 개당 5달러에 드립니다!" 피자 1판의 정가가 10달러이고 당신의 1일 소득이 40달러이며 다른 모든 재화의 가격은 단위당 1달러라고 가정하자.

a. 특별 판촉 전후의 상황을 나타내는 피자와 다른 모든 재화에 대한 예산제약을 그려라. (피자 수량을 가로축에 둘 것.) 가로절편과 세로절편 및 예산제약의 기울기를 나타내라.

b. 이 특별 제안이 당신의 구매 행위를 어떻게 바꿀 것 같은가?

c. (b)에 대한 답은 무차별곡선의 모양에 따라 어떻게 달라지는가?

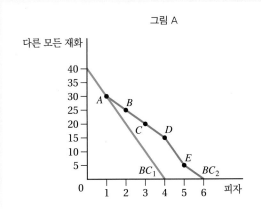

그림 A

풀이

a. 예산제약을 그리기 위해서는 판촉 전후 구입가능한 피자와 다른 모든 재화의 조합을 찾아야 한다. 예산제약을 그리는 출발점은 x절편과 y절편을 찾는 것이다.

판촉 전에는 모든 소득을 피자에 쓰면 하루에 피자 4판(40달러/10달러)을 살 수 있다. 이것이 x절편이다(그림 A). 마찬가지로, 피자를 사지 않으면 하루에 다른 모든 재화를 40단위 살 수 있다. 이것이 y절편이다. 그림 A에 나타난 예산제약은 이 두 점을 잇는 선이며 기울기는 $-40/4 = -10$이다. 이 기울기는 피자 1판을 더 얻기 위해 포기해야 하는 다른 모든 재화의 양을 측정한다. 이것은 또한 $-P_x/P_y = -10$달러/1달러 $= -10$과 같다는 점에 주목하기 바란다.

판촉이 시작된 후에도 피자를 사지 않으면 여전히 다른 모든 재화를 40단위 구입할 수 있다. 판촉은 피자를 살 때만 효과가 있다. 이는 예산제약의 y절편은 판촉에 의해 바뀌지 않음을 의미한다. 이제 피자 1판을 산다고 하자. 이 경우 피자 사는 데 10달러를 지불해야 하며, 다른 모든 재화 구입에 쓸 수 있는 돈은 30달러가 남는다. 이 묶음은 그림에서 A점이다. 두 번째 피자를 산다면 가격은 5달러밖에 되지 않는다. 피자 2판을 사는 데 15달러를 쓰면 다른 재화는 25달러(40달러－15달러)어치 구입할 수 있다. 이 묶음은 B점에 해당한다. 세 번째

와 네 번째 피자 역시 각각 5달러이다. 피자 3판을 사면 다른 재화에 쓸 돈이 20달러 남으며 피자 4판을 사면 다른 재화에 쓸 돈이 15달러 남는다. 이것은 그림에서 C와 D점이다.

판촉에서 5달러 가격은 피자 3판으로 제한되기 때문에 다섯 번째 피자의 가격은 10달러(정가)이다. 이는 피자를 5판 사면 E묶음에서와 같이 피자를 사는 데 35달러를 쓰고 다른 재화를 사는 데는 5달러만 쓸 것임을 의미한다. 피자 1판을 다시 정가에 구입했으므로 다음 피자 3판에 대해서는 할인된 가격 5달러를 받을 자격이 생긴다. 유감스럽게도 5달러짜리 피자를 1판 더 살 돈밖에는 없다. 따라서 모든 소득을 피자에 쓴다면 피자를 4판이 아니라 6판 살 수 있다.

그러면 판촉의 결과로 x절편은 밖으로 이동해 6이 되고, 예산선은 판촉에 따른 구매력 증가를 반영해 바깥쪽으로 회전(구입하는 피자 수에 대응하는 상대가격 때문에 다소 불규칙한 방식으로)한다(예산제약 BC_2).

b. 판촉으로 피자 소비량이 증가할 가능성이 높다. 새로운 예산제약의 대부분은 원래 예산제약의 오른쪽에 위치해 실행가능한 묶음의 수가 증가한다. 많은 것이 적은 것보다 좋기 때문에 최적묶음에서는 전에 비해 피자가 더 많을 가능성이 높다.

c. 무차별곡선이 매우 완만하다면 피자에 비해 다른 재화에 강한 선호를 갖는다. 예를 들어 그림 B의 U_A를 보기 바란다. 이 무차별곡선의 기울기(절댓값)는 상대적으로 작다. 이는 피자에 대한 다른 재화의 한계대체율이 작다

는 것을 뜻한다. 무차별곡선이 이렇게 생겼다면 피자를 더 얻기 위해 다른 재화를 별로 포기하려 하지 않을 것이고, 최적 소비묶음은 새로운 예산제약 중 원래 예산제약과 일치하는 부분에 위치할 가능성이 높다. 판촉으로 소비 행위가 바뀌지 않을 것이다. 완만한 무차별곡선에 나타나듯이 피자에 높은 우선권이 없기 때문이다.

반면 무차별곡선이 U_B처럼 가파르다면 한계대체율이 상대적으로 커서, 피자를 한 단위 더 얻기 위해 다른 재화를 많이 포기할 용의가 있다는 것을 나타낼 것이다. 이 판촉으로 피자를 더 구입할 가능성이 매우 높다.

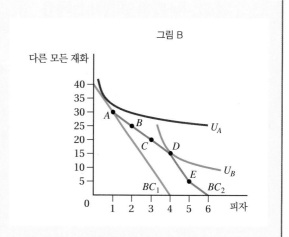

그림 B

4.5 결론

이 장에서는 소비자가 무엇을 소비할지를 어떻게 결정하는지에 대해 살펴보았다. 이 결정은 소비자의 두 특징인 선호(효용함수에 나타남)와 소득, 그리고 시장의 특징인 재화의 가격을 결합한 것이다.

소비자가 재화 간 한계대체율이 상대가격과 같도록 재화묶음을 선택할 때 소비로부터의 효용이 극대화된다는 것을 보았다. 즉 이 묶음에서 재화의 효용의 비는 가격 비와 같다. 이는 지출된 달러당 재화의 한계효용이 같다는 것과 동일하다. 이 특성이 성립하지 않으면 소비자는 달러당 한계효용이 높은 재화를 더 소비하고 달러당 한계효용이 낮은 재화를 덜 소비해서 효용을 높일 수 있다.

요약

1. **효용**은 소비자의 행복이나 복지를 가리키는 경제학적 개념이며, **효용함수**는 소비되는 재화의 양(투입)을 소비자의 효용수준(산출)과 연결시키는 구성 개념이다. 거의 모든 효용함수가 공유할 것으로 기대되는 특성이 있는데, 완비성, 순위결정가능성, 효용묶음의 이행성, 재화가 많은 것이 적은 것보다 좋다는 성질, 특정 재화를 더 많이 가질수록 그 재화를 더 얻기 위해 포기할 용의가 있는 다른 재화의 양이 줄어든다는 성질 등이 그것이다. [4.1절]

2. 소비자의 선호는 **무차별곡선**에 반영된다. 무차별곡선은 소비자가 동일한 효용을 얻는 재화의 조합을 모두 나타내는 것이다. 효용함수에 부과되는 특성들은

무차별곡선의 모양에 몇 가지 제약을 준다. 즉 무차별곡선은 우하향하며 주어진 개인에 대해 절대 교차하지 않고 원점에 대해 볼록하다. [4.2절]

3. 무차별곡선의 기울기에 음의 부호를 붙인 것이 **Y재에 대한 X재의 한계대체율**(MRS_{XY})이다. 한계대체율은 효용함수에 들어가는 재화의 한계효용의 비이다. [4.2절]

4. 소비자 선호에 따라 무차별곡선의 기울기와 곡률이 결정된다. 소비자가 두 재화를 **완전대체재**나 **완전보완재**로 보면 무차별곡선은 각각 직선과 직각이 될 것이다. [4.2절]

5. 각 재화를 얼마나 소비할 것인지에 대한 소비자의

결정은 효용뿐 아니라 그 사람이 쓸 수 있는 돈이 얼마나 있는지(소득)와 재화의 가격에도 달려 있다. 소비 결정에서 소득의 역할을 분석할 때 다음을 가정한다—우선 각 재화의 가격이 고정되어 있어 어떤 소비자든 소득만 충분히 있다면 그 가격에 원하는 만큼 살 수 있다. 다음으로 소비자에게는 쓸 수 있는 정해진 액수의 소득이 있다. 끝으로 소비자는 저축하거나 빌릴 수 없다.

　　예산제약은 소비자의 소득과 재화의 상대가격 모두를 포착한다. 제약은 어느 **소비묶음**이 **실행가능**하고(즉 주어진 소비자의 소득하에서 구입가능하고) 어느 소비묶음이 **실행불가능**한지 보여준다. 예산제약의 기울기는 두 재화의 가격에 음의 부호를 붙인 것이다($-P_X/P_Y$). **[4.3절]**

6. 소비자의 결정은 제약하의 최적화 문제이다. 즉 예산제약 내에 머무르면서 효용을 극대화하는 것이다. 효용극대화의 해는 일반적으로 무차별곡선이 예산제약과 접하는 곳에 위치한 재화묶음을 소비하는 것이다. 이 최적점에서 소비자의 한계대체율, 즉 소비자가 각 재화에서 얻는 한계효용의 비는 재화의 상대가격의 비와 같다.

　　구석해에서는 한 재화의 최적 소비량이 0인데, 한 재화에 대한 소비자의 한계효용이 그 재화의 가격에 비해 너무 낮아 그 재화를 아예 소비하지 않는 것이 더 좋을 때 발생할 수 있다. 이런 경우 한계대체율은 소비자가 효용극대화 소비묶음을 선택해도 가격 비와 같지 않다. **[4.4절]**

복습문제

1. 선호에 대해 다음과 같은 네 가지 가정을 한다—완비성과 순위결정가능성, '많을수록 좋다', 이행성, 소비자가 다양성을 원한다. 각 가정을 간단히 설명하라.

2. '효용'이라는 용어는 무엇을 의미하는가? 효용은 효용함수와 어떤 관련이 있는가?

3. '무차별곡선'을 정의하라. 무차별곡선은 소비자에 대해 무엇을 알려주는가?

4. 무차별곡선의 기울기가 Y재에 대한 X재의 한계대체율임을 배웠다. MRS_{XY}는 두 재화 사이의 소비자 선호에 대해 무엇을 알려주는가?

5. 무차별곡선의 기울기는 곡선을 따라 이동할 때 왜 달라지는가? 이러한 변화가능성은 소비자의 선호에 대해 무엇을 알려주는가?

6. 가파른 무차별곡선은 소비자 선호에 대해 무엇을 나타내는가? 완만한 무차별곡선의 경우는 어떤가?

7. 두 재화는 어떤 경우에 완전대체재인가? 무차별곡선은 어떻게 생겼는가? 다시 말해 **곡률**이 어떻게 되는가?

8. 두 재화는 언제 완전보완재인가? 무차별곡선은 어떻게 생겼는가?

9. 효용 이외에 소비량을 결정하는 다른 요인은 무엇인가?

10. 소득을 소비자 행동 모형에 집어넣을 때 세우는 가정 세 가지에 대해 설명하라.

11. 예산제약이란 무엇인가?

12. 예산제약의 기울기를 결정하는 것은 무엇인가? 예산제약의 기울기는 어떤 상황에서 변하는가?

13. 소비자의 무차별곡선과 예산제약 사이의 접점에 의해 나타나는 묶음을 무엇이라고 부르는가?

14. 접점에서는 재화의 한계효용의 비와 가격 비 사이에 어떤 관계가 성립하는가?

연습문제

(별표 표시가 된 문제의 풀이는 이 책 뒤에 있다.)

1. 다음에 나오는 각 개인은 소비자의 선호에 관한 가정 중 어느 것을 위배하는가?

　　a. 갑는 농구를 축구보다 좋아하고, 축구를 야구보다

좋아하며, 야구를 농구보다 좋아한다.

　　b. 을은 자두 주스를 오렌지 주스보다 더 좋아하지만 자몽 주스에 대해서는 어떻게 느끼는지 결정할 수

없다.

  c. 병은 슈퍼히어로가 등장하는 만화책을 좋아하는데, 만화책 5권을 만화책 10권보다 더 좋아한다.

2. 가정에 의해 개인의 선호는 이행성을 띠어야 하므로, 만약 A가 B보다 좋고 B가 C보다 좋다면 A가 C보다 선호된다. 갑, 을, 병 각각이 세 재화인 오렌지, 사과, 배에 대해 이행성을 만족하는 선호를 갖고 있다고 하자. 갑, 을, 병이 오렌지, 사과, 배 중 어느 것을 '이달의 과일'로 명명할지 투표로 정한다고 할 때, 집단의 선호가 이행성을 띠지 않을 수 있음을 보여라.

3. 아래 표는 다른 모든 조건이 일정할 때 3명의 소비자 A, B, C에 의해 소비되는 X의 개수에 대응하는 총효용 $U(X)$를 보여준다.

A		B		C	
U(X)	X	U(X)	X	U(X)	X
10	2	10	2	10	2
14	3	10	3	12	3
16	4	10	4	15	4
17	5	9	5	19	5
17.5	6	8	6	24	6

  a. 각 X 수준에서 X에 대한 각 소비자의 한계효용을 계산하라.

  b. 표의 자료에 근거할 때, 이들 소비자 중 누군가가 선호에 관한 표준적인 가정을 위배하고 있는지 알 수 있는가?

  c. 3명의 소비자 중 누군가는 정확히 같은 선호를 갖고 있는데 단지 효용을 측정하는 자의적인 단위 때문에 세 소비자의 각 열의 숫자가 다를 수 있는가? 설명하라.

4. 줄리엣과 앤드루는 정기적으로 극장에 가며, 거기서 팝콘과 슬러시를 소비하고 싶어 한다. 극장에서 줄리엣의 효용함수는 $U_J = \sqrt{P \times S}$로 주어지는데, 여기서 P는 팝콘 컵 수, S는 슬러시 수이다. 앤드루의 효용함수는 $U_A = P + S$로 주어진다.

  a. 다음의 팝콘과 슬러시 조합으로부터 줄리엣과 앤드루가 얻는 효용을 계산하라.

팝콘 수량	슬러시 수량	줄리엣의 효용	앤드루의 효용
1	1		
2	2		
3	3		

  b. 줄리엣과 앤드루가 각각 팝콘 2개와 슬러시 2개를 소비하고 있다고 하자. 극장 간식으로부터 누가 최대의 행복을 얻는가?

  c. 줄리엣이 팝콘 2개와 슬러시 3개를 소비했다고 하자. 줄리엣이 팝콘을 한 컵 더 먹으면 얻을 한계효용은 얼마인가? 슬러시를 하나 더 마시면 얻을 한계효용은 얼마인가?

  d. 앤드루가 팝콘 1개와 슬러시 1개를 소비하고 있을 때, 팝콘을 하나 더 먹으면 효용이 1단위 증가할 것이다. (이를 확인하라!) 앤드루가 팝콘 8개와 슬러시 1개를 소비하고 있을 때, 팝콘을 하나 더 먹으면 그의 효용은 또다시 1단위 증가할 것이다. 앤드루의 특별한 효용함수는 소비자 선호에 관한 어떤 가정을 위배하는가? 줄리엣의 효용함수는 그 가정을 위배하는 것처럼 보이는가?

5. 다음의 각 재화 쌍에 대해 무차별곡선 2개를 그려라. 첫 번째 재화의 수량을 가로축에, 두 번째 재화의 수량을 세로축에 놓아라.

  a. A는 연필과 펜을 좋아하지만 둘 중 어느 것으로 쓰는지는 상관하지 않는다.

  b. B는 당근은 좋아하고 브로콜리는 싫어한다.

  c. C는 힙합 음악의 아이튠즈 다운로드를 좋아하고 헤비메탈 다운로드는 상관하지 않는다.

  d. D는 와이셔츠와 커프스 단추를 1:2의 비로 좋아한다.

  e. E는 피자와 신발을 좋아한다.

  f. F는 생선과 감자를 둘 다 싫어한다.

*6. 민준이 사과 4개와 복숭아 1개로 구성된 A묶음과 복숭아 4개와 사과 1개로 구성된 B묶음 사이에서 무차별하다고 하자. 민준에게 A묶음과 복숭아 3개와 사과 2개로 구성된 C묶음을 제시한다면 어느 것을 고르겠는가? (힌트 : 무차별곡선을 한두 개 그려보라.)

*7. 한 소비자의 효용함수가 $U = XY$로 주어져 있다. 여

기서 $MU_X = Y$이고 $MU_Y = X$이다.

a. X 1단위와 Y 2단위로부터 나오는 효용은 얼마인가? X 2단위와 Y 1단위로부터 나오는 효용은 얼마인가? X 5단위와 Y 2단위로부터 나오는 효용은 얼마인가?

b. 이 소비자는 다음 묶음의 순위를 어떻게 매기는가?

묶음	X의 수량	Y의 수량
A	2	2
B	10	0
C	1	5
D	3	2
E	2	3

c. $U = 6$과 $U = 8$인 X와 Y묶음을 나타내는 무차별곡선을 그려라. '많을수록 좋다'는 가정이 X와 Y에 대해 충족되는가?

8. X가 맥주 소비, Y가 피자 소비라고 할 때 민준의 효용함수가 $4XY$라고 하자. 이 효용함수에 대해 X의 한계효용은 $MU_X = 4Y$이고 Y의 한계효용은 $MU_Y = 4X$이다.

a. $Y = 3$이라고 하자. $X = 2, 3, 10, 11$일 때 민준의 효용을 계산하라. Y값이 주어졌을 때, 재화 X는 한계효용체감을 나타내는가?

b. $X = 3$이라고 하자. $Y = 2, 3, 10, 11$일 때 민준의 효용을 계산하라. X값이 주어졌을 때, 재화 Y는 한계효용체감을 나타내는가?

c. X와 Y를 포함하면서 민준에게 48유틸의 만족을 주는 묶음을 세 가지만 찾아라. 이 세 묶음을 그림에 찍고 무차별곡선으로 연결하라. X의 소비가 증가함에 따라 X와 Y 간 한계대체율은 어떻게 되는가?

d. 한계대체율 체감의 법칙은 X와 Y의 한계효용체감에 의존하는가?

9. 카르멘은 연필과 펜으로 쓰는 것을 둘 다 즐기는 작가이다. 그녀의 효용함수는 $U = 4X + 2Y$로 주어져 있는데, 여기서 X는 그녀가 가진 연필의 수이고 Y는 펜의 수이다. 카르멘은 현재 연필 2자루와 펜 4자루를 가지고 있다.

a. 카르멘의 현재 효용을 계산하라.

b. 추가적 연필 한 자루의 한계효용 MU_X는 얼마인가? 추가적 펜 한 자루의 한계효용 MU_Y는 얼마인가?

c. 그녀가 현재 얻는 것과 같은 수준의 만족도를 주는 연필과 펜 묶음을 두 개 더 찾고 점들을 이어서 무차별곡선을 만들어라. 이 무차별곡선이 특별한 형태를 띠는가? 이런 모양을 갖는 이유는 무엇인가?

d. 한계대체율(MRS)은 무차별곡선의 기울기로 측정된다. 현재 소비 수준에서 카르멘의 MRS를 계산하라. 그것은 한계효용의 비 MU_X/MU_Y와 같은가?

10. 조이는 마카로니를 충분히 좋아하며 치즈를 정말로 좋아한다. 피비는 치즈를 충분히 좋아하지만 마카로니는 정말로 좋아한다. 아래 그림에 두 소비자의 두 무차별곡선 모음이 있다. 어느 무차별곡선 모음이 조이 것이고 어느 것이 피비 것인지 결정하라.

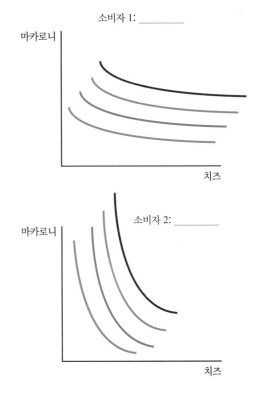

소비자 1: _____

마카로니

치즈

소비자 2: _____

마카로니

치즈

11. 명수는 음악과 폭죽으로부터 만족을 얻는다. 명수의

주당 소득은 240달러이다. 음악은 CD 1장당 12달러이며 폭죽은 1봉지에 8달러이다.

a. 음악을 세로축, 폭죽을 가로축에 놓고 명수가 직면하는 예산제약을 그려라.

b. 소득 전부를 음악에 쓴다면 명수는 CD를 몇 장 구입할 수 있는가? 이 상황을 나타내는 점을 표시하라.

c. 소득 전부를 폭죽에 쓴다면 명수는 폭죽 몇 봉지를 구입할 수 있는가? 이 상황을 나타내는 점을 표시하라.

d. 소득의 절반은 폭죽에, 절반은 음악에 쓴다면 명수는 각각을 얼마나 구입할 수 있는가? 이 상황을 나타내는 점을 표시하라.

e. 이 점들을 이어 명수의 예산제약을 만들라. 이 예산제약의 기울기는 얼마인가?

f. 폭죽의 가격을 음악의 가격으로 나누어라. 이 숫자를 앞에서 보았는가? 만약 보았다면 어디에서 보았는가?

g. 휴가 상여금으로 명수의 소득이 일시적으로 360달러로 상승했다고 하자. 명수의 새로운 예산제약을 그려라.

h. 명수의 새로운 소득하에서 새로 실행가능한 음악과 폭죽 묶음을 나타내라.

12. 민준은 피자 주문과 온라인 영화 대여를 즐긴다. 민준은 아르바이트로 매주 30달러를 번다. 영화가 편당 2달러, 피자가 조각당 7.50달러일 때 민준의 예산제약을 그려라. 그리고 다음 일들이 미치는 영향을 그림으로 나타내라.

a. 민준의 어머니가 피자 하나를 공짜로 시킬 수 있는 쿠폰을 발견하여 민준에게 준다.

b. 민준이 영화를 대여하는 회사에서 연휴 기간 판촉행사를 열어, 첫 5편의 영화는 정상가로 빌려주지만 5번째 이후의 영화에 대해서는 절반을 할인해 준다.

c. 민준이 제일 좋아하는 피자 가게가 가격을 7.50달러에서 10달러로 올린다.

13. 시드니는 자신의 유튜브 비디오로부터 매주 100달러를 번다. 그는 그 돈을 전부 콘서트 표와 페인트볼에 쓴다.

a. 콘서트 표가 장당 20달러이고 페인트볼 입장권이 회당 10달러일 때, 시드니의 예산제약을 그려라.

b. 시드니의 유튜브 소득이 주당 200달러로 상승한다고 하자. 시드니의 새로운 예산제약을 그려라.

c. 시드니의 유튜브 소득이 100달러로 일정하지만 콘서트 표 가격이 10달러로, 페인트볼 가격이 5달러로 하락한다고 하자. 시드니의 새로운 예산제약을 그려라.

d. 소득이 두 배가 되는 것과 가격이 절반이 되는 것 간에 근본적 차이가 있는가? 설명하라.

e. 콘서트 표 가격이 10달러로 인하되지만 페인트볼 가격은 전과 같다면 실행가능 묶음에 차이가 있겠는가?

14. 2차대전 중 휘발유는 갤런당 0.20달러라는 놀라운 가격에 판매되었다. 로지가 파트타임으로 일해 매주 평균 4달러를 벌어 휘발유와 음식에 지출한다고 하자. 음식 가격은 단위당 0.50달러이다.

a. 휘발유를 세로축에, 음식을 가로축에 놓고 로지의 예산제약을 그려라.

b. 2차대전 중 일반인은 주당 3갤런의 휘발유만 사도록 허용되었다. 이러한 수량제한이 로지의 예산제약에 미치는 효과를 보여라.

15. 케이틀린은 돈을 등록금과 책에 지출한다. 1학점의 등록금은 320달러이고 책은 한 권에 200달러이다. 현재 케이틀린에게 1학점의 한계효용은 80이고, 추가적 책 한 권의 한계효용은 40이다.

a. 케이틀린은 효용을 극대화하고 있는가?

b. 케이틀린은 책을 더 사고 학점은 덜 등록해야 하는가?

16. 명수는 서바이벌 게임과 독서로부터 효용을 얻는다. 매주 명수는 봉급 100달러를 전부 두 재화에 지출한다. 서바이벌 게임 1시간은 20달러이고 책은 1권에 10달러이다.

a. 명수의 예산제약을 그려라. 책을 가로축에, 서바이벌 게임 시간을 세로축에 두어라.

b. 명수가 효용을 극대화할 때 그는 책을 6권 산다. 명수의 효용극대화 조합을 나타내는 무차별곡선을 그래프에 주의 깊게 그려라.

c. 명수가 효용을 극대화할 때 서바이벌 게임은 몇

시간을 하겠는가?

d. 명수가 효용을 극대화할 때 추가적인 서바이벌 게임 한 시간으로부터 그가 얻는 한계효용은 12유틸이다. 명수는 추가적으로 책을 한 권 더 읽는 데서 얼마의 효용을 얻어야 하겠는가?

17. 송이에게 샴푸와 린스는 완전보완재이다. 송이는 머리를 감을 때 샴푸 1단위와 린스 1단위를 즐겨 사용한다.

a. 송이가 샴푸와 린스 사용으로부터 얻는 효용을 나타내는 무차별곡선 집합을 그려라.

b. 샴푸는 4달러, 린스는 2달러라고 가정하자. 송이의 예산제약을 구성하고 구매습관을 설명하라. 송이의 최적묶음은 어떻게 생겼는가? (힌트 : 송이의 소득수준이 적당히 어느 정도라고 가정하라.)

c. 가격이 바뀌어 샴푸가 2달러, 린스가 4달러라고 하자. 결과적으로 송이의 최적묶음은 어떻게 되겠는가? 설명하라.

d. 송이가 머리를 감을 때 샴푸 2단위와 린스 1단위를 사용한다면 (c)에 대한 답은 어떻게 바뀌는가?

18. 재화가 책과 커피 2개만 있다고 하자. 연아는 책과 커피 모두로부터 효용을 얻지만 두 재화에 대한 무차별곡선이 원점에 대해 볼록하지 않고 오목하다.

a. 연아의 무차별곡선 집합을 그려라.

b. 이 특별한 무차별곡선은 책과 커피에 대한 연아의 한계대체율에 대해 무엇을 알려주는가?

c. 연아의 효용극대화 묶음은 어떤 모습이겠는가? (힌트 : 연아의 소득, 책과 커피의 가격을 적당히 어느 정도라고 가정하고 나서 예산제약을 그려라.)

d. (c)에 대한 답을 실제 행동과 비교해보라. 이 비교를 통해 왜 경제학자들이 일반적으로 볼록한 선호를 가정하는지에 대한 설명을 얻을 수 있는가?

*19. 어떤 소비자가 소득을 낚시 미끼(L)와 기타 피크(G)를 사는 데 쓴다. 미끼는 2달러이고 기타 피크는 한 묶음에 1달러이다. 이 소비자가 쓸 수 있는 돈이 30달러이고 효용함수가 $U(L,G) = L^{0.5}G^{0.5}$라고 가정하자. 이 효용함수에 대해 $MU_L = 0.5L^{-0.5}G^{0.5}$이고 $MU_G = 0.5L^{0.5}G^{-0.5}$이다.

a. 이 소비자가 구입할 미끼와 기타 피크의 최적수량은 얼마인가? 이 조합에서 얼마의 효용을 얻는가?

b. 기타 피크의 가격이 2배가 되어 2달러가 된다면 소비자가 동일한 효용수준을 유지하기 위해서는 소득이 얼마가 되어야 하는가?

20. 한 인기 있는 휴대전화 통신사가 고객들에게 다음과 같은 종량제 데이터 상품을 제공한다. 첫 4GB의 데이터는 GB당 10달러이다. 그 이후의 데이터는 GB당 20달러이다.

a. 전형적인 데이터 고객이 전화 사용과 개당 1달러인 초콜릿 바에 쓸 수 있는 돈 100달러가 있다고 하자. 이 전형적인 고객의 예산제약을 그려라.

b. 평범한(우하향하고 원점에 대해 볼록한) 무차별곡선들을 그래프에 그려서 이 전형적인 고객의 선호를 나타내라. 이 전형적인 소비자는 데이터를 몇 GB 사용할 것 같은가?

c. 위 (b)에 대한 답이 전형적인 고객의 무차별곡선의 기울기에 결정적으로 의존하는가? 설명하라.

21. 명수는 영화와 공연을 완전대체재로 여긴다. 명수가 효용을 극대화할 때 영화와 공연의 최적묶음은 어떻게 생길 가능성이 높은가? 무차별곡선과 가상적인 예산제약을 포함한 그림을 이용해 추론을 설명하라.

22. 경제학자 조엘 월드포겔은 미국에서 가장 흥을 잘 깨는 사람일지도 모른다. 그는 자신이 '크리스마스의 후생손실'이라고 칭한 것에 대해 개탄한다. 이것은 받는 사람 스스로는 거의 사지 않을 (보기 흉한 스웨터 같은) 선물을 사람들이 줄 때 발생한다.

a. 가격이 1달러인 복합재와 보기 흉한 스웨터로 구성된 구입가능한 묶음을 보여주는 예산제약을 그래프로 그려라. (소득과 보기 흉한 스웨터의 가격에 대해서는 적당한 수준을 가정하면 된다.)

b. 연아는 보기 흉한 스웨터로부터 효용을 약간 얻을 수 있을지 모르지만 현재는 소득 전부를 복합재에 쓰고 있다. 연아의 상황을 반영하는 무차별곡선을 그려라. 그녀의 무차별곡선은 어떻게 생겼겠는가?

c. 보기 흉한 스웨터 한 벌을 받았다고 하자. 이 선물이 연아의 예산제약에 미치는 영향을 보여라. 연아는 예산제약의 어느 부분에서 효용을 극대화할 가능성이 높은가?

d. 월드포겔은 사람들이 보기 흉한 스웨터를 주는 대

신 그냥 같은 금액의 현금을 주면 세상이 더 행복한 곳이 될 것임을 암시했다. 이렇게 될 경우 연아가 직면할 예산제약을 그려라. 연아가 효용을 극대화할 경우 어떤 일이 일어날지 보여주는 무차별곡선을 한두 개 그려라. 현금 선물이 스웨터보다 연아를 더 행복하게 만드는가?

23. 10번 문제에서 본 마카로니와 치즈를 좋아하는 조이와 피비에 대해 생각해보자. 다음 진술에 대해 논평하라. "조이는 치즈를 정말로 좋아하기 때문에, 효용을 극대화할 때 치즈 한 개를 더 얻기 위해 조이가 포기할 용의가 있는 마카로니 양은 피비보다 클 것이다."

제4장 부록 :
미적분을 이용한 효용극대화와 지출극소화

지금까지 공부한 부분에서 미시경제학 이론과 사례를 설명할 때 몇 가지 다른 접근법을 사용한다는 것을 아마 알아차렸을 것이다. 첫 번째 방법은 주로 직관적인 방법이다. 즉 경제학적 개념을 보여주거나 모형의 논리와 함의를 논의하기 위해 이야기를 들려주는 방법이다. 이러한 경제분석 방법은 애덤 스미스와 보이지 않는 손으로 거슬러 올라간다. 두 번째 방법은 그래프를 이용한 접근법이다. 시장을 나타내는 간단하지만 강력한 방법을 떠올리기 위해서는 '공급과 수요'라고 말하기만 하면 된다. 끝으로, 제2장에서 공급과 수요를 식으로 나타낸 것이나 제4장의 소비자의 예산제약처럼 간단한 수학 모형을 몇 개 보았다. 이 각각의 접근법은 경제학 개념의 이해를 위한 상이한 창구를 제공한다.

미적분이 친숙한 독자에게는 미시경제학에 접근하는 또 다른 방법이 있다. 미적분학의 도구는 경제학과 자연스럽게 조화를 이루며, 경제학 모형 대부분은 미적분을 이용해 정식으로 도출된다. 어떤 사람들(특히 경제학자)은 수학에 너무 사로잡혀 진짜 경제학적 발상을 잃어버리기 십상이다. 당신은 그런 함정에 빠지지 않기 바란다. 이 장의 본문에서 전개하는 직관적 설명에 대한 부록으로 미적분을 소개하는 것은 이 때문이다. 이 미적분 부록은 이 장에서 논의된 경제적 결정과 상호작용을 분석하는 추가적인 도구 모음을 제공한다. 이 장에서 나온 모형의 논리와 직관은 여기서 볼 미적분에도 여전히 존재하며 단지 형태만 다를 뿐이다.

따라서 부록에서 살펴보는 미적분을 지금까지의 장에서 미시경제학을 설명하기 위해 이용한 논리, 그래프, 식에 대한 대체물로 생각하지 말기 바란다. 그 대신 이런 기법과 미적분을 보완재로 생각하기 바란다. 미시경제학에 대해 더 배워가면 미시경제학을 이해하기 위한 이런 각각의 다른 접근법이 상황에 따라 더 중요할 수도, 덜 중요할 수도 있다는 사실을 알게 될 것이다.

소비자의 최적화 문제

미적분이 추가적인 통찰력을 제공하는 주제 중 하나가 소비자 행동이다. 미적분을 이용해 그런 내용을 살펴보기 전에, 먼저 이 장에서 그래프를 이용해 도출했던 소비자 문제에 대한 답을 떠올려보자. 소비자는 다음의 경우에 효용 $U(X, Y)$를 극대화한다.

$$MRS_{XY} = \frac{MU_X}{MU_Y} = \frac{P_X}{P_Y}$$

이 장에서 최적화 문제를 풀기 위해 X, Y재의 한계효용을 그냥 주었다는 사실을 아마 알아차렸을 것이다. 우리가 한계효용을 실제로 구하지는 않았다. 이것은 한계효용을 구하려면 지금까지 우리가 의존해왔던 대수와 기하학 이상의 것이 필요하기 때문이다. 미적분을 이용하면 효용함수로부터 한계효용을 직접 도출할 수 있다. 한계효용의 값을 알아내고 나면 한계대체율을 계산할 수 있다. 미적분은 또한 소비자 문제를 풀 수 있는 또 다른 방법인 라그랑지 함수를 제공하는데, 이것은 효용극대화에 대한 중요한 통찰력을 제시한다.

한계대체율과 한계효용

이 장에서 우리는 소비자가 무차별곡선을 따라 조금씩 이동할 때 각 재화로부터의 효용이 어떻게 바뀌는지 생각해보는 방법을 통해 한계대체율과 한계효용 사이의 관계를 밝혔다. 여기서 우리는 반대 방향의 접근법을 취하는데, 먼저 효용에서 시작해 미적분을 이용하여 한계대체율을 알아낸다. 이런 방법으로 소비묶음이 조금 바뀔 때 어떤 일이 일어나는지 분석한다.

X, Y재에 대한 효용 $U(X, Y)$를 가진 소비자에 대해 생각해보자. 소비자의 무차별곡선은 효용을 일정하게 유지한 채 소비자가 X재와 Y재를 어떻게 맞교환하는지 보여준다. 무차별곡선을 임의로 골라 그 효용수준을 $\overline{U}$라고 하자.

$$U(X, Y) = \overline{U}$$

우리의 관심사는 X와 Y의 수량이 바뀔 때 각 재화로부터의 효용이 어떻게 바뀌는가 하는 것이다. 따라서 우리는 효용함수를 전미분하여 효용의 총변화 dU를 0으로 놓을 것이다. 무차별곡선상에서는 효용수준이 일정하게 유지되기 때문이다.

$$dU = \frac{\partial U(X,Y)}{\partial X}dX + \frac{\partial U(X,Y)}{\partial Y}dY = 0$$

$$\frac{\partial U(X,Y)}{\partial X}dX = -\frac{\partial U(X,Y)}{\partial Y}dY$$

$$MU_X dX = -MU_Y dY$$

$$\frac{MU_X}{MU_Y} = -\frac{dY}{dX}$$

이 식의 우변인 $-dY/dX$는 무차별곡선의 기울기에 음의 부호를 붙인 것, 즉 한계대체율이다. 따라서 다음을 얻는다.

$$MRS_{XY} = \frac{MU_X}{MU_Y}$$

효용극대화

한계효용의 비는 퍼즐의 한 조각, 즉 선호 측면이다. 소비자의 최적화를 완성하려면 소비자의 선호를 재화의 가격 및 소비자의 소득과 연결해야 한다. 효용함수가 표준적인 콥-더글러스 형태인 $U(X,Y) = X^\alpha Y^{1-\alpha}$이고(단, $0 < \alpha < 1$) 소득이 $I = P_X X + P_Y Y$인 소비자에 대해 먼저 생각해보자. 이 소비자의 효용극대화 문제는 다음과 같이 정식으로 쓸 수 있다.

$$\max_{X,Y} U(X, Y) = X^\alpha Y^{1-\alpha} \text{ subject to (s.t.) } I = P_X X + P_Y Y$$

이것은 제약하의 최적화 문제라고 알려져 있는데, 여기서 $U(X,Y)$는 목적함수이고 $I = P_X X + P_Y Y$

는 제약식이다. 달리 말해 소비자가 효용을 얼마나 얻을 수 있는지는 소비자가 쓸 수 있는 돈이 얼마나 있는지에 의해 제약을 받는다. 이 장의 본문에서 우리는 동일한 제약하의 최적화 문제를 예산제약상에서 가장 높은 무차별곡선에 도달하는 방식으로 그래프를 그려 풀었다.

이것이 제약이 없는 극대화 문제라면 변수의 최적조합을 찾는 것은 매우 간단할 것이다. 즉 각 변수에 대해 목적함수의 편미분을 구해 0으로 놓아 변수값을 구한다. 하지만 예산제약이 있으므로 최적화 문제의 해가 복잡해진다. (하지만 제약이 없으면 유한한 해가 아예 존재하지 않을 것이다. 제약이 없는 세상에서는 소비자가 각 재화를 무한대로 소비하기 때문이다.)

미적분을 이용해 소비자의 효용극대화 문제를 푸는 데는 두 가지 접근법이 있다. 첫 번째는 이 장에서 이미 보았던 방법에 의존한다. 즉 최적점에서는 한계대체율이 두 재화의 가격 비와 같다는 사실을 이용한다. 먼저 효용함수를 각 재화에 대해 편미분을 취해 한계효용을 도출한다.

$$MU_X = \frac{\partial U(X,Y)}{\partial X} = \frac{\partial (X^\alpha Y^{1-\alpha})}{\partial X} = \alpha X^{\alpha-1} Y^{1-\alpha}$$

$$MU_Y = \frac{\partial U(X,Y)}{\partial Y} = \frac{\partial (X^\alpha Y^{1-\alpha})}{\partial Y} = (1-\alpha) X^\alpha Y^{-\alpha}$$

다음으로 한계효용과 한계대체율 사이의 관계를 이용해 다음과 같이 MRS_{XY}를 구하고 식을 단순화한다.

$$MRS_{XY} = \frac{MU_X}{MU_Y} = \frac{\alpha X^{\alpha-1} Y^{1-\alpha}}{(1-\alpha) X^\alpha Y^{-\alpha}} = \frac{\alpha}{(1-\alpha)} \frac{Y}{X}$$

MRS_{XY}를 가격 비와 같게 놓아 Y를 X의 함수로 나타낸다.

$$\frac{\alpha}{(1-\alpha)} \frac{Y}{X} = \frac{P_X}{P_Y}$$

$$Y = \frac{(1-\alpha)P_X}{\alpha P_Y} X, \text{ 여기서 } \frac{(1-\alpha)P_X}{\alpha P_Y} \text{ 는 상수}$$

이제 Y와 X 사이의 최적 관계를 알기 때문에 Y에 관한 식을 예산제약에 집어넣어 다음과 같이 최적 소비묶음을 구한다.

$$I = P_X X + P_Y \left[\frac{(1-\alpha)P_X}{\alpha P_Y} \right] X$$

$$I = P_X X \left[1 + \frac{(1-\alpha)}{\alpha} \right] = P_X X \left[\frac{\alpha}{\alpha} + \frac{(1-\alpha)}{\alpha} \right] = \frac{P_X}{\alpha} X$$

$$X^* = \frac{\alpha I}{P_X}$$

$$Y^* = \frac{(1-\alpha)P_X}{\alpha P_Y} \left(\frac{\alpha I}{P_X} \right) = \frac{(1-\alpha)I}{P_Y}$$

결과적으로 얻게 되는 최적묶음인 $\left(\frac{\alpha I}{P_X}, \frac{(1-\alpha)I}{P_Y} \right)$는 소비자 문제의 세 구성요소인 소비자의 상대적 선호 $(\alpha, 1-\alpha)$, 소비자의 소득 I, 재화의 가격 (P_X, P_Y)에 의존함을 알 수 있다.

라그랑지 함수를 이용한 효용극대화

최적 소비묶음을 찾는 첫 번째 접근법은 우리가 이 장에서 사용한 바로 그 방법이다. 유일한 차이는 미적분을 이용해 한계효용을 도출하고 한계대체율을 구했다는 점이다. 두 번째 접근법은 라그랑지 승수, 혹은 λ라는 것을 도입한다. 라그랑지 함수는 제약하의 최적화 문제를 목적함수와 제약을 하나의 식으로 결합하여 제약이 없는 최적화 문제로 변환하는 기술이다. λ는 제약에 곱해지는 변수이다.

예를 들어 목적함수가 $f(x, y)$이고 제약이 $g(x, y) = 0$이라고 하자. 이 경우 라그랑지 식은 다음과 같다.

$$\mathcal{L}(x, y, \lambda) = f(x, y) + \lambda[g(x, y)]$$

이제 이 식을 x, y, λ에 대해 편미분하고 그것을 0으로 놓아 식을 극대화하자. 이런 형식의 편미분함수를 일계조건(first-order condition, FOC)이라고 한다.

$$\frac{\partial \mathcal{L}}{\partial x} = \frac{\partial f(x, y)}{\partial x} + \lambda \frac{\partial g(x, y)}{\partial x} = 0$$

$$\frac{\partial \mathcal{L}}{\partial y} = \frac{\partial f(x, y)}{\partial y} + \lambda \frac{\partial g(x, y)}{\partial y} = 0$$

$$\frac{\partial \mathcal{L}}{\partial \lambda} = g(x, y) = 0$$

따라서 식이 3개, 미지수가 3개이므로 이 방정식 체계를 풀 수 있다. 세 번째 일계조건은 단순히 제약이라는 점에 주목하기 바란다.

라그랑지 함수가 다음과 같은 효용극대화 문제에 직면한 소비자에게 어떻게 적용될 수 있는지 살펴보자.

$$\max_{X,Y} U(X, Y) = X^\alpha Y^{1-\alpha} \text{ s.t. } I - (P_X X + P_Y Y) = 0$$

(예산제약이 0이 되도록 썼다는 점에 주목하기 바란다. 이것은 라그랑지 함수를 구성하는 방식에 있어서 중요하다.) 이 식은 다음과 같이 라그랑지 형태로 쓸 수 있다.

$$\max_{X,Y,\lambda} \mathcal{L}(X, Y, \lambda) = X^\alpha Y^{1-\alpha} + \lambda(I - P_X X - P_Y Y)$$

다음과 같이 일계조건을 구하자.

$$\frac{\partial \mathcal{L}}{\partial X} = aX^{\alpha-1}Y^{1-\alpha} - \lambda P_X = 0$$

$$\frac{\partial \mathcal{L}}{\partial Y} = (1-\alpha)X^\alpha Y^{-\alpha} - \lambda P_Y = 0$$

$$\frac{\partial \mathcal{L}}{\partial Y} = I - P_X X - P_Y Y = 0$$

이 3개의 일계조건에는 우리가 앞에서 본 것과 동일한 정보, 즉 X와 Y의 한계효용, 재화의 가격, 소비자의 소득이 들어가 있다.

라그랑지 승수 λ는 첫 두 일계조건에 들어가 있다. 따라서 이 두 식을 다음과 같이 λ에 대해 푼다.

$$\lambda = \frac{\alpha X^{\alpha-1}Y^{1-\alpha}}{P_X} = \frac{(1-\alpha)X^\alpha Y^{-\alpha}}{P_Y}$$

이 라그랑지 승수를 어떻게 해석할 수 있을까? 우선 분자가 X와 Y의 한계효용이라는 사실에 주목하자. 달리 말해 최적점에서 $\lambda = \frac{MU_X}{P_X} = \frac{MU_Y}{P_Y}$이다. 따라서 λ는 효용과 소득 사이의 교환 비율이다. 소득이 1달러 추가되면 소비자는 재화를 추가적으로 구입할 수 있는데, 이로 인해 효용이 λ단위만큼 더 생기게 된다. 이 점을 라그랑지 함수에서도 볼 수 있다. 즉 소득이 1달러 증가하면 최대효용이 λ만큼 증가한다. 달리 말해 λ는 소득의 한계효용을 측정한다. 예를 들어 λ가 0.5라고 하자. 그러면 소득이 1달러 늘어날 때 효용이 0.5단위 늘어난다.

λ에 대한 이 식은 우리가 본문에서 도출했던, 지출된 1달러당 얻는 소비자의 한계효용을 이용해 나타낸 최적화 조건이라는 점에 주목하기 바란다. 이 식을 재정리하면 본문에서 그래프를 이용해 보았던 내용, 즉 다음과 같이 한계대체율이 가격 비와 같다는 사실을 그대로 얻게 된다.

$$\frac{MU_X}{MU_Y} = MRS_{XY} = \frac{P_X}{P_Y}$$

그러면 첫 번째 접근법에서와 같이 (X^*, Y^*)를 구할 수 있는데, 먼저 다음과 같이 첫 두 조건의 식을 이용해 Y를 X의 함수로 표시한다.

$$\frac{\alpha X^{\alpha-1}Y^{1-\alpha}}{P_X} = \frac{(1-\alpha)X^\alpha Y^{-\alpha}}{P_Y}$$

$$\frac{Y^{1-\alpha}}{Y^{-\alpha}} = \frac{(1-\alpha)P_X}{\alpha P_Y}\frac{X^\alpha}{X^{(\alpha-1)}}$$

$$Y = \frac{(1-\alpha)P_X}{\alpha P_Y}X$$

마지막 일계조건을 이용해 Y에 관한 이 식을 다음과 같이 예산제약에 집어넣는다.

$$I - P_X X - P_Y Y = 0$$

$$I = P_X X + P_Y \frac{(1-\alpha)P_X}{\alpha P_Y}X$$

$$I = P_X X \left[1 + \frac{(1-\alpha)}{\alpha}\right]$$

$$I = P_X X \left[\frac{\alpha}{\alpha} + \frac{(1-\alpha)}{\alpha}\right]$$

$$I = \frac{P_X}{\alpha}X$$

$$X^* = \frac{\alpha I}{P_X}$$

$$Y^* = \frac{(1-\alpha)P_X}{\alpha P_Y}\left(\frac{\alpha I}{P_X}\right) = \frac{(1-\alpha)I}{P_Y}$$

예제 4A.1

예제 4.4를 다시 생각해보자. 민준은 다음과 같은 형태로 햄버거(B)와 감자튀김(F)으로부터 효용을 얻는다.

$$U(B, F) = \sqrt{BF} = B^{0.5}F^{0.5}$$

민준의 소득은 20달러이고, 햄버거의 가격은 5달러, 감자튀김의 가격은 2달러이다.

민준의 최적 소비묶음을 구하라.

풀이

최적 소비묶음을 구하기 위해서는 다음과 같은 소비자의 효용극대화 문제를 풀어야 한다.

$$\max_{B,F} U = B^{0.5}F^{0.5} \text{ s.t. } 20 = 5B + 2F$$

본문의 풀이는 한계효용으로부터 MRS_{BF}를 구하는 접근법을 이용했다. 이와 달리 라그랑지 함수를 이용하면, 먼저 민준의 제약하의 최적화 문제를 쓰고 나서 일계조건을 구한다.

$$\max_{B,F,\lambda} \mathcal{L}(B, F, \lambda) = B^{0.5}F^{0.5} + \lambda(20 - 5B - 2F)$$

FOC :

$$\frac{\partial \mathcal{L}}{\partial B} = 0.5B^{-0.5}F^{0.5} - 5\lambda = 0$$

$$\frac{\partial \mathcal{L}}{\partial F} = 0.5B^{0.5}F^{-0.5} - 2\lambda = 0$$

$$\frac{\partial \mathcal{L}}{\partial \lambda} = 20 - 5B - 2F = 0$$

첫 두 조건을 이용해 다음과 같이 λ를 구한다.

$$0.5B^{-0.5}F^{0.5} = 5\lambda$$

$$\lambda = 0.1B^{-0.5}F^{0.5}$$

$$0.5B^{0.5}F^{-0.5} = 2\lambda$$

$$\lambda = 0.25B^{0.5}F^{-0.5}$$

λ에 대한 두 식을 서로 같게 놓아 F를 B의 함수로 구한다.

$$\lambda = 0.1B^{-0.5}F^{0.5} = 0.25B^{0.5}F^{-0.5}$$

$$0.1F^{0.5}F^{0.5} = 0.25B^{0.5}B^{0.5}$$

$$F = (10)0.25B = 2.5B$$

따라서 최적점에서 민준은 소비하는 햄버거 매 1단위에 대해 감자튀김 2.5단위를 소비할 것이다. $F = 2.5B$를 세 번째 조건(소비자의 예산제약)에 집어넣으면 최적묶음 (B^*, F^*)를 구할 수 있다.

$$20 = 5B + 2F$$

$$20 = 5B + 2(2.5B)$$

$$20 = 10B$$

$$B^* = \text{햄버거 2단위}$$

$$F^* = 2.5B = 2.5(2) = \text{감자튀김 5단위}$$

부록에서 제시한 첫 번째 접근법을 이용해 민준의 제약하의 최적화 문제를 풀 때, 우리는 여기까지만 논의했다. 하지만 라그랑지 함수를 이용하면 우리는 변수 하나를 더 구할 수 있다. 즉 효용을 극대화할 때 민준이 가진 소득의 한계가치인 λ를 구할 수 있다.

$$\lambda = 0.1B^{-0.5}F^{0.5} = 0.1(2)^{-0.5}(5)^{0.5} \approx 0.16$$

따라서 소득이 1달러 추가로 증가할 때 민준의 효용은 0.16단위 상승한다.

지출극소화

이 장의 본문에서 본 것처럼, 소득을 주어진 것으로 간주하고 최대효용을 주는 재화 조합을 찾는 효용극대화는 소비자의 최적화 문제를 살펴보는 하나의 방법일 뿐이다. 또 다른 방법은 지출극소화로, 어떤 효용수준에서 출발하여 그 효용수준을 달성하는 가장 값싼 묶음을 찾는 것이다. 여러 가지 측면에서 지출극소화는 덜 직관적이다. 현실에서 주어진 소득에 직면하는 경우는 흔하지만, 당신이 체결하는 어떤 계약도 효용을 적시하는 경우는 없다. 하지만 궁극적으로 지출극소화는 동일한 답을 준다. 더구나 지출극소화 기법은 제5장과 제7장의 부록을 위해 매우 유용하다. 특히 이 기법은 제7장의 비용극소화 문제의 맥락에서는 훨씬 더 타당하게 된다.

예제에 나오는 민준의 효용함수와 라그랑지 방법을 이용해 효용극대화와 지출극소화가 동등하다는 것을 보이도록 하자. (첫 번째 접근법은 마지막 단계에서 예산제약 대신 효용제약을 집어넣는다는 점을 제외하면 효용극대화 문제와 동일하다.) 효용수준이 위의 효용극대화 문제에서 구한 민준의 최적 소비묶음에서의 효용수준인 $\sqrt{10}$, 즉 $10^{0.5}$로 일정하게 주어진 상황에서 민준의 지출극소화 문제를 써보자.

$$\min_{B,F} I = 5B + 2F \text{ s.t. } 10^{0.5} = B^{0.5}F^{0.5}$$

즉

$$\min_{B,F,\lambda} \mathcal{L}(B, F, \lambda) = 5B + 2F + \lambda(10^{0.5} - B^{0.5}F^{0.5})$$

앞에서와 마찬가지로 다음과 같이 일계조건을 구한다.

$$\frac{\partial \mathcal{L}}{\partial B} = 5 - \lambda 0.5B^{-0.5}F^{0.5} = 0$$

$$\frac{\partial \mathcal{L}}{\partial F} = 2 - \lambda 0.5B^{0.5}F^{-0.5} = 0$$

$$\frac{\partial \mathcal{L}}{\partial \lambda} = 10^{0.5} - B^{0.5}F^{0.5} = 0$$

그 후 첫 두 조건에서 λ를 구한다.

$$\lambda 0.5B^{-0.5}F^{0.5} = 5$$
$$\lambda = 10B^{0.5}F^{-0.5}$$
$$\lambda 0.5B^{0.5}F^{-0.5} = 2$$
$$\lambda = 4B^{-0.5}F^{0.5}$$

λ에 관한 두 식을 서로 같게 놓아 F를 B의 함수로 푼다.

$$\lambda = 4B^{-0.5}F^{0.5} = 10B^{0.5}F^{-0.5}$$
$$4F^{0.5}F^{0.5} = 10B^{0.5}B^{0.5}$$
$$F = 2.5B$$

이제 B의 함수로 나타낸 F를 효용제약에 집어넣는다.

$$10^{0.5} = B^{0.5}F^{0.5} = B^{0.5}(2.5B)^{0.5} = (2.5)^{0.5}B^{0.5}B^{0.5}$$

$$B^* = \left(\frac{10}{2.5}\right)^{0.5} = 4^{0.5} = 2$$

$$F^* = 2.5B^* = 2.5(2) = 5$$

민준이 최적묶음을 사는 데 드는 비용은 다음과 같다.

$$5B^* + 2F^* = 5(2) + 2(5) = \$20$$

이것은 효용 $10^{0.5}$단위를 얻기 위해 필요한 최소지출이다.

지출극소화는 효용극대화 문제를 확인하기 위한 좋은 방법이다. 둘의 답이 같아야 하기 때문이다. 위의 경우 효용극대화에서와 같이 민준은 햄버거 2단위와 감자튀김 5단위를 20달러에 구입하여 총효용 $10^{0.5}$을 얻는다.

연습문제

1. 아래 제시된 효용함수에 대해 다음에 답하라.
   - 각 재화의 한계효용을 구하라.
   - 각 재화의 소비가 증가할 때 한계효용이 감소하는지 알아내라. (즉 효용함수가 각 재화에 대해 한계효용체감을 보이는가?)
   - 한계대체율을 구하라.
   - 소비자가 무차별곡선을 따라 이동하며 Y를 X로 대체할 때 MRS_{XY}가 어떻게 바뀌는지 논하라.
   - 효용값이 100인 무차별곡선의 식을 도출하라.
   - 효용값이 100인 무차별곡선을 그려라.

   a. $U(X, Y) = 5X + 2Y$

   b. $U(X, Y) = X^{0.33}Y^{0.67}$

   c. $U(X, Y) = 10X^{0.5} + 5Y$

2. 송이가 차와 베이글만 좋아한다고 하자. 송이의 효용함수는 $U = CB$인데, C는 송이가 하루에 마시는 차의 잔 수이며 B는 송이가 하루에 먹는 베이글의 수다. 차 가격은 3달러, 베이글 가격은 1.5달러이다. 송이가 하루에 차와 베이글에 쓸 수 있는 돈은 6달러이다.

   a. 송이의 목적함수는 무엇인가?

   b. 송이의 제약은 무엇인가?

   c. 송이의 제약하의 최적화 문제를 작성하라.

   d. 라그랑지 함수를 이용해 송이의 제약하의 최적화 문제를 풀어라.

3. 두 재화(X와 Y)가 있다고 하자. X의 가격은 단위당 2달러이고 Y의 가격은 단위당 1달러이다. 소비자가 2명(A와 B) 있다. 소비자의 효용함수는 다음과 같다.

$$U_A(x, y) = x^{0.5}y^{0.5}$$
$$U_B(x, y) = x^{0.8}y^{0.2}$$

소비자 A는 소득이 100달러이고 소비자 B는 소득이 300달러이다.

   a. 라그랑지 함수를 이용해 소비자 A와 소비자 B의 제약하의 효용극대화 문제를 풀어라.

   b. 각 소비자의 최적 소비묶음에서 한계대체율을 계산하라.

   c. 소비자가 1명 더(C라고 하자) 있다고 하자. 이 사람의 효용함수나 소득에 대해서는 아무것도 모른다. C의 최적 소비묶음에서의 한계대체율에 대해서는 무엇을 알 수 있는가? 그 이유는 무엇인가?

4. 연아는 그림 그리는 것과 햇볕에 앉아 있는 것을 좋아한다. 연아의 효용함수는 $U(P, S) = 3PS + 6P$인데, 여기서 P는 화필의 숫자이고 S는 밀짚모자의 수이다. 화필 가격은 1달러이고 밀짚모자 가격은 5달러이다. 연아는 화필과 밀짚모자에 50달러를 쓸 수 있다.

   a. 라그랑지 함수를 이용해 연아의 효용극대화 문제를 풀어라.

   b. 연아가 화필과 밀짚모자에 쓸 수 있는 돈을 1달러 더 받으면 효용은 얼마나 증가하는가?

5. 두 재화(X와 Y)에 대한 소비자의 효용함수가 다음과 같다고 하자.

$$U(X, Y) = 10X^{0.5} + 2Y$$

X재의 가격은 단위당 5달러이며 Y재의 가격은 단위당 10달러이다. 이 소비자는 효용이 80단위가 되어야만 하며, 최소한의 비용으로 이 효용수준을 달성하려 한다고 하자.

   a. 제약하의 최적화 문제를 작성하라.

   b. 라그랑지 함수를 이용해 지출극소화 문제를 풀어라.

개별수요와 시장수요

제 4장에서 우리는 소비자의 선택에 관해 다음과 같은 기본적인 내용을 학습했다－선호(소비자의 효용함수 및 그와 연관된 무차별곡선에 나타남)는 소득 및 시장가격(둘 다 소비자의 예산제약에 나타남)과 함께 소비자의 효용을 극대화하는 재화묶음을 결정한다. 선호의 차이는 무차별곡선의 모양에 반영되며 소득과 가격의 변화는 예산제약의 위치와 기울기에 반영된다. 이 소비자 선택의 분석틀로 우리는 제2, 3장에서 사용했던 수요곡선이 정확히 어디서 왔는지, 언제 이동하는지, 개별 소비자의 수요를 더해 어떻게 시장수요곡선을 얻는지 볼 수 있다.

어느 시장이든 수요가 이야기의 절반이므로, 무엇이 소비자 수요를 결정하고 작동시키는지 아는 것은 다음을 포함해 많은 주제를 이해하는 데 핵심적이다.

■ 수요 변화가 가격에 영향을 미치는 이유
■ 상품이 소비자에게 제공하는 편익
■ 소비자(혹은 나라 전체)가 부유해짐에 따른 소비자의 구매 패턴 변화
■ 한 재화의 가격 변화가 다른 재화의 가격에 미치는 영향
■ 가격 변화에 대한 소비자의 반응을 결정하는 요인

예를 들어 삼성의 마케팅 책임자는 회사의 신제품 계획을 짤 때 스마트폰에 대해 이런 모든 것을 알 필요가 있다.

이 장에서는 먼저 가격은 그대로이고 소비자의 소득이 올라가거나 내려갈 때 소비자의 선택이 어떻게 되는지 살펴볼 것이다. 이 분석에서는 (제4장에서와 같이) 소비자의 최적묶음을 특정 소득에 대해서 단 한 번만 구하는 것이 아니라 가능한 모든 소득수준에 대해 반복적으로 구한다.

다음으로 소득과 다른 재화의 가격은 고정한 상태에서 재화묶음에 속한 재화 하나의 가격이 변할 때 소비자가 선택하는 묶음이 어떻게 바뀌는지 알아낸다. 여기서도 효용을 극대화하는 최적 소비묶음을 한 번만 구하는 것이 아니라 묶음에 속한 재화의 가능한 모든 가격에 대해 구한다. (다른 것은 고정된 상태에서) 어떤 재화의 가격이 변할 때 그 재화의 수요량이 어떻게 바뀌는지 분석함으로써 그 재화에 대한 개별 소비자의 수요곡선을 그릴 수 있다. 우리는 가격 변화에 대한 소비자의 반응에 다음과 같은 두 가지 요소가 있다는 것을 볼 것이다－하나는 가격 변화에 의해 발생한 상대가격의 변화이고, 다른 하나는 가격 변화에 의해 발생한 소비자의 구매력 변화이다.

다음으로는 *다른* 재화의 가격 변화가 소비자가 특정 재화를 얼마나 소비할지 결정하는 데 어떤 영향을 주는지 살펴볼 것이다. 이 효과는 한 재화가 다른 재화의 대체재인지 여부에 따라, 즉 두 재화가 함께 소비되는지 여부에 따라 수요량을 증가시킬 수도 있고 감소시킬 수도 있다.

*개인*의 선택에 관한 이런 모든 특징을 분석한 후에, 우리는 전체 *시장수요*가 같은 변화에 어떻게 반응하는지 보일 것이다. 이런 작업이 완료되면 우리가 제2장과 제3장에서 주어진 것으로 간주했던 수요곡선을 결정하는 요인이 무엇인지 완전히 이해하게 될 것이다.

5.1 소득 변화가 개인의 소비 선택에 미치는 영향

4.3절에서 우리는 소득 변화가 소비자의 예산제약의 위치에 어떻게 영향을 주는지 학습했다. 소득이 낮아지면 제약이 원점을 향해 안쪽으로 이동하고, 소득이 높아지면 제약이 바깥쪽으로 이동한다. 이 절에서 우리는 소득이 소비자의 효용극대화 소비 결정에 어떤 영향을 주는지 살펴본다. 이것은 **소득효과**(income effect)라고 알려져 있다. 이 효과를 따로 떼어내기 위해 분석 중 다른 모든 것은 일정하게 유지시킨다. 구체적으로 소비자의 선호(효용함수 및 그와 연관된 무차별곡선에 나타남)와 재화의 가격이 일정하다고 가정한다. 소득만 증가시키고 무슨 일이 일어나는지 살펴본다. 그림 5.1은 소득을 휴가와 농구경기 표 사이에 배분하는 소비자인 민준에 대해, 소득 증가가 소비에 미치는 영향을 보여준다. 최초의 예산제약 BC_1은 최적 소비묶음인 A점에서 무차별곡선 U_1과 접한다. 소득 증가는 BC_1이 바깥으로 평행하게 이동하여 BC_2가 되는 것으로 나타난다. 재화 가격이 불변이기 때문에 민준은 휴가와 농구경기 표를 더 많이 살 수 있고, 새로운 효용극대화 묶음은 B이며, 이 점에서 무차별곡선 U_2가 BC_2와 접한다.

소득효과
소득의 구매력이 변함에 따라 나타나는 소비자 소비 선택의 변화

U_2가 U_1상의 묶음보다 더 높은 효용을 주는 재화묶음을 나타내기 때문에, 소득 증가에 따라 민준은 더 높은 효용을 얻게 된다. 소득 변화가 소비자의 행동에 미치는 영향을 분석할 때 (가격뿐 아니라) 선호를 일정하게 유지시켰기 때문에, 무차별곡선 U_2는 소득에 의해 발생한 선호의 이동으로 생겨나는 것이 아니다. U_2는 민준의 소득이 낮았을 때도 언제나 거기에 있었다. 하지만 소득이 낮았을 때 B점 및 U_2(그리고 더 위의 무차별곡선)상의 다른 모든 묶음은 민준이 살 수 없었기 때문에 실행불가능했다.

정상재와 열등재

그림 5.1의 새로운 최적점에서 두 재화 모두 소비량이 전보다 크다는 점에 주목하라. 이 결과는 별로 놀랍지 않다. 소득 상승 전에 민준은 휴가와 농구경기 표 둘 다에 돈을 지출하고 있었고, 따라서 늘어난 소득을 민준이 두 재화 모두에 얼마씩 쓸 것이라고 기대할 수 있기 때문이다.

그림 5.1 두 재화가 모두 정상재일 때 소득 증가에 대한 소비자의 반응

처음에 민준의 예산제약은 BC_1이고 효용극대화 소비묶음은 A점인데, 이 점에서 무차별곡선 U_1이 BC_1과 접한다. 휴가와 농구표의 가격이 불변이면 소득 상승은 민준이 두 재화를 더 많이 소비할 수 있음을 뜻한다. 결과적으로 소득 상승에 따라 예산제약은 BC_1에서 BC_2로 평행하게 밖으로 이동한다. 가격이 불변이기 때문에 예산제약의 기울기(재화 가격의 비)가 불변이라는 점에 주목하기 바란다. 높아진 소득에서 새로운 최적묶음은 B로, 무차별곡선 U_2가 BC_2에 접하는 점이다. B묶음에서 민준의 휴가와 농구표 소비는 각각 Q_v에서 Q'_v로, 그리고 Q_b에서 Q'_b로 상승한다.

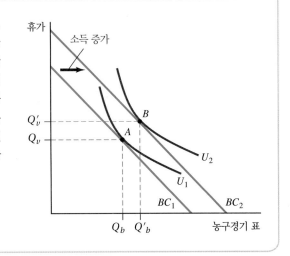

제2장에서 본 것처럼 소득이 증가할 때 소비가 증가하는 재화를 경제학자들이 **정상재**(normal good)라고 부른다는 점을 기억하라. 정상재는 소득효과가 양이다. 휴가와 농구경기 표는 민준에게 정상재이다. '정상'이라는 말이 암시하듯이 대부분의 재화는 소득효과가 양이다. 소득이 증가할 때 소비가 감소하는 재화는 **열등재**(inferior good)이다. 그림 5.2는 마카로니 치즈가 열등재인 예를 보여준다.

어떤 종류의 재화가 열등재가 될까? 보통 질이 낮거나 바람직하지 않은 것으로 인식되는 재화가 그런 재화이다. 상표명이 없는 시리얼, 중고 의류, 유스호스텔 숙박, 스팸(정크 이메일이 아니라 식료품을 말한다. 정크 메일은 재화가 아니라 오히려 '혐오재'에 해당할 것이다) 등이 그 예이다. 하지만 우리는 **모든** 재화가 열등재가 될 수는 없다는 것은 잘 알고 있다. 소득이 늘어나는 소비자는 그것을 어딘가에 써야 하기 때문이다(이 모형에서 저축은 없다는 점을 기억하라).

소득 증가가 재화 소비에 미치는 영향이 양(소비 증가)인지 음(소비 감소)인지는 소득수준에 따라 달라질 수 있다. 예를 들어 중고차와 같은 재화는 낮은 소득수준에서는 정상재이고 높은 소득수준에서는 열등재일 가능성이 크다. 소득이 매우 낮을 때는 중고차 소유가 버스를 타는 것보다 좋으므로 소득이 상승함에 따라 중고차에 대한 수요는 올라간다. 소득이 매우 높은 사람들에게는 신차가 중고차를 대신하므로 중고차 소비는 떨어진다. 이 시점에서 중고차는 열등재이다.

소비탄력성과 재화의 종류

우리는 소득효과가 (정상재의 경우처럼) 양이 될 수도 있고 (열등재의 경우처럼) 음이 될 수도 있음을 보았다. 소득효과의 부호뿐만 아니라 제2장에서 논의한 **소득탄력성**(income elasticity)까지 살펴보면 재화의 종류를 추가적으로 더 구분할 수 있다. 소득탄력성은 소득 변화의 백분율에 대한 소비량 변화의 백분율이라는 것을 기억하자. 정식으로 쓰면 소득탄력성은 다음과 같다.

$$E_I^D = \frac{\%\Delta Q}{\%\Delta I} = \frac{\Delta Q/Q}{\Delta I/I} = \frac{\Delta Q}{\Delta I}\frac{I}{Q}$$

정상재
소득 증가에 따라 수요량이 증가하는 재화

열등재
소득이 증가하면 수요량이 감소하는 재화

소득탄력성
소득 1% 변동에 따라 나타나는 소비량의 백분율 변화

그림 5.2 재화 하나가 열등재일 때 소득 증가에 대한 소비자의 반응

소비자의 소득이 BC_1에서 BC_2로 증가하면 스테이크는 더 소비되지만 마카로니 치즈는 덜 소비된다. 마카로니 치즈의 수량이 스테이크 수량에 비해 **상대적으로만** 떨어지는 것이 아니라는 점에 주목하자. 이런 상대적 변화는 두 재화가 모두 정상재일 때도 일어날 수 있다(즉 둘 다 증가하지만 스테이크가 더 많이 상승하는 경우이다). A에서 B로 이동할 때 하락하는 것은 마카로니 소비의 절대적 양이다. Q'_m이 Q_m보다 작기 때문이다. 또한 이러한 하락이 소비자의 관점에서 최적이라는 점에도 주목하자. B는 예산제약 BC_2가 주어졌을 때의 효용극대화 묶음인데, 무차별곡선 U_2가 U_1보다 높은 효용을 나타내기 때문에 이 묶음은 A보다 높은 효용수준을 준다.

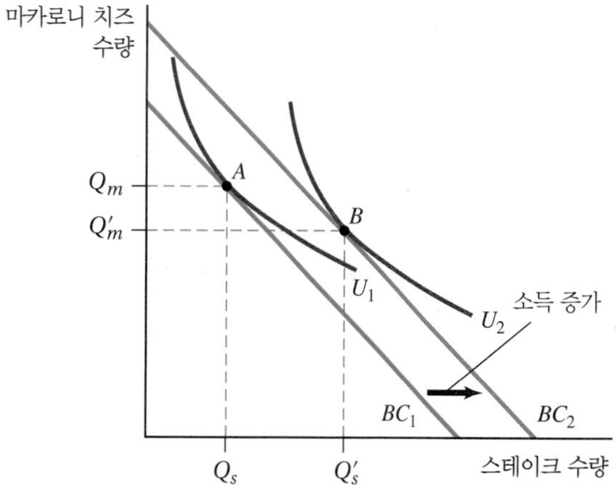

여기서 Q는 재화의 소비량이고(ΔQ는 수량의 변화이다), I는 소득이다(ΔI는 소득의 변화이다).

소득탄력성 정의에 나오는 첫 번째 비는 앞의 식에 나타난 소득효과이다. 즉 $\Delta Q / \Delta I$는 소득 변화에 따른 소비량의 변화이다. 따라서 소득탄력성의 부호는 소득효과의 부호와 같다. 정상재의 경우 $\Delta Q / \Delta I > 0$이고 소득탄력성은 양수이다. 열등재의 경우 $\Delta Q / \Delta I < 0$이고 소득탄력성은 음수이다.

정상재 내에서 경제학자들은 종종 추가적인 구분을 한다. 소득탄력성이 0과 1 사이인 재화[**필수재**(necessity good)라고 불리기도 함]의 수량은 소득이 상승하면 증가하지만 느리게 증가한다. 소득탄력성을 측정할 때 가격은 불변이기 때문에, 수량이 소득보다 느리게 상승한다는 것은 소득이 상승함에 따라 소비자 예산 중 이 재화 구입에 쓰이는 비중이 하락함을 의미한다. 정상재 중 다수가 이 범주에 속하는데 특히 치약, 소금, 양말, 전기 같은 소비자 주요 품목이 그렇다. 1년에 100만 달러를 버는 사람이 연간 1만 달러를 버는 사람보다 이런 주요 품목을 더 많이 소비할 수는 있지만, 소득이 100배라도 소비를 100배 더 하지는 않을 것이다.

사치재(luxury good)는 소득탄력성이 1보다 큰 재화이다. 이런 재화는 소비량이 소득보다 빨리 증가하기 때문에 소득 상승에 따라 소비자의 지출에서 이런 재화가 차지하는 비중이 증가한다. 사치재는 보통 생존을 위해 필요하지는 않지만 생활의 질을 높이는 재화이다. 비행기의 일등석, 보석, 고급 커피 음료, 바닷가 별장 등이 그 예이다.

필수재
소득탄력성이 0과 1 사이에 있는 정상재

사치재
소득탄력성이 1보다 큰 재화

소득확장경로

앞 절의 분석을 가능한 모든 소득수준에 대해 반복한다고 상상해보자. 즉 가격과 선호가 주어진 상태에서 가능한 모든 예산제약에 대해 효용극대화 묶음을 찾는 것이다. 여기서 각 예산제약은 상이한 소득수준에 대응한다. 이런 최적묶음들은 무차별곡선이 예산선과 접하는 곳에 위치할 것이다. 위의 두 예에서 최적묶음 집합은 A와 B묶음을 포함한다.

그림 5.3은 그런 연습의 예를 보여준다. 그림에서 명수는 소득을 버스 탑승과 생수 사이에 배분한다. A, B, C, D, E점은 그림에 나타난 예산제약에 대응하는 5개의 상이한 소득수준에서의 최적 소비묶음이다. 무차별곡선 자체는 개인의 효용함수에서 나온다는 점에 주목하자. 여기서 다양한 모양을 택한 것은 이런 점들이 다른 방식으로 움직일 수 있다는 점을 보여주기 위한 것이다.

최적묶음 전부(위 5개 및 그림에 나타나지 않은 예산제약에서의 최적묶음 전부를 합한 것)를 연결하는 선을 그리면 명수의 **소득확장경로**(income expansion path)가 된다. 이는 각 소득수준에서의 소비자의 최적묶음을 연결한 곡선이다. 이 곡선은 항상 원점에서 시작하는데, 이는 소득이 0이면 두 재화의 소비가 모두 0이 되어야 하기 때문이다.

소득확장경로
각 소득수준에서의 최적 소비묶음들을 연결한 곡선

두 재화가 모두 정상재이면 소득이 올라갈 때 두 재화의 소비가 모두 올라가기 때문에 소득확장경로는 우상향할 것이다. 소득확장경로의 기울기가 음수이면 소득 증가에 따라 두 재화 중 하나의 소비량은 감소하고 다른 하나의 소비량은 증가한다. 따라서 수량이 감소하는 재화는 열등재이다. 어느 재화가 정상재인지 열등재인지는 소비자의 소득수준에 따라 달라질 수 있다는 점을 기억하기 바란다. 가령 그림 5.3의 예에서, 버스 탑승과 생수는 D묶음이 있는 예산제약에 대응하는 소득수준까지는 둘 다 정상재이다. 소득이 그 이상으로 올라 예산제약이 계속 밖으로

그림 5.3 소득확장경로

명수의 소득확장경로는 각 소득수준에서의 생수와 버스 탑승의 최적 조합을 연결한 것이다. A, B, C, D, E점은 BC_1부터 BC_5까지의 예산제약에서의 최적 소비묶음이다. 생수와 버스 탑승이 둘 다 정상재인 영역에서 소득확장경로는 우상향한다. 예산제약 BC_4에 나타난 것보다 소득이 높은 D점의 오른쪽에서 버스 탑승은 열등재가 되고 소득확장경로는 우하향한다.

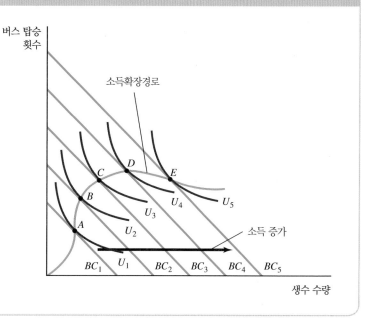

이동하면 소득확장경로는 우하향하기 시작한다. 이 결과는 명수의 소득이 이 수준 이상으로 올라가면 버스 탑승이 열등재가 됨을 의미한다. 이 소득확장경로가 왼쪽으로 다시 꺾이는 일은 절대로 없기 때문에 생수가 절대로 열등재가 아니라는 사실도 알 수 있다.

엥겔곡선

소득확장경로는 소득 변화에 따라 소비자의 행동이 어떻게 변하는지 보여주지만 두 가지 중요한 약점이 있다. 첫째, 축이 2개밖에 없기 때문에 한 번에 두 재화밖에는 볼 수가 없다. 둘째, 각 재화의 소비량은 쉽게 볼 수 있지만 곡선 위의 특정 점에 해당하는 소득수준을 직접적으로 볼 수는 없다. 소득수준은 각 재화의 소비량(이것은 그림에서 쉽게 볼 수 있다)에 각 재화의 가격(이것은 쉽게 보이지 않는다)을 곱하여 합한 것이다. 기본적인 문제는, 소비와 소득에 대해 이야기할 때 우리는 두 재화의 수량과 소득이라는 세 가지 숫자에 관심을 갖지만 이 숫자들을 볼 수 있는 그래프는 2차원이라는 점이다.

소득이 변함에 따라 (두 재화의 상대적 수량이 아니라) 한 재화의 소비량이 어떻게 변하는지를 보는 더 좋은 방법은 소득확장경로가 전달하는 정보를 취해 그것을 소득이 세로축에 있고 재화의 수량이 가로축에 있는 그래프 위에 그리는 것이다. 그림 5.4a는 이것을 그림 5.3의 예에서의 소득과 버스 탑승 사이의 관계에 대해 보여준다. 그림 5.4a에 그려진 점 5개는 그림 5.3의 A, B, C, D, E점으로 나타난 소비묶음 5개와 같은 점들이다. 두 그림 사이의 유일한 차이는 각 축이 나타내는 변수이다.

그림 5.4에 그려진 그림은 **엥겔곡선**(Engel curve)이라고 알려져 있는데, 이것은 데이터를 최초로 이런 방식으로 나타낸 19세기 독일 경제학자 에른스트 엥겔(Ernst Engel)의 이름을 따서 붙여진 것이다. 엥겔곡선은 재화 소비량과 소비자의 소득 간 관계를 보여준다. 위 경우 버스 탑

엥겔곡선
소비자의 소득과 재화 소비량 간의 관계를 보여주는 곡선

그림 5.4 엥겔곡선은 소득 변화에 따라 소비가 어떻게 변하는지 보여준다

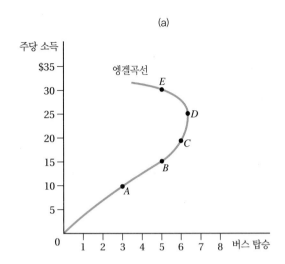

(a)

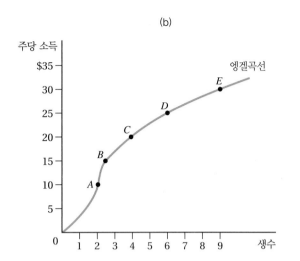

(b)

(a) 소득확장경로와 달리 엥겔곡선은 재화 하나의 소비를 소비자의 소득과 비교한다. 명수의 소득이 주당 10달러에서 25달러로 상승함에 따라 버스 탑승 소비는 3에서 6보다 약간 큰 숫자로 증가한다. 주당 25달러보다 소득이 높으면 버스 탑승은 열등재가 되어 버스 탑승 횟수 가 줄어든다.

(b) 생수는 그림에 나타난 모든 소득수준에서 정상재이다. 주당 소득이 10달러인 *A*점에서 명수는 생수를 2병 소비한다. *E*점에서 명수의 소득은 주당 30달러이고 명수가 구입하는 생수는 주당 9병으로 증가한다.

승과 생수 소비량을 보여준다. 엥겔곡선의 기울기가 양수이면 재화는 그 소득수준에서 정상재이다. 엥겔곡선의 기울기가 음수이면 재화는 그 소득수준에서 열등재이다. 그림 5.4a에서 버스 탑승은 처음에는 정상재지만 *D*묶음 이후에는 그림 5.3에서 본 것처럼 열등재가 된다. 그림 5.4b에서 생수는 모든 소득수준에서 정상재이고 엥겔곡선의 기울기는 언제나 양수이다.

소득이 소비 선택에 미치는 영향을 이해하는 데 소득확장경로와 엥겔곡선 중 어느 것이 더 유용한지는 우리가 답하려고 하는 특정 질문에 달려 있다. 소득 변화에 따라 두 재화의 상대적 수량이 어떻게 바뀌는지에 관심이 있으면 소득확장경로가 유용하다. 소득확장경로는 두 수량을 동시에 보여주기 때문이다. 반면 소득 변화가 특정 재화 하나의 소비에 미치는 충격을 조사하고 싶다면 엥겔곡선이 이러한 관계를 더 잘 솎아낸다. 가장 중요하게 기억해야 할 것은, 이 두 곡선은 동일한 정보를 담고 있지만 축이 2개밖에 없다는 제약으로 인해 정보가 다른 방식으로 나타나고 있다는 점이다.

 응용 엥겔곡선과 식당

식당은 아마도 경제에서 가장 흔한 종류의 사업일 것이다. 도시에는 전체 구역이 식당으로 가득 찬 곳이 있으며, 아주 작은 동네 말고는 적어도 한두 개의 식당이 있다. 미국 경제분석국에 따르면 미국인들은 매년 음식점에서 약 8,000억 달러를 지출한다. 이는 1인당으로 치면 2,500 달러이다. 최근의 갤럽 조사에 따르면 응답자의 60%가 직전 주에 식당에서 음식을 먹었으며,

16%는 3회 이상이었다. 놀라운 일이 아니다. 사람들은 외식을 좋아한다. 편리함을 위해서든 다양성을 위해서든 아니면 사교를 위해서든 말이다.

음식은 기본적 필수재이지만 외식은 그렇지 않다. 집에서 식사하는 것이 외식하는 것보다 싸므로, 예산이 빠듯할 때는 사람들이 집에서 더 자주 먹을 것으로 예상된다. 소득이 증가하면 사람들이 전보다 더 외식으로 대체할 것이므로 반대 효과가 나타날 것이다.

이 직관은 음식에 대한 지출이 소득과 함께 상승하지만 외식 지출은 더 빠르게 상승할 것임을 시사한다. 이것이 정확히 경제학자 마크 아기아르와 마크 빌스가 소득이 가구소비 결정에 미치는 영향에 관한 연구에서 알아낸 것이다.[1] 그들은 많은 다른 재화의 엥겔곡선을 추정했는데, 그중에는 집밥과 외식도 있었다. 집밥은 소득탄력성이 약 0.4여서 소득이 10% 증가하면 소비되는 음식은 4% 증가했다. 하지만 외식은 소득탄력성이 1.3이었다. 이 소득탄력성은 집밥의 3배 이상일 뿐 아니라 1보다 크다. 따라서 집 밖에서 소비되는 음식은 사치재이다. 이 결과는 갤럽 조사 결과와도 일치한다. 즉 연소득이 3만 달러 미만인 가구의 44%만이 직전 주에 외식을 한 반면, 소득이 7만 5,000달러보다 높은 가구는 72%가 직전 주에 외식을 했다.

아기아르와 빌스는 소득에 따른 가구 간 소비 변화에만 관심을 가진 것이 아니다. 그들은 시간 경과에 따른 그러한 소득 반응의 함의도 조사했다. 그들의 결과가 함의하는 바는, 예를 들어 시간이 지남에 따라 평균소득이 상승하면 식당 식사가 사치재이므로 식당 식사에 대한 지출이 비례적인 크기 이상으로 증가했을 것이라는 점이다. 그것은 실제로 데이터의 장기 패턴과 일치한다. 오늘날 우리가 보는 연간 8,000억 달러(1인당 2,500달러)의 식당 지출은 과거보다 훨씬 높다. 예를 들어 50년 전 미국의 식당 지출은 총 1,750억 달러(인플레이션을 감안하여 현재 달러가치로 조정)로, 현재의 4분의 1도 안 된다. 그 당시 인구가 더 적기는 했지만 4분의 3이나 적지는 않았다. 당시의 인구로 나누면 연간 식당 지출액은 1인당 900달러로, 현재 수준의 3분의 1을 약간 넘는다.

집 밖에서 소비되는 음식의 높은 소득반응성은 미국이 부유해지면서 장기적 식당 활황을 불러왔다. 그래서 다음번에 길 아래쪽에 새로 생긴 이탈리아 식당에 들떠서 가볼 때, 그 식당이 개업한 이유 중 일부는 과거에 비해 높아진 여러분과 이웃의 소득 때문일 가능성이 매우 높다. ■

예제 5.1

송이는 소득 전부를 골프와 팬케이크에 쓴다. 동네 골프장 사용료는 라운드당 10달러이다. 팬케이크 가루는 상자당 2달러이다. 소득이 주당 100달러일 때 송이는 팬케이크 가루 5상자와 골프 9라운드를 구매한다. 소득이 주당 120달러로 오르면 송이는 팬케이크 가루 10상자와 골프 10라운드를 구매한다. 이 숫자에 근거하여 다음 각 진술의 참, 거짓 여부를 판별하고 그 이유를 간단히 설명하라.

a. 골프는 정상재이고 팬케이크는 열등재이다.

b. 골프는 사치재이다.

c. 팬케이크는 사치재이다.

풀이

a. 정상재는 소득이 오를 때 소비자가 더 많이 사는 재화이다. 열등재는 소득이 오를 때 소비가 감소하는 재화이

---

1 Mark Aguiar and Mark Bils, "Has Consumption Inequality Mirrored Income Inequality?," *American Economic Review* 105, no. 9 (September 2015): 2725–2756.

다. 소득이 오를 때 송이는 팬케이크 가루와 골프 라운드를 더 많이 구입한다. 이것은 두 재화 모두 송이에게 정상재임을 뜻한다. 따라서 이 진술은 거짓이다.

b. 사치재는 소득탄력성이 1보다 크다. 재화의 소득탄력성은 수요량의 변화율을 소득의 변화율로 나누어 계산한다. 송이의 소득은 100달러에서 120달러로 오른다. 따라서 소득 변화율은 $\frac{\Delta I}{I} \times 100 = \frac{20}{100} \times 100 = 20\%$이다. 소득이 오를 때 송이의 골프 소비는 9라운드에서 10라운드로 바뀐다. 따라서 수요량 변화율은 $\frac{\Delta Q}{Q} \times 100 = \frac{1}{9} \times 100 = 11.1\%$이다. 소득탄력성을 계산하기 위해 수량 변화율을 소득 변화율로 나누면 $\frac{11.1}{20} = 0.555$를 얻는다. 탄력성이 1보다 크지 않기 때문에 골프는 송이에게 사치재가 될 수 없다. 따라서 이 진술은 거짓이다.

c. 여기서도 팬케이크 가루에 대해 소득탄력성을 계산해야 한다. 소득이 100달러에서 120달러로 상승할 때[이는 (b)에서 계산한 것처럼 20% 상승이다], 송이는 팬케이크 가루 구입을 5상자에서 10상자로 늘린다. 따라서 팬케이크 가루 수요량의 변화율은 $\frac{\Delta Q}{Q} \times 100 = \frac{5}{5} \times 100 = 100\%$이다. 이것은 수요의 소득탄력성이 $\frac{\%\Delta Q}{\%Q} = \frac{100}{20} = 5$임을 뜻한다. 소득탄력성이 1보다 크기 때문에 팬케이크 가루는 송이에게 사치재이다. 따라서 이 진술은 참이다.

5.2 가격 변화가 소비 선택에 미치는 영향

우리는 이제 가격과 선호가 불변일 때 소득 변화가 소비자의 선택에 어떻게 영향을 미치는지 안다. 이 절에서는 소득, 선호, 다른 모든 재화의 가격이 불변일 때 한 재화의 가격이 바뀌면 어떻게 되는지 살펴본다. 이 분석은 수요곡선이 정확히 어디에서 나오는지 알려줄 것이다.

수요곡선이라는 개념에 대해 논의한 후 몇 장이 지났기 때문에 이 시점에서 수요곡선이 정확히 무엇인지 상기하는 것이 도움이 될 것이다. 제2장에서 우리는 여러 요인이 재화에 대한 소비자의 수요량에 영향을 준다는 것을 배웠다. 수요곡선은 다른 모든 요인이 고정된 상태에서 특정 요인 하나, 즉 그 재화의 가격이 수요량에 미치는 영향을 따로 떼어낸 것이다. 수요량에 영향을 주는 다른 요인(소득, 선호, 다른 재화의 가격 등)이 변하면 수요곡선의 위치가 이동한다.

현재까지는 수량이 증가함에 따라 한계효용이 체감하여 소비자의 지불용의금액이 하락하기 때문에 수요곡선이 우하향하는 것처럼 보였다. 이 설명은 요약으로서 여전히 정확하지만 한 가지 과정을 건너뛴 것이다. 소비자의 수요곡선은 사실 소비자의 효용극대화로부터 직접적으로 도출된다. 수요곡선은 다음과 같은 질문에 대한 답을 제시한다 — (다른 모든 조건은 고정된 상태에서) 한 재화의 가격이 바뀌면 효용극대화 묶음에서 그 재화의 수량은 어떻게 바뀌는가?

수요곡선의 도출

소비자의 효용극대화 행동에 따라 수요곡선이 어떻게 도출되는지 보기 위해 구체적인 예를 살펴보자. 연아가 소득을 2리터들이 마운틴듀와 1리터들이 포도 주스라는 두 재화에 어떻게 지출할지 결정하고 있는데, 우리가 포도 주스에 대한 연아의 수요곡선을 알고 싶다고 하자. 연아의 소득은 20달러이고 마운틴듀의 가격은 2리터들이 한 병에 2달러이다. 분석 전체에서 이런 요인(소득 및 마운틴듀 가격)과 연아의 선호는 고정할 것이다. 그렇게 하지 않으면 하나의 수요곡선을 그리는 것이 아니라(수요곡선은 한 재화의 가격과 그 재화의 수요량 간의 관계를 보여준다는 점을 기억하자) 수요곡선을 이리저리 이동시키는 결과를 낳을 것이다.

수요곡선을 만들어내기 위해서 먼저 특정 포도 주스 가격에서의 소비자의 효용극대화 소비 묶음을 알아낸다. 원하는 어떤 가격에서 시작해도 된다. 분석을 쉽게 하기 위해 1리터들이 포도 주스 한 병에 1달러라고 하자.

그림 5.5a의 위쪽 그림은 연아의 효용극대화 문제를 보여준다. 연아의 예산제약은 현재 가격 에서 연아가 구입할 수 있는 마운틴듀(MD)와 포도 주스(G) 조합을 보여준다. 소득이 20달러일 때 연아가 마운틴듀 사는 데만 돈을 쓰면 병당 2달러 가격에 마운틴듀를 10병까지 살 수 있고, 포도 주스만 사면 병당 1달러 가격에 포도 주스를 20병까지 살 수 있다. 예산제약의 기울기는 가격 비인 P_G/P_{MD}에 음의 부호를 붙인 것과 같은데, 여기서 이 값은 −0.5이다. 이 예산제약과 접하는 연아의 무차별곡선도 그림에 그려져 있다. 우리는 그림에 나타난 접점이 효용극대화 묶 음이라는 것을 안다. 소득, 선호, 두 음료수의 가격이 주어졌을 때 연아의 최적 소비량은 마운 틴듀 3병과 포도 주스 14병이다.

그림 5.5 개별수요곡선 만들기

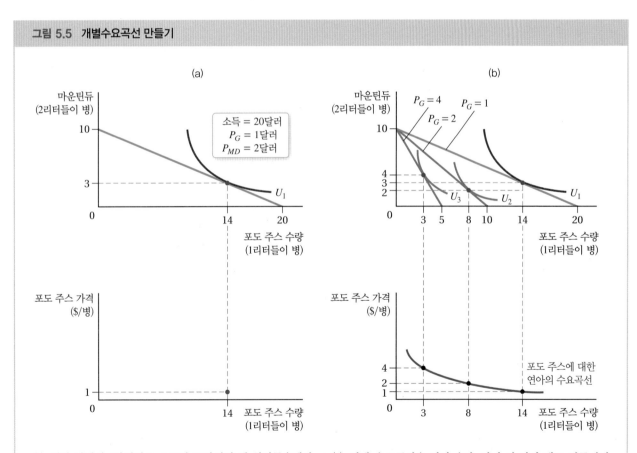

(a) 병당 가격이 1달러이고 소득이 20달러일 때 최적묶음에서 연아는 포도 주스 14병을 산다. 아래쪽 그림은 수요곡선상 에서 이 점을 나타내는데, 그래프에서 포도 주스 가격은 y 축에, 포도 주스 수량은 x축에 있다.

(b) 전체 수요곡선은 이런 수량-가격 점 여러 개로 이루어져 있다. 여기서는 가격이 병당 1, 2, 4달러일 때 포도 주스의 최적 소비량이 나타나 있다. 이렇게 하면 아래쪽 그림처럼 연아의 수요곡선을 얻게 된다.

이것으로 연아의 포도 주스 수요곡선상의 한 점이 나온다. 즉 리터당 가격이 1달러일 때 수요량은 14병이다. 유일한 문제점은 5.5a의 위쪽 그림은 축이 수요곡선을 그리는 데 맞지 않다는 것이다. 재화에 대한 수요곡선은 재화의 가격이 세로축에, 수요량이 가로축에 온다는 점을 기억하기 바란다. 하지만 그래프를 이용해 무차별곡선과 예산제약의 접점을 찾을 때 우리는 두 재화의 수량을 양 축에 놓는다. 따라서 우리는 그림 5.5a의 아래쪽 그림처럼 새로운 그림을 그릴 것인데, 이 그래프에서 포도 주스의 수량은 위쪽 그림과 똑같이 나타나지만 세로축에는 포도 주스의 가격이 온다. 아래쪽 그림의 가로축은 위쪽 그림과 같이 포도 주스 수량이기 때문에 그림의 가로축은 위 그림에서 아래 그림으로 수직으로 그대로 옮기면 된다.

수요곡선을 완성하기 위해서는 위에 설명된 과정을 다른 여러 포도 주스 가격에 대해 반복해야 한다. 가격이 변하면 예산제약의 기울기가 바뀌는데, 이것은 두 재화의 상대가격을 나타낸다. 새로운 예산제약 각각에 대해 그것과 접하는 무차별곡선을 찾음으로써 최적 소비조합을 알아낸다. 선호는 불변이기 때문에 연아의 효용함수에 대응하는 무차별곡선 집합은 그대로이다. 단지 예산제약에 접하는 특정 무차별곡선이 예산제약의 위치에 따라 달라질 뿐이다. 주어진 포도 주스 가격에 대해 최적 소비량을 알아낼 때마다 우리는 수요곡선상의 또 다른 한 점을 발견한 셈이 된다.

그림 5.5b는 포도 주스 가격이 병당 1, 2, 4달러일 때 이런 작업을 한 것을 보여준다. (마운틴 듀의 가격과 연아의 소득은 고정된 상태에서) 포도 주스 가격이 상승함에 따라 예산제약은 가팔라지고 효용을 극대화하는 포도 주스 수량은 하락한다. 이 예에서 포도 주스가 병당 2달러일 때 연아의 포도 주스 최적 소비량은 8병이다. 가격이 4달러가 되면 연아는 3병을 소비한다. 이런 가격과 수량 조합이 그림 5.5b의 아래쪽 그림에 나타나 있다. 이 점들은 모두 포도 주스에 대한 연아의 수요곡선상에 있다. 가능한 모든 포도 주스 가격에 대해 이런 작업을 반복하면 전체 수요곡선을 그릴 수 있는데, 아래쪽 그림에 그런 수요곡선이 그려져 있다. 가격이 상승함에 따라 연아의 수요량이 하락한다는 점에 주목하기 바란다.

수요곡선의 이동

소비자의 선호 혹은 소득이 변하거나 다른 재화의 가격이 변하면 수요곡선이 이동한다는 것을 안다. 이런 새로운 조건하에서 수요곡선을 찾아냄으로써 수요곡선이 어떻게 이동하는지 알 수 있다.

선호가 변하는 예를 살펴보자. 연아가 파티에서 한 과학자를 만났는데, 이 과학자의 주장에 따르면 포도 주스가 건강에 주는 편익이라고 알려진 것은 과장되어 있으며 포도 주스는 치아를 얼룩지게 한다고 하자. 이 주장은 포도 주스에 대한 연아의 선호를 바꿀 것이다. 그녀는 전에 비해 포도 주스가 덜 바람직하다고 생각할 것이다. 이러한 변화는 연아의 무차별곡선이 완만해지는 형태로 나타날 것인데, 이제는 마운틴듀가 감소할 때 전과 무차별해지려면 포도 주스를 예전보다 더 많이 받아야 할 것이기 때문이다. 이것은 다음과 같이 생각할 수도 있다. 한계대체율이 $-MU_G/MU_{MD}$와 같기 때문에, 위와 같은 선호 변화로 인해 어떤 수량에서도 포도 주스의 한계효용이 줄어들어 한계대체율이 작아지고 무차별곡선이 완만해지는 것이다. 그림 5.6은 선호 변화 후 수요곡선 만들기 연습을 반복한 것이다.

연아의 선호가 바뀌었기 때문에 모든 가격대에서 전(그림 5.5)에 비해 포도 주스 수요량이 줄

그림 5.6 선호 변화와 수요곡선의 이동

(a) 무차별곡선이 더 완만해져서(U_1', U_2', U_3'로 표시됨) 연아의 효용극대화 소비 묶음이 바뀌었다. 이제 포도 주스 가격이 병당 1, 2, 4달러일 때 연아의 최적 포도 주스 소비량은 각각 9, 6, 2병이다. 각 가격수준에서 연아는 포도 주스를 전보다 덜 소비한다.

(b) 각 가격대에서 포도 주스를 덜 구입하기 때문에 포도 주스에 대한 연아의 수요곡선은 D_1에서 D_2로 안쪽으로 이동한다.

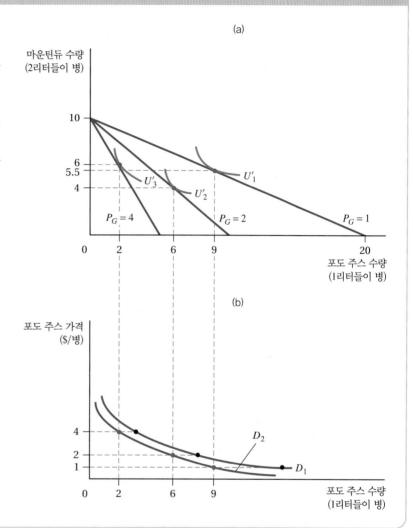

어들었다는 것을 알 수 있다. 결과적으로 포도 주스에 대한 연아의 수요곡선은 D_1에서 D_2로 이동했다. 이 결과는 선호의 변화가 수요곡선을 왜, 그리고 어떻게 이동시키는지 보여준다. 연아의 소득이나 마운틴듀의 가격이 바뀌어도 수요곡선은 이동한다. (앞에서 우리는 소득 변화가 수요량에 어떤 영향을 주는지 보았으며, 5.4절에서는 다른 재화가격의 변화에 따른 영향을 분석할 것이다.) 하지만 수요에 영향을 미치는 비가격 요인의 값이 **주어졌을 때**, 재화의 가격 변화에 따른 그 재화 수요량의 변화는 수요곡선 자체의 이동이 아니라 수요곡선상의 이동을 낳는다는 점을 기억하기 바란다.

괴짜경제학

동물들도 할인을 좋아한다

경제학 법칙이 인간에게만 적용된다고 생각한다면, 다시 생각해보기 바란다. 원숭이나 심지어 쥐도 중급 미시경제학을 배운 것처럼 행동한다.

동물의 경제적 행동에 대한 가장 집중적인 검사는 예일대학교 경제학자 키스 첸(Keith Chen)과 공저자들에 의해 흰목꼬리감기원숭이를 대상으로 수행되었다. 첫 번째 단계로 그는 원숭이에게 돈 개념을 접하게 했다. 그는 젤로(Jell-O, 과일 맛이 나는 젤리), 포도, 마시멜로 솜사탕(흰목꼬리감기원숭이는 단것을 *매우 좋아한다*) 같은 다양한 음식과 교환할 수 있는 '돈'을 원숭이에게 주었는데, 금속으로 만든 고리 형태였다.

짜증스러운 6개월이 지난 후 원숭이들은 마침내 고리가 가치 있다는 것을 알아냈다. 첸은 각 원숭이가 안정적인 선호를 갖는 경향이 있다는 것을 관찰했다. 즉 어떤 원숭이는 포도를 가장 좋아하고, 어떤 원숭이는 젤로를 매우 좋아했다. 이것을 어떻게 알아냈을까? 특정 원숭이에게 동전을 주고서 그 원숭이에게 젤로 3개가 들어 있는 그릇과 포도 6개가 들어 있는 그릇을 보여준 후 어느 것을 선택하는지 살펴보았다.

다음으로 첸은 훌륭한 경제학자라면 누구나 할 일을 했다. 바로 원숭이가 가격 변화에 직면하도록 한 것이다! 고리 하나에 젤로 3개를 주는 대신, 원숭이에게 이를테면 고리 하나당 젤로 1개와 고리 하나당 포도 6개가 들

우리와 똑같다?

어 있는 그릇 사이에서 고르도록 했다. 따라서 젤로의 상대가격이 3배가 된 것이다. 원숭이는 정확히 경제이론이 예측하는 방식으로 반응하여 가격이 오른 재화 소비를 줄였다.[*]

동물계에서 우리와 가장 가까운 친척인 원숭이가 세련된 소비자라는 사실은 아마도 별로 놀라운 일이 아닐 것이다. 하지만 쥐가 공급과 수요를 이해한다는 것은 불가능하지 않을까? 그런데 쥐도 이해를 하는 것 같다. 경제학자 레이먼드 바탈리오와 존 카겔(Raymond Battalio and John Kagel)은 쥐 우리에 손잡이를 2개 장치했는데, 각 손잡이를 당기면 다른 음료수가 나오게 했다.[†] 손잡이 중 하나는 쥐에게 신선한 루트 비어(생강과 식물 뿌리로 만든 탄산음료)를 제공했다. 쥐는 루트 비어를 매우 좋아하는 것으로 나타났다. 다른 손잡이는 퀴닌 탄산수를 제공했다. 퀴닌은 쓴맛이 나는 물질로, 처음에는 말라리아 치료에 쓰였지만 현재는 주로 보드카 토닉에 독특한 풍미를 주기 위해 사용된다. 쥐는 루트 비어보다 퀴닌을 훨씬 덜 좋아하며, 루트 비어가 나오는 손잡이를 훨씬 더 자주 누름으로써 이 점을 연구자에게 분명히 보여주었다. 첸과 마찬가지로 바탈리오와 카겔은 그 후 '가격'(손잡이를 한 번 누를 때 음료가 얼마나 나오는지)과 쥐의 예산제약(매일 각 손잡이를 몇 번씩 누를 수 있는지)의 변화를 분석했다. 원숭이(그리고 인간)와 마찬가지로 쥐는 상대가격이 오를 때 음료수를 덜 소비했다. 더 흥미로운 것은 가난해졌을 때(즉 매일 손잡이를 누를 수 있는 횟수가 줄어들 때) 쥐가 루트 비어 소비를 줄이고 퀴닌 탄산수 소비를 늘렸다는 것이다. 이 연구자들은 쥐에게 루트 비어는 사치재이고 퀴닌 탄산수는 열등재임을 발견했다! 연구자들이 퀴닌 탄산수에 보드카를 조금 섞었더라면 아마 결과는 달랐을 것이다….

[*] 돈에 노출되었을 때 원숭이가 보여준 인간과 유사한 행동은 이것만이 아니다. 흥미롭고도 추악한 이 이야기 전체를 보려면 슈퍼괴짜경제학(*SuperFreakonomics*)의 맺음말을 보기 바란다.

[†] 바탈리오와 카겔의 연구에 대한 설명은 다음 책에서 찾아볼 수 있다. Tim Harford, *The Logic of Life*: *The Rational Economics of an Irrational World* (New York: Random House, 2008), pp. 18–21.

예제 5.2

민준은 1주일 예산 200달러를 오락물에 배분한다. 200달러 전부를 두 재화인 공연표(장당 50달러)와 영화표(장당 10달러)에 지출한다.

  a. 공연표를 가로축에 두고 민준의 예산제약을 그리되, 가

로절편과 세로절편을 반드시 표시하라. 예산제약의 기울기는 얼마인가?

  b. 민준이 현재 주당 공연표 3장을 구입한다고 하자. 이 선택을 예산제약 위에 나타내고 *A*점이라고 표시하라. *A*점

에서 예산제약과 접하는 무차별곡선을 그려라. 민준은 영화표를 몇 장 사는가?

c. 공연표 가격이 80달러로 오르고 민준이 공연표 구입을 2장으로 줄인다고 하자. 민준의 새로운 예산제약을 그리고 선택을 B점으로 표시한 후, B점에서 새로운 예산제약과 접하는 무차별곡선을 그려라.

d. 공연표가 또다시 상승해 100달러가 되고 민준은 공연표 구입을 주당 1장으로 줄인다. 새로운 예산제약을 그리고 민준의 선택을 예산제약 위에 C점으로 나타낸 후, C점에서 새로운 예산제약과 접하는 무차별곡선을 그려라.

e. 무차별곡선을 그린 그림 아래에 새로운 그림을 그려라. (b)~(d)의 답을 이용해 공연표에 대한 민준의 수요를 그려라. 50, 80, 100달러에서의 수요량을 나타내라. 가격과 수요량 사이에 역의 관계가 있는가?

풀이

a. 우선 민준의 예산제약에 대해 가로절편과 세로절편을 계산해야 한다. 가로절편은 민준이 소득 전부를 공연표에 지출하고 영화표는 구입하지 않는 점이다. 이것은 공연표를 200달러/50달러 = 4장 구입할 때 일어난다(그림 A). 세로절편은 민준이 소득 전체를 영화표에 지출하고 공연표는 사지 않는 점이다. 이것은 민준이 영화표를 200달러/10달러 = 20장 구입함을 뜻한다. 예산제약의 기울기는 세로/가로 = −20/4 = −5와 같다.

그림 A

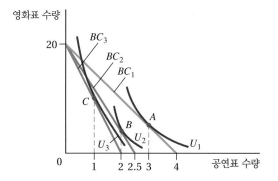

이 기울기는 두 재화의 가격에 음의 부호를 붙인 것, 즉 $-\dfrac{P_{공연표}}{P_{영화표}} = -50달러/10달러 = -5$라는 사실에 주목하자.

b. 최대효용은 무차별곡선이 예산제약과 접할 때 발생한

다. 따라서 A점은 이러한 접점이어야 한다. 민준이 매주 공연표를 3장 구입하면 50달러×3 = 150달러를 지출하여 영화표에 쓸 돈이 200달러 − 150달러 = 50달러 남는다. 영화표가 장당 10달러이므로 민준은 영화표를 50달러/10달러 = 5장 구입한다.

c. 민준의 예산제약은 시계 방향으로 회전할 것이다. 민준의 소득이나 영화표 가격 어느 것도 변하지 않기 때문에 세로절편은 영향을 받지 않는다. 그러나 공연표 가격이 80달러로 올랐고, 이제는 만약 민준이 예산 전체를 공연표에 배분한다면 표를 200달러/80달러 = 2.5장밖에 살 수 없을 것이다. 이것이 새로운 가로절편이다. 민준이 공연표를 2장 구입하면 무차별곡선은 B점에서 예산제약과 접할 것이다.

d. 예산제약은 또다시 시계 방향으로 회전하고 세로절편은 그대로일 것이다. 새로운 가로절편은 200달러/100달러 = 2가 될 것이다. C점은 민준의 무차별곡선이 새로운 예산제약과 공연표 1장의 수량에서 접할 때 발생한다.

e. 수요곡선은 공연표 가격과 민준의 수요량 사이의 관계를 보여준다. 무차별곡선 그림에서 정보를 취해 민준의 수요곡선상의 세 점을 밝힐 수 있다.

	공연표 가격	수요량
A	50달러	3
B	80달러	2
C	100달러	1

그다음에 공연표 수량을 가로축에, 공연표 가격을 세로축에 놓고 A, B, C점을 나타낼 수 있다(그림 B). 이 점들을 이으면 공연표에 대한 민준의 수요곡선을 얻게 된다.

그림 B

5.3 가격 변화에 대한 소비자의 반응 : 대체효과와 소득효과

재화의 가격이 변할 때 그 재화의 수요곡선은 소비가 얼마나 변할지를 알려준다. 그런데 수요량의 총변화는 소비자의 결정에 영향을 주는 다음의 구별되는 두 힘의 결과이다.

대체효과
두 재화의 상대가격이 변함에 따라 나타나는 소비자 소비 선택의 변화

소득효과
소득의 구매력이 변함에 따라 나타나는 소비자 소비 선택의 변화

1. **대체효과**(substitution effect)는 두 재화의 상대가격 변화에 기인하는 소비자 선택의 변화이다. 소비자들은 상대적으로 싸진 재화를 더 사고 상대적으로 비싸진 재화를 덜 산다.
2. **소득효과**(income effect)는 소비자 소득의 구매력 변화에 기인하는 소비자 소비 선택의 변화이다. 가격 변화는 소비자 소득의 구매력, 즉 주어진 명목지출 수준으로 살 수 있는 재화의 양을 변화시킨다. 예를 들어 한 재화가 저렴해지면 소비자는 실질적으로 더 부유하게 되어 저렴해진 재화와 다른 재화를 더 많이 살 수 있게 된다. 재화의 가격이 상승하면 소비자 소득의 구매력이 줄어들어 재화를 전보다 덜 사게 된다.

대체효과와 소득효과의 구분은 이 책 전체에서 접하게 될 개념에서 가장 미묘한 것 중 하나이다. 두 가지 요인이 이 주제를 어렵게 만든다. 첫째, 현실에서 우리는 두 효과를 분리해서 관찰하는 것이 아니라 합쳐진 효과만 관찰한다. 소비자로서 당신은 변화 중 얼마가 소득효과에 기인하고 얼마가 대체효과에 기인하는지 알거나 결정하지 못한 채 소비량을 계산한다. 이 둘을 분리하는 것은 인위적인 분석 도구이다. 하지만 그것은 유용하다. 둘째, 소득효과는 명목 단위로 **측정한** 소비자의 소득이 그대로여도 발생한다. 소득은 그대로 10,000달러지만 모든 재화의 가격이 반으로 떨어지면, 측정된 소득은 전과 같아도 소득이 두 배가 된 셈이다. 소득효과는 주머니에 들어 있는 지폐의 숫자가 아니라 얼마나 부자라고 느끼는지를 가리킨다.

개관을 살펴볼 때 우리는 소득효과와 대체효과를 그래프를 이용해 설명한다. 이 장의 부록에서는 이런 효과들을 수학적으로 설명한다.

그림 5.7은 소득을 음악 공연과 농구 경기에 지출하는 소비자인 명수가 농구표 가격 하락에 어떻게 대응하는지 보여준다. 이것은 5.2절에서의 분석과 같다.

5.2절에서와 마찬가지로 대체효과나 소득효과와 무관하게 최적묶음을 알아냈음에 주목하라. 묶음 *A*와 *B* 사이의 이러한 전체적 소비량 변화는 **총효과**(total effect)이다. 이는 가격 변화의 결과 발생하는 소비자의 최적 소비묶음의 총변화이다. 다음 절에서는 **총효과**를 대체효과와 소득효과로 분리해 나눈다. 즉 다음과 같다.

총효과
가격 변동에 따른 소비자의 최적 소비묶음의 전체 변화(대체효과 + 소득효과)

총효과 = 대체효과 + 소득효과

*A*에서 *B*로의 이동을 소득효과와 대체효과로 분리하면 명수의 수요량 총변화 중 얼마가 두 재화의 상대가격 감소로 명수가 구매 품목을 전환하여 발생하는지(대체효과), 그리고 변화 중 얼마가 농구표 가격의 하락으로 명수의 구매력이 상승하여 발생하는지(소득효과) 이해하는 데 도움이 된다.

우리가 다루는 모든 예는 가격이 하락하는 경우라는 점에 주목하기 바란다. 재화의 가격이 상승하면 효과는 반대 방향으로 작용한다.

그림 5.7 농구표 가격 하락의 효과

농구표 가격이 낮아지면 소득으로 농구 경기를 더 많이 소비할 수 있기 때문에 명수의 예산제약은 BC_1에서 BC_2로 바깥쪽으로 회전한다. 결과적으로 최적 소비묶음은 A(무차별곡선 U_1과 예산제약 BC_1 사이의 접점)에서 B(무차별곡선 U_2와 예산제약 BC_2 사이의 접점)로 이동한다. 농구표 가격 하락 때문에 공연표 소비량은 5에서 6으로 증가하고, 명수가 구입하는 농구표 수는 3에서 5로 증가한다.

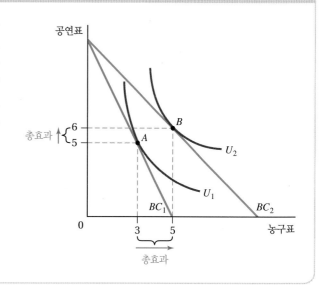

대체효과 분리하기

먼저 대체효과를 분리해보자. 수요량 변화 중 이 부분은 명수의 구매력 변화로 인한 것이 아니라 상대가격의 변화로 인한 것이다. 대체효과를 분리하기 위해서는 가격 변화 후 소득효과가 없을 때, 즉 가격 변화 전과 구매력이 동일하여 부유하거나 가난해졌다고 느끼지 않을 때 명수가 공연표와 농구표를 얼마나 소비할지 알아낼 필요가 있다.

명수가 부유하거나 가난해졌다고 느끼지 않으려면, 가격 변화 후에 소비하는 묶음이 가격 변화 전에 누리던 효용과 같은 효용을 주어야 한다. 즉 새로운 묶음이 원래 무차별곡선인 U_1상에 있어야 한다.

U_1상에서 대체효과만 있는 묶음은 재화의 상대가격이 변했다는 사실을 반영해야 한다. 그런 새로운 상대가격은 새 예산선 BC_2의 기울기에 구체적으로 나타난다. 문제는 그림 5.8에서 보는 것과 같이 U_1과 BC_2 사이에는 접점이 없다는 것이다. 하지만 BC_2와 기울기가 같은(즉 상대가격이 같은) 예산선과 U_1 사이에는 접점이 존재한다. 여기서 말하는 예산선은 BC'으로, 그림 5.8a에서 점선으로 표시되어 있으며 접점은 A'점이다.

A'묶음은 공연표와 농구표의 상대가격이 앞에서와 같이 변하지만 구매력 변화는 겪지 않는다면 명수가 구매할 묶음이다. 이것이 대체효과의 정의이다. 따라서 대체효과만 따로 떼어놓으면 명수의 수요묶음은 A에서 A'으로 이동한다. 이 효과를 알아내려면 가격 변화 후의 예산선 BC_2를 가격 변화 전의 무차별곡선 U_1에 접할 때까지(원래의 효용수준을 유지하기 위해) 평행하게(새로운 상대가격을 유지하기 위해) 거꾸로 이동시켜야 한다. 가격이 하락할 때 대체효과를 분리하기 위해서는, 낮아진 새로운 가격으로 인해 실질적으로 구매력이 증가하기 때문에 명수가 느끼는 소득 증가를 지우기 위해 그의 소득을 약간 낮추어야 한다. 예산선 BC'은 가상적인 것이어서 명수가 실제로는 절대로 직면하지 않는다는 것을 인식하는 것이 중요하다. 대신 BC'은 명수가 만약 그것에 직면한다면, 즉 상대가격은 실제와 같이 변했지만 동시에 그가 가격 인하로 인

그림 5.8 두 정상재에 대한 대체효과와 소득효과

(a)

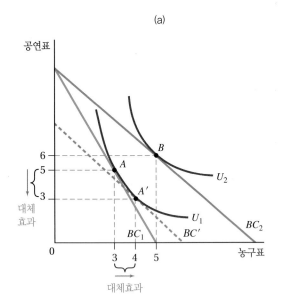

(b)

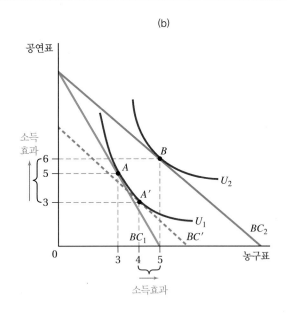

(c)

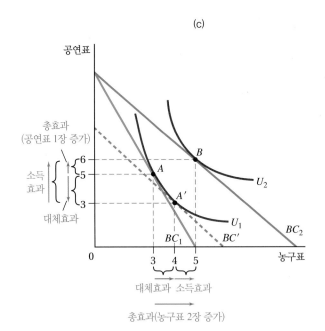

(a) 대체효과는 농구표 가격 하락 후 농구표와 공연표의 상대 가격 변화로 인한 수요량의 변화이다. 예산제약 BC'은 명수의 새로운 예산제약인 BC_2와 평행이지만 원래 효용수준 U_1과 접한다. BC'과 U_1의 접점인 소비묶음 A'은 상대가격은 변하지만 구매력은 그대로라면 명수가 구입할 묶음이다. A묶음에서 A'묶음으로의 변화가 대체효과이다.

(b) 소득효과는 가격 변화 후 소비자의 구매력 변화로 인한 수요량의 변화이다. 농구표 가격이 하락하면 명수는 가격 변화 전보다 더 큰 묶음을 구입할 수 있다. A'에서 B묶음으로 재화 소비량이 변하는 것은 소득효과를 나타낸다.

(c) 총효과는 대체효과와 소득효과의 합이다. 이 경우 명수는 공연표 1장과 농구표 2장을 더 구입한다.

해 얻게 된 소폭의 소득 증가를 잃는다면 어떻게 할지 알게 해주는 개념적 장치이다.

대체효과로 인한 수요량 변화와 관련해서 주목해야 할 것이 몇 가지 있다. 첫째, 공연표 수는 감소하고(5에서 3으로) 농구표 수는 증가한다(3에서 4로). 공연표 수요량 감소가 발생하는 것은 가격 변화로 인해 농구표가 공연표에 비해 상대적으로 더 저렴해져서 명수가 상대적으로 농구표를 더 많이 원하기 때문이다. 둘째, A와 A'이 동일한 무차별곡선상에 있지만(따라서 명수는 두 묶음으로부터 동일한 효용을 얻지만), 새로운 가격에서는 A보다 A'을 사는 것이 명수에게 돈이 덜 든다. A가 BC'의 위쪽에 위치하므로 예산제약이 BC'이라면 실행불가능하기 때문이다. (하지만 A'은 BC'상에 있으므로 이 제약에서 실행가능하다.)

따라서 명수는 농구표 가격 하락에 대응해 공연표를 줄이고 농구표를 더 많이 산다. U_1을 따라 아래쪽으로 이동함으로써 명수는 사실상 더 좋아진다. 더 적은 돈으로(A'은 실행가능하지만 A는 이제 실행불가능하다) 동일한 효용(명수는 여전히 U_1상에 있다)을 얻을 수 있기 때문이다.

소득효과 분리하기

소득효과는 소비량의 총변화분 중 가격 변화 후 명수의 구매력 변화로 인해 발생하는 부분이다. 재화의 가격만 변하고 지출할 실제 소득은 변하지 않았는데도 소득효과가 존재하는 것이 조금 이상해 보인다. 하지만 재화 가격이 하락하면 명수가 전반적으로 부유해짐을 인식하라. 재화 가격의 하락은 그가 전에는 살 수 없었지만 이제는 남는 돈이 생기기 때문에 살 수 있게 된 새로운 묶음들의 집합이 존재함을 뜻한다. 원래 가격에서 BC_1의 오른쪽 윗부분의 묶음은 실행불가능했다. 하지만 새로운 가격에서는 BC_2 바깥쪽에 있는 부분만 실행불가능하다(그림 5.8b 참조).

이러한 구매력 증가로 명수는 전에 비해 더 높은 효용수준을 달성할 수 있다. 소득효과는 상대가격을 새로운 수준으로 고정한 상태에서 구매력 변화로 인해 발생하는 명수의 선택 변화이다. 일단 대체효과를 분리하고 나면 이러한 소득효과로 인한 소비 변화를 찾는 것은 매우 쉽다. A' 묶음을 찾기 위해 새로운 예산제약을 원래의 무차별곡선과 접할 때까지 평행하게 거꾸로 이동시켰다는 것을 기억하자. 이런 이동을 반대로 하면 정확히 소득효과를 나타낸다. 즉 그것은 상대가격을 고정시킨 상태에서(BC_2와 BC'은 기울기가 같다) 명수가 전보다 높은 무차별곡선(U_1

A⁺ 시험 잘 보는 법

가격 변화로부터 대체효과와 소득효과 계산하기

대체효과와 소득효과 분석에는 세 가지 기본적 단계가 있다. 무차별곡선이 예산제약과 접하여 효용이 최대인 점(A점)에 있는 소비자로부터 시작한다.

1. 가격이 변하면 새로운 예산제약을 그린다. (가격 변화는 예산제약을 회전시켜 기울기를 바꾼다.) 그 후 이 새로운 예산제약이 새로운 무차별곡선과 접하는 점(B점)에서 최적수량을 찾는다.

2. 1단계의 새로운 예산제약과 평행하면서 원래 무차별곡선과 A'점에서 접하는 새로운 선을 그린다. A점(원래의 가격 변화 전의 묶음)에서 새로운 접점(A'점)으로 원래의 무차별곡선을 따라 이동하는 것이 대체효과이다. 이 이동은 소득의 구매력이 일정해도 상대가격이 변하면 수량이 어떻게 변하는지 보여준다.

3. 가격 변화의 소득효과는 A'점에서 B점으로의 이동에서 볼 수 있다. 여기서 상대가격은 불변이지만(두 예산제약이 평행하다) 소득의 구매력은 변한다.

이 아닌 U_2)에 도달할 수 있는 능력으로 인해 발생하는 소비량의 변화(그림 5.8b의 A'묶음에서 B묶음으로)이다.

이 특정 예에서는 소득효과로 인해 공연표와 농구표의 수량이 둘 다 증가했다. 이는 두 재화 모두 정상재임을 뜻한다. 다음 절에서는 한 재화가 열등재인 예를 살펴본다.

총효과

농구표 가격 하락의 총효과는 그림 5.8c에 나타나 있다.

1. 명수의 공연표 수요량은 원래 묶음인 A점의 5에서 최종 묶음인 B점의 6으로 1만큼 상승한 다. (대체효과로 인한 감소분 2가 소득효과로 인한 증가분 3에 의해 압도되어 공연표의 순 증가분은 1이 됨.)
2. 명수의 농구표 수요량은 원래 묶음인 A점의 3에서 최종 묶음인 B점의 5로 2만큼 상승한다. (대체효과로 인한 증가분 1 + 소득효과로 인한 증가분 1)

무엇이 대체효과와 소득효과의 크기를 결정하는가?

가격 변화에 따른 총효과의 크기(그리고 곧 보겠지만 어떤 경우에는 총효과의 방향)는 대체효 과와 소득효과의 상대적 크기에 의해 결정된다. 따라서 대체효과와 소득효과의 크기에 영향을 미치는 요인을 이해하는 것이 중요하다. 아래에서 중요한 요인 몇 가지에 대해 논의한다.

대체효과의 크기   대체효과의 크기는 무차별곡선의 곡률에 의해 결정된다. 그림 5.9를 통해 이 를 볼 수 있다. 두 그림은 상이한 두 무차별곡선에 대해 공연표와 농구표 간 상대가격의 동일한 변화에 따른 대체효과를 보여준다. (두 그림에서 예산제약의 기울기 변화가 같기 때문에 상대 가격 변화가 동일하다는 것을 알 수 있다.) 그림 5.9a에서처럼 무차별곡선이 많이 휘어져 있으 면 무차별곡선을 따라 움직일 때 한계대체율이 급격하게 변한다. 이는 가격 변화에 따른 소비 변화가 크지 않을 것임을 의미한다. 새로운 상대가격에 대응하여 한계대체율을 변화시키기 위 해 무차별곡선을 따라 많이 이동할 필요가 없기 때문이다. 따라서 대체효과는 작다. 이것은 놀 라운 사실이 아닌데, 제4장에서 두 재화의 대체가능성이 높지 않은 경우 무차별곡선의 곡률이 크다는 것을 배웠기 때문이다(두 재화가 서로 덜 대체재 관계에 있을수록 대체효과가 작다는 것을 설명하는 것은 약간 불필요해 보이지만, 어쨌든 그렇다).

그림 5.9b에서처럼 무차별곡선이 덜 휘어져 있으면 무차별곡선을 따라 움직일 때 한계대체 율이 크게 바뀌지 않고, 따라서 똑같은 상대가격 변화에도 대체효과는 훨씬 더 크게 된다. 그림 5.9b에서 A가 A'으로 대체될 때 발생하는 공연표와 농구표 소비량의 변화는, 동일한 상대가격 변화에 의해 그림 5.9a에서 발생하는 변화보다 훨씬 더 크다.[2] 여기서도 이것을 제4장에서 무차

---

2 이 논리는 제4장에서 논의한, 무차별곡선이 완전히 직선으로 특수한 경우인 완전대체재의 경우에 왜 대체효과가 가장 큰지도 설명해준다. 완전대체재의 경우 상대가격이 조금이라도 변하면 소비자는 한쪽 구석해에서 다른 쪽 구석해로 옮겨간다. 즉 한 재화 A만 소비하고 다른 재화 B는 하나도 소비하지 않다가 B만 소비하고 A는 소비하지 않게 된다. (이것을 보기 위해, 소비자가 감자칩 숫자에만 신경을 쓰고, 3온스들이 감자칩과 12온스들이 감자칩을 완전대체로 간주한다고 하자. 12온스 봉지의 가격이 3온스 봉지 가격의 1/4보다 낮다면 소비자는 12온스 봉지 만 살 것이다. 하지만 12온스 봉지의 가격이 3온스 봉지 가격의 4배보다 조금이라도 높다면 3온스 봉지만 살 것이 다.) 이것이 또한 무차별곡선이 직각인 완전보완재의 경우 대체효과가 0인 이유이다. 이 경우 소비자는 상대가격

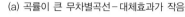

그림 5.9 무차별곡선의 모양이 대체효과의 크기를 결정한다

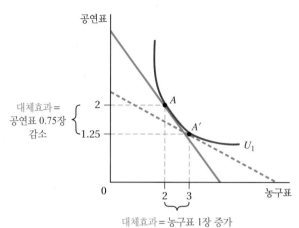

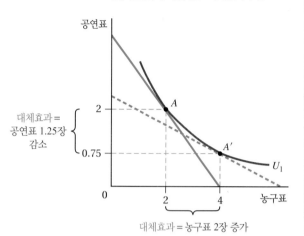

(a) 무차별곡선의 곡률이 크면 한계대체율은 곡선을 따라 움직일 때 급격하게 변한다. 따라서 가격이 변해도 소비 선택은 크게 바뀌지 않을 것이다. 여기서 원래 소비묶음은 농구표 2장과 공연표 2장이다. 가격 변화 후 새로운 소비묶음은 A'이며, 소비자는 공연표 1.25장과 농구표 3장을 구매한다.

(b) 무차별곡선의 곡률이 작으면 한계대체율은 곡선을 따라 움직일 때 급격하게 변하지 않는다. 따라서 가격 변화는 소비 선택에 큰 영향을 미친다. 새로운 소비묶음인 A'에서 소비자는 이제 공연표 0.75장과 농구표 4장을 구매한다.

별곡선의 곡률에 대해 학습한 내용과 연결할 수 있다. 무차별곡선의 곡률이 작다는 것은 두 재화가 밀접한 대체재임을 나타낸다. 따라서 가격 변화에 따라 소비자가 선호하는 묶음이 더 크게 조정될 것임은 직관적으로 타당하다.

소득효과의 크기 소득효과의 크기는 소비자가 가격 변화 전 구입하는 각 재화의 수량과 관계가 있다. 가격 변화 전에 소비자가 특정 재화 구입에 쓰는 돈이 클수록 가격 변화에 의해 영향을 받는 소득의 비율이 커진다. 소비자가 원래 많이 구입하던 재화의 가격이 하락하면 예산에서 차지하는 비중이 작은 재화의 가격이 하락하는 경우에 비해 소비자에게 남는 돈이 더 많아질 것이다. (그리고 이런 재화의 가격이 상승하면 소비자의 소득에서 감소하는 부분의 비중이 클 것이다.) 예를 들어 주택 보유자가 사용하는 두 재화인 음식과 해충구제의 가격 변화 효과에 대해 생각해보자. 전형적인 소비자는 예산 중 훨씬 많은 금액을 음식에 지출한다. 따라서 음식 가격의 변화는 해충구제 가격이 비슷한 폭으로 변하는 경우에 비해 소득에 더 큰 영향을 미치고 구매 선택을 더 많이 바꿀 것이다. (극단적으로 소비자가 현재 해충구제를 전혀 소비하지 않는다면, 해충구제 가격의 변화는 소득효과를 전혀 갖지 않을 것이다.)

에 관계없이 언제나 일정한 비율을 소비하기 때문이다.

예제 5.3

송이는 케이크와 파이를 먹는다. 송이의 소득은 20달러이며, 케이크와 파이가 둘 다 1달러일 때 케이크 4개와 파이 16개를 소비한다(그림 A의 *A*점). 하지만 파이 가격이 2달러로 오르면 송이는 케이크 12개와 파이 4개를 먹는다(*B*점).

a. 예산제약은 파이 가격이 오름에 따라 왜 그림과 같이 회전하는가?

b. 종이 위에 그림을 그려라. 그림에서 파이 소비의 변화를 대체효과와 소득효과로 분리하라. 어느 것이 더 큰가?

c. 파이는 정상재인가, 열등재인가? 그것을 어떻게 알 수 있는가? 케이크는 정상재인가, 열등재인가? 그것을 어떻게 알 수 있는가?

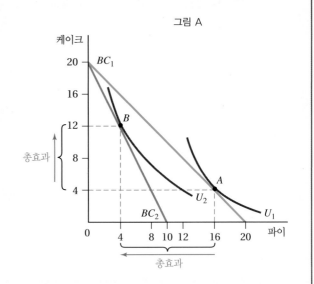
그림 A

풀이

a. 케이크 가격은 변하지 않았으므로 20달러 전부를 케이크에 지출하면 송이는 여전히 케이크 20개를 살 수 있다(*y*절편). 그러나 파이 가격이 2달러면 송이는 파이를 20개가 아니라 10개밖에 살 수 없다.

b. 대체효과는 재화의 가격 비는 변화시키지만 효용은 유지시켜 측정할 수 있다(그림 B). 따라서 대체효과는 하나의 무차별곡선을 따라 측정되어야 한다. 파이 가격 변화의 대체효과를 알아내려면 가격 변화 후의 예산제약인 *BC*₂가 송이의 원래 무차별곡선인 *U*₁과 접할 때까지 바깥쪽으로 이동시켜야 한다. 이것을 가장 쉽게 하는 방법은 새로운 예산제약과 평행하지만(따라서 케이크와 파이 가격의 비를 변화시킴) *U*₁에 접하는(따라서 효용을 일정하게 유지함) 새로운 예산선 *BC′*을 그리는 것이다. 이 접점을 *A′*이라고 표시하자. *A′*점은 케이크와 파이의 상대가격이 문제에서처럼 변했지만 구매력에는 변화가 없다면 송이가 구입할 묶음이다. 파이 가격이 오르면 송이는 파이를 덜 사고 케이크를 더 살 것이다.

소득효과는 소비량의 총변화 중 파이 가격 변화 이후 송이의 구매력 변화에 기인한 부분이다. 이것은 예산제약 *BC′*상의 *A′*점에서 예산제약 *BC*₂상의 *B*점으로 이동하는 것으로 나타난다. (소득효과는 상대가격을 고정시킨 채로 측정하기 때문에 이 두 예산제약은 평행하다.)

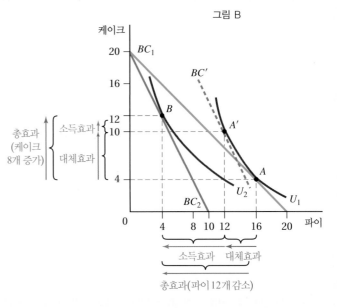
그림 B

파이의 경우 소득효과가 대체효과보다 크다. 대체효과에 의해서 송이는 파이를 (16개에서 12개로) 4개 덜 사는 반면, 소득효과에 의해서는 파이 소비가 (12개에서 4개로) 8개 줄어든다.

c. 파이는 정상재이다. 가격 변화로 인해 구매력이 줄어들 때 송이가 파이를 덜 사기 때문이다(12개에서 4개로). 그러나 케이크는 열등재이다. 구매력 하락으로 인해 실제로 케이크 소비가 10개에서 12개로 늘어나기 때문이다.

열등재가 있는 경우의 소득효과의 예

그림 5.10은 수량 변화를 소득효과와 대체효과로 분해하는 또 다른 예를 보여준다. 하지만 여기에서는 재화 중 하나가 열등재이다. 그림은 두 가격 집합에 대해 연아의 효용을 극대화하는 스테이크와 라면 묶음을 나타낸다.

A묶음에서 B묶음으로의 이동을 대체효과와 소득효과로 분해하기 위해, 앞 절에서 설명한 단계를 따른다. 대체효과를 찾기 위해서는 가격 변화 후의 예산제약이 원래 무차별곡선 U_1과 접할 때까지 안쪽으로 이동시킨다. 이것은 그림 5.11a의 점선 BC'으로 나타난다.

그림 5.11b에 나타난 A'묶음과 B묶음 사이의 수량 변화는 소득효과에 기인한 것이다. 앞에서와 마찬가지로 이것은 예산선이 BC'에서 BC_2로 이동하여 발생한 소비량의 변화이다. 즉 상대가격이 일정하게 유지된 상태에서 연아의 구매력이 증가해 발생한 소비량 변화이다. 라면 가격 하락으로 소비가능 묶음의 집합이 늘어나 연아가 부유해졌음에도 불구하고, 소득효과로 인해 라면의 소비량은 실제로 감소한다는 점에 주목하자. 이는 라면이 이 가격 범위에서 열등재임을 뜻한다. 즉 소득 증가로 인해 연아가 라면을 덜 원하게 된다.

가격이 하락하면 소득효과로 인해 소비량이 줄어든다는 사실이 라면의 수요곡선이 우상향한다는 것을 의미하지는 않는다. 대체효과로 인한 수요량 증가가 소득효과로 인한 수요량 감소보다 크기 때문이다. 따라서 라면이 열등재임에도 불구하고 라면 수요량은 가격이 하락할 때 여전히 증가한다. 이 결과를 그림 5.11c에서 볼 수 있다. 라면 수량에 미치는 총효과가 양이기 때문이다. 즉 라면이 싸진 이후의 최적묶음(B묶음)에서의 라면 수량이 가격 하락 전의 최적묶음(A묶음)에서의 라면 수량보다 많다. 따라서 라면의 수요곡선은 우하향한다. 이것은 경제에서 열등재에 대해 일반적으로 성립하는 사실이다. 즉 가격이 떨어질 때 소득효과로 인해 사람들이 열등재를 덜 소비하게 되지만, 반대 방향으로 작용하는 대체효과의 영향이 더 크기 때문에 소비는 최종적으로 증가하게 된다.

이론적으로는, 소득효과가 충분히 크면 열등재 가격이 하락할 때 소비가 최종적으로 감소할

그림 5.10 열등재 가격의 하락

원래 가격에서의 최적묶음은 A점으로 나타난다. 라면 가격이 하락하면 예산제약은 BC_1에서 BC_2로 바깥쪽으로 회전한다. 이러한 가격 변화의 총효과는 원래 효용극대화 묶음 A에서 B로 이동할 때의 수량 증가로 나타난다. 전반적으로 연아는 더 높은 효용수준 U_2를 달성할 수 있고 라면과 스테이크 소비는 둘 다 증가한다.

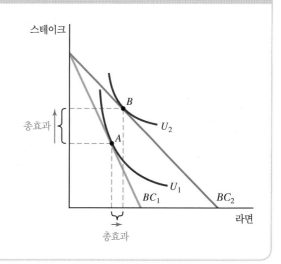

그림 5.11 열등재의 대체효과와 소득효과

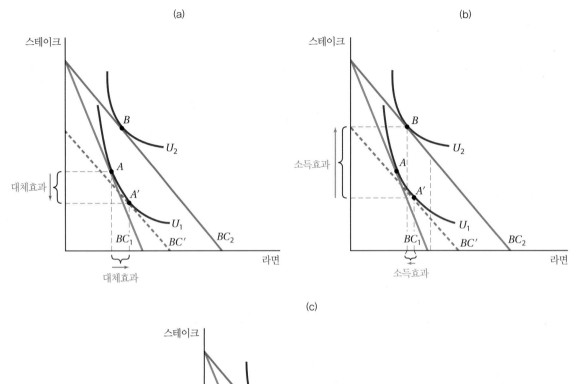

(a)   (b)

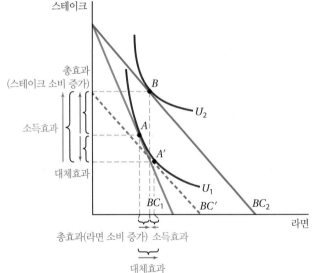

(c)

(a) BC'은 가격 변화 후의 예산선인 BC_2와 평행한 예산제약이며 가격 변화 전의 소비자 효용인 U_1과 접한다. BC'과 U_1 사이의 접점인 A'소비묶음은 상대가격이 변하지만 구매력이 변하지 않는다면 소비자가 구매할 묶음이다. A묶음에서 A'묶음으로의 변화가 대체효과이다. 앞에서와 마찬가지로 연아는 상대적으로 싸진 재화(라면)를 더 구입하고 다른 재화(스테이크)를 덜 소비한다.

(b) A'묶음에서 B묶음으로 재화 수량이 변화는 것은 소득효과

를 나타낸다. 라면이 열등재이기 때문에 소득효과로 인해 연아는 라면 소비를 줄이게 되지만, 스테이크 소비는 여전히 증가한다.

(c) A묶음에서 B묶음으로 재화 수량이 변화는 것은 총효과를 나타낸다. 대체효과에 따른 수요량 증가가 소득효과에 따른 수요량 감소보다 크므로, 연아는 원래 소비묶음인 A에서보다 새로운 최적묶음 B에서 라면을 더 많이 소비한다.

그림 5.12 기펜재의 가격 변화

기펜재 가격이 하락하면 소비자는 그 재화를 덜 소비한다. 여기서 원래 가격에서 효용극대화 묶음은 *A*점으로 나타난다. 감자가 싸지면 예산제약은 BC_1에서 BC_2로 바깥쪽으로 회전하며, 최적묶음은 *A*에서 *B*로 이동한다. 이 경우 감자가 더 싸졌음에도 불구하고 소비자가 감자를 덜 산다는 점에 주목하라. 이는 *A*묶음에서 *B*묶음으로 갈 때의 수요량 변화에 나타나 있다.

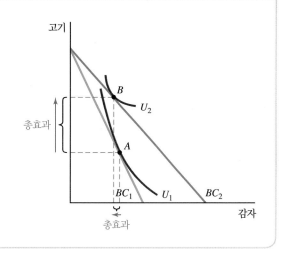

수도 있다. 이런 특성을 보이는 재화를 기펜재라고 부른다.

기펜재

기펜재(Giffen good)는 가격이 하락하면 소비자가 덜 원하는 재화이다. [영국의 경제학자이자 통계학자인 로버트 기펜(Robert Giffen) 경의 이름을 딴 것이다.] 즉 가격과 수요량 사이에 역의 관계가 존재하지 않으며 기펜재의 수요곡선은 **우상향**한다! 기펜재가 비싸질수록 수요량은 늘어난다. 이것은 기펜재의 경우 가격이 하락하면 수요량을 증가시키도록 작용하는 대체효과가 소득효과로 인한 수요량 감소보다 작기 때문에 발생한다. 이는 기펜재가 **반드시 열등재여야** 함을 뜻한다는 점에 주목하기 바란다.

그림 5.12는 그래프를 이용한 예를 보여준다. 두 재화는 감자와 고기이며, 감자가 기펜재이다.

기펜재는 매우 드문데, 이는 다른 재화와의 대체가능성이 제한적이면서(무차별곡선의 곡률이 커서 대체효과가 작음) 동시에 소득효과가 커야 하기 때문이다. 소득효과는 한 재화가 소비자 예산의 큰 부분을 차지할 때 일반적으로 크다. 소비자가 이미 소득의 대부분을 한 재화에 쓰고 있는 경우에는, 그 재화가 예산에서 차지하는 비중이 작을 때에 비해 재화 가격 하락 시 실질적인 구매력이 더 크게 상승한 것으로 느낀다. 예산의 큰 부분을 차지하지만 대체재가 많지 않은 재화를 찾는 일은 극히 드물다.

 응용 실제로 기펜재를 찾은 사람이 있다!

기펜재는 이론적으로는 가능하지만 실제로는 극히 드물다. 자주 인용되는 기펜재의 예는 1800년대 중반 아일랜드 기근 때의 감자이다. 기근으로 인한 감자 가격 상승으로 아일랜드의 가구 소득이 극적으로 감소하였는데, 감자가 이미 전형적인 아일랜드 가구의 얼마 안 되는 현금소득에서 큰 부분을 차지했기 때문에 그들이 구입할 수 있는 재화묶음이 줄어들었다. 이 결과 발생

기펜재
가격이 하락하면 소비자가 덜 소비하는 재화

한 소득효과로 인해 아일랜드 가정에 있어 정상재인 고기와 같은 식품의 수요는 감소하고 열등재인 감자의 수요는 증가했다. 그러나 경제학자 제럴드 드와이어와 코튼 린지가, 그리고 이후에 셔윈 로젠이 별도의 연구에서 수행한 데이터 재검토에 따르면, 이 고전적인 예조차 기펜재가 아닌 것으로 판명되었다.[3]

우선 감자가 개별 가구에게 기펜재였다면 아일랜드의 감자 총수요곡선 역시 우상향(즉 가격이 상승하면 수요량이 증가)했어야 한다. (개별수요곡선이 합쳐져 총시장수요곡선이 되는 내용은 이 장의 뒷부분에서 배운다.) 하지만 이는 병충해로 인한 공급의 대폭 하락(이것에 관해서는 역사적으로 논쟁이 없다)으로 감자 가격이 하락했어야 함을 뜻한다. 하지만 그런 일은 발생하지 않았다. 감자는 이용가능해졌을 때 역사적으로 전례가 없을 정도로 높은 가격에 판매되었다.

하지만 최근에 로버트 젠슨과 놀런 밀러가 중국 후난성의 농촌지역 극빈 가구를 대상으로 수행한 정책실험은 현재까지 기펜재에 관한 가장 설득력 있는 증거 자료를 제시했다.[4] 젠슨과 밀러는 무작위로 선택된 극빈 가구에게 쌀 구입에 보조금을 지급하여 실질적으로 그 가구들이 직면한 쌀 가격을 낮추었다. 그리고 보조금을 받은 가구의 쌀 소비 변화를 소득과 가구 크기가 비슷하면서 보조금을 받지 않은 가구의 쌀 소비와 비교했다.

젠슨과 밀러는 보조금으로 쌀이 더 싸졌음에도 불구하고 실제로는 가구의 쌀 소비가 감소했음을 발견했다. 쌀은 이 가구들에게 기펜재였다. (젠슨과 밀러는 간쑤성에서 밀에 보조금을 주는 비슷한 실험을 수행하여, 효과가 더 약하기는 하지만 몇몇 가구들에 있어 밀이 기펜재라는 증거 역시 발견하였다.) 이 결과의 배후에 있는 분명한 기제는 앞에서 우리가 논의한 것과 부합한다. 쌀 구입이 이 가구의 소득에 차지하는 비중이 매우 높아 보조금이 가구의 실질 구매력을 크게 증가시켰다. 그 결과 발생한 소득효과로 이 가구들은 다양한 식사를 위해 쌀을 덜 사고 그 대신 다른 음식을 더 사게 되었다. 이 소득효과는 대체효과를 압도할 정도로 충분히 컸다. 상황을 약간 과장해서 단순화하면, 이 가구들은 열량 확보를 위한 요구를 충족시킬 정도로 쌀을 충분히 많이 사고, 남는 소득은 다양성을 더해주는 음식에 지출하였다. 열량 확보를 위한 요구를 더 싸게 충족시킬 수 있게 되자 이들은 늘어난 소득을 다양한 음식을 사는 데 사용했는데, 종전에 쌀에 의해 공급되던 열량 일부를 대체할 정도로 충분히 많이 샀던 것이다.

흥미롭게도 젠슨과 밀러는 매우 가난한 가구에게는 쌀이 기펜재지만 빈곤층 중에서도 최빈곤층에게는 기펜재가 아니라는 사실 또한 발견하였다. 이 극빈 가구는 보조금 전에 기본적으로 쌀만 먹었는데, 그것조차도 기본적인 열량 요구를 충족시키기에 충분하지 않았다. 쌀이 더 싸지자 이들은 기본적인 건강상의 생존 수준을 충족하기 위해 쌀을 더 샀다. 근본적으로, 보조금조차도 쌀 이외의 다른 음식을 살 수 있을 정도로 이들의 소득을 충분히 상승시키지는 못했던 것이다. ■

---

3 Gerald P. Dwyer Jr. and Cotton M. Lindsay, "Robert Giffen and the Irish Potato," *American Economic Review* 74, no. 1 (1984): 188-192. Sherwin Rosen, "Potato Paradoxes," *Journal of Political Economy* 107, no. 6 (1999): S294-S313.

4 Robert T. Jensen and Nolan H. Miller, "Giffen Behavior and Subsistence Consumption," *American Economic Review* 98, no. 4 (2008): 1553-1577.

5.4 다른 재화의 가격 변화의 영향 : 대체재와 보완재

앞의 두 절은 재화의 가격 변화가 그 재화의 수요량에 어떤 영향을 주는지에 대해 보여주었다. 이 절에서 우리는 한 재화의 가격 변화가 다른 재화의 수요량에 미치는 영향에 대해 살펴본다.

다른 재화의 가격이 변할 때 무슨 일이 일어나는지 분석하기 위해, 우리는 앞에서와 마찬가지로 먼저 소득수준, 소비자의 선호를 나타내는 무차별곡선들, 그리고 두 재화의 원래 가격을 고정시킨다. 그다음에 다른 모든 것을 일정하게 유지한 상태에서 가격 하나를 변화시킨다. 유일한 차이는 가격을 변화시킬 때 다른 재화의 수요량이 어떻게 변하는지에 초점을 맞춘다는 것이다.

대체재 가격의 변화

그림 5.13은 대체재, 이 경우 펩시콜라와 코카콜라의 가격 변화의 효과에 관한 예를 보여준다. 제2장에서 배운 것처럼 다른 재화(펩시콜라)의 가격이 오를 때 한 재화(코카콜라)의 수요량이 증가하면 이 재화들은 **대체재**(substitute)이다. 대체재는 다른 것 대신 사용할 수 있는 재화이다. 더 일반적으로, 한 재화의 수요량은 그 재화의 대체재 가격과 같은 방향으로 움직인다. 두 재화가 비슷할수록 한 재화가 다른 재화로 더 잘 대체될 수 있고, 다른 재화의 가격 상승에 대한 수요량 증가가 더 민감할 것이다. 예를 들어 펩시콜라와 코카콜라는 우유와 코카콜라보다 더 밀접한 대체재이다.

한 재화의 대체재 가격이 변하면 그 재화의 수요곡선이 이동하게 된다. 대체재가 비싸지면 모든 가격대에서 재화의 수요량이 증가한다. 결과적으로 이 재화의 수요곡선은 바깥쪽으로 이동한다(재화의 수요가 증가한다). 대체재가 싸지면 모든 가격대에서 재화의 수요량이 감소하고 재화의 수요곡선은 안쪽으로 이동한다.

한 재화의 수요량이 다른 재화의 가격과 반대 방향으로 움직이면 두 재화는 **보완재**(comple-

대체재
다른 재화 대신에 사용될 수 있는 재화

보완재
다른 재화와 함께 구매되어 사용되는 재화

그림 5.13 대체재의 가격이 오르면 수요가 증가한다

원래 가격에서, 소비자는 효용극대화 묶음 *A*에서 펩시콜라 15리터와 코카콜라 5리터를 소비한다. 펩시콜라 가격이 2배가 되면 소비자는 최대 20리터가 아니라 10리터까지만 살 수 있고, 소비자의 예산제약은 안쪽으로 회전하여 BC_1에서 BC_2가 된다. 코카콜라 가격은 변하지 않았기 때문에 소비자가 살 수 있는 코카콜라 최대 수량은 그대로 20이다. 새로운 최적 소비묶음 *B*에서 소비자는 펩시콜라 소비를 15리터에서 5리터로 줄이고 코카콜라 소비를 5리터에서 10리터로 늘린다. 펩시콜라 가격이 올랐을 때 코카콜라 수요량이 늘어났으므로 코카콜라와 펩시콜라는 대체재로 간주된다.

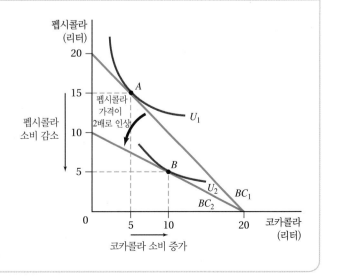

그림 5.14 보완재의 가격이 상승하면 수요는 감소한다

원래 가격에서, 소비자는 효용극대화 묶음 *A*에서 아이스크림 20갤런과 핫 퍼지 30쿼트를 소비한다. 아이스크림 가격이 상승하면 소비자의 예산제약이 안쪽으로 회전하여 BC_1에서 BC_2가 된다. 새로운 최적 소비묶음 *B*에서 소비자는 아이스크림 소비를 20갤런에서 15갤런으로 줄이고 핫 퍼지 소비를 30쿼트에서 20쿼트로 줄인다. 아이스크림 가격 상승으로 인해 소비자는 아이스크림만 덜 소비하는 것이 아니라(이것이 이 장에서 지금까지 공부한 자체가격 효과이다) 보완재인 핫 퍼지도 덜 소비한다.

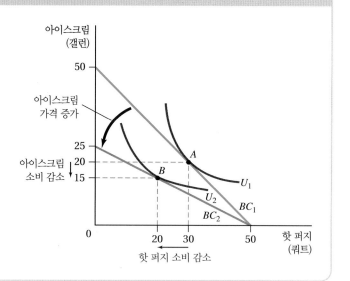

ment)이다. 보완재는 다른 재화와 결합하여 구매하고 사용하는 재화이다. 보완재는 바닐라 아이스크림과 핫 퍼지처럼 소비자가 동시에 사용하는 재화인 경우가 많다. 그림 5.14는 아이스크림 가격 상승으로 핫 퍼지의 수요량이 감소하는 것을 보여준다. 한 재화의 보완재 가격이 상승하면 그 재화의 수요량은 모든 가격대에서 감소하고 수요곡선은 안쪽으로 이동한다. 보완재 가격이 하락하면 그 재화의 수요량은 모든 가격대에서 증가하고 수요곡선은 바깥쪽으로 이동한다. 보완재 가격의 변화는 다른 재화의 수요곡선을 이동시킨다. 재화의 자체가격 변화는 동일한 수요곡선상의 이동을 낳는다. 대체재와 보완재 가격 변화의 효과는 그림 5.15에 요약되어 있다.

그림 5.15 대체재나 보완재의 가격 변화는 수요곡선을 이동시킨다

대체재 가격이 상승하거나 보완재 가격이 하락하면 *X*재에 대한 수요곡선은 바깥쪽으로 이동한다. 대체재 가격이 하락하거나 보완재 가격이 상승하면 *X*재에 대한 수요곡선은 안쪽으로 이동한다.

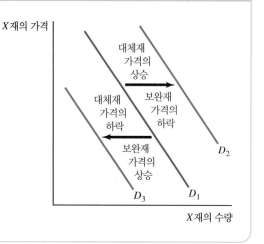

무차별곡선의 모양에 대한 재고찰

앞에서 간단히 언급한 것처럼 무차별곡선의 모양은 두 재화가 대체재인지 보완재인지와 관계 있다. 무차별곡선의 곡률이 클수록 두 재화는 대체가능성이 떨어진다(또는 같은 말로, 더 보완 적이다).

5.3절에서 재화의 *자체가격* 변화에 따른 대체효과의 크기는 곡률이 작은 무차별곡선의 경우 에 더 크다는 것을 배웠다(그림 5.9 참조). 이 배후에 있는 논리는 무차별곡선을 따라 이동할 때 한계대체율이 크게 변하지 않기 때문에 주어진 상대가격 변화에 따라 한계대체율을 새로운 가 격 비와 같게 하려면 소비자가 무차별곡선상에서 먼 거리를 이동해야 한다는 것이다. 이 논리 는 다른 재화가격 변화의 효과에 대해서도 성립한다. 대체효과와 관련해 중요한 것은 상대가격 이다. 변하는 것이 A재의 가격이든 B재의 가격이든 그것은 중요하지 않다. 따라서 두 재화 간 무차별곡선의 곡률이 작으면 재화가격이 상승(하락)할 때 대체재 소비 증가(감소)는 더 크게 된다.

A⁺ 시험 잘 보는 법

소득효과와 대체효과에 관해 기억해야 할 간단한 규칙

소득효과와 대체효과를 식별할 때 실수를 저지르기 쉽다. 첫째, 언제 나 가격 변화 *전의* 소비묶음과 관련된 무차별곡선상에서 분석을 시작 한다는 점을 기억하자. 소비가 왜 한 묶음에서 다른 묶음으로 변했는지 알고 싶으면 원래 묶음에서 시작해야 한다. 다음으로, 아래 표에 기재 된 두 효과의 핵심적 차이를 염두에 두기 바란다.

끝으로, 가격 변화가 (두 재화 중 어느 한 재화의) 소비량에 대해 갖 는 총효과는 대체효과와 소득효과의 상대적 크기에 달려 있다는 점을 기억하자. 한 재화의 가격이 하락하면 두 재화의 소비량이 모두 증가할 수도 있고, 한 재화의 소비량은 상승하고 다른 재화의 소비량은 감소할 수도 있다. 하지만 두 재화의 소비량이 모두 감소할 수는 없는데, 이렇 게 되면 소비자가 예산선상에 있지 않게 되기 때문이다.

대체효과	소득효과
동일한 무차별곡선상의 묶음을 비교한다.	서로 다른 2개의 무차별곡선상의 묶음을 비교한다.
주어진 재화의 상대가격 변화가 소비량에 미치는 영향의 방향 이 분명하다.	주어진 재화의 상대가격 변화가 소비량에 미치는 영향이 불분명하며, 재화 가 정상재인지 열등재인지에 따라 달라진다.
재화의 상대가격이 하락하면 대체효과는 수요량을 증가시킨다.	재화가 정상재이면 그 재화나 다른 재화의 가격이 하락할 때 수요량이 증 가한다. (어느 재화의 가격이든 가격 하락은 소비자의 실질적 소득을 증가 시킨다.) 재화가 열등재이면 가격이 하락할 때 수요량이 감소한다.
재화의 상대가격이 상승하면 대체효과는 수요량을 감소시킨다.	재화가 정상재이면 그 재화나 다른 재화의 가격이 상승할 때 수요량이 감 소한다. 재화가 열등재이면 그 재화나 다른 재화의 가격이 상승할 때 수요 량이 증가한다.

응용 극장에서 보는 영화와 집에서 보는 영화 : 대체재인가 보완재인가?

당신이 극장을 운영하는 회사를 소유하고 있다면, 기업의 장기 생존능력을 위해 직면하는 가장 중요한 주제 중 하나는 영화를 홈 시어터 시스템을 이용해 보는 것과 복합 상영관에서 보는 것이 대체재인가 보완재인가 하는 문제이다. 대형 화면, 고해상도 TV, 블루레이 디스크 플레이어, 다운로드할 수 있는 디지털 영화, 소형 입체음향 오디오 시스템과 같은 가전기기의 품질 향상으로 가정에서 즐기는 고품질 영화 관람 체험의 가격이 크게 하락했다. 오늘날 중산층 가정은 수십 년쯤 전에는 갑부나 꿈꿀 수 있었던 홈 시어터 시스템을 구입할 수 있다. 집에서 보는 넷플릭스나 다른 스트리밍 서비스가 극장에서 보는 영화의 대체재라면, 이 가격이 떨어질 때 동네 영화관을 찾는 사람의 수가 줄어들 것이다. 이러한 변화로 몇몇 극장은 조만간 틀림없이 폐업하게 될 것이다. 그렇지 않고 집에서 보는 영화가 보완재라면 극장에 가는 횟수가 증가하여 영화 상영업계는 새로운 성장을 누리게 될 것이다.

두 경우 다 그럴듯하다. 한편으로는 가전기기가 극장에서 얻을 수 있는 체험을 더 잘 복제할 수 있고 사람들이 영화를 한 번만 보고 싶어 하며 집에서 보는 것이 돈이 덜 든다면, 둘은 대체재일 것이다. 다른 한편으로는, 사람들이 전보다 집에서 영화를 더 많이 보기 때문에 영화 전반에 관해 더 관심을 갖게 된다면(영화를 보는 습관이 생기거나, 좋아하는 배우의 영화를 찾아가며 보는 일에 푹 빠지거나, 좋아하는 영화를 반복해서 보거나 할 수 있다), 사람들은 전에 비해 극장에서 영화를 더 자주 보게 될 수도 있다. 특히 집에서는 얻을 수 없는 영화 관람 체험요소(같이 웃거나 무서워할 수 있는 관객, 이른 개봉, 정말로 큰 화면, 엄청나게 기름진 팝콘 등)를 극장이 제공한다면 말이다.

개념적으로 효과는 어느 방향으로든 작동할 수 있지만, 데이터를 보면 영화관 회사의 전망이 밝지 않은 것으로 보인다. 그림 5.16은 1980~2018년 기간 미국의 흥행총수익(인플레이션을 고

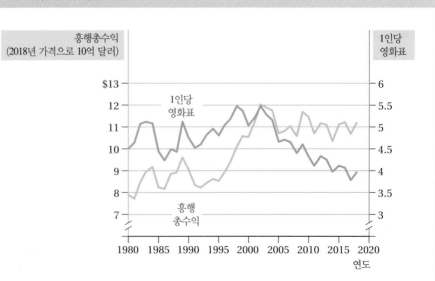

그림 5.16 1980~2018년 흥행총수익과 1인당 판매된 영화표 수

이 기간 흥행총수익은 전반적으로 급등하는 추세를 보였고 2002년에 최고치를 기록했다. 1인당 판매된 영화표 수도 2002년에 최고치를 기록했지만 그 이후 상당히 감소하였다. 이러한 최근의 추세는 홈 시어터가 영화관의 중요한 대체재일 수도 있음을 암시한다.

려하여 2018년 가치로 조정)과 1인당 판매된 영화표 수를 보여준다.[5] 이 기간 흥행수익은 상승했지만 2002년에 최고치를 기록하고 그 이후로는 110억 달러 부근을 맴돌았다. 1인당 판매된 영화표 수(이것을 한 해 동안 한 사람이 영화를 보러 간 평균 횟수로 생각할 수 있다) 역시 2002년에 최고치를 기록했지만, 그 이후로는 흥행총수익보다 더 현저하게 감소했다. 1인당 표는 최근 하락해서 2002년 이래로 25% 감소했는데, 이는 심지어 1980년 수준보다도 낮다.

　2002년 이후 극장에 가는 횟수가 감소한 것은 집에서의 영화 관람이 대체재임을 암시하는데, 이는 그것이 대화면 고화질 TV와 입체 음향, 그리고 더 최근에는 스트리밍 비디오를 더 쉽게 이용하게 된 시기와 일치하기 때문이다. 당신이 극장 소유주라면 매달릴 수 있는 작은 희망은, 1980년대와 1990년대에 널리 퍼진 VCR, DVD 플레이어, 초기 입체음향 시스템이 영화 상영업계를 영구적으로 잠식하지는 않았다는 사실이다. 판매수입과 1인당 영화표 수가 모두 증가했는데, 이는 이런 재화들이 극장에서의 영화 관람의 보완재였을 수도 있음을 보여준다. 그런데 또 한편으로는, 대부분의 집에 TV가 있기 전인 1946년에는 인구가 1억 4,000만 명(현재 인구의 절반에 미치지 못한다)이었던 미국에서 40억 장 이상의 영화표가 팔렸었다. 이것은 1년에 1인당 평균 28장을 넘는다! 1956년쯤에는 관객 수가 그 절반이 되었다. ■

5.5 개별수요곡선을 합쳐 시장수요곡선 구하기

소비자 수요를 공부할 때 우리는 소비자 1명의 수요보다는 모든 소비자의 결합된 수요에 더 관심을 갖는 경우가 많다. 예를 들어 정부가 탄산음료에 세금을 매겼을 때 조세수입이 얼마나 될지 알고 싶다면, 탄산음료에 대한 시장 전체의 수요를 들여다보아야 한다.

　한 재화의 시장수요는 그 재화의 모든 개별수요의 합이다. 즉 특정 가격에서의 한 재화의 시장수요량은 그 가격에서의 모든 개별 소비자의 수요량을 합한 것이다. 그림 5.17은 이런 합산이 어떻게 이루어지는지 그래프를 이용해 보여준다. 당신과 당신의 사촌이 시장에서 무선 스피커의 유일한 소비자라고 하자(그림 a와 b). 총시장수요곡선(그림 c)은 각 개별수요곡선을 **수평**으로 합해 얻어진다. 개별 소비자의 수요량을 가능한 모든 가격에 대해 더하면 시장수요곡선을 얻는다.

시장수요곡선

시장수요곡선에 관해 몇 가지 주목할 것이 있다. 첫째, 시장수요곡선은 언제나 개별수요곡선의 오른쪽에 위치한다. 모든 소비자를 합하면 주어진 가격에서 적어도 어떤 개별 소비자의 재화 소비량만큼은 반드시 소비하기 때문이다. 비슷한 이유로, 시장수요곡선은 개별수요곡선과 비교해 기울기가 같거나 더 완만해야 한다. 즉 주어진 가격 변화에 대해 시장 전체의 수요량 변화는 반드시 적어도 어느 개별 소비자의 수요량 변화만큼은 되어야 한다.[6] 끝으로, 가격이 너무 높

5　출처 : www.boxofficemojo.com.

6　시장수요곡선의 기울기가 언제나 개별수요곡선의 기울기보다 완만하지만, 그렇다고 해서 시장수요곡선의 탄력성이 개별수요곡선의 탄력성보다 반드시 큰 것은 아니다(그런 경우가 많기는 하지만 말이다). 이는 탄력성이 기울기에만 의존하는 것이 아니라 수요의 수준에도 의존하기 때문이다. 가격의 백분율 변화(탄력성식의 분모)는 개별수요곡선이든 시장수요곡선이든 동일할 것이다. 수량 변화는 개별수요곡선의 경우에 더 작지만, 수요 수준 역시 더 낮다. 수요 수준이 충분히 작다면 개별수요곡선의 백분율 변화가 매우 커져 개별수요곡선이 시장수요곡선과 탄력성이 같거나 더 탄력적이 될 수도 있다.

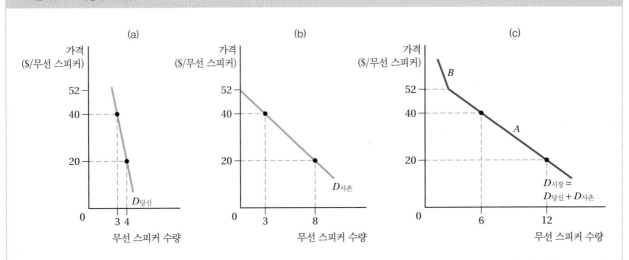

그림 5.17   시장수요곡선

(a) 수요곡선 $D_{당신}$은 각 가격대에서 당신이 사려고 하는 무선 스피커 대수를 보여준다. 무선 스피커 가격이 1대당 40달러일 때 당신의 수요량은 무선 스피커 3대이다. 무선 스피커 가격이 1대당 20달러이면 무선 스피커 수요량은 4대이다.

(b) 사촌의 수요곡선 $D_{사촌}$은 사촌이 당신보다 무선 스피커 가격 변화에 더 민감함을 보여준다. 무선 스피커 가격이 1대당 40달러일 때 사촌의 무선 스피커 수요량은 3대지만, 무선 스피커 가격이 20달러이면 무선 스피커 수요량은 8대가 된다.

(c) 당신과 사촌만으로 이루어진 시장에서 총시장수요곡선 $D_{시장}$은 당신의 수요곡선 $D_{당신}$과 사촌의 수요곡선 $D_{사촌}$의 합이다. 무선 스피커 가격이 1대당 40달러이면 당신과 사촌이 각각 무선 스피커 3대를 사려고 하므로, 합하면 시장수요량은 6대이다. 무선 스피커 가격이 20달러이면 당신의 무선 스피커 수요량은 4대이고 사촌의 수요량은 8대여서 합하면 시장수요량은 12대이다. 가격이 52달러보다 높으면 사촌의 수요량은 0이어서 $D_{시장}$은 $D_{당신}$과 일치하고, 따라서 $D_{시장}$은 가격이 52달러일 때 꺾인다. 시장수요는 언제나 개별수요곡선보다 더 완만하고 개별수요곡선의 오른쪽에 위치한다.

아 1명의 소비자만 재화를 산다면 그 소비자의 개별수요곡선은 바로 그 가격에서의 시장수요곡선상에 놓이게 될 것이다. 그 점에서는 소비자가 바로 시장이다.

식을 이용해 개별수요곡선에서 시장수요곡선 구하기

그래프뿐 아니라 식을 이용해서도 개별수요곡선으로부터 시장수요곡선을 얻을 수 있다. 그림 5.17의 두 수요곡선은 다음과 같다.

$$Q_{당신} = 5 - 0.05P$$
$$Q_{사촌} = 13 - 0.25P$$

무선 스피커에 대한 시장수요를 구하기 위해 먼저 두 개별수요곡선을 더하는데, 주어진 P에 대해 각각의 Q를 더한다.

$$Q_{시장} = Q_{당신} + Q_{사촌} = (5 - 0.05P) + (13 - 0.25P)$$
$$Q_{시장} = 18 - 0.3P$$

수요곡선을 수직이 아니라 수평으로 더하기

개별수요곡선에서 시장수요곡선을 얻는 것은 개념적으로 매우 간단하다. 딱 한 가지 주의해야 할 점이 있다. 시장수요곡선은 개별수요곡선의 가격이 아닌 수량을 더하여 도출된다. 즉 그래프로 말하면 개별수요곡선은 수직이 아니라 수평으로 더해진다.

수평으로 더하면 가격을 고정하고 모든 개별 수량을 더하는 것이다. 이것이 우리가 하고자 하는 것이다. 시장수요는 주어진 가격에서의 총수요량이기 때문이다. 하지만 개별수요곡선을 수직으로 더하면 수요량을 고정하고 가격을 더하는 것이 된다. 이것은 개념적으로 매우 다른

일이며, 적어도 이 경우에는 논리적으로 전혀 타당하지 않다.

마찬가지로, 개별수요곡선을 그래프가 아니라 식을 이용해 더한다면, 개별수요곡선을 표현할 때 반드시 수량을 가격의 함수로 표현해야 한다. 이 식들을 더하면 수량을 더하게 되는데, 다시 말하지만 이것이 우리가 하고자 하는 것이다. 그렇지 않고 가격을 수량의 함수로 표현하여[경제학자들은 이것을 '역수요곡선(inverse demand curve)'이라고 부른다] 그 식을 더하면 수량을 고정하고 모든 개인들에 대해 가격을 합하게 되는데, 이것은 전혀 다른 일이다.

그림 5.17의 가격을 대입하면, 우리가 두 수요량이 모두 0보다 큰 부분에 있는 한(그림 5.17c에서 A로 표시) 그림에 나온 수량과 같은 값을 얻게 된다. 식에 의하면 가격이 40달러일 때 시장수요량은 6인데, 이것은 그림이 보여주는 값과 같다. 또 가격이 20달러이면 그림에서처럼 시장수요량은 12이다.

하지만 아직 다 끝난 것이 아니다. 당신과 사촌이 각각 무선 스피커를 사지 않는 가격, 즉 수요폐색가격이 서로 다르다. 이 가격이 당신은 100달러이고 사촌은 52달러이다. (이 가격들을 수요곡선에 집어넣어 수요량이 0이라는 것을 확인함으로써 점검할 수 있다.) 이는 가격이 52달러보다 높으면 사촌의 수요량이 0이기 때문에 시장수요는 당신의 수요만으로 이루어짐을 의미한다. 수요가 음이 될 수는 없다. 하지만 이 사실은 위에서 두 수요곡선을 더할 때는 반영되지 않았다. 가격이 52달러보다 높으면 시장수요곡선 중 $Q_{사촌}$에 대한 식에서 나오는 부분은 0이기 때문이다. 따라서 시장수요는 가격이 52~100달러 사이면 당신의 수요와 같은 $Q = 5 - 0.05P$이며(가격이 100달러보다 높으면 수요량은 0이 된다), 가격이 52달러보다 낮으면 (당신과 사촌의 합인) $Q = 18 - 0.3P$이다. 즉 시장수요는 $P = 52$달러인 점에서 꺾인다.

한 시골 주유소에 픽업트럭을 운전하는 민준과 하이브리드 차를 운전하는 명수 2명의 손님만 있다고 하자. 민준의 휘발유 수요는 $Q_J = 32 - 8P$이고 명수의 수요는 $Q_S = 20 - 4P$이다. 여기서 Q는 갤런 단위로 측정되고 P는 갤런당 가격이다.

  a. 주유소 휘발유의 시장수요식을 구하라.
  b. 주유소의 시장수요곡선을 나타내는 그림을 그려라.

풀이

  a. 시장수요곡선은 구매자의 수요곡선의 수평합이다. 수

평합은 각 가격에서의 수요량을 더하는 것이라는 점을 기억하자. 이것은 다음과 같이 Q_J와 Q_S를 더해 시장수요곡선을 구할 수 있음을 뜻한다.

$$Q_{시장} = Q_J + Q_S$$
$$= (32 - 8P) + (20 - 4P)$$
$$= 52 - 12P$$

하지만 두 수요곡선의 합을 구하는 것 이상의 일이 있다. 민준은 수요폐색가격이 4달러이기 때문에 가격이 4

달러 이상이면 휘발유를 전혀 사려고 하지 않을 것이다.

$$Q_J = 32 - 8P$$
$$0 = 32 - 8P$$
$$8P = 32$$
$$P = \$4$$

그러므로 가격이 4달러가 되면 명수만 시장에 있게 된다. 명수의 수요폐색가격은 다음에서 보듯 5달러이다.

$$Q_S = 20 - 4P$$
$$0 = 20 - 4P$$
$$4P = 20$$
$$P = \$5$$

따라서 가격이 갤런당 4달러보다 낮은 한 휘발유의 시장수요는 두 구매자의 수요곡선의 수평합이다. 가격이 4~5달러 사이면 시장수요는 단순히 명수의 수요와 같다. 가격이 5달러 이상이면 수요량은 0이다.

b. 다음 그림은 휘발유의 시장수요를 보여준다. 두 소비자의 수요폐색가격이 달라 시장수요곡선이 꺾인다는 점에 주목하기 바란다. 선분 *A*는 수요곡선 중 가격이 4달러 이하인 부분으로, 민준과 명수의 휘발유 수요의 수평합이다. 선분 *B*는 (가격이 민준의 수요폐색가격보다 높아서) 시장수요곡선 중 명수가 유일한 구매자인 부분이다. 가격이 5달러보다 높으면 수요량은 0이다.

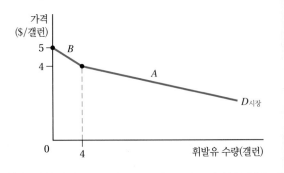

5.6 결론

이 장에서 우리는 제4장의 소비자 선택 모형을 이용해 수요곡선이 어디에서 나오고 어떤 요인이 수요곡선을 이동시키는지 보았다. 우리는 소득, 재화의 가격, 다른 재화의 가격과 같이 재화에 대한 소비자의 수요를 낳는 여러 요인이 변하면 소비자의 효용극대화 묶음이 어떤 영향을 받는지, 그리고 이를 통해 수요곡선은 어떤 영향을 받는지 공부하였다.

우리는 재화의 가격 변화에 대한 소비자 선택의 반응을 대체효과와 소득효과의 두 구성요소로 나누었다. 대체효과는 가격 변화 후의 새로운 상대가격으로 인한 소비량 변화를 나타낸다. 소득효과는 가격 변화가 소비자의 구매력에 영향을 주고 이것이 결과적으로 소비자의 최적 소비묶음을 변화시킨다는 사실을 반영한다.

또한 재화에 대한 개별수요곡선이 합쳐져 그 재화에 대한 시장수요곡선이 된다는 것도 보았다.

이 장을 끝으로 우리는 소비자 수요를 결정하는 요인에 대한 검토를 마친다. 다음 장에서 우리는 생산자의 행동과 시장의 공급 측면으로 넘어갈 것이다.

요약

1. 가격이 고정된 상태에서 소득의 변화는 예산제약의 평행이동으로 나타나며 소비자의 수요곡선에 영향을 준다. **엥겔곡선**은 소득과 재화 수요량 간의 관계를 보여준다. 소득 증가가 재화의 수요량을 증가시키는지 감소시키는지는 재화의 종류에 달려 있다. **정상재**는 소득이 오를 때 수요가 증가하는 재화이다. **열등재**는 소득이 오를 때 수요가 감소하는 재화이다. 정상재 내에서 **소득탄력성**이 0과 1 사이인 재화(지출에서 차지하는 비중의 증가가 소득 증가보다 느린 재화)는 **필수재**라고 부른다. 소득탄력성이 1보다 큰 재화(지출에서 차지하는 비중의 증가가 소득 증가보다 빠른 재화)는 **사치재**라고 부른다. [5.1절]

2. 재화의 가격 변화가 그 재화의 수요량에 어떤 영향을 주는지에 따라 수요곡선의 모양이 결정된다. 다른 재화의 가격, 소득, 선호는 고정된 상태에서 한 재화의 가격이 변할 때 소비자의 효용극대화 묶음이 어떻게 되는지 분석함으로써 소비자의 수요곡선을 만들어낸다. 선호와 가격이 일정하게 유지된 상태에서 소득이 변하면 수요곡선이 이동하게 된다. 소득과 가격이 일정하게 유지된 상태에서 선호가 변하면 수요곡선이 이동하게 된다. [5.2절]

3. 재화 자체의 가격 변화가 재화 수요량에 미치는 **총효과**는 두 가지 구성요소로 나눌 수 있다.

   대체효과는 소비자가 상대적으로 싸진 재화를 더 많이 소비하고 상대적으로 비싸진 재화를 덜 소비하게 한다. 이것은 소비자의 원래 무차별곡선상에서의 이동으로 나타나며, 상대가격의 변화에 의해 발생한다.

   소득효과는 재화가격의 변화가 소비자의 구매력을 변화시키기 때문에 나타난다. 가격 하락은 구매력을 증가시켜 소비자가 선택할 수 있는 상품묶음의 집합을 확장시키고, 반면에 가격 상승은 구매력을 하락시켜 소비자의 선택의 폭을 줄인다. 소득효과는 소비자의 효용 변화를 반영하는 새로운 무차별곡선으로의 이동으로 나타난다. 소득효과가 수요량에 미치는 영향의 방향은 그 재화가 정상재(소득이 증가하면 수요가 증가)인지 열등재(소득이 증가하면 수요가 감소)인지에 달려 있다. 열등재의 경우 소득효과가 충분히 크면 이론적으로는 가격이 상승할 때 재화의 수요량이 증가할 수 있다. 하지만 **기펜재**라고 불리는 이런 종류의 재화는 현실 세계에서는 극히 드물다. [5.3절]

4. 다른 재화의 가격이 변하면 재화의 수요곡선이 이동한다. 이런 교차가격효과가 수요를 어느 방향으로 이동시키는지는 두 재화 간 관계의 속성에 달려 있다. 한 재화의 가격이 상승할 때 소비자가 비싸진 재화를 덜 사고 다른 재화로 옮겨가서 이 다른 재화의 수요가 증가하면 두 재화는 **대체재**이다. 한 재화의 가격이 상승할 때 다른 재화에 대한 수요가 줄면 두 재화는 **보완재**이다. 보완재는 같이 소비되는 경우가 많은 재화이다. [5.4절]

5. 개별수요곡선을 모으면 총수요곡선이 얻어진다. 주어진 한 가격에서의 시장수요는 그 가격에서의 모든 개별수요의 합이다. 이것을 달리 말하면, 시장수요는 개별수요의 수평(즉 수량)합이다. [5.5절]

복습문제

1. 소득효과를 정의하라. 소득효과를 분리하기 위해 어떤 변수들을 고정시키는가?

2. 정상재, 열등재, 사치재의 차이는 무엇인가?

3. 소득확장경로와 엥겔곡선은 모두 소득이 소비 선택에 미치는 영향을 보여준다. 언제 소득확장경로를 이용하겠는가? 언제 엥겔곡선이 더 유용하겠는가?

4. 소비자의 무차별곡선에서 수요곡선을 어떻게 도출하는지 설명하라. 수요곡선이 우하향할 것으로 예상되는 이유는 무엇인가?

5. 피자에 대한 개인의 수요곡선을 이동시킬 수 있는 요인을 적어도 세 가지 제시하라. 또 각 요인이 수요에 미치는 영향을 설명하라(예를 들어 수요가 증가하는가, 감소하는가?).

6. 대체효과를 정의하라. 이것은 소득효과와 어떤 관계

가 있는가?

7. 가격 변화에 대한 소비자의 반응을 대체효과와 소득 효과로 어떻게 분해하는지 설명하라.

8. 정상재와 열등재 간에 소득효과와 대체효과는 어떻게 다른가?

9. 기펜재란 무엇인가?

10. 보완재와 대체재란 무엇인가?

11. 다른 재화 가격이 하락할 때 한 재화의 수요가 증가하면 두 재화는 보완재인가 대체재인가? 다른 재화 가격이 하락할 때 한 재화의 수요가 감소하면 어떠한가?

12. 무차별곡선의 모양을 보면 두 재화에 대해 무엇을 알 수 있는가?

13. 시장수요는 개별수요와 어떤 관계에 있는가?

14. 시장수요곡선이 적어도 주어진 개별수요곡선만큼 완만한 이유는 무엇인가?

연습문제

(별표 표시가 된 문제의 풀이는 이 책 뒤에 있다.)

1. 무차별곡선과 예산제약을 이용하여 다음을 보여라.
   a. 모든 재화가 정상재일 수는 있으나,
   b. 모든 재화가 열등재일 수는 없다.

2. 연아는 음식과 옷을 소비한다. 현재의 소득수준 근처에서 그녀의 소득확장경로는 기울기가 음수이다. 다음 진술이 참인지 거짓인지 밝히고 그 이유를 간단히 설명하라. (설명을 할 때 그래프를 이용해도 된다.)
   a. 현재 소득수준에서 음식은 열등재임에 틀림없다.
   b. 현재 소득수준에서 옷은 열등재임에 틀림없다.
   c. 현재 소득수준에서 음식과 옷은 열등재임에 틀림없다.
   d. 현재 소득수준에서 음식과 옷 중 하나는 열등재임에 틀림없다.

3. 가격이 불변인 상태에서, 구매하는 책의 권수에 대한 지연의 선호가 다음과 같다고 하자.

소득(1,000달러)	최적 책 구매(권)
5	5
10	6
15	20
20	25
25	26
30	10
35	9
40	8
45	7
50	6

   a. 책에 대한 지연의 엥겔곡선을 매끈한 근사치로 그리되, 책이 열등재인 구간과 정상재인 구간을 표시하라.
   b. 사치재는 소득탄력성이 1보다 큰 재화이다. 지연에게 책이 사치재인 구간을 찾아라.

4. 그로버가 두 재화인 과자와 우유를 소비한다고 하자. 그로버의 소득확장경로가 그림에 나타나 있다. 그림에 나타난 정보를 이용해 (a), (b)가 참인지 거짓인지 밝히고 설명하라. 또한 (c), (d)에 대해 답하라.

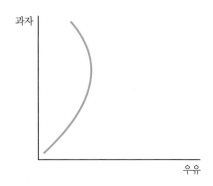

   a. 낮은 소득수준에서 과자와 우유는 그로버에게 둘 다 정상재이다.
   b. 그로버의 소득이 상승함에 따라 과자는 결국 열등재가 된다.
   c. 다양한 소득에 대해 그로버의 우유 소비에 대한 엥겔곡선을 직관적으로 그려라.
   d. 다양한 소득에 대해 그로버의 과자 소비에 대한 엥겔곡선을 직관적으로 그려라.

5. 대학 2학년생인 마틴은 스포츠 행사 참석과 콘서트 관람을 즐긴다. 장학금으로 숙식이 해결되기 때문에

마틴은 소득 전부를 이 두 실황 행사에 지출한다. 이 따금, 마틴을 끔찍이 아끼는 숙모가 용돈을 보내준다. 물론 마틴은 이 추가적 소득을 스포츠 행사와 콘서트 참석에 쓴다.

  a. 참인지 거짓인지 판별하라. 스포츠 행사와 콘서트는 마틴에게 둘 다 사치재이다. (힌트 : 수요의 소득탄력성을 이용해 이 질문에 답하라.)

  b. 참인지 거짓인지 판별하라. 콘서트가 마틴에게 사치재라면 스포츠 행사는 반드시 열등재이다. (수요의 소득탄력성 공식을 이용해 답을 설명하라.)

6. 클로에는 주당 500달러를 벌어 소득 전부를 책과 차에 쓴다. 책은 한 권에 25달러이고 클로에는 매주 16권을 산다. 차는 한 잔에 5달러이고 클로에는 20잔을 산다. 클로에의 소득이 주당 450달러로 하락하면 클로에는 책 소비를 3권 줄이고 차를 5잔 더 산다. 이 숫자에 근거하여 다음 각 진술이 참인지 거짓인지 밝히고, 논리를 간단히 설명하라.

  a. 책은 열등재이다.

  b. 차는 필수재이다.

  c. 책은 사치재이고 차는 열등재이다.

*7. 다음 그래프에 대해 생각해보자. 이 그래프는 DVD 대여와 극장 영화표에 대한 민준의 수요를 나타낸다. DVD 대여는 언제나 1달러이며 민준의 소득은 주당 100달러라고 하자.

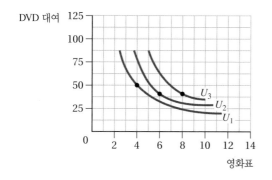

  a. 영화표 가격이 10달러일 때 민준의 예산선을 그려라. 비례에 맞게 그리도록 주의하라. 민준은 극장에서 영화를 몇 편 보는가?

  b. 가격을 세로축에 두고 영화 수량을 가로축에 두는 새로운 그림을 그려서 영화에 대한 민준의 수요곡선을 그려보자. 영화 가격이 10달러일 때 민준

이 영화를 얼마나 구매하는지 보여주는 점을 표시하라.

  c. 영화관이 표 가격을 12.50달러로 바꾼다. 주어진 그래프를 수정해서 이 가격 변화를 나타내라. 그리고 12.50달러의 가격에 민준이 영화를 얼마나 구매하는지 수요곡선에 점을 찍어 나타내라.

  d. 민준의 어머니가 영화표를 7.50달러에 구입할 수 있는 할인카드를 주었다. 주어진 그래프를 수정하여 이 변화를 나타내라. 그리고 7.50달러의 가격에 민준이 영화를 얼마나 구매하는지 점을 찍어서 나타내라.

  e. 앞에서 그린 그래프의 점들을 이어서 영화표에 대한 민준의 수요곡선을 완성하라.

8. 줄리엣은 매달 48달러를 오레오 쿠키(개당 2달러)와 소금과 식초가 가미된 칩(개당 3달러)에 쓴다.

  a. 칩을 가로축에 두고 줄리엣의 예산제약을 그리되, 가로절편과 세로절편을 반드시 표시하라.

  b. 현재 가격에서 줄리엣이 매달 칩 6개를 산다고 하자. 줄리엣의 예산제약에 접하며 이러한 선택과 일치하는 무차별곡선을 그려라(줄리엣은 효용을 극대화한다고 가정하라). 선택된 묶음을 A로 표시하라. 줄리엣은 오레오를 몇 개 사는가?

  c. 칩 가격이 개당 2달러로 하락하고 줄리엣이 칩 소비를 매달 8개로 늘린다고 하자. 줄리엣의 새로운 예산제약을 그리고, 근사적으로 그린 무차별곡선을 이용해 선택된 묶음을 나타내라. 효용극대화 묶음을 B로 표시하라(반드시 칩과 오레오 둘 다 올바른 수량을 알아내라!).

  d. 칩의 대규모 생산자가 화재를 겪어 공급 붕괴로 인해 칩이 4달러로 상승했다고 하자. 그 결과 줄리엣이 칩 소비를 매달 5개로 줄였다. 줄리엣의 새로운 예산제약을 그리고, 근사적으로 그린 무차별곡선을 이용해 선택된 묶음을 나타내라. 효용극대화 묶음을 C로 표시하라(여기서도 반드시 칩과 오레오 둘 다 올바른 수량을 알아내라!)

  e. 무차별곡선 그림 밑에 새로운 그림을 그려라. (b)~(d)에 대한 답을 이용해 칩에 대한 줄리엣의 수요를 그려라. 2, 3, 4달러 가격에 대해 수요량을 표시하라. 가격과 수요량 간에 역의 관계가 있

는가?

9. 송이는 워싱턴주에 사는데, 워싱턴주에서는 포도가 경작된다. 송이와 쌍둥이인 연아는 뉴욕에 사는데, 뉴욕에서는 파운드당 0.20달러의 고정된 비용으로 포도를 워싱턴에서 트럭으로 운반해 와야 한다. 송이와 연아의 기호는 동일하지만, 송이는 품질이 낮은 포도를 구입하고 연아는 품질이 좋은 포도를 구입하는 경향이 있다. 무차별곡선 분석을 이용해 이 이상한 현상을 설명하라.

10. 연아는 쓰는 양에만 관심을 갖는다. 펜으로는 7마일 길이의 글을 쓸 수 있고 연필로는 35마일 길이의 글을 쓸 수 있기 때문에, 연아는 이 둘을 5:1 비율의 완전대체재로 여긴다. 펜의 가격이 P_{pen}, 연필의 가격이 P_{pencil}, 소득이 Y로 주어질 때 무차별곡선 분석을 이용해 연필에 대한 수요곡선을 도출하라.

11. 다음 세 그래프에 대해 생각해보자. 이 그래프들은 사과와 복숭아에 대한 세 소비자(갑, 을, 병)의 선호를 나타낸다. 각 소비자는 소득이 30달러이며 사과 가격은 2달러, 복숭아 가격은 3달러이다.

    a. 복숭아 가격이 2달러로 떨어진다고 하자. 각 소비자의 새로운 예산제약을 그리고 각 사람이 구입할 새로운 사과와 복숭아 묶음을 찾아라. 새로운 복숭아 수량은 원래 수량과 비교해 어떤가? 이 변화를 다음 표의 첫 번째 열에 나타내라(1단위 증가를 +1로 표시하라).

    b. 각 소비자에 대해, 새로운 예산선과 기울기가 같지만 소비자의 원래 무차별곡선과 접하는 가상의 예산선을 그려 대체효과를 알아내라. 복숭아 소비량 변화 중 얼마를 대체효과가 차지하는가? 이 변화를 다음 표의 두 번째 열에 나타내라.

    c. 이제 소득효과를 추가하라. 각 소비자의 (b)에서의 복숭아 소비를 (a)의 최종 복숭아 소비와 비교하라. 그 차이를 다음 표의 세 번째 열에 나타내라. 작업을 재점검해서 마지막 두 열을 합하면 첫 번째 열의 숫자가 되는지 확인하라.

    d. 갑, 을, 병은 복숭아를 정상재로 여기는가, 열등재로 여기는가, 아니면 소득에 대해 비탄력적인 재화로 여기는가?

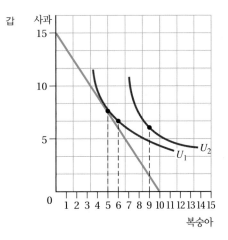

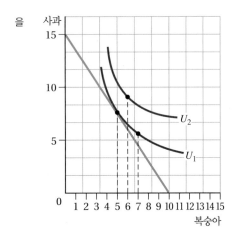

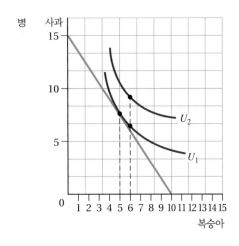

	가격 변화의 총효과	가격 변화의 대체효과	가격 변화의 소득효과
갑			
을			
병			

*12. 송이가 다음 그림과 같이 파스타 가격 인상에 직면하여, 쌀과 파스타의 최적묶음이 A에서 B묶음으로 이동했다고 하자.

    a. 이 그림을 똑같이 그리고 대체효과와 소득효과를 그래프로 나타내라.

    b. 어느 효과가 더 큰가? 그것을 어떻게 알 수 있는가?

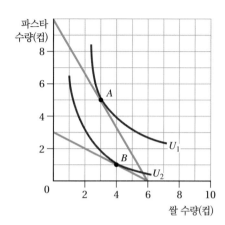

13. 송이는 통상적인 모양을 띠는 무차별곡선을 가지며 매주 소금을 16온스 산다. 소금 가격이 2배가 되어도 송이는 계속 정확히 16온스를 구입한다.

    a. 무차별곡선과 예산제약을 이용해 송이의 행동을 시각적으로 나타내라. 소금을 가로축에 두고 복합재를 세로축에 두라.

    b. 참인가 거짓인가?(설명하라) : 소금은 열등재도 정상재도 아니다.

    c. 송이의 소금 수요의 가격탄력성은 얼마인가?

    d. 송이의 소금 수요의 소득탄력성에 대해서는 무슨 말을 할 수 있는가?

    e. 소금 가격 변화에 따른 대체효과와 소득효과에 대해서는 무슨 말을 할 수 있는가?

14. 정상재는 왜 기펜재가 될 수 없는지 직관적으로 설명하라. (예산선과 무차별곡선 그래프를 이용해 설명하라.)

*15. 가격이 3달러일 때 명수(전형적인 뉴요커)는 매년 44온스들이 탄산음료를 200병 마신다. 급증하는 비만을 걱정하여 뉴욕 시장이 그런 음료수에 0.50달러의 세금을 제안한다. 그러고는 가격 인상을 보상해주기 위해 각 주민에게 100달러짜리 수표를 우편으로 보내주겠다고 제안한다.

    a. 명수의 탄산음료 소비는 어떻게 되겠는가? 탄산음료를 가로축에, 복합재(가격＝1달러)를 세로축에 놓은 무차별곡선 그림을 이용해 설명하라.

    b. 가격 변화로 명수는 좋아지는가, 나빠지는가, 아니면 무차별한가? 그림을 이용해 설명하라.

    c. 조세수입 측면에서 정부는 이 제안으로 좋아지는가, 나빠지는가, 아니면 무차별한가? 설명하라.

*16. 다음 그림에 대해 생각해보자. 이 그림은 팥과 쌀에 대한 민준의 선호를 나타낸다. 민준의 소득은 20달러이다. 쌀은 1인분에 2달러이다.

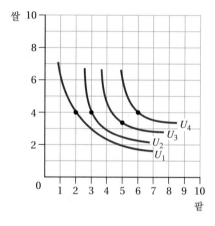

    a. 팥에 대한 민준의 수요곡선을 도출하라. 분석을 할 때 가격으로 2달러와 4달러를 이용하라. 결과를 그래프로 나타내고, 표시한 점을 연결하여 팥에 대한 민준의 수요곡선을 그려라.

    b. 쌀 가격이 3달러로 오른다고 하자. (a)에서 이용한 가격을 사용해 팥에 대한 민준의 수요를 다시 도출하라.

    c. 쌀 가격 상승의 결과 팥에 대한 민준의 수요가 증가하는가, 감소하는가?

    d. (c)에 대한 답은 팥과 쌀이 대체재임을 나타내는가, 보완재임을 나타내는가?

17. 다음 그래프에 나타난 송이의 무차별곡선에 대해 생각해보자.

    a. 참인가 거짓인가?(설명하라) : 땅콩과 팝콘은 명백하게 보완재이다.

    b. 참인가 거짓인가?(설명하라) : 땅콩과 팝콘은 명백하게 둘 다 정상재이다.

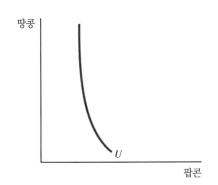

18. 그림을 이용하여 다음 내용이 참인지 거짓인지 설명하라.
    피자와 칼초네(calzone, 치즈와 햄을 넣고 반원형으로 접어 포갠 파이)가 대체재라면, 두 재화가 보완재인 경우와 비교해 가격 변화에 따른 대체효과의 방향이 반대가 될 것이다.

19. 두 재화 X, Y의 다양한 조합을 나타내는 다음 그림에 대해 생각해보자. 레온은 현재 그림 A점에서 효용을 극대화하고 있다.
    a. 갑자기 X 가격이 반으로 하락한다. 그림을 다시 그려 X 가격 변화가 레온의 예산제약을 어떻게 바꾸는지 보여라.

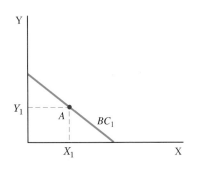

b. X와 Y가 보완재라고 하자. 그림에 무차별곡선을 추가하여 레온의 새로운 효용극대화 X, Y 묶음을 보여라.

c. (b)를 새로 그리되 이번에는 X와 Y가 서로 보완재라고 가정하라.

20. 8번 문제를 다시 생각해보자. 그 문제에서 우리는 칩에 대한 줄리엣의 수요를 도출했다. 그 문제에서 칩과 오레오는 보완재인가, 대체재인가?

21. 시장수요곡선은 언제나 개별수요곡선보다 완만하다는 것을 알아차렸을 것이다. 시장수요의 탄력성도 언제나 개별수요의 탄력성보다 큰가? 그 이유는 무엇인가?

22. 도넛에 대한 수요가 다른 세 학생이 있다. 갑의 수요는 $Q = 5 - P$, 을의 수요는 $Q = 6 - 2P$, 병의 수요는 $Q = 4 - 0.5P$로 각각 주어져 있다.
    a. 도넛에 대한 시장수요를 수학적으로 도출하라.
    b. 도넛에 대한 시장수요곡선 그래프를 그려라. 수요곡선에 있을 수 있는 꺾이는 점에 대해 특별히 주의하라.

제5장 부록 :
미적분을 이용한 소득효과와 대체효과 분석

이 장에서 우리는 한 재화의 가격 변화가 소비자의 소비를 두 가지 방식으로 변화시킨다는 것을 보았다. 대체효과는 효용을 고정한 상태에서 재화의 상대가격 변화로 인해 소비자의 최적 소비묶음이 변하는 것이다. 소득효과는 구매력 변화로 인해 소비자의 최적 소비묶음이 바뀌는 것이다. 이 장에서 우리는 X재가 가로축에 있고 Y재가 세로축에 있는 아래와 같은 그림을 이용해 이 두 효과를 구했다. 소비자의 원래 소비묶음은 A이다. 소비묶음 B는 Y재 가격이 일정한 상태에서 X재 가격 하락 후의 최적묶음이다. 끝으로 A'묶음은 X재 가격이 하락하지만 효용은 A묶음에서와 같은 수준으로 유지될 때(즉 무차별곡선 U_1상에 있을 때) 소비자가 무엇을 살지 보여준다. 그래프로 설명하면, 대체효과는 A묶음에서 A'묶음으로의 변화이고, 소득효과는 A'에서 B로의 변화이며, 총효과는 이 두 효과의 합, 즉 A에서 B로의 변화이다.

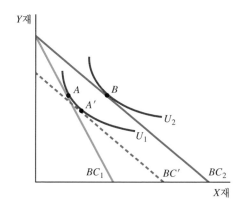

그래프를 이용해 소득효과와 대체효과를 분해하는 접근법은 다소 혼란스러울 수 있다. 복수의 예산제약과 무차별곡선 및 각각의 이동을 파악해야 한다. 미적분은 그래프에서 관찰한 효과를 제4장의 부록에서 소비자 문제를 풀기 위해 학습했던 기법들과 연결해준다. 이 두 효과를 구하는 것은 두 단계로 이루어진 과정이다. 먼저 새로운 소비묶음 B를 찾아 총효과를 구한다. 다음으로 A'을 구한다. A'을 알면 대체효과와 소득효과를 모두 알아낼 수 있다.

예산제약이 $I = P_X X + P_Y Y$이고(그래프에서 BC_1) 표준적인 콥-더글러스 효용함수 $U(X, Y) = X^\alpha Y^{1-\alpha}$를 가진 소비자로부터 시작하자(단, $0 < \alpha < 1$이다). 그림의 A점은 다음과 같은 예산제약하의 최적화 문제의 해이다.

$$\max_{X,Y} \ U = X^\alpha Y^{1-\alpha} \text{ s.t. } I = P_X X + P_Y Y$$

제4장 부록에서 이 특정 효용극대화 문제의 해를 도출하여 최적묶음이 $\left(X_A = \dfrac{\alpha I}{P_X}, \ Y_A = \dfrac{(1-\alpha)I}{P_Y} \right)$ 라는 것을 알아냈다.

이제 X재의 가격 P_X가 P'_X로 하락했다고 하자. 소비자의 효용곡선은 전과 같지만 가격 변화 때문에 예산제약이 바깥쪽으로 회전하여 $I = P'_X X + P_Y Y$가 된다(그래프에서 BC_2). 다시 한번 효용극대화를 이용해 다음 문제에 대한 최적묶음을 구한다.

$$\max_{X,Y} U = X^\alpha Y^{1-\alpha} \text{ s.t. } I = P'_X X + P_Y Y$$

이 문제의 일반적인 해를 이미 알고 있기 때문에 X의 새로운 가격을 집어넣어 새로운 최적묶음 $B = \left(X_B = \dfrac{\alpha I}{P'_X}, Y_B = \dfrac{(1-\alpha)I}{P_Y} \right)$를 구할 수 있다. 이것으로부터 가격 변화가 소비자의 소비묶음에 미치는 총효과를 구할 수 있는데, 그것은 새로운 소비묶음 $\left(\dfrac{\alpha I}{P'_X}, \dfrac{(1-\alpha)I}{P_Y} \right)$와 원래 소비묶음 $\left(\dfrac{\alpha I}{P_X}, \dfrac{(1-\alpha)I}{P_Y} \right)$의 차이다. 이 예에서 X재 가격의 변화가 소비자의 Y재 소비량에 영향을 주지 않음에 주목하자. 각 재화에 대한 수요가 다른 재화가격의 변화와 독립적이라는 사실은 콥-더글러스 함수의 특이점이다. 이 결과는 다른 효용함수의 경우에는 반드시 성립하는 것은 아니다.

이 효용극대화 문제의 해는 최종 묶음인 B를 알려준다. 하지만 우리는 가격 변화가 소비묶음에 미치는 총효과 이상의 것을 알기를 원한다. 우리는 이 총효과를 대체효과와 소득효과라는 두 개의 구성요소로 분해하기를 원한다. 이것은 A'묶음을 구함으로써 가능하다.

대체효과란 무엇인가? 대체효과는 원래 효용수준을 유지한 상태에서 두 재화의 상대가격 변화가 수요량에 미치는 영향이다. 이 효과를 어떻게 구할 수 있을까? 매우 쉽다! 여기에서처럼 소비자의 원래 효용수준과 재화의 가격을 알면, 지출극소화에 의해 문제의 답을 알 수 있다. 소비자의 원래 효용수준 U_1을 제약으로 놓으면 소비자의 지출극소화 문제는 다음과 같다.

$$\min_{X,Y} I = P'_X X + P_Y Y \text{ s.t. } U_1 = X^\alpha Y^{1-\alpha}$$

이것을 라그랑지 함수로 구성하면 다음과 같다.

$$\min_{X,Y,\lambda} \mathcal{L}(X,Y,\lambda) = P'_X X + P_Y Y + \lambda(U_1 - X^\alpha Y^{1-\alpha})$$

일계조건은 다음과 같다.

$$\frac{\partial \mathcal{L}}{\partial X} = P'_X - \lambda \alpha X^{\alpha-1} Y^{1-\alpha} = 0$$

$$\frac{\partial \mathcal{L}}{\partial Y} = P_Y - \lambda(1-\alpha)X^\alpha Y^{-\alpha} = 0$$

$$\frac{\partial \mathcal{L}}{\partial \lambda} = U_1 - X^\alpha Y^{1-\alpha} = 0$$

첫 두 조건을 이용하면 다음과 같이 Y를 구할 수 있다.

$$\lambda = \frac{P'_X}{\alpha X^{\alpha-1} Y^{1-\alpha}} = \frac{P_Y}{(1-\alpha)X^\alpha Y^{-\alpha}}$$

$$P'_X(1-\alpha)X^\alpha Y^{-\alpha} = P_Y \alpha X^{\alpha-1} Y^{1-\alpha}$$

$$Y^{1-\alpha}Y^\alpha = \frac{(1-\alpha)}{\alpha} \frac{P'_X}{P_Y} X^\alpha X^{1-\alpha}$$

$$Y = \frac{(1-\alpha)}{\alpha} \frac{P'_X}{P_Y} X$$

Y를 X의 함수로 표현한 이 식을 제약에 집어넣으면 다음과 같이 A'묶음을 구할 수 있다.

$$U_1 = X^\alpha Y^{1-\alpha} = X^\alpha \left[\frac{(1-\alpha)}{\alpha} \frac{P'_X}{P_Y} X \right]^{1-\alpha}$$

$$U_1 = X^\alpha X^{1-\alpha} \left[\frac{(1-\alpha)}{\alpha} \frac{P'_X}{P_Y} \right]^{1-\alpha} = X \left[\frac{(1-\alpha)}{\alpha} \frac{P'_X}{P_Y} \right]^{1-\alpha}$$

$$X_{A'} = U_1 \left[\frac{\alpha}{(1-\alpha)} \frac{P_Y}{P'_X} \right]^{1-\alpha}$$

그다음에 Y를 X의 함수로 표현한 위 식에 이 X의 최적값을 집어넣는다.

$$Y_{A'} = \frac{(1-\alpha)}{\alpha} \frac{P'_X}{P_Y} X_{A'} = \frac{(1-\alpha)}{\alpha} \frac{P'_X}{P_Y} U_1 \left[\frac{\alpha}{(1-\alpha)} \frac{P_Y}{P'_X} \right]^{1-\alpha}$$

단순화를 위해 셋째 항을 뒤집어 다음과 같이 같은 항을 묶는다.

$$Y_{A'} = \frac{(1-\alpha)}{\alpha} \frac{P'_X}{P_Y} U_1 \left[\frac{(1-\alpha)}{\alpha} \frac{P'_X}{P_Y} \right]^{\alpha-1}$$

$$Y_{A'} = U_1 \left[\frac{(1-\alpha)}{\alpha} \frac{P'_X}{P_Y} \right]^\alpha$$

새로운 가격과 원래의 효용수준에서 소비자의 지출극소화 문제를 풀면 대체효과와 소득효과 퍼즐의 세 번째 조각인 A'묶음을 구할 수 있다.[7] 이 세 묶음(A, A', B)을 알면 대체효과와 소득효과를 구할 수 있다. 대체효과는 소비자의 원래 묶음(A)과 가격은 바뀌었지만 효용수준은 예전과 같을 때 소비자가 구입할 묶음(A') 간의 차이이다. 소득효과는 가격은 바뀌었지만 효용수준은 예전과 같을 때 소비자가 구입할 묶음(A')과, 소득은 원래 소득과 같고 가격이 바뀌었을 때 소비자가 구입할 묶음(B) 간의 차이이다. 총효과는 대체효과와 소득효과의 합, 즉 A와 B의 차이이다.

가격 변화의 총효과를 대체효과와 소득효과로 분해하는 것과 관련해 배운 것을 복습해보자. 원래 묶음을 찾기 위해서는 원래 가격과 소득에서 효용극대화 문제를 푼다. 원래 효용수준을 제약으로 삼아 바뀐 가격을 이용해 지출극소화 문제를 풂으로써 가격 변화 후의 대체효과를 알아낸다. 이것은 소비자의 효용을 유지한 상태에서 소비자의 묶음이 가격 변화에 어떻게 반응하는지 알려준다 — 이것이 대체효과이다. 끝으로 소득효과를 알아내기 위해서는 바뀐 가격과 소비자의 실제 소득을 이용해 효용극대화 문제를 푼다. 이 묶음을 지출극소화를 이용해 구한 묶음과 비교하면 가격 변화에 따른 구매력 변화에 소비가 어떻게 반응하는지 알 수 있다. 이것이 소득효과이다.

---

7 A'에 대한 답이 맞는지 확인하는 방법은 새로운 가격, 소득, 효용수준을 사용해 효용극대화로 최적묶음을 구하는 것이다. 제4장 부록에서 본 것처럼 이 접근법에 의해 같은 답을 얻게 될 것이다.

예제 5A.1

예제를 풀어보면 가격 변화의 효과를 대체효과와 소득효과로 나누는 것이 더 명확해질 것이다. 예제 4.4로 돌아가보자. 이 문제에는 햄버거와 감자튀김을 구입하는 소비자인 민준이 나온다. 민준의 효용함수는 $U(B,F) = \sqrt{BF} = B^{0.5}F^{0.5}$이고 소득은 20달러이다. 애초에 햄버거와 감자튀김의 가격은 각각 5달러와 2달러이다.

 a. 원래 가격에서 민준의 최적 소비묶음과 효용은 얼마인가?
 b. 햄버거 가격이 개당 10달러로 오르고 감자튀김 가격은 그대로 2달러이다. 이 새 가격에서 민준의 소비묶음은 무엇인가? 이 변화를 총효과, 대체효과, 소득효과로 분해하라.

풀이

 a. 이 문제를 제4장 부록에서 풀었지만, 이에 대한 답은 (b)에서 총효과, 대체효과, 소득효과를 구할 때 그 답이 결정적으로 중요할 것이다. 햄버거가 5달러, 감자튀김이 2달러일 때 민준의 원래 제약하의 최적화 문제는 다음과 같다.

$$\max_{B,F} U = B^{0.5}F^{0.5} \text{ s.t. } 20 = 5B + 2F$$

민준은 햄버거 2개와 감자튀김 5인분을 소비하며, 이 묶음을 소비할 때의 효용은 $B^{0.5}F^{0.5} = 2^{0.5}5^{0.5} = 10^{0.5}$임을 알 수 있다.

 b. 햄버거 가격이 2배가 되어 개당 10달러이면 민준은 새로운 예산제약인 $20 = 10B + 2F$에 직면한다. 민준의 새로운 효용극대화 문제는 다음과 같다.

$$\max_{B,F} U = B^{0.5}F^{0.5} \text{ s.t. } 20 = 10B + 2F$$

따라서 제약하의 최적화 문제를 라그랑지 함수로 표현하여, 햄버거 가격이 올랐을 때의 새로운 최적묶음을 찾아야 한다.

$$\max_{B,F,\lambda} \mathcal{L}(B,F,\lambda) = B^{0.5}F^{0.5} + \lambda(20 - 10B - 2F)$$

$$\frac{\partial \mathcal{L}}{\partial B} = 0.5B^{-0.5}F^{0.5} - 10\lambda = 0$$

$$\frac{\partial \mathcal{L}}{\partial F} = 0.5B^{0.5}F^{-0.5} - 2\lambda = 0$$

$$\frac{\partial \mathcal{L}}{\partial \lambda} = 20 - 10B - 2F = 0$$

첫 두 조건을 이용해 λ를 구하고 그다음에 F를 B의 함수로 푼다.

$$\lambda = 0.05B^{-0.5}F^{0.5} = 0.25B^{0.5}F^{-0.5}$$
$$F^{0.5}F^{0.5} = 20(0.25)B^{0.5}B^{0.5}$$
$$F = 5B$$

그리고 이 F값을 예산제약에 집어넣는다.

$$20 = 10B + 2F$$
$$20 = 10B + 2(5B)$$
$$20 = 20B$$
$$B^* = \text{햄버거 1단위}$$
$$F^* = 5B = 5(1) = \text{감자튀김 5단위}$$

그러면 햄버거 가격이 5달러에서 10달러로 오름에 따라 민준은 햄버거 소비는 줄이고 감자튀김 소비는 바꾸지 않는다. 따라서 가격 변화의 총효과는 민준의 햄버거 소비는 1단위만큼 줄고 감자튀김 소비는 그대로 5단위로 유지되는 것이다.

다음으로 지출극소화를 이용하여 대체효과와 소득효과를 구한다. 우리가 알고 싶은 것은, 햄버거 가격이 10달러지만 효용은 햄버거 가격이 애초 5달러일 때와 동일할 때 민준이 햄버거와 감자튀김을 얼마나 소비할 것인가 하는 것이다. 민준의 세 번째 제약하의 최적화 문제는 다음과 같다.

$$\min_{B,F} I = 10B + 2F \text{ s.t. } 10^{0.5} = B^{0.5}F^{0.5}$$

위에서처럼 라그랑지 함수를 이용해 구할 수도 있지만, 소비자의 최적화 문제에 대해 알고 있는 사실을 이용해 감자튀김에 대한 햄버거의 한계대체율을 두 가격의 비와 같게 놓고, F를 B의 함수로 구하자.

$$\frac{MU_B}{MU_F} = \frac{P_B}{P_F}$$

$$\frac{0.5B^{-0.5}F^{0.5}}{0.5B^{0.5}F^{-0.5}} = \frac{10}{2}$$

$$\frac{F}{B} = \frac{10}{2}$$

$$F = 5B$$

이제 이 F값을 소비자의 효용제약에 집어넣자.

$$10^{0.5} = B^{0.5}F^{0.5} = B^{0.5}(5B)^{0.5}$$

$$10^{0.5} = B(5^{0.5})$$

$$B' = \frac{10^{0.5}}{5^{0.5}} = 2^{0.5} \approx \text{햄버거 } 1.4\text{단위}$$

$$F' = 5B' \approx 5(1.4) \approx \text{감자튀김 } 7\text{단위}$$

새로운 가격과 원래 효용수준에서 민준의 지출극소화 묶음은 대략 햄버거 1.4단위와 감자튀김 7단위이다. 원래 묶음에서는 햄버거가 2단위이고 감자튀김이 5단위였다. 직관적으로 알 수 있듯이 햄버거의 희망 소비량은 햄버거가 상대적으로 비싸질 때 감소하고, 반면 감자튀김의 희망 소비량은 감자튀김이 상대적으로 덜 비싸질 때 증가한다. 이것이 대체효과의 작동이다. 특히 민준의 대체효과는 햄버거 소비 0.6단위 감소(=1.4−2)와 감자튀김 2단위 증가(=7−5)이다.

이 묶음에서 민준은 원래 묶음에서와 같은 수준의 효용을 얻지만, 이 묶음을 사려면 8달러를 더 써야 한다 [원래 지출은 20달러였다. 새로운 지출은 $10(1.4) +

$2(7) =28달러이다]. 하지만 민준이 실제로 28달러가 드는 이 햄버거와 감자튀김 조합을 구입하는 것은 아니라는 점을 기억하자. 이것은 단지 앞의 효용극대화 문제에서 얻은 최종 소비묶음(햄버거 1단위, 감자튀김 5단위)으로 가는 중간 단계이다. 이 최종 묶음을 이용해 소득효과를 구할 수 있다. 여기서 소득효과는 햄버거 0.4단위 감소(=1−1.4)와 감자튀김 2단위 감소(=5−7)이다. 이는 햄버거 가격 상승으로 민준의 구매력이 줄어들었기 때문이다. 구매력이 감소할 때 두 재화의 수량 모두가 감소했음에 주목하기 바란다. 이것은 민준에게 두 재화가 모두 정상재임을 뜻한다.

결국 가격 변화는 민준의 햄버거 소비만 변화시킨다. 소비에 미치는 총효과는 햄버거 1단위 감소(=1−2)인데, 이것은 대체효과(햄버거 0.6단위 감소)와 소득효과(햄버거 0.4단위 감소)의 합이다. 반면 감자튀김 소비에 미치는 총효과는 0이다. 대체효과(감자튀김 2단위 증가)와 소득효과(감자튀김 2단위 감소)가 정확히 서로 상쇄되기 때문이다.

연습문제

1. 명수는 두 재화, DVD 대여와 커피만 소비한다. 명수의 효용함수는 다음과 같다.

$$U(R, C) = R^{0.75}C^{0.25}$$

여기서 R은 DVD 대여 수이고 C는 커피 잔 수이다. 명수는 현재 16달러를 가지고 있는데, 16달러 전부를 오늘 DVD 대여와 커피에 지출할 계획이다.
   a. DVD 대여의 개당 가격은 4달러이고 커피 가격은 한 잔에 2달러이다. 명수의 최적묶음을 구하라.
   b. 명수가 소득은 변화시키지 않고 대여 가격만 2달러로 낮춰주는 회원제에 가입했다고 하자. DVD 대여 가격이 명수의 DVD와 커피 수요에 미치는 대체효과, 소득효과, 총효과를 구하라.
   c. (b)에 대한 답으로부터 볼 때, DVD 대여와 커피는 명수에게 정상재인가, 열등재인가? 설명하라.
2. 소비자의 효용이 U(X, Y) =XY+10Y이고 X, Y재에 쓸

수 있는 소득이 100달러라고 하자.
   a. X재와 Y재의 가격이 모두 단위당 1달러이다. 라그랑지 함수를 이용하여 최적 재화묶음을 구하라.
   b. X재 가격이 단위당 5달러로 상승한다고 하자. 라그랑지 함수를 이용하여 새로운 재화묶음을 구하라. 가격 변화가 각 재화의 소비에 미치는 총효과를 구하라.
   c. 라그랑지 함수를 이용하여 X재 가격 상승이 각 재화에 미치는 대체효과를 구하라. X재 가격이 단위당 5달러로 상승할 때 원래 효용수준을 얻으려면, 소비자의 소득은 얼마가 되어야 하는가?
   d. X재 가격 상승이 각 재화의 소비에 미치는 소득효과를 구하라. 두 재화는 정상재인가, 열등재인가? 설명하라.
   e. X재 가격 상승의 총효과가 대체효과와 소득효과의 합과 같음을 보여라.

생산자 행동

제 4장 첫머리에서 우리는 삼성의 경영자가 되어 차기 갤럭시 스마트폰을 개발하면서 소비자들이 좋아하는 제품을 만들려면 어떤 특징들(features)을 갖추어야 할지를 결정하는 상상을 해보았다. 이제 시장 분석과 기능들의 선택은 모두 끝냈고 생산을 시작해야 할 단계라고 생각해보자. 얼마나 생산할 것인가? 투입물들을 어떻게 조합해서 생산할 것인가? 공장의 규모는? 몇 명이나 고용해야 할까? 소재는 얼마나 필요할까? 이 모든 것에 드는 비용은 얼마나 될까? 신형 갤럭시가 예상보다 더 큰 인기를 끌어서 생산을 늘리고 싶어졌다고 해보자. 만일 공장 규모를 쉽게 조정할 수 없다면, 고용을 늘려서 생산량을 증가시키는 것은 공장 규모 때문에 한계가 있겠는가? 생산량을 늘린다면 비용은 얼마나 증가하겠는가?

재화나 용역의 생산자들은 누구나 이러한 유형의 질문에 직면하게 된다. 이런 질문의 배경이 되는 경제논리와 그 해답이 향후 몇 개의 장에서 분석의 초점이 된다. 제4장과 제5장은 시장의 수요 측면을 결정하는 소비자 행동에 관한 것이었다. 이 장의 관심사는 시장의 공급 측면을 움직이는 생산자 행동이다. 보다시피 소비자와 생산자의 의사결정에 관한 경제학에는 유사점이 많다.

6.1 생산의 기초

재화가 소비되기 위해서는 먼저 생산되어야 한다. **생산**(production)은 개인이나 회사, 정부 또는 비영리기관이 투입물을 사용해서 사람들이 사서 쓰고자 하는 재화나 용역을 창출하는 과정이다. 생산은 여러 가지 모습을 띨 수 있다. 예를 들어 어떤 생산자들은 소비자가 구매하는 **최종재**(final good)를 만든다.[1] 전기, 설탕, 광고활동과 같이 다른 기업들의 생산에 투입물이 되는 **중간재**(intermediate good)를 만드는 생산자도 있다. 생산물의 범위는 매우 넓기 때문에 생산에 대한 일반적이면서도 유용한 모형을 수립하기는 어려운데, 앞의 2개 장에서 소비자 행동의 모형을 구축할 때와 비슷하다. 먼저 기업의 생산 의사결정을 단순화하기 위하여 통상적으로 채택되는 가정들을 설정하는 것에서부터 생산 모형을 살펴보자.[2]

생산
사람들이 수요하는 재화나 용역을 개인, 기업, 정부, 비영리기관 등이 만들어내는 과정

최종재
소비자가 구매하는 재화

중간재
다른 재화의 생산을 위해 사용되는 재화

기업의 생산활동에 관한 단순화 가정

복잡한 현실 세계 속에서 최적의 생산활동에 관한 일반적인 결론을 도출하려면 어느 정도의 단순화 가정들이 필요하다. 그렇지만 너무 많은 현실을 무시하는 바람에 모형이 현실 세계의 행

---

1 이 책에서 '재화(good)'라는 단어는 트럭, 컴퓨터, 보석류 등과 같은 유형재뿐 아니라 이발, 애견 관리, 재무 설계 등과 같은 용역(service)까지도 의미한다. 이런 의미에서 유형재든 아니든, 구체적이든 추상적이든 소비자가 가치를 부여하는 것은 모두 재화이다.

2 여기서 '기업(firm)'이라는 단어는 모든 생산자에 대한 총칭적 용어로 사용한다. 생산자는 흔히 기업들이지만, 이 용어는 개인이나 정부, 비영리기관도 의미한다.

동을 이해하는 도구로서 쓸모가 없어져도 안 된다. 여기서는 생산자 행동의 모형을 만들기 위해 다음과 같이 가정한다.

1. **기업은 하나의 재화를 생산한다.** 기업이 여러 제품을 생산하는 경우에는 각 제품에 대한 결정들이 복잡한 방식으로 얽히게 된다. 우리의 기본 모형에서는 기업이 하나의 재화만을 생산한다고 가정함으로써 이런 복잡한 문제를 피하기로 하자.

2. **기업은 어떤 제품을 생산할 것인지를 이미 선택하였다.** 여기서 기업은 무엇을 생산하고 싶은지를 이미 알고 있다. 우리의 관심사는 그것을 가장 효율적으로 생산하는 방법을 결정하는 것이다. 무엇을 생산할 것인지는 기업의 성공 여부에 아주 중요한 측면이지만, 그런 분석은 여기서의 관심 영역을 다소 벗어나는 것이다. 제품 선택을 비롯한 기업활동의 여러 측면을 연구하는 경제학 분야는 산업조직론(industrial organization)이다.

3. **기업의 목표는 선택된 생산량을 달성하기 위한 비용을 최소화하는 것이다.**

   여기서 가정하는 바는 기업이 비용을 전적으로 최소화한다는 것이 아니라 주어진 생산량 수준에서 최소화한다는 것임을 유의하자. 기업이 생산량을 줄인다면 총생산비를 줄이는 것은 항상 가능하다. 우리의 모형은 기업이 특정한 생산량을 어떻게 생산할 것인지를 분석하려는 것이다. (얼마큼을 생산할 것인지에 대한 기업의 선택은 그 제품에 대한 수요와 경쟁자들의 수 및 그 유형과 같은 제품시장의 특성에 따라 달라진다. 기업이 생산량 수준을 선택하는 문제는 제8~11장에서 다룬다.)

   비용최소화는 이윤을 극대화하기 위해서 필요한데, 이윤극대화는 기업 행동에 대한 또 하나의 표준적인 가정이다. 비용최소화는 이윤극대화를 위한 첫 단계로 볼 수 있다. 그렇지만 유의해야 할 점은 비용최소화를 위해서 이윤극대화를 가정할 필요는 없다는 것이다. 비영리기업이나 정부와 같은 생산자들은 이윤이 아닌 다른 목표를 추구할 수도 있지만, 여전히 비용은 최소화하려고 할 것이다. 제품 생산에서 자원을 낭비해 득이 될 것은 아무것도 없다.

4. **기업은 제품 생산을 위해 자본과 노동이라는 두 가지 투입물만을 사용한다.** 자본은 제품 생산에 필요한 건물, 기계, 원자재 등을 포함한다. 노동은 생산물 생산에 사용되는 모든 인적 자원을 가리킨다(공장 노동자, 판매 직원, 최고경영자 등). 우리 모형에서는 모든 상이한 유형의 자본을 하나의 이름으로 뭉치는데, 노동에 대해서도 마찬가지다.[3]

5. **단기에 노동은 얼마든 원하는 대로 선택할 수 있지만 자본 사용량은 금방 변경할 수 없다. 장기에서는 기업이 노동 및 자본의 사용량을 자유로이 선택할 수 있다.** 여기서 **단기**(short run)란 (너무 짧아서 그동안) 양을 변경시킬 수 없는 투입물이 하나 이상 있는 기간이다. 단기에는 변화될 수 없는 투입물이 **고정투입물**(fixed inputs)이고, 단기에도 변화될 수 있는 투입물은 **가변투입물**(variable inputs)이다. 따라서 **장기**(long run)는 모든 투입물이 충분히 조정될 수 있기 위해 필요한 시간이며, 장기에는 모든 투입물이 가변적이다. 이 가정은 자본을 투입하는 데

단기
생산이론에서, 한 가지 이상의 투입물이 변동될 수 없는 기간

고정투입물
단기에는 변동될 수 없는 투입물

가변투입물
단기에도 변동될 수 있는 투입물

장기
생산이론에서, 모든 투입물이 충분히 조정될 수 있는 기간

---

3 상이한 유형의 자본과 노동을 이렇게 뭉칠 수 있는 것은, 투입물의 생산력을 측정하는 공통 단위를 통해서 각 투입물을 측정하기 때문이다. 경제학에서는 이런 단위들을 효율 단위(efficiency units)라고 부르며, 이를 통해 기업이 고용하는 다양한 유형의 자본과 노동에 대해 모든 단위를 합계할 수 있다. 이렇게 해서 생산자가 구매하는 투입물은 노동과 자본 두 가지만으로 되어 모형이 단순화된다.

는 시간이 걸린다는 사실을 포착하고 있다. 예를 들어 전기회사가 새로운 발전소를 건설하는 경우에, 허가 취득에서부터 건설 공사까지 여러 해가 걸릴 수 있다. 이 기간에는 전기회사의 자본 투입량은 고정되어 있고, (그것이 수년이 될 수 있다고 하더라도) 회사의 생산 측면에서는 단기로 볼 수 있다. 이에 비해 노동시간은 직원들을 일찍 퇴근시키거나 초과근무를 요청하는 방식으로 쉽게 조정할 수 있다. 나아가 신규 직원을 고용해서 작업에 투입하는 것은 비교적 쉽다. 이런 사람들을 찾아내고 훈련시키는 데 시간이 걸릴 수 있지만 그런 일은 신규 자본을 건설하거나 통합하는 것만큼 오래 걸리지는 않는다.

6. **투입물을 더 많이 사용할수록 생산량도 더 많아진다.** 이 가정은 제4장에서 본 소비자 효용함수에 대한 '많을수록 좋다(more is better)'는 가정과 유사하다. 생산에서도 유사하게, 기업이 노동이나 자본을 더 많이 사용할수록 총생산량은 증가한다.

7. **기업의 생산은 노동과 자본에 대해 한계수확체감 현상을 보인다.** 자본의 양이 고정된 경우, 노동자가 한 사람씩 추가될 때 각자가 증가시키는 생산량은 앞 사람의 경우보다 적다. 노동량이 고정되어 있다면, 마찬가지의 수확체감이 자본에 대해서도 작용한다. 이 가정은 생산의 기본적 개념을 포착하고 있다 — 노동과 자본이 결합되면 노동만 또는 자본만 있을 때보다 생산력이 커진다. 자본은 노동자가 더 생산적이 되도록 돕고, 그 역도 성립한다. 수백 명이 땅파기를 해도 삽 없이는 별 진전이 없을 것이다. 마찬가지로, 최신형 굴착장비가 아무리 많이 있더라도 그것을 다룰 사람이 없다면 아무 소용이 없다. 두 종류의 투입물이 함께 그리고 적정량으로 사용될 때라야 과업이 가장 효율적으로 달성될 수 있을 것이다.

8. **기업은 주어진 가격으로 원하는 만큼의 자본이나 노동 투입물을 구입할 수 있다.** 소비자가 어떤 재화든 고정된 가격으로 원하는 만큼을 구매할 수 있다고 가정했듯이, 기업은 자본과 노동의 구입에서 똑같은 사정이라고 가정한다. 대부분의 기업은 사용하는 투입물시장에서 상대적으로 작은 규모이다. 가장 큰 기업들이라도 한 경제의 노동자들의 일부만을 고용할 뿐이다. 더 나아가, 투입물들이 생산되는 시장이 대체로 경쟁적인 한, 대기업이라 하더라도 원하는 만큼의 자본이나 노동을 고정된 가격으로 얻게 될 가능성이 크다.

9. **자본시장(예 : 은행이나 투자자)이 잘 작동하고 있는 경우라면 기업은 예산제약을 갖지 않는다.** 기업이 이윤을 벌 수 있는 한, 생산에 투입될 자본과 노동을 사기 위해 필요한 자원을 얻을 수 있을 것이다. 기업이 투입물 구매를 위한 현금을 보유하고 있지 않다면 주식을 발행하거나 차입을 통해 자금을 조달할 수 있다. 돈을 벌 수 있을 것으로 예상된다면, 외부 투자자들은 기업이 필요로 하는 자금을 기꺼이 제공할 것이다. 기업 생산에 관한 이 가정은 소비자 선택 이론에서는 적용되지 않음을 유의하라. 소비자는 항상 예산제약하에 있으며, 예산제약은 얻을 수 있는 효용의 최고 수준을 한정하게 된다.

생산 모형에서는 소비 모형의 경우보다 더 많은 단순화 가정이 있음을 알아차렸을 것이다. 이것은 생산활동이 소비활동보다는 좀 더 복잡하기 때문이다. 예를 들어 생산활동은 단기와 장기라는 두 가지 시간적 틀에서 분석되어야 한다. 보다 복잡해졌기 때문에 조금 더 단순화할 필요가 있다.

생산함수

기업의 과제는 자본과 노동이라는 투입물을 산출물(생산물)로 바꾸는 것이다. 단순화를 위해서, 기업은 한 가지 제품을 산출물로 생산하며, 이를 위해 자본과 노동이라는 두 가지 투입물을 사용한다고 하자.

생산함수(production function)는 투입물의 상이한 조합으로부터 얻을 수 있는 산출물의 양을 보여주는 수학적 관계이다. 생산함수는 이러한 자본과 노동 투입물이 생산물로 바뀌는 과정을 요약한 것이다. 하나의 생산함수는 생산물(수량을 Q로 표시)을 두 가지 투입물, 즉 자본량(K)과 노동량(L)의 함수로 나타낸 식이다.

$$Q = f(K, L)$$

이 생산함수에서 f는 자본과 노동이 결합해 어떻게 산출물이 생산되는지를 보여주는 수학적 함수이다. 생산함수는 투입물이 분리되어 있는 $Q = 10K + 5L$, 또는 투입물이 함께 곱해져 있는 $Q = K^{0.5}L^{0.5}$($\sqrt{KL}$을 달리 쓴 것) 등과 같은 형태를 취할 수 있다. 기업이 사용하는 생산기술에 따라서 여러 가지 다른 형태를 가질 수도 있다.

자본과 노동이 지수를 갖고 서로 곱해진 형태의 생산함수는 콥-더글러스(Cobb-Douglas) 생산함수로 알려져 있다(가령 앞에서처럼 $Q = K^{0.5}L^{0.5}$). 이것은 수학자이자 경제학자인 찰스 콥(Charles Cobb)과 (나중에 미연방 상원의원이 된) 경제학자 폴 더글러스(Paul Douglas)의 이름을 딴 것이다. 콥-더글러스 생산함수는 경제학자들이 가장 흔히 사용하는 유형의 생산함수인데, 실제 생산 자료를 꽤 잘 나타내는 경향이 있으며, 편리한 수학적 성질을 갖고 있기 때문이다.

6.2 단기에서의 생산

단기에서의 생산이 가장 단순한 경우이므로 거기서부터 분석한다. 모형의 가정에 대해 설명하면서, 단기를 자본량을 변경할 수 없는 기간으로 정의했다. 자본량이 고정되어 있는 상황에서 기업은 비용을 최소화하기 위한 노동 고용량을 선택할 수 있다. 표 6.1은 단기 생산함수에서 노동 투입량(L)과 생산량(Q)을 보여준다. 여기서는 앞에서 예로 든 콥-더글러스 생산함수를 사용하면서 자본량($\overline{K}$)은 4단위로 고정하였는데, 따라서 표 6.1의 숫자들은 다음의 생산함수에 상응

표 6.1 단기 생산함수의 예

자본(K)	노동(L)	생산물(Q)	노동의 한계생산($MP_L = \frac{\Delta Q}{\Delta L}$)	노동의 평균생산($AP_L = \frac{Q}{L}$)
4	0	0.00	—	—
4	1	2.00	2.00	2.00
4	2	2.83	0.83	1.42
4	3	3.46	0.63	1.15
4	4	4.00	0.54	1.00
4	5	4.47	0.47	0.89

그림 6.1 단기 생산함수

이 그림은 표 6.1의 값들을 사용해서 기업의 연속형 단기 생산함수를 그린 것이다. 생산함수의 기울기가 양수인 것은 노동 증가가 생산량을 증가시킴을 의미한다. 그렇지만 노동 고용량이 늘어남에 따라 생산량은 점점 적게 증가하며 기울기는 완만해진다.

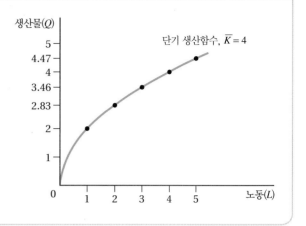

하는 것이다. $Q = f(\overline{K}, L) = \overline{K}^{0.5}L^{0.5} = 4^{0.5}L^{0.5} = 2L^{0.5}$.

그림 6.1은 표 6.1로부터 단기 생산함수를 그린 것이다. 표 6.1의 숫자들을 보여주고 있지만, 주당 5시간 이상까지 포함하여 모든 노동량 수준에 대응하는 생산량 수준들도 보여준다.

자본량은 고정되어 있더라도, 노동량을 증가시키면 생산량은 증가한다. 이것은 앞의 가정 6을 반영한다 — 투입물이 증가하면 산출물도 증가한다. 그렇지만 기업이 노동 고용량을 늘려감에 따라 생산량이 증가하는 정도(rate)는 둔화됨을 유의하라. 노동량이 추가될수록 생산량의 증가는 점점 더 적어지는 이 현상은 가정 7을 반영한다 — 생산함수는 투입에 대한 한계수확체감을 나타낸다. 한계수확체감의 이유를 알아보려면 다른 투입물은 고정되어 있으면서 한 가지 투입물이 증가할 때 어떤 상황이 벌어지는지를 이해할 필요가 있다. 이것은 한 투입물의 한계생산의 의미이다.

한계생산

(다른 투입물의 사용은 일정하게 유지하면서) 한 가지 투입물의 사용을 늘림으로써 생산할 수 있는 추가적인 생산량을 **한계생산**(marginal product)이라고 부른다. 단기에는 노동의 한계생산이 중요한데, 자본량은 고정되어 있는 것으로 가정하고 있기 때문이다. 노동의 한계생산(MP_L)은 노동 투입의 1단위 변화(ΔL)에 따른 생산량의 변화(ΔQ)이다.

한계생산
(다른 투입물의 양은 고정하고) 투입물을 1단위 더 투입함으로써 추가되는 생산물의 양

$$MP_L = \Delta Q / \Delta L$$

단기 생산함수 $Q = 4^{0.5}L^{0.5}$의 경우에 노동의 한계생산은 표 6.1의 넷째 열에 나타나 있다(자본은 4단위로 고정되어 있음). 이런 생산함수를 가진 기업이 노동을 0단위 사용한다면 생산량은 0단위이다. (아마도 기계를 운전할 사람이 없다면 조금도 생산하지 못할 것이다.) 만일 1단위의 노동을 고용하여 4단위의 자본과 결합한다면 2단위의 생산물을 생산할 수 있다. 그러므로 첫 단위 노동의 한계생산은 2.00이다. 노동 2단위로(자본은 4단위로 같음) 기업은 2.83단위의 생산물을 생산하는데, 둘째 단위 노동의 한계생산은 생산량의 변화, 즉 2.83 − 2.00 = 0.83이다. 노동 3단위의 경우에 생산은 0.63만큼 증가하여 3.46이 되는데, 따라서 노동의 한계생산은

0.63이 되며, 이후도 같은 사정이다.

한계생산체감
기업이 특정 투입물을 추가적으로 고용함에 따라서 그 투입물의 한계생산이 감소한다는, 생산함수의 특성

노동의 **한계생산체감**(diminishing marginal product), 즉 추가되는 노동으로 얻게 되는 생산량의 증가가 줄어드는 것은 가정 7에 나타나 있는데, 이는 생산함수들의 공통적인 특징이다. 그림 6.1에서 생산함수곡선이 노동량이 많아질수록 완만해지는 이유이기도 하다. 한계생산체감은 직관적으로 이해할 수도 있다. 자본량이 고정되어 있다면 노동자를 추가할 때마다 각 노동자가 사용할 수 있는 자본은 줄어든다. 어떤 커피숍이 에스프레소 기계 1대와 직원 1명을 고용하고 있다면, 그 사람은 근무시간 내내 기계 1대를 자유로이 사용할 수 있다. 이제 두 번째 직원을 고용하여 함께 일하게 한다면, 직원 둘이서 기계를 공유해야만 한다. 그런 경우에, 첫 번째 직원이 혼자 일할 때만큼 많은 생산을 두 번째 직원도 해내기는 어려울 것이다. 같은 시간에 3명의 직원을 쓰면서 기계는 여전히 1대뿐이라면 상황은 더 악화된다. 네 번째 직원은 가게의 생산량을 아주 약간 증가시킬 수는 있겠지만, 분명한 것은 네 번째 직원의 한계생산이 첫 번째(이 점에서는 두 번째와 세 번째) 직원의 그것보다 작을 것이라는 점이다. 이 문제에 대한 커피숍의 해결책은 에스프레소 기계를 더 구입하는 것이다. 즉 자본을 추가하는 것이다. 물론 단기에는 그렇게 할 수 없다고 가정했지만, 장기에는 할 수 있으며 또 그렇게 할 것이다. 자본량을 변화시킬 수 있는 경우의 상황은 나중에 살펴본다.

그렇지만 한계수확체감이 항상 반드시 나타나는 것은 아님을 유념하자. 단지 결국에는 나타나게 되는 것이다. 생산함수에서 한계생산체감의 문제가 나타나기 전에 노동 투입량이 적은 단계에서는 한계수확이 체증할 수도 있다.

그림을 통한 한계생산의 분석 생산함수 그림에 한계생산을 표시할 수 있다. 한계생산은 투입의 1단위 증가에 따른 생산량의 변화임을 상기하자($MP_L = \Delta Q / \Delta L$). $\Delta Q / \Delta L$는 그림 6.1의 단기

그림 6.2 노동의 한계생산 도출

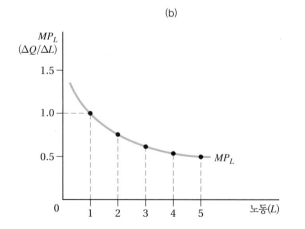

(a) 노동의 한계생산은 생산함수(곡선)의 기울기이다. $L = 1$일 때 $MP_L = 1$에서 $L = 5$일 때 $MP_L = 0.45$까지, 노동량이 증가함에 따라 한계생산은 감소하며 기울기는 완만해진다.

(b) (a)의 생산함수를 사용해서 노동의 한계생산곡선을 도출할 수 있다. 곡선의 우하향 기울기가 노동의 한계수확체감을 보여준다.

생산함수의 기울기이다. 이처럼 어떤 주어진 노동 투입량 수준에서 노동의 한계생산은 그 점에서의 생산함수의 기울기이다. 그림 6.2a는 생산함수에서 MP_L이 어떻게 도출되는지 보여준다. $L=1$일 때 생산함수의 기울기(즉 접선의 기울기)는 상대적으로 가파르다. 이때는 추가적인 노동이 생산량을 상당히 증가시킨다. $L=4$에서는 기울기가 꽤 완만해지고, 추가적인 노동이 증가시키는 생산량은 $L=1$에서보다 적다. 표 6.1에서 보았듯이 $L=1$과 $L=4$ 사이에서 노동의 한계생산은 감소하고 있다. 그림 6.2b는 이에 상응하는 노동의 한계생산곡선을 보여준다. 이 생산함수는 노동량의 모든 수준에서 한계수확체감을 보여주고 있으므로 한계생산곡선은 우하향한다.

한계생산의 수학적 표현 MP_L을 확인하려면 자본량을 고정한 상태에서 노동이 1단위 추가될 때 얻어지는 추가적인 생산량을 계산해야 한다. 따라서 기업이 노동을 L단위 대신에 $L+\Delta L$단위 사용할 때(자본량은 고정) 생산량이 얼마나 증가하는지 계산해보자. ΔL은 추가된 노동 단위이다. 수학적으로 MP_L은 다음과 같다.

$$MP_L = \frac{\Delta Q}{\Delta L} = \frac{f(\overline{K}, L+\Delta L) - f(\overline{K}, L)}{\Delta L}$$

이것을 우리의 단기 생산함수($\overline{K}^{0.5}L^{0.5} = 4^{0.5}L^{0.5} = 2L^{0.5}$)에 적용하면 다음을 얻는다.

$$Q = f(\overline{K}, L)$$
$$MP_L = \frac{2(L+\Delta L)^{0.5} - 2L^{0.5}}{\Delta L}$$

ΔL이 미소해지면 어떻게 되는지를 따져보려면 미분이 필요하다. 그렇지만 미분 지식은 제쳐두고, 콥-더글러스 생산함수에 대한 한계생산 공식은 다음과 같다. $MP_L = \frac{1}{L^{0.5}}$. 이 공식을 이용해서 계산된 MP_L값들이 그림 6.2에 나와 있다. (이 값들은 표 6.1의 값과는 약간 차이가 있는데, 표에서는 $\Delta L=1$로 설정되었지만 공식에서는 추가 단위가 훨씬 작아질 수 있기 때문이다. 그렇지만 두 가지 계산에서 근거가 되는 경제적 사고는 동일하다.)

평균생산

한계생산이 **평균생산**과 같지 않다는 사실은 중요하다. **평균생산**(average product)은 총생산량을 그것을 생산하는 데 사용된 투입물 단위의 수로 나눈 것이다. 예를 들어 노동의 평균생산(AP_L)은 생산량 Q를 생산에 사용된 노동량 L로 나눈 것이다.

$$AP_L = Q/L$$

평균생산
투입물 단위당 생산량

우리의 단기 생산함수에서 노동의 평균생산은 표 6.1의 마지막 열에 나와 있다. 노동의 평균생산은 노동 투입이 증가함에 따라 감소한다는 점을 유의하라. 이러한 감소의 이유는 표의 각 노동량 수준에서 한계생산이 평균생산보다 작으며, 따라서 한계적으로 추가되는 각 단위의 노동이 노동의 평균생산을 끌어내리기 때문이다. 이 점은 어떤 과목에서 얻게 되는 점수를 생각해보면 가장 이해하기 쉽다. 학기 중간 시점에서 평균점이 80점이라고 가정해보자. 이제 다음 시험을 봤는데 성적이 90점이라면 평균점은 올라갈 것인데, 왜냐하면 최근 시험(한계시험)에서의 점수가 그 시점에서의 평균점보다 높기 때문이다. 반면에 다음 시험에서의 성적은 65점밖에 안 된다면 평균점은 내려갈 것인데, 왜냐하면 한계점수가 평균점수보다 낮기 때문이다.

예제 6.1

피자를 생산하는 기업의 단기 생산함수가 $Q = f(\overline{K}, L) = 15\overline{K}^{0.25}L^{0.75}$이다. 여기서 Q는 피자의 시간당 생산량, $\overline{K}$는 오븐의 수(단기에는 3개로 고정되어 있음), 그리고 L은 고용된 노동자 수이다.

a. 생산량을 노동(량)의 함수로 표시한 단기 생산함수 방정식을 세워라.

b. $L = 0, 1, 2, 3, 4, 5$일 때의 시간당 총생산량을 계산하라.

c. $L = 1$에서 $L = 5$까지 MP_L을 계산하라. MP_L은 체감하는가?

d. $L = 1$에서 $L = 5$까지 AP_L을 계산하라.

풀이

a. 단기 생산함수를 구하려면 생산함수에 $\overline{K} = 3$을 대입하여 생산량을 노동의 함수로 표시한다.

$$Q = f(\overline{K}, L) = 15\overline{K}^{0.25}L^{0.75}$$
$$= 15(3^{0.25})L^{0.75} = 15(1.316)L^{0.75} = 19.74L^{0.75}$$

b. L의 상이한 값들을 대입하여 Q값들을 구한다.

$L = 0$ $Q = 19.74(0)^{0.75} = 19.74(0) = 0$

$L = 1$ $Q = 19.74(1)^{0.75} = 19.74(1) = 19.74$

$L = 2$ $Q = 19.74(2)^{0.75} = 19.74(1.682) = 33.20$

$L = 3$ $Q = 19.74(3)^{0.75} = 19.74(2.280) = 45.01$

$L = 4$ $Q = 19.74(4)^{0.75} = 19.74(2.828) = 55.82$

$L = 5$ $Q = 19.74(5)^{0.75} = 19.74(3.344) = 66.01$

c. 노동의 한계생산은 자본량을 고정한 상태에서 추가적인 노동이 증가시키는 생산량이다. (b)의 답을 이용해서 각 노동자의 한계생산을 구할 수 있다.

$L = 1$ $MP_L = 19.74 - 0 = 19.74$

$L = 2$ $MP_L = 33.20 - 19.74 = 13.46$

$L = 3$ $MP_L = 45.01 - 33.20 = 11.81$

$L = 4$ $MP_L = 55.82 - 45.01 = 10.81$

$L = 5$ $MP_L = 66.01 - 55.82 = 10.19$

L이 증가함에 따라 MP_L은 감소하므로 한계생산체감이 나타나고 있음에 유의하라. 이것은 고정된 양의 자본에 노동이 추가될 경우에 생산량은 체감률로 증가함(즉 증가하는 정도가 점점 작아짐)을 의미한다.

d. 노동의 평균생산은 총생산량(Q)을 노동 투입량(L)으로 나누어서 계산한다.

$L = 1$ $AP_L = 19.74/1 = 19.74$

$L = 2$ $AP_L = 33.20/2 = 16.60$

$L = 3$ $AP_L = 45.01/3 = 15.00$

$L = 4$ $AP_L = 55.82/4 = 13.96$

$L = 5$ $AP_L = 66.01/5 = 13.20$

6.3 장기에서의 생산

장기에는 기업이 노동 투입량뿐 아니라 자본량도 변경할 수 있다. 이런 차이가 두 가지 중요한 편익을 가져다준다. 첫째, 장기에는 한계생산체감의 문제를 완화할 수도 있다. 앞서 보았듯이, 자본이 고정된 경우에는 노동 고용을 늘려 생산량을 증가시키는 기업의 능력이 한계생산체감에 의해 제한된다. 추가적인 자본이 각 단위 노동의 생산력을 증가시킬 수 있다면, 기업은 자본과 노동 투입을 함께 늘림으로써 생산량을 더 많이 증가시킬 수 있다.

앞의 커피숍의 예로 돌아가보자. 가게에 에스프레소 기계가 1대밖에 없는 상황에서 두 번째 직원을 추가할 경우에 노동의 한계생산체감 때문에 생산량을 많이 증가시킬 수는 없다. 또 1명을 더 고용한다면 생산량은 거의 변하지 않을 수도 있다. 그러나 직원을 추가 고용할 때마다 새 기계를 구입한다면 생산성 감소는 거의 없이 생산량이 증가할 수 있다. 이처럼 자본과 노동의 사용량을 동시에 늘린다면 기업은 한계생산체감의 효과를 (적어도 부분적으로) 피할 수 있다.

장기에 자본량을 조정할 수 있음에 따라 얻게 되는 두 번째 편익은, 생산자는 종종 자본을 노동으로, 또는 그 반대로 대체할 수 있다는 점이다. 기업은 생산 방법이나 투입물의 상대가격 변화에 대응하는 방식의 선택에서 보다 신축적일 수 있다. 예를 들어 항공사 탑승관리 직원들의 비용이 (임금 상승 등에 따라) 상대적으로 높아지는 한편 기술 변화로 인해서 자동관리 절차의 비용이 낮아짐에 따라, 항공사들은 탑승관리 업무를 점차 노동집약형(직원이 카운터에서 처리)에서 자본집약형(자동화된 공간이나 경우에 따라서는 가정에서 온라인으로 처리)으로 전환하게 되었다.

장기 생산함수

장기 생산함수에서는 모든 투입물이 조정될 수 있다. 장기 생산함수는 6.2절에서 처음 도입되었던 생산함수이다[$Q = f(K, L)$]. (단기에서처럼) 자본 수준은 고정된 채로 노동량만을 선택하는 대신에 이제는 두 가지 투입물의 수준을 모두 선택할 수 있다.

장기 생산함수를 표로 나타낼 수도 있다. 표 6.2는 생산함수 $Q = K^{0.5}L^{0.5}$의 예에서 투입물과 생산량의 관계를 보여준다. 표의 열들은 상이한 노동량에 상응한다. 행들은 상이한 자본량을 가리킨다. 각 칸의 숫자는 상응하는 투입물 결합으로부터 창출되는 생산량이다.

표의 네 번째 행은 4단위의 자본을 가진 경우인데, 값들은 표 6.1에서의 단기 생산함숫값들과 정확히 일치한다. 표 6.2는 표 6.1에다가 자본 수준을 변경시킬 수 있다면 얻을 수 있는 생산량을 더한 것이다. 장기 생산함수는 가능한 단기 생산함수들을 모두 조합한 것으로 이해할 수도 있는데, 여기서 각각의 단기 생산함수는 서로 다른 고정 자본량에 상응하는 것이다. 주어진 자본 수준에서, 즉 하나의 주어진 단기 생산함수에서 노동은 한계생산체감을 보여준다는 점에 유의하자. 예를 들어 자본이 5단위로 고정되었을 때 첫 번째 노동자의 한계생산(MP_L)은 2.24이고, 두 번째 노동자의 MP_L은 0.92($=3.16 - 2.24$), 세 번째 노동자의 MP_L은 0.71($=3.87 - 3.16$) 등이다.

표 6.2 장기 생산함수의 예

		노동 단위(L)				
		1	2	3	4	5
자본 단위(K)	1	1.00	1.41	1.73	2.00	2.24
	2	1.41	2.00	2.45	2.83	3.16
	3	1.73	2.45	3.00	3.46	3.87
	4	2.00	2.83	3.46	4.00	4.47
	5	2.24	3.16	3.87	4.47	5.00

6.4 기업의 비용최소화 문제

이 장을 시작할 때, 기업의 생산활동과 관련해서 몇 가지 가정을 제시했다. 가정 3은 선택된 생산량을 생산하는 비용을 최소화하는 것이 기업의 목표라는 것이다(기업이 그 양을 어떻게 결정하는지는 제8~11장의 주제이다). 특정 재화의 주어진 양을 가급적 적은 비용으로 생산해야 한다는 것이 기업의 **비용최소화**(cost minimization) 문제이다.

> **비용최소화**
> 기업이 주어진 생산량을 최소비용으로 생산하는 목표

기업의 생산 결정은 또 하나의 제약하의 최적화 문제이다. 제4장에서 보았듯이, 이런 유형의 문제들은 경제주체가 선택에 대한 제약에 직면하여 무엇인가를 최적화하고자 하는 것이다. 여기서 기업의 과제는 제약하의 **최소화** 문제이다. 기업은 생산의 총비용을 최소화하고자 한다. 그러나 그렇게 하면서 한 가지 제약조건을 충족해야만 한다—특정한 생산량을 생산해야 하는 것이다. 즉 생산량을 마음대로 바꿈으로써(또는 전혀 생산하지 않음으로써) 비용을 최소화할 수는 없다는 뜻이다. 이 절에서는 (기업에게 주어지는 생산량 조건을 나타내는) 등량곡선과 (주어진 비용으로 얻을 수 있는 투입물 조합들을 나타내는) 등비용선이라는 두 가지 개념을 사용해서 제약하의 최소화 문제에 답하는 과정을 살펴본다.

등량곡선

제4장에서 소비자의 효용함수에 대해 배울 때 세 가지 변수를 고려했다—두 가지 소비재의 수량과 소비자의 효용. 각각의 무차별곡선은 소비자에게 특정 수준의 효용을 가져다주는 두 재화의 모든 조합을 보여주었다.

기업의 생산함수에 대해서도 같은 분석을 할 수 있다. 주어진 생산량을 생산할 수 있는 자본과 노동의 가능한 모든 조합을 하나의 곡선으로 그릴 수 있다. 그림 6.3은 이 장에서 이용해온 생산함수를 대상으로 정확히 그렇게 하고 있다. 즉 1, 2, 4단위를 생산하기 위해 필요한 투입물의 조합을 보여준다. 이들은 **등량곡선**(isoquant)으로 알려져 있다. 이 단어는 '같음'을 의미하는 그리스어 접두어 iso-와 '수량(quantity)'의 축약형인 quant로부터 만들어진 것이다.

> **등량곡선**
> 동일한 생산량을 얻을 수 있는 모든 투입물 조합을 나타내는 곡선

무차별곡선의 경우에서와 같이, 원점에서 더 멀리 있는 등량곡선은 더 높은 생산량 수준에

그림 6.3 등량곡선

각 등량곡선은 1, 2, 4단위의 생산량(Q)을 가져다주는 노동(L)과 자본(K)의 가능한 조합을 보여준다.

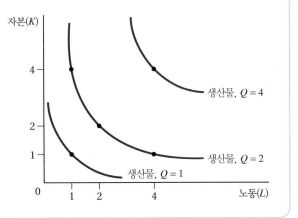

상응하며(왜냐하면 더 많은 자본과 노동은 더 많은 생산량을 가져오므로), 등량곡선들은 서로
교차할 수 없고(왜냐하면 교차할 경우에는 같은 양의 투입물이 서로 다른 생산량을 가져오는
것이 되므로), 등량곡선은 원점을 향해 볼록하다(왜냐하면 한 투입물을 매우 많이, 그리고 다른
투입물은 매우 적게 사용해서 생산할 때보다 두 가지 투입물을 혼합해서 사용할 경우에 일반적
으로 더 많은 양이 생산되므로).

한계기술대체율 등량곡선의 기울기는 생산 의사결정의 분석에서 핵심적인 역할을 하는데, 자
본과 노동의 생산력에서의 상반관계(tradeoff)를 포착하고 있기 때문이다. 그림 6.4의 등량곡선
을 보자. A점에서는 등량곡선의 기울기가 매우 가파른데, 이는 노동량을 조금만 늘리면 자본량
은 크게 줄여도 여전히 같은 수준의 생산량을 유지할 수 있음을 의미한다. 대조적으로 B점에서
는 자본량을 조금이나마 줄이고 싶다면 노동량은 크게 늘려야만 같은 생산량 수준을 유지할 수
있다. 등량곡선의 굽은 정도(curvature)와 원점에 대해 볼록하다는 것은 투입물의 혼합(비율)이
달라지면 자본-노동 간의 상반관계도 달라진다는 사실을 반영한다.

등량곡선의 기울기 절댓값은 (x축상의) 한 투입물과 (y축상의) 다른 투입물 간의 **한계기술대
체율**(marginal rate of technical substitution), 혹은 $MRTS_{XY}$라고 불린다. 이것은 Y투입물의 양이
변할 때 생산량을 일정하게 유지하기 위해서 필요한 X투입물의 변화량이다. 이 장에서 주된 관
심 대상은 자본에 대한 노동의 $MRTS$, 또는 $MRTS_{LK}$인데, 그것은 자본 사용량이 변할 경우에 생
산량을 일정하게 유지하기 위해서 필요한 노동량의 변화이다.

등량곡선을 따라서 약간 아래 그리고 오른쪽으로 이동하는 경우를 가정해보면, 그에 따른 생
산량의 변화는 노동의 한계생산에 (이동에 따른) 노동의 변화량을 곱한 것과 자본의 한계생산
에 자본의 변화량을 곱한 것의 합이다. (자본량의 변화는 음수인데 이는 등량곡선을 따라 아래
로 이동하면 자본을 감소시키는 것이기 때문이다.) 그렇지만 등량곡선상에서 이동하는 것이기
때문에(생산량은 일정하게 유지되므로), 이러한 생산량의 전체 변화는 0이다. 따라서 전체 변화
를 다음과 같이 쓸 수 있다.

한계기술대체율
기업이 같은 생산량을 유지하면
서 투입물 X를 투입물 Y와 대체
할 수 있는 비율

그림 6.4 한계기술대체율

등량곡선 기울기의 절댓값(또는 '−' 부호를 붙인 것)은 자
본 K에 대한 노동 L의 한계기술대체율이다. A점에서 노동
의 한계생산은 자본의 한계생산에 비해 상대적으로 높아
서, 노동량이 비교적 조금 감소하더라도 생산량을 유지하
기 위해서는 자본량이 많이 증가해야 할 것이다. B점에서
는 노동의 한계생산이 자본에 비해 낮아서, 자본을 비교
적 조금 줄이더라도 생산량을 일정하게 유지하기 위해서
는 노동량이 더 많이 필요할 것이다.

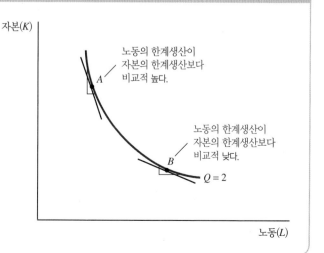

자본(K)

노동의 한계생산이
자본의 한계생산보다
비교적 높다.

노동의 한계생산이
자본의 한계생산보다
비교적 낮다.

Q = 2

노동(L)

$$\Delta Q = MP_L \times \Delta L + MP_K \times \Delta K = 0$$

여기서 등량곡선의 기울기 $\Delta K / \Delta L$를 얻기 위해서 식을 변형하면 다음과 같이 된다.

$$MP_K \times \Delta K = -MP_L \times \Delta L$$

$$MP_K \times \frac{\Delta K}{\Delta L} = -MP_L$$

$$\frac{\Delta K}{\Delta L} = -\frac{MP_L}{MP_K}$$

$$MRTS_{LK} = -\frac{\Delta K}{\Delta L} = \frac{MP_L}{MP_K}$$

그러므로 등량곡선상의 어떤 점에서든 $MRTS_{LK}$는 그 점에서의 자본과 노동의 상대적인 한계생산(즉 한계생산의 비율)을 보여준다.

한계기술대체율의 배경에 놓인 개념들은 제4장에서 배운 소비자의 한계대체율(MRS) 개념과 본질적으로 같다. 이 둘은 실제로 매우 밀접하게 연관되어 있어서 명칭도 사실상 같다—생산자의 경우에는 구별하기 위해서 '기술'이라는 단어가 붙은 것이다. MRS와 $MRTS$는 모두 '한계적인 상반관계'에 관한 것이다. MRS는 같은 효용수준을 유지하면서 한 재화를 다른 재화로 기꺼이 대체하려는 정도를 가리킨다. $MRTS$는 같은 생산량을 유지하면서 한 투입물을 다른 투입물로 대체할 수 있는 능력을 나타낸다. 어느 경우든 곡선의 형태는 한 재화 또는 투입물이 다른 것으로 대체될 수 있는 정도를 알려준다.

대체성 등량곡선이 굽은 정도는 기업이 한 투입물을 다른 투입물로 대체하는 것이 얼마나 용이한지를 보여준다. 그림 6.5a에서처럼 등량곡선이 거의 직선이라면, 생산량 수준을 일정하게

그림 6.5 등량곡선의 형태는 투입물의 대체성 정도를 보여준다

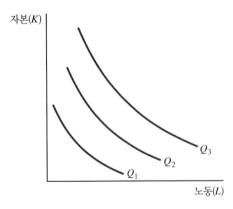

(a) 투입물이 밀집한 대체재임

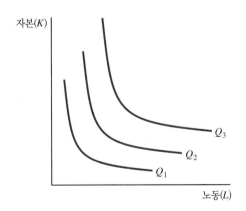

(b) 투입물이 밀집한 대체재가 아님

(a) 상대적으로 직선에 가까운 등량곡선은 곡선을 따라서 $MRTS_{LK}$가 크게 변하지 않음을 보여준다. 그러므로 노동과 자본은 서로 밀접한 대체재이다.

(b) 상대적으로 굽은 등량곡선은 곡선을 따라서 $MRTS_{LK}$가 크게 변함을 보여준다. 그러므로 노동과 자본은 서로 밀접한 대체재가 아니다.

유지하면서 현재 사용하고 있는 자본량의 크기에 상관없이 한 투입물(예 : 자본)의 1단위를 일정한 양의 다른 투입물(노동)로 대신할 수 있다. 한계기술대체율을 사용해서 표현하자면, 등량곡선을 따라서 이동하더라도 $MRTS_{LK}$가 크게 변하지 않는 것이다. 이 경우에 두 가지 투입물은 생산에서 밀접한 대체재이며, 어느 투입물이든지 상대적인 생산력이 그 사용량에 따라 크게 변하지 않을 것이다.

그림 6.5b에서처럼 크게 굽은 등량곡선의 경우는 위치에 따라서 $MRTS_{LK}$가 크게 변함을 의미한다. 이 경우에 두 투입물은 대체성(substitutability)이 약하다. 생산에서 한 투입물이 다른 투입물을 대체할 수 있는 정도는 그 투입물이 이미 얼마나 사용되고 있는지에 따라서 크게 달라진다.

생산에서의 완전대체재와 완전보완재   제4장에서는 소비에서의 완전대체재와 완전보완재의 극단적인 경우들을 살펴보았다. 완전대체재의 경우 무차별곡선은 직선이며, 완전보완재는 무차별곡선이 'L' 모양의 직각을 이룬다. 투입물의 경우에도 마찬가지다 ― 그것들은 생산에서 완전대체재 또는 완전보완재일 수도 있다. 이런 두 경우의 등량곡선이 그림 6.6에 나타나 있다.

그림 6.6a에서처럼 투입물이 완전대체재인 경우에는 $MRTS$가 투입물의 사용량에 따라 전혀 변하지 않으며 등량곡선은 완전한 직선이다. 이런 특성은 기업이 한계수확체감의 문제 없이 투입물을 자유로이 대체할 수 있음을 의미한다. 노동과 자본이 완전대체재인 경우의 생산함수의 예를 들면 다음과 같다. $Q = f(K, L) = 10K + 5L$. 노동 2단위는 생산량을 일정하게 유지하면서 자본 1단위와 항상 대체될 수 있는데, 투입물의 기존 사용량에 상관없이 그러하다. 여기서는 자본을 사람과 똑같이 움직이지만 사람보다 작업속도가 2배로 빠른 로봇이라고 가정해보자. 이때 기업은 현재의 로봇이나 노동자의 수와 관계없이 언제든지 사람 둘을 로봇 하나로 대체할 수 있고, 그 역도 마찬가지다. 이것은 노동의 한계생산이 5이기 때문이다(자본량이 고정된 경우,

---

그림 6.6 생산에서의 완전대체재와 완전보완재

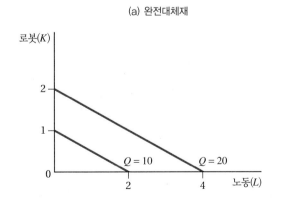

(a) 완전대체재

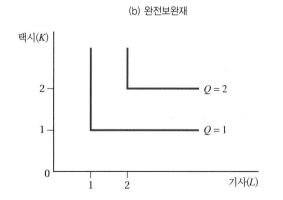

(b) 완전보완재

(a) 로봇 K와 노동 L은 완전대체다. 등량곡선은 직선이며, $MRTS_{LK}$가 등량곡선을 따라서 변하지 않는다. 이 경우에 사람 둘은 로봇 하나와 대체될 수 있다.

(b) 택시 K와 기사 L은 완전보완재다. 등량곡선은 L 모양이며, 생산량 수준마다 최적 투입량 (K, L)은 등량곡선의 꼭짓점이다. 이 경우에 차량 1대와 기사 1명이 $Q = 1$을 생산하며, 차량 2대와 기사 2명이 $Q = 2$를 생산한다.

노동의 1단위 증가는 생산량을 5만큼 증가시킨다). 동시에, 노동량이 고정된 경우에 자본의 1단위 증가는 생산량을 10단위 증가시키며, 자본의 한계생산은 10이다. 기업이 선택한 L과 K의 수준에 무관하게, $MRTS_{LK} = MP_L/MP_K = \frac{5}{10} = \frac{1}{2}$이다.

투입물들이 완전보완재인 경우에는 등량곡선이 'L' 모양을 갖는다. 이것은 특정한 고정비율 —등량곡선 꼭짓점에서의 비율—을 벗어나서 어떤 비율로 투입물을 사용하더라도 생산량은 증가하지 않는다. 택시와 기사는 택시 운행의 생산에서 완전보완재에 상당히 근접한다. 차량과 기사의 비율이 1:1이 아니라면 어떤 비율이든 추가적인 택시 운행을 생산하기 어려울 것이다. 가령 택시회사가 기사 30명과 차량 1대를 가졌다고 하더라도, 기사가 1명일 때보다 운행량을 늘릴 수 없을 것이다. 기사 1명과 차량 30대가 있는 경우에도 운행을 증가시킬 수 없을 것이다. 그러므로 생산함수는 $Q = \min(L, K)$가 될 것인데, 여기서 'min'은 생산량(Q)이 노동(L)이든 자본(K)이든 최소량에 의해 결정됨을 의미한다. 택시회사가 기사 30명과 차량 30대를 함께 보유한다면 운행량을 증가시킬 수 있는데, 1:1의 기사–차량 비율을 유지할 수 있기 때문이다.[4]

등비용선

지금까지 우리는 생산함수의 여러 가지 특성과 투입물의 양이 생산량과 어떻게 관련되는지에 초점을 맞추어왔다. 생산함수는 전체 얘기의 절반일 뿐이다. 기업의 목표는 주어진 생산량을 최소의 비용으로 생산하는 것이다. 기업의 투입량 선택이 생산에 어떤 영향을 미치는지에 대해서는 많이 다루었지만 이러한 선택에 수반되는 비용에 대해서는 얘기하지 않았다. 그것이 이 절에서 다룰 내용이다.

비용을 기업의 의사결정에 포함시킬 때의 핵심 개념은 **등비용선**(isocost line)이다. 등비용선은 기업이 일정한 총지출로 구매할 수 있는 자본과 노동의 모든 조합을 연결한 것이다. 앞에서 본 것처럼 iso-는 '같다'는 뜻의 접두어이므로, 등비용선은 동일한 비용이 들어가는 모든 투입물 조합을 보여주는 선이다. 수학적으로 C만큼의 총지출 수준에 상응하는 등비용선은 다음과 같다.

$$C = RK + WL$$

여기서 R은 자본의 단위당 가격(임대료)이고 W는 노동의 단위당 가격(임금)이며, K와 L은 기업이 고용하는 자본과 노동의 양이다. 자본의 비용은 임금과 같은 단위(예 : 시간당, 주당, 또는 연간)의 임대료로 이해하는 것이 좋다. 자본은 장기간에 걸쳐 사용되기 때문에 R은 단지 설비의 구입비용만이 아니라 자본의 사용자비용(user cost)으로 이해할 수 있다. 사용자비용은 자본의 구입 가격, 그것의 감가상각률, 그리고 구입에 따라 묶이게 된 자금의 기회비용(포기된 이자 수입) 등을 고려한 것이다.

그림 6.7은 자본 가격이 단위당 20달러이고 노동의 가격이 단위당 10달러일 때, 총비용 50, 80, 100달러에 상응하는 등비용선을 보여준다. 이 그림에서 몇 가지 주목할 점이 있다.

■ 첫째, 더 높은 총지출 수준의 등비용선은 원점에서 더 멀다. 이는 기업이 투입을 늘릴수록

---

4 1:1 비율이 특별한 것은 아니다. 투입물이 다른 비율로 완전보완재일 수도 있다.

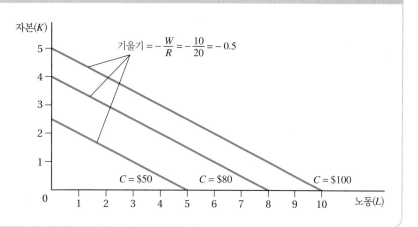

그림 6.7 등비용선

각각의 등비용선은 같은 비용이 들어가는 투입물의 모든 조합을 보여준다. 원점에서 멀어질수록 $C = 50$달러, $C = 80$달러, $C = 100$달러와 같이 더 높은 총지출을 나타낸다. 임금 $W = 10$달러와 임대료 $R = 20$달러의 경우에 등비용선의 기울기는 $-W/R$, 즉 $-1/2$이다. 그러므로 비용을 일정하게 유지하기 위해서는 K를 1단위 증가시키면 L을 2단위 포기해야 한다.

투입물에 대한 총지출도 증가함을 의미한다.

■ 둘째, 등비용선들은 서로 평행하다. 총비용 수준에 상관없이 기울기가 모두 같다.

왜 그런지 보기 위해 먼저 기울기가 무엇을 표시하는지 알아보자. 등비용선 방정식은 기울기-절편 형태로 다시 쓸 수 있는데, 그럴 경우 세로축(자본) 값이 가로축(노동) 값의 함수로 표시된다.

$$C = RK + WL$$
$$RK = C - WL$$
$$K = \frac{C}{R} - \frac{W}{R}L$$

이것은 등비용선의 y절편은 C/R이고, 기울기는 (부호가 음인) 투입물 가격 비율인 $-W/R$임을 의미한다.

경제학에서 흔히 그렇듯이, 기울기는 한계적 차원에서의 상반관계에 관해서 알려준다. 여기서는 한 투입물을 다른 것으로 대체함에 따른 비용 상황을 반영한다. 즉 다른 투입물의 사용을 줄일 경우에, 총지출을 같은 수준으로 유지하면서 한 투입물을 얼마나 더 고용할 수 있는지를 가리킨다. 등비용선의 기울기가 가파르다면 노동이 자본에 비해 상대적으로 비싸다. 총지출을 증가시킴 없이 노동을 더 고용하고자 한다면 자본 사용량을 크게 줄여야 할 것이다. (혹은 노동 사용량을 줄이기로 한다면 총지출의 증가 없이도 자본의 고용을 크게 늘릴 수 있을 것이다.) 노동의 가격이 자본에 비해 상대적으로 싸다면 등비용선은 비교적 완만할 것이다. 이것은 노동 고용량을 크게 늘리더라도 자본을 많이 줄일 필요 없이 지출을 일정하게 유지할 수 있음을 의미한다.

기업은 자본이든 노동이든 원하는 만큼을 고정된 단위당 가격으로 살 수 있다고 가정했으므로(가정 8) 등비용선의 기울기는 일정하다. 이것이 바로 등비용선이 직선형이며 서로 평행하는 이유이다. 총비용 측면에서 투입물 간의 상대적인 상반관계는 전체 비용수준이나 각 투입물의 양에 관계없이 항상 동일하다.

그림 6.8 노동이 더 비싸게 되면 등비용선은 더 가파르게 된다

노동(L) 가격이 $W = 10$달러에서 $W = 20$달러로 상승하고 자본(K) 가격은 $R = 20$달러에서 일정하다면, 등비용선의 기울기는 $-1/2$에서 $-2/2$, 즉 -1로 바뀐다. 그래서 등비용선이 가파르게 되고 100달러로 구입할 수 있는 투입물의 양은 감소한다.

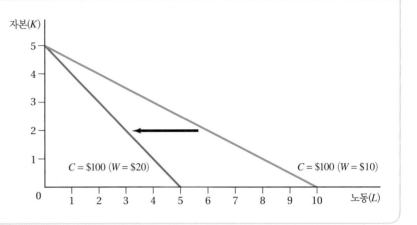

이런 점이 익숙하게 느껴진다면, 그것은 등비용선이 제4장에서 살펴본 소비자 행동의 경우와 유사성을 갖는 또 하나의 개념이기 때문이다. 즉 등비용선은 소비자의 예산선과 같은 의미를 포착한 것인데, 다만 기업과 투입물 구입에 관한 것이라는 점만 다르다. 소비자의 예산제약선 기울기(의 절댓값)는 두 재화의 가격 비율과 같듯이, 등비용선의 기울기(의 절댓값)는 두 투입물의 가격 비율과 같다.

등비용선과 투입물 가격 변동 소비자 예산선의 경우와 같이, 상대가격이 변하면 등비용선은 회전 이동한다. 앞의 예에서, 노동의 가격(W)이 10달러에서 20달러로 올랐다고 하자. 기업이 노동만을 고용하고 있다면, 이제는 절반만큼만 고용할 수밖에 없다. 기울기가 그림 6.8에서처럼 가파르게 된다. 등비용선이 회전하는 이유는 그 기울기는 $-W/R$이기 때문이다. W가 10달러에서 20달러로 상승하면 기울기는 $-\dfrac{1}{2}$에서 -1로 바뀌고, 등비용선은 시계 방향으로 회전하여 더 가팔라진다.

자본 가격의 변동도 등비용선을 회전 이동시킨다. 그림 6.9는 자본 가격이 단위당 20달러에

그림 6.9 자본이 더 비싸게 되면 등비용선은 더 완만하게 된다

자본 가격이 $R = 20$달러에서 $R = 40$달러로 상승하고 노동 가격은 $W = 10$달러로 일정하다면, 등비용선의 기울기는 $-1/2$에서 $-1/4$로 바뀐다. 등비용선은 완만해지고 100달러로 구입할 수 있는 투입물의 양은 감소한다.

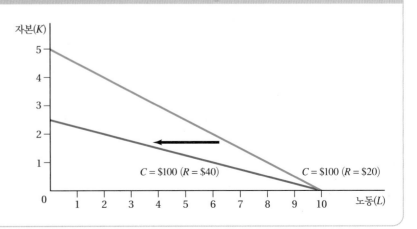

예제 6.2

임금은 시간당 10달러이고 자본 임대료는 시간당 25달러라고 가정하자.

a. 기업의 등비용선 방정식을 세워라.

b. $C = 800$달러일 때 등비용선을 보여주는 그림을 그려라 (노동은 가로축, 자본은 세로축). 가로축과 세로축의 절편 및 기울기를 표시하라.

c. 자본 가격이 시간당 20달러로 하락했다고 하자. 등비용선이 어떻게 되는지 절편과 기울기의 변화를 통해 보여라.

풀이

a. 등비용선은 항상 $C = RK + WL$ 형태로 투입물들의 총비용을 보여준다. 여기서 임금률(W)은 10달러이고 자본 임대료(R)는 25달러이며, 따라서 등비용선은 $C = 10L + 25K$이다.

b. $C = \$800 = 10L + 25K$의 등비용선을 그리는 쉬운 방법은 가로축과 세로축의 절편을 계산하는 것이다. 가로축 절편은 노동만을 고용하는 경우에 800달러로 고용할 수 있는 노동량이다. 따라서 가로축 절편은 $\$800/W = \$800/\$10 = 80$이다. 세로축 절편은 자본만을 사용한다면 800달러로 고용할 수 있는 양이다. 따라서 $\$800/R = \$800/\$25 = 32$이다. 가로축과 세로축에 이들 점을 찍은 후에 이들을 연결하면 $C = \$800$의 등비용선 C_1이 된다.

기울기를 계산하는 방법은 여러 가지다. 먼저, 그려진 등비용선의 기울기를 계산한다. 직선의 기울기는 $\Delta Y/\Delta X$이므로, $\Delta Y/\Delta X = -32/80 = -0.4$이다. 한편 등비용선을 기울기-절편 형태로 바꿀 수 있는데, 이 방정식을 보면 세로축 절편은 32, 기울기는 -0.4이다.

$$800 = 10L + 25K$$
$$25K = 800 - 10L$$
$$K = (800/25) - (10/25)L = 32 - 0.4L$$

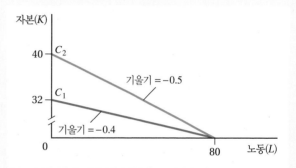

c. R이 20달러로 하락했다면 가로축 절편에는 변함이 없다. 기업이 노동만을 사용하고 있는 경우라면 자본 가격이 변해도 영향이 없다. 그렇지만 세로축 절편은 $\$800/R = \$800/\$20 = 40$으로 커지고, 등비용선은 가파르게 된다($C_2$). 새로운 기울기는 $-W/R = -\$10/\$20 = -0.5$이다.

서 40달러로 상승할 경우에 100달러 등비용선이 어떻게 되는지를 보여준다. 기업이 자본만을 고용하고 있다면 절반만큼만 살 수 있고 따라서 기울기는 완만하게 된다. 자본 가격의 하락은 등비용선을 반대 방향으로 회전시킬 것이다.

최소비용 알아내기 : 등량곡선과 등비용선의 결합

기업의 목표는 원하는 생산량을 가능한 최소의 비용으로 생산하는 것이다. 이 목표를 달성하려면 기업은 비용최소화 문제를 풀어야 한다 — 제약조건하에서 목표를 달성하는 것이다. 목표 생산량을 생산하기에 충분한 양의 자본과 노동을 투입한다는 제약조건하에 총비용을 최소화하는 K와 L을 선택해야 한다.

비용최소화 : 그림에 의한 접근　그림에 의한 해답은 기업의 비용과 생산함수에 대한 정보들을 적절하게 결합하는 것이 된다. 기업의 비용은 등비용선으로 나타냈다. 그렇지만 등비용선은 주어

진 투입물로 얼마큼 생산할 수 있는지에 대한 정보는 담고 있지 않으며, 각 투입물 조합의 비용이 얼마인지만 나타낼 뿐이다. 생산함수는 등량곡선을 사용해서 표시하는데, 이것은 생산함수가 주어졌을 때 특정한 생산량을 생산하는 데 자본과 노동이 얼마나 필요한지를 보여준다.

구체적인 예를 분석하기 전에 비용최소화 문제의 논리를 생각해보자. 기업의 목표는 특정한 생산량 $\overline{Q}$를 생산해야 한다는 제약조건하에서 비용을 최소화하는 것이다. 비용최소화는 가급적이면 원점에 더 가까운 등비용선상에 있고자 한다는 것을 의미하는데, 등비용선은 원점에 가까울수록 지출이 적어지기 때문이다. 생산량 조건은 기업이 어떻게 하든지 $\overline{Q}$에 상응하는 등량곡선에 도달해야 함을 의미한다. 그러므로 기업 입장에서 최선의 선택은 원점에 최대한 가까우면서도 $\overline{Q}$를 생산하기에 충분한 자본과 노동을 제공하는 등비용선상에 위치하는 것이다. 그림 6.10은 기업이 원하는 생산량 $\overline{Q}$를 나타내는 등량곡선을 보여준다. 기업은 이 생산량을 최소의 비용으로 생산하고자 한다. 이를 위해 자본과 노동을 얼마나 고용해야 하겠는가? 기업은 등비용선 C_A 위의 A점을 고려하고 있다고 하자. 그 점은 $Q = \overline{Q}$ 등량곡선 위에 있으므로 기업은 원하는 양을 생산할 수 있다. 그렇지만 $\overline{Q}$ 등량곡선 위에는 C_A의 왼쪽 아래 방향에 위치하는 다른 투입물 조합이 많이 있다. 이들은 모두 $\overline{Q}$를 생산하지만 투입물 조합 A보다 낮은 비용으로 생산한다. $\overline{Q}$ 위에 있으면서 다른 어떤 점들보다 낮은 비용으로 같은 양을 생산하는 투입물 조합이 유일하게 존재한다. 그것은 등비용선 C_B 위의 B점이다. 가령 등비용선 C_C 위의 모든 조합들처럼 B점보다 낮은 비용의 투입물 조합들도 있지만 이들은 $\overline{Q}$를 생산하기에는 투입물의 양이 너무 적다.

주어진 양을 생산하는 최소 총비용은 등비용선이 등량곡선에 접할 때 달성된다. B점은 등비용선 C_B가 $\overline{Q}$ 등량곡선에 접하는 점이다. 그것은 최적 소비자 행동에서의 접점과도 많이 닮았다. 접점의 또 하나의 중요한 특징은 등비용선과 등량곡선의 기울기는 접점에서 같아진다는 것이다(그것이 접점의 정의이다). 이들 기울기가 무엇을 의미하는지는 이미 알고 있다. 등비용선 기울기의 절댓값은 투입물의 상대가격인 $-W/R$이다. 등량곡선 기울기의 절댓값은 한계기술대체율($MRTS_{LK}$)이며, 이것은 MP_L과 MP_K의 비율과 같다. 그러므로 접점이 의미하는 바는, 주어진 생산량을 생산하면서 비용을 최소화하는 투입물 조합(예 : B점)에서 투입물 가격 비율은

그림 6.10 비용최소화

기업은 $Q = \overline{Q}$를 생산하는 비용을 최소화하고자 한다. A점은 등량곡선상에 있으므로 $\overline{Q}$를 생산하기 위해서 투입물 조합 A를 선택할 수도 있다. 그러나 기업은 등비용선 C_A의 왼쪽 아래에 위치하는 어떤 점에서도 더 적은 비용으로 $\overline{Q}$를 생산할 수 있기 때문에, A는 비용을 최소화하는 점이 아니다. 등비용선 C_A와 등량곡선의 접점에 위치한 B점이 비용을 최소화하는 자본과 노동의 조합이다. C_C 선 위의 점들은 C_B 선 위의 점들보다 비용이 적게 들지만 $\overline{Q}$를 생산하기에는 너무 적은 비용이다.

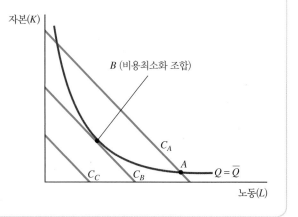

*MRTS*와 같아진다는 것이다.

$$-\frac{W}{R} = -\frac{MP_L}{MP_K} \quad \text{혹은}$$

$$\frac{W}{R} = \frac{MP_L}{MP_K}$$

이 조건식은 중요한 경제적 의미를 갖는데, 다음과 같이 변형해보면 이해하기 쉽다.

$$\frac{W}{R} = \frac{MP_L}{MP_K}$$

$$MP_K \times W = MP_L \times R$$

$$\frac{MP_K}{R} = \frac{MP_L}{W}$$

이렇게 써보면 방정식의 양변은 투입물의 한계생산과 가격의 비율이 된다(좌변은 자본, 우변은 노동). 이 비율은 각 투입물에 지출된 단위 금액의 한계생산, 또는 그 투입물의 '돈값'(쓰인 돈의 응분의 가치, 'bang for the buck')을 측정하는 것으로 해석할 수 있다. 혹은 이 비율들을 투입물의 고용에 수반되는 '한계편익/한계비용'의 비율로 생각할 수도 있다.

비용최소화가 각 투입물의 편익/비용 비율이 같음을 의미하게 되는데, 그 이유는 투입물 수준을 변경해서 현재의 산출량을 생산하는 비용을 줄일 수가 없기 때문이다. 이 조건이 성립하지 않는 상황에서 생산하는 기업을 상정해보자. 가령 $\frac{MP_K}{R} > \frac{MP_L}{W}$ 이라면 자본의 편익/비용 비율이 노동의 경우보다 크다. 이는 기업이 노동의 일부를 자본으로 대체함으로써 생산량은 같게 유지하면서 총비용을 줄일 수 있음을 의미한다. 혹은 원한다면, 기업은 노동을 자본으로 대체함으로써 총비용은 같게 유지하면서 **생산량**을 늘릴 수 있다. 이런 선택이 가능한 것은 자본의 단위 금액당 한계생산이 노동의 그것보다 크기 때문이다. 부등식의 부호가 반대가 되어 $\frac{MP_K}{R} < \frac{MP_L}{W}$ 인 경우에는 노동으로 자본을 대체함으로써 현재의 양을 생산하는 비용을 줄일 (혹은 비용 증가 없이 생산량을 늘릴) 수 있을 것이다. 그것은 이 경우에 노동의 단위 금액당 한계생산이 자본의 그것보다 크기 때문이다.

이 논리 역시 제4장의 소비자의 최적 선택에서 도출되는 것과 유사하다. 소비자의 지출최소화 문제의 최적 조건은 한계대체율이 가격 비율과 같아야 한다는 것이었다. 여기서 *MRS*에 대응하는 것은 *MRTS*이며(전자는 한계효용의 비율, 후자는 한계생산의 비율), 가격 비율은 여기서 투입물 가격 비율이다.

소비자와 기업 간에 유사성이 성립하지 않는 점이 한 가지 있다. 기업은 예산제약을 갖지 않는다. 이것은 이상하게 들릴 수 있다. 하지만 기업은 이윤을 극대화하며 이를 위해서 필요한 투입물을 사는 데 충분한 자원이 없다면, 수익을 얻을 수 있는 상황에서 돈을 빌려줄 의사를 가진 누군가가 반드시 존재할 것이다(잘 기능하는 자본시장이 존재하는 한).

투입물 가격 변동

비용최소화 투입물 조합은 선택된 생산량에 상응하는 등량곡선과 등비용선 간의 접점에서 이루어진다는 점을 확인했다. 단위 금액당 한계생산이 모든 투입물 간에 같아질 때 기업은 그 생산량을 최소비용으로 생산하게 된다. 여기서 투입물 가격이 변하면 어떻게 되는지 살펴보자.

투입물 가격 변동의 효과를 그림으로 나타내기 투입물 비용의 차이는 등비용선 기울기의 차이로 나타난다. 노동의 상대적 비용이 높아지면(W 상승이나 R 하락, 또는 둘 다) 등비용선은 가팔라진다. 반대의 경우에는 등비용선이 완만해진다. 비용을 최소화하기 위해서는 등비용선 기울기가 등량곡선의 기울기와 같아지는 곳에서의 투입물 조합을 선택해야 한다. 투입물의 상대가격이 변하면 (기울기가 달라진) 등비용선이 등량곡선과 접하게 되는 점도 달라질 수밖에 없다. 따라서 투입물 가격이 변할 경우 기업은 등비용선과 등량곡선이 (새로이) 접하게 되는 투입물 조합까지 (선택된 생산량에 상응하는) 등량곡선을 따라서 이동하게 된다.

그림 6.11은 이런 예를 보여준다. 처음에 투입물 가격 비율은 등비용선 C_1의 기울기로 나타난다. 기업은 $\overline{Q}$를 생산하고자 하므로 비용최소화 투입물 조합은 A점에서 이루어진다. 이제 노동이 상대적으로 비싸졌다고(혹은 마찬가지로, 자본이 보다 싸졌다고) 가정해보자. 이 변화는 등비용선을 보다 가파르게 만들며, 따라서 접점도 B점으로 이동한다. 그러므로 노동의 상대적 비용이 증가하는 경우, 기업은 전보다 자본을 많이 그리고 노동을 적게 쓰는 투입물 조합으로 이동하게 된다.

이런 결과는 당연해 보인다 — 기업이 비용을 최소화하고자 하는데 특정 투입물이 상대적으로 비싸게 된다면, 상대적으로 비싸진 투입물로부터 상대적으로 싸진 투입물 쪽으로 대체하게 될 것이다.

이것이 동일한 제품을 생산하는 데 매우 다른 생산 방법이 사용되는 것을 보게 되는 이유이다. 예를 들어 쌀 생산 시기에 베트남의 전형적인 쌀 경작 상황을 관찰해보면, 여러 명의 농부들이 좁은 논에서 기본적인 농기구만으로 작물을 하나씩 가꾸고 있는 것을 보게 될 것이다. 반면에 미국 텍사스의 쌀 농가에 가 본다면, 보통 농부 한 사람이 다양한 대형 기계들을 운전해서 베트남 농부들과 같은 일을 하고 있을 것이다. 두 곳의 농장 모두 세계시장에 쌀을 판매한다. 생산 방법에서 이러한 차이가 나는 핵심 이유는 자본과 노동의 상대가격이 베트남과 텍사스 간

그림 6.11 노동 가격이 변하면 비용최소화 투입물 선택은 달라진다

노동이 상대적으로 비싸지면 등비용선은 C_1에서 C_2로 이동한다. 더 가팔라진 등비용선에 따라 비용최소화 투입물 선택은 노동/자본 비율이 높은 A점에서 노동/자본 비율이 낮은 B점으로 이동한다.

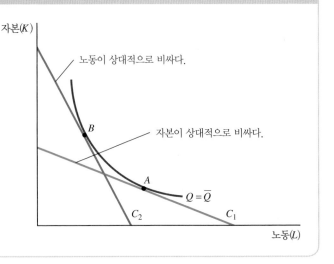

예제 6.3

한 기업이 100명의 노동자(W = 시간당 15달러)와 50단위의 자본(R = 시간당 30달러)을 고용하고 있다. 현재 고용 상태에서 노동의 한계생산은 45이고 자본의 한계생산은 60이다. 기업은 현재 비용을 최소화하고 있는가, 아니면 더 나아지는 방법이 있는가? 설명하라.

풀이

비용최소화 투입 선택은 $MP_L/W = MP_K/R$일 때 성립된다. 이 기업의 경우 그러한지 확인할 필요가 있다.

$$MP_L = 45, W = 15 \text{ 따라서 } MP_L/W = 45/15 = 3$$
$$MP_K = 60, R = 30 \text{ 따라서 } MP_K/R = 60/30 = 2$$

그러므로 $MP_L/W > MP_K/R$이다. 기업은 현재 비용을 최소화하고 있지 않다.

$MP_L/W > MP_K/R$이므로 1달러를 노동에 지출하면 자본에 지출할 때보다 더 큰 한계생산(즉 더 많은 생산량)을 얻게 된다. 자본 사용을 줄이고 노동 사용을 늘림으로써 더 좋아질 수 있다. 자본을 줄임에 따라 자본의 한계생산은 증가함에 유의하자. 마찬가지로 노동을 추가로 고용하게 되면 노동의 한계생산은 감소할 것이다. 따라서 결국에는 $MP_L/W = MP_K/R$인 비용최소화 투입 선택에 도달하게 될 것이다.

에 매우 다르다는 데 있다. 베트남에서는 노동이 자본에 비해 상대적으로 저렴하다. 따라서 베트남 쌀 농가의 등량곡선과 등비용선의 접점은 그림 6.11의 A점 같은 곳이다. A점에서는 많은 노동과 약간의 자본만이 쌀 생산에 사용된다. 반면에 텍사스에서는 노동이 상대적으로 비싸다. 이는 텍사스 농가의 등비용선이 가파르다는 것을 의미하며, 따라서 비용최소화 투입물 조합은 B점에서처럼 훨씬 더 자본집약적이 된다.

 응용 할머니를 위해서 로봇이 오고 있다 (좋은 쪽으로?)

의료부문의 규모가 엄청나다는 말은 수없이 들어봤을 것이다. 그리고 여전히 더 커지고 있다. 지난 10여 년 동안 고용이 가장 크게 성장한 부문 중의 하나이다.

하지만 이 부문으로 쏟아져 들어오는 것은 노동자들만이 아니다. 자본도 들어오고 있다. 미국 경제분석국에 따르면, 의료부문의 근로자 한 사람당 10만 달러 이상의 자본(건물, 설비, 소프트웨어)이 있다. 이러한 자본-노동 비율은 산업의 경제 및 규제 환경에서의 몇 가지 변화로 인해 노동에 비해 자본이 전보다 상대적으로 저렴해지게 됨에 따라서 지속적으로 증가해왔다. 일반적으로 실질임금은 상승 추세이다. 새 관련법(The Affordable Care Act)은 산업 차원에서 전자 의료기록 관리체제로의 전환에 대해 보조를 제공했다. 경제학자 대런 애쓰모글루와 에이미 핑컬스테인에 따르면, 메디케어가 병원들에게 환자 진료비를 지불하는 방식에서의 정책적 변화가 자본이 노동에 비해 저렴해지게 만들었다. 병원들은 보다 자본집약적이 되는 쪽으로 대응한 것이다.[5]

최근 기계학습(machine learning)과 인공지능(artificial intelligence) 기술의 적용이 확산됨에 따라서 의료부문에서의 자본-노동 대체가 가속화될 것이라는 예측도 있다. 로봇이 방을 청소

5 Daron Acemoglu and Amy Finkelstein, "Input and Technology Choices in Regulated Industries: Evidence from the Health Care Sector," *Journal of Political Economy* 116, no. 5 (2008): 837-880.

하고 커피를 만드는 데서 나아가 환자들이 기계에 의해 진료를 받게 되는 경우도 늘어날 것이다. 로봇이 전화를 안 한다고 불평하는 할머니도 있게 될 것이다. ■

6.5 규모에 대한 수익

규모에 대한 수익
모든 투입물이 같은 비율로 증가 또는 감소함에 따라 나타나는 생산량의 변화

규모에 대한 수익 불변
모든 투입물의 투입량이 같은 비율로 변동될 때 생산량도 그와 같은 비율로 변동하게 되는 생산함수

규모에 대한 수익 증가
모든 투입물의 투입량이 같은 비율로 변동될 때 생산량은 그보다 높은 비율로 변동하게 되는 생산함수

규모에 대한 수익 감소
모든 투입물의 투입량이 같은 비율로 변동될 때 생산량은 그보다 낮은 비율로 변동하게 되는 생산함수

경제학에서 사용하는 **규모에 대한 수익**(returns to scale)이란 용어는 모든 투입물이 비례적으로 증가하거나 감소함에 따라 생산량이 어떻게 변하는지를 가리킨다. 예를 들어 투입물을 2배로 늘린다면 생산량도 2배로 늘어나는가?

어떤 생산함수에서 자본과 노동을 일정 배수로 변화시킬 때 생산량도 정확히 같은 배수로 변하는 경우를 **규모에 대한 수익 불변**(constant returns to scale)이라고 한다. (가령 자본과 노동이 2배가 되면 생산량도 2배가 되는 것.) 앞에서 본 콥–더글러스 생산함수 $Q = K^{0.5}L^{0.5}$는 규모에 대한 수익 불변을 보인다. 이는 표 6.2에서 쉽게 알 수 있다. $L = K = 1$일 때, $Q = 1$이다. 노동과 자본이 2배가 되어 $L = K = 2$가 되면, 생산량도 2배가 된다($Q = 2$). 노동과 자본이 다시 2배가 되어 $L = K = 4$가 되면 $Q = 4$이다.

모든 투입물을 일정한 배수로 변화시킬 때 생산량은 비례 이상으로 변화한다면, 생산함수는 **규모에 대한 수익 증가**(increasing returns to scale)에 해당한다. (자본과 노동을 2배로 할 때 생산량은 2배 이상이 되는 것.) 끝으로, 모든 투입물을 같은 배수로 조정할 때 생산량은 그 배수보다 적게 변화한다면 **규모에 대한 수익 감소**(decreasing returns to scale)에 해당한다. (투입물이 2배가 되어도 생산량은 2배까지 되지 못하는 것.)

이 장의 앞에서 우리는 투입물의 수확체감, 즉 투입량이 증가할수록 한계생산이 감소하는 현상을 가정했다. 투입물이 수확체감의 경향을 보이는데 어떻게 규모에 대한 수익은 불변이거나 증가할 수 있는가? 두 개념 간의 핵심적 차이는, 한계생산이란 다른 투입물은 고정한 상태에서 한 투입물이 변할 때를 가리키는 반면, 규모에 대한 수익이란 모든 투입물이 동시에 변하는 경우에 대한 것이다. 달리 말하자면, 한계수확체감은 단기적 변화를 가리키는 한편 규모에 대한 수익은 장기적 현상인데, 모든 투입물을 동시에 변화시키는 경우이기 때문이다.

그림 6.12는 이들 규모에 대한 수익의 경우들을 등량곡선을 사용해 보여주고 있다. 그림 6.12a에서 투입물이 2배가 되면 생산량도 2배가 되며, 따라서 생산기술은 규모에 대한 수익 불변을 보여준다. 마찬가지로 그림 6.12b의 등량곡선들은 규모에 대한 수익 증가를 보여주며, 규모에 대한 수익 감소는 그림 6.12c에 나타나 있다.

규모에 대한 수익에 영향을 미치는 요인

생산기술의 몇 가지 특성이 생산함수의 규모에 대한 수익을 결정한다. 어떤 면에서 보면, 생산함수는 규모에 대한 수익 불변인 것이 자연스럽다. 생산 과정이 쉽게 통째로 복제될 수 있다면, 생산량은 투입과 비례해서 증가할 것으로 예상된다. 예를 들어 한 기업이 노동 3,000단위와 자본 4,000단위를 사용해서 하루에 1,000대의 차를 생산하고 있다면, 그 기업은 똑같은 공장을 어딘가 다른 곳에(아마도 바로 옆에) 건설해서 모든 투입물을 2배로 하여 생산량을 2배로 만들 수 있다고 보는 것이 합리적일 것이다. 세 번째 똑같은 공장과 노동자들을 더한다면 생산량은 비례해서 3배가 될 것이고, 그 이상도 마찬가지다.

그림 6.12 규모에 대한 수익

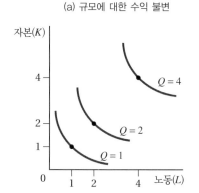

(a) 규모에 대한 수익 불변

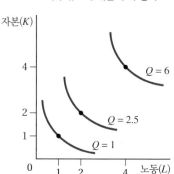

(b) 규모에 대한 수익 증가

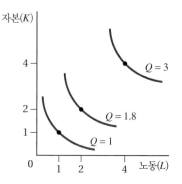

(c) 규모에 대한 수익 감소

(a) 노동과 자본을 일정한 배수로 변화시킬 때 생산량도 정확히 같은 배수로 변한다면 생산함수는 규모에 대한 수익 불변이다. 투입물 조합 (L, K)가 $(1, 1)$에서 $(2, 2)$로 2배가 될 때, 생산량도 $Q = 1$에서 $Q = 2$로 2배가 된다.

(b) 노동과 자본을 일정한 배수로 변화시킬 때 생산량이 그 배수보다 더 많이 변한다면 생산함수는 규모에 대한 수익 증

가이다. 투입물 조합 (L, K)가 $(1, 1)$에서 $(2, 2)$로 2배가 될 때, 생산량은 $Q = 1$에서 $Q = 2.5$로 2배보다 커진다.

(c) 노동과 자본을 일정한 배수로 변화시킬 때 생산량이 그 배수보다 적게 변한다면 생산함수는 규모에 대한 수익 감소이다. 투입물 조합 (L, K)가 $(1, 1)$에서 $(2, 2)$로 2배가 될 때, 생산량은 $Q = 1$에서 $Q = 1.8$로 2배보다 작아진다.

그러나 생산함수를 규모에 대한 수익 증가나 감소로 만들 수 있는 다른 요인들도 있다. 예를 들어 규모에 대한 수익 증가의 공통적인 원천은 **고정비용**(fixed cost)이다. 이것은 생산량 수준과는 무관하게, 심지어 생산량이 0이더라도 필요한 투입에 대한 지출이다. (고정비용에 대해서는 제7장에서 다룬다.) 기업이 생산량의 첫 단위를 생산하기 전에 일정량의 투입물이 사용되어야만 하는 경우에는, 이런 고정비용이 지출된 이후의 투입 증가는 생산을 비례 이상으로 증가시킬 것이다. 자본, 노동, 그리고 웹페이지라는 세 가지 투입물을 사용하는 기업의 예를 생각해 보자. 웹페이지 투입은 그것의 유지비용이 생산량 수준에 관계없이 거의 일정할 것이기 때문에

고정비용
생산량에 따라 변동하지 않는 투입물 비용

A⁺ 시험 잘 보는 법

생산함수의 규모에 대한 수익을 결정하는 방법

중급 미시경제 시험에서 흔히 보게 되는 문제 중 하나가 주어진 생산함수가 규모에 대한 수익 불변인지, 증가인지, 감소인지를 묻는 것이다. 이 문제는 제대로 접근만 한다면 가장 쉬운 문제 중 하나일 것이다.

식이 주어지면, 먼저 자본과 노동이 모두 1일 때의 생산량을 계산하고, 다음에 투입이 1 대신 2일 때의 생산량을 계산해서 생산량이 2배가 된다면 규모에 대한 수익 불변이다. 2배보다 작으면 규모에 대한 수익 감소가 된다. 2배 이상이라면 어떤 경우인지는 이미 알 것이다.

요령이 한 가지 더 있다. 생산함수가 콥-더글러스 함수라면 투입물

들의 지수를 모두 더하기만 하면 된다. 합이 1이면 규모에 대한 수익 불변이며, 1보다 크면 증가, 1보다 작으면 감소의 경우다.

가령 $Q = K^{0.3}L^{0.8}$이 주어졌다고 하자. 첫 번째 방법으로 풀어보면, $K = L = 1$일 때는 $Q = 1$, $K = L = 2$일 때는 $Q = 2^{0.3}2^{0.8} = 2^{1.1}$이다. $2^{1.1}$은 2보다 크므로 이 생산함수는 규모에 대한 수익 증가이다. 그러나 이것은 콥-더글러스 함수이며, 따라서 단순히 지수를 더해도 같은 결과를 얻는다($0.3 + 0.8 = 1.1 > 1$).

예제 6.4

다음 각각의 생산함수에 대해 규모에 대한 수익 불변인지, 감소인지, 증가인지 결정하라.

a. $Q = 2K + 15L$
b. $Q = \min(3K, 4L)$
c. $Q = 15K^{0.5}L^{0.4}$

풀이

생산함수의 규모에 대한 수익을 결정하는 가장 쉬운 방법은 L과 K에 값을 대입해서 Q를 계산한 다음, 투입 수준을 2배로 하여 생산량이 어떻게 되는지를 보는 것이다. 생산량이 정확히 2배가 되면 규모에 대한 수익 불변, 2배보다 적게 증가하면 규모에 대한 수익 감소, 2배보다 많이 증가하면 규모에 대한 수익 증가의 경우이다.

따라서 각 생산함수에 대해 $K = L = 1$로 시작해서 Q를 계산한 다음, $K = L = 2$의 경우에도 똑같이 한다. K와 L이 같은 값이어야 할 이유는 없지만, 그렇게 하면 계산이 약간 편리해진다.

a. $L = K = 1 : Q = 2K + 15L = 2(1) + 15(1) = 2 + 15 = 17$
$L = K = 2 : Q = 2K + 15L = 2(2) + 15(2) = 4 + 30 = 34$

투입들이 2배가 될 때 생산량이 정확히 2배가 되므로, 규모에 대한 수익 불변이다.

b. $L = K = 1 : Q = \min(3K, 4L) = \min(3(1), 4(1))$
$= \min(3, 4) = 3$
$L = K = 2 : Q = \min(3K, 4L) = \min(3(2), 4(2))$
$= \min(6, 8) = 6$

투입들이 2배가 될 때 생산량이 정확히 2배가 되므로, 규모에 대한 수익 불변이다.

c. $L = K = 1 : Q = 15K^{0.5}L^{0.4} = 15(1)^{0.5}(1)^{0.4} = 15(1)(1) = 15$
$L = K = 2 : Q = 15K^{0.5}L^{0.4} = 15(2)^{0.5}(2)^{0.4}$
$= 15(1.414)(1.320) = 27.99$

투입들이 2배가 될 때 생산량이 2배보다 적으므로, 규모에 대한 수익 감소이다.

고정비용이라고 가정할 수 있다. 같은 웹페이지를 유지하면서 자본과 노동 투입을 2배로 증가시킨다면 아마 생산량도 2배가 될 것이다. 그러므로 기업은 모든 투입을 2배로 증가시키지 않고도 생산량을 2배로 만들 수 있다. 모든 투입물들을 2배로 증가시키지 않고도 생산량을 2배로 만들 수 있기 때문에, 규모에 대한 수익 증가를 보인다.

학습효과(learning by doing)가 있는 경우에도 규모에 대한 수익 증가를 경험할 수 있다. 기업이 한 재화를 더 많이 생산할수록 생산이 점점 더 효율적으로 되는 경향이 있다. (아마도 개인적 경험으로 알고 있겠지만) 이런 유형의 학습은 계속 반복되는 과업에서는 거의 항상 발생한다. 더 많이 생산할수록 더 잘하게 된다면, 두 번째 생산에서는 첫 번째보다 적은 자원으로 만들 수 있을 것이다. 즉 투입물을 2배로 증가시키지 않고도 생산량을 2배로 만들 수 있을 것이다.

규모에 대한 수익 감소도 있을 수 있지만, 규모에 대한 수익 불변이 자연스럽다는 것과 같은 이유에서 장기적으로는 흔치 않아야 할 것이다. 투입물이 적절히 측정되고 모든 투입을 조정하기에 충분한 시간 여유가 있다면 현재의 생산활동을 그대로 복제할 수 있을 것이고, 따라서 생산량은 투입량과 같은 비율로 증가될 수 있다.

6.6 기술 변화

경제학자들이 기업활동 자료를 이용해서 생산함수를 측정하는 경우에 기업의 투입 사용량은 같은데도 시간이 지나면서 생산량이 증가하는 상황을 종종 발견하게 된다. 동일한 투입량으로

학습효과
기업의 생산량이 증가함에 따라서 생산에서 보다 효율적이 되어가는 과정

부터 더 많은 생산량을 만들어내는 방식으로 생산함수를 변화시키는 기술의 향상을 **총요소생산성 증가**[total factor productivity growth, 때로는 **기술 변화**(technological change)]라고 한다.

생산함수에 기술 변화가 수용될 수 있도록 조정할 수 있다. 여러 가지 방법이 있지만 통상적이고 가장 간단한 방법은 기술 수준을 생산함수에 곱해지는 상수로 가정하는 것이다.

$$Q = Af(K, L)$$

여기서 A는 총요소생산성 수준으로, 주어진 투입량으로 얼마큼의 생산량을 얻을 수 있는지에 영향을 미치는 매개변수이다.

기술 변화가 어떻게 기업의 비용최소화 의사결정에 영향을 미치는지 생각해보자. 첫째, 등비용선에는 변화가 없다. A는 투입물 가격이 아니라 생산함수에 관련된다. A는 생산함수의 일부이므로 등량곡선에 영향을 줄 것이다. A의 증가는 같은 양의 투입으로 더 많은 생산량을 얻을 것임을 의미하며 따라서 같은 생산량을 더 적은 투입으로 얻을 수 있다는 뜻이기도 하다. 등량곡선은 주어진 생산량을 가져오는 투입물 조합을 반영하므로 A값의 증가는 등량곡선을 (원점 방향으로) 안쪽으로 이동시킨다.

이것은 그림 6.13이 보여준다. 전에는 $\overline{Q}$를 생산하려면 등량곡선 $Q_1 = \overline{Q}$ 위의 투입물 조합이 필요했다. 기술 변화가 A의 증가를 가져온 후에는 $\overline{Q}$를 생산하기 위해 그만큼 많은 투입물을 필요로 하지 않는다. 그러므로 $\overline{Q}$를 생산하는 등량곡선이 $Q_2 = \overline{Q}$로 이동하는 것이다.

기술 변화 이후에도 기업이 원하는 생산량이 여전히 $\overline{Q}$라면, 투입 선택은 그림 6.13에서처럼 $Q_2 = \overline{Q}$와 등비용선의 접점으로 결정될 것이다. (기술 변화 전) 원래의 비용최소화 투입물 조합은 $Q_1 = \overline{Q}$가 등비용선 C_1과 접하는 곳, 즉 K_1 단위의 자본과 L_1 단위의 노동이다. 기술 변화 이후에는 최적 투입물 조합은 $Q_2 = \overline{Q}$가 등비용선 C_2와 접하는 점, 즉 K_2와 L_2가 된다. 필요한 투입량이 줄었으므로 기술 변화는 $\overline{Q}$를 생산하는 비용을 감소시킨 것이다.

기술 변화의 위력을 여실하게 보여주는 예로는 이어지는 〈괴짜경제학〉을 보기 바란다.

총요소생산성 증가(기술 변화)
같은 양의 투입물로부터 더 많은 생산량을 얻을 수 있는 방향으로 기업의 생산함수를 변화시키는 기술의 진보

그림 6.13 기술 변화의 효과

기술이 향상되면 등량곡선 $Q_1 = \overline{Q}$가 $Q_2 = \overline{Q}$로 안쪽으로 이동하게 된다. 새로운 비용최소화 투입물 조합 (L_2, K_2)는 Q_2와 등비용선 C_2의 접점에 위치한다. (L_2, K_2)는 Q_1과 등비용선 C_1의 접점에 위치하는 원래 비용최소화 투입물 조합인 (L_1, K_1)보다 투입량이 적으며 따라서 비용이 더 적게 든다.

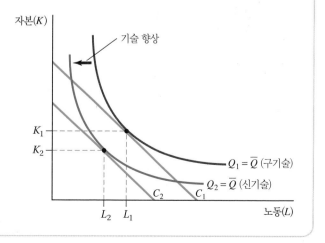

괴짜경제학

인도 어부들이 자신의 휴대전화를 사랑하는 이유

미국 소비자들이 휴대전화만큼 아끼는 상품은 별로 없을 것이다. 자신의 스마트폰을 사랑스럽게 어루만지다 보면, 첫 휴대전화 제품인 모토롤라 DynaTAC 8000x가 소비자 시장에 출시되었던 것이 겨우 25년여 전이라는 사실은 상상하기 어렵다.* 무게는 (아이폰의 6배에 가까운) 거의 2파운드(약 0.9kg)였지만, 배터리 수명은 1시간이었다. 기능은 통화뿐이었고 통화 품질은 끔찍한 수준이었다. 그런데도 비싸기는 엄청났다! 인플레이션을 감안하고도 9,000달러 이상이었다.

물론, 20세기 말 이래로 전화 기술은 놀라운 진보를 이루었다. 경제학자들이 기술진보를 얘기할 때는 생산함수의 변화를 의미하고 있다. 30년 전에 비해서 일련의 투입물(예 : 플라스틱, 실리콘, 금속, 기술자와 공장 노동자들의 노동시간 등)로부터 휴대전화를 만들어내는 일을 훨씬 잘할 수 있게 되었다.

기술진보는 제조업에서의 혁신이라는 의미로 생각하는 것이 자연스럽기는 하지만 진보의 다른 원천들도 많다. 실제로 휴대전화가 기술진보의 수혜자인 것만은 아니다—세계의 어떤 지역에서는 휴대전화가 기술진보의 중요한 '원천(source)'이기도 하다. 경제학자인 로버트 젠슨은 인도 남부 해안지방인 케랄라(Kerala)주 어촌들을 연구했다.† 그는 어부들과 소비자들이 만나서 그날 잡은 것들을 사고파는 시장 15곳을 살펴봤다. 구매자가 많지 않은 날에는 남은 물고기들이 폐기되는데, 냉장고가 없기 때문이다. 판매자들이 충분치 못한 날에는 일부 소비자들은 빈손으로 돌아가야

했다. 가격은 매일 수요와 공급의 움직임에 따라서 심하게 변동했고, 무려 8%의 어부들이 수요가 없어서 물고기를 내다 버려야만 하는 상황도 벌어졌다.

전통적으로 어부들은 배를 타고 나가서 물고기를 잡으면 오늘은 어느 시장으로 갈 것인지에 대해 추측 게임을 해왔다. 그런데 휴대전화가 그 지역에 개통된 것이다. 어부들은 매우 신속하게 휴대전화를 구입했고, 어느 시장에서 가장 좋은 값을 받을 수 있는지를 미리 전화로 알아볼 수 있게 되었다. 정보가 개선됨으로써 구매자와 판매자는 서로 더 잘 맞는 경우를 찾을 수 있게 되었다. 내다 버리는 물고기는 거의 없어졌는데, 실제로 젠슨은 휴대전화가 완전히 정착되고 난 후에는 판매자가 구매자를 못 찾는 경우가 거의 없어졌음을 확인했다. 다음 그래프는 휴대전화가 이 시장에 얼마나 심대한 영향을 미쳤는지에 대한 증거를 보여준다. 여기에는 케랄라주의 세 지역에서 장기간에 걸친 생선 가격의 변동이 나타나 있다. 각 색깔의 선은 특정 시장에서의 가격을 나타낸다. 휴대전화 개통 시점은 지역들 간에 엇갈리는데, 지역 1은 20째 주, 지역 2는 100째 주, 그리고 지역 3은 200째 주 근처의 수직선으로 표시되어 있다.

휴대전화 도입 이전에는 각 지역의 가격 변동이 매우 심했다. 때때로 어떤 해변에서는 가격이 kg당 14루피까지 치솟는 반면에 같은 날 다른 해변에서는 생선들이 거의 공짜로 처분되기도 했다. 매일매일 가격이 가장 좋은 시장을 예측하는 것은 불가능하지는 않다고 하더라도 매우 어려웠다. 쉽게 예상할 수 있듯이 사람들이 적응하고 이 신기술의 효과적인 사용법을 배우는 데 몇 주가 걸리긴 했지만, 휴대전화 사용이 시장에 미친 효과는 각 지역에 서비스가 제공되기 시작하자 곧 나타났다. 이 산업에 휴대전화가 도입되고 약 10주가 지난 후에는, 같은 날 해변들 간의 가격 차이가 세 지역 모두에서 극적으로 줄어들었다.

Prasharith Vishwanathan/Bloomberg via Getty Images

인도의 상업중심지인 뭄바이 나리만곶에서 한 어부가 휴대전화로 용무를 보고 있다.

DynaTAC 8000x가 일반인에게 판매된 첫 휴대전화지만 처음 생산된 것은 아니며, 첫 번째 성공적인 통화는 1973년 더 무거운 모형 전화에 의해 이루어졌다.

† Robert Jensen, "The Digital Provide: Information (Technology), Market Performance, and Welfare in the South Indian Fisheries Sector," *Quarterly Journal of Economics* 122, no. 3 (2007): 879-924.

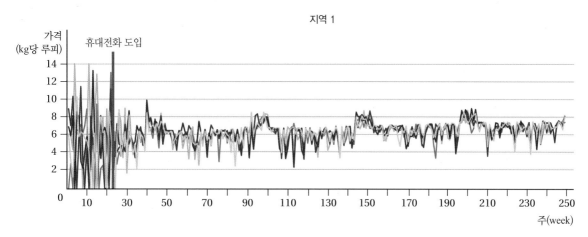

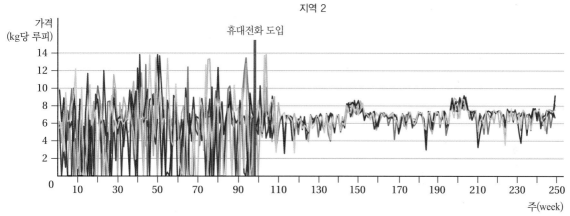

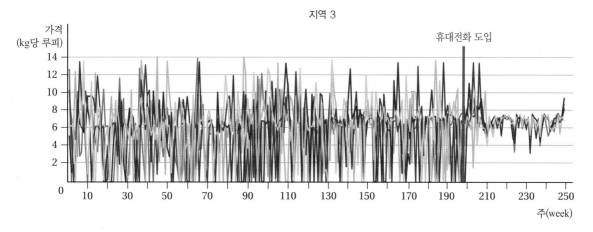

각 색깔의 선은 각 지역 특정 해변에서의 생선 가격을 보여준다. 휴대전화가 제공되기 전에는 가격들이 극심한 변동을 보였다. 빨간색 수직선으로 표시되었듯이 휴대전화가 사용되기 시작하자 가격들의 변동이 감소하였다.

응용 미국 제조업에서의 기술 변화

미국 제조업부문이 축소되고 있다는(일부 요란한 논자들에 따르면 곧 사라지게 될 것이라는) 얘기는 얼마든지 찾아볼 수 있다. 제조업 고용이 감소—그것도 상당히—해온 것은 사실이다. 1997년 미국에는 제조업 노동자 수가 1,700만 명으로 전체 민간부문 노동력의 18%를 차지했었다. 이 중에 1,000만 명은 **내구재**(durable good), 즉 기구, 비행기, 자동차, 철강·목재 제품 및 전기설비 등과 같이 사용기간이 긴 재화들을 생산하는 기업들에서 일했다. 20여 년이 지난 최근에는 그 수가 1,280만 명으로서 전체 민간 노동력의 9% 수준인데, 그중 800만 명이 내구재 산업에 고용되고 있다.

> **내구재**
> 사용기간이 긴 재화

이런 사정에서, 같은 기간에 미국 제조업의 총생산액이 **증가했다**는 사실은 놀라울 수도 있다. 그것도 조금 증가한 것이 아니다. 제조업 총생산은 인플레이션 효과를 조정하고도 43% 증가했으며, 내구재의 실질 총생산은 96% 증가했다.

장기간에 걸쳐 제조업 생산이 다른 경제부문들과 같은 정도로, 혹은 상당히 더 빨리 증가했음에도 어떻게 제조업 고용은 감소할 수 있었을까? 이 질문에 대한 부분적인 답변은 제조업체들이 노동 사용에서 자본 투입을 더 많이 사용하는 쪽으로 움직였다는 것이다. 그러나 많은 부분은 제조업에서 기술 변화가 다른 부문들보다 빠르게 이루어졌으며, 특히 내구재 제조업에서 그렇다는 사실에서 나온다.

미국 제조업의 총요소생산성은 20년간 12% 증가했는데, '대침체(the Great Recession)' 기간에는 크게 하락했음에도 그렇다. 내구재 제조업은 20년 동안 27% 더 많이 생산할 수 있었다. 줄어든 고용으로 같은 수준의 총생산 증가를 경험할 수 있었다는 의미이다. ∎

6.7 기업의 확장경로와 총비용곡선

지금까지 기업이 최적 생산량의 생산비용을 어떻게 최소화하는지 살펴보았다. 이제 이 정보를 이용해 기업의 최적 생산량이 변함에 따라 생산 방법과 총비용이 어떻게 변하는지 보일 수 있다.

그림 6.14a는 가상의 엔진제조회사의 등량곡선과 등비용선을 보여준다. 그림에는 각각 3개씩만 나타나 있지만, 등량곡선은 가능한 모든 생산량에 대해서, 등비용선은 모든 비용수준에 대해서 각각 그려질 수 있다. 주어진 생산량을 생산하는 비용을 최소화하는 노동과 자본의 조합은 해당 등량곡선과 등비용선의 접점에서 이루어짐을 상기하자. 그림은 그런 접점 3개를 보여준다. 아래 왼쪽의 $Q = 10$은 엔진을 10개 만들 수 있는 투입물 조합들에 상응하는 등량곡선이다. 이 등량곡선은 X점에서 $C = \$100$ 등비용선과 접하므로 100달러가 엔진 10개를 생산할 수 있는 최소비용이다. 엔진 20개를 생산하는 투입물 조합들을 나타내는 등량곡선 $Q = 20$은 Y점에서 $C = \$180$ 등비용선과 접하며, 엔진 20개의 최소 생산비용은 180달러임을 알려준다. Z점에서 $Q = 30$ 등량곡선은 $C = \$300$ 등비용선에 접하며, 따라서 엔진 30개의 최소 생산비용은 300달러이다.

> **확장경로**
> 노동과 자본의 최적 조합이 총생산량에 따라 어떻게 변하는지를 보여주는 곡선

그림 6.14a의 비용최소화 투입물 조합 3개(그리고 그림에 나타나 있지 않은 다른 비용최소화 접점들)를 연결하는 선이 기업의 **확장경로**(expansion path)이다. 이것은 노동과 자본의 최적 조합이 총생산량에 따라 어떻게 변하는지를 보여준다.

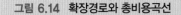

그림 6.14 확장경로와 총비용곡선

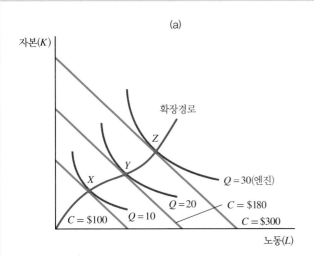

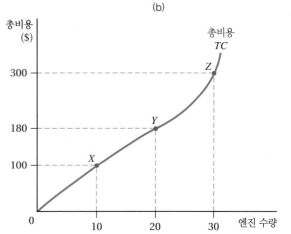

(a) 엔진제조회사의 확장경로는 각 생산량 Q의 경우에 최적 투입물 조합을 연결한 것이다. 여기서 점 X, Y, Z는 각각 $Q = 10$, $Q = 20$, $Q = 30$일 때의 비용최소화 투입물 조합이다.

(b) 엔진제조회사의 총비용곡선은 (a)의 확장경로에서의 등비용선들을 이용하여 그려진다. 생산량 $Q = 10$, $Q = 20$, $Q = 30$일 때의 비용최소화 투입물 조합의 비용수준은 각각 100, 180, 300달러가 된다.

확장경로는 각 생산량에서의 최적 투입물 조합을 나타낸 것이다. 확장경로를 따라가면서 등량곡선들로부터 생산량과 등비용선들로부터 총비용을 확인해서 점으로 찍으면 **총비용곡선**(total cost curve)을 얻게 되는데, 이는 특정 생산량의 생산비용을 보여준다. 그림 6.14b는 그림 6.14a의 확장경로의 생산량과 비용의 조합을 나타내는데, 여기에는 생산량 10, 20, 30의 최소 생산비용도 포함된다. 총비용곡선은 확장경로에 나타난 정보를 달리 표현한 것이다. 총비용곡선과 확장경로 둘 다 기업의 생산량이 달라질 때 최소 생산비용이 어떻게 변하는지를 보여준다.

확장경로와 그에 상응하는 총비용곡선은 (등비용선에 나타나 있는) 주어진 투입물 가격과 (등량곡선에 나타나 있는) 주어진 생산함수에 대해서 그려진다는 점을 유념하자. 앞에서 보았듯이, 투입물 가격과 생산함수가 변하면 비용최소화 투입물 조합도 변한다. 그러므로 확장경로와 총비용곡선 역시 변할 것이다. 제7장에서는 (확장경로로부터 도출된) 총비용곡선을 이용해서 기업의 비용함수에 대해 알아본다.

총비용곡선
특정 생산량의 생산비용을 보여주는 곡선

6.8 결론

제4장에서 소비자가 주어진 효용수준을 얻기 위한 지출을 최소화하듯이, 기업은 주어진 양의 재화를 생산하는 비용을 최소화한다. 기업의 이러한 최적 생산 결정은 총비용곡선으로 나타나는데, 이것은 주어진 양을 생산하는 비용을 보여준다. 제7장에서는 기업이 직면하는 구체적인 비용들에 대해 살펴보는데, 기업은 비용 구조에 대한 정보를 이용해서 비용최소화 행동을 수행하게 된다.

요약

1. 기업의 **생산활동**에 대해 살펴보면서 우리는 몇 가지 단순화 가정을 하였다. 가장 중요한 것은 **비용최소화**(기업이 원하는 생산량을 생산하기 위한 총비용을 최소화하는 것)가 모든 생산자의 핵심 목표라고 가정하는 것이다. [6.1절]

2. **생산함수**는 생산자가 사용하는 투입량과 그로부터 얻는 생산량의 관계이다. 생산함수는 보통 $Q = f(K, L)$ 형태로 수학적으로 표현된다. 흔히 사용되는 생산함수는 콥-더글러스 생산함수로 $Q = K^{\alpha}L^{\beta}$의 형태를 갖는데, 여기서 α와 β는 상수이다. [6.1절]

3. 단기에는 기업의 자본량이 고정되어 있다. 생산량의 변화는 노동 투입의 조정만으로 이루어져야 한다. 투입물의 **한계생산**과 **평균생산**을 포함한 생산함수의 성질을 살펴보았다(이 경우에 자본은 고정되어 있으므로 노동이 관심사이다). 노동의 **한계생산체감**의 예도 알아보았는데, 즉 노동을 1단위 더 사용함으로써 얻게 되는 추가적인 생산량이 감소하는 경우이다. [6.2절]

4. 자본 투입의 조정은 장기에 가능한데, 두 가지 중요한 의미를 갖는다. 하나는 함께 사용하는 자본의 양을 증가시킴으로써 노동의 한계생산체감을 완화할 수 있다는 것이다. 둘째는 기업이 자본과 노동을 서로 대체할 수 있다는 것이다. [6.3절]

5. 등량곡선은 주어진 생산량을 생산할 수 있는 자본과 노동 투입의 모든 조합을 보여준다. 등량곡선의 굽은 정도와 기울기는 재화 생산에서 투입물들의 대체 가능성을 나타낸다. 특히 기울기의 절댓값은 자본에 대한 노동의 **한계기술대체율**과 같다. [6.4절]

6. 등비용선은 주어진 총지출액으로 구입할 수 있는 자본과 노동 투입의 모든 조합을 연결한 것이다. 등비용선의 기울기는 자본과 노동의 상대적 비용에 의해 결정된다. [6.4절]

7. 기업의 목표는 주어진 생산량을 최소의 비용으로 생산하는 것이다. 기업의 비용최소화는 등비용선이 등량곡선에 접하는 곳, 다시 말해 한계기술대체율이 노동과 자본의 상대가격과 같아지는 곳에서 이루어진다. [6.4절]

8. **규모에 대한 수익**은 모든 투입이 동시에 같은 정도로 변할 때 생산량이 어떻게 변하는지를 나타내는 생산함수의 성질이다. 생산함수는 규모에 대한 수익이 불변일 수도 있고(모든 투입이 같은 비율로 증가할 때 생산량도 같은 비율로 증가함), 증가할 수도 있고(모든 투입이 같은 비율로 증가할 때 생산량은 그 비율보다 많이 증가함), 혹은 감소할 수도 있다(모든 투입이 같은 비율로 증가할 때 생산량은 그 비율보다 적게 증가함). [6.5절]

9. **기술 변화**가 있으면 생산함수가 시간에 따라 변함으로써 같은 양의 투입물들이 더 많은 생산량을 가져오게 된다. 이것은 생산함수의 등량곡선들이 원점 방향으로 이동하는 것으로 나타난다. [6.6절]

10. 기업의 총비용곡선은 **확장경로**로부터 도출되는데, 확장경로는 등비용선과 등량곡선을 사용해 생산량에 따라 투입물 선택이 어떻게 달라지는지를 보여준다. **총비용곡선**은 확장경로를 따라 나타나는 등량곡선들의 생산량과 등비용선들의 비용의 관계를 나타낸다. [6.7절]

복습문제

1. 단기와 장기에서 생산함수는 어떤 차이가 있는가?
2. 생산함수는 무엇을 알려주는가?
3. 고정비용과 가변비용의 차이는 무엇인가?
4. 단기와 장기의 차이는 무엇인가?
5. 등량곡선이 원점에서 멀어질수록 생산량은 어떻게 변하는가? 서로 다른 등량곡선들은 왜 교차할 수 없는가?
6. 한계기술대체율이란 무엇인가? 등량곡선의 기울기와 관련해서 어떤 의미를 갖는가?
7. 등량곡선의 굽은 정도는 두 가지 투입물, 즉 자본 및 노동과 관련해서 무엇을 의미하는가?
8. 등비용선은 무엇인가? 그 기울기는 노동과 자본의

상대적 비용에 관해 무엇을 알려주는가?

9. 한 투입물의 가격이 다른 것에 비해서 상승할 때 기업은 어떻게 대응할 것인가?

10. 생산함수가 규모에 대한 수익 불변, 증가, 혹은 감소

인 경우는 무엇을 의미하는가?

11. 기술 변화는 기업 생산량에 어떤 변화를 가져오는가?

12. 확장경로란 무엇이며, 기업의 총비용곡선과 어떤 관계가 있는가?

연습문제

(별표 표시가 된 문제의 풀이는 이 책 뒤에 있다.)

1. 다음 각 경우에 생산에 관한 기본 가정 중에서 어떤 것이 위배되었는지 답하라.

   a. 어떤 커피점에서 하루에 고용하는 종업원이 8, 9, 10명일 경우에 응대하는 고객의 수가 각각 400, 420, 450명이다.

   b. 정부 규제로 빵집 주인의 신규 채용 또는 해고가 매우 어려워졌다. 한편으로 빵집의 제빵 설비 수량은 즉각 변경시킬 수 있다.

   c. 어떤 사업자의 사업이 호황이다. 종업원을 40명에서 45명으로 늘리면 생산량은 월 500개에서 480개로 줄어든다.

   d. 스마트폰 앱 시장에서 숙련된 프로그래머를 구하기가 점점 어려워지고 있다. (대규모 고용주인) 구글이 고용을 늘릴수록 프로그래머 보수도 높여서 지불해야 한다.

2. 다음 표를 완성하라.

노동 투입	총생산	한계생산	평균생산
0	0	—	—
1		70	
2	135		
3			63
4		51	
5			57
6	324		

3. A, B, C 3개의 빵집이 경쟁하고 있다.

   a. A의 노동의 한계생산은 15, 평균생산은 12이다. 노동자를 1명 더 고용할 경우 평균생산은 증가하겠는가, 감소하겠는가?

   b. B의 노동의 한계생산은 7, 평균생산은 12이다. 노동자를 1명 더 고용할 경우 평균생산은 증가하겠

는가, 감소하겠는가?

   c. C의 노동의 한계생산은 −12이다. 이것은 평균생산도 음수일 수밖에 없음을 의미하는가?

   d. 앞의 답들에 근거해서, 노동의 평균생산과 한계생산의 관계가 어떤지 일반화할 수 있겠는가?

4. 어떤 자동차 정비소의 (단위기간의) 생산함수가 $Q = 100\sqrt{KL}$ 이다. 여기서 Q는 수리정비를 받은 자동차 대수, K는 용접기계 대수, L은 노동자 수이다. 현재 K는 9로 고정되어 있다.

   a. 이 회사의 단기 생산함수(Q는 L만의 함수) 방정식을 써라.

   b. $L = 1, 2, 3, 4, 5$일 때의 Q값을 계산하라.

   c. 1에서 5까지의 L에 대해서 노동의 한계생산을 계산하라. MP_L이 체감하는가?

   d. 1에서 5까지의 L에 대해서 노동의 평균생산을 계산하라. 각각의 L값에서 MP_L이 AP_L보다 큰가, 같은가, 작은가? 설명하라.

5. 목공회사가 노동(L)과 도구(자본, K)를 사용해서 탁자를 만드는데, 생산함수는 다음과 같은 콥-더글러스 생산함수이다. $Q = 4K^{0.5}L^{0.5}$.

   a. 도구 없이 탁자를 만들 수 있는가?

   b. 노동 없이 완전 기계화로 탁자를 만들 수 있는가?

   c. 현재 도구는 16개인데, 단기적으로는 변경이 불가능하다. 작업장에는 노동자를 49명까지 수용할 수 있다. 이 회사의 단기 생산함수는 얼마인가?

   d. (c)의 생산함수를 가로축 노동량, 세로축 산출량의 평면 위에 그려라. (힌트 : 노동량이 각각 0, 1, 4, 9, …일 때의 산출량을 표시한다.)

   e. (d)의 각 노동량 수준에서 평균생산과 한계생산을 구하라. (힌트 : 25명째의 한계생산을 계산하려면 24명과 25명일 때의 총생산을 구해야 한다.)

   f. 간밤에 기계 7대가 고장이 났다. 노동의 총생산,

한계생산, 평균생산이 어떻게 되겠는가?

6. 다음 표는 돼지고기 요리를 주로 하는 어떤 식당의 생산함수이다. 각 칸의 숫자는 노동과 자본의 다양한 조합으로 대접할 수 있는 고객 수를 나타낸다.

		노동(L)					
		0	1	2	3	4	5	6
자본(K)	1		100	132	155	174	190	205
	2		152	200	235	264	289	310
	3		193	255	300	337	368	396
	4		230	303	357	400	437	470
	5		263	347	408	457	500	538
	6		293	387	455	510	558	600

a. 이 생산함수는 단기 생산함수인가, 장기 생산함수인가? 왜 그런가?

b. 지금 자본 5단위와 종업원 2명을 고용하고 있다. 고객을 몇 명이나 대접할 수 있는가?

c. (b)의 상황에서 사장이 자기 조카를 추가로 고용하려고 한다고 가정해보자. 그 조카의 한계생산은 얼마가 되겠는가?

d. 자본이 1단위 사용되는 경우에 5번째 종업원의 한계생산은 16이다. 그러나 자본이 5단위 사용된다면 5번째 종업원의 한계생산은 43이다. 이 생산함수는 노동의 한계생산체감의 법칙에 위배되는가? 왜 그런가/왜 그렇지 않은가?

e. (b)의 상황에서 사장이 주방에 고기훈제기를 하나 더 추가하려고 한다고(따라서 자본이 6단위로 증가함) 가정해보자. 그 훈제기의 한계생산은 얼마가 되겠는가?

f. (b)의 상황에서 사장이 종업원을 한 사람 더 쓸지 훈제기를 하나 더 구입할지 견주어보고 있다. 훈제기 비용은 8달러이고 종업원 비용은 12달러라면, 한계적으로 비용효율적인 선택은 무엇인가?

7. 기업의 생산함수가 다음과 같다. $Q = K^{0.33}L^{0.67}$, $MP_K = 0.33K^{-0.67}L^{0.67}$, $MP_L = 0.67K^{0.33}L^{-0.33}$.

a. L이 증가할 때 노동의 한계생산은 어떻게 되는가?

b. K가 증가할 때 노동의 한계생산은 어떻게 되는가?

c. K가 변함에 따라 MP_L이 변하는 이유는 무엇인가?

d. K가 증가할 때 자본의 한계생산은 어떻게 되는가? L이 증가할 때는 어떤가?

*8. 표에 나타나 있는 생산함수를 상정하자.

		노동(L)					
	0	1	2	3	4	5	6
자본(K)	1	100	200	300	400	500	600
	2	200	400	600	800	1,000	1,200
	3	300	600	900	1,200	1,500	1,800
	4	400	800	1,200	1,600	2,000	2,400
	5	500	1,000	1,500	2,000	2,500	3,000
	6	600	1,200	1,800	2,400	3,000	3,600

a. 자본 6단위와 노동 1단위를 고용할 때 생산량은 얼마인가?

b. (a)와 같은 생산량을 얻기 위해 사용될 수 있는 자본과 노동의 다른 조합은 어떤 것들이 있는가?

c. (a)와 (b)의 조합을 가로축 노동, 세로축 자본의 평면 위에 표시하라. 이 점들을 연결해서 600의 생산량에 상응하는 등량곡선을 만들라.

9. 페처(Fetzer) 밸브는 중국에서도 미국에서도 생산될 수 있지만, 평균적으로 미국의 노동 숙련도가 중국보다 높으므로 생산기술이 다르다. 그림의 두 가지 등량곡선을 보자. 각각은 미국과 중국의 생산기술을 나타낸다. *MRTS*로 미루어볼 때, 어느 등량곡선이 미국에 해당할 가능성이 높은가? 설명하라.

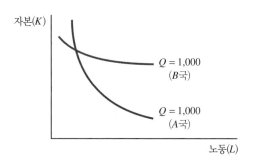

*10. 아래의 생산함수들을 대조해보라.

a. 중형 볼베어링의 생산함수가 다음과 같다. $Q = 4K^{0.5}L^{0.5}$, $MP_K = 2K^{-0.5}L^{0.5}$, $MP_L = 2K^{0.5}L^{-0.5}$. 자본과 노동이 모두 한계생산체감을 보여주는가? 이 생산함수의 한계기술대체율을 구하라(힌트 :

$MRTS = MP_L/MP_K$). 생산함수가 한계기술대체율 체감을 보여주는가?

b. 대형 볼베어링의 생산함수가 다음과 같다. $Q = 4KL$, $MP_K = 4L$, $MP_L = 4K$. 자본과 노동이 모두 한계생산체감을 보여주는가? 이 생산함수의 한계기술대체율을 구하라. 생산함수가 한계기술대체율 체감을 보여주는가?

c. $MRTS$가 체감하기 위해서는 노동과 자본이 한계생산체감을 보여야만 하는가?

11. 어떤 보석세공인이 수공예 제품을 생산할 때 구리와 청동, 두 가지 투입물을 사용할 수 있다. 비용을 최소화하는 경우에, 구리만 사용하거나 청동만 사용하지 둘을 함께 사용하지는 않는다고 한다. 보석세공인의 등량곡선은 어떤 모습이겠는가?

*12. 주간 고속도로에서 팬 곳들을 보수하는 어떤 회사가 노동자 1명과 삽 1개의 조합으로 작업한다고 한다. 삽 1개를 가진 노동자는 하루에 10곳을 보수할 수 있다. 삽이 2개 있어도 여전히 10곳을 작업할 수 있을 뿐이고, 사람은 둘이더라도 삽이 1개뿐이라면 마찬가지다.

a. 30곳 보수에 상응하는 등량곡선을 그려라.

b. 규모에 대한 수익 불변을 가정하고, 등량곡선을 몇 개 더 그려라.

c. 삽의 임대료는 5달러이고 노동자 임금은 25달러일 때, 등비용선들을 그려라.

d. 회사가 30곳을 보수하는 계약을 주정부로부터 따냈다면, 계약 수행에 필요한 최소비용은 얼마인가?

e. 삽 임대료가 5달러에서 6달러로 갑자기 올랐다면, 투입물 조합은 어떻게 되겠는가? 왜 그런가?

*13. MJM이라는 기업은 노동은 시간당 12달러에 고용하고, 자본은 시간당 7달러에 임대할 수 있다.

a. MJM의 총비용을 고용된 노동량과 자본량의 함수로 표현하라.

b. MJM은 총비용을 정확히 100달러로 유지하려고 한다. 총비용 100달러에 상응하는 등비용선 방정식을 세워라. 이것을 K에 대한 방정식으로 변형하라.

c. 노동 가로축, 자본 세로축 평면 위에 등비용선을

그려라.

d. 등비용선의 세로축 절편은 얼마인가? 가로축 절편은 얼마인가? 각각은 무엇을 의미하는가?

e. 등비용선의 기울기는 얼마인가? 그것이 의미하는 바는 무엇인가?

f. 지역의 노동조합과 협상을 통해 임금이 상승했고, MJM은 이제 시간당 14달러를 지불한다고 하자. 100달러에 상응하는 등비용선이 어떻게 되는지를 설명하고, 새 등비용선을 그림에 나타내라.

14. 어떤 종이회사가 매주 1,000연(連, 종이 수량 단위)을 생산해야 한다. 종이 공장의 장기 생산함수는 다음과 같다. $Q = 4K^{0.75}L^{0.25}$. 여기서 $MP_L = (K/L)^{0.75}$, $MP_K = 3(L/K)^{0.25}$이다. 주당 비용함수는 $C = 10K + 2L$이고, 여기서 C는 주당 총비용이다.

a. 총비용을 최소화하는 K/L 비율은 얼마인가?

b. 주당 1,000연을 생산하려면 자본을 얼마나 임대하고 노동을 얼마나 고용해야 하는가?

c. 이때 총비용은 얼마인가?

15. 통상적인 등량곡선 하나와 여러 개의 등비용선을 그려서, 주어진 산출량을 장기적으로 생산하는 비용은 단기적으로 생산하는 비용보다 적거나 같음을 보여라. (힌트 : 단기를 나타내기 위해 자본을 주어진 수준 K_1으로 고정시켜라. 그러자면, 등량곡선에서 K_1보다 높은 수준에 상응하는 부분은 지우면 된다.) 그럴 수밖에 없는 이유를 직관적으로 설명하라.

16. 맥도날드와 같은 패스트푸드 음식점들은 캐셔(창구직원)를 터치스크린 주문기로 대체하고 있다. 지금 추가되는 캐셔의 한계생산이 시간당 (처리)고객 48명이고, 추가되는 주문기의 한계생산은 시간당 고객 32명이다. 캐셔 임금은 15달러, 주문기 임대료는 12달러이다.

a. 현재 고객처리 비용을 최소화하고 있는가?

b. 투입물 조합을 변경시켜서 이윤을 증대시킬 수 있음을 보여라.

17. 최저임금 노동자 20명과 자본 10단위를 고용해서 산출량 10단위를 생산하고 있는 소기업을 가정하자. 다음 그림에 나타나 있듯이, 현재 시간당 400달러로 비용을 최소화하고 있다.

a. 최저임금 수준과 자본 임대료는 각각 얼마인가?

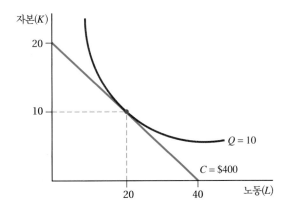

b. 지방정부가 최저임금을 2배로 상승시켰다고 하자. 이를 반영해서 $C = \$400$에 상응하는 새로운 등비용선을 그려라. 기업의 비용에 어떤 효과를 미치겠는가?

c. 임금 인상에 대한 소기업주들의 항의에 따라서 지방정부는 정액 보조금을 지급하는 보상정책을 결정했다. 20명을 고용하는 이 기업은 200달러의 보조금을 받는다. 이제는 원래의 투입물 조합으로 고용하고 400달러의 비용으로 10단위를 생산할 수 있음을 보여라. 보조금 효과를 반영해서 새로운 등비용선을 그려라.

d. 임금 인상과 보조금이 합쳐지면 기업의 비용에 미치는 영향은 없어질 수 있다. 그러면 기업은 원래대로 노동자 20명과 자본 10단위를 고용할 것임을 의미하는가?

18. 노동이 상대적으로 풍부한 방글라데시에서는 벽돌이 많은 노동과 매우 적은 자본으로 생산되며, 노동이 희소한 영국에서는 많은 자본과 매우 적은 노동으로 생산된다. 두 나라의 생산기술은 동일할 수 있음을 보이는 그림을 그리고, 선택하는 투입물 조합에서의 차이를 설명하라.

19. 각 생산함수들이 규모에 대한 수익 불변인지, 증가인지, 감소인지를 결정하라.

a. $Q = 10K^{0.75}L^{0.25}$ e. $Q = K + L + KL$

b. $Q = (K^{0.75}L^{0.25})^2$ f. $Q = 2K^2 + 3L^2$

c. $Q = K^{0.75}L^{0.75}$ g. $Q = KL$

d. $Q = K^{0.25}L^{0.25}$ h. $Q = \min(3K, 2L)$

20. 그림은 등량곡선들을 나타낸다. 생산함수가 각각 다음과 같을 경우에, Q_1, Q_2, Q_3 각각의 값을 예시하라.

a. 규모에 대한 수익 증가(IRS)

b. 규모에 대한 수익 감소(DRS)

c. 규모에 대한 수익 불변(CRS)

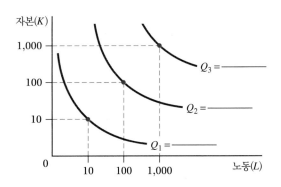

21. "규모에 대한 수익 증가의 생산함수에서는 노동이든 자본이든 한계생산도 체증한다."라는 진술은 참인가, 거짓인가? 그것을 뒷받침하는 예를 들어 설명하라.

22. 어떤 생산물의 생산함수가 $Q = 2K^{0.5}L^{0.5}$라고 가정하자.

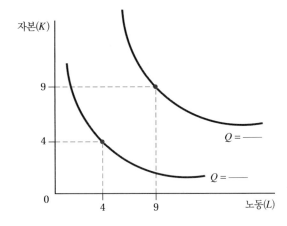

a. 이 생산함수에 따라 그림에 등량곡선들의 생산량을 표시하라.

b. 기술진보로 인해서 이제 생산함수가 $Q = 4K^{0.5}L^{0.5}$로 변했다. 등량곡선의 생산량을 다시 표시하라.

c. 기술 변화가 생산비용에 어떤 효과를 미치는가? (임금과 임대료는 일정하다고 가정하라.)

23. 어떤 기업의 생산함수가 다음 그림과 같다. 노동과 자본의 가격이 모두 단위당 10달러라고 하자.

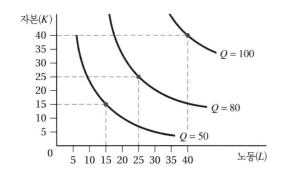

a. 적절한 기울기의 등비용선들을 그려서, 각 등량곡
   선들의 산출량을 생산하는 비용을 최소화하는 노
   동과 자본의 결합을 구하라.
b. 확장경로를 표시하라.
c. 각 산출량을 생산하는 총비용을 구하라.
d. 가로축 산출량, 세로축 총비용의 평면 위에 총비
   용곡선을 그려라.

제6장 부록 :
비용최소화의 수학적 분석

제4장 부록에서 우리는 미적분이 소비자의 최적화 문제를 쉽게 풀어준다는 것을 보았다. 미적분 활용의 편익은 기업의 비용최소화라는 최적화 문제에도 적용된다. 비용최소화는 소비자의 지출최소화와 유사하며, 생산자의 최적화 문제의 풀이를 연습하다 보면 제약(조건)하의 최적화 문제를 복습하는 좋은 기회가 될 것이다.

노동의 한계생산과 한계기술대체율

기업의 비용최소화 문제를 (제4장 부록에서처럼) 콥-더글러스 함수 형태로 시작한다. 생산량 Q 와 자본 K 및 노동 L의 투입량 관계는 $Q = AK^{\alpha}L^{1-\alpha}$인데, 여기서 $0 < \alpha < 1$이고, 총요소생산성을 나타내는 매개변수 A는 양수이다. 미적분 관련 논의에서 우리는 콥-더글러스 함수 형태만을 주로 사용하게 되는데, 그 이유는 이것이 소비자와 생산자에 대해 세운 가정들에 가장 잘 상응하기 때문이다. 생산자의 경우에 콥-더글러스 생산함수는 자본, 노동, 생산량 등에 관련해서 제시한 가정들을 모두 충족하면서도 간단한 공식들을 보여준다. 이 함수를 선택하는 또 하나의 이유는 다른 특유한 성질을 갖기 때문이다. 즉 K와 L의 지수(α, $1-\alpha$)가 합해서 1이 되므로 생산함수가 규모에 대한 수익 불변을 보여준다.

생산자의 비용최소화 문제로 들어가기 전에 콥-더글러스 생산함수가 노동과 자본의 한계생산과 한계기술대체율($MRTS$)에 대한 가정들을 충족한다는 것을 확인해보자. 구체적으로, 노동과 자본의 한계생산이 양수이며 한계수확체감을 보여준다는 것부터 볼 필요가 있다. 그다음 $MRTS$가 두 가지 한계생산물의 비율임을 확인할 것이다.

자본의 한계생산 개념, 즉 자본의 추가 단위를 사용해서 생산되는 추가 생산량이 얼마인지부터 살펴보자. 수학적으로 자본의 한계생산은 생산함수의 자본에 대한 편도함수이다. 편도함수인 것은 노동량은 일정하게 고정되어 있기 때문이다. 자본의 한계생산은 다음과 같다.

$$MP_K = \frac{\partial Q(K,L)}{\partial K} = \frac{\partial(AK^{\alpha}L^{1-\alpha})}{\partial K} = \alpha AK^{\alpha-1}L^{1-\alpha}$$

마찬가지로 노동의 한계생산은 다음과 같다.

$$MP_L = \frac{\partial Q(K,L)}{\partial L} = \frac{\partial(AK^{\alpha}L^{1-\alpha})}{\partial L} = (1-\alpha)AK^{\alpha}L^{-\alpha}$$

자본과 노동이 양수인 한(생산량이 양수일 경우) 위의 한계생산들도 항상 양수임을 확인하자. 환언하자면, 콥-더글러스 생산함수의 MP_L과 MP_K는 투입이 증가하면 생산도 증가한다는 생산의 중요한 조건을 충족한다.

한계수확체감의 가정, 즉 다른 조건이 일정할 때 자본과 노동의 한계생산은 투입량이 증가함에 따라 감소한다는 것도 확인해보자. 이를 위해서 생산함수의 각 투입에 대한 2차 편도함수를 취한다. 다시 말해서 각각의 한계생산의 그 투입물에 대한 편도함수를 구하는 것이다.

$$\frac{\partial^2 Q(K,L)}{\partial K^2} = \frac{\partial MP_K}{\partial K} = \frac{\partial(\alpha AK^{\alpha-1}L^{1-\alpha})}{\partial K} = \alpha(\alpha-1)AK^{\alpha-2}L^{1-\alpha} = -\alpha(1-\alpha)AK^{\alpha-2}L^{1-\alpha}$$

$$\frac{\partial^2 Q(K,L)}{\partial L^2} = \frac{\partial MP_L}{\partial L} = \frac{\partial[(1-\alpha)AK^{\alpha}L^{-\alpha}]}{\partial L} = -\alpha(1-\alpha)AK^{\alpha}L^{-\alpha-1}$$

K와 L이 양수인 한(즉 기업이 생산을 하고 있는 한) 이들 2차 도함수들은 음수이며 따라서 각 투입물의 한계생산은 그 투입물의 사용량이 증가함에 따라 감소한다. 이처럼 콥-더글러스 생산함수는 노동과 자본 모두의 경우에 한계수확체감에 대한 가정을 충족한다.

　또한 한계기술대체율이 노동과 자본의 한계생산들과 관련이 있음을 앞에서 보았다. 구체적으로 $MRTS$는 자본량이 변화할 때 생산량을 일정하게 유지하기 위해 필요한 노동량의 변화(혹은 노동량이 변할 때 생산량을 일정하게 유지하기 위해 필요한 자본량의 변화)를 보여준다. $MRTS$는 두 가지 한계생산의 비율과 같다. 미분을 통하여 보이기 위해서, 먼저 각 등량곡선은 주어진 수준의 생산량($\overline{Q}$)을 나타내며 따라서 $Q = Q(K, L) = \overline{Q}$ 라는 것을 인식하자. 생산함수의 전미분으로 시작하자.

$$dQ = \frac{\partial Q(K,L)}{\partial K}dK + \frac{\partial Q(K,L)}{\partial L}dL$$

생산량이 $\overline{Q}$로 고정되어 있으므로 dQ는 0과 같다.

$$dQ = \frac{\partial Q(K,L)}{\partial K}dK + \frac{\partial Q(K,L)}{\partial L}dL = 0$$

따라서

$$\frac{\partial Q(K,L)}{\partial K}dK = -\frac{\partial Q(K,L)}{\partial L}dL$$

이다. 이제 한 변에 $-\dfrac{dK}{dL}$가 오도록 바꾸면

$$-\frac{dK}{dL} = \frac{\dfrac{\partial Q(K,L)}{\partial L}}{\dfrac{\partial Q(K,L)}{\partial K}} = \frac{MP_L}{MP_K}$$

이 방정식의 좌변은 등량곡선 기울기에 '−'를 붙인 것, 즉 한계기술대체율[6]이다. 그러므로

$$MRTS_{LK} = \frac{MP_L}{MP_K}$$

이다. 이제 콥-더글러스 생산함수 $Q = AK^{\alpha}L^{1-\alpha}$를 미분해서 $dQ = 0$으로 두면 다음과 같다.

$$dQ = \frac{\partial Q(K,L)}{\partial K}dK + \frac{\partial Q(K,L)}{\partial L}dL = \alpha AK^{\alpha-1}L^{1-\alpha}dK + (1-\alpha)AK^{\alpha}L^{-\alpha}dL = 0$$

6　등량곡선의 기울기는 음수임을 상기하자. 그러므로 그 기울기에 '−'를 붙인 $MRTS$는 양수이다.

역시 한 변에 $-\dfrac{dK}{dL}$가 오도록 식을 고쳐 쓰면

$$MRTS_{LK} = -\frac{dK}{dL} = \frac{(1-\alpha)AK^{\alpha}L^{-\alpha}}{\alpha AK^{\alpha-1}L^{1-\alpha}} = \frac{MP_L}{MP_K}$$

이 되고, 다음과 같이 정리된다.

$$MRTS_{LK} = \frac{(1-\alpha)}{\alpha}\frac{K}{L}$$

이처럼 콥-더글러스 생산함수의 경우에 한계기술대체율이 한계생산의 비율과 같음을 알 수 있다. 또한 생산량은 일정하게 유지하면서 노동을 더 많이, 자본은 더 적게 사용한다면 $MRTS_{LK}$는 감소한다는 것도 알 수 있는데, 이것은 앞에서 본 바와 같다. 그렇지만 노동과 자본의 대체될 수 있는 정도가 자본의 상대적 생산성 α에 의해 결정된다는 사실은 미분을 통해서 명확해진다.

미적분을 이용한 비용최소화

생산함수의 모형화에 콥-더글러스 함수가 유용하다는 것을 확인한 시점에서, 기업의 비용최소화 문제로 가보자. 그것은 역시 제약조건하의 최적화 문제이다. 목적함수는 생산비용이고 제약조건은 생산량 수준이다. 기업의 목표는 주어진 양을 생산하는 데 최소의 비용을 지출하는 것이다. 소비자의 지출최소화 문제가 생산자의 경우로 변형된 것이다.

소비자 문제에서 보았듯이 비용최소화 문제에 대해서는 두 가지 접근법이 있다. 첫째는 비용최소화 조건을 적용하는 것이다. 최적 상태에서 한계기술대체율은 투입물 가격, 즉 임금 W와 자본 임대료 R의 비율과 같다. 한계기술대체율은 한계생산의 비율이므로 비용최소화 조건은 다음과 같다.

$$MRTS_{LK} = \frac{MP_L}{MP_K} = \frac{W}{R}$$

이 식을 이용해서 콥-더글러스 생산함수에 대한 최적해를 쉽게 알아낼 수 있다. 먼저 위의 한계기술대체율 방정식으로부터 K를 L의 함수로 풀어보자.

$$\frac{MP_L}{MP_K} = \frac{(1-\alpha)}{\alpha}\frac{K}{L} = \frac{W}{R}$$

$$K = \left[\frac{\alpha}{(1-\alpha)}\frac{W}{R}\right]L$$

다음으로, K를 생산 제약조건에 대입하여 최적 노동량 L^*를 구한다.

$$\overline{Q} = \alpha AK^{\alpha}L^{1-\alpha} = A\left[\frac{\alpha}{(1-\alpha)}\frac{W}{R}L\right]^{\alpha}L^{1-\alpha}$$

$$\overline{Q} = A\left[\frac{\alpha}{(1-\alpha)}\frac{W}{R}\right]^{\alpha}L^{\alpha}L^{1-\alpha}$$

$$L^* = \left[\frac{(1-\alpha)}{\alpha}\frac{R}{W}\right]^{\alpha}\frac{\overline{Q}}{A}$$

이제 K를 L의 함수로 표시한 앞의 식에 L^*를 대입함으로써 K^*를 구한다.

$$K^* = \left[\frac{\alpha}{(1-\alpha)}\frac{W}{R}\right]L^*$$

$$= \left[\frac{\alpha}{(1-\alpha)}\frac{W}{R}\right]\left[\frac{(1-\alpha)}{\alpha}\frac{R}{W}\right]^{\alpha}\frac{\overline{Q}}{A}$$

두 번째 괄호를 도치시켜 두 괄호를 묶음으로써 식을 단순화할 수 있다.

$$K^* = \left[\frac{\alpha}{(1-\alpha)}\frac{W}{R}\right]\left[\frac{\alpha}{(1-\alpha)}\frac{W}{R}\right]^{-\alpha}\frac{\overline{Q}}{A}$$

$$K^* = \left[\frac{\alpha}{(1-\alpha)}\frac{W}{R}\right]^{1-\alpha}\frac{\overline{Q}}{A}$$

이렇게 해서 생산량 $\overline{Q}$를 최소의 비용으로 얻는 방법은 $\left[\dfrac{\alpha}{(1-\alpha)}\dfrac{W}{R}\right]^{1-\alpha}\dfrac{\overline{Q}}{A}$ 단위의 자본과 $\left[\dfrac{(1-\alpha)}{\alpha}\dfrac{R}{W}\right]^{\alpha}\dfrac{\overline{Q}}{A}$ 단위의 노동을 사용하는 것임을 알 수 있다.

이제 비용최소화 투입 조합을 찾는 두 번째 방법을 보자. 기업의 목표는 전과 마찬가지로 생산함수의 제약하에 비용을 최소화하는 것이다.

$$\min_{K,L} C = RK + WL \text{ s.t. } \overline{Q} = AK^{\alpha}L^{1-\alpha}$$

다음으로, 이 제약하의 최적화 문제에 대해 라그랑지 함수를 사용해 일계조건식을 구할 수 있다.

$$\min_{K,L,\lambda} \mathcal{L}(K,L,\lambda) = RK + WL + \lambda(\overline{Q} - AK^{\alpha}L^{1-\alpha})$$

이제 라그랑지 함수의 일계조건을 취한다.

$$\frac{\partial \mathcal{L}}{\partial \mathcal{L}} = R - \lambda(\alpha AK^{\alpha-1}L^{1-\alpha}) = 0$$

$$\frac{\partial \mathcal{L}}{\partial L} = W - \lambda[(1-\alpha)AK^{\alpha}L^{-\alpha}] = 0$$

$$\frac{\partial \mathcal{L}}{\partial \lambda} = \overline{Q} - AK^{\alpha}L^{1-\alpha} = 0$$

첫 두 조건식에 λ가 있음을 유의하자. 식을 변형시켜 λ에 대해 푼다.

$$R = \lambda(\alpha AK^{\alpha-1}L^{1-\alpha})$$

$$\lambda = \frac{R}{\alpha AK^{\alpha-1}L^{1-\alpha}}$$

$$W = \lambda\left[(1-\alpha)AK^{\alpha}L^{-\alpha}\right]$$

$$\lambda = \frac{W}{(1-\alpha)AK^{\alpha}L^{-\alpha}}$$

이제 2개의 λ 식을 일치시킨다.

$$\lambda = \frac{R}{\alpha A K^{\alpha-1} L^{1-\alpha}} = \frac{W}{(1-\alpha)AK^{\alpha}L^{-\alpha}}$$

기업의 비용최소화 문제라는 맥락에서 λ는 어떻게 해석할 수 있는가? 일반적으로 라그랑지 승수는 제약조건을 1단위 완화하는 가치이다. 여기서 제약조건은 생산량이다. 주어지는 생산량을 1단위 증가시킨다면 최적 상태에서 총생산비용은 λ만큼 증가한다. 바꾸어 말하자면, λ는 매우 특별한 경제적 의미를 갖는다. 그것은 생산의 한계비용(MC), 즉 기업이 비용을 최소화하면서 생산량을 1단위 더 생산하기 위해 필요한 추가적 비용이다. 이 점은 위의 λ들에서 알 수 있다 ― 자본(또는 노동)의 추가적 단위의 비용을 그것에 의해 생산되는 추가적인 생산량으로 나눈 것. 제7장에서 MC를 알아내는 다른 방법들도 알아보겠지만, MC는 항상 기업의 비용최소화 행동을 반영하는 것이라는 점은 유념하는 것이 좋다.

λ 식들을 뒤집어보면 비용최소화에 대한 또 다른 이해를 얻을 수 있다.

$$\frac{\alpha A K^{\alpha-1} L^{1-\alpha}}{R} = \frac{(1-\alpha)AK^{\alpha}L^{-\alpha}}{W}$$

이 관계식은 최적 상태에서 성립되는 것, 즉 $\dfrac{MP_K}{R} = \dfrac{MP_L}{W}$ 을 정확히 보여주는데, 이를 변형하면 비용최소화 조건을 얻을 수 있다.

$$\frac{W}{R} = \frac{MP_L}{MP_K} = MRTS_{LK}$$

비용을 최소화하는 최적 투입물 조합을 구하기 위해 먼저 K를 L의 함수로 나타낼 수 있다.

$$\frac{K^{\alpha}}{K^{\alpha-1}} = \frac{W(\alpha L^{1-\alpha})}{(1-\alpha)RL^{-\alpha}}$$

$$K = \left[\frac{\alpha}{(1-\alpha)}\frac{W}{R}\right]L$$

L의 함수로서 K를 세 번째 일계조건, 즉 제약조건식에 대입한다.

$$\overline{Q} - AK^{\alpha}L^{1-\alpha} = \overline{Q} - A\left[\frac{\alpha}{(1-\alpha)}\frac{W}{R}L\right]^{\alpha}L^{1-\alpha} = 0$$

비용최소화 노동량 L^*를 구한다.

$$A\left[\frac{\alpha}{(1-\alpha)}\frac{W}{R}\right]^{\alpha}L^{\alpha}L^{1-\alpha} = A\left[\frac{\alpha}{(1-\alpha)}\frac{W}{R}\right]^{\alpha}L = \overline{Q}$$

$$L^* = \left[\frac{\alpha}{(1-\alpha)}\frac{W}{R}\right]^{-\alpha}\frac{\overline{Q}}{A} = \left[\frac{(1-\alpha)}{\alpha}\frac{R}{W}\right]^{\alpha}\frac{\overline{Q}}{A}$$

L^*를 L의 함수로 표현된 K 식에 대입하면 다음과 같다.

$$K^* = \left[\frac{\alpha}{(1-\alpha)}\frac{W}{R}\right]L^* = \left[\frac{\alpha}{(1-\alpha)}\frac{W}{R}\right]\left[\frac{(1-\alpha)}{\alpha}\frac{R}{W}\right]^{\alpha}\frac{\overline{Q}}{A}$$

단순화를 위해 두 번째 항을 뒤집고 묶으면 다음과 같다.

$$K^* = \left[\frac{\alpha}{(1-\alpha)}\frac{W}{R}\right]\left[\frac{\alpha}{(1-\alpha)}\frac{W}{R}\right]^{-\alpha}\frac{\overline{Q}}{A} = \left[\frac{\alpha}{(1-\alpha)}\frac{W}{R}\right]^{1-\alpha}\frac{\overline{Q}}{A}$$

이처럼 라그랑지 함수를 이용해서 노동과 자본의 최적 투입량을 얻게 되는데, 이것은 비용최소화 조건을 이용해서 얻은 것과 같다.

$$L^* = \left[\frac{(1-\alpha)}{\alpha}\frac{R}{W}\right]^{\alpha}\frac{\overline{Q}}{A}$$

$$K^* = \left[\frac{\alpha}{(1-\alpha)}\frac{W}{R}\right]^{1-\alpha}\frac{\overline{Q}}{A}$$

 예제 6A.1

한 기업의 생산함수가 $Q = 20K^{0.2}L^{0.8}$이다. 여기서 Q는 생산량, K는 기계(사용)시간, L은 노동시간을 가리킨다. 자본의 임대료는 $R = 15$달러, 임금률은 $W = 10$달러이고, 기업의 목표 생산량은 40,000단위라면, 자본과 노동의 비용최소화 조합은 얼마인가?

풀이

비용최소화 조건을 통해 답을 구할 수 있다. 그렇지만 라그랑지 함수를 사용해서 풀어보자. 먼저 기업의 비용최소화 문제를 다음과 같이 세운다.

$$\min_{K, L} C = 15K + 10L \text{ s.t. } 40,000 = 20K^{0.2}L^{0.8} \text{ 혹은}$$

$$\min_{K,L,\lambda} \mathcal{L}(K,L,\lambda) = 15K + 10L + \lambda(40,000 - 20K^{0.2}L^{0.8})$$

라그랑지 함수의 일계조건식들을 구한다.

$$\frac{\partial \mathcal{L}}{\partial K} = 15 - \lambda(4K^{-0.8}L^{0.8}) = 0$$

$$\frac{\partial \mathcal{L}}{\partial L} = 10 - \lambda(16K^{0.2}L^{-0.2}) = 0$$

$$\frac{\partial \mathcal{L}}{\partial \lambda} = 40,000 - 20K^{0.2}L^{0.8} = 0$$

앞의 2개 조건식을 이용해서 L을 K의 함수로 푼다.

$$\lambda = \frac{15}{4K^{-0.8}L^{0.8}} = \frac{10}{16K^{0.2}L^{-0.2}}$$

$$15(16K^{0.2}L^{-0.2}) = 10(4K^{-0.8}L^{0.8})$$

$$240(K^{0.2}K^{0.8}) = 40(L^{0.2}L^{0.8})$$

$$L = 6K$$

이제 L을 세 번째 일계조건식에 대입해서 노동과 자본의 최적량 L^*와 K^*를 구한다.

$$40,000 - 20K^{0.2}L^{0.8} = 0$$

$$20K^{0.2}(6K)^{0.8} = 40,000$$

$$20(6)^{0.8}K = 40,000$$

$$K^* \approx 477 \text{ 기계시간}$$

$$L^* \approx 6(477) \approx 2,862 \text{ 노동시간}$$

기업은 최적 상태에서 대략 477의 기계시간과 2,862의 노동시간을 사용해서 40,000단위를 생산할 것이다. 그렇지만 라그랑지 함수는 또 하나의 정보를 제공해준다. λ값, 혹은 한계비용이 그것이다.

$$\lambda = \frac{15}{4K^{-0.8}L^{0.8}} = \frac{15}{4(477^{-0.8})(2,862^{0.8})} \approx \$0.89$$

그러므로 기업이 생산량을 1단위 더, 정확히 40,001번째 단위를 생산하고자 한다면 0.89달러를 더 지출해야 할 것이다.

기업의 확장경로

지금까지는 주어진 생산량에 대한 비용최소화 문제만을 다루었다. 즉 기업은 얼마큼 생산해야 할지 알고 있고, 그 생산량을 최소의 비용으로 생산하는 방법을 결정한다고 가정한 것이다. 그렇지만 최적 투입물 조합이 생산량에 따라서 어떻게 달라지는지 알고자 한다면 어떨까? 이것이 기업의 확장경로이며, 앞에서 그림으로 보았던 바이다. 확장경로는 모든 가능한 생산량 수준에서 비용을 최소화하는 자본과 노동의 관계를 보여준다. 미적분을 이용해서 확장경로를 찾아보자.

여기서도 콥-더글러스 생산함수 $Q = AK^{\alpha}L^{1-\alpha}$를 가정하는데, 자본 임대료와 임금률은 각각 R과 W이다. 먼저 제약하의 최적화 문제와 라그랑지 함수를 써보자. 전과는 달리 생산량이 고정되었다고 가정하지 않는다는 점에 유의하자. 확장경로에서는 생산량이 가변적이며 이 점은 아래에서 제약하의 최적화 문제를 세울 때 반영된다.

$$\min_{K,L} C = RK + WL \text{ s.t. } Q = AK^{\alpha}L^{1-\alpha}$$

$$\min_{K,L,\lambda} \mathcal{L}(K,L,\lambda) = RK + WL + \lambda(Q - AK^{\alpha}L^{1-\alpha})$$

라그랑지 함수의 일계조건을 구한다.

$$\frac{\partial \mathcal{L}}{\partial K} = R - \lambda(\alpha AK^{\alpha-1}L^{1-\alpha}) = 0$$

$$\frac{\partial \mathcal{L}}{\partial L} = W - \lambda[(1-\alpha)AK^{\alpha}L^{-\alpha}] = 0$$

$$\frac{\partial \mathcal{L}}{\partial \lambda} = Q - AK^{\alpha}L^{1-\alpha} = 0$$

앞에서 보았듯이, 첫 두 조건식으로부터 최적 자본량 K^*를 노동량 L^*의 함수 형태로 얻는다.

$$K^* = \left[\frac{\alpha}{(1-\alpha)}\frac{W}{R}\right]L^*$$

이 식이 의미하는 바는 무엇인가? 투입물 가격이 주어졌을 때, 비용을 최소화하는 노동 단위당 자본량을 알려준다. 그 노동과 자본의 조합이 생산량을 결정한다. 따라서 알게 된 것은 무엇인가? 확장경로다! 자본 단위당 최적 노동량도 구할 수 있지만, 확장경로를 L^*의 함수로서 K^*로 그리는 것이 더 쉽다. 지수가 α와 $(1-\alpha)$인 콥-더글러스 생산함수에서는 항상 다음과 같은 기울기를 갖는 직선형의 확장경로가 도출됨에 유의하자.

$$\frac{\alpha}{(1-\alpha)}\frac{W}{R}$$

이처럼 직선형의 확장경로는 콥-더글러스 함수 형태의 또 다른 유용한 성질이다.

예제 6A.2

예제 6A.1의 정보를 이용해서 기업의 확장경로를 도출하라.

$$K^* = \left[\frac{\alpha}{(1-\alpha)} \frac{W}{R} \right] L^* = \frac{0.2(10)}{0.8(15)} L^* = 0.167L^*$$

풀이

일반화된 콥-더글러스 생산함수의 경우에 확장경로를 이미 구했으므로, 그 확장경로 방정식에 비용최소화 문제의 매개변수들을 대입하면 된다($\alpha = 0.2$, $W = \$10$, $R = \$15$).

그러므로 이 기업은 비용을 최소화하면서 원하는 생산량 수준에 관계없이 항상 노동량이 자본량의 6배가 되는 조합으로 생산할 것이다.

연습문제

1. 아래 생산함수들에 대해
   - 각 투입물의 한계생산을 구하고,
   - 각 투입물의 경우에 한계수확체감을 보이는지 판단하고,
   - 한계기술대체율을 구하고, 노동 사용량이 증가할 때 그것이 어떻게 변하는지 알아보라.
   a. $Q(K, L) = 3K + 2L$
   b. $Q(K, L) = 10K^{0.5}L^{0.5}$
   c. $Q(K, L) = K^{0.25}L^{0.5}$

2. 보다 일반적인 형태의 콥-더글러스 생산함수는 다음과 같다.

   $$Q = AK^{\alpha}L^{\beta}$$

   여기서 A, α, β는 양(+)의 상수이다.
   a. 자본과 노동의 한계생산을 구하라.
   b. α와 β가 어떤 값을 가질 때 자본과 노동의 한계수확이 체감하는가?
   c. 한계기술대체율을 구하라.

3. 한 영화사가 디지털편집설비(K)와 편집자(L)를 사용해서 단편 영상물을 제작하고 있다. 생산함수는 $Q = 30K^{0.67}L^{0.33}$으로, 여기서 Q는 영상물의 길이(시간)이다. 임금은 25달러, 자본 임대료는 50달러이다. 기업은 최소비용으로 $Q = 3,000$을 생산하고자 한다.
   a. 기업의 제약하의 최적화 문제를 기술하라.
   b. 최적화 문제를 라그랑지 함수로 나타내라.
   c. 라그랑지 함수를 이용하여 3,000단위를 생산하는 비용을 최소화하는 자본과 노동 투입량을 구하라.
   d. 3,000단위의 총생산비용은 얼마인가?
   e. 생산량을 1단위 늘릴 경우에 총비용은 어떻게 변하겠는가?

4. 생산함수 $Q = K^{0.4}L^{0.6}$, 임금 60달러, 자본 임대료 20달러일 때 기업의 확장경로를 구하라.

비용

라이언에어(Ryanair)는 세계에서 가장 빠르게 성장해온 대형 항공사 중 하나이다. 1985년에 운항을 시작한 후, 1990년에 재무적 문제로 어려움을 겪고 나서 성공의 열쇠를 발견했는데, 그것은 비용 구조를 크게 낮춤으로써 너절하면서도 비싸기만 한 국적 항공사에 길들여진 유럽 역내 고객들이 라이언에어로 유럽 전역을 여행할 수 있게 만든다는 것이었다.

라이언에어는 저렴하다. 저렴한 걸로 유명하다. 착륙 요금을 절약하기 위해서 도시의 주 공항을 이용하는 대신에 대개 도심에서 멀리 떨어져 있는 제2공항을 이용하기도 한다. 파리행 비행기의 경우, 도심에서 147km나 떨어진 공항에 도착한다. 조종사들은 운항 때마다 법정 최소량의 연료만을 채운다. 기내 좌석은 젖혀지지도 않으며, 간이 탁자나 뒷주머니도 없다. 라이언에어는 비행기마다 좌석을 6개 더 끼워 넣는 방안도 검토했었는데, 그러자면 기내 화장실은 하나만 둘 수밖에 없다. 탑승 수속도 적어도 두 시간 일찍 온라인으로 하는 것이 좋다. 공항에서는 수속비용이 약 63달러(2019년 기준)이다. (라이언에어는 창구 직원을 많이 고용하고 싶지 않은 것이다.) 이런 규칙들은 너무 심한 것처럼 보이겠지만, 항공 운임(편도)이 약 17달러밖에 되지 않는 경우도 있다는 점을 알고 나면 달라질 것이다.

라이언에어가 모든 승객들에게 맞는 것은 아니다. 안락함이나 고객 서비스는 라이언에어의 장기가 아니다. 그러나 라이언에어의 예는 중요한 점을 상기시킨다—비용은 기업들의 영업에서 핵심 요인이며, 기업의 비용 구조는 생산 의사결정이나 수익성 확보 차원에서 크게 중요한 요소이다. 비용은 기업이 얼마나 생산해야 하는지, 시장 조건의 변동에 따라 얼마나 확장 또는 감축해야 하는지, 원하는 경우에 다른 제품의 생산을 얼마나 쉽게 시작할 수 있는지 등에서 결정적인 역할을 한다.

제6장의 마지막 부분에서는 (총생산량에 따라 최적 투입 조합이 어떻게 변하는지를 보여주는) 확장경로와 (생산량이 달라짐에 따른 총비용의 변동을 보여주는) 총비용곡선을 다루면서 기업의 생산비용에 대한 학습을 시작했다. 두 개념은 기업의 비용 구조에 대한 이해의 바탕이 된다. 기업의 경영자는 비용이 무엇이며 생산량에 따라 어떻게 변하는지를 완전하게 이해하고 있어야 한다. 그런 이해는 기업이 왜 그렇게 행동하는지 이해하고자 하는 경제학자나 다른 관찰자에게도 중요하며, (제8장의 주제인) 공급곡선의 배경을 설명하는 데도 관건이 된다. 이 장에서는 기업의 생산함수와 생산량 수준이 어떻게 비용을 결정하게 되는지 알아봄으로써 기업의 비용의 본질을 살펴본다. 또한 단기와 장기 간에 비용이 어떻게 다른지도 관심사이다. 먼저 의사결정에서 실제로 중요한 비용이 무엇인가부터 살펴보자.

7.1 의사결정에 중요한 비용 : 기회비용

경제학자들은 비용을 일반인과는 다르게 이해한다. 사람들은 대개 **회계적 비용**(accounting cost)에 익숙한데, 즉 원자재비, 노동자 인건비, 사무실이나 매장의 임대료 등과 같이 사업을 영위하는 데 필요한 직접적인 비용이다. 경제학자들이 관심을 두는 **경제적 비용**(economic cost)은 회계적 비용 외에 다른 것도 포함하는데, 바로 생산자의 기회비용이다. **기회비용**(opportunity cost)

회계적 비용
원자재비 등 사업 운영을 위한 직접적 비용

경제적 비용
생산자의 회계적 비용과 기회비용의 합

기회비용
생산자가 투입물을 사용함으로써 포기하게 되는 것의 가치은 투입물을 사용함에 따라 포기해야 하는 것으로서, 회계적 비용과는 무관할 수도 있다. 생산자가 포기해야 하는 것은 그 투입이 다른 차선의 용도로 사용되었더라면 얻을 수 있는 수익이다 — 기업이 무엇인가를 하기 위해서 어떤 투입을 사용하고 있다면, 그것을 다른 무엇인가를 위해 사용할 가능성은 포기하고 있는 것이다. 이 '다른 무엇인가'의 상실된 가치가 그 투입물의 기회비용이다.

예를 들어 라이언에어가 가장 비용효율적인 투입물 사용을 고려할 때, 회계적 이윤을 얻고 있는지는 중요하지 않다. 만일 **경제적 비용**이 매우 크다면 경제적 이윤은 음수가 될 수도 있다. 회계적 비용만을 따져서 투입물 사용에 관한 의사결정을 하는 것은 잘못될 수 있다. 라이언에어가 운항을 위해 연료를 사용하는 것은 그것이 가장 유리한 경우에만 그렇다. 즉 기업은 **회계적 이윤**(accounting profit, 총수입에서 회계적 비용을 뺀 것)이 아니라 **경제적 이윤**(economic profit, 총수입에서 경제적 비용을 뺀 것)을 고려해야 하는 것이다. 만일 연료 가격이 구매할 때 지불한 가격보다 충분히 높아진다면, 라이언에어는 운항을 줄이고 연료를 다른 곳에 판매함으로써 이익을 낼 수 있다.

기업의 생산 관련 결정이 (기회비용을 고려하여) 경제적 비용에 근거해서 이루어져야 한다는 인식은 앞으로 배우게 되는 모든 내용의 기초가 된다. 달리 언급이 없는 한, 기업의 비용을 얘기할 때는 경제적 비용을 얘기하고 있는 것이다.

회계적 이윤
기업의 총수입에서 회계적 비용을 뺀 것

경제적 이윤
기업의 총수입에서 경제적 비용을 뺀 것

 ## 응용 공유경제 : 기회비용을 이용해서 돈을 버는 이야기

'공유경제(sharing economy)'의 성장은 근년에 기업계에 나타난 가장 큰 변화 중 하나인데, 자신의 자산을 빌려주려는 사람들과 그것을 빌려 쓰려는 사람들을 연결하는 인터넷 기반의 플랫폼으로 이루어지는 것이 대부분이다. 이 새로운 영역에서 두드러진 회사들은 에어비앤비, VRBO, 홈어웨이, 플립키 등과 같이 주거 서비스에 특화하는 플랫폼이다. 이 플랫폼 덕에 주택 소유자는 사용되지 않고 있는 공간을 수입으로 전환할 수 있게 된다.

여행지의 많은 주택 소유자가 연중 일부에만 자기 집을 사용한다. 하지만 사용하지 않는 시기에도 대출금이나 관리비 등의 비용을 지불해야만 한다. 공유경제 플랫폼이 출현하기 전에는 여기서 이야기가 끝났다. 친구나 가족에게 빌려주는 경우도 있지만 그렇게 해서 소득을 얻기는 쉽지 않았다.

에어비앤비 같은 공간-공유 플랫폼이 실현됨에 따라서, 그렇지 않았더라면 비어있을 집 (또는 빈방)을 빌려 쓰려고 하는 사람을 찾아내기가 훨씬 쉬워졌다. 이에 따라 공간 소유주의 기회비용이 높아졌는데, 아무 소득도 없이 빈 채로 두는 대신에 임대할 수 있기 때문이다. 많은 소유주들이 자기 집을 빌려주는 기간을 훨씬 늘리는 쪽으로 반응한 것은 놀랄 바도 아니다. 기회비용이 그런 의사결정을 이끌었다. ■

예제 7.1

민준이 소유한 식당의 작년 수입과 지출 내역이 다음과 같다.

수입	500,000달러
재료 구입	150,000달러
전기-수도요금	15,000달러
종업원 봉급	50,000달러
민준의 봉급	60,000달러

민준은 언제든지 식당 사업을 끝내고 건물을 연 100,000달러에 임대하는 선택을 취할 수 있다. 현재 민준은 다른 식당 하나와 고급음식점 하나로부터 일자리를 제안받고 있다(각각 연봉 45,000달러와 75,000달러). 민준은 한 가지 일만 할 수 있다.

a. 민준이 소유한 업체의 회계적 비용은 얼마인가?
b. 민준이 소유한 업체의 경제적 비용은 얼마인가?
c. 민준이 소유한 업체의 경제적 이윤은 얼마인가?

풀이

a. 회계적 비용은 직접적인 운영비로, 재료 구입비, 전기-수도요금, 봉급이 포함된다.

회계적 비용 $= \$150,000 + \$15,000 + \$50,000 + \$60,000$
$= 275,000$달러

b. 경제적 비용은 회계적 비용에 소유자가 공급하는 자원의 기회비용을 포함한다. 민준의 기회비용에는 건물에서 얻을 수 있는 임대료(100,000달러)와 자기 시간의 기회비용이 있다. 그는 가게를 포기하고 고급음식점에서 더 많은 급료를 벌 수 있으므로, 그것(75,000달러)과 현재 벌고 있는 급료(60,000달러)의 차이를 고려해야 한다. 다른 식당의 제안은 고려 대상이 아닌데, 왜냐하면 기회비용은 '차선' 대안의 가치를 측정하는 것이며, 그것은 고급음식점이기 때문이다. 따라서 경제적 비용은 회계적 비용+기회비용이다.

경제적 비용 $= \$275,000 + \$100,000 + \$15,000$
$= 390,000$달러

c. 경제적 이윤은 총수입에서 경제적 비용을 뺀 것이다. $\$500,000 - \$390,000 = 110,000$달러. 민준은 자기 식당 사업을 계속해야 한다.

7.2 의사결정에 무관한 비용 : 매몰비용

기회비용은 생산 의사결정에서 반드시 고려해야 하는 것이지만, 그런 의사결정에서 **결코** 고려되어서는 안 되는 비용도 있다. 제6장에서 비용의 일부는 생산량에 관계없이, 생산량이 0이더라도 사용되어야 할 투입에 대한 지출, 즉 **고정비용**(fixed cost)이라는 것을 알았다. 식당을 소유하고 있다고 가정해보자. 고정비용에는 임대료, 보험료, 면허료, 광고비 지출, 식기류 및 (냉장고나 오븐 같은) 주방 설비비용 등이 포함된다. (고정비용은 자본 투입에 관련된 것으로 보는 것이 보통이지만 노동 투입비용도 고정비용이 될 수 있다. 예를 들어 경비를 고용하고 있다면 식당이 영업 중이든 아니든 경비의 임금은 고정비용이다.) 이제 식당을 폐업했다고 하자. 더 이상 생산은 하지 않지만 여전히 고정비는 지불해야 한다. 그렇지만 그중 일부는 회수할 수도 있다. 예를 들어 주방의 식기나 설비는 팔아버릴 수도 있고 건물을 다른 사업자에게 재임대할 수도 있다. 이런 유형의 고정비용은 **회피가능**(avoidable)하다고 부르기도 하는데, 폐업한다면 지불할 필요가 없게 만들 수 있기 때문이다.

> **고정비용**
> 생산량에 따라 변동하지 않는 투입물 비용

그렇지만 일부 고정비용은 회피가 불가능하다. 이런 유형의 비용을 **매몰비용**(sunk cost)이라고 부른다. 그런 비용은 일단 지출되고 나면 결코 회수할 수 없다. 식당의 예에서는, 광고비는 매몰적이다. 건물의 장기 임대계약을 맺었는데 재임대할 수는 없다고 한다면, 임대료도 매몰비

> **매몰비용**
> 지출되고 나면 회수할 수 없는 비용

용이다. 계약 만료 전에 폐업하더라도 회수할 수 없다.

매몰비용의 일부는 고정적 자본 투입(식당의 설비나 식기류)에 대해 여전히 부담해야 하는 것과 이 자본을 재판매해서 얻을 수 있는 것의 차이다. 식당 설비의 경우에는 이 차이가 상대적으로 작을 것인데, 왜냐하면 대부분이 다른 식당들에서 쉽게 사용될 수 있기 때문이다.

하지만 당신이 가상화폐 비트코인의 '채굴자(miner)'라고 가정해보자. 특정 유형의 수학문제를 남보다 빨리 푸는 것이 채굴자가 돈을 버는 방법이다. 채굴과 관련된 수학문제를 풀기 위해 특별히 설계된 ASIC칩이라는 특수한 컴퓨터 칩이 있다. 특수용인 만큼 일반 서버의 CPU에 비해서 채굴에서는 훨씬 우수하지만 다른 대부분의 컴퓨터 작업에는 시원치 않다. 비트코인의 채굴에만 쓸모가 있다. 따라서 만일 당신이 채굴 작업을 끝내기로 했다면 그것을 살 사람은 다른 채굴자뿐이다. 여러 채굴자가 동시에 그만두기로 한다면 ─ 2018년 초에 비트코인 가격이 75% 하락했을 때 수십만 명이 그만두었다 ─ 비싼 값을 치르고 샀던 ASIC도 헐값이 될 것이다. 그런 ASIC의 비용은 매몰비용이며, 그만둔다고 해도 회수할 수 없다.

이 예에서 보듯이, 자본이 다른 기업에 의해서 사용될 수 있는지 여부는 매몰비용의 중요한 결정 요인이다. 원래의 용도 외에는 별로 쓸모가 없는 자본은 **특유성 자본**(specific capital)이라고 부른다. 어떤 기업의 영업에 특유한 건물이나 기계에 대한 지출은 매몰적이 되기 쉬운데, 다른 용도에는 가치가 별로 없기 때문이다.

특유성 자본
원래 용도 외로는 사용될 수 없는 자본

매몰비용과 의사결정

매몰비용과 관련하여 중요한 교훈은 일단 지출되고 나면 그것은 현재와 미래의 생산 결정에 영향을 미쳐서는 안 된다는 것이다. 이유는 간단하다 ─ 지금부터 어떤 행동을 선택하든 관계없이 그것은 이미 없어졌기 때문에 현재와 미래의 생산 결정에서 비용과 편익의 관계에 영향을 미칠 수 없다. 콘서트에 갔는데 지겨워져서 "계속 봐야 하나, 가버려야 하나?"라고 자문하고 있는 상황을 생각해보자. 입장권 가격이 1달러든 1,000달러든 간에 그 비용은 매몰되었고, 머물든 떠나든 회수할 수 없다. '계속 있을까 떠날까'의 결정에서 고려되어야 할 유일한 사실은 다른 무언가(산책, 낮잠, 친구와의 잡담)가 더 재미있을지 여부이다. 대안이 더 즐거울 것이라면 떠나야 한다.

생산의 맥락에서 살펴보기 위해 식당의 예로 돌아가보자. 소유주로서 당신은 계속 문을 열 것인지 폐업할 것인지 결정해야 한다. 식당에 드는 비용의 일부는 매몰비용이며, 여기에는 회피불가능한 고정비용과 자본을 싸게 매각할 수밖에 없음으로 인해서 입게 될 잠재적 손실이 포함된다. 이들 비용은 회수가 불가능하고 계속 문을 열든 닫든 지출되어야 한다. 영업을 계속한다면, 생산물(음식물)을 판매해서 얻는 돈, 즉 운영수입 또는 **조업수입**(operating revenue)을 얻을 수 있다. 하지만 생산에 소요되는 비용(종업원 봉급, 원재료비, 냉난방비 등), 즉 운영비 또는 **조업비용**(operating cost)도 있다.

조업수입
기업이 생산량을 판매함으로써 버는 돈

조업비용
기업이 생산활동에서 부담하게 되는 비용

사업이 여의치 않을 경우, 계속할지 문을 닫을지 어떻게 결정해야 하는가? 일반적으로, 계속의 가치가 폐업의 가치보다 크다면 계속해야 한다. 그러나 여기서 중요한 기준이 있다 ─ 매몰비용은 이런 의사결정에 개입되어서는 안 된다. 매몰비용은 영업 계속 여부와 관계없이 잃게 될 것이며, 따라서 식당의 장래에 대한 의사결정과는 무관하다. 그러므로 계속과 폐업 간의 선택은 오로지 예상되는 수입이 예상되는 조업비용보다 큰지 여부에만 따라야 한다. 지출된 매몰비용이

1달러든 100만 달러든 그것은 문제가 되지 않는다.

현실에서 매몰비용이 수반된 선택에 직면했을 때, 소비자와 기업은 매몰비용을 무시하는 데 어려움을 겪곤 한다. 그들은 경제학자들이 **매몰비용의 오류**(sunk cost fallacy)라고 부르는 잘못, 즉 매몰비용이 미래지향적 의사결정에 영향을 미치게 하는 실수를 범하는 것이다. 매몰비용을 무시해야 하는데도 마치 그것이 중요한 것처럼 보고 행동하는 것은 잘못이다. 경제학이든, 금융학이든, 삶에 관한 결정에서든 이런 오류를 피하고 싶겠지만, 그것을 범하게 되는 상황은 쉽게 생각해볼 수 있다.

매몰비용의 오류
매몰비용이 미래지향적 의사결정에 영향을 주게 되는 오류

 ### 응용 헬스클럽 회원권

모두가 헬스클럽을 사랑한다. 맞는가? 경제학자인 델라비냐와 맬먼디어는 헬스클럽의 경제학과 소비자의 행태를 연구했다.[1]

그들이 발견한 바가 그다지 놀랍지는 않을 것이다—사람들은 자신이 헬스클럽에 얼마나 많이 갈 것인지에 대해서 지나치게 낙관적이라는 사실이다. 무제한 출입이 가능한 회원권을 산 회원들이 실제로는 한 달에 4회 남짓 이용했으며, 따라서 회당 평균비용은 17달러 수준이었다. 100달러에 10회를 갈 수 있는(즉 회당 10달러) 이용권도 있었음에도 그러했다. 결국 회원들은 전체 기간에 평균적으로 약 600달러를 더 지출하고 있었다.

소비자들이 이런 회원권을 구입하는 데는 그러고 나면 좀 더 자주 이용하게 될 것이라는 희망이 작용했을 수도 있다. 사람들이 회원권의 혜택을 충분히 이용하지 않는다는 사실은 일견 비합리적 행동으로 보일지 모른다. 그러나 요점은 회원권이 매몰비용이라는 사실이다. 다시 말해 당신이 소파에 퍼져 TV를 보면서 운동하러 갈 것인지를 따지는 경우에, 회원권에 얼마를 지불했는지는 고려하지 않는다는 것이다. 반면에 운동하러 가는 경우의 기회비용은 고려할 것이다—혹시 경제학 공부에 몰두하고 싶을지도 모르겠지만, 좋아하는 쇼를 보고 싶을 가능성이 더 클 것이다. 이유가 어떻든 간에, 당신의 의사결정이 매몰비용이 아니라 기회비용에 근거하고 있다는 것은 경제학적으로는 옳은 것이지만, 건강을 생각할 때 바람직해 보이지는 않는다. ■

 ### 응용 적자일 줄 알면서도 영화사가 영화를 제작하는 이유

영화 산업은 엄청난 금액이 왔다 갔다 하는 사업이다. 어벤져스나 스타워즈 같은 영화들이 산업을 이끌어간다. 초대작 영화 하나를 만드는 데 수억 달러가 들어가기도 하지만, 사람들이 그 비용을 회수하기에 충분할 만큼 좋아하리라는 보장은 없다. 위험한 사업이다.

영화를 찍는 도중에 일이 잘못되어 적자가 날 것으로 거의 확실시되는 때도 있다. 그럼에도 제작사가 영화를 완성해서 개봉하는 경우도 있다. 그 이유는 매몰비용이 존재하며 그것은 의사결정에 무관한 요인이라는 것으로 설명될 수 있다.

가장 악명 높은 제작 사례 중 하나가 워터월드이다. 당신은 그 영화를 못 봤을 수도 있는데,

1 Stefano DellaVigna and Ulrike Malmendier, "Paying Not to Go to the Gym," *American Economic Review* 96, no. 3 (2006): 694–719.

영화 '워터월드'로 입은 손실을 생각하면 유니버설스튜디오는 비명을 지르고 싶었을 것이다.

실제로 본 사람이 많은 것도 아니다. 그것은 '올해 최악의 영화' 선발에서 최악의 영화, 최악의 주연, 최악의 감독, 최악의 조연 후보로 올랐었다.

이 영화는 만년설이 녹아내려 지구가 바다로 뒤덮이게 되는 먼 미래를 배경으로 한다. 케빈 코스트너는 물속에서 숨을 쉴 수 있는 돌연변이인 'Mariner' 역을 맡았고, 그의 역할은 한 소녀를 (악당 'Smokers'로부터) 보호하는 것인데, 소녀의 등에는 육지를 그린 지도처럼 보이는 것이 새겨져 있다. 영화는 거의 전부 물 위와 물속에서 촬영되었다.

개봉 당시 워터월드는 역대 가장 비용이 많이 든 영화였다. 마케팅 및 배급 비용이 들어가기도 전에 이미 1억 7,500만 달러가 제작에 들어갔고, 따라서 어떻게 대응하든지에 관계없이 적자가 보장된 상태였다. 결국 미국에서는 겨우 8,800만 달러, 그리고 해외에서 그 2배 정도를 벌어들였을 뿐이다. 제작사는 전체 관람수입의 일부만을 챙길 수 있었으므로, 전문가들은 사실상 망한 경우로 평가하고 있다.

유니버설스튜디오가 영화를 완성해서 개봉하기로 결정을 한 사정을 살펴보자. 애초에 제작사는 1억 5,000만 달러 정도의 수입을 기대했고, 예산은 96일의 촬영기간에 1억 달러 정도였다.[2] 촬영이 시작되자마자 1억 달러의 예상비용 중에서 1,600만 달러 정도가 매몰되어 버렸다 (그중 1,400만 달러가 코스트너가 받은 최저 보장 보수이다).

6월경의 '워터월드' 경제학(단위 : 100만 달러)			
예상 이윤	예상 수입	예상 추가비용	매몰비용
+50	+150	−84	−16

사정은 곧 나빠지기 시작했다. 하와이 빅아일랜드의 카와이하에(Kawaihae) 항구에 있었던 촬영장소는 바람이 너무 강한 곳이어서 많은 인원이 매일 뱃멀미로 고생했다. 고통을 완화하기 위해 먹는 의약품은 사람을 졸리게 만들어서 카메라와 다른 장비들을 제대로 다루기 어렵게 만들었다. 다이버들은 수중에 오래 머무는 바람에 감압 증세와 색전증으로 고생하였다. 1분짜리 액션 장면을 만드는 데 5주 이상 걸리는 상황도 벌어졌다. 촬영기간 하루 연장에 비용은 약 35만 달러가 추가되었다. 촬영이 시작되고 몇 달 후에는 예상 소요기간이 120일로, 예상비용은 1억 4,000만 달러로 불어났다. 이 중 1억 달러가 매몰비용이 되어버렸다. 그래도 영화는 약간의 이윤을 벌 수 있을 것으로 보였다.

2   영화계에서의 회계는 은밀하기도 하고 '신축적'인 것으로 악명이 높기 때문에, 여기서는 영화에 대한 정형화된 형태의 경제분석을 제시한다. 영화경제학에 대한 더 많은 정보를 위해서, 그리고 영화 제작에서의 여러 '끔찍한' 문제들과 다양한 비용 초과 사례 및 영화 관련 뒷얘기들을 보고 싶다면, 다음을 참조하라. Charles Fleming, "That Sinking Feeling," *Vanity Fair*, August 1, 1995; "Fishtar? Why 'Waterworld,' with Costner in Fins, Is Costliest Film Ever," *Wall Street Journal*, January 31, 1996.

9월경의 '워터월드' 경제학(단위 : 100만 달러)			
예상 이윤 +10	예상 수입 +150	예상 추가비용 -40	매몰비용 -100

그때쯤 최대의 사고가 덮쳤다. 항구 밖에 위치한 수 톤짜리 금속제 세트인 '노예촌(slave colony)'이 물속 깊이 가라앉는 바람에 엄청난 비용을 들여 끌어올려야 했다. 여기에 21일이 걸렸다. 이 무렵에는 예상 총비용이 1억 7,500만 달러로 치솟았고, 그중 1억 4,000만 달러가 이미 매몰비용이 되었으며(일부는 문자 그대로 '물속에'), 완성되려면 3,500만 달러가 더 들어가야 할 상황이었다.

12월경의 '워터월드' 경제학(단위 : 100만 달러)			
예상 이윤 -25	예상 수입 +150	예상 추가비용 -35	매몰비용 -140

이 시점에서 제작사는 영화가 적자가 될 것임을 알 수밖에 없었다. 만일 제작사가 계속할까 포기할까를 결정하면서 매몰비용을 고려했다면 분명히 제작을 중단했을 것이다. 하지만 그랬다면 그것은 실수였을 것이다. 이유는 촬영을 중단할지 영화를 완성할지 검토하면서 제작사가 직면했던 상충관계에서 나타난다. 계속해서 3,500만 달러를 추가 투입해서 영화를 완성한다면 예상 수입 1억 5,000만 달러를 얻을 것이다. 물론 1억 4,000만 달러의 매몰비용은 잃게 되겠지만, 그 점은 제작사가 제작을 취소하더라도 마찬가지였을 것이다. 반면에 취소하기로 한다면 제작사는 추가적인 3,500만 달러의 지출은 피할 수 있겠지만 1억 5,000만 달러의 예상 수입도 포기해야 한다. 앞을 내다보면서, 그리고 당연하지만 매몰비용은 무시한 상황에서 제작사는 완성할 경우에 예상되는 추가적인 이득 1억 1,500만 달러(수입 $1억 5,000만 – 비용 $3,500만)와 중단할 경우에 예상되는 추가적인 손실 1억 1,500만 달러(비용 절감 $3,500만 – 수입 상실 $1억 5,000만) 간에 선택해야 하는 상황에 직면했던 것이다.

만일 코스트너와 영화 제작자들이 6월경에 수정 구슬을 통해서 앞으로 어떤 끔찍한 일들이 일어날 것이며 엄청난 비용이 들게 될 것임을 미리 알았더라면 결정은 달라졌을 것이 분명하다. 그러나 그것은 비용이 매몰되기 이전이다. 6월에는 단지 1,600만 달러의 손실을 입는 것만으로 제작을 중단할 수 있었다. 1억 4,000만 달러의 비용이 매몰된 이후에야 문제를 알아차렸다는 사실은, 한편으로 제작자들이 예상 수입이 실현되리라는 희망을 품고 눈을 질끈 감고는 모험을 감행한 것이 (그 시점에서는) 일리가 있음을 의미하기도 한다. ■

7.3 비용과 비용곡선

기업이 생산량을 얼마로 할 것인지 결정할 때는 경제적 비용을 고려하며, 여기에는 회계적 비용과 기회비용이 모두 포함된다.

제6장에서 살펴본 생산비용으로 돌아가보자. 기업의 비용에는 두 가지 유형이 있는데, 고정비용(fixed cost, *FC*)과 **가변비용**(variable cost, *VC*)이다. 가변비용 또는 변동비용은 생산량이 변

가변비용
기업의 생산량에 따라서 변동하는 투입물 비용

총비용
기업의 고정비용과 변동비용의 합

함에 따라 달라지는 비용이다. 모든 비용은 고정비용이거나 가변비용이며, 따라서 기업의 **총비용**(total cost, TC)은 고정비용과 가변비용의 합이다($TC = FC + VC$).

기업이 생산량을 늘리기 위해 투입이 더 많이 필요하다면 그 투입에 대한 지불은 가변비용으로 산정된다. 예를 들어 맥도날드에서 햄버거를 만들려면 재료를 구입해야 한다. 빵, 케첩, 고기 등에 대한 지불은 가변비용에 포함된다. 대부분의 노동비용도 가변비용의 일부이다. 더 많은 햄버거를 만들기 위해 더 많은 노동자가 필요한 경우, 더 많은 환자를 치료하기 위해 더 많은 의사가 필요한 경우, 혹은 더 많은 컴퓨터 프로그램을 작성하기 위해 더 많은 프로그래머가 필요한 경우, 이 추가적인 노동자들의 임금과 봉급은 가변비용에 더해진다. 일부 자본비용도 가변적일 수 있다. 예를 들어 건설회사가 더 많은 집을 짓기 위해 크레인의 임차를 늘려야 한다거나, 혹은 크레인을 사용함에 따라 더 빨리 낡게 되는 경우에, 추가적인 임차비용이나 감가상각은 가변비용이다.

신축성과 고정비용, 가변비용

기업이 사용하는 투입물의 양을 얼마나 쉽게 변경할 수 있는지 여부와 그 투입물의 비용이 고정비용인지 가변비용인지 간에는 중요한 관계가 있다. 생산량 변동에 따라 투입량을 쉽게 조정할 수 있다면 그 투입비용은 가변적이다. 생산량 변동에 따라 투입량을 조정할 수 없다면 그 투입비용은 고정적이다.

시간적 여유 매우 짧은 기간에는 많은 비용들이 고정적인데, 짧은 기간 중에는 생산량이 변해도 투입 수준을 조정할 수 없기 때문이다. 그렇지만 기간이 길어질수록 생산량 변동에 상응하도록 모든 투입 수준을 변경할 수 있는 가능성이 커진다. 장기적으로는 모든 투입이 신축적이다. 제6장에서 단기와 장기의 생산함수를 구별하면서 자본 투입은 단기에는 고정적이지만 장기에는 신축적이 된다고 했는데, 장기에는 모든 투입이 가변적이라는 개념과 매우 밀접하게 관련된다.

작은 식당을 경영하는 상황을 다시 가정해보자. 주어진 영업일의 경우에 비용의 많은 부분이 고정되어 있다 — 건물, 주방 설비, 식탁 등에 대한 지불은 고객 수에 관계없이 이루어진다. 요리사나 종업원도 미리 계획해서 고용하므로 조기에 해고할 수 없다면 영업 상황에 관계없이 보수를 지불해야 한다. 시간 단위로 가변적인 비용은 식재료와 그릴을 데울 천연가스 정도일 것이다. 음식을 만들지 않는다면 이런 비용은 들지 않는다.

1~2개월 정도의 기간에는 더 많은 투입비용들이 가변적이 된다. 가령 종업원들도 바쁜 날에는 더 많이, 한가한 날에는 더 적게 배치할 수 있다. 또 한가한 시간대는 배제하고 영업시간을 선택할 수 있으며, 그래서 조명과 냉방 등을 특정 시간대로 집중할 수 있다. 이 모든 비용이 이제는 가변비용이다. 그러나 여전히 생산량에 관계없이 건물을 1년 임대를 하고 있고 따라서 그것은 고정비용이다. 하지만 기간이 더 길어지면 건물조차도 가변비용이 된다. 사업이 잘되지 않는다면 다음 해에 임대계약을 끝낼 수 있다.

기타 요인 투입물 시장의 다른 특징들도 투입 수준이 얼마나 쉽게 조정될 수 있는지에 영향을 주며, 따라서 고정비용과 가변비용의 상대적 수준을 결정하게 된다.

그런 요인 중 하나는 자본의 임대나 재판매가 활발하게 이루어지는 시장의 존재 여부이다. 이들 시장은 (건설회사가 때때로 주택 건축을 위해 크레인을 필요로 하는 경우처럼) 기업들이 생산량을 늘리고자 할 때 가끔만 필요로 하는 특정한 기계류나 건물 유형을 이용할 수 있게 한다. 임대시장이 없다면 그 투입물을 완전히 구입할 수밖에 없어서 사용하든 사용하지 않든 비용을 지불해야 할 것이다. 임대시장은 자본의 투입을 보다 신축적으로 만들어줌으로써 자본비용을 고정비용에서 가변비용으로 바꿀 수 있다.

어떤 비용이 고정비용이고 가변비용인지가 임대시장 때문에 달라지는 좋은 예로는 항공 산업을 들 수 있다. 과거에는 항공사들이 운항하는 비행기를 사실상 모두 소유했다. 그렇지만 오늘날에는 전 세계적으로 상업용 제트기의 거의 절반이 임대되고 있다. 때로는 에어버스나 보잉으로부터 직접 임차하기도 하지만, 'GE Capital Aviation Services'나 'International Lease Finance Corporation'과 같은 전문화된 항공기 임대회사들을 이용하는 경우가 더 많다. 이들 임대회사는 제조업체로부터 비행기를 구매한 다음 추가 설비를 필요로 하는 항공사들에게 계약을 통해 임대한다. 설비가 더 이상 필요하지 않게 되면 항공사들은 비행기를 임대회사에게 반환하며, 이것들은 다른 항공사에 임대되는 것이 보통이다. 이러한 신축성 덕분에 항공사들이 잘 쓰이지도 않는 비행기에 계속 돈을 들여야 할 가능성은 줄어들게 된다. 자본의 재판매(중고) 시장이 활발한 경우에도 임대와 같은 역할을 할 수 있다. 가령 당신이 승용차를 2만 달러에 구입했고 5년이 지나서 1만 달러에 중고로 재판매할 수 있다면, 5년 동안 매년 2,000달러로 차를 임대해 사용하는 것이나 마찬가지다.

노동계약(labor contract)은 노동비용의 고정성과 가변성에 영향을 미칠 수 있다. 어떤 계약에서는 노동자가 얼마 동안 생산 작업을 하는지에 무관하게 일정 금액을 지불하기로 되어있다. 그런 지출은 고정비용이다. 예를 들어 미국의 자동차회사들은 1980년대 중반에 일시 해고된 노동자들을 위해서 '일자리은행'이라고 불리는 것을 운영하기 시작했다. 이 프로그램은 해고된 노동자도 정규 봉급의 95%를 받고 의료보험도 유지되며 퇴직 때까지 계속 연금에 가입되어 있도록 규정했다. 이런 계약상의 조건들 때문에 자동차회사들의 노동비용은 생산량 변동과는 별 관계가 없어졌다. 일자리은행에 따라 노동자들의 보수는 고정비용이 되었다. 노동비용은 노동자가 자동차를 만들고 있든 아니든 사실상 같아진 것이다. 이처럼 고정비용이 큰 비용 구조는 금융위기 시기에 미국 자동차회사들이 겪은 어려움의 여러 원인 중 하나가 되었으며, 그로 인해 일자리은행을 포기하게 되었다.

비용곡선의 도출

생산을 해나가면 앞에서 본 유형들의 비용 수준이 달라진다. 기업에서 지출하는 비용의 성질과 규모는 이윤극대화 생산활동을 결정하는 데 중요하다. 기업의 행동을 이해하려면 생산에서의 선택, 특히 생산량의 선택에 따라 비용이 어떻게 달라지는지를 알아야 한다. 여러 유형의 비용과 생산량 간의 관계는 **비용곡선**(cost curve)으로 요약된다.

어떤 종류의 비용과 생산량 간의 관계인지에 따라서 비용곡선에도 여러 유형이 있다. 상이한 곡선들을 이해하기 위해서 예를 하나 들어보자. 그렇지만 그 전에, 비용곡선에 나타나는 비용과 생산량은 모두 특정한 (단위)기간을 대상으로 측정된다는 점을 유의해야 한다. 가령 시간당(hourly), 1일(daily), 연간(yearly) 비용곡선이 있을 수 있다. 특정된 (단위)기간은 맥락에 따라 달라지는데, 앞에서 보았듯이 어떤 것이 고정비용이고 어떤 것이 가변비용인지도 마찬가지이다.

비용곡선
기업의 생산량과 생산비용 간의 수학적 관계

신발회사의 예를 들어보자. 이 회사는 단기에, 고정 투입(기계)과 가변 투입(노동 및 원자재)을 사용해서 신발을 생산한다. 표 7.1은 이 회사의 주당 또는 주 단위 비용을 보여준다. 이 비용 자료는 그림 7.1에 그려져 있다.

- 고정비용은 생산량에 따라 달라지지 않으므로 상수이며, 고정비용(FC)곡선은 수평선이다. 그리고 고정비용은 생산을 전혀 안 하기로 한 경우에도 단기에는 지불되어야 하는 것이기 때문에 $Q=0$의 경우에도 고정비용은 다른 어떤 생산량 수준에서와 같다. 표 7.1에서처럼 신발회사의 고정비용은 주당 50달러이며, 따라서 그림 7.1에서 FC곡선은 50달러에서 수평선이다.

- 가변비용은 생산량에 따라 달라진다. 생산량이 증가하면 더 많은 투입물이 필요하며, 따라서 신발회사의 가변비용도 증가한다. 생산량과 가변 투입물량의 관계는 VC곡선의 기울기가 항상 양수임을 의미한다. 그림 7.1에서 신발회사 VC곡선의 형태는 가변비용이 생산량에 따라 증가하는 정도가 처음에는 감소하다가 이후에는 증가함을 보여준다. 구체적으로, 곡선은 주당 생산량이 0에서 4켤레까지 증가할 때는 점점 완만해지는데, 이는 신발 1켤레를 더 생산하는 데 필요한 추가비용이 감소한다는 것을 나타낸다. 하지만 주당 생산량이 4켤레가 되면 VC곡선의 기울기는 가팔라진다. 이것은 이때부터 신발 1켤레를 더 생산하기 위한 추가비용이 증가한다는 것을 의미한다. 그 이유에 대해서는 나중에 더 얘기하기로 하자.

- 총비용곡선은 기업의 총생산비용이 생산량에 따라 어떻게 달라지는지를 보여준다. 모든 비용은 고정비용 아니면 가변비용이기 때문에, 두 가지의 합은 항상 총비용과 같다. 실제로

표 7.1 고정비용, 가변비용, 총비용

생산량 Q(켤레/주)	고정비용 FC($/주)	가변비용 VC($/주)	총비용 TC($/주)
0	50	0	50
1	50	10	60
2	50	17.5	67.5
3	50	22.5	72.5
4	50	25	75
5	50	30	80
6	50	37.5	87.5
7	50	47.5	97.5
8	50	60	110
9	50	75	125
10	50	100	150
11	50	150	200
12	50	225	275

그림 7.1 고정비용, 가변비용, 총비용

표 7.1의 숫자들을 이용해서 신발회사의 총비용(TC), 고정비용(FC), 가변비용(VC)곡선을 그릴 수 있다. FC곡선은 주당 50달러 수준에서 수평선이다. VC곡선은 생산량에 따라 증가한다―생산량이 적을 때는 증가속도가 감소하지만, 생산량이 많아지면 증가속도가 증가하기 시작한다. TC곡선은 FC곡선과 VC곡선의 합이며, VC곡선과 평행하는데 FC의 크기만큼 VC곡선보다 더 높다.

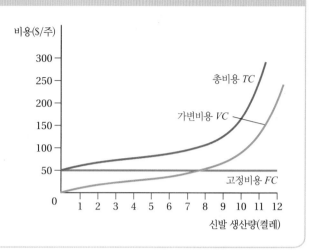

그림 7.1에서처럼 TC곡선과 VC곡선은 형태가 같고 서로 평행하는데, 모든 점에서 고정비용 크기만큼 떨어져 있다. 생산량이 0일 때도 총비용은 0이 아니고 50달러라는 점에도 유의하자. 이것은 신발회사의 고정비용으로, 생산량이 0인 경우에도 단기에는 지출될 수밖에 없는 것이다.

7.4 평균비용과 한계비용

TC곡선(그리고 FC 및 VC 요소)을 이해하는 것은 기업 생산활동의 분석에서 중요한 부분이다. 이를 위해 생산 의사결정에서 핵심적 역할을 하는 다른 두 가지 비용 개념을 도입하자. 평균비용(AC)과 한계비용(MC)이 그것이다. 제6장에서는 기업이 원하는 생산량은 주어진 것으로 보았다. 이후 몇 개 장에서는 기업이 원하는 생산량 수준을 결정할 때 AC와 MC가 중요한 역할을 함을 알게 될 것이다.

평균비용의 여러 척도

평균비용(average cost)은 비교적 단순한데, 단지 비용을 수량으로 나눈 것이다. 비용에는 세 가지(총, 고정, 가변)가 있으므로 평균비용에도 세 종류가 있다. 각각의 척도는 주어진 생산량 수준에서 단위당(per-unit) 비용을 나타낸다. 표 7.2에서 이들을 계산하고 그림 7.2에서 그려본다.

평균고정비용(average fixed cost, AFC)은 생산량 단위당 고정비용으로 측정된다.

평균고정비용
생산물 단위당 고정비용

$$AFC = FC/Q$$

표 7.2의 (6)열은 신발회사의 평균고정비용 AFC를 보여준다. AFC는 생산량에 따라 감소한다. 고정비용은 생산량에 따라 달라지지 않으므로 점점 더 많은 생산량 단위들에 분산된다. 분자(고정비용)는 일정한데 분모(생산량)는 증가하므로 AFC는 생산량 증가에 따라 점점 작아진다. 이처럼 신발회사가 생산량을 늘릴수록 켤레당 AFC는 감소한다.

표 7.2 신발회사의 비용

(1)	(2)	(3)	(4)	(5)	(6)	(7)	(8)
생산량 Q	고정비용 FC	가변비용 VC	총비용 TC	한계비용 MC $(=\Delta TC/\Delta Q)$ $(=\Delta VC/\Delta Q)$	평균고정비용 AFC $(=FC/Q)$	평균가변비용 AVC $(=VC/Q)$	평균총비용 ATC $(=TC/Q)$
0	50	0	50	–	–	–	–
1	50	10	60	10	50	10	60
2	50	17.5	67.5	7.5	25	8.75	33.75
3	50	22.5	72.5	5	16.67	7.5	24.17
4	50	25	75	2.5	12.5	6.25	18.75
5	50	30	80	5	10	6	16
6	50	37.5	87.5	7.5	8.33	6.25	14.58
7	50	47.5	97.5	10	7.14	6.79	13.93
8	50	60	110	12.5	6.25	7.5	13.75
9	50	75	125	15	5.56	8.33	13.89
10	50	100	150	25	5	10	15
11	50	150	200	50	4.55	13.64	18.18
12	50	225	275	75	4.17	18.75	22.92

그림 7.2 평균비용곡선

표 7.2의 숫자들을 사용해서 평균고정비용(AFC), 평균가변비용(AVC), 평균총비용(ATC)곡선을 그릴 수 있다. 신발회사가 생산량을 증가시키면 단위(켤레)당 AFC는 감소한다. AVC는 처음에 약간 감소하다가 5켤레를 지나면서 증가한다. ATC는 AFC와 AVC의 합으로서 'U' 모양이며, AFC의 크기만큼 AVC로부터 떨어져 있다.

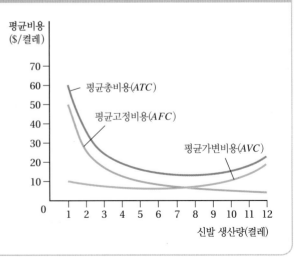

괴짜경제학

3D 프린터와 제조비용

영화 '스타트렉'에는 상상만 할 수 있는 억지스러운 기술들이 온통 널려 있다. 예를 들면 빛의 속도보다 빠르게 전달되는 메시지, 은신(cloaking) 장치, 인간을 한곳에서 다른 곳으로 쏘아 보내는 이동설비, 나아가서 식량이나 부품과 같이 우주선 스타십 엔터프라이즈(Starship Enterprise)호에서 필요한 것들을 생산하는 데 쓰일 물질을 만드는 '복제기(replicator)' 등이다.

미친 소리로 들리겠지만 '복제기'는 이미 공상과학이 아니다. 그런 제품을 복제기라고 부르는 대신 3D 프린터라고 부른다. 3D 프린터는 플라스틱이나 금과 같은 원재료를 사용해서 주방용 식기나 거실용 조각품을 만들어낸다. 새로운 '푸디니(Foodini)' 3D 프린터는 식품까지 찍어낼 수 있는데, Trekkie(스타트렉 광팬)들의 꿈이 실현된 셈이다. 비용만 충분히 하락한다면 3D 프린터는 전자오븐이나 토스터만큼 일상적인 것이 될 것이다. 음식을 사러 가게에 가거나 온라인으로 주문하는 대신에, 집에서 단추 몇 개 눌러서 원하는 것을 바로 만들어내게 될 것이다.

많은 신기술의 경우처럼, 현재는 비용이 어마어마하게 높다. 상업용 수준 프린터의 고정비용은 수십만 달러이다. 가변비용은 엄청난 정도는 아닐지라도(평균비용이 세제곱인치당 약 4달러 정도) 매우 높아서 프린터로 찍어낸 제품은 요사이 대량생산된 제품들과는 경쟁이 안 될 것이다. 셰이프웨이즈(Shapeways.com)사의 3D 프린터로는 300만 개 이상의 제품을 만들 수 있다지만 문제는 비싸다는 것이다. 어떤 게임보드 조각 하나의 비용이 6.45달러이고, 팝콘기계 손잡이의 비용이 7.28달러라고 한다.

하지만 1910년에는 조립라인이 숙련된 장인을 대체하게 되는 상황도 마찬가지로 비현실적이었을 것이다. 스마트폰도 20년 전에는 공상과학 수준이었다. 과거에는 스타트렉의 세계에서나 생각해볼 수 있던 것이 조만간에 일상생활에서 상용적인 부분이 될지 모른다. 하지만 거실에 (순간)이동설비를 갖추게 되기까지는 조금은 더 기다려야 할 것 같다.

평균가변비용(average variable cost, AVC)은 생산량 단위당 가변비용을 측정하며, 가변비용을 생산량으로 나누어 계산한다.

$$AVC = VC/Q$$

AFC와 달리, AVC는 생산량의 변동에 따라 증가할 수도 있고 감소할 수도 있다. 이 경우에는 생산량 5단위까지는 감소하다가 이후에는 증가하며, 따라서 AVC곡선은 'U' 모양으로 나타난다.

평균총비용(average total cost, ATC)은 생산량 단위당 총비용이다.

$$ATC = TC/Q$$

신발회사의 ATC는 표 7.2의 마지막 열에 있다. 여기서 ATC는 생산량에 따라 처음에는 감소하다가 이후 증가하게 된다. 기업의 ATC는 흔히 이런 종류의 'U' 모양을 띤다. 먼저 ATC는 AFC와 AVC의 합이라는 점에 유의하자.

$$ATC = TC/Q = (FC + VC)/Q$$
$$= FC/Q + VC/Q$$
$$= AFC + AVC$$

ATC는 생산량에 따라 처음에는 감소하는데, 이때는 급격하게 감소하는 AFC가 ATC에 압도적인 영향을 주기 때문이다. 그러나 생산량이 계속 증가함에 따라서 AVC는 계속 증가하는데, 처음에는 ATC가 감소하는 정도를 완화하는 정도지만 나중에는 ATC가 증가하도록 만든다. 이러한 움직임들이 ATC를 'U' 모양으로 만든다.

평균가변비용
생산물 단위당 가변비용

평균총비용
생산물 단위당 총비용

한계비용

한계비용
생산을 1단위 늘리는 데 드는 추가적인 생산비용

또 다른 핵심 비용 개념은 **한계비용**(marginal cost)으로, 생산량을 1단위 증가시키려면 비용이 얼마나 드는지를 측정하는 것이다.

$$MC = \Delta TC / \Delta Q$$

여기서 ΔTC는 총비용의 변화를, ΔQ는 생산량의 1단위 변화를 가리킨다.

신발회사의 MC는 표 7.2의 (5)열이 보여주며, 이는 생산량 1단위 증가에 따른 총비용의 차이다. 한 가지 더 유의하자 — 한계비용은 생산량 1단위 증가에 따른 가변비용의 차이와 같기도 하다. 정의상 고정비용은 생산량에 따라 변동하지 않기 때문이다. 그러므로 고정비용은 한계비용에 **영향을 주지 않는다**. 생산량이 1단위 증가하면 가변비용만 달라진다. 한계비용은 생산량 1단위 증가에 따른 가변비용의 변화로 정의될 수도 있다.

$$MC = \Delta VC / \Delta Q \, (= \Delta TC / \Delta Q)$$

이런 이유에서, 한계비용의 경우에는 평균비용처럼 고정 부분과 가변 부분으로 분해되지 않는다. 한계비용은 한계가변비용이다.

신발회사의 MC는 생산량 증가에 따라 처음에는 감소한다. 일정한 생산량(표 7.2에서는 4단위)에 도달하고 나면 MC가 증가하기 시작하며, 더 많은 생산량 수준에서는 더 가파르게 증가한다. 왜 이런 모습이 나타나는가? MC가 처음에 감소하는 이유는 초기 생산 단계에서 발생할 수 있는 문제들은 비교적 빨리 시정될 수 있기 때문이거나, 생산이 늘어남에 따라 노동자가 가장 잘하는 일에 특화할 수 있기 때문이다. 그렇지만 생산량이 계속 증가함에 따라 한계비용 감소 현상은 사라지게 되고, 그림 7.3에서처럼 MC는 생산량과 함께 증가하게 된다. 생산량을 1단위 증가시키기 위한 비용이 점점 높아지는 이유는 여러 가지다 — 설비 제약이 발생할 수도 있고, 사용량이 늘어남에 따라 투입물이 더 비싸질 수도 있으며, 회사의 조업 조정이 점점 어려워질 수도 있다.

그림 7.3 한계비용

신발회사의 한계비용곡선 MC는 1켤레를 더 생산하기 위한 추가비용을 보여주며, 대개 'U' 모양이다.

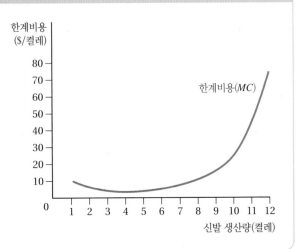

한계비용 개념을 제대로 이해하는 것은 결정적으로 중요하다. *MC*는 모든 경제학에서 가장 중심적인 개념 중 하나이며, 기업에서 이루어지는 대부분의 핵심 결정에서 중요한 역할을 한다.

 예제 7.2

지역의 농산물 시장에 팔기 위해 딸기를 재배하는 소규모 농가를 가정해보자. 이 농가는 5에이커의 토지를 주당 200달러로 임대해서 쓰고 있고, 또 노동자는 1인당 주급 250달러에 고용하고 있다. 다음 표는 딸기 생산량(단위는 트럭 1대분)이 고용 노동자 수에 따라 어떻게 달라지는지를 나타내고 있다.

노동(주당 노동자)	딸기의 양(주당 트럭 1대분)
0	0
1	1
3	2
7	3
12	4
18	5

딸기 1단위에서 5단위까지 한계비용(*MC*)을 계산하라.

풀이

가장 쉬운 해법은 표에서 몇 개의 열을 더하는 것이다. 고정비용, 가변비용, 총비용을 더해야 한다. 고정비용은 생산량과는 무관한 토지(사용)비용으로 200달러이다. 가변비용은 노동비용으로, 노동량에 임금률(250달러)을 곱해서 구할 수 있다. 총비용은 둘의 합이다.

*MC*는 증가하는 생산량 1단위당 총비용의 변화이다($\Delta TC/\Delta Q$). 생산량이 0에서 1단위로 증가하면 총비용은 200달러에서 450달러로 증가한다. 따라서 딸기 첫 단위의 *MC*는 $450 - $200 = 250달러이다. 생산량이 1단위에서 2단위로 늘어나면 총비용이 450달러에서 950달러로 증가하므로 *MC*는 $950 - $450 = 500달러이다. 세 번째 단위가 생산될 때는 총비용이 950달러에서 1,950달러로 늘어나므로 *MC*는 $1,950 - $950 = 1,000달러이다. 네 번째 단위의 생산은 총비용을 3,200달러로 올리게 되므로, 네 번째 단위의 *MC*는 $3,200 - $1,950 = 1,250달러이다. 생산이 4에서 5단위로 증가한다면 총비용은 3,200달러에서 4,700달러로 증가하며, 따라서 다섯 번째 단위의 *MC*는 1,500달러이다.

각 생산 단위의 *MC*는 (총비용의 변화 대신에) 가변비용의 변화만으로 계산할 수도 있었다. 토지의 양은 고정되어 있으므로, 딸기 생산량을 늘리자면 노동을 더 고용할 수밖에 없으며, 따라서 가변비용이 증가한다.

주당 노동	딸기의 양(트럭 1대분)	고정비용 FC	가변비용 VC=W×L	총비용 TC=FC+VC	한계비용 MC
0	0	$200	$250 × 0 = $0	$200	–
1	1	200	250 × 1 = 250	450	$250
3	2	200	250 × 3 = 750	950	500
7	3	200	250 × 7 = 1,750	1,950	1,000
12	4	200	250 × 12 = 3,000	3,200	1,250
18	5	200	250 × 18 = 4,500	4,700	1,500

평균비용과 한계비용의 관계

평균비용(AC)과 한계비용(MC)은 모두 총비용에서 도출되므로 이 둘은 직접적으로 관련된다. 어떤 생산량 수준에서 MC가 AC보다 작다면 1단위 더 생산할 때 AC가 감소하게 되는데, 왜냐하면 추가되는 비용이 그전까지의 AC보다 작기 때문이다. (이 관계는 제6장에서 배운 노동의 평균생산과 한계생산의 경우와 같다.) 예를 들어 단위당 100달러의 AC로 9단위를 생산한 기업을 가정해보자. 다음 단위의 MC가 90달러라면, AC는 ($900 + $90)/10 = 99달러로 떨어질 것인데, 추가되는 단위의 비용(MC)이 이전 단위들의 AC보다 낮기 때문이다.

따라서 어떤 생산량 수준에서 MC곡선이 AC곡선보다 아래에 있다면 AC는 감소하고 있을 것, 즉 AC곡선이 내려가고 있을 것임을 의미한다. 이것은 ATC의 경우든 AVC의 경우든 성립하는데, 왜냐하면 한계비용은 총비용과 가변비용을 똑같이 증가시키기 때문이다. 또한 이것은 MC가 AC보다 아래에 있으면서 증가하고 있는 경우에도 성립한다. 현재의 AC보다 낮은 비용으로 1단위를 더 생산한다면, 설령 그 비용(MC)이 증가하는 중이라고 하더라도 AC는 낮아질 것이다. MC곡선은 어떤 특정한 생산량 수준에서의 비용, 즉 바로 그 단위를 생산하는 데 들어가는 비용을 보여주는 반면, AC는 그때까지의 모든 단위의 비용을 평균한 것이라는 사실도 기억할 필요가 있다.

추가적인 단위의 MC가 AC보다 크다면 그것을 생산할 경우에 AC가 증가한다. 따라서 MC곡선이 AC곡선보다 위에 있는 경우에는 AC가 상승하며, 그 지점에서 AC곡선은 우상향하고 있다. 이것도 역시 ATC의 경우든 AVC의 경우든 성립한다. 이런 사실이 AVC곡선과 ATC곡선이 'U' 모양을 보이는 이유를 설명해준다. 생산량 증가에 따라 MC가 계속 상승한다면, 결국에는 AC보다 높아질 것이고 AVC곡선과 ATC곡선을 끌어올리기 시작할 것이다. 이런 관계를 그림 7.4에서 볼 수 있는데, 하나의 총비용곡선으로부터 도출된 ATC곡선, AVC곡선, MC곡선이 나타나 있다.

생산이 1단위 늘어나도 AC에 변동이 없는 유일한 경우는 AVC곡선과 ATC곡선의 최저점에서인데, 여기서는 MC가 AC와 같다. 이 최저점은 그림 7.4에 표시되어 있다. (다음 장에서는 AC와 MC가 같아지면서 AC가 최저가 되는 점이 경쟁시장에서 특별한 의미를 갖는다는 사실을 보게 될 것이다.)

그림 7.4   평균비용과 한계비용의 관계

MC곡선이 AC곡선보다 아래에 있을 때에는 AC곡선은 감소세를 보인다. 생산량이 많아져서 MC곡선이 AC곡선보다 위에 있게 되면 AC곡선은 상승세를 보인다. 그러므로 MC곡선은 AC곡선 및 AVC곡선의 최저점에서 교차하게 된다(즉 최저점들을 통과해서 올라가게 된다).

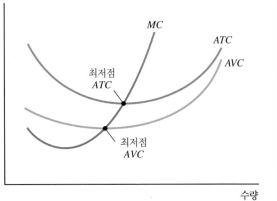

예제 7.3

기업의 총비용과 한계비용곡선이 각각 다음과 같다.

$$TC = 15Q^2 + 8Q + 45, \ MC = 30Q + 8.$$

a. FC, VC, ATC, AVC를 구하라.

b. ATC를 최소화하는 생산량 수준은 얼마인가?

c. AVC가 최소화되는 생산량 수준은 얼마인가?

풀이

a. FC는 생산량에 따라 변동하지 않는 비용이다. 생산량이 0일 때의 TC를 계산하면 FC를 알 수 있다.

$$TC = 15(0)^2 + 8(0) + 45 = 45$$

VC는 TC에서 FC를 빼서 구할 수 있다.

$$VC = TC - FC = (15Q^2 + 8Q + 45) - 45 = 15Q^2 + 8Q$$

VC는 생산량에 따라 달라진다. Q가 증가하면 VC도 증가한다.

ATC는 단위당 TC, 즉 TC/Q이다.

$$ATC = \frac{TC}{Q} = \frac{15Q^2 + 8Q + 45}{Q}$$
$$= 15Q + 8 + \frac{45}{Q}$$

AVC는 단위당 VC, 즉 VC/Q이다.

$$AVC = \frac{VC}{Q} = \frac{15Q^2 + 8Q}{Q}$$
$$= 15Q + 8$$

b. ATC는 $ATC = MC$에서 최소가 된다.

$$15Q + 8 + \frac{45}{Q} = 30Q + 8$$
$$15Q + \frac{45}{Q} = 30Q$$
$$\frac{45}{Q} = 15Q$$
$$15Q^2 = 45$$
$$Q^2 = 3$$
$$Q = \sqrt{3} = 1.732$$

c. AVC는 $AVC = MC$에서 최소가 된다.

$$15Q + 8 = 30Q + 8$$
$$15Q = 0$$
$$Q = 0$$

7.5 단기 비용곡선과 장기 비용곡선

주어지는 기간이 고정비용과 가변비용에 어떤 영향을 미치는지는 앞에서 살펴보았다. 장기간이 주어진다면 기업이 생산량 변동에 대응해서 투입을 변경하는 것이 용이해지며, 공장과 같은 '내구성' 자본 투입까지도 더 가변적이고 덜 고정적인 것으로 만든다.

제6장에서 자본량이 고정된 경우를 단기 생산함수로, 자본량이 조정될 수 있는 경우를 장기 생산함수로 정의했다. 비용곡선의 경우에도 마찬가지이다. 단기 비용곡선은 자본 수준이 고정된 상황에서 생산비용과 생산량의 관계를 나타낸다. 장기 비용곡선에서는 기업의 자본 투입도 노동 투입과 같이 가변비용이 된다.

단기 생산과 총비용곡선

기업의 **단기 총비용곡선**(short-run total cost curve)은 자본은 일정 수준 $\overline{K}$로 주어진 상황에서 상이한 생산량의 총비용을 보여준다. 자본량이 달라지면 상응하는 단기 생산함수도 달라지는 것처럼, 단기 TC곡선도 자본 수준에 따라 달라진다.

단기 총비용곡선
자본량은 고정된 상태에서 상이한 생산량을 생산하기 위해 필요한 총비용의 수학적 표현

제6장에서 기업의 (비용과 생산량의 관계인) 총비용곡선은 (비용최소화 투입물 조합과 생산량의 관계인) 확장경로와 관련이 있음을 보았다. 이 관계는 장기, 단기에서 모두 성립한다. 그렇지만 단기에는 자본량이 고정되어 있음을 상기하자. 그러므로 단기에서의 비용최소화를 위해서는 자본량이 일정하게 주어진 경우의 확장경로를 살펴보아야 한다. 6.7절에서 사용했던 엔진회사의 예를 들어보자(그림 6.14). 그림 7.5는 제6장의 장기 확장경로를 도출하면서 사용했던 등량곡선과 등비용선을 보여준다. 단기에는 자본량이 고정되어 있으며, 확장경로는 그 자본수준에서 수평선이다. 그림에서는 $\overline{K}=6$으로 되어있다. 단기에 생산량을 조정하고자 한다면 이 선을 따라 움직일 수밖에 없다. 즉 단기에 변경할 수 있는 유일한 투입물인 노동량을 바꾸는 것이다.

이 회사가 등량곡선 $Q=20$으로 표시된 것처럼 20단위를 생산하고 있다고 하자. 또한 자본이 6단위 고용될 때 $Q=20$을 생산하는 비용이 최소화된다고 하자. 즉 자본 투입이 6일 때, 등량곡

그림 7.5 장기 및 단기 확장경로

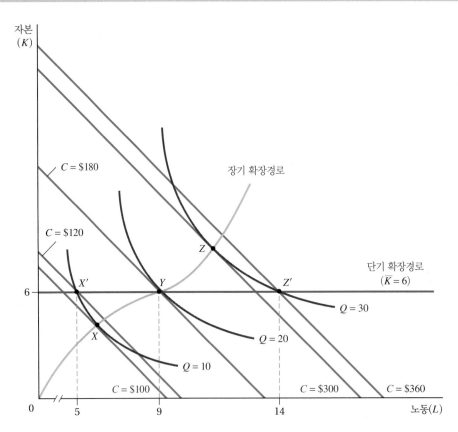

장기 확장경로에서는 기업이 자본 수준을 변경할 수 있지만, 단기 확장경로에서는 자본이 6으로 고정되어 있고, 확장경로는 $\overline{K}=6$에서의 수평선이다. 기업은 노동량을 변경함으로써만 생산량을 변경할 수 있다. X'점에서는 노동 5단위로 10단위를 생산하고(비용 120달러), Y점에서는 노동 9단위로 20단위를 생산하며(비용 180달러), Z'점에서는 노동 14단위로 30단위를 생산해서(비용 360달러) 각각 비용을 최소화하고 있다. $Q=20$에서 비용최소화 투입물 조합인 Y점은 장기와 단기에서 동일하며 비용도 같다(180달러). $Q=10$과 $Q=30$의 경우는 장기에서보다 단기에서 생산비용이 더 크다.

선 $Q = 20$은 등비용선 $C = 180$과 Y점에서 접하고 있다. $Q = 20$의 생산비용을 최소화하는 노동 투입량은 $L = 9$이다.

단기와 장기의 비용곡선 차이를 알아보기 위해서 단기(자본 고정) 확장경로 위에 있는 등량 곡선상의 점을 장기(자본 변동) 확장경로 위에 있는 그것과 비교해보자. $Q = 20$의 경우에 이들은 동일한데(Y점), 왜냐하면 자본량 $\overline{K} = 6$이 $Q = 20$을 생산하는 비용을 최소화하고 있기 때문이다.

그렇지만 $Q = 30$ 등량곡선에서는 단기와 장기의 투입물 조합이 다르다. 자본이 6으로 고정된 단기에는 $Q = 30$을 생산하려면 Z'점의 투입물 조합을 선택해야만 하며 이때 노동은 14단위이다. 그러나 Z'점은 장기에 비용을 최소화하는 투입물 조합인 Z점(노동 11단위 사용)에 접하는 $C = 300$ 등비용선의 바깥쪽에(즉 원점에서 더 멀리) 위치하고 있다는 사실을 주목하자. Z'점은 $C = 360$ 등비용선상에 있다. 바꾸어 말하자면, $Q = 30$을 생산하는 비용은 자본 투입을 조정할 수 없는 단기에 더 비싼 것이다. 이것은 모든 투입을 자유로이 변경할 수 있는 경우에 비해서더 많은 노동과 더 적은 자본을 사용할 수밖에 없기 때문이다.

$Q = 10$을 생산하려는 경우에도 마찬가지다. 자본이 단기에 고정되어 있다면, 기업은 X'점의 투입물 조합을 사용할 수밖에 없다(노동 5단위). 이 점은 $C = 120$ 등비용선상에 있는데, 자본이 신축적인 경우의 비용최소화 투입물 조합 X점은 $C = 100$ 등비용선상에 있다. 따라서 역시 단기 총비용은 장기 총비용보다 높다. 자본 투입을 조정할 수 있는 경우에서보다 더 많은 자본을 사용할 수밖에 없기 때문이다.

$Q = 20$ 외의 두 가지 생산량에 대해서만 살펴보았지만, 이것은 다른 모든 생산량 수준에 대해서도 성립하는 일반적인 현상이다. 기업이 (단기와 장기의 비용이 같아지는 생산량 수준인) $Q = 20$보다 많거나 적은 양을 생산하고자 한다면, 총비용은 장기에서보다 단기에 더 높을 것이다. 자본 투입량을 자유롭게 선택할 수 있는 능력이 제한되는 경우에는, (현재의 노동과 자본이 최적 상태가 되는 $Q = 20$일 때를 제외하고) 비용이 높아질 수밖에 없다.

이러한 단기 및 장기 확장경로에 상응하는 총비용곡선을 그려보면 그림 7.6을 얻게 된다. 장기 총비용곡선 TC_{LR}은 기업이 비용최소화를 위해서 모든 투입을 자유롭게 조정할 수 있다고 가정했을 때의 경우와 같다. $Q = 20$에서 이 곡선은 단기 총비용곡선 TC_{SR}과 겹치는데, 이 생산량 수준에서 자본은 비용최소화 수준이라고 가정했기 때문이다. (Y점으로 표시한 이유는 그것이 그림 7.5의 Y점에서의 생산량과 총비용의 조합에 상응하기 때문이다.) 그렇지만 다른 모든 생산량 수준에서는 단기(자본 고정) 총비용곡선이 장기(자본 변동) 총비용곡선보다 높다. $Q = 0$에서 단기 총비용은 양수지만 장기에는 0이 된다는 점에 유의하자.

단기 대 장기 평균총비용곡선

그림 7.6의 TC곡선으로부터 장기 및 단기의 평균총비용곡선을 도출할 수 있다. 이들은 그림 7.7에 있다. 장기 ATC곡선은 ATC_{LR}이고, 단기 ATC곡선이 $ATC_{SR,20}$이다. (아래첨자 '20'은 자본량이 $Q = 20$의 생산비용을 최소화하는 수준으로 고정되어 있는 경우임을 가리킨다.)

TC곡선에서처럼 단기와 장기의 ATC곡선은 $Q = 20$에서 겹치는데, 이때 자본이 비용을 최소화하는 수준으로 고정되어 있기 때문이다($K = 6$). 여기서 장기와 단기의 ATC는 $\$180/20 = 9$달러이다.

그림 7.6 단기 및 장기 총비용곡선

단기 총비용곡선(TC_{SR})은 그림 7.5의 확장경로에 있는 등량곡선
을 이용해서 도출된다. $Q = 20$인 Y점에서 단기 총비용곡선(TC_{SR})
과 장기 총비용곡선(TC_{LR})은 겹친다. $Q = 10$과 $Q = 30$을 포함하
여 다른 모든 Q값에서는 TC_{SR}이 TC_{LR}보다 위에 있으며 단기 총비
용은 장기 총비용보다 크다. 이것은 $Q = 0$의 경우에도 성립하는
데, 일부 투입비용은 단기에 고정되어 있지만 장기에는 모든 투
입이 신축적이 되기 때문이다.

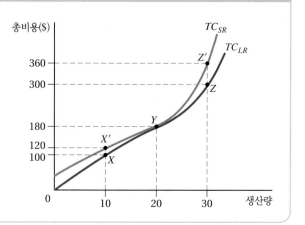

ATC는 이러한 상이한 총비용들을 같은 양으로 나눈 것이기 때문에, ATC도 장기보다 단기에
서 더 크다. 6으로 고정된 자본을 사용해서 $Q = 30$을 생산한다면 총비용은 360달러이고, 단기
ATC는 단위당 12달러가 된다. $Q = 10$을 생산한다면 단기 ATC는 $120/10 = 12달러로, 마찬가
지다. 단기 ATC곡선 $ATC_{SR,20}$ 위의 이 점들은 그림 7.6의 단기 TC곡선상의 같은 점들에 상응해
서 Z'과 X'으로 표시되어 있다. $Q = 10 \sim 30$에서의 장기 ATC는 Z와 X로 표시되었는데, 이 점들
은 그림 7.6의 같은 이름의 점들에 상응한다.

지금까지는 자본량이 $Q = 20$의 생산비용을 최소화하는 수준인 6단위로 고정되었다는 가정
하에 TC와 ATC에 대해서 단기와 장기의 구분을 분석했다. 그러나 이제 자본량이 다른 수준으
로 고정되었다고 가정해보자. 구체적으로, $Q = 30$의 생산비용을 최소화하는 수준인 9단위로 고
정된 경우를 예로 들어보자(이것은 그림 7.6에서 Z점에서의 자본 수준이다).

분석은 앞과 같다. 장기의 TC곡선과 ATC곡선은 변함이 없는데, 장기에서의 신축성을 가정
할 때 여전히 같은 자본량이 선택될 것이기 때문이다(따라서 비용도 같다). 그렇지만 단기 비
용곡선들은 달라지는데, 이는 고정된 자본량이 다르기 때문이다. 앞에서와 같은 논리로, 단기
비용곡선들은 한 점을 제외한 모든 생산량 수준에서 장기 비용곡선들보다 위에 있게 될 것이
다. 다만 이 경우에는 $Q = 20$에서 겹치는 것이 아니라 $Q = 30$에서 겹치는데, 왜냐하면 자본량이
$Q = 30$의 생산비용을 최소화하는 수준에서 고정되어 있기 때문이다. 단기 비용곡선들이 $Q = 30$
을 제외한 다른 모든 점들에서 더 높이 위치하게 되는 이유는 같은 논리이다—생산량에 따라
자본량을 조정할 수 없다면, 여하간에 같은 양의 자본을 선택하게 되는 경우 외에는 생산비용
이 높아지게 된다.

$Q = 10$의 생산비용을 최소화하는 자본량인 4단위로 고정된 경우에도 같은 비교를 해볼 수
있다(그림 7.6에서 X점에 상응한다). 역시 같은 상황이 적용된다. 단기의 비용곡선들은 $Q = 10$
외의 모든 생산량에서 더 높이 위치하게 된다.

그림 7.8에는 이처럼 다른 단기 평균총비용곡선들이 그림 7.7의 $ATC_{SR,20}$과 ATC_{LR}과 함께 나
타나 있다. $ATC_{SR,10}$과 $ATC_{SR,30}$은 각각 $Q = 10$ 및 $Q = 30$의 생산비용을 최소화하는 수준의 자본
량을 가졌을 때의 단기 ATC곡선들이다. 그림 7.8에서 볼 수 있듯이, 장기 ATC곡선은 단기 ATC

그림 7.7 단기 및 장기 총비용곡선

단기 평균총비용곡선($ATC_{SR,20}$)과 장기 평균총비용곡선(ATC_{LR})은 그림 7.6의 TC_{SR}과 TC_{LR}을 이용해서 그렸다. Y점은 Q = 20이면서 비용최소화 자본이 6단위인 점인데, $ATC_{SR,20}$과 ATC_{LR}은 모두 9달러와 같다. Q = 10과 Q = 30을 포함하여 모든 다른 Q값들에서는 $ATC_{SR,20}$이 ATC_{LR}보다 위에 있으며, 단기 ATC가 장기 ATC보다 크다.

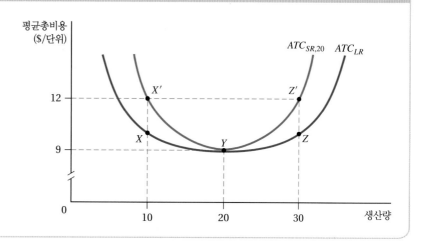

곡선들이 장기 곡선과 스치는(접하는) 점들을 연결하고 있다(접점은 상이한 자본량마다 단 하나뿐이다). 어떤 수준으로든지 주어진 자본량을 전제로 하여 위의 단기 분석을 반복할 수 있는데, 단기 ATC곡선은 한 점을 제외하고는 항상 장기의 경우보다 위에 위치할 것이다. 그러한 단기 곡선들을 모두 그려본다면 그림 7.8의 세 점처럼 장기 ATC곡선을 보여주게 될 것이다. 경제학자들이 말하듯이, 장기 ATC곡선은 단기 ATC곡선들의 '포락선(또는 봉투)'인데, 왜냐하면 그것은 그림 7.8에서 보듯이 가능한 모든 단기 ATC곡선들을 감싸는 경계를 형성하기 때문이다.

그림 7.8에서 주목할 만한 점은 $ATC_{SR,10}$과 $ATC_{SR,30}$이 ATC_{LR}과 스치는 점은 각각의 최저점이 아니라는 사실이다. 그 이유는, 자본량이 고정된 단기에는 ATC가 최소화되는 생산량($ATC_{SR,10}$과 $ATC_{SR,30}$의 최저점들)이라 하더라도 자본 투입이 신축적이 되는 경우에는 더 싸게 생산될 수 있기 때문이다. 자본이 신축적이어서 총비용이 완전하게 최소화될 수 있는 수준으로($ATC_{SR,20}$) 단기의 자본량이 고정되어 있는 하나의 경우에는 접점과 최저점이 같아진다. 이런 상황은 Y에

그림 7.8 장기 ATC곡선은 단기 ATC곡선들을 감싼다

$ATC_{SR,10}$과 $ATC_{SR,30}$은 각각 Q = 10과 Q = 30의 총생산비용을 최소화하는 수준의 자본량을 가졌을 때의 단기 ATC들을 보여준다. 각각 $\overline{K} = 4$와 $\overline{K} = 9$인 $ATC_{SR,10}$과 $ATC_{SR,30}$은 (장기적으로) 비용을 최소화하는 점인 X와 Z에서 ATC_{LR}과 겹친다. 하지만 X와 Z는 $ATC_{SR,10}$과 $ATC_{SR,30}$의 최저점에 있지 않은데, $ATC_{SR,10}$과 $ATC_{SR,30}$이 최소화되는 생산량 수준들도 자본 투입이 신축적이 된다면 더 싸게 생산될 수 있기 때문이다.

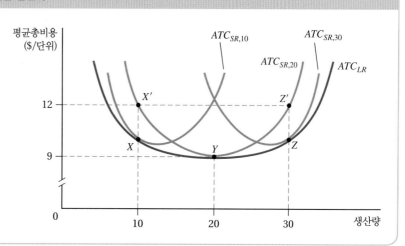

예제 7.4

어떤 기업의 생산함수가 $Q = 4KL$이고, $MP_L = 4K$, $MP_K = 4L$이다. 현재 임금률(W)은 시간당 8달러이고 자본 임대료(R)는 시간당 10달러이다.

a. 단기에는 자본량이 $\overline{K} = 10$으로 고정되어 있다. $Q = 200$을 생산하고자 한다면 총비용은 얼마인가?

b. 장기적으로 $Q = 200$의 생산비용을 최소화하기 위해서 이 기업은 어떻게 하고자 하겠는가? 비용을 얼마나 절감할 수 있는가? (힌트 : 노동과 자본이 모두 신축적일 때의 최적화 방법을 되살리려면 제6장을 복습하라.)

풀이

a. 자본이 $\overline{K} = 10$으로 고정되었다면, $Q = 200$을 생산하기 위해 필요한 노동량은

$$Q = 4KL$$
$$200 = 4(10)L = 40L$$
$$L = 5$$

이다. 따라서 노동은 5단위 고용해야 할 것이며, 총비용은 다음과 같다.

$$TC = WL + RK = \$8(5) + \$10(10) = \$40 + \$100 = 140달러$$

b. 장기적으로 비용최소화를 위해서는 한계기술대체율이 노동임금과 자본 임대료의 비율과 같아야 한다(제6장 참조) : $MRTS_{LK} = W/R$.

$$MRTS_{LK} = \frac{MP_L}{MP_K} = \frac{4K}{4L} = \frac{K}{L}$$

$$\frac{W}{R} = \frac{8}{10}$$

비용최소화를 위해서 $MRTS_{LK} = W/R$로 둔다.

$$10K = 8L$$
$$K = 0.8L$$

$Q = 200$을 생산하기 위해 생산함수에 K를 대입하여 L에 대해 푼다.

$$Q = 200 = 4KL = 4(0.8L)(L)$$
$$200 = 3.2L^2$$
$$L^2 = 62.5$$
$$L = 7.91$$
$$K = 0.8L = (0.8)(7.91) = 6.33$$

비용최소화를 위해서 기업은 L을 5에서 7.91로 늘리고 자본은 10에서 6.33으로 줄이고자 할 것이다. 총비용은 다음과 같이 감소할 것이다.

$$TC = WL + RK = \$8(7.91) + \$10(6.33)$$
$$= \$63.28 + \$63.30 = 126.58달러$$

그러므로 $\$140 - \$126.58 = 13.42$달러만큼 절약할 수 있다.

서 이루어지며 생산량은 $Q = 20$이다.

단기 대 장기 한계비용곡선

단기와 장기의 ATC곡선들이 총비용곡선과 연관되어 있듯이 단기와 장기의 MC도 마찬가지다. 장기 MC는 투입이 완전히 신축적일 경우에 1단위 더 생산함에 따른 추가적인 비용이다.

단기 ATC곡선은 각기 상응하는 단기 MC곡선을 갖는데, 이것은 자본이 일정량으로 고정된 경우에 생산을 1단위 증가시키기 위한 비용을 보여준다. 단기 MC곡선은 항상 상응하는 단기 ATC곡선의 최저점에서 그것과 교차하게 된다.

장기 ATC곡선은 모든 단기 ATC곡선의 포락선이지만, MC곡선의 경우에는 그렇지 않다. 단기 및 장기의 MC곡선의 관계를 단계적으로 살펴보자.

그림 7.9는 그림 7.8의 단기 및 장기의 ATC곡선들을 보여주는데, 각각의 단기 ATC곡선들에

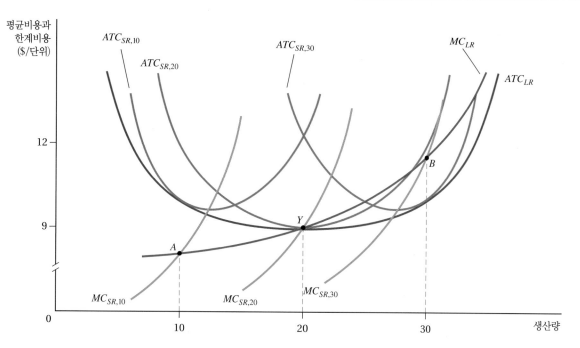

그림 7.9 장기와 단기 한계비용곡선

$MC_{SR,10}$, $MC_{SR,20}$, $MC_{SR,30}$은 각각 $ATC_{SR,10}$, $ATC_{SR,20}$, $ATC_{SR,30}$에 상응한다. 장기 MC곡선은 각각 A, Y, B점에서 $MC_{SR,10}$, $MC_{SR,20}$, $MC_{SR,30}$과 교차해야 하는데, 이 점들은 각각 $\overline{K}=4$, $\overline{K}=6$, $\overline{K}=9$로 주어졌을 때 $Q=10$, $Q=20$, $Q=30$의 생산비 용을 최소화하는 노동이 투입되고 있는 점이다. 그러므로 A, Y, B점은 각각 $Q=10$, $Q=20$, $Q=30$에서의 장기 MC이며, 장기 MC곡선 MC_{LR}은 A, Y, B점을 연결한다.

상응하는 단기 MC곡선들도 더해져 있다. (가령 $MC_{SR,10}$은 $ATC_{SR,10}$에 상응하는 단기 MC곡선이다.)

　장기 MC곡선을 찾아내자. 자본량이 고정된 단기에 그 수준의 자본을 선택하게 될 생산량 수준은 하나뿐이다 — 단기 ATC곡선이 장기 ATC곡선과 스치게 될 때의 생산량. 따라서 만일 $Q=10$이라면, $ATC_{SR,10}$에 상응하는 것과 같은 수준의 자본($K=4$)을 장기적으로 선택하게 될 것이다. 단기와 장기의 ATC곡선들이 이 생산량에서(만) 일치하기 때문에 단기와 장기의 MC곡선도 그러하다. 다시 말해서, 자본이 충분히 신축적인 경우에도 같은 수준의 자본을 선택하려고 하므로, 이 생산량에서 장기 MC는 $MC_{SR,10}$에서의 단기 MC와 같다. 그러므로 $Q=10$을 생산하는 장기 MC를 알아내려면 $Q=10$에서의 단기 MC곡선으로 가면 된다. 이것은 그림 7.9의 A점으로, $Q=10$에서의 장기 MC를 나타낸다.

　마찬가지로 $Q=20$에서의 장기 MC는 $Q=20$에서의 $MC_{SR,20}$의 값이다. 그러므로 $Q=20$에서 장기 MC는 그림 7.9의 Y점으로 나타난다(이것은 그림 7.7과 7.8의 Y점과 같다). 같은 논리로, $Q=30$의 장기 MC는 그때의 $MC_{SR,30}$의 값이며, 그림의 B점이다.

　이처럼 장기 MC를 나타내는 A, Y, B점을 다른 생산량들에 상응하는 유사한 점들과 함께 연결하면 장기 MC곡선 MC_{LR}을 찾아낼 수 있다. 장기 MC곡선은 장기 ATC곡선이 내려갈 때는 그보다 아래에 있게 되고(*A*점), 장기 *ATC*곡선이 올라갈 때는 그보다 위에 있게 되며(*B*점), 장기
*ATC*곡선의 최저점에서 그것과 같아짐(*Y*점)에 유의하자.

7.6 생산 과정에서의 경제성

이제 기업 규모가 커짐에 따라서 장기 평균총비용이 어떻게 달라지는지 살펴보자. 장기에는 모
든 투입이 가변적인 만큼 기업이 조업 규모를 변경함에 따라서, 즉 기업이 모든 투입을 같은 비
율로 증가시킬 경우에, 단위당 비용이 어떻게 달라지는지 알아볼 수 있다.

규모의 경제성

제6장에서는 규모에 대한 수익을 다루었다. 모든 투입량을 2배로 할 때, 생산량은 2배 이상으로
증가한다면 규모에 대한 수익 증가의 생산기술임을 상기하자. 생산량이 2배 이하로 증가한다면
규모에 대한 수익 감소이고, 생산량도 정확히 2배가 된다면 규모에 대한 수익 불변이다.

규모의 경제성은 '규모에 대한 수익'의 비용에 근거한 이면이다. 가령 2배의 생산량이 비용은
2배보다 적게 증가시킨다면, 기업은 **규모의 경제성**(economies of scale)을 가지며, 총비용은 산
출량보다 천천히 증가한다. 2배의 생산량이 비용을 2배보다 많이 증가시킨다면 **규모의 불경제
성**(diseconomies of scale)을 가지며, 총비용은 산출량보다 빠르게 증가한다. 2배의 생산량이 비
용도 2배로 증가시킨다면 **규모의 불변 경제성**(constant economies of scale)의 경우이고, 총비용
은 산출량과 같은 정도로 증가한다.

규모의 경제성은 총비용이 생산량보다 비례 이하로 증가함을 의미하므로, 장기 *ATC*곡선이
생산량 증가에 따라 내려가는 경우이다. 즉 장기 *ATC*곡선이 우하향하는 것인데, *ATC*는 총비용
을 생산량으로 나눈 것이고(*ATC* = *TC*/*Q*), 규모의 경제성은 총비용이 생산량보다 느리게 증가
함을 의미하기 때문이다. 마찬가지로, 규모의 불경제성은 우상향하는 장기 *ATC*곡선을 의미하
는데, 총비용이 생산량보다 빠르게 증가하기 때문이다. 규모의 불변 경제성은 장기 *ATC*곡선을
수평선으로 만든다.

이런 관계들을 종합해보면 전형적인 'U' 모양의 장기 *ATC*곡선이 규모의 경제성에 대하여 의
미하는 바를 알 수 있다. 생산량이 적을 때에는(*ATC*가 하락하는 *ATC*곡선의 왼쪽 우하향 부분)
총비용이 생산량보다 느리게 증가한다. 따라서 *ATC*가 감소하는(즉 *MC*가 *ATC*보다 낮은) 경우
기업은 규모의 경제성을 갖는다.

*ATC*곡선이 평평해지는 바닥 부분에서는 *ATC*가 변하지 않으며, 총비용은 생산량에 비례해
서 증가하고, *MC*가 *ATC*와 같다. 따라서 이는 *ATC*가 생산량과 같은 정도로 상승하는 규모의
불변 경제성의 경우이다.

생산량이 많을 때에는(*ATC*가 상승하는 *ATC*곡선의 오른쪽 우상향 부분) 총비용이 생산량보
다 빠르게 증가한다. 따라서 *ATC*가 증가하는(즉 *MC*가 *ATC*보다 높은) 경우에는 규모의 불경제
성이다.

규모의 경제성
총비용이 생산량의 증가보다 느
리게 증가하는 것

규모의 불경제성
총비용이 생산량의 증가보다 빠
르게 증가하는 것

규모의 불변 경제성
총비용이 생산량 증가와 같은 비
율로 증가하는 것

규모의 경제성 대 규모에 대한 수익

규모의 경제성과 규모에 대한 수익(returns to scale)은 동일한 것은 아니다. 이들은 서로 관련되어 있지만, 차이점이 있다. 규모에 대한 수익은 모든 투입이 같은 비율로 증가할 때 생산량이 어떻게 변하는지를 나타낸다. 그러나 생산량을 증가시킬 때, 비용최소화를 위해서 투입물의 조합 또는 투입(물의) 비율(input ratio)을 일정하게 유지해야 한다는 법은 없다. 그러므로 생산량에 따라 총비용이 어떻게 변하는지를 나타내는 규모에 대한 경제성 척도는 투입 비율의 불변성을 전제로 하지 않는다. 규모에 대한 수익의 경우는 투입 비율은 고정되었음을 전제로 한다.

생산량이 달라질 때 투입 비율을 적절히 변화시킬 수 있다면 상황은 유지되거나 개선될 것이며 더 나빠질 수는 없다. 따라서 규모에 대한 수익 불변이나 감소의 경우에도 규모의 경제성은 있을 수 있다. 즉 투입이 2배가 될 때 생산량도 정확히 2배가 되는 성질을 갖는 생산함수의 경우에도, 투입물의 비율을 바꿀 수 있다면 총비용을 2배로 들이지 않고서도 생산량을 2배로 늘릴 수 있다. 그러므로 규모에 대한 수익 증가는 규모의 경제성을 의미하지만, 그 역도 반드시 성립하는 것은 아니다.[3]

예제 7.5

기업의 장기 평균총비용곡선(*LTC*)과 장기 한계비용곡선(*LMC*)이 다음과 같다.

$$LTC = 32,000Q - 250Q^2 + Q^3$$
$$LMC = 32,000 - 500Q + 3Q^2$$

규모의 경제성이 나타나는 생산량 수준과 규모의 불경제성이 나타나는 생산량 수준은 얼마인가? (힌트 : 이 함수는 전형적인 'U' 모양의 장기 *ATC*곡선이다.)

풀이

장기 평균총비용곡선(*LATC*)이 최저가 되는 생산량을 알아내면 규모의 경제성과 불경제성이 작용하는 생산량 수준을 결정할 수 있다. *LMC* < *LATC*의 경우에는 장기 *ATC*가 하락하며 기업은 규모의 경제성을 경험한다는 것을 알고 있다. 마찬가지로 *LMC* > *LATC*의 경우에는 장기 *ATC*곡선이 우상향하며 기업은 규모의 불경제성에 직면하게 된다. 따라서 *LATC*의 최저점을 알면 규모의 경제성이 끝나고 불경제성이 시작되는 지점을 알 수 있다.

최소 평균비용은 *LMC* = *LATC*일 때이다. 먼저 *LATC*부터

확인해야 한다. 장기 *ATC*는 장기 총비용을 생산량으로 나눈 것이다.

$$LATC = \frac{LTC}{Q} = \frac{32,000Q - 250Q^2 + Q^3}{Q} = 32,000 - 250Q + Q^2$$

이제 *LATC*가 최저가 되는 생산량을 알아내기 위해서 *LATC* = *LMC*로 설정해야 한다.

$$LATC = LMC$$
$$32,000 - 250Q + Q^2 = 32,000 - 500Q + 3Q^2$$
$$250Q = 2Q^2$$
$$250 = 2Q$$
$$Q = 125$$

생산량이 125단위일 때 장기 *ATC*는 최저가 된다. 따라서 Q < 125에서는 규모의 경제성이 작용하고, Q > 125에서는 규모의 불경제성에 직면하게 된다. (*LATC* 방정식에 상이한 Q의 값들을 대입해서 Q가 변함에 따라 *LATC*가 상승하는지 하락하는지를 확인해볼 수 있다.)

---

3 두 개념이 일치하게 되는 것은 생산량이 증가해도 투입 비율을 일정하게 유지하는 것이 최적인 경우뿐이다. (이 경우는 확장경로가 원점에서 출발하는 직선 형태로 나타날 것이다.) 이런 경우에는 생산량이 변함에 따라 투입 비율을 변화시켜서 비용을 더 절감할 수 없다.

🔪 응용 누가 몰을 죽였나? 아마존? 코스트코? 이커머스? 규모의 경제성?

지난 20여 년 동안 북미 전역에서 많은 전통적 백화점들이 폐업했다. 이에 따라 수많은 일자리가 사라졌고 백화점을 중심으로 삼던 몰(mall)들이 문을 닫았으며 오랜 기간 널리 알려졌던 소매업체가 상당수 파산했다.

무엇이 이런 몰락을 가져왔는가? 온라인쇼핑의 성장이라고 생각하는 사람이 많다. 호르타수와 사이버슨[4](이 책 저자 중 한 사람)의 연구에 따르면, 온라인쇼핑이 이야기의 전부가 아니다. 사실 그것은 해당 기간 대부분에 걸쳐 주요인도 아니었던 것으로 보인다.

그 대신에, 여전히 전통적인 다른 소매업태의 성장이 막대한 영향을 끼친 것으로 보인다. 구체적으로, 창고형매장(warehouse club)과 '슈퍼센터(supercenter)'가 전통적 백화점의 매출을 크게 밀어내었다는 증거가 있다. 전자의 예로는 코스트코나 샘스클럽 등이 있고, '식료품 및 모든 것(groceries-plus-everything-else)'이라는 업태를 갖춘 타겟이나 월마트 일부가 후자의 예이다. 예를 들어 2000~2015년 기간에 온라인 소매 매출은 연간 3,000억 달러 이상 증가했지만, 창고형매장과 슈퍼센터도 마찬가지였다. (실제로 2000년대에는 창고형매장과 슈퍼센터 매출의 증가가 온라인 매출보다 상당히 더 컸다. 온라인 매출이 슈퍼센터 매출 성장세를 따라잡고 능가하기 시작한 것은 최근에 와서일 뿐이다.) 변화의 시점에 관련된 증거도 있다. 백화점의 고용이 감소하기 시작한 것은 오래전인 1999~2000년 무렵인데, 정확히 창고형매장과 슈퍼센터의 고용이 늘기 시작한 때와 일치한다. 나아가서, 창고형매장과 슈퍼센터매장 수의 증가가 많은 지역(군)일수록 역내 백화점의 폐업도 많았다.

창고형매장과 슈퍼센터가 백화점을 밀어내기 시작하게 된 이유는 무엇일까? 이런 업태의 성공에 대한 주된 설명은 규모의 경제성이다. 신기술 덕에 주문관리, 창고 배송, 재고, 계산 절차 등이 개선되었고, 이를 통해서 대규모 저비용 영업이 가능해진 것이다. 같은 유형의 변화가 소매부문 전반에서 이루어졌지만, 창고형매장과 슈퍼센터의 성장을 촉진하는 데 특히 중요한 요인이 된 것이다. 실제로 지난 20여 년 동안 소매부문의 평균 매장 규모는 20% 정도 커졌는데, 그중 절반 이상이 창고형매장과 슈퍼센터 때문이었다.

앞일을 예상해보면, 온라인 소매에도 자체의 규모 경제성이 있다. 앞으로는 창고형매장과 슈퍼센터의 성장이 둔화될 것이라고 하더라도, 백화점에 대한 압력은 완전히 사라지기보다는 다른 원천으로 옮겨갈 뿐일 것이다. ■

범위의 경제성

많은 기업이 하나 이상의 제품을 생산한다. 맥도날드는 빅맥, 에그맥머핀, 프렌치프라이 등을 판다. 규모의 경제성이 생산량에 따라 비용이 어떻게 달라지는지를 나타내는 것처럼, **범위의**

범위의 경제성
기업이 여러 제품을 함께 생산할 때 비용이 각 제품을 따로 생산하는 경우보다 낮아지는 것

---

4 Ali Hortaçsu and Chad Syverson, "The Ongoing Evolution of U.S. Retail: A Format Tug-of-War," *Journal of Economic Perspectives* 29, no. 4 (2015): 89–112.

경제성(economies of scope)은 생산되는 제품의 수에 따라 비용이 어떻게 달라지는지를 보여준다. 여러 제품을 동시에 생산하는 경우에, 각기 따로 생산하는 경우의 비용들의 합보다 낮은 비용으로 생산할 수 있다면 범위의 경제성이 존재한다.

구체적으로 제품 1을 Q_1, 그리고 제품 2를 Q_2만큼 함께 생산할 경우의 비용을 $TC(Q_1, Q_2)$라고 하자. 제품 1을 Q_1만큼, 그러나 제품 2는 생산하지 않을 때에는 비용이 $TC(Q_1, 0)$이다. 마찬가지로 제품 1은 생산하지 않고, 제품 2를 Q_2만큼 생산할 때의 비용은 $TC(0, Q_2)$가 된다. 이렇게 정의할 때 기업은 다음과 같은 경우에 범위의 경제성을 갖는다고 볼 수 있다. $TC(Q_1, Q_2) < TC(Q_1, 0) + TC(0, Q_2)$. 다시 말해 Q_1과 Q_2를 함께 생산하는 것이 각각을 따로 생산하는 것보다 싸다는 것이다.

범위의 경제성 존재 여부를 떠나서 기업들 간에 범위의 경제성을 비교할 수 있도록 계량화할 수 있다. 이것을 $SCOPE$라고 부르기로 하는데, 그것은 단일재화 생산의 총비용[$TC(Q_1, 0) + TC(0, Q_2)$]과 결합 생산의 총비용[$TC(Q_1, Q_2)$]의 차이를 결합 생산 총비용으로 나눈 것이다.

$$SCOPE = \frac{[TC(Q_1, 0) + TC(0, Q_2)] - TC(Q_1, Q_2)}{TC(Q_1, Q_2)}$$

$SCOPE > 0$이라면 재화 1과 2를 함께 생산할 때의 총비용이 따로 생산할 경우에서보다 적으며, 따라서 범위의 경제성이 있다. $SCOPE$값이 클수록 복수의 제품을 생산하는 데 따른 비용 절감도 커진다. $SCOPE = 0$인 경우는 비용에 차이가 없고 범위의 경제성도 없다. $SCOPE < 0$이라면 따로 생산하는 것이 더 싸다. 다시 말해 **범위의 불경제성**(diseconomies of scope)이 있는 것이다. 즉 여러 제품을 동시에 생산하는 경우의 비용이, 각기 따로 생산하는 경우의 비용들의 합보다 높은 것이다.

범위의 경제성과 관련하여 기억할 점이 두 가지 있다. 첫째, 그것이 각 제품의 **특정한 양**에 대해서 정의된다는 점이다. 예를 들어 100단위의 제품 1과 150단위의 제품 2와 같이 어떤 생산량 수준에서는 범위의 경제성이 존재하지만, 각각 200단위와 같이 다른 생산량 수준에서는 그렇지 않을 수 있다. (범위의 경제성이 특정 생산량 수준에 한정된 것이라는 점은 규모의 경제성의 경우와 유사하다. 앞에서 본 것처럼, 'U' 모양의 ATC곡선은 생산량 수준에 따라 규모의 경제성이 달라지는 것을 구현하고 있는데, 생산량이 적을 때는 양의 경제성이 있지만 생산량이 많아지면 음의 경제성이 나타난다.) 둘째, 범위의 경제성은 규모의 경제성과 관련될 필요가 없다. 어떤 기업의 경우에 이 중 하나만 있을 수도 있고 양자가 모두 있을 수도 있다. 사실, 생산 제품이 다수가 되면 규모의 경제성을 정의하는 것 자체가 다소 어려워진다. 왜 그런지에 대해 깊이 들어갈 필요는 없겠다. 규모의 경제성과 범위의 경제성은 별개의 것임을 인식하는 것만으로 충분하다.

범위의 경제성의 원천

범위의 경제성은 다양한 원천에서 비롯될 수 있다. 그것은 주로 투입물의 신축성 또는 제품의 내재적 특성으로부터 나온다.

범위의 경제성은 통상적으로 공통적 투입물의 여러 부분이 다른 제품들의 생산에 사용될 수 있을 때 나타난다. 'bran bricks(BB)'와 'flaky wheat(FW)'라는 두 제품을 생산하는 시리얼 회사

범위의 불경제성
기업이 여러 제품을 함께 생산할 때 비용이 각 제품을 따로 생산하는 경우보다 높아지는 것

를 예로 들어보자. 어느 것이든 생산하려면 밀이 필요하다. BB를 위해서는 섬유질이 많은 밀기울이 주로 필요한 반면, FW에는 나머지 밀알 부분이 필요하다. 그러므로 두 가지 제품을 함께 생산함에 따라 자연적인 비용 절감이 발생한다.

정유에서도 원유의 내재적인 화학적 특성이 범위의 경제를 가져온다. 원유는 매우 상이한 탄화수소 분자들의 복합체이다. 정유는 이 분자들을 유용한 제품으로 분리해내는 과정이다. 정유회사가 오직 휘발유(또는 등유, 디젤유, 윤활유, 혹은 가장 비싼 값을 받을 수 있는 어떤 석유제품이든)만을 생산하는 것은 물리적으로 불가능하다. 정유기업이 일정량의 원유로부터 만들어낼 수 있는 제품들의 비율을 다소간 바꿀 수는 있겠지만, 그러면 범위의 경제성의 소실이 수반될 것이다. 이것이 정유기업들이 항상 여러 가지 석유복합물을 동시에 생산하게 되는 이유이다.

범위의 경제성을 창출하는 공통 투입물이 반드시 원재료일 필요는 없다. 예를 들어 구글 직원들은 정보의 수집과 전달에 관한 그들의 지식을 주 제품인 검색엔진뿐만 아니라 (구글 어스, 구글 독스, 유튜브 등) 다른 여러 제품의 생산에도 활용함으로써 생산성을 높일 수 있을 것이다.

7.7 결론

이 장에서는 기업의 비용에 관한 여러 가지 개념을 다루었다 — 기회비용, 고정비용, 가변비용, 매몰비용, 한계비용, 평균비용, 장기 및 단기 비용, 규모와 범위의 경제성 등. 또한 이런 정보를 통해서, 제6장에서 배운 내용(주어진 생산량을 최적으로 생산하는 방법)과 제8~11장에서 배울 내용(먼저 최적 생산량을 결정하는 방법)이 연결될 수 있다.

요약

1. 경제적 비용에는 **회계적 비용**뿐 아니라 투입물의 **기회비용**도 포함된다. 기회비용은 투입물의 차선적 용도에서의 가치이다. 의사결정은 반드시 기회비용을 고려해서 이루어져야 한다. 즉 회계적 비용이 아니라 경제적 비용을 근거로 해서 이루어져야 한다. **[7.1절]**

2. **고정비용**은 기업의 생산량에 따라 달라지지 않으며 생산량이 0이더라도 지출되어야만 한다. 이는 기업이 완전히 폐업하고 투입물들을 처분해야만 피할 수 있다(이것은 장기에만 가능한 행동임). **매몰비용**은 기업이 완전히 폐업하더라도 회수될 수 없는 비용이다. 이미 매몰된 비용은 앞으로의 의사결정에서 고려되어서는 안 되는데, 지금 어떤 선택을 하든지 상관없이 이미 지출되었기 때문이다. **[7.2절]**

3. 기업의 **총비용**은 고정된 부분과 가변적 부분으로 나눌 수 있다. **가변비용**은 생산량에 따라 달라지는 비용이다. **[7.3절]**

4. 비용곡선은 기업 생산량과 비용의 관계를 보여준다. 고정비용은 생산량이 변해도 일정하므로 고정비용곡선은 수평선이며, **총비용곡선**은 **가변비용곡선**과 (고정비용의 크기만큼 떨어져서) 평행하다. **[7.3절]**

5. 두 가지 중요한 비용 개념은 **평균비용**과 **한계비용**이다. 주어진 생산량에서 평균비용은 비용과 생산량의 비율과 같다. 평균고정비용은 생산량이 증가함에 따라 지속적으로 하락한다. 평균가변비용과 평균총비용은 대개 생산량의 증가에 따라 처음에는 하락하다가 이후에는 상승하는 'U' 모양의 모습을 보인다. 한계비용은 생산량을 1단위 증가시키기 위한 추가적인 비용이다. **[7.4절]**

6. 단기에 기업의 자본 투입은 확장경로를 따라서 일정한 수준으로 고정되어 생산량 변동은 노동 투입의 변동만으로 이루어진다. 이것은 자본량이 비용최소화 수준으로 고정되어 있을 때만을 제외하고 모든 다

른 생산량 수준에서 단기의 *TC*곡선과 *ATC*곡선은 장기의 비용곡선들보다 위에 있게 됨을 의미한다. 모든 주어진 자본량마다 그에 상응하는 단기 비용곡선이 있다. 장기 *ATC*곡선은 모든 단기 *ATC*곡선의 '포락선'이다. 장기 한계비용은 주어진 자본량이 비용을 최소화하고 있는 생산량에서의 단기 한계비용과 같다. [7.5절]

7. **규모의 경제성**은 생산량 변동에 따른 비용의 변동 정도를 나타낸다. 비용이 생산량보다 느리게 증가하는 경우 기업은 규모의 경제성을 갖는다. 규모의 경제성이 작용하면, 평균비용은 하락하고 장기 *ATC*곡선은 우하향한다. 비용이 생산량보다 빠르게 증가하는 경우는 **규모의 불경제성**에 해당한다. 이 경우 평균비용이 상승하고 장기 *ATC*곡선은 우상향한다. 비용이 생산량과 같은 정도로 증가한다면 규모의 경제도 불경제도 아니며 장기 *ATC*곡선은 수평선이다. [7.6절]

8. **범위의 경제성**은 기업의 제품 특화에 따라서 총비용이 어떻게 달라지는지를 보여준다. 두 제품을 함께 생산하는 경우, 따로 생산하는 것보다 비용이 적게 든다면 범위의 경제성이 있다. 오히려 비용이 더 많이 든다면 **범위의 불경제성**이 있다. [7.6절]

복습문제

1. 기업의 회계적 비용과 경제적 비용의 차이는 무엇인가? 이 비용들은 기업의 회계적 이윤 및 경제적 이윤과 어떤 관계에 있는가?
2. 기회비용을 정의하라. 기업의 기회비용은 경제적 비용과 어떻게 관련되는가?
3. 매몰비용 오류란 무엇인가?
4. 회피불가능한 고정비용의 예를 들어보라. 이들 비용은 매몰비용과 어떤 관계에 있는가? 기업의 의사결정에서 매몰비용을 고려해서는 안 되는 이유는 무엇인가?
5. 고정비용, 가변비용, 총비용의 관계를 설명하라.
6. 고정비용곡선은 왜 수평선인가? 가변비용곡선은 왜 양(+)의 기울기를 갖는가?
7. 주어진 생산량 수준에서 기업의 단위당 비용을 살펴보는 세 가지 척도는 무엇인가?
8. 기업의 고정비용이 생산량을 1단위 늘리기 위한 한계비용에 영향을 주지 않는 이유는 무엇인가?
9. 기업의 단기 총비용이 장기 총비용보다 큰 이유는 무엇인가? 단기 평균비용이 장기 평균비용보다 큰 이유도 설명하라.
10. 기업이 규모의 경제성, 규모의 불경제성 및 규모의 불변 경제성을 갖는 조건들을 설명하라.
11. 생산자가 범위의 경제성을 갖는 것은 언제인가? 범위의 불경제성은 언제 갖는가?

연습문제

(별표 표시가 된 문제의 풀이는 이 책 뒤에 있다.)

1. 갑은 고가의 구형 자동차를 복원하는 사업을 하고 있다. 작년에 24대를 복원시켜 팔아서 110만 달러를 벌었다. 소요된 부품 등에 40만 달러가 들었고, 종업원 6명에게 36만 달러를, 그리고 자기 연봉으로 11만 달러를 지불했다. 사업장 임대료와 유지비는 8만 달러였다.

   갑은 최근에 같은 업종의 다른 사업자에게서 연봉 27만 5,000달러의 일자리를 제안받았다. 또한 관련 업종의 다른 일자리 제안도 받았는데, 연봉은 18만 달러였다. 갑은 한 가지 일자리만 가질 수 있다.

   a. 갑의 회계적 비용은 얼마인가? 회계적 이윤은?
   b. 갑의 경제적 비용은 얼마인가? 경제적 이윤은?
   c. 현재 일자리에서 버는 금액(연봉 및 회계적 이윤)을 최선의 외부 제안과 비교하라. 계산된 숫자가 친숙해 보이는가? 경제적 이윤의 의미에 시사점을 주는가?

*2. 다음 진술들이 맞는지 틀리는지 밝히고, 이유를 간략히 설명하라.
   a. 회계적 비용과 경제적 비용이 같아질 수 있지만, 경제적 비용이 결코 회계적 비용보다 작을 수는

없다.

b. 기업이 회계적 이윤은 없더라도 경제적 이윤을 얻을 수 있다.

3. 일을 마치고 나서 편히 쉬는 걸 싫어할 사람이 있을까? 누구나 자유시간을 좋아하지만 시간은 공짜가 아니다. 지난 10년간 우버 같은 차량공유 서비스가 매우 유행했다. 이동을 원하는 사람은 잡기 어려운 택시를 기다리기보다 차량을 신속하게 연결해주는 능력에 가치를 둔다. (좋은 차를 가진) 보통 사람은 원하는 만큼 차량 운행을 해서 추가로 돈을 벌 수 있다. 주로 저녁시간이나 주말에 우버에 연결해서 운전을 하는 사람이 약 200만 명이라고 한다. 우버의 성장이 차량공유가 여가의 기회비용에 미치는 변화를 어떻게 반영하는지 설명해보라.

4. 40에이커의 토지를 경작하는 옥수수 농가가 있는데, 에이커당 생산량은 100부셸이라고 한다. 경작비용은 2만 달러이고 수확비용은 1만 달러이다. 옥수수 가격이 부셸당 10달러이던 5월에 옥수수를 심었는데, 9월이 되자 가격이 부셸당 2달러로 폭락했다. 어떻게 해야 하겠는가? 운송비용은 없다고 가정하고 설명하라.

5. 매년 1월 1일이면 수백만의 미국인들이 체중감량과 몸매관리를 결심하고 헬스클럽 회원권을 산다. 방송사의 조사에 따르면 새해 결심을 한 사람의 약 30%가 한 달 안에 포기하며 7월이 되면 80%가 포기한다고 한다. 즉 수백만이 비싼 회원권을 사지만 이후에 그것을 이용하지 않는다는 것이다. 이것이 그들이 매몰비용 오류를 범한다는 뜻인가? 아니면 매몰비용의 성격을 아주 잘 이해하고 있다는 의미인가? 설명하라.

6. 다음 상황에서 비용이 매몰비용인 경우는?

a. 어떤 제약회사가 인슐린 대체약의 효능을 시험하는 데 2,000만 달러를 지출했는데, 효능이 없는 것으로 확인되었다.

b. 어떤 맥주회사가 새 맥주제품을 개발해서 광고하는 데 1,500만 달러를 지출했으나, 마시는 사람이 별로 없다.

c. 포도주 생산을 시작하려는 농부가 있는데, 60만 달러를 지출해서 토지를 구매했으나, 원하는 포도 품종을 경작하기에는 기상조건이 열악함을 알게

되었다. 구매한 토지는 밀 농가에게 45만 달러에 재판매할 수 있다.

d. 위험관리 회사가 신규 고용한 직원에게 보너스로 1만 달러를 지불했는데, 이 직원이 무능한 것을 알게 되었다.

e. 저녁 공연의 입장권을 150달러에 예매했었는데, 수강 중인 과목의 선생이 그날 저녁까지 제출해야 하는 어려운 과제를 부과했다.

7. 최근에 문을 연 한 식당의 사업 관련 비용이 다음과 같다.

a. 식당 건축비 300,000달러

b. 주류 취급 면허 30,000달러

c. 가구 및 주방기기 50,000달러

d. 요리사 2명, 각각 월 5,000달러

e. 웨이터 5명, 각각 시간당 3달러 + 팁

각각이 고정비용인지 가변비용인지를 밝히고 설명하라.

*8. 어떤 완구 제조업체의 생산함수가 $Q = 100L - 3,000$이다. 여기서 L은 노동 고용시간이다. 고정비용은 없다.

a. 생산함수를 변형시켜 주어진 산출량을 생산하기 위해 고용해야 할 노동자 수를 표시하라. 즉 좌변에 L을 두고 Q의 함수로 표시하라.

b. 고정비용이 없으므로 모든 비용은 노동자 고용비용이다. 즉 $TC = w \times L$이다. 여기에 (a)의 답을 대입해서 총비용함수를 구하라.

9. 어떤 가구점에서 책장을 생산하는데, 생산량에 따른 비용이 다음과 같다. 표를 완성하고, TC, FC, VC 곡선들을 그려라.

수량 (주당 생산량)	총비용	고정비용	가변비용
0	300		
1	400		
2	480		
3	580		
4	700		
5	840		

10. 도요타 코롤라는 18,700달러이고 연비는 평균 36mpg(마일당 휘발유 소비량)이며, 도요타 프리우스는 23,700달러이고 연비는 평균 50mpg이다.

   a. 휘발유 비용은 갤런당 2.75달러로 가정하고, 주행 거리의 함수로 표현된 총비용 방정식을 각 차종별로 세운 다음, 고정비용과 가변비용을 밝혀라.

   b. 두 차종의 총비용이 같아지는 것은 얼마나 주행했을 때인가?

   c. 예상하고 있는 주행거리는 10만 마일이다. 10만 마일 주행 후에 중고로 팔 때 받을 수 있는 가격은 코롤라가 4,400달러, 프리우스는 7,800달러이다. 돈만을 고려한다고 가정한다면, 코롤라를 사야 할까, 프리우스를 사야 할까?

*11. 다음 비용 자료를 보고 답하라. VC 및 ATC, AFC, AVC를 계산하라.

생산량	고정비용($)	총비용($)
1	50	75
2	50	85
3	50	102
4	50	127
5	50	165
6	50	210

12. 어린이 연습용 나무화살을 생산하는 한 기업이 있다. 이 기업의 전형적인 단기 비용곡선들, 즉 AVC, AFC, ATC, MC 등을 그려라.

   a. 이 기업이 판매하는 화살 1대에 39센트의 소비세가 부과되었다고 가정하자. 비용곡선들에 어떤 영향을 미치겠는가? 어떤 곡선이 움직이고 어떤 것은 그대로 있는가?

   b. 기업 소재지의 지방정부가 이 기업에 대한 연간 재산세를 80,000달러에서 150,000달러로 증가시켰다고 가정하자. 비용곡선들에 어떤 영향을 미치겠는가? 어떤 곡선이 움직이고 어떤 것은 그대로 있는가?

13. 어떤 기업의 총비용은 $TC = Q^3 - 60Q^2 + 910Q + 150$, 한계비용은 $MC = 3Q^2 - 120Q + 910$이다.

   a. 기업의 FC, VC, ATC, AVC를 구하라.

   b. AVC가 최소화되는 산출량 수준을 구하라.

14. 회사의 비용 구조를 보여주는 표를 회계사로부터 받았는데, 실수로 기름을 쏟는 바람에 다음과 같이 많은 부분이 읽을 수 없게 되었다. 남아 있는 숫자들을 참고로 해서 표를 복구하라.

Q	TC	FC	VC	MC	AVC	AFC	ATC
0				–	–	–	–
1			17				
2				15			
3	101						
4				14.5			
5	122		67			11	
6					21		

15. "평균가변비용의 최저점은 평균총비용의 최저점의 경우보다 적은 산출량 수준에서 나타난다."라는 진술의 진위를 밝히고, 평균비용과 한계비용의 그림을 이용해서 설명하라.

16. 생산함수가 $Q = 2KL$이며, 따라서 자본의 한계생산은 $2L$, 노동의 한계생산은 $2K$이다. 1일당 자본 임대료는 100달러, 노동임금은 200달러이며, 기업은 비용을 최소화하고 있다.

   a. 60단위를 생산할 때의 총비용을 구하라.

   b. 보다 일반적으로 q단위를 생산할 때의 총비용을 구하라[(a)에서 60 대신 Q를 대입해서 총비용을 Q의 함수로 나타낸다].

   c. (b)에서 구한 총비용을 Q로 나누어 평균비용함수를 구하라.

17. 다음 그림은 소(small), 중(medium), 대(large) 세 가지 공장 규모 각각에 상응하는 단기 평균비용곡선들을 보여준다.

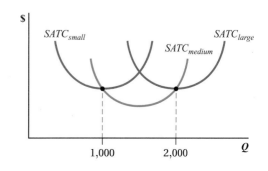

a. 900단위를 생산하고자 한다면 어느 공장 규모를 선택하겠는가? 설명하라. 대신에 1,100단위를 생산하고자 한다면 어떤가?

b. 2,100단위를 생산하고자 한다면 어느 공장 규모를 선택하겠는가? 설명하라. 1,900단위만 생산하려 한다면 어떤가?

c. 장기 평균비용곡선을 굵은 선으로 표시하라.

18. 최저임금이 오르는 바람에 햄버거 생산비용이 달라졌다고 하자. 이러한 임금 인상에 따라서 맥도날드의 장기 확장경로는 어떻게 되겠는가? 맥도날드는 투입물 조합(비율)을 바꾸겠는가? 비용은 어떻게 되겠는가?

*19. 주문형 오토바이 생산자가 두 가지 생산 방식을 두고 선택할 수 있다고 하자. 한 경우의 평균총생산비용은 $ATC_1 = Q^2 - 6Q + 14$이고, 다른 경우에는 $ATC_2 = Q^2 - 10Q + 30$이다. 이 기업의 $LATC$는 어떤 형태인가? 그것을 함수로 표시할 수 있겠는가?

*20 다음과 같은 콥-더글러스 생산함수를 가정해보자.
$Q = 12K^{0.75}L^{0.25}$

a. 장기 총비용곡선은 어떤 형태를 갖겠는가? 장기 평균총비용곡선은 어떠한가?

b. 만일 생산함수가 $Q = KL$이라면, (a)에 대한 답이 어떻게 달라지겠는가?

21. 어떤 기업의 장기 총비용과 장기 한계비용이 다음과 같다.
$LTC = 20,000Q - 200Q^2 + Q^3$,
$LMC = 20,000 - 400Q + 3Q^2$

a. 총비용을 Q로 나누어 장기 평균비용을 구하라.

b. LMC와 LAC의 관계를 이용해서, LAC가 최소가 되는 산출량을 구하라.

c. 가능한 최소한의 평균비용은 얼마인가?

d. 어떤 산출량 구간에서 규모의 경제성이 나타나는가? 규모의 불경제성이 나타나는 구간은?

22. 어떤 닭고기 회사가 다리와 날개를 생산하고 있다. 다리만 150개 생산하면 총비용은 600달러이고, 날개만 150개 생산하면 총비용은 400달러이다. 두 가지 모두 150개씩 함께 생산하면 총비용은 900달러이다.

a. 두 가지 생산물을 각각 150개씩 생산하는 경우에 범위의 경제가 작용함을 보여라.

b. 이런 범위의 경제의 원천은 주로 무엇일까?

제7장 부록 :
기업의 비용 구조의 수학적 분석

이 장에서는 기회비용, 매몰비용, 고정비용, 가변비용, 한계비용 등 많은 비용을 만났다. 이 비용들은 생산함수와 임금 및 임대료로부터 직접 도출할 수 있다. 그러나 보다 일반화된 형태의 비용함수를 얻음으로써 어떤 최적 투입물 조합에서의 비용 구조를 파악하는 것도 유용할 것이다. 여기서는 미분을 사용해서 기업의 생산함수로부터 총비용 및 한계비용곡선을 얻고자 한다.

콥-더글러스 생산함수 $Q = AK^{\alpha}L^{1-\alpha}$로 돌아가보자. 임금은 W, 자본 임대료는 R이고, A는 기술 매개변수이다. $0 < \alpha < 1$, $A > 0$을 가정한다. 기업의 총비용은 다음과 같다.

$$TC = RK + WL$$

이 식은 기업이 특정한 양을 생산하면서 그것을 위한 비용최소화 투입물 조합을 알고 있을 때의 총비용을 결정한다. 그렇지만 얼마나 생산할 것인지를 아직 결정하지 않았다면, 기업은 전체 총비용곡선, 즉 어떤 생산량을 선택하든 간에 그때의 총비용을 알고 싶을 것이다. 이 비용들을 어떻게 알아낼 수 있을까? 총비용을 자본과 노동에 대한 수요량의 함수로 도출하고자 한다. 이를 위해 먼저 단기인지 장기인지를 고려해야 한다. 단기에는 자본이 일정 수준 $\bar{K}$로 고정되어 있고 생산함수는 $Q = A\bar{K}^{\alpha}L^{1-\alpha}$이다. 단기의 노동수요는 자본을 얼마나 고용하는지에 따라 결정된다. 단기 노동수요를 구하려면 생산함수를 노동에 대해 풀기만 하면 된다.

$$L^{1-\alpha} = \frac{Q}{A\bar{K}^{\alpha}}$$

$$L = \left(\frac{Q}{A\bar{K}^{\alpha}}\right)^{\frac{1}{1-\alpha}}$$

이렇게 구한 단기 노동수요와 자본의 고정량($\bar{K}$)을 총비용곡선에 대입하면 기업은 단기 총비용을 알 수 있다.

$$TC_{SR} = R\bar{K} + WL$$

$$TC(Q)_{SR} = R\bar{K} + W\left(\frac{Q}{A\bar{K}^{\alpha}}\right)^{\frac{1}{1-\alpha}}$$

장기에는 기업은 자본과 노동 모두의 최적량을 선택하게 되며, 장기의 자본과 노동에 대한 수요는 달라진다. 생산량이 $\bar{Q}$로 주어질 경우에 기업은 $L^* = \left[\dfrac{(1-\alpha)}{\alpha}\dfrac{R}{W}\right]^{\alpha}\dfrac{\bar{Q}}{A}$와 $K^* = \left[\dfrac{\alpha}{(1-\alpha)}\dfrac{W}{R}\right]^{1-\alpha}\dfrac{\bar{Q}}{A}$를 수요하게 된다는 것은 제6장 부록의 비용최소화 문제로부터 알고 있다. 그렇다면 어떤 수준의 Q에서든 기업은 $L^* = \left[\dfrac{(1-\alpha)}{\alpha}\dfrac{R}{W}\right]^{\alpha}\dfrac{Q}{A}$와 $K^* = \left[\dfrac{\alpha}{(1-\alpha)}\dfrac{W}{R}\right]^{1-\alpha}\dfrac{Q}{A}$를 수요하는데, 여기서 Q는 주어진 고정량이 아니라 가변적이다.

이것들이 기업의 장기 자본 및 노동 수요곡선들이다. 모든 수요곡선들처럼 이들도 우하향한다―임금(또는 임대료)이 상승하는 경우, 다른 조건이 일정하다면 기업은 노동(또는 자본) 구입량을 줄이고자 할 것이다. 이제 투입물들의 수요를 구했으므로, 투입물의 함수로 표현된 총비용에 이들을 대입함으로써 생산량의 함수로 표현되는 장기 총비용곡선을 얻을 수 있다.

$$TC_{LR} = RK + WL$$

$$TC(Q)_{LR} = \left[\frac{\alpha}{(1-\alpha)} \frac{W}{R} \right]^{1-\alpha} \frac{Q}{A} + W \left[\frac{(1-\alpha)}{\alpha} \frac{R}{W} \right]^{\alpha} \frac{Q}{A}$$

생산량이 증가하거나 투입물 가격이 상승하면 총비용은 증가하며, 반면에 총요소생산성 A가 증가하면 총비용은 감소한다는 점을 주목하자.

이제 총비용곡선의 생산량 Q에 대한 도함수를 취함으로써 일반화된 한계비용곡선을 구할 수 있다. 단, 그 전에 주의할 점이 있다. 여기서도 기업이 단기에 있는지 장기에 있는지를 고려해야 한다. 단기에는 자본비용이 고정비용이며 따라서 한계비용곡선에는 나타나지 않는다. 단기 한계비용은 노동비용의 변화만의 함수이다.

$$MC(Q)_{SR} = \frac{dTC(Q)_{SR}}{dQ} = \frac{d}{dQ} \left[RK + W \left(\frac{Q}{A\bar{K}^{\alpha}} \right)^{\frac{1}{1-\alpha}} \right]$$

$$= \frac{1}{(1-\alpha)} W \left(\frac{1}{A\bar{K}^{\alpha}} \right)^{\frac{1}{(1-\alpha)}} Q^{\frac{1}{(1-\alpha)}-1} = \frac{W}{(1-\alpha)} \left(\frac{1}{A\bar{K}^{\alpha}} \right)^{\frac{1}{(1-\alpha)}} Q^{\frac{\alpha}{(1-\alpha)}}$$

$$= \frac{W}{(1-\alpha)} \left(\frac{Q^{\alpha}}{A\bar{K}^{\alpha}} \right)^{\frac{1}{(1-\alpha)}}$$

단기의 한계비용은 생산량에 따라서 커진다. 왜 그런가? 단기에는 자본이 고정되어 있기 때문이다. 기업은 생산량을 증가시키려면 노동을 더 사용할 수밖에 없다. 그렇지만 노동의 한계생산체감 때문에 노동이 추가될수록 생산성은 점점 낮아지며, 생산량을 1단위 늘리기 위해 필요한 노동량은 점점 더 많아질 수밖에 없다. 결국, 다른 조건이 일정하다면 생산량 1단위 증가를 위한 한계비용은 단기에서의 생산이 증가할수록 커진다.

장기에 기업은 두 가지 투입물을 모두 변경할 수 있으며, 한계비용곡선은 기업의 자본과 노동의 수요를 반영한다. 장기 한계비용을 얻기 위해서 장기 총비용의 Q에 대한 도함수를 취하자.

$$MC(Q)_{LR} = \frac{dTC(Q)_{LR}}{dQ} = \frac{d}{dQ} \left[R \left[\frac{\alpha}{(1-\alpha)} \frac{W}{R} \right]^{1-\alpha} \frac{Q}{A} + W \left[\frac{(1-\alpha)}{\alpha} \frac{R}{W} \right]^{\alpha} \frac{Q}{A} \right]$$

$$= \frac{1}{A} \left[R \left[\frac{\alpha}{(1-\alpha)} \frac{W}{R} \right]^{1-\alpha} + W \left[\frac{(1-\alpha)}{\alpha} \frac{R}{W} \right]^{\alpha} \right]$$

이 한계비용식은 상수들(A, α, W, R)만으로 이루어져 있음을 주목하자. 따라서 장기 한계비용은 이 생산함수에 대해서 일정하다. 더구나 이 생산함수의 ATC는 MC와 정확히 일치한다. TC를 Q로 나누어서 확인해볼 수 있다. 이런 결과(MC 불변과 $MC = ATC$)는 모두 '규모에 대한 수익 불변'인 기업에 특유한 것이다. 기업이 생산량을 2배로 하고 싶으면 노동과 자본을 2배로 해야만 한다. 이것은 다시 기업의 비용을 2배로 증가시키며, ATC는 변치 않는다. 만일 기업이

'규모에 대한 수익 불변'에 있지 않다면 이런 결과들은 성립하지 않을 것이다. 특히 '규모에 대한 수익 감소'의 경우에는 증가하는 장기 한계비용에 직면하게 될 것이며, '규모에 대한 수익 증가'의 경우에는 장기 한계비용이 감소할 것이다.

 예제 7A.1

예제 7.4로 돌아가보자. 즉 생산함수는 $Q = 4KL$, 시간당 임금률은 8달러, 자본 임대료는 10달러이다. 단기에 자본은 $\overline{K} = 10$으로 고정되었다고 가정하자.

a. 단기 총비용곡선을 도출하라. $Q = 200$을 생산하는 단기 총비용은 얼마인가?

b. 단기 ATC, AFC, AVC 및 MC의 식을 도출하라.

c. 장기 총비용곡선을 도출하라. $Q = 200$을 생산하는 장기 총비용은 얼마인가?

d. 장기 ATC와 MC의 식을 도출하라.

풀이

a. 단기 총비용함수를 얻기 위해서는 먼저 Q의 함수로서의 L을 구해야 한다. 단기 생산함수는 생산함수에 $\overline{K} = 10$을 대입해서 구할 수 있다.

$$Q = 4\overline{K}L = 4(10)(L) = 40L$$

그러므로 단기 노동수요는 다음과 같다.

$$L = 0.025Q$$

이제 $\overline{K}$와 L을 총비용함수에 대입하자.

$$TC_{SR} = R\overline{K} + WL = 10(10) + 8(0.025Q)$$
$$TC_{SR} = 100 + 0.2Q$$

이것은 고정비용 $FC = 100$과 가변비용 $VC = 0.2Q$인 단기 총비용곡선의 방정식이다. 고정비용이 총자본비용 $R\overline{K} = 10(10) = 100$달러임에 유의하자. $Q = 200$을 생산하는 단기 총비용은 다음과 같다.

$$TC_{SR} = 100 + 0.2(200) = \$140$$

b. ATC, AFC, AVC는 이 총비용함수를 Q로 나눈 것이다.

$$ATC_{SR} = \frac{TC}{Q} = \frac{100 + 0.2Q}{Q} = \frac{100}{Q} + 0.2$$

$$AFC_{SR} = \frac{FC}{Q} = \frac{100}{Q}$$

$$AVC_{SR} = \frac{VC}{Q} = \frac{0.2Q}{Q} = 0.2$$

MC는 총비용의 생산량에 대한 도함수이다.

$$MC_{SR} = \frac{dTC}{dQ} = 0.2$$

MC는 일정하며, 단기에는 AVC와 같은데, 자본량이 고정된 경우에 노동의 한계생산은 일정하기 때문이다.

c. 장기에는 다음 비용최소화 문제를 해결하게 된다.

$$\min_{K,L} TC = 10K + 8L \text{ s.t. } Q = 4KL \text{ 혹은}$$

$$\min_{K,L,\lambda} \mathcal{L}(K,L,\lambda) = 10K + 8L + \lambda(Q - 4KL)$$

일계조건식들은 다음과 같다.

$$\frac{\partial \mathcal{L}}{\partial K} = 10 - \lambda(4L) = 0$$

$$\frac{\partial \mathcal{L}}{\partial L} = 8 - \lambda(4K) = 0$$

$$\frac{\partial \mathcal{L}}{\partial \lambda} = Q - 4KL = 0$$

노동과 자본의 최적량을 구하기 위해서는 앞의 두 식을 등식으로 놓고 자본을 노동의 함수로 표시한다.

$$\lambda = \frac{10}{4L} = \frac{8}{4K}$$

$$40K = 32L$$

$$K = 0.8L$$

장기 노동수요를 구하기 위해서는 노동의 함수로 표시된 K의 식을 생산함수에 대입하여 L에 대해서 푼다.

$$Q = 4KL = 4(0.8L)L = 3.2L^2$$
$$L^2 = 0.31Q$$
$$L = 0.56Q^{0.5}$$

장기 자본수요를 구하려면 노동의 함수로 표시된 K의 식에 노동수요를 대입하면 된다.

$$K = 0.8L = 0.8(0.56Q^{0.5}) = 0.45Q^{0.5}$$

장기 총비용함수는 노동과 자본 투입 수요를 총비용함수에 대입해서 얻을 수 있다.

$$TC_{LR} = RK + WL = 10(0.45Q^{0.5}) + 8(0.56Q^{0.5})$$
$$= 8.98Q^{0.5}$$

그러므로 장기에 $Q = 200$을 생산하기 위한 비용은 다음과 같다.

$$TC_{LR} = 8.98(200)^{0.5} \approx \$127$$

d. 장기의 MC와 ATC도 구할 수 있다.

$$MC_{LR} = \frac{dTC}{dQ} = 4.49Q^{-0.5}$$
$$ATC_{LR} = \frac{TC}{Q} = \frac{8.98Q^{0.5}}{Q} = 8.98Q^{-0.5}$$

이 경우 생산량이 증가함에 따라 MC가 감소한다는 점에 유의하자. 나아가 모든 생산량 수준에서 $MC < ATC$이다. 이것은 $Q = 4KL$ 생산함수가 모든 생산량 수준에서 규모에 대한 수익 증가를 보이기 때문이다.

연습문제

1. 어떤 기업의 생산함수와 자본 임대료 및 임금률이 다음과 같다고 하자.

   $Q = 0.25KL^{0.5}$, $R = 100$달러, $W = 25$달러, $\overline{K} = 100$(단기)

   a. 단기의 생산함수를 구하라.
   b. 단기의 노동수요를 구하라.
   c. 단기의 총비용과 한계비용을 구하라.

2. 어떤 회사의 생산함수가 $Q = K^{0.5}L^{0.5}$와 같다. 자본과 노동의 단위비용은 각각 40달러와 10달러라고 가정하자.

   a. 단기에 $\overline{K} = 16{,}000$으로 고정되어 있다면, 단기의 노동수요는 얼마인가?
   b. $\overline{K} = 16{,}000$으로 주어졌을 때 단기의 총비용, 평균총비용, 평균가변비용, 한계비용은 얼마인가?

   c. 장기의 자본 및 노동수요는 얼마인가?
   d. 장기의 총비용, 평균비용, 한계비용을 도출하라.
   e. 생산량이 증가함에 따라 한계비용과 평균비용은 어떻게 움직이는가? 설명하라.

3. 한 기업의 생산함수가 $Q = 10K^{0.25}L^{0.25}$와 같다. 자본과 노동의 단위당 비용은 각각 R과 W이다.

   a. 장기의 자본과 노동수요를 도출하라.
   b. 총비용곡선을 도출하라.
   c. 장기의 평균비용과 한계비용곡선들을 도출하라.
   d. 생산량이 증가함에 따라 한계비용과 평균비용은 어떻게 움직이는가? 설명하라.
   e. (a)의 비용최소화 문제에서 구한 라그랑지 승수의 값이 (c)에서 구한 한계비용곡선과 같음을 확인하라.

경쟁시장에서의 공급

도시 지역에서 닭을 키우는 것은 신토불이 식품 애호가들 사이에 생긴 새로운 경향이다. 타이(Ty)는 도시 지역에 있는 한 의욕적인 농부로서, 자기 집 뒤뜰에서 닭을 몇 마리나 키울 것인지를 결정해야 한다고 가정해보자. 그는 스스로 약간의 달걀을, 그리고 가끔은 닭도 먹겠지만, 생산물의 대부분은 지역시장에 내다 팔 생각이다. 즉 그는 창업을 해서 다른 기업들과 같은 생산 의사결정에 직면하고 있는 것이다. 그가 닭을 몇 마리 키우든 간에 달걀이나 닭의 시장 전체 공급량에 별다른 효과를 주지는 않을 것이다. 수만 명이 각자 뒤뜰에서 닭을 키우고 있기도 하지만, 시장에 닭을 공급하는 대기업들도 있기 때문이다. 그렇지만 타이가 닭을 얼마나 키우는지에 따라 그의 이윤은 달라질 것이다. 그는(또는 어떤 기업이든) 어떤 생산 결정을 내려야 할까?

제6장과 제7장에서는 기업이 특정 생산량을 생산할 경우에 비용을 최소화하는 투입물 결합을 어떻게 선택하는지, 그리고 비용이 생산량 수준에 따라 어떻게 변화하는지에 대해서 배웠다. 이 장에서는 먼저 기업이 생산량 수준을 어떻게 선택하는지를 살펴본다. 여기서 기업의 비용최소화 행동에 대한 논의로부터 기업의 이윤극대화 생산량 수준의 선택에 대한 논의로 옮겨간다. 이 과정에서 제2장과 제3장에서 배운 공급곡선이 얻어짐을 알게 될 것이다.

모든 기업이 한계수입, 한계비용, 가격 등에 대한 정보를 이용해 행동을 정하게 되지만 이윤극대화 행동은 기업 유형에 따라 달라진다. 기업들이 활동하는 시장 구조의 상이한 유형과 경쟁의 의미가 무엇인지에 대해 설명하면서 이 장을 시작한다. 이 장의 대부분은 **완전경쟁**(perfect competition), 즉 많은 기업이 진입장벽 없이 동일한 제품을 생산하는 시장(또는 산업)에 초점을 두고, 완전경쟁적 산업에서 기업들은 이윤을 극대화하기 위해 어떻게 행동하는지를 살펴본다.

완전경쟁
수많은 기업들이 동일한 제품을 생산하며 진입장벽이 없는 시장

8.1 시장 구조와 단기의 완전경쟁

기업의 생산 의사결정 방식과 관련해서는 그 기업이 활동하는 경쟁적 환경, 또는 시장 구조를 고려할 필요가 있다. 앞으로 몇 개의 장에서 살펴보게 될 **시장 구조**(market structure)에는 네 가지 유형이 있다─완전경쟁, 독점적 경쟁, 과점, 그리고 독점.

우리는 세 가지 주요 특성을 통해서 시장 또는 산업을 구분한다.

시장 구조
기업이 활동하는 경쟁적 환경

■ **기업의 수.** 일반적으로 시장에 많은 회사가 있을수록 보다 경쟁적이다.
■ **어느 회사가 만든 것인지에 대해 소비자가 관심을 두는지 여부.** 일반적으로 제품들의 차별성이 적을수록 시장은 보다 경쟁적이다.
■ **진입장벽.** 새로운 기업들이 쉽게 시장에 진입할 수 있다면 시장은 보다 경쟁적이다.

표 8.1은 이들 특성에 따라 각 시장 구조를 보여준다. 이런 특성은 한 산업 내 기업들의 생산 의사결정에 대해 많은 것을 알려준다. 예를 들어 자기 제품을 차별화할 수 있는 기업들은 소비자들로 하여금 경쟁제품들보다 더 높은 가격을 지불하게 만들 수도 있다. 제품 가격에 대한 영

표 8.1 네 가지 기본적 시장 구조

	완전경쟁	독점적 경쟁	과점	독점
기업의 수	다수	다수	소수	하나
제품의 유형	동질적	차별적	동질적/차별적	단일
진입장벽	없음	없음	다소 있음	많음

향력은 이들 기업의 이윤극대화 의사결정에서 중요한 의미를 갖는다. 자기 제품의 가격에 대해 전혀 영향을 미칠 수 없는 것은 완전경쟁시장의 기업들뿐이다. 그들은 시장에서 작동하는 수요와 공급의 힘에 의해 가격이 결정되면 그것이 어떤 수준이든지 주어진 여건으로 수용한다. 정말로 완전경쟁적인 시장은 드물지만, 그것은 수요 및 공급 분석과 마찬가지로 시장의 작동 방식에 대해 많은 유용한 가르침을 준다. 이 장에서는 완전경쟁적 시장에 초점을 둔다. 제9장에서는 독점시장을, 제10장에서는 독점기업의 이윤 증대 전략들을 알아보고, 제11장에서는 완전경쟁과 독점의 중간에 해당하는 시장 구조들을 살펴본다.

완전경쟁

무엇이 시장을 완전경쟁적으로 만드는가? 표 8.1은 완전경쟁이 되기 위해 충족되어야 하는 세 가지 조건을 보여준다.

- **기업의 수.** 기업의 수가 많아서 어떤 기업도 시장균형 가격에 영향을 줄 수 없어야 한다. 그래서 한 기업이 행동을 바꾸더라도 전체 시장균형에는 변동이 없다.
- **판매되는 제품의 유형.** 모든 기업이 동일한 제품을 생산한다. 동일하다는 것은 단지 모든 기업이 같은 종류의 제품을 만든다는 뜻이 아니다. 소비자들이 볼 때 상이한 생산자들의 생산물이 완전히 대체적이어서 누가 만들었는지는 상관없다는 뜻이다. 이런 가정은 못이나 휘발유, 바나나 등에 적합하지만 스마트폰이나 자동차에는 그렇지 않을 것이다.
- **진입장벽.** 진입장벽이 없다. 가령 누군가가 내일부터 못을 팔고자 한다면 그것을 막는 어떤 요인도 없다는 것이다.

이 세 가지 가정의 핵심적인 경제적 의미는 기업은 어떤 가격을 매길 것인지에 대한 선택권이 없다는 것이다. 기업이 가격을 시장가격보다 높게 매긴다면 하나도 팔 수 없을 것이다(이런 결과에 대한 수학적 논의는 뒤에서 다룰 것이다). 또한 기업들이 산업에 비해 충분히 작으므로 시장가격으로 얼마든지 원하는 양을 팔 수 있다고 가정하기 때문에, 시장가격보다 낮은 가격을 매길 리도 없을 것이다. 이런 이유에서, 경제학자들은 완전경쟁적 기업들을 가격수용자(price taker)라고 부른다. 시장가격은 오로지 수요와 공급의 힘에 의해 결정될 뿐이며, 개별기업들은 그 가격을 생산량에 대한 의사결정에서 여건으로 간주하는 것이다.

완전경쟁적 시장에서 활동하는 기업의 고전적인 예로는 옥수수나 콩과 같은 동질적 상품 (commodity)을 생산하는 농부를 들 수 있다. 개별 농부의 생산량은 전체 시장의 총생산량에 비해 미소하므로, 얼마나 생산할 것인지(또는 생산 여부 자체)에 대한 그의 선택이 산업의 수요곡선상에서 균형점을 이동시키지는 않을 것이다. 한 농부가 자신이 수확한 콩의 일부 또는 전부를 팔겠다는 의사결정은 콩 가격에 영향을 주지 않을 것이다. 그렇지만 많은 콩 농가들의 의사결정이 합쳐진다면 시장가격에 영향을 줄 것인데, 마치 한 도시의 주민 모두가 동시에 수도꼭지를 연다면 시내 전역의 수압이 낮아질 것이라는 예측과 같다. 요는 한 사람이 샤워를 하기로 했다고 해서 도시의 수압이 변동하지는 않을 것이라는 점이다.

한 가지 유의할 것은 산업 내에 많은 수의 기업이 있다고 해서 자동적으로 완전경쟁적이 되는 것은 아니라는 점이다. 예를 들어 미국에는 2,000개 이상의 레미콘 판매사업자가 있고, 이들 중 하나의 생산량은 전체 판매량에 비해 작다. 그래도 이들은 아마 가격수용자가 아닐 것이다. 즉 자기 제품의 가격을 스스로 선택할 것이다. 레미콘 사업자들은 자기 제품에 대해 가격을 책정할 능력이 있는데, 이는 전체 시장에 비해 작은 규모임에도 불구하고 제품이 동질적이지 않기 때문이다. 아마도 더 중요하게는, 무게나 변질 때문에 매우 멀리는 공급할 수가 없기 때문이다. 따라서 한 지역 기업의 콘크리트는 다른 지역 기업(경우에 따라서는 같은 지역 내의 다른 기업)의 그것과 쉽게 대체될 수 없다. 이러한 제품차별화가 이 시장을 비경쟁적인 것으로 만들고, 기업들이 약간의 시장력(market power), 즉 자기 제품의 가격을 (어느 정도 원하는 대로) 매길 수 있는 힘을 갖게 만든다. 반면에 완전경쟁적 기업의 생산물은 소비자들에게 정확히 똑같은, 완전한 대체재로 인식된다. 콩은 콩일 뿐이다. 누구의 콩인지는 중요하지 않다.

현실에서 드문 것임에도 완전경쟁을 공부하는 것이 중요한 이유

기업들이 완전경쟁적이라고 간주되기 위해서 그토록 엄격한 기준을 충족해야 한다면, 그들의 생산 결정을 이해하는 데 왜 그 많은 시간을 들이는지 의아할 수도 있다. 첫째, 완전경쟁적인 시장들도 일부 있으며, 그 시장들이 어떻게 움직이는지를 아는 것도 유익하다(콩 경작에 관심을 갖는 사람도 있지 않겠는가?). 거의 완전경쟁적인 시장은 훨씬 더 많으며, 이들 시장이 어떻게 움직이는지에 대해서 완전경쟁 모형을 통해 꽤 잘 알 수 있다.

둘째, 더 중요한 점으로, 경제학자들이 다른 시장 구조의 효율성을 측정하는 데 완전경쟁이 중요한 기준이 된다. 완전경쟁적 시장은 (나중에 보게 되듯이) 특정한 의미에서 가장 효율적인 시장이다. 완전경쟁시장에서 제품들은 한계비용에 판매되고, 기업들은 최소비용으로 생산하며, 생산자잉여와 소비자잉여의 합이 최대가 된다. 한 시장의 사정을 완전경쟁인 경우의 결과와 비교하는 것은 그 시장이 얼마나 효율적인지를 측정하는 효과적인 방법이다.

수요곡선은 가격수용자에게 어떻게 보이는가?

달걀 생산자인 타이(Ty)에 대해 다시 생각해보자. 1등급 달걀 한 꾸러미의 가격은 시장의 수요와 공급의 힘에 의해 결정된다. 그림 8.1a는 완전경쟁적인 달걀 시장을 보여준다. 시장가격 2.25달러에서 수요량은 공급량과 같아진다.

시장 내의 생산자 중 하나로서 타이는 2.25달러에 팔 생각이 있는 한 생산되는 달걀을 모두 팔 수 있다. 그보다 높은 가격으로는 팔 수 없는데, 소비자의 입장에서는 1등급 달걀은 1등급 달걀일 뿐이기 때문이다. 가령 2.30달러를 고집한다면 소비자는 다른 생산자의 똑같은 달걀을 2.25달러의 시장가격에 구매할 것이고, 타이는 하나도 팔지 못할 것이다. 동시에 타이는 가격을 2.25달러보다 낮출 유인도 없다. 그가 팔 수 있는 양은 시장 전체에 비해서 미소하고(그림의 수량축에 유의하자. 기업의 공급량은 몇 꾸러미지만 시장은 몇백만 꾸러미다) 그가 판매량을 늘

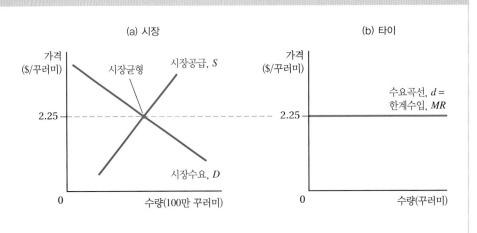

그림 8.1 완전경쟁에서의 시장과 기업의 수요

(a) 1등급 달걀의 완전경쟁적 시장에서 농부들은 꾸러미당 2.25달러의 시장가격에 수백만 꾸러미를 공급하고 있다.

(b) 시장에서 몇 꾸러미를 공급하는 개별 공급자인 타이는 시장에서 정해진 가격으로 팔아야 한다. 따라서 그는 꾸러미당 2.25달러의 시장가격 수준에서 완전탄력적인 수요곡선에 직면하고 있다.

린다고 해도 시장가격은 내려가지 않을 것이기 때문에, 그는 원하는 만큼을 모두 그 가격에 팔 수 있다.

이것은 타이(또는 다른 어떤 생산자)가 개별적으로 직면하고 있는 수요곡선은 2.25달러의 가격에서 수평선, 즉 완전탄력적임을 의미한다(그림 8.1b). 이 논리는 모든 완전경쟁적 시장의 모든 기업에 대해 적용된다—완전경쟁적 시장에서 기업이 직면하는 수요곡선은 시장의 균형가격 수준에서 완전탄력적이다.

8.2 완전경쟁적 기업의 이윤극대화

완전경쟁적 기업은 누구든지 시장에서 정해진 가격으로 판매한다. 완전경쟁적 기업은 가격수용자이기는 하지만, 결정해야 하는 것이 하나 있다. 그것은 바로 공급량이다. 일반적으로 기업들은 이윤극대화를 위해 그들의 행동(예 : 생산량)을 선택한다고 가정한다. **이윤**(profit)은 기업의 판매수입과 총비용의 차이다. 이윤극대화란 무슨 의미인가? 총수입과 총비용의 격차가 가장 커지게 되는 생산량 수준을 선택한다는 것이다. 이 절에서는 완전경쟁적 기업이 한계생산비용이 시장가격과 같아지는 수준의 수량을 생산할 때 이윤을 극대화하게 됨을 볼 것이다.

이윤
기업의 수입액(매출)과 총비용의 차이

총수입, 총비용, 이윤극대화

이윤은 두 가지 요소, 즉 수입과 비용으로 이루어진다. 일반적으로 이 둘은 생산량을 얼마로 하는지와 가격을 얼마로 매기는지에 따라 달라진다. 완전경쟁적 기업은 가격을 선택할 수는 없기 때문에 생산량의 선택만 살펴보면 된다.

수학적 표현에서 기업의 이윤을 π로 표시하자. 이윤함수는 총수입 TR에서 총비용 TC를 뺀 것이다(각각은 기업의 생산량에 따라 결정된다).

$$\pi = TR - TC$$

이윤이 극대화되는 생산량 수준을 알아내기 위해서는 기업이 생산을 1단위를 늘릴 경우에 총비용과 총수입이 어떻게 되는지를 생각해볼 필요가 있다. 달리 말하자면, 기업의 한계비용(MC)과 한계수입(MR)을 확인해야 한다.

제7장에서, 한계비용은 생산량 1단위 증가에 필요한 추가적인 비용임을 보았다.

$$MC = \Delta TC / \Delta Q$$

한계비용은 항상 0보다 크다. 즉 더 많이 생산하려면 더 많은 투입이 필요하다.

수입은 이윤의 또 다른 구성요소로서, 생산량에 가격을 곱한 것과 같다. 기업의 **한계수입**(marginal revenue)은 판매량 1단위 증가로부터 얻는 추가적인 수입이다.

한계수입
생산량을 1단위 더 판매함에 따라 추가되는 수입

$$MR = \Delta TR / \Delta Q$$

완전경쟁적 기업의 한계수입은 그 제품의 시장가격이다. 기업은 시장가격 P에서만 판매할 수 있음을 상기하자. 따라서 1단위 더 판매함으로써 얻는 추가적인 수입은 P이다. 이것은 중요한 사실로서 재확인할 필요가 있다 — 완전경쟁적 시장에서 한계수입은 시장가격과 같다(즉 $MR = P$).

$$MR_{완전경쟁} = \frac{\Delta TR}{\Delta Q} = \frac{\Delta (P \times Q)}{\Delta Q} = P \frac{\Delta Q}{\Delta Q} = P$$

이 결과가 의미하는 바를 생각해보자. 총수입은 $P \times Q$이다. 기업이 가격수용자일 때는 Q가 어떻게 되든지 상관없이 P는 변치 않는다. 가격수용자에게 P는 상수이며 Q의 함수가 아니다.

이 사실은 완전경쟁적 기업의 총수입은 판매량에 비례한다는 것을 의미한다. 판매량이 1단위 증가한다면 총수입은 가격만큼 증가한다. 따라서 완전경쟁적 기업의 총수입곡선은 그림 8.2에서처럼 원점에서 출발하는 직선이다. 예를 들어 타이가 달걀을 1꾸러미 더 판매한다면 그의 총수입은 시장가격 2.25달러만큼 증가한다. 그리고 계속해서 1꾸러미 더 판다면 총수입은 다시 2.25달러만큼 증가한다.

제9장에서 보게 되듯이, 완전경쟁 이외의 다른 시장 구조들에서는 판매량이 증가함에 따라 가격은 하락한다. 따라서 그런 시장들에서는 MR을 계산할 때 다른 요인이 하나 더 도입된다. 완전경쟁적 시장에서는 가격 하락이 발생하지 않는데, 개별기업이 판매량을 변동시키더라도 시장에는 영향이 없기 때문이다. 그러므로 한계수입이 시장가격과 같아진다는 것은 특수한 경우이며, 완전경쟁적 시장에서의 기업들에게만 적용된다.

완전경쟁적 기업은 어떻게 이윤을 극대화하는가?

기업이 어떻게 이윤을 극대화하는지를 알아보자. 총비용은 생산량에 따라 항상 증가하는데(그림 8.2에서처럼), 즉 MC는 항상 양수이다. 또한 MR은 항상 일정하며 시장가격과 같다는 사실도 알고 있다. 판매량 변동이 이윤에 미치는 영향은 이 두 가지 한곗값 중 어느 것이 더 큰지에 달려 있다. 시장가격($=MR$)이 MC보다 더 큰 상황이라면, 기업은 1단위 더 생산해서 판매함으로써 이윤을 증가시킬 수 있는데, 왜냐하면 수입이 비용보다 더 많이 증가할 것이기 때문이다.

그림 8.2 완전경쟁적 기업에서의 이윤극대화

완전경쟁적 기업은 불변의 시장가격에 직면하고 있으므로, 총수입곡선은 원점에서 출발하는 직선인데, 그 기울기는 한계수입(즉 가격)과 같다. 생산량 Q^*에서 총수입곡선의 기울기(가격)와 총비용곡선의 기울기(한계비용)가 같아지며, 기업은 이윤을 극대화하고 있다.

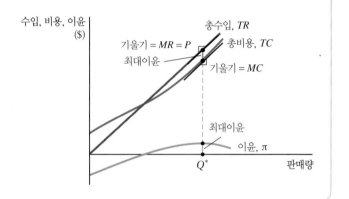

시장가격이 MC보다 더 작은 상황에서는 추가로 생산해서는 안 된다. 생산을 더하면 이윤이 감소하게 되는데, 왜냐하면 수입이 증가하기는 하지만 비용만큼 증가하지는 않기 때문이다. MR과 MC의 상반되는 효과가 균형을 이루게 되는 판매량, 즉 판매량 1단위 증가에 의한 MR(가격)이 판매량 1단위 증가를 위한 MC와 같아지는 판매량 수준이 기업의 이윤이 극대화되는 점이다. 이것은 그림 8.2의 Q^*에 해당한다. 이 지점에서 TR곡선의 기울기(MR, 여기서는 시장가격)가 TC곡선의 기울기(Q^*에서의 MC)와 같다. 수학적으로 표현하면, 이윤극대화 판매량은 $MR(=P)$과 MC가 같아지는 곳에서 이루어진다.

$$\frac{\Delta TR}{\Delta Q} = \frac{\Delta TC}{\Delta Q}$$
$$MR = P = MC$$

기업은 수입이 비용보다 더 많이 증가하는 한(즉 $MR = P > MC$일 때) 생산을 늘려야 한다. 반대로 비용이 수입보다 더 많이 증가한다면(즉 $MR = P < MC$일 때) 생산을 줄여야 한다.[1]

비용이 기업의 생산량 결정에서 그렇게 중요한 역할을 하는 이유가 이런 논의를 통해서 분명해졌을 것이다(이 점은 시장 구조와 상관없이 그러하다)—그것은 이윤극대화 원리의 절반에 해당한다. 비용이 변하면 기업의 이윤극대화 생산량도 달라진다. (완전경쟁적이지 않은 기업들을 살펴보는) 이후 몇 개의 장에서는 기업의 이윤극대화가 가격과 MR의 관계에 따라 달라지는 것을 보게 될 것이다.

완전경쟁적 기업의 경우에 생산량 결정은 비교적 쉽다—MC가 가격과 같아질 때까지 생산량을 증가시키는 것이다. MC가 생산량과 함께 증가한다면(이유들에 대해서는 제7장에서 다룬 바 있다), MC가 가격과 같아지는 생산량 수준이 있을 것이다. 이것이 완전경쟁에서의 기업의 이윤극대화 생산량 수준이다.

$P = MC$라는 결과는 매우 유용하다. 왜냐하면 시장가격을 기업의 MC곡선에 연계시킴으로써

---

1 기술적인 측면에서 조금 더 신중하자면, $MR = P = MC$ 조건이 성립되는 생산량 수준에서 MC가 상승하고 있는 경우에만 $MR = P = MC$가 이윤극대화를 의미하는 것이라고 해야 할 것이다. 만일 규모의 경제성이 현저해서 생산량 증가에 따라 MC가 하락하고 있다면 기업은 생산량을 더욱 확대함으로써 이윤을 증가시킬 수 있다.

> **그림 8.3 완전경쟁적 기업의 이윤극대화는 $MR = P = MC$인 곳에서 이루어진다**
>
> 가격이 P_1 수준일 때, 완전경쟁적 기업은 $P = MC$인 Q_1^*에서 이윤을 극대화하고 있다. 가격이 P_2로 상승하면 기업은 생산량을 Q_2^*로 증가시켜야 한다. 대신에 가격이 P_3로 하락한다면 기업은 Q_3^*에서 이윤을 극대화하게 된다.
>
>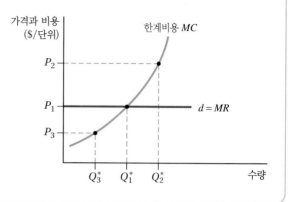

시장가격이 변동함에 따라 경쟁적 기업의 생산량이 어떻게 달라지는지를 결정할 수 있기 때문이다. 그림 8.3에서와 같은 MC곡선을 가진 기업을 상정해보자. 시장가격이 원래 P_1이라면 기업이 직면하는 수요곡선과 MR곡선은 그 가격 수준의 수평선이다. 기업은 $MR = P_1 = MC$가 되도록 하여 Q_1^*을 생산함으로써 이윤을 극대화할 것이다. 만일 시장가격이 P_2로 상승한다면 기업은 생산량을 Q_2^*로 늘려야 한다. 이제 기업은 P_2에서 수평선인 수요곡선 및 MR곡선에 직면하게 되므로 MC와 시장가격 P가 같아질 때까지 생산해야 한다. 가격이 P_2로 상승했는데 기업이 여전히 Q_1만을 생산하고 있다면, MC보다 높은 MR(새로운 시장가격 P_2) 수준에서 Q_1과 Q_2^* 사이의 생산량을 판매할 수 있다. 이러한 추가적인 판매량은 기업의 이윤을 증가시킬 것이다.

반면에 시장가격이 P_1에서 P_3로 하락한다면 기업은 생산량을 Q_3^*로 줄여야 하는데, 여기서 더 낮은 MC가 P_3와 같아진다. 만일 기업이 이렇게 생산량을 변경하지 않는다면, Q_3^*와 Q_1 사이의 생산량을 손실을 보면서 생산하게 된다. 왜냐하면 여기서는 MR이 MC보다 낮기 때문이다.

응용 기업은 항상 이윤을 극대화하는가?

기업의 돈을 호화판 사무실이나 파티, 혹은 다른 곳들에다 쓰는 최고경영자들의 이야기는 들어본 적이 있을 것이다. 그들이야 돈 잔치를 즐겼겠지만 그들의 행동이 이윤을 증가시켜서 회사 주주들에게 이익이 되었다고 한다면 억지일 것이다.

이런 얘기를 들으면서도, 기업은 이윤을 극대화한다고 가정할 수 있을까? 작은 기업이 이윤을 극대화하고자 하는 이유는 쉽게 알 수 있다―경영자가 대개 소유주이므로 기업의 이윤을 극대화하는 것이 개인적 이익에도 직결된다. 그러나 대기업들은 소유주가 아닌 사람들에 의해 경영되는 경우가 많다. 따라서 그런 경영자들은 이윤을 극대화하지 않는 행동에 유혹을 느낄 수 있다. 이윤을 줄이는 이런 행동들이 뉴스에 나오는 종류의 이야기들처럼 뻔뻔스러운 것이어야만 하는 것은 아니다. 경영자는 자신의 보수가 단기 이윤에 따라 정해지는 경우에는 미래 이익을 깎아먹으면서까지 단기 이윤을 높이려고 할 수도 있다. 이런 식으로 잃어버린 이윤은 그 경영자가 회사를 떠난 이후에야 알게 될 수 있거나 혹은 결코 알려지지 않을 수도 있는데, 이윤이 (정상적으로) 얼마여야 하는지는 알기 어렵기 때문이다. 혹은 경영자들이 자신의 권한은 증대시키지만 인

수하는 기업(및 그 주주들)에게는 득보다 실이 많은 인수합병을 감행할 수도 있다.

경영자들이 때로는 이윤을 극대화하지 않는 행동을 하기도 하지만, 그런 행동의 영향을 최소화하기 위해 마련된 장치들도 있다. 여기에는 행동주의적인 주주들, 요란스러운 (투자 관련) 언론매체, 때로는 경영자들의 행동을 관찰하게 되는 학계의 경제학자들 등이 포함된다.

가장 직접적으로 이윤극대화에 노력하게 만드는 것은 아마도 주주들을 대리해서 경영진에 맞서는 강력한 이사회와 잘못 경영되는 기업이 있으면 매수해서 경영진을 교체해 버리려고 하는 다른 회사들일 것이다. 경제학자 카플란과 민턴은 미국 대기업들의 경우에 이런 힘이 작용한다는 증거를 발견했다. 이들 기업의 평균 CEO 재임기간은 7년 이하였고, CEO가 자리를 유지할 가능성은 회사의 성과가 산업 내 경쟁자 및 다른 산업의 회사들에 비해서 얼마나 좋은지 여부에 따라 달라졌다. 흥미롭게도, 이런 관련성은 CEO가 떠날 당시에 강요에 의한 것으로 알려졌는지 아닌지 여부와는 상관없이 나타났다. 즉 CEO의 '자발적인' 퇴진 중에 상당수가 전혀 자발적인 것이 아님을 시사한다.[2]

이런 힘들이 (자본의 소유자인) 주주들이 원하는 것처럼 이윤을 극대화하는 방향으로 행동하도록 경영자들에게 압력을 넣는 경향이 있다. 이런 방식들이 실패한다고 하더라도, 경쟁적 시장 그 자체가 기업들로 하여금 이윤을 극대화하게 만든다. 경쟁적인 시장에서는, 이윤을 극대화하는 (적어도 그에 가깝게 행동하는) 기업들은 성공할 것인 반면, 경영자가 이윤을 까먹고 있는 기업은 그렇지 않을 것이다. 이윤을 극대화하는 기업은 필요한 자본을 보다 쉽게 끌어올 것이고, 투자할 자금이 더 많을 것이며, 이윤을 극대화하지 못하는 기업들로부터 시장점유율을 뺏어올 것이다. 이것이 완전경쟁이 주는 편익이다. ■

이윤의 측정

완전경쟁적 산업의 기업은 $P=MC$가 성립되는 생산량을 선택함으로써 이윤을 극대화한다. 그러나 이것만으로는 기업이 이윤을 얼마나 벌고 있는지(혹은 이윤이 있기는 한지조차) 알 수가 없다. 이윤(π)을 측정하기 위해서는 총수입(TR)에서 총비용(TC)을 뺀다.

$$\pi = TR - TC$$

그림 8.4a는 기업의 평균총비용곡선, 한계비용곡선, 그리고 수요곡선(한계수입곡선)을 보여준다. 총수입은 높이 P, 밑변 Q^*인 직사각형 영역과 같다. 총비용은 높이 ATC^*(이윤극대화 생산량 Q^*에서의 ATC), 밑변 Q^*인 직사각형 영역이다. Q^*에서 총수입이 총비용보다 크므로 기업은 양(+)의 이윤을 벌고 있다. TR과 TC 방정식들을 이윤 방정식에 대입하면 다음과 같다.

$$\pi = TR - TC$$
$$= (P \times Q) - (ATC \times Q)$$
$$= (P - ATC) \times Q$$

그러므로 기업의 이윤은 그림 8.4에서 높이가 $(P-ATC^*)$이고 밑변은 이윤극대화 생산량 Q^*와 같은 직사각형으로 나타난다.

2 Steven N. Kaplan and Bernadette A. Minton, "How Has CEO Turnover Changed?," *International Review of Finance* 12, no. 1 (2012): 57-87.

그림 8.4 이윤의 측정

기업의 한계비용곡선 MC 및 평균총비용곡선 ATC, 시장가격 P가 주어졌을 때, 기업의 이윤은 높이가 $(P - ATC^*)$이고 밑변은 Q^*인 직사각형 영역으로 측정될 수 있다.

(a) Q^*에서의 평균총비용보다 시장가격이 높은 경우, 기업은 양의 이윤 $\pi > 0$을 얻을 것이다.

(b) Q^*에서의 평균총비용과 시장가격이 같은 경우, 기업은 0의 이윤을 얻는다.

(c) Q^*에서의 평균총비용보다 시장가격이 낮은 경우, 기업은 음의 이윤 $\pi < 0$(손실)을 얻게 된다.

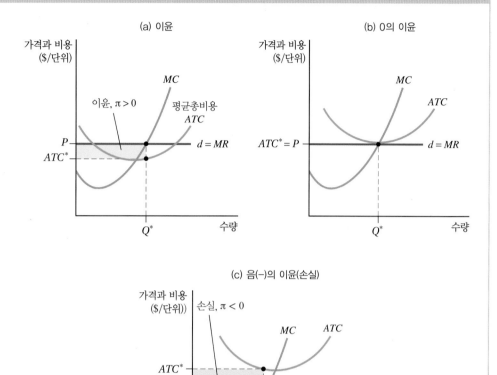

이윤 방정식으로부터 이윤은 $\pi = (P - ATC) \times Q$이므로, $P > ATC^*$일 때에만 양수가 됨을 알 수 있다. $P = ATC^*$이면 이윤은 0이며, $P < ATC^*$일 때는 이윤은 음수가 된다. 이런 내용은 그림 8.4b와 c에 나타나 있다. 그림 8.4b는 $P = ATC^* = MC$일 때는 이윤이 0이 됨을 보여준다. 제7장에서 $MC = ATC$는 ATC의 최저점에서만 이루어짐을 보았다. (이 사실을 기억하자! 이 장의 후반으로 가면서 매우 중요해진다.) 그림 8.4c에서는 $P < ATC^*$이므로 음(−)의 이윤을 얻고 있다. 당연한 의문이지만, 기업이 왜 손해를 보면서 생산을 하는가? 이는 다음 절에서 살펴보자.

이윤이 음수인 경우에는 폐업해야 하는가? 손실을 보면서도 조업하는 것이 나은지, 아니면 조업을 중단하고(shut down) 생산량을 0으로 하는 것이 나은지를 완전경쟁기업은 어떻게 아는가? (단기에 조업을 중단하는 것은 폐업하고 산업에서 퇴출하는 것과 다른데, 단기에는 조업을 중단하더라도 지출해야 하는 고정비용이 있기 때문이다.) 답은 각 경우(손실을 보면서도 조업을 계속하는 것과 조업을 중단하는 것)의 비용과 수입에 따라서 달라진다. 표 8.2는 이런 결정에 필요한 정보를 보여준다.

예제 8.1

소비자들은 이발을 동질적 서비스로 인식하며, 시장에는 수백 개의 이발소가 있다고 가정해보자. 현재 시장가격은 15달러이다. 어떤 이발소의 1일 단기 총비용과 한계비용은 $TC = 0.5Q^2$, $MC = Q$이다.

a. 이윤을 극대화하려면 하루에 몇 번의 서비스를 해야 하는가?

b. 그러면 하루에 이윤을 얼마나 버는가?

풀이

a. 완전경쟁시장의 기업은 $P = MC$가 되는 생산량을 생산함으로써 이윤을 극대화한다.

$$P = MC$$
$$15 = Q$$

b. 15명이 고객에 대해 각각 15달러를 받는다면, 총수입은 다음과 같다.

$$TR = P \times Q$$
$$= \$15 \times 15 = 225달러$$

총비용은 총비용함수를 이용해서 구할 수 있다.

$$TC = 0.5Q^2 = 0.5(15)^2 = 112.50달러$$

이윤은 $TR - TC$이므로,

$$\pi = \$225 - \$112.50 = 112.50달러/일$$

기업이 단기적으로 조업을 중단해서 생산을 하지 않기로 했다면 수입은 없을 것이다. 그래도 고정비용은 여전히 지출해야 하므로 기업의 손실은 정확히 고정비용과 같을 것이다.

$$\pi_{조업\,중단} = TR - TC = TR - (FC + VC)$$
$$= 0 - (FC + 0) = -FC$$

단기적으로 손실을 보면서 조업을 계속한다면, 수입은 들어오겠지만 고정비용과 가변비용을 지출해야 할 것이다. 조업에 따른 이윤은 총수입에서 고정비용과 가변비용을 뺀 것이다.

$$\pi_{조업} = TR - TC = TR - FC - VC$$

이 두 가지 이윤을 비교하면 어느 쪽이 좋은지를 알 수 있다.

$$\pi_{조업} - \pi_{조업\,중단} = TR - FC - VC - (-FC)$$
$$= TR - VC$$

그러므로, 단기적으로 기업은 수입이 총비용이 아니라 가변비용 이상만 되면($TR \geq VC$) 조업해야 할 것이다. 고정비용은 조업을 하든 않든 관계없이 지출되어야만 하며, 따라서 조업을 계속할지 중단할지 여부의 결정과는 무관하기 때문이다. 이것은 영화 워터월드 제작자가 손실을 볼 것임을 알면서도 개봉하기로 결정할 때 봉착했었던 고통스러운 상황이다(제7장). 기업이 고정비용을 모두 회수할 수는 없는 경우에도, 가변비용을 회수하고 남을 정도의 수입을 벌 수만 있다면 단기적인 조업이 정당화될 수 있다. 이때 만일 조업을 중단한다면 손실이 더 커질 것이기 때문이다. 그렇지만 총수입이 가변비용보다 적은 경우에는($TR < VC$) 조업을 중단해야 한다. 이때에는 가변비용도 모두 회수할 수 없으며, 팔 때

표 8.2 손실을 보면서도 조업할지 아니면 단기적으로 조업을 중단할지 여부의 결정

	조업 중단	조업
수입	없음	있음(TR)
비용	고정(FC)	고정(FC) + 가변(VC)
손실	$-FC$	$TR - FC - VC$

그림 8.5 조업 계속이냐 조업 중단이냐에 대한 단기적 의사결정

시장가격 P에서 기업은 높이 $(P - ATC^*)$, 밑변 Q^*인 직사각형 영역과 같은 음$(-)$의 경제적 이윤을 얻는다. 그렇지만 이윤극대화 생산량 Q^*에서의 평균가변비용 AVC^*보다 가격이 더 높기 때문에 기업은 단기적으로 조업을 계속할 것이다. 그렇게 함으로써 적어도 가변비용은 회수할 수 있기 때문이다.

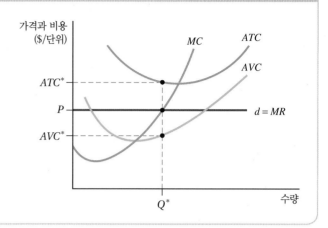

마다 손실을 보게 된다. 하는 족족 돈을 잃는다면 버틸 수 없다.

계속이냐 중단이냐의 결정은 다음과 같이 요약될 수 있다.

$$TR \geq VC \text{이면 조업 계속}$$
$$TR < VC \text{이면 조업 중단}$$

그림 8.5는 이 규칙을 예시하고 있는데, 완전경쟁기업의 평균총비용, 평균가변비용, 한계비용 및 한계수입(시장가격)곡선들이 나타나 있다. 여기서 $TR < TC$이므로 기업은 손실을 보고 있지만, 조업을 계속하고 있다. $TR > VC$이기 때문이다. 그림은 이를 어떻게 보여주고 있는가? TR은 높이 P, 밑변 Q^*인 직사각형 영역$(TR = P \times Q)$이며, VC는 높이 AVC^*(Q^*에서의 AVC), 밑변 Q^*인 직사각형이다$(VC = AVC \times Q)$. TR과 AVC에는 Q^*가 공통적으로 들어가는데, 따라서 이 수

A⁺ 시험 잘 보는 법

세 가지 곡선 이야기

완전경쟁적 기업의 비용곡선들에 대한 그림을 살펴보는 가장 쉬운 방법은 이 곡선들 각각은 전체의 일부만을 보여준다는 점을 상기하는 것이다.

이윤극대화 생산량은 어디인가? 한계비용(MC)곡선 : 기업의 이윤을 극대화하는 생산량 수준을 알고 싶다면, 그 기업의 MC곡선을 이용해서 $MR = MC$인 곳을 찾아야 한다. 완전경쟁적 기업의 경우에만 '유일하게' $P = MC$인 곳을 찾게 되는데, 완전경쟁에서는 $MR = P$이기 때문이다.

기업이 양(+)의 이윤을 벌고 있는가? 평균총비용(ATC)곡선 : 최적 생산량을 알고 난 다음, 기업이 양의 이윤을 얻고 있는지 알고 싶다면 ATC곡선을 이용해 가격과 ATC를 비교하면 된다. 이윤은 생산량을 밑변으로 하고 그 생산량에서의 P와 ATC의 차이를 높이로 하는 직사각

형으로 측정된다. 완전경쟁적 기업이 양의 이윤을 얻고 있다면, 얘기는 거기서 끝난다. 기업의 AVC곡선까지 생각할 필요가 없다.

조업을 계속하나 아니면 중단하나? 평균가변비용(AVC)곡선 : 가격이 ATC보다 낮아서 기업이 손실(음의 이윤)을 입고 있다면, 기업이 단기적으로 조업을 계속할지 여부의 결정은 전적으로 가격과 ATC 간의 관계에 달려 있다. 이윤극대화/비용최소화 생산량 수준에서의 이 두 변수를 비교하기 위해 AVC곡선을 이용한다. 가격이 더 높다면 조업을 계속해야 하고, AVC가 더 크다면 조업을 중단해야 한다.

이 질문들에 답하기 위해서 어떤 곡선을 사용할 것인지 알고 나면 복잡한 그림들을 분석해서 숙제나 시험문제에 답하는 것이 쉬워진다. 각각의 곡선이 자신만의 역할을 가지고 있음에 유의해서 필요한 곡선에 집중한다면 분석을 단순화할 수 있다.

예제 8.2

완전경쟁시장에서 동일한 기업들의 단기총비용곡선이 다음과 같다—$TC = 3Q^3 - 18Q^2 + 30Q + 50$ (Q는 주당 생산량). 따라서 한계비용곡선은 $MC = 9Q^2 - 36Q + 30$이다. 가격이 그보다 낮아지면 기업들이 단기에도 전혀 생산하지 않게 될 가격(조업 중단 가격)을 계산하라.

풀이

기업은 가격이 AVC의 최솟값보다 낮아지면 단기에도 전혀 생산을 하지 않을 것이다. 최소 AVC는 어떻게 구할까? AVC는 $AVC = MC$일 때 최소가 된다(제7장). 따라서 AVC곡선의 방정식을 먼저 구한 다음, 그것이 최소화되는 생산량 수준을 찾아야 한다.

AVC는 VC/Q이다. 총비용은 고정비용과 가변비용의 합임을 기억하자($TC = FC + VC$). 고정비용은 생산량에 따라 변동하지 않는 총비용의 부분이다. 그러므로 총비용이 위와 같이 주어졌다면 FC는 50이며, $VC = 3Q^3 - 18Q^2 + 30Q$이다.

$$AVC = VC/Q = \frac{3Q^3 - 18Q^2 + 30Q}{Q} = 3Q^2 - 18Q + 30$$

다음으로, AVC가 최소가 되는 생산량 수준을 $AVC = MC$를 이용해서 구한다.

$$AVC = MC$$
$$3Q^2 - 18Q + 30 = 9Q^2 - 36Q + 30$$
$$18Q = 6Q^2$$
$$18 = 6Q$$
$$Q = 3$$

즉 AVC는 주당 생산량이 3일 때 최소가 된다. 이때의 AVC값을 구하기 위해서 AVC 방정식에 $Q = 3$을 대입하자.

$$AVC = 3Q^2 - 18Q + 30$$
$$= 3(3)^2 + 18(3) + 30 = 27 - 54 + 30 = 3달러$$

그러므로 기업이 조업을 해야 하는 최소가격 수준은 3달러이다. 가격이 이보다 밑으로 떨어질 경우에는 단기적으로 조업을 중단하고 고정비용만 지출해야 한다.

량은 조업 중단 여부의 결정에는 아무 관련이 없다. 따라서 기업이 직면하는 시장가격 P와 이윤극대화 수준의 평균가변비용 AVC^*를 이용해서 위의 규칙을 다시 쓸 수 있다.

$$P \geq AVC^* \text{이면 조업 계속}$$
$$P < AVC^* \text{이면 조업 중단}$$

그러므로 기업은 시장가격이 이윤극대화 생산량 수준에서의 평균가변비용 이상이 되는 한 조업을 계속해야 한다. 이 규칙은 어떤 시장 구조를 가진 어떤 산업의 어떤 기업에게도 적용된다는 점에 유의하자.

8.3 단기의 완전경쟁

완전경쟁적 기업은 $MR = P = MC$일 때 이윤을 극대화하게 되며, 가격이 평균가변비용 이상인 경우에 한해서 (경제적 손실을 보더라도) 단기적으로 조업을 하게 된다. 이제 한 단계 더 나아가 완전경쟁적 기업의 단기 공급곡선을 도출해보자.

완전경쟁시장 기업의 단기 공급곡선

공급곡선은 주어진 가격에서의 공급량을 보여주는데, 기업은 $P = MC$인 곳에서 생산량을 선택

그림 8.6　완전경쟁적 기업의 단기 공급곡선

기업은 시장가격이 평균가변비용곡선 *AVC*보다 위에 있을 때에만 단기적으로 조업을 하게 되므로, 완전경쟁적 기업의 단기 공급곡선은 한계비용곡선 *MC*에서 *AVC*보다 위에 위치하는 부분이다. 가격이 *AVC*보다 낮아지게 되면 기업은 조업을 중단하고 공급량은 0이 되며, 공급곡선은 세로축으로 나타난다.

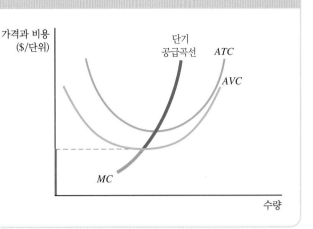

하게 되므로 단기 *MC*곡선이 기업의 단기 공급곡선이 될 수밖에 없다. 단, 한 가지 단서가 있다. *MC*곡선 중에서도 *AVC*의 최솟값보다 높은 부분만이 기업의 공급곡선이 될 수 있다. 왜냐하면 *AVC*의 최솟값보다 낮은 가격 수준에서는 기업이 조업을 중단하고 공급량은 0이 될 것이기 때문이다.

그림 8.6은 기업의 단기 공급곡선이 평균가변비용 *AVC*보다 높은 위치에 있는 한계비용곡선 *MC*의 부분임을 보여주는데, 평균총비용 *ATC*보다 낮은 위치의 부분도 일부 포함된다. *AVC*보다 낮은 가격에서는 공급량이 0이다. 공급곡선을 도출할 때에는 가격과 공급량 외에는 모두가 일정한 것으로 가정하고 있음을 유념하자.

*MC*와 단기 공급곡선 간의 이러한 관계 때문에 *MC*를 변동시키는 어떠한 요인도 공급에 영향을 주게 된다. 제7장에서 보았듯이, *MC*곡선을 이동시키는 요인들은 주로 투입물 가격 및 기술의 변화이다. 반면에 고정비용은 기업의 한계비용에 영향을 주지 않으며, 따라서 고정비용의 변화는 단기 공급곡선을 이동시키지 않는다. 알다시피 장기에는 고정비용이 없다. 완전경쟁적 시장에서 기업의 장기적 행동이 단기적 행동과 어떻게 다른지에 대해서는 나중에 살펴볼 것이다.

 응용　발전소의 공급곡선

경제학자 호르타수와 풀러는 텍사스주의 전력 산업에 대한 상세한 연구를 발표했다.[3] 이 연구의 자료들을 이용해서 한 기업의 공급곡선을 도출할 수 있다(그림 8.7). 이 공급곡선은, 산업 내 다른 기업들의 공급곡선들과 함께, 나중에 다루게 될 산업공급곡선의 구성요소가 된다.

기업 공급곡선의 도출에서 가장 중요한 첫 단계는 한계비용(*MC*)곡선을 확정하는 것이다. 전력 생산, 즉 발전 산업에서 한계비용은 1시간 동안 1메가와트의 전력(MWh, 약 1,000가구에 1시간 동안 공급할 수 있는 전력량임)을 추가로 생산하는 비용을 의미한다. 한계비용은 발전기

3　Ali Hortaçsu and Steven L. Puller, "Understanding Strategic Bidding in Multi-Unit Auctions: A Case Study of the Texas Electricity Spot Market," *RAND Journal of Economics* 39, no. 1 (2008): 86-114.

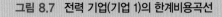

그림 8.7 전력 기업(기업 1)의 한계비용곡선

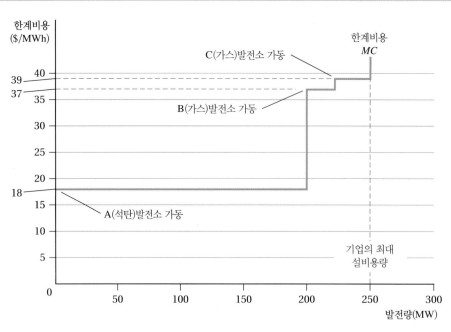

텍사스 전력 산업의 한 기업은 계단형의 *MC*곡선에 직면하고 있다. 200MW 이하를 공급하는 경우에는 석탄 발전소인 A만이 가동되며 *MC*는 MWh당 18달러에서 수평선이다. 공급량이 200MW보다 많은 경우에는 천연가스 발전소인 B와 C도 가동하게 되는데, *MC*는 MWh당 37달러와 39달러이다.

를 작동하는 데 소요되는 가변비용으로서, 발전기의 가동 및 유지를 위한 노동비용, 환경 관련 면허비용, 그리고 가장 중요한 연료비 등이 포함된다.

　이 기업은 3개의 발전소를 보유하고 있다. A발전소는 석탄을 사용하는데 발전 용량은 200MW이다. B와 C발전소는 천연가스를 사용하며 각각 25MW의 용량을 갖는다. 가동비용은 대개 석탄 발전기가 천연가스 발전기보다 낮다.

　A발전소 석탄 발전기의 *MC*는 MWh당 18달러 수준으로서, 200MW까지는 일정하다. 그 이상으로는 발전이 불가능하기 때문에, 이 발전소의 *MC*는 200MW를 넘어서면 사실상 무한대가 된다. B발전소의 천연가스 발전기의 *MC*는 (발전용량 25MW까지) MWh당 37달러로 불변이며, C발전소의 천연가스 발전기의 *MC*는 (발전용량 25MW까지) MWh당 39달러로 불변이다.

　이 기업이 200MW 이하로 발전한다면 A발전소만이 가동될 것인데, 그 발전량에서는 A가 최소비용의 수단이기 때문이다. 그래서 기업의 *MC*곡선은 그림 8.7에서처럼 0~200MWh 구간에서는 MWh당 18달러에서 수평선이다.

　200MWh 이상을 발전하려면 다른 발전소 중 적어도 하나를 사용해야만 한다. 가령 200에서 225MWh 구간의 발전량을 원한다면 천연가스 발전소 하나만 있으면 되며, 둘 중에 *MC*가 37달러로 더 낮은 B발전소가 가동될 것이다. 그러므로 기업의 *MC*곡선은 200MWh 수준에서 37달러까지 뛰어오르게 되고, 225MWh까지는 이 수준으로 유지된다. 225MWh 이상을 발전하기 위해서는 *MC*가 39달러인 C발전소도 가동해야 하며, 따라서 *MC*곡선은 39달러까지 뛰어오른다.

기업의 MC는 250MWh까지 MWh당 39달러에서 유지되는데, 여기서부터는 발전 능력이 소진되었기 때문에 더 이상은 생산할 수 없다. 250MWh를 넘어서면 기업의 MC는 사실상 무한대가 된다. 그림 8.7은 그림 밖으로 향하고 있는 수직선을 통해서 이를 보여주고 있다.

이 MC곡선에서 AVC 이상이 되는 부분이 기업의 공급곡선이다. 제7장에서 보았듯이, 어떤 생산량 수준에서의 기업의 총가변비용(VC)은 그때까지의 각 생산 단위의 한계비용들을 모두 합한 것과 같다. 그러므로 기업의 첫 MWh 생산의 VC는 18달러이고 AVC는 MWh당 18달러이다. 2MWh 생산의 VC는 36달러이고 따라서 AVC는 MWh당 $36/2=18달러이다. 따라서 AVC는 200MWh까지는 MWh당 18달러일 것임이 분명하다. 바꾸어 말해서 이 발전량 수준까지는 MC곡선은 AVC곡선과 일치한다. 201번째 MWh에서 MC가 MWh당 37달러로 상승하면 VC는 201MWh에서 37달러만큼 증가하지만, AVC는 단지 MWh당 18.09달러로 상승할 뿐이다[$18.09 = ($18 \times 200MWh + $37)/201MWh$]. 이렇게 추론해보면, 이 기업의 MC곡선은 200MWh 이상의 발전량에서는 항상 AVC곡선보다 위에 있을 것이다. 따라서 적어도 이 기업의 경우에는 MC곡선 전체가 공급곡선이 된다. ■

완전경쟁 산업의 단기 공급곡선

앞에서 보았듯이, 완전경쟁적 시장에서 개별기업은 생산량 변경을 통해 가격에 영향을 줄 수 없다. 완전경쟁시장에서는 무엇이 가격을 결정하는가? 그 시장의 모든 기업의 생산량 결정들이 결합된(combined) 것, 즉 산업공급곡선이다. 여기서는 이러한 생산량 대응들의 결합이 어떻게 이루어지는지를 살펴본다.

우선 기업들의 '결합된' 의사결정이 무슨 뜻인지를 명확히 할 필요가 있다. 이것은 '조정된(coordinated)'의 의미가 아니다. 완전경쟁시장의 기업들은 그해의 생산량 결정을 위해 연례적으로 모임을 갖는 것도 아니고, 그런 목적의 업계 소식지나 웹사이트가 있는 것도 아니다(사실, 그런 행동을 하는 기업 경영자들은 가격고정 혐의로 기소될 것이다). 여기서 '결합된'의 의미는 더해졌다는 의미, 즉 개별기업들의 독립적인 생산량 결정이 함께 더해진 합계라는 의미이다. 그렇다면, 산업공급곡선은 한 산업이 주어진 가격에서 공급하게 되는 총량을 가리키는 것이다.

기업들의 단기 공급곡선들을 더하는 것은 예를 통해 쉽게 보일 수 있다. 여기서는 기업들의 '결합된' 생산량 결정들이 투입물 가격에 별다른 영향을 주지 않으며, 따라서 산업의 단기 공급곡선은 기업의 공급곡선들의 합이라고 가정한다. 이제 한 완전경쟁 산업에 동일한 단기 공급곡선을 갖는 100개의 기업이 있는, 다음과 같은 상황을 생각해보자. 시장가격이 1달러 미만이라면 AVC보다 낮으므로 기업들은 조업하지 않는다. 가격이 1달러 이상이지만 2달러 미만인 경우에는 각 기업들은 1단위를 공급한다. 2달러 이상의 가격에서는 각 기업은 2단위를 공급하는데, 설비 제한 때문에 그 이상은 공급하지 못한다. (이것은 억지로 만들어진 예지만, 단순화되었기 때문에 개념을 이해하는 데 도움이 될 것이다.)

이러한 기업 공급곡선들로부터 산업의 단기 공급곡선을 도출하기 위해 모든 가능한 시장가격에서 개별기업의 공급량들을 더한다. 가격이 1달러 미만일 때는 산업 공급량이 없는데, 역시 그 가격으로는 어떤 기업도 AVC를 회수할 수 없기 때문이다. 가격이 1~2달러 사이인 경우에 산업은 100단위를, 즉 100개 기업이 1단위씩 공급한다. 가격이 2달러 이상이면 산업 공급량은 200단위로서, 각 기업이 2단위씩 만드는 것이다. 그러므로 이 산업의 단기 공급곡선은 1달러

미만의 가격에서는 0단위, 1달러 이상 2달러 미만의 가격에서는 100단위, 2달러 이상의 가격에서는 200단위이다.

단기 공급곡선 : 그림에 의한 접근   이런 상황을 그림으로 나타내보면 기업들의 공급곡선은 그림 8.8의 왼편에서와 같은 모습을 보일 것이다. 이는 산업 내 100개 기업 각각의 단기 공급곡선이다. 산업공급곡선은 기업들의 공급곡선을 수평 방향으로 합한 것이다―주어진 가격들에서의 각 기업의 공급량을 모두 더해서 그 합을 표시해가면 산업의 공급량이 나온다. 이렇게 해서 그림의 오른편에 산업공급곡선이 나타난다. 제5장에서 개별 소비자의 수요곡선들을 수평 방향으로 더해서 시장수요곡선을 얻었듯이, 개별기업의 공급곡선들을 수직 방향이 아니라 수평 방향으로 더해서 산업공급곡선을 얻게 된다는 점에 주목하자.

그림 8.8에서는 모든 기업이 동일한 공급곡선을 갖는다(이것은 그들이 모두 동일한 비용곡선을 갖는다는 말과 같다). 완전경쟁산업에서 기업들이 상이한 비용을 가질 경우에는 분석이 좀 더 복잡해진다. 이때에도 산업공급곡선을 결정하는 과정은 (개별기업 공급곡선들을 더한다는 점에서) 동일하지만, 개별기업 공급곡선들은 또 다른 방식으로 산업공급곡선의 형태에 영향을 주게 된다.

이제 이 산업에서 (기업은 여전히 100개지만) 그림 8.8과 같은 공급곡선을 갖는 기업이 50개이고 나머지 50개는 다른 공급곡선을 갖는다고 가정해보자. 이들 다른 기업은 비용이 더 높으며, 따라서 2달러 미만에서는 전혀 생산하지 않을 것이라고 하자. 이들은 가격이 2달러 이상 3달러 미만일 때 1단위를 생산하며, 3달러 이상의 가격에서는 2단위를 생산한다. 1달러 미만에서는 산업 공급량은 0단위인데, 어떤 기업도 수지를 맞출 수 없기 때문이다. 1달러 이상 2달러 미만이면 산업 공급량은 50단위인데, 이 가격에서는 50개의 저비용 기업들만이 조업할 수 있고 각기 1단위씩 생산한다. 2달러 이상 3달러 미만의 경우에 산업은 150단위를 공급한다―저비용 기업들이 100단위(50개 기업이 각기 2단위씩), 50개의 고비용 기업들이 각기 1단위씩 생산한다. 3달러 이상이 되면 공급량은 200단위인데, 이제는 모두가 2단위씩 생산하기 때문이다.

일반적으로 산업공급곡선은 산업 내 개별기업의 공급곡선들을 수평으로 합한 것이다. 앞의 예는 매우 단순한 계단형의 기업 공급곡선을 사용한 것이지만, 공급곡선이 보다 통상적인 형태를 갖는 경우에도 개념적으로 차이가 없다. 기업의 공급곡선은 그림 8.9의 왼편에 그려진 것과

그림 8.8   기업들의 비용이 동일할 때의 단기 산업공급곡선의 도출

공급$_{기업}$은 100개의 기업이 있는 한 산업에서 각 기업의 단기 공급곡선이다. 단기 산업공급곡선인 공급$_{산업}$은 개별기업의 공급곡선들을 수평 방향으로 합한 것이다.

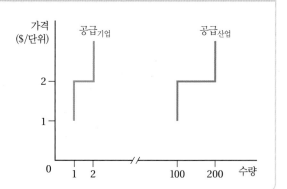

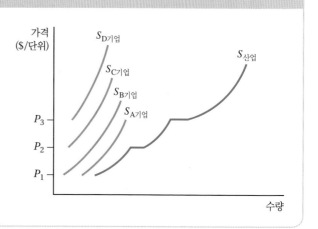

그림 8.9 기업들의 비용이 상이할 때의 단기 산업공급곡선

4개의 기업이 각기 다른 비용에 직면하고 있는 산업에서, 이러한 비용 차이는 그들의 개별공급곡선($S_{A기업}$, $S_{B기업}$, $S_{C기업}$, $S_{D기업}$)에 반영되고 있다. 산업공급곡선인 $S_{산업}$은 개별기업의 공급곡선 4개를 수평 방향으로 합한 것이다. P_1과 P_2 사이의 가격에서는 A기업과 B기업만이 생산한다. 가격이 P_2가 되면 C기업도 공급하게 된다. P_3의 가격에서는 4개 기업 모두가 일정량을 공급하고 있다.

비슷한 경향이 있다. 여기서는 산업에 기업이 4개 있다고 가정하는데, A기업의 비용이 가장 낮고, B기업이 그다음으로 낮으며, 이하 차츰 비용이 높아진다. 여기서도 산업공급곡선은 기업 공급곡선들의 수평합이다. 가격이 P_1 이상인 경우에만 생산할 기업이 있게 될 것인 만큼, 산업 공급량도 P_1 이상에서만 양수가 될 것이다. P_1과 P_2 사이에서 산업공급곡선은 기업 A와 B의 공급곡선들의 합이다. P_2에서는 C기업도 생산을 시작하는데, 그러면 산업공급곡선은 P_2에서의 C의 생산량만큼 오른쪽으로 이동하게 되며, 그 이상의 가격 수준에서도 마찬가지다. 끝으로 D기업은 P_3에서 생산을 시작하며, 산업공급곡선은 이 양만큼 더해져서 수평으로 이동하게 된다.

이 예는 한 가지 흥미로운 점을 보여준다 ― 가격 상승에 따라서 산업 공급량이 증가하는 데는 두 가지 이유가 있다. 하나는 개별기업의 공급곡선들이 대개 우상향이다(각 기업은 시장가격이 오르면 생산을 늘리는 경향이 있다). 다른 하나는 어떤 기업들은 상대적으로 비용이 높아서 가격이 일정 수준 이상이 되어야 조업을 시작할 수 있다는 사실이다.

단기에서의 경쟁적 기업의 생산자잉여

단기 산업공급곡선과 시장수요곡선의 교차점이 시장균형가격을 결정한다. 완전경쟁적 기업은 이 가격을 주어진 여건으로 해서 (조업할 것인지 여부와 함께) 이윤을 극대화하는 공급량을 선택한다. 기업의 단기 이윤을 측정하는 방법은 앞에서 보았다. 마찬가지로 중요한 것이 생산자잉여(producer surplus)인데, 제3장에서 처음 다루었다. 생산자잉여가 시장가격과 (기업의 MC 곡선을 반영하는) 공급곡선의 수직적 차이라는 점을 상기하자.

일반적으로 기업은 MC보다 높은 수준의 가격에서 일정한 생산량을 판매하게 된다. 예를 들어 텍사스 전력 산업의 경우에 시장가격이 MWh당 37달러라면, 석탄 발전소에서 생산되는 전력을 MWh당 18달러의 MC보다 훨씬 더 높은 가격에 팔 수 있을 것이다.

이것은 한 기업의 생산 의사결정을 나타내고 있는 그림 8.10에서 보다 일반적으로 확인할 수 있다. 이윤을 극대화하는 기업은 가격이 MC와 일치하는 수준인 Q^*를 생산할 것이다. Q^*까지의 모든 생산량 단위에 대해서 MC가 시장가격보다 낮다는 점에 유의하자. 기업은 이들 각 단위마다 마크업(markup = $P - MC$) 또는 '마진'을 얻고 있다.

그림 8.10 완전경쟁에서 기업의 생산자잉여

(a) 생산자잉여 : 가격-한계비용 마진의 합계

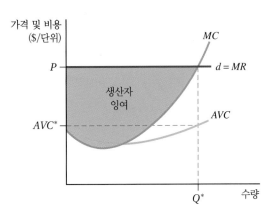

(b) 생산자잉여 : 총수입–가변비용

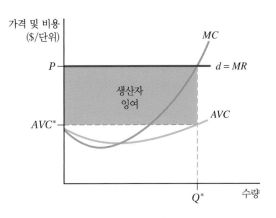

(a) 시장가격에서, 완전경쟁적 기업은 Q^*를 생산한다. Q^*까지의 생산량 단위마다 한계비용 MC가 시장가격보다 낮으며 기업은 그 단위마다 생산자잉여를 얻는다. 결과적으로 전체 생산자잉여는 수요곡선과 MC곡선 사이의 영역과 같다.

(b) 생산자잉여는 기업의 총수입에서 가변비용을 뺀 것으로 계산될 수도 있다. 기업의 총수입은 높이 P, 밑변 Q^*인 직사각형 전체이며, 가변비용은 높이 AVC^*, 밑변 Q^*인 직사각형이다. 그러므로 생산자잉여는 높이 $(P-AVC^*)$, 밑변 Q^*인 직사각형 영역이다.

생산량 각 단위에서의 이러한 $P-MC$ 마진들을 모두 더하면 기업의 생산자잉여를 얻게 된다. 이것은 그림 8.10a에서 색칠된 부분과 같다. 이 부분이 애매하다면, 색칠된 영역을 많은 수의 작은 수직조각들로 나눈다고 상상해보자. 각 조각은 생산량 1단위마다의 가격과 MC의 차이와 같다고 하자. 이 조각들을 모두 더한다면, 즉 모든 생산 단위에 대해 $P-MC$ 격차를 더한다면 생산자잉여를 얻게 된다.

생산자잉여를 계산하는 방법이 하나 더 있다. 먼저 제7장에서 본 것처럼 MC는 가변비용만을 포함하며 고정비용과는 무관함을 상기하자. 생산되는 모든 단위에서의 MC를 모두 더한다면 (총)가변비용을 얻게 된다. 또한 생산되는 모든 단위에서의 MR을 모두 더한다면 총수입이 된다. 이것은 기업의 총수입에서 가변비용을 뺀 것은 모든 판매량 단위에서 얻게 되는 $P-MC$ 마진들의 합, 즉 생산자잉여와 같다는 것을 의미한다.

$$PS = TR - VC$$

그림 8.10b에서 기업의 총수입은 높이 P, 밑변 Q^*인 직사각형 영역이다. 가변비용은 AVC에 생산량을 곱한 것이며 따라서 높이 AVC^*(이윤극대화 수준에서의 AVC), 밑변 Q^*인 직사각형 영역이다. 이 두 영역의 차이, 즉 높이 $(P-AVC^*)$, 밑변 Q^*인 색칠된 직사각형이 기업의 생산자잉여와 같다.

생산자잉여와 이윤

생산자잉여가 이윤과 밀접한 관계가 있다고 해도 놀랍지는 않을 것이다. 그러나 생산자잉여

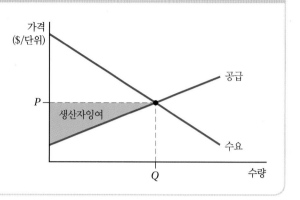

그림 8.11 산업의 생산자잉여

한 산업의 생산자잉여는 시장가격보다 낮은 비용으로 생산함으로써 얻게 되는 산업 전체의 잉여이다. 이는 산업공급곡선의 위쪽이면서 시장가격 P보다 아래쪽에 나타나는 색칠된 삼각형이다.

가 이윤과 같지는 않다는 점을 인식하는 것은 매우 중요하다. 생산자잉여는 고정비용을 감안하지 않은 것인 반면, 이윤은 그것이 고려되어 있다. 수학적으로는 다음과 같다. $PS = TR - VC$, $\pi = TR - VC - FC$.

신규 기업은 이윤이 0보다 작아도 조업하고 있을 수 있다. 그러나 생산자잉여가 0보다 작은 상태에서 조업할 수는 결코 없는데, 왜냐하면 그것은 고정비용은 무시하더라도 생산해서 팔 때마다 수입보다 비용이 더 크다는 의미이기 때문이다. 실제로 기업의 조업 중단 조건은 생산자잉여를 통해서 다시 쓸 수 있다. $PS \geq 0$ (즉 $TR \geq VC$)이면 조업하고, $PS < 0$ ($TR < VC$)이면 조업을 중단한다.

완전경쟁 산업의 생산자잉여

산업 전체의 생산자잉여도 기업의 생산자잉여와 같은 개념이다. 시장가격보다 아래이면서 단기 공급곡선보다 위에 있는 영역인데, 다만 여기서는 기업의 공급곡선이 아니라 산업공급곡선이다(그림 8.11). 이 잉여는 팔리는 가격보다 낮은 비용으로 생산함으로써 얻게 되는 산업의 이득을 반영한다.

 응용 발전에서의 단기 산업공급과 생산자잉여

앞에서 본 텍사스 전력 산업의 〈응용〉 사례에서 기업 1 외에 다른 기업이 두 곳 더 있다고 가정하자. (실제로 텍사스 전력 산업은 많은 기업으로 구성되지만, 단순화를 위해 셋이 있다고 가정한다.) 기업 1과 마찬가지로 기업 2도 석탄 및 천연가스 발전소를 보유하고 있고 발전용량 675MW까지는 상대적으로 저비용인 석탄 발전소를 이용한다. 그 이상의 발전량을 위해서는 기업 2도 가스 발전소를 가동해야 한다. 한편 기업 3은 천연가스 발전소만 있으며 각각의 한계비용은 다르다. 그림 8.12의 세 그림은 각 기업의 MC곡선을 보여준다.

세 기업의 MC곡선들을 수평으로 합해서 산업의 MC곡선을 도출할 수 있는데, 이것은 그림 8.13에 나타나 있다. 기업 1의 MC곡선에서처럼, 이 산업에서는 MC가 상대적으로 저렴한 발전소부터 이용될 것이다. 즉 가동할 수 있는 석탄 발전소들부터 모두 사용될 것이다. 첫 675MW에 대해서는 기업 2의 석탄 발전소만이 가동되는데, 왜냐하면 그것의 MC가 산업 내에서 최저

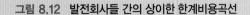

그림 8.12 발전회사들 간의 상이한 한계비용곡선

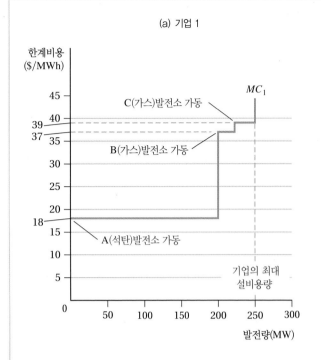

(a) 기업 1

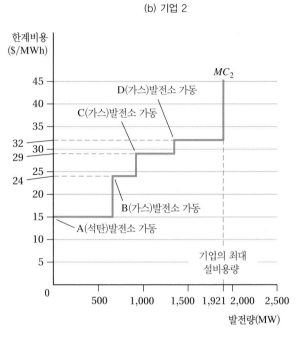

(b) 기업 2

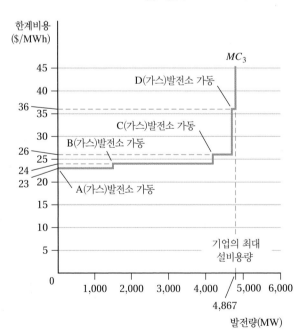

(c) 기업 3

기업 1, 2, 3의 한계비용곡선은 각각 (a), (b), (c)에 나타나 있다. 기업 1과 2는 석탄 및 가스 발전을 모두 보유하고 있지만, 기업 3은 상대적으로 고비용인 가스 발전소뿐이다.

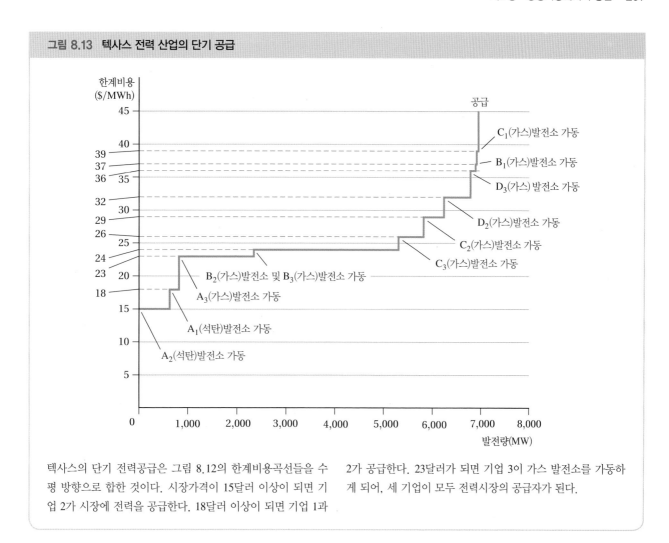

그림 8.13 텍사스 전력 산업의 단기 공급

텍사스의 단기 전력공급은 그림 8.12의 한계비용곡선들을 수평 방향으로 합한 것이다. 시장가격이 15달러 이상이 되면 기업 2가 시장에 전력을 공급한다. 18달러 이상이 되면 기업 1과 2가 공급한다. 23달러가 되면 기업 3이 가스 발전소를 가동하게 되어, 세 기업이 모두 전력시장의 공급자가 된다.

수준이기 때문이다(MWh당 15달러). 더 많은 양이 생산되는 경우에는 기업 1이 자신의 200MW 석탄 발전소를 가동할 것이고, 따라서 산업의 *MC*는 MWh당 18달러로 상승한다. (산업 내 석탄 발전소들의 통합 용량인) 875MW 이상의 발전량에서는, 가스 발전소 중 최저한계비용(MWh당 23달러)의 발전소를 보유한 기업 3도 발전을 시작한다. 그 발전소의 1,500MW 용량이 모두 사용되고 나면, 즉 산업이 2,375MW 이상을 생산하게 되면 더 많은 발전소가 가동되고 산업의 *MC*곡선은 다시 위로 이동하게 된다. 이처럼 산업 *MC*곡선의 (MWh당 24달러로의) 상승은 2개 발전소의 발전량을 반영하는데, 기업 2와 기업 3에서 각각 하나씩 각기 동일한 *MC*로 가동되기 때문이다. 산업이 점점 더 많은 양을 생산하기 위해 발전소를 추가로 가동시켜야 함에 따라 세 기업의 공급곡선의 수직적 통합은 계속되며, 이 발전소들의 가동에 따라 더 높아지는 *MC*를 반영하여 산업 *MC*곡선은 위쪽으로 이동하게 된다. 이 산업의 생산용량이 7,038MWh 수준에서 모두 소진되고 나면 *MC*는 무한대로 된다. 이것은 그 수준의 총용량에서 *MC*곡선이 수직선이 되는 것으로 반영되고 있다.

　18달러 이상의 모든 가격에서, 산업은 시장가격보다 낮은 *MC*로 가동되는 발전소를 적어도 하나 이상 갖게 된다. 예를 들어 시장가격이 23달러인 경우에는 기업 1과 기업 2의 석탄 발전소가 모두 시장가격보다 낮은 *MC*로 가동될 것이다. 바꾸어 말하자면, 가격이 *MC*와 같아지는 것은 오직 한계적 발전소의 경우인데, 즉 그 가격에서의 산업의 공급량(=수요량)을 생산하기 위해 가동되어야 하는 마지막 발전소의 *MC*는 가격과 같을 것이다. 23달러의 시장가격에서 한계적 발전소는 기업 3의 최소비용 가스 발전소이다. 따라서 두 석탄 발전소는 각자의 *MC*에 대해 마진을 얻고 있다. 즉 자신의 *MC*보다 높은 가격으로 전력을 팔 수 있다. 이 마진이 생산자잉여이다. ∎

예제 8.3

김치 산업은 완전경쟁적이며, 150개의 생산자가 있다고 가정하자. 이들 중 100개는 '고비용' 생산자로서 각자의 단기 공급곡선은 $Q_{hc} = 4P$이다. 나머지 50개는 '저비용' 생산자이며 단기 공급곡선은 $Q_{lc} = 6P$이다.

 a. 김치 산업의 단기 공급곡선을 도출하라.
 b. 김치에 대한 시장수요곡선은 $Q^D = 6,000 - 300P$로 주어진다면, 시장균형가격과 수량은 얼마인가?
 c. (b)의 시장가격에서, 고비용 기업은 각기 얼마나 생산하는가? 각각의 저비용 기업은 얼마나 생산하는가?
 d. (b)의 시장가격에서 산업의 생산자잉여를 구하라.

풀이

 a. 산업의 단기 공급곡선을 도출하려면 기업의 단기 공급곡선들을 수평으로 합해야 한다. 다시 말해서 각 가격에서의 기업들의 공급량을 합해야 한다. 동일한 공급곡선을 갖는 고비용 기업이 100개 있으므로, 기업의 공급곡선에 100을 곱하기만 하면 된다.

$$Q_{hc} = 100Q_{hc} = 100(4P) = 400P$$

마찬가지로, 50개의 저비용 기업들의 공급은 개별공급곡선들을 합해야 하지만, (이들이 공급곡선이 동일하다고 가정했으므로) 한 기업의 공급곡선에 50을 곱하면 된다.

$$Q_{lc} = 50Q_{lc} = 50(6P) = 300P$$

단기 산업공급곡선은 고비용 기업들의 공급과 저비용 기업들의 공급의 합이다.

$$Q^S = Q_{hc} + Q_{lc} = 400P + 300P = 700P$$

 b. 시장균형은 수요량과 공급량이 일치할 때 이루어진다.

$$Q^D = Q^S$$
$$6,000 - 300P = 700P$$
$$1,000P = 6,000$$
$$P^* = 6달러$$

균형수량은 시장수요나 시장공급 방정식에 $P = \$6$를 대입해서 구할 수 있다.

$$Q^D = 6,000 - 300P^* \qquad Q^S = 700P^*$$
$$= 6,000 - 300(6) \qquad\quad = 700(6)$$
$$= 4,200단위 \qquad\qquad = 4,200단위$$

 c. 6달러의 가격에서, 각각의 고비용 기업은 $Q_{hc} = 4P = 4(6) = 24$단위를 생산하고, 저비용 기업은 $Q_{lc} = 6P = 6(6) = 36$단위를 생산한다.

 d. 산업의 생산자잉여를 계산하는 가장 쉬운 방법은 산업 공급곡선을 그리는 것이다. 시장가격을 나타내는 수평선과 산업공급곡선 사이의 영역이 생산자잉여인데, 다음 그림에서 밑변이 4,200(가격 6달러일 때의 균형수량)이고 높이가 6달러인 삼각형이다.

$$PS = \frac{1}{2} \times 밑변 \times 높이 = (0.5)(4,200)(\$6) = 12,600달러$$

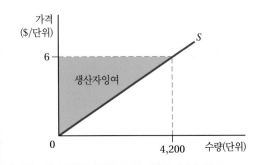

8.4 장기의 완전경쟁 산업

기업의 단기와 장기의 공급곡선이 다르다는 것은 이미 강조한 바 있다. 단기에 기업은 단기 MC 곡선이 시장가격과 일치하게 될 때까지 공급한다. 이 가격은 기업의 ATC보다 낮을 수도 있지만 적어도 AVC 이상은 되어야 한다. 바꾸어 말하자면, 기업은 생산자잉여를 얻어야만 하며, 그렇지 않으면 조업을 중단한다. 그러므로 단기 공급곡선은 기업의 단기 MC곡선에서 AVC곡선보다 위쪽에 있는 부분이며, 나머지는 (공급량 0인) 세로축과 같다.

그렇지만 장기에는 기업은 장기 한계비용(LMC)곡선이 시장가격과 일치하는 점까지 공급한다. 더구나 장기에는 모든 투입물과 비용들이 가변적이므로 기업의 장기 공급곡선은 장기 MC 곡선에서 장기 평균총비용($LATC$)곡선보다 위쪽에 있는 부분이 된다(장기에는 고정비용이 없으므로 $LATC = LAVC$이다).

산업 차원에서는 단기와 장기 간에 (MC곡선의 차이 외에) 다른 차이도 있다. 주된 차이는 장기에는 기업들이 그 산업에 진입하거나 그 산업에서 퇴출할 수 있다는 점이다. 단기에는 산업 내 기업들의 수가 고정된 것으로 가정하며, 따라서 이미 시장 내에 있는 기업들만이 공급하게 된다. 이 가정은 다음과 같은 점에서 합리적이다. 단기에는 일부 투입물이 고정되어 있으며, 따라서 새로운 기업이 원한다고 바로 생산을 시작하거나, 기존 기업이 고정비용을 피하고자 바로 퇴출하기는 어렵다. 그렇지만 장기에는 수익성의 변화에 대응해서 기업들이 산업으로 들어오거나 산업에서 나갈 수 있다. 이 절에서는 이런 과정이 어떻게 이루어지며, 이에 따라 경쟁적 산업이 장기에는 어떤 모습을 보이게 되는지를 알아본다.

진입

기업들은 이윤을 기대할 수 있는지 여부에 따라 시장으로 진입하거나 시장에서 퇴출하게 된다. 완전경쟁적 시장으로의 진입을 고려하고 있는 기업을 생각해보자. 우선은 모든 기업들이 동일한 비용곡선을 갖는다고 가정한다. (기업들이 상이한 비용을 가질 경우에 어떻게 되는지는 나중에 살펴보자.)

그림 8.14는 현재의 시장가격과 산업의 대표적 기업의 장기 비용곡선들을 보여준다. 이윤을 극대화하는 기업은 장기 한계비용곡선(LMC)이 시장가격과 같아지게 되는 수량을 공급할 것이다. 이것은 기업의 LMC곡선이 $LATC$곡선 이상의 위치에 있는 경우여야 할 것이다. 지금 시장가격이 P_1이라면, 이윤극대화 공급량은 LMC가 P_1과 같아지는 Q^*이다. P_1이 $LATC$의 최솟값보다 높은 만큼, 기업은 공급량 1단위마다 $(P_1 - LATC^*)$의 이윤을 얻고 있음에 유의하자.

산업 내 기업들이 양의 이윤을 얻고 있으므로, 새로운 기업들도 이런 기회를 누리고자 진입을 원할 것이다. 어떤 상황이 벌어질까? 산업에의 **자유 진입**(free entry)이 가능한 경우라면(비용 없이 가능하다는 것이 아니고, 특별한 법적 또는 기술적 장벽들 때문에 진입이 막혀 있지 않다는 의미임), 시장가격은 $LATC$의 최솟값과 같아질 때까지 하락할 것이다. 산업공급곡선은 산업 내 모든 기업의 MC곡선을 합해서 도출된 것이기 때문에, 새로운 기업들이 더해진다면 주어진 가격에서의 산업 공급량은 증가하게 될 것이다. 그림 8.15에서, 진입은 단기 산업공급곡선을 S_1 에서 S_2로 바깥쪽(오른쪽)으로 이동시키고, 시장가격은 P_1에서 P_2로 낮아지게 된다.

만일 P_2가 여전히 최소 $LATC$보다 높은 상황이라면 추가적으로 기업들이 진입할 유인이 남

자유 진입
기업이 법적 또는 기술적 장벽을 만나지 않고 한 산업으로 진입할 수 있는 것

그림 8.14 양(+)의 장기 이윤

장기적으로, 완전경쟁적 기업은 시장가격이 장기 평균총비용 $LATC^*$ 이상의 수준인 경우에만 생산한다. 여기서 기업은 Q^*를 생산하며, 시장가격 P_1은 장기 한계비용 LMC와 같고, 장기의 경제적 이윤은 단위당 $(P_1 - LATC^*)$와 같다.

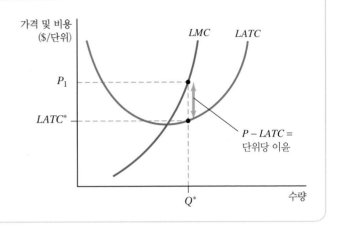

아 있는데, 그럼으로써 이윤을 얻을 수 있기 때문이다. 그들은 앞서 진입한 기업들보다는 적은 이윤을 얻게 되겠지만, 그래도 산업 밖에 남아 있기보다 진입함으로써 더 좋아질 수 있다. 그들은 산업공급곡선을 더 바깥으로 이동시키게 되고 시장가격은 더욱 하락하게 될 것이다.

이런 과정은 마지막 진입기업들이 시장가격을 최소 ATC까지 낮춤으로써 진입해서 얻을 수 있는 이윤이 더 이상 존재하지 않을 때까지 계속된다. 이 시점에서는 어떤 잠재적 진입기업도 진입하든 하지 않든 무차별하게 되어 진입이 중지될 것이고, 시장은 **장기 경쟁균형**(long-run competitive equilibrium) 상태에 있게 된다. 장기균형은 시장가격이 최소 평균비용과 같은 수준이어서 기업이 진입하더라도 이윤을 얻을 수 없는 상태이다. 요컨대 자유 진입이 가능한 경우에는, 완전경쟁적 산업에서 가격은 최소 $LATC$ 수준으로 하락하게 되고 어떤 기업도 이윤을 얻을 수 없을 것이라는 점이다.

이것은 중요한 사실이지만 좀 이상할지 모른다. 이윤을 얻지 못한다면 생산은 왜 할까? 해답은, 완전경쟁의 세계는 험난하다는 것이다. 가령 멋진 사업 아이디어를 얻었다고 하자. 그러나 그것으로 돈을 버는 것은 누구나 진입해서 모방하게 될 때까지일 뿐이다. 이러한 무(無)이윤 조

장기 경쟁균형
시장가격이 최소 평균비용과 같은 수준이어서 기업들이 진입해도 이윤을 얻을 수 없는 상태

그림 8.15 새로운 기업들의 진입은 공급을 증가시키고 균형가격을 하락시킨다

한 산업에서 기업들이 양의 이윤을 얻고 있다면 새로운 기업들이 진입할 것이며, 단기 산업공급곡선은 S_1에서 S_2로 이동하고, 시장가격은 P_1에서 P_2로 낮아지게 된다.

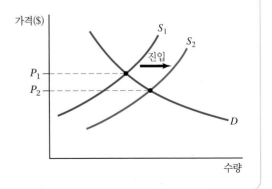

건과 관련하여 한 가지 기억해야 할 점은 여기서는 회계적 이윤이 아니라 **경제적 이윤**을 말한다는 사실이다. 사업주가 들이는 시간의 기회비용은 기업의 비용에 포함되어 있다. 사업주는 사업을 계속할 만큼만, 즉 다른 선택을 했을 때보다 나빠지는 않은 만큼만 벌 뿐이며 그 이상은 아니라는 뜻이다.

퇴출

이제 시장가격이 최소 *LATC*보다 낮다고 해보자. 진입해봤자 음(−)의 이윤을 얻게 될 것인 만큼 누구도 진입하지 않을 것이다. 또한 이미 있던 기업들도 음의 이윤을 얻고 있는 만큼 이런 시장 상황이 지속될 수는 없다. **자유 퇴출**(free exit)이 가능한 시장이라면, 이들 중 일부는 폐업하고 시장에서 퇴출할 것이다. 모든 기업이 동일하다고 가정했으므로, 모두가 똑같이 손실을 입고 있을 것이고 따라서 퇴출을 원할 것이다. 누가 먼저 퇴출할까? 두 가지로 생각해볼 수 있다. 하나는 운 좋게 상황을 빨리 알아차린 일부 기업들이 먼저 떠난다는 것이다. 아마도 좀 더 현실성이 있는 다른 가능성은, 기업들 간에 실제로는 비용 차이가 있어서 고비용 기업들이 먼저 나간다는 것이다(이런 경우에 대해서는 아래에서 더 살펴보기로 하자).

이러한 퇴출은 산업공급곡선을 안쪽으로 이동시키며, 시장가격은 높아지게 된다. 시장가격이 높으면 최소 *ATC* 수준으로 떨어질 때까지 진입이 계속되듯이, 퇴출은 낮은 시장가격이 최소 *ATC* 수준으로 오를 때까지 계속된다. 그 수준이 되고 나면 퇴출해서 더 좋아질 기업은 없을 것이다.

자유 진입과 퇴출은 완전경쟁 산업의 시장가격을 최소 *LATC*로 이끌어가는 힘이다. 이로부터 완전경쟁시장에서 장기 균형이 갖는 두 가지 중요한 특성이 나온다. 첫째, 산업의 단기 공급곡선은 우상향이지만, 장기 공급곡선은 최소 *LATC* 수준에서 수평선이다. 또한 공급곡선이란 각각의 가격 수준에서 공급되는 수량을 보여주는 것인 만큼, 장기 경쟁균형은 기업들이 가격이 최소 *LATC*와 일치하는 점에서 생산하게 됨을 의미한다.

자유 퇴출
기업이 법적 또는 기술적 장벽을 만나지 않고 한 산업에서 퇴출할 수 있는 것

 응용 진입과 퇴출의 실제 : 주거용 부동산 시장

미국의 주거용 부동산(residential real estate) 중개업은 특이한 산업이다. 우선 각 도시들이 서로 다른 시장임에도 불구하고 중개인 수수료는 거래가격의 6% 근처 수준으로 어디서나 거의 같다. 중개인들의 담합 때문일 것으로 보는 사람들이 많지만, 이유는 어떻든 간에, 가령 매사추세츠주의 보스턴에서 주택을 파는 중개인이 부과하는 수수료는 노스다코타주의 파고(Fargo)에서와 사실상 같은 수준이다.

전국의 중개인이 거래가격의 동일한 비율을 받는다는 사실을 감안한다면, 로스앤젤레스나 보스턴처럼 집값이 비싼 곳에서 중개업을 하는 것이 좋을 것처럼 보일 것이다. 보스턴에서는 평균 거래가격이 500,000달러를 넘어가므로 중개인은 주택당 약 30,000달러를 받는다. 평균 가격이 250,000달러인 파고에서 흔히들 받게 되는 15,000달러와는 큰 차이가 있다. 그러나 더 높은 주택 가격에도 불구하고, 보스턴의 중개인들이 벌어들이는 평균 연봉은 파고에서와 별다를 바가 없다. 이런 사정은 미국 전역에서 마찬가지다─주택 가격과는 관계없이 중개인의 평균 연봉은 도시들 간에 거의 같은 수준이다.

경제학자인 시에와 모레티에 따르면,[4] 이런 사정은 자유진입으로 설명된다. 그들이 알아낸 바로는, 집값이 비싼 시장에는 더 많은 중개인이 진입하며, 따라서 보스턴의 평균적인 중개인이 1년 동안 파는 주택 수는 파고 중개인들의 경우보다 적다. 다시 말해 집값이 비싼 도시에서는 연간 거래되는 주택 수가 적어서(즉 주택 가격이 높은 곳에서는 중개인의 생산성이 낮아지게 됨), 그것이 더 높은 주택당 수수료를 거의 정확하게 상쇄한다는 것이다. 따라서 주택당 평균 거래 수수료는 보스턴의 경우에 파고의 2배가 되겠지만, 보스턴의 평균적인 중개인이 파는 연간 주택 수는 파고 중개인들의 절반 수준이다. 그들은 같은 소득을 벌게 되는 것이다.

부동산 중개인이 되는 것이 어렵지는 않다 — 대개 30~90시간 정도 수업을 받고 나서 시험을 통과하면 면허를 얻게 된다. 따라서 주택 가격이 (따라서 거래 수수료도) 높은 도시들에서는 더 많은 사람들이 중개인이 되고자 한다. 중개인이 많다는 것은, 평균적으로 중개인당 거래 주택 수가 적다는 것을 의미한다. 이 때문에 중개인의 평균 연봉은 주택 가격이 낮은 다른 도시들의 경우와 같아질 때까지 낮아지게 된다.

시에와 모레티는 집값이 상이한 도시들 간에서뿐 아니라 각 도시 내부에서도 시간적으로 이런 현상이 있음을 발견했다. 한 도시에서 주택 가격이 상승하면 그 주택들을 팔고자 하는 중개인의 수도 증가해서, 중개인당 연봉이 주택 가격과 함께 올라가는 것을 막았다. 주택 가격이 하락하는 경우에는 반대 현상이 나타났다 — 남아 있는 중개인들의 연봉이 원래 수준으로 유지될 수 있도록 평균 생산성이 증가할 때까지 중개인들이 중개시장에서 퇴출했다. 이런 식으로 시장에서의 진입과 퇴출을 통해서 중개인의 장기적인 평균 가격(즉 연봉)은 거의 일정하게 유지되는 것이다. 따라서 주거용 부동산 중개업은 수수료율이 일정하다는 점에서 여전히 특이한 산업이지만, 평균 소득이 같다는 점은 자유로운 시장 진입으로 설명된다. ■

산업의 장기 공급곡선 그리기

그림 8.16은 산업의 장기 공급곡선이 도출되는 과정을 보여준다. 현재 산업은 P_1에서 균형 상태에 있다고 가정하자(그림 8.16a). 각 기업은 이 가격을 여건으로 하여 $P_1 = LMC$에서 생산하면서 이윤을 극대화하고 있다. 가격이 $LATC$와도 같으므로 기업은 0의 이윤을 얻고 있다. 이것은 기업이 진입할 유인도 퇴출할 유인도 없음을 의미하며, 따라서 산업은 P_1에서 장기 경쟁균형 상태에 있다.

이제 소비자 기호의 변화로 인해서 제품의 수요가 증가한다고 하자. 이런 변화는 주어진 가격들에서의 수요량을 증가시켜서 수요곡선을 D_2로 이동시킨다. 가격은 당분간 P_2로 오를 것이다. 그 결과로 각 기업은 공급곡선을 따라 올라가서 $P_2 = LMC$에서 더 많은 양을 생산하게 될 것이다. 이러한 생산량 증가는 산업 차원에서 수량이 그림 8.16a의 D_2와 S_1의 교차점까지 증가하는 것으로 반영된다. 그러나 기존 기업들의 생산량이 이처럼 증가한 후에도 시장가격은 여전히 기업들의 최소 $LATC$보다 위에 있다. 따라서 새로운 기업들이 경제적 이윤의 기회를 보고 시장에 진입하게 된다. 이것은 주어진 가격들에서의 산업 공급량을 증가시키게 되어 단기의 산업공급곡선을 오른쪽으로 이동시킨다. 궁극적으로 단기 공급곡선이 S_2로 이동하고 시장가격은 최소

4   Chang-Tai Hsieh and Enrico Moretti, "Can Free Entry Be Inefficient? Fixed Commissions and Social Waste in the Real Estate Industry," *Journal of Political Economy* 111, no. 5 (2003): 1076-1122.

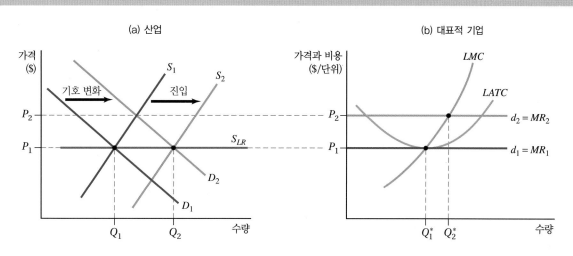

그림 8.16 장기 산업공급곡선의 도출

(a) 산업

(b) 대표적 기업

(a) 원래의 장기 균형(P_1, Q_1)은 장기 공급곡선 S_{LR}과 원래 수요곡선 D_1의 교차점이다. 기호의 변화 이후 수요는 D_2로 증가하고 가격은 P_2로 상승하며, 기업은 단기적으로 양(+)의 이윤을 얻는다. 장기에는 새로운 기업들이 진입하게 되어 단기 공급곡선은 S_2로 이동하고, 따라서 가격은 장기 균형 수준 P_1으로 돌아가고 새로운 균형수량은 Q_2이다.

(b) 장기 균형가격 P_1에서 대표적 기업은 0의 이윤을 얻으면서 Q_1^*을 생산하고 있다. 시장수요가 증가하면 시장가격이 P_2로 상승하고 따라서 기업의 생산량은 Q_2^*로 증가한다. 이 시점에서 기업은 양의 이윤을 얻고 있다. 진입이 발생하게 되면 가격은 P_1으로 돌아가고 기업은 생산을 Q_1^*으로 줄이게 된다. 여기서는 기업이 얻는 경제적 이윤이 0이다.

$LATC(=P_1)$까지 떨어짐으로써 산업은 장기 균형으로 돌아가게 된다. 2개의 장기 균형을 연결해보면, P_1 수준의 수평선인 산업의 장기 공급곡선 S_{LR}이 나타난다.

장기 균형들 간의 조정

이론적으로 완전경쟁의 장기적 의미는 분명하다. 즉 가격은 기업의 ATC를 회수할 수 있을 뿐인 수준이고, 산업의 총공급량은 기업들의 자유로운 진입과 퇴출을 통해 조정되는 것이다. 실제로는 장기가 되려면 오랜 시간이 필요하다. 산업의 수요나 비용이 변했을 때, 산업이 이전의 장기 균형에서 새로운 장기 균형으로 이동하는 동안 흥미로운 상황이 벌어질 수 있다.

수요 증가　한 산업이 장기 균형에 있는 상황에서 수요가 갑자기 증가한다고 가정해보자. 앞에서처럼 이런 수요 변화는 소비자 기호의 변화에 따른 것이라고 하자. 즉 어떤 가격에서든 소비자들은 전보다 더 많은 양을 소비하고자 하는 것이다. 이것은 그림 8.16에서처럼 산업 수요곡선을 바깥으로(오른쪽) 이동시키는데, 그림 8.17a와 b에 다시 그려져 있다. 진입이 제한된 단기에 해당되는 산업공급곡선은 S_1이다. 수요 증가에 대한 단기적인 반응은, 산업이 단기 공급곡선을 따라 올라가면서 균형수량이 증가하고 시장가격이 상승하는 것이다.

　이런 단기적인 반응 도중에 기업은 경제적 이윤과 생산자잉여를 얻게 되는데, 왜냐하면 새로운 P_2가 최소 $LATC$보다 높기 때문이다. 가격이 평균비용보다 높기 때문에 이윤은 양수이며, 따라서 새로운 기업들이 진입하게 될 것이다. 기업들이 진입함에 따라 산업 공급량은 모든 가격

괴짜경제학

그리 간단치 않은 갈취(blackmail)의 경제학

2006년에 펩시사의 본부에는 의심스러운 봉투가 하나 날아들었다. 봉투에는 탄저병균이나 폭발물 같은 것이 들어 있지는 않았지만, 내용물은 펩시의 주된 경쟁자인 코카콜라에는 치명적일 수도 있는 것이었다. 3명의 코카콜라 직원이 보낸 편지의 내용은 코카콜라가 철저히 보호하는 비밀 제조법을 팔겠다는 제안이었다. 아마도 그들은 일확천금을 기대했을 것이다. 그렇지만, 실제로는 FBI 함정수사에 걸려들어서 철창신세를 지게 되었고, 공모죄로 8년형까지 받게 되었다.

그들의 운명은 기밀 절도범들에게는 놀랄 일이었겠지만, 그들이 중급 미시경제학에 좀 더 관심을 가졌더라면 신세가 훨씬 나았을 것이다.

펩시와 코카콜라는 수십 년 동안 '콜라전쟁'을 계속해왔는데, 오늘날 양사의 점유율은 대략 코카콜라 40% 대 펩시 30% 수준이다. 이런 사정을 생각하면, 펩시는 가령 코카콜라가 감추어둔 제조법을 사들여 공개함으로써 경쟁자를 약화시킬 수 있는 기회를 잡고 싶지 않았을까? 마치 처방약의 특허가 만료되면 일반약 제조업자들이 시장에 진입하는 것처럼, 제조법이 알려지고 나면 많은 콜라 생산자들이 코카콜라의 완벽한 대체재를 생산해서 진입하게 될 가능성은 상당히 컸다. 복제 코카콜라들의 맛이 실제 코카콜라와 정확히 같다면, 그리고 진입이 자유롭다면, '코카콜라형 콜라' 시장은 거의 완전경쟁에 가까워지기 시작할 것이고(소비자가 코카콜라를 구매하는 것은 상당한 정도로 광고에도 영향을 받기 때문에, 정확히 완전경쟁에 가까운 결과가 실제로 나타났을 가능성은 크지 않지만, 이런 점은 잠시 무시하자). 그러면 코카콜라 가격은 급락할 것이다.

이런 상황이 펩시의 이윤에는 어떻게 작용할까? 코카콜라와 펩시는 밀접한 대체재이다. 코카콜라 가격이 하락하면 펩시에 대한 수요가 감소하고 따라서 펩시의 이윤도 감소한다. '코카콜라'의 시장이 (거의) 완전경쟁적이 된다면 그것은 펩시에게도 제조법 절도범들이 상상했던 축복은커녕 재앙이 될 가능성이 크다. 따라서 펩시 경영진이 그 편지를 재빨리 코카콜라에 보냈고, 그것은 비밀 제조법을 팔겠다는 제안의 증거로서 다시 FBI에로 전달되었는데, 그런 사실은 당연해 보인다.

세 사람의 코카콜라 배신자들이 경제학을 좀 더 알았더라면 어떻게 했을까? 우선, 펩시가 아니라 콜라 시장에의 진입을 고려하고 있는 어떤 기업에게 편지를 보냈을 것이다. 그런 회사라면 코카콜라 제조법을 알아내는 데 큰 가치를 두고 상당액을 지불했을 수도 있다. 범죄가 항상 득이 되는 것은 아니다. 그렇지만 경제적 사고방식이 득이 된다는 것은 분명하다.

수준에서 증가하게 되어, 산업의 단기 공급곡선은 S_1에서 S_2로 이동해간다. 수요곡선이 D_2로 안정된 상태에서 공급의 변동은 산업의 수량을 증가시키면서 시장가격을 낮추게 되어, 소비자들은 자신들의 수요곡선을 따라서 움직인다. 진입은 가격이 최소 $LATC$ 수준인 P_1으로 떨어질 때까지 계속된다. 산업의 총공급량은 수요의 증가에 따라 새로운 균형에서는 Q_2로 증가했지만, 가격은 이전의 장기 균형에서와 같은 수준이다. 두 개의 장기 균형을 연결하는 수평선이 산업의 장기 공급곡선이 되는데, 자유로운 진입과 퇴출이 고려되었을 때의 산업의 공급 반응을 보여주기 때문이다.

하나의 장기 균형에서 다른 장기 균형으로 조정되어 가는 과정에서의 산업의 수량과 시장가격을 그려보면 그림 8.17c와 같은 모습일 것이다. 산업은 처음에 수량 Q_1과 가격 P_1의 균형 상태에 있다(P_1은 기업의 최소 $LATC$와 같다). t시점에서 수요가 이동하면 산업은 단기 공급곡선을 따라 움직이면서, 수량과 가격 모두 증가하기 시작한다. 진입이 시작되면 산업의 단기 공급곡선이 바깥(오른쪽)으로 이동하면서, 수량은 계속 증가하고 가격은 떨어진다. 결국 가격은 원래의 P_1 수준으로 돌아가고, 수량은 새로운 균형 수준인 Q_2로 증가한다.

산업의 수요 감소에 대한 반응은 기본적으로 같지만 모든 변화의 방향은 반대가 된다. 즉 수요가 감소하면 가격과 수량은 원래 공급곡선을 따라 내려가고, 기업은 음(−)의 이윤을 얻게 되어 일부 기업들은 산업을 떠나게 되며, 공급이 감소함에 따라 Q는 감소하지만 가격은 반등한다. 수요가 감소하는 경우에 가격을 최소 $LATC$ 수준으로 다시 올려보내는 힘은 산업으로부터

그림 8.17 완전경쟁 산업에서의 수요 증가에 대한 장기 조정

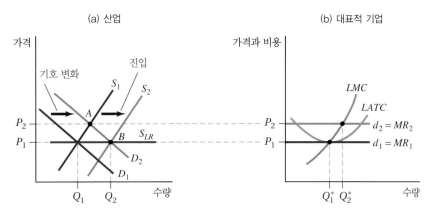

(a) 산업

(b) 대표적 기업

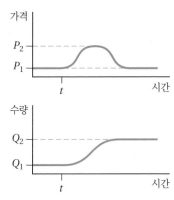

(c) 산업의 장기적 조정

(a) 그림 8.16에서처럼 수요의 증가는 시장가격을 일시적으로 P_1에서 P_2로 상승시키며, 새로운 기업들이 양의 이윤을 얻고자 진입하게 된다.

(b) 수요의 증가는 완전경쟁적 기업에게 단기적으로 경제적 이윤을 가져다준다.

(c) 수요의 증가는 단기적인 가격 상승을 가져온다. 시간이 흐름에 따라 새로운 기업들이 시장에 진입할 것이며, 이에 따라 균형수량은 Q_2로 상승하고 시장가격은 장기 균형 수준인 P_1으로 돌아가게 된다.

의 퇴출이다.

비용 감소   이제 기업들이 직면하는 비용이 감소했다면 어떻게 될지 생각해보자. 이것은 기술혁신이나 투입물 가격의 영구적인 하락 때문일 것이다. 어느 경우든, 비용 감소에 따라 기업의 한계비용과 평균비용이 함께 하향이동했다고 가정하자.

MC가 감소했기 때문에 모든 기업은 주어진 가격에서 공급량을 늘리고 싶어질 것이며, 각각의 단기 공급곡선은 바깥(오른쪽)으로 이동한다. 따라서 산업의 단기 공급곡선 역시 바깥으로 이동한다.

이런 변화는 그림 8.18에 나타나 있다. 8.18b는 기업 수준의 상황을 보여준다. 처음에 기업의 한계비용과 평균총비용은 각각 LMC_1과 $LATC_1$이다. 원래 장기 균형에서 시장가격 P_1은 기업

그림 8.18   완전경쟁 산업에서의 비용 감소에 대한 장기 조정

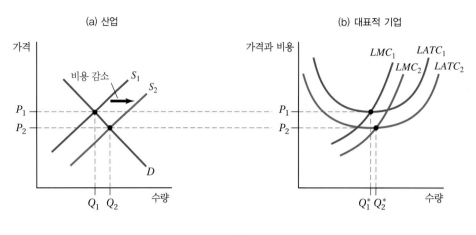

(a) 산업

(b) 대표적 기업

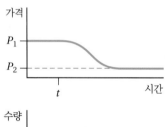

(c) 산업의 장기적 조정

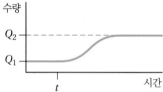

(a) 산업 전반의 MC 감소는 공급을 S_1에서 S_2로 증가시킨다. 장기적으로, 산업의 수량은 Q_1에서 Q_2로 증가하고, 시장 가격은 P_1에서 P_2로 하락한다.

(b) 산업 전반의 MC 감소는 기업의 장기 MC를 LMC_1에서 LMC_2로, 동시에 장기 ATC를 $LATC_1$에서 $LATC_2$로 이동시킨다. 장기적으로, 기업은 Q_1^*에서 Q_2^*로 공급을 늘린다.

(c) 공급의 증가는 장기적으로 가격을 P_1에서 P_2로 하락시키고, 수량은 Q_1에서 Q_2로 증가시킨다.

의 최소 ATC와 같다. 이런 시장 조건에서 기업은 Q_1^*을 생산한다. 비용이 감소하면 기업의 한계비용과 평균총비용곡선은 각각 LMC_2와 $LATC_2$로 이동한다. 원래의 시장가격 P_1은 이제 기업의 ATC보다 위에 있다.

산업 수준 그림 8.18a에서는 공급이 바깥으로 이동하는데, 비용이 낮아지면 기존 기업들의 최적 생산량(Q_2^*)이 많아지기 때문이며, 동시에 높은 가격(P_1)이 새로운 기업들의 진입을 유발하기 때문이다. 공급의 우측 이동은 산업의 공급량을 증가시키며 시장가격을 낮추게 된다. 이것은 공급이 S_2에 도달할 때까지 계속되는데, 즉 시장가격은 새로운 LATC의 최솟값 수준인 P_2로 하락하게 된다.

이 경우에 그림 8.18c에서처럼 수량과 가격의 변동 과정을 그려보면 고비용 장기 균형으로부터 저비용 장기 균형으로의 이동을 통해서 수량은 증가하고 가격은 하락함을 알 수 있다. 여기서는 수요 변동에 대한 반응과는 달리 장기 균형가격이 영구적으로 하락한다. 이것은 장기 비용이 하락했기 때문이다.

 응용 관세와 콩 수요의 감소

트럼프 행정부의 2년 차에 대통령은 800 항목이 넘는 중국산 제품들에 대해서 25% 수입관세를 부과했다. 중국 정부도 많은 미국 제품에 대해 수입관세를 부과함으로써 대응했다. 관세는 구매자가 수입제품을 살 때 지불해야 하는 세금이며, 따라서 중국 관세는 제3장에서 공부한 물품세와 매우 유사하다. 거기서 보았던 것처럼, 물품세는 재화의 수요곡선을 하향 이동시키는 것으로 해석될 수 있다. 여기서는 미국산 제품에 대한 중국의 수요가 관세의 크기만큼 하향 이동한 것으로 볼 수 있다.

대두(콩)는 중국 관세가 부과된 제품 중의 하나였다. 중국인의 수요 감소는 미국 대두에 대한 수요곡선을 이동시키게 된다. 미국산 대두 수요곡선은 중국인만이 아니라 모든 구매자를 포함하는 것이며, 따라서 관세 부과로 미국산 대두 전체의 수요곡선이 이동하더라도 관세액 전체만큼은 이동하는 것은 아니다. 하지만 수요는 상당 수준 감소했다. 관세 부과 이전 연도에 중국은 미국산 대두를 130억 달러어치 수입했었는데, 이는 미국 대두 수출의 절반에 해당했다.

우리의 모형에 의하면, 관세로 인한 수요 변동은 단기적으로 대두의 생산량과 가격을 감소시킬 것인데, 실제로 그러했다. 협상 결렬이 확실해짐에 따라서 관세 부과 6주 전부터 미국 대두 가격은 부셸당 평균 10.2달러 수준이던 것이 거의 2달러 정도 하락했다. 이후로 낮은 수준이 유지되면서, 연중 평균 8.7달러 수준이었다. 중국 구매자들이 수입을 주로 브라질 생산자 쪽으로 전환함에 따라서 미국산 대두의 중국으로의 수출은 2018년 말에는 거의 중단되는 지경이었다.

미국 농부들이 관세 부과가 아주 오래갈 것으로 예상한다면, 낮은 가격 때문에 많은 이들이 대두 경작을 중단하게 될 것이라는 점도 예측할 수 있다. 그러면 대두 공급곡선이 안쪽(좌측)으로 이동할 것이고, 수요가 관세 부과 이후 수준으로 유지되는 한, 생산량은 계속 감소하면서도 대두 가격은 다시 올라갈 것이다. 이런 장기적 예측이 맞을지는 두고 볼 일이다. 여하간 2018년 미국의 대두 농가들의 전망은 어두웠다. ◼

비용 불변, 비용 증가, 비용 감소 산업들에서의 장기 공급

이제 완전경쟁적 산업의 장기 공급곡선은 생산자들의 최소 *LATC*와 같은 수준의 가격에서 수평선임을 알았다. 그렇지만 여기에는 암묵적인 가정이 깔려 있었는데, 그것은 산업 생산량이 변동하더라도 기업의 총비용곡선은 변치 않는다는 것이다. 즉 산업이 **비용 불변 산업**(constant-cost industry)이라고 가정한 것이다.

항상 그렇지는 않을 것이다. **비용 증가 산업**(increasing-cost industry)의 경우에는, 산업 생산량이 증가함에 따라서 기업의 비용곡선이 상향 이동하게 된다. 이것은 산업의 투입물에 대한 수요의 증가로 인해 투입물 가격이 상승하기 때문일 수 있다. 가령 어떤 산업에서 공급이 제한적인 특수한 자본장비가 필요하다고 가정하자. 산업 생산이 증가할 경우에 기업들은 이런 희소한 자본을 두고 경쟁하게 될 것이고, 따라서 그 가격이 상승할 것이다. 이것은 산업 생산량이 증가할수록 장기적으로도 기업의 *ATC*가 상승하게 됨을 의미한다. 이 때문에 비용 증가 산업의

비용 불변 산업
기업들의 총비용이 산업 전체 생산량에 따라 달라지지 않는 산업

비용 증가 산업
기업들의 총비용이 산업 전체 생산량의 증가에 따라 증가하는 산업

장기 공급곡선은 우상향이 된다. 진입과 퇴출을 감안한다면, 기울기가 산업의 단기 공급곡선만큼 가파르지는 않겠지만(즉 보다 완만한 우상향), 수평선은 아니다.

하나의 장기 균형에서 수요의 변동에 따라 다른 균형으로 이동하는 것은 앞에서 본 비용 불변 산업의 경우와 유사하다. 유일한 차이는 (수요 증가의 경우에) 진입으로 인해서 시장가격이 낮아지더라도 전보다는 높아진 새로운 *LATC*의 최솟값 수준까지만 낮아질 것이라는 점이다.

비용 감소 산업
기업들의 총비용이 산업 전체 생산량의 증가에 따라 감소하는 산업

비용 감소 산업(decreasing-cost industry)은 기업들의 총비용이 산업 전체 생산량의 증가에 따라 감소하는 산업이다. 이것은 그 산업에서나 혹은 투입물 산업들에서 규모에 대한 수익 증가가 있기 때문일 것이다. 이런 산업의 장기 공급곡선은 우하향이 된다. 수요 증가에 따라서 장기 균형이 이동하게 되는 것은 비용 불변 산업의 경우와 비슷하지만, 여기서는 시장가격이 이전의 *LATC* 수준으로 떨어지는 시점을 지나서까지 진입이 계속된다. 즉 전보다도 낮아진 새로운 *LATC*의 최솟값 수준까지 가격이 떨어지기 전에는 진입이 계속될 것이다.

예제 8.4

육계(생닭)시장이 현재 3달러의 가격에서 장기 경쟁균형에 있는데, 조류 독감이 발생해서 수요가 급감했다고 가정하자.
a. 단기적으로 가격이 어떻게 되겠는가? 그림으로 예시하면서 설명하라.
b. 단기적으로 생산자들은 (a)에서의 가격 변동에 어떻게 대응하겠는가? 단기적으로 각 생산자의 이윤은 어떻게 되겠는가? 그림으로 예시하면서 설명하라.
c. (b)의 상황에서, 장기적으로 산업의 생산자 수가 어떻게 될 것으로 예상되는가? 이유는 무엇인가?
d. 장기적으로 가격은 어떤 수준이겠는가?

풀이
a. 그림 (a)에서처럼, 수요 감소는 균형 시장가격의 하락을 초래할 것이다(3달러에서 P_2로).
b. 그림 (b)에서처럼 가격이 P_2로 하락하면 각 생산자는 생

산량 결정을 위해서 장기 한계비용곡선(*LMC*)을 따라 이동하게 되고, 생산량은 Q_1^*에서 Q_2^*로 감소한다. 수요 감소 이전에 산업은 장기 경쟁균형에 있었고, 따라서 3달러에서 각자의 경제적 이윤은 0이었다. 그러므로 가격이 P_2로 떨어지면 생산자의 *ATC*보다 낮아짐이 분명하다. 수요 감소가 생산자들의 경제적 손실(또는 음의 경제적 이윤)을 초래한 것이다.
c. 손실이 발생하면 일부는 산업에서 퇴출할 것으로 예상된다. 따라서 산업의 생산자 수는 감소할 것이고, 공급이 감소함에 따라 가격은 상승할 것이다.
d. 가격은 3달러의 최소 *ATC* 수준으로 돌아갈 때까지 계속 상승할 것이다. 3달러에서 산업은 장기 경쟁균형에 있게 되고, 생산자들은 진입도 퇴출도 할 유인이 없게 된다.

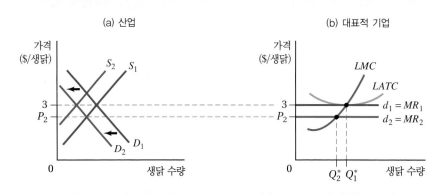

(a) 산업   (b) 대표적 기업

8.5 생산자잉여, 경제적 지대, 경제적 이윤

완전경쟁적 기업은 장기적으로 0의 경제적 이윤을 얻게 된다는 점이 분명해졌을 것이다.

완전경쟁에서의 비용 차이와 경제적 지대

그렇지만 앞에서는 산업 내 모든 기업이 같은 비용곡선을 갖는다고 가정했다. 이러한 가정은 그다지 현실적이지 않다. 기업들의 생산비용은 여러 가지 이유에서 차이가 있다. 서로 다른 투입물 가격에 직면할 수도 있고, 효율성의 차이를 가져오는 특별한 노하우나 생산 능력이 다를 수도 있으며, 혹은 역사적 우연에 의해서 우월한 위치를 차지하거나 우월한 자원을 갖게 되는 행운을 가졌을 수도 있다. 완전경쟁적 산업에서 기업들 간에 비용 차이가 있을 경우, 보다 효율적인 생산자는 **경제적 지대**(economic rent)라는 특별한 유형의 수익을 얻게 된다. 그것은 특화된 투입물이 얻는 수입에서 기업이 지불한 수준을 상회하는 부분을 가리킨다.

> **경제적 지대**
> 특화된 투입물의 수입에서 기업이 지불한 수준을 상회하는 부분

8.3절에서는 기업들 간의 비용 차이가 산업의 한계비용곡선(따라서 단기 산업공급곡선)이 우상향의 형태를 갖는 이유 중 하나인 것을 알았다. 고비용 기업들은 시장가격이 높을 경우에만 생산하게 된다.

기업들이 상이한 비용곡선을 갖는 경우에 장기적으로 어떻게 되는지 알아보기 위해서, 비용이 다르면 생산량이 어떻게 달라지는지부터 보자. 모든 기업의 비용이 같다면 MC곡선도 같을 것이다. 따라서 시장가격이 (공통의) MC와 일치하게 되는 이윤극대화 생산량도 같다. 그러나 기업들의 MC곡선이 상이하다면 그들의 이윤극대화 생산량도 다를 것이다.

비용 차이를 가져오는 요인이 기업 특유의 고정물인 경우를 예로 들어보자. 즉 비용은 기업의 행동 여하에 따라 달라질 수도 없고 다른 기업에게 팔 수도 없다고 하자. 가령 특수한 기술을 가졌거나 절호의 위치를 차지한 경우를 생각할 수 있다. 여하간에 이런 요인들은 그 기업의 비용 구조에 영향을 준다. 그림 8.19는 3개 기업의 장기 한계비용곡선을 나타내고 있다. 기업 1의 높은 MC는 LMC_1, 기업 2의 중간 MC는 LMC_2, 기업 3의 낮은 MC는 LMC_3로 각각 표시된다. 각자의 MC곡선은 상이한 생산량 수준에서 시장가격과 교차한다. 이윤극대화 생산량은 기업 1이 가장 적은 Q_1^*이고, 다음은 기업 2가 Q_2^*이며, 기업 3은 가장 많은 Q_3^*를 생산한다. 그러므로 고비용 기업은 적게, 저비용 기업은 많이 생산한다. 이러한 기업의 (생산량) 규모와 비용 간

그림 8.19 상이한 장기 한계비용을 가진 기업들

한 산업 내에서 상이한 장기 MC를 갖는 기업들은 시장가격에서 서로 다른 양을 생산할 것이다. 각 기업은 $P = LMC$에서 이윤을 극대화하기 때문에, 저비용 기업의 생산량(Q_3^*)은 고비용 기업의 경우(Q_1^*)보다 많을 것이다.

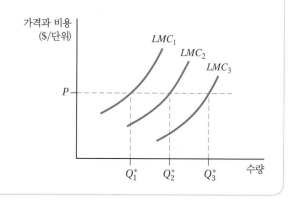

의 역관계는 많은 산업 그리고 많은 나라에서 나타나고 있다.

잠시 기업 1과 같은 산업의 고비용 기업을 생각해보자. 이제 시장가격이 기업 1의 최소 *ATC* 보다 높다고 가정하자. 만일 모든 기업의 비용곡선이 같다면, 가격이 최소 *ATC*보다 높은 완전 경쟁시장은 신규 진입을 유발할 것이며, 따라서 산업공급곡선이 바깥으로 이동하고 가격은 최 소 *ATC*와 같아질 때까지 낮아지게 된다. 여기서도 정확히 그렇게 될 것이다. 시장가격이 기업 1의 최소 *ATC*보다 높다면 가격은 다른 모든 기업의 최소 *ATC*보다도 높은 것이며, 새로운 기업 들이 진입할 것이다. 모든 진입기업의 비용이 기업 1보다 낮다면, 산업공급곡선은 가격이 기업 1의 최소 *ATC*로 떨어질 때까지 이동할 것이다. 반면에 일부 진입기업의 비용이 기업 1보다 높 다면, 비용이 가장 높은 진입기업의 최소 *ATC* 수준으로 가격이 내려갈 때까지 진입이 이루어지 고 공급곡선은 그만큼 이동할 것이다.

어떤 경우이든 중요한 것은, 완전경쟁시장에서 기업들 간에 비용이 상이하다면, 장기 시장가 격은 산업 내에서 비용이 가장 높은 기업의 최소 *ATC*와 같다는 점이다. 그런 최고비용 기업은 이윤 도 0이고 생산자잉여도 0이다. 산업 내 다른 기업들은 어떤가? 그들의 최소 *ATC*는 최고비용 기 업의 그것보다 낮으며, 따라서 시장가격보다 낮다. 그들은 양의 이윤을 얻게 되며, 이윤의 크기 는 비용이 낮은 기업일수록 더 크다. 이것은 텍사스 전력 산업에 관한 〈응용〉에서 본 바와 똑같 다. 시장가격은 한계적 생산자의 *MC*에 의해 결정되며, 저비용 발전소는 그 가격에서 추가적인 생산자잉여를 얻을 수 있었다. 만일 최고비용 기업보다 비용이 더 낮으면서 아직 진입하지 않 고 있는 기업들이 있을까? 사실 그런 기업이 있다면 아마도 진입할 것이다. 그리고 그들의 진입 이 산업공급곡선을 이동시키고 가격을 더 떨어뜨림으로써 앞서의 최고비용 기업은 더 이상이 남아 있지 못하게 될 것인데, 가격이 자신의 최소 *ATC*보다 낮아졌기 때문이다. 사실은 최고비 용 기업보다 비용이 낮으면서도 아직 진입하지 않은 기업이 더 이상 없어질 때까지 진입은 계 속될 것이다. 만일 기존의 저비용 기업이 저비용으로 설비를 확장할 수 있다면, 다른 형태의 진 입이지만 그것 역시 진입이라는 점에 유의하자.

기업들의 비용이 서로 다른 경우에 장기적 결과는 진입이 모두 중단되었을 때 발생한다. 최 고비용의 기업을 제외한 모두가 *LATC*보다 높은 가격으로 판매하고, 따라서 그들 모두가 생산 자잉여와 경제적 지대를 얻는다. 이런 잉여는 그들이 보다 낮은 비용으로 생산할 수 있게 만드 는 특별한 속성에 기인하는 것이다. 앞서 말했듯이, 그들의 낮은 비용은 특수한 기술의 이용이 나 더 나은 노하우, 더 나은 입지, 기타 여러 가능성에서 나온 것일 수 있다. 비용상의 이점이 클 수록 생산자잉여 또는 경제적 지대도 커진다.

경제적 지대는 기업이 특별한 투입물로부터 얻는 순수입을 측정한다. 어떤 기업이 능력이 탁 월한 경영자 A를 고용하게 되는 행운을 가진 덕분에 비용이 낮아진 상황을 가정해보자. 만일 이 기업이 A에게 다른 기업들이 각자의 경영자에게 지불하고 있는 것과 같은 수준의(혹은 A의 능력에 따른 비용 우위를 상쇄할 정도보다는 적은 수준의) 봉급만을 지불해도 된다면, 그리고 A와 비슷한 정도로 예외적인 경영자는 공급이 제한되어 있다면(찾아내기 어렵다면), A의 인간 자본은 그 기업으로 하여금 경제적 지대를 얻을 수 있게 해준다. 혹은, 고객 접근성에서 더 유 리한 지리적 위치에 있기 때문에 비용이 낮아진 기업이 있다면 그런 입지가 그 기업의 경제적 지대의 원천이 되는데, 모든 기업이 그 같은 위치를 이용할 수 있는 것은 아니기 때문이다. 유 의해야 할 점은, 경제적 지대는 산업 내 다른 기업들에 비해서 갖는 **상대적인** 비용 차이에 의해 결정된다는 점이다. 희소한 투입물에 의해서 얻게 되는 이윤은 그 비용이 경쟁자에 비해서 얼마나 낮은지에 따라 달라지기 때문이다. 비용 차이가 클수록 지대도 커진다.

경제적 이윤 ≠ 경제적 지대 이쯤에서는 다소 혼란스러울 수도 있겠다 — 앞에서는 완전경쟁시장에서 경제적 이윤은 장기적으로 0이 된다고 했는데, 여기서는 기업들의 비용이 상이할 경우에는 경제적 지대를 얻게 된다고 말하고 있다. 경제적 이윤이 0이 되는 상황은 모든 생산자의 비용이 같을 때에만 가능한 것인가?

완전경쟁 산업의 기업들은 그들의 비용이 상이한 경우에도 경제적 이윤은 0이다. 경제적 이윤과 경제적 지대는 구분되어야 한다. 경제적 이윤은 투입물의 기회비용을 고려한 개념인데, 경제적 지대는 그런 이윤을 창출하는 투입물의 기회비용에 포함된다. 왜냐하면 지대를 벌어들이는 투입물은 다른 기업에게 주어지더라도 여전히 그 지대를 벌어들일 것이기 때문이다. 앞서 얘기한 유능한 경영자나 유리한 입지를 만일 다른 기업에게 준다면 그 기업의 비용을 낮추게 될 것이다. 따라서 그 기업은 지대를 벌어들이는 투입물에 대해서 더 많이 지불할 용의가 있을 것이다. 그 투입물에 내재된 경제적 지대에 대한 지불용의금액(willingness to pay)이 현재 사용하고 있는 기업의 입장에서 그 투입물의 기회비용을 높이게 된다. 즉 현재 그것을 사용하고 있다는 것은 그것을 다른 기업에게 팔 수 있는 가능성을 포기하고 있는 것이다. 이런 기회비용이 총수입에서 공제되고 나면, 경제적 이윤은 투입물이 지대를 전혀 벌지 못하는 경우보다 더 커질 수 없다.

실제로 이런 점이 매우 중요할 때가 종종 있다. 한 기업이 다른 기업보다 더 우수한 기술자들을 고용하고 있기 때문에 비용이 더 낮다면, 이들에게 지불되는 임금이 그 이점을 모두 흡수해 버릴 수도 있다. 그런 경우에 지대는 기업이 아니라 그 희소한 자원의 소유자(기술자) 자신의 몫이 된다.

 응용 지대와 멕시코산 아보카도

'멕시코 아보카도(Avocados from Mexico, AFM)'는 멕시코의 아보카도 농장들로 이루어진 컨소시엄이다. AFM은 슈퍼볼 게임 동안에 아마도 아보카도 샐러드를 먹으면서 경기를 보고 있을 시청자들에게 아보카도를 더 사먹으라고 TV 광고를 했다.

멕시코의 아보카도 생산은 가격수용적인 완전경쟁 산업이라고 가정하자. 그렇다면 결국 경제적 이윤은 0이 될 터인데, 수요 증대를 위해서 아보카도를 광고하는 이유는 뭘까? 하지만 (경제적) 지대가 작동하는 방식을 제대로 이해한다면, AFM의 전략은 이유가 있음을 알 수 있다.

완전경쟁 산업에서 가격은 한계적 생산자의 비용에 의해 정해진다. 생산자들의 비용이 서로 다르다면 이것은 우상향의 공급곡선에 반영될 것인데, 저비용 농장이 (공급곡선의) 왼쪽 부분에 해당하고 오른쪽으로 갈수록 점점 고비용 농장들에 해당한다. 공급곡선이 우상향이라는 사실은 시장가격이 일부 공급자의 생산비용보다 높을 것임을 의미한다. 한계적 농장보다 비용이 낮은 농장은 이러한 가격-비용 격차와 동일한 지대를 얻게 된다.

AFM이 아보카도의 수요곡선을 바깥으로 이동시킬 수 있다면, 이전에는 시장에 참여하지 못하던 고비용 생산자도 생산을 시작할 수 있게 된다. 새로운 한계적 생산자는 이전의 한계적 생산자보다 비용이 높을 것이고 아보카도의 시장가격은 상승할 것이다. 전에도 지대를 벌고 있던 농장은 지대가 더욱 커지게 될 것이다. 이전의 한계적 생산자도 지대를 벌기 시작할 것이고, 일부 고비용 진입자들 역시 지대를 벌게 될 것이다.

지대는 비용 우위(cost advantage)에서 나오는 것으로, 지대의 원천은 어떠한 비용우위의 원천과 같으며, 여기서는 아마도 저비용 농장의 보다 적합한 토양이거나 지역의 기상조건 또는 운송설비에의 접근성 등이 될 것이다.

한계적 농장의 경제적 이윤은 여전히 0일 것인데, 어떤 농장을 누군가에게 매각함으로써 벌 수 있는 돈은 생산자의 기회비용이 되기 때문이다. 아보카도 농장의 매각 가격에는 주어진 시장수요하에서 그 농장이 벌 수 있는 지대가 반영될 것이다. 토양, 기상, 입지 등은 농장의 불가분의 요소이다. 아보카도 수요가 증가하는 경우, 시장가격이 상승함에 따라 커지는 지대를 반영해서 농장의 매각 가격 역시 증가하게 될 것이다. 수요가 감소하는 경우에도 같은 상황이 반대로 벌어질 것이며, 비용 변동의 경우에도 마찬가지이다. ■

8.6 결론

이 장에서는 완전경쟁 산업에서의 기업의 이윤극대화 행동에 대해 배웠다. 완전경쟁 산업은 진입장벽이 거의 없고, 동일한 제품을 생산하는 기업들이 다수 있으며, 기업은 가격수용자라는 점으로 특징지어진다. 완전경쟁적 기업은 시장가격(이 경우에 MR과 같다)이 한계비용과 일치할 때까지 생산함으로써 이윤을 극대화한다. 기업의 공급곡선은 그 한계비용곡선 중에서 평균비용곡선 이상의 위치에 해당하는 부분이며, 개별기업의 공급곡선들이 합해져서 시장공급곡선이 된다.

현실 세계에서는 대부분 기업들이 가격에 대해 약간의 영향력을 갖게 되며, 많은 산업이 완전경쟁에 근접하기는 하지만 정말로 완전경쟁적인 산업은 드물다. 그렇지만 여기서 전개한 이윤극대화 분석틀은 보다 복잡한 시장 구조들을 분석할 때도 유용한 기초가 될 것이다. 제9장과 제10장에서는 완전경쟁기업과는 가장 다른 유형의 기업을 살펴보게 된다─시장에서 유일한 공급자인 독점기업이다. 독점적 경쟁 및 과점 상태의 기업들은 독점기업과 완전경쟁기업의 특성을 모두 공유하고 있다. 이들에 대해서는 제11장에서 다룬다.

요약

1. 한 산업의 **시장 구조**는 산업 내의 기업의 수, 판매되는 제품의 유형, 진입장벽의 정도에 의해 결정된다. 이들을 기준으로 네 가지 상이한 유형의 시장 구조가 있다─완전경쟁, 독점적 경쟁, 과점, 독점. **완전경쟁적** 산업은 동일한 제품을 판매하는 기업들의 수가 많고 진입장벽이 없다. 이런 특성들의 결과로 기업들은 가격수용자이며, 한계수입곡선과 일치하는 수평선의 수요곡선에 직면하게 된다. **[8.1절]**

2. 기업은 **이윤**, 즉 총수입과 총비용의 차이를 극대화하는 것이 목표이다. 완전경쟁적 기업의 이윤극대화 생산량은 **한계비용**이 시장가격과 같아질 때이다. **[8.2절]**

3. 기업은 단기에는 가격이 평균가변비용 이상일 때에만 조업할 것이므로 기업의 단기 공급곡선은 그 한계비용곡선 중에서 평균가변비용곡선 이상의 위치에 해당하는 부분이다. 가격이 그보다 낮은 수준일 때는 기업의 공급곡선은 세로축 위에서 수직의 형태를 갖

는데, 생산량이 0이기 때문이다. 완전경쟁적 기업의 경우, 시장가격은 한계수입이기도 하다. [8.3절]

4. 산업공급곡선은 개별기업의 공급곡선들을 수평 방향으로 합한 것이다. 즉 어떤 가격에서든 산업의 공급량은 그 가격에서의 기업들의 공급량의 합과 같다. 기업의 공급곡선처럼 산업공급곡선도 일반적으로 우상향인데, 두 가지 요인의 결과일 것이다. 첫째, 시장가격이 오르면 개별기업은 생산을 늘린다. 둘째, 시장가격이 오르면 비용이 보다 높은 기업들도 공급을 시작하게 되고 따라서 산업의 공급량이 증가할 것이다. [8.3절]

5. 기업의 생산자잉여는 총수입에서 가변비용을 뺀 것과 같은 한편, 기업의 이윤은 총수입에서 총비용을 뺀 것과 같다. 그림으로 보면, 기업이나 산업의 생산자잉여는 모두 가격보다 아래이면서 단기 공급곡선

보다 위에 해당하는 영역으로 나타난다. [8.4절]

6. 완전경쟁 산업은 기업들이 경제적 이윤이 0일 때 **장기 경쟁균형**에 있게 된다. 이는 완전경쟁적 산업은 진입장벽이 없기 때문이다. 기업들은 그 산업으로 **자유로이 진입하고 퇴출**할 수 있으며, 이익이 되면 언제든지 진입 또는 퇴출을 선택할 것이다. 장기적으로 수요 또는 비용의 변화에 따라 장기 균형공급량이 달라질 것이다. **비용 불변 산업**들에서는 장기 공급곡선이 수평선인 반면, **비용 증가 산업**들과 **비용 감소 산업**들은 각각 우상향 및 우하향의 공급곡선을 보이게 된다. [8.4절]

7. 완전경쟁적 기업은 장기에서 0의 경제적 이윤을 얻게 되지만, 양(+)의 **경제적 지대**를 벌 수 있다. 기업은 그 비용이 산업 내의 다른 기업들에 비해서 낮을 때 양의 경제적 지대를 얻는다. [8.5절]

복습문제

1. 경제학에서는 산업을 세 가지 기준에서 분류한다 — 산업 내 기업의 수, 판매되는 제품의 유형, 그리고 진입장벽. 이 세 가지에 따라 완전경쟁 산업을 설명하라.

2. 완전경쟁적 기업은 왜 수평선 형태의 수요곡선에 직면하게 되는가?

3. 기업의 이윤을 정의하라.

4. 완전경쟁적 기업이 이윤을 극대화할 경우에 시장가격과 한계비용은 어떤 관계인가?

5. 손실을 보고 있는 기업은 시장가격과 평균가변비용의 관계에 근거해서 조업 중단 여부를 결정할 것이다. 어떤 경우에 조업(계속)을 선택하는가? 이런 의사결정에서 왜 고정비용은 무시하는가?

6. 완전경쟁적 기업의 단기 공급곡선은 무엇인가?

7. 기업의 단기 공급곡선들로부터 어떻게 산업공급곡

선이 도출되는가?

8. 기업들의 고정비용이 변할 경우, 단기 산업공급곡선은 어떻게 되는가?

9. 생산자잉여를 정의하라. 이윤과 생산자잉여 및 고정비용은 어떤 관계인가?

10. 완전경쟁 산업은 장기에 진입과 퇴출이 자유롭다. 기업은 언제 진입하는가? 기업이 퇴출하는 것은 어떤 경우인가?

11. 시장이 장기 경쟁균형에 있게 되는 것은 언제인가?

12. 경제적 지대는 희소한 투입물로부터 얻는 이익에서 지불한 것을 뺀 것이다. 기업은 언제 경제적 지대를 얻게 되는가?

13. 완전경쟁적 기업은 장기에 0의 경제적 이윤을 얻는다. 기업이 경제적 이윤은 0이면서도 양의 경제적 지대를 얻는 것은 어떻게 가능한가?

연습문제

(별표 표시가 된 문제의 풀이는 이 책 뒤에 있다.)

1. 유기농 양파 재배, 알루미늄 생산, 자동차 생산 등 세 가지 산업을 생각해보자.

   a. 본문에 제시된 경쟁시장의 특성들을 고려해서, 완

전경쟁에 가장 가까운 산업은 어느 것인지 설명하라. 경쟁의 정도가 약하다고 생각되는 산업들은 어떤 기준을 충족하지 못하는지도 설명하라.

b. 다수의 산업들이 완전경쟁적이지 않을 것이다. 그런데 왜 경제학에서는 완전경쟁의 학습을 그토록 강조하는가?

*2. 콩 경작은 완전경쟁적이라고 가정하자. 완전경쟁적 기업을 공부할 때, 기업이 직면하는 수요는 완전탄력적이라고 가정한다. 그렇지만 시장에서는 수요가 매우 비탄력적이다. 제2장에서 설명한 수요탄력성의 결정요인을 참고해서, 양자 간의 역설적 상황을 설명하라.

3. 완전경쟁시장에서 단위당 50달러에 제품을 팔고 있는 생산자를 가정하자. 고정비용은 15달러이고, 매년 6단위까지 생산할 수 있다.

a. 다음 표의 빈칸을 채워라. (힌트 : 총가변비용은 특정 산출량까지의 한계비용을 더하면 된다!)

b. 총수입을 극대화하려고 한다면 얼마나 생산해야 하는가?

c. 이윤을 극대화하기 위해서는 얼마나 생산해야 하는가?

d. 이윤극대화 생산량 수준에서 MR과 MC는 어떻게 비교되는가?

e. 고정비용이 갑자기 30달러로 증가했다면, 이를 고려해서 생산을 어떻게 바꾸어야 하겠는가?

f. 노사협상의 결과로 임금이 높아져서 한계비용이 모든 생산량 수준에서 8달러씩 증가했다면, 이를 고려할 때 생산을 어떻게 바꾸어야 하는가?

수량	총수입	고정비용	가변비용	총비용	이윤	한계수입	한계비용
0	0	15				–	–
1							30
2							35
3							42
4							50
5							60
6							72

4. 달걀 산업은 동일한 제품을 생산하는 많은 기업으로 구성된다. 다음 그림 (a)는 시장의 수요 및 공급 조건을, 그림 (b)는 대표적 기업의 장기 비용곡선들을 보여준다. 현재 시장가격은 1꾸러미에 2달러이며, 그 가격에서 소비자들은 하루에 800,000꾸러미를 구매하고 있다.

a. 이윤극대화를 위해서 각 기업은 얼마나 생산하겠는가?

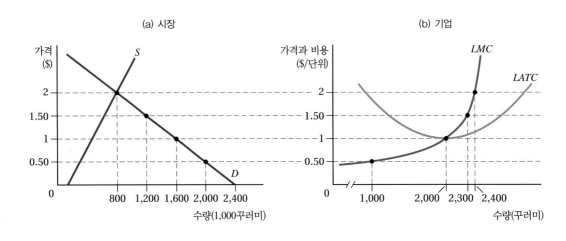

(a) 시장

(b) 기업

b. 산업에는 현재 얼마나 많은 기업들이 생산하고 있는가?

c. 장기적으로, 달걀의 균형가격은 얼마겠는가? 설명하라.

d. 장기적으로, 기업은 얼마나 생산하겠는가?

e. 장기적으로, 산업은 얼마나 많은 기업들로 이루어지겠는가?

5. 다음 그림은 보드카 생산 기업의 총수입곡선과 총비용곡선을 보여준다.

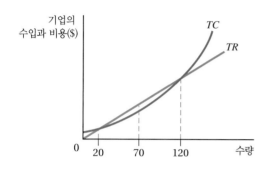

a. 총수입이 곡선이 아니라 직선으로 나타나는 이유는 무엇인가? 여기에는 완전경쟁의 어떤 가정이 반영되어 있는가?

b. 20단위를 생산할 경우의 이윤은 얼마인가? 120단위를 생산할 때는 얼마인가?

c. 70단위를 생산하고 있다가 60단위로 줄이기로 결정했다면, 이윤은 어떻게 되겠는가?

d. 70단위를 생산하고 있다가 80단위로 늘리기로 결정했다면, 이윤은 어떻게 되겠는가?

e. 70단위에서 총비용곡선에 접선을 그려라. 그 접선이 총수입곡선과 비슷하게 보이는가? 총수입곡선의 기울기는 무엇을 나타내는가? 총비용곡선의 기울기는 무엇을 나타내는가?

6. 양봉 설비를 판매하는 온라인 사업자를 가정하자. 경쟁적인 시장에서 설비는 단위당 900달러에 팔린다. 회사의 총비용은 $TC = 3Q^3$이고 (Q는 월 판매량), 한계비용은 $MC = 9Q^2$이다.

a. 이윤극대화를 하려면 매년 몇 단위를 팔아야 하는가?

b. 이윤을 얼마나 벌겠는가?

c. 1단위 더 판다면 이윤은 어떻게 되는가? 1단위 덜

판다면? 이 결과가 (a)의 답과 양립하는가?

7. 콘크리트 벽돌 시장은 완전경쟁적이라고 가정하자. 각 생산자의 총비용은 $TC = Q^3 - 6Q^2 + 20Q + 300$이고, 한계비용은 $MC = 3Q^2 - 12Q + 20$이다. 생산이 이루어지기 위해서는 가격이 최소 얼마는 되어야 할까?

8. 어떤 기업의 단기 총비용곡선과 한계비용곡선이 각각 다음과 같다.

$$TC = Q^3 - 12Q^2 + 100Q + 1,000$$
$$MC = 3Q^2 - 24Q + 100$$

a. 고정비용은 얼마인가?

b. 단기 평균가변비용은 무엇인가? (AVC를 Q의 함수로 나타내라.)

c. 가격이 60달러라면, 얼마나 생산해야 하겠는가? 왜 그런가? (힌트 : AVC가 최저일 때 MC와 AVC가 어떻게 되는지 생각해보자.)

d. 가격이 79달러라면, 얼마나 생산해야 하겠는가? 설명하라.

*9. 다음 그림은 완전경쟁적인 시장의 한 기업의 비용곡선들을 그린 것이다. 가격은 100달러이고, 이윤극대화를 위해서 월 1,000단위를 생산하고 있다.

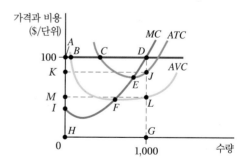

a. 100달러에 1,000단위를 팔 때의 총수입을 그림에 영역으로 표시하라.

b. 1,000단위를 생산할 때의 가변비용을 그림에 영역으로 표시하라.

c. 1,000단위를 생산할 때의 고정비용을 그림에 영역으로 표시하라.

d. (b)와 (c)의 영역들을 더해 1,000단위 생산의 총비용을 표시하라.

e. 1,000단위 판매의 총수입에서 1,000단위 생산의 총비용을 빼 이윤을 표시하라.

10. 다음 그림은 현재 손실을 보면서 조업 중인 완전경쟁적 기업의 비용곡선들이다.

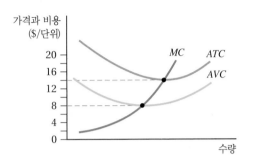

a. 현재 시장가격은 7달러라고 가정하자. 기업이 $MR = MC$에서 생산하고 있다면, 기업이 손실을 입는 영역을 그림에 나타내라.

b. (a)의 기업이 조업을 중단하고 생산을 멈춘다면 손실은 고정비용이 된다. 이 영역을 그림에 나타내라.

c. 어느 쪽이 큰가? $MR = MC$에서 생산할 때의 손실인가, 0단위를 생산할 때의 손실인가? 기업은 어떻게 해야 하는가?

d. 가격이 7달러가 아니라 11달러라면, (a), (b), (c)에서의 답이 변하는가?

11. 완전경쟁시장에서 생산하는 어떤 기업의 한계비용이 $MC = Q$와 같다. 따라서 MC는 첫 단위가 1달러, 둘째 단위가 2달러, 이하 마찬가지다.

a. 각 생산단위의 MC를 그림으로 나타내라.

b. 가격이 2달러라면, 이윤극대화 생산량은 얼마인가?

c. 가격이 3, 4, 5달러일 때, (b)의 답은 각각 얼마인가?

d. 이윤극대화를 가정하고, 기업의 공급곡선을 그림으로 나타내라.

e. 앞서 그린 2개의 그림을 비교하라. 경쟁적 기업의 공급곡선을 간략히 설명하라.

*12. 다음 그림은 완전경쟁적인 감자 시장에서 한 생산자의 비용곡선들이다. 가격은 현재 3달러이다.

a. 이윤극대화를 위해서 얼마나 생산해야 하겠는가?

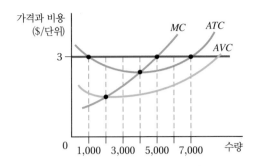

이 생산자가 거래하고 있는 은행이 대출 이자율을 올렸다고 가정해보자. 따라서 매달 이자비용 지출이 증가했다.

b. 이자비용의 변화를 적합한 곡선들을 이동시켜서 예시하라.

c. 어떤 곡선이 이동하고, 어떤 곡선은 불변인가? 왜 그런가?

d. 이자율 변동이 생산량 결정에 어떤 영향을 미치는가?

e. 이자율 상승의 결과로 이윤은 어떻게 되는가?

f. 이자율 변동이 이 생산자의 단기 공급곡선의 형태나 위치에 어떤 영향을 미치는가?

13. 강우량이 풍부한 어떤 지역에서 500명의 아몬드 경작자가 생산하고 있는데, 한계비용은 $MC = 0.02Q$이다. 보다 건조한 지역에서는 300명의 아몬드 경작자가 생산하고 있으며, 관개비용이 보다 높아서 한계비용은 $MC = 0.04Q$이다.

a. 각 유형의 경작자의 개별공급곡선을 구하라. (힌트 : 공급곡선은 각 가격 수준에서의 공급량을 나타내며, 완전경쟁기업의 경우 $P = MR$이다.)

b. 각각의 개별공급곡선들을 '합해서' 시장공급곡선을 도출하라.

c. 아몬드의 시장수요곡선이 $Q^D = 105{,}000 - 2{,}500P$라고 한다면, 균형가격은 얼마인가? 균형수량은?

d. 이 가격에서 각 유형의 경작자가 생산하는 아몬드의 양은 얼마인가?

e. 모든 경작자의 총생산량이 (c)에서의 균형수량과 일치함을 보여라.

14. 다음 그림에서(9번 문제와 같음) 기업은 100달러의 가격에 1,000단위를 생산하고 있다.

a. 기업이 100달러의 가격에서 얻는 생산자잉여의

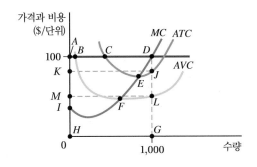

영역을 그림에 표시하라.

b. 영역 *ADI*와 영역 *ADLM*은 반드시 같아야 하는 이유를 설명하라.

15. 지금까지 9개월 동안 아이스크림을 팔아온 가게가 있는데, 그 기간 내내 이윤은 0이었다. 오늘 아침에 규제당국으로부터 연간 사업 면허료를 2배로 올리고 사업 개시 시점까지 소급 적용하겠다는 통지를 받았다.

a. 단기적으로, 면허료 인상이 생산량에 어떤 영향을 주겠는가? 이윤은 어떻게 되겠는가?

b. 장기적으로, 면허료 인상은 생산량에 어떤 영향을 주겠는가?

c. 면허료의 2배 인상 대신에, 당국이 생산량 단위마다 위생처리를 하도록 의무화했다면, 단기적 및 장기적으로 생산량과 이윤 각각에 어떤 영향이 있겠는가?

16. 어떤 완전경쟁시장에서 모든 기업이 작년에 경제적 이윤을 얻었다.

a. 진입과 퇴출이 자유롭다면, 장기적으로 공급자의 수는 어떻게 되겠는가?

b. (a)의 진입 또는 퇴출의 결과로 산업 공급량이 어떻게 되겠는가? 왜 그런가?

c. (b)의 공급 변화의 결과로 가격은 어떻게 되겠는가? 왜 그런가?

d. (c)의 가격 변화로 각 기업의 생산량은 어떻게 되겠는가?

*17. 완전경쟁적 시장에서 기업의 장기 총비용곡선이 $LTC = 2Q^3 - 15Q^2 + 40Q$와 같다. 따라서 한계비용곡선은 $LMC = 6Q^2 - 30Q + 40$이다.

a. $Q = 1$에서 10까지 장기 *ATC*를 계산해서 그림으로 나타내라.

b. 장기 균형가격은 얼마인가?

c. 장기적으로 각 기업은 몇 단위를 생산하겠는가?

d. 시장수요곡선은 $Q = 999 - 0.25P$이다. 장기 균형 가격에서 소비자들의 수요량은 얼마인가?

e. (d)의 답을 감안한다면, 장기 균형에서 남아 있는 기업들은 어느 정도이겠는가?

18. 커피점 커피 시장은 완전경쟁적이라고 가정하자. 현재 시장은 장기균형 상태에 있는데, 모든 사업자의 비용이 동일하며, 각자가 장기 평균비용의 최저 수준인 2달러의 가격으로 생산하고 있다.

a. 어떤 영화의 인기 때문에 커피점 커피 수요가 갑자기 증가했다. 단기적으로 커피 가격이 어떻게 되겠는가? 그림을 그려 설명하라.

b. 단기적으로 각 사업자는 가격 변동에 어떻게 대응하겠는가? 가격 변동은 사업자에게 좋은 것인가? 그림으로 설명하라.

c. 장기적으로 이 시장의 사업자 수는 어떻게 되겠는가? 시장에는 어떤 영향을 미치겠는가?

d. 시장의 수량은 단기와 장기에 각각 어떻게 되겠는가? 개별 사업자의 공급량의 변화는 어떠한가?

19. 달걀 시장이 장기 균형 상태에 있었다고 가정하자. 하루는 어떤 생산농가 사장에게 기발한 생각이 떠올랐는데, 암탉들에게 빨간 콘택트렌즈를 착용시켜보자는 것이었다. 아이디어는 대박이 나서 생산량이 급증하고 비용이 크게 하락했다.

a. 이 사장은 단기적으로 더 많은 이윤을 벌 수 있겠는가? 왜 그런가?

b. 그런데 사장의 심복인 어떤 직원이 동네 술집에서 실수로 사장의 아이디어를 누설했고, 다음 날 저녁 뉴스에 관련 인터뷰가 나갔다. 이 방송 이후에 단기적으로 경쟁 생산자들은 어떻게 반응했겠는가? 달걀 농가들의 이윤은 어떻게 되겠는가?

c. 장기적으로 달걀 가격은 어떻게 되겠는가? 모든 생산자의 이윤은 어떻게 되겠는가?

d. 장기적으로, 달걀 생산자들과 소비자들 중에 누가 더 큰 이익을 얻겠는가? 단기에서 장기로 넘어가면서 경쟁이 이익의 분배에 미치는 역할을 설명하라.

20. 일반적인 수요공급 분석에 따르면, 단기적으로 수요

의 감소는 가격 하락을 초래한다.

 a. 장기적으로도 그런가?

 b. 수요의 감소가 장기적으로 가격 상승을 초래할 수도 있는가? 그렇다면 어떤 경우인가?

21. 달걀 산업은 완전경쟁적이며 비용 불변 산업이라고 가정하자.

 a. 각 경우에 적절한 답으로 (증가, 감소, 불변) 표의 빈칸을 채워라.

사건	가격에의 단기 효과	가격에의 장기 효과
달걀 수요 증가		
옥수수(달걀 생산에의 투입물) 비용 감소		

 b. 달걀 가격에 영구적 효과를 미치는 것은 어떤 사건인가?

 c. 달걀 산업이 비용 감소 산업이라면, (b)의 답은 어떻게 달라지겠는가?

*22. 미국 중부에서 옥수수는 두 가지 유형의 생산자들에 의해 경작되는데, 고비용 방식(D)과 저비용 방식(I)의 생산자이다. 비용 차이는 관개시설에 따른 농업용수 이용에서의 차이 때문이다. 두 유형의 장기 평균비용과 한계비용이 다음과 같다.

$$LAC_D = Q^2 - 20Q + 105 \qquad LAC_I = Q^2 - 16Q + 67$$
$$LMC_D = 3Q^2 - 40Q + 105 \qquad LMC_I = 3Q^2 - 32Q + 67$$

 a. 장기균형 상태에서 두 유형 생산자들 모두 생산하고 있다면, 옥수수의 가격은 얼마가 되어야 하겠는가?

 b. 저비용 생산자들이 얻는 경제적 지대는 얼마인가?

 c. 저비용 생산자들이 경제적 지대를 얻으면서도 경제적 이윤은 조금도 벌지 못할 것이다. 그 이유를 설명하라.

23. H와 A는 완전경쟁적인 산업에서 생산하고 있다. H가 A보다 훨씬 우수한 생산자이다―평균적으로 H는 A의 절반의 비용으로 생산할 수 있다.

 a. 다음 진술이 옳은지 그른지를 설명하라. "H와 A가 모두 이윤을 극대화하고 있다면, H가 쓴 마지막 단위의 비용은 A의 마지막 단위의 절반일 것이다."

 b. H와 A가 모두 마지막 단위의 비용이 5달러가 될 때까지 생산한다고 가정하자. 다음 진술은 옳은가 그른가? "마지막 단위의 비용이 같으므로, 누구도 경제적 지대를 얻지 못할 것이다."

시장력과 독점

태블릿 컴퓨터 시장에 아이패드(iPad)가 처음 나왔을 때 선택지는 한 가지뿐이었다. 색깔조차 선택할 수 없었다. 애플(Apple)은 더할 수 없이 행복했다. 엄청나게 인기 좋은 제품을 출시했고, 사람들은 그것을 사기 위해 문자 그대로 장사진을 이루었으며, 그 회사는 사실상 독점이었다. 다른 회사들도 자신들의 태블릿 생산과 판매를 서둘렀지만 시간이 걸릴 수밖에 없었다. 아이패드를 열렬히 기다리던 사람들로 하여금 생각을 바꾸어 다른 제품을 선택하도록 설득하는 것도 엄청 어려웠을 것이다.

이런 상황은 제8장에서 다루었던 완전경쟁적 기업 모형에는 맞지 않는다. 완전경쟁시장에서는 개별기업의 생산량이 시장에 비해 작아 생산에 관한 결정이 시장의 전체 공급에는 가시적인 영향을 주지 못한다. 이런 이유로 완전경쟁적 기업이 이윤극대화 생산량을 선택할 때 시장가격은 여건으로 간주된다. 그러나 이런 사정은 2010년 중반에 애플과 아이패드의 경우에는 전혀 해당되지 않았다. 사실 애플이 거의 시장공급 자체였다. 생산할 아이패드의 수를 조정함으로써 시장수요곡선 위에서 원하는 곳을 선택할 수 있었다. 예를 들어 애플이 아이패드를 몇 개만 생산한다면, 적은 공급량은 높은 가격에서 시장수요곡선과 만나며 수요량 역시 적을 것이다. 생산량을 늘린다면 공급량이 수요량과 같아지는 지점은 수요곡선에서 더 낮은 곳, 즉 낮은 가격 수준에 상응한다. 그러므로 애플이 아이패드를 얼마나 공급하는지에 따라서 애플은 아이패드가 팔리게 되는 가격에 대한 사실상의 통제력을 갖게 되는 것이다.

이 장은 기업이 어느 정도 가격을 통제하는 능력을 가질 경우의 생산량 선택을 살펴보는 데서 시작한다. 자기 제품의 가격에 대해 영향을 줄 수 있는 기업은 **시장력**(market power)을 가졌다고 한다. 시장력의 가장 극단적인 경우가 **독점**(monopoly), 즉 시장에 공급자가 유일한 경우이다. 아이패드가 처음 나왔을 당시에 애플은 태블릿 컴퓨터 시장에서 사실상 독점이었다. 독점 상태의 **독점기업**(monopolist)은 그 시장의 유일한 공급자로서 가격책정자(price setter)이다. 독점기업은 가장 강한 시장력을 갖는데, 그가 얼마나 공급할 것인지를 결정하면 그에 따라 시장가격이 결정되기 때문이다. 제8장에서 본 것처럼 완전경쟁시장의 기업들은 가격수용자(price taker)이며, 그들은 시장가격에 전혀 영향을 미치지 못하므로 시장력이 전혀 없다.

시장력을 가진 기업들은 완전경쟁기업과 같은 식으로 행동하지 않는다. 그들은 자신의 공급량 결정이 판매가격에 영향을 준다는 것을 인식하고, 이를 고려하여 생산량과 판매량을 선택하게 된다. 시장력의 정도를 측정하는 방법에 대해 알아보고, 기업의 시장력이 약해질수록 그들의 공급 행동은 점점 더 완전경쟁기업과 유사해진다는 점을 배우게 될 것이다.

9.1 시장력의 원천 : 진입장벽

휴대폰 회사나 자동차 제조회사와 같이 어떤 산업들에서는 상당한 시장력을 가진 기업들 몇 개만 활동하는 경우가 대부분이다. 지속적인 시장력의 핵심 요소는 가격이 높은 경우에도 무엇인가가 경쟁자의 진입을 막고 있다는 점이다. 시장력을 가진 기업은 상당한 규모의 생산자잉여와 이윤을 창출할 수 있는데, 경쟁적 기업이라면 그것은 불가능하다. (생산자잉여는 이윤에 고정

시장력
기업이 자기 제품의 시장가격에 영향을 줄 수 있는 능력

독점
유일한 기업이 공급하는 시장

독점기업
한 재화의 유일한 공급자이자 가격을 책정하는 주체

비용을 더한 것과 같다는 점을 상기하자. 고정비용이 0이 되는 장기에는 이윤과 생산자잉여가 같다.) 그렇지만 제8장에서 보았듯이, 그런 생산자잉여는 그것을 나눠 먹으려고 하는 다른 기업들의 진입을 유발하게 되는 것이 불가피하다. 커다란 생산자잉여가 존재함에도 불구하고 시장에서 진입자를 막아내는 요인들이 **진입장벽**(barriers to entry)이다. 이러한 장벽의 성질부터 살펴보자.

진입장벽
생산자잉여가 큰 시장에로의 진입을 방해하는 요인들

극단적인 규모의 경제성 : 자연독점

자연독점
한 기업이 산업 생산량 전체를 모두 생산하는 것이 효율적인 시장

자연독점(natural monopoly)의 존재는 진입장벽 중 하나이다. 자연독점은 기업 하나가 산업 전체 공급량을 생산하는 것이 효율적인 시장이다. 여기서는 기업의 비용곡선이 모든 생산량 수준에서 규모의 경제성을 나타낸다. 다시 말해 한 기업의 장기 평균총비용($LATC$)곡선이 항상 우하향인 경우, 즉 생산량이 많아질수록(그래서 그 기업이 전체 시장을 혼자서 모두 공급하게 된 상황에서도) ATC가 낮아지는 경우이다.

이런 상황에서는 전체 산업 공급량을 한 기업이 생산하는 것이 (생산 차원에서는) 사회적으로 효율적이다. 생산량을 여러 기업 간에 나누면 ATC가 높아지게 될 것이다. 어떤 기업의 고정비용이 100달러이고, 단위당 10달러의 한계비용으로 얼마든지 생산할 수 있다고 해보자. 이 경우에 ATC는 생산량에 따라 계속 감소한다. 방정식 형태로 보면 다음과 같다.

$$TC = FC + VC = 100 + 10Q$$

$$ATC = \frac{TC}{Q} = \frac{100 + 10Q}{Q} = \frac{100}{Q} + 10$$

기업의 생산량 Q가 커질수록 ATC는 감소한다. 한 산업의 기업들이 모두 똑같이 이런 비용 구조를 갖는다면, 최소 총비용으로 시장수요를 공급하는 방법은 한 기업이 모두 다 생산하는 것이 된다. 더 많은 기업이 생산하게 될 경우 산업의 ATC는 증가하는데, 생산하는 기업은 모두 생산량에 관계없이 100달러의 고정비용을 지출해야 하기 때문이다. 하나의 기업만이 생산한다면 이런 고정비용의 중복이 절감된다. 생산자가 하나만 있는 것이 사회적으로 보다 비용효율적이 되는 이유이다. 또한 좀 더 실제적인 차원에서, 이런 시장들에서는 새로운 기업이 진입해서 기존 기업과 경쟁하기가 어려운데, 대개 기존 기업은 그 규모로 인해 비용우위에 있게 되기 때문이다. 이런 비용곡선(고정비용이 크고 한계비용은 일정하거나 매우 완만하게 증가하는 형태)을 갖는 시장에서는 한 기업이 매우 커져서 낮은 비용으로 산업 전체를 지배하게 되는 경향이 있다.

그렇지만 수요가 장기적으로 충분히 변동하게 되면 자연독점조차도 사라질 수 있다는 것을 알아야 한다. 수요가 많이 증가하는 경우, 결국 ATC가 증가하게 되어 신규 기업이 진입할 수 있게 된다. 전화나 케이블TV 서비스의 경우처럼, 사람들이 자연독점이라고 생각해오던 시장에서 이런 상황이 벌어졌다.

 응용 송전에서의 자연독점

송전(electricity transmission)은 자연독점의 고전적 예이다. 가정과 기업에 전력을 공급하기 위한 전선망, 변전소, 계량기 등등의 설비는 막대한 고정비용이다. 일단 송전망이 구축되고 나면,

1kWh를 추가로 공급하는 한계비용은 거의 일정하다. 송전망에서 1kWh를 공급하는 평균비용은 전력 공급량이 증가함에 따라 지속적으로 (한계비용 수준까지) 감소하게 된다는 뜻이다. 일정 지역의 송전시장에서 사업하는 경쟁기업이 단지 두 개라 하더라도 별개의 전선망 두 개가 전역에 펼쳐질 것이며, 두 기업의 전체 고정비용은 막대한 자원낭비가 될 것이다.

따라서 주어진 시장에서는 하나의 기업이 송전을 맡게 될 것임을 예상할 수 있으며, 실제로도 그런 편이다. 지역의 독점 전력회사가 전력을 생산해서 고객에게 공급한다는 뜻이었다. 이런 전력회사는 자연독점으로 얻게 된 시장력을 행사할 능력을 제한하는 정부의 규제를 받는 것이 일반적이었다. (자연독점에 의한 것이든 아니든 시장력을 가진 기업의 행동을 정부가 규제하기도 하는 이유는 나중에 살펴볼 것이다.)

하지만 근년에 오면서, 송전은 자연독점이더라도 '발전(electricity generation)'은 그렇지 않다는 점을 인식하게 되었다. 제8장의 전력회사 공급곡선에 대한 분석에서처럼, 발전의 한계비용은 생산량에 따라 증가하며, 결국 생산량이 많아지면 평균비용이 증가하게 된다. 따라서 각 지역은 시간을 두고 전력시장을 재조정하게 되었고, 복수의 경쟁 발전회사들이 규제받는 송전 독점회사에게 전력을 판매하게 되었다. (때로는 이런 송전회사가 비영리사업체로 설립되기도 한다.) 산업의 자연독점적인 부분이 그렇지 않은 부분과 분리된 것이다. ∎

전환비용

진입장벽의 두 번째로 통상적인 유형은 소비자의 전환비용(switching cost)의 존재이다. 고객이 경쟁제품으로 변경하기 위해서는 무언가를 포기해야만 한다면, 이것은 기존 기업에게 시장력을 가져다주고 진입을 어렵게 만든다. 한 항공사를 규칙적으로 이용해서 그 항공사의 마일리지 프로그램에 따라 우대승객이 된 소비자를 생각해보자. 경쟁 항공사가 더 낮은 가격으로 시장에 진입했다고 하더라도 이 승객을 유치하기는 어려울 수 있는데, 그 고객이 현재 이용하는 항공사에서 얻은 특혜(신속한 탑승수속, 좌석 승급, 무료 수하물 등)를 잃어버릴 수 있기 때문이다. 이렇게 잃게 되는 지위는 소비자가 경쟁사로 옮기기 어렵게 만드는 전환비용으로서 기존 기업의 시장력을 높이게 된다.

어떤 제품들의 경우에는 전환비용이 기술적인 이유로 생긴다. 예를 들어 한 위성 TV 방송사에 가입하여 장비들을 설치하고 난 이후에 다른 방송사로 바꾸고자 한다면 새로운 장비들을 설치해야만 할 수도 있다. 또 다른 경우로, 대안을 찾는 비용이 전환비용이 되기도 한다. 현재 한 회사에 자동차보험을 들고 있는 상황에서, 다른 경쟁사들에 전화를 해서 비용을 절약할 수 있는지를 문의하고, 또 실제로 이전하기 위해 필요한 서류들을 작성하는 데는 많은 시간이 들 수도 있다.

전환비용은 극복할 수 없는 진입장벽은 아니다. 예를 들어 어떤 회사들은 사람들이 전환비용을 감수하고 (경우에 따라) 더 저렴한 자기 제품을 선택하도록 유도하기 위해 새로운 선택 대상들을 가급적이면 비교하기 쉽게 만드는 데 투자한다. 그러나 전환비용이 반드시 극복할 수 없는 것이라야 효과를 갖는 것은 아니다. 경쟁의 위협을 줄이고 기존 기업이 어느 정도 시장력을 가질 수 있게 하기 위해서 전환비용은 진입이 불가능하지는 않더라도 많은 비용이 들게 할 정도로 높기만 하면 된다.

아마도 가장 심한 형태의 전환비용은 **네트워크재**(network good)의 경우일 것이다. 즉 어떤 제

네트워크재
각 소비자가 얻는 가치가 그 재화의 다른 소비자들의 수가 많아짐에 따라 증가하는 재화

품이 각 고객에게 주는 가치가 그 제품을 사용하는 다른 고객들의 수에 따라 증가하는 경우이다. 네트워크 재화의 경우, 각각의 신규 고객은 모든 다른 고객들에 대해 편익을 창출한다. 페이스북은 네트워크재의 한 예이다. 지금 당신이 페이스북 가입자로서 세계에서 유일한 사람이라면, 재미도 없고 유익하지도 않을 것이다. 그렇지만 수백만 명의 가입자 중 한 사람이라면 지금 열심히 대화하고 있을 것이다.

(거의 자연독점 수준에 근접하는) 강한 규모의 경제성과 네트워크재의 특성이 결합되면 강력한 진입장벽이 된다. 페이스북과 같은 소셜네트워크는 독점이 되기 쉬운데, 생산에서 강한 규모의 경제성을 가짐(소프트웨어는 고정비용이 크고 한계비용이 적은 사업임)과 동시에 네트워크재이기(사람들은 공통의 운영체제를 사용함으로써 플랫폼을 공유할 수 있기를 원함) 때문이다.

제품차별화

기업들의 제품이 한 시장 안에서 경쟁하는 경우에도, 모든 소비자가 이 기업들의 제품을 서로 완전한 대체재로 보는 것은 아닐 수도 있다. 예를 들어 모든 자전거 생산자들이 같은 시장에서 활동하는 것으로 생각될 수도 있지만, 모든 잠재적 구매자들이 500달러짜리 어떤 제품을 같은 가격대의 다른 제품들과 정확히 똑같은 것으로 보지는 않을 것이다. 이것은 기업들이 가격을 경쟁자들보다 약간 더 높게 책정하더라도 경쟁자들에게 모든 매출을 잃어버리지는 않는다는 것을 의미한다. 어떤 기업의 제품을 특별히 선호해서 (큰 차이는 아닐지라도) 더 높은 가격을 기꺼이 지불하려는 일부 소비자들이 있다. 이처럼 여러 제품들 간의 불완전한 대체성을 **제품차별화**(product differentiation)라고 부르며, 시장력의 또 하나의 원천이 된다.

어떤 산업에서는 제품차별화가 공간적일 수 있다. 위치가 중요한 경우에, 어떤 고객에게는 특정한 판매자가 다른 판매자들에 비해서 더 편하거나 끌리거나 눈에 띄는 위치에 있을 수 있다. 그런 판매자는 약간의 시장력을 갖게 되는데, 왜냐하면 가격을 다소 먼 곳의 다른 경쟁자보다 다소 높인다고 하더라도 모든 고객이 떠나가지는 않을 것이기 때문이다. 마찬가지로, 경쟁자들도 그 위치를 선호하는 고객들이 일부 있을 것이며 따라서 약간의 시장력을 갖게 된다.

제품차별화는 대부분의 산업들에서 여러 형태로 존재하는데, 신규 진입기업이 기존 기업보다 약간 더 낮은 가격을 매김으로써 시장수요의 대부분을 빼앗아갈 수는 없게 막는 요인이다. 제품차별화에 대해서는 제11장에서 자세히 살펴보기로 한다.

절대적 비용우위 혹은 핵심 투입물의 통제

또 하나의 통상적인 진입장벽은 핵심적 또는 필수적 투입물을 얻는 비용에서 한 기업이 다른 기업들보다 절대적인 우위에 있는 경우이다. 어떤 기업이 핵심 투입물을 통제하고 있다면 다른 기업들은 갖지 못한 특별한 자산을 가졌다는 뜻이다. 핵심 투입물은 비밀 제조법일 수도 있고 희소한 자원일 수도 있다. 이 투입물을 통제함으로써 기업은 다른 경쟁자들보다 낮은 비용을 가질 수 있다. 극단적인 예로서, 한 기업이 유일하게 존재하는 유정(油井)을 소유하고 있고 다른 누구도 굴착하지 못하게 막을 수 있다고 하자. 그것은 결정적인 이점이 될 것인데, 다른 누구든 석유 생산비용은 무한대가 되기 때문이다. 그렇지만 투입물에 대한 통제가 극단적일 필요는 없다. 어떤 기업이 다른 누구의 것들보다 생산비용이 훨씬 낮은 유정을 소유하고 있다면 그것도 비용우위일 것이다. 다른 기업들은 이 저비용 기업으로부터 매출을 뺏기가 어려움을 알 것이고, 따라서 이 기업은 시장력을 유지할 수 있다.

 응용 핵심 투입물의 통제 : 브라질 포드랜디아의 암울한 역사

1800년대에는 합성고무가 없었다. 모든 고무는 나무에서 나왔고, 브라질의 고무나무(Hevea brasiliensis)가 세계를 주도하였다. 고무는 브라질의 주요 수출품 중 하나였다.

자연 상태에서 고무나무들은 종종 아주 멀리 떨어져 있었다. 더구나 (브라질 고무나무들을 공격했던) 남아메리카의 잎마름병균은 매우 쉽게 퍼져나갈 수 있기 때문에 사람들은 고무나무를 가깝게 심을 수 없었다. 1876년 헨리 위컴(Henry Wickham)이라는 영국인이 애국심에서 7만 개의 고무나무 씨앗을 훔쳐 지금의 말레이시아의 집약적 농원에다 심었다. 병이 없는 지역에서 나무들을 빽빽이 심는 혁신으로 고무 수확 비용이 획기적으로 감소하였고, 고무 산업에서 압도적인 절대적 비용우위를 영국에게 가져다주었으며, 영국의 고무 생산자들은 시장력을 갖게 되었다. 1900년대 초에는 영국의 아시아 지역 농원들이 전 세계 고무 수요의 95%를 담당하게 되었다. 그것은 '인류 역사상 전략적 자원이 세계적으로 독점화된 첫 사례'였다.[1]

1927년 헨리 포드는 자동차 타이어용 고무가 필요했고 그래서 영국을 모방하려고 했다. 아마존에 포드랜디아(Fordlandia)라는 고무농장 도시를 건설한 것이다. 불행히도 그는 고무나무 전문가들의 자문을 구하지 않았기 때문에, 포드랜디아 농장은 곧 잎마름병을 비롯하여 문화적 충돌, 사회적 소요, 기타 여러 가지 문제의 희생물이 되었다. 새로운 농장을 시작하려는 반복된 노력들이 모두 실패로 돌아갔다. 결국 포드는 영국의 성공을 모방할 수 없었고, 포드랜디아에서 나온 고무가 포드자동차에 사용되는 일은 실현되지 못했다.

말레이시아의 한 농원에 촘촘히 심긴 고무나무

바로 이 핵심 투입물(병충해 위협에서 벗어난 고무)의 통제에 의한 절대적 비용우위로부터 영국이 확보한 시장력은 제2차 세계대전 이후 값싼 합성고무가 개발될 때까지 지속되었다. 그렇지만 만일 당신이 브라질에서 말레이시아로 여행한다면, 여전히 말레이시아 정부는 당신이 묻혀 왔을지도 모르는 남미의

브라질의 포드랜디아 폐허

잎마름 병균들을 살균하기 위해서 공항에서 당신에게 살균처리 장치를 통과하게 하고 수하물에는 자외선을 쏟아부을 것이다. ■

정부 규제

진입장벽의 마지막 중요한 유형은 정부의 규제이다. 뉴욕시에서 택시 영업을 하려면 면허가 필

---

1 Joe Jackson, *The Thief at the End of the World: Rubber, Power and the Seeds of Empire*, New York: Viking, 2008.

요하다(뉴욕택시위원회가 그 택시에게 영업 면허를 주었음을 보여주기 위해 지붕 위에 부착한 금속 덩어리). 면허의 수는 고정되어 있어 현재는 13,000개 남짓이다. 이 시장에 진입하려면 현재의 소유주들로부터 면허를 구입해야 하는데, 가격은 수십만 달러에 달한다. 이것은 택시 기사들에게는 상당한 진입장벽이다.

차량공유 서비스인 우버(Uber)는 이러한 장벽을 피해가는 방법을 만들어냈다(적어도 현재는 그렇다. 뉴욕 택시 산업은 우버 영업을 제한하려는 시도를 계속하고 있다). 우버 운전자는 면허를 구매할 필요 없이 택시와 유사한 서비스를 제공할 수 있다. 따라서 면허는 과거만큼 큰 시장력을 제공하지는 않으며, 이를 반영해서 가격도 하락했다. 뉴욕과 보스턴, 시카고, 필라델피아 등 대도시들에서 면허의 가격은 우버가 진입하고 5년이 지나자 70~80%까지 하락했다.

많은 직종과 산업에서 면허 요건 같은 규칙들이 진입을 방해하고 있다. 그렇지만 나중에 독점에 대한 정부의 대응에 관련된 논의에서 다루게 되듯이, 어떤 규제적 장벽들은 의도적인 것이며 아마도 좋은 것일 수 있음에 유의하자. 예를 들면 특허 및 저작권과 같은 것들로서 직접적 경쟁자들을 불허함으로써 명시적으로 진입으로부터 보호한다.

뜻(그리고 생산자잉여)이 있는 곳에 길이 있다

진입장벽에 관해서 기억해야 할 점은 그것이 영원히 지속되는 경우는 드물다는 것이다. 진입장벽에 의해 보호되는 생산자잉여의 규모가 크다면, 엄청난 진입장벽이 있다 하더라도 경쟁자들은 결국에는 피해갈 방법을 찾아내는 경향이 있다. 듀폰사는 합성물질인 나일론을 발명했고 특허를 얻었다. 이론적으로는 이에 따라서 진입이 방지되어야 했다. 실제로는 똑같지는 않지만 경쟁적인 합성수지를 개발하는 방법을 다른 회사들이 알아냈고, 따라서 결국에는 나일론 독점이 와해되었다. 인간 정신의 혁신적 역량에는 한계가 없기 때문에, 기업가 또는 기업가적 기업 (entrepreneurial firm)은 다른 기업들의 보호된 지위를 잠식할 수 있는 교묘한 방법들을 결국은 찾아내는 경향이 있다.

9.2 시장력과 한계수입

많은 기업들이 독점은 아니지만 일정한 정도의 시장력을 갖는다. 경쟁적 시장 모형은 대다수 제품시장들을 실제대로 나타낸 것이라기보다는 시장 구조를 연구하는 데 유익한 출발점에 더 가깝다.

어떤 기업의 제품에 대한 수요곡선이 수평선이 아니라면 그 기업은 시장력을 가진다. 경쟁적 시장에서 기업은 가격수용자이다. 가격을 시장가격보다 높게 올리면 모든 수요를 잃게 된다. 기업의 산출량 선택이 가격에 영향을 준다면 그 기업은 가격수용자가 아니다. 가령 자동차 제조회사인 테슬라(Tesla)가 전체 차종의 생산을 현재의 1/5 수준으로 줄인다고 가정해보자. 가격이 올라가겠지만 수요량이 0으로 줄지는 않을 것이다. 이처럼 테슬라의 산출량 선택이 그 가격에 영향을 줄 수 있고, 회사는 얼마나 생산할 것인지를 결정할 수 있다. 이것은 앞서의 애플과 아이패드에 대한 얘기와 똑같다. 기업의 의사결정은 이윤극대화 가격의 선택 문제로도, 이윤극대화 생산량의 선택 문제로도 나타낼 수 있다. 어느 쪽이든 결과는 같다.

시장력과 독점

앞에서, 애플이 아이패드를 처음 출시했을 때 태블릿 컴퓨터 시장에서 사실상 독점이었다고 말했는데, 같은 얘기를 테슬라에 대해서도 할 수는 없을 것이다. 테슬라는 다른 자동차회사들과 경쟁하고 있다. 그렇지만 이 장의 기본적인 결론들은 기업이 설사 독점은 아니더라도 시장력을 조금이라도 가진 경우에는 적용되기 때문이다. 이 장의 분석에서 핵심 요소는 시장력을 가진 기업은 우하향의 수요곡선에 직면하게 된다는 점이다. 다시 말해 생산량과 가격이 서로 연관되어 있다는 것이다. 완전경쟁기업의 경우에는 산출량 수준과 가격은 서로 무관하다.

개별기업이 우하향의 수요독선에 직면하게 되는 시장으로, **과점**(oligopoly, 소수의 기업들이 서로 경쟁하는 시장 구조)과 **독점적 경쟁**(monopolistic competition, 다수의 기업들이 약간의 시장력을 갖지만 장기적으로 경제적 이윤이 없게 되는 불완전경쟁의 유형)이 있는데, 이는 제11장에서 살펴볼 것이다. 이들 다른 두 경우와 독점의 차이는, 과점과 독점적 경쟁의 경우에 어떤 기업이 직면하는 개별수요곡선의 구체적인 형태가 (우하향인 것은 같지만) 시장 내의 다른 기업들의 공급 의사결정에 따라 달라진다는 것이다. 이 장에서는 기업들 간의 그러한 상호작용이 전혀 없는 상황에서 독점과 시장력을 살펴본다. 자신의 선택에 대응해서 다른 기업들이 행동을 바꾸지 않는 경우에 기업은 생산량(혹은 가격)을 어떻게 선택하는지를 분석하는 것이다. 이렇게 가

과점
소수의 경쟁자들이 활동하는 시장 구조

독점적 경쟁
수많은 기업이 차별화 제품을 판매하며 진입장벽은 없는 시장 구조로서, 각 기업은 일정 수준의 시장력을 갖지만 장기적으로 경제적 이윤은 얻지 못함

괴짜경제학

마약상들이 전쟁 대신 평화를 원하는 이유

독점기업들은 시장력을 얻기 위해서 동원하는 전략에서 아주 창조적이었다. 예를 몇 가지 들어보면 특권적인 시장 접근을 위해 정부에 로비하기, 경쟁자를 쫓아내기 위해 일시적으로 가격을 한계비용보다 낮게 책정하기, 인위적인 진입장벽 만들기 등이 있다. 그러나 살인까지?

가령 맥주회사 앤호이저부시(Anheuser-Busch InBev)의 CEO가 청부살인자를 고용해서 경쟁사인 밀러쿠어스(MillerCoors)의 이사들을 제거하는 상황을 상상할 수 있을까? 그럴 것 같지는 않다. 그렇지만 그다지 오래전이 아닌 금주법 시기에는 주류의 생산과 소비가 불법이었는데, 그때는 주류를 생산하는 '기업들' 간에 그런 행동이 다반사였다. 알 카포네(Al Capone) 같은 갱들에게 폭력은 시장력을 확립하고 유지하는 지름길이었다.

마약거래는 이런 현상의 현대적 예를 제공해준다. 마약은 불법이므로 마약시장은 법적인 재산권이나 구속력 있는 계약 없이 움직인다. 폭력이 계약을 이행하고 시장력을 구축하는 수단이 된다. 그리고 갱들은 이미 불법적으로 활동하고 있는 만큼, 살인의 비용은 합법적 사업들에서처럼 크지 않다. 미국에서 발생하는 모든 살인사건(연간 약 5,000건)에서 대략 1/3이 재산권을 두고 다투는 마약상들이 저지르는 것으로 추산된다. 어떤 시카고 갱의 3년간의 실제 재무기록들을 이용한 연구에서, 레빗과 벤카테시는 갱두목들이 폭력의 과도한 사용을 피하려고 한다는 사실을 보여주었다.[*] 왜

그런가? 사업에 나쁘기 때문이다! 갱들의 전쟁과 관련된 총격 때문에 고객들이 겁먹고 떠나버려서 수입이 거의 30%나 감소한 것이다. 갱들의 전쟁 기간에 마약 갱들은 평균적으로 손실을 보는 것으로 나타났다.

폭력은 불법적 마약 거래에서 가장 큰 비용 중 하나이다. 이러한 폭력의 감소는 마약 합법화 지지자들이 내세우는 편익 중 하나이다. 불법적 마약 거래와 그 효과를 줄이는 대안적 방법이 간단한 경제학으로부터 나온다. 마약 판매자들이 시장력을 얻기 위해 그처럼 극단적인 행동까지 감행하게 만드는 것은 마약 수요가 많다는 사실이다. 불법적 마약에 대한 수요가 감소한다면, 이들 시장과 관련된 재앙들도 줄어들 것이다. 이런 방향에서의 몇 가지 접근 방법이 시도되어 왔다―사용자에 대한 처벌 강화, 마약의 건강상 효과에 관한 교육 캠페인, '무조건 싫다고 하세요(Just Say No)' 등. 이런 정책들은 잘해야 부분적으로 성공할 뿐이다. 그렇기는 하지만, 지속적인 수요 감소가 가져다줄 막대한 편익을 감안한다면 불법적 마약 수요를 줄일 수 있는 더 나은 방법들을 찾아내기 위해서 고민할 가치가 있다.

[*] Steven D. Levitt and Sudhir Alladi Venkatesh, "An Economic Analysis of a Drug-Selling Gang's Finances," *Quarterly Journal of Economics* 115, no. 3 (August 2000): 755–789.

정하고 나면, 기업의 수요곡선이 (과점 또는 독점적 경쟁에서처럼) 경쟁자의 행동에 따라 움직일 수 있든 (독점에서처럼) 아니든 간에, 그것이 우하향인 한, 분석은 같아진다. 따라서 분석 대상이 문자 그대로 독점기업이 아니더라도 '시장력'과 '독점력'이라는 표현이 혼용되기도 할 것이다. 요점은 일단 기업의 수요곡선이 정해지고 나면, 그것이 독점기업이든 과점기업이든 혹은 독점적 경쟁기업이든 간에 의사결정 과정은 동일하다는 것이다.[2]

한계수입

시장력을 가진 기업의 행동을 이해하는 관건은, 직면하는 수요곡선이 우하향인 만큼, 더 많이 팔려고 한다면 가격을 낮추어야만 한다는 것이다. 이 한 가지 사실은 기업의 모든 결정에 관련된다. 나중에 보게 되듯이, 시장력을 가진 기업은 수량과 가격 간의 관계를 인식하고 있으므로 완전경쟁기업과는 달리 공급량을 제한할 것이다. 목적은 가격을 높게 유지하기(그래서 돈을 더 벌기) 위해서이다.

이들 기업이 가격을 높게 유지하고자 공급량을 제한하는 이유를 알고 싶다면 기업의 한계수입(MR), 즉 판매량을 1단위 늘림에 따라 얻는 추가적인 수입의 개념을 상기할 필요가 있다. 일견 그것은 제품의 가격인 것처럼 보인다. 그리고 제8장에서 보았듯이, 시장력이 없는 기업의 경우에는 정확히 그러하다. 가격이 곧 MR이다. 야구장에서 핫도그를 파는 이동식 가게(가격수용자로 간주될 수 있는 '기업'으로서)가 핫도그를 하나 더 팔면 총수입은 받는 가격만큼 올라간다. 가격은 그가 얼마나 팔든지 간에 관계없다. 그는 가격수용자이다. 수백 개를 팔 수도 있지만 시장가격은 바뀌지 않으며, 따라서 그의 MR은 시장가격 P일 뿐이다.

그러나 시장력을 가진 판매자의 경우에는 MR의 개념이 보다 미묘하다. 1단위 더 팔아서 얻는 추가 수입은 더 이상 가격과 같지 않다. 1단위 더 팔면 수입을 얻을 수 있지만, 우하향의 수요곡선에 직면하고 있기 때문에 더 많이 팔기로 할수록 추가된 1단위만이 아니라 팔리는 모든 단위에 대해서 가격이 낮아질 것이다. (주의 : 여기서 기업은 상이한 고객들에게 상이한 가격을 책정할 수는 없다고 가정한다. 이런 상황은 제10장에서 다룬다.) 따라서 팔리는 다른 단위들로부터의 수입은 감소한다. MR을 계산할 때는, 추가된 단위 외의 다른 모든 단위에서 입은 손실도 빼야만 한다.

예를 통해서 살펴보자. 표 9.1에는 시장력을 가진 어떤 기업의 판매량과 가격이 어떻게 변동하는지가 나타나 있다. 우하향의 수요곡선에 의해 생산량이 증가함에 따라 가격은 하락한다. 표의 세 번째 열은 각 생산량 수준에서의 총수입을 보여주며, 추가되는 각 단위의 MR은 마지막 열에 표시되어 있다. 그것은 그 판매량에서의 총수입에서 1단위 적은 판매량에서의 총수입을 뺀 것과 같다.

판매량이 1단위이면 가격은 5달러이고 수입은 5달러이다. 생산이 전혀 없을 때 수입은 0이므로, 첫 단위의 MR은 5달러이다. 판매량이 2단위이면 시장가격은 4달러로 떨어진다. 즉 낮아

---

2 우하향 수요곡선에 직면하는 비(非)독점기업도 공급 행태가 독점기업과 유사하다는 점은 매우 편리한데, 어떤 기업이 독점기업인지 아닌지 명확하게 말하기 어려운 경우가 많기 때문이다. 독점을 정의하는 데 관건이 되는 것은 관련 시장이 무엇인지를 결정하는 것인데, 그 경계선을 그리는 것은 자의적일 수 있다. 애플이 아이패드를 개발해서 태블릿 시장에서 독점이 되었지만 (더 넓게 정의된) '컴퓨터 기기' 시장에서는 많은 사업자 중 하나일 뿐이다. 다행히도 여기서 중요한 것은 기업이 어떤 이유에서든 우하향의 수요곡선에 직면하고 있다는 점뿐이다.

표 9.1 한계수입

수량(Q)	가격(P)	총수입 ($TR = P \times Q$)	한계수입 $\left(MR = \dfrac{\Delta TR}{\Delta Q}\right)$
0	6	0	–
1	5	5	5
2	4	8	3
3	3	9	1
4	2	8	−1
5	1	5	−3

진 가격이 소비자들로 하여금 1단위 더 구매하게 만드는 것이다. 이때 총수입은 8달러이며, 1단위에서 2단위로 판매량이 증가함에 따른 *MR*은 3달러이다. 이것이 이때의 가격 4달러보다 적다는 점에 유의하자.

*MR*이 가격보다 더 작다는 것은 시장력을 가진 기업이 판매량을 증가시킬 경우에는 가격을 낮추어야만 한다는 사실을 반영한다. 따라서 *MR*은 추가되는 1단위 판매량에 가격을 곱한 것과 같지 않으며, 이제는 모든 단위를 더 낮은 가격에 팔아야 하는 데 따른 수입의 손실도 포함한다. 5달러에 1단위를 판매하는 대신에 4달러에 2단위를 판매하는 경우, 추가 판매되는 1단위로부터 수입이 4달러만큼 증가하지만 원래 5달러이던 첫 단위의 가격이 4달러로 낮아짐에 따라 수입이 1달러만큼 감소한다. 3달러의 *MR*은 앞의 4×1에 뒤의 $-$1 \times 1$을 합한 것, 즉 4달러에서 1달러를 뺀 결과이다($3 = $4 \times 1 - 1×1).

3단위가 판매된다면 시장가격은 3달러로 하락하며 따라서 총수입은 9달러이다. 이때 *MR*은 단지 1달러이다. 여기서도 *MR*은 시장가격에 추가된 판매 단위를 곱한 것보다 적은데, 1단위 더 팔기 위해 이전의 모든 단위에 대한 가격이 낮아졌기 때문이다($1 = $3 \times 1 - 1×2).

이제 1단위를 더하여 4단위를 팔기로 한다면 시장가격은 더욱 하락해서 2달러가 된다. 총수입은 이제 8달러인데, 이것은 1단위 더 생산함에 따라 수입이 오히려 감소했음(9달러에서 8달러로)을 의미한다. 즉 *MR*은 이제 음수인데($-$1 = $2 \times 1 - 1×3), 1단위 추가 생산에 따른 가격 하락으로 인한 수입 손실이 추가 판매에 따른 수입 이득보다 크기 때문이다. 나아가 5단위 판매를 고집한다면 가격은 1달러로 하락하고 총수입은 5달러로 감소한다. 이때 *MR*은 역시 음수인 −3달러인데($-$3 = $1 \times 1 - 1×4), 가격 하락으로 인한 수입 손실이 추가 판매에 따른 수입 증가보다 훨씬 크기 때문이다.

기업이 판매하는 모든 단위에 대해 가격이 하락해야 하는 이유 한계수입과 관련해서 한 가지 혼란스러울 수 있는 점은, 1단위 더 팔기로 했을 때 왜 모든 판매량에 대해 손실을 입게 되는지다. 앞의 예에서, 왜 첫째 단위는 5달러에, 둘째 단위는 4달러에, 셋째 단위는 3달러에 팔지 못하는가? 그렇다면 *MR*은 항상 가격과 같아진다.

여기서 기업의 의사결정은 순차적이지 않다. 즉 첫 단위를 5달러에 팔고 난 다음에 두 번째 단위를 팔 것인지를 결정하는 것이 아니다. 대신에 이번 기간에 1단위를 팔 것인지 2단위를 팔 것인지를 결정한다. 1단위를 판다면 가격은 5달러이고 수입은 5달러일 것이다. 수요곡선은 특정 시점에서의 수요를 나타낸다. 상이한 사람에게 상이한 가격을 매길 수 없는 이유에 대해서는 제10장에서 좀 더 자세히 살펴볼 것이다. 하지만 그 이유로는, 누가 더 지불할 용의가 있는지를 알아내기 어렵고, 싸게 사서 다른 고객에게 재판매하는 것을 방지하기 어렵다는 점을 들 수 있다.

한계수입 : 그림에 의한 접근   *MR*이 가격과 다르다는 것을 그림 9.1에서 쉽게 알 수 있다. 우하향하는 수요곡선 위의 두 점 *x*와 *y*에서 총수입 *TR*(가격 × 수량)을 측정할 수 있다. *x*점에서 판매량은 Q_1이고 각 단위가 팔리는 가격은 P_1이다. 총수입은 가격 곱하기 수량이며, 그림에서 직사각형 *A + B*로 나타나 있다.

기업이 Q_1에서 Q_2로 생산을 증가시키기로 결정한다면 수요곡선 위의 *y*점으로 이동하게 될 것이다. 더 팔지만 그럼으로써 가격은 P_2로 떨어진다. 새로운 총수입은 $P_2 \times Q_2$이며, 그림에서 직사각형 *B + C*이다. 그러므로 *MR*은 새로운 수입에서 이전의 수입을 뺀 것이다.

$$TR_2 = P_2 \times Q_2 = B + C$$
$$TR_1 = P_1 \times Q_1 = A + B$$
$$MR = TR_2 - TR_1$$
$$MR = (B + C) - (A + B) = C - A$$

*C*영역은 가격 P_2에 더 많이 판매함에 따라 추가되는 수입이지만, 이것만으로는 추가 판매에 따른 *MR*이 아니다. (한계 단위만이 아니라) 모든 단위를 P_1 대신에 보다 낮은 P_2에 판매함에 따라 잃게 되는 수입인 *A*영역을 빼야 한다. 실제로 판매량 증가에 따른 가격 하락 효과가 충분히 큰 경우에는 *MR*이 0보다 작아질 수도 있다. 즉 더 많이 팔아서 수입이 감소하게 될 수도 있다.

한계수입 : 수학적 접근   지금까지 살펴본 논리를 이용해서 기업의 *MR* 공식을 만들어볼 수 있다. 판매량 1단위 증가는 두 가지 효과가 있다. 각각이 *MR* 공식의 구성 부분이다.

그림 9.1 한계수입의 이해

시장력을 가진 기업의 경우에는 1단위 추가 생산에 의한 한계수입은 가격과 같지 않다. 수요곡선상의 *x*점에서 *y*점으로 생산을 증가시키기로 했다면 가격은 P_1에서 P_2로 하락한다. 처음의 총수입($P_1 \times Q_1$)은 *A + B*영역과 같다. 새로운 생산점에서의 총수입($P_2 \times Q_2$)은 *B + C*영역과 같다. 기업의 한계수입은 원래 총수입과 새로운 총수입의 차이 *C − A*와 같다.

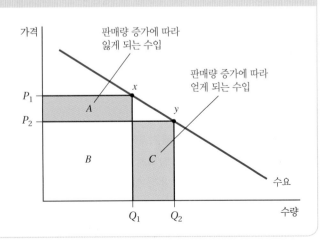

첫째 효과는 시장가격 P에 1단위 더 판매함으로써 나온다. 그림 9.1에서 $Q_2 - Q_1$을 1단위로 정의한다면 이 효과는 C영역이 된다.

둘째 효과는 추가된 1단위가 판매되는 모든 단위에 대한 시장가격을 낮추기 때문에 발생한다. MR의 이 부분을 어떻게 표현할지 알아보기 위해서, 먼저 가격 변화를 ΔP(따라서 추가 단위를 판매하지 않았다면 가격은 $P + \Delta P$였을 것이다)라고 표시하자. 그림 9.1에서는 가격 하락의 경우를 보고 있는데, 따라서 $\Delta P < 0$이다. 1단위 추가되기 전의 판매량을 Q, 추가된 양을 ΔQ로 표시하자. 그러면 MR의 두 번째 부분은 $(\Delta P / \Delta Q) \times Q$인데, 즉 판매량 1단위 증가에 따른 가격 변화에 원래 판매량을 곱한 것이다. 그림 9.1에서 이것은 A영역이다. 수량이 증가하면 가격은 떨어지므로, $(\Delta P / \Delta Q)$ 항은 음수이다. 이것은 MR의 두 번째 부분은 음수라는 앞서의 논리에 부합한다. 1단위 추가되기 전의 생산량 단위들을 전보다 낮은 가격에 판매해야 함에 따른 수입의 감소이다.

두 가지를 더하면 1단위 더 생산함(ΔQ)에 따른 한계수입(MR)의 공식을 얻게 된다($\Delta P / \Delta Q$이 음수이므로 두 번째 부분은 수입의 감소를 나타내지만, 두 부분을 더한다는 점에 유의하자).

$$MR = P + \left(\frac{\Delta P}{\Delta Q} \right) \times Q$$

두 번째 부분이 음수라는 사실은 MR이 항상 P보다 작을 것임을 의미한다. 이 식을 그림 9.1에 대응시켜보면, 앞부분은 가격 P에 1단위 판매하는 데 따른 추가 수입(C)이고 뒷부분은 A영역이다.

이 공식을 자세히 들여다보면 기업이 직면하는 수요곡선의 형태가 MR에 어떤 작용을 하는지가 나타난다. 수량 변동에 상응하는 가격 변동($\Delta P / \Delta Q$)은 수요곡선 기울기의 척도이다. 수요곡선이 매우 가파르다면 판매량 증가에 대응하여 가격이 크게 하락하며, 이때 $(\Delta P / \Delta Q)$가 매우 큰 음수이다. 이것은 MR을 낮추게 되며 음수가 되게 할 수도 있다. 반면에 수요곡선이 완만하다면, 가격은 판매량 증가에 민감하게 변하지 않는다. 이 경우는 $(\Delta P / \Delta Q)$의 크기가 작으므로, MR의 첫 부분인 P가 상대적으로 큰 역할을 하게 되어 수량 증가에 따라 MR이 너무 많이 감소하지 않도록 막는다. 완전히 수평적인 수요곡선의 특별한 경우에는 $(\Delta P / \Delta Q)$가 0이며, 따라서 MR은 시장가격과 같다. 제8장에서 기업의 MR이 가격과 같은 경우에 기업은 가격수용자임을 보았다—판매량이 얼마든 간에 시장가격에 팔릴 것이다. 이 점은 중요하므로 아래에서 다시 다룰 것이다—완전경쟁은 기업의 수요곡선이 완전탄력적이어서 $MR = P$가 되는 특별한 경우일 따름이다.

수요곡선의 기울기와 기업의 MR 간의 이러한 관계는 시장력을 가진 기업이 이윤극대화 수량을 어떻게 선택하는지를 이해하는 데 중요하다. 이 문제는 다음 절에서 다루겠지만, 여기서 MR 공식이 의미하는 바에 대해 좀 더 살펴보는 것이 좋겠다. 가파른 수요곡선에 직면하는 기업은 판매량을 늘리더라도 수입은 조금밖에 증가하지 않는다(혹은 MR이 음수여서 수입이 감소할 수도 있다). 따라서 높은 생산량은 수익성이 적다. 완만한 수요곡선에 직면하는 기업은 판매량을 늘림으로써 비교적 큰 MR을 얻게 된다. 이런 대조점이 시사하는 바는 (다른 조건이 동일하다면) 수요곡선이 가파를수록 이윤극대화 판매량은 적어지는 경향이 있다는 것이다. 다음 절에서 확인해보자.

MR 공식은 어떤 수요곡선의 경우에도 적용될 수 있다. 비선형(곡선) 수요곡선의 경우에 기

예제 9.1

다음의 수요곡선을 가정하자.

$$Q = 12.5 - 0.25P$$

a. 이 수요곡선에 상응하는 MR곡선은 무엇인가?

b. $Q = 6$ 및 $Q = 7$일 때의 MR을 계산하라.

풀이

a. 먼저 수요함수를 변형시켜, 가격이 좌변에 오도록 역수요곡선을 구한다.

$$Q = 12.5 - 0.25P$$
$$0.25P = 12.5 - Q$$
$$P = 50 - 4Q$$

즉 역수요곡선 $P = 50 - 4Q$에서, $a = 50$, $b = 4$이다. $MR = a - 2bQ$이므로, $MR = 50 - 8Q$이다.

b. 이 값들을 MR방정식에 대입해서 MR값을 구한다.

$Q = 6$일 때, $MR = 50 - 8(6) = 50 - 48 = 2$이다.

$Q = 7$일 때, $MR = 50 - 8(7) = 50 - 56 = -6$이다.

위에서 언급했듯이 Q가 증가하면 MR은 감소하며 음수가 될 수도 있다.

울기 $\Delta P / \Delta Q$는 그 수량 수준에서의 접선의 기울기이다. 직선 수요곡선의 경우에는 공식이 특히 쉽게 이해되는데, $\Delta P / \Delta Q$가 불변의 상수이기 때문이다. 일반적인 형태의 (직)선형 (역)수요함수 $P = a - bQ$(수요곡선의 절편 a와 기울기 b는 상수)를 가정하면, $\Delta P / \Delta Q = -b$가 된다. 역수요함수 자체가 P의 Q와의 관계를 나타내므로, 위의 MR 공식에다가 $P = a - bQ$와 $\Delta P / \Delta Q = -b$를 대입하면 일반적인 선형 수요곡선의 MR을 나타내는 식을 얻게 된다.

$$MR = P + \left(\frac{\Delta P}{\Delta Q}\right)Q$$
$$= (a - bQ) + (-b)Q = a - 2bQ$$

여기서 MR곡선은 역수요곡선과 똑같아 보이는데, 다만 기울기는 2배이다. 이처럼 간단한 것

그림 9.2 직선형 수요곡선과 한계수입곡선

(직)선형 수요곡선은 수직절편이 같고 기울기가 2배인 한계수입곡선을 갖는다. 여기서 수요곡선 D의 식은 $P = 100 - 10Q$이다. 그러므로 이에 따른 한계수입곡선은 $MR = 100 - 20Q$이다. 예컨대 $Q = 4$에서, $P = 60$달러이고 $MR = 20$달러이다.

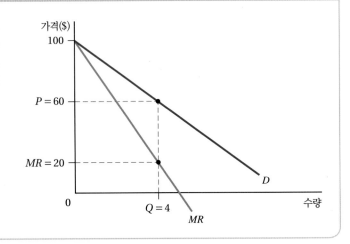

은 직선 수요곡선의 경우에만 그러하지만, 보다 일반적인 *MR* 함수식이 어떤 수요곡선에도 적용된다.

수요곡선과 한계수입곡선의 한 가지 예가 그림 9.2에 나타나 있다.[3] 그림의 수요곡선은 $P = 100 - 10Q$이며, 따라서 한계수입곡선은 $MR = 100 - 20Q$이다. $Q = 4$일 경우, 수요곡선에 따라서 $P = 60$달러, $MR = 20$달러이다.

9.3 시장력을 가진 기업의 이윤극대화

이제 한계수입을 계산할 수 있으므로, 시장력을 가진 기업의 이윤극대화 판매량을 알아보자. 얼핏 보면 *MR*이 0이 될 때까지 생산해야 한다고 할지 모르겠으나 그것은 생산비용이 없는 경우에만 사실이다. 시장력을 가진 기업은 *MR*에 관심을 두어야 하지만 생산비용과 견주어 보아야만 한다.

이윤극대화 방법

제8장에서, 기업의 이윤에는 수입과 비용이라는 두 가지 요소가 있고, 이들 각각이 기업의 생산량 선택에 의해 어떻게 결정되는지를 보았다. 이윤극대화 수량은 한계수입(*MR*)과 한계비용(*MC*)이 일치하는 수준이었다. 나아가서 완전경쟁적 기업의 *MR*은 시장가격과 같으며, 따라서 이윤극대화는 가격이 한계비용과 같아지는 수량을 생산한다는 의미라는 것도 알았다. 이 조건의 논리는, 가격이 *MC*보다 높은 경우에는 추가 수입이 추가 비용보다 큰 만큼 더 생산해야 하는 반면, 가격이 *MC*보다 낮은 경우에는 추가 생산에서 손해를 보기 때문에 생산을 줄여야 한다는 것이다.

시장력을 가진 기업에 대해서도, *MR*이 더 이상 가격과 같지 않다는 점을 제외하면 같은 논리가 적용된다. 이윤극대화를 위해서 기업은 한계수입이 한계비용과 일치하는 수량을 선택해야 한다.

$$MR = MC$$

*MR*이 *MC*보다 큰 경우, 판매량을 늘리면 추가 수입이 추가 비용보다 많으므로 이윤을 증가시킬 수 있다. *MR*이 *MC*보다 작은 경우에는 판매량을 줄이면 수입 손실이 비용 감소보다 적으므로 역시 이윤을 증가시킬 수 있다. 판매량의 변화로 이윤을 증가시킬 수 없는 경우는 두 가지 한곗값이 같아질 때뿐이다.

$MR = MC$로부터 기업의 이윤을 극대화하는 수량 Q^*를 구할 수 있고, 그로부터 이윤극대화 가격을 알아낼 수 있다. 이윤극대화 수량 Q^*에서의 수요곡선의 높이가 그 수량에서의 시장가격을 보여준다.

시장력을 가진 기업의 경우에는, 이윤극대화 판매량의 선택이나 이윤극대화 가격의 선택이나 동등하다. 수요곡선은 가격과 수량을 함께 묶은 것이므로, 하나가 선택되면 다른 것도 따라

---

3 미분을 이용할 수 있으면 쉽게 확인할 수 있다. 선형 역수요곡선 $P = a - bQ$의 경우에, 총수입곡선은 $P \times Q$, 즉 $TR = aQ - bQ^2$이다. 한계수입곡선을 얻으려면 총수입함수의 Q에 대한 도함수를 구하면 된다. 즉 $MR = a - 2bQ$이다.

서 결정된다. 독점기업은 이윤극대화 수량을 생산하고 나서 가격은 시장에서 (이윤극대화 수준으로) 결정되게 할 수도 있지만, 이윤극대화 가격을 책정하고 나서 판매량은 시장에서 (이윤극대화 수준으로) 결정되게 할 수도 있다.

　기억해야 할 중요한 사실은, 시장력을 가진 기업은 가격을 정하는 힘을 갖기는 하지만 그렇다고 (설령 독점기업이라 할지라도) 멋대로 가격을 매겨서는 이윤을 극대화할 수 없다는 점이다. 시장력을 가진 기업이라고 해도 수요곡선에 의해 제약을 받는다. 설령 다른 경쟁기업이 없다고 하더라도, 가격을 너무 높이 인상한다면 고객들은 구매를 포기할 것이다.

　애플이 태블릿의 유일한 생산자로서 시장력을 가졌을 때에도 가격을 마음대로 책정할 수는 없었다. 만일 아이패드의 가격을 2만 달러로 매겼다면 (설사 그것이 유일한 것이라고 해도) 그것을 살 사람은 아무도 없었을 것이다. 독점기업은 직접적 경쟁자가 없는 만큼 가격을 올려도 경쟁자에게 고객을 뺏기지는 않는다. 하지만 고객을 시장에서 나가게 만듦으로써 손실을 입게 된다. 독점기업이라 해도 가격을 마음대로 매길 수는 없으며, 보다 경쟁적인 기업의 경우보다 높이 매길 수 있을 뿐이다.

시장력과 이윤극대화 : 그림에 의한 접근

기업의 한계비용곡선과 수요곡선이 주어진다면, 앞에서의 분석을 적용해서 시장력을 가진 기업의 이윤극대화 수량 및 가격을 그림으로 도출할 수 있다. 편의상 아이패드 시장을 상정하고, 한계비용은 200달러로 일정하다고 가정하자. 시장력을 가진 기업은 구체적으로 다음의 단계를 따를 것이다.

1단계 : 수요곡선으로부터 한계수입곡선을 도출한다. 수요곡선이 직선형이라면, 이것도 수직 절편은 같고 기울기가 2배인 직선일 것이다. 그림 9.3에서 MR로 나타나 있다.
2단계 : 한계수입과 한계비용이 같아지는 수량 수준을 찾아낸다. 이것이 이윤극대화 생산량이다. 그림 9.3에서 이윤극대화 수량은 Q^*, 또는 아이패드 8,000만 개다.
3단계 : 최적수량 수준에서의 수요곡선상의 점을 찾아 이윤극대화 가격을 결정한다. 애플이 이윤을

그림 9.3 시장력 보유 기업이 이윤을 극대화하는 방법

애플은 $MR = MC$에서 생산함으로써 아이패드로부터의 이윤을 극대화할 것이다. 그러므로 애플은 한계비용 200달러보다 훨씬 높은 600달러의 가격으로 8,000만 개의 아이패드를 팔게 될 것이다.

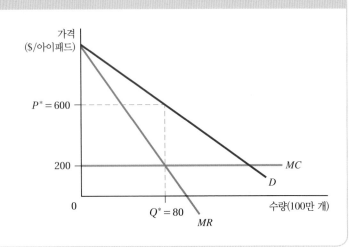

극대화하기 위해 책정해야 할 가격을 결정하려면, Q^*에서 수요곡선까지 가서 세로축으로부터 가격을 확인한다. 애플이 이윤극대화 수량 8,000만 개를 생산하고 있다면 시장가격은 600 달러이다. (같은 말이지만, 애플의 가격을 600달러로 책정한다면 아이패드가 8,000만 개 팔릴 것이다.)

기업의 MR곡선이 주어지면 이윤극대화 규칙 $MR = MC$를 이용해서 최적수량과 가격을 찾아낼 수 있다.

시장력과 이윤극대화 : 수학적 접근

기업의 한계비용곡선과 수요곡선의 방정식들이 주어지면 이윤극대화 수량과 가격은 수학적으로 찾을 수도 있다.

애플의 아이패드 생산에서 한계비용이 200달러로 일정하며, 아이패드에 대한 수요곡선은 $Q = 200 - 0.2P$(Q의 단위는 100만 개)라고 가정하자. 애플은 아이패드 가격을 얼마로 책정해야 하며, 그 가격에서 얼마나 팔 수 있을까? (시장력을 가진 기업의 경우에 가격 선택과 수량 선택 간의 동일성에 따라서, '얼마나 생산해야 하며, 그러면 얼마에 팔리게 될까?'라고 물을 수도 있지만 답은 같다.)

위에서의 3단계 과정을 이용해서 문제를 풀어보자. MR곡선을 도출하고, MR과 MC가 같아지는 수량을 확인한 다음, 수요곡선에 따라서 그 수량에서의 가격을 계산함으로써 이윤극대화 가격을 결정하는 것이다.

1단계 : 수요곡선으로부터 한계수입곡선을 도출한다. 먼저 수요곡선을 변형시켜 가격을 수량의 함수로 표시하는 역수요곡선을 구한다.

$$Q = 200 - 0.2P$$
$$0.2P = 200 - Q$$
$$P = 1,000 - 5Q$$

이것은 $P = a - bQ$ 형태의 선형 역수요곡선으로 $a = 1,000$, $b = 5$이다. 이런 유형의 수요곡선의 한계수입곡선은 $MR = a - 2bQ$임은 앞에서 본 바와 같다.[4] 따라서 이 수요곡선의 경우에 애플의 한계수입곡선은 다음과 같다.

$$MR = 1,000 - 2(5Q) = 1,000 - 10Q$$

2단계 : 한계수입이 한계비용과 같아지는 수량 수준을 찾아낸다. 애플의 MC는 200달러로 일정하므로, MR곡선을 이 값과 일치시켜서 Q를 구한다.

$$MR = MC$$
$$1,000 - 10Q = 200$$
$$800 = 10Q$$
$$Q^* = 80$$

---

4 수요함수가 보다 복잡한 형태인 경우에는 미분을 이용해서 한계수입곡선을 계산할 수 있다. 먼저 역수요함수에 Q를 곱해서 총수입을 계산한 다음, Q에 대해 미분하여 구한 도함수가 한계수입이다.

따라서 애플의 이윤을 극대화하는 아이패드 수량은 8,000만 개이다.

3단계 : 최적수량 수준에서의 수요곡선상의 점을 찾아 이윤극대화 가격을 결정한다. 이윤극대화 가격은 수요곡선에 최적수량을 대입해서 구한다. 이것은 최적수량(8,000만 개)이 얼마에 팔릴 수 있는지를 말해준다.

$$P^* = 1,000 - 5Q^*$$
$$= 1,000 - 5(80)$$
$$= 1,000 - 400 = 600$$

위와 같은 수요곡선과 불변의 $MC = 200$이 주어지면, 애플은 단위당 600달러를 책정함으로써 이윤을 극대화할 수 있다. 즉 그 가격에서 8,000만 개의 아이패드를 팔게 될 것이다. 이 가격은 한계비용인 200달러, 즉 완전경쟁시장이었다면 책정했을 수준보다 훨씬 높다는 점에 주목

 예제 9.2

어린이용 야구방망이를 판매하는 어떤 기업이 있다. 기업이 직면하는 수요곡선은 $Q = 10 - 0.4P$인데, Q와 P의 단위는 각각 1,000개와 달러이다. 한계비용곡선은 $MC = 5Q$와 같다.

a. 이윤극대화 수량을 구하고, 이윤극대화에 대한 결정을 그림으로 나타내라.

b. 이윤극대화를 위해 가격은 얼마로 책정할 것인가?

풀이

a. 본문의 3단계 과정을 따라가보자. 첫째, MR곡선을 도출해야 한다. 수요곡선이 선형이므로, MR곡선을 구하는 가장 쉬운 방법은 역수요곡선을 구하는 데서 시작하는 것이다.

$$Q = 10 - 0.4P$$
$$0.4P = 10 - Q$$
$$P = 25 - 2.5Q$$

이 역수요곡선에서 $a = 25$(절편), $b = 2.5$(기울기)이다. $MR = a - 2bQ$이므로,

$$MR = 25 - 2(2.5Q) = 25 - 5Q$$

이윤극대화 수량을 구하기 위해서 이윤극대화 규칙 $MR = MC$를 이용할 수 있다.

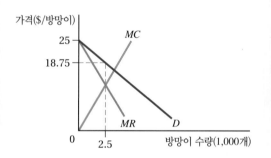

$$MR = MC$$
$$25 - 5Q = 5Q$$
$$10Q = 25$$
$$Q^* = 2.5$$

그러므로 이 기업은 2,500개를 생산해야 한다. 이런 이윤극대화 결정은 그림에 나타나 있다. 이윤은 MR과 MC곡선들이 교차하는 수량 수준에서 극대화된다.

b. 최적 가격을 구하기 위해서 역수요함수에 이윤극대화 수량($Q^* = 2.5$)을 대입한다.

$$P^* = 25 - 2.5Q^*$$
$$= 25 - 2.5(2.5)$$
$$= 25 - 6.25 = 18.75$$

가격은 18.75달러로 책정해야 한다. 그림에서는 $Q^* = 2.5$에서 수요곡선까지 올라간 다음 수직축으로 가서 구한다.

하자. 이것이 기업들이 시장력을 갖고 싶어 하는 이유이다. 요점은 간단하다—생산량을 줄이고 가격을 올려서 돈을 버는 것이다.

시장력 보유 기업의 마크업 공식 : 러너지수

앞에서 배운 논리를 확장하면 기업들이 이윤극대화 가격 및 수량을 결정하기 위해서 이용할 수 있는 어림계산식을 얻을 수 있다. 한계수입의 정의에서 시작하자.

$$MR = P + \left(\frac{\Delta P}{\Delta Q}\right) \times Q$$

기업은 $MR = MC$에 의해 이윤을 극대화하므로, 대입하자.

$$MR = P + \left(\frac{\Delta P}{\Delta Q}\right) \times Q = MC$$

좌변의 둘째 항에 (P/P)를 곱하자. 1을 곱하는 것과 같으므로 방정식은 변하지 않는다.

$$P + \left(\frac{\Delta P}{\Delta Q}\right) \times \frac{P}{P} \times Q = MC \quad \text{또는} \quad P + \left(\frac{\Delta P}{\Delta Q} \times \frac{Q}{P}\right) \times P = MC$$

괄호 부분이 낯익은 것은 그것이 수요탄력성의 역수이기 때문이다. 제2장에서는 수요의 가격탄력성 E^D를 $\frac{\Delta Q/Q}{\Delta P/P}$ 또는 $\frac{\Delta Q}{\Delta P} \times \frac{P}{Q}$로 정의했다. 이 값의 역수는 $\frac{1}{E^D} = \frac{\Delta P}{\Delta Q} \times \frac{Q}{P}$이다. 탄력성의 역수를 이윤극대화 조건에 대입하면

$$P + \left(\frac{\Delta P}{\Delta Q} \times \frac{Q}{P}\right) \times P = MC$$

$$P + \frac{1}{E^D} \times P = MC$$

이고, 끝으로 이항해서 정리하면 다음과 같다.

$$P - MC = -\left(\frac{1}{E^D}\right) \times P \quad \text{또는} \quad \frac{P - MC}{P} = -\frac{1}{E^D}$$

이 방정식의 좌변은 기업의 이윤극대화 **마크업**(markup), 즉 가격에서 한계비용보다 큰(또는 한계비용에서 '올라간') 부분의 비중(%)과 같다. 이 방정식이 가리키는 바는 이러한 마크업(또는 마진)은 기업이 직면하는 수요의 가격탄력성에 따라 달라져야 한다는 것이다. 구체적으로, 수요가 탄력적이 될수록, 즉 E^D가 더 큰 음수값을 가질수록, 또는 같은 말이지만 그 절댓값이 커질수록 최적 마크업이 가격에서 차지하는 비율은 줄어든다. (위의 식에서 E^D의 음수값이 커질수록 우변은 작아짐을 알 수 있다.) 반면에 수요가 비탄력적이 될수록 E^D의 절댓값은 작아지고 마크업이 가격에서 차지하는 비율은 더 커진다.

잠시 그 의미를 생각해보면 매우 당연하다는 것을 알 수 있다. 수요가 상당히 비탄력적이라면 소비자의 구매 행동이 가격 변화에 민감하지 않다는 것이다. 따라서 기업은 가격을 올려 이윤을 증가시키기가 더 용이해진다—판매량을 (너무 많이는 아니게) 줄여서 단위당 더 높은 마진을 얻게 될 것이다. 이것은 정확히 방정식이 의미하는 바이다. 기업은 가격을 MC보다 상당히 더 높게 올려야 한다. 반면에, 상대적으로 탄력적인 수요에 직면하는 기업은 가격을 올릴 경우

마크업
기업이 책정한 가격에서 한계비용보다 큰(또는 한계비용에서 올라간) 부분의 비율

에 상당한 판매량 감소를 겪을 것이므로, 가격을 비용보다 많이 올리는 것이 득이 되지 않는다.

위의 방정식으로 주어지는 마크업의 척도에는 특별한 이름이 있는데, 그것은 바로 **러너지수**(Lerner index)이다[1934년에 처음으로 이 식을 제안했던 경제학자 러너(Abba Lerner)의 이름에서 온 것]. 기업이 이윤을 극대화한다고 가정할 때, 러너지수는 기업이 직면하는 수요곡선의 성질에 대해서 중요한 정보를 준다. 지수값이 클 경우(즉 마크업이 가격에서 큰 비중을 차지할 경우)에는 수요가 상대적으로 비탄력적이다. 지수값이 작은 경우에는 기업이 상대적으로 탄력적인 수요에 직면하고 있다. 가격을 MC보다 높게 책정할 수 있는 능력이 시장력의 정의인 만큼, 러너지수는 기업의 마크업의 척도이자 시장력을 측정하는 척도이다. 그 값이 클수록 기업은 가격을 MC보다 더 높게 책정할 수 있다.

수요가 완전탄력적인 경우에는, 즉 기업은 수평선의 수요곡선에 직면하고 있고 가격을 수요곡선보다 조금이라도 높이 올린다면 판매량은 0이 되는 경우에는, $E^D = -\infty$이다. 위 방정식에서 보듯이, 이 경우에 러너지수는 0과 같다. 즉 마크업도 0임을 가리킨다. 기업은 MC와 같은 수준의 가격으로 판매하고 있으며, 가격수용자가 된다.

E^D가 0과 −1 사이에 있을 경우에는, 즉 기업이 직면하는 수요곡선이 비탄력적인 경우에는, 러너지수가 1보다 큰데, 이것은 $P - MC > P$ 혹은 $MC < 0$을 의미하지만, 비용이 음수가 될 수는 없다. 다시 말해서, 기업은 수요곡선상에서 비탄력적이거나 단위탄력적인 점에서 활동하고 있지는 않을 것이다. 이런 상황에서는 가격을 인상하면 기업의 수입은 증가하지만 수량은 감소하고 따라서 비용도 감소한다. 다시 말해서, 기업은 수요가 비탄력적이라면 가격을 인상함으로써 이윤을 증대시킬 수 있는 것이다.

러너지수는 0(완전경쟁)과 1(완전비탄력적 수요) 사이의 어느 값이든 가질 수 있다. 그것은 기업이 갖는 시장력의 크기를 요약하고 있다. 기업들 간에 시장력을 비교한다면, 가장 높은 러너지수를 갖는 기업이 가장 큰 시장력을 보유하며, 두 번째로 높은 러너지수를 갖는 기업은 두 번째로 강한 시장력을 보유하는 것이다.

러너지수의 측정   시장력을 가진 기업들은 이윤극대화 마크업이 수요의 가격탄력성과 연계되어 있음을 잘 알고 있다. 그렇지만 실제적인 관점에서 문제는 기업이 마크업을 얼마나 할지 알기 위해서 러너지수를 읽어내기만 하면 되는 잣대가 없다는 점이다. 그래서 기업은 수요곡선과 MR곡선의 형태를 파악하는 데 많은 노력을 들이게 되는데, 고객들의 수요의 가격탄력성에 대한 정보를 얻기 위해서이다. 아마존은 같은 제품을 고객마다 서로 다른 가격에 제공했다가 소송을 당했었다. 잘 알려진 그 사건에서, 아마존의 CEO인 제프 베이조스는 사과하면서 아마존이 단지 무작위적인 가격책정을 통해서 시장수요를 좀 더 잘 파악하려고 했던 것일 뿐이라고 주장했다. 아마존이 왜 그렇게 고심했는지는 이 장의 내용이 정확히 보여준다. 기업이 수요곡선의 형태에 대해 잘 파악하게 되면, 마크업 공식을 이용해서 이윤을 극대화하는 가격 또는 완전한 독점가격 체제를 알아낼 수 있다.

 ## 응용 시장력 대 시장점유율

시장력은 기업의 크기 이상의 것들과 관련된다. 예를 들어 미국에서 셀레이(Cel-Ray)라고 불리는 셀러리 맛 탄산음료를 생산하는 제조업자 닥터브라운(Dr. Brown's)의 경우를 보자. 매출에

서는 코카콜라가 셀레이의 수천 배로 크지만, 경제학자들의 정의에 따르면 닥터브라운이 코카콜라보다 더 큰 시장력을 가진 것으로 나타난다.

어째서인가? 관건은 두 제품에 대한 수요의 가격탄력성이다. 평균적인 코카콜라 고객들은 단기적으로 가격에 꽤 민감하다. 6캔 묶음에 대한 수요의 가격탄력성은 대략 −4.1 정도이다.[5] 반면에 셀레이를 마시는 사람들은 셀러리 향미에 대한 독특한 선호를 갖고 있다. 코카콜라에 대해서는 많은 대체재가 있지만, 셀레이의 경우에는 그렇지 않다. 따라서 셀레이의 고객들은 코카콜라 고객들보다 가격 민감도가 작은 경향이 있을 것이다. 셀레이 6캔 묶음에 대한 수요의 가격탄력성은 −2 정도인 것으로 추정된다.

각 제품의 러너지수를 측정하기 위해 두 가지 탄력성을 이용해보면 정말로 셀레이가 코카콜라보다 시장력이 강하다는 것을 알 수 있다.

닥터브라운의 셀레이 소다는 1869년 이래로 견고한 점유율을 유지하고 있다.

$$코카콜라의\ 러너지수 = -\frac{1}{E^D} = \frac{1}{-4.1} = 0.244$$

$$셀레이의\ 러너지수 = -\frac{1}{E^D} = -\frac{1}{-2} = 0.5$$

그러므로 셀레이의 이윤극대화 가격은 한계비용에 대한 마크업이 코카콜라의 경우보다 더 크다. 달리 말해서, 코카콜라의 가격책정이 셀레이의 경우보다 경쟁적인 가격책정 행동에 더 가깝다. 시장력을 결정하는 것은 시장의 규모나 기업의 점유율이 아니라 기업이 가격을 MC보다 얼마나 높게 매길 수 있는지 여부이다. ■

시장력을 가진 기업의 공급관계

이제 시장력을 가진 기업의 경우에 이윤극대화 수량 및 가격을 찾을 수 있을 것이다. 나아가 가능한 모든 한계비용곡선과 수요곡선들로부터 나오는 이윤극대화 수량 및 가격의 조합들을 그려볼 수 있다.

이것은 공급곡선에 가까운 것처럼 들릴지도 모르는데, 결국 가격과 그에 상응하는 공급량의 조합들이기 때문이다. 그러나 이것은 공급곡선이 아니다. 엄밀하게 말하자면, 시장력을 가진 기업들의 경우에는 공급곡선이 없다. 그들의 이윤극대화 가격 및 수량의 조합이 공급곡선이 아닌 이유는, 이들 조합이 기업이 직면하는 수요곡선에 따라 달라지기 때문이다. 제8장에서 보았듯이 공급곡선은 수요와는 완전히 독립적으로 존재한다. 그것은 기업의 한계비용에만 의존하는데, 완전경쟁적 기업은 (주어진 것으로 수용해야 하는) 시장가격과 MC가 일치하게 되는 수량을 생산하기 때문이다. 따라서 완전경쟁적 기업의 공급곡선은 그것의 MC곡선(의 부분)이고, 완전경쟁적 산업의 공급곡선은 그 산업의 MC곡선이다. 이들 공급곡선은 모두 수요와는 전혀 무관하게 결정된다. 오로지 비용과 관련될 뿐이다.

비용과 가격 간의 이처럼 엄격한 관계는 시장력을 가진 기업의 경우에는 적용되지 않는다. 이런 기업의 공급량은 MC곡선만이 아니라 기업의 (수요곡선과 관련되는) MR곡선에 따라서도 달라진다. 공급곡선은 가격과 기업 공급량 간의 일대일 대응관계를 보여주는 것이다. 그러

---

5 Jean-Pierre Dubé, "Product Differentiation and Mergers in the Carbonated Soft Drink Industry," *Journal of Economics and Management Strategy* 14, no. 4 (2005): 879–904.

나 시장력을 가진 기업의 경우에는, (MC곡선은 고정되어 있음에도 불구하고) 일정한 수량에 대한 가격을 가파른 수요곡선에 직면할 때는 높게, 완만한 수요곡선에 직면할 때는 낮게 매길 수 있다. 그 예는 다음 장에서 보게 될 것이다. 그러므로 시장력을 가진 기업에서는 가격과 공급량 간의 단순한 연결이 불가능하며, 따라서 공급곡선은 존재하지 않는다.

9.4 시장력을 가진 기업은 시장 변화에 어떻게 대응하는가

지금까지 시장력을 가진 기업의 이윤극대화를 위한 생산 및 가격 결정에 대해 알아보았다. 이제 이를 이용해서 경쟁적 환경에서 수요와 공급이 변동하는 경우처럼 여러 가지 시장 변화의 효과를 살펴볼 수 있다. 시장력을 가진 기업들은 공급곡선이 없지만, 어떤 의미에서 그들도 경쟁적 기업들과 비슷하게 대응한다는 것을 알 수 있다. 하지만 때로는 상당히 다르게 대응하기도 한다.

한계비용 변동에 대한 대응

먼저 한계비용 증가의 효과부터 살펴보자. 앞의 아이패드의 예에서, MC는 200달러로 고정되었고 역수요곡선은 $P = 1,000 - 5Q$였다(Q의 단위는 100만 개). 이제 주요 부품을 생산하는 공장에서의 화재로 인해 그 부품의 MC가 상승했고, 그에 따라 아이패드의 MC가 200달러에서 250달러로 증가했다고 가정해보자.

이러한 MC의 증가가 시장에 미치는 영향을 결정하기 위해서 새로운 MC곡선의 경우에 3단계 방법을 적용해보자.

1단계 : 한계수입곡선을 도출한다. 수요곡선은 그대로이므로, 여전히 $MR = 1,000 - 10Q$이다.
2단계 : 한계수입과 한계비용이 같아지는 수량을 구한다. MC는 이제 250달러이므로

$$1,000 - 10Q = 250$$
$$750 = 10Q$$
$$Q^* = 75$$

이다. 새로운 이윤극대화 수량은 8,000만 개에서 7,500만 개로 줄었다.
3단계 : 최적수량과 수요곡선을 이용해 이윤극대화 가격을 결정한다. (역)수요곡선은 $P = 1,000 - 5Q$이다. 새로운 수량을 대입하면, $P^* = 1,000 - 5(75) = 625$달러이다. 새 가격은 화재 전의 600달러에서 625달러로 올랐다.

원래 균형에서 새로운 균형으로의 변화는 그림 9.4에서 나타나 있다.

시장력을 가진 기업도 비용 충격에 대해 경쟁적 기업의 경우와 유사한 방식으로 대응한다. MC가 증가하면 가격이 상승하고 수량은 감소한다. 그러나 경쟁의 경우에는 $P = MC$이므로, MC의 변화가 시장가격에 완전히 반영된다. 시장력을 가진 판매자의 경우에는 그렇지 않다. 아이패드의 예에서, MC는 50달러 증가했지만 시장가격은 25달러 올랐을 뿐이다. 이윤을 극대화하기 위해서, 애플은 비용 증가를 모두 고객에게 전가하려고 하지 않는다. 비용 증가에 따른 수량의 감소도 완전경쟁적 시장의 경우에 나타났을 수준보다는 작다. 다만 비용 증가 이후에도

그림 9.4 시장력 보유 기업의 한계비용 변동에의 대응

초기 수량 8,000만 개는 $MR = MC_1$ (200달러)인 a점에서 정해진다. 이 수량은 b점에 나타나듯이 가격 600달러에 상응한다. 화재 이후에 한계비용곡선은 250달러로 상향 이동한다(MC_2). 화재는 시장의 공급 측면에만 영향을 미치는 것이므로 소비자의 지불용의는 변하지 않으며 수요와 한계수입곡선은 이동하지 않는다. 이제 한계수입과 한계비용이 일치하는 것은 c점으로 수량 7,500만 개이다. 그 수량에서 수요곡선까지 올라가 보면(d점), 아이패드 가격이 625달러로 오르게 됨을 알 수 있다.

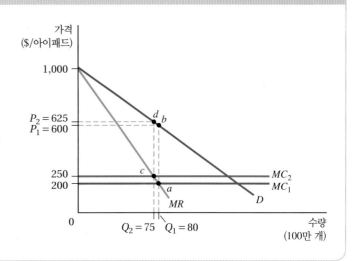

수량은 완전경쟁적 시장의 경우보다는 적다는 점에 유의하자. 수량 변동 폭이 작을 뿐이다.[6]

수요 변화에 대한 대응

이제 비용의 변동 대신에 수요곡선이 평행 이동했다고 가정해보자. 아마도 아이패드가 더욱 멋지게 되어 수요가 증가하고 수요곡선이 바깥쪽으로 이동했을 것이다. 구체적으로 새로운 역수요곡선은 $P = 1,400 - 5Q$라고 하자.

역시 3단계를 따라가자. 수요곡선이 이동했기 때문에 MR곡선도 마찬가지다. 새로운 수요곡선도 선형이므로, MR곡선은 기울기가 2배이다.

$$MR = 1,400 - 10Q$$

이것을 MC(앞에서와 같이 200달러로 가정)와 일치시키면 다음과 같다.

$$1,400 - 10Q = 200$$
$$10Q = 1,200$$
$$Q^* = 120$$

수요 변동 이후에 수량은 1억 2,000만 개로 8,000만 개보다 많아졌다. 끝으로 이 수량을 역수요곡선에 대입해서 새로운 가격을 구한다.

$$P^* = 1,400 - 5Q^*$$
$$= 1,400 - 5(120)$$
$$= 800$$

---

6 시장력을 가진 기업이 비용 변동의 얼마만큼을 고객에게 전가하게 되는지는 한계비용과 한계수입곡선의 형태에 따라 달라진다. 여기서는 최적 전가율(pass-through)은 비용 변동의 절반이다. 다른 경우에는 그보다 클 수도, 작을 수도 있다. 실제로 최적 전가율이 비용 변동보다 커지는 경우도 있다. 요점은 전가율이 완전경쟁에서처럼 일대일 식의 전가와는 다를 수 있다(그리고 대개 다르다)는 것이다.

예제 9.3

다음과 같은 수요곡선에 직면하여 시장력을 가진 한 타이어회사를 가정하자. 기업의 한계비용곡선은 $MC = 30 + 3Q$ 이다.

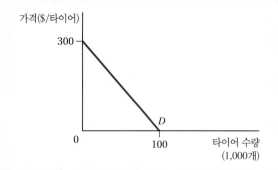

a. 기업의 이윤극대화 수량과 가격은 얼마인가?

b. MC곡선은 변화가 없지만 수요곡선이 $P = 240 - 2Q$로 변했다면, 이윤극대화 수량과 가격은 어떻게 되는가? (a)의 답과 비교하라.

c. 이 두 결과를 그림으로 나타내라. MC가 불변일 때, 수요곡선의 형태는 기업의 가격 인상 능력에 어떤 영향을 미치는가?

풀이

a. 이윤극대화 수량을 구하기 위해서는 MR곡선이 필요한데, 그림에는 수요곡선만 있다. 따라서 역수요함수 구하기부터 시작하자. 역수요함수는 대개 다음과 같은 형태를 갖는데, 여기서 a는 세로축 절편이고 b는 기울기 $\left(= \left| \dfrac{\Delta P}{\Delta Q} \right|\right)$의 절댓값이다.

$$P = a - bQ$$

그림에서 $a = 300$이고, 수요곡선 기울기의 절댓값은 $\left| \dfrac{\Delta P}{\Delta Q} \right| = \left| \dfrac{-300}{100} \right| = 3$이다. 따라서 $b = 3$이다. 그러므로 수요곡선은 다음과 같다.

$$P = 300 - 3Q$$

(수요곡선이 선형일 때) MR 방정식은 $MR = a - 2bQ$이다. 그러므로

$$MR = 300 - 6Q$$

이고, MR과 MC를 일치시키면

$$MR = MC$$
$$300 - 6Q = 30 + 3Q$$
$$270 = 9Q$$
$$Q^* = 30$$

이다. 가격을 구하기 위해서 수요 방정식에 $Q = 30$을 대입한다.

$$P = 300 - 3Q$$
$$= 300 - 3(30) = 210$$

이 기업은 30단위를 생산해서 210달러의 가격에 판매해야 한다.

b. 수요가 $P = 240 - 2Q$로 변했다면, 이제 $a = 240$, $b = 2$이므로 한계수입은 $MR = 240 - 4Q$가 된다. $MR = MC$로 두면 다음과 같다.

$$240 - 4Q = 30 + 3Q$$
$$210 = 7Q$$
$$Q^* = 30$$

수요가 변했지만, 이윤극대화를 위해서는 여전히 30단위를 생산해야 한다. 새 수요곡선에 대입하면 가격은 다음과 같음을 알 수 있다.

$$P^* = 240 - 2Q^*$$
$$= 240 - 2(30) = 180$$

이윤극대화 수량은 같지만 균형가격은 낮아졌다.

c. 새 그림은 다음과 같다. D_2는 D_1보다 완만하므로, 기업은 더 낮은 가격을 책정해야 한다. 소비자들이 가격에 보다 민감하기 때문이다.

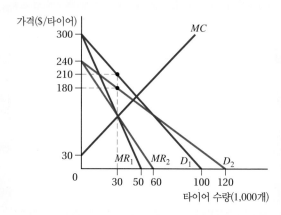

새 가격은 800달러로 수요 변동 전의 600달러보다 높아졌다.

판매자가 시장력을 갖는 시장에서 수요의 증가는 수량과 가격을 모두 증가시키는데, 이 점은 완전경쟁의 경우와 같다. 다만 여기서도 변동의 크기는 다르다.

크게 다른 경우 : 고객의 가격 민감도 변화

시장력을 가진 기업이 경쟁적 기업과는 매우 다르게 대응하게 되는 시장 변화의 한 유형은 수요의 가격 민감도 변화, 즉 수요곡선의 기울기가 달라지는 경우이다. 새로운 경쟁 태블릿이 출시되면서 아이패드에 대한 소비자 수요가 가격에 보다 민감해졌는데, 다만 현재 가격에서 수요량에는 변화가 없다고 가정해보자(즉 수요곡선이 현재의 가격과 수량을 축으로 해서 더 완만한 형태로 회전 이동하는 것임). 완전경쟁의 경우라면 그림 9.5a에서처럼 수요곡선이 완만해져도 $P = MC$가 되는 점에는 변화가 없으며(MC는 공급곡선으로 나타나 있음), 따라서 가격도 수량도 변하지 않는다. 가격이 MC와 같은 한, 소비자의 가격 민감도는 판매자의 수량 결정에 영향을 주지 않는다.

그렇지만 판매자가 시장력을 갖는 시장에서는 사정이 다르다. 시장력이 있는 경우에는 그림 9.5b에서처럼 수요곡선이 회전하면 MR곡선도 이동하기 때문이다. 새 수요곡선 D_2도 원래 균형점인 (Q_{m1}^*, P_{m1}^*)을 통과하고 있지만, MR_2가 MC곡선과 교차하는 수량은 MR_1의 경우보다 더 크다(Q_{m1}^* 대신에 Q_{m2}^*). 그러므로 수요곡선의 회전으로 인해서 수량은 증가하고 가격은 하락한다.

소비자가 가격에 둔감해지는(수요곡선이 가파르게 되는) 경우에는 반대의 상황이 벌어지는데, 즉 수량은 감소하고 가격은 상승한다. 역시 완전경쟁이라면 공급자의 선택이 수요의 가격

그림 9.5 수요곡선 회전에 대한 대응

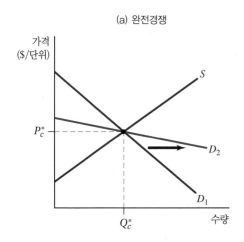

(a) 완전경쟁

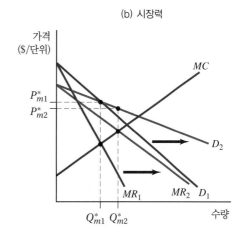

(b) 시장력

(a) 완전경쟁시장에서는 수요곡선이 D_1에서 D_2로 변해도 균형수량 Q_c^*와 균형가격 P_c^*는 달라지지 않는다.

(b) 시장력을 가진 기업의 경우에는 수요곡선이 D_1에서 D_2로 회전하면 한계수입곡선도 MR_1에서 MR_2로 회전한다. 회전

이동 전에 이윤극대화 균형은 $MR_1 = MC$인 (Q_{m1}^*, P_{m1}^*)이었다. 회전 이동 후에 기업은 $MR_2 = MC$인 (Q_{m2}^*, P_{m2}^*)에서 이윤을 극대화하게 된다.

민감도에 따라 변하지 않는 만큼, 이러한 변화는 발생하지 않을 것이다.

9.5 시장력으로부터의 승자와 패자

시장력을 가진 기업은 가격을 한계비용보다 높게 책정하는 만큼, 시장력을 보유한다는 것이
기업에게 좋은 것으로 짐작되는데, 실제로 그렇다. 이 절에서는 정확히 그것이 얼마나 좋은지
를 알아본다. 또한 시장력이 소비자에게는 어떤(힌트 : 나쁜) 영향을 미치는지도 볼 것이다. 이
를 위해 제3장에서 경쟁시장을 분석할 때 사용했던 것과 같은 도구, 즉 소비자잉여와 생산자잉
여를 이용한다. 이런 접근을 통해서 기업이 시장력을 갖는 시장과 경쟁적인 시장을 직접적으로
비교할 수 있다.

시장력이 있는 경우의 소비자잉여와 생산자잉여

아이패드의 예로 돌아가보자. 애플의 MC는 200달러이고 역수요곡선은 $P = 1,000 - 5Q$였다(Q
의 단위는 100만). 이 수요곡선에 상응하는 한계수입곡선은 $MR = 1,000 - 10Q$이다. 이것을 한계
비용과 일치시켜 Q를 구하면, 이윤극대화를 위해서 애플은 8,000만 개를 생산하고 가격은 600
달러로 책정해야 한다는 것을 알 수 있다.

소비자잉여와 생산자잉여는 경쟁적 시장에서와 마찬가지 방법으로 계산할 수 있다. 소비자
잉여는 수요곡선 아래쪽이면서 가격보다 위인 영역이고, 생산자잉여는 MC곡선(완전경쟁기업
의 경우 MC는 공급곡선) 위쪽이면서 가격보다 아래인 영역이다.

그림 9.6에서는 이런 잉여값을 예시하고 있다. 애플의 이윤극대화 가격과 수량은 m점에서
나타난다. 소비자잉여는 수요곡선 아래쪽에서 가격 600달러보다 위인 삼각형이며, A로 표시되
어 있다. 생산자잉여는 MC곡선 위쪽에서 가격 600달러보다 아래인 사각형이며, B로 표시되어
있다.

그림 9.6   애플 아이패드로부터의 잉여

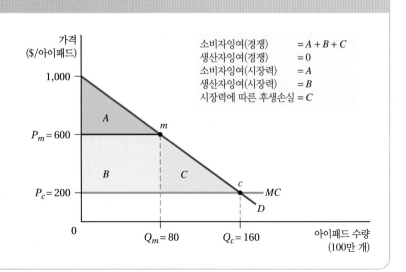

한계비용곡선, 수요곡선, 이윤극대화 수
량 및 가격 수준을 이용해 애플의 생산자
잉여, 소비자잉여, 후생손실 등을 계산할
수 있다. 소비자잉여는 삼각형 A의 면적으
로, $1/2 \times 8,000$만 $\times (\$1,000 - \$600)$, 따
라서 160억 달러다. 생산자잉여는 사각형
B의 면적으로, $8,000$만 $\times (\$600 - \$200)$,
즉 320억 달러이다. 후생손실은 삼각형
C이며, $1/2 \times (1$억 $6,000$만 $- 8,000$만$) \times$
$(\$600 - \$200)$, 즉 160억 달러이다.

소비자잉여(경쟁) $= A + B + C$
생산자잉여(경쟁) $= 0$
소비자잉여(시장력) $= A$
생산자잉여(시장력) $= B$
시장력에 따른 후생손실 $= C$

이 잉여들의 값은 쉽게 구할 수 있다. 소비자잉여 삼각형은 밑변이 판매량이고, 높이는 수요폐색가격과 시장가격의 차이와 같다. 수요폐색가격은 역수요곡선에서는 아주 쉽게 계산된다. $Q = 0$을 대입해서 가격을 구하면 된다. 여기서는 $P_{DChoke} = 1,000 - 5(0) = 1,000$이다. 따라서 소비자잉여는 다음과 같다.

$$CS = 삼각형\ A = \frac{1}{2} \times 8,000만 \times (\$1,000 - \$600) = 160억\ 달러$$

생산자잉여는 밑변이 판매량이고 높이는 독점가격과 MC의 차이와 같은 사각형이다. 즉

$$PS = 사각형\ B = (8,000만) \times (\$600 - \$200) = 320억\ 달러$$

지금까지는 아주 좋다. 소비자는 아이패드 구매로부터 160억 달러라는 상당한 규모의 소비자잉여를 얻고 있고, 애플은 무려 320억 달러의 잉여를 벌어들이고 있다.

완전경쟁하의 소비자잉여와 생산자잉여

이제 애플이 경쟁적 기업처럼 행동해서 가격을 MC 수준으로 책정한다면 시장은 어떤 상황일지 생각해보자. MC가 200달러이므로 가격은 200달러일 것이다. 수요곡선에 이를 대입하면 수량은 1억 6,000만 개가 된다. 그러므로 경쟁균형에서 애플은 200달러의 가격으로 1억 6,000만 개의 아이패드를 팔게 될 것이다(그림 9.6의 c점). $P = MC$이므로 경쟁시장에서 애플의 생산자잉여는 0이다.

그렇다면 경쟁에서는 아이패드 가격은 더 낮고 판매량은 더 많으며, 애플은 훨씬 더 적은 돈을 벌게 된다(생산자잉여는 320억 달러만큼 줄어든다). 이것은 표준적 결과를 보여준다. 즉 경쟁시장의 결과가 기업이 시장력을 갖는 시장의 경우보다 수량은 많고 가격은 낮다.

완전경쟁의 경우에 소비자잉여는 증가하고 생산자잉여는 감소한다. 그림 9.6에서, 완전경쟁에서의 소비자잉여는 수요곡선 아래쪽에서 경쟁가격 200달러보다 윗부분인 전체 삼각형 $A + B + C$의 면적이다. 삼각형의 밑변은 경쟁적 수량 1억 6,000만이고 높이는 수요폐색가격 1,000달러와 경쟁가격의 차이다. 따라서 완전경쟁에서의 소비자잉여는 다음과 같다.

$$CS = \frac{1}{2} \times 밑변 \times 높이 = \frac{1}{2} \times 1억\ 6,000만 \times (\$1,000 - 200) = 640억\ 달러$$

애플이 시장력을 행사하는 경우에 소비자잉여는 160억 달러였음을 상기하자. 따라서 소비자들은 경쟁이 있는 경우에 훨씬 좋아진다. 여기서는 완전경쟁에서의 소비자잉여가 애플이 시장력을 행사한 경우의 4배다. 반면에 시장력을 행사함으로써 애플은 생산자잉여가 전혀 없는 상황에서 320억 달러를 얻는 상황으로 바뀔 것이다. 그러므로 소비자들이 많은 소비자잉여를 잃게 됨에도 불구하고, 기업들은 가능만 하다면 언제든지 시장력을 행사하고자 할 것이다.

 응용 초저비용 항공사들

항공시장에서 급성장하는 부문이 초저비용 항공사(ultra-low-cost carrier, ULCC)이다. 미국에서는 Allegiant, Frontier, Spirit Airlines(그리고 생존하지 못한 다른 항공사들) 등과 같은 항공사들이 아마도 원조 ULCC인 라이언에어의 사업모델을 본받고 있다. 앞에서 보았듯이, 라이언에

어는 저비용 지향성을 최고도로 추구해서 충격적으로 낮은 가격을 유지하고 있다. ULCC가 새로운 공항시장에 진입하는 경우, 가격을 기존 항공사들의 운임보다 공격적으로 낮춤으로써 고객 확보를 시도한다. 이런 상황은 ULCC의 출현이 공항을 기존 항공사가 시장력을 갖는 상황에서 경쟁에 가까운 상황으로 변모시킨 것으로 볼 수 있다.

그 영향이 극적일 때도 있다. ULCC가 취항하는 노선에서는 가격이 두 자리 숫자 퍼센트로 하락하고 승객 수가 현저히 증가하기도 한다. 미국의 가장 붐비는 공항들 중에서 2011~2017년 기간에 평균 실질운임이 가장 크게 하락한 5개는 모두 ULCC가 취항했거나 취항 노력을 강화한 공항들이라는 사실이 우연은 아닐 것이다. 시카고 오헤어 공항(해당 기간에 운임이 평균 23% 하락), 뉴어크 리버티 국제공항(22% 하락), 휴스턴 조지 부시 국제공항(21% 하락), 댈러스/포트워스 국제공항(20% 하락), 라스베이거스 매캐런 공항(20% 하락) 등을 이용하는 승객들은 운이 좋았다.[7]

여러 나라의 항공 이용객들이 이런 종류의 변화에 친숙해졌다. 수하물을 가볍게 꾸리고(요금을 절감함), 음식과 음료를 직접 가져오거나(ULCC에는 무료 스낵이나 음료가 없음), 좁은 좌석을 참아내는 데 익숙해진 것이다. 그들은 전례 없이 싼 값에 비행기를 탈 수 있는 만큼 이런 변화에 기꺼이 동참하려고 한다. ULCC가 '들어오신' 여러 도시들에서는 대학생들이 단체로 환호성을 지르는 것이 들리는 것 같지 않은가? ULCC에 의한 경쟁 덕택에 그들의 소비자잉여는 증가하게 될 것인데, 부모님을 뵈러 귀향하거나 봄 방학에 멀리 여행을 떠나는 것이 한결 가벼워졌기 때문이다. ■

시장력에 의한 후생손실

시장력의 행사가 기업에게는 멋진 일이지만 소비자에게는 불운이다. 기업은 공급량을 제한하고 가격을 올림으로써 생산자잉여를 상당히 더 가질 수 있지만, 이에 따라 소비자들은 꽤 많은 소비자잉여의 손실을 겪게 된다. 그렇지만 그것만이 아니다. 위의 예에서, 시장력하에서의 총잉여는 480억 달러(소비자잉여 160억 달러 + 생산자잉여 320억 달러)였는데, 이것은 경쟁하에서의 총잉여인 640억 달러보다 적다. 사라진 160억 달러의 잉여는 기업이 시장력을 행사함으로 인해서 파괴된 것이다. 이 손실은 생산자의 시장력 행사에 따라 소비자로부터 생산자로 이전된 잉여가 아님을 인식하는 것이 중요하다. 그것을 가진 사람은 아무도 없다. 그저 사라진 것이다. 달리 말해서 그것은 시장력으로 인한 '순(純)' 후생손실이다.

시장력으로 인한 후생손실은 그림 9.6에서 볼 수 있다. 그것은 삼각형 C인데, 밑변은 시장력과 완전경쟁의 경우 간 수량의 차이고($Q_c - Q_m$), 높이는 시장력과 완전경쟁 간 가격의 차이다($P_m - P_c$). 앞에서 시장력과 완전경쟁의 경우에 총잉여를 비교하면서 이 영역이 160억 달러임을 알았다. 이 값은 삼각형 C의 면적을 계산해서 확인해볼 수 있다.

$$DWL = \frac{1}{2} \times (1억\, 6,000만 - 8,000만) \times (\$600 - \$200) = 160억\, 달러$$

후생손실(DWL)은 시장력의 비효율성이다. 이 비용은 제3장에서 다룬 조세나 규제로 인한 DWL과 정확히 같은 성질의 것임에 유의하자. 가격책정 능력을 가진 기업은 소비자들에게 일

---

7 수치들은 미국 교통부의 교통통계국에 의해 만들어진 자료를 이용한 것이다.

종의 '시장력 세금'을 부과해서 그 수입을 가져가는 셈이다. 이런 DWL이 발생하는 것은 생산 비용보다 높은 가격에도 그 제품을 기꺼이 구매할 용의가 있지만 기업이 이윤 증대를 위해 가격을 더 높이 올렸기 때문에 구매할 수 없게 된 소비자들이 있기 때문이다. 조세나 규제로 인한 DWL의 경우와 마찬가지로, 시장력으로 인한 DWL의 크기는 독점 공급량과 경쟁 공급량 간의 차이와 관련된다. 기업이 이윤극대화를 위해서 공급량을 많이 줄일수록 효율성 손실은 커진다.

 예제 9.4

야구방망이 생산의 예로 돌아가보자(예제 9.2). 역수요함수는 $P = 25 - 2.5Q$, 한계비용은 $MC = 5Q$이다. 이윤극대화 판매량에서 시장력에 따른 후생손실을 계산하라.

풀이

가장 쉬운 방법은 그림을 이용하는 것이다. 먼저 수요, MR, MC곡선을 그려보자.

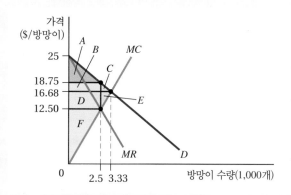

이윤극대화 판매량은 2,500개이고, 가격은 18.75달러였다.

후생손실을 구하기 위해서는 소비자잉여와 생산자잉여를 찾아서 경쟁적 결과와 비교해야 한다. 이 시장이 경쟁적이었다면 가격은 한계비용과 같아지는 수준이었을 것이다.

$$P = MC$$
$$25 - 2.5Q = 5Q$$
$$25 = 7.5Q$$
$$Q^* = 3.33$$

따라서 판매량은 3,333개였을 것이고, 가격은 16.68달러였을 것이다.

$$P^* = 25 - 2.5Q^*$$
$$= 25 - 2.5(3.33)$$
$$= 16.68$$

경쟁시장의 경우에 소비자잉여는 $A + B + C$(수요곡선 아래쪽, 경쟁가격 위쪽)이고, 생산자잉여는 $D + E + F$(경쟁가격 아래쪽, MC곡선 위쪽)일 것이다. 총잉여는 $A + B + C + D + E + F$이다.

시장력을 행사하는 생산자는 판매량을 2,500개로 줄이고 가격을 18.75달러로 올린다. 이때 소비자잉여는 A(수요곡선 아래쪽, 독점가격 위쪽)만이고, 생산자잉여는 $B + D + F$(독점가격 아래쪽, MC곡선 위쪽)이다. 총잉여는 $A + B + D + F$이다.

C와 E영역은 어떻게 되었는가? C는 소비자잉여였으나 더 이상 존재하지 않으며, E는 생산자잉여였지만 역시 사라져 버렸다. 이것을 삼각형 $C + E$의 면적으로 측정할 수 있다. 이를 위해 한 가지 중요한 계산이 필요하다. 즉 삼각형의 높이를 알아야 하므로, 2,500개를 생산할 때의 한계비용을 구해야 한다.

$$MC = 5Q$$
$$= 5(2.5)$$
$$= 12.5$$

이제 후생손실 삼각형의 면적을 계산할 수 있다.

$$DWL = C영역 + E = \frac{1}{2} \times 밑변 \times 높이$$
$$= \frac{1}{2} \times (3.33 - 2.5) \times (\$18.75 - \$12.50)$$
$$= \frac{1}{2} \times 0.83 \times \$6.25$$
$$= 2.59375달러$$

수량의 단위가 1,000개이므로, 후생손실은 2,593.75달러가 된다는 점에 유의하자.

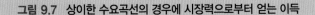

그림 9.7 상이한 수요곡선의 경우에 시장력으로부터 얻는 이득

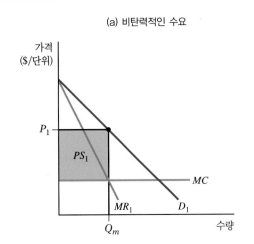

(a) 비탄력적인 수요

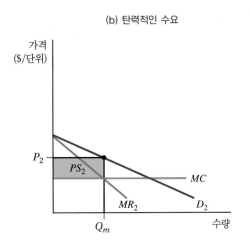

(b) 탄력적인 수요

(a) 구매자들이 가격에 상대적으로 둔감한 경우 수요곡선은 가파르다. 생산자는 $MR_1 = MC$에서 상대적으로 높은 가격 P_1에 Q_m을 공급하고 있고, 생산자잉여 PS_1이 비교적 크다.

(b) 구매자들이 가격에 민감한 경우에 수요곡선은 완만하다. 생산자는 $MR_2 = MC$에서 상대적으로 낮은 가격 P_2에 Q_m을 공급하고 있고, 생산자잉여 PS_2가 비교적 작다.

상이한 기업들의 생산자잉여의 차이

시장력의 잉여효과와 관련해서 하나 더 중요한 점은 수요곡선의 기울기에 따라서 소비자잉여와 생산자잉여의 상대적 크기가 달라진다는 것이다.

비교적 가파른(비탄력적) 수요곡선을 가진 시장과 보다 완만한(탄력적) 수요곡선을 가진 시장을 상정해보자. 모두 독점시장이다. 단순화를 위해 두 기업이 모두 동일한 불변의 MC곡선을 가지며 각각의 이윤극대화 공급량도 같다고 가정하자. 그림 9.7을 보자.

그림 9.7a 시장에서 구매자들은 가격 민감도가 낮으며 따라서 수요곡선이 가파르다. 그림 9.7b 시장은 구매자들이 가격에 민감해서 수요곡선이 완만하게 나타난다. 그림에서 분명하게 볼 수 있듯이, (총생산량으로 측정한) 시장 규모가 같은 경우에도 수요곡선이 가파른 경우에 생산자잉여가 더 크다. 그것은 가파른 수요곡선이 이윤극대화 마크업을 높이기 때문이다.

시장력을 가진 기업은 소비자들이 상대적으로 가격에 둔감한 시장에서 사업하는 것이 수익성이 높다는 것을 안다. 그런 시장에서 소비자들은 주의해야 한다. 가격은 올라갈 것이다.

9.6 정부와 시장력 : 규제, 독점금지, 그리고 혁신

시장력이 산업에 미칠 수 있는 영향은 더 높은 가격, 더 적은 수량, 더 작은 소비자잉여, 그리고 후생손실 등이다. 시장력으로 인한 후생손실의 존재는 시장에 대한 정부의 개입을 정당화할 수 있는데, 그런 규제가 시장을 보다 경쟁적인 상태로 변화시켜서 후생손실을 줄일 수 있는 경우이다. 실제로 정부는 이런 개입을 여러 가지로 시도한다. 다음에, 정부가 때로는 시장력을 조장하게 되는 상황과 그런 경우가 어떻게 경제적으로 정당화되는지 살펴볼 것이다.

직접적 가격규제

한 산업 내의 기업들이 너무 큰 시장력을 가졌다는 우려가 있을 경우, 정부는 때로는 가격을 직접 규제하기도 한다. 이것은 자연독점으로 간주되는 시장들에서 흔히 나타난다. 산업의 비용구조 특성 때문에 자연독점의 존재를 막을 방법이 없는 것처럼 보이는 경우, 정부는 한 기업만이 사업하도록 허용하고 대신에 시장력을 남용하는 것을 방지하기 위해서 가격 행동을 제한할 것이다. 이런 이유로 규제가 정당화되는 예로는 상황에 따라 전력, 천연가스, 휘발유, 케이블 TV, 지역전화 서비스, 장거리전화 서비스, 항공, 트럭 운송 등의 가격이 있다.

이런 개입의 배경을 이해하기 위해 그림 9.8에서처럼 전형적인 자연독점의 경우를 생각해보자. 앞에서 자연독점일 것으로 지적했던 송전시장을 나타낸다고 가정하자. 수요곡선 D가 주어졌을 때, 규제받지 않는 전력회사라면 MR과 MC가 같아지는 점에서 생산할 것이며, 가격은 한계비용보다 상당히 높은 P_m이 될 것이다. 이때 소비자잉여는 가격이 한계비용과 같은 수준 P_c로 정해진 경우에서처럼 $A + B + C$가 아니라, 삼각형 A뿐이다.

전력회사가 가격을 P_c 이상으로 책정하지 못하도록 가격상한 규제를 부과할 경우, 생산량은 완전경쟁 수준과 같아지고 소비자잉여는 $A + B + C$와 같아질 것이다. 그러나 문제가 있다. P_c는 기업의 ATC보다 낮다. 모든 단위를 규제가격에 판매한다면 기업은 고정비용을 회수할 수 없어서 음(−)의 이윤을 얻게 될 것이다. 그러므로 경쟁적 수준의 가격책정을 강요하는 단순한 가격규제는 자연독점 규제에서 지속가능한 해답이 아니다. 그렇지만 자연독점이 고정비용을 회수할 수 있도록 한계비용보다 높은 수준의 가격을 허용하는 규제는 모두 후생손실을 초래하고, 소비자잉여는 경쟁적($P = MC$) 경우보다 작아질 것이다(단, 규제받지 않는 독점의 경우보다는 후생손실이나 소비자잉여의 감소가 작을 것이다).[8]

그림 9.8 자연독점에 대한 정부 규제

정부 규제 이전에 전력회사는 m점에서 생산하며, 생산량은 Q_m이고, 가격 P_m은 한계비용곡선보다 훨씬 높다. 만일 정부가 한계비용과 같은 수준으로 가격상한을 설정한다면, 기업은 완전경쟁적인 가격 P_c에서 Q_c를 생산할 것이다. 규제하의 소비자잉여는 삼각형 A에서 삼각형 $A + B + C$로 커질 것이다. 그렇지만 P_c는 ATC곡선보다 아래에 있으므로 기업은 음(−)의 이윤을 얻게 되며, 따라서 가격상한은 지속가능한 규제는 아니다.

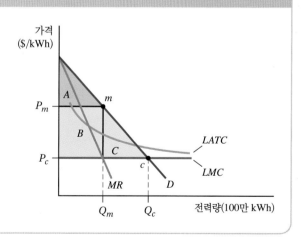

---

8 적어도 이론적으로는, 규제를 통해 완전경쟁적 결과를 달성함과 동시에 기업이 고정비용을 회수할 수 있게 하는 방법이 있다. 이것은 단위당 가격 P_c뿐 아니라 소비자나 정부로부터 독점기업에게로의 정액(lump-sum) 지불을 포함할 것이다. 규제하의 공익산업들(utilities)이 부분적으로 이를 반영하는 지불 구조를 갖고 있는데, 대개 사용량에 관계없이 부과되는 월정액 요금과 구매량에 비례하는 추가 요금으로 구성된다. 그렇지만 이런 요금 방식들은 독점기업의 진정한 비용 구조에 근접한 것일 뿐인 경우가 많고, 또 정치적인 고려에 의해 제한될 수 있기 때문에 완전경쟁적 결과를 정확히 달성하기는 어렵다.

이 문제 외에도, 직접적 가격규제를 활용하는 경우에는 심각한 어려움이 몇 가지 있다. 무엇보다도 진정한 비용 구조를 아는 것은 규제받는 회사뿐이다. 정부 규제당국은 사실 기업의 한계비용을 모르며, 수요곡선에 대해서도 잘 모른다. 이런 두 가지 정보를 모르고는 완전경쟁 수준으로 규제가격을 정하기 어렵다. 그래서 추정에 의존할 수밖에 없다. 더구나 기업은 진실을 왜곡하고 비용이 실제보다 높은 것처럼 보이게 하려는 유인이 있는데, 그래야 더 높은 규제가격이 정당화될 수 있을 것이기 때문이다. 또 비용에 근거해서 규제를 받는 회사들은 비용을 절감하려는 유인이 없을 수 있는데, 비용을 절감하면 규제당국이 다시 규제가격을 낮추려고 할 것이기 때문이다. 그러면 효율성을 높여도 이윤을 얻을 수 없게 된다.

독점금지

독점금지법
경쟁시장을 촉진하려는 목적에서 경쟁 제한적인 기업 행동들을 금지하는 법률

시장력의 효과에 대응하기 위해 정부가 의지하는 다른 접근법은 **독점금지법**(antitrust law)인데 [미국을 제외하고는 주로 경쟁법(competition policy)이라고 한다], 이 법은 (특히 기존의 유력한) 기업들이 경쟁을 제한할 수 있는 특정한 행동들을 못 하게 함으로써 시장 경쟁을 촉진하는 것을 목적으로 한다.

독점금지법은 기업이 너무 커지는 것을 막기 위해 서로 합병하거나 다른 기업을 인수하는 것을 금지하기도 한다. 시장력이 너무 큰 기존 기업을 강제로 분할하는 경우도 드물기는 하지만 있다. 독점금지법은 선진국들에서 강력하게 잘 집행되는 경향이 있지만 다른 나라들에서는 훨씬 약한 경우도 많다.

독점금지법의 가장 강력하고 일반적인 규제는 경쟁자들 간에 가격이나 시장 분점(나눠 먹기)에 대한 담합을 금지하는 것이다. 예를 들어 미국에서는 가격이나 시장진입 전략에 대해 경쟁자와 의논하는 것조차 형사범죄가 된다.

독점금지 정책 당국은 기업이 한 산업을 부당하게 독점화하는지 조사할 수 있으며, 그럴 경우 이를 시정하기 위해 소송을 제기할 수 있다. 근년에 이러한 조사들이 많이 있었는데, 조사 대상이 된 예에는 컴퓨터 CPU의 가격책정과 관련하여 인텔, 신용카드 거래 규칙과 관련하여 아메리칸익스프레스, 비자, 마스터카드 등이 포함된다.

시장력을 방지하는 수단으로서 독점금지법 집행이 갖는 약점은 잠재적인 비용이 크다는 점과 불확실성이 수반된다는 것이다. 효율성을 증대하고 소비자들에게 편익을 주는 시장집중의 경우에는 공격 대상이 되어서는 안 되겠지만, 이런 측면을 명확히 판단하는 것은 어려운 일이다.

독점의 조장 : 특허, 면허, 저작권

정부는 규제나 독점금지 정책을 통해서 시장력을 제한하고자 하면서도, 한편으로는 특허(patent), 면허(license), 저작권(copyright), 등록상표(trademark) 및 기타 다양한 법적 권리를 부여함으로써 독점을 조장하고 시장력의 합법적인 행사를 돕기도 한다.

정부는 소비자와 경쟁시장을 보호하고자 한다면서 왜 이렇게 할까? 예를 들어 제약회사들은 모든 종류의 의약품에 대해 특허에 따른 독점권을 얻는데, 그것은 소비자가 지불할 가격을 높이게 된다. 왜 방송국이나 이동통신회사들에게 주파수 독점 면허를 주는가? 왜 책이나 영화의 저작권 소유주에 대해서, 허가를 얻고 사용료를 내지 않고서는 아무도 복제하지 못하도록 125

그림 9.9 독점력과 혁신

정부는 독점을 부여함으로써 혁신을 조장한다. *D*는 감기 치료제에 대한 수요곡선이다. 완전경쟁시장에서는 한계비용 5달러와 같은 가격에 팔릴 것이고, 소비자잉여는 *A* + *B* + *C*가 될 것이다. 그러나 이 가격에서는 기업이 신약 개발의 고정비용을 회수할 수 없을 것이고, 따라서 애초에 치료제 개발에 투자하지 않으려고 할 것이다. 정부가 기업이 혁신의 비용을 회수할 수 있도록 특허를 부여한다면, 기업은 독점가격 P_m에 Q_m을 생산할 것이다. 소비자잉여는 삼각형 *A*이다.

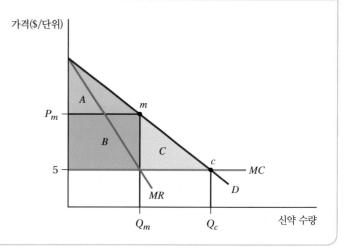

년간이나 보호해주는가? 마블(Marvel)의 슈퍼히어로들도 유사한 보호를 받는다. 누구든 자기 영화에 슈퍼히어로 하나를 기발하게 쓰고 싶을지 모르겠지만, 마블의 캐릭터들을 상업적으로 사용할 수 있는 권리는 정부가 마블(그리고 소유주인 디즈니사)에게 부여했다.

　정부에 의해 창출된 독점들을 모두 모아 놓으면 엄청난 규모의 시장력이 되며, 이에 따라 경쟁시장에서의 경우보다 높은 가격과 적은 공급량이 초래됨은 불가피하다. 정부의 이런 행동이 합리성을 갖는 이유는 그것이 혁신을 조장하기 위한 것이기 때문이다. 혁신을 이룬 사람에게 적어도 일시적으로 그로부터 수익을 얻을 수 있도록 배타적 권리를 주는 것은 새로운 것을 창조하려는 강력한 유인을 제공할 수 있다. 그런 새로운 재화들에 의해 창출되는 소비자잉여가 일정 기간 시장력이 존재하게 됨에 따른 후생손실을 압도할 수 있다고 보는 것이다. 경우에 따라서 혁신은 시장력의 좋은 면이 될 수 있다.

　이유를 알아보기 위해, 매년 수많은 사람이 걸리게 되는 감기에 대한 치료약 시장을 생각해 보자. 치료약에 대한 수요는 그림 9.9에서 곡선 *D*로 표시되며, 생산의 한계비용은 5달러로 일정하다고 가정해보자. 특허가 없고 경쟁적인 시장을 가정한다면, 소비자잉여는 *A* + *B* + *C*가 되겠지만 생산자잉여는 없게 된다.

　그러나 신약의 개발에 많은 고정비용이 든다면, 기업은 일정한 잉여를 얻을 수 있다고 생각하는 경우에만 치료약 개발에 나설 것이다. 이론적으로, 정부가 개발비용의 보조를 시도할 수도 있지만(실제로 많은 유형의 연구개발을 보조한다), 효과가 있을 만한 것을 알아내야 하고, 부정행위를 막아야 하는 등 온갖 종류의 문제가 발생한다. 그래서 정부는 타협책을 강구하게 되는데, 신약을 개발해내면 개발자에게 독점을 약속하는 것이다. 그러면 (*MR* = *MC*가 되는) Q_m 만큼을 생산하고 P_m의 가격을 매겨서 면적 *B*와 같은 생산자잉여를 얻을 수 있음을 기업은 알고 있다. 따라서 개발의 고정비용이 생산자잉여 *B*보다 적을 것으로 예상된다면 치료약 개발에 나설 것이다. 결국 이것은 면적 *A*만큼의 소비자잉여를 창출한다는 점에서 소비자들에게도 이익이 된다. 이것은 경쟁적 시장에서 소비자들이 얻게 될 잉여(*A* + *B* + *C*)보다는 적지만, 경쟁적 가격을 책정해야만 한다면 기업이 애초에 개발하려고 하지 않았을 것이라는 점을 인식하면 소비자들로서는 아무것도 없는 것보다는 제한적이기는 하지만 *A*의 소비자잉여를 가질 수 있는 것이 더 낫다.

　전반적으로 지적재산권 보호의 경제학이 시사하는 바는, 사람들이 가장 좋아하는 유형의 재화들에서 혁신을 가져오는 경향이 있다는 것이다. 수요곡선이 가파른 재화들의 경우에 소비자잉여는 커지는 경향이 있다. 이 장의 앞에서는 수요곡선이 가파르게 되면 독점이윤도 커진다는 것을 알았다. 따라서 혁신자에게 독점을 부여하는 특허나 면허, 저작권 등이 혁신을 조장하는 효과가 큰 것은 정확히 사람들이 높은 가치를 두는 유형의 재화들의 경우이다. 물론 부정적인 면도 있는데, 이런 시장들에서는 가격이 특히 높아지는 경향도 있다는 것이다.

 ### 응용 특허 기간과 신약 개발

미국을 비롯한 많은 나라의 특허제도에서, 특허로 주어지는 독점권은 일정 기간(미국은 20년) 지속된다. 이 기간은 특허 인정 또는 제품 출시가 아니라 특허 출원 시점에서 시작된다. 이러한 시기적인 세부사항이 어떤 약들이 개발되는지에 중요한 영향을 주며, 출시된 것보다 큰 편익을 줄 수 있는 신약 개발이 억제되도록 왜곡하기도 한다.

　경제학자 버디시, 로인, 윌리엄스는 이 문제가 암 치료제 개발에 어떤 영향을 미치는지 살펴보았다.[9] 암의 진행 단계별로 다른 약들이 설계된다. 어떤 것은 초기 암에 보다 효과적이고 다른 것은 후기 단계에 효과적이다. 환자는 이런 전체 치료 범위에서 덕을 볼 것으로 생각하기 쉽다. 실제로는, 암을 중지시키거나 진행을 크게 늦출 수 있다면 초기 치료의 가치가 더 클 수 있다. 그리고 암을 완전히 예방할 수 있는 약이라면 가장 가치가 클 것이다. 하지만 연구자들은 실제로 개발되어 출시되는 암 치료제는 후기 치료를 위한 것인 경우가 월등히 많음을 발견했다.

　그 이유는 특허제도와 신약 개발 과정의 성격과 관련이 있다. 신약 개발자들은 신약의 임상실험 직전에 특허를 신청하는 것이 보통인데, 특허를 신청할 때 신약의 화학성분 정보가 공개되어야 하기 때문이다. 개발자가 특허를 신청하지 않을 경우 그 성분은 다른 회사들에 의해 쉽게 복제될 수 있다. 동시에, 신약 제조자는 특허를 신청했다는 점 때문에 약의 판매를 시작하지 못한다. 약의 판매를 위해서는 먼저 식품의약청(FDA)의 승인을 얻어야 하는데, 승인은 임상실험에서 그 약이 안전하고 효과가 있다는 점이 인정된 이후에야 주어진다. 이런 절차는, 신약 특허 신청 시점(즉 20년 특허 시계가 째깍거리기 시작하는 때)과 회사가 독점력을 통해서 돈을 벌기 시작하는 시점 사이에 격차가 있다는 것을 의미한다. 이 격차의 길이는 그 약의 임상실험이 얼마나 걸리는지에 따라 달라진다.

　이런 격차의 길이와 약의 유형에 따른 그 차이가 암 치료제 분야의 핵심 요인이다. 임상실험 기간이 가장 짧은 암 치료제는 대체로 말기 암에 대한 것이다. 불행한 현실은 말기암 환자의 다수가 오래 살지 못하므로 그것을 위한 치료제의 임상실험은 약의 효과와는 무관하게 상대적으로 신속해진다. 예를 들면 연구 대상이 된 약 중 하나는 전이된 전립선암 치료제로서 그 기대효과는 생존 기간을 12.8개월에서 16.7개월로 연장하는 것이었다. 이런 경우에 신약은 효과가 있

9　Eric Budish, Benjamin Roin, and Heidi Williams, "Do Firms Underinvest in Long-Term Research? Evidence from Cancer Clinical Trials," *American Economic Review* 105, no. 7 (July 2015): 2044–2085.

는지 (단지 몇 개월이더라도 생명 연장 효과가 통계적으로 입증된다는 의미) 확실해지기까지 임상실험은 단지 수년이 걸린다. 예컨대 전이성 전립선암의 임상실험은 3년 걸렸다. 그러므로 이런 약은 FDA 승인을 상대적으로 빨리 얻게 되는 경향이 있으며, 따라서 제약회사가 특허 보호하에 약을 판매할 수 있는 시간이 더 길어진다.

초기 암 치료제의 경우는 상황이 다르다. 대다수 초기 암 환자들의 5년 생존율은 상당히 높기 때문에, 신약의 효과가 확인될 때까지 걸리는 임상실험 기간은 상당히 길어질 수밖에 없다. 이런 약의 경우는 특허 신청과 FDA 승인 간의 격차가 더 길어진다. 다른 전립선암 치료제도 연구 대상이었는데, 그것은 초기 단계를 치료하기 위한 것이었다. 이 약은 효과를 입증하기 위해 18년의 임상실험이 소요되었다. 그 약이 FDA 승인을 받았을 때는 관련 특허가 모두 만료되었을 것이다. 암을 예방할 수 있는 약의 경우, 효과를 입증하기 위한 임상실험은 수십 년이 걸릴 것이다.

제약회사들은 이 문제를 인식하고 있다. 특허 보호하에 판매할 수 있는 기간은 초기 치료제나 예방제보다 후기 치료제의 경우에 더 길 것이다. 예방 또는 초기 치료로부터 혜택을 얻을 환자들이 많음에도 불구하고, 말기암 치료제를 훨씬 더 많이 개발함으로써 제약회사들은 이런 유인에 반응하게 된다. 이런 역유인(disincentive)은 정말로 문제다 — 세 학자의 추정에 따르면, 예방 및 초기암 치료에 대한 과소투자(underinvestment)로 인해 초래되는 치료기회 상실의 비용은 평균적인 미국 암 환자의 반년 이상의 수명 단축에 해당한다. 여기서 특허제도가 가져오는 유인은 문자 그대로 죽고 사는 문제이다. ◼

9.7 결론

제8장에서 본 완전경쟁적 기업과는 달리, 시장력을 가진 기업은 시장에서 정해진 가격으로 공급할 때와 같은 양을 선택하지 않는다. 독점을 비롯하여 시장력을 가진 기업들은 자기 제품의 가격에 영향을 줄 능력이 있다. 따라서 $MR = MC$인 이윤극대화 수량을 생산한다. 이 생산 수준은 완전경쟁적 시장에서 공급되는 양보다 적으며 따라서 시장가격은 더 높고, 더 많은 생산자 잉여, 더 적은 소비자잉여, 그리고 후생손실을 가져온다. 소비자잉여를 높이고 후생손실을 줄이기 위해서 정부는 직접적 가격규제나 기업의 시장력을 줄이기 위한 독점금지법을 통해 개입하기도 한다. 반면에 정부는 때로는 혁신을 촉진하려는 목적에서 특허권, 상표권, 저작권 등을 부여함으로써 시장력을 조장하기도 한다.

이 장에서 공부한 기업들은 가격을 책정할 수 있는 능력을 갖지만, 가격책정의 한 가지 중요한 측면에서 여전히 제한받고 있다. 기업이 판매량을 증가시킨다면 모든 판매량에 대해서 가격이 낮아질 것이라고 가정한 것이다. 그러나 만일 서로 다른 고객들에게 서로 다른 가격으로 판매하는 것이 가능하다면 어떻게 될까? 제10장에서는 시장력의 이러한 행사, 즉 넓게는 **가격차별**로 범주화되는 전략에 대해서 알아본다.

요약

1. 대부분의 기업들이 약간의 **시장력**을 갖는데, 기업의 생산량 결정이 그 제품의 시장가격에 영향을 미친다는 의미이다. 기업이 시장력을 유지하는 것은 **진입장벽**을 통해서이다. 진입장벽에는 **자연독점**, 전환비용, **제품차별화** 및 핵심 투입물의 절대적인 비용우위 등이 포함된다. [9.1절]

2. 독점은 시장에서 유일한 공급자이며, 기업이 완전한 시장력을 갖는 극단적인 경우를 의미한다. 독점을 비롯하여 시장력을 가진 기업들은 한계수입, 즉 1단위 더 판매해서 얻는 수입을 기준으로 해서 생산량을 결정한다. 이런 기업들의 한계수입은 완전경쟁적 기업들과는 달리 판매량 증가에 따라 감소한다. 기업이 생산량을 증가시키면 (추가된 단위만이 아니라) 모든 단위를 더 낮은 가격으로 판매해야 하기 때문에 한계수입은 감소하는 것이다. [9.2절]

3. 독점기업의 이윤극대화 생산량 수준은 한계수입이 한계비용과 같아질 때이다($MR = MC$). 독점기업은 한계비용보다 높은 가격을 책정하게 되는데, 따라서 독점의 시장가격은 완전경쟁적 기업의 경우보다 높다. **러너지수**는 기업이 가격을 얼마나 마크업(비용보다 높게 책정)하는지를 계산한다—제품에 대한 수요가 비탄력적일수록 기업의 러너지수와 마크업은 더 커진다. [9.3절]

4. 비용 또는 수요 변화에 따라 공급량 및 가격이 변동하는 경우, 시장력을 가진 기업이나 완전경쟁적인 기업이나 변동의 크기는 다르지만, 변동 방향은 같다. 그렇지만 소비자의 가격 민감도 변화, 즉 수요곡선의 회전 이동에 대한 대응에서는 시장력을 가진 기업은 완전경쟁적인 기업의 경우와 다르다. [9.4절]

5. 기업이 시장력을 행사하면 생산자잉여는 증가하고 소비자잉여는 감소하며, 후생손실이 발생한다. 소비자가 상대적으로 가격에 비탄력적일 때, 그리고 수요곡선이 가파른 형태일 때 생산자잉여는 더 크다. [9.5절]

6. 정부는 시장력을 가진 기업들에 의해 초래되는 후생손실을 줄이기 위해서 종종 개입한다. 직접적 가격규제와 **독점금지법**의 목적은 기업의 시장력을 줄이는 것이다. 반대로, 정부가 혁신을 조장하려는 목적으로 특허나 저작권 및 다른 법들을 통해서 기업들에게 시장력을 부여하기도 한다. [9.6절]

복습문제

1. 기업은 언제 시장력을 갖는가?

2. 진입장벽의 예를 세 가지 들고 설명하라.

3. 자연독점의 특성은 무엇인가? 자연독점이 산업 전체의 생산량을 생산하는 것이 사회적으로 효율적인 이유는 무엇인가?

4. 수요곡선의 기울기와 기업의 한계수입의 관계를 설명하라.

5. 시장력을 가진 기업의 이윤극대화 생산량 수준은 무엇인가?

6. 완전경쟁적 기업의 소비자잉여 및 생산자잉여를 시장력을 가진 기업의 경우와 비교하라.

7. 시장력을 가진 기업의 이윤극대화 전략은 왜 후생손실을 초래하는가?

8. 시장력을 가진 기업은 왜 (수요자들의) 수요곡선만 있고 공급곡선은 없는가?

9. 시장력을 가진 기업은 소비자의 가격 민감도 변화에 대해 완전경쟁적 기업들과는 다르게 대응한다. 왜 그런지 설명하라.

10. 시장력을 가진 기업에 대해 정부가 부과하는 규제의 예를 들어보라.

연습문제

(별표 표시가 된 문제의 풀이는 이 책 뒤에 있다.)

1. 어떤 나라의 소비자들이 매년 자동차를 100,000대까지 구매할 의사가 있다. 자동차 생산자들의 장기 평균비용곡선은 그림과 같다고 가정하자.

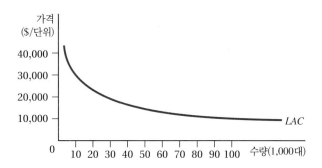

   a. 공급 측에서 10개의 동일한 기업이 생산하고 있다면, 소비자가 자동차를 구매할 수 있는 최저 가격은 얼마인가?
   b. 공급 측에서 독점기업이 생산하고 있다면 소비자가 자동차를 구매할 수 있는 최저 가격은 얼마인가?
   c. 상식적으로 경쟁이 독점보다 선호된다. (a)와 (b)의 답이 이런 견해를 지지하는가?
   d. 현재 독점이라고 가정하자. 기존 공급자의 제품 품질에 불만을 가진 한 사람이 경쟁기업을 하나 만들기로 했다. 새 기업이 존속하게 될 가능성은 어떠한가? 설명하라.

2. 아래 각 경우에 시장력의 원천을 지적하고 설명하라.
   a. 1990년대 초 드비어스 다이아몬드 카르텔은 세계 원석 생산의 거의 대부분을 통제했다.
   b. 마이크로소프트 워드는 문서처리 분야에서 사실상 독점이다.
   c. 유니언 퍼시픽은 미국 북중부의 철도운송 시장을 지배하고 있다.
   d. 루이지애나에서는 꽃집을 하려면 영업 면허를 얻어야 한다.
   e. 스타벅스는 붐비는 곳 어디든지 있다. 한편 조금 걸을 생각이 있는 고객이라면 더 좋은 커피를 더 싸게 사 마실 수 있다.

3. 다음 진술들이 옳은지 그른지 밝히고, 설명하라.
   a. 달걀 1단위를 더 팔아서 얻는 한계수입이 달걀 가

격보다 클 수는 없다.
   b. 가격은 항상 0달러보다는 높으므로, 한계수입도 0달러보다 클 수밖에 없다.

*4. 다음과 같은 수요곡선을 상정하자.

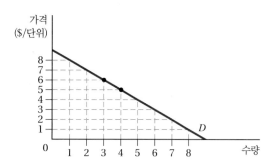

   a. 가격이 6달러일 때의 총수입을 표시하라.
   b. 가격이 5달러일 때의 총수입을 표시하라.
   c. 직사각형 2개가 그려졌다. 2개가 일부 겹쳐지므로 실제로 3개가 그려진 것으로 보인다. 셋 중 하나는 (a)와 (b) 두 경우에 공통적이다. (더 작은) 두 직사각형은 (a) 또는 (b)에 해당된다. 각각의 직사각형이 어디에 속하는지 'A', 'B', '둘 다'로 표시하라.
   d. 가격이 6달러에서 5달러로 내려갈 경우에 직사각형 A는 어떻게 되는가? 왜 그런가?
   e. 가격이 6달러에서 5달러로 내려갈 경우에 직사각형 B는 어떻게 되는가? 왜 그런가?
   f. A와 B의 면적을 계산하고, B에서 A를 빼라.
   g. 4번째 단위 판매에 따른 MR을 계산하라. (f)의 숫자와 일치하는가? 설명하라.

5. 어떤 재화가 도시 C에서는 5달러에 15개가 팔리며, 가격이 10% 인하되어 4.5달러가 되면 판매량은 6.67% 증가해서 16개가 된다. 도시 D에서는 5달러에 15개가 팔리며, 가격이 2% 인하되어 4.9달러가 되면, 판매량은 6.67% 증가해서 16개가 된다.
   a. C와 D의 수요곡선이 탄력적/비탄력적인지 구분하라.
   b. C에서 16번째 단위의 MR은 얼마인가? D에서 16번째 단위의 MR은 얼마인가?

c. 한계수입이 수요의 가격탄력성에 따라서 어떻게 달라지는가? 설명하라.

6. 한계수입은 $MR = P + (\Delta P / \Delta Q) \times Q$이다.

a. 한계수입이 $MR = P(1 + 1/E^D)$와 같이 표현될 수 있음을 보여라. 여기서 E^D는 수요의 가격탄력성이다.

b. 수요의 가격탄력성을 감안해, 시장력을 가진 기업의 MR은 가격보다 항상 적은 이유를 설명하라.

c. 수요의 가격탄력성을 감안해서, 완전경쟁적인 기업의 MR은 가격과 같은 이유를 설명하라.

*7. 조그만 대학촌에서 배달 피자의 수요곡선이 $Q^D = 800 - 32P$이다.

a. 위 수요곡선에 대응하는 한계수입 함수를 구하라. (즉, MR을 Q의 함수로 나타내라.)

b. $Q = 96$과 $Q = 480$에서 한계수입을 계산하라. 어떻게 다른가?

c. $MR = 0$이 되는 산출량 수준은 얼마인가?

d. $MR = 0$이 되는 지점은 어떤 특성을 가지는가? (힌트: 수요와 MR 곡선을 그려보라.)

8. 어떤 독점기업이 있다. 통계 전문가를 고용해서 추정해보니, 생산하는 제품의 수요의 탄력성이 –0.5였다. 이 기업이 현재 이윤을 극대화하고 있지 않음을 직관적으로 설명하라. (힌트: 총수입과 총비용을 생각하라.)

9. 다음은 어떤 재화의 수요곡선인데, 그것은 단위당 4달러의 일정한 한계비용 및 평균총비용으로 생산될 수 있다.

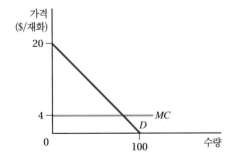

a. 한계수입곡선을 그려라.

b. $MR = MC$ 규칙을 적용해 이윤극대화 수량을 구하라. 독점기업의 이윤극대화 가격은 얼마인가?

c. 독점기업의 이윤을 계산하라.

d. 수요곡선의 기울기에 따르면, 1단위를 더 팔려면 가격은 0.2달러 떨어져야 한다. 가격을 낮추어서 (판매량을 조금 늘려서) 이윤을 증가시킬 수 없음을 보여라.

e. 수요곡선의 기울기에 따르면, 가격을 0.2달러 올리면 소비자는 구매량을 1단위 줄이게 된다. 가격을 높여서(판매량을 조금 줄여서) 이윤을 증가시킬 수 없음을 보여라.

*10. 다음 그림은 어떤 재화의 독점기업이 직면하는 수요곡선과 한계수입곡선, 한계비용, 평균총비용을 보여준다.

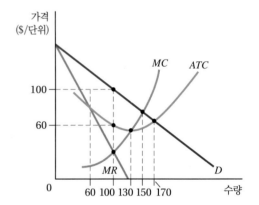

a. 독점기업의 이윤극대화 수량을 구하라.

b. 독점기업의 이윤극대화 가격을 구하라.

c. 이윤을 극대화하고 있을 때의 총수입을 나타내는 직사각형을 표시하라.

d. 총비용을 나타내는 직사각형을 표시하라.

e. (c)와 (d)의 면적의 차이가 이윤인데, 이를 계산하라.

11. 어떤 기업 G가 직면하는 수요의 가격탄력성이 –2인 것으로 추정되었다고 하자.

a. G의 한계비용은 1.00달러로 일정하다고 가정하고, 러너지수를 이용해서 G의 이윤극대화 가격을 구하라.

b. G는 주요 경쟁기업인 H가 직면하는 수요의 가격탄력성을 알고 싶다고 하자. H는 한계비용이 1.22달러에서 일정한 것으로 추측되며, 현재 평균 가격 3.25달러에 팔고 있다고 한다. 이 숫자들을 이

용해서 이윤을 극대화하는 H가 직면하는 수요의 가격탄력성을 구하라.

12. 가요계에서 가수 A의 인기는 B의 2배이고 C보다는 4배의 인기가 있다. 그렇지만 이들 음원의 소매가격은 모두 같다. 이것은 음악 제작사들이 이윤을 극대화하지 않고 있음을 의미하는 것인가? (힌트 : 음원 다운로드의 한계비용은 모두 0.25달러로 일정하다고 가정하자. 그리고 상이한 수요곡선들이 동일한 가격을 가져오게 되는 경우를 그림으로 그려보라.)

13. 다음 진술이 옳은지 그른지 밝히고, 설명하라. "시장력을 가진 기업의 경우, 수입극대화 산출량은 이윤극대화 산출량보다 적을 것이다."

14. 어떤 독점 생산자의 역수요곡선이 $P = 50 - 0.4Q$이다. MC와 ATC는 단위당 10달러로 일정하다.
    a. 이윤극대화 가격 수준은 얼마인가?
    b. 정부가 단위당 4달러의 소비세를 부과했다고 하자. 독점가격은 어떻게 달라지는가?
    c. 이 세금은 누가 부담하게 되는가?

15. 오토바이 제품의 역수요가 $P = 40,000 - 10Q$이다. MC와 AC는 16,000달러로 일정하다.
    a. 이윤극대화 수량과 가격을 구하라.
    b. 수입 철강에 대한 고율의 관세로 인해 MC와 AC가 2,000달러 증가했다. 관세로 인해서, 이윤극대화 수량, 가격, 이윤은 각각 어떻게 되겠는가?

*16. 어떤 재화의 수요곡선이 $Q = 40 - 0.5P$이다. 독점기업이 단위당 10달러의 일정한 한계비용 및 평균총비용으로 생산하고 있다.
    a. 독점기업이 직면하는 역수요곡선 및 한계수입곡선을 도출하라.
    b. $MC = MR$에 따라 이윤극대화 생산량을 구하라.
    c. 최적수량을 수요곡선에 대입해서 이윤극대화 가격을 구하라.
    d. 수요가 $Q = 55 - 0.5P$로 증가했다면, 답은 어떻게 달라지는가?

17. 어떤 재화의 시장수요곡선이 다음과 같다.

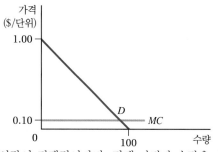

a. 시장이 경쟁적이라면, 경쟁 가격과 수량은 각각 얼마인가?
b. 시장이 경쟁적이라면, 소비자잉여와 생산자잉여는 각각 얼마인가?
c. 시장이 독점이라면, 이윤극대화 가격 및 수량은 각각 얼마인가?
d. 시장이 독점일 때의 소비자잉여와 생산자잉여는 각각 얼마인가?
e. (b)와 (d)의 답을 비교하라. 독점의 후생손실은 얼마인가?

18. 10번 문제의 그림은 독점기업에 대한 시장수요를 보여준다.
    a. 이 시장이 완전경쟁적이었을 경우의 수량 및 가격과 비교하라.
    b. 독점으로 인한 후생손실의 영역을 그림에 표시하라.

*19. 어떤 독점 생산자의 역수요곡선이 $P = 40 - 0.5Q$와 같다. 한계비용은 단위당 5달러에서 일정하다.
    a. 규제가 없는 경우 몇 단위를 판매하겠는가?
    b. 정부가 6달러의 가격상한을 부과하였다고 가정하자. 한계수입곡선에 어떤 영향을 미치는가? 구체적으로 10번째 단위의 MR은 얼마인가? 68번째 단위는 얼마인가? 69번째 단위는 얼마인가?
    c. (b)의 가격상한하에서 이윤극대화 판매량은 얼마인가? 어떤 가격에 팔리겠는가?
    d. (a)와 (c)에서의 후생손실을 비교하라. 가격상한이 사회후생을 개선했는가?

20. 조그맣고 외딴 시골 마을에 맥주회사가 하나 있다고 하자. 맥주회사가 직면한 역수요곡선은 $P = 15 - 0.33Q$이다. MC와 ATC는 병당 1달러로 일정하다.
    a. 이윤극대화 가격과 수량, 소비자잉여와 생산자잉여 및 독점의 후생손실을 구하라.

b. 주민단체가 조직될 수 있다고 가정할 때, 이들은 맥주회사가 맥주를 MC와 같은 가격에 팔기로 수용한다면 그 대가로 최대한 얼마까지 지불할 용의가 있는가?

c. 맥주회사로서는 최소한 얼마를 받을 수 있다면 맥주를 MC와 같은 가격에 파는 데 동의하겠는가?

d. 소비자와 맥주회사가 서로에게 이익이 되는 타협을 할 수 있겠는가?

21. 다음은 어떤 기업의 상황을 그린 것이다.

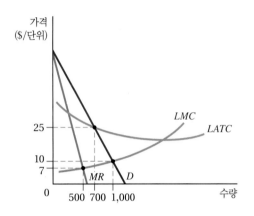

a. 이 기업은 자연독점인가? 어떻게 알 수 있는가?

b. 규제가 없다면, 이 기업은 이윤을 얻을 수 있겠는가? 어떻게 알 수 있는가?

c. 만일 정부가 가격을 MC보다 높게는 책정하지 못하도록 규제한다면 몇 단위나 팔리게 되겠는가? 어떤 가격으로 팔리겠는가? MC를 상한으로 하는 가격규제는 어떤 문제가 있는가?

d. 만일 정부가 가격을 ATC보다 높게는 책정하지 못하도록 규제한다면 몇 단위나 팔게 되겠는가? 어떤 가격으로 팔리겠는가? ATC를 상한으로 하는 가격규제는 어떤 문제가 있는가?

e. 위의 세 가지 가격 체제에서의 후생손실을 비교하라. 각 체제에서의 후생손실을 그림에 영역으로 표시하라.

22. 인기 있는 스포츠 게임의 유료 방송권을 놓고 5개의 방송국이 경쟁하고 있다. 중계방송의 역수요함수는 $P = 100 - 0.01Q$와 같다. 각 방송국의 단위당 방송의 MC는 1달러로 일정하다.

a. 독점의 경우 후생손실을 구하라.

b. 주최 측에서는 한 방송국을 재량으로 선택할 계획이라고 한다. 각 방송국은 방송권을 얻기 위해 얼마까지 지불할 용의가 있겠는가?

c. 이런 상황에서 사회적 손실은 단지 독점의 후생손실이 아니라 그보다 훨씬 더 커지게 되는데, 왜 그런가?

23. 원거리 항해 초기에 선원들은 그들의 위치를 파악하는 데 어려움을 겪었다. 위도의 확인은 육분의(sextant) 하나만 있으면 충분했지만, 지구가 계속 회전하는 만큼 천체를 이용한 경도 확인은 불가능했다. 이 문제를 해결하고 싶었던 영국 정부는 믿을 만한 경도 계산법을 고안해내는 발명자에게 2만 파운드(오늘날 가치로 약 500만 달러)의 상금을 내걸었다. 일단 발명되고 나면, 원하는 사람은 누구든지 이용할 수 있게 되어 있었다. 사회후생의 극대화라는 관점에서, 전통적인 특허권 방식에 비해 이런 방식이 갖는 장점을 설명하라.

제9장 부록 :
이윤극대화의 수학

제8장과 제9장에서 모든 기업은 시장력의 정도와 관계없이 이윤을 극대화한다고 가정했다. 구체적으로 기업은 다음의 최적화 문제에 직면한다.

$$\max_{Q} \pi(Q) = TR(Q) - TC(Q)$$

이 문제는 앞에서 다룬 비용최소화 및 효용극대화 문제들에 비해 비교적 단순하다. 왜 그런가? 위의 문제를 들여다보면 제약조건이 없음을 알 수 있다. 실제로 이윤극대화는 **제약조건 없는 최적화 문제**이며, 그래서 제약조건하의 최적화 문제보다 훨씬 간단하다.

더구나 이윤극대화 문제는 선택변수가 판매량 Q 하나뿐이다. 투입물의 가격과 수량 및 생산물의 가격 등 기업의 의사결정에 관련되는 다른 모든 변수는 총수입과 총비용 방정식에 이미 포함되어 있다. 총비용은 비용최소화에 따라 결정되는데, 여기서 투입물 관련 정보들은 고려되었다. 다음으로 총수입은 생산물의 가격과 수량의 곱이다. 완전경쟁적 기업의 경우, 가격이 일정하게 주어지면 총수입은 수량에 따라서만 변동한다. 시장력을 가진 기업의 경우, 가격이 변동하지만 그것은 판매량의 함수이다. 그러므로 다른 모든 것이 일정하다고 가정한다면 총비용, 총수입, 따라서 이윤까지도 수량의 함수이다.[10]

이윤극대화 조건

이윤극대화 조건식에서 시작하자. 위의 이윤극대화 문제를 수량 Q에 대해 미분하여 1차 도함수를 구하면 일계조건이 나온다.

$$\frac{d\pi}{dQ} = \frac{dTR}{dQ} - \frac{dTC}{dQ} = 0$$

$$\frac{dTR}{dQ} = \frac{dTC}{dQ}$$

$$MR = MC$$

이 일계조건의 의미는 무엇인가? 모든 기업은 MR과 MC가 일치할 때 이윤극대화 수량을 생산하게 된다.

그렇게 결론을 내기 전에 한 가지 조건을 더 확인할 필요가 있다. $MR = MC$인 곳에서 생산한다고 해서 이윤을 극대화하고 있다고 보장할 수 없다. 그것은 이윤함수가 어떤 극점에 있음을

---

10 이 함수들에 대해서 명확히 하자면 이윤, 총비용, 총수입은 항상 $\pi(Q)$, $TR(Q)$, $TC(Q)$로 표현해야 하지만, 이것은 다소 거추장스럽다. 따라서 여기서는 그냥 π, TR, TC로 표시하기로 하는데, 각각이 Q의 함수임은 상기할 필요가 있다.

보장할 뿐이며, 실제로 이윤이 극대화되는 대신에 극소화되고 있을 수도 있다. 이런 함정을 피하려면 이윤함수의 2차 도함수가 음수임을 확인해야 한다.

$$\frac{d^2\pi}{dQ^2} = \frac{d^2(TR-TC)}{dQ^2} = \frac{d^2TR}{dQ^2} - \frac{d^2TC}{dQ^2} = \frac{dMR}{dQ} - \frac{dMC}{dQ} < 0$$

이 조건식은 언제 성립하는가? 이것은 다음을 의미한다.

$$\frac{dMR}{dQ} < \frac{dMC}{dQ}$$

즉 MC의 변화가 MR의 변화보다 커야 한다는 것이다. 일반적으로 MC는 생산량이 증가함에 따라 증가하며, MR은 일정하거나(제8장의 가격수용자) 아니면 생산량이 증가함에 따라 감소한다(제9장의 시장력을 가진 기업). 따라서 위의 이계조건은 항상 충족되는데, 왜냐하면

$$\frac{dMR}{dQ} \leq 0 < \frac{dMC}{dQ}$$

이기 때문이다. 그렇지만 주의할 점이 있다. (현재 생산 수준에서 규모에 대한 수익이 증가하는 경우처럼) MC가 감소하고 있다면 MR이 MC보다 더 빨리 감소하는지 확인해야 한다.

$$\left|\frac{dMR}{dQ}\right| > \left|\frac{dMC}{dQ}\right|$$

규모에 대한 수익이 증가하는 상황에서 이 조건이 충족되지 않는다면 기업은 이윤을 극대화하고 있지 않다. 이때는 생산량을 늘림으로써 이윤을 증대시킬 수 있는데, 추가 생산에 따른 MC의 감소가 MR의 감소보다 더 크기 때문이다.

한계수입

기업의 MR은 정확히 무엇인가? MR과 가격의 관계를 확인해볼 필요가 있다. 먼저 일반적인 기업에서 이를 살펴보고 나서, 특별히 완전경쟁적 기업의 경우를 알아보자.

총수입 방정식에서 출발하자.

$$TR = PQ$$

일반적으로 가격 P는 고정되어 있지 않으며 생산량의 함수이다.[11] MR을 구하기 위해 곱의 규칙을 이용해서 총수입함수의 Q에 대한 도함수를 구한다.

$$\frac{dTR}{dQ} = \frac{dPQ}{dQ} = P\frac{dQ}{dQ} + Q\frac{dP}{dQ}$$

마찬가지로

$$MR = P + Q\frac{dP}{dQ}$$

---

11 가격이 판매량의 함수라는 일반적 규칙에 대한 한 가지 예외는 완전경쟁적 시장에서의 기업, 즉 가격수용자의 경우이다. 이런 특수한 경우에 대해서는 곧 다룰 것이다.

이다. 이 식은 MR과 가격의 관계에 대해 무엇을 알려주는가? 시장력을 가진 기업의 경우 우하향의 수요곡선에 직면하게 되므로, 생산량이 증가하면 가격은 하락한다. 수학적으로 나타내면 $dP/dQ < 0$이다. 그러므로 시장력을 가진 기업의 경우에는

$$MR < P$$

이다. 이 결과를 논리적으로 확인해볼 수도 있다. P는 새로운 가격에서의 추가 단위 판매에 따른 수입이다. $Q(dP/dQ)$는 판매량을 1단위 증가시키기 위해서 이전의 모든 판매량에 대해서 가격이 낮아짐에 따른 손실이다. 그러므로 판매량 1단위 증가에 따른 수입은 가격보다는 적은데, 수입의 증가(P)는 반드시 상응하는 감소[$Q(dP/dQ)$]도 수반하기 때문이다.

일반적인 예를 통해 알아보자. 기업의 역수요곡선이 $P = a - bQ$라고 가정하자. MR을 구하기 위해서 총수입부터 표현해보자.

$$TR = PQ = (a - bQ)Q = aQ - bQ^2$$

총수입의 도함수를 취해서 한계수입을 표시하면

$$MR = \frac{dTR}{dQ} = \frac{d(aQ - bQ^2)}{dQ} = a - 2bQ$$

선형 수요곡선으로부터 도출된 MR곡선도 선형이다. 수요곡선과 비교해보면, 세로축 절편은 같고(a), 기울기는 2배로 가파르다. 따라서 다음의 관계가 분명하다.

$$a - 2bQ < a - bQ \text{ 혹은}$$

$$MR < P$$

완전경쟁적 기업의 경우는 어떤가? 시장력을 가진 기업과는 달리 완전경쟁적 기업은 수평선의 수요곡선에 직면하는 가격수용자이다. 어떤 기업이든 한계수입은 다음과 같다.

$$MR = P + Q\frac{dP}{dQ}$$

완전경쟁적 기업의 경우, 판매량에 상관없이 가격은 일정하므로 $dP/dQ = 0$이다. 따라서 모든 판매량 수준에서 $MR = P$이다.

그러므로 완전경쟁적 기업의 이윤극대화 조건은 다음과 같다.

$$MR = P = MC$$

이러한 특유의 관계는 제8장에서 본 바와 정확히 일치한다.[12]

---

12 이윤극대화에서 시작해도 완전경쟁적 기업의 가격과 한계수입 및 한계비용의 관계를 보일 수 있다. 완전경쟁적 기업의 경우에 $\pi = PQ - TC$이다. 가격이 판매량에 독립적이므로, Q에 대한 일계조건은 $P - MC = 0$ 또는 $P = MC$ 가 된다.

예제 9A.1

예제 9.2의 답을 미분을 통해 복습해보자. 기업이 직면하는 수요곡선은 $Q = 10 - 0.4P$이고, 총비용곡선은 $TC = 2.5Q^2$이다. 여기서 Q의 단위는 1,000개이다.

a. 이윤극대화 판매량을 구하라.
b. 이윤극대화 가격을 구하라.

풀이

a. 먼저 기업의 이윤극대화 문제를 세우자.

$$\max_{Q} \pi = TR - TC = PQ - TC$$

여기서 기업은 시장력을 가지므로, 수량 선택은 가격에 영향을 준다. 따라서 가격을 수량의 함수로 표시할 필요가 있다(역수요곡선).

$$Q = 10 - 0.4P$$
$$0.4P = 10 - Q$$
$$P = 25 - 2.5Q$$

이윤함수에 P를 대입하면 다음과 같다.

$$\pi = TR - TC = PQ - TC$$
$$= (25 - 2.5Q)Q - 2.5Q^2$$
$$= 25Q - 2.5Q^2 - 2.5Q^2 = 25Q - 5Q^2$$

따라서 기업의 이윤극대화 문제는 다음과 같다.

$$\max_{Q} \pi = 25Q - 5Q^2$$

일계조건은 다음과 같다.

$$\frac{d\pi}{dQ} = \frac{d(25Q - 5Q^2)}{dQ} = 0$$
$$25 - 10Q = 0$$
$$10Q = 25$$
$$Q^* = 2.5 \text{ 혹은 } 2,500개$$

b. 이윤극대화 가격을 구하기 위해서는 위에서 구한 Q^*를 역수요곡선에 대입한다.

$$P^* = 25 - 2.5Q^* = 25 - 2.5(2.5) = 18.75 \text{달러/방망이}$$

18.75달러의 가격으로 2,500개를 팔 때 이윤이 극대화된다.

답을 구하는 지름길은 이윤극대화 조건 $MR = MC$를 이용하는 것이다. 선형 수요곡선과 단순한 비용함수를 가진 기업의 경우에는 이윤극대화 조건에서 시작하는 것이 가장 쉽다. 그렇지만 수요곡선과 총비용곡선이 보다 복잡한 경우에는 미분을 이용하는 것이 더 편리할 수 있다.

시장력을 가진 기업의 경우에 이윤극대화를 미분을 통해 알아봤으므로 이제 완전경쟁적 기업의 예를 살펴보자.

 예제 9A.2

예제 8.1로 돌아가면, 완전경쟁적 기업의 총비용곡선은 $TC = 0.5Q^2$이다. 시장가격은 15달러이다.

a. 이윤극대화 수량은 얼마인가?
b. 이윤극대화를 가정할 때, 이윤의 크기는 얼마인가?

풀이

a. 기업이 풀어야 할 문제는 다음과 같다.

$$\max_{Q} \pi = TR - TC = PQ - TC = 15Q - 0.5Q^2$$

일계조건을 구하면 다음과 같다.

$$\frac{d\pi}{dQ} = \frac{d(15Q - 0.5Q^2)}{dQ} = 0$$
$$15 - Q = 0$$
$$Q^* = 15회$$

$P = MC$일 때의 수량을 구해서 얻는 결과와 같음을 확인해보자. 앞에서는 한계비용이 주어졌지만, 여기서는 총비용곡선을 기업의 선택변수인 수량에 대해 미분함

으로써 구해보자.

$$MC = \frac{dTC}{dQ} = \frac{d0.5Q^2}{dQ}$$

$$= 2(0.5Q) = Q$$

이제 최적수량은 쉽게 구할 수 있다.

$$P = MC$$

$$P = Q$$

$$Q^* = 15회$$

b. $Q = 15$일 때의 이윤은 다음과 같다.

$$\pi = TR - TC = PQ - 0.5Q^2$$

$$= 15(15) - 0.5(15)^2 = \$225 - \$112.50 = 112.50달러/일$$

연습문제

1. 다음과 같은 수요곡선에 직면하는 기업의 한계수입을 구하라.

   a. $Q = 1,000 - 5P$

   b. $Q = 100P^{-2}$

2. 기업이 직면하는 수요곡선은 $Q = 300 - 2P$이고, 총비용곡선은 $TC = 75Q + Q^2$이다.

   a. 한계수입은 얼마인가?

   b. 한계비용은 얼마인가?

   c. 이윤극대화 수량은 얼마인가?

   d. 이윤극대화 가격과 극대 이윤을 구하라.

3. 어떤 독점기업이 직면하는 수요는 $Q = 100 - P$이고, 총비용은 $TC = 10Q + 0.5Q^2$이다.

   a. 총수입을 Q의 함수로 써라.

   b. 이윤함수를 써라.

   c. 이윤함수를 미분해서 이윤극대화 수량을 구하라.

   d. 이윤극대화 가격과 극대 이윤을 구하라.

4. 어떤 기업이 직면하는 역수요곡선은 $P = 600Q^{-0.5}$이고, 총비용은 $TC = 1,000 + 0.5Q^{1.5}$이다. 이윤극대화 수량, 가격, 이윤을 구하라.

5. 완전경쟁시장의 한 기업의 총비용이 다음과 같다.

   $$TC = Q^3 - 15Q^2 + 100Q + 30$$

   a. 한계비용함수는 무엇인가? 한계비용이 하락하는 생산량의 구간은 어디인가? 상승하는 구간은 어디인가?

   b. 시장가격이 52달러라고 하자. 이윤극대화 생산량은 얼마인가? 어떻게 알 수 있는가? 극대 이윤은 얼마인가?

시장력과 가격책정 전략

당신이 학생증을 보여준다면 가격할인을 받을 수 있는 경우가 많다는 사실은 알고 있을 것이다. 흔히 할인되는 재화에는 영화 관람권, 헬스클럽 회원권, 열차 승차권 등이 포함된다. 학교에 다니는 동안에는 할인해주니 고맙고 도움이 된다. 하지만 판매자의 동기가 학교에 계속 다니라는 것은 아니다. 단지 시장에서 생산자잉여를 더 많이 짜내려는 시도일 것이다. 할인받는 건 좋은 것이고, 그래서 할인 없이는 너무 비싼 상품도 소비할 수 있게 될 것이다. 그러나 이런 할인은 판매자의 생산자잉여를 증대시키고 실적을 개선시키게 된다.

제9장에서 시장력에 대해 배우면서, 기업이 자기 제품의 가격에 영향력을 가질 수 있다면 완전경쟁적(즉 가격 수용적) 기업보다 높은 이윤을 벌 수 있음을 알았다. 이 장에서는 기업이 상이한 고객그룹(예 : 학생과 일반인)을 상대로 상이한 가격을 부과할 수 있다면 (모든 고객에게 같은 가격을 책정하는) 통상적인 독점기업의 경우보다 더 많은 잉여와 이윤을 얻을 수 있음을 보게 될 것이다. 시장력을 가진 기업이 같은 제품에 대해 다른 가격을 부과할 수 있는 방법은 다양하다. 이 장에서는 그런 전략 중 가장 통상적인 경우를 알아보고 그것이 시장의 생산자와 소비자에게 어떤 영향을 미치는지 살펴본다.

10.1 가격책정 전략의 기초

가격책정 전략(pricing strategy)이란 주어진 시장 조건들하에서 기업이 이윤을 극대화하기 위해 제품 가격을 책정하는 계획이다. 완전경쟁적 기업의 가격 전략은 시장균형가격을 책정하고 0의 경제적 이윤을 얻는 것이다. 시장력을 가진 기업의 가격 전략은 앞 장의 3단계 방법을 따르는 것으로, $MR = MC$가 되는 가격을 책정하는 것이다. 여기서는 **가격차별**(price discrimination)이라고 불리는 가격 전략을 살펴보는데, 같은 제품의 서로 다른 고객들에 대해 서로 다른 가격을 책정하는 것을 말한다. 시장력을 가진 기업이 가격차별을 할 수 있다면 단일가격을 책정하는 독점의 경우보다 더 큰 경제적 이윤을 얻을 수 있다.

상황에 따라 기업이 사용할 수 있는 가격 전략은 여러 가지다 — 직접적 가격차별에서부터 간접적 가격차별, 묶어팔기(bundling), 2부 요금제(two-part tariff) 등. 이런 전략들의 동기는 간단하다 — 소비자잉여가 더 큰 제품 단위들에 대해서 시장력을 가진 기업이 더 높은 가격을 매기는 것이다. 기업은 가격을 조정함으로써 더 많은 생산자잉여를 가져올 수 있다.

기업은 언제 상이한 가격으로 가격 전략을 사용할 수 있는가

완전경쟁부터 독점까지 모든 상황의 기업은 가격(책정) 전략을 갖는다. 이 장에서는 두 가지 핵심 요건을 충족시키는 기업들만 추구할 수 있는 가격 전략을 살펴본다.

요건 1 : 기업은 시장력을 가져야 한다. 기업이 가격차별을 하려면 시장력을 가져야 한다. 이것은

가격책정 전략
주어진 시장 조건들하에서 기업이 이윤을 극대화하기 위해 제품 가격을 책정하는 계획

가격차별
시장력을 가진 기업이 동일한 제품에 대해서 고객들의 지불용의 수준에 따라 상이한 가격을 부과하는 가격책정 전략

자명하다.

요건 2 : 기업은 재판매와 차익거래를 방지해야 한다. 고급 가격 전략들을 이용하려면 고객들이 그들 간에 재판매를 하지 못하도록 막을 수 있어야 한다. 그렇지 않으면 낮은 가격에 살 수 있는 고객들은 많은 양을 구매해 기업으로부터 (재판매가 없다면) 더 높은 가격에 사야만 하는 다른 고객들에게 재판매할 수 있다. 어떤 제품을 원래 판매가격보다 높은 가격으로 재판매하는 것을 **차익거래**(arbitrage)라고 한다.

차익거래
원래 판매가격보다 더 높은 가격으로 재판매하는 것

이 두 가지 요건은 이 장의 각 절 첫머리에 "언제 사용하는가" 부분에서 강조를 위해 반복될 것이다. 기업이 위의 두 가지 요건을 충족할 경우에는 보다 많은 이익을 올릴 수 있는 가격 전략들을 시도할 수 있다. 그림 10.1은 이런 전략들을 개관하고 있다.

상이한 수요를 가진 고객들에 대한 가격차별 전략부터 보자. 가격차별이 고려될 수 있으려면 수요의 가격 민감도에서 차이가 나는 상이한 유형의 고객들이 있어야 한다. 정확히 어떤 유형의 가격차별을 사용해야 하는지는(이 장은 그에 따라 구성된다) 기업이 가진 정보의 종류에 따라 달라진다.

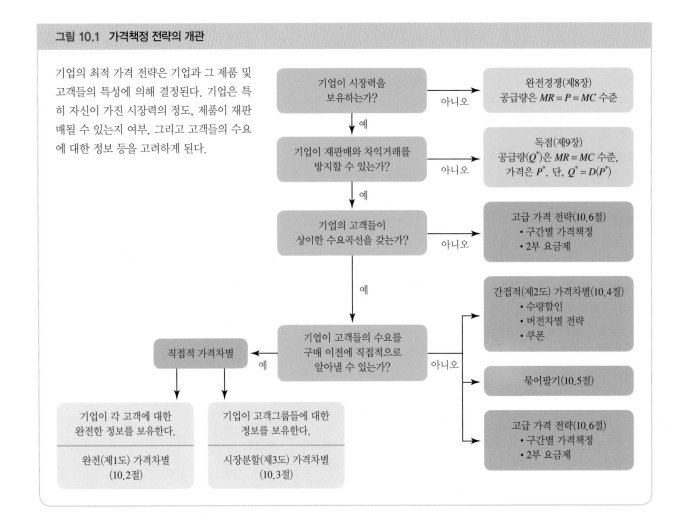

그림 10.1   가격책정 전략의 개관

기업의 최적 가격 전략은 기업과 그 제품 및 고객들의 특성에 의해 결정된다. 기업은 특히 자신이 가진 시장력의 정도, 제품이 재판매될 수 있는지 여부, 그리고 고객들의 수요에 대한 정보 등을 고려하게 된다.

1. **기업이 고객들의 수요를** (학생증 제시를 요구하는 상점의 경우처럼) **구매 이전에 알아낼 수 있다면, 직접적 가격차별**(direct price discrimination)을 실시할 수 있는데, 그것은 고객의 관측 가능한 특성에 따라서 상이한 고객들에게 상이한 가격을 책정하는 가격 전략이다. 고객이 구매하기 이전에 각자의 수요곡선에 대한 완전하고 상세한 정보를 기업이 얻을 수 있다면, 완전 가격차별(제1도 가격차별)을 실시해서, 모든 고객에게 상이한 가격을 책정할 수 있다 (10.2절). 고객들에 대한 정보가 자세하지 않은 경우에는, 시장분할(segmenting, 제3도 가격 차별)에서처럼 고객그룹별로 차별할 수도 있다(10.3절).

> **직접적 가격차별**
> 눈에 보이는 고객 특성에 따라서 상이한 고객들에게 상이한 가격을 부과하는 가격책정 전략

2. **기업이 고객들의 상이한 수요를 구매가 이루어진 이후라야 알 수 있다면,** 간접적(indirect, 제2도) 가격차별을 시도할 수 있는데, 이 경우는 상이한 가격방식들을 제시해서 고객이 어느 것을 선택하는지 보고 고객의 유형을 확인하게 된다. 이러한 가격방식들은 수량할인, 상이한 버 전의 제품을 다른 가격에 팔기, 또는 쿠폰 등의 형태를 가질 수 있다(10.4절). 또한 적합한 상황에서는 상이한 제품들을 묶어서 파는 방식도 취할 수 있다(10.5절). 나아가서 구간별 가격이나 2부 요금제와 같은 고급형 가격 전략도 추구할 수 있다(10.6절).

3. **고객들이 동일한 수요곡선을 갖는 경우에도** 이윤 증대를 위해서 사용할 수 있는 가격 전략이 있다. 이런 전략들은 같은 고객에게 구매량에 따라서 다른 단위가격을 제시하거나(구간별 가격책정), 단위가격에 더해서 정액요금을 부과하는(2부 요금제) 것이다(10.6절).

10.2 직접적 가격차별 1 : 완전/제1도 가격차별

> **언제 사용하는가**
>
> 1. 기업은 시장력을 가지며, 재판매를 방지할 수 있다.
> 2. 기업 고객들의 수요곡선은 서로 다르다.
> 3. 기업은 모든 고객에 대해 완전한 정보를 가지며, 구매 이전에 각자의 수요를 확인할 수 있다.

시장력을 갖고 있고, 재판매를 방지할 수 있으며, 고객들이 지불용의가격(willingness to pay)에서 서로 다르므로 각자 상이한 수요곡선을 갖는다는 점을 알고 있는 기업의 경우부터 살펴보자.

먼저, 기업이 고객에 대해 구매 이전에 충분한 정보를 가져서, 실제로 각 구매자의 수요곡선을 알고 있고 구매자의 지불용의가격과 동일한 가격을 각 구매자마다 달리 책정할 수 있는 가능성을 생각해보자. 이것은 **완전 가격차별**(perfect price discrimination) 또는 **제1도 가격차별**(first-degree price discrimination)이라고 하는데, 각 고객마다 정확히 그 지불용의가격만큼 부과하는 직접적 가격차별의 한 유형이다.

기업이 그림 10.2의 D와 같은 시장수요곡선에 직면하고 있다고 가정하자. 그림 10.2a는 완전경쟁적 기업과 독점적 기업의 경우에 대한 결과를 보여준다. 제8장에서 본 바에 따르면, 완전경쟁시장에서 균형가격(이 경우 MR과 같은)은 한계비용 MC와 같고 기업은 Q_c를 생산한다. 소비자잉여는 수요곡선 아래쪽, 가격 위쪽 영역인 $A+B+C$이다. 한계비용이 일정한 경우이므로 생산자잉여는 없다.

> **완전 가격차별(제1도 가격차별)**
> 기업의 고객들에게 정확히 각자의 지불용의 수준만큼 가격을 부과하는 직접적 가격차별

그림 10.2   완전(제1도) 가격차별

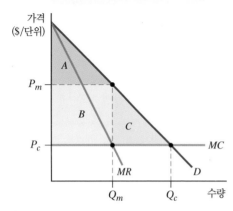
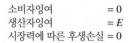
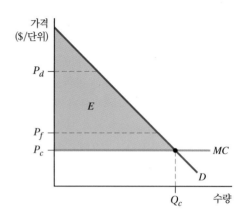

(a) 완전경쟁적 기업과 독점적 기업

소비자잉여(경쟁) $= A + B + C$
생산자잉여(경쟁) $= 0$
소비자잉여(시장력) $= A$
생산자잉여(시장력) $= B$
시장력에 따른 후생손실 $= C$

(b) 완전 가격차별

소비자잉여 $= 0$
생산자잉여 $= E$
시장력에 따른 후생손실 $= 0$

(a) 경쟁시장에서 가격은 한계비용과 같고, 생산량 Q_c가 가격 P_c에 판매된다. 소비자들은 $A + B + C$와 같은 소비자잉여를 얻고, 기업의 생산자잉여는 없다. 단일가격 독점기업은 Q_m을 가격 P_m에 판매할 것이며, B와 같은 생산자잉여를 얻는다. 소비자들은 A와 같은 소비자잉여를 얻으며, 시장력으로 인한 후생손실은 C가 될 것이다.

(b) 시장력을 가진 기업이 각 고객의 수요곡선을 확인할 수 있

다면 각 고객마다 지불용의가격을 부과함으로써 전체 잉여 E를 가져갈 것이다. 예를 들어 지불용의가격이 P_d인 고객에게는 정확히 가격 P_d를 부과하고, 지불용의가격이 P_f인 고객에게는 가격 P_f를 부과할 것이다. 이 기업은 Q_c까지 판매할 것인데, 이것은 $P_c = MC$인 완전경쟁에서의 수량이다. 기업이 완전 가격차별을 실시하는 경우 후생손실은 없다.

제9장에서는 시장력을 가진 기업이 수요곡선 D에 직면하면서 재판매를 방지할 능력은 없는 경우, MR이 MC와 일치하는 곳에서 Q_m을 생산하며 가격은 P_m으로 책정한다는 것을 알았다. 모든 구매자에게 이 한 가지 가격을 책정하는 것이다. 시장력에 의한 가격책정은 경쟁적 가격책정과는 세 가지 다른 결과를 보여준다 — (1) 직사각형 B와 같은 생산자잉여가 있다(생산자잉여가 없는 경쟁적 결과에 비해 기업 입장에서는 훨씬 좋다). (2) 수량이 경쟁적 수준보다 적으므로, 삼각형 C와 같은 후생손실이 발생한다. (3) 소비자잉여는 A영역으로 줄어든다.

그렇지만 시장력을 가진 기업이 재판매를 방지하면서 모든 고객의 수요곡선을 직접 알아낼 수 있다면(그림 10.2b) 결과는 매우 다르다. 이 경우에 기업은 모든 고객에게 그의 지불용의가격만큼(혹은 확실히 구매하도록 그보다 아주 약간 낮게) 부과할 수 있다. 이것이 완전 가격차별이며, 기업의 입장에서는 엄청나게 이익이 된다. 기업은 고객의 지불용의가격이 생산에서의 한계비용보다 높은 구간에서는 항상 존재하는 잉여를 모두 갖게 된다. 예를 들어 수요곡선에서 P_d에 해당하는(지불용의가격이 P_d인) 고객은 비교적 높은 그 가격을 지불하며, P_f에 해당하는 다른 고객은 비교적 낮은 그 가격을 지불하는 것이다. 모든 경우에, 가격이 모두 다르기는 하지

만, 고객들은 자신이 지불할 용의가 있는 최고 수준을 지불하며, 기업이 전체 잉여(수요곡선과 MC곡선 사이의 영역)를 모두 가져간다.

기업은 고객들의 지불용의가격에 따라 상이한 가격에 Q_c만큼 판매하게 될 것이다. (기업이 재판매를 방지할 수 있기 때문에, 고객들은 기업이 제시한 것보다 낮은 가격으로 다른 고객에게서 구매할 수 없다.) 결과적으로 기업이 얻게 되는 생산자잉여는 시장의 전체 잉여($A + B + C$)와 같다. 이것은 이 시장에서 실현될 수 있는 잉여의 최댓값인데, 어떤 소비자도 자신의 지불용의가격보다 높이 지불하지는 않을 것이며(따라서 수요곡선 위쪽 영역은 배제된다) 기업은 비용을 지불해야만 하기(따라서 MC곡선 아래쪽 영역은 배제된다) 때문이다. 완전 가격차별을 할 수 있다면 기업은 행복할 것이다.

완전 가격차별의 또 다른 특징은 단일가격을 책정하는 시장력 기업의 결과와는 달리 후생손실이 없다는 점이다. 그것은 효율적이다—균형수량의 감소로 인해 사라지는 잠재적 잉여가 없다. 판매되는 양(Q_c)은 시장이 완전경쟁적일 경우에 판매될 양과 같다. 그렇지만 시장의 잉여를 누가 갖는가 하는 것은 두 경우에 매우 다르다—완전경쟁에서는 모든 잉여가 소비자에게로 가지만 완전 가격차별에서는 전체 잉여가 생산자에게로 간다. 효율성은 공정성과는 다른 개념이다. (시장효율성과 분배의 문제는 제15장에서 자세히 다루기로 한다.)

 예제 10.1

시장력을 가진 어떤 기업이 직면하고 있는 역수요곡선과 한계비용곡선이 각각 다음과 같다고 하자.

$$P = 100 - 10Q, \quad MC = 10 + 10Q$$

a. 가격차별을 할 수 없다면, 이윤극대화 수량과 가격은 얼마인가?

b. 가격차별을 할 수 없다면, 이윤극대화의 경우에 소비자잉여와 생산자잉여는 얼마인가? 시장력에 따른 후생손실을 계산하라.

c. 완전 가격차별을 할 수 있다면, 기업의 생산량은 얼마인가?

d. 완전 가격차별을 하는 경우에 소비자잉여와 생산자잉여는 얼마인가? 시장력에 따른 후생손실은 얼마인가?

풀이

a. 기업이 가격차별을 할 수 없다면, $MR = MC$에서 이윤이 극대화된다. 역수요함수로부터 한계수입은 $MR = 100 - 20Q$와 같이 도출된다. ($P = a - bQ$와 같은 역수요함수에 대해서 한계수입은 $MR = a - 2bQ$임을 상기하자.)

$MR = MC$로 놓으면 다음과 같다.

$$100 - 20Q = 10 + 10Q$$
$$90 = 30Q$$
$$Q^* = 3$$

최적 가격을 구하기 위해 역수요방정식에 $Q = 3$을 대입한다.

$$P^* = 100 - 10Q^*$$
$$= 100 - 10(3)$$
$$= 100 - 30$$
$$= 70$$

이 기업은 70달러의 가격에 3단위를 판매한다.

b. 소비자잉여와 생산자잉여를 구하기 위해서는 먼저 수요, 한계수입, 한계비용곡선을 그려볼 필요가 있다.

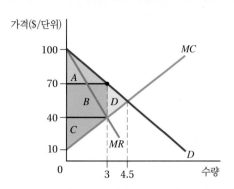

소비자잉여는 가격과 수요곡선 사이의 영역이고(A), 생산자잉여는 가격과 MC곡선 사이의 영역이다($B+C$). (이 두 영역을 사다리꼴로 부를 수도 있지만, 직사각형과 삼각형으로 기억하는 것이 더 쉽다는 점에 유의하자!) 이제 이 영역들의 면적을 구할 수 있다.

$$A영역 = \frac{1}{2} \times 밑변 \times 높이$$
$$= \frac{1}{2} \times 3 \times (\$100 - \$70)$$
$$= 0.5(3)(\$30)$$
$$= 45달러$$

소비자잉여는 45달러이다.

$$B영역 = 밑변 \times 높이$$

B와 C의 높이를 구하려면 $Q=3$일 때의 MC가 필요하다. $MC = 10 + 10Q = 10 + 10(3) = 40$달러이다. 따라서

$$B영역 = 3 \times (\$70 - \$40)$$
$$= 3(\$30)$$
$$= 90달러$$
$$C영역 = \frac{1}{2} \times 밑변 \times 높이$$
$$= \frac{1}{2} \times 3 \times (\$40 - \$10)$$
$$= 0.5(3)(\$30)$$
$$= 45달러$$

따라서 생산자잉여$=B$영역$+C$영역$=\$90 + \$45 = 135$달러이다.

시장력으로 인한 후생손실은 시장이 경쟁적 수량을 생산하지 않기 때문에 잃게 되는 잉여이다. 완전경쟁적 공급량을 계산하려면 $P=MC$로 둔다.

$$100 - 10Q = 10 + 10Q$$
$$90 = 20Q$$
$$Q = 4.5$$

후생손실은 그림에서 D영역이다.

$$D영역 = \frac{1}{2} \times 밑변 \times 높이$$
$$= \frac{1}{2} \times (4.5 - 3) \times (\$70 - \$40)$$
$$= 0.5(1.5)(\$30)$$
$$= 22.50달러$$

시장력으로 인한 후생손실은 22.50달러이다.

c. 기업이 완전 가격차별을 한다면, $P=MC$에서 생산할 것이다. (b)에서 보았듯이, 이것은 기업이 4.5단위를 생산함을 의미한다.

d. 기업이 완전 가격차별을 한다면, 모든 소비자는 자신의 지불용의가격과 같은 가격이 부과되므로 소비자잉여는 0일 것이다. 생산자잉여는 수요곡선과 MC곡선 사이의 면적 전체일 것이다($A+B+C+D$).

$$생산자잉여 = A영역 + B영역 + C영역 + D영역$$
$$= \$45 + \$90 + \$45 + \$22.50$$
$$= 202.50달러$$

완전 가격차별을 할 경우에 후생손실은 없다. 경쟁적 수준의 수량이 달성된다($Q=4.5$). 시장에서 이루어지는 잉여 전체는 생산자가 갖게 된다.

완전 가격차별의 예

'완벽한(dyed-in-the-wool)' 완전 가격차별의 실제 사례는 드물다. 어떤 기업이 정말로 모든 고객의 지불용의가격을 알고 있겠는가? 그렇지만 판매자가 같은 제품에 대해서 아주 많은 다른 가격들을 부과하는 예는 있다. 한 가지 전형적인 예가 자동차 구매이다.

고객이 자동차 매장에 걸어 들어오는 순간 영업직원은 사람을 재어본 다음 드디어 가격 협상에 들어간다. 직원은 각 고객의 지불용의가격에 대해 **완벽한** 정보는 갖고 있지 않지만 각 고객마다 달리 흥정한다는 것은 완전 가격차별과 많이 닮았다 — 그는 흥정을 하면서 동시에 고객이 자동차에 부여하는 가치를 알아내 최대한 그 수준에 가까운 가격으로 타결하려고 애쓸 것이다. 당신이 자동차를 사러 가서 영업직원이 "어느 정도 지출을 생각하고 계십니까?"라고 물을 때 두 번 생각해야 하는 이유가 바로 이 때문이다. 그것은 당신에게 소비자잉여를 포기하라고 하는 권유이다. 아마존과 같은 온라인 판매자는 고객의 구매 이력에 대한 상세한 기록을 보유하고 그것을 이용해서 개인의 수요곡선을 추정하는데, 이 경우도 완전 가격차별에 가까운 것으로 보인다.

 응용 등록금에서의 완전 가격차별

학생들 스스로는 인식하지 못했을지 모르나, 학생들이 대학에 가기로 결정했을 때 완전 가격차별에 가까운 무언가를 경험했을 것이다. 미국에서 대학의 학자금 지원을 신청하는 가족은 연방 학자금 지원 신청서(Free Application for Federal Student Aid, FAFSA)를 제출해야 한다. 이 서식에는 학생의 자산 및 소득과 함께 그 가족의 자산과 소득에 대해서도 완전한 정보를 기록해야 한다. 이런 정보는 해당 학생이 얼마만큼의 학자금 지원 자격을 갖추었는지 판정하기 위해 정부가 사용하는 것이지만, 대학으로서도 각 학생의 지불용의가격에 대한 거의 완전한 정보를 얻게 된다. 이를 통해서 대학들은 정부 보조금을 보충하게 될 장학금을 개인마다 맞춤형으로 제시할 수 있다. 하지만 이것은 대학들이 학생마다 얼마나 지불할 수 있다고 보는지에 따라서 상이한 등록금을 부과한다는 것과 같은 얘기다.

경제학자 이언 필모어는 이러한 가격차별이 시장에 막대한 영향을 준다는 것을 보였다.[1] 그의 추정에 따르면, 상위 대학들에서 실제로 받은 등록금은 대학이 장학금 (즉 학생의 유효 등록금) 수준을 결정할 때 학생 가족의 재무정보를 사용할 수 없었을 경우에 비해서 연간 거의 1,000달러만큼 더 많았다. 하지만 앞에서 본 것처럼, 이러한 가격 상승은 (거의) 완전한 가격차별에 따른 효율성 증대 효과에 의해 부분적으로 중화된다. 연구 결과에 따르면, 대학들은 부유하고 지불용의가 높은 가정의 학생들이 지불한 비싼 등록금을 사용해서 보다 어렵고 지불용의가 낮은 가정의 학생들을 보조하게 된다. 그래서 모두에게 동일한 등록금을 부과해야만 하는 상황이라면 돈 때문에 포기했을 상위 대학교에 재력이 약한 가정의 학생도 입학할 수 있게 되는 것이다. 학생과 가족의 재무정보를 대학에 제출함으로써 수혜자가 되는지 피해자가 되는지 여부는 결국 그 정보가 정확히 어떤 내용인지에 따라 달라진다. ∎

---

1 Ian Fillmore, "Price Discrimination and Public Policy in the U.S. College Market," working paper, Washington University of St. Louis, 2018.

10.3 직접적 가격차별 2 : 시장분할/제3도 가격차별

언제 사용하는가

1. 기업은 시장력을 가지며, 재판매를 방지할 수 있다.
2. 기업 고객들의 수요곡선은 서로 다르다.
3. 기업은 상이한 가격 민감도를 가진 고객그룹들을 구매 이전에 직접적으로 확인할 수 있다(그러나 고객들 각각의 개별수요곡선은 모른다).

기업이 완전 가격차별을 실시하는 데 필요한 것과 같이 고객들에 대한 포괄적인 정보를 갖기는 어렵기 때문에, 일반적으로 가격차별을 통해서 시장의 잉여를 모두 다 가져갈 수는 없다. 그러나 **시장분할**(segmenting) 또는 **제3도 가격차별**(third-degree price discrimination)이라고 하는 가격 전략을 통해서 통상적인 독점의 경우보다는 더 많은 이윤을 얻을 수 있다.[2] 이것은 고객그룹들(groups, segments)이 갖는 확인가능한 특성들을 근거로 하여 상이한 집단들마다 상이한 가격을 책정하는, 직접적 가격차별의 한 유형이다.[3]

> 시장분할(제3도 가격차별)
> 상이한 고객그룹에 대해서 상이한 가격을 부과하는 직접적 가격차별

이런 유형의 가격 전략이 효과를 갖기 위해서는, 여타 구매자들과는 체계적으로 다른 수요를 갖는 고객그룹(예 : 학생)을 기업이 직접적으로 구분해낼 수 있어야 한다. 이처럼 그룹 수준의 수요를 확인하는 것은 개별 고객들의 지불용의가격을 알아내는 것보다는 훨씬 용이한 것이 보통이다.

지역 대학교의 상징물로 장식된 의류들을 판매하는 회사를 생각해보자. 그들의 부모나 교수들은 가격에 덜 민감하지만 학생들은 대개 돈이 없어서 싼 것을 찾아다닌다는 점을 회사가 알고 있다면, 학생들에게는 보다 싼 가격을, 그리고 부모나 교수들에게는 더 높은 가격을 부과하고 싶을 것이다. 그러려면 회사는 판매하기 전에 누가 어느 그룹에 속하는지를 알아야 하며, 부모나 교수가 할인을 받기 위해서 학생인 척하는 것을 막을 수 있어야 한다. 한 가지 방법은 학생증 제시를 낮은 가격을 적용하는 조건으로 두는 것이다.

그러나 다른 가격차별에서와 마찬가지로 회사는 재판매를 방지할 수 있어야 한다. 학생들에게만 할인가격으로 판매하고 돌아서서 부모들에게는 (정상가격에) 판매할 수는 없을 것이다.

시장분할의 편익 : 그림에 의한 접근

어떤 기업이 시장분할을 할 수 있다고 할 때, 그룹들 간에 가격이 얼마나 달라야 하며, 표준적인 단일가격 독점 전략에 비해 가격차별을 통해서 얼마나 이익을 얻을 수 있을까?

유명한 70.3 코수멜 철인3종 경기(Ironman 70.3 Cozumel Triathlon) 참가시장에서의 두 소비자 그룹의 예를 생각해보자. 이 3종 경기는 1.2마일 수영, 56마일 자전거 타기, 13.1마일 달리기로 구성된 경기이다. 그것은 피학적 성향을 갖는 오락처럼 보이지만 사람들은 경기 참가를 위

---

2 역주 : 'segmenting'은 시장력을 가진 기업이 시장(고객들)을 몇 개의 그룹으로 나눈다는 의미로서, 분단화 또는 분절화 등으로 표현할 수도 있겠지만 여기서는 편의상 '(시장)분할'로 부르기로 한다. 다만, 경쟁자들이 담합해서 시장을 나눠 먹는다는 의미의 'market sharing'도 흔히 시장분할로 표현하는데, segmenting은 이와는 무관하다.

3 제3도 가격차별은 제1도 가격차별의 변형처럼 들리지만, 사실 이 명칭들은 1930년대에 체임벌린(E. H. Chamberlin)에 의해서 다소 임의적으로 만들어진 것이다.

그림 10.3   70.3 코수멜 철인3종 경기에서의 시장분할 참가비

(a) 외지 참가자

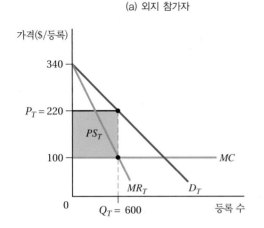

(b) 지역 참가자

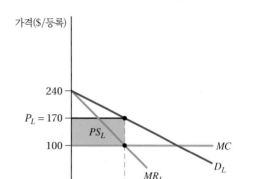

(a) 외지 참가자들은 상대적으로 가격에 민감하지 않으며, 수요는 비탄력적인 D_T이다. 외지 참가자 수는 $Q_T = 600$이 될 것이며, 각자 $P_T = 220$달러의 등록비를 내게 될 것이다. 생산자잉여 PS_T는 상대적으로 클 것이다.

(b) 지역 참가자들은 상대적으로 탄력적인 수요곡선 D_L을 갖는다. 따라서 더 낮은 가격($P_L = 170$달러/등록)에 보다 많은 수가 등록하게 될 것이다($Q_L = 700$). 지역 참가자들로부터의 생산자잉여 PS_L은 상대적으로 작다.

해서 상당한 돈을 낸다.

이 경기에 참가를 원하는 사람은 두 종류이다—코수멜 인근에 사는 사람들과 다른 곳에서 날아온 사람들이다. 두 그룹의 경기 참가 수요곡선이 그림 10.3에 그려져 있다. 그림 10.3a는 경기를 위해 여행 온 참가자들의 수요이다(D_T). 이들 대부분은 미국에서 오며, 고소득층이고, 고가의 경기장비를 갖고 있으며, 항공료, 호텔 숙박비, 식비 및 자동차 렌트비용 등을 써야 한다. 경기 등록비가 좀 높다고 해도, 총비용에서의 비중은 작기 때문에 신경 쓰지 않는다. 다시 말해 여행 온 참가자들의 수요곡선은 상당히 비탄력적이다. 외지(여행자) 참가자들의 수요곡선 D_T로부터 한계수입이 도출된다(그림 10.3a에서 MR_T). 그다음, $MR_T = MC$인 점에서 외지 참가자 수의 최적값을 결정한다($Q_T = 600$). 이 수량에서 등록비는 $P_T = 220$달러이다.

그림 10.3b의 그림은 그 지역 그룹의 수요곡선을 보여준다(D_L). 지역 주민들의 수요는 가격에 좀 더 민감한데, 등록비가 너무 높다면 대신에 할 수 있는 다른 활동이 많기 때문이다. 따라서 그들의 수요곡선은 완만하고 보다 탄력적이다. 이들 참가자들의 수요곡선 D_L에서 한계수입곡선 MR_L이 도출된다(그림 10.3b). 기업이 지역 주민들에게 제공하는 최적 참가자 수는 $MR_L = MC$가 되는 $Q_L = 700$이다. (MC는 두 그룹 모두 같다. 기본적으로 그것은 번호표, 음료수, 식수, 메달, 경기용 티셔츠 등의 비용이다.) 이 그룹의 수요곡선에서 결정되는 가격은 $P_L = 170$달러이며, 외지 참가자들에 대한 220달러보다는 상당히 낮은 수준이다.

선수들이 외지에서 왔는지 아닌지를 경기를 주관하는 기업이 식별할 수 있다면, 재판매를 방지하는 것은 문제가 되지 않는다. 외지 선수들은 등록할 때 주소가 적힌 일정한 신분증을 보여야 하며 경기가 열리는 날 가슴 번호를 받을 때 누구인지를 밝혀야 하기 때문에 선수의 식별은 어렵지 않다.

시장분할의 기본적 발상은 간단하다. 기업이 수요가 다른 그룹들을 직접적으로 알아볼 수 있어서 각각 다른 가격을 부과할 수 있다면, 사실상 각 그룹을 별개의 시장으로 볼 수 있다. 그러면 이들 '시장' 각각에 대해서 $MR = MC$가 되는 이윤극대화 수량을 선택하고, 각 시장의 수요곡선에 따라 상응하는 이윤극대화 단일가격을 책정하는 것이다.

이런 가격 전략을 취하는 기업은 완전 가격차별을 사용하는(따라서 시장의 모든 잉여를 갖게 되는) 경우만큼 많은 생산자잉여를 벌지는 못할 것이다. 그렇지만 통상적인 독점기업처럼 행동해서 모두에게 같은 가격을 책정하는 경우보다는 더 많은 잉여를 얻을 수 있는데, 왜냐하면 이 전략을 통해 상대적으로 비탄력적인 수요의 소비자에게는 높은 가격을, 그리고 상대적으로 탄력적인 수요의 소비자에게는 낮은 가격을 부과할 수 있게 되기 때문이다.[4]

시장분할의 편익 : 수학적 접근

수학을 이용한 분석을 위해 철인3종 경기에서의 2개의 수요곡선을 이용하자. 외지 참가자의 수요곡선은 $Q_T = 1,700 - 5P_T$, 지역 참가자의 수요곡선은 $Q_L = 2,400 - 10P_L$로 주어진다. 지역 주민의 수요가 외지인의 수요보다 가격에 민감하다는 점에 유의하자 — 참가비가 1달러 증가할 경우에 외지 참가자 수는 5만큼 감소하지만 지역 참가자 수는 10만큼 감소한다. 참가자 1인 추가에 따른 기업의 MC는 총 참가자 수에 관계없이 100달러 수준에서 일정하다고 가정한다.

수학적 분석도 그림에 의한 분석과 같은 단계를 따른다. 기업이 별개의 그룹들을 구분하고 재판매를 방지할 수 있다면, 각 그룹의 한계수입곡선을 도출해서 그룹별로 독점가격을 구할 수 있다.

선형 수요곡선으로부터 MR곡선을 도출하는 방법은 제9장에서 다루었다. 먼저, 수요곡선을 변형시켜 가격이 수량의 함수로 표현되는 역수요곡선을 구한다.

외지인	지역 주민
$Q_T = 1,700 - 5P_T$	$Q_L = 2,400 - 10P_L$
$5P_T = 1,700 - Q_T$	$10P_L = 2,400 - Q_L$
$P_T = 340 - 0.2Q_T$	$P_L = 240 - 0.1Q_L$

다음으로, MR곡선은 역수요곡선과 유사하지만 기울기가 2배이다.

외지인	지역 주민
$MR_T = 340 - 0.4Q_T$	$MR_L = 240 - 0.2Q_L$

최적 판매량은 MR이 (두 그룹 모두 100달러인) MC와 일치하는 수준이다. 각각의 MR 방정식과 MC를 일치시키면 각 그룹의 최적 참가자 수가 얻어진다.

외지인	지역 주민
$MR_T = MC$	$MR_L = MC$
$340 - 0.4Q_T = 100$	$240 - 0.2Q_L = 100$
$240 = 0.4Q_T$	$140 = 0.2Q_L$

4　실제로 외지 참가자의 수요가 매우 높았기 때문에 결국에는 지역 주민에 대한 할인을 폐지하고 여행자(외지 참가자) 시장에 집중하게 되었다.

$$Q_T^* = 600 \qquad\qquad Q_L^* = 700$$

마지막 단계로, 이 수량을 역수요곡선에 대입해서 상응하는 참가비를 구한다.

외지인	지역 주민
$P_T^* = 340 - 0.2Q_T^*$	$P_L^* = 240 - 0.1Q_L^*$
$= 340 - 0.2(600)$	$= 240 - 0.1(700)$
$= 340 - 120$	$= 240 - 70$
$= \$220$	$= \$170$

그러므로 시장분할 전략에서 기업은 외지인들에게는 220달러로 600개의 참가권을 팔고, 지역 주민들에게는 170달러로 700개를 판다.

기업이 얻는 생산자잉여는 각 그룹별로 가격과 MC의 차이에 참가자 수를 곱한 것이다. 그림 10.3에서 이것은 외지 참가자의 경우에 PS_T이고, 지역 참가자의 경우에는 PS_L이다.

외지인	지역 주민
$PS_T = (220 - 100) \times 600$	$PS_L = (170 - 100) \times 700$
$= 120(600)$	$= 70(700)$
$= \$72,000$	$= \$49,000$

따라서 기업의 총 생산자잉여는 121,000달러이다.

앞에서 가격차별 독점기업은 단일가격 독점기업보다 더 많은 생산자잉여를 얻는다는 것을 알았다. 이는 직관적으로도 이해할 수 있는데, 시장을 나누는 기업은 가격탄력성이 작은 고객들에게 보다 높은 가격을 책정함으로써 더 많은 소비자잉여를 뺏어올 수 있기 때문이다. 이것을 방정식으로 보일 수 있다.

먼저, MC곡선은 수요곡선의 굴절점 아래, 즉 시장수요가 두 그룹의 수요의 합으로 이루어지는 부분에서 수요곡선과 교차하는데, 이때 수요곡선은 다음과 같다.

$$Q = 1,700 - 5P + 2,400 - 10P = 4,100 - 15P$$

이 부분의 역수요곡선은 $P = \dfrac{4,100}{15} - \dfrac{Q}{15}$이고, 한계수입곡선은 기울기가 2배이다$\left(MR = \dfrac{4,100}{15} - \dfrac{2Q}{15}\right)$. MR과 MC를 일치시켜서 단일가격 전략에서의 최적 참가자 수를 구한다.

$$\frac{4,100}{15} - \frac{2Q}{15} = 100$$
$$4,100 - 2Q = 1,500$$
$$Q^* = 1,300$$

1,300은 앞의 가격 전략에서 구한 두 그룹의 참가자 수의 합과 정확히 같다. 단일가격 독점기업과 시장을 나누는 독점기업의 경우, 책정하는 가격이 서로 다르지만 공급하는 수량이 항상 다른 것은 아니다. 그렇지만 구매자들이 변하지 않는다는 뜻은 아니다. 새로운 (단일)가격은 외지인에 대한 차별가격보다는 낮고(따라서 차별의 경우보다 참가자 수가 많아지고), 지역 주민에 대한 차별가격보다는 높아질(따라서 일부는 참가하지 않게 될) 것이다. 이 경우에 가격은 무

엇인가? 수량을 역수요곡선에 대입하면 다음과 같다.

$$P^* = \frac{4,100}{15} - \frac{1,300}{15} = 186.67달러$$

이처럼 지역 주민들은 다소 높아진 가격에 직면하게 되지만, 외지인들은 차별가격에 비해서 꽤 유리해진다.

생산자잉여는 가격 차이(186.67달러)와 한계비용(1,300명 참가자 모두에게 일정한 한계비용 100달러가 적용됨)으로부터 계산할 수 있다.

$$PS = (186.67 - 100) \times 1,300$$
$$= 86.67(1,300) = 112,671달러$$

독점기업이 시장을 나누는 경우 121,000달러의 생산자잉여를 얻는데, 단일가격을 부과해야 한다면 112,671달러를 벌게 된다. 시장분할을 통해서 독점기업의 생산자잉여는 8,329달러로, 약 7% 증가하게 된다.

그룹별로 얼마를 부과해야 하는가

시장력 가격책정의 기본 규칙은 각 그룹마다 적용되므로 제9장에서 도출한 기본적인 마크업 공식인 러너지수도 각 시장별로 적용된다. 이 공식에서 가격 마크업은 수요의 가격탄력성 관계식으로 표현됨을 상기하자.

$$\frac{(P - MC)}{P} = -\frac{1}{E^D}$$

같은 재화를 시장의 두 그룹에게 판매하는 만큼 한계비용은 어느 쪽에서나 같다. 그룹들마다 다른 가격을 책정하는 이유는 오로지 수요탄력성이 다르기 때문이다. 러너지수가 (1과 2로 표시한) 두 그룹의 가격 비율에 어떤 의미를 갖는지를 알아보기 위해서 각 그룹의 러너지수를 가격으로 나타내보자.

$$\frac{(P_1 - MC)}{P_1} = -\frac{1}{E_1^D}$$

$$P_1 - MC = -\frac{1}{E_1^D} \times P_1$$

$$P_1 + \left(\frac{1}{E_1^D} \times P_1\right) = MC$$

$$P_1\left(1 + \frac{1}{E_1^D}\right) = MC$$

$$P_1\left(\frac{E_1^D}{E_1^D} + \frac{1}{E_1^D}\right) = MC$$

$$P_1 = \left(\frac{E_1^D}{1 + E_1^D}\right) \times MC$$

마찬가지로

$$P_2 = \left(\frac{E_2^D}{1+E_2^D}\right) \times MC$$

이제 이들 가격의 비율을 계산할 수 있다.

$$\frac{P_1}{P_2} = \frac{\left[E_1^D/(1+E_1^D)\right] \times MC}{\left[E_2^D/(1+E_2^D)\right] \times MC}$$

$$= \frac{\left[E_1^D/(1+E_1^D)\right]}{\left[E_2^D/(1+E_2^D)\right]}$$

그룹 1의 수요탄력성이 그룹 2에 비해서 낮아지면(즉 E_1^D의 절댓값이 E_2^D의 그것보다 작아지면) P_1/P_2 비율은 상승한다. 즉 두 그룹 간 가격 민감도의 차이가 커질수록 가격 비율도 달라진다.

철인3종 경기의 예로 돌아가서, 수요탄력성이 외지인은 −1.83이고 지역 주민은 −2.43임을 알 수 있다.[5] 위의 공식에 이 탄력성값들을 대입해서 가격 비율을 구할 수 있다.

$$\frac{P_1}{P_2} = \frac{\dfrac{-1.83}{-1.83+1}}{\dfrac{-2.43}{-2.43+1}} = \frac{\dfrac{-1.83}{-0.83}}{\dfrac{-2.43}{-1.43}} = \frac{2.2}{1.7} = 1.29$$

다시 말해 외지인에 대한 가격은 지역 주민 가격의 거의 1.3배(즉 30% 더 높은 수준)여야 한다. 이것은 실제로 앞에서 계산한 최적 참가비 220달러와 170달러의 비율이다.

 예제 10.2

두 지역에 매장을 열고 있는 기업을 가정해보자. 하나는 경쟁자가 많은 대도시에 있고, 다른 하나는 경쟁자가 적은 소도시에 있다고 한다. 고객들의 수요가격탄력성이 대도시의 경우에는 −3이고, 소도시에서는 −2이다. 생산의 한계비용은 위치에 관계없이 단위당 30달러이다.

  a. 각 지역에서의 최적 마크업은 무엇인가?

  b. 왜 서로 다른가?

풀이

  a. 가격책정과 수요의 가격탄력성 관계는 러너지수를 이용해서 알 수 있다.

$$\frac{(P-MC)}{P} = -\frac{1}{E^D}$$

$MC(=30$달러)와 대도시에서의 수요의 가격탄력성($=-3$)을 대입하면 다음과 같다.

$$\frac{(P-\$30)}{P} = -\frac{1}{(-3)}$$
$$P = 3(P-\$30)$$
$$2P = \$90$$
$$P = \$45$$

소도시의 경우에도 반복하면

$$\frac{(P-\$30)}{P} = -\frac{1}{(-2)}$$
$$P = 2(P-\$30)$$
$$P = \$60$$

이다. 따라서 대도시 고객들은 45달러, 소도시 고객들은 60달러의 가격이 부과된다.

  b. 소도시에 비해 대도시에서 수요가 더 탄력적이므로(가격탄력성의 절댓값이 더 크다), 대도시 고객들이 가격에 더 민감하다. 그러므로 더 낮은 가격이 부과될 것이다.

A⁺ 시험 잘 보는 법

정말로 가격차별인가?

앞에서도 언급했지만, 같은 제품에 대해 다른 가격을 부과하는 '가격차별'과 '가격차이'는 항상 주의해서 구분할 필요가 있다. 이 둘을 분별하기가 매우 어려울 때도 있다. 시장력을 가진 기업이 가격차별을 하면 상이한 고객그룹들 간에 가격이 달라지게 되지만, 그룹들 간에 공급의 한계비용이 다를 경우에는 완전경쟁시장에서도 그룹들 간에 가격이 다를 수 있다.

예를 들어 코카콜라는 기본적으로 탄산수에 시럽을 더한 것이지만, 때로는 그것 1병이 단지 탄산수 1병보다 저렴할 수도 있다. 아마도 이 가격차이는 가격차별을 반영하는 것이겠는데, 탄산수를 사는 사람들이 (콜라와 같은) 소다수를 사는 사람들보다 가격 민감도가 작을 것이기 때문이다. 그러나 탄산수의 제조비용이 더 비쌀 수도 있다(예를 들어 소다수의 소비량이 탄산수보다 훨씬 많으며 생산에서 규모의 경제성이 작용할지도 모른다). 따라서 가격만으로는 알 수가 없다.

경쟁시장에서 비용 요인에 따른 가격차이를 가격차별과 분별하는 유일한 방법은 비용과는 관계없이 수요의 가격탄력성을 변화시키는 무언가를 찾아보는 것이다. 가격차별은 시장력을 가진 기업이 수요의 탄력성(및 한계비용)에 근거하여 가격을 책정하는 것을 의미한다. 경쟁시장에서 가격은 한계비용에 따라서만 변동한다. (이것은 제9장에서 살펴보았던 수요곡선의 회전 이동에 대한 반응에서 시장력을 가진 기업과 경쟁기업이 다르다는 사실과 관련된다.)

시장분할의 직접적 방법

가격차별을 목적으로 하여 고객그룹들을 직접적으로 확인하는 방법은 여러 가지다. 가장 보편적인 예들을 보자.

고객 특성에 따라서 기업은 흔히 연령(영화관의 경로 할인이나 호텔의 아동 할인 등), 성별, 또는 학생이나 지역 주민 등과 같은 고객 특성에 따라 가격을 책정한다. 기본 목적은 가격에 보다 민감한 고객들을 찾아내 가격을 낮게 매긴다는 것이다. 어떤 나라들에서는 소비자 특성에 근거한 가격책정을 할 때 주의할 필요가 있는데 연령, 성별, 인종, 신체적 장애 여부 등에 따른 차별은 법으로 금지되는 경우도 있기 때문이다.

심지어 사용자의 생물학적 종에 근거한 시장분할도 있다. 의사와 수의사가 같은 약을 처방하는 경우도 있다. 특정 관절염 치료제의 경우, 할머니들이 그것을 구매할 의사가 어떤 사람들이 자기 개의 관절염 치료를 위해 그 약을 구매할 의사보다 훨씬 크다는 사실을 제약회사들은 알고 있다. 이 치료제의 사람용 가격이 애견용의 거의 3배가 된다는 의회의 조사 결과는 지불용의 가격에서의 이러한 차이로 설명될 수 있을 것이다. 실제로 이 조사에 따르면, 제약회사들은 거의 모든 유사 의약품에서 사람용의 가격을 동물용보다 현저히 높게 매기고 있다.[6]

고객 특성은 사업자들 간의 거래에서도 이용될 수 있다. 예를 들어 학술잡지 출판사들은 도서관에 비해 개인들이 훨씬 더 가격에 민감하다는 것을 알고 있으며, 따라서 그들은 개인보다 기관에 대해서 훨씬 비싼 값을 부과한다. 예를 들어 최대의 학술잡지 출판사들 중 하나인 엘스비어(Elsevier)사는 *International Journal of Industrial Organization*이라는 학술잡지의 1년 구독료로 개인에게는 142달러를 부과하지만 도서관에 대해서는 2,702달러를 부과하고 있다.

---

6 Minority Staff, Special Investigations Division, Committee on Government Reform, U.S. House of Representatives, "Prescription Drug Price Discrimination in the 5th Congressional District in Florida: Drug Manufacturer Prices Are Higher for Humans than for Animals," Prepared for Rep. Karen L. Thurman, http://lobby.la.psu.edu/010_Insuring_the_Uninsured/Congressional_Statements/House/H_Thurman_031600.htm.

괴짜경제학

빅토리아시크릿의 '별로 비밀스럽지 않은' 가격차별

때로는 가격차별이 소비자만이 아니라 생산자에게도 비용을 부담하게 만들 수 있다. 뉴욕시에 사는 캐츠먼이란 여성은 1996년에 빅토리아시크릿사를 성적 차별을 이유로 제소하고 수백만 달러의 손해배상을 요구했다. 성적 차별을 주장하면서 그녀가 문제 삼은 것은, 카탈로그에서 벌거벗다시피 한 여성들이 나오는 부분이 아니라 뒤쪽에 있는 판촉용 쿠폰이었다.

뭐가 문제였나? 그녀가 가진 카탈로그에서는 75달러짜리 제품에 10달러 할인이 제시되었던 반면에, 남자친구가 보는 거의 똑같은 카탈로그에는 25달러 할인이 제시된 것이었다. 그녀의 카탈로그가 오래된 것이었나? 아니다. 빅토리아시크릿은 약간 '노골적인' 가격차별을 하고 있었던 것일 뿐이다.

이 회사는 상이한 판촉 내용의 이유에 대해 밝히지 않았지만, 그러한 가격차별을 실시했을 이유에 대해서 경제학적으로 추측해볼 수 있다. 기업이 시장력을 이용해서, 더 많이 지불할 용의가 있는 사람들에게 더 높은 가격을 매기는 것이 가격차별이다. 빅토리아시크릿은 카탈로그를 발송하면서 그것이 고객들을 분할(구분)하고 다른 유형의 고객들에게 다른 가격을 광고하는 기회가 됨을 알고 있었다. 여성들은 75달러짜리 고급 속옷을 65달러의 가격에 구매하려고 할 수도 있겠지만, 남성들은 아마도 아내나 여자친구를 위한 속옷에 그런 돈을 쓰려고 하지는 않을 것이다. 50달러 정도라면 모르겠다. 대부분의 사람들이 친구의 카탈로그를 보게 되지는 않을 것이므로, 이런 형태의 가격차별은 눈에 띄지 않고 지나갈 수 있다.

어쨌거나 캐츠먼은 수백만 달러의 배상을 받지 못했다. 판사는 남소(frivolous suit)를 이유로 그녀의 변호사를 제재하면서 빅토리아시크릿의 소송비용 일부를 지불하도록 명령했다. 뉴욕시의 다른 한 주민의 경우도 별로 나을 게 없었다. 2007년에 그는 '여성들의 밤'을 열어왔던 술집을 상대로 '기분 나쁘다'는 이유로 제소했다. 그는 결국 패소했는데, 여성들의 밤과 같은 성별에 근거한 가격차별 광고를 매주 계속하는 술집들은 세상 어디에나 있다.

과거 구매 행동에 따라서 소비자들은 여러 재화를 구매하면서 자신의 지불의사에 대해 많은 것을 드러내게 되며, 판매자들은 그 정보를 이용해 고객을 유형별로 나눌 수 있다. 자동차보험이나 위성 TV와 같은 산업에서는 소비자가 공급회사를 한번 결정하고 나면 잘 변경하려고 하지 않는데, 기존 고객들은 잠재적인 신규 고객들에 비해 가격에 덜 민감한 경향이 있다. 따라서 이들 산업에서는 기업들이 신규 고객에게 특별 할인을 제공하는 것이 보통인데, 가령 첫 계약기간 보험료를 할인해주거나 첫 3개월 시청료를 면제해주는 것이다. 고객이 이전에 그 제품을 구매했는지 여부에 따라 가격차별을 하는 방식이다.

제품에 따라서는 신규 고객의 가격 민감도가 기존 고객들보다 낮은 경우도 있다. 예를 들면 사람들이 자기가 쓰는 소프트웨어를 새 버전으로 업그레이드하도록 설득하는 것은 매우 어려운 것으로 알려져 있다. 마이크로소프트사가 윈도의 새 버전을 출시할 경우, 구 버전을 업그레이드하는 가격은 새 버전을 그대로 사는 가격보다 훨씬 낮은 것이 보통이다. 이렇게 낮은 가격을 통해서, 가격 민감도가 높은 (기존) 고객들로 하여금 새 버전을 구입하도록 유도하려는 것이다.

입지에 따라서 한 지역에서 살고 있는 고객들이 낮은 가격을 찾아 다른 지역으로 이동하기는 어려울 수도 있고, 다른 곳에서는 가격이 얼마인지 아예 모를 수도 있다. 이런 경우에 판매자는 각 지역 수요의 가격 민감도에 따라서 상이한 가격을 부과할 수도 있다. 예를 들면 체인형 음식점들이 공항 안에 있는 매장에서는 다른 곳에 위치한 매장에서보다 높은 가격을 매기는 경우가 있는데, 적어도 부분적으로는 다음과 같이 설명될 수 있다. 즉 여행객들은 낯선 곳에서 서둘러 이동하는 중이고 (때로는) 회사경비로 지출하기 때문에 음식점의 가격에 민감하지 않은 경향이 있다는 것이다.

응용 유럽 자동차 시장에서의 입지에 따른 시장분할

폴크스바겐 골프를 독일의 하노버에서 구입할 경우, 포르투갈에서보다는 싸고, 그리스에서 구입할 때보다는 더 비싸다.

유럽의 주요 자동차 제조업체인 폴크스바겐이나 BMW 등은 같은 자동차를 여러 나라에서 판매한다. 고객들은 자동차에 대한 선호나 소득수준에서 크게 다르다. 이 시장에서 자동차 제조업체들은 어느 정도 시장력을 갖는 경향이 있기 때문에, 한 나라의 고객들이 다른 나라에 재판매하는 것을 방지할 수만 있다면 시장분할 가격차별을 하기에 안성맞춤이다. 제조업자들은 고객들을 국가별로 분할하고, 위에서 본 가격차별 방법을 이용해서 똑같은 차를 국가별로 다른 가격에 판매할 수 있다. 그러면 어디에서나 같은 가격으로 판매할 경우에 비해서 더 높은 이윤과 더 많은 생산자잉여를 얻을 수 있게 된다.

자동차회사들이 국가 간 재판매를 방지하는 방법에는 여러 가지가 있는 것으로 알려져 있다. 첫째, 안내편람이나 기록물을 모두 그 나라의 언어로만 인쇄하는 것이다. 스웨덴의 운전자는 그리스어로 된 편람을 원치 않을 것이며, 그 반대도 마찬가지다. 둘째, 자동차가 구입된 국가 이외의 나라에서는 차에 대한 서비스를 금지할 수 있다. 스페인에서 고장이 난 차를 루마니아까지 끌고 가려는 사람은 없을 것이다. 셋째, 다른 나라 사람들에게 자동차를 판매하는 판매업자에게 징벌을 가할 수 있다.

경제학자인 골드버그와 버보벤은 이 문제를 알아보기 위해서 유럽의 자동차 가격에 관한 증거들을 수집했다.[7] 여기서 같은 자동차의 가격이 국가 간에 상당히 다를 수 있는 것으로 나타났다. 2015년 폴크스바겐 골프 기본형의 독일 내 가격은 그리스에서보다 거의 20%나 더 비싼 반면에 포르투갈에서보다는 약 20% 더 쌌다.

두 사람의 결론은, 유럽 국가들 간 가격차이의 일부는 각국 조세제도의 차이에서 오는 것이지만, 차이의 많은 부분이 시장분할에 의한 직접적 가격차별 때문이라는 것이다. 자동차회사들은 지역의 수요 조건에 따라서 마크업(= 가격 – 한계비용)을 달리하고 있었다. 폴크스바겐 골프의 가격책정 방식은 독일 내의 수요가 그리스에서보다는 비탄력적이지만 포르투갈의 경우보다는 탄력적이라는 이론에 부합하는 것으로, 그래서 독일 고객들은 그리스 고객보다 높은 값을 치르고, 포르투갈 사람들은 더 높은 값을 낸다. ■

시간에 따라서   어떤 시장들에서는 사람들의 유형에 따라 제품을 구매하는 시기가 다른 점을 이용해서 가격차별을 하기도 한다. 새 세대의 컴퓨터 CPU가 처음 출시되는 경우에는 보통 상당히 높은 가격으로 판매되는데, 앞 세대 제품보다 수십만 원이 더 비쌀 때도 종종 있다. 그러나 몇 달만 지나면 원래 가격보다 훨씬 싼값에 살 수 있게 된다. 아마도 한계비용이 그만큼 떨어졌기 때문으로 생각되는가? 그럴지도 모른다. 그러나 개봉 상영관에서는 10달러 하는 영화를 몇 주만 지나면 할인 상영관에서 단지 4달러에 볼 수 있게 되는 사실은 어떻게 생각하는가? 실제 생산비용의 차이는 1달러 남짓밖에 안 됨에도 불구하고, 하드커버일 때는 26.95달러이던 책이

---

7   Pinelopi K. Goldberg and Frank Verboven, "Cross-Country Price Dispersion in the Euro Era: A Case Study of the European Car Market," *Economic Policy* 19, no. 40 (October 2004): 484–521.

페이퍼백이 되면 단지 10.95달러가 되는 것은 어떤가? 이것들은 모두 최신 및 최고 버전의 제품을 갈망하는 종류의 사람들(PC 게임광, 영화광, 독서광)은 나중에 시장에 들어오는 사람들에 비해서 가격에 덜 민감한 경향이 있는 경우이다.

또 다른 경우에는, 시간을 두고 수요의 가격 민감도가 낮아짐(보다 비탄력적으로 됨)에 따라서 가격차별을 통해 가격이 점차 증가하게 될 수도 있다. 이런 현상은 처음에는 품질이 불확실한 재화나 서비스들에서 많이 나타난다. 예를 들면 새로운 연극이나 관객평이 아직 나오지 않은 뮤지컬의 입장권은 가격이 비교적 싼 경우가 많다. 그러나 일단 그 지역 평단으로부터 '찬사(thumbs up)'를 받고 나면, 수요가 훨씬 비탄력적이 되고 따라서 제작자는 가격을 올리게 된다.

어떤 경우이든, 같은 재화를 다른 시기에 다른 가격으로 판매하는 기업은 시장분할의 기본 규칙을 적용해서 각 시기의 수요 상태에 따라 표준적인 독점가격책정 규칙을 활용하고 있는 것이다.

그렇지만 시간에 따른 가격책정에서 유념해야 할 문제가 하나 있는데, 제품의 상이한 버전에 관한 다음 절 내용과도 관련된다. 시간에 따른 가격책정을 기술적 측면에서 보면, 판매자가 고객들을 직접적으로 특정 기간에 배정하는 경우에만 시장분할이 이루어진다. 만일 고객들이 미래를 내다볼 수 있다면, 즉 오늘 구매 여부를 결정하면서도 미래에 판매자가 어떻게 할지를 고려한다면, 상이한 시간에 상이한 가격을 제시하면서 고객에게 언제 구매할지를 결정하게 하는 것으로는 고객들을 직접적으로 구분해낼 수 없게 된다. 판매자는 고객이 선택하는 그룹을 (즉 구매시간을) 바꾸지 못하도록 방지할 수 없다. 이런 상황에서는, 판매자는 시간에 따라 다른 가격을 책정하려고 하면 소비자가 언제 구매할지도 달라진다는 사실을 고려해야만 한다. 따라서 판매자의 가격차별 능력도 제한될 것이다. 이것을 간접적 가격차별이라고 하며, 다음 절에서 다루게 된다.

10.4 간접적/제2도 가격차별

언제 사용하는가

1. 기업은 시장력을 가지며, 재판매를 방지할 수 있다.
2. 기업 고객들의 수요곡선은 서로 다르다.
3. 기업은 어떤 고객이 어떤 수요 유형인지를 구매 이전에 직접적으로 확인할 수 없다.

기업은 직접적 가격차별을 함으로써 단일가격을 책정해야만 하는 경우보다 더 많은 생산자잉여를 얻을 수 있음을 알았다. 보다 비탄력적인 수요의 고객에게는 더 높은 가격을, 보다 탄력적인 수요의 고객에게는 더 낮은 가격을 책정하는 것이 요점이다. 그렇지만 (직접적 가격차별을 위해 필요한 것처럼) 구매 이전에 고객의 수요 유형을 직접 관측하는 것이 어려운 경우도 많다. 기업은 고객들의 가격 민감도가 서로 다르다는 사실은 알지만 특정 고객이 어느 그룹에 속하는지를 알 수는 없을지도 모른다.

이런 점은 모르더라도 기업은 **간접적 가격차별**(indirect price discrimination) 또는 **제2도 가격차별**(second-degree price discrimination)이라고 부르는 가격 전략을 이용해서 추가적인 생산자

간접적 가격차별(제2도 가격차별)
기업이 제시한 다양한 가격책정 방식들 중에서 고객이 선택하도록 만드는 가격책정 전략

잉여를 얻어낼 수 있다. 이 가격 전략은 기업이 여러 가지 가격 방식을 제시하고 나서 고객들에게 선택하게 하는 것이다.

기업이 이용할 수 있는 간접적 가격차별 기법에는 여러 종류가 있다. 그렇지만 이들 모두의 기초가 되는 원리는, 고객들이 자기에게 '맞는' 것을 고르도록 선택권을 주는 방식으로 책정해야 한다는 것이다. 즉 다른 그룹을 위해 설계된 가격 방식이 아니라 자기 그룹을 위해 마련된 가격 방식을 선택하게 만드는 것이다. 예를 들어 항공사는 수요가 비탄력적인 업무출장 고객들이 수요가 탄력적인 여행객들보다 평균적으로 더 많이 지불하게 되도록 탑승 규칙과 가격을 설계한다. 그렇지만, 이와 동시에 항공사는 다음과 같은 상황이 벌어지지 않기를 바랄 것이다. 즉 업무출장 고객이 그들을 위한 탑승권이 너무 비싸다고 판단하고 대신에 여행객들을 위한 보다 싼 탑승권을 구매하는 상황 말이다.

수량할인을 통한 간접적 가격차별

수량할인
대량구매 고객에게 보다 낮은 단위가격을 부과하는 것

간접적 가격차별 중에서 가장 기본적인 유형은 **수량할인**(quantity discount)으로 대량구매 고객에게는 낮은 단위가격을 적용하는 가격 전략이다. 이것이 작동하려면, 대량구매 고객은 소량구매 고객보다 수요가 탄력적이어야 한다. 시장의 소비자들이 이런 탄력성 특성들을 갖지 않는다면, 수량할인과는 반대로 대량구매 고객들에 대한 가격을 높이는 방법을 강구하게 될 것이다.

예를 들어 가상적인 온라인 주식중개소인 이트레이드에 두 유형의 고객들이 있다고 가정해 보자. 한 유형은 주식 매매에 큰 관심이 없는 '무관심(uninterested)' 거래자들이다. 따라서 이들은 (주식거래 중개) 수수료율이 더 낮은 곳을 찾기 위해서 여러 온라인 중개소를 돌아다닐 유인이 크지 않다. 즉 이들의 수요는 부과되는 수수료에 대해 상대적으로 비탄력적이다. 이러한 '무심(u)' 거래자의 수요곡선은 그림 10.4a의 D_u이다. 다른 유형의 고객들은 주식거래에 '강박증(obsessed)' 또는 집착을 갖고 있다. 매일 여러 번 거래하기 때문에 수수료율에 대해 매우 민감하다. 즉 이들의 수요는 수수료에 대해 상대적으로 탄력적이며, 이러한 '강박(o)' 거래자의 수요곡선은 그림 10.4b에서 D_o로 나타나 있다. 한계수입곡선은 각각 MR_u와 MR_o이며, 한계비용은 두 그룹 모두 같다. (편의상 무심 거래자와 강박 거래자를 각각 '무심형'과 '강박형'으로 표기하자.)

이트레이드는 탄력적 수요의 강박형들보다 비탄력적 수요의 무심형들에게 더 높은 수수료를 부과하려고 할 것이다. 이트레이드는 이러한 제3도 가격차별(시장분할)을 통해서 더 많은 생산자잉여를 가질 수 있겠지만, 이 전략의 실행은 불가능하다. 왜냐하면 각 개인이 거래계정을 개설하는 시점에서 그가 어느 유형의 거래자인지 알 수가 없기 때문이다. 그렇지만 이트레이드는 어떤 거래자가 어느 그룹에 속하는지 확인할 수는 없다고 하더라도 두 그룹의 수요곡선이 어떤 형태인지는 알고 있다. 예를 들어 무심형에 대해서는 수요곡선 D_u에 따라서 MR_u가 MC와 같아지도록 표준적인 이윤극대화 수량과 가격(거래당 수수료)을 정하려고 할 것이다. 즉 무심형의 월별 거래량은 Q_u가 되도록 거래당 25달러를 책정할 것이다. 강박형에 대해서는, 같은 과정을 거쳐서 거래당 5달러를 책정하고자 할 것이다. 그 수수료 수준에서 강박형은 월 Q_o만큼 거래할 것이다.

만약 이트레이드가 시장을 분할할 수 있다면 그룹별로 거래당 P_u와 P_o를 부과할 것이고 각 그룹은 월 Q_u와 Q_o만큼 거래하게 될 것이다. 그러나 이트레이드는 상이한 거래자들에 대해 상

그림 10.4 이트레이드의 수량할인

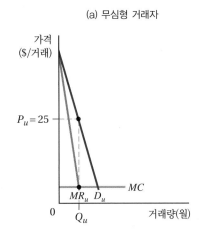

(a) 무심형 거래자

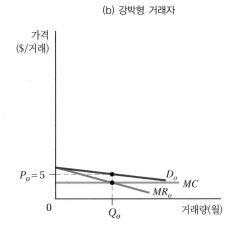

(b) 강박형 거래자

(a) 온라인 주식거래 중개회사인 이트레이드의 고객에는 두 유형이 있다―무심형(u)과 강박형(o). 무심형의 수요곡선은 상대적으로 비탄력적인 D_u이다. 이트레이드는 무심형에 대해서는 이윤극대화 수수료율 $P_u = 25$달러를 부과하고, 월 Q_u의 거래량을 판매하고자 한다.

(b) 강박형의 수요곡선은 상대적으로 탄력적인 D_o이다. 이트레이드는 이들에 대해서 더 낮은 수수료율 $P_o = 5$달러를 책정하고자 한다. 이트레이드는 어느 특정 거래자가 어느 그룹에 속하는지를 직접적으로 확인할 수는 없지만, 더 낮은 수수료율을 적용받으려면 월 거래량이 Q_o 이상이 되어야만 한다는 수량할인을 이용함으로써 두 그룹에 대해서 상이한 가격을 책정할 수 있다.

이한 수수료율을 직접적으로 부과할 수는 없다. 또한 거래량이 어떻든 상관없이 25달러와 5달러 중에서 고객들이 선택하도록 할 수도 없는데, 그럴 경우 모두가 싼 쪽을 선택할 것이기 때문이다. 각 거래자로부터 최대한의 잉여를 얻어내려면 이트레이드는 어떻게 할 수 있는가? 5달러의 낮은 수수료를 모두에게 제시하는 대신에, 낮은 수수료는 고객이 적어도 월 Q_o의 거래를 하는 경우에만 적용되도록 조건을 부과할 수 있다. 월 Q_o 이상의 거래를 원하지 않는 고객들에 대해서는 25달러 수수료를 책정하고 고객 스스로 원하는 만큼 거래하도록 할 수 있다.

유인합치성 무심형에게는 강박형보다 높은 수수료를 부과하는 것이 논리적이지만, 그것이 제대로 작동해서 최대한의 생산자잉여를 거둘 수 있으려면 이트레이드는 무심형이 $25/Q_u$ 방식(상품) 대신에 강박형을 대상으로 한 $5/Q_o$ 방식(상품)으로 변경하지 않을 것임을 확실히 해둘 필요가 있다. 즉 무심형이 단지 낮은 가격을 적용받기 위해서 더 많은 거래를 할 정도로 5달러 수수료 상품이 매력적인 것이어서는 안 된다. 무심형이 $25/Q_u$에서 얻는 소비자잉여가 (Q_o이상의 거래를 요건으로 하는) $5/Q_o$ 상품에서 얻는 것보다 커야만 한다. 가격 제안은, 각 유형의 구매자들이 각기 자신을 대상으로 설계된 제안을 실제로 선택하게 된다는 의미에서 내적 일관성(internal consistency)을 가질 필요가 있다.

　유인합치성(incentive compatibility)이란 간접적 가격차별 전략에서 각 고객집단에게 제시되는 가격이 그 집단에 의해 선택되어야 한다는 요건을 지칭한다. 이 예에서 두 가지 상품이 유인합치성을 가질 조건은 다음과 같다.

유인합치성

간접적 가격차별 전략에서 각 소비자 집단에게 제시되는 가격을 그 집단이 실제로 선택하게 된다는 조건

그림 10.5 유인합치성

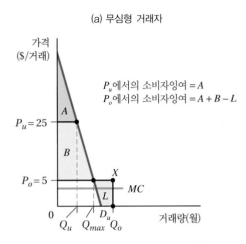

(a) 무심형 거래자

P_u에서의 소비자잉여 = A
P_o에서의 소비자잉여 = A + B − L

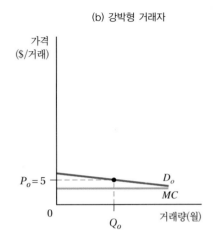

(b) 강박형 거래자

(a) 강박형에게 수량할인을 제시하기 전에, 이트레이드는 가격 전략이 유인합치성을 충족함을 확실히 해야 한다. 무심형 거래자는 P_u = 25달러에서 Q_u만큼 거래하고 A만큼의 잉여를 얻는다. 대신에 강박형 거래자에게 제시되는 수량과 가격인 (Q_o, P_o)에서는 잉여가 L만큼 감소하지만 동시에 B만큼 증가한다. 무심형은 L의 면적이 B보다 더 크다

면 25달러 상품을 선택할 것이다(A > A + B − L).

(b) 무심형을 위한 가격정책에서 강박형들은 더 높은 가격에 (P_u = \$25 > P_o = \$5) 더 적은 양의 거래를 해야만 할 것이다(Q_u < Q_o). 그러므로 이러한 수량할인은 두 유형의 거래자 모두에게 유인합치성을 갖는다.

1. 무심형은 $5/$Q_o$ 상품보다 $25/$Q_u$ 상품을 선호한다(즉 25달러 상품에서 얻는 소비자잉여가 5달러 상품에서보다 크다).

2. 강박형은 $5/$Q_o$ 상품을 선호하는데, 그것이 $25/$Q_u$ 상품에서보다 더 많은 소비자잉여를 가져다주기 때문이다.

이런 선택형 제안이 유인합치적인지 살펴보자. 먼저 무심형의 25달러 상품에서의 소비자잉여가 5달러에 Q_o만큼 거래함으로써 얻는 잉여보다 더 크다는 것을 보여야 한다. 첫 번째 제안으로부터의 소비자잉여를 알아내는 것은 쉽다. 그림 10.5에서처럼 무심형은 25달러 가격에서 Q_u만큼 거래하며, 소비자잉여는 수요곡선 아래쪽이면서 25달러보다 위인 영역으로, 그림 10.5a에서 삼각형 A이다.

무심형의 5달러 상품에서의 소비자잉여를 구하는 것은 조금 더 까다롭다. 먼저, 무심형의 수요곡선에서 5달러 상품의 가격과 수량 조합을 찾아야 한다. 그림에서처럼 이것을 X점으로 표시하자. X점은 무심형의 수요곡선보다 위쪽에 위치하고 있음에 주의하자. 이것은 만일 무심형이 수수료 5달러에 Q_o만큼의 거래를 한다면 실제로 소비자잉여를 잃게 될 것임을 의미한다. 가격이 5달러이면, 무심형은 그때의 수요량 Q_{max}만큼만을 거래하고자 할 것이다.

Q_{max}가 Q_o보다 적다는 사실은 Q_{max}와 Q_o 사이의 거래들에서는 무심형의 지불용의가격이 실제 지불해야 하는 5달러보다 낮다는 것을 의미한다. 실제로 (지불용의가격을 나타내는) 수요곡선이 5달러보다 아래에 위치하게 되는 모든 거래는 소비자잉여의 손실을 초래할 것이다. 그림

10.5a에서 이처럼 잉여를 파괴하는 거래들은 Q_{max}와 Q_o 사이의 것들이며, 소비자잉여의 총손실은 L로 표시된 영역이다. 그 영역은 무심형이 저가격 상품을 선택했을 때의 나쁜 면이다. 그렇지만 좋은 면도 있다. Q_{max}까지의 거래는 소비자잉여를 창출하며 그림에서 $A + B$영역이다. 이것은 25달러일 때 얻는 잉여(A영역)보다 상당히 더 큰데, 가격이 훨씬 낮기 때문이다. 그러므로 무심형이 5달러 상품을 선택함으로써 얻게 되는 순소비자잉여는 $A + B - L$영역이 된다.

두 가지 선택에서 무심형이 얻게 되는 소비자잉여를 비교해보면, 다음과 같은 경우에 5달러 상품 대신에 25달러 상품을 선택하게 될 것임을 알 수 있다.

$$A영역 > A영역 + B영역 - L영역$$
$$0 > B영역 - L영역$$
$$B영역 < L영역$$

즉 무심형은 낮은 수수료로부터 얻게 되는 추가적인 소비자잉여(B영역)가 그 수수료 수준에서 원하는 거래량보다 더 많이 거래해야만 하기 때문에 입게 되는 손실(L영역)보다 작다면, 자신을 위해 설계된 제안, 즉 거래당 25달러를 선택할 것이다.

무심형의 경우에 어떤 조건이 유인합치성을 갖는지는 이상과 같다. 강박형은 자신을 위해 설계된 $5/Q_o$ 상품을 선택하게 될까? 강박형은 5달러 수수료 수준에서 Q_o까지의 모든 거래에서 소비자잉여를 얻으며, 따라서 그 가격에서 그만큼은 기꺼이 거래하려고 할 것이다. 25달러 상품을 선택할 경우에는 단위당 더 높은 가격에 Q_o보다 적은 수의 거래를 하게 된다. 가격이 5달러로 유지된다고 하더라도 소비량이 줄어든다면 강박형에게는 손실이 되는데, 잉여가 창출되는 거래가 줄어들기 때문이다. 더욱이 같은 거래량에 대해서 단위당 5달러 대신 25달러를 지불해야 한다면 피해는 더 커질 것이다. 수량 감소와 가격 상승 모두가 강박형의 소비자잉여를 줄이게 된다. 따라서 강박형에게는 $5/Q_o$ 상품이 더 좋다.

무심형들도 5달러 상품 대신에 25달러 상품을 선택할 경우에 더 높은 가격과 더 적은 수량에 직면하게 됨을 보았다. 그렇다면, 무심형들이 25달러를 선택하는 경우에는 왜 강박형과 같이 자동적으로 더 나빠지지 않는 것인가? 이유는, 무심형이 5달러의 가격에서 거래량을 원하는 대로 선택할 수 있다면 결코 Q_o를 선택하지는 않을 것이기 때문이다. 5달러에서의 수요량인 Q_{max}만을 선택할 것이다. Q_{max}와 Q_o 사이에서는 어떤 거래든 소비자잉여를 파괴하게(즉 감소시키게) 되는데, 실제 가격이 지불용의가격보다 높기 때문이다. 무심형이 25달러 상품을 선호하게 만드는 것은 5달러 상품에는 소비자잉여를 감소시키는 거래가 조건으로 주어지기 때문이다.

버전차별 전략을 통한 간접적 가격차별

비행기 탑승권은 **버전차별 전략** 또는 **버저닝**(versioning)으로 부르는 것의 전형적인 예인데, 동일한 기본 제품을 여러 가지로 변형해서 여러 가지 제품으로 제시하는 것이다. 항공사의 고객들 중에는 가격에 민감하지 않은 업무출장 그룹과 가격에 매우 민감한 여가여행 그룹이 있다. 항공사는 두 승객그룹에 대해 상이한 가격을 책정하고 싶지만, 탑승권을 구매하는 고객 중 누가 출장을 가는 것인지는 알 수 없다. 그래서 항공사는 제품(특정 운항의 탑승권)의 상이한 버전들을 상이한 가격에 제시한다. 많은 제한이 따르는 저렴한 버전은 여가여행자들을 염두에 둔 것인데, 이들은 보통 여행하기 한참 전에 미리 구입하며, 주말(토요일 밤)을 여행지에서 보내

버전차별 전략(버저닝)
상이한 유형의 소비자들을 대상으로 선택가능한 복수의 제품들을 설계해 제시하는 가격책정 전략

예제 10.3

어떤 기업이 판매하는 제품의 잠재적인 고객들은 A와 B, 두 가지 유형이다. 역수요함수는 A유형이 $P = 120 - 10Q$이고, B유형은 $P = 60 - 2Q$이다. 제품의 한계비용은 20달러이다.

a. 구매자가 어떤 유형인지를 구매 이전에 알 수 있다면, 각 유형에 대한 가격은 얼마겠는가?

b. 고객이 어떤 유형인지를 구매가 이루어지기까지는 알 수 없다고 가정해보자. 수량할인을 이용해 각 유형의 구매자가 각기 자신을 위해 설계된 가격 방식을 선택하게 되는 자기선택(self-select)이 이루어지도록 만드는 방법을 제시해보라.

c. (b)에서 제시된 가격책정 방식이 유인합치성을 갖는지 확인하라.

풀이

a. 이윤극대화를 위해서는 유형별로 $MR = MC$가 되어야 한다. 따라서 먼저 각 유형의 한계수입곡선을 구해야 한다. 역수요곡선이 선형함수이므로 MR곡선은 수직절편은 같고 기울기는 2배인 직선이다. 즉 A유형은 $MR = 120 - 20Q$, B유형은 $MR = 60 - 4Q$이다. 이윤극대화를 위해 유형별로 $MR = MC$를 적용하면 다음과 같다.

A유형	**B유형**
$120 - 20Q_A = 20$	$60 - 4Q_B = 20$
$20Q_A = 100$	$4Q_B = 40$
$Q_A^* = 5$	$Q_B^* = 10$

이 수량들에서 가격은 다음과 같다.

A유형	**B유형**
$P_A^* = 120 - 10Q_A^*$	$P_B^* = 60 - 2Q_B^*$
$= 120 - 10(5)$	$= 60 - 2(10)$
$= \$70$	$= \$40$

b. 기업은 구매량 제한이 없는 70달러의 가격과 10단위 이상의 구매량을 조건으로 한 40달러의 가격을 제시해볼 수 있다.

c. 이 가격 방식은 B유형의 경우에 유인합치성을 갖는다. 이들은 단위당 40달러에 $Q = 10$을 기꺼이 구매할 것이다.

한편, A유형의 경우에는 각 방식에서의 소비자잉여

를 고려할 필요가 있다. A유형의 수요곡선과 두 가지 가격을 보여주는 그림을 보자.

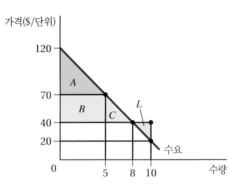

가격이 70달러라면 A유형은 5단위 구매를 선택할 것이며, 소비자잉여는 수요곡선과 가격 사이의 A영역이다.

A유형이 다른 방식을 선택하기로 하는 경우(40달러에 10단위) 소비자잉여는 가격과 수요곡선 사이의 영역이 되지만($A + B + C$) 동시에 소비자잉여를 잃게 되는데, 40달러의 가격보다 가치가 떨어지는 단위들도 구매할 것이기 때문이다. 그림에서 이는 L영역이다.

따라서 수량할인을 선택한다면 A유형의 소비자잉여는 $B + C - L$만큼 변할 것이다. $40/10$단위 상품은 $B + C < L$인 경우에만 유인합치성을 갖는다(즉 이 방식을 선택하지 않을 것임). 이 값을 계산해보자.

$$B영역 = 밑변 \times 높이$$
$$= (5)(\$70 - \$40)$$
$$= (5)(\$30)$$
$$= \$150$$

C영역을 구하려면 삼각형의 밑변을 구해야 한다. 그러려면 A유형의 지불용의가격이 정확히 40달러일 때의 수량을 알아야 한다.

$$P = 120 - 10Q$$
$$40 = 120 - 10Q$$
$$10Q = 80$$
$$Q = 8$$
$$C영역 = \frac{1}{2} \times 밑변 \times 높이$$

$$= (0.5)(8-5)(\$70-\$40)$$
$$= (0.5)(3)(\$30)$$
$$= \$45$$

그러므로 $B + C = \$150 + \$45 = 195$달러이다.

L영역을 구하려면 삼각형의 높이를 구해야 한다. 그러려면 A유형이 $Q = 10$을 구매하려고 할 때의 가격을 알아야 한다.

$$P = 120 - 10Q$$
$$= 120 - 10(10)$$
$$= 120 - 100$$
$$= \$20$$

$$L\text{영역} = \frac{1}{2} \times \text{밑변} \times \text{높이}$$
$$= (0.5)(10-8)(\$40-\$20)$$
$$= (0.5)(2)(\$20)$$
$$= \$20$$

그래서 $B + C = 195$달러이고, $L = 20$달러이다.

$A + B > L$이므로, $\$40/10$단위 방식은 A유형의 경우에 유인합치성을 충족하지 못한다. 이들은 수량할인을 원하며, 단위당 40달러에 $Q = 10$을 구매할 것이다. 따라서 이러한 가격책정 방식은 구매자들이 각 유형에 맞추어 설계된 가격 방식들을 선택하게 되는 자기선택을 유도하는 데 성공하지 못할 것이다.

고, 왕복항공권을 구입한다. 더 비싼 버전은 제한이 적으며 업무여행자들을 대상으로 한 것인데, 이들은 보통 주말을 여행지에서 보내지 않으며, 출발 직전에야 구입하는 경우가 많고, 일정의 신축성을 위해서 구간별로 편도항공권 구입을 선택할 수도 있다. 특정한 운항에 대해 두 가지 버전의 탑승권을 제공함으로써 두 유형의 고객들이 스스로 구분되도록 유도하는 것이다(그럼으로써 항공사는 더 많은 생산자잉여를 얻게 된다).

이 방식이 제대로 작동하게 하려면 항공사는 각 버전의 가격이 유인합치성을 가질 수 있게 해야 한다. 만일 각 그룹의 가격을 직접적 가격차별에서 사용되는 마크업 공식에 따라 책정한다면 제약이 많은 버전의 가격은 제약이 적은 탑승권에 비해 너무 낮을 수도 있다. 이런 경우에는 업무여행자들도 작심해서 여행 계획을 미리 세운다거나 목적지에서 주말을 지내고 올지도 모른다.

버저닝과 가격-비용 마진 버저닝에서 상이한 버전들의 한계비용이 같아야 할 필요는 없다. 버저닝이 작동하기 위해 필요한 것은 한계비용 대비 가격의 마크업이 덜 수요탄력적인 고객들이 구매하는 버전에서 더 커야 한다는 점뿐이다.

다수의 중형 세단을 판매하는 도요타 같은 자동차회사를 예로 들어보자. 도요타 구매자들의 일부는 가격 민감도가 크지 않다. 아마도 그들은 체면을 크게 의식하는 사람이거나 혹은 화려한 기능을 많이 갖춘 차들을 특별히 선호할 수도 있다. 만일 어떤 고객이 매장에 들어올 때 그가 어떤 유형인지를 알아낼 수 있다면, 그저 직접적 가격차별을 이용해서 10.3절에서 보았던 전략에 따라 상이한 가격을 부과할 수 있다. 그렇지만 현실에서는 어떤 시점에 문을 열고 들어오는 고객이 어떤 유형인지를 알아내는 것이 쉽지는 않다. 그래서 도요타는 간접적 가격차별을 이용해서 상이한 마크업으로 판매할 수 있는 두 가지 버전의 차를 설계할 수 있는데, 구매자들의 가격 민감도와 기능들에 대한 기호에 따라 구매자들 스스로가 구분되도록 유도하려는 의도이다.

예를 들면 도요타는 세계적으로 판매량이 높은 캠리 차종을 만드는데, 미국에서 29,000달러에 팔린다. 한편 렉서스 ES 차종도 만드는데, 캠리와 같은 공장의 같은 조립대 위에서 생산된다. 그것은 캠리와 많은 점에서 유사하지만 좀 더 호화롭다. 여러 가지 최고급 사양을 갖춘 캠리라고 생각하면 되겠는데, 약 39,000달러에 팔린다.

다양한 사양과 추가적인 옵션들이 ES 생산의 한계비용을 높이겠지만, 그런 한계비용의 증가가 1대당 10,000달러까지 되지는 않을 것이다. 도요타는 비용 차이 이상의 가격을 부과하는 것인데, 상이한 버전들이 고객들을 가격 민감도에 따라 다른 그룹으로 분리하기 때문이다. 렉서스 그룹은 수요가 보다 비탄력적이며 따라서 한계비용에 대한 마크업은 더 커질 수 있다. 토요일 체류 조건이 항공사의 고객들을 여가여행자와 업무여행자로 나누게 되는 것과 마찬가지다.

유인합치성을 위해서 도요타는 사치형 고객들까지도 캠리를 구입하게 될 정도로 저가 버전(캠리)을 좋게 만들어서는 안 된다. 수량화해서, 다음과 같이 생각해보자. 고객들은 두 유형만 있고 이들의 각 차종에 대한 지불용의가격이 표 10.1과 같다고 가정한다.

두 유형의 소비자들이 모두 렉서스의 가치가 캠리보다 크다고 생각한다는 점에 유의하자. 한 그룹은 좋아하지만 다른 그룹은 좋아하지 않는 버전을 만드는 것이 아니다. 절약형 소비자들도 캠리보다는 렉서스를 더 높이 평가하지만 아주 많이는 아니다(33,000달러 대 30,000달러). 그렇지만 사치형 소비자들은 렉서스를 훨씬 더 높게 평가한다(44,000달러 대 33,000달러).

가령 도요타가 캠리는 28,000달러로, 렉서스는 38,000달러로 가격을 책정한다면, 절약형 소비자들의 소비자잉여는 캠리를 구입하면 2,000달러지만 렉서스 구입에서는 −5,000달러가 되고(가치보다 비용이 더 크다), 따라서 그들은 캠리를 살 것이다. 사치형 소비자들의 소비자잉여는 캠리 구입에서 5,000달러지만 렉서스를 구입하면 6,000달러가 되며, 따라서 그들은 렉서스를 선택할 것이다. 각 그룹은 그들의 수요곡선의 특성을 이용해서 설계된 버전을 선택하는 것이다. 즉 이런 가격들이 유인합치성을 갖는다는 뜻이다.

도요타가 렉서스 가격을 38,000달러 대신 41,000달러로 책정한다면 어떻게 될까? 절약형 소비자들은 여전히 캠리를 구입한다. 그렇지만 이제는 지위를 중시하는 사치형 소비자들까지도 캠리 구입에서의 소비자잉여(5,000달러)가 렉서스의 경우(3,000달러)보다 더 크므로 캠리를 구입하기로 할 것이다. 3,000달러의 렉서스 가격 인상으로 인해 도요타는 사치형 고객 1인당 10,000달러의 손실을 입게 된다(38,000달러를 잃고 대신에 28,000달러를 얻었음). (혹은 더 나쁠 수도 있다 ─ 사치형 소비자는 다른 자동차회사의 호화판 차종을 선택할 수도 있다.) 수요탄력성이 낮은 그룹에 대해 너무 높은 가격을 책정할 경우에는 유인합치적 가격책정이 되지 못하고 간접적 가격차별의 시도는 실패하게 된다.

한 가지 유의해야 할 세부 사항은, 버저닝에 의한 간접적 가격차별이 가능한 것은 단지 비탄력적 수요의 고객들이 존재하기 때문만은 아니라는 점이다. 필요한 것은 고객그룹들 간 수요탄력성의 '차이'이다. 상이한 고객그룹들이 비록 상대적으로 비탄력적이더라도 동일한 가격탄력성을 갖는다면, 각 그룹별로 버전을 고안하더라도 가격차별을 하는 데 도움이 안 될 것이다. 예를 들어 자동차회사들은 서로 다르게 도색된 차들을 제시하지만 색깔에 따른 가격차별은 거의 없는데, 푸른색을 좋아하는 사람들이나 은색을 좋아하는 사람들이나 가격 민감도에서는 차이가 없기 때문이다.

고객들이 가격 민감도에 따라 다른 그룹들로 자기선택되도록 유도하기 위해서 실행될 수 있는 버저닝의 종류에는 사실상 한계가 없다. 이런 종류의 가격차별을 이해하고 난 다음에는, 눈길을 주는 곳마다 그것이 보이기 시작할 것이다.

표 10.1 캠리와 ES에 대한 소비자의 가치 평가

	도요타 캠리	렉서스 ES
절약형 소비자	30,000달러	33,000달러
사치형 소비자	33,000달러	44,000달러

10.5 묶어팔기

언제 사용하는가

1. 기업은 시장력을 가지며, 재판매를 방지할 수 있다.
2. 기업은 제2의 제품도 판매하고 있으며, 이 제품과 주요 제품에 대한 소비자들의 수요는 음(−)의 상관관계가 있다.

시장력을 가진 기업이 표준적인 독점가격책정에서보다 더 많은 생산자잉여를 얻기 위해 이용하는 간접적 가격차별 전략의 또 다른 예는 **묶어팔기**(bundling)이다. 이 전략은 기업이 생산하는 2개 이상의 제품을 함께 묶어서 하나의 가격으로 판매하는 것이다.

예를 들어 케이블 TV나 위성 TV를 신청하는 경우에는 묶음제품을 구매하게 된다. 즉 하나의 월정액을 지불하면 회사는 여러 개의 채널을 함께 보내준다. 채널들을 개별적으로 골라서 선택하지 않는다. ESPN에 월 6달러, MTV에 월 4달러 등의 방식 대신에, 이를테면 90개 채널을 월 45달러에 보는 것이다.

때로는 사람들이 정말로 함께 구입하는 것을 원하기 때문에 제품들이 묶이는 경우도 있다(신발 양쪽을 생각해보라). 제품들이 서로 강력한 보완재이기 때문에(즉 하나가 다른 것의 한계효용을 증가시키기 때문에) 발생하는 이런 종류의 묶어팔기는 가격차별 전략이 아니다. 하지만 이 장의 관심사는 가격차별의 방법으로서 묶어팔기를 어떻게 이용할 수 있는지에 있다. 묶어팔기가 어떻게 전략적 가격책정이 될 수 있는지를 이해하려면, 먼저 통상적인 오해부터 해명할 필요가 있다. 일반적으로, 한 제품에서 시장력을 가진 기업이 묶어팔기를 통해서 다른 제품에까지 그 시장력을 확장하는 것은 가능하지 않다. 이 점을 알아보기 위해서 특수한 예를 하나 들어보자.

TV 채널들을 제공하는 케이블 TV회사를 생각해보자. 편의를 위해, ESPN과 리얼리티 TV 쇼 전문인 truTV, 2개의 네트워크만 있다고 가정하자(ESPN은 시청률이 최고 수준이지만, truTV는 그렇지 않다). 케이블회사가 이들을 따로 판매하는 대신에 묶어서 하나의 가격으로 시청하도록 만드는 이유는 무엇일까?

일견, 그것은 케이블회사가 ESPN에서의 높은 수요 또는 시장력을 이용해서 보다 시시한 제품(truTV)에 대해 더 많은 돈을 지불하게 하는 방법이라고 생각하는 경향이 있다. 그러나 그러한 '목구멍에 쑤셔 넣기(forcing it down their throat)'는 이치에 맞지 않는다. 이제 시장에는 고객이 M과 D, 두 사람만 있다고 가정해보자. 표 10.2에 나타나 있듯이, 두 사람 모두 ESPN은 많이, truTV는 조금 좋아한다. ESPN에 대해 부여하는 가치가 M은 월 9달러, D는 월 10달러인데, truTV에 대해서는 M이 월 1달러, D가 월 1.5달러이다. 편의상 한계비용은 0이라고 가정하자.

케이블회사는 두 채널을 묶음으로써 생산자잉여를 증가시킬 수 있을까? 각각을 따로 판매할 경우에는 채널마다 두 고객의 지불용의가격 중에서 낮은 쪽으로 가격을 책정해야만 할 것이다(ESPN 9달러, truTV 1달러). 그렇지 않으면 한 사

묶어팔기
2개 이상의 제품을 하나로 묶어서 하나의 가격으로 판매하는 가격 전략

표 10.2 가입자-월당 가치의 양(+)의 상관관계

	ESPN	truTV	묶음상품
M	9.00달러	1.00달러	10.00달러
D	10.00달러	1.50달러	11.50달러

람의 고객에게만 판매할 수 있고 다른 고객으로부터의 수입은 잃게 될 것이다.[8] 이처럼 ESPN은 월 9달러에, truTV는 월 1달러에 각각 판매해서 얻는 잉여는 다음과 같다. $(2 \times \$9) + (2 \times \$1) =$ 월 20달러.

이제 묶어팔기의 경우를 살펴보자. 각 고객이 묶음상품에 부여하는 (결합)가치의 경우에도 (M은 월 10.00달러, D는 11.50달러), 회사가 시장의 절반을 잃지 않으려면 둘 중에 낮은 것과 같은 수준으로 가격을 책정하게 될 것이다. 그러므로 회사는 묶음상품 가격을 10달러로 정해서 두 고객 모두에게 판매할 것이다. 이로부터 월 20달러(= 2 × $10)의 잉여를 얻게 되는데, 이는 별개 판매의 경우와 같은 금액이다. 묶어팔기를 했지만 기업이 얻는 잉여는 증가하지 않았다.

나아가 만일 회사가 고객들이 전혀 원하지 않는 채널을 ESPN과 결합시킬 경우(예를 들어 truTV의 가치가 0이거나 음수인 경우), 그 묶음에 대한 고객들의 지불용의가격은 그만큼 낮아질 것이다. 일반적으로 인기 좋은 제품에다가 원하지 않는 제품을 덧붙이는 방법으로는 돈을 더 벌 수 없다.

그러나 묶어팔기는 특정한 상황에서 생산자잉여를 증대시킬 수 있다. 표 10.2에서 truTV에 대한 가치를 바꾸어보자. 두 사람 모두 ESPN에 훨씬 높은 가치를 부여하고 있지만, 이제는 truTV에서 M(1.50달러)이 D(1.00달러)보다 더 높은 가치를 둔다. 곧 명확해지겠지만, 변화의 핵심은 이제는 두 제품에 대한 지불용의가격이 고객들 간에 음(-)의 상관관계를 갖는다는 점이다. 이것은 한 사람의 지불용의가격이 한 채널에서는 다른 사람보다 더 높지만 다른 채널에서는 그보다 더 낮다는 의미이다. 표 10.3에 나타나 있듯이, 이 예에서는 M이 D에 비해서 ESPN에 대한 지불용의가격은 더 낮지만 truTV에서는 더 높다.

이렇게 달라지면, 기업은 묶어팔기 전략을 통해 생산자잉여를 증가시킬 수 있다. 별개로 판매하는 경우의 계산은 전과 같다—ESPN 월 9달러, truTV 월 1달러, 잉여는 20달러. 그렇지만 묶어팔기의 경우에는 두 고객 모두에게 월 10.50달러로 팔 수 있다. 잉여는 21달러(= 2 × $10.50)로, 별개 판매에 의한 잉여 20달러보다 많다.

앞의 묶어팔기와 달리 뒤의 묶어팔기가 효과를 거둔 이유는 두 고객의 지불용의가격이 음(-)의 상관관계에 있기 때문이다. 즉 ESPN은 D가 M보다 더 좋아하지만 truTV에 대해서는 M이 D보다 더 큰 가치를 둔다. 시장 전체에 대해 판매하고 싶다면, 개별 제품에 대해서든 묶음상품에 대해서든 두 고객의 지불용의가격 중에서 낮은 것과 같은 가격을 책정할 수밖에 없다. 수요가 양(+)의 상관관계를 갖는(두 채널 모두 D의 지불용의가격이 더 높았던) 앞의 예에서는 묶음에 대한 고객들의 가치 중 낮은 것(M의 10달러)이 높은 것(D의 11.50달러)보다 1.50달러만큼 작은데, 두 채널 모두 더 낮은 M의 가치를 반영하기 때문이다. 그러므로 회사가 묶음상품을 판매하고 싶다면, M의 지불용의가격이 두 채널에서 모두 더 낮다는 사실에 따른 할인을 D에게도 제공해야만 한다. 따라서 회사는 두 채널을 별개로 판매할 때보다 더 좋아질 수 없는 것이다.

표 10.3 가입자-월당 가치의 음(-)의 상관관계

	ESPN	truTV	묶음상품
M	9.00달러	1.50달러	10.50달러
D	10.00달러	1.00달러	11.00달러

---

8 실제로는, ESPN과 truTV를 소유한 디즈니와 같이 대부분의 네트워크 소유자들은 케이블회사를 소유하고 있지 않으며, 따라서 그들이 채널들을 묶어서 케이블회사에 판매하고, 케이블회사가 그 묶음을 소비자에게 공급하게 된다. 그렇지만 본질은 같다.

고객들 간에 수요가 음의 상관관계를 가질 경우, 묶음상품에 대한 지불용의가격은 고객들 간에 차이가 작아진다(단지 0.50달러)—M은 월 10.50달러, D는 월 11.00달러. 차이가 줄어든다는 것은, 두 고객 모두에게 판매하기 위해서 D에게 위와 같이 큰 할인을 해줄 필요는 없음을 의미한다. 묶어팔기가 고객들 간의 지불용의가격 차이를 줄인 것이다. 중요한 것은, 수요가 음의 상관을 가질 경우에는 묶음에 대한 가치들 중에서 낮은 것이 더 커진다는 점이다. M은 10달러 대신에 10.50달러를 지불하려고 할 것이며, 회사는 그만큼 가격을 올릴 수 있다. 이런 식으로, 묶어팔기를 통해서 회사는 고객들의 수요의 차이를 '줄이고', 따라서 묶음상품의 가격을 높임으로써 더 많은 잉여를 가져갈 수 있다.

혼합 묶어팔기

앞의 예는 기업이 2개의 제품을 별개로 파는 대신 묶음으로 판매하려고 하는 이유를 보여준다. 그렇지만 때로는 기업은 '따로팔기'와 '묶어팔기'를 동시에 제공하고 소비자가 선택하게 하기도 한다. 이런 간접적 가격 전략은 **혼합 묶어팔기**(mixed bundling)라고 부른다. 패스트푸드 음식점들은 샌드위치와 감자튀김, 음료수를 묶어서도 팔고 따로 팔기도 한다. 이것은 간접적 가격차별의 한 유형으로서 혼합 묶어팔기의 실제 사례인데, 기업은 여러 가지 선택을 제시하고 고객들이 스스로 구분되도록 유도함으로써 생산자잉여를 증가시킬 수 있기 때문이다.

혼합 묶어팔기는 앞에서 본 묶음 전략과 많이 닮았다[묶음상품만 제공되는 경우는 **순수 묶어팔기**(pure bundling)라고 부르기도 한다]. 같은 상황들에서 효과를 발휘하게 되지만, 순수 묶어팔기보다 더 좋은 결과를 가져올 수 있는데, 제품 생산의 한계비용이 상당히 크고 따라서 일부 고객들은 묶음상품을 선택하지 않도록 만드는 것이 더 나은 경우이다.

앞의 케이블회사의 예로 돌아가서, 이제는 고객이 4명 있고 각자의 가치는 표 10.4와 같다고 가정하자. 지불용의가격이 제품들 간에 음의 상관을 나타내고 있으므로 묶어팔기가 가격 전략으로서 이용될 수 있다.

이제 한계비용이 0이 아니라 ESPN은 월 6달러이고 truTV는 월 1달러라고 가정하자. 따라서 묶음상품을 공급하는 한계비용은 7달러이다. 회사가 묶음상품을 12.15달러(고객들이 부여하는 가치 중에서 최소치)의 가격으로 판매할 경우, 네 사람 모두에게 판매할 수 있다. 비용을 빼면 생산자잉여는 고객당 월 5.15달러로, 전체는 20.60달러(=4×$5.15)이다.

고객 A와 D를 좀 더 잘 살펴보자. 그들은 두 채널에 대한 상대적 가치가 극단적이다. A는 ESPN은 매우 좋아하지만 truTV에는 거의 가치를 두지 않으며, D는 그 반대이다. 그리고 중요한 것은 그들이 이 채널 중 하나(A의 경우 truTV, D의 경우는 ESPN)에 부여하는 가치는 그것을 공급하는 한계비용보다 낮다는 점이다. 이런 경우에는 회사는 이들 고객이 묶음상품을 선택하지 않도록 막을 이유가 있는데, 어떤 채널이든 공급비용보다 낮은 가치를 부여하는 고객들에게는 공급하고 싶지 않을 것이기 때문이다.

적절한 혼합 끼워팔기 전략을 찾아내는 것은 유인합치성 조건 때문에 다소 복잡하므로, 단계적으로 알아보자. 주어진 상황에서 이 케이블회사는 결과적으로 B와 C에게는 묶음상

혼합 묶어팔기
묶어팔기의 한 유형으로, 기업이 소비자에게 둘 이상의 제품을 별개로 구매하거나 한 묶음으로 구매하는 것을 선택하게 하는 것

순수 묶어팔기
묶어팔기의 한 유형으로, 기업이 제품들을 묶음 형태로만 판매하는 것

표 10.4 가치의 음(−)의 상관관계 : 한계비용이 일부 고객들의 가치보다 클 때

	ESPN (MC = $6)	truTV (MC = $1)	묶음상품 (MC = $7)
A	12.00달러	0.50달러	12.50달러
B	11.00달러	1.15달러	12.15달러
C	9.00달러	3.15달러	12.15달러
D	5.00달러	7.75달러	12.75달러

품을, A에게는 ESPN만을, 그리고 D에게는 truTV만을 팔고 싶을 것이다. B와 C는 묶음에 대해 월 12.15달러의 가치를 두고 있으므로, 거기서부터 묶음상품 가격을 생각해보는 것이 합리적이다. 그렇지만, 묶음 가격을 그것으로 한다면 D에게 truTV의 가치인 7.75달러를 모두 부과할 수 없게 된다. 굳이 그렇게 부과한다면 D는 묶음을 선택하려고 할 것인데, 왜냐하면 묶음을 구매하면 truTV만을 구매하는 경우(가격 7.75달러일 때 소비자잉여는 0)보다 소비자잉여를 0.60달러만큼(= \$12.75 − \$12.15) 더 얻을 수 있기 때문이다. 따라서 truTV 가격으로 7.75달러는 유인합치성을 갖추지 못한다. truTV에 대해 유인합치적 가격을 책정하려면, 회사는 D에게 적어도 월 0.60달러만큼의 소비자잉여를 남겨줘야만 한다. 그래서 truTV만을 구매하는 경우에 유인합치적인 가격은 월 7.15달러(= \$7.75 − \$0.60)가 될 것이다. 그리고 B와 C는 truTV에 대해 7.15달러보다 낮은 가치를 두고 있으므로 이 둘은 ESPN만을 구매하는 선택 대신에 묶음을 구매할 것이며, 따라서 유인합치성은 다른 방향으로도 성립한다.

이제 A의 ESPN에 대해서도 같은 식으로 계산할 수 있다. 회사는 ESPN만에 대해 12달러를 책정할 수는 없는데, A는 12달러에 ESPN만을 구매해서 0의 소비자잉여를 얻는 대신에 묶음을 선택해서 0.35달러(= \$12.50 − \$12.15)의 소비자잉여를 얻으려고 할 것이기 때문이다. 따라서 회사는 A가 ESPN만을 구매하는 경우에 적어도 0.35달러의 잉여를 얻을 수 있게 해줘야 한다. 그렇게 하면서 매길 수 있는 최고가격은 11.65달러(= \$12.00 − \$0.35)이다. 이런 선택을 제공하더라도 B와 C가 묶음 구매 대신에 이것을 선택하지는 않을 것인데, 둘 다 ESPN에 대해서 11.65달러보다 낮은 가치를 두고 있기 때문이다.

이렇게, ESPN 11.65달러, truTV 7.15달러, 묶음상품 12.15달러 세 가지 가격으로 묶음상품을 2개(B와 C에게) 판매해서 묶음당 월 5.15달러의 생산자잉여(한계비용을 뺀 수입)를 얻게 될 것이다. 이에 더하여, ESPN만을 A에게 판매해서 5.65달러(= \$11.65 − \$6.00)의 잉여를 얻고, truTV만을 D에게 판매해서 6.15달러(= \$7.15 − \$1.00)의 잉여를 얻을 것이다. 그러므로 혼합 묶어팔기로 얻게 되는 월 생산자잉여의 총액은 22.10달러[(2 × \$5.15) + \$5.65 + \$6.15]이다. 그것은 순수 묶어팔기, 즉 묶어팔기만 하는 경우에 회사가 얻게 되는 월 20.60달러보다 많다.

생산자잉여가 증가한 이유는, 회사가 어떤 제품의 생산에 들이는 비용보다 낮은 가치를 부여하는 고객에게까지 그것을 공급하는 수고를 피했기 때문이다.

 예제 10.4

체력운동과 수영, 두 가지 시설을 갖춘 헬스클럽을 운영하는 회사를 가정해보자. 현재 고객은 A, B, C 세 사람이 있고, 두 설비에 대한 각자의 월 지불용의가격은 표와 같다.

체력운동실과 실내수영장의 한계비용은 월 20달러이다. 한계비용은 수영장의 경우에 물과 화학제품의 가격이며, 운동실의 경우는 청소 및 관리 비용이다. 각 고객은 각 설비의 월 이용을 고려하고 있고, 회사는 어떤 내용의 회원권을 제공할 것인지 결정해야 한다.

a. 세 고객 모두에게 회원권을 팔고 싶다면 각 제품 가격을 어떻게 책정해야 하는가? 두 시설의 회원권을 별개로 판매할 경우에 생산자잉여는 얼마인가?

b. 세 고객 모두에게 두 시설의 회원권을 묶음으로 팔고 싶다면 묶음상품의 가격을 어떻게 책정해야 하는가? 이 경우에 생산자잉여는 얼마나 되는가?

c. 운동실 회원권을 60달러에, 수영장 회원권은 140달러에 별개로 구입하거나 혹은 묶음상품 회원권은 175달러

	지불용의가격(월)	
	체력운동실	실내수영장
A	60달러	50달러
B	50달러	125달러
C	25달러	140달러

	지불용의가격(월)		
	체력운동실	실내수영장	묶음상품
A	60달러	50달러	110달러
B	50달러	125달러	175달러
C	25달러	140달러	165달러

에 구입할 수 있는 선택권의 제공을 고려하고 있다고 하자. 각 고객은 어느 것을 선택하겠는가? 이런 상황에서 회사는 생산자잉여를 얼마나 얻게 되는가?

풀이

a. 운동실 회원권을 모두에게 팔려면, 가격은 가장 낮은 (C) 지불용의가격인 25달러 이하로 책정해야 한다. 마찬가지로 수영장 회원권은 50달러일 것이다.

이 가격에서 생산자잉여[＝(가격－한계비용)×판매량]는 다음과 같다.

운동실 생산자잉여 = ($25 － $20)×3 = $15
수영장 생산자잉여 = ($50 － $20)×3 = $90

따라서 생산자잉여의 총액은 $15 + $90 = 105달러이다.

b. 묶음상품 가격을 결정하기 위해서는 각 구매자의 지불용의가격을 계산해야 한다. 이것은 각 구매자의 각 제품에 대한 지불용의가격을 더하면 된다.

따라서 (세 고객 모두에게 판매하면서) 묶음상품에 대해 책정할 수 있는 최대가격은 110달러이다. 이 가격에서 3개의 묶음이 판매될 것이며, 따라서 생산자잉여는 다음과 같다.

묶음상품 생산자잉여 = ($110 － $40)×3 = $210

c. 각 구매자의 지불용의가격을 별개 제품 가격 및 묶음상

품 가격과 비교해야 한다.

A는 운동실 회원권만을 구입할 것이다. 수영장에 대한 지불용의가격 50달러는 판매가격 140달러보다 낮다. 묶음상품의 경우에도 지불용의가격 110달러가 판매가격 175달러보다 낮다. 따라서 회사가 A에게 팔 수 있는 것은 운동실 회원권뿐일 것이다.

B는 어느 것이든 별개로는 구입하지 않으려고 할 것인데 각각에 대한 지불용의가격이 판매가격보다 낮기 때문이다(50달러<60달러, 125달러<140달러). 그렇지만 묶음상품에 대해서는 지불용의가격(175달러)이 판매가격과 정확히 같기 때문에 구입할 것이다.

C는 수영장 회원권만을 구입할 것이다. 운동실에 대한 지불용의가격은 25달러밖에 안 되어 판매가격 60달러보다 훨씬 낮다. 묶음상품의 지불용의가격도 165달러로 판매가격보다 낮다. 따라서 회사가 C에게는 수영장 회원권만을 팔 수 있을 것이다.

따라서 생산자잉여[(가격－한계비용)×판매량]는 다음과 같다.

체력운동실 생산자잉여 = ($60 － $20) × 1 = $40
실내수영장 생산자잉여 = ($140 － $20) × 1 = $120
묶음상품 생산자잉여 = ($175 － $40) × 1 = $135

묶어팔기와 별개 판매의 선택을 제공할 경우 생산자잉여는 $40 + $120 + $135 = 295달러이다.

10.6 고급 가격책정 전략

언제 사용하는가

1. 기업은 시장력을 가지며, 재판매를 방지할 수 있다.
2. 고객들의 수요곡선은 동일할 수도 있고 상이할 수도 있다.

지금까지 지불용의가격이 높은 사람들에게는 기업이 단위당 더 높은 가격을 책정함으로써 제 9장에서 다루어진 단일가격책정의 경우보다 더 많은 생산자잉여를 가져가는 가격차별 전략을 분석했다. 이 절에서는 시장력을 가진 기업이 단위당 일정한 가격을 부과하는 대신에, 같은 고객을 상대로 가변적인 단위가격을 책정한다거나, 단위당 가격에 더해서 정액 요금(lump-sum fees)을 부과함으로써 생산자잉여를 확보하는 방법을 살펴본다. 먼저 수량할인에 대한 논의로 돌아가보자.

구간별 가격책정

구간별 가격책정
대량구매의 경우에 가격을 할인하는 것

고객이 더 많이 구매할 경우에 가격을 낮추는 전략을 **구간별 가격책정**(block pricing)이라고 부른다. 이런 예는 언제든지 볼 수 있다. 펩시콜라 1캔 가격은 1달러쯤 하지만 6캔 묶음의 가격은 2.99달러밖에 안 된다. 그렇지만 (10.4절에서의 수량할인과 같은) 간접적 가격차별과는 달리, 구간별 가격의 경우에는 구매자들의 수요곡선과 가격 민감도가 달라야 할 필요가 없다. 사실 펩시 구매자들은 모두 같은 수요곡선을 가지고 있을 수도 있지만, 그렇더라도 회사는 구매자에게 더 많은 양을 더 낮은 가격으로 살 수 있는 선택을 제공함으로써 생산자잉여를 얻을 수 있다.

그림 10.6은 어떤 할인매장 기업의 카드 판매에 대한 수요곡선을 보여준다. 여기서는 이것이 한 고객의 수요곡선이라고(혹은 모든 고객들이 이와 같은 수요곡선을 갖는다고) 가정하며, 따라서 수량할인의 경우에서처럼 상이한 수요를 가진 고객들 간에 가격차별을 시도하는 것이 아니다. 이 기업이 제9장에서의 시장력을 가진 기업의 가격책정 규칙을 따른다면, MR이 MC와

그림 10.6 구간별 가격책정

D는 개별 소비자의 수요곡선이다. 독점가격책정의 경우, 기업은 $MR = MC$가 되는 수량에 상응하는 수요곡선 위의 점에서 ($Q^* = 100$장, $P^* = 0.25$달러) 판매한다. 기업이 재판매를 방지할 수 있다면, 그 대신에 구간별 가격책정을 사용할 수 있다. 첫 100장은 여전히 0.25달러의 가격으로 판매하고, 다음 25장에 대해서는 보다 낮은 0.20달러의 가격을 부과하고(총판매량은 125장), 그 다음 50장에 대해서는 0.10달러의 가격을 부과할 수 있다(총판매량은 175장). 생산자잉여는 A에서 $A + C$로, 나아가서 $A + C + E$로 증가하며, 소비자잉여는 B만큼, 결국에는 $B + D$만큼 증가한다.

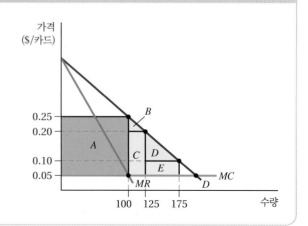

일치하게 되는 수량을 찾아서 그 수준에서의 수요곡선의 높이와 같은 가격을 책정할 것이다. 그림에서 독점 수량은 100장이고 장당 가격은 0.25달러이며, 이때 생산자잉여는 직사각형 A의 면적과 같다.

그렇지만 기업이 재판매를 방지할 수 있다면 단일가격을 책정할 필요가 없다. 가령 100장까지는 0.25달러에 판매하지만, 추가로 더 사는 경우에는 25장까지(101~125번째)는 장당 0.20달러의 더 낮은 가격으로 판매한다고 하자. 고객으로서는 낮은 가격에 추가로 구매할 경우에 삼각형 B의 면적만큼 추가적인 소비자잉여를 얻을 수 있으므로 이 기회를 이용할 것이다. 기업 역시 더 좋아지는데, 직사각형 C의 면적만큼 생산자잉여를 더할 수 있기 때문이다.

기업은 더 많은 양에 대해서도 할인가격을 적용해나갈 수 있다. 예를 들어 그다음의 50장에 대해서(126~175번째)는 장당 0.10달러의 가격을 부과할 수 있다. 소비자는 역시 그 구간에서도 양의 소비자잉여(그림의 D영역)를 얻게 되는 만큼 추가 구매를 할 것이다. 기업도 생산자잉여 E를 얻을 수 있기 때문에 이익이다. 이런 가격 전략은 다음과 같은 방식으로 표현될 수도 있음에 유의하자―100장에 25달러, 125장에 30달러, 175장에 35달러. 모든 고객이 이와 동일한 수요를 갖는다고 하더라도 모두가 35달러에 175장을 구매하려고 할 것이고 기업은 생산자잉여를 증가시키게 된다. (이것이 구간별 가격과 간접적 가격차별로서의 수량할인이 다른 점이다. 여기서는 생산자잉여를 얻기 위해서 고객 구분이 필요한 것이 아니다.)

이러한 구간별 가격 전략이 통상적인 단일가격 전략에 비해 생산자잉여를 증가시키는 이유는, 상이한 수량 단위들의 가격을 고객이 그 수량 단위에 대해 부여하는 가치에 좀 더 가깝게 맞추어 부과할 수 있게 되기 때문이다. 고객들이 구매하는 첫 번째 구간(고객들의 지불용의가격이 높은 단위들)에 대해서는 상대적으로 높은 가격을 책정한다. 구간별 가격의 경우에 기업은 처음의 높은 가격을 책정한다고 해서 많은 양의 판매를 완전히 포기할 필요가 없다. 구간별 가격은 다음 구간에 대해 가격을 낮춤으로써 고객들의 지불용의가격이 더 낮은 추가적인 단위들도 판매될 수 있게 한다.

구간별 가격책정은 고객들이 모두 같은 유형이라고 하더라도 작동한다는 것을 이 예에서 알 수 있지만, 고객들의 수가 많아지면 고객들 간에 저가격의 재판매가 발생할 가능성이 커지므로 이를 방지할 수 있어야 할 것이다.

2부 요금제

시장력을 가진 기업이 동일한 고객에게 적용할 수 있는 또 다른 가격 전략이 **2부 요금제**(two-part tariff)인데, 여기서 제품에 대한 지불은 두 부분으로 구성된다. 하나는 통상적인 단위당 가격이고, 다른 하나는 구매량에 관계없이 제품을 구매하기 위해 반드시 지불해야 하는 고정요금이다.

예를 들어 코스트코나 샘스클럽 같은 창고형 매장의 회원제가 이런 구조이다. 가령 연회비로 50달러를 지불하면 익히 알려진 낮은 단위가격으로 원하는 만큼을 구매할 수 있다. 마이크로소프트의 Xbox 같은 비디오게임 방식도 2부 요금제와 유사하다. 게임기 자체의 비용이 고정요금이고 개별 게임들의 비용은 단위가격에 해당한다.

2부 요금제가 시장력을 가진 기업에게 이익이 되는 이유를 알아보기 위해 그림 10.7의 시장을 생각해보자. 이동전화 서비스에 대한 수요와 그에 상응하는 한계수입곡선, 그리고 일정한 한계비용이 나타나 있다.

2부 요금제
총지불액이 단위당 가격과 고정요금 두 가지로 구성되는 가격책정 방식

그림 10.7   2부 요금제

이동전화회사가 단일가격 독점기업이라면, 월 3GB를 GB당 20달러의 가격에 판매할 것이다. 그렇지만 2부 요금제를 통해서 기업은 생산자잉여를 직사각형 B에서 삼각형 $A + B + C$로 증가시킬 수 있다. 이를 위해서, 단위당 가격은 $D = MC$인 10달러로 책정하고, 고정요금은 이 수량에서의 소비자잉여인 $A + B + C$영역과 같아지도록 책정한다. 이런 가격 방식에서 기업은 월 6GB의 서비스를 판매하게 될 것이다.

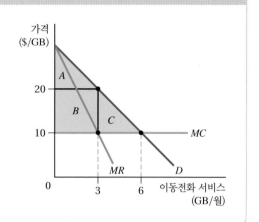

통상적인 단일가격 독점기업의 이윤극대화 수량은 MR이 MC와 같아지는 수준이다. 그림에서 이 조건이 성립하는 수량은 월 3GB이며, 소비자들이 그 수량을 구매할 의사를 갖게 될 가격은 GB당 20달러이다. GB당 20달러의 가격에서 소비자잉여는 삼각형 A이고 생산자잉여는 직사각형 B이다.

이제 기업이 다음과 같은 2부 요금제 가격 구조를 사용한다고 가정하자. 먼저 단위가격을 한계비용과 같아지도록 GB당 10달러까지 낮춘다. 이에 따라 판매량은 3GB에서 6GB로 증가하지만 단위당 이윤은 0이 된다. 그렇지만 기업은 각 고객이 월 6GB의 수량을 구매할 것이고 따라서 $A + B + C$영역과 같은 소비자잉여를 가질 것임을 알고 있다. 이 크기의 소비자잉여는 소비자가 시장가격에 더해서 지불할 용의가 있는 금액을 나타내는 것으로 볼 수 있으므로, 기업은 이 소비자잉여를 갖기 위해서 고정요금을 책정할 것이다. 그러므로 2부 요금의 고정요금 부분은 $A + B + C$와 같은 수준으로 정해진다. 이 요금은 GB당 요금이 아니며, GB당 10달러에 얼마만큼이든 소비하기를 원하는 소비자라면 누구든지 매월 한 번 지불하는 것이다.

이러한 2부 요금제 가격 구조에서, 소비자는 GB당 10달러에 6GB의 서비스를 구매한다. 이 부분은 기업에게 전혀 돈이 되지 않는데, 서비스를 공급하기 위한 한계비용 역시 GB당 10달러이기 때문이다. 그렇지만 기업은 고정요금도 $A + B + C$만큼 부과하고 있다. 중요한 것은 소비자가 그만큼을 기꺼이 지불하고자 한다는 점인데, 왜냐하면 6GB를 소비할 경우에 그만큼의 소비자잉여를 누릴 수 있기 때문이다. 기업은 고정요금의 크기를 소비자가 전혀 구매하지 않을 때보다 더 나빠지지는 않는 수준에서 정해야 한다(실제로 $A + B + C$보다 조금이라도 작은 수준으로 고정요금을 책정한다면 소비자를 조금이라도 더 좋아지게 만들 수 있을 것이다). 기업이 통상적인 시장력 가격책정으로 가져가는 잉여는 B뿐이었지만, 이제는 2부 요금제를 통해서 시장의 전체 잉여를 모두 가져가게 된다.

동일한 고객의 수가 많은 시장이라면 재판매를 방지할 수 있는지 여부가 이 가격 전략의 성공에 결정적인 요건이 된다는 것은 여기서도 마찬가지다. 만일 재판매를 방지할 수 없다면, 한 고객이 고정요금을 지불하고 막대한 양을 한계비용 수준에서 구매한 다음, 고정비용을 지불하지 않은 다른 고객들에게 약간의 마진을 붙여 팔아 치움으로써 큰돈을 벌게 될 것이다. 예를 들

그림 10.8 상이한 고객 수요하에서의 2부 요금제

(a) 저수요 고객

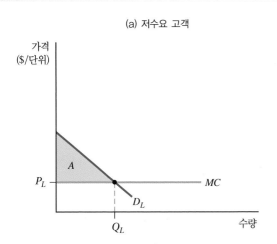

(b) 고수요 고객

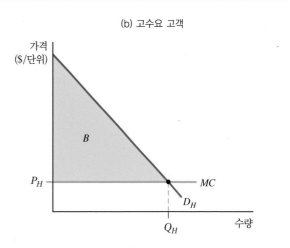

(a) 수요가 적은 저수요 고객들에 대해서, 기업은 Q_L의 수량을 P_L의 단위가격으로 판매하고, 소비자잉여 A와 같은 크기의 고정요금을 책정하려고 할 것이다. 이 고정요금은 고수요 고객들의 소비자잉여(그림 10.8b의 B)보다 훨씬 적으므로, 이런 가격 전략은 고수요 고객들에게 많은 잉여를 남겨주게 될 것이다.

(b) 수요가 많은 고수요 고객들에 대해서, 기업은 Q_H의 수량을 P_H의 단위가격으로 판매하고, 소비자잉여 B와 같은 크기의 고정요금을 책정하려고 할 것이다. 이 고정요금은 저수요 고객들의 소비자잉여보다 훨씬 크므로, 저수요 고객들은 전혀 구매하지 않을 것이다.

어 한 소비자가 자기 전화를 조작해서 자기가 사용하지 않는 시간에 다른 사람들이 GB당 6달러를 내고 사용하도록 만들 수 있다면, 기업의 가격 전략은 실패하게 된다.

시장의 전체 잉여를 모두 가질 수 있다면 더 좋을 수 없겠지만, 이런 극단적인 결과는 모든 고객이 동일한 수요곡선을 갖는 경우에만 달성될 수 있음을 인식하는 것이 중요하다. 고객들이 상이한 수요곡선을 갖는 경우에는 문제가 훨씬 복잡해진다.

이처럼 보다 고급의 2부 요금제 경우를 살펴보기 위해서, 그림 10.8에서와 같은 수요곡선을 갖는 두 유형의 고객들이 있는 시장에서의 기업을 생각해보자. 그림 10.8a는 상대적으로 수요가 적은 저수요 고객들의 수요곡선을, 그림 10.8b는 상대적으로 수요가 많은 고수요 고객들의 수요곡선을 보여준다. 만일 기업이 단위가격은 한계비용 MC와 같이 책정하고 고정요금은 A로 부과하는 2부 요금제를 사용하려고 한다면, 그림 10.8a의 저수요 고객들부터는 잉여를 모두 가져갈 수 있지만 그림 10.8b의 고수요 고객들에게는 많은 잉여를 남겨주게 되는데, A의 면적은 B보다 훨씬 작기 때문이다. 대신에 기업이 고수요 고객들의 잉여를 가져가기 위해서 고정요금을 B로 부과한다면 저수요 고객들은 전혀 구매하지 않게 될 것이다. 이것이 앞의 전략보다 반드시 더 좋은 것은 아닌데, 저수요 고객 한 사람을 잃게 됨에 따른 손실은 작다고 하더라도 만일 그 수가 많다면 이것은 기업에게 큰 손실이 될 것이기 때문이다. 따라서 어떤 전략이든 완전할 수 없다. 소비자들의 수요가 상이할 때의 이윤극대화 2부 요금을 계산하는 것은 수학적으로 복잡하므로 이 책의 수준을 넘는 것이지만, 일반적으로 단위가격은 기업의 한계비용보다 높아지게 된다.

예제 10.5

어떤 골프장이 이용 가격을 책정하려고 하는데, 가격은 연회비와 사용 때마다 내는 이용료로 구성된다고 하자. 각 고객의 (연간) 골프장 사용의 수요곡선은 $Q = 300 - 5P$로 추정된다. 이제 회사가 이용료를 한계비용 50달러와 같이 책정한다면, 회원들은 연회비로 최대 얼마까지 지불하려고 하겠는가?

풀이

연회비와 이용료(단위가격)로 구성되는 이 가격 방식은 2부 요금제이다. 1회 사용의 이용료가 $P = 50$달러라면 회원들의 사용량(연간 이용 횟수)은 다음과 같다.

$$Q = 300 - 5P$$
$$= 300 - 5(50)$$
$$= 300 - 250$$
$$= 50(회/연)$$

이에 따라 각 고객이 지불하려고 할 연회비의 최고액을 구할 수 있다. 그것은 1회당 50달러의 이용료로 연 50회 이용함에 따라 얻게 되는 소비자잉여와 같다.

소비자잉여를 구하는 가장 쉬운 방법은 그림을 그려보는 것이다. 단순화를 위해 수요함수를 역수요함수로 변형하자.

$$Q = 300 - 5P$$
$$5P = 300 - Q$$
$$P = 60 - 0.2Q$$

세로축 절편은 60이며, 소비자잉여는 수요곡선과 가격 50달러 사이의 A영역이다.

$$A영역 = \frac{1}{2} \times 밑변 \times 높이$$
$$= \frac{1}{2} \times 50 \times (\$60 - \$50) = 0.5(50)(\$10)$$
$$= \$250$$

골프장이 1회 이용료를 50달러로 책정한다면 소비자는 연 50회 이용할 것이며, 250달러의 소비자잉여를 갖게 된다. 그러므로 고객들은 연회비로 250달러까지는 지불할 용의가 있을 것이다.

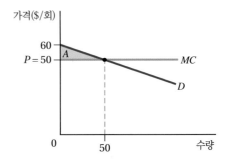

10.7 결론

지금까지 시장력을 가진 기업이 적절한 조건하에서 통상적인 단일가격책정(제9장)의 경우보다 더 많은 잉여를 얻을 수 있는 몇 가지 방법을 살펴보았다. 이런 가격 전략들은 주변에서 널리 이루어지고 있다. 일단 이들에 대해서 배우고 나면, 실제로 눈에 띄기 시작할 것이다. 또한 어떤 기업이 왜 이런 전략을 실시하지 않고 있는지가 궁금해질지도 모른다. 가격차별이 효과를 거두려면 일정한 조건들이 충족되어야 한다는 점은 잊지 말자.

이들 다양한 가격 전략은 서로 다른 방식으로 작동하게 되지만 공통적인 측면이 있다. 첫째, 기업이 시장력을 갖지 못한 경우에는 불가능하다. 완전경쟁시장에서 활동하는 기업은 가격수용자이므로 이런 전략을 이용할 수 없다. 둘째, 기업은 재판매를 방지해야만 한다. 재판매를 방지할 수 없다면, 제9장에서의 단일가격책정 외에 어떤 전략들도 헛수고일 뿐이다. 셋째, 가격차별 전략들은 구체적인 작용 방식이나 적용될 수 있는 시장 유형에서 서로 차이가 있지만 모든 방법이 다음과 같은 기초 원리에서 움직인다. 즉 기업은 소비자들이 소비자잉여가 더 큰 단위들에 대해서 더 높은 가격을 지불하는 결과가 되도록 가격을 조정함으로써 더 많은 생산자잉여를 얻을 수 있다는 것이다. 또한 상대적으로 비탄력적인 수요를 가진 소비자들에게는 더 높은 가격을, 탄력적인 수요를 가진 소비자들에게는 더 낮은 가격을 책정함으로써 가격차별이 작동하기도 한다.

구간별 가격책정이나 2부 요금제와 같은 다른 가격 전략들은 모든 소비자가 같은 수요를 갖는 경우에도 적용될 수 있다. 이들 전략은 소비자로 하여금 한계적으로 더 낮은 가격에 더 많은 양을 구매하게 하면서 보다 높은 고정지불을 통해 생산자잉여를 회수함으로써 효과를 갖게 된다.

다음 장에서는 완전경쟁과 독점의 중간에 해당하는, 일정한 정도의 시장력을 갖는 기업들에 대해 살펴본다. 이들 기업의 의사결정은 (자신의 비용과 고객들의 수요만을 고려하는) 진공 상태에서 이루어지는 것이 아니라 같은 시장 내의 다른 기업들의 의사결정에도 영향을 받게 됨을 보게 될 것이다. 많은 기업들이 이 장에서 다룬 가격 전략들을 따르려고 하겠지만, 그에 따라 생산자잉여가 증가할 것으로 기대하기 전에 경쟁자들이 그에 대해서 어떻게 대응할 것인지를 고려해야만 한다.

요약

1. 시장력을 가진 기업은 **가격책정 전략**들을 통해 제9장에서의 독점가격책정 규칙(MR이 MC와 같아지는 수량을 생산해서 구매자들이 그 수량을 소비하게 될 가격을 책정하는 것)의 경우보다 더 많은 생산자잉여를 가져갈 수 있다. 그렇지만 그것은 일정한 기준을 충족하는 상황에서만 가능하다. 결정적인 요소는 시장력을 가져야 할 뿐 아니라 고객들 간의 재판매를 방지할 수 있어야 한다는 점이다. 재판매를 방지할 수 있다는 조건하에서, 기업이 고객들에 관해서 얼마나 많은 정보를 갖는지에 따라 어떤 가격 전략을 이용할 수 있는지가 결정된다. [10.1절]

2. 고객들이 서로 다르며, 기업은 고객들의 수요에 대응해서 각기 다른 가격을 책정하기에 충분할 정도의 정보를 갖는 경우에는 **완전 또는 제1도 가격차별**이 가능하다. 이러한 **직접적 가격차별 전략**은 시장의 모든 잉여를 기업이 가져갈 수 있게 한다. 그렇지만 그런 수준의 정보를 갖는 경우는 매우 드물다. [10.2절]

3. 고객들의 유형이 서로 다르며, 수요의 가격탄력성이 서로 다른 둘 이상의 그룹들을 직접적으로 확인할 수 있는 경우, 기업은 두 그룹에 대해 다른 가격을 부과

함으로써 더 많은 생산자잉여를 얻을 수 있다. 이 경우에 이윤극대화를 위한 직접적 가격차별 전략은 각 그룹마다 별개로 단일가격책정 규칙을 따르는 것이다. 고객들을 직접적으로 분리하기 위해서 고객의 특성, 지리적 요인, 과거의 구매 행동, 구매 시기 등이 다양하게 이용되며, 이는 **시장분할 또는 제3도 가격차별**로 알려져 있다. [10.3절]

4. 고객들의 유형이 서로 다르다는 것은 알지만, 어떤 고객이 어느 유형에 속하는지를 구매 이전에 직접적으로 확인할 수는 없는 경우에는 **간접적 가격차별 또는 제2도 가격차별**을 이용해야 한다. 여기서는 고객들이 스스로 다른 그룹들로 유형화(구분)되도록 유도하는 선택들을 설계하게 된다. **수량할인**은 수요량이 많은 고객들이 또한 보다 탄력적인 수요를 갖는 경우에 사용된다. 제품의 **버전차별 전략** 또는 버저닝도 유용할 수 있다. 간접적 가격차별에서 필요한 추가적인 조건은 가격 구조가 **유인합치적**이어야 한다는 것인데, 각 고객그룹이 그들을 대상으로 해서 설계된 것들을 실제로 선택하려고 해야 한다는 의미이다. [10.4절]

5. 기업이 여러 제품을 판매하고 있고 그 제품들에 대한 소비자들의 수요가 서로 음의 상관관계를 갖는 경우에는, 이것들을 묶어팔기를 통해서 별개로 판매할 때보다 더 많은 생산자잉여를 얻을 수 있다. 특히 어떤 제품의 한계비용이 어떤 고객이 그 제품에 대해 부여하는 가치보다 클 경우에는 **혼합 묶어팔기**를 통해 잉여를 더욱 증가시킬 수 있다. 이는 묶음상품을 할인된 가격으로 사거나 개별 제품들을 높은 가격에 살 수 있는 선택권을 고객에게 주는 것이다. **[10.5절]**

6. 고객들의 유형이 동일한 경우에도 **구간별 가격책정**(추가 구매량을 할인 가격으로 제공함)이나 **2부 요금제**(단위당 가격과 함께 고정요금도 부과함)와 같은 고급 가격 전략을 통해서 표준적인 독점가격책정에 비해서 더 많은 생산자잉여를 얻을 수 있다. 그렇지만 이 전략들은 많은 소비자들이 상이한 수요곡선을 가질 경우에는 훨씬 복잡해진다. **[10.6절]**

복습문제

1. 가격차별의 두 가지 요건은 무엇인가?
2. 완전 가격차별에서 생산자잉여가 극대화되는 이유는 무엇인가?
3. 직접적 가격차별의 두 가지 유형은 무엇인가?
4. 기업이 고객들을 분할하게 되는 방법에는 어떤 것들이 있는가?
5. 직접적 가격차별과 간접적 가격차별을 대비하라.

6. 유인합치성이란 무엇인가? 간접적 가격차별이 유인합치적이어야 하는 이유는 무엇인가?
7. 제품 버전차별 전략의 예를 들어보라.
8. 다음 세 가지 가격 전략의 차이점은 무엇인가 — 구간별 가격책정, 시장분할, 수량할인?
9. 혼합 묶어팔기와 순수 묶어팔기의 차이는 무엇인가?
10. 2부 요금제의 두 구성 부분은 무엇인가?

연습문제

(별표 표시가 된 문제의 풀이는 이 책 뒤에 있다.)

1. 어떤 상품을 하나씩 수요하는 7명의 소비자가 있고, 이들의 지불용의가격이 다음 표와 같다.

소비자 (연령, 성별)	지불용의가격
A(34세, 여)	2달러
B(38세, 남)	4달러
C(6세, 여)	5달러
D(2세, 여)	6달러
E(46세, 남)	1달러
F(55세, 남)	3달러
G(9세, 남)	7달러

a. 한 사람이 1개씩만 수요한다고 가정하고 수요곡선을 그려라.
b. 가격이 7달러이면 하나만 판매될 것인데, 누가 구매하겠는가? 수요곡선 위 7달러 위치에 구매자의 이름을 표시하라.

c. 가격이 6달러일 경우 구매하게 되는 두 번째 구매자는 누구인가? 수요곡선 위 6달러 위치에 구매자의 이름을 표시하라.
d. 위의 과정을 계속하라.
e. 생산의 MC와 ATC가 2달러인 독점생산자를 가정하자. 모두에게 같은 가격을 부과해야 한다면, 이윤극대화 가격과 판매량은 각각 얼마인가? 이때 이윤과 소비자잉여 및 후생손실을 계산하라.
f. 각 소비자의 지불용의가격이 알려져 있으며, 독점기업은 이를 이용해서 제1도 가격차별을 하기로 한다면, 판매량은 얼마이며 이때의 이윤은 얼마인가? 소비자잉여와 후생손실을 계산하라.
g. 가격차별에 따라 소비자잉여는 어디로 갔는가?
h. 가격차별에 따라 후생손실은 어떻게 되었는가?

2. 한 도시의 독점공급자의 제품에 대한 역수요함수가 $P = 40 - 0.5Q$이고, 한계비용은 $MC = 7 + 0.1Q$이다.
   a. 가격차별을 할 수 없다면, 이윤극대화 산출량과 가격은 각각 얼마인가?

b. 독점이윤 극대화 상황에서 소비자잉여, 생산자잉여, 독점에 따른 후생손실을 구하라.

c. 고객들의 지불용의가격을 완전하게 알 수 있다고 가정하자. 이를 이용해서 완전 가격차별을 할 수 있다면 판매수량은 얼마이겠는가?

d. 완전 가격차별의 경우에 소비자잉여, 생산자잉여, 독점에 따른 후생손실을 구하라.

*3. 항공사의 가격차별로 인해서 같은 비행기의 승객들이 서로 다른 요금을 지불하게 될 수 있다.

a. 같은 비행기의 고객들에게 각기 다른 운임을 매기는 결과를 얻을 수 있는 방법을 세 가지 이상 예시하고 설명하라.

b. 제1도 가격차별에는 고객 각자의 가격 민감도에 대한 정보가 필요하다. 항공사는 어디에서 이런 정보를 얻는가?

c. 제1도 가격차별을 실시하기 위해서는 재판매를 방지할 수 있어야 한다. 항공사가 여기에 신경 쓰지 않는 이유를 설명하라. 재판매가 실제로 불가능한 다른 사업의 예를 들어볼 수 있겠는가?

4. (미국의 경우) 많은 교과서들이 고가의 '국내'용과 저가의 '국제'용 두 가지 버전으로 나와 있다. 일반적으로 양자는 거의 같은 내용이지만 숙제 문제에서 약간 다르다.

a. 출판사가 같은 책을 두 가지 버전으로 생산하는 수고를 감수하는 이유는 무엇인가?

b. 출판사의 목적에서 볼 때, 두 버전의 차이를 숨기는 게 좋겠는가, 공개하는 게 좋겠는가?

c. 국제용 버전의 생산은 인터넷의 확산과 같은 시기에 많아졌다. 이것이 단순한 우연의 일치가 아닐 가능성이 큰 이유를 설명해보라.

5. 앞의 1번 문제의 상황을 상정하자.

a. 판매자가 고객들의 재판매를 방지할 수 있다고 가정하자. 현실에서 판매자가 완전 가격차별을 할 수 있을 가능성이 낮은 이유는 무엇인가?

b. 그러한 이유 때문에 판매자는 고객들을 두 그룹으로 구분해서 다른 가격을 부과하기로 결정했다. 이윤극대화를 위해서 성별로 나누어야 하겠는가, 아니면 연령별로 나누어야 하겠는가?

c. (b)의 답에 따라 각 그룹에 누가 속하는지 밝히고,

(1) 각 그룹에 책정할 가격, (2) 판매자의 총이윤, (3) 총소비자잉여, (4) 후생손실을 구하라.

d. 이 (시장분할) 가격 전략에 따른 이윤이 완전 가격차별의 경우보다 큰가? 이 가격 전략의 이윤이 모든 소비자에게 같은 가격을 부과하는 경우보다 더 큰가?

e. 단일가격책정에서 이러한 시장분할 전략으로 바뀜에 따라 소비자잉여와 후생손실은 어떻게 되는가?

*6. 대학 농구 게임 관람에 대한 수요가 일반인(ad) 및 학생들(st)의 경우에 각각 $Q_{ad} = 5,000 - 10P$, $Q_{st} = 10,000 - 100P$와 같다. 주최 측은 시장을 분할해서 다른 가격을 책정하고자 한다. 추가적인 관람객의 MC는 10달러 수준에서 일정한 것으로 추정된다.

a. 각 그룹에 대해 역수요함수와 한계수입함수를 구하라.

b. $MR = MC$에 따라, 각 그룹의 이윤극대화 판매량을 구하라.

c. (b)의 수량을 역수요함수에 대입해서 이윤극대화 가격들을 구하라. 어느 그룹에 대한 가격이 더 높은가?

d. 각 그룹에서의 이윤과 전체 이윤을 계산하라.

e. 만일 관람석이 5,000석으로 제한되어 있다면 결과는 어떻게 달라지겠는가?

7. 두 지역 U와 D에서 사업하는 기업이 각각 다음과 같은 수요에 직면하고 있다. $Q_{UT} = 1,000 - 10P$, $Q_{DT} = 1,600 - 20P$. 한계비용과 평균비용은 20달러로 일정하다.

a. 두 시장에 단일가격을 책정할 경우, 이윤극대화 가격은 얼마인가? 각 지역의 고객 수는 얼마인가? 이윤은 얼마인가?

b. 지역마다 다른 가격을 책정하기로 했다면, 각 지역의 가격은 얼마이겠는가? 이윤은 얼마인가?

c. 차별화된 가격책정으로 이윤이 얼마나 증가했는가?

8. 어떤 가게에서 수요의 가격탄력성이 여성 고객은 -2.5이고 남성 고객은 -1.2라고 한다. MC는 12달러이다.

a. 성별로 시장을 나눈다면 여성과 남성, 각 그룹에

대한 가격은 각각 얼마가 되어야 하는가?

b. 그룹별로 다른 가격을 책정해야 하는 이유를 직관적으로 설명하라.

9. 영화관들은 저녁 시간에 비해 낮 시간에는 입장료를 싸게 정하는 경우가 많다. 시간대를 이용해서 고객들을 탄력성이 큰 그룹과 작은 그룹으로 나누는 것을 설명하라.

10. 어떤 음식점 고객들의 수요탄력성이 노인은 -1.5이고, 나머지는 모두 -1.33이라고 한다.

a. 노인들에게는 몇 %의 가격할인을 해야 할지, 러너지수를 이용해서 구하라. (힌트 : 노인 가격과 일반 가격의 비율을 구하라.)

b. 노인들은 더 까다롭기 때문에 서비스의 MC가 일반인의 2배라고 하자. 이런 비용 상황을 감안한다면, 노인들에 대한 가격할인은 얼마가 되어야 하는가?

c. (b)의 결과를 직관적으로 설명해보라.

11. 어떤 골프장의 고객은 자주 오는 1유형과 가끔 오는 2유형 두 종류이다. 각 그룹의 (연간) 수요는 $Q_1 = 24 - 0.3P$, $Q_2 = 10 - 0.1P$와 같다. MC는 20달러로 일정하다.

a. 회사가 1유형과 2유형의 고객을 구별할 수 있다면 각 그룹에 어떤 가격을 책정하겠는가? 그럴 경우에 각 그룹의 고객은 골프장을 얼마나 이용하겠는가? 회사의 총이윤은 얼마가 되겠는가?

회사가 두 유형의 고객들을 구별할 수 없다고 가정하고, 그래서 회사는 상이한 유형의 고객들이 각기 자신들을 대상으로 하는 가격 방식을 스스로 선택하도록(자기선택) 제2도 가격차별(수량할인)을 이용하기로 하였다. 즉 골프장 개별(1회) 사용료를 책정하고, 동시에 (일정량 이상으로) 많이 사용할 고객들에게는 미리 수량할인을 제공하는 것이다. 회사로서는 1유형 고객들은 할인상품을 스스로 선택하는 한편, 2유형 고객들은 개별 사용료를 내는 쪽을 선택하기를 원한다.

b. 개별 사용료는 얼마로 책정해야 하는가? 이유는 무엇인가?

c. 이윤극대화를 위해 할인상품의 최소 사용량과 가격은 어떻게 정해야 하겠는가?

d. 1유형 고객들에게 더 큰 소비자잉여를 가져다주는 것은 개별이용상품과 할인상품 중에 어느 쪽인가? 1유형 고객의 역수요곡선을 그려서 소비자잉여 부분을 예시해보라.

e. 2유형 고객들에게 더 큰 소비자잉여를 가져다주는 것은 개별이용상품과 할인상품 중에 어느 쪽인가? 2유형 고객의 역수요곡선을 그려서 소비자잉여 부분을 예시해보라.

f. (d)와 (e)의 답에 따르면, 이런 가격책정 방식에서 회사에 가장 유리한 쪽으로 고객들의 자기선택이 이루어지게 할 수 있겠는가?

g. 각 고객의 이마에 '1유형' 또는 '2유형'이라는 낙인이 찍혀 있다고 가정해보자. 이런 정보가 회사에 득이 되겠는가? (다시 말해, 회사는 시장분할을 통해서 수량할인 방식의 경우보다 더 많은 이윤을 얻을 수 있겠는가?)

12. 어떤 기업의 제품에 대해서 가격에 민감한 대량 수요자들과 일반 수요자들의 두 그룹이 있다. 전자의 역수요함수는 $P = 8 - 0.1Q$인 반면에, 후자의 역수요함수는 $P = 10 - 0.2Q$이다. 한계비용은 0이다.

a. 수량할인 방식을 통해서 대량 수요자와 일반 수요자를 구분하려고 한다. 각 그룹에 어떤 가격을 책정해야 하는가? 수량할인 방식은 어떻게 설계해야 하는가?

b. (a)에서의 수량할인 방식이 유인합치성을 충족하지 못함을 보여라.

c. 대량 수요자의 역수요함수가 $P = 8 - (1/15)Q$라고 가정하자. 수량할인 방식을 설계하고 그것이 유인합치성을 충족함을 보여라.

d. (b)의 수량할인 방식은 실패했고 (c)의 수량할인 방식은 성공한 이유는 무엇인가?

*13. 어떤 피아노회사의 고객 중에는 비용에 민감한 '알뜰' 고객도 있고 그렇지 않은(성능을 중시하는) '전문' 고객도 있지만, 회사는 누가 누군지를 모른다. 그래서 회사는 '고급형'과 '보급형'의 두 가지 제품을 생산한다. 생산비용은 거의 같지만, 모든 소비자가 고급형이 보급형보다 품질이 높다고 생각해서 더 높은 가격을 지불할 용의가 있다. 알뜰 고객의 지불용의가격은 보급형이 6,000달러, 고급형은 8,000달러

이며, 전문 고객의 경우는 보급형이 7,000달러, 고급형은 12,000달러이다.

a. 회사가 보급형은 5,000달러, 고급형은 10,500달러로 가격을 책정했다고 하자. 이 가격들은 유인합치성을 갖는가? 즉 가격에 민감한 소비자는 보급형을, 성능을 중시하는 소비자는 고급형을 구매하게 되겠는가? 설명하라.

b. 유인합치성을 충족시키려면 고급형의 가격은 얼마나 낮아져야 하겠는가?

c. 회사가 보급형의 가격을 높임으로써 유인합치성을 충족시키려고 한다면, 가능하겠는가? 만일 그렇다면, 어떻게 가능한가?

d. 회사는 (b)와 (c) 둘 중에서 어느 쪽을 선택하겠는가? 왜 그런가?

14. 컴퓨터가 수요에 따라서 가격을 정하는 특이한 가격책정 방식을 가진 회사가 있다. 수요가 증가하면 컴퓨터는 점차 가격을 낮추기 시작한다. 이런 전략은 수요-공급 원리에서 보면 이상해 보이며, 왜 가격이 '엉뚱한 방향으로 가고 있는지'를 묻는 사람이 많다고 한다. 구간별 가격책정 논리를 이용해서, 판매량 증대에 따라 가격을 낮추는 전략이 실제로 이윤을 증대시킬 수도 있는 이유를 설명해보라.

*15. 마이크로소프트는 워드라는 워드프로세서와 엑셀이라는 스프레드시트, 두 가지 상품을 판매한다. 두 상품 모두 0의 한계비용으로 생산될 수 있다. 소비자는 작가와 경제학자 두 유형이 있는데, 각기 숫자는 거의 비슷하다. 지불용의가격은 작가의 경우에 워드 120달러, 엑셀 40달러인 반면, 경제학자의 경우는 워드 50달러, 엑셀 150달러이다.

a. 이상적으로는, 작가에게는 워드를 더 비싸게, 경제학자에게는 엑셀을 비싸게 팔고 싶을 것이다. 마이크로소프트가 그렇게 하는 것이 어려운 이유는 무엇인가?

b. 두 상품을 별개로 판매한다고 하자. 워드의 가격은 얼마로 책정해야 하겠는가? (힌트 : 작가들에게만 파는 게 좋은가, 두 유형 모두에게 팔려고 하는 게 좋은가?) 엑셀의 가격은 얼마로 해야 하겠는가? 각 유형의 고객 한 사람으로부터 얻게 되는 이윤은 얼마인가?

c. 두 상품을 별개로는 팔지 않고 '오피스'라는 이름의 묶음으로만 판매한다고 하자. 묶음상품의 가격은 얼마로 해야 하는가? 왜 그런가? 각 유형의 고객 한 사람으로부터 얻게 되는 이윤은 얼마인가?

d. 묶어팔기를 통해서 별개 판매의 경우보다 이윤이 증가하는가?

16. X와 Y 두 상품을 원하는 고객 A, B, C 세 사람이 있다. 그들의 각 상품에 대한 지불용의가격은 표와 같다.

	X	Y
A	0.60달러	2.00달러
B	1.30달러	1.30달러
C	2.00달러	0.60달러

a. 두 상품을 생산하는 회사가 별개로 판매한다면 각각의 가격을 얼마로 책정해야 하는가? 이윤은 얼마인가? (MC는 모두 0이라고 가정)

b. 두 상품을 묶어팔기로 한다면, 묶음상품 가격은 얼마로 해야 하는가? 이윤은 얼마인가?

c. 이 경우에 혼합 묶어팔기가 득이 되겠는가? 왜 그런가/왜 그렇지 않은가?

d. 두 상품의 MC가 각각 1.00달러라고 가정해보자. 이제 혼합 묶어팔기가 득이 되겠는가? 왜 그런가/왜 그렇지 않은가? 숫자로 예를 들어 설명하라.

e. 비용이 변하면 최적 전략이 달라지는 이유는 무엇인가?

*17. 시장력이 강한 한 회사가 있다. 고객들의 수요는 모두 같으며, 아래 그림과 같다. 제품 생산의 MC는 0.50달러로 일정하다.

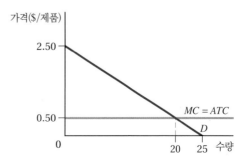

a. 이 회사가 통상적인 독점기업이라면 가격을 어떻게 책정하겠는가? 판매량은 얼마이고, 이윤은 얼마인가? 소비자들의 소비자잉여는 얼마인가?

b. 회사가 다음과 같은 조건의 수량할인을 한다고 가정하자 — 첫 10개는 개당 1.50달러로 살 수 있고, 10개를 초과하는 양에 대해서는 할인가격이 적용된다. 할인가격이 얼마일 때 이윤이 극대화되는가? (힌트 : 이미 10개를 구매하고 난 고객의 수요곡선을 그려보라. 세로축이 10만큼 우측 이동한 것으로 볼 수도 있다.)

c. 고객들은 1.50달러로 몇 개를 사고, 할인가격으로 몇 개를 사겠는가?

d. 회사의 이윤은 얼마인가? 통상적인 독점기업의 경우에 비해 이윤이 어떤가?

e. 회사가 욕심이 많아져서 3단계 가격책정을 한다고 가정하자. 이윤극대화를 위해서 세 가지 가격을 어떻게 책정해야 하겠는가? 구매량이 얼마일 때 가격이 달라지는가? 이때 이윤은 얼마인가?

f. 첫 단위는 2.40달러, 둘째 단위는 2.30달러 등으로 가격을 책정한다고 가정하자. 판매량은 얼마가 될 것이고, 이때 이윤은 얼마인가?

g. 회사가 더 많은 가격을 도입할수록 소비자잉여는 어떻게 되는가? 결과적으로 어떤 상황이 되는가?

18. 앞의 17번 문제의 계속이다. 이제 회사가 20개 묶음으로만 판매하기로 한다고 가정하자.

a. 20개 묶음에 대한 고객의 지불용의가격은 얼마인가? (힌트 : 각 단위의 가치는 수요곡선상의 점들로 주어진다. 1~20단위까지 이 가치들을 더하면 된다.)

b. 회사가 각 고객으로부터 얻는 이윤은 얼마인가?

c. 이 이윤을 17번 문제의 (f)의 경우와 비교하라.

19. 헬스클럽은 혼합 2부 요금제를 제시하는 경우가 많다. 회원으로 가입해서 매번 매우 낮은 이용료(때로는 무료)를 낼 수도 있고, 회원으로 가입하지 않고 매번 높은 이용료(10달러나 15달러)를 낼 수도 있다. 이러한 이중 요금 방식을 갖는 이유를 설명하라. 고객들의 수요는 어떤 성격의 것이어야 하는가?

20. 넷플릭스의 영화스트리밍 서비스 상품의 경우에, 회원은 월 회비를 내고 무제한으로 이용할 수 있다. 역수요함수는 $P = 0.56 - 0.0112Q$로 추정된다면 (Q는 스트리밍 시간), 월 회비를 최대 얼마로 할 수 있겠는가? (한계비용은 0이라고 가정함.)

21. 어떤 제품에 대한 소비자의 역수요함수가 $P = 5 - 0.25Q$이며(Q는 연간 수요량), 한계비용과 평균비용은 1달러로 일정하다.

a. 생산자가 독점이라면 가격은 얼마로 책정하겠는가? 판매량은 얼마가 되겠는가? 이윤은 얼마인가?

b. 독점기업이 회원제를 실시하여 연회비를 내고 일정한 가격에 얼마든지 구매할 수 있게 한다고 가정하자. 단위당 가격을 2달러로 정할 경우, 고객에 부과할 수 있는 연회비의 최댓값은 얼마인가? 각 고객에게서 얻을 수 있는 이윤은 얼마인가? (힌트 : 제품 판매의 이윤과 연회비 수입을 더한다.) 이윤은 (a)에 비해 어떠한가?

c. 단위당 가격을 1달러로 정한다면 연회비는 얼마로 할 수 있는가? 전체 이윤은 얼마인가?

d. 연회비를 아주 높게 정하는 대신 회원에게는 제품을 무료로 주는 방식으로 이윤을 증가시킬 수 있는가?

e. 2부 요금제를 실시하는 판매자의 경우에 이윤을 극대화할 수 있는 단위당 가격 및 회비에 대한 일반적인 규칙은 무엇인가?

22. 20번 문제로 돌아가보자. 고객은 열광형(I)과 보통형(C), 두 유형이 있으며, 열광형이 20%, 보통형이 80%를 차지한다고 가정하자. 각각의 역수요는 $P_I = 0.6 - 0.01Q_I$와 $P_C = 0.4 - 0.02Q_C$이다. 사용량 무제한 정책은 고수하며, 한계비용은 0이라고 가정한다.

a. 회원 요금은 얼마로 책정하겠는가?

b. 열광형의 비중이 25%라면 답이 달라지겠는가?

23. 다음 각 제품의 경우에 판매자가 사용하는 가격책정 전략은 무엇인가?

a. 동네 술집이 여성들에게는 반값으로 제공하는 '여성들의 밤' 행사를 실시한다.

b. 타이어 가게에서 타이어를 1개에 160달러 또는 4개에 400달러로 판매한다.

c. 골프장에서 연회비 4,000달러에, 이용할 때마다 그린피로 30달러를 받는다.

d. 화장지를 12개짜리 팩으로만 판매한다.

e. 동네 식당에서 '베이컨과 에그'를 주문하거나 따로따로 주문할 수 있다.

f. 공구점에서 일반 제품은 통상 가격에, 미관을 강조한 고급품은 비싼 가격에 판매한다.

24. 다음 각 경우에 이윤을 증대시킬 수 있는 적절한 가격책정 전략을 예시하라.

a. 어떤 과자의 고객들은 모두 수요가 동일하다.

b. DVD 가게에는 액션물을 좋아하고 스릴러물에는 시큰둥한 유형의 고객들도 오고 그 반대인 고객들도 오지만, 가게는 각 고객이 어느 쪽인지를 알 수 없다.

c. 영화관 고객 중, 학생들이나 노인들에 비해 직장인들은 수요가 비탄력적이다.

d. 프린터 토너의 경우, 소량 사용자가 있는 반면 가격에 민감한 대량 사용자도 있다.

e. 어떤 대학교재 출판사는 중고서적이 매우 활발하게 거래되는 2차 시장이 있다는 것을 알고 있다.

11

불완전경쟁

앞의 장들에서는 시장력의 정도를 연속선으로 나타냈을 때 양쪽 끝에 해당하는 완전경쟁과 독점을 공부했다. 완전경쟁에서 기업은 시장의 많은 생산자 중 하나일 뿐이므로 시장력을 갖지 않으며 가격은 한계비용으로 떨어지고 시장공급량은 많다. 독점에서는 시장 내 유일한 생산자인 기업이 완전한 시장력을 가지며, 가격은 한계비용보다 높고 공급량은 적다. 또한 시장력을 가진 기업들이 더 많은 경제적 이윤을 얻기 위해 사용하는 많은 가격책정 전략들에 대해서도 배웠다.

아마도 대다수의 산업들은 완전경쟁도 아니고 독점도 아닌 연속선(스펙트럼)의 양 끝 사이에 해당될 것이다. 코카콜라와 펩시콜라는 콜라 시장을 지배한다. 닌텐도, 소니, 마이크로소프트는 비디오게임 시장을 지배하고 있다. 이들 회사는 서로 경쟁하지만 완전경쟁과는 거리가 멀다. 그렇지만 유일한 독점기업도 아니다. 완전경쟁과 독점 사이에 해당하는 시장 구조는 **불완전경쟁**(imperfect competition)이라고 한다.

이 장은 중요하지만 복잡하기도 한 시장 구조를 소개한다. 먼저 소수 기업들 간의 경쟁으로 특징지어지는 시장 구조, 즉 **과점**(oligopoly)의 몇 가지 유형을 살펴보기로 하자. 과점기업들은 여러 가지 방식으로 경쟁할 수 있기 때문에 모든 상황에 적용될 수 있는 단일한 과점 모형은 없다. 산업 내에 다수도 아니고 유일한 것도 아닌 소수의 경쟁자가 있는 경우에는 결과로 나타나는 가격과 수량도 다양할 수 있다. 가격과 한계비용이 같아지는 점을 선택하는 것처럼 단순하지 않다. 시장 상황에 따라서 다양한 결과가 나타날 수 있는 것이다.

과점에서 기업들은 독점력은 아니지만 일정한 시장력을 가지며, 어느 정도의 경쟁이 있지만 완전경쟁은 아니다. 따라서 어떤 가격이 책정되고, 각 기업이 얼마나 생산하며, 각기 얼마의 이윤을 벌게 될 것인지를 알아내기 전에, 관심 대상이 되는 시장의 양상들을 보다 구체적으로 특정할 필요가 있다. 시장에 몇 개의 기업이 있는지 아는 것만으로는 과점시장에서의 행동을 분석하기에 불충분하다. 가령 대기업 넷으로 이루어진 산업들이라 하더라도 각각은 아주 다르게 보일 수 있다. 가격 및 수량 결정에 영향을 주는 다른 요인들에는, (1) 각 기업의 제품이 (석유 과점에서처럼) 동질적인지 (콜라시장에서처럼) 서로 약간씩 다른 것인지 여부, (2) 각자가 얼마나 치열하게 경쟁하는지, 그리고 (3) 그들이 경쟁하는 수단이 가격의 선택인지 생산량의 선택인지 여부 등이 있다.

이 장에서는 과점기업들이 어떻게 행동하는지에 대한 가장 통상적인 모형 다섯 가지와 **독점적 경쟁**(monopolistic competition)이라고 불리는 불완전경쟁 모형을 다루게 되는데, 독점적 경쟁은 다수의 기업들이 약간의 시장력을 갖지만 장기적으로 0의 경제적 이윤을 얻게 되는 시장이다. 시장 행동을 설명할 수 있는 것으로서 이처럼 많은 모형이 있다면, 어느 것이 어떤 경우에 적절한지를 알아내는 것이 중요하다. 실제로 이 결정이 항상 쉬운 것은 아니므로, 다양한 실제 상황에서 어느 모형이 가장 적합한지를 결정하는 문제에 대한 논의도 필요하다.

불완전경쟁
완전경쟁과 독점 중간의 특성을 가진 시장 구조

과점
소수의 경쟁자들이 활동하는 시장 구조

독점적 경쟁
수많은 기업이 차별화 제품을 판매하며 진입장벽은 없는 시장 구조로서, 각 기업은 일정 수준의 시장력을 갖지만 장기적으로 경제적 이윤은 얻지 못함

11.1 과점에서 균형의 의미

여러 과점 모형을 소개하기 전에 약간의 기초작업이 필요할 것이다. 구체적으로, 균형의 의미에 대한 이해를 확장해야 한다. 완전경쟁과 독점에서의 균형 개념은 쉽다. 그것은 소비자들이 수요하는 재화의 양이 생산자들에 의해 공급되는 양과 일치하게 되는 수준의 가격을 의미한다.

즉 시장이 '청산(clear)'되는 것이다. 이런 경우에 시장은 안정적인데, 부족도 과잉도 없으며 소비자와 생산자는 그들의 의사결정을 바꾸려고 하지 않는다.

이런 균형 개념을 과점 산업에 적용하기 어려운 것은 각 기업의 행동이 다른 기업이 원하는 바에 영향을 준다는 점 때문이다. 어떤 기업도 결정을 바꾸려고 하지 않는 상황이 이루어지려면, 전체 산업 수준에서의 가격과 수량을 결정하는 것을 넘어서 개별기업 차원으로 들어갈 수밖에 없다.

과점에서의 균형도 완전경쟁이나 독점에서와 같은 의미에서 출발한다 ― 시장이 청산되는 것. 그러나 다른 기업들의 행동을 알고 난 후에는 어떤 기업도 자신의 행동(가격 또는 수량)을 바꾸려 하지 않는다는 조건이 여기에 더해져야 한다. 바꾸어 말해서 각 기업은 다른 기업들의 행동을 조건으로 하여 최선의 행동을 하고 있어야 한다는 것이다. 과점균형은 전체 공급량이 수요량과 일치한다는 점에서만이 아니라 시장 내의 개별 생산자들 간에 안정적으로 유지된다는 점에서도 안정적이어야 한다.

각 기업이 다른 기업들의 행동을 전제로 하여 최선을 다하고 있다는 의미의 균형 개념은 **내쉬균형**(Nash equilibrium)이라고 불린다. 이는 뷰티풀 마인드라는 이름의 책과 영화의 주인공이자 노벨상 수상자인 내쉬(John Nash)의 이름에 따른 것이다. 다음 장에서는 기업들 간의 전략적 상호관계를 심층 분석하는 게임이론을 배우게 되는데, 거기서 내쉬균형 개념은 더욱 중심적인 역할을 한다. 그렇지만 이 장의 학습 목적에서 본다면, 다음의 예가 과점에서 내쉬균형과 내쉬균형이 아닌 것을 명확히 하는 데 도움이 될 것이다.

내쉬균형
각 기업이 경쟁자들의 행동을 주어진 조건으로 하여 최선의 행동을 하고 있는 균형 상태

 ## 응용 내쉬균형의 예 : 영화 마케팅

디즈니의 블랙팬서나 워너브라더스의 원더우먼과 같은 슈퍼히어로 액션영화는 만드는 데 엄청난 비용이 든다. 이들의 제작비는 대략 1억 8,000만 달러였다.[1] 하지만 영화사들은 제작비 외에도, 관객을 끌어오기 위해서 광고 및 마케팅 비용으로 수백만 달러를 지출해야 했다.

이런 영화를 만드는 곳이 디즈니와 워너브라더스 두 영화사뿐이며, 사람들이 어느 영화를 볼 것인지에 대해 광고가 영향을 미친다고 가정하자. 광고는 전체 관객 수를 늘리지는 않으며 단지 어느 영화를 볼 것인지에 영향을 미친다고 하자.

이제 두 회사가 각 영화의 속편인 블랙팬서 2와 원더우먼 2를 만들어서 여름철의 같은 주말에 개봉할 예정이라고 하자. 또한 제작비는 역시 1억 8,000만 달러이고 광고비는 7,000만 달러라고 가정하자. 두 회사가 모두 광고를 하고 서로 경쟁하면 그들의 마케팅 노력은 상쇄되어 버릴 것이다. 결과적으로 양사는 시장을 나누어 가지게 되고 각기 가령 5억 달러의 수입을 벌어들일 것이다. 제작비 1억 8,000만 달러와 광고비 7,000만 달러를 빼면, 각기 2억 5,000만 달러의 이윤을 얻는다. 반면에 양사가 광고를 전혀 하지 않기로 합의할 수 있다면, 역시 시장을 나누어 갖지만 각기 광고비 7,000만 달러를 절약할 수 있다. 따라서 이윤은 각기 3억 2,000만 달러로 더 커지게 될 것이다.

두 회사는 이윤이 더 큰 두 번째 결과를 선호할 것이다. 문제는, 광고 효과의 특성 때문에 한

---

1 업계 소식에 따르면, 블랙팬서의 제작비는 2억 달러이고 원더우먼은 1억 5,000만 달러였다.

회사만 광고하고 다른 회사는 하지 않는다면 광고한 회사는 더 많은 관객을 얻게 되고 다른 회사의 관객은 줄어들게 된다는 점이다. 예를 들어 광고하는 회사의 수입은 8억 달러이고 광고하지 않는 다른 회사의 수입은 1억 달러밖에 안 된다고 가정해보자. 따라서 광고한 회사는 5억 5,000만 달러(= 수입 8억 달러 − 제작비 1억 8,000만 달러 − 광고비 7,000만 달러)의 이윤을 벌어들이게 된다. 광고를 안 한 다른 회사는 8,000만 달러(= 수입 1억 달러 − 제작비 1억 8,000만 달러)의 손실을 보게 된다.

표 11.1은 이런 시나리오를 나타내고 있다. 4개의 칸은 각 기업이 각각의 전략을 취했을 때 얻게 될 이윤에 상응한다 — 양자 모두 광고함(왼쪽 위), 모두 광고하지 않음(오른쪽 아래), 워너가 광고하고 디즈니는 안 함(오른쪽 위), 디즈니는 광고하고 워너는 광고 안 함(왼쪽 아래). 이윤의 단위는 100만 달러이다. 각 칸의 두 숫자 중 앞의 것이 워너의 이윤이고, 뒤의 것은 디즈니의 이윤이다.

이 산업에서 균형은 어디일지 생각해보자. 처음에는, 광고하지 않기로 합의하면 결합이윤을 극대화할 수 있으므로 서로 협력해서 각기 3억 2,000만 달러를 얻어야 한다고 생각할지 모른다. 그렇지만 이것은 내쉬균형이 아니다. 광고를 안 하면 이윤이 증가할 것으로 믿고 한 회사가 광고를 하지 않았다고 가정해보자. 한쪽이 광고를 안 하기로 결정하고 나면, 다른 회사는 광고를 하려는 강한 유인을 갖는다. 이제는 광고를 하지 않는다는 계획을 실행하는 대신에 광고를 함으로써 훨씬 더 많은 이윤을 얻을 수 있다. 내쉬균형은 각자가 상대의 행동을 주어진 것으로 하여 최선을 다하고 있다는 의미임을 상기하자. 상대가 광고를 하지 않을 경우에 자신은 광고를 함으로써 더 많은 이윤을 얻을 수 있기 때문에, 광고를 하지 않기로 합의하는 것은 내쉬균형이 아니다.

구체적으로, 디즈니가 광고를 하지 않기로 결정했다고 가정해보자. 표 11.1에서 이윤을 볼 때, 워너도 같이 행동한다면 3억 2,000만 달러의 이윤을 얻는다. 대신에 합의를 버리고 광고를 한다면 5억 5,000만 달러를 얻게 된다. 워너는 분명히 후자를 선택할 것이다. 표를 보면 그 반대도 작용함을 알 수 있다 — 워너가 광고를 하지 않기로 한다면 디즈니는 광고를 함으로써 더 좋아진다(3억 2,000만 달러 대신에 5억 5,000만 달러를 얻는다).

그러므로 광고를 않기로 하는 합의는, 양자 모두 그것을 어기려는 유인을 갖는 만큼 안정적이지 않다. 한 회사가 합의를 고수한다고 하더라도 다른 회사는 거기서 벗어남으로써 더 많은 이윤을 얻게 된다. 이것은 어느 회사의 입장에서도 마찬가지이므로, 아무도 광고하지 않는 결과는 내쉬균형이 될 수 없다. 광고하지 않기로 합의하는 것은 내쉬균형이 아니다.

한 회사가 광고를 안 한다면 다른 회사는 광고를 하려고 한다는 것은 분명해졌다. 한 회사가

표 11.1 광고게임*

		디즈니	
		광고함	광고 안 함
워너브라더스	광고함	250, 250	550, −80
	광고 안 함	−80, 550	320, 320

* 결과는 이윤으로 측정되어 있음(단위 : 100만 달러)

광고를 한다면 다른 회사의 최선의 선택은 무엇일까? 표 11.1에 답이 있다. 디즈니가 광고를 한다면, 워너는 광고를 하면 2억 5,000만 달러의 이윤을 얻고, 광고를 안 하면 8,000만 달러의 손실을 입는다. 워너에 대한 디즈니의 최선의 대응에서도 마찬가지다. 그러므로 상대방의 광고하기에 대한 각자의 최선의 대응은 역시 광고하기이다.

따라서 상대방이 광고를 하든 안 하든 상관없이 최선의 행동은 광고를 하는 것이다. 이것은 디즈니와 워너 모두에게 적용되므로, 이 경우에 유일한 내쉬균형은 두 회사가 모두 광고하는 것이다. 상대방의 행동이 주어졌을 때 각자가 최선으로 행동하고 있기 때문에, 이것은 안정적이다.

죄수의 딜레마
참여자 모두에 대해 내쉬균형 결과가 다른 (불안정한) 결과보다 나쁜 상황

이들이 모두 광고를 하지 않을 경우에 얻게 될 3억 2,000만 달러보다 낮은 2억 5,000만 달러를 내쉬균형에서 얻게 됨에도 불구하고 그것이 안정적이라는 점에 유의하자. 다른 (불안정한) 결과보다 모두가 나빠지는 결과가 내쉬균형이 되는 이러한 상황은, 게임이론에서 **죄수의 딜레마**(prisoner's dilemma) 또는 용의자의 딜레마라고 부른다. 이런 상황에 대해서는 다음 장에서 좀 더 자세히 살펴볼 것이다. ■

11.2 동질적 재화 과점 : 담합과 카르텔

모형의 가정

- 기업들은 동질적인 제품을 생산한다.
- 기업들은 수량 및 가격 의사결정을 조정하기로 합의하며, 합의를 어기면 이익이 됨에도 불구하고 합의에서 벗어나는 기업은 없다.

담합, 카르텔
과점시장에서 기업들이 독점이윤을 얻을 목적으로 서로 조정하여 함께 하나의 독점기업처럼 움직이는 것

다음 몇 개의 절에서는 불완전경쟁의 몇 가지 모형을 살펴본다. 그 모형들은 기업의 의사결정에 대해 매우 상이한 답을 제시하며, 따라서 어느 모형이 사용하기에 적합한지를 아는 것이 중요하다. 각 절마다 그 모형의 적용을 위해 갖추어야 할 산업의 조건들을 열거하는 상자가 있다. 첫 모형에서는 모든 기업이 함께 독점기업처럼 행동하고자 생산과 가격 결정을 조정하며, 그래서 얻는 독점이윤을 그들 간에 나누어 갖는다. 이런 유형의 과점 행동을 **담합**(collusion)이라고 부르며, 이때 형성된 조직은 흔히 **카르텔**(cartel)이라고 부른다.[2]

과점시장의 기업들이 성공적으로 담합할 수 있다면, 과점균형을 찾는 것은 쉽다. 기업들은 함께 하나의 독점기업처럼 행동하며, 산업균형은 독점균형이다(제9장에서 본 바와 같이 생산량은 $MR = MC$가 되는 수준이며, 가격은 수요곡선에 의해 결정된다).[3] 그러나 이런 행동을 시도하지는 말자. 카르텔과 담합은 대부분의 나라에서 위법이며, 미국에서는 관련자들이 징역에 처해지는 형사범죄이다. 제9장에서 보았듯이, 독점은 소비자에게 피해를 줄 수 있기 때문에 각국 정

---

2   기업들이 공개적인 합의하에 결합독점으로 행동할 때는 '카르텔'이라는 용어를 사용하는 한편, 은밀하게 이루어지는 합의와 행동을 가리킬 때는 '담합'이란 용어를 사용하기도 한다. 하지만 양자가 경제적으로는 동일한 행동이다.

3   카르텔에서 시장균형가격, 총생산량, 총이윤을 구하는 것은 쉽지만, 카르텔의 생산량과 이윤이 참가자들 간에 어떻게 분배되는지를 정하는 것은 (카르텔을 연구하는 경제학자에게든 참여기업 자신에게든) 항상 쉽지는 않다. 이 문제는 다음 절에서 다룬다.

괴짜경제학

애플은 항상 이긴다, 정말 그런가?

아이패드 출시를 몇 달 앞둔 시기에 애플사는 iBooks Store의 개점도 준비하고 있었는데, 사용자들이 모바일 기기로 책을 구매해서 읽을 수 있게 하려는 것이었다. 그러나 애플은 딜레마에 빠졌는데, 주 경쟁자인 아마존 킨들(Kindle)의 9.99달러 가격을 따라가지 못하면 iBooks Store는 성공하기 힘든 상황이었다. 한계비용보다 낮다고 보는 사람도 있었을 정도인 이 가격 덕택에 아마존은 전자책 시장에서 고객기반을 다지게 되었지만, 애플과 같은 신규진입자들이 성공적으로 경쟁하기 힘들게 된 것이었다.

아마존의 저가정책은 출판사들에게도 걱정거리였다. 값싼 전자책이 좀 더 비싼 종이책의 매출에 타격을 줄 수 있고, 장기적으로는 도서 가격에 대한 일반인들의 기대에 영향을 미칠 수도 있기 때문이다. 아마존의 증대되는 시장력은 아마존이 출판사들의 직접적 경쟁자가 될 수도 있다는 점에서도 위협이 되었다.

주요 출판사들은 이미 얘기를 꺼내기 시작했는데, 뉴욕시 음식점의 사용 식당에서 모임을 갖고 아마존이 가격을 9.99달러 위로 올리게 만드는 방법을 의논했다. 그중 한 모임에서 아셰트(Hachette Book Group)의 회장이자 CEO인 영(David Young)은 다른 출판업자에게 "나는 (아마존의) 괴롭힘이 싫고, 세계를 지배하려는 (아마존의) 야심을 제한하는 전략을 짠다면 기꺼이 지지하겠다."라고 말했다. 출판사들은 그들의 전략을 실행하기 시작했다. 즉 전자책의 도매가격을 인상하는 한편, 소위 'windowing'을 도입하기로 의견을 모았는데, 그것은 신간 종이책의 매출을 확보하기 위해 전자책 버전의 출시를 늦추는 것이었다. 이런 술책에 관한 의견을 주고받는 중에, 영은 다른 출판사 경영자에게 "이 얘기는 이메일 파일에서 확인 삭제하는 것이 현명할 거요."라고 충고하기도 했다.

애플의 인터넷사업 관련 부사장인 큐(Eddy Cue)는 출판사들이 아마존의 가격정책에 대해 불만을 갖고 있음을 알고 나서는, 회의를 주선해서 주요 출판사들이 iBooks Store에 참여하도록 독려했다. 큐는 출판사들에게 애플이 아마존보다 책값을 높게 책정할 것임을 약속했고, 첫 모임 후에 당시 애플의 CEO였던 잡스(Steve Jobs)에게 애플의 전자책 분야 진입에 대해 출판사들이 '열광적'이었다고 보고했다.

이후 몇 주에 걸쳐서 출판사들과 애플은 계약을 맺었는데, 주 내용은 시장 전반적으로 도매 방식에서 (소매가격을 소매업자가 아니라 출판사가 책정하게 되는) 대리점(agency) 방식으로 거래 형태를 전환하는 것으로서, 애플에게는 최저가로 공급하기로 약속하는 조항도 포함되었다. 이런 변화는 전자책 가격을 효과적으로 올림과 동시에 애플의 경쟁적 지위를 보장하게 되었다.

이후 몇 달 안에 아마존도 대리점 방식으로 전환함으로써 대응하였다. 곧 전자책의 소매가격은 평균 14.2% 상승하였는데, 뉴욕타임스의 베스트셀러들의 경우에는 42.7% 올랐다. 출판사들은 예상대로 아마존을 통해 파는 전자책 수를 줄이게 되었는데, 얼마나 감소했는지는 분명하지 않다. 전반적으로는 애플과 출판사들 간의 담합은 크게 성공한 것으로 보였다. 가격을 인상했을 뿐 아니라 아마존의 독점력도 상당히 잠식한 것이었다. 가격고정을 계획하기 이전에는 아마존이 전자책 시장의 90%를 차지했었는데, iBooks Store 개점 이후 1년 반이 지나서 이 계획이 효과를 제대로 발휘하게 되자 그 점유율은 60% 정도가 되었다.

애플사의 오랜 마술이 또다시 성공한 것처럼 보였다. 즉 진입을 통해서 또 하나의 시장을 혁신한 것이었다. 상황이 그대로 지속되었더라면 맞는 말이었을 것이다. 그러나 미국 정부가 담합을 이유로 이들을 기소함에 따라 애플과 출판사들의 승리의 기쁨은 순식간에 시들었다. 담당 판사는 1년여 뒤에 판결을 내렸는데, 애플사는 유죄였다. 판사가 사용한 표현들은 통렬했다. "애플의 주장을 따르자면, 산더미 같은 기록들은 모두 설명해야 하면서도 명백한 사실에는 눈감아야 하는 헤라클레스적인 곤경에 직면하게 된다." 몇 개의 주정부와 민간인 원고들이 8억 달러 이상의 손해배상을 청구했다. 애플은 항소와 동시에 패소할 경우 4억 5,000만 달러에 화해하기로 함으로써 타격을 줄여나갔지만, 가장 중요한 이득이었던 전자책 시장의 통제력은 상실하게 되었다.

부는 독점금지법을 강력하게 집행하고 있다. 따라서 담합은 은밀하게 이루어지게 된다. 묘하게도, 이런 은밀성 때문에 카르텔이 안정적인 균형 상태로 유지되기가 더 어려워진다.

담합과 카르텔의 불안정성

과점시장의 기업들은 항상 담합을 원하게 되는데, 이는 더 많은 이윤을 얻을 수 있기 때문이다. 18세기 철학자이자 경제학의 아버지인 애덤 스미스는 일찍이 이 점을 인식했다. 국부론(*The Wealth of Nations*)에서 그는 다음과 같이 쓰고 있다—"같은 업계의 사람들은 여흥이나 기분전환을 위한 모임을 갖는 경우조차 드물지만, (만나기만 하면) 그들의 대화는 공익에 반하는 공모 또는 가격 인상 계획으로 끝나게 된다."

그러나 담합은 쉽지 않다. 카르텔의 참가자는 각각 약속대로 실행하지 않으려는 강한 유인을 갖는 것으로 나타난다. 기업들이 협상을 통해 합의에 도달할 수 있다고 하더라도 담합은 매우 불안정한 것이 된다.

어떤 산업에서 두 기업 A와 B가 담합을 시도하고 있는 상황을 생각해보자. 단순화를 위해서 이들의 한계비용은 모두 c로 일정하다고 하자. 만일 두 기업이 함께 독점기업처럼 행동할 수 있다면, 제9장의 독점 모형에 따라($MR = MC$) 시장균형을 구할 수 있다. 문제는 각자가 다른 기업을 희생시키면서 생산량을 늘리려고 할 것이라는 점이다.

시장의 역수요곡선은 $P = a - bQ$라고 가정하자. 직선형 역수요곡선에 상응하는 한계수입곡선은 $MR = a - 2bQ$이다. 한계수입이 한계비용 c와 일치하도록 생산량을 정하게 되므로

$$MR = MC$$
$$a - 2bQ = c$$

이다. 이 방정식을 Q에 대해 풀면 $Q = (a - c)/2b$이다. 이것이 기업들이 독점기업처럼 행동하기로 담합하는 경우의 산업 생산량이다. 이것을 수요곡선식에 대입하면 이 수량에서의 시장가격 $P = (a + c)/2$를 구할 수 있다.

앞에서 구한 Q값은 담합에 의한 독점에서의 **총생산량**이다. 개별기업들의 생산량이 어떠하든 합해서 이것이 된다면 가격과 이윤은 독점 수준이 된다. 물론 기업들은 이 이윤을 어떻게 분배할 것인지를 결정해야만 한다. 합리적으로 가정해보면, 그들의 비용이 같으므로 각기 생산량을 반으로 나누고[$Q/2 = (a - c)/4b$], 독점이윤도 똑같이 나눌 것이다. (기업들의 비용이 상이할 경우 담합의 불안정성이 커지는 이유에 대해서는 뒤에서 다룬다.)

카르텔의 불안정성 : 수학적 분석   담합이 불안정한 이유를 구체적인 숫자 예를 통해 알아보자. 역수요함수는 $P = 20 - Q$, 한계비용은 $MC = 4$달러라고 가정한다. $MR = MC$에 따라서 담합균형에서의 산업 생산량은 $Q = 8$, 독점가격은 $P = 12$달러일 것이다. 두 기업 A와 B가 생산을 똑같이 나눈다고 가정하면 각기 4단위씩 생산할 것이다. 이 결과는 그림 11.1에 있다.

담합과 카르텔은 앞의 예에서 디즈니와 워너가 광고 중지에 합의하지 못하는 것과 같은 이유로 무너진다. 다른 기업이 생산을 제한하고 있음을 알고 나면, 누구든 자기 생산은 늘리는 것이 이익이 된다. 모든 기업은 담합의 합의를 배신하려는 유인을 갖는다. 다시 말해서 담합은 내쉬 균형이 아니다.

위의 숫자 예에서 각 기업의 공급량 선택에 대해 생각해보자. 기업 B가 (독점 공급량인 8의 절반인) 4를 공급하는 데 합의한다면 기업 A는 4의 공급량을 고수하려고 할까? A가 4 대신 5로 공급을 증가시킨다면 총공급량은 9로 증가한다. 따라서 가격은 12달러에서 11달러로 하락한다 (그림 11.1의 수요곡선은 대개 그렇듯이 공급량이 늘어나면 가격이 하락함을 보여준다).

일단 A가 약속을 어기고 공급량을 증가시킬 경우에 산업은 더 이상 독점균형 상태에 있지 못하게 되고, 과잉생산 때문에 산업의 총이윤은 감소하게 된다. 총이윤은 독점 또는 카르텔 수준인 $Q \times (P - c) = 8 \times (12 - 4) = 64$달러에서 A가 몰래 공급을 늘림에 따라 $9 \times (11 - 4) = 63$달러로 감소한다.

그림 11.1 카르텔 불안정성

카르텔은 독점기업처럼 행동하기 위해 공급량을 8로 제한하고 ($MR = MC$) 각 단위를 12달러의 가격에 판매해서 ($12 − $4) × 8 = 64달러의 산업이윤을 얻는다. 생산과 이윤을 두 기업이 똑같이 나누기로 한다면 각기 ($12 − $4) × 4 = 32달러의 이윤을 얻는다. 그렇지만 기업 A는 합의를 어기고 1단위 더 공급함으로써 더 많은 이윤을 얻을 수 있다. 총공급량은 늘어나고 가격은 단위당 11달러로 하락하게 되지만, A의 이윤은 ($11 − $4) × 5 = 35달러가 된다. 따라서 각 기업은 합의를 어김으로써 이윤을 증가시킬 수 있으며, 담합은 안정적이지 않다.

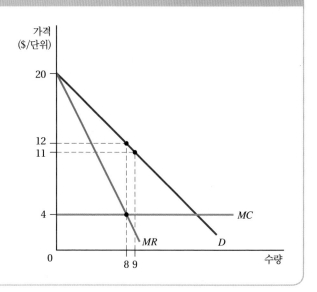

산업의 총이윤은 감소하지만 합의를 어기는 기업 A는 이익을 본다. 담합하에서 이윤은 32달러(독점이윤 64달러의 절반)였지만, 이제는 더 많아져서 $5 × (11 − 4) = 35$달러이다. 수량 증가에 따른 매출 증가가 가격 하락을 보충하고도 남기 때문이다.

내쉬균형은 각 기업이 다른 기업의 행동이 주어진 상황에서 최선의 행동을 하고 있음을 가리킨다는 점을 상기하자. 이 예는 다른 기업이 담합 합의를 고수하는 경우에는 한 기업이 합의를 어김으로써 더 좋아질 수 있음을 분명히 보여준다. 사실 배신하는 기업은 5단위보다 더 많이 공급함으로써 더 좋아질 수 있다. 한 기업이 담합 합의를 지켜 4단위를 공급한다면, 다른 기업의 이윤극대화 공급량은 6단위이다. 이때 가격은 $20 − (4 + 6) = 10$달러이며, 배신 기업의 이윤은 $6 × (10 − 4) = 36$달러가 된다. (배신 기업의 이윤은 공급량을 7 이상으로 증가시킬 때 비로소 감소하기 시작함을 확인하자.) 두 기업 모두 배신할 유인을 갖게 된다. 그래서 담합은 유지되기 어렵다.

카르텔에서 기업 수의 증가 앞의 예는 두 기업 카르텔에 관한 것이었다. 기업의 수가 많아지면 합의 유지의 어려움은 더 심해진다. 카르텔이 많은 기업으로 이루어졌다면, 각자는 합의를 어김으로써 더 많은 이익을 얻게 된다. 앞의 예를 가져오되 이제는 기업의 수가 2 대신에 4라고 하자. 담합 합의에서 각자는 (총수량 8의 1/4인) 2단위를 공급해서 (독점이윤 64달러의 1/4인) 16달러를 얻는다. 이들 중 셋은 합의를 지켜서 2단위를 공급하고 있는데 네 번째 기업이 배신하기로 하고 3단위를 공급한다고 가정해보자. 가격은 역시 11달러로 하락할 것이다. 합의를 어기는 기업은 $3 × (11 − 4) = 21$달러의 이윤을 얻게 된다. 여기서 배신함으로써 얻게 되는 이윤의 증가는 5달러로, 기업이 둘밖에 없을 경우의 이윤 증가인 3달러보다 더 크다. 배신자는 공급을 3단위 이상으로 증가시키려고 할까? 그렇다. 사실 다른 기업들이 담합 공급량(기업당 2단위)을 유지한다고 하면, 배신자는 4번째와 5번째 단위를 공급함으로써 이윤을 증가시킬 수 있다. 그렇지만 6번째 단위까지 공급할 경우 배신자의 이윤은 감소하게 된다. (총공급량이 8, 9, 10이

예제 11.1

수영장 세정제의 생산자가 A와 B, 두 기업밖에 없다고 하자. 역시장수요는 $P = 32 - 2Q$이다. 제품 생산에 고정비용은 없고 한계비용은 16달러로 일정하다고 가정하자.

  a. 두 기업이 공모해서 독점기업처럼 행동하고 시장을 똑같이 절반으로 나누는 데 합의한다면, 각 기업의 생산량과 가격은 얼마가 되겠는가? 각자의 이윤은 얼마인가?

  b. A는 합의를 어기고 1단위 더 생산할 유인을 갖는가? 설명하라.

  c. A의 합의 배신 행위가 B의 이윤에 영향을 미치는가? 설명하라.

  d. 이제 두 기업이 각각 (a)의 생산량보다 1단위 더 생산하기로 합의했다고 가정하자. 각자의 이윤은 어떻게 되는가? A는 이 합의를 어기고 다시 1단위를 더 생산할 유인을 갖는가? 설명하라.

풀이

  a. 독점기업처럼 행동하기로 합의했다면 $MR = MC$에 따라 이윤극대화 생산량을 구할 것이다.

$$MR = MC$$
$$32 - 4Q = 16$$
$$4Q = 16$$

$Q = 4$이며, 각기 2단위를 생산할 것이다. 역수요 방정식에 $Q = 4$를 대입하면 시장가격을 알 수 있다.

$$P = 32 - 2Q = 32 - 2(4) = 24\text{달러}$$

각 기업은 ($24 - $16)×2 = 16달러의 이윤을 얻는다.

  b. A가 합의에서 이탈하여 3단위를 생산한다면 Q는 5로 증가하고 가격은 22달러로 하락한다. A의 이윤은 ($22 - $16)×3 = 18달러이다. 그러므로 A는 합의를 어겨서 이윤을 증가시키려는 유인을 갖는다.

  c. A가 합의를 어기면 시장가격은 22달러로 떨어지므로, B의 이윤은 ($22 - $16)×2 = 12달러로 감소한다.

  d. 두 기업이 각기 3단위를 생산하기로 합의하면 $Q = 6$, $P = 20$달러이다. 그러므로 각자가 얻게 되는 이윤은 ($20 - $16)×3 = 12달러이다. 여기서 A가 4단위를 생산하려고 한다면 Q는 7로 증가하고 P는 18달러로 떨어진다. 그러므로 A의 이윤은 ($18 - $16)×4 = 8달러가 될 것이다. 즉 이윤이 감소하게 되는 만큼, A가 이 합의를 어길 유인은 없다.

될 때의 가격들을 구한 다음, 각각의 경우에 배신 기업의 이윤을 계산해보자.) 6단위를 공급하면 이윤이 감소하므로, 5단위가 (배신의) 이윤극대화 공급량일 것이다.

    카르텔 참여기업 수가 많아질수록 배신의 가치가 커지는 것 외에, 담합 합의를 고수하는 기업이 입는 피해가 작아지는 면도 있다. 그것은 배신으로 인한 이윤 손실이 더 많은 기업들에게 분산될 것이기 때문이다. 이 요인이 기업 수 증가에 따른 담합 유지의 어려움을 더욱 가중시킬 것이다.

    이러한 배신의 문제는 모든 카르텔에서 흔히 나타난다. 카르텔에 참여하는 모든 기업은 '다른' 기업들이 담합함으로써 시장가격이 올라가기를 바라지만, 자신은 공급을 늘려서 모든 다른 기업들로부터 매출을 훔쳐오려고 할 것이며, 그에 따라 시장가격은 내려가게 된다. 모든 기업이 이와 같이 똑같은 배신의 유인을 갖기 때문에, 애초에 누구에게든 담합하자고 설득하는 것은 어렵다.

어떤 요인들이 담합을 조장하는가

과점시장에서 담합은 안정적이지 못하지만, 성공가능성을 높이는 조건들이 몇 가지 있다.

카르텔에서 필요한 첫째 요건은 합의 이탈자를 적발해서 징벌하는 방법이다. 카르텔 참여자가 담합 수준보다 더 많이 생산하려는(더 낮은 가격에 판매하려는) 사적인 유인을 갖는다는 것은 앞에서 본 바와 같다. 누군가가 이탈해도 다른 기업들이 알아낼 방법이 없다면, 그리고 이탈자가 확인되어도 징벌을 가할 방법이 없다면, 어떤 협정이라도 유지될 가능성이 없다. 따라서 기업들이 다른 기업의 거래 수량과 가격을 면밀하게 관찰할 수 있을 때 담합의 가능성이 커진다. 그러한 투명성은 잠재적 이탈자가 몰래 가격을 낮출 수 있는 능력을 제한하게 된다. 한 기업이 이탈하는 경우, 카르텔은 어떤 식으로든 합의 이행을 강제하거나 배신자를 징벌할 수 있어야 한다. 담합은 일반적으로 불법이기 때문에, 이탈자를 상대로 소송을 할 수는 없지만, 가령 미래의 카르텔 이윤을 얻을 수 있는 기회를 차단한다든지 해서 합의 이탈자의 이윤을 감소시키는 다른 행동은 가능하다.

둘째, 참여기업들 간 한계비용의 차이가 거의 없는 경우 카르텔의 성공가능성이 커질 것이다. 이윤극대화를 위해서 독점기업(또는 독점처럼 행동하려는 카르텔)은 비용이 가장 낮은 생산 방법이 사용되기를 원한다. 이런 점이 참여자들 간의 독점이윤 배분 방식을 복잡하게 만들며 배신의 기회를 증가시키게 된다. 예를 들어 OPEC 안에서도 원유 1배럴을 뽑아 올리는 비용이 사우디아라비아는 약 4달러인 데 반해서 나이지리아는 약 20달러가 든다. 그렇다고 해서 나이지리아에게 가장 효율적인 방법은 사우디아라비아만 생산하고 나이지리아는 생산하지 않는 것이라고 설득할 수 있겠는가?

셋째, 기업들이 보다 장기적인 시각을 갖고 미래에 더 큰 관심을 둘 경우에 카르텔은 보다 안정적이 된다. 카르텔에 남아 있는(즉 합의를 어기지 않기로 하는) 것은 장기적 이익을 위해서 단기적 기회비용을 치르는 것으로 볼 수 있다. 단기적 기회비용이란 합의 이탈에 의해서 얻을 수 있는 더 많은 이윤을 포기하는 것이다. 장기적 편익은 카르텔이 경쟁 상태로 해체됨을 피할 수 있다면 독점이윤을 얻을 수 있다는 것이다. 기업들이 이탈에 의한 즉각적인 추가이윤에 비해서 미래의 독점이윤을 더 높이 평가할수록 담합 합의가 준수될 가능성이 커진다. 파산의 위험에 직면하여 당장의 이윤이 절실한 경우처럼, 조급해진 회사들은 이탈할 가능성이 더 크다.

 응용 카르텔 봇?

카르텔 하면 떠오르는 것이, 기업인들 여럿이 모여서 시장을 조작하는 계획을 짜내는 모습이다. 이런 모임은, 때로는 문자 그대로 혹은 (오늘날에는 더더욱) 비유적으로 '담배연기 가득한 방(smoke-filled room)'에서 이루어진다. 어느 쪽이든 사람이 관련된다.

하지만 최근에는 인공지능(AI)이나 다른 알고리즘 형태의 사업 방식의 출현으로 인해 또 다른 우려가 생겼다. 담합이 실제로 사람들이 특정하게 행동하기로 결정한 결과가 아니라 소프트웨어에 내장된 가격책정 알고리즘이 가격 인상을 '결정'한 결과라면 어찌 될까? 경쟁하는 회사들이 가격책정 소프트웨어를 작성했는데, 그 내용이 사실상 '경쟁자가 가격을 올리면 우리 가격도 올려라'라고 명령하는 것인 경우를 가정해보자. 사람들이 가격 인상을 위해 행동하기로 합의하는 과정 없이도 시장은 카르텔과 같은 결과가 되는 상황이 어렵지 않게 예상된다. 사람들이 담합을 합의한 사실이 없다면 독점금지 당국이 어떻게 기소할 수 있겠는가? 알고리즘을 교도소로 보낼 수는 없다.

아마도 카르텔을 유발하는 알고리즘을 사용하는 것을 위법으로 하고, 그것을 설치한 자를 처벌할 수는 있을지 모른다. 하지만 '그들이 가격을 높이면 (우리도) 가격을 높인다'는 전략은 명백하고 추적하기도 쉽지만, 대다수 가격책정 알고리즘은 훨씬 더 복잡하다. 아무도, 심지어 창작자조차도 상상하지 못한 방식으로, 알고리즘이 (스스로) 카르텔 같은 결과가 가져올 수도 있다. 어떤 AI봇(bot)은 이윤극대화 가격을 책정하라는 것 외에 다른 지침은 없는데도 그것을 위한 가장 좋은 방법은 담합하는 것이라는 사실을 스스로 순식간에 알아낼지도 모른다. (AI봇은 이탈 행위를 재빨리 적발하는 데도 솜씨가 좋아서 담합 상태의 안정성을 높일 수 있다.)

정책 당국과 경제학자들은 어떻게 해야 할지 난감한 것 같다. 하지만 기술적 추세를 본다면, 이런 유형의 상황이 앞으로는 더 자주 발생하게 될 가능성이 크다. ∎

11.3 동질적 재화 과점 : 베르트랑 경쟁

모형의 가정

- 기업들은 동일한(동질적인) 제품을 판매한다.
- 기업들은 판매가격의 선택을 통해 경쟁한다.
- 기업들은 각자의 가격을 동시에 책정한다.

앞 절에서는 과점기업들이 독점기업처럼 행동한다는 담합/카르텔 모형이 현실에 그대로 적용되기는 어렵다는 점을 보았다. 기업들이 하나의 독점기업처럼 행동하기로 협동하지 않는다면(혹은 협동할 수 없다면), 그들이 서로를 상대로 직접 경쟁하는 모형이 필요하다. 그러한 첫 번째 모형은 매우 단순하다 — 기업은 같은 제품을 판매하고 소비자들은 가격을 비교해서 더 싼 제품을 구매한다. 이런 시장 구조를 **베르트랑 경쟁**(Bertrand competition)이라고 부르는데, 이에 관해 처음으로 글을 쓴 19세기 프랑스의 수학자 겸 경제학자인 베르트랑(Joseph Bertrand)의 이름을 딴 것이다. 여기서 가정한 바와 같이, 기업들이 동일한 제품을 판매하고 있다면 베르트랑 과점은 아주 단순한 균형을 갖게 되는데, 즉 완전경쟁과 똑같이 $P = MC$이다. 기업들이 판매하는 제품이 동질적이지 않다면 어떻게 되는지에 대해서는 나중에 살펴보기로 한다.

베르트랑 경쟁
각 기업이 자기 제품 가격을 선택하게 되는 과점 모형

베르트랑 모형의 설정

2개의 기업만이 존재하는 시장을 가정해보자. 이들은 동일한 제품을 판매하며 한계비용도 같다. 예를 들어 한 도시에 이마트와 홈플러스(편의상, 아래에서는 각각 E와 H로 약칭하기로 하자), 2개의 할인점만이 있는데 위치도 같다고 하자. 둘 다 인기 있는 게임기를 판매하고 있으며, 한계비용은 300달러로 같다고 하자. 한계비용은 게임기 생산자에게 지불하는 도매가격 외에 판매에 수반되는 모든 비용을 포함한 것이다.

한 가지를 더 가정하자 — 소비자들은 두 매장이 서비스나 분위기 등 모든 점에서 차이가 없다고 보고 있다. 이 가정은 반드시 현실적이지는 않지만, 기업이 동일한 제품을 판매하고 있다는 가정을 뒷받침해준다. 소비자가 게임기와는 별도로 이런 점들에 대해 가치를 부여한다면, 어떤 면에서(서비스 등까지 포함한) 제품들은 더 이상 동질적이지 않게 되며, 나중에 다루게 될

차별화 제품 모형이 필요하게 된다.

기업이 둘밖에 없기 때문에, 시장력은 매우 강하고 가격이 비용보다 훨씬 높을 것처럼 생각될지도 모른다. 그러나 이 시장의 고객들이 다음과 같이 단순한 수요 규칙을 갖는다고 가정해보자―같은 제품을 더 낮은 가격으로 파는 상점에서 구매한다. 만일 두 곳이 같은 가격을 책정하고 있다면 소비자는 어디서 살 것인지를 동전을 던져 결정한다. 사실상 이 규칙은, 더 낮은 가격을 매기는 상점이 시장의 수요를 모두 다 갖게 됨을 의미한다. 두 상점의 가격이 같다면, 각각 수요의 절반을 갖게 된다.

게임기 시장의 전체 수요는 Q로 주어져 있다고 하자. 이마트(E)의 가격은 P_E, 홈플러스(H)의 가격은 P_H로 표시한다. 두 상점은 다음과 같은 수요곡선에 직면하게 된다.

이마트(E)의 수요

$P_E < P_H$이면 Q

$P_E = P_H$이면 $Q/2$

$P_E > P_H$이면 0

홈플러스(H)의 수요

$P_H < P_E$이면 Q

$P_H = P_E$이면 $Q/2$

$P_H > P_E$이면 0

각 상점은 판매가 위의 수요곡선에 따라서 이루어질 것임을 인식하면서 이윤을 극대화하는 가격을 선택하게 된다. 전체 판매량 Q는 가격에 따라 달라지지 않는다고 가정했다. 가격은 사람들이 어디서 구매할 것인지에만 영향을 준다. (대신에 Q가 최저가격에 따라서 달라지는 것으로 가정하더라도 아래에서 얻어지는 주요한 결과들에는 변함이 없다.)

베르트랑 과점의 내쉬균형

내쉬균형에서는 모든 기업이 다른 기업들의 행동이 주어졌을 때 최선의 행동을 하고 있다는 점을 상기하자. 베르트랑 모형의 균형을 찾기 위해 먼저 E의 행동에 대한 H의 최선의 대응을 생각해보자. (순서는 바뀌어도 상관없다.) 만일 H가 E의 게임기 가격이 P_E로 책정될 것으로 믿고 있다면, H가 가격을 그보다 높게 책정할 경우 하나도 팔 수 없을 것이므로 그것은 이윤극대화 전략에서 배제할 수 있다. H에게는 두 가지 선택이 남게 된다―E의 가격과 같이 책정해서 $Q/2$ 단위를 팔거나, 아니면 E보다 가격을 낮추어서 Q단위를 파는 것이다. H로서는 가격을 E보다 아주 조금이라도 낮추기만 하면 되므로, P_E 바로 아래 수준으로 낮춘다면 단위당 마진은 아주 조금 줄어들 뿐이지만 전체 시장을 가져올 수 있으므로 판매량은 곱절이 될 것이다.

예를 들어 $Q = 1,000$이고, H는 E가 $P_E = 325$달러로 책정할 것으로 보고 있다고 가정해보자. H 역시 $P_H = 325$달러로 매긴다면, 500개를 팔아서 개당 25달러의 이윤을 얻게 될 것이다(가격 325달러 ― 한계비용 300달러). 총이윤은 12,500달러이다. 그러나 만일 H가 $P_H = 324.99$달러로 매긴다면 개당 24.99달러의 이윤으로 1,000개를 팔 수 있을 것이다. 이때 총이윤은 24,990달러이고 325달러의 경우에 비해 거의 2배가 된다. 따라서 H는 예상되는 E의 가격보다 가격을 낮추려는 강력한 유인을 갖게 된다.

E의 입장에서도 사정이 같다는 것은 물론이다 — H가 책정할 것으로 생각되는 가격이 얼마이든 그보다 낮추려는 유인을 갖게 된다. 가령 H가 $P_H = 324.99$달러로 책정할 것이라고 믿는다면 E는 324.98달러로 정해서 다시 전체 시장을 가져올 수 있다. 그러나 그렇다면 H는 바로 이 예상가격(324.98달러)보다 낮추려는 유인을 가질 것이고, 이후 같은 과정이 계속될 것이다.

이러한 가격 인하 유인은 각자가 예상하는 상대방의 가격이 한계비용(300달러) 수준으로 떨어질 때까지는 계속될 것이다. 그 시점에서 가격을 더 낮추는 기업은 전체 시장을 갖게 되겠지만 그 기업은 팔리는 게임기마다 손실을 보게 될 것이다.

이와 같은 베르트랑 과점의 균형은 각 상점이 가격을 한계비용(이 예에서는 300달러)과 같은 수준으로 책정할 때 이루어진다. 각자의 시장점유율은 시장의 절반이며 경제적 이윤은 0이다. 이윤을 얻고 싶겠지만 어느 쪽이든 가격을 한계비용보다 조금이라도 높이게 되면 상대방은 그보다 가격을 낮게 매기려는 강력한 유인을 갖게 된다. 또한 가격을 한계비용보다 낮춘다면 손실을 입게 될 뿐이다. 균형 상태는 기업들의 입장에서 원하는 결과는 아니지만, 어느 기업이든 일방적으로 가격을 변경해서 더 좋아질 수는 없다. 이것은 내쉬균형의 정의이다.

동질재 베르트랑 과점에서 한 기업은 다른 기업이 한계비용과 같은 가격을 계속하는 한 가격 인상을 통해 이윤을 증가시킬 수 없다. 모두 함께 가격을 인상하는 방향으로 행동을 조정하는 방법을 찾아낼 수 있다면 이윤이 증가할 수 있다. 그렇지만 이런 전략의 문제점은 앞에서 보았듯이 담합이 불안정하다는 것이다. 일단 가격이 한계비용보다 높게 책정되고 나면, 누구든 일방적으로 행동을 바꾸어 가격을 약간 낮춤으로써 이윤을 증가시킬 수 있다.

베르트랑 과점 모형은 기업의 수가 적다고 하더라도 경쟁은 격심해질 수 있음을 보여준다. 실제로, 동질적 재화에서의 베르트랑 경쟁의 결과는 완전경쟁시장의 경우와 같다 — 가격은 한계비용과 같다. 이처럼 극도로 경쟁적인 상황이 벌어지는 이유는, 어느 기업이든 가격을 아주 약간 낮추기만 하면 상대방으로부터 시장 전체를 다 뺏어올 수 있기 때문이다. 가격을 더 싸게 하려는 강력한 유인이 두 기업 모두 한계비용까지 가격을 낮추게 만드는 것이다.

이 예에서는 기업이 둘만 있었지만, 더 많더라도 결과는 같을 것이다. 취지는 동일하다 — 각자의 가격 인하 동기가 매우 강해서, 모두가 가격을 한계비용과 같도록 책정하고 그에 따라 시장을 똑같이 나눠 갖는 상태만이 균형이 될 수 있다.[4] 동질재 베르트랑 모형에서의 강한 가정들은 현실에서는 드물지만, 이런 상황에 근접하는 시장으로 온라인 구매사이트가 있다. 판매자들 간의 비교가 정말 용이한 경우에는 최저가 판매자가 시장의 대부분을 차지하게 될 것이며, 따라서 이런 시장에서는 모형의 예측처럼 모든 기업의 가격이 같아지게 될 수도 있다.

---

4 여기서는 모든 기업이 동일한 한계비용을 갖는다고 가정하고 있다. 동질재 베르트랑 과점에서 기업들의 한계비용이 상이하다면, 균형 상태에서 최저비용 기업(들)이 두 **번째**로 낮은 비용 수준보다 약간 낮은 가격을 책정하고 시장 전체를 점유한다.

11.4 동질적 재화 과점 : 쿠르노 경쟁

모형의 가정

- 기업들은 동일한(동질적인) 제품을 판매한다.
- 기업들은 생산량의 선택을 통해 경쟁한다.
- 모든 제품은 같은 가격, 즉 시장가격에 팔리는데, 그 가격은 시장 내 모든 기업의 생산량의 총합에 의해서 결정된다.
- 기업들은 생산량을 동시에 선택한다.

기업들이 동질적 제품을 판매하는 경우, 베르트랑 경쟁 모형의 균형은 완전경쟁시장의 경우와 같이 가격이 한계비용과 같아지는 상황이다. 소비자들은 제품의 가격에만 관심을 갖기 때문에(기업 간 제품은 똑같음) 각 기업은 완전탄력적인 수요에 직면하게 된다. 가격이 조금이라도 더 높은 기업은 모든 시장점유율을 잃게 된다. 수요는 최저가격을 제시하는 기업에게로 갈 것이다.

그러나 만일 기업들이 설비에 제약이 있고 따라서 단기에는 충족시킬 수 있는 수요에 한계가 있다면 어떻게 될까? 이런 경우에는 기업이 경쟁자들보다 가격을 낮추더라도 생산설비 한도 내에서만 고객들을 빼앗아올 수 있는데, 그것이 시장 전체 규모는 아닐 것이다.

이 모형에서는 경쟁자의 가격 인하에 대해서 대응해야 할 압력이 크지 않을 것인데, 경쟁자보다 높은 가격을 유지하더라도 많은 고객을 잃게 될 가능성은 크지 않기 때문이다. 실제로 저가격 기업의 생산 능력이 충분히 작은 규모라면 경쟁자로서는 가격을 크게 낮출 필요성은 전혀 못 느낄지도 모른다. 따라서 베르트랑 모형에서와 같은 연쇄적인 가격 인하는 없게 된다. 이런 상황에서 중요한 관심사는 기업이 생산설비 규모를 어떻게 결정하며 그래서 얼마를 생산할 수 있는가 하는 점이다.

쿠르노 모형의 설정

설비 제약의 요인을 도입한 것은 또 하나의 주요한 과점 모형인 **쿠르노 경쟁**(Cournot competition)을 살펴보기 위해서이다[이 모형을 처음 제시했던 사람으로서, 역시 19세기 프랑스의 수학자 겸 경제학자인 쿠르노(Augustin Cournot)의 이름을 딴 것이다].

쿠르노 경쟁에서 기업들은 동질적 제품을 생산하며 판매가격 대신에 생산량을 선택하게 된다. 각 기업은 베르트랑 모형에서처럼 자기 제품의 가격을 결정하지 않는다. 먼저 모든 기업이 얼마나 생산할 것인지를 결정한다. 그러면 생산된 전체 수량이 모두 다 팔릴 수 있는 가격이 시장수요곡선에 따라서 결정된다. 제9장에서 독점기업을 살펴볼 때, 가격-수량 결과는 기업이 가격을 얼마로 결정하든, 생산량을 얼마로 정하든 간에 같아진다는 것을 보았다. 그렇지만 과점에서는 기업이 가격을 결정하고자 하는지 수량을 결정하고자 하는지에 따라 시장의 결과가 달라진다.

구체적으로, 쿠르노 과점에서 2개의 기업, 즉 기업 1과 기업 2가 있다고 가정하자. (기업의 수는 더 많을 수 있지만, 단순화를 위해서 둘로 한다.) 두 기업 모두 한계비용은 c로 일정하며,

쿠르노 경쟁
각 기업이 자기 생산량을 선택하게 되는 과점 모형

각기 독립적으로 그리고 동시에 각자의 생산량 q_1과 q_2를 선택한다고 가정하자. 제품의 역수요
곡선은 다음과 같다.

$$P = a - bQ$$

여기서 Q는 시장의 총생산량이다. 즉 $Q = q_1 + q_2$.

기업 1의 이윤 π_1은 생산량 q_1에 시장가격 P와 생산비용 c의 차이를 곱한 것과 같다.

$$\pi_1 = q_1 \times (P - c)$$

P에 역수요 방정식을 대입하면

$$\pi_1 = q_1 \times [a - b(q_1 + q_2) - c]$$

이고, 마찬가지로 기업 2의 이윤은 다음 식으로 주어진다.

$$\pi_2 = q_2 \times [a - b(q_1 + q_2) - c]$$

2개의 이윤 방정식을 보면 이 과점기업들이 전략적인 상호작용 관계에 있음을 알 수 있다.
기업 1의 이윤은 자신의 생산량 q_1뿐 아니라 경쟁자의 생산량 q_2의 함수이기도 하다. 마찬가지
로 기업 2의 이윤은 기업 1의 생산량 결정에 영향을 받는다. 즉 각자의 생산량 선택은 시장가격
의 변동을 통해서 다른 기업의 이윤에 영향을 주게 되는 것이다.

쿠르노 모형의 경우와 유사한 예로는 석유 산업을 들 수 있다. 원유는 동질적 상품이라, 소비
자로서는 어디서 생산된 것이든 무차별하다. 석유 가격은 세계 시장에서 정해지며, 주어진 시기
에 공급되는 총량에 따라 달라진다. 그러므로 사우디아라비아나 이란과 같이 매장량이 큰 국가
들조차도 자기 제품의 가격을 정하지는 못한다고 보아도 무리가 없다. 그들은 단지 얼마나 생산
할 것인지를 선택할 뿐이다. 석유 판매회사들은 모든 석유 생산자의 생산량 결정을 관찰해서 총
생산량(시장공급)이 현재의 수요에 비해서 어떤지에 따라 가격을 올리기도 하고 내리기도 한다.
이러한 가격 결정 과정은 총생산량과 시장가격을 연결해주는 수요곡선에 따라 이루어진다.

쿠르노 과점의 균형

쿠르노 과점의 균형을 구하기 위해서 예를 들어보자. 단순화를 위해 사우디아라비아와 이란만
석유를 생산한다고 가정하자. 양국 모두 한계생산비용은 배럴당 20달러로 일정하다. 또한 석유
의 역수요곡선은 $P = 200 - 3Q$라고 가정하자. (여기서 Q의 단위는 1일당 100만 배럴이다.)

쿠르노 모형의 균형을 구하는 과정은 독점의 경우와 유사한데, 한 가지만 달라진다 — 시장
공급량 Q는 독점기업의 생산량이 아니라 사우디아라비아(S)와 이란(I)의 생산량 q_S와 q_I의 합
이다. 즉 $Q = q_S + q_I$인 것이다. 이 외에는 독점기업의 이윤극대화 생산량을 구할 때와 같은 과
정을 따라가면 된다. 먼저 각국의 한계수입곡선을 구하고 MR이 MC와 같아지는 생산량을 찾
는다.

먼저 사우디아라비아의 이윤극대화를 살펴보자. 9.2절에서처럼 기업의 한계수입곡선은 역
수요곡선에서 시작해서 쉽게 구할 수 있다. 따라서 역수요곡선 방정식을 각국 생산량의 함수로
나타내보자.

$$P = 200 - 3Q = 200 - 3(q_S + q_I) = 200 - 3q_S - 3q_I$$

한계수입곡선의 기울기는 역수요함수 기울기의 2배이므로 사우디아라비아의 MR은 다음과 같다.[5]

$$MR_S = 200 - 6q_S - 3q_I$$

사우디아라비아는 MR이 MC와 같아지는 생산량을 생산할 때 이윤을 극대화하게 된다.

$$200 - 6q_S - 3q_I = 20$$

이 식을 사우디아라비아의 이윤극대화 생산량에 대해 풀 수 있다.

$$q_S = 30 - 0.5q_I$$

이 결과는 독점의 경우와 다르다 — 사우디아라비아가 독점이었다면 $MR = MC$에 따라 Q를 구했을 것인데, 그 생산량 q_S가 시장공급량 Q일 것이기 때문이다. 그렇지만 이 예에서는 사우디아라비아의 이윤극대화 생산량은 경쟁자의 생산량 q_I에 따라 달라진다. 마찬가지로 이란의 이윤극대화 생산량 q_I는 q_S에 따라 달라지는데, 동일한 시장수요곡선과 한계비용을 갖기 때문이다.

$$q_I = 30 - 0.5q_S$$

여기서 한 나라의 생산량 선택은 다른 나라 생산에 대한 수요를 감소시키는 효과가 있음을 알 수 있다. 즉 한 나라의 생산물에 대한 수요곡선은 다른 나라의 생산량만큼 이동하게 된다. 가령 사우디아라비아가 이란의 생산량을 1일 1,000만 배럴(bpd)로 예상한다면 사우디아라비아는 사실상 다음과 같은 수요곡선에 직면하게 될 것이다.

$$P = 200 - 3q_S - 3q_I = 200 - 3q_S - 3(10) = 170 - 3q_S$$

만일 이란의 생산량이 2,000만 배럴일 것으로 예상한다면 사우디아라비아가 직면하는 수요곡선은 다음과 같다.

$$P = 200 - 3q_S - 3(20) = 140 - 3q_S$$

다른 생산자의 생산량 선택을 주어진 것으로 하여 한 생산자에게 남겨지는 이러한 수요는 **잔여수요곡선**(residual demand curve)이라고 부른다. 여기서는 1,000만 배럴 및 2,000만 배럴이라는 이란의 두 가지 생산량 선택의 경우에 대해 사우디아라비아의 잔여수요곡선을 구해보았다.

사실상 쿠르노 과점기업은 독점기업처럼 행동하는데, 다만 시장수요곡선이 아니라 잔여수요곡선에 직면하고 있는 독점기업이다. 보통의 수요곡선들처럼 잔여수요곡선도 그에 상응하는 한계수입곡선이 있다[**잔여한계수입곡선**(residual marginal revenue curve)이라고 부를 수 있겠

잔여수요곡선
쿠르노 경쟁에서, 경쟁기업의 생산량이 주어진 후에 남아 있는 수요

잔여한계수입곡선
잔여수요곡선에 상응하는 한계수입곡선

---

5 사우디아라비아의 역수요곡선은 가로축은 생산량 q_S, 세로축은 가격 P인 평면 위에 그려진다. 곡선의 기울기(절댓값)는 $\Delta P / \Delta q_S = 3$이다. 따라서 한계수입곡선 기울기를 결정하는 데는 q_S의 계수만이 사용됨을 알 수 있다. 한계수입곡선의 기울기는 $\Delta MR / \Delta q_S = 6$이다.

그림 11.2 최적수량 선택

사우디아라비아의 최적 생산량은 이란의 생산량에 따라 달라진다. 가령 이란의 생산량이 1,000만 배럴이라면, 사우디아라비아의 최적 생산량은 잔여한계수입곡선이 한계비용과 같아지는 2,500만 배럴이다. 만일 이란의 생산량이 3,000만 배럴로 증가한다면 사우디아라비아의 잔여수요와 잔여한계수입곡선은 각각 RD_S^2와 RMR_S^2로 이동한다. 따라서 사우디아라비아의 최적 생산량은 1,500만 배럴로 감소한다.

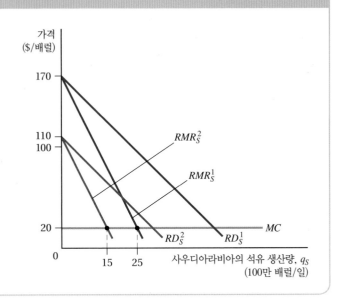

다]. 기업은 잔여한계수입과 한계비용이 일치하는 곳에서 생산한다. 따라서 사우디아라비아의 최적 생산량은 $200 - 6q_S - 3q_I = 20$에서 구해진다. 좌변은 (예상되는 이란의 생산량 q_I의 함수로 표현된) 잔여한계수입이고, 우변은 한계비용이다.

한 나라의 이윤극대화 생산량은 다른 나라의 예상 생산량에 따라 어떻게 달라지는가? 달리 말해 쿠르노 과점에서 전략적 상호관계는 어떤 역할을 하는가? 이것은 사우디아라비아의 잔여수요, 잔여한계수입, 한계비용곡선을 그린 그림 11.2에서 알아볼 수 있다. (이란의 경우도 이름만 바꾸면 똑같을 것이다.) 잔여수요 RD_S^1와 잔여한계수입 RMR_S^1곡선들은 이란의 생산량 1,000만 배럴에 상응한다. 바꾸어 말하면, 사우디아라비아가 이란의 생산량을 1,000만 배럴로 예상하고 있다면 사우디아라비아의 최적 생산량은 2,500만 배럴이 된다. 만일 이란의 생산량을 3,000만 배럴로 예상한다면 사우디아라비아의 잔여수요와 잔여한계수입곡선은 RD_S^2와 RMR_S^2로 이동해서, 각각 $P = 110 - 3q_S$와 $MR = 110 - 6q_S$가 된다. 그러면 사우디아라비아의 최적 생산량은 1,500만 배럴로 감소한다. 이란의 생산량이 3,000만 배럴보다 더 많아지면 사우디아라비아의 잔여수요와 한계수입곡선은 더욱 이동해서 최적 생산량은 더 줄어들 것이다.

각자의 이윤극대화 생산량은 경쟁기업의 그것에 따라 달라지며, 방향은 반대라는 것은 분명하다. 경쟁자가 생산을 증가시킬 것으로 예상하면 자신은 생산량을 줄여야 한다. 이런 유형의 상호관계는 가망 없는 '닭이 먼저냐 달걀이 먼저냐'의 문제를 초래할 것처럼 보이지만, 상대의 행동을 주어진 전제로 하여 최선을 선택한다는 내쉬균형 개념에 입각해서 각국의 구체적인 생산량이 결정될 수 있다.

이것이 쿠르노 과점에서 어떤 의미를 갖는지 보기 위해 각국의 이윤극대화 생산량 방정식이 상대국의 특정한 생산량을 전제로 해서 표현되고 있음에 주목할 필요가 있다. q_S 방정식은 이란이 선택할 생산량 수준 q_I들에 대한 사우디아라비아의 최적 대응을 보여준다. 마찬가지로 q_I 방정식은 사우디아라비아가 선택할 수 있는 생산량들에 대한 이란의 최적 대응을 보여준다. 다시

그림 11.3 대응곡선과 쿠르노 균형

대응곡선은 경쟁자의 생산량이 주어질 때 그에 대한 최적의 생산 대응을 나타낸다. S와 I는 각각 사우디아라비아와 이란의 대응곡선이다. 이란과 사우디아라비아가 기기 20을 생산하는($q_I = q_S = 20$) E점에서 시장은 내쉬균형 상태에 있게 된다. 여기서 두 나라는 동시에 상대방의 행동에 대한 최적의 생산량을 생산하고 있다.

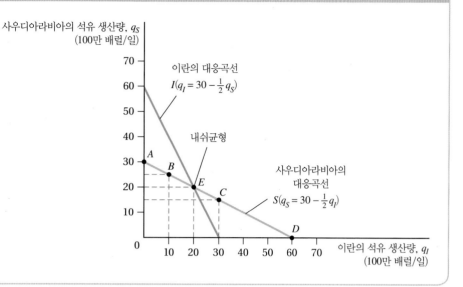

말해 두 방정식이 동시에 성립한다면 각국은 상대방의 행동을 여건으로 하여 최선의 행동을 선택하고 있는 것이다. 그래서 내쉬균형은 두 방정식이 성립하는 생산량의 조합이다.

쿠르노 균형 : 그림에 의한 접근 이것을 그림 11.3에서 확인해보자. 사우디아라비아의 생산량은 세로축에, 이란의 생산량은 가로축에 표시된다. 곡선들은 **대응곡선**(reaction curve) 또는 반응곡선이라고 부른다. 대응곡선은 다른 생산자의 행동이 주어질 때 한 생산자가 선택할 수 있는 최선의 생산 대응을 보여준다. 대응곡선들은 모두 우하향이므로, 한 기업의 최적 생산량은 다른 기업의 생산량이 증가함에 따라 감소한다.

대응곡선 S는 이란의 모든 생산량 선택에 대한 사우디아라비아의 최선의 대응을 보여주는데, 곡선 $q_S = 30 - 0.5q_I$ 위의 점들로 나타난다. 이란이 생산을 하지 않을 것($q_I = 0$)이라고 예상한다면 사우디아라비아의 이윤극대화 대응은 $q_S = 3,000$만 배럴을 생산하는 것이다. 이 조합은 A점이다. 최적 생산량 q_S는 이란의 생산이 늘어남에 따라 감소한다. 이란이 $q_I = 10$을 생산한다면, 사우디아라비아는 $q_S = 30 - 0.5(10) = 2,500$만 배럴($B$점)을 생산함으로써 이윤을 극대화할수 있다. 만일 $q_I = 30$이라면, 최적 q_S는 1,500만 배럴(C점)이다. 사우디아라비아의 최적 생산량은 이란의 생산량이 증가함에 따라 계속 감소하다가 $q_I = 6,000$만 배럴(D점)에서 0이 된다. q_I가 6,000만 배럴보다 커진다면 시장가격은 배럴당 20달러 아래로 내려간다. 이 가격은 생산의 한계비용보다 낮으므로, 이란이 6,000만 배럴을 생산하고 있다면 사우디아라비아로서는 조금이라도 생산하면 손실만 보게 될 것이다.

직선 I는 이란의 이윤극대화 생산량 $q_I = 30 - 0.5q_S$를 나타내는 대응곡선이다. 이것은 축이 뒤바뀌었을 뿐, S와 본질적으로 같다. 사우디아라비아의 이윤극대화 생산량이 이란의 생산량에 따라 감소하듯이 이란의 이윤극대화 생산량은 사우디아라비아의 예상 생산량 q_S에 따라 감소한다. $q_S = 0$이면 최적 q_I는 3,000만 배럴이며, q_S가 6,000만 배럴 쪽으로 증가함에 따라 0을 향해 감소한다.

대응곡선
경쟁자의 가능한 행동들에 대한 기업의 최적 대응(반응)을 보여주는 함수. 쿠르노 경쟁에서는 경쟁자의 가능한 수량 선택들에 대한 기업의 최적 대응 생산량이 됨

각국은 자신의 행동이 경쟁자의 최적행동에 영향을 주고 그것이 다시 자신의 최적행동에 영향을 주며, 이런 과정이 계속된다는 것을 알고 있다. 이처럼 왔다 갔다 하는 전략적 상호관계는 기업의 대응곡선들에 포착되어 있으며, 균형이 대응곡선들의 교차점에서 이루어지게 되는 이유이다. 두 대응곡선의 교차점 E는 두 경쟁자가 동시에 서로의 행동을 여건으로 해서 최적의 선택을 할 때의 생산량을 보여준다. 즉 E점은 쿠르노 과점에서의 내쉬균형, 즉 상호 간의 최적 대응이다. 한 나라가 E점에서 생산하고 있는 한, 다른 나라가 일방적으로 다른 곳에서 생산해보았자 그 이윤은 줄어들 뿐이다. 이 균형에서 각국은 2,000만 배럴을 생산하며 총생산은 4,000만 배럴이 된다.

쿠르노 균형 : 수학적 접근   그림으로 알아보았지만, 쿠르노 균형은 수학적으로 두 대응곡선을 일치시키는 생산량 수준을 구함으로써 찾을 수 있다. 한 가지 방법은 한 방정식을 다른 방정식에 대입하여 수량변수 하나를 소거하고 나머지 변수의 해를 구하는 것이다. 예를 들어 이란의 대응곡선을 사우디아라비아의 대응곡선의 q_I에 대입하면 다음과 같다.

$$q_S = 30 - 0.5q_I = 30 - 0.5(30 - 0.5q_S)$$
$$= 30 - 15 + 0.25q_S$$
$$0.75q_S = 15$$
$$q_S = 20$$

따라서 사우디아라비아의 균형 생산량은 2,000만 배럴이다. 이것을 다시 이란의 대응곡선에 대입하면, $q_I = 30 - 0.5q_S = 30 - 0.5(20) = 20$이다. 이란의 최적 생산량도 역시 2,000만 배럴이다. 그림 11.3에서 균형점 E는 좌표가 (20, 20)이며, 산업 총생산량은 4,000만 배럴이 된다.

이 점에서의 균형가격은 이들 생산량을 역시장수요곡선에 대입해서 구할 수 있다. $P = 200 - 3(q_S + q_I) = 200 - 3(20 + 20) = 80$달러. 각국의 이윤은 일당 2,000만 배럴 × ($80 − $20) = 12억 달러이며, 따라서 산업 전체의 이윤(엄밀하게는 생산자잉여)은 일당 24억 달러이다.

 예제 11.2

한 지역에서 자동차 엔진오일 교환 서비스를 제공하는 사업자 O와 G가 쿠르노 복점시장을 이루고 있다. 두 기업의 서비스는 동질적이며 소비자들에게는 양쪽이 무차별하다. 시장의 역수요함수는 $P = 100 - 2Q$인데, Q는 두 기업이 생산하는 서비스의 총량 $q_O + q_G$이다(단위는 1,000회/연). 한계비용은 O가 회당 12달러인 반면에 G는 20달러이다. 고정비용은 없다고 가정하자.

 a. 각 기업의 대응곡선을 구하고 그림으로 나타내라.
 b. 쿠르노 균형에서 각 기업은 얼마나 생산하겠는가?
 c. 시장가격은 얼마가 되겠는가?
 d. 각 기업은 이윤을 얼마나 얻겠는가?

풀이

 a. 먼저 시장의 역수요함수에 $Q = q_O + q_G$를 대입하자.

$$P = 100 - 2Q = 100 - 2(q_O + q_G) = 100 - 2q_O - 2q_G$$

이 역수요곡선으로부터 각 기업의 한계수입곡선을 도출할 수 있다.

$$MR_O = 100 - 4q_O - 2q_G$$
$$MR_G = 100 - 2q_O - 4q_G$$

각 기업은 이윤극대화를 위해서 MR과 MC를 일치시킨다. 이로부터 각 기업의 대응곡선을 얻을 수 있다.

$$MR_O = 100 - 4q_O - 2q_G = 12$$

$$4q_O = 88 - 2q_G$$

$$q_O = 22 - 0.5q_G$$

$$MR_G = 100 - 2q_O - 4q_G = 20$$

$$4q_G = 80 - 2q_O$$

$$q_G = 20 - 0.5q_O$$

이들 대응곡선은 다음 그림에 나타나 있다.

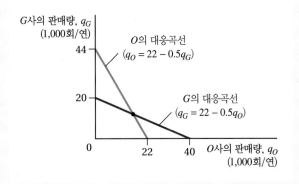

b. 균형을 구하기 위해서 한 대응곡선을 다른 대응곡선에 대입해야 한다.

$$q_O = 22 - 0.5q_G$$

$$q_O = 22 - 0.5(20 - 0.5q_O) = 22 - 10 + 0.25q_O = 12 + 0.25q_O$$

$$0.75q_O = 12$$

$$q_O = 16$$

$$q_G = 20 - 0.5q_O = 20 - 0.5(16) = 20 - 8 = 12$$

그러므로 연간 생산량은 O가 16,000회, G는 12,000회이다.

가격은 1회당 44달러가 될 것이다.

c. 시장가격은 시장의 역수요함수를 이용해서 구할 수 있다.

$$P = 100 - 2Q = 100 - 2(q_O + q_G) = 100 - 2(16 + 12)$$

$$= 100 - 56 = 44$$

d. O는 44달러에 16,000회 판매하므로, 이윤은

$$\pi = 16,000 \times (\$44 - \$12) = 512,000 달러이다.$$

G는 44달러에 12,000회 판매하므로, 이윤은

$$\pi = 12,000 \times (\$44 - \$20) = 288,000 달러이다.$$

한계비용이 낮은 기업이 더 많이 생산하고 더 많은 이윤을 얻게 됨에 유의하자.

쿠르노, 담합, 베르트랑 과점의 비교

이러한 쿠르노 과점균형(Q = 4,000만 배럴, P = 80달러, π = 24억 달러/일)을 앞에서 본 다른 과점 모형들의 결과와 비교해보자. 이는 표 11.2에 나타나 있다.

담합 먼저 사우디아라비아와 이란이 행동을 통일해서 독점기업처럼 행동하기로 담합했다고 가정해보자. 그러면 그들 각각의 생산량 q_I와 q_S를 하나의 총생산량 $Q = q_I + q_S$로 간주하게 될 것이다. $MR = MC$ 규칙에 따라서 Q = 3,000만 배럴임을 알 수 있다. 둘 다 한계비용이 같으므로 아마도 각각 1,500만 배럴씩 고르게 나누어 생산할 것이다. 이것은 앞에서 본 쿠르노 과점에서의 총생산량 4,000만 배럴보다 적다. 또한 독점 생산량은 적으므로 가격은 높아진다—독점 생산량을 수요곡선에 대입하면 가격은 배럴당 $P = 200 - 3(30) = 110$달러가 된다. 산업의 총

표 11.2 과점균형들의 비교

과점 구조	총생산량(100만 배럴)	가격($/배럴)	산업이윤($/일)
담합	30	110달러	27억 달러
베르트랑(동질재)	60	20달러	0
쿠르노	40	80달러	24억 달러

이윤도 담합을 통한 독점의 경우에 더 클 수밖에 없다. 이 경우에는 3,000만 × ($110 − $20) = 27억 달러(각국이 13억 5,000만 달러)이며, 쿠르노 경쟁의 경우보다 일당 3억 달러만큼 더 크다. 담합에 의한 독점균형은 쿠르노 균형에 비해서 생산량은 더 적고 가격은 더 높으며 이윤은 더 크다.

동질재의 베르트랑 과점   다음에는 동질재에서 베르트랑 과점의 내쉬균형을 생각해보자. 이것은 쉽다 ─ 가격은 한계비용과 같아질 것이므로 $P = 20$달러이다. 이 가격에서 총수요는 20달러를 수요곡선에 대입해서 얻을 수 있다($P = 20 = 200 − 3Q$). 따라서 $Q = 6,000$만 배럴이다. 두 나라가 이 수요를 똑같이 반분해서 각기 3,000만 배럴을 판매할 것이다. 가격이 한계비용과 같으므로 각국은 0의 이윤을 얻는다. 베르트랑 균형에서는 쿠르노 균형에 비해서 생산량은 더 많고 가격은 더 낮으며 이윤은 없다.

요약   산업의 총생산량을 본다면, 담합(m)의 경우가 가장 적고, 그다음은 쿠르노(c)이며, 베르트랑(b)에서 가장 많다.

$$Q_m < Q_c < Q_b$$

가격의 경우에는 순서가 반대가 되어, 베르트랑 가격이 가장 낮고 담합 가격이 가장 높다.

$$P_b < P_c < P_m$$

마찬가지로 이윤은 베르트랑에서 가장 낮고($\pi = 0$), 담합에서 가장 높으며 쿠르노는 중간이다.

$$\pi_b = 0 < \pi_c < \pi_m$$

그러므로 쿠르노 과점의 결과는 독점(담합)과 베르트랑 과점(완전경쟁과 같아지는 결과)의 중간에 해당한다. 그리고 담합이나 베르트랑의 결과와는 달리, 쿠르노 균형에서의 가격과 수량은 산업 내 기업들의 수에 따라 달라진다.

쿠르노 과점에서 기업의 수가 둘보다 많아지는 경우

이러한 중간적인 상황은 두 기업으로 이루어진 시장의 경우이다. 쿠르노 과점에서 기업의 수가 둘보다 많은 경우에도 총생산량, 이윤, 가격은 독점과 완전경쟁의 양극단 사이에 남아 있게 된다. 그렇지만 기업의 수가 점점 많아질수록 이 결과들은 점점 완전경쟁의 경우에 가까워져서 가격은 한계비용 수준으로, 경제적 이윤은 0을 향해 다가가게 된다. 경쟁자 수가 많아진다는 것은 한 기업의 공급량 결정이 전체 시장에서 점점 적은 비중을 차지하게 된다는 의미이다. 따라서 시장가격에 대한 영향도 점점 작아진다. 시장 내에 기업의 수가 매우 많아지게 되면 한 생산자는 사실상 가격수용자가 된다. 그러므로 마치 완전경쟁 산업의 기업처럼 행동하게 되어, 시장가격이 한계비용과 같아지는 곳에서 생산하게 된다.

쿠르노 대 베르트랑 : 확장

경쟁의 강도가 시장 내 기업의 수에 따라 달라짐을 보여주는 것은 쿠르노 모형의 장점이라 할 수 있다. 기업의 수가 둘 이상만 되면 완전경쟁적 결과를 가져온다는 베르트랑 모형의 예측보다는 쿠르노 모형의 예측이 과점에 대한 많은 사람들의 직관에 더 부합한다. 쿠르노 모형에 약점이 있다면 기업들이 오직 생산량 선택을 통해서만 경쟁할 수 있고 서로 다른 가격을 책정할 수는 없다는 가정이 다소 극단적이라는 것이다. 이 모형이 얼마나 많은 과점시장들의 경우를 나타낼 수 있을까? 석유는 매우 특별한 경우처럼 보인다.

경제학자인 크렙스와 셴크먼은 이 가정을 좀 더 깊이 살펴보았다. 이들이 (이 책의 범위를 다소 벗어나는 수학을 사용해서) 도출한 결과는, 기업들이 수량 대신 가격을 결정한다고 하더라도 가격을 결정하기 전에 먼저 생산 능력 규모를 선택해야 한다면 산업의 균형은 여전히 쿠르노 모형의 경우와 같아진다는 것이다. 이런 경우에는 기업이 가격을 정한 이후에 그 생산량은 설비 능력 수준 이내로 제한된다.[6]

쿠르노 모형으로 설명되는 시장의 예로서, 대학 도시에서 몇몇 부동산 개발업체들이 품질과 크기가 균일한 학생용 아파트를 건설하는 경우를 상정해보자. 이들이 일단 아파트 건물을 짓고 나면 시장에서 수용될 수 있는 어떤 가격이라도 책정할 수 있지만, 그들의 가격 결정은 지어진 아파트 수에 의해 제한받게 될 것이다. 만일 어떤 이유에서 사업자들이 가령 월 50달러와 같이 터무니없이 낮은 집세를 책정한다면 그 가격에서의 수요량을 모두 충족시킬 수 없을 것인데, 세를 놓을 아파트의 수는 한정되어 있기 때문이다. 사업자들이 먼저 아파트의 수를 선택하고 난 뒤 정해진 공간을 원하는 가격에 판매하는 경우에는, 두 학자에 따르면, 균형가격과 수량(여기서는 사업자들이 선택한 아파트 수와 같을 것임)은 쿠르노 과점에서와 같아진다는 것이다.

그렇다면, 설비의 투자비용이 커서 생산 능력을 쉽게 바꿀 수 없는 산업들에서는, 설사 기업들이 단기적으로 가격을 선택한다고 하더라도 쿠르노 모형을 통해서 시장의 결과를 잘 예측할 수 있을 것이다. (장기적으로는 기업들이 더 많은 아파트를 건설함으로써 공급 능력도 변경할 수 있으며 결정했던 가격도 바꿀 수 있을 것이다.)

11.5 동질적 재화 과점 : 슈타켈베르크 경쟁

모형의 가정

- 기업들은 동일한(동질적인) 제품을 판매한다.
- 기업들은 생산량의 선택을 통해 경쟁한다.
- 모든 제품은 같은 가격, 즉 시장가격에 팔리는데, 그 가격은 시장 내 모든 기업의 생산량의 총합에 의해서 결정된다.
- 기업들은 생산량을 동시에 선택하지 않는다. 한 기업이 자기 생산량을 먼저 선택한다. 다음 기업은 이것을 보고 자기 생산량을 선택한다.

쿠르노 모형은 담합(독점)과 베르트랑(완전경쟁)의 중간에 해당하는 과점시장들을 분석하는 방법이다. 다른 과점 모형들에서처럼, 쿠르노 모형의 균형은 기업들이 자신의 생산량 결정에 대해 다른 기업들이 어떻게 대응할 것인지를 합리적으로 추측하는 결과로 이루어진다.

---

6 David M. Kreps and José A. Scheinkman, "Quantity Precommitment and Bertrand Competition Yield Cournot Outcomes," *Bell Journal of Economics* 14, no. 2 (1983): 326–337.

중요한 점은 쿠르노 모형이 그 의미를 깊이 살펴보지 않았던 또 하나의 가정에 기초하고 있다는 것인데, 즉 기업들이 생산량을 동시에(simultaneously) 선택한다는 가정이다. 각 기업은 자신의 생각에 경쟁자들이 선택할 것으로 보이는 행동을 근거로 해서 최적 생산량을 선택하는 것이다. 만일 경쟁자가 다른 수량을 생산할 것이라고 믿게 되면 자신의 최적행동도 달라지는데, 이것이 대응곡선의 논리였다.

그렇지만 이 점을 좀 더 생각해보면, 각자는 자기가 생산량을 먼저 선택하고 그럼으로써 경쟁자는 그에 대응해야만 하도록 강요하려는 유인을 갖는다. 먼저 행동을 결정한 기업이 생산량을 증가시키고 나서는 "어이쿠, 나는 이미 쿠르노에 따른 내 생산량보다 더 많이 생산해버렸네요. 이제 귀하는 얼마나 생산하실 건가요?"라고 말하는 것이다.

기업들이 하나가 먼저 움직이고 나면 다른 하나가 대응해서 움직이고 이후에 또 다른 하나가 행동(기업이 셋 이상인 경우)하는 등 순차적으로(sequentially) 행동하는 과점 모형을 **슈타켈베르크 경쟁**(Stackelberg competition)이라고 부른다. [슈타켈베르크(Heinrich Freiherr von Stackelberg)는 20세기 전반에 활동했던 독일의 경제학자로 이런 유형의 과점을 처음으로 분석했다.] 이 모형에서 기업의 대응곡선은 우하향이기 때문에, 이미 상대방이 많은 양을 생산하고 있음을 보고는 자기 생산량을 줄이려고 할 것이다. 그러므로 **선행자 이점**(first-mover advantage)이 작용하게 된다. 즉 슈타켈베르크 경쟁에서 먼저 생산량을 결정함으로써 갖게 되는 이점이다. 먼저 움직이는 기업은 흔히 슈타켈베르크 선도자(leader)라고 부른다. 순차적 경쟁에 따라 상황이 어떻게 달라지는지 알아보기 위해 앞의 석유 생산자들, 즉 사우디아라비아와 이란의 예로 돌아가보자.

그 예에서 시장의 역수요함수는 $P = 200 - 3Q$였고, 두 나라 모두 배럴당 20달러의 일정한 한계비용을 가졌다. 각자는 MR이 MC와 같아지는 곳에서 생산했다.

$$MR_S = 200 - 6q_S - 3q_I = 20$$
$$MR_I = 200 - 6q_I - 3q_S = 20$$

이 식을 변형시켜 쿠르노 경쟁에서의 각국의 대응곡선을 구했다.

$$q_S = 30 - 0.5q_I$$
$$q_I = 30 - 0.5q_S$$

이 식은 상대방의 생산량 수준을 여건으로 하여 각국이 선택할 수 있는 최선의 생산량을 보여준다. 한 대응곡선을 다른 하나에 대입해서 내쉬균형을 구했는데, 각국은 80달러의 시장가격에서 2,000만 배럴씩 생산했었다.

슈타켈베르크 경쟁과 선행자 이점

이제 사우디아라비아가 슈타켈베르크 선도자라고 가정해보자(즉 먼저 생산량을 선택한다). 이란의 유인에는 변함이 없다. 여전히 같은 대응곡선을 갖고 있으며, 그것은 여전히 사우디아라비아의 모든 선택에 대한 이란의 최적 대응을 보여준다. 그렇지만 슈타켈베르크 경쟁에서 이란은 자기 생산량을 결정하기 이전에 사우디아라비아의 생산량 결정을 확실하게 알게 될 것이다. 이란은 사우디아라비아가 어떤 생산량을 선택하든 간에 그 q_S값을 자신의 대응곡선에 대입함으

슈타켈베르크 경쟁
기업들이 순차적으로 생산량을 결정하게 되는 과점 모형

선행자 이점
슈타켈베르크 경쟁에서 생산량을 먼저 결정하는 기업이 얻게 되는 이점

로써 최적으로 대응하게 된다. 중요한 것은 사우디아라비아는 이란이 그렇게 대응할 것임을 사전에 알고 있다는 사실이다.

　사우디아라비아 자신이 먼저 어떤 선택을 하든 간에 이란의 생산량은 그것의 함수가 될 것임을 사우디아라비아는 알고 있기 때문에, 애초에 생산량을 결정할 때 이 점을 고려할 것이다. 이렇게 해서 사우디아라비아는 선행자로서의 이점을 취할 수 있다. 그것을 위해서 사우디아라비아는 (이전의 경험으로부터 알게 된) 이란의 최적 대응을 자신의 수요 및 한계수입 방정식에 대입한다. 사우디아라비아의 MR곡선이 달라진다는 사실은 사우디아라비아가 더 이상 쿠르노 모형에서와 같은 대응곡선을 갖지 않는다는 것을 의미한다. 그 모형에서 사우디아라비아는 다음의 수요곡선에 직면했었다.

$$P = 200 - 3(q_S + q_I)$$

슈타켈베르크 과점에서의 선행자인 사우디아라비아의 수요곡선이 다음과 같다.

$$P = 200 - 3q_S - 3q_I = 200 - 3q_S - 3(30 - 0.5q_S) = 200 - 3q_S - 90 + 1.5q_S$$

　어떻게 달라졌는가? 사우디아라비아의 수요곡선에 이란의 대응곡선($q_I = 30 - 0.5q_S$)을 직접 대입했다. 왜냐하면 사우디아라비아는 먼저 움직이는 만큼 자신의 생산량 선택이 자신의 수요(따라서 한계수입)에 직접적으로뿐 아니라 이란의 생산량 결정에 대한 효과를 통해서 간접적으로도 영향을 준다는 것을 알고 있기 때문이다. 직접적 효과는 방정식에서 $-3q_S$ 항으로 포착되고 있는데, 이 효과는 쿠르노 모형에서와 같다. 간접적 효과는 사우디아라비아 자신의 생산량 선택이 이란의 생산량 대응에 미치는 영향에 따른 것으로, 방정식의 두 번째 q_S 항($1.5q_S$)에 나타나 있다.

　이 수요곡선은 더 단순화할 수 있다.

$$P = 110 - 1.5q_S$$

그러면 사우디아라비아의 한계수입은 $MR_S = 110 - 3q_S$와 같다. 이것이 한계비용(20달러)과 같아지도록 두고 q_S에 대해 풀면, 슈타켈베르크 과점에서의 사우디아라비아의 이윤극대화 생산량을 구할 수 있다.

$$MR_S = 110 - 3q_S = 20$$
$$3q_S = 90$$
$$q_S = 30$$

선행자로서 사우디아라비아는 쿠르노 과점에서의 생산량(2,000만 배럴)보다 1,000만 배럴 더 많은 3,000만 배럴을 생산하는 것이 최적임을 알 수 있다.

　다음으로, 사우디아라비아의 결정이 이란의 최적 생산량 수준에 어떤 영향을 주는지 보아야 한다. 이를 위해 사우디아라비아의 생산량 수준을 이란의 대응곡선에 대입하자.

$$q_I = 30 - 0.5q_S = 30 - 0.5(30) = 15$$

이란은 쿠르노 경우의 2,000만 배럴 대신에 이제는 1,500만 배럴을 생산한다. 사우디아라비아는 먼저 움직임으로써 이란을 앞지르게 되어, 이란으로 하여금 2,000만 배럴에서 1,500만 배럴로 생산량을 감축할 수밖에 없도록 만든 것이다.

그러므로 슈타켈베르크의 경우에 총생산은 4,500만 배럴이 된다. 이것은 쿠르노 과점에서보다(4,000만 배럴) 더 많다. 그리고 생산량이 더 많기 때문에, 동시에 움직이는 쿠르노의 상황에서보다 순차적 생산량 결정에서 시장가격은 더 낮을 수밖에 없다. 구체적으로, 가격은 (쿠르노 균형가격 80달러 대신에) $200 - 3(30 + 15) = 65$달러가 된다.

이윤도 달라진다. 사우디아라비아의 이윤은 $30 \times (65 - 20) = 13$억 5,000만 달러/일이며, (동시 행동) 쿠르노 과점에서의 이윤 12억 달러보다 1억 5,000만 달러 더 많다. 이는 선행자가 됨에 따른 이점을 보여준다. 반면에 이란은 $15 \times (65 - 20) = 6$억 7,500만 달러로, 쿠르노 이윤 12억 달러보다는 훨씬 작다. 전략적 의사결정에서의 선행자 이점의 역할에 대해서는 게임이론에 관한 다음 장에서 자세히 다루기로 하겠지만, 우선 기업이 남보다 먼저 시장에 진입해서 생산량을 결정하고자 하는 이유는 알 수 있다.

다소 추상적이기는 하지만, 한 기업이 먼저 움직여서 우위를 점하고 그럼으로써 후발 기업들로 하여금 그들의 전략을 수정해서 생산량을 줄이게 만든다는 슈타켈베르크 경쟁의 개념은 매우 현실적인 의미를 갖는다.

예제 11.3

예제 11.2의 엔진오일 교환 사업자 O와 G의 예로 돌아가보자. 오일 교환시장의 역수요함수는 $P = 100 - 2Q$이다(단, $Q = q_O + q_G$, 단위는 1,000회). 한계비용은 O가 12달러, G는 20달러였다.

a. 이 시장이 슈타켈베르크 과점이며, O가 선행자라고 가정하자. 각 기업의 생산량은 얼마인가? 시장가격은 얼마인가? 각 기업의 이윤은 얼마인가?

b. 이제 G가 선행자라고 가정해보자. 각기 얼마나 생산할 것이며, 시장가격은 얼마가 되겠는가? 각자가 얻는 이윤은 얼마인가?

풀이

a. O의 수요곡선에서 시작하자. O가 선행자이고, 따라서 이전 경험으로부터 G의 생산량은 O의 생산량의 함수임을 이미 알고 있다고 가정한다. 따라서 예제 11.2의 그림에서 확인한 G의 대응곡선을 시장의 역수요곡선에 대입해 O에 대한 역수요함수를 구해야 한다.

G의 대응곡선은 $q_G = 20 - 0.5q_O$이다. 이것을 역시장수요곡선에 대입하면 다음과 같다.

$$P = 100 - 2Q = 100 - 2(q_O + q_G) = 100 - 2q_O - 2q_G$$
$$= 100 - 2q_O - 2(20 - 0.5q_O) = 100 - 2q_O - 40 + q_O = 60 - q_O$$

그래서 O의 역수요함수는 $P = 60 - q_O$이다. 따라서 O의 한계수입곡선은 $MR_O = 60 - 2q_O$이다.

$MR = MC$로부터 O의 이윤극대화 생산량을 구한다.

$$MR_O = 60 - 2q_O = 12$$
$$2q_O = 48$$
$$q_O = 24$$

이제 q_O를 아는 만큼, G의 대응곡선에 이를 대입해서 q_G를 구한다.

$$q_G = 20 - 0.5q_O = 20 - 0.5(24) = 20 - 12 = 8$$

O는 24,000회를 생산하고, G는 8,000회만을 생산한다. 역수요함수로부터 시장가격은 다음과 같다.

$$P = 100 - 2(q_O + q_G) = 100 - 2(32) = 100 - 64 = \$36$$

O의 이윤은 $\pi_O = (\$36 - \$12) \times 24,000 = 576,000$달러이며, G의 이윤은 $\pi_G = (\$36 - \$20) \times 8,000 = 128,000$달러이다.

b. G가 선행자라면, O의 대응곡선(예제 11.2의 그림 참조)을 이용해서 G에 대한 역수요함수를 구할 수 있다.

O의 대응함수는 $q_O = 22 - 0.5q_G$이고, 역시장수요함수에 대입하면 다음과 같다.

$$P = 100 - 2q_O - 2q_G = 100 - 2(22 - 0.5q_G) - 2q_G$$
$$= 100 - 44 + q_G - 2q_G$$
$$= 56 - q_G$$

이것이 G의 역수요함수이다. 따라서 G의 한계수입은 $MR_G = 56 - 2q_G$이다.

$MR = MC$로부터 G의 이윤극대화 생산량을 구한다.

$$MR_G = 56 - 2q_G = 20$$
$$2q_G = 36$$
$$q_G = 18$$

O의 대응곡선에 q_G를 대입해서 q_O를 구한다.

$$q_O = 22 - 0.5q_G = 22 - 0.5(18) = 22 - 9 = 13$$

그래서 G가 선행자일 경우, O는 13,000회만을 생산하고 G는 18,000회를 생산한다. 역수요함수로부터 시장가격은 다음과 같다.

$$P = 100 - 2(q_O + q_G) = 100 - 2(31) = \$38$$

G의 이윤은 $\pi_G = (\$38 - \$20) \times 18,000 = 324,000$달러이고, O의 이윤은 $\pi_O = (\$38 - \$12) \times 13,000 = 338,000$달러이다.

11.6 차별적 재화 과점 : 베르트랑 경쟁

모형의 가정

- 기업들은 동일한(동질적인) 제품을 판매하지 않는다. 이는 기업이 각기 차별화된 제품을 판매하고, 소비자들이 그들을 완전한 대체재로 보지 않는다는 뜻이다.
- 각 기업은 자기 제품의 판매가격을 선택한다.
- 기업들은 각자의 가격을 동시에 책정한다.

담합, 베르트랑, 쿠르노, 슈타켈베르크 등 지금까지 살펴본 모든 불완전경쟁 모형은 산업의 생산자들이 동일한 제품을 판매한다고 가정했다. 그렇지만 기업들이 서로 비슷하지만 동일하지는 않은 제품들을 판매하는 상황이 보다 현실적인 경우도 많다. 소비자들이 자동차, 라면, 살충서비스 등 많은 다른 제품을 구매하는 경우 소수의 기업들이 생산하는 상호 경쟁적인 버전들 중에서 선택해야 하는데, 각각이 나름의 특징을 갖는다. 같은 유형의 제품에서 여러 변종이 존재하는 시장을 **차별적 재화시장**(differentiated product market)이라고 한다.

(차별적 재화시장처럼) 각 제품이 그 자체로 별개의 시장이라고 봐야 할 것 같은 경우에도 제품들이 하나의 시장 안에서 상호작용하는 것으로 취급할 수도 있다. 관건은 소비자들이 제품들 간에 대체하려고 하는 상황을 명시적으로 설명하는 것이다.

베르트랑 과점이 차별화 제품의 경우에 어떻게 작용하는지를 보기 위해, 11.3절의 베르트랑 모형을 상기해보자. 거기서는 이마트와 홈플러스가 게임기라는 동일한 재화를 놓고 가격으로 경쟁했다. 여기서는 제품이 동질적이지 않고 소비자들의 눈에는 다소 다르게 보인다고 가정하자. 아마도 게임기 자체는 어디에서 사든 동일하겠지만, 상점들은 위치에서 차이가 있고 고객들은 이동비용에 관심을 갖기 때문일 수도 있다. 제품차별화의 구체적인 원천은 중요하지 않다. 그게 무엇이든 간에 제품차별화는 상점들이 시장력을 강화해서 더 많은 이윤을 얻는 데 도

차별적 재화시장
한 제품이 여러 종류로 존재하는 시장

움이 된다. 제품이 동질적인 경우에는 가격을 인하하려는 유인이 매우 강해서 시장가격이 한계
비용까지 내려가고 기업의 이윤은 0이 되었다. 다음 예에서 보게 되듯이, 차별적 재화 베르트랑
모형에서는 그렇게 되지 않는다.

차별적 재화 베르트랑 시장에서의 균형

이제 스노보드 시장에 B와 K, 2개의 생산자가 있다고 가정하자. 스노보드를 타는 고객들 중 다
수가 양자의 제품이 유사하지만 동일하지는 않다고 보기 때문에, 한쪽이 가격을 내리면 상대방
의 시장점유율을 뺏어올 수 있다. 그러나 이들의 제품이 완전대체재는 아니기 때문에, 가격을 조
금 내린다고 해서 상대방의 매출을 모두 가져올 수는 없을 것이다. 일부 고객들은 더 높은 가격
에도 불구하고 여전히 경쟁자의 제품을 선호할 것이다.

이런 제품차별화는 기업이 각기 우하향의 수요곡선에 직면해 있고 각 제품의 가격은 각 기업
의 수요곡선에 상이한 영향을 주게 된다는 것을 의미한다. 그래서 B의 수요곡선은 아마도 다음
과 같을 것이다.

$$q_B = 900 - 2p_B + p_K$$

즉 B제품의 판매량은 자기 제품의 가격 p_B를 올리면 줄어든다. 반면에 B제품에 대한 수요는
K가 가격 p_K를 올리면 늘어난다. 여기서, B의 수요는 경쟁자의 가격 p_K의 변화보다는 자기 가
격 p_B의 변화에 보다 민감하다고 가정한다. (p_B가 1달러 오르면 수요량은 2단위 감소하지만 p_K
가 1달러 오르면 수요량은 1단위 증가한다.) 이것은 많은 시장들에서 현실적인 가정이다.

K도 유사한 수요곡선을 갖지만 두 기업의 가격의 역할이 반대로 되었다.

$$q_K = 900 - 2p_K + p_B$$

가격 변화에 대한 수요량의 반응은 소비자가 제품들 간에 대체할 용의가 어느 정도인지를 반
영한다. 그러나 이런 대체성은 제한적이다. 기업은 동질재 베르트랑 모형에서처럼 약간의 가격
인하로 전체 시장을 다 차지할 수는 없다.

차별재(차별) 베르트랑 과점에서의 균형을 구하기 위해 앞의 여러 모형에서와 같은 과정을
따라가보자. 각자는 경쟁자의 가격을 여건으로 해서 이윤극대화 가격을 책정한다고 가정한다.
즉 내쉬균형을 찾는 것이다. 단순화를 위해 한계비용은 0이라고 가정한다.[7]

B의 총수입은 다음과 같다.

$$TR_B = p_B \times q_B = p_B \times (900 - 2p_B + p_K)$$

여기서 총수입을 B의 수량이 아니라 B의 가격의 함수로 표현했음에 주목하자. 베르트랑 과점
에서 기업은 생산량이 아니라 가격을 선택하기 때문이다. 따라서 한계수입곡선 역시 가격의 함

---

7   이 예에서 한계비용(MC)이 0이라고 가정하는 것은, 기업이 수량을 선택하는 경우와 가격을 선택하는 경우에 MC
의 개념이 다소 달라지기 때문이기도 하다. MC는 생산량 1단위 변화에 따른 총비용의 변화이다($MC = \Delta TC/\Delta q$).
다른 모든 시장 구조에서처럼, 차별재 베르트랑 과점에서도 기업은 MR이 MC와 같아지는 곳에서 이윤을 극대화
한다. 그러나 베르트랑 모형에서 MR의 표현은 수량 1단위 변화에 따른 수입의 변화($MR = \Delta TR/\Delta q$)가 아니라 가
격 1단위 변화에 따른 수입의 변화($MR = \Delta TR/\Delta P$)이다. 그러므로 차별재 베르트랑 과점에서 이윤극대화 가격의
조건은 가격기준 MR과 가격기준 MC의 일치가 된다($\Delta TR/\Delta P = \Delta TC/\Delta P$). 양변을 수학적으로 연결할 수는 있
으나(MC가 0이 아니라도 균형은 존재한다), 여기서는 MC = 0이라고 가정하더라도 문제가 없을 것이다.

수로 표시할 수 있다.

$$MR_B = 900 - 4p_B + p_K$$

이윤극대화 가격은 역시 $MR = MC$를 이용해서 구하게 되는데, 여기서는 $MC = 0$이다.

$$MR_B = 900 - 4p_B + p_K = 0$$
$$4p_B = 900 + p_K$$
$$p_B = 225 + 0.25p_K$$

이것은 역시 한 기업(B)의 최적행동을 다른 기업(K)의 행동의 함수로 표시한 것임에 유의하자. 다시 말해서 이 방정식은 B의 대응곡선을 나타내고 있다. 다만 여기서는, 기업 행동이 쿠르노 모형에서처럼 생산량의 선택이 아니라 가격의 선택이다.

K도 대응곡선을 가지며, B의 그것과 유사하지만 약간 다른데, K의 수요곡선이 약간 다르기 때문이다. 위와 같은 과정을 따라가면 다음과 같다.

$$MR_K = 900 - 4p_K + p_B = 0$$
$$4p_K = 900 + p_B$$
$$p_K = 225 + 0.25p_B$$

차별재 베르트랑 모형의 대응곡선들에서 눈여겨봐야 할 점은 기업의 최적 가격이 경쟁자의 가격이 상승함에 따라 증가한다는 사실이다. 예를 들어 K가 가격을 올릴 것으로 예상한다면, B는 자기 가격을 올리기를 원한다. 즉 대응곡선들이 우상향이다. 쿠르노 모형에서의 수량 대응 곡선과는 반대인 것이다(그림 11.3 참조). 거기서는 경쟁자의 생산량 변경에 대한 기업의 최적 대응은 반대로 하는 것이다. 경쟁자가 생산량을 늘릴 것으로 예상한다면 기업은 생산량을 줄여야 한다.

차별적 재화 베르트랑 균형 : 그림에 의한 접근   그림 11.4는 B와 K의 대응곡선들을 그린 것이다. 세로축과 가로축은 각각 B와 K의 (이윤극대화) 가격을 표시한다. B의 대응곡선이 양의 기울기를 갖는 것은, K가 가격을 올리면 B의 이윤극대화 가격이 상승한다는 것을 가리킨다. K의 대응곡선 기울기도 마찬가지다. K의 가격이 100달러일 것으로 예상한다면, B는 250달러로 책정해야 한다(A점). 대신에 K가 가격을 200달러로 정할 것으로 예상한다면, B는 275달러로 책정해야 한다(B점). K의 가격이 400달러이면 B의 최적 대응은 325달러(C점)이다. K의 대응곡선도 마찬가지로 해석된다.

2개의 대응곡선이 교차하는 곳인 E점이 내쉬균형이다. 여기서 각자는 상대의 행동을 여건으로 하여 최선으로 행동하고 있다. 여기서 누구든지 가격을 변경하면 그 기업의 이윤은 감소하게 된다.

차별적 재화 베르트랑 균형 : 수학적 접근   수학적으로도 2개의 대응곡선이 같아지는 곳을 찾음으로써 내쉬균형을 구할 수 있다. 한 대응곡선을 다른 것에 대입해서 한 기업의 최적 가격을 구하고, 이를 이용해서 다른 기업의 최적 가격을 구하면 된다.

먼저 K의 대응곡선을 B의 그것에 대입해서 B의 균형가격을 구한다.

그림 11.4 베르트랑 시장에서의 내쉬균형

이 그림은 B와 K의 대응곡선을 보여준다. 각기 300달러의 가격에 600개씩을 판매하고 있는 E점에서 시장은 내쉬균형 상태에 있게 되며, 두 기업은 최적으로 행동하고 있다.

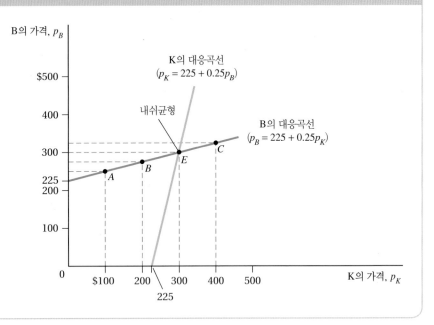

$$p_B = 225 + 0.25p_K$$
$$p_B = 225 + 0.25 \times (225 + 0.25p_B)$$
$$p_B = 225 + 56.25 + 0.0625p_B$$
$$0.9375p_B = 281.25$$
$$p_B = 300$$

이 가격을 K의 대응곡선에 대입해서 K의 균형가격을 구한다.

$$p_K = 225 + 0.25p_B = 225 + (0.25 \times 300) = 225 + 75 = 300$$

균형에서 두 기업은 모두 300달러로 같은 가격을 책정한다. 두 기업의 수요나 비용에 차이가 없기 때문에 쉽게 예상되는 바이다. 11.3절에서 본 동질재 베르트랑 과점의 특별한 결과(균형에서 두 기업의 가격이 같음)가 여기서도 성립되고 있지만, 차이점은 가격이 한계비용과 같지 않다는 것이며, 여기서는 균형가격(300달러)이 한계비용(0달러)보다 높다.

각 기업의 판매량을 알아보기 위해서, 각자의 가격을 그 수요곡선 방정식에 대입한다. B에 대한 수요량은 $q_B = 900 - 2(300) + 300 = 600$이다. K 역시 $q_K = 900 - 2(300) + 300 = 600$이다. 두 기업의 판매량이 같은 것이 놀랍지 않은데 이유는 가격의 경우와 같다. 시장의 총생산량은 1,200이며, 두 기업이 가격을 한계비용과 같이 책정할 경우(각자의 생산량은 900이며 총생산량은 1,800)에 비해서 2/3 수준이다. 각자의 이윤은 $600 \times (300 - 0) = 180,000$달러이다.

이 예에서는 두 기업이 서로 대칭적으로 같은 수요곡선을 가졌다. 설령 기업들의 수요곡선이 다르다고 하더라도, 균형 가격과 수량 및 이윤은 마찬가지로 구할 수 있겠지만, 기업마다 달라질 것이다.

예제 11.4

스노보드 생산자들의 예를 다시 보자. 내쉬균형에서 각자는 600개를 생산해서 300달러에 판매한다. 이제 B가 광고를 통해서 고객들에게 자기 제품이 K의 것보다 우수하다고 설득하는 데 성공했고, 따라서 B의 제품과 K의 제품에 대한 수요가 각각 다음과 같이 증가하고 감소했다고 가정해보자. (단 순화를 위해서 한계비용은 여전히 0이라고 가정한다.)

$$q_B = 1,000 - 1.5p_B + 1.5p_K$$
$$q_K = 800 - 2p_K + 0.5p_B$$

a. 각자의 대응곡선을 도출하라.
b. 각자의 최적 가격은 어떻게 되는가?
c. 각자의 최적 판매량은 어떻게 되는가?
d. 대응곡선을 그리고 균형점을 표시하라.

풀이

a. 대응곡선을 도출하려면 먼저 한계수입곡선을 구해야 한다.

$$MR_B = 1,000 - 3p_B + 1.5p_K$$
$$MR_K = 800 - 4p_K + 0.5p_B$$

$MR = MC$를 이용해서 대응곡선들을 구한다. $(MC = 0)$

$$MR_B = 1,000 - 3p_B + 1.5p_K = 0$$
$$3p_B = 1,000 + 1.5p_K$$
$$p_B = 333.33 + 0.5p_K$$

$$MR_K = 800 - 4p_K + 0.5p_B = 0$$
$$4p_K = 800 + 0.5p_B$$
$$p_K = 200 + 0.125p_B$$

b. 균형을 구하기 위해서 한 대응곡선을 다른 것에 대입한다.

$$p_B = 333.33 + 0.5p_K$$
$$p_B = 333.33 + 0.5(200 + 0.125p_B)$$
$$\quad = 333.33 + 100 + 0.0625p_B$$
$$p_B = 433.33 + 0.0625p_B$$
$$0.9375p_B = 433.33$$
$$p_B = \$462.22$$

그러면 p_B를 K의 대응곡선에 다시 대입해서 p_K를 구할 수 있다.

$$p_K = 200 + 0.125p_B$$
$$\quad = 200 + 0.125(462.22) = 200 + 57.78 = \$257.78$$

따라서 광고가 성공적이었다는 것은, B가 가격을 원래의 300달러에서 462.22달러로 올릴 수 있는 한편, K는 가격을 300달러에서 257.78달러로 낮추어야만 하게 되었음을 의미한다.

c. 각자의 최적 생산량을 구하기 위해서 가격을 역수요곡선에 대입한다.

$$q_B = 1,000 - 1.5p_B + 1.5p_K = 1,000 - 1.5(462.22) + 1.5(257.78)$$
$$\quad = 1,000 - 693.33 + 386.67 = 693.34$$

$$q_K = 800 - 2p_K + 0.5p_B = 800 - 2(257.78) + 0.5(462.22)$$
$$\quad = 800 - 515.56 + 231.11 = 515.55$$

이제 B는 더 많이 생산하고(600 대신 693.34), K는 더 적게 생산한다(600 대신 515.55).

d. 대응곡선들은 아래 그림과 같다.

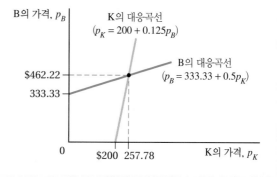

응용 컴퓨터 부품 : 필사적인 차별화

동질적 재화의 베르트랑 경쟁은 극도로 격하다. 균형 상태에서 기업들은 가격을 한계비용과 같게 책정하고 이윤은 전혀 없다. 이것은 기업들이 가능한 한 피하고 싶은 상황이다. 하지만 앞에서 보았듯이, 제품이 차별화되면 기업들은 이윤을 얻을 수 있다. 따라서 기업들은 경쟁자의 제품과 차별화하려는 강력한 유인을 갖게 되는데, 비록 외부자의 입장에서는 의미 있는 차이가 없어 보이더라도 그러하다.

경제학자 엘리슨과 엘리슨에 따르면, 이런 유형의 행동은 컴퓨터칩의 온라인 시장에서 나타난다.[8] 여기서는 자기 컴퓨터를 직접 만들고 싶어 하는 전문적 고객들이 온라인 가격검색엔진을 이용해서 CPU와 메모리칩을 물색하며, 검색엔진은 여러 전자부품 상점들의 제품을 찾아서 보여준다.

두 경제학자의 연구에는 일부 유통점들이 약간의 경제적 지식을 이용해서 가격을 한계비용보다 높게 올려보려고 노력하는 내용이 소개되어 있다. 기업들은 생산자잉여를 더 많이 얻기 위한 관건이 제품을 차별화함으로써 경쟁의 구조를 동질재 베르트랑 과점에서 차별재 과점으로 바꾸는 데 있다는 것을 이해한 것이다.

거의 동질적인 컴퓨터칩을 어떻게 차별화할 수 있었을까? 앞의 예에서 본 스노보드 생산자들처럼 설계나 재료를 바꾸는 등의 방법은 사용할 수 없었다. 그래서 그들은 약간은 더 '창조적인' 방법을 동원했는데, 두 경제학자는 이것을 '혼란화(obfuscation)'로 불렀다.

온라인 유통점들이 동원하는 '혼란화'의 주요 수단은 두 가지였다. 첫째는 가격검색엔진이 검색결과물의 첫머리에 게시하게 되는 값이 싼 저급품들을 '나' 역시 올리는 것이다. 고객들이 이 제품을 클릭해서 일단 내 웹사이트로 넘어오고 나면, 그 단계에서 더 비싼 상급품(upgrade)을 제시하는 것이다. 한 기업이 이러한 '특매품(loss leader)' 전략으로 경쟁자보다 가격을 낮추기 시작하면 모든 기업이 마찬가지로 싼 제품들을 올리게 될 것인데, 안 그러면 자기 제품들은 검색결과물의 끝부분에나 가서 깊숙이 파묻혀 버릴 위험이 크다. 결과적으로 고객들은 (사실은 일반 등급일 뿐인) '상급품'들의 가격을 비교하는 데 많은 시간을 소비하게 되고, 기업은 너무 비싸다는 이유로 외면당할 위험도 없이 한계비용보다 높은 가격을 책정할 수 있게 되는 것이다.

흔히 사용되는 또 다른 전략은 부가제품들(add-ons)을 활용하는 것이다. 첫째 방식과 마찬가지로, 기업은 억지로 싸게 만든 제품을 올려둠으로써 소비자가 자기 웹사이트로 찾아오게 꾀는 것이다. 이 경우에는 고객들에게 상급품 대신에 (칩을 장착하는 나사못이나 호화판 마우스패드 같은) 부가제품들을 보여주게 된다. 이런 제품들이 자동으로 부가된 경우도 종종 있다. 즉 본제품만을 사기 위해서는 소비자가 부가제품들을 하나하나 **빼야만**(unselect) 하는 것이다. 소비자가 원래 선택했던 제품은 아마도 한계비용 수준이나 그 이하로 판매되겠지만, 부가제품들은 부풀려진 가격으로 팔리는 경우가 많다―두 연구자는 가격이 거의 12달러인 마우스패드를 추천받은 적도 있다고 한다. 이런 방식을 통해서 전체 제품묶음은 한계비용보다 높은 가격에 팔 수 있게 된다.

8 Glenn Ellison and Sara Fisher Ellison, "Search, Obfuscation, and Price Elasticities on the Internet," *Econometrica* 77, no.2 (2009): 427–452.

앞에서 공부했던 동질재 베르트랑 모형이 현실 세계에서는 찾아보기 어렵다는 사실도 부분적으로는 이와 같은 '혼란화' 방법 때문일 것이다. 쉽게 차별화되지 않는 제품들조차도, 기업들은 기발한 전략들을 통해서 눈에 띄도록 만들 수 있다. 그런 제품을 파는 기업들은 그러지 않으면 아무것도 남길 수 없게 되기 때문에, 경쟁을 완화할 수 있는 차별화 전략을 찾아내기 위해서 필사적이 되는 것이다. ■

11.7 독점적 경쟁

> **모형의 가정**
>
> - 기업들은 소비자가 보기에 완전대체재가 아닌 차별화된 제품들을 판매한다.
> - 다른 기업들의 선택이 한 기업의 잔여수요곡선에 영향을 주지만, 그 기업은 자신의 (수량 또는 가격) 선택과 경쟁자의 선택 간의 전략적 상호관계를 무시한다.
> - 시장으로의 진입이 자유롭다.

지금까지 살펴본 모형들에서는 기업이 양의 경제적 이윤을 얻고 있는 경우에 다른 기업들이 진입하려 할 수 있다는 가능성은 고려되지 않았다. 아마도 그런 기업들은 존재할 것이다. 앞에서 본 스노보드와 같이 진입장벽이 없는 시장의 경우, 진입하는 기업은 B나 K 같은 기존 기업의 이윤을 감소시킬 것이다. 쿠르노 모형에서는 산업 내 기업의 수가 많아지면 균형은 완전경쟁으로 접근하게 된다. 이 절에서는 불완전경쟁의 마지막 모형을 살펴보고, 차별적 재화시장에서 진입이 자유로운 경우에는 어떻게 되는지 알아본다. **독점적 경쟁**(monopolistic competition)은 많은 기업이 차별화된 제품을 판매하고 있으며 진입장벽이 없는 시장 구조이다. 이 용어는 모순어법(oxymoron)처럼 들릴지도 모르겠는데—경쟁적인 독점이라고?—어떤 면에서는 그렇기도 하지만, 이는 이런 유형의 시장들에서 존재하는 시장력(market power)과 경쟁적 힘(competitive forces) 간의 근본적 상충관계를 반영하는 표현이다.

독점적 경쟁시장에서 모든 기업은 우하향의 수요곡선에 직면하고 있고, 따라서 약간의 시장력을 가지며, 모두가 독점가격책정 규칙을 따른다. 이것이 '독점적'인 면이다. 이런 시장에서 경쟁적인 면은 독점시장에서와 같은 진입장벽이 없다는 것인데, 즉 새로운 기업들이 얼마든지, 언제든지 들어올 수 있다. 이 점은 독점적 경쟁시장의 기업은 시장력을 가짐에도 불구하고 경제적 이윤이 0이 된다는 것을 의미한다. (그들이 이윤을 벌고 있다면, 더 많은 기업들이 그것을 얻으려고 진입하게 될 것이다. 모든 기업의 이윤이 0으로 떨어질 때까지는 진입이 계속될 것이다.)

독점적 경쟁에 해당하는 시장은 많다. 예를 들어 대도시마다 수백 개의 패스트푸드점이 있다. 이들 간에 조금씩 차이는 있겠지만, 사람들은 이들을 거의 대체가능한 것으로 본다. 다만, 이동비용 때문에 각각의 가게는 인근 지역에서 약간의 시장력을 가질 것이며, 따라서 제품의 가격을 정할 능력이 조금은 있을 것이다. 그렇더라도 새로운 가게가 개점하는 것을 막을 힘은 없다. 가령 인근의 주민들이 외식을 더 좋아하게 되었다면 기존 음식점은 가격을 올려서 잠시 경제적 이윤을 얻을 수도 있겠지만, 수요 증가가 일시적인 것이 아니라고 예상되는 경우에는

독점적 경쟁
수많은 기업들이 차별화 제품을 판매하며 진입장벽은 없는 시장 구조로서, 각 기업은 일정 수준의 시장력을 갖지만 장기적으로 경제적 이윤은 얻지 못함

신규 점포(들)의 진입과 그로 인한 이윤의 소멸은 쉽게 예상된다.

독점적 경쟁은 과점과 함께 '불완전경쟁'으로 분류되지만 이 두 시장 구조 간에는 차이가 있다. 우선, 과점시장에는 진입장벽이 있지만 독점적 경쟁시장에는 없다. 그렇지만 중요한 차이는 전략적 상호관계에 대한 가정이다. 과점에서는 기업들이 자신의 생산 관련 결정이 경쟁자의 최선의 선택에 영향을 미친다는 것을 알고 있으며, 모든 과점기업은 이러한 환류효과(feedback effect)를 고려하면서 행동하게 된다. 반면에 독점적 경쟁시장에서는 기업들이 경쟁자들의 생산 의사결정에 관심을 두지 않는데, 한 기업의 행동이 다른 기업에 미치는 영향은 너무 미미하기 때문이다.

독점적 경쟁시장의 균형

독점적 경쟁시장의 분석을 위해서 시장력을 가진 한 기업의 경우를 가정해보자. 예를 들어 어떤 이유에서든지, 어떤 도시에 패스트푸드 햄버거 가게가 현재 하나뿐이라고 가정하자. 이 도시에서 그 가게는 햄버거 독점기업이며, 그림 11.5에서처럼 우하향의 수요곡선(D_{ONE})에 직면하고 있다. 그림에는 이에 상응하는 MR곡선과 ATC 및 MC곡선도 나타나 있다.

그림 11.5의 가게는 독점기업이기 때문에 MR과 MC가 일치하는 Q^*_{ONE}을 생산하며, 가격은 P^*_{ONE}으로 책정한다. 그렇지만 가게는 한계비용 외에도 고정비용 F를 지출해야 한다(이 고정비용 때문에 기업의 ATC곡선이 U 모양이 된다). 독점 가게의 이윤은 직사각형으로 주어진다. 생산량 Q^*_{ONE}에서의 가격과 ATC의 차이에 생산량을 곱한 것이다. ATC에는 가변비용과 고정비용이 모두 포함되므로 ATC^*는 모든 생산비용을 충분히 반영하고 있다.

지금까지는 시장이 통상적인 독점의 경우와 같다. 그러나 누군가가 이 기업이 경제적 이윤을 벌고 있는 것을 알아차리고는, 약간 다른 두 번째 패스트푸드 가게를 개점하기로 결정했다고

그림 11.5   독점기업의 수요곡선과 비용곡선

독점 음식점의 수요곡선 D_{ONE}, 한계수입 MR_{ONE}, 평균총비용 ATC, 한계비용 MC 등이 그려져 있다. 한계수입과 한계비용이 일치하는 Q^*_{ONE}에서 생산하고 있다. 직사각형으로 나타나는 이윤은 $(P^*_{ONE} - ATC^*) \times Q^*_{ONE}$과 같다.

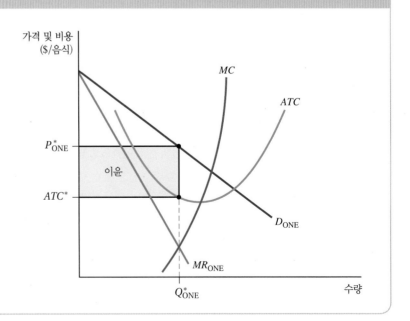

하자. 이 새 가게는 위치나 음식 유형 등에서 차이가 있을 수 있다.

독점적 경쟁시장에서 어떤 일이 벌어지는지를 이해하는 관건은, 다른 기업이 진입할 때 기존 기업(들)의 수요곡선이 어떻게 되는지를 아는 것이다. 어떤 재화에 대해 대체재가 많을수록 그 수요곡선은 보다 탄력적이 된다(완만해진다). 가게가 하나 더 개업했다면 소비자들로서는 대체가능성이 더 많아진 것이다. 두 번째 가게의 진입은, 각 가게의 수요곡선이 독점 가게의 그것(그림 11.5)보다 다소 완만해진 것을 의미한다. 그리고 이제는 수요가 두 가게로 나뉘는 만큼 기존 가게의 수요곡선은 완만해질 뿐 아니라 이동하기도 한다. 그림 11.6은 가게가 하나에서 둘로 변함에 따라 기존(독점) 가게의 수요곡선(이제는 '잔여'수요곡선이다)이 D_{ONE}에서 D_{TWO}로 이동하는 것을 보여준다. D_{TWO}는 D_{ONE}보다 완만해지면서 왼쪽에 위치하게 되는 것에 주목하자. MR곡선도 따라서 이동한다. (그림은 기업이 하나에서 둘로 될 때의 상황만을 보여주지만, 다른 경우에도 사정은 똑같다.)

그렇지만 진입 이후에도, 두 가게는 각자의 잔여수요곡선에 대해서는 사실상 (시장력이 약한) 독점기업이다. 각자의 수요곡선은 (1) 시장을 다른 가게와 나누고 있다는 것과 (2) 대체재의 존재가 수요를 보다 탄력적으로 만든다는 사실을 반영하고 있다. 경쟁자의 존재는 기업의 잔여수요곡선에 반영되어 있다. 독점적 경쟁에서 기업은 이런 잔여수요를 주어진 여건으로 간주한다. 자신의 행동이 경쟁자의 선택에 영향을 미치며 이것은 다시 자신의 최적 선택에 영향을 주는 등의 사실을 기업들이 인식하고 있는 과점 모형들과는 이 점에서 다르다. 과점에서의 전략적 상호관계는 기업의 대응곡선에 반영되어 있다. 반면에 독점적 경쟁기업은, 경쟁자들의 행동이 자신의 잔여수요에 영향을 미침에도 불구하고, 마치 자신만의 조그만 독점 세계에 있는 것처럼 행동한다. 기업이 전략적 상호관계를 무시한다는 이 가정은 다수의 기업들이 각기 차별화된 제품을 판매하고 있는 산업들에서 더 잘 적용될 것이다.

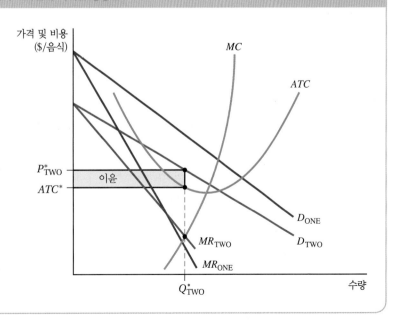

그림 11.6 독점적 경쟁시장에서 진입이 기업의 수요곡선에 미치는 영향선

두 번째 가게가 시장에 진입하면 기존 가게의 수요곡선은 D_{ONE}에서 보다 탄력적인 잔여수요곡선 D_{TWO}로 좌측 이동하며, 한계수입곡선은 MR_{ONE}에서 MR_{TWO}로 이동한다. 기존 가게는 이제 P_{TWO}^*의 가격에 Q_{TWO}^*를 판매하게 되고, 음영의 직사각형으로 나타나는 이윤을 얻는다.

두 기업이 동일한 잔여수요곡선을 갖는다고 가정한다면, 둘 다 *MR*이 *MC*와 일치하는 Q^*_{TWO}를 생산하고 그때의 이윤극대화 가격 P^*_{TWO}를 책정할 것이다. 각자는 그림에서 음영의 직사각형으로 주어지는 이윤을 얻는다.

두 기업이 양의 경제적 이윤을 얻고 있으므로 더 많은 기업이 진입하게 될 것이다. 새 기업이 들어올 때마다 기존 기업들의 수요곡선은 좀 더 왼쪽으로 이동하고 좀 더 탄력적으로 (완만하게) 될 것이다.

산업 내 기업들이 더 이상 경제적 이윤을 얻지 못하게 되었을 때라야 진입이 멈출 것이다. 그때가 되면 시장은 그림 11.7의 상황과 같아질 것이다. 시장에 기업이 *N*개 존재하게 될 때, 각 기업의 잔여수요곡선은 D_N까지 이동했을 것이다. 이런 수요곡선에 직면해서, 기업은 *MR*이 *MC*와 일치하게 되는 Q^*_N을 생산하고, P^*_N의 가격을 책정하며, 0의 경제적 이윤을 얻게 된다.

경제적 이윤이 0이 되는 것은 기업의 *ATC* 곡선과 수요곡선이 (Q^*_N, P^*_N)에서 접하기 때문이다. 가격이 *ATC*와 같아지면 이윤은 0이다. 이 점에서 기업은 총비용(가변 및 고정비용)을 겨우 회수하고 있을 뿐이다.

이 상황이 독점적 경쟁시장에서 중요한 측면이다 — 이윤이 0이 될 때까지 진입이 이루어졌지만, 결과적으로 가격이 한계비용과 같아지는 완전경쟁적 결과로 이어지지는 않는다. 독점적 경쟁시장의 기업들은 우하향의 수요곡선에 직면하고 있으며 따라서 한계수입(*MR*)은 항상 가격보다 낮다. 이윤극대화 생산량에서 *MC*는 *MR*과 같아질 것인데, 이것은 *MC* 역시 가격보다 낮을 것임을 의미한다. 자유로운 진입 때문에, 가격과 *MC*의 이러한 차이는 기업의 고정비용을 회수하기에 충분할 정도에서 그치게 되는 것이다.

그림 11.7   독점적 경쟁시장의 장기 균형

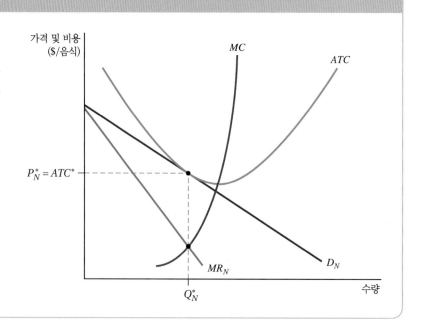

*N*개의 기업이 있는 독점적 경쟁시장에서 기업의 장기 수요 D_N, 한계수입 MR_N, 한계비용 *MC*, 평균총비용 *ATC*를 보여준다. 장기 균형에서 기업은 Q^*_N의 수량을 판매하는데, 가격 P^*_N은 평균총비용 ATC^*와 같아지며, 각 기업의 경제적 이윤은 0이 된다.

예제 11.5

독점적 경쟁시장의 한 기업이 $P = 50 - Q$와 같은 역수요함수에 직면하고 있다(여기서 Q의 단위는 1,000개). 한계비용은 10달러로 일정하고 고정비용은 없다. 따라서 총비용곡선은 $TC = 10Q$이다.

 a. 이윤극대화를 위한 생산량 수준은 얼마인가?

 b. 가격을 얼마로 책정하겠는가?

 c. 이윤은 얼마를 벌겠는가?

 d. 실제로 독점적 경쟁기업들은 단기적으로 고정비용이 있다. 현재 산업이 장기 균형 상태에 있다고 한다면, 이 기업의 고정비용은 얼마여야겠는가?

풀이

 a. 수요곡선이 직선형이므로 MR곡선은 기울기가 2배인 직선일 것이다. 즉 $MR = 50 - 2Q$이다. 이윤극대화 조건은 $MR = MC$이므로

$$50 - 2Q = 10$$
$$Q = 20$$

이다. 그러므로 (단위기간당) 20,000개를 생산해야 한다.

 b. 가격은 생산량을 수요함수에 대입해서 구한다.

$$P = 50 - Q = 50 - 20 = 30달러/개$$

 c. 총수입은 $TR = P \times Q = \$30 \times 20,000 = 600,000$달러이다. 총비용은 $TC = 10Q = 10 \times 20,000 = 200,000$달러이다. 따라서 이윤은 $\pi = TR - TC = \$600,000 - \$200,000 = 400,000$달러이다.

 d. 장기 균형은 기업들이 진입도, 퇴출도 할 유인이 없을 때 이루어진다. 그러므로 기업의 경제적 이윤은 0이어야 한다. (c)에서 이윤은 400,000달러였다. 이 이윤이 0이 되기 위해서는 (단위기간당) 고정비용은 400,000달러와 같을 것이다.

11.8 결론

이 장에서는 완전경쟁(제8장)과 독점(제9장)의 중간에 해당하는 불완전경쟁에 대한 다양한 모형을 살펴보았다. 먼저 기업의 수는 시장의 가격, 수량, 생산자잉여를 결정하는 많은 요인 중 하나일 뿐임을 확인했다. 따라서 불완전경쟁의 모형이 다양하고, 각각에서 시장 결과에 대한 예측이 다르다는 것은 놀랍지 않다. 주어진 시장 상황에 어떤 모형이 가장 적합한지에 대해서는 경제학적인 판단이 필요하다. 제품이 본질적으로 동일한가, 아니면 약간 또는 완전히 차별화되는가? 기업은 가격을 책정하는가, 수량을 결정하는가? 기업들의 선택은 동시에 이루어지는가, 순차적으로 이루어지는가? 진입장벽이 있는가, 진입이 자유로운가? 분석 대상인 산업에 가장 적합한 불완전경쟁 모형을 선택할 때에는 이들을 비롯한 여러 가지를 검토할 필요가 있다. 다음 장에서는 개인들과 기업들이 (더 높은 효용 또는 더 많은 이윤과 같이) 더 좋은 결과를 얻기 위해서 전략적으로 행동하는 방법에 대해 살펴본다.

요약

1. 과점시장에서는 각 기업이 경쟁자의 행동을 조건으로 하여 생산에 관한 결정을 한다. 그 결과 나타나는 시장균형을 **내쉬균형**이라고 하는데, 경제적 게임이론의 주춧돌 중 하나이다. 내쉬균형은 각 기업이 다른 기업들의 행동이 주어진 경우에 최선인 행동을 하고 있는 상황을 가리킨다. [11.1절]

2. 과점기업들은 카르텔을 형성할 수 있는데, 모든 참여자는 각자의 생산 결정을 조정해서 하나의 독점기업처럼 행동하게 된다. 그 결과 생산량과 가격은 독점의 경우와 같아지며 산업 전체의 이윤이 극대화된다. 담합적 행동을 통해 독점이윤을 얻을 수 있지만, **담합과 카르텔**이 안정적인 경우는 드문데, 모든 기업이 생산량을 증가시켜(가격을 인하하여) 자신의 이윤을 늘리려는 유인을 갖게 되기 때문이다. [11.2절]

3. **베르트랑 경쟁**에서 제품은 동질적이며 기업들은 가격으로 경쟁한다. 각 기업은 각자의 가격을 동시에 책정하며, 조금이라도 가격이 싼 기업에서 전체 소비자의 수요를 모두 가져간다. 베르트랑 모형에 따르면 기업이 둘만 있어도 가격이 한계비용과 같아지는 완전경쟁적 결과가 나타날 수 있다. 이런 상황에서 각 기업은 경쟁자보다 가격을 낮추려는 강력한 유인을 갖기 때문이다. 시장의 생산량은 완전경쟁 수준과 같으며 이윤은 0이 된다. [11.3절]

4. 베르트랑 경쟁의 경우와는 대조적으로, **쿠르노 경쟁**에서 기업들은 (가격 대신) 생산량을 동시에 선택한다. 쿠르노 균형에서 가격은 일반적으로 베르트랑 경쟁에서보다 높지만 독점가격보다는 낮다. 생산량은 베르트랑의 경우보다 적지만 카르텔의 경우보다는 많다. 산업의 전체 이윤은 베르트랑에서보다 크지만 독점이윤보다는 작다. [11.4절]

5. **슈타켈베르크 경쟁**에서 기업은 생산량을 순차적으로 결정한다. 첫 번째 기업은 다른 기업들과는 독립적으로 생산량을 결정하고 더 많은 이윤을 얻을 수 있으므로, 이 기업들의 경우에는 **선행자의 이점**이 작용한다. [11.5절]

6. 차별적 재화의 베르트랑 모형에서는, 소비자들이 제품들 간에 대체할 의사가 있지만 이것들을 동일한 것으로 또는 완전대체재로 보지는 않는다. 따라서 약간의 가격 차이가 있어도, (동질재 베르트랑 과점에서처럼) 가격이 더 낮은 생산자가 수요를 모두 가져가지는 않는다. [11.6절]

7. **독점적 경쟁**은 기업들이 차별화된 제품을 판매하는 시장 구조인데, 독점과 완전경쟁기업의 특성을 부분적으로 갖고 있다. 독점적 경쟁시장에서는 진입장벽이 없기 때문에, 경제적 이윤은 진입에 의해서 사라지게 된다. [11.7절]

복습문제

1. 불완전경쟁의 여러 유형을 들라.
2. 내쉬균형을 정의하라. 과점 상황에서 기업들이 내쉬균형에 도달하게 되는 이유는 무엇인가?
3. 담합과 카르텔이 종종 불안정적인 이유는 무엇인가?
4. 동질재 베르트랑 경쟁에서 시장균형은 어떤 상황인가?
5. 베르트랑 경쟁과 쿠르노 경쟁을 비교해보라. 이들은 왜 상이한 시장균형에 도달하게 되는가?
6. 쿠르노 경쟁에서 잔여수요곡선은 기업의 생산량에 관해서 무엇을 알려주는가?
7. 쿠르노 경쟁에서 대응곡선들을 통해 어떻게 균형을 찾게 되는가?
8. 슈타켈베르크 경쟁에서 선행자 이점이 나타나는 이유는 무엇인가?
9. 동질재와 차별재의 경우에 베르트랑 경쟁에서의 시장균형을 비교해보라.
10. 독점적 경쟁기업의 특성은 무엇인가?
11. 기업이 독점적 경쟁 산업에 진입하는 것은 언제인가? 기업들이 진입을 멈추게 되는 것은 언제인가?
12. 독점적 경쟁에서의 기업이 완전경쟁균형에 도달하지 못하는 이유는 무엇인가?

연습문제

(별표 표시가 된 문제의 풀이는 이 책 뒤에 있다.)

1. 1969년에 TV 광고를 가장 많이 하는 기업은 담배회사들이었다. 그해에 미국의 보건국장은 흡연이 건강에 나쁘다는 보고서를 발표했다. 곧이어 연방정부는 담배회사들의 TV 광고를 금지시켰다. 당신이 그 당시 담배회사의 경영진이라고 가정해보자. 11.1절을 잘 읽고 나서, 연방정부의 광고금지 조치에 회사가 어떻게 반응했을지를 설명하라. 왜 그런가?

2. 두 기업만이 경쟁하는 어떤 시장에서, 각자는 생산량을 10 또는 20단위 중에서 선택할 수 있으며, 단위당 한계비용은 10달러이다. 시장 전체 공급량이 20이면 시장가격은 35달러, 30이면 25달러, 40이면 20달러가 된다. 아래 표는 각자의 생산량 선택에 따른 각자의 예상 이윤을 나타낸다.

		기업 2	
		10단위	20단위
기업 1	10단위	250, 250	150, 300
	20단위	300, 150	200, 200

   a. 표의 이윤값들이 정확한지 확인하라.
   b. 내쉬균형을 구하라.
   c. 내쉬균형은 두 기업이 생산량을 의논할 경우에 합의하게 될 상황과 같은가? 그렇지 않다면, 합의가 준수되기 어려운 이유를 설명하라.
   d. 이 경우를 본문의 표 11.1의 광고게임 상황과 비교해보라.

*3. 생산이 매우 어려운 식품을 만들어 파는 기업이 한 마을에 A와 B뿐이라고 하자. 시장수요는 $P = 30 - 2Q$이며, 생산의 한계비용은 6달러로 일정하다. 생산에는 많은 준비와 작업이 필요하므로, 매일 아침 두 기업은 그날 얼마나 만들 것인지에 대해서 변경할 수 없는 결정을 하게 된다.
   a. 두 기업이 담합하기로 합의해서, 독점기업의 생산량을 절반씩 생산하고 가격은 독점 수준으로 책정했다.
      i. 독점기업의 한계수입곡선 방정식을 도출하라.
      ii. 카르텔의 이윤극대화 생산량을 구하라.

   iii. 두 기업이 책정할 수 있는 가격을 구하라.
   iv. 각 기업의 이윤과 카르텔 전체의 이윤을 구하라.
   b. B기업이 카르텔 협정을 어기고 매일 1단위를 더 생산하고 있다고 가정하자.
      i. 추가 생산으로 시장가격은 어떻게 되는가?
      ii. B의 이윤을 구하라. 배신 행위로 얼마나 더 벌게 되는가?
      iii. A의 이윤을 구하라. B의 배신이 A에게 얼마나 피해를 끼치는가?
      iv. B의 배신으로 그룹 전체의 잠재적 이윤은 얼마나 감소하는가?
   c. B의 배신에 대응해서 A도 매일 1단위씩 더 생산하기 시작했다고 가정하자.
      i. 이런 추가 생산이 시장가격에 어떤 영향을 미치는가?
      ii. A의 이윤을 계산하라. 배신(대응) 행위로 얼마나 더 벌게 되는가?
      iii. B의 이윤을 계산하라. A의 대응 행위로 얼마나 피해가 발생하는가?
      iv. 두 기업의 이탈 행동으로 인해 그룹 전체의 잠재적 이윤은 얼마나 감소하는가?
      v. 여기서 더 벗어나는 행동(생산량의 추가 증가)은 누구에게도 이익이 되지 않음을 보여라.

4. 앞의 3번 문제에서 두 기업이 하루 생산량을 3 또는 4 중에서 선택한다고 가정하자.
   a. 각 경우에 각자의 얻게 될 이윤을 계산해서, 표에 써 넣어라(A, B 순서).

		B	
		4단위	3단위
A	4단위	____ , ____	____ , ____
	3단위	____ , ____	____ , ____

   b. A의 이윤은 B의 결정에 따라 어떻게 달라지는지 설명하라.
   c. 표 11.1에 나온 디즈니와 워너브라더스 간의 광고

게임과 이 문제의 공통점을 찾아보라.

5. 앞의 3번 문제에서 두 기업이 한계비용에 차이가 있으며, A는 5달러, B는 7달러라고 가정해보자. 이제 각기 3단위씩 생산하기로 담합했다.

    a. (생산을 반반할 경우) 각기 얼마의 이윤을 얻게 되며, 카르텔 전체 이윤은 얼마인가?

    b. A가 자신이 더 효율적인 생산자라는 것을 알게 되어, 6단위를 생산할 경우에 A 자신이 모두 생산하면 카르텔의 이익에 더 좋을 것이라고 제안한다.

        i. A가 모두 생산하고 B는 전혀 생산하지 않는다면 카르텔의 이윤은 어떻게 되는가?

        ii. B가 전혀 생산하지 않기로 합의하겠는가?

        iii. B가 생산하지 않는 대가를 A가 지불하겠다고 제안한다고 가정해보자. A는 얼마까지 지불할 용의가 있겠는가? B가 제안에 응하는 대가로 최소한 얼마를 요구하겠는가?

        iv. (iii)에서 B의 최소 요구 금액으로 합의가 이루어졌다고 하자. 여기서 B가 합의를 어기고 생산량을 0에서 1로 증가시킨다면 그의 이윤은 어떻게 되는가? A의 이윤은 어떻게 되는가?

        v. 생산 중단의 경우와 [(a)에서처럼] 생산 반분의 경우에 B가 합의를 어길 유인을 비교해보라. 두 경우에 A가 B의 배신에 대해 얼마나 취약한지를 비교해보라. 이 카르텔이 더 큰 이윤을 얻을 수 있는(A가 전량 생산하는) 방식 대신에 이윤이 더 적은 반분 방식을 택하게 되는 이유는 무엇인가?

6. 석유수출국기구(OPEC)는 산출량을 제한해서 석유 가격을 높게 유지하려는 카르텔이다. 그 과정에서 각 회원국에게 생산할당량이 배정되며, 대다수 회원국들이 석유산업을 국유화했기 때문에 정부가 생산 전반을 통제한다. 하지만 회원국들은 생산목표량을 초과하는 경우가 보통이다. 11.2절의 '어떤 요인들이 담합을 조장하는가'를 읽고, OPEC이 종종 산출량 제한 및 고가 유지에 어려움을 겪는 이유를 설명하라. 회원국의 정치적 안정성이 클수록 협정 위반의 경향이 큰가 작은가? 독재국가와 민주국가 중에서는 어느 쪽이 위반 경향이 크겠는가?

7. 호박시장의 역수요함수가 $P = \$10 - 0.05Q$이다. 모든 생산자의 한계비용은 1달러로 일정하다.

    a. 마을에 생산자들이 많아서 호박시장이 경쟁적이라면, 판매량과 가격은 얼마가 되겠는가?

    b. 이상 기후로 인해 A와 B 두 생산자를 제외하고는 모든 호박이 망가졌다고 가정해보자. 두 생산자의 수확량은 매우 많아서, 0의 가격에서도 모든 수요를 충족시킬 수 있을 정도라고 하자. 둘이서 독점 이윤을 얻고자 담합한다면, 판매량과 가격은 얼마가 되겠는가?

    c. 호박시장에서 경쟁은 주로 가격을 통해 이루어지며, 따라서 A와 B는 베르트랑 경쟁자라고 가정해보자. 이 시장에서 호박 가격은 결국 얼마가 되겠는가? 즉 베르트랑 균형가격은 얼마인가?

    d. 베르트랑 균형가격에서 각자의 판매량은 얼마가 될 것이며, 산업 전체 판매량은 얼마인가? A와 B의 이윤은 얼마인가?

    e. A는 자기 호박이 가장 노랗다고, B는 자기 호박이 가장 맛좋다고 광고해서 효과가 있다면, (c)와 (d)의 결과는 어떻게 되겠는가? 설명하라.

    f. 만일 A의 한계비용이 0.95달러로 감소하는 경우, (c)와 (d)의 결과가 성립하겠는가?

8. 어떤 작은 마을에서 주류 판매 면허를 가진 자는 A와 J 둘뿐이다. 어떤 술에 대한 역수요함수는 $P = 8 - 0.5Q$이며, 평균비용과 한계비용은 2달러로 일정하다.

    a. 애덤 스미스는 일찍이 다음과 같이 썼다. "같은 업계의 사람들은 여흥이나 기분전환을 위해서조차 만나는 경우가 드물지만, (만나기만 하면) 그들의 대화는 공익에 반하는 공모 또는 가격 인상 계획으로 끝나게 된다." A와 J가 스미스의 말처럼 가격을 독점 기업 수준으로 올리는 공모를 한다고 하자. 이윤극대화 가격 수준은 얼마인가?

    b. A와 J는 각기 두 가지 선택지가 있다. 가격을 (a) 수준으로 책정하는 것과 그보다 1달러 낮추는 것이다. 각각의 가격을 써넣고, 각 경우에 각자가 얻게 될 이윤을 계산해서 표의 빈칸을 채워라(A, J 순서).

		J	
		4단위	3단위
A	4단위	___ , ___	___ , ___
	3단위	___ , ___	___ , ___

c. 이 문제와 표 11.1의 디즈니와 워너브라더스의 광고게임 간의 공통점을 찾아보라.

9. 한 지역에 특정 식품을 파는 식품점이 A, B, C 세 곳이 있다고 가정하자. A, B, C의 한계비용은 각각 2.00달러, 1.98달러, 1.96달러라고 한다.

   a. 셋의 위치가 매우 근접해서 소비자로서는 식품점 간에 차이가 없으며, 베르트랑 경쟁 상황이라면 시장가격은 얼마가 되겠는가?

   b. 고객들은 A, B, C 중 어디에서 구매하게 되겠는가? 그렇다면, 비용을 절감함으로써 효율성을 조금 개선할 경우에 이익은 어떤 것인가?

   c. 매일 세 식품점에서 장보기를 시작하는 고객들의 수는 같다고 가정하자. 다른 가게로 옮기는 비용이 0.02달러라고 한다면, 베르트랑 결과가 여전히 성립하게 되는가? 고객들이 이 식품을 구매하는 가게는 어디인가? 구매하지 않는 가게는 어디인가?

*10. 오리너구리(platypus)는 자연 상태가 아니면 번식을 잘 하지 않는 동물인데, 2명의 사육사 S와 A가 이들의 번식을 돕는 비밀을 알아내 시장을 사실상 독점하게 되었다. 전 세계의 동물원에서 이들로부터 오리너구리를 구매하려고 한다. 세계 시장의 역수요함수는 $P = 1,000 - 2Q$이고, $Q = q_S + q_A$이다.

   a. S는 이윤을 극대화하는 새끼 오리너구리의 수량을 생산하고자 한다. A가 선택하는 생산량 q_A를 여건으로 해서 S가 직면하는 잔여수요곡선 방정식을 써라.

   b. S의 잔여한계수입곡선을 도출하라.

   c. 새끼 오리너구리를 판매할 연령까지 키우는 데 소요되는 한계비용 및 평균총생산비용은 200달러라고 가정하자. S의 대응곡선을 도출하라.

   d. (a), (b), (c)의 과정을 반복해서 A의 대응곡선을 구하라.

e. 양자의 이윤극대화 생산량을 구하라.

f. 산업의 생산량, 가격, 두 생산자의 이윤을 구하라.

g. 만일 A가 교통사고를 당해서 S가 독점기업이 되었다면, 산업 생산량과 가격, 이윤은 어떻게 되겠는가?

11. 2개의 쿠르노 경쟁자가 있는 시장의 수요함수가 $P = 200 - q_1 - q_2$와 같다. q_1과 q_2는 각각 기업 1과 2의 생산량이다. 두 기업 모두 한계비용은 20달러로 일정하다.

   a. 쿠르노 가격, 수량 및 기업의 이윤을 구하라.

   b. 기업 1이 한계비용을 15달러로 낮추게 할 기술에 대한 투자를 고려하고 있다. 자신이 투자할 경우에 기업 2는 그 기술을 얻을 수 없게 되어 있다면, 기업 1은 투자비용으로 얼마까지 지출할 용의가 있겠는가?

   c. 만일 기업 2도 그 기술을 얻을 수 있음을 안다면 (b)의 답은 어떻게 달라지는가?

12. 어떤 상품의 수요곡선이 그림과 같다($P = 80 - Q$). 한계비용은 20달러로 일정하다.

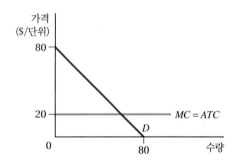

   a. 이 시장이 완전경쟁적이라면, 시장의 판매량과 가격은 얼마인가?

   b. 이 시장이 독점이라고 가정해보자. MR곡선을 그려 이윤극대화 생산량을 구하라.

      i. 독점 공급량을 완전경쟁 공급량으로 나누어서, 독점기업은 경쟁시장 공급량의 몇 %나 공급하는지를 밝혀라. 답을 (축약형) 수식으로 표현하라.

      ii. 독점가격을 표시하고, 독점가격과 수량을 수요곡선상에 점으로 표시하라.

   c. 이 시장이 생산자가 둘인 쿠르노 복점(duopoly)이

라고 가정해보자. 본문에서 배운 대로 산업 생산량을 구하라.

    i. 복점 공급량을 완전경쟁 공급량으로 나누어 비율로 표시하라. 답을 수식으로 표현하라. 답을 (축약형) 수식으로 표시하라.

    ii. 복점가격을 표시하고, 복점가격과 수량을 수요곡선 상에 점으로 표시하라.

d. 이 산업이 3개의 동일한 기업으로 이루어진 과점이라고 한다면 공급량이 경쟁적 공급량의 비율로 얼마나 될지를 가정해보고 확인하라.

e. 일반적으로, 산업에 N개의 동일한 기업이 존재할 경우 공급량은 경쟁적 공급량의 몇 %나 되겠는가?

f. 산업 내 경쟁자의 수가 많아질수록 공급량은 어떻게 되는가? 가격은 어떻게 되는가? 소비자잉여와 후생손실은 어떻게 되는가? 이런 결과들은 시장이 독점 대신에 경쟁적으로 되기를 바라는 정부에게 근거를 제공해주는가?

13. 어떤 재화의 생산자인 A와 B가 기간마다 생산량을 결정한다. 가격은 그들의 공급량의 합에 따라서 달라지며, 시장수요는 $Q = 150 - P$이다. 한계비용은 A가 10달러, B가 20달러로 일정하다.

a. 쿠르노 균형에서의 가격, 수량, 이윤, 소비자잉여를 구하라.

b. 두 생산자가 결합하여 독점 공급자가 되었다고 가정해보자. 이때 B는 (보다 효율적인) A의 생산 방식을 채택한다. 독점에서의 가격, 수량, 이윤, 소비자잉여를 구하라.

c. 서로 합치는 대신에 A가 B의 사업체를 현금으로 인수하려고 한다고 가정해보자. A가 B에게 지불할 용의가 있는 금액은 얼마인가? (결합된 기업은 1기간만 사업한다고 가정한다.)

d. 두 생산자의 결합이 사회적으로 좋은가, 나쁜가? 독점력의 작용과 효율성의 향상이 사회후생에 대해 반대 방향으로 작용하게 되는 사정을 설명하라.

*14. 육두구 시장은 두 섬나라, P와 G에 의해 통제되고 있다(각각의 생산량은 q_P와 q_G). 시장수요는 $P = 100 - q_P - q_G$이다(여기서 P는 시장가격). 한계비용은 모두

20달러로 일정하다.

a. P와 G의 대응곡선이 각각 다음과 같음을 보여라. $q_P = 40 - 0.5q_G$, $q_G = 40 - 0.5q_P$.

b. 각국의 쿠르노 균형수량을 구하라. 시장가격과 각국의 이윤을 구하라.

c. 이제 G가 선행자 이점을 얻으려는 의도로 생산 목표량을 공개적으로 발표함으로써 경쟁의 성격을 슈타켈베르크 경쟁으로 바꾸었다고 가정해보자.

    i. G는 먼저 얼마나 생산할 것인지를 결정해야 하며, 이를 위해 수요 조건을 알아야 한다. P의 대응곡선을 시장수요곡선에 대입해서 G가 직면하게 되는 수요함수를 구하라.

    ii. (i)로부터 G의 한계수입곡선을 구하라.

    iii. MR과 MC를 일치시켜, G의 생산량을 구하라.

    iv. G의 생산량을 P의 대응곡선에 대입해서 P의 생산량을 구하라.

    v. $q_P + q_G$를 시장수요곡선에 대입해서 시장가격을 구하라. 쿠르노 경쟁의 경우에 비해서 산업의 공급량과 가격이 어떻게 다른가?

    vi. P와 G의 이윤을 구하라. 각각의 이윤이 쿠르노 경쟁의 경우에 비해서 어떤가? 선행자의 이점이 있는가?

15. 어떤 채소시장에 두 생산자 A와 B가 공급하고 있다. 채소의 역수요함수는 $P = 60 - 0.5Q$이다. 여기서 Q는 두 생산자 수량의 합($Q = q_A + q_B$)이다. A와 B의 한계비용은 각각 12달러와 10달러로 일정하다.

a. 이 시장이 슈타켈베르크 과점이며, A가 선행자라고 가정하자. A와 B의 공급량은 각각 얼마이겠는가? 시장가격은 얼마가 되겠는가? 각자의 이윤은 얼마인가?

b. 이제 B가 선행자라고 하자. 각자의 공급량과 시장가격, 각자의 이윤을 구하라.

c. B가 선행자가 되는 것의 가치는 얼마인가?

16. 다음 각 경우에 예상되는 경쟁의 유형과 선행자의 이점 여부를 밝혀라.

a. 주요 산유국인 사우디아라비아가 연간 생산 목표량을 공표했다.

b. 두 의류 생산자가 우편주문을 통해 거의 동일한 옷을 팔고 있다. 각자는 가을시즌 카탈로그를 펴

낼 예정인데, 일단 배포하고 나면 가격 변경은 매우 어려워진다.

17. A와 F는 광천수의 복점 공급자이다. 각자 자기 집에서 생산해서 시장까지 수레로 나른다. (기계식, 전동식 운송수단은 없다고 가정한다.) 아래 각 경우에 가장 적합한 과점 유형(쿠르노, 베르트랑, 슈타켈베르크)을 지적하고 이유를 설명하라.

a. A와 F 모두 시장에서 4시간 거리에 산다.

b. A와 F 모두 시장 바로 옆에 산다.

c. A는 멀리 살지만 일찍 일어나 오전 8시면 시장에 오는 반면, F는 가까이 살지만 8시 30분 전에 나타난 적이 없다.

18. 어떤 지역에서 인터넷 사용자들은 두 가지 방식으로 웹에 접근할 수 있다—TV 케이블 아니면 전화회사의 전용선(DSL). 케이블회사(C)와 전화회사(T)는 베르트랑 경쟁자지만, 공급자를 바꾸는 것은 약간 비용이 들기 때문에 고객들은 두 방식 간에 변경을 다소간 꺼린다. 케이블(C) 서비스와 전용선(T) 서비스에 대한 수요는 각각 $q_C = 100 - 3p_C + 2p_T$, $q_T = 100 - 3p_T + 2p_C$이다. 여기서 q_C, q_T, p_C, p_T는 각 방식의 고객 수와 가격(월 요금)들을 가리킨다. 광대역 서비스 생산자들의 한계비용은 모두 0이라고 가정한다.

a. 케이블회사의 대응곡선을 도출하라(p_C를 p_T의 함수로 나타냄).

b. 전화회사의 대응곡선을 도출하라(p_T를 p_C의 함수로 나타냄).

c. 각 경쟁자의 가격, 수량, 이윤을 구하라(비용은 0으로 가정).

d. C가 T보다 약간 더 빠른 서비스를 시작함에 따라서 수요곡선들이 $q_C = 100 - 2p_C + 3p_T$, $q_T = 100 - 4p_T + p_C$로 달라졌다고 가정하자. 각 경쟁자의 가격과 이윤은 어떻게 되겠는가?

19. 제품이 차별화된 치즈시장에서 F와 B는 베르트랑 경쟁자이다. 각각의 수요는 $q_F = 30 - p_F + p_B$, $q_B = 30 - p_B + p_F$이다. 여기서 q_F, q_B, p_F, p_B는 각자의 판매량과 가격이다.

a. 베르트랑 균형에서 두 경쟁자의 가격과 수량을 구하라.

b. 이제 F가 먼저 가격을 책정하면 B가 대응하는 상황을 상정해보자. 슈타켈베르크 수량경쟁의 경우와 유사한 과정에 따라 F의 이윤극대화 가격, 수량, 이윤을 구하라.

c. B의 이윤극대화 가격, 수량, 이윤을 구하라.

d. 선행자 이점을 얻으려는 F의 시도는 그럴 가치가 있는가?

20. 미국에서 대규모 담배회사는 셋밖에 없지만 각기 많은 브랜드의 담배를 생산한다. 동질적 제품의 베르트랑 경쟁과 차별적 제품의 베르트랑 경쟁을 비교해 보고, 세 회사가 각기 한 가지의 일반형 제품을 생산하는 대신에 그렇게 많은 브랜드들을 관리하기 위해서 그처럼 많은 자원을 투입하는 이유를 설명하라. 이렇게 다양한 브랜드들을 유지하는 것이 사회적으로 좋다고 보는가, 나쁘다고 보는가?

21. 독점적 경쟁시장을 상정하여, 전형적인 경우가 다음 그림에 나타나 있다.

a. 이 기업은 생산자잉여를 얻고 있는가? 이 기업은 이윤을 얻고 있는가? 이 두 가지 결과를 어떻게 조화시킬 수 있는가?

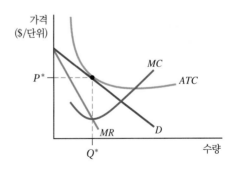

b. 이 시장에서 진입 또는 퇴출이 예상되는가? 설명하라.

c. 이제 정부가 (연간) 면허요금을 낮추어서 기업들의 고정비용이 감소했다고 가정해보자. 이에 따른 곡선들의 변화를 그림에 나타내라. 생산자잉여는 어떻게 되는가? 이윤은 어떻게 되는가? 고정비용의 감소가 진입 또는 퇴출을 유발하겠는가? 설명하라.

d. (c)의 진입/퇴출을 반영해서 수요곡선과 한계수입곡선을 이동하라. 새로운 균형을 표시하라.

e. 고정비용이 계속 감소한다고 하자. 수요곡선은 어떻게 되는가? 생산자잉여와 이윤은 어떻게 되는가?

f. 고정비용이 0으로 떨어졌을 때의 균형을 구하라.

22. 갑은 독점적 경쟁의 성격을 갖는 경제학 강의시장의 생산자인데, 경쟁자가 적어도 둘 이상 있다. 갑의 강의에 대한 역수요함수는 $P = 60 - 0.5Q$이다 (Q는 주당 강의 횟수). 강의의 총비용은 $TC = 4Q + F$이며 (F는 고정비용), 각 강의의 한계비용은 4달러이다.

a. 이윤을 극대화하는 갑의 주당 강의 횟수는 얼마인가?

b. 갑의 강의의 가격은 얼마이겠는가?

c. 갑이 얻는 생산자잉여는 얼마인가?

d. 이 시장이 장기균형 상태에 있다면, 갑의 고정비용은 얼마이겠는가? 갑의 고정비용이 이보다 적다면 장기적으로 갑의 강의에 대한 수요는 어떻게 되겠는가?

23. 경제학의 큰 과제 중 하나는 어떻게 최소의 자원으로 최대의 물질적 후생을 생산할 것인가 하는 것이다. 그런 측면에서 완전경쟁과 독점적 경쟁을 비교해보라. (힌트 : 특정한 독점적 경쟁 산업의 상황이 완전경쟁적이라면 어떻게 나타날 것인지를 생각해 보라.) 물질적 후생에 대한 정의 여하에 따라 답이 어떻게 달라지는가?

24. 기업이 수량으로 경쟁하는 경우(쿠르노 경쟁) 대응곡선은 기업 A가 생산량을 늘릴 때 기업 B의 최선의 대응은 생산량을 줄이는 것임을 보여준다. 그렇지만 기업이 가격으로 경쟁하는 경우(베르트랑 경쟁) 대응곡선은 기업 A의 가격 인하(따라서 A의 판매량의 증가)에 대해 기업 B는 상응하는 가격 인하 (따라서 상응하는 판매량 증가)로 대응함을 보여준다. 이 두 결과를 조화시켜보라.

*25. 어떤 재화의 시장수요곡선이 $P = 100 - Q$이다. 생산자는 A와 B 두 기업이며, 각기 한계비용은 5달러로 일정하다. 다음 표의 빈칸을 채워라.

	담합 (독점)	쿠르노 과점	베르트랑 과점	슈타켈베르크 과점 (A가 선행자)
A의 생산량				
B의 생산량				
산업 생산량				
가격				
A의 이윤				
B의 이윤				
산업이윤				

게임이론

아마존이 전자책(e-book) 리더기인 킨들(Kindle)을 처음 발매했을 때 아마존은 책의 가격을 9.99달러로 정했는데, 이는 아마존이 출판사에 지불해야 하는 저작권료에도 미치지 못하는 가격이었다. 분석가들은 아마존이 킨들 기기를 높은 마진에 더 많이 팔기 위해 책에서는 손해를 보기로 계획한 것이라고 분석했다. 그러나 제11장의 〈괴짜경제학〉에서 언급한 것처럼, 그로부터 얼마 되지 않아 애플이 자신의 전자책 리더기뿐만 아니라 다른 기능들까지도 내장한 아이패드를 발매했다. 경쟁은 아마존으로 하여금 킨들의 가격을 현저하게 낮추게 했다. 그리고 아마존은 아이패드 사용자들이 애플 기기에서 킨들의 책들을 구매하고 읽을 수 있는 킨들 앱을 만들었다. 그후 아마존은 애플의 아이패드와 직접 경쟁하기 위해 자신의 태블릿 기기인 파이어(Fire)를 아이패드보다 훨씬 낮은 가격에 내놓았다. 이러한 결정들은 애플과 아마존에 의한 전략적 고려들을 수반한다. 무엇을 할지 결정할 때, 기업들은 자신들이 선택할 수 있는 행동들과 그에 대한 대응으로 경쟁자가 선택할 행동들을 심도 있게 고려해야 한다.

앞 장에서 우리는 어느 정도의 시장지배력과 경쟁압력을 동시에 지닌 시장에서 기업들이 가격과 물량을 결정하는 다양한 방법을 살펴보았다. 이러한 시장에서의 균형은 단지 수요와 공급이 일치하는 것 이상을 요구한다. 기업들은 경쟁자들의 가격과 생산량 결정을 알게 되었을 때 더 이상 자신의 가격과 생산량을 바꾸려 하지 않아야 한다. 다시 말하면 수요와 공급이 일치하는 점은 또한 내쉬균형이 되어야 한다는 것이다.

아마존과 애플 간의 관계 같은 기업들 간 상호관계는 완전경쟁이나 독점에서의 그것보다는 더 복잡하다. 이러한 시장 구조하에서는 불완전한 경쟁기업들 간의 전략적 상호관계로 인해 많은 다양한 결과들이 나타날 수 있다. 각 기업의 행동은 자신의 이익뿐만 아니라 다른 기업들의 이익에도 영향을 미친다. 각 기업은 이러한 상호 관련성을 고려하여 무엇을 할지 계획을 세우기 때문에 의사결정은 매우 복잡해질 수 있는 것이다.

과점시장에서처럼 경제주체들이 전략적 상호작용을 할 때 무슨 일이 일어날지를 이해하는 것이 이 장의 주제인 **게임이론**(game theory)의 목적이며 이번 장의 핵심이다. 게임이론은 몇 명의 경기자가 **전략적 의사결정**(strategic decision)을 할 때, 즉 나의 행동이 다른 사람들에게 영향을 주고, 다른 사람들의 행동이 나에게 영향을 주며, 그래서 모두는 서로 다른 사람들의 행동을 예측하려고 노력하는 상황에서의 행동을 연구한다. 이것들은 다른 사람들의 행동에 대한 예측에 근거해서 만들어지는 행동인 전략적 의사결정인 것이다.

게임이론은 실제적인 게임에도 적용된다. 체스게임을 할 때 우리는 상대방이 어떻게 반응할 것인지를 예측하여 말을 움직인다. 포커에서 판돈을 올릴 때는 상대방이 내가 좋은 패를 가지고 있다고 믿어 죽을지 아니면 내가 위협(bluffing)을 한다고 생각해서 따라올지를 생각한다. 이 장에서 우리는 게임이론이 모든 종류의 경제적 의사결정, 예를 들어 언제 영화를 개봉해야 할지, 기업이 어떤 종류의 상품을 만들어야 하는지, 경쟁기업의 시장 진입을 어떻게 막아야 하는지 등을 좀 더 잘 이해하는 데 활용될 수 있음을 배울 것이다. 사실 우리는 이미 앞 장에서 상당한 정도의 게임이론을 사용하였다. 담합, 베르트랑, 쿠르노, 슈타켈베르크, 그리고 상품차별하에서의 베르트랑 등의 과점 모형은 모두 특정 상황에 대한 게임이론의 적용인 것이다.

이 장에서 우리는 게임의 세 가지 기본적인 분류를 배운다. 첫째는 **동시게임**(simultaneous game)으로서 경기자들은 상대방이 무슨 전략을 사용할지 알지 못한 채로 자신의 전략을 정하는 상황이다. 동시게임의 예는 제

게임이론
복수의 경제행위자들 간의 전략적 상호작용을 연구하는 분야

전략적 의사결정
상대방 행동에 대한 예상에 근거하여 취하는 행동

동시게임
각 참여자가 상대방의 전략에 대해 모르는 상태에서 동시에 행동을 선택하는 게임

11장에서 다루어진 쿠르노 및 베르트랑 모형이 있는데, 이런 모형에서 기업들은 가격이나 물량을 동시에 선택한다. 그다음으로 경기자들이 동일한 동시게임을 여러 번 시행하는 **반복게임**(repeated game)을 살펴볼 것이다. 담합에 참가한 모든 기업들이 약속을 파기할 유인을 가짐에도 불구하고 어떤 환경하에서는 담합이 안정적일 수 있다는 제11장에서의 논의는 담합을 반복게임으로 간주함으로써 설명이 가능하다. 마지막으로 우리는 **순차게임**(sequential game)을 살펴볼 것인데, 순차게임에서는 한 기업이 먼저 선택을 하고 다른 기업은 이러한 선택을 관측한 후에 선택을 하게 되는 상황이다. 이러한 게임은 제11장에서 다루었던 슈타켈베르크 과점 모형과 같은 게임이다.

이 세 가지 형태의 게임 구조에 익숙하게 되면 우리는 많은 경제적 현상을 이해하는 매우 유용한 수단을 갖게 될 것이다. 그러나 우리가 이 장에서 다루지 않는 게임이론의 좀 더 전문적인 분야도 많다. 예를 들어 어떤 경기자가 다른 경기자가 갖지 못한 정보를 갖고 있는 상황이다. 이러한 분야는 비대칭정보하의 게임이라고 불리며, 제16장에서 우리는 경제적 의사결정에서 비대칭정보가 어떤 역할을 하는지 살펴보게 될 것이다. 우리가 다루지 않을 또 한 가지 분야는 협조적 게임으로서, 이는 경기자들이 구속력 있는 약속을 할 수 있어서 마치 하나의 주체처럼 행동하는 경우이다. 그러나 이 장에서 우리는 모든 경기자가 자신을 위해 행동하는 비협조적 게임에만 초점을 둘 것인데, 그 이유는 기업들이나 소비자들 간의 게임은 대부분 이러한 특징을 가지고 있기 때문이다.

생산자와 소비자가 일상에서 행하는 전략적 상호관계를 이해하기 위해 게임이론을 적용할 때 몇 가지 주제가 등장한다. 첫째, 게임이론을 이해하는 것은 세상을 다른 사람의 눈으로 볼 수 있게 됨을 의미한다. 경기자는 상대방이 무엇을 할 것인지 예측하고 그에 대한 계획을 세워야 한다. 둘째, 게임이론은 상대방이 합리적이라서 자신에게 무엇이 최선인지 알고 있다고 전제한다. 만일 이것이 사실이 아니라면 경기자가 해야 할 것은 통상적인 게임이론의 접근과는 상당히 달라질 것이다.

마지막으로, 제11장에서 과점을 분석할 때 언급되었던 것인데, 게임의 규칙을 어떻게 정하는지에 따라 ─ 예를 들어 누가 먼저 움직이고 누가 무슨 전략을 사용할 수 있는지 등 ─ 결과에 대한 게임이론의 예측도 크게 달라질 것이다.

12.1 게임의 정의

모든 게임은, 얼마나 간단하든 복잡하든 간에 경기자, 전략, 그리고 보수라는 세 가지 공통적인 요소를 갖는다. 앞으로의 분석을 위해 이러한 개념이 게임이론에서 어떤 의미를 갖는지 설명하기로 하자.

경기자(player)는 타인들의 행동에 근거하여 자신의 행동을 선택하는 게임의 참여자이다. 그들은 의사결정자이다. 경기자들은 자신들이 원하는 결과가 자신의 선택과 타인의 선택에 의해 결정되는 상황에 직면한다. 경제학에서 다룰 게임에서의 경기자는 기업(그리고 기업의 매니저), 소비자, 근로자, 혹은 많은 다른 주체들이 될 수 있다. 그러나 그들의 역할이 무엇이든지 모든 경기자는 선택을 한다.

전략(strategy)은 게임에서 어떤 행동을 할 것인지에 대한 경기자의 계획을 말한다. 일반적으로 전략은 다른 경기자들의 행동에 대한 예측에 따라 달라진다. 즉 어떤 경기자의 전략은 다른 경기자들이 어떤 전략을 사용할 것인지에 대한 예측에 따라 달라진다는 것이다.

전략은 '경쟁자가 무엇을 하든지 상관없이 올해 상품을 새로 디자인할 것이다'와 같이 단순할 수도 있고, 혹은 '다른 기업이 다음 3개월간 가격을 높게 유지한다면 나도 가격을 올릴 것이고, 그렇지 않을 경우에는 낮은 가격을 유지해서 경쟁자로부터 시장을 좀 빼앗아올 것이다'와 같이 좀 더 복잡한 것이 될 수도 있다. 혹은 경쟁자의 행동에 따라 달라지는 대신 전략은 '동

반복게임
같은 경제주체들 간에 동시게임이 연속되는 것

순차게임
한 참여자가 먼저 행동하고 다른 참여자가 이를 본 다음 행동을 결정하게 되는 게임

경기자
경제적 게임의 참여자로서, 다른 사람의 행동 여하에 따라서 자신의 행동을 결정해야 함

전략
경제적 게임에서 참여자가 취하는 행동 계획

전을 던져서 앞면이면 낮은 가격을, 뒷면이면 높은 가격을 설정할 것이다'와 같이 그냥 무작위(random)일 수도 있다.

보수(payoff)는 경기자들이 게임을 해서 얻는 결과이다. 소비자에게 보수는 효용이나 소비자잉여로 표시될 수 있다. 기업에게 보수는 일반적으로 생산자잉여나 이윤이 될 것이다. 보통 어떤 경기자의 보수는 자신과 다른 경기자가 선택하는 전략들에 의해 결정된다. 경기자들의 행동이 서로의 보수에 영향을 미치고 경기자들은 이러한 효과를 사전에 알고 있다는 사실이 바로 게임이론의 본질이다. 경기자들의 행동이 단지 자신의 보수에만 영향을 미친다면 그것은 일인문제(single-agent problem)가 된다. 수요함수와 한계비용함수가 주어져 있을 때 독점기업이 생산량을 정하는 것이나 소비자의 효용극대화 문제는 일인문제의 예에 속한다. 그러나 한 경기자의 보수가 다른 경기자들의 행동에 의해 영향을 받는다면 그것은 게임에 속한다. 이럴 때 경기자는 상대방을 움직이는 유인이 무엇인지를 이해하고자 하는 동기를 갖게 된다. 상대방의 인센티브를 더 잘 이해할수록 더 좋은 대응책을 선택할 수 있다.

이상이 게임의 세 가지 공통적인 요소인데, 전략적 상호관계의 결과를 예측하기 위해서는 이러한 요소들을 잘 이해해야 한다. 그러나 이 같은 예측을 하는 것, 즉 게임의 균형을 찾는 것의 핵심은 경기자들의 전략이 어떻게 서로 합쳐지는지를 이해하는 데 있다. 여러 가지 형태의 게임을 분석하기에 앞서 다음 절에서는 전략에 대해 좀 더 깊이 살펴보기로 하자.

보수
참여자가 게임의 결과로 얻게 되는 것

우월전략, 열등전략

게임에서 행동을 예측한다는 것은 경기자들의 **최적 전략**(optimal strategy), 즉 가장 큰 기대보수를 가져다주는 행동을 찾는 것과 같다. 이것은 어려운 작업인데, 그 이유는 동일한 전략이 상대방이 어떤 행동을 하면 최적이 되지만 다른 행동을 하면 최적이 되지 못하기 때문이다(이는 최적 전략은 상대방이 선택한 전략에 대한 최선의 대응이 되어야 함을 의미한다). 물론 이렇게 복잡하지 않은 상황도 있으므로, 좀 더 단순한 상황부터 살펴보자.

다른 경기자들이 무슨 선택을 하든 상관없이 내가 선택할 최선의 전략이 있다면 그것을 **우월전략**(dominant strategy)이라고 한다. 이와 반대로 상대방이 무슨 전략을 사용하든지 상관없이 결코 내게 옳은 선택이 될 수 없는 전략은 **열등전략**(dominated strategy)이라고 한다.

지난 장에서 다루어진 워너브라더스와 디즈니 간 슈퍼히어로영화를 위한 광고경쟁을 다시 생각해보자. 표 12.1은 **보수행렬**(payoff matrix)의 예인데 경기자, 전략, 보수를 나타낸 표이다. 첫 번째(혹은 왼쪽) 보수는 항상 가로에 표시된 경기자의 것이며, 두 번째(혹은 오른쪽) 보수는 세로에 표시된 경기자의 것이다. 워너브라더스의 선택은 왼쪽(가로 측)에 표시되어 있고 보수

최적 전략
가장 높은 기대보수를 가져다주는 행동

우월전략
상대가 선택하는 전략에 관계없이 항상 우월한 전략

열등전략
상대가 선택하는 전략에 관계없이 항상 열등한 전략

보수행렬
경제적 게임의 참여자, 전략, 보수들을 나열한 표

표 12.1 광고게임*

		디즈니	
		광고함	광고 안 함
워너브라더스	광고함	250, 250	550, −80
	광고 안 함	−80, 550	320, 320

* 결과는 100만 달러 단위의 이윤으로 측정되어 있다.

는 붉은색으로 먼저 표시되어 있다. 디즈니의 선택은 표의 상단(세로 측)에 표시되어 있고 보수는 푸른색으로 뒤에 표시되어 있다.

우리는 제11장에서 이러한 게임이 죄수의 딜레마에 해당된다는 것을 알았다. 서로 광고를 하지 않기로 합의한다면 두 경기자는 모두 최대의 보수를 얻을 수 있지만, 각 경기자는 각자 광고를 할 강한 유인을 갖고 있어 결국 두 기업 모두 광고를 선택한다.

'죄수의 딜레마'라는 표현은 이러한 종류의 게임이 갖는 개념을 소개하기 위한 고전적인 예에서 비롯되었다. 그 예는 다음과 같다. 2명의 용의자가 경찰에 체포되어 각자 분리된 방에서 심문을 받게 되었다. 만일 2명 모두 자백을 하지 않으면 판사는 경미한 처벌을 내릴 수밖에 없다. 만일 2명 모두 자백을 하면 중형을 받게 된다. 한 사람은 자백을 하고 다른 한 사람은 자백을 하지 않을 경우, 자백을 한 용의자는 경찰에 협조한 대가로 가장 약한 처벌만을 받게 되지만 자백을 하지 않은 용의자는 가장 무거운 처벌을 받게 된다. 죄수들이 둘 다 침묵을 지키는 데 합의할 수만 있다면 최선의 결과를 얻게 되겠지만, 게임의 보수는 둘 다 일방적으로 자백을 할 유인을 갖도록 되어 있는 것이다. 이러한 게임의 특징은 내쉬균형을 (적어도 죄수들에게는) 납득하기 어려운 것으로 만든다. 둘 다 자백을 하고 가장 심한 처벌을 받게 되기 때문이다. 워너브라더스와 디즈니는 바로 죄수들이며 광고는 자백과 같은 것이다.

이러한 결과가 나오는 이유는 '광고'라는 전략이 두 기업 모두에게 우월전략이기 때문이다. 워너브라더스는 원더우먼 2에 대해 광고를 하면 디즈니가 블랙팬서 2를 광고하든 하지 않든 간에 더 많은 이윤을 얻는다. 디즈니가 광고를 하지 않을 때 워너브라더스는 광고를 하면 5억 5,000만 달러를 얻고, 광고를 하지 않으면 3억 2,000만 달러를 얻는다. 디즈니가 광고를 할 때 워너브라더스는 광고를 하면 2억 5,000만 달러를 얻고, 광고를 하지 않으면 8,000만 달러를 잃는다. 그리고 워너브라더스의 광고에 대한 디즈니의 대응을 분석해도 동일한 결과를 얻게 된다.

동전의 양면처럼 '광고 안 함' 전략은 결코 최선의 선택이 될 수 없다. 즉 그것은 열등전략이다. (전략이 2개이므로 한 전략이 우월전략이면 다른 전략은 열등전략이 된다.) 두 기업 모두 '광고 안 함'을 선택해서 '광고함'을 선택하는 것보다 더 큰 이윤을 얻는 상황은 존재하지 않는다.

열등전략의 개념은 게임의 균형을 찾는 데 매우 유익하게 사용된다. 열등전략은 어떤 상황에서도 경기자의 최선의 선택이 될 수 없으므로 경기자가 이러한 전략을 사용한다는 것은 전혀 말이 되지 않는다. 그렇기 때문에 어떤 게임을 분석할 때 가장 먼저 할 일은 보수행렬을 살펴보고 모든 경기자에 대하여 모든 열등전략을 지우는 일이다. 표 12.1에서 워너브라더스는 광고를 함으로써 항상 더 높은 이윤을 얻을 수 있기 때문에 '광고 안 함'을 선택하지 않을 것이므로 '광고 안 함'을 지운다. 마찬가지로 디즈니에 대해서도 역시 '광고 안 함' 전략을 지운다. 모든 게임이 열등전략을 가진 것은 아님에 주의하라. 그러나 게임이 열등전략을 가지고 있을 때는 그것들을 지우고 나면 균형을 찾는 것이 훨씬 더 쉬워진다.

열등전략을 지우고 나면 합리적 경기자들이 선택할 전략은 단 한 가지뿐임을 알 수 있다 ─ 워너브라더스와 디즈니는 모두 광고를 하고 2억 5,000만 달러씩 얻게 된다. 경기자들이 동시에 선택을 하더라도 이러한 결과에는 변함이 없음에 주목하라. 그들은 서로 상대방이 어떤 선택을 할지 모른 채 자신의 선택을 결정해야 하지만, 그들은 합리적인 경쟁자가 결코 '광고 안 함'과 같은 열등전략을 사용하지 않을 것임을 예상할 수 있기 때문이다.

12.2 일회성 게임에서의 내쉬균형

제11장에서 우리는 균형의 개념을 과점시장에 적용해보았다. 과점시장에서는 개별기업의 가격 및 물량 선택이 경쟁자들의 그것에 영향을 미치기 때문에 과점에서의 균형은 시장 전체에 대한 균형 가격 및 물량 이상의 것을 요구하게 된다. 안정적인 시장균형은 또한 경쟁자들의 선택이 주어져 있을 때 어떤 기업도 일방적으로 자신의 결정을 변경하지 않을 것을 요구한다.

내쉬균형은 게임에서의 결과를 예측하는 자연스러운 개념이다. 내쉬균형에서는 다른 사람의 전략들이 주어져 있을 때 아무도 일방적으로 자신의 전략을 바꾸지 않는다. 즉 모든 경기자는 다른 경기자들의 행동이 주어져 있을 때 최선의 행동을 하고 있다는 것이다.

워너브라더스-디즈니의 경우처럼 게임에서 열등전략이 많을 때는 내쉬균형을 찾기가 매우 쉽다. 그러나 대부분의 게임에서는 열등전략을 제거하는 것만으로는 내쉬균형을 찾지 못한다. 그 이유는 내쉬균형이 요구하는 조건들은 우월전략이나 열등전략을 규정하는 조건들처럼 엄격하지 않기 때문이다. 우월전략은 상대방이 무엇을 하든지 상관없이 항상 나에게 최선의 선택이다. 그러나 내쉬균형은 **상대방이 선택한 행동에 대해서만 최선의 선택**일 것을 요구한다. 그렇기 때문에 우월전략이나 열등전략이 존재하지 않더라도 내쉬균형은 존재할 수 있는 것이다. 그러나 경기자의 수와 선택가능한 행동의 수가 너무 많지 않으면, 이러한 일반적인 상황에서도 내쉬균형은 쉽게 찾을 수 있다.

어떤 게임에서든지 내쉬균형을 찾기 위한 첫 번째 단계는 게임의 경기자, 전략, 그리고 보수를 잘 나열하는 일이다. 워너브라더스-디즈니 게임을 나타낸 표 12.1이 바로 그런 것이다. 경기자, 전략, 그리고 보수를 행렬로 표시한 것을 **정규형**(normal form)이라고 한다. 게임을 이러한 정규형으로 표시하면 균형을 찾기가 쉬워진다.

새로운 게임을 예로 들어 설명해보자. 두 경쟁 잡지 A, B가 다음 호의 표지 기사로 무엇을 실을지 생각 중이다. 두 잡지는 모두 리얼리티 쇼(RS)와 셀러브리티 인터뷰(CI)라는 두 가지 선택권을 가지고 있다. 잡지사는 잡지가 발간되기 전에는 상대방의 표지 기사를 관측할 수 없으므로 동시에 선택을 해야 한다고 가정한다. 또한 독자들은 서로 다른 선호를 가지고 있으며 CI를 좋아하는 독자가 RS를 좋아하는 독자보다 더 많다고 가정한다. 잡지사가 특정 기사를 단독으로 내보내면 그 기사를 좋아하는 독자들을 모두 얻을 수 있고, 만일 두 잡지사가 동일한 기사를 내보내면 독자들이 나뉘겠지만 A가 B보다 더 많은 독자들을 얻게 된다고 가정한다. (왜냐하면 다른 조건이 같다면 독자들은 B보다 A를 더 좋아하기 때문이다.)

각 잡지사의 이익은 자신과 경쟁사의 선택에 따라 달라진다. 잡지사들의 선택과 보수는 표

정규형
경제적 게임을 참여자, 전략, 보수행렬로 나타내는 통상적인 구성

표 12.2 표지 기사의 선택*

		B사	
		리얼리티 쇼(RS)	셀러브리티 인터뷰(CI)
A사	리얼리티 쇼(RS)	300, 0	400, 400 ✓
	셀러브리티 인터뷰(CI)	✓ 500, 300 ✓	✓ 450, 200

* 보수는 1,000달러 단위의 이윤이다.

12.2에 요약되어 있다. 관례에 따라 첫 번째 붉은색은 A의 보수이며, 두 번째 푸른색은 B의 보수이다.

내쉬균형을 찾기 위해 먼저 B의 가능한 행동들에 대한 A의 최적 대응을 살펴보자. 만일 B가 RS를 표지 기사로 선택한다면, A는 CI를 선택할 것이다. 왜냐하면 CI를 선택할 때의 이익은 500,000달러지만 RS를 선택할 때의 이익은 300,000달러에 불과하기 때문이다. 이러한 최적 대응을 추적하기 위해 왼쪽 아래 보수 칸에서 A의 보수 옆에 체크 표시를 하자. 또한 B가 CI를 선택한다면 A의 최적 대응은 여전히 CI이므로 A의 보수 450,000달러 옆에 역시 체크 표시를 한다. CI를 선택하는 것이 A에게는 우월전략이 됨을 알 수 있다. B가 어떤 선택을 하든지 A는 CI를 선택함으로써 더 큰 이익을 얻게 된다.

이제 동일한 분석을 B에게도 적용해보자. A가 RS를 선택하면 B는 CI를 선택해야 한다. 왜냐하면 CI는 400,000달러의 이익을 가져다주지만 RS를 선택하면 이익은 0달러가 되기 때문이다. 따라서 오른쪽 위의 보수 칸에서 B의 보수인 400,000달러 옆에 역시 최적 대응을 나타내는 체크 표시를 한다. 그러나 만일 A가 CI를 선택한다면 B는 RS를 선택해야 할 것이다. 따라서 왼쪽 아래의 보수 칸에서 B의 보수인 300,000달러 옆에 체크 표시를 한다.

최적 대응을 의미하는 체크 표시들을 살펴보면 몇 가지 사실을 바로 알 수 있다. 첫째, A는 CI가 우월전략이기 때문에 그것을 선택할 것이다. CI를 선택하면 B가 무엇을 선택하든지 상관없이 RS를 선택하는 것보다 더 큰 이익을 얻기 때문이다. 다시 말해 RS는 열등전략이므로 결코 최선의 선택이 될 수 없기 때문이다. 그러나 A와는 달리 B는 우월전략을 가지고 있지 않다. A가 CI를 선택한다면 B는 RS를 선택함으로써 더 큰 이익을 얻지만, 만일 A가 RS를 선택한다면 B는 CI를 선택하는 것이 최선의 선택이 된다. 모든 상황에서 최고의 선택이 되는 전략이 없으므로 B에게는 우월전략이 없다. 마찬가지 이유에서 B에게는 열등전략도 없다.

둘째, 비록 열등전략을 제거함으로써 1개의 결과만을 남길 수는 없지만, 여전히 이 게임에는 내쉬균형이 존재한다. A가 CI를 선택하고 B가 RS를 선택하는 것이 서로 최적 대응임을 알 수 있는데 두 경기자 모두 자신의 보수 옆에 체크 표시를 가지고 있고 따라서 이것이 내쉬균형이 된다. 내쉬균형의 일반적 특성이지만, 만일 각 잡지사가 다른 잡지사가 선택한 것을 알고 난 후에 일방적으로 자신의 전략을 바꿀 수 있는 기회를 갖는다고 할지라도 그렇게 하는 것이 오히려 자신의 이익을 낮추기 때문에 잡지사들은 자신의 행동을 바꾸지 않을 것이다. 이러한 안정성은 왜 내쉬균형이 게임의 결과를 예측하는 데 유용한지에 대한 기본적인 이유가 된다.

다수의 균형

죄수의 딜레마나 혹은 잡지사들의 표지 기사 경쟁에서처럼 내쉬균형이 단지 1개만 존재한다면 게임의 결과를 예측하는 것은 매우 쉽다. 내쉬균형의 상호 최적 대응 논리로 인해 경기자들은 내쉬균형 전략을 따라 행동할 것이기 때문이다. 그러나 종종 그렇듯이 내쉬균형이 2개 이상이라면 게임의 결과를 예측하기가 매우 어려워진다.

워너브라더스와 디즈니 간 게임을 변형하여 이번에는 다음 영화를 언제 발표할 것인지에 대한 선택을 생각해보자. 두 회사는 모두 발표 준비가 완료된 수퍼히어로영화를 가지고 있고, 따라서 언제 영화관에 배포해야 할지를 결정해야 한다고 가정하자.

두 회사는 모두 1년 중에서 특별히 사람들이 영화를 많이 보는 시기를 활용하기를 원한다.

예제 12.1

어느 작은 도시에 2개의 식품점이 자신의 가게를 신축할 것을 고려하고 있다. 각 식품점은 새로운 가게를 짓거나, 기존의 가게를 개축하거나, 혹은 현 상태로 유지할 수 있다. 게임은 아래와 같으며, 보수행렬에서는 앞의 숫자가 식품점 A의 보수이고 뒤의 숫자는 식품점 B의 보수이다. 보수는 1,000 달러 단위로 표시된 각 식품점의 연간 이윤이다.

a. 각 식품점에게 우월전략이 존재하는가? 설명하라.
b. 각 식품점에게 열등전략이 존재하는가? 설명하라.
c. 내쉬균형을 구하라.

		B식품점		
		신축	개축	현 상태 유지
A식품점	신축	200, 200	300, 400	400, 150
	개축	400, 300	450, 450	300, 175
	현 상태 유지	150, 300	175, 350	350, 300

풀이

a. 우월전략이란 상대방이 어떤 전략을 택하든 상관없이 나에게 최선인 전략이다. A식품점의 선택을 먼저 생각해보자. 만일 B가 새로운 가게를 만들 것이라고 믿는다면, A는 기존의 가게를 개축할 것이다. 만일 B가 기존의 가게를 개축할 것이라고 믿는다면, A는 역시 개축을 선택한다. 그러나 만일 B가 아무것도 하지 않을 것이라고 믿는다면, A는 새로운 가게를 만들 것이다. B가 어떤 선택을 하든지 항상 최선인 전략이 없으므로 A에게는 우월전략이 없다.

이제 B식품점의 선택을 생각해보자. 만일 A가 새로운 가게를 만들 것이라고 믿는다면, B의 최선의 전략은 기존 가게를 개축하는 것이다. 만일 A가 개축할 것이라고 믿는다면, B의 최선의 전략은 역시 가게를 개축하는 것이다. 그리고 만일 A가 현 상태를 유지할 것이라고 믿는다면, B는 자신의 가게를 개축할 것이다. 따라서 개축은 B에게 우월전략이 된다. 왜냐하면 A의 선택과 상관없이 항상 B에게 최선의 선택이기 때문이다.

b. 먼저 A의 선택을 생각해보자. B가 새 가게를 짓거나 혹은 개축을 할 것이라고 믿는다면 A의 최선의 전략은 자신의 가게를 개축하는 것이다. 그리고 만일 B가 현 상태를 유지할 것이라고 믿는다면 A의 최선의 전략은 새 가게를 짓는 것이다. 따라서 A가 자신의 가게를 현 상태로 유지하는 것은 어떤 상황에서도 최선의 선택이 될 수 없다. 따라서 가게를 현 상태로 유지하는 것은 A에게 열등전략이다. 이제 B의 선택을 생각해보자. B에게는 '개축하는 것'이 우월전략이기 때문에 다른 2개의 전략은 열등전략이 된다.

c. 체크 표시 방법을 사용하면 내쉬균형은 A와 B 모두 자신들의 가게를 개축하는 것임을 알 수 있다. B에게는 개축하는 것이 우월전략이고, B가 개축을 선택할 때 A 역시 자신의 가게를 개축하는 것이 최선임을 생각한다면 이러한 내쉬균형은 쉽게 이해된다.

		B식품점		
		신축	개축	현 상태 유지
A식품점	신축	200, 200	300, 400 ✓	✓ 400, 150
	개축	✓ 400, 300	✓ 450, 450 ✓	300, 175
	현 상태 유지	150, 300	175, 350 ✓	350, 300

A⁺ 시험 잘 보는 법

체크 방법

게임을 푸는 것은 도전적이고 복잡할 수 있다. 그러나 당신을 즉시 내쉬형의 전문가로 만들어주는 방법들이 존재한다.

우선 항상 각 경기자의 의사결정 과정을 분리해서 생각해야 한다. 갑과 을 두 경기자가 각각 A와 B를 선택할 수 있는 게임을 푼다고 가정하자.

갑이 자신의 전략을 어떻게 설정해야 하는지를 생각하는 것으로 시작한다.

- 우선, "만일 을이 A를 선택한다면 갑이 선택할 최선의 행동은 무엇인가?"라는 질문을 한다. 그리고 그러한 갑의 행동에 따른 보수 옆에 체크 표시를 한다. 갑의 보수는 항상 보수행렬에서 앞에 표시된다.
- 다음으로, "만일 을이 B를 선택한다면 갑이 선택할 최선의 행동은 무엇인가?"라고 물어본다. 그리고 역시 그런 행동에 따른 보수 옆에 체크 표시를 한다.

다음으로 동일한 분석을 을의 관점에서 반복한다.

- 우선, "만일 갑이 A를 선택한다면 을이 선택할 최선의 행동은 무엇인가?"라는 질문을 한다. 그리고 그러한 을의 행동에 따른 보수 옆에 체크 표시를 한다. (을의 보수는 항상 보수행렬에서 뒤에 표시된다.)
- 다음으로, "만일 갑이 B를 선택한다면 을이 선택할 최선의 행동은 무엇인가?"라고 물어본다. 그리고 역시 그런 행동에 따른 보수 옆에 체크 표시를 한다.

각 경기자의 관점에서 게임을 분석하는 작업을 끝냈다면 보수행렬의 모든 칸을 점검한다. 체크가 2개 표시된 칸이 있는가? 만일 있다면 그것이 바로 내쉬균형이다. 그러나 만일 2개의 체크가 표시된 칸이 없다면 그 게임에는 (뒤에서 다루겠지만, 적어도 순수전략에 의한) 내쉬균형이 존재하지 않는 것이다.

다음의 게임은 이러한 방법이 어떻게 작동하는지를 설명해준다.

우선 갑의 선택을 살펴보자. 만일 을이 A를 선택한다면 갑은 A를 선택하는 것이 좋다. 만일 을이 B를 선택한다면 갑은 역시 A를 선택하는 것이 최선이다. 따라서 갑이 A를 선택한 모든 보수 옆에 체크 표시를 한다.

다음으로 을의 선택을 살펴보자. 만일 갑이 A를 선택하면 을은 B를 선택해야 한다. 그리고 만일 갑이 B를 선택한다면 을은 A를 선택하는 것이 최선이다.

그러한 선택에 따른 보수 옆에 체크 표시를 한다. 체크 표시가 2개 있는 칸은 단 하나임에 주목하라. 갑이 A를 선택하고 을은 B를 선택한다. 이것이 내쉬균형이다.

이러한 방법은 또한 우월전략 및 열등전략을 찾는 데도 사용될 수 있다. 우월전략은 *다른 경기자가 어떤 행동을 선택하든 상관없이* 나에게 최선인 전략이다. 갑의 선택을 다시 생각해보자. 만일 두 질문에 대해 답이 같다면, 즉 을이 어떤 행동을 하든 간에 갑은 항상 A를 선택하거나 혹은 항상 B를 선택한다면, 그 전략이 바로 우월전략이다. 우월전략이 존재하면 다른 전략, 즉 열등전략을 지울 수 있고 그에 따라 게임은 더 적은 선택들로 이루어진 작은 게임으로 축약된다. 이제 같은 방법을 을에 대해 적용한다. 전략을 지우는 것은 열등전략이 존재할 때만 가능하다. 체크 방법을 사용하면 아무런 체크 표시도 없는 전략이 바로 열등전략이다.

우월전략들을 선택하는 것은 내쉬균형이지만 모든 내쉬균형이 우월전략을 내포하고 있는 것은 아님을 기억하라. 이러한 차이를 알 수 있는 쉬운 방법이 있다.

갑 : 나는 을이 어떤 선택을 하든 상관하지 않는다. 왜냐하면 을이 무엇을 선택하든 간에 나는 A를 선택하는 것이 항상 좋기 때문이다. (즉 갑은 우월전략을 가지고 있다.)

을 : 갑의 선택은 나의 최적 행동에 영향을 준다. **갑이 A를 선택하면** 나는 B를 선택하는 것이 최선이다. (을은 우월전략을 가지고 있지 않지만, 갑이 A를 선택할 것이므로 을은 B를 선택하는 것이 최선의 대응이다.)

이러한 방법을 잘 익힌다면 게임이론은 더 이상 불가사의한 것이 아닐 것이다!

		을	
		A	B
갑	A	✓ 100, 50	✓ 125, 100 ✓
	B	50, 100 ✓	75, 75

표 12.3 영화 개봉 시기의 선택*

		디즈니의 개봉 시기 선택		
		5월	12월	3월
워너브라더스의 개봉 시기 선택	5월	100, 100	✓ 600, 400 ✓	✓ 600, 200
	12월	✓ 400, 600 ✓	0, 0	400, 200
	3월	200, 600 ✓	200, 400	−100, −100

* 보수는 100만 달러 단위의 이윤이다.

문제를 단순화하기 위해 영화사가 선택할 수 있는 시기는 3개라고 가정하자. 하나는 메모리얼 데이(Memorial Day) 주말로, 이를 5월이라고 하자. 이 시기는 전통적으로 영화를 많이 보는 시기이므로 영화 개봉에 매우 적합하다. 두 번째 가능성은 크리스마스와 새해 즈음으로서 12월이라고 하자. 이 시기 역시 5월만큼은 아니지만 사람들이 영화를 많이 보는 시기이다. 마지막은 3월 중순으로서 영화에 대한 수요가 낮은 시기이다.

워너브라더스와 디즈니는 모두 이러한 시기에 따른 수요패턴을 잘 알고 있다. 만일 영화사가 독점이라면 영화 개봉을 위한 최적의 시기를 5월, 12월, 3월이라고 쉽게 순서를 매길 수 있을 것이다. 그러나 영화사들은 독점이 아니다. 특정 시기를 선택하는 데 따른 이윤은 다른 영화사의 선택에 따라 달라진다. 이것이 바로 게임이론의 문제이다. 두 기업은 같은 시기를 선택하는 것이 서로에게 큰 피해가 됨을 잘 알고 있다. 왜냐하면 그렇게 되면 시장을 모두 장악하지 못하고 서로 나누어 가져야 하기 때문이다.

그렇다면 두 영화사는 어떻게 행동할 것인가? 표 12.3은 모든 개봉 시기 전략에 따른 두 영화사의 보수를 통해 이러한 게임을 요약해서 보여준다.

만일 영화사가 혼자서 5월을 선택하면 6억 달러를 얻고, 혼자서 12월을 선택하면 4억 달러를 얻으며, 혼자서 3월을 선택한다면 2억 달러를 얻는다.

만일 두 영화사가 같은 시기를 선택하면 아무도 큰 이윤을 얻지는 못하는데, 시기와 상관없이 매우 낮은 이윤을 얻는 것으로 가정한다. (물론 상황이 좋지 못한 시기라면 이윤은 더 낮을 것이다.) 두 영화사가 동시에 5월을 선택하면 각 영화사는 1억 달러의 이윤을 얻고, 12월이라면 이윤은 0이 되며, 3월이라면 오히려 1억 달러의 손실을 입는다.

이러한 게임에서의 내쉬균형을 찾기 위해 앞에서 사용한 최적 대응에 대한 체크 표시 방법을 사용해보자. 먼저 워너브라더스에 대해 살펴보자. 디즈니가 5월을 선택할 때 워너브라더스의 최적 대응은 12월이다. 디즈니가 12월을 선택할 때는 5월이 워너브라더스의 최적 대응이 된다. 그리고 디즈니가 3월을 선택하면 역시 5월이 워너브라더스의 최적 대응이다. 표 12.3에서 워너브라더스의 모든 최적 대응 옆에 체크 표시가 되어 있다.

디즈니의 최적 대응도 워너브라더스의 그것과 마찬가지이므로 동일한 방법으로 디즈니의 최적 대응 옆에 체크 표시를 할 수 있다. 워너브라더스가 5월을 선택하면 디즈니는 12월을 선택해야 하고, 워너브라더스가 3월이나 12월을 선택하면 디즈니의 최적 대응은 5월이 된다.

이제 우리는 상대방의 모든 가능한 전략에 대해 각 영화사의 최적 대응을 찾았다. 한 가지 주목할 점은 3월은 두 영화사 모두에게 열등전략이 된다는 것이다. 즉 상대방이 어떤 시기를 선택

표 12.4 영화 개봉 시기의 선택 (단순화된 게임)*

		디즈니의 개봉 시기 선택	
		5월	12월
워너브라더스의 개봉 시기 선택	5월	100, 100	✓ 600, 400 ✓
	12월	✓ 400, 600 ✓	0, 0

* 보수는 100만 달러 단위의 이윤이다.

하든지 3월에 영화를 개봉하는 것은 **결코** 최선의 행동이 될 수 없다. 따라서 우리는 각 영화사에 대해 3월을 선택한 데 따른 결과들을 모두 무시할 수 있다. 이렇게 하면 게임은 표 12.4처럼 원래 게임에서 왼쪽 위 네 칸만 남는 간단한 형태로 전환된다.

한 칸에 체크 표시가 2개 있는 상호 최적 대응을 찾아보자. 이러한 결과는 2개인데, 워너브라더스가 12월을 선택하고 디즈니가 5월을 선택하거나, 혹은 워너브라더스가 5월을 선택하고 디즈니가 12월을 선택하는 것이다. 두 결과 모두 이 게임의 내쉬균형이다. 이러한 게임은 다수의 균형이 존재하는 게임의 결과를 예측하는 어려움을 잘 보여준다. 우리는 어떤 합리적인 영화사도 3월은 선택하지 않고 또한 동시에 개봉하기를 원하지 않는다는 사실을 이용하여 결과의 가능성을 축소했지만, 여전히 게임의 결과가 무엇인지를 명백하게 말할 수는 없다. 한 영화사는 12월을, 그리고 다른 영화사는 5월을 선택하고자 함을 알지만, 표에 나타난 정보만으로는 어떤 영화사가 어떤 시기를 선택할 것인지를 예측할 근거를 갖지는 못한다.

이 장의 뒷부분에서 우리는 게임의 순서를 바꾸거나 보수를 약간 변경함으로써 다수의 내쉬균형과 다른 결과를 얻게 됨을 살펴볼 것이지만, 현재로서는 이러한 게임에 대해 게임이론이 말해주는 바는 여기까지이다.

혼합전략

순수전략
참여자가 특정한 행동을 확실하게 선택하게 되는 전략

혼합전략
참여자가 자신의 행동을 무작위적으로 만드는 전략

이제까지 우리는 경기자가 서로 다른 전략들 중에서 자신의 보수를 극대화하는 특정 전략을 선택하는 상황에 초점을 맞추었다. 경기자가 특정 전략을 확실히 선택하는 전략을 **순수전략**(pure strategy)이라고 부른다. 그러나 항상 순수전략을 사용하는 것이 경기자의 최선의 선택은 아니다. 어떤 상황에서는 무작위로 자신의 행동을 선택하는 전략 혹은 **혼합전략**(mixed strategy)이 최선의 선택이 될 수 있다.

혼합전략이 사용되는 게임의 예로서 선수가 페널티킥을 차는 축구를 생각해보자. 당신은 이러한 상황을 TV에서 보았거나 혹은 직접 겪어본 경험이 있을 것이다. 키커는 정해진 자리에서 골키퍼를 향해 슛을 한다. 거리가 매우 가깝기 때문에 골키퍼는 어느 한쪽 방향을 수비할 수밖에 없고 그런 선택이 맞기만을 바란다. 페널티킥은 게임이론으로 분석될 수 있다. 키커와 키퍼라는 경기자가 있고, 각 경기자는 왼쪽과 오른쪽이라는 선택가능한 전략을 가지고 있으며, 두 경기자의 선택에 따라 보수가 결정된다. 표 12.5는 이러한 게임을 나타낸다.

표 12.5 혼합전략 게임 : 축구에서의 페널티킥

		키퍼	
		왼쪽	오른쪽
키커	왼쪽	0, 1 ✓	✓ 1, 0
	오른쪽	✓ 1, 0	0, 1 ✓

키퍼가 키커와 같은 방향을 선택하면 키퍼 쪽이 이기고, 그 반대라면 키커가 승리한다. 승리한 팀에게 1점을, 패한 팀에게 0점을 보수로 정하기로 하자. 이러한 상황이 표에 나타난 상황이다. 키커와 키퍼는 서로 마주 보고 있기 때문에 방향에 혼란이 있을 수 있으므로, 혼란을 피하기 위해 방향은 키커의 관점에서 보는 것으로 통일하면 두 선수 모두 왼쪽과 오른쪽 중에서 하나를 선택하게 된다.

체크 방법을 다시 사용해보자. 키커는 항상 키퍼의 선택과 반대 방향을 원한다. 키퍼가 왼쪽을 선택하면 키커의 최적 대응은 오른쪽이다. 키퍼가 오른쪽을 선택하면 키커는 왼쪽으로 차기를 원한다. 그러나 키퍼는 키커와 방향을 일치시키기 원한다. 키커가 왼쪽을 선택하면 왼쪽이, 키커가 오른쪽을 선택하면 오른쪽이 키퍼의 최적 대응이 된다. 이러한 최적 대응을 모두 체크한 것이 표에 나와 있다.

어떤 결과가 나왔는지 주목하라 — 2개의 체크가 표시된 칸이 존재하지 않는다. 그 이유는 두 경기자 모두에게 상호 최적 대응이 되는 전략의 조합이 존재하지 않기 때문이다. 한 경기자의 선택에 대해 다른 경기자는 다른 방향으로 벗어나기 원한다. 따라서 체크 방법은 이러한 게임에서는 순수전략 내쉬균형이 존재하지 않는다는 것을 말해준다. 순수전략의 경우에 내쉬균형은 한 칸에 2개의 체크 표시가 존재해야 하기 때문이다. 이제까지 우리가 다루었던 모든 게임은 적어도 1개 이상의 순수전략 내쉬균형을 갖고 있었다. 두 기업 모두 광고를 내보낸 것, 잡지사들이 서로 다른 표지 기사를 선택한 것, 그리고 영화사들이 같은 시기에 영화를 배포하지 않는 것이 그러한 예이다.

페널티킥 게임에서의 내쉬균형은 서로 다른 전략들 간의 **무작위 선택**(randomizing), 즉 어떤 경우에는 오른쪽을 선택하고 또 다른 경우에는 왼쪽을 선택하는 전략을 내포한다. 키커가 항상 왼쪽이나 오른쪽 한 방향을 선택하는 대신에 '80%의 경우에는 오른쪽으로 그리고 나머지 20%의 경우에는 왼쪽으로 공을 찬다'는 전략을 세운다고 가정해보자. 키퍼 역시 이와 유사하게 어떤 확률로 방향을 선택하는 전략을 가질 수 있다. 이러한 무작위 행동이 바로 혼합전략이다. 확실하게 왼쪽을 선택하는 것이 전략이 되는 것처럼, 혼합전략에서는 무작위 패턴, 즉 80/20, 50/50, 혹은 다른 확률의 혼합이 그 자체로 전략이 되는 것이다.

80/20의 확률로 오른쪽/왼쪽을 선택하는 전략은 혼합전략이지만 그것은 내쉬균형 전략은 아니다. 그 이유를 생각해보자. 만일 키커가 80%의 경우는 오른쪽으로 찬다고 한다면, 키퍼의 최적 대응은 항상 오른쪽을 방어하는 것이 될 것이다. 그러나 항상 오른쪽을 방어하는 키퍼의 행동에 대한 키커의 최적 대응은 항상 **왼쪽**으로 차는 것이 된다. 그러나 키커가 항상 왼쪽으로 찬다면 키퍼는 역시 항상 왼쪽을 선택할 것이다. 경기자들이 다른 경기자의 행동을 아는 순간 자신의 선택을 바꾸려고 한다면 그것은 내쉬균형이 아니다.

이 게임에서 유일한 혼합전략 내쉬균형은 키커와 키퍼 모두 정확히 반반의 확률로 왼쪽과 오른쪽을 선택하는 것이다. 만일 키커가 왼쪽과 오른쪽을 각각 50%의 확률로 선택한다면 키퍼는 왼쪽을 선택할 때와 오른쪽을 선택할 때 동일한 보수를 얻게 되며 따라서 두 방향을 무작위로 선택하는 것에 만족하게 된다. 그리고 키퍼가 50/50 확률로 방향을 선택하면 키커 역시 50/50의 확률로 방향을 선택하게 된다. 따라서 이러한 선택은 상호 최적 대응이 된다.

혼합전략 내쉬균형의 이상한 점은 경기자들이 최적확률을 선택할 때 경기자들 모두 무작위로 선택한 순수전략들 간에 무차별하다는 사실이다. 만일 무차별하지 않다면 그들은 항상 한쪽 방향을 선택하는 순수전략을 사용할 것이다. 혼합전략 균형에 도달하기 위해서 각 경기자는 상대방이 자신의 행동들 간에 무차별하게 되는 확률을 선택해야 한다. 왼쪽과 오른쪽을 50/50 확률로 선택함으로써 키커는 키퍼로 하여금 왼쪽을 선택하든 오른쪽을 선택하든 동일한 보수를 얻도록 만드는 것이다. 그 결과 키퍼에게는 왼쪽과 오른쪽을 각각 50% 확률로 선택하는 것보다 더 큰 보수를 얻을 수 있는 방법이 없게 된다. 이것은 경제학에서 가장 혼동되고 직관에 어긋나는 결과들 중 하나이기 때문에 만일 당신이 이런 결과가 이상하다고 생각해도 그것은 전혀 이상한 일이 아니다.

응용 축구에서의 무작위 혼합전략

키커와 키퍼는 여러 가지 형태의 게임을 한다.

이 책의 저자 중 한 명인 레빗은 축구선수들이 페널티킥을 찰 때 혼합전략을 사용하는지를 연구하였다. 공저자들과 함께 그는 프랑스와 이탈리아의 축구리그에서 3년 동안 행해진 모든 페널티킥 자료를 수집했다.[1]

그들은 골키퍼와 키커의 선택을 좌, 우, 중앙의 세 가지로 분류했다. 이는 이전의 좌/우 예보다는 조금 더 복잡해진 것이지만, 분석의 논리는 동일하다. 내쉬균형 이론은 키커와 골키퍼가 관측된 슛의 성공률이 같아지도록 확률을 부여하는 무작위 선택을 할 것을 예측한다.

이러한 예측은 세 저자가 실제 자료를 통해 발견한 것과 동일하다. 키커와 골키퍼는 그들의 선택을 거의 완벽하게 무작위로 결정하는 듯했다. 성공률은 그들이 어떤 방향을 선택하든지 기본적으로 동일했다. 게임이론의 승리를 외치자! 시합에는 많은 것들이 걸려 있으므로 최적의 행동을 선택할 충분한 인센티브를 가진 선수들의 행동을 게임이론은 매우 잘 예측했다.

연구의 흥미로운 부분은 무작위 전략이 어떻게 작동되는지를 모르는 불운한 선수에 관한 것이다. 우리가 (순수)전략들 간에 어떤 확률을 부여하는 혼합전략에 관해 말할 때 그것은 무작위 선택을 의미한다. 그것은 단지 각 방향마다 모든 페널티킥의 1/3을 찬다는 것 이상을 의미한다. 왜냐하면 전략은 키커가 이전에 선택했던 전략에 영향을 받지 않아야 하기 때문이다. (이것은 동전을 던질 때 각 면이 나올 확률이 50%지만 그렇다고 해서 동전이 앞, 뒤, 앞, 뒤, 앞, 뒤 등으로 나온다는 것은 대단히 의심스러운 것과 마찬가지다.)

명백한 것은 완벽한 무작위는 너무 어렵다는 사실이다. 그래서 선수는 일정한 패턴에 따라 슛을 쏜다. 처음은 좌, 그다음은 중앙, 그러고는 우, 다음은 다시 좌, 이런 식으로 말이다. 키커는 세 방향을 동일하게 섞는 것이 골키퍼로 하여금 무작위로 수비를 하게 만드는 데 충분함을 깨닫는다. 그러나 키퍼가 이러한 체계를 깨닫는 데는 그리 오랜 시간이 걸리지 않는다. 처음에 골키퍼는 모든 슛을 막으려고 노력한다. 아마 그 선수는 미시경제학을 몰랐을 것이다. 그러나 그 선수도 축구에서는 순수전략 내쉬균형이 존재하지 않는다는 사실을 (힘들게) 배우게 된다. ■

내 상대가 바보라면? 최대최소 전략

게임이론에서 내쉬균형의 개념은 모든 가능한 보수들을 합리적으로 고려하고 냉정하게 상대방의 선택에 대한 자신의 최적 대응을 계산해내는 경기자들을 전제로 한다. 따라서 체계적인 실

---

1 Pierre-André Chiappori, Tim Groseclose, and Steven Levitt, "Testing Mixed-Strategy Equilibria When Players Are Heterogeneous: The Case of Penalty Kicks in Soccer," *American Economic Review* 92, no. 4 (September 2002): 1138–1151.

수(무작위적인 실수가 아니라 같은 방향으로 반복해서 발생하는 실수)를 저지르는 경기자들의 개념은 내쉬균형을 찾아 게임의 결과를 예측하는 데 큰 문제를 야기하게 된다. 만일 경기자가 상대방이 최선의 선택을 한다는 것을 신뢰할 수 없다면 어떻게 행동해야 할까?

제18장에서 우리는 사람들은 항상 합리적으로 행동하지 않으며 종종 판단에 있어 체계적인 오류를 범한다고 주장하는 행동경제학에 대한 새로운 연구들을 살펴볼 것이다.

제18장에서는 비합리성에 대해 할 이야기들이 많다. 그러나 지금은 게임이론에서 ('최솟값을 극대화한다'를 줄인) **최대최소 전략**(maximin strategy)이라고 알려진 전략 형태를 논의할 좋은 시점이다. 최대최소는 경기자가 최대의 보수를 추구하는 것이 아니라 손실을 최소화하는 전략을 선택하므로 보수적인 전략이다. 따라서 최대최소는 일부 경기자들이 합리적이지 않은 게임에서 유용할 수 있다. 최대최소 전략의 아이디어 및 이름의 근원은 경기자가 최악의 시나리오 하에서의 손실을 최소화하는, 즉 최소보수를 극대화하는 선택을 한다는 것이다. 다른 말로 하자면, 만일 상대방이 나에게 최대의 피해를 주는 정확한 전략을 선택한다면(물론 상대방에게도 피해가 발생할 수 있다), 나는 피해를 최소화하기 위해 어떻게 대응할 수 있는가? 최대최소 전략은 게임의 나쁜 상황을 제어한다. 상대방의 선택이 주어져 있을 때 그에 대한 최선의 결과를 찾는 대신, 경기자는 단지 피해를 입을 가능성을 최소화하려고 한다.

두 잡지사가 자신의 표지 기사를 선택하는 예를 다시 생각해보자. CI는 A사에게 우월전략이었고, 내쉬균형은 B사가 RS를 최적 대응으로 선택하는 것이었다. 보수는 표 12.6에 나와 있다 (표 12.2와 동일함).

그러나 B사의 경영진이 A사가 멍청해서 CI가 자신에게 우월전략이라는 사실을 알지 못한다고 믿는다면 어떻게 될 것인가? 만일 A사의 편집진이 (아마도 비합리적이거나 혼동했거나 혹은 서두르다가) RS를 선택한다면 B사가 계속 RS를 선택하는 것은 0의 이윤을 가져다주는 최악의 선택이 된다. (두 잡지사가 동시에 표지 기사를 선택함을 기억하라.) 만일 B사가 그 대신 CI를 선택하면, 최악의 결과는 A사가 CI를 선택했을 때의 이윤 200,000달러이며 최선의 결과는 A사가 RS를 선택했을 때의 400,000달러이다. 만일 B사가 충분히 위험회피적이라면, 비록 내쉬균형은 RS를 선택할 것을 제안하지만, B사는 CI를 선택할 것이다. 이러한 선택이 B사에게는 최대최소 전략이다. B사는 발생가능한 최소의 이윤을 극대화하는, 즉 RS하에서의 0달러에서 CI하에서의 200,000달러로 최소이윤을 높이는 전략을 선택한다. 그러나 이러한 경우 게임의 결과는 내쉬균형 혹은 이윤극대화 균형이 아니다. 만일 A사가 CI를 선택할 것을 알았더라면 B사는 일방적으로 전략을 CI에서 RS로 바꿈으로써 더 큰 이익 300,000달러를 얻을 수 있을 것이다. B사는 A사가 너무 어리석어 합리적 행동을 하지 않을 때 발생할 수 있는 잠재적인 재앙을 피하기 위해서 이러한 최선의 대응을 포기하는 것이다.

이러한 종류의 상황에 대해 알 수 있는 흥미로운 한 가지 사실은 기업이 자신을 비정상적으로 보임으로써 경쟁 상대방의 행동에 영향을 줄 수 있다는 점이다. 비합리적으로 행동할 것이라는 단순한 협박은, 만일 충분히 믿게 만들 수 있다면, 상대방이 나에게 유리한 방향으로 행동하도록 유도하는 전략이 될 수도 있다.

최대최소 전략
참여자가 손실에 대한 노출을 최소화하는 전략

표 12.6 최대최소 전략을 사용한 표지 기사의 선택*

		B사	
		RS	CI
A사	RS	300, 0	400, 400 ✓
	CI	✓ 500, 300 ✓	✓ 450, 200

* 보수는 1,000달러 단위로 표시된 이윤이다.

응용 Fun in the Sun : 비합리적인 억만장자의 와인 만들기

태양과 언덕과 자연의 아름다움을 담은 포도밭을 소유한다는 것은 얼마나 멋진 일인가! 토스카나 혹은 나파밸리에 앉아서 그 큰 잔에 담긴 와인의 향내를 맡고, 포도 수확과 '초콜릿과 흑건포도의 느낌'에 대해 이야기하는 것은 전 세계 모든 부자들의 관심을 끈다. 사실 모든 은퇴한 부자 명사들은 와인 사업을 하는 듯하다.

와인 제조를 단순화하면 고급 와인과 값싼 와인 두 종류의 제품으로 생각할 수 있다. 돈을 많이 번 사람은, 예를 들어 타이어회사를 성공적으로 경영했던 사람은, 갤로(Gallo)와 같이 많은 경험을 가진 거대 와인제조회사보다 고급 와인을 더 잘 만들지는 못할 것이다. 순수하게 이윤의 관점에서 보면 유명인사의 와인회사와 갤로의 선택에 따른 보수는 표 12.7에 나타난 것과 비슷할 것이다.

만일 유명인사와 갤로가 같은 종류의 와인을 만들기로 결정한다면, 상대적으로 전문성을 가진 갤로가 더 큰 이익을 얻을 것이다. 만일 두 회사가 모두 고급 와인을 만든다면, 시장은 작고 비용은 높기 때문에 유명인사는 사실 손해를 보게 될지도 모른다. 갤로와 유명인사가 서로 다른 종류의 와인을 만드는 것이 서로에게 이익이 될 것이다.

체크 방법을 통해 각 경기자의 최선의 대응을 살펴보자. 내쉬균형은 갤로가 고급 와인을, 그리고 유명인사는 값싼 와인을 만드는 것임을 쉽게 알 수 있을 것이다. 사실 고급 와인을 만드는 것은 유명인사에게는 열등전략이다. 즉 갤로가 어떤 종류의 와인을 만들든 유명인사의 이윤은 값싼 와인을 만들 때 더 커진다.

만일 유명인사들이 게임이론가처럼 생각한다면 그들은 이러한 사실을 알게 될 것이다. 그렇다면 갤로는 유명인사가 값싼 와인을 만든다는 것을 신뢰할 수 있고 따라서 갤로는 고급 와인을 만들어야 한다. 딱 한 가지 문제가 있다. 유명인사들은 그들의 이윤을 극대화하는 합리적 행동을 하지 않을지도 모른다는 것이다. 혹은, 좀 더 너그럽게 말해서, 그들의 와인제조의 꿈은 이윤 이외의 어떤 것에 의해 추진된다. 유명인사들은 (그들이 자연스럽게 익숙해져 있는 종류의) 상을 받는 고급 와인을 만들기를 원하고 따라서 그들은 이러한 허세를 부릴 권리를 위해 기꺼이 많은 돈을 손해보려고 한다.

만일 갤로가 유명인사가 비합리성이나 혹은 이윤 이외의 동기로 인해 고급 와인을 만들기로 결심했다고 생각한다면, 갤로가 최대최소 전략을 사용하는 것은 이해가 된다. 이러한 경우 갤로는 값싼 와인을 만들 것이다. 이때 최악의 상황은 에이커당 30,000달러를 버는 것이다. 그러나 만일 갤로가 고급 와인을 만들면 이윤은—유명인사 역시 고급 와인을 만들었을 때—에이커당 5,000달러까지 떨어질 수 있다.

이러한 예는 모턴과 포돌니의 연구에서 발췌한 것이다.[2] 그들의 와인 산업 연구는

표 12.7 생산할 와인의 선택*

		유명인사의 선택	
		고급 와인	값싼 와인
갤로의 선택	고급 와인	5, −10	✓ 60, 15 ✓
	값싼 와인	✓ 50, 5	30, 10 ✓

* 보수는 1,000달러 단위로 표시된 에이커당 이윤이다.

---

2 Fiona M. Scott Morton and Joel M. Podolny, "Love or Money? The Effects of Owner Motivation in the California Wine Industry," *Journal of Industrial Economics* 50, no. 4 (December 2002): 431–456.

극단적으로 많은 양의 신규기업들이 — 아마도 부자 아마추어 와인제조업자들이 — 극단적으로 낮은 이윤에도 불구하고 고급 와인 시장에 진입함을 알아냈다. 그렇다면 대형 와인제조사들이 대규모 시장에 초점을 맞추는 것은 이해가 된다. 그들은 돈을 잃는 것에 상관하지 않는 와인제조사들과 경쟁하는 것을 피할 수 있기 때문이다. 때때로 가장 강력한 경쟁자는 지는 것에 상관하지 않는 자일 수 있다. ■

12.3 반복게임

이제 당신은 경기자들이 동시에 움직이는 게임에서 어떻게 내쉬균형을 찾는지 알았다. 우리가 다룬 예 중에는 워너브라더스와 디즈니가 광고를 할 것인지 말 것인지를 결정하는 죄수들의 딜레마가 있었다(표 12.1). 만일 두 기업이 모두 광고를 하지 않기로 조율할 수 있다면 두 기업 모두 더 큰 이익을 얻을 수 있지만, 각 기업은 개인적으로는 광고를 할 유인을 갖고 있어 결국 기업들은 자신들의 선택을 조율했을 때보다 더 낮은 이윤을 얻는 상황에 빠지게 된다.

이제 매우 합리적인 질문을 해보자 — 만일 기업들이 이러한 죄수의 딜레마 게임을 연속해서 두 번 하게 된다면 상황은 달라질 것인가? 죄수의 딜레마에서의 기본적인 문제는, 서로 합의에 이른다면 두 기업 모두 더 큰 이익을 얻을 수 있음에도 불구하고 어떤 기업도 상대방과 협조할 유인을 갖지 못한다는 것이다. 만일 경기자들이 자신이 똑같은 상황에 다시(그리고 계속해서 또다시) 직면하게 될 것을 안다면, 그들이 서로 이익이 되는 방향으로 행동을 통일할 가능성은 더 높아질 것이다. 이 절에서는 바로 이러한 이슈를 다루고, 죄수의 딜레마보다 더 일반적인 반복게임들을 분석하는 방법을 배우게 될 것이다.

유한반복게임

동시게임이 반복되면 경기자들의 전략은 각 반복에서 선택할 행동들로 구성된다. 만일 게임이 두 번 반복되면 경기자들의 전략은 1기와 2기에 선택할 행동들을 포함하게 되며 두 행동들은 서로 다를 수도 있다.

반복게임이 1회 게임과 다른 결과를 가져다줄지 알아보기 위해 워너브라더스–디즈니가 죄수의 딜레마를 두 번 반복하는 상황을 — 첫 번째는 **원더우먼 2**와 **블랙팬서 2**에 대해서, 그리고 두 번째는 **원더우먼 3**과 **블랙팬서 3**에 대해서 — 분석해보자.

이 질문에 답하려면 우선 두 번 이상 반복되는 게임에서의 전략을 어떻게 생각해야 하는지를 알아야 한다. 반복되는 죄수의 딜레마뿐만 아니라 여러 번 되풀이되는 어떤 게임에 대해서도 적용되는 방법은 바로 게임의 끝에서부터 역순으로 풀어가는 **역진귀납법**(backward induction) 이다. 우선 게임의 맨 마지막 단계에서의 결과를 알게 되면, 그다음에는 맨 마지막의 바로 이전 단계에서 경기자들이 다른 모든 경기자가 게임의 마지막 단계에서 어떻게 행동할지를 안다는 전제하에 (우리가 분석할 수 있는 것처럼 그들도 게임의 마지막 단계를 분석할 수 있다) 어떤 행동을 할 것인지를 따져본다. 이 같은 과정을 맨 첫 번째 단계의 결과를 도출할 때까지 한 번에 한 단계씩 거꾸로 게임의 모든 단계에 적용하는 것이다. 그렇게 되면 게임의 모든 시점에서의 경기자들의 최적 전략을 알 수 있게 된다.

우리가 살펴보려는 게임에는 오직 두 기 혹은 두 단계만 존재하므로 역진귀납법은 매우 간

역진귀납법
다단계 게임의 답을 구하는 과정으로, 먼저 마지막 단계의 답을 구한 다음 첫 단계 쪽으로 거슬러 올라가면서 답을 구해감

단하다. 우선 우리는 첫 번째 단계에서 어떤 결과가 발생하든 간에 두 번째 단계는 게임의 마지막임을 안다. 따라서 경기자들이 두 번째이자 마지막인 단계에 도달하면 그들은 일회성 죄수의 딜레마에 직면하게 된다.

기업들에겐 불행이지만, 마지막 단계가 일회성 죄수의 딜레마라는 사실은, 우리들의 예상과 달리, 두 단계 모두에서의 (혹은 어느 한 단계에서의) 협조는 내쉬균형이 되지 **못한다**는 것을 의미한다. 그 이유는 다음과 같다. 디즈니가 두 기에서 모두 광고를 하지 않기로 동의했음을 워너브라더스가 확실히 안다고 가정해보자. 마지막 기에서의 워너브라더스의 최적 대응은, 그 게임은 단지 일회성 죄수의 딜레마이므로, 약속을 위반하고 광고를 하는 것이다. (디즈니는 이에 대해 아무런 복수도 하지 못한다. 왜냐하면 게임의 마지막이기 때문이다.) 이러한 논리는 디즈니에게도 동일하게 적용되므로 역시 마지막 기에서는 광고를 선택한다.

이제 당신은 상황이 어떻게 풀려나가는지를 알 수 있을 것이다. 첫 번째 기에서 두 경기자는 모두 두 번째 기에서 서로 배반할 것임을 안다. 그러한 결과는 기업들이 각자의 이익을 추구하기 때문이다. 그러나 상황이 이렇게 될 것을 안다면 첫 번째 단계에서 그들이 (광고를 하지 않기로) 협조할 이유는 전혀 없다. 만일 한 영화사가 첫 번째 기에서의 약속을 위반하고 광고를 하더라도 두 번째 기에서 (이미 어떤 결과가 나타날지 알고 있으므로) 어떤 특별한 보복은 불가능하다. 따라서 첫 번째 단계는 본질적으로 또 하나의 일회성 죄수의 딜레마가 되며 그렇다면 우리는 어떤 결과가 나타날지 이미 알고 있다. 그것은 두 영화사 모두 배반을 하여 광고를 하는 것이다.

게임이 언제 끝날지를 모두가 아는 한 게임을 반복하는 것은 죄수의 딜레마에서 벗어나는 데 아무런 도움이 되지 못한다. 매기마다 내쉬균형은 일회성 게임에서와 같아진다. 게임이 52번 반복된다고 할지라도, 52번째 단계는 마지막 단계가 되어 여전히 일회성 게임이며 두 기업은 모두 우월전략에 따라 광고를 하게 된다. 51번째 단계에서 기업들은 52번째 단계는 서로 속이는 단계가 될 것임을 알기 때문에 51번째 단계 역시 두 기업 모두 광고를 하는 일회성 게임이 된다. 이 같은 논리는 첫 번째 단계까지 거꾸로 계속된다.

여러 단계에 걸쳐 행해지는 모든 게임이 반복되는 죄수의 딜레마는 아니다. 그러나 역진귀납법은 다른 형태의 다기간 게임에서도 균형을 찾는 표준적인 방법이다. 이 장의 뒷부분에서 다기간 게임들의 예를 더 살펴보게 될 것이다.

무한반복게임

죄수의 딜레마라는 수수께끼에 완전히 희망이 없는 것은 아니다. 벗어날 수 있는 (더 구체적으로 말하자면 협조를 이끌어낼 수 있는) 방법이 있다. 앞에서 다루었던 반복게임의 시나리오가 갖는 문제점은 모든 경기자가 게임의 마지막 단계가 언제인지를 알고 따라서 마지막 단계에서는 모두가 배반을 할 것임을 안다는 것이다. 이러한 정보는 마지막 단계에 이르기 이전에 모든 것이 다 풀리도록 만든다. 그러나 만일 경기자들이 언제가 게임의 마지막인지를 분명하게 알지 못하거나 혹은 게임을 영원히 반복한다고 생각한다면 상황은 달라진다.

일견 이상하게 보이는 이러한 게임에 대해 먼저 해야 할 일은 매 단계마다의 전략을 규정하는 일이다. 이것은 경기자들이 어떤 순서로 행동을 취하는지에 따라 대단히 복잡한 일이 될 수 있다. 문제를 쉽게 하기 위해 다음과 같은 간단한 전략을 생각해보자. 워너브라더스는 첫 번째 기에서는 광고를 하지 않고 그 이후에는 디즈니가 약속을 위반하지 않아서 광고를 하지 않는 한 계속 광고를 하지 않는다. 그러나 만일 디즈니가 한 번이라도 광고를 하면 워너브라더스는 그 시점 이후 영원히 협조를 포기하고 광고를 내보낸다. 디즈니의 전략도 이와 동일하다. 첫 기에서는 광고를 하지 않고 워너브라더스가 광고를 하지 않는 한 계속 약속을 지키지만, 만일 워너브라더스가 광고를 하면 그 이후로는 계속 광고를 내보낸다.

게임이 영원히 반복되거나, 혹은 좀 더 현실적으로, 게임은 언제라도 끝날 수 있지만 경기자들이 게임의 마지막이 언제가 될지 정확히 알지 못한다면, 이러한 전략들하에서 내쉬균형 분석은 달라지게 된다.

경기자들이 정확히 예측할 수 있는 마지막 단계가 없기 때문에 역진귀납법을 사용할 수 없다. 이러한 경우 내쉬균형을 생각하는 방법은 경기자가 어떤 주어진 시점에서 현재의 전략과 다른 어떤 행동을 선택했을 때 얻는 이익을 계산해보는 것이다. 이러한 접근 방법의 논리는 내쉬균형의 정의에서 비롯된 것이다. 즉 경기자는 다른 경기자들의 행동이 주어져 있을 때 가능한 최선의 선택을 한다는 것이다. 만일 어떠한 전략의 변경도 경기자의 보수를 낮춘다면 현재의 전략을 고수하는 것이 최선의 대응이다. 만일 모든 경기자에 대해 이러한 조건이 성립하면 현재의 전략들은 내쉬균형을 이루게 된다.

이제 이러한 논리를 적용해보자. 디즈니는 광고를 하지 않음에도 불구하고 워너브라더스가 광고를 하지 않는다는 협조를 어기고 광고를 하기로 결정했다고 가정하자. 워너브라더스가 광고를 했음에도 디즈니는 여전히 광고를 하지 않기 때문에 워너브라더스는 현재의 기에서는 단기적인 이익을 얻게 될 것이다. (다른 경기자의 행동은 고정되어 있으므로 디즈니는 광고를 하지 않는 협조적인 전략을 사용함을 기억하라.) 이러한 전략은 표 12.8의 오른쪽 위 상자의 보수로 표시되는데, 워너브라더스는 5억 5,000만 달러를 얻고 디즈니는 8,000만 달러를 잃는다.

그러나 워너브라더스는 약속 위반에 따른 대가를 치러야 한다. 워너브라더스가 약속을 위반하면 그 이후로 디즈니는 결코 협조를 하지 않을 것이다. 한 번 광고를 하면 워너브라더스는 그 이후에는 계속 디즈니와 심하게 싸워야 한다. 두 기업은 남은 모든 미래 동안 광고를 할 것이며 각 영화사는 게임이 진행되는 동안 매기 2억 5,000만 달러를 얻게 된다.

약속 위반에 따른 워너브라더스의 보수는 얼마가 될까? 일단 당장은 5억 5,000만 달러를 얻는다. 그리고 다음 기부터는 매기마다 2억 5,000만 달러를 얻게 된다. 기업들은 미래의 소득보다 현재의 소득을 더 중요하게 생각한다고 가정하고 미래에 대한 할인을 d로 나타내기로 하자. (할인의 유래와 그 영향, 그리고 현재가치를 계산하는 방법은 제14장에서 다루게 될 것이다.) d라는 변수는 0과 1 사이의 숫자이며 미래의 소득이 현재에는 얼마의 가치가 있는지를 나타낸다. 즉 기업은 다음 기의 1달러를 현재는 d달러만큼의 가치로 평가한다는 것이다. 만일 $d=0$이라면 경기자는 미래는 전혀 고려하지 않음을 의미한다. 미래의 보수는 현재 아무런 가치도 갖지 못한다. 만일 $d=1$이라면 경기자는 미래의 보수와 현재의 보수를 전혀 차별하지 않음을 의미한다. d값이 크면 경기자가 미래를 더 많이 고려함을, 즉 미래의 보

표 12.8 무한반복 광고게임 한 기의 보수*

		디즈니	
		광고함	광고 안 함
워너브라더스	광고함	250, 250	550, −80
	광고 안 함	−80, 550	320, 320

* 보수는 100만 달러 단위로 표시된 이윤이다.

수에 더 높은 가치를 부여함을 의미한다.[3]

광고를 하지 않는다는 약속을 어기고 광고를 하는 경우 워너브라더스의 보수를 계산해보자.

약속 위반 시 보수

$$550 + d \times (250) + d^2 \times (250) + d^3 \times (250) + \cdots$$

d가 매기당 할인율이므로 더 먼 미래의 보수일수록 더 많이 할인됨에 주목하라. 이제 할 일은 이렇게 얻은 값을 광고를 하지 않는다는 전략을 고수하여 매기마다 3억 2,000달러를 얻는 경우의 보수와 비교하는 것이다.

광고를 하지 않는 전략을 유지할 때의 보수

$$320 + d \times (320) + d^2 \times (320) + d^3 \times (320) + \cdots$$

동일한 분석은 디즈니가 광고를 하지 않는 전략을 유지할 것인지 아니면 배반을 하고 어느 시기에 광고를 할 것인지의 선택에도 적용된다. 만일 협조하는 전략을 유지했을 때의 보수가 협조를 파기했을 때의 보수보다 크다면 협조를 유지하여 광고를 하지 않는 전략은 내쉬균형이 될 것이다. 이 같은 경우가 성립할 조건은 다음과 같다.

$$320 + d \times (320) + d^2 \times (320) + d^3 \times (320) + \cdots > 550 + d \times (250) + d^2 \times (250) + d^3 \times (250) + \cdots$$

$$70 \times (d + d^2 + d^3 + \cdots) > 230$$

$$(d + d^2 + d^3 + \cdots) > 23/7$$

d에 대해서 풀기 위해 간단한 수학공식인 $d + d^2 + d^3 + \cdots = d/(1-d)$를 사용하면 다음과 같다.

$$\frac{d}{(1-d)} > 23/7, \quad d > 23/30 = 0.77$$

이 같은 결과가 의미하는 바는 무엇인가? 워너브라더스와 디즈니가 미래에 대해 충분히 걱정한다면, 즉 다음 기의 1달러를 현재에 적어도 0.77달러 이상으로 평가한다면, 그들은 일방적으로 협조를 위반하여 광고를 함으로써 그 이후 영원히 속이는 전쟁을 하는 것보다는 협조를 유지하여 광고를 하지 않을 때 더 큰 기대이익을 얻게 된다는 것이다. 다른 말로 표현하자면, 두 기업 모두 협조하는 것이, 즉 광고를 하지 않는 것이 게임의 내쉬균형이다.

이러한 '미래를 걱정하는' 조건은 이해가 된다. 협조를 선택하는 것은 협조에 따른 미래의 보수흐름을 얻기 위해 약속을 위반하여 얻을 수 있는 현재의 큰 이익을 포기하는 것이다. 이러한 사실은 매기 두 가지 가능한 선택에 대해 워너브라더스와 디즈니의 보수를 나타낸 그림 12.1에서 확인할 수 있다. 광고를 하지 않는 전략을 유지하여 협조하는 것은 매기 3억 2,000만 달러의 안정된 보수를 가져다준다. 협조를 위반하여 광고를 하는 것은 첫 기는 5억 5,000만 달러의 높은 보수를 얻게 하지만 그 이후에는 계속 2억 5,000만 달러의 낮은 보수를 가져다준다. 경기자들이 미래를 더 중요하게 여길수록, 즉 d가 클수록 그들은 미래의 협조적인 보수를 유지하려 할

---

3 어떤 기에서 게임이 끝날 확률이 p라면, 사실 이것이 경기자들이 미래를 현재와 동일하게 간주하지 않는 이유인데, $d = 1 - p$로 생각할 수 있다. 게임이 오늘 이후에 끝날 가능성이 높을수록 경기자들은 현재의 보수를 더 중요하게 생각한다.

그림 12.1 협조와 위반의 보수

워너브라더스와 디즈니 간의 반복적인 광고게임에서, 만일 어떤 기업이 광고를 하지 않는 협조를 선택하면 매기 고정적으로 3억 2,000만 달러의 보수를 얻는다. 그러나 만일 협조를 위반하여 광고를 한다면 첫 기에서는 5억 5,000만 달러의 높은 보수를 얻지만 그 이후부터는 매기 2억 5,000만 달러의 낮은 보수를 얻게 된다.

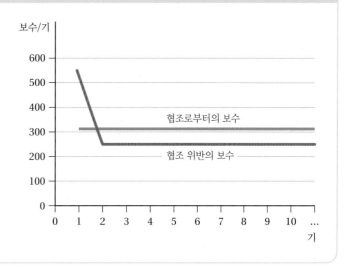

것이다. 만일 이러한 논리가 명확하지 않다면, $d = 0$을 가정해보자. 즉 어떤 영화사도 미래의 보수에는 전혀 신경을 쓰지 않는다는 것이다. 그렇다면 의미를 갖는 유일한 보수는 일회성 죄수의 딜레마의 보수이며, 이때 우리는 이미 광고를 하는 것이 두 기업 모두에게 우월전략이라는 것을 알고 있다. 협조의 이익이 발생하는 미래를 걱정하지 않는다면 협조할 이유는 전혀없다.

그런데 우리가 분석한 전략, 즉 누군가가 배신을 하면 그때부터는 결코 협조를 하지 않는 전략은 **냉혹한 방아쇠 전략**(grim trigger strategy) 혹은 **죽음의 신 전략**(grim reaper strategy)이라고 불린다. 죽음의 신이 방문하는 것처럼, 협조에서 이탈하는 것에 대해 다시는 협조하지 않겠다는 응징이 두 경기자 모두에게 영원히 적용된다. 또 다른 전략으로는 **맞받아치기**(tit-for-tat)가 있는데 이는 상대방이 직전 기에서 했던 행동을 그대로 따라 하는 전략을 말한다. 만일 상대방이 직전 기에서 협조를 했다면 이번 기에서 나는 협조를 한다. 그러나 만일 상대방이 배신을 했다면 나는 상대방이 다시 협조를 할 때까지 배신을 선택한다. 이는 경기자가 상대방의 배신을 한 기 동안만 응징하는 것을 의미한다. 맞받아치기 전략의 결과는 냉혹한 방아쇠 전략보다는 분석하기에 조금 더 복잡하지만, 만일 기업들이 충분히 미래에 대해 걱정을 한다면 맞받아치기 전략도 역시 협조를 무한반복게임에서의 내쉬균형으로 만들 수 있다. 맞받아치기는 현실에서 종종 볼 수 있는 행동과 거의 일치한다는 점에서 역시 설득력을 갖는다. 예를 들어 길을 사이에 둔 2개의 주유소는 종종 어떤 주유소가 가격을 인하하면 다른 주유소도 즉시 동일하게 반응하는 가격전쟁을 한다. 이러한 상황은 반복적인 죄수의 딜레마에서의 비협조적인 몰락과 유사하다. 주유소들은 높은 가격으로 협조하는 것을 선호하지만 각 주유소는 더 많은 양을 팔기 위해 가격을 인하할 인센티브를 갖는다. 그러나 한 주유소가 약해져서 다시 협조를 하기 위해 가격을 높인다면 다른 주유소 역시 낮은 가격을 유지하는 냉혹한 전략을 고집하지 않고 역시 가격을 높이는 일은 매우 흔하다.

죄수의 딜레마에서 협조가 내쉬균형이 되도록 만드는 요인들을 밝혀냈다. 경기자들은 언제 게임이 끝날지 알 수 없으며 미래의 보수에 대해 충분히 걱정을 해야 한다.

냉혹한 방아쇠 전략(죽음의 신 전략)
한 참여자가 배신하면 협조 행위가 종결되는 전략

맞받아치기
매번 상대방의 직전 행동과 같이 행동하는 전략. 가령 이전 시기에 상대가 배신했다면 역시 배신으로, 상대가 협조적이었으면 역시 협조로 대응하는 것

무한반복게임에서 다수의 균형 무한반복게임에서 이상한 점은 일반적으로는 내쉬균형이 (하나가 아니라) 범위로 주어진다는 사실이다. 앞의 게임에서 워너브라더스와 디즈니가 맞받아치기 전략을 쓴다고 생각해보자. 우리는 이미 앞에서 이러한 전략은 균형에서 매기마다 협조를 이끌어낼 수 있음을 보았다. 그런데, 어떤 이유에서, 가끔은 한 기업이 광고를 한다고 가정하자. 그렇게 되면 영화사들은 보복의 순환을 경험하게 될 수도 있지만 맞받아치기 전략하에서는 두 영

예제 12.2

오토바이 회사인 혼다와 스즈키가 신제품에 대해 10년간 완전보증을 제공하는 것을 고려 중이다. 보증을 제공하는 것이 비싸기는 하지만 경쟁사가 보증을 제공할 때 나만 보증을 제공하지 않는 것은 치명적인 재앙을 불러올 수 있다. 두 회사의 보수가 다음과 같다고 가정하자. (단위는 100만 달러이다.)

a. 게임이 1회만 이루어진다면 그 결과는 어떠하겠는가?
b. 게임이 3회 반복된다면 (a)에서의 답은 어떻게 달라질 것인가?
c. 이제 게임이 무한반복된다고 가정하자. 스즈키와 혼다는 고객들에게 보증을 제공하지 않기로 약속을 하고 각 회사는 이 같은 합의가 유지되도록 하기 위해 냉혹한 방아쇠 전략을 사용할 계획이다. 혼다가 약속을 지키는 것과 배반을 하는 것 간에 무차별하게 되는 d의 값을 구하고 그 결과를 설명하라.

		스즈키	
		보증 제공	보증 미제공
혼다	보증 제공	20, 20	120, 10
	보증 미제공	10, 120	50, 50

풀이

a. 일회성 게임에서 내쉬균형을 구하기 위해 체크 방법을 사용할 수 있다. 내쉬균형은 두 기업 모두 보증을 하는 것이다. 이러한 결과가 두 기업에게 최선의 협조적 결과

		스즈키	
		보증 제공	보증 미제공
혼다	보증 제공	✓ 20, 20 ✓	✓ 120, 10
	보증 미제공	10, 120 ✓	50, 50

는 아니지만 유일하게 안정적인 균형임에 주목하라.

b. 게임이 세 번 반복되더라도 경기자들의 행동에는 아무런 변화가 없다. 3기에서 두 기업은 모두 보증을 제공한다. 그것이 내쉬균형이기 때문이다. 이러한 결과를 알고 역진귀납법을 적용하면 경기자들은 2기와 1기에서도 역시 모두 보증을 제공하게 된다.

c. 배신을 하고 보증을 제공하는 데 따른 혼다의 기대보수는 1기에서는 1억 2,000만 달러이고 그 이후로는 매기마다 2,000만 달러가 된다.

배신에 따른 기대보수 $= 120 + d \times (20) + d^2 \times (20) + d^3 \times (20) + \cdots$

한편 약속을 지키는 데 따른 혼다의 기대보수는 매기마다 5,000만 달러이다.

약속을 지키는 데 따른 기대보수 $= 50 + d \times (50) + d^2 \times (50) + d^3 \times (50) + \cdots$

따라서 혼다는 두 기대보수가 같을 때 두 가지 선택 간에 무차별하게 된다.

$$120 + d \times (20) + d^2 \times (20) + d^3 \times (20) + \cdots$$
$$= 50 + d \times (50) + d^2 \times (50) + d^3 \times (50) + \cdots$$
$$d \times (30) + d^2 \times (30) + d^3 \times (30) + \cdots = 70$$
$$d + d^2 + d^3 + \cdots = \frac{7}{3}$$

$0 \le d < 1$에 대해 $d + d^2 + d^3 + \cdots = \dfrac{d}{1-d}$ 이므로

$$\frac{d}{1-d} = \frac{7}{3}$$
$$d = 0.7$$

즉 $d = 0.7$일 때 혼다는 약속을 지키는 것과 배신하는 것을 무차별하게 간주하게 될 것이다.

화사들은 다시 협조를 유지하는 것으로 돌아올 수도 있다. 따라서 협조가 항상 유지되는 것이 아니라 어떤 기간 동안만 유지되는 것도 균형이 될 수 있다. 사실 일회성 게임에서의 배신에 따른 보수보다 더 큰 보수를 주는 어떤 결과도 무한반복게임에서는 균형이 될 수 있다. 반복게임에서는 다수의 균형이 존재하며 최소의 임곗값 보수보다 큰 보수를 주는 어떤 결과도, 원칙적으로는 내쉬균형이 될 수 있다는 아이디어는 구전 정리(folk theorem)라고 알려져 있다. 구전 정리는 우리가 이 책에서 다룬 것보다 훨씬 더 복잡한 게임에서도 동일하게 성립한다.

12.4 순차게임

이제까지 우리가 가정했던 것과 달리 경기자들이 동시에 선택을 하지 않고 교대로 행동을 하는 경우도 많이 있다. 순차게임에서는 한 경기자가 먼저 움직이고 다른 경기자는 이러한 행동을 관측한 후에 자신의 행동을 결정한다.

동시게임에서 사용했던 정규형 행렬은 순차게임에서는 잘 작동하지 않는다. 왜냐하면 그것은 선택이 일어나는 순서에 대해 정확한 정보를 제공해주지 못하기 때문이다. 따라서 행렬 대신에 경기자들의 행동에 대한 선택과 시점을 동시에 보여주는 **전개형**(extensive form) 혹은 **의사결정 나무**(decision tree)를 통해 순차게임을 표시하도록 한다(그림 12.2). 게임의 순서는 왼쪽에서 오른쪽으로 진행한다. 전개형 게임의 각 점은 선택을 나타내고, 그 점에 표기된 경기자는 어떤 행동을 선택할 것인지를 결정하는 사람이다. 모든 가능한 전략들의 흐름에 따른 보수는 맨 오른쪽에 표시되어 있다.

전개형(의사결정 나무)
참여자의 행동의 선택과 시점을 보여주는, 순차게임의 표현 방식

그림 12.2 개봉 시기 결정의 의사결정 나무

이러한 순차게임에서는 워너브라더스가 개봉 시기를 *A*점에서 먼저 결정한다. 만일 워너브라더스가 5월을 선택하면 디즈니는 *B*점에서 12월을 선택할 것이다. 만일 워너브라더스가 12월이나 3월을 선택하면, 디즈니는 *C*점과 *D*점 각각에서 5월을 선택할 것이다. 표 12.3의 동시게임과 달리, 기업들은 *B*점에서 유일한 내쉬균형에 도달한다. 워너브라더스는 5월에, 그리고 디즈니는 12월에 각각 자신의 영화를 개봉한다.

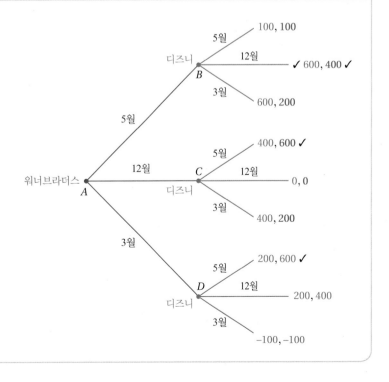

표 12.9 영화 개봉 시기의 선택*

		디즈니의 개봉 시기 선택		
		5월	12월	3월
워너브라더스의 개봉 시기 선택	5월	100, 100	✓ 600, 400 ✓	✓ 600, 200
	12월	✓ 400, 600 ✓	0, 0	400, 200
	3월	200, 600 ✓	200, 400	−100, −100

* 보수는 100만 달러 단위의 이윤이다.

그림 12.2는 표 12.3에 나타난 워너브라더스와 디즈니 간의 영화 개봉 게임을 다시 표시한 것이다(독자를 위해 표 12.9에 반복해서 나타냈다). 이제 워너브라더스가 영화 제작을 먼저 마치고 디즈니가 영화를 개봉하기 전에 개봉 시기를 선택한다고 가정하자.

두 영화사의 선택에 따라 얻어지는 보수는 의사결정 나무의 맨 오른쪽에 표시되어 있다. 이 보수들을 잠시 살펴보면 표 12.9에 있는 정규형 게임의 보수를 그대로 순차게임의 전개형에 옮겨 놓은 것을 알 수 있을 것이다. 그러나 한 기업이, 즉 워너브라더스가 먼저 움직인다면 게임의 결과는 완전히 달라진다. 동시게임일 때는 2개의 순수전략 내쉬균형이 존재했다 — (1) 워너브라더스는 5월에 개봉해서 6억 달러를 벌고 디즈니는 12월에 개봉해서 4억 달러를 번다. (2) 워너브라더스는 12월에 개봉해서 4억 달러를, 디즈니는 5월에 개봉해서 6억 달러를 번다. 순차게임에서는 어떤 결과가 발생할까?

12.3절의 반복적인 동시게임에서 했던 것처럼, 역진귀납법을 사용하여 순차게임에서의 내쉬균형을 찾을 수 있다. 워너브라더스가 5월을 선택했다고 가정하자. 이런 결정은 우리가 의사결정 나무의 *B*점에 있음을 의미하고, 그 점에서 디즈니는 개봉 시기를 선택해야 한다. 만일 디즈니도 5월을 선택하면 1억 달러를 번다. 만일 12월을 선택하면 이윤은 4억 달러가 되고, 3월을 선택하면 2억 달러를 벌게 된다. 따라서 디즈니의 최선의 대응은 12월을 선택하는 것이고 그에 따른 보수 옆에 체크 표시를 한다.

이제 워너브라더스가 12월을 선택했다고 가정하면 게임은 *C*점에 있게 된다. 동일한 과정을 적용하면 디즈니가 5월을 선택하면 6억 달러를, 12월을 선택하면 0달러를, 그리고 3월을 선택하면 2억 달러를 벌게 된다. 따라서 워너브라더스의 12월 선택에 대한 디즈니의 최적 대응은 5월을 선택하는 것이다. 그런 선택에 체크 표시를 하자. 마지막으로 워너브라더스가 3월을 선택하여 *D*점에 있다면 디즈니는 5월을 선택하여 6억 달러를 얻게 될 것이다. 역시 이 같은 선택에 체크 표시를 한다.

워너브라더스의 모든 선택에 대해 디즈니가 어떻게 대응하는지를 알았다면 첫 번째 점(*A*)에서 워너브라더스는 무엇이 자신의 최선의 선택인지를 역으로 추론할 수 있다. 만일 워너브라더스가 5월을 선택하면 디즈니가 12월을 선택할 것이고 그 경우 워너브라더스는 6억 달러를 얻는다. 만일 12월을 선택하면 디즈니는 5월을 선택할 것이고 워너브라더스는 4억 달러를 벌게 될게 된다. 만일 3월을 선택하면 디즈니가 5월을 선택할 것이므로 그때의 보수는 2억 달러가 된다. 워너브라더스는 5월을 선택할 때 가장 큰 이익을 얻게 됨은 명확하다. 그때의 보수 옆에 체크 표시를 하자.

이러한 방법으로 순차게임에서의 균형이 찾아진다. 워너브라더스는 5월에, 디즈니는 12월에 각각 자신의 영화를 개봉한다. 워너브라더스는 6억 달러의 이익을 얻고 디즈니는 4억 달러의 이익을 얻는다. 동시게임에서는 다수의 균형이 존재했다. 한 영화사는 5월, 또 다른 영화사는 12월에 개봉하는 것이었다. 그러나 기업들이 순차적으로 움직이면 먼저 선택을 하는 기업이 수

A⁺ 시험 잘 보는 법

역진귀납법과 가지치기

순차게임을 푸는 것은 게임이론가들이 *역진귀납법*이라고 부르는 방법을 사용하여 역순서로 생각하는 것을 요구한다. 두 번째 경기자는 첫 번째 경기자가 행동을 취할 때까지 기다려야 함을 알고 있는데 두 번째 경기자부터 시작하는 것이 조금 이상할 수도 있다. 어쨌든 순차게임의 핵심은 게임의 순서가 중요하며 종종 먼저 움직이는 자가 선행자의 이점을 갖는다는 점이다. 어쨌든, 왜 우리는 맨 뒤에서부터 역순서로 게임을 푸는 것인가?

모든 경기자는 각 경기자가 사용가능한 전략들과 모든 가능한 결과에 따른 보수를 알고 있다고 가정했음을 기억하라. 경기자 1은 자신의 전략을 선택하기 전에 경기자 2가 무슨 행동을 할 것인지를 고려해야 한다. 경기자 1의 보수는 자신의 선택 및 상대방의 선택에 의해 결정된다. 게임을 풀 때 우리는 경기자들처럼 생각해야 한다. 따라서 경기자 1이 사용할 최선의 전략을 결정하기 위해서는 먼저 경기자 1의 모든 가능한 선택에 대해 경기자 2가 어떤 선택을 할지를 조사해야 한다. 이는 마치 경기자 2가 먼저 행동을 취하는 것처럼 보일지 모르지만, 사실 우리는 경기자 1의 최선의 전략을 고려하고 있는 것이며 그것은 경기자 2의 행동을 예측하는 것에서 시작되는 것이다.

거함으로써 균형의 범위를 줄이는 것이다.

우리는 그림 A에 있는 게임을 역진귀납법을 이용하여 풀 수 있다. 경기자 2가 어떤 행동을 할 것인지를 고려할 때 우리는 경기자 1의 입장에서 생각한다는 것을 기억하기 바란다. 경기자 1이 up을 선택한 B점을 생각해보자. 경기자 2는 어떤 선택을 할 것인가? 그는 더 큰 보수를 가져다주는 down을 선택할 것이다. 우리는 그러한 보수 옆에 체크 표시를 할 수 있을 뿐만 아니라 up을 (경기자 2가 그것을 선택하지 않을 것이므로) 선택가능한 옵션에서 제거할 수도 있다. 따라서 우리는 그림 B에 표시되어 있는 것처럼 그 가지를 쳐낼 수 있다. 이제 경기자 1이 down을 선택했을 때 C점에서 경기자 2가 무엇을 할지를 생각해보자. 경기자는 2는 up을 선택할 것이며 따라서 우리는 그 보수 옆에 체크 표시를 하고 down 가지를 쳐낼 수 있다.

그림 B

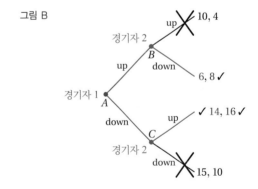

마지막 단계는 경기자 1의 최선의 전략을 선택하는 것이다. 경기자 2의 예상되는 행동을 고려할 때 경기자 1은 (가지치기가 되지 않은) 단지 2개의 선택권만을 가지고 있음을 알게 된다. 즉 up을 선택하여 보수 6을 얻거나 혹은 down을 선택하여 보수 14를 얻는다. 따라서 경기자 1은 down을 선택하고 그에 따른 보수 옆에 체크 표시를 할 수 있다.

역진귀납법과 가지치기 방법은 가장 복잡한 순차게임도 획기적으로 단순하게 만든다. 핵심은 경기자 1의 입장에서 경기자 2(그리고 경기자 3, 4 등이) 선택할 행동을 생각해보는 것이다. 가끔은 역순으로 일을 처리하는 것이 도움이 될 때가 있는 법이다.

그림 A

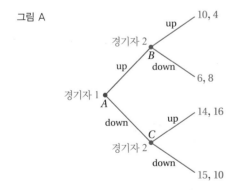

순차게임을 단순화하기 위해 사용할 수 있는 '가지치기'라는 또 다른 유용한 단계가 있다. (이 같은 용어는 전개형 게임이 종종 '의사결정 나무'라고 불린다는 것에서 나온 것이다.) 가지를 치는 것은 정규형 게임에서 열등전략을 제거하는 것과 매우 유사하다. 기본적으로 이러한 방법은 경기자 2가 절대 선택하지 않을 행동을 나타내는 가지들을 제

익성이 높은 5월을 확보하게 된다. 순차적인 게임 구조는 동시게임에서 발생할 수 있는 다수의 균형 문제를 제거한다. 그러나 결과는 여전히 내쉬균형이다. 다른 경기자의 행동이 주어진 것으로 간주하고 각 경기자는 최선의 선택을 한다.

이제까지 우리는 자의적으로 워너브라더스가 먼저 움직인다고 가정을 했음에 주목하라. 만일 디즈니가 먼저 움직인다면 균형은 반대가 됨을 쉽게 알 수 있을 것이다. 즉 디즈니가 5월에 개봉하여 6억 달러를 얻고 워너브라더스는 12월에 개봉하여 4억 달러를 얻게 된다. 이 같은 결과는 새로운 질문을 제시한다. 현실에서 누가 먼저 움직일 것인지를 결정하는 요인은 무엇일까? 누구나 먼저 선택을 하려고 노력할 것처럼 보인다. 다음 절에서 이러한 질문들에 대해 생각해보기로 하자.

또 다른 순차게임

다른 순차게임을 하나 더 생각해보는 것으로 이번 절을 마무리하도록 하자.

민준과 송이는 'Play or Pass'라는 게임쇼에 참가한 2명의 경기자이다. 동전을 던져 누가 먼저 시작할 것인지를 정했는데 민준이 이겼다. 규칙은 간단하다. 민준은 선택(Play)하거나 혹은 패스(Pass)할 수 있다. 만일 민준이 Play를 선택하면 게임은 끝나고 민준은 1, 그리고 송이는 –10의 보수를 받는다. 그러나 만일 민준이 Pass를 선택하면 송이의 순서가 된다. 송이가 Play를 선택하면 송이는 12의 보수를 받고 민준은 0의 보수를 받게 된다. 그러나 만일 송이가 Pass를 선택하면 두 경기자는 모두 11씩의 보수를 받는다. 이 같은 순차게임은 그림 12.3에 표시되어 있다. 민준의 선택은 A점에서, 그리고 송이의 선택은 B점에서 이루어진다.

게임의 균형을 찾기 전에 모든 가능한 보수를 살펴보자. 둘 다 모두 Pass를 외쳤을 때의 결과는 2명 모두에게 11이라는 큰 보수를 가져다주며, 나머지 두 결과들은 한쪽으로 기운 것들이다. 민준이 즉시 Play를 외치면 게임은 끝이 나고 민준은 1을 얻지만 송이는 10을 잃는다. 민준이 Pass를 외치고 송이가 Play로 대응하면 송이는 12를, 민준은 0을 얻는다. 이러한 게임 구조는 경기자들에게 Pass/Pass의 결과에 도달해서 2명 모두 양(+)의 보수를 얻으려는 강한 인센티

그림 12.3 순차적인 'Play or Pass' 게임

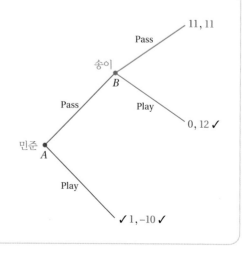

'Play or Pass' 게임에서 민준은 먼저 (A점에서) Play를 할 것인지 Pass를 할 것인지를 선택해야 한다. 민준이 Play를 선택하면 그는 1의 보수를 얻고 송이는 10을 잃는다. 만일 민준이 Pass를 선택하면, B점에서 송이가 Play를 선택할 경우 12를 얻고 Pass를 선택할 경우 11을 얻는다. 따라서 송이는 Play를 선택할 것이다. 자신의 순서가 돌아오면 송이가 Play를 선택할 것임을 아는 민준은 A점에서 Play를 선택하여 1을 얻는다. (만일 Pass를 선택하면 0을 얻을 것임을 알기 때문이다.) 이 같은 상황에서는 민준이 즉시 Play를 외쳐 게임을 끝내는 것이 최선의 선택임이 분명하다. 따라서 균형 보수는 민준 1, 송이 –10이다.

예제 12.3

GRU와 PTI라는 두 기업이 크리스마스 대목을 맞아 새로운 TV 광고를 내보낼 것을 고려 중이다. TV 광고는 비싸기 때문에 각 기업은 광고를 하지 않을 때 더 큰 이익인 5,000만 달러를 얻는다. 만일 두 기업 모두 광고를 하면 새로운 고객 확보는 미미하고 각 기업은 3,000만 달러의 이윤을 남기게 된다. 그러나 한 기업은 광고를 하고 다른 기업은 광고를 하지 않으면 광고를 한 기업은 대부분의 고객을 확보할 수 있어 7,000만 달러의 이윤을 얻지만 광고를 하지 않은 기업은 단지 2,000만 달러의 이윤만을 얻는다.

a. 이 게임의 정규형 행렬을 만들어보라.

b. 모든 내쉬균형을 찾아라.

c. 게임이 순차적으로 진행되고 GRU가 먼저 선택을 한다면 이때의 게임 결과는 어떻게 될 것인가?

d. 이때 선행자의 이점은 존재하는가? 설명하라.

풀이

a. 정규형 행렬은 다음과 같다.

		PTI	
		광고함	광고 안 함
GRU	광고함	30, 30	70, 20
	광고 안 함	20, 70	50, 50

b. 체크 방법을 사용해서 내쉬균형을 찾도록 하자. 만일 GRU가 PTI가 광고를 할 것이라고 믿는다면 GRU의 최적 행동은 역시 광고를 하는 것이다. 만일 GRU가 PTI가 광고를 하지 않을 것이라고 생각한다면 GRU의 최적 행동은 광고를 하는 것이다. 따라서 광고를 하는 것이 GRU에게 우월전략이 된다. PTI의 보수가 GRU의 보수와 동일하므로, 광고를 하는 것은 PTI에게도 역시 우월전략이 됨에 주목하라. 따라서 우리는 아래 행렬과 같은 결론에 도달한다.

		PTI	
		광고함	광고 안 함
GRU	광고함	✓ 30, 30 ✓	✓ 70, 20
	광고 안 함	20, 70 ✓	50, 50

광고를 하는 것이 두 기업 모두에게 우월전략이므로 게임의 결과는 보수행렬의 왼쪽 위 부분에서 발생하며 각 기업은 3,000만 달러씩의 이윤을 얻는다. 이것은 아무도 일방적으로 자신의 전략을 바꾸려는 인센티브를 갖지 않기 때문에 내쉬균형이 된다.

c. GRU가 먼저 움직이는 순차게임의 전개형은 다음과 같다.

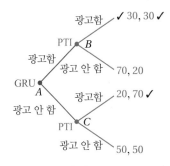

역진귀납법을 이용하자. GRU가 광고를 하면 PTI는 역시 광고를 하는 것을 선택할 것이다. GRU가 광고를 하지 않는다면 PTI는 여전히 광고를 선택할 것이다. 따라서 PTI가 어떻게 반응할 것인지를 GRU가 안다면, GRU도 광고를 하는 것을 선택하게 된다.

d. 두 기업 모두 우월전략을 가지고 있기 때문에 선행자 이점은 존재하지 않는다. 우월전략은 상대방이 무슨 행동을 하든지 나에게 최선이 되는 전략이다. 따라서 한 기업이 먼저 선택을 하고 다른 기업이 나중에 선택을 하는 것은 아무런 상관도 없다. 각 기업은 항상 자신의 우월전략을 선택하여 광고를 할 것이다.

브를 갖도록 만든다고 생각할지도 모르겠다. 이러한 예측이 맞는지 역진귀납법을 이용해서 확인해보자.

이러한 균형은 처음 게임 구조와 보수를 살펴보았을 때는 명백하지 않았을 것이다. 이 예는 순차게임에서의 결과를 예측할 때 역진귀납법이 어떻게 직관에만 의존한 분석을 넘어서는 도움을 줄 수 있는지를 잘 보여준다. 이 예는 또한 경기자들이 게임의 구조를 자신들에게 유리하도록 바꾸는 행동의 가치를 설명한다. 이에 관해서는 다음 절에서 자세히 설명하도록 하자.

12.5 전략적 행동, 신뢰성, 그리고 공약

앞에서 살펴본 Play or Pass 게임의 균형에 관해서는 매우 만족스럽지 못한 점이 있다. 게임이 후반으로 가면 두 사람 모두 큰 이익(11, 11)을 얻을 수 있었지만 각 경기자는 오직 자신만의 이익을 추구하므로 결국 균형은 한 사람은 매우 작은 이익만을 얻고(민준 : 1) 다른 사람은 큰 손해를 보는(송이 : –10) 것이 되었다. 바로 끝나버린 균형에 의한 이러한 결과를 고려할 때 우리는 두 경기자들 모두 게임을 끝까지 진행할 인센티브를 가지고 있을 것이라고 생각할 수 있다.

이 절에서는 특정 종류의 순차게임에서 경기자들이 이러한 나쁜 결과에서 벗어날 수 있는 방법을 논의해보고자 한다. 핵심은 경기자들이 전략적 행동을 하는 것이다. 노벨경제학상 수상자인 셸링(Thomas Schelling)이 그의 책 갈등의 전략(*The Strategy of Conflict*)에서 게임의 최종 결과를 자신에게 유리하게 만들기 위해 게임의 초반에 행하는 행동을 **전략적 행동**(strategic move)이라고 정의하였다.[4] 이러한 행동의 예에는 측면 보상, 약속, 평판 구축 등이 있으며 이들의 목적은 게임의 결과를 이 같은 행동을 취하는 사람에게 유리하도록 변경함으로써 게임의 보수를 바꾸려는 것이다.

전략적 행동
게임의 최종 결과를 유리하게 바꾸기 위해서 앞서 취하는 행동

측면 보상

전략적 행동의 가장 간단한 형태 중 하나는 전략적 게임의 결과에 영향을 주는 일종의 뇌물인 **측면 보상**(side payment)이다. 그것은 상대방의 선택에 따라 한 경기자가 상대방에게 보상을 약속하는 것인데 상대방으로 하여금 나에게 가장 이익이 되는 전략을 선택하도록 유도하는 것을 목적으로 한다.

측면 보상
전략적 게임의 결과에 영향을 미치게 되는 일종의 '뇌물'

Play or Pass 게임에서 측면 보상을 생각해보자. 문제의 본질은 무엇인가? 민준이 즉시 Play를 선택한 이유는 만일 그렇게 하지 않으면 송이의 최적 선택은 Play를 선택하는 것이며 그때 민준의 보수는 0이 된다는 것을 알고 있기 때문이다. 그러나 송이의 최적 선택이 송이 자신에게 얼마의 피해를 주었는지에 주목하라. B점에서 Play가 송이의 최적 선택이기 때문에 민준은 A점에서 Play를 선택하여 게임을 끝내고 송이에게 10의 손해를 끼칠 수밖에 없다. 그러나 만일 '기회를 준다면 B점에서 Pass를 선택하겠다'는 것을 민준에게 확신시킬 수만 있다면 송이는 이러한 나쁜 결과를 피할 수 있다. 더욱이 민준은 송이가 B점에서 Pass를 선택하겠다는 것을 믿고 싶어 한다. 왜냐하면 그럴 경우 민준은 내쉬균형의 보수 1보다 더 큰 보수 11을 얻을 수 있기 때

---

4   전략적 행동은 미시경제학에서 상상할 수 없을 만큼 풍부한 연구 분야지만 이 책에서 그 모든 것을 살펴볼 수는 없다. 단지 몇 가지 좀 더 보편적인 개념에 대해서 간단히 언급할 뿐이며, 흥미 있는 독자들은 이러한 주제에 관한 많은 책들을 참조하기 바란다.

괴짜경제학

트랙 사이클링 경기에서의 게임이론

우사인 볼트는 100미터를 9.58초에 달릴 수 있다. (5.8초 만에 뛸 수 있는) 치타만큼 빠르지는 않지만 이제까지의 그 어떤 인간보다는 더 빠르다. 그의 극단적인 스피드에 대한 보상으로 볼트는 2008년부터 2016년 사이에 8개의 올림픽 금메달을 획득했고 매년 3,000만 달러 이상을 벌고 있는 것으로 추정된다.

2016년 올림픽 트랙 사이클링 개인 스프린트 경기의 금메달리스트인 제이슨 케니는 우사인 볼트만큼 우리를 감동시키지는 않을지 모른다. 그 경기는 두 명의 선수가 250미터 트랙을 세 바퀴 도는 것이었다. 결승전에서 케니가 첫 바퀴를 도는 데는 1분 이상이 걸렸다. 같은 거리를 조깅을 한다고 해도 도대체 얼마나 오랜 시간이 걸린 것인지! 그렇다면 우리도 이제부

아닙니다. 당신이 먼저 가세요.

터 자전거 헬멧을 조이고 다음 올림픽 티켓을 구입하고 미리 금메달 수상 소감을 준비해야 하는가? 불행하게도 그렇지 않다.

제이슨 케니가 더 빨리 달릴 수 없는 것이 아니다. 전속력을 낸다면 그는 거의 시간당 50마일을 갈 수 있을 만큼 무서울 정도로 빠르다.

그렇다면 케니는 왜 그렇게 천천히 달린 것인가? 그것은 그가 게임이론을 이해하고 있기 때문이다.

문제는 이것이다. 뒤에서 달리는 선수는, 직관에 어긋나지만, 앞서 달리는 선수에 비해 본질적인 이점을 갖는다. 공기의 저항을 줄이는 이점을 누리기 위해서 다른 선수의 뒤에서 달리는 행동을 의미하는 '드래프팅(drafting)'이 그 이유이다. 앞에서 달리는 것보다 다른 선수의 뒤에서 달리면 체력소모가 덜하다. 앞 선수가 더 빨리 달릴수록 뒤에서 달리는 선수의 이점은 더욱 커진다.

이것은 한 선수가 앞서서 빨리 달리는 것이 균형이 아님을 의미한다. 만일 어떤 선수가 앞에서 달린다면 다른 선수가 한숨에 튀어나와 그 선수를 추월하게 되어 앞에서 달리는 선수가 지게 될 것이 확실하다. 따라서 선수들은 먼저 속력을 내는 것이 다른 선수들에게 드래프팅의 이점을 누리게 하는 불이익을 상쇄하기에 충분하다고 판단하여 속도를 내어 튀어나갈 때까지는 트랙을 천천히 움직이는 것이다. 더 오래 기다릴수록 선두에 있는 선수가 더 유리해지므로 결국엔 누군가는 전속력으로 달려 나가게 된다. 경기가 흥미로워지는 순간이다. 물론 당신이 경제학자가 아니라면, 처음 몇 바퀴에 대해 게임이론을 적용하는 것이 진정으로 당신의 아드레날린을 분비시키는 것일 수도 있다.

문이다.

어떻게 하면 민준은 송이로 하여금 B점에서 Pass를 선택하도록 만들 수 있을까? 측면 보상이 이를 가능케 할 수 있다. 민준이 즉시 Play를 선택하여 게임을 끝내고 1을 얻는 대신, 송이에게 다음과 같은 최후통첩 제안을 한다고 가정해보자. "내가 Pass를 선택했을 때 너도 Pass를 선택한다고 약속하면 측면 보상으로 2를 주겠다. 그렇게 되면 너는 B점에서 Pass를 선택하는 데 따른 보수 11에 내가 주는 보상 2를 합하여 총 13의 보수를 얻을 수 있다. 만일 네가 나의 제안을 거절하고 계속 B점에서 Play를 선택하기로 한다면 나는 Play를 선택할 것이고 너는 10의 손실을 입을 것이다."

이 같은 2만큼의 측면 보상이 게임의 결과에 어떤 영향을 미칠까? 그림 12.4에서 볼 수 있듯이, B점에서 Pass를 선택하는 데 따른 송이의 보수는 11이 아니라 13이 된다. 이는 Play를 선택했을 때의 보수보다 크기 때문에 송이는 Pass를 선택하게 된다. 민준은 이에 만족한다. 그의 보수는 9(11에서 측면 보상 2를 뺀 값)가 되는데 이는 Play를 선택해서 얻게 되는 1보다 훨씬 더 크기 때문이다.

그림 12.4 측면 보상은 내쉬균형을 바꿀 수 있다

원래의 순차적 Play or Pass 게임(그림 12.3)에서 민준은 Play를 선택하고 보수 1을 얻었다. 만일 송이가 자신의 순서에서 Pass를 선택할 경우 민준이 송이에게 측면 보상 2를 제공하겠다고 제안한다면 균형은 달라진다. 이제 민준이 Pass를 하면 송이도 역시 Pass를 선택할 것이다. 새로운 내쉬균형에서 민준과 송이는 각각 9와 13의 보수를 얻는데, 이는 측면 보상이 없을 때보다 큰 보수가 된다.

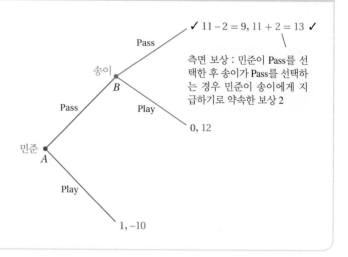

✓ 11 − 2 = 9, 11 + 2 = 13 ✓

측면 보상 : 민준이 Pass를 선택한 후 송이가 Pass를 선택하는 경우 민준이 송이에게 지급하기로 약속한 보상 2

0, 12

1, −10

측면 보상을 효과적으로 사용하면 게임을 두 경기자 모두에게 유리하도록 바꿀 수 있다. 경기자들은 조정된 결과로부터 얻는 추가적인 보상을 어떻게 잘 배분하면 그들 스스로가 그러한 조정을 할 인센티브를 가질 수 있는지를 풀어냈다.

다소 놀라운 사실은, 비록 실제로 돈이 오고 간 것이 아닌데도 단지 측면 보상을 할 수 있는 **능력**을 가졌다는 것만으로도 효과를 거둘 수 있다는 것이다. 예를 들어 이번에는 송이가 측면 보상을 제안한다고 가정하자. 게임이 시작되기 전에 송이는 민준에게 만일 자신이 B점에서 Play를 선택하면 상대에게 피해를 입힌 벌로서 민준에게 2를 보상하겠다고 약속한다. 이러한 약속된 벌칙은 송이가 B점에서 Play를 선택할 때의 보수를 12에서 10으로 떨어뜨리며(그림 12.5) B점에서의 최선의 선택을 Play에서 Pass로 바꾼다. 측면 보상이 송이의 최선의 선택을 Pass로 바꾼다는 것을 알고서 민준은 다음과 같은 선택에 직면한다―Play를 선택해서 1을 얻

그림 12.5 비협조에 대한 벌칙으로서 측면 보상을 사용

송이는 만일 자신이 Play를 선택하면 민준에게 벌칙으로서 2를 준다고 제안한다. 이제 만일 송이가 Play를 선택하면 송이는 보수 10을 얻는데, 이는 자신이 Pass를 선택했을 때의 보수 11보다 작은 값이다. 따라서 새로운 내쉬균형에서는 두 경기자 모두 Pass를 선택하고 각각 11의 보수를 얻는다.

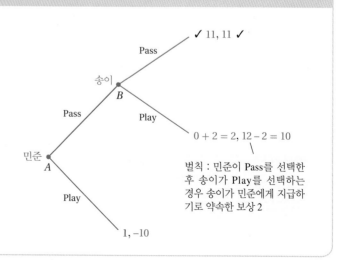

✓ 11, 11 ✓

0 + 2 = 2, 12 − 2 = 10

벌칙 : 민준이 Pass를 선택한 후 송이가 Play를 선택하는 경우 송이가 민준에게 지급하기로 약속한 보상 2

1, −10

을 것인가 아니면 Pass를 선택해서 11을 얻을 것인가? 민준은 Pass를 선택한다. 이에 대해 송이는 Pass를 선택할 것이고 결국 둘 다 11을 얻게 된다.

실제로 측면 보상이 일어날 필요가 없음에 주목하라. 벌칙이 Pass를 더 좋은 대안으로 만들었기 때문에 송이는 벌칙이 수반된 Play를 선택하지 않았다. 이처럼 약속된 벌칙은 민준으로 하여금 B점에서 송이가 무엇을 선택할지에 관해 더 이상 걱정할 필요가 없도록 함으로써 A점에서 Pass를 선택하도록 유도한다. 벌칙의 존재로 인해 송이도 Pass를 선택함으로써 더 큰 보수를 얻는다.

만일 송이가 정말 강력한 메시지를 보내고자 한다면, 그는 민준에게 '만일 내가 Play를 선택하면 그에 따른 보수 12를 모두 네게 주겠다'고 약속할 수도 있다. 핵심은 측면 보상은 송이에게 Play를 선택하는 것이 Pass를 선택하는 것보다 나쁜 선택이 되도록 만들기에 충분한 크기여야 한다는 것이다.

공약

측면 보상이 항상 성공하는 것은 아니다. Play or Pass 게임에서 우리는 민준과 송이가 약속된 측면 보상에 의한 선택을 이행하는 데 아무 어려움이 없다고 가정했다. 그러나 현실에서는 경기자가 측면 보상의 약속을 위반할 인센티브를 가질 수도 있다. 측면 보상은 그 본질적 특성으로 인해 종종 은밀하게 이루어질 수 있다. 경기자들은 이 같은 계약이 이행되게 해달라고 법원에 요청하는 것이 어렵다는 것을 안다. 따라서 기업들은 종종 다른 전략적 행동을 통해 더 좋은 게임의 결과를 얻으려 한다.

워너브라더스와 디즈니 간 영화 개봉 시기에 관한 동시게임을 다시 생각해보자. 그리고 3월은 열등전략이므로 제거하기로 하면 게임은 표 12.10과 같다.

각 영화사는 자신이 5월에 개봉을 할 것임을 설득력 있게 신호함으로써 상대방으로 하여금 12월을 선택하게 만들기 원한다. 또한 영화사들은 동시에 5월을 선택하지 않도록 조심할 필요가 있다. 12.4절에서 우리는 한 기업이 먼저 움직이면 그 기업은 선행자 이점을 누릴 수 있고, 따라서 5월을 선택함으로써 상대방이 12월을 선택하도록 만들 수 있음을 알았다. 그러나 지금은 각 기업들이 선행자 이점을 누리기 원하는 동시게임이다.

선행자 이점을 누릴 한 가지 방법은 한 영화사가 강력하게 협박을 하는 것이다 — "우리는 당신이 언제 영화를 개봉하든지 상관하지 않고 무조건 5월에 영화를 개봉할 것이다." 이렇게 함으로써 협박을 한 기업은 상대방이 같은 시기에 개봉을 하면 매우 작은 이익만을 얻게 됨을 두려워해서 12월을 선택할 것을 기대한다. 그러나 5월에 개봉을 한다는 단순한 협박은 만일 다른 기업이 실제로 5월에 개봉을 한다면 협박을 한 기업은 12월로 선택을 바꾸기 원할 것이라는 사실을 전혀 바꾸지 못한다. 다른 말로 표현하자면, '무조건 5월에 개봉한다'는 것은 **신뢰할 수 없는 협박**(noncredible threat)이다. 즉 경기자가 협박을 그대로 실행하는 것은 합리적이지 않으므로 따라서 공허한 협박이 되는 전략이다. 무조건 5월에 개봉한다는 협박을 믿을 사람은 아무도 없다. 왜냐하면 실제 그런

신뢰할 수 없는 협박
당사자가 실행하는 것이 합리적이지 않은 위협

표 12.10 영화 개봉 시기의 선택*		디즈니의 개봉 시기 선택	
		5월	**12월**
워너브라더스의 개봉 시기 선택	**5월**	100, 100	✓ 600, 400 ✓
	12월	✓ 400, 600 ✓	0, 0

* 보수는 100만 달러 단위의 이윤이다.

선택을 하는 것은 합리적이지 않기 때문이다. 다른 영화사가 5월을 선택할 때 역시 5월을 선택하는 것은 최선의 대응이 아니다.

신뢰할 수 있는 공약
미래에 일정한 조건이 발생할 경우, 특정한 행동을 취할 것임을 보장하는 선택 또는 선택의 제약

5월 개봉을 선점할 수 있는 성공적인 전략적 행동의 비결은 **신뢰할 수 있는 공약**(credible commitment)이다. 신뢰할 수 있는 공약이란 만일 게임이 달라질 어떤 조건들이 발생할지라도 경기자가 특정한 미래의 행동을 이행할 것을 보장하는 선택을 말한다. 기업은 5월에 개봉한다고 협박하는 것이 필요할 뿐만 아니라 그렇게 하지 않을 때 자신이 피해를 입게 되는 행동을 미리 취함으로써 상대방에게 자신의 협박을 반드시 이행한다는 것을 미리 알리는 것이 필요하다.

워너브라더스가 자신의 영화에 대해 '5월 개봉'이라고 전국적인 광고 홍보를 하고 언론에 그 영화가 이번 여름 최대의 흥행작이 될 것이라는 말을 흘린다고 가정해보자. 더군다나 워너브라더스가 극장들과 만일 5월에 영화가 배포되지 않으면 막대한 금액의 벌금을 물겠다는 계약을 체결했다고 가정하자. 혹은 워너브라더스가 여름이 지나면 저절로 파괴되어 다시는 그 영화를 볼 수 없는 영화필름을 만들었다고 가정하자. (이는 물론 과장된 것이지만, 신뢰할 만한 행동이 무엇인지를 설명하려는 것이다.)

이러한 행동들은 워너브라더스로 하여금 5월에 자신의 영화를 개봉한다는 것을 믿을 수 있는 공약으로 만들어 자신의 보수를 바꿀 수 있게 해준다. 만일 이러한 공약을 통해 보수가 크게 달라질 수 있다면 워너브라더스는 게임의 기본적인 구조를 바꿀 수 있는 것이다. 표 12.11에서 볼 수 있듯이, 만일 워너브라더스가 12월에 개봉할 때 얻는 이윤이 1억 달러보다 작다면 5월에 개봉하는 것은 워너브라더스에게 우월전략이 된다. 워너브라더스가 만일 자신의 영화가 12월에 개봉되면 3억 100만 달러의 손해를 입는 공약을 제안했다고 가정해보자. 워너브라더스의 12월 개봉에 따른 보수에서 3억 100만 달러를 빼면 실제 보수는 9,900만 달러(디즈니가 5월을 선택했을 때) 혹은 −3억 100만 달러(디즈니가 12월을 선택했을 때)가 된다. 디즈니가 무슨 선택을 하든지 워너브라더스는 5월을 선택함으로써 더 큰 보수를 얻을 수 있다.

워너브라더스가 5월에 자신의 영화를 개봉한다는 협박을 믿을 수 있는 것으로 만든다면 디즈니의 최선의 대응은 12월을 선택하는 것이다. 따라서 워너브라더스는 자신의 선택을 미리 제한함으로써 자신이 원하는 바, 즉 디즈니가 12월을 선택하는 결과를 얻게 되었다. 12월에 영화를 개봉하는 것이 자신에게 매우 나쁜 선택이 되도록 함으로써 워너브라더스는 5월에 영화를 개봉하는 선택을 할 수밖에 없도록 만들었다.

이러한 전략적 행동에 대하여 감탄할 수밖에 없는 것은 그것이 일견 비합리적으로 보인다는 점이다. 여름이 지나면 영화가 스스로 파괴되도록 만들어야 한다고 사장에게 말한다면 아마도 사장은 "당신은 도대체 미시경제학을 듣기나 했소?"라고 말하고는 당장 당신을 해고하려고 할 것이다. 그러나 이처럼 일견 해로운 행동으로 보이는 전략을 사용함으로써 사실은 2억 달러의 이익을(4억 달러 대신 6억 달러) 더 얻을 수 있는 것이다. 그때 아마도 사장은 "잘했습니다."라고 말할 것이다.

표 12.11 영화를 5월에 개봉한다는 신뢰할 만한 공약*

		디즈니의 개봉 시기 선택	
		5월	12월
워너브라더스의 개봉 시기 선택	5월	✓ 100, 100	✓ 600, 400 ✓
	12월	400 − 301 = 99, 600 ✓	0 − 301 = −301, 0

* 보수는 100만 달러 단위의 이윤이다.

예제 12.4

A기업은 FDA의 인가를 받은 비만을 치료하는 특효약을 개발했다. 이 약이 시판되면 경쟁사인 B기업은 동일한 성분의 약을 만들고 더 낮은 가격에 판매함으로써 A기업의 모든 고객을 빼앗아오려고 할 것이다(특허법이 아직 없다고 가정하자). 게임의 전개형은 아래 그림과 같다(보수는 100만 달러 단위이다).

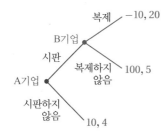

a. A기업은 특효약을 판매해야 하는가? 설명하라.

b. 만일 B기업이 동일한 성분의 약을 만들지 않겠다고 약속한다면 (a)의 답은 어떻게 달라질 것인가? 설명하라.

c. 만일 B기업이 같은 약을 만들면 A기업에게 1,000만 달

러를 주겠다는 계약에 합의했다면 (a)에서의 답은 어떻게 달라질 것인가? 설명하라.

d. 만일 특허법이 A기업에게 특효약에 대한 배타적인 권리를 부여한다면 (a)의 답은 어떻게 달라지겠는가?

풀이

a. A기업은 특효약을 시판하지 않을 것이다. 역진귀납법을 이용하면, 만일 약을 시판하면 B기업은 같은 약을 만들어 팔 것이다. 이를 예상하고 A사는 약을 시판하지 않을 것이다.

b. B기업의 약속은 신뢰할 수 없다. 같은 약을 판매할 인센티브가 크기 때문에 A기업은 B기업의 약속을 믿지 않을 것이다.

c. 1,000만 달러의 벌금은 B기업의 행동을 바꿀 수 없다. 더욱이 1,000만 달러는 A기업으로 하여금 특효약을 시판하게 만들 만큼 크지 않다.

d. 만일 특허법이 B기업이 동일한 약을 만드는 것을 금지한다면 의사결정 나무에서 '약을 복제함'의 선택은 사라진다. 따라서 A기업은 특효약을 시판할 것이다.

응용 닥터 스트레인지러브와 비밀의 모험

스탠리 큐브릭의 1964년 고전적인 코미디 영화 닥터 스트레인지러브(Dr. Strangelove)는 냉전시대에 미소 간 핵무기 개발 경쟁이 진행되는 동안 만들어졌다.

현실에서 군은 핵 저지에 관해 게임이론가에게 집중적으로 자문을 구한다. 예를 들어 앞에서 언급된 노벨경제학상 수상자들인 내쉬와 셸링은 냉전시대의 여러 가지 갈등을 분석하면서 랜드 연구소(RAND Corporation)에서 잠시 일한 적이 있다.

영화는 게임이론에 근거한 핵저지를 놀리고 있다. 악한 미국의 장군이 물이 오염된 것은 공산당들의 음모라고 확신하고는 폭격대대에게 소련을 향해 핵공격을 할 것을 명령한다. 대통령은 최고 사령관에게 핵공격을 중단할 것을 명령하지만 사령관은 불가능하다고 대답한다. 소련의 공격에 대해 반격을 한다는 것을 신뢰할 만한 공약으로 만들기 위해서 회귀할 수 없는 지점을 넘어선 후에는 폭탄을 되돌릴 수 없게 되어 있다는 것이다. 대통령은 소련의 수상에게 대대적인 보복을 하지 말아 달라고 부탁하기 위해 전화를 했지만 불행히도 소련이 최근에 어떤 공격에 대해서도 지구를 파괴시킬 핵공격이 자동적으로 실행되도록 하는 장치를 설치했음을 알게 되었다. 더욱이 그 비상용 장치는 그것을 멈추려는 어떤 시도도 파괴행위로 간주하여 역시 자동적으로 핵공격을 시작하도록 프로그램이 되어 있었다. 소련은 이것이 장치가 공격에 대응

한 신뢰할 만한 공약이 되도록 만드는 유일한 방법이라고 믿었던 것이다.

그러나 소련은 6개월간 그러한 장치를 비밀로 해왔다. 대통령의 게임이론 자문관인 (존 내쉬를 패러디한 것으로 생각되는) 닥터 스트레인지러브는 소련 대사에게 의심하듯이 물었다. "만일 당신이 그것을 비밀에 부친다면 비상용 장치의 기능은 사라집니다. 왜 그것을 세상에 알리지 않았습니까?" 대사의 대답은 이러했다. "사실은 월요일에 있을 공산당 회의에서 발표될 예정이었습니다. 당신도 알고 있듯이 수상은 깜짝쇼를 좋아하지요."

이것이 감독이 영화를 통해 전달하려는 메시지인지는 잘 모르겠지만 그 메시지는 옳다. 만일 당신이 비상용 장치를 가지고 있다면 그것이 믿어지도록 만들어라. 그리고 사람들에게 알려라. ■

진입 저지 : 신뢰성의 적용

미시경제학에서 전략적 행위의 가장 대표적인 형태는 시장에 진입하려는 기업을 저지하는 것과 관련되어 있다.

지난 몇 장을 통해 우리는 다른 기업들이 자신의 시장에 진입하는 것을 막을 수만 있다면 기업들은 큰 이윤을 얻을 수 있다는 것을 반복적으로 확인하였다. 그러나 진입을 저지하는 것은 쉬운 일이 아니다. 그 이유 중 하나는, 워너브라더스가 무슨 일이 있든지 5월에 영화를 개봉한다고 협박하는 것에서처럼, 신뢰성의 문제이다.

아이패드가 태블릿 시장에서의 유일한 상품이며 따라서 애플은 독점이라고 가정하자. 이제 다른 회사인 삼성이 자신의 태블릿 컴퓨터를 가지고 시장에 진입하려고 한다고 가정하자.

우리는 이러한 상황을 순차게임으로 생각해볼 수 있다. 게임의 전개형이 그림 12.6에 표시되어 있으며 보수는 10억 달러로 표시된 이윤이다.

먼저 삼성은 시장에 진입할 것인지를 결정한다. 만일 삼성이 진입하지 않으면 게임은 끝이 난다. 삼성은 0의 보수를 얻고 애플은 독점이윤인 20억 달러를 얻는다. 그러나 만일 삼성이 태블릿 컴퓨터 시장에 진입하면 애플은 어떻게 대응할지를 선택해야 한다. 만일 애플이 가격전쟁

그림 12.6 진입게임*

삼성은 역진귀납법을 사용하여 현재 애플에 의해 독점되고 있는 시장에 진입할 것인지 여부를 결정한다. 만일 삼성이 시장에 진입하기로 결정하면 애플의 최적 전략은 가격전쟁을 하지 않는 것이며 따라서 삼성은 5억 달러의 이윤을 얻는데, 이는 진입하지 않았을 때의 이윤 0보다 크다. 가격전쟁을 하겠다는 애플의 위협은 신뢰할 수 없음을 알기 때문에 삼성은 시장에 진입한다.

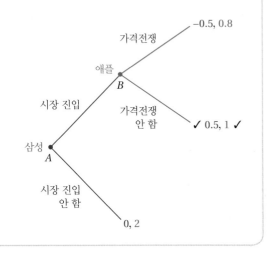

*보수는 10억 달러 단위로 표시된 이윤이다.

을 시작함으로써 삼성과 싸운다면 삼성은 5억 달러를 잃고 애플의 이윤은 8억 달러로 하락한다. 만일 애플이 싸우지 않는다면 삼성은 5억 달러를 얻고 애플은 독점이윤보다는 작지만 가격경쟁하에서의 이윤보다는 큰 10억 달러를 얻는다.

애플이 가격전쟁을 시작할 것이라고 선언함으로써 언제든지 삼성 갤럭시노트 같은 새로운 진입자를 무찌를 수 있을 것처럼 보일 수도 있다. 그렇다면 삼성은 시장에 진입함으로써 돈을 잃게 될 것이다. 따라서 삼성은 미래를 내다보고 시장에 진입하는 것을 포기해야 할 것이다. 맞는가?

그렇게 간단하지는 않다. 삼성은 가격전쟁을 한다는 위협의 신뢰성을 따져볼 것이다. 삼성은 애플이 그렇게 말했다고 해서 정말 가격전쟁을 시작할 것이라고 당연히 믿지는 않을 것이다. 가격전쟁이 애플에 미치는 영향을 생각해보자. 만일 삼성이 진입하면 애플은 싸울 때는 8억 달러를 얻지만 싸우지 않을 때는 10억 달러를 얻는다. 삼성은 이러한 사실을 알기 때문에 애플의 위협은 신뢰성이 없다. 역진귀납법을 이용하면 삼성은 자신의 선택은 진입을 해서 (애플이 싸우지 않을 것이므로) 5억 달러를 얻는 것과 아니면 진입을 하지 않고 아무것도 얻지 못하는 두 가지임을 알게 된다. 삼성은 애플의 위협을 무시하고 시장에 진입할 것이며 그렇게 되면 애플은 가격전쟁을 하지 않을 것이다.

앞의 논의에서 우리는 애플이 진입을 저지할 수 있는 유일한 방법은 가격전쟁을 신뢰할 만한 것으로 만드는 전략적 행동을 시작하는 것임을 알았다. 경영전략 분야에서 논의되는 한 가지 전통적인 책략은 과잉설비를 이용하는 것이다. 이러한 전략하에서는 기존 기업인 애플은 삼성이 시장에 진입해서 가격전쟁을 시작할 때 필요한 정도의 생산설비를 구축한다. (가격을 낮추면 판매량은 급격히 늘어남을 기억하라.) 전략은 이 같은 생산설비를 진입이 일어나기 이전에 만들어 놓는 것이다.

이러한 전략은 실제로 가격전쟁이 일어났을 때는 애플의 보수에 큰 영향을 주지 않는다. 왜냐하면 이미 만들어 놓은 생산설비를 모두 활용할 것이기 때문이다. 그러나 애플이 계속 독점을 유지하거나 혹은 삼성이 시장에 진입하고 애플이 가격전쟁을 하지 않은 경우에는, 애플이 큰 규모의 생산설비를 갖추고 있다는 사실은 애플 제품의 가격 하락 및 이윤 하락을 초래한다. 과잉 생산설비로 인해 생산량 증대 혹은 가격 하락의 효과가 발생하는 이유는 과잉설비가 애플의 한계생산비용을 낮추고 그에 따라 최적 가격도 낮추기 때문이다. 이러한 효과에 대한 또 다른 관련된 해석은 두 기업이 쿠르노 과점경쟁을 하면 애플의 과잉설비는 생산량을 늘리고 시장가격을 떨어뜨리는 역할을 하게 된다는 것이다.

애플이 일찍 과잉설비에 투자한다고 가정해보자. 이러한 투자는 독점이 유지될 때는 (과잉설비가 놀고 있기 때문에) 이윤을 12억 달러로 떨어뜨리고, 삼성이 진입했으나 애플이 가격전쟁을 하지 않을 경우에는 이윤을 6억 달러로 떨어뜨린다고 가정하자. 이 같은 투자는 애플의 위협을 신뢰할 만한 것으로 만들어 의사결정 나무를 그림 12.6에 있는 모습에서 그림 12.7의 형태로 바꾼다.

과잉설비의 전략적 활용은 게임의 보수를 애플에게 유리한 방향으로 바꾸어 놓는다. 이제 삼성이 진입을 한다면 애플은 싸우지 않는 것(6억 달러)보다 싸울 때(8억 달러) 더 큰 이윤을 얻는다. 삼성은 애플이 반드시 가격전쟁을 시작할 것을 알고 시장에 진입하지 않는다. 애플은 계속 독점의 지위를 유지하고 원래 게임에서의 균형인 복점에서 얻는 이윤 10억 달러보다 더 큰 독점이윤 12억 달러를 얻게 된다. 따라서 애플은 (미리 생산설비를 늘리는) 전략적 행동을 통해

그림 12.7 신뢰할 만한 위협을 만들기 위한 과잉설비

가격전쟁의 위협에 신뢰성을 부여하기 위해 애플은 삼성이 시장에 진입할지를 결정하기 전에 과잉설비에 투자를 한다. 애플의 독점이윤은 12억 달러로 낮아지지만 이것은 여전히 그림 12.6에서의 애플의 균형이윤보다는 높다. 그러나 신뢰할 만한 위협이라면, 만일 삼성이 시장에 진입하면 애플은 가격전쟁을 시작하고 8억 달러를 얻는다. 이 같은 전략하에서 삼성은 5억 달러를 잃게 되므로 삼성은 시장에 진입하지 않는 것을 선택한다.

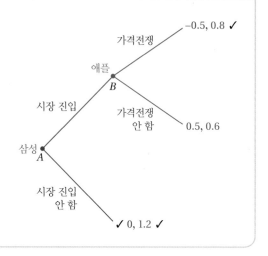

가격전쟁을 시작한다는 위협을 신뢰할 만한 것으로 만든 것이다.

다시 말하지만 전략적 고려는 일견 비합리적으로 보이는 행동을 이로운 것으로 만든다. 이 같은 전략을 당신의 사장에게 설명하는 것을 상상해보라—"우리는 몇 개의 공장을 더 지어 대규모의 과잉설비를 갖추어야 합니다." "잠깐만, 뭐라고? 왜 필요도 없는 공장에 돈을 써야 하는가?" 사장이 묻는다. "그것은 삼성이 시장에 진입했는데도 우리가 싸우지 않으면 우리의 이윤이 낮아진다는 것을 믿도록 증명하기 위함입니다."라고 당신은 말한다. 회계부서의 어딘가에서 누군가가 이 같은 계획을 읽고는 혈압이 높아짐을 느낀다. "경제학자는 우리가 사용하지도 않을 공장에 돈을 쓰기를 원한다니!" 그러나 경제학자가 절대적으로 옳다. 그 사용되지 않는 공장은 회사에게 추가로 2억 달러를 더 벌어다 줄 것이다.

 응용 사우스웨스트항공의 진입위협에 대한 기존 항공사들의 대응

경제학자들이 진입위협에 대응하는 전략적 행동에 관한 이론에 많은 관심을 기울인 것은 맞지만, 실제로 이러한 이론들을 검증하는 것은 어려운 일이다. 본질적으로 기업들에 관한 시장 데이터의 대부분은 이미 시장에서 영업을 하고 있는 기업들에 관한 것이다. 그러나 진입위협은 아직 시장에 있지 않은 기업들로부터 온다. 그럼에도 경제학자들이 시장 진입이 발생하기 전에 진입의 효과를 측정하는 자료를 관측하는 것은 거의 불가능하다.

이 책의 저자들 중 두 명인 굴스비와 사이버슨[5]은 여객 항공 시장에서 기존 기업들의 전략적 행동을 검증하는 연구 방법을 제시하였다. 두 연구자는 사우스웨스트항공이 기존 기업들의 항공노선에서 새로운 서비스를 제공한다고 위협했을 때 기존 기업들이 어떻게 대응했는지를 측정하였다. 그들은 사우스웨스트항공이 잠재적 경쟁기업으로 그 모습을 드러냈을 때 기존 항공

---

5 Austan Goolsbee and Chad Syverson, "How Do Incumbents Respond to the Threat of Entry? Evidence from the Major Airlines," *Quarterly Journal of Economics* 123, no. 4 (2008): 1611-1633.

사들의 요금, 승객 수, 그리고 수송 능력에 어떤 변화가 생겼는지를 조사함으로써 이러한 전략적 대응을 측정하였다.

실제 진입이 일어나기 전에 어떻게 진입의 위협을 측정할 수 있는가? 비밀은 사우스웨스트항공이 자신의 항공노선 네트워크를 확장해나간 방법을 이해하는 데 있다. 사우스웨스트는 새로운 공항에서 영업을 시작할 때(그리고 지난 30년간 많은 새로운 공항에 진출했다), 그 새로운 공항에서 자신의 네트워크에 있는 다른 모든 공항으로의 서비스를 즉시 제공하지는 않는다. 그 대신 사우스웨스트는 새로운 공항에서 오랫동안 영업을 시작할 준비를 한다. 사우스웨스트는 새로운 공항과 단지 손에 꼽힐 만큼의 (자신의 네트워크 내의) 다른 공항들 간의 서비스를 제공하는 것으로 시작한다. 그리고는 점차 더 많은 공항으로 운행을 늘림으로써 네트워크 내의 더 많은 기점들을 연결해나간다. 진입이 실제 일어나기 전에 진입의 위협을 관측할 수 있게 하는 것이 바로 이러한 점진적인 확장의 관행인 것이다. 일단 사우스웨스트가 새로운 공항에서 활동을 개시하면, 아직 특정 노선에 비행기를 띄우지 않았음에도, 곧 그렇게 할 가능성이 매우 높은 것이다.

이러한 원리가 작동한 사례가 사우스웨스트항공이 하와이로 운항을 시작한 2019년 봄에 일어났다. 사우스웨스트는 단 두 도시에서만 하와이로의 직항 노선을 시작했다. 대표적인 기존 항공사인 하와이항공은 새로운 경쟁자를 만난 것이다. 그러나 노선을 확장해나가는 과정은 이 2개 노선에의 진입은 사우스웨스트 네트워크 내에 있는 다른 여러 노선에도 진입하겠다는 위협임을 의미했다. 예를 들어 만일 당신이 하와이항공의 경영진이라면 비록 사우스웨스트항공이 아직 (하와이항공이 대표적 항공사인) 하와이-LA 간 노선에 진입하지 않았지만 사우스웨스트가 이미 하와이에서 운항을 시작했으므로 이 노선에서도 곧 운항을 시작할 가능성이 매우 높음을 깨닫는다. 마찬가지로, 만일 당신이 알래스카항공의 중역이라면 자신의 주요 노선인 시애틀-하와이 노선에 사우스웨스트가 진입할 가능성이 매우 높다는 것을 인지하게 된다. 이러한 방법으로 사우스웨스트의 2019년 봄 하와이에서의 운행 개시는 하와이항공(하와이-LA 간 노선)과 알래스카항공(시애틀-하와이 간 노선)에게 시장 진입의 위협으로 인식되었다. 그리고 하와이 공항에 운행하는 다른 기존의 항공사들에게도 유사한 진입위협이 인지되었다.

따라서 만일 이러한 노선에서 활동하고 있는 기존 항공사들이 진입위협에 대응하여 어떤 전략적 행동을 취하고자 한다면 그즈음에 이미 그러한 행동을 했어야 한다.

두 연구자는 사우스웨스트가 12년간 대략 20개의 새로운 공항으로 확장하는 동안 하와이, 알래스카 같은 기존 항공사들이 진입위협을 느끼는 수백 개의 노선에서 어떻게 행동했는지를 살펴봄으로써 전략적 행동을 분석하였다.

자료는 사우스웨스트항공이 잠재적인 경쟁자로 등장함에 따라 기존 항공사들이 실제로 전략적 행동을 취했음을 보여준다. 표 12.12는 사우스웨스트가 새로운 공항에 진출했을 즈음에 진입위협을 받은 노선에서 기존 항공사들의 평균 요금이 어떻게 변했는지를 보여준다. 표는 사우스웨스트가 새로운 공항에 진입하기 2년 전과 비교하여 같은 노선에서 평균 요금이 얼마나 변했는지를 보여준다.

사우스웨스트가 새로운 공항에 진입한 분기까지 기존 항공사들은 진입위협을 느끼는 노선들에서 자신들의 항공요금을 이미 17%나 낮추었고 사우스웨스트가 새로운 공항에 진입한 이후에도 지속적으로 평균 21% 정도 낮아진 수준까지 요금을 더 낮추었다. 이것은 상당한 수준의 요금 인하이다. 이러한 요금 인하는 위협을 받았던 노선에 사우스웨스트가 실제로 진입했을 때

표 12.12 사우스웨스트의 진입위협에 대한 기존 항공사들의 대응

기간	상대적 요금 변화
사우스웨스트가 새로운 공항에서 영업을 시작하기 2년 전(혹은 그 이전)	0
사우스웨스트가 새로운 공항에서 영업을 시작하기 1~2년 전	−6%
사우스웨스트가 새로운 공항에서 영업을 시작하기 전 1년 이내	−12%
사우스웨스트가 새로운 공항에서 영업을 시작한 분기	−17%
사우스웨스트가 새로운 공항에서 영업을 시작한 후, 그러나 운항을 개시하기 전	−21%
사우스웨스트가 새로운 공항에서 영업을 시작하고 운항을 개시한 후	−28%

기존 항공사들이 (지난 2년 전의 요금과 비교하여) 총 28%의 요금 인하를 했던 것과 비교될 수 있다. 다른 말로 설명하면, 사우스웨스트와의 경쟁에 대한 기존 항공사들의 총요금 인하의 약 2/3가 사우스웨스트가 실제로 시장에 진입하기 이전에 이루어졌다는 것이다.

두 연구자는 진입위협에 대한 이 같은 전략적 대응은 기존 항공사들이 자신의 노선을 이용하는 고객들에게, 특히 자주 비행기를 타는 고객과 비즈니스맨에게 충성심을 구축하기 위한 것이었다고 가설을 설정하였다. 이러한 전략은 사우스웨스트가 실제로 운항을 시작했을 때 그러한 고객들을 빼앗아가는 것을 어렵게 만들 것이다. 이러한 동기는 기존 항공사들이 관광을 목적으로 하는 고객들이 더 적은 노선에서 더 큰 요금 인하를 단행했다는 사실과 일치한다. 고객들이 이 같은 선점적인 요금 인하에 반응했을 것은 자명하다. 진입의 위협을 받은 노선에서 요금을 인하했을 때 기존 항공사들의 승객들이 늘어났던 것이다.

한 가지 주목할 만한 흥미로운 점은 기존 항공사들은 사우스웨스트가 새로운 공항에서 영업을 시작하기 전에 이미 가격 인하를 시작했다(예를 들어 그 1년 전에 12% 요금을 인하했다)는 사실이다. 이는 기존 기업들이 언제 진입위협을 인지했는지를 생각해보면 쉽게 이해가 된다. 사우스웨스트는 "밖에 비행기를 세워 놓았다. 표를 살 사람?" 하면서 하루 만에 새로운 공항에 등장하지는 않는다. 게이트를 임대해야 하고, 직원을 고용해야 하며, 새로운 공항에서 운항을 시작하기 전에 비행기 표를 판매해야 한다. 이러한 과정은 1년 이상이 걸릴 수 있다. 따라서 기존 항공사들은 사우스웨스트가 등장할 것을 알게 되면 사우스웨스트가 실제로 새로운 공항에서 활동을 시작하기 이전에 전략적 행동을 취할 수 있는 것이다.

그러나 많은 경우에 기존 항공사들이 진입위협에 대응하여 어떤 공격적인 대응을 할지라도 사우스웨스트는 멈출 수 없는 대세였다. 그러나 이러한 사실이 기존 항공사들이 헛된 노력을 했다는 것을 의미한다고 생각하지는 말기 바란다. 일찍 요금을 인하함으로써 그렇지 않았더라면 사우스웨스트에게 빼앗겼을 비즈니스 고객들을 계속 유지할 수 있었을 것이다. 아메리칸항공은 사우스웨스트가 시장에 진입하지 않는 것을 더 선호했겠지만, 치열한 경쟁 상황에서 그들은 최선의 결정을 했을 것이다. ■

평판

경쟁기업의 시장 진입을 저지하기 위해 취하는 전략적 행동의 마지막 예는 평판을 구축하는 것이다. 평판은 그 자체로 공약의 원천이 될 수 있다.

애플이 삼성뿐만 아니라 다수의 잠재적인 태블릿 기업들의 진입에 직면해 있다고 가정하자. 애플은 모든 시장에서 모든 신규 진입기업과 공격적으로 싸운다는 평판을 구축함으로써 이익을 얻을 수 있다. 만일 애플이 삼성의 진입에 대해 싸우지 않았다면, 이러한 행동은 태블릿 시장에 HTC, 샤오미, 혹은 아마존과 같은 더 많은 신규 진입자들을 끌어들일 수 있다. 따라서 애플은 (그렇게 하는 것이 자신의 현재 이윤을 떨어뜨릴지라도) 추가적인 진입을 막기 위해서 싸움꾼이라는 평판을 높이기 위해 삼성과 싸우는 비용을 감수할 것이다. 이 경우 거칠다는 평판을 구축하고 유지하려는 애플의 욕망은 그 자체로 공약의 수단이 된다.

담배회사는 자신의 이전 (그리고 종종 현재까지도) 고객들에 의한 소송에 대응하여 이 같은 전략을 사용했다. 이러한 소송들은 종종 비교적 적은 금액에 관한 것들이었다. 소송을 제기하는 흡연자들의 다수는 아마도 담배회사들의 화해를 이끌어내어 최종판결까지 가는 데 드는 높은 비용을 회피할 수 있어 소송이 이익이 된다고 생각했을 것이다.

그러나 담배회사들은 한 소송에서 화해를 하면 더 많은 소송을 초래할 것임을 알았다. 다른 흡연자들은 그 화해를 관측할 것이고 자신들도 같은 이익을 얻기 위해 소송을 제기할 것이다. 어떤 한 소송에서 최종판결까지 가는 것은 담배회사에게는 돈을 잃는 일이지만, 화해는 미래의 화해비용으로 아마도 수십억 달러를 지불하게 만들 수 있다.

따라서 담배회사는 자신이 가진 모든 것을 동원해서 소송에서 싸운다는 평판을 구축하려고 노력했다. 그들은 불과 1,000달러의 소송과 싸우는 법적 비용으로 수백만 달러를 썼을지도 모른다. 이러한 행동이 일견 비합리적으로 보일지 모르지만, 그 같은 평판을 구축하는 것이 미래에도 모든 소송과 싸운다는 공약이 되기를 기대한 것이다. 그렇게 되면 흡연자들이 소장을 접수하지도 못하게 함으로써 새로운 원고들을 줄일 수 있기 때문이다.

그러나 불행히도 담배회사들의 전략은 실패로 끝났다. 법적 소송은 수적으로도 규모 면에서도 획기적으로 늘어나서 담배회사들은 자신들을 추가적인 소송에서 보호해주는 담배 화해(Tobacco Master Settlement Agreement) 협상을 연방정부 및 다수의 주정부와 체결하는 대가로 수십억 달러의 화해비용을 지불해야만 했다.

그러나 미쳤다는 평판조차도 유리하게 작용할 수 있다. 삼성의 시장 진입에 직면한 애플의 경우를 다시 생각해보자. 애플이 자신의 이윤이 얼마든, 그리고 삼성이 무엇을 하든 상관없이 자신은 스스로를 파괴하는 가격전쟁을 시작할 만큼 정상이 아니란 것을 삼성에게 납득시킬 수 있다고 가정하자. 이는 애플에게 유리하게 작용할 수 있다. 만일 애플이 너무 공격적이어서 실제로 싸우는 것을 즐긴다면, 비록 이윤은 낮아지더라도 그것은 삼성과 같은 합리적인 신규 진입자로 하여금 진입을 포기하도록 설득할 수 있다. 이전의 최대최소 전략의 관점에서 보면 삼성은 미친 경쟁기업과의 가격전쟁을 피하는 것이 자신의 진입에 대해 합리적인 대응을 기대하는 것보다 덜 위험한 선택이 될 수 있다.

12.6 결론

자신의 선택을 결정하기 전에 상대방이 어떻게 대응할지에 대해 생각하는 것은 전략적 사고의 핵심이며 게임이론의 기초이다. 게임이론은 기업과 사람들이 이러한 상황에서 어떻게 행동해야 하는지를 생각하는 체계적인 방법을 우리에게 제공해준다. 기업들이 서로 전략적으로 행동하는 과점시장에서의 균형을 찾기 위해서는 게임의 규칙, 즉 누가 경기자들이고, 그들의 보수는 무엇이며, 그들은 동시에 선택을 하는지 혹은 순차적으로 선택을 하는지 등을 정확히 알아야 한다. 일단 게임 자체와 그것이 어떻게 진행되는지를 이해하면 균형이 무엇인지를 알 수 있다. 소수의 경기자들이 서로 전략적으로 행동하는 시장에서의 결과를 예측하는 것은 더 어렵지만, 애플과 삼성 간 경쟁의 예에서 보았듯이, 그러한 상황은 현실에서 매우 중요할 뿐만 아니라 매우 보편적이다.

사람들이 전략적으로 자신의 행동을 정하는 상황에서도 종종 게임이 그곳으로 흘러가게 되는 명백한 균형들이 존재한다. 그러한 균형들은 게임이 반복되는지 혹은 선택이 순차적으로 일어나서 한 경기자가 다른 경기자 다음에 움직이는지 등에 따라 달라진다.

당신이 (혹은 기업이나 정부가) 어떤 선택을 할 때 상대방이 어떻게 대응할지에 대해 생각한다면 당신은 게임이론을 활용하고 있는 것이다. 그렇다면 당신은 체스게임을 더 잘하게 될 뿐만 아니라 더 좋은 경제학자가 될 것이다.

요약

1. **게임이론**은 기업이나 소비자 같은 경제주체들이 전략적으로 행동할 때 어떤 결과가 나타나는지에 관한 학문이다. 모든 게임은 세 가지 핵심적인 요소, 즉 **경기자, 전략, 보수**를 갖는다. **우월전략**은 상대방의 행동이 무엇이든 상관없이 항상 최선의 선택이 되는 반면에 **열등전략**은 결코 최선의 선택이 될 수 없다. 게임에서 우월전략과 열등전략을 찾아내는 것은 내쉬균형을 찾는 일을 더 용이하게 만들어준다. [12.1절]

2. **동시게임**에서 경기자들은 상대방이 어떤 선택을 했는지를 모른 채 자신의 전략을 선택해야 한다. 상호 최선의 대응이라는 내쉬균형의 개념은 게임의 결과를 예측하는 자연스러운 방법이다. 전략과 보수의 구조에 따라 게임은 하나, 혹은 다수, 혹은 심지어 **혼합전략**의 내쉬균형을 갖는다. 비합리적이거나 혹은 변덕스러운 상대방을 만나면 경기자들은 자신의 전략을 바꿀 수도 있다. 더욱이 경기자들은 게임에서의 손해를 최소화하기 위해 **최대최소 전략**을 사용할 수도 있다. [12.2절]

3. 일회성 동시게임의 결과는 **반복되는 동시게임**의 결과와는 다르다. **역진귀납법**은 다단계 게임에서의 균형을 찾는 데 사용된다. 반복되는 죄수의 딜레마 게임에 역진귀납법을 적용해보면, 알려진 마지막 단계가 있을 때는 (몇 개의 단계가 있든 상관없이) 협조는 여전히 균형이 아님을 알 수 있다. 그러나 무한한 게임이거나 혹은 경기자들이 게임의 마지막 단계가 언제인지 확실히 알지 못한다면, 협조는 균형이 될 수 있다. [12.3절]

4. 경기자들이 교대로 움직이는 순차게임에서는 어떤 경기자는 의사결정을 하기 전에 다른 경기자들의 행동을 관측한다. 다른 다단계 게임과 마찬가지로 역진귀납법은 **순차게임**에서의 균형을 찾는 데 사용될 수 있다. [12.4절]

5. 경기자들은 게임의 결과를 자신에게 유리하게 만들기 위해 종종 전략적 행동을 한다. 경제주체들은 **측면 보상, 신뢰할 만한 공약**, 그리고 **평판**을 전략적으로 이용한다. **진입 저지**는 미시경제학 분야에서 전략적 행동이 적용된 가장 대표적인 예이다. [12.5절]

복습문제

1. 게임의 세 가지 공통적인 요소는 무엇인가?
2. 게임이론과 일인문제를 구별하는 것은 무엇인가?
3. 다수의 내쉬균형이 게임을 푸는 것을 어렵게 만드는 이유는 무엇인가?
4. 보수행렬은 경기자의 최적 전략을 도출하는 데 어떻게 이용되는가?
5. 왜 경기자들은 혼합전략을 사용하는가?
6. 최대최소 전략이 보수적인 전략인 이유는 무엇인가?
7. 역진귀납법을 설명하라. 역진귀납법은 게임을 푸는 데 어떻게 이용되는가?
8. 냉혹한 방아쇠 전략과 맞받아치기 전략을 비교해 설명하라.
9. 순차게임을 푸는 데 정규형 행렬 대신 의사결정 나무를 사용하는 이유는 무엇인가?
10. 측면 보상이 어떻게 두 경기자 모두에게 이익을 가져다줄 수 있는가?
11. 신뢰성과 진입 저지 간의 관계를 설명하라.
12. 기업이 평판을 자신에게 유리하게 활용할 수 있는 방법들을 설명하라.

연습문제

(별표 표시가 된 문제의 풀이는 이 책 뒤에 있다.)

*1. 다음 게임을 생각해보라.

		송이		
		a	b	c
민준	A	4, 14	9, 6	5, 3
	B	8, 2	6, 12	1, 7
	C	11, 5	16, 3	9, 8

a. 이 게임의 경기자들은 누구인가?
b. 송이가 쓸 수 있는 전략은 무엇인가?
c. 민준이 A를, 송이가 c를 선택한다면 민준의 보수는 얼마인가?
d. 민준이 C를, 송이가 b를 선택한다면 송이의 보수는 얼마인가?

2. 다음 게임을 생각해보라.

		송이		
		a	b	c
민준	A	12, 7	8, 6	5, 2
	B	11, 16	6, 1	21, 8
	C	1, 3	4, 2	9, 4
	D	2, 8	11, 5	8, 7

a. 각 경기자들의 우월전략을 찾아라.
b. 열등전략을 찾아라.

3. 다음 게임들에서 a. 각 경기자들의 우월전략을 구하라. b. 우월의 개념을 이용하여 내쉬균형을 찾아라. 각 게임에는 단지 1개의 내쉬균형만이 존재한다.

i.

		송이	
		a	b
민준	A	10, 2	8, 4
	B	6, 4	4, 5

ii.

		을	
		c	d
갑	C	2, 8	4, 5
	D	4, 4	6, 2

iii.

		박씨	
		e	f
김씨	E	5, 2	8, 4
	F	6, 1	7, 3

iv.

		2반		
		g	h	i
1반	G	2, 8	9, 7	1, 4
	H	8, 6	11, 4	7, 2
	I	7, 7	4, 3	6, 2

4. 우월의 개념은 게임의 결과를 찾아내는 데 매우 직관적인 방법이 될 수 있다. 예를 들어 민준과 송이의 다음 게임을 생각해보자.

		송이		
		a	b	c
민준	A	4, 4	7, 5	5, 2
	B	8, 3	2, 4	1, 12
	C	10, 6	9, 1	4, 3

a. 이 게임에서 우월전략들은 존재하는가?

b. 이렇게 복잡한 게임의 결과를 찾는 것은 어렵게 보인다. 민준이 결코 선택하지 않은 전략을 찾아냄으로써 게임을 단순화할 수 있는가? 제거된 전략을 반영하여 게임을 다시 그려보라.

c. 단순화된 게임에서 송이가 절대 선택하지 않을 전략을 찾아라. 그 전략은 본래의 게임에서도 비합리적으로 보였는가? 단순화된 게임을 그려라.

d. 두 번 단순화된 게임에서 민준이 결코 선택하지 않을 전략을 찾아 지우고 다시 단순화된 게임을 그려라.

e. 송이가 선택하지 않을 전략을 지워라. 마지막 남은 한 개가 게임의 결과일 것이다.

5. 체크 방법을 이용하여 내쉬균형(들)을 도출하라.

a.

		송이	
		a	b
민준	A	5, 5	0, 0
	B	0, 0	6, 6

b.

		을	
		c	d
갑	C	0, 0	4, 2
	D	2, 4	3, 3

c.

		박씨	
		e	f
김씨	E	40, 60	90, 10
	F	70, 30	25, 75

d.

		2반		
		g	h	i
1반	G	2, 4	5, 1	4, 5
	H	4, 7	4, 5	2, 6
	I	5, 5	8, 6	3, 3

6. 다음과 같은 게임을 생각해보라.

		B	
		왼쪽	오른쪽
A	위	100, 50	130, 8
	아래	150, 6	−10,000, 4

a. 내쉬균형은 무엇인가?

b. 이 게임이 균형이 아닌 결과로 끝날 것 같은 이유를 설명하라. 그런 결과가 나타나는 것은 누구의 책임인가?

7. 매일 당신과 친구는 마지막 도넛을 누가 먹을지를 정하기 위해 홀수/짝수 게임을 한다. 게임이 시작되면 두 사람은 각각 1개 혹은 2개의 손가락을 편다. 손가락의 합이 홀수이면 당신이 도넛을 먹고, 짝수이면 친구가 먹는다.

a. 게임에서 이길 때의 보수를 1이라고 하고 졌을 때는 0이라고 하자. 다음 보수행렬을 완성하라.

		당신	
		손가락 1개	손가락 2개
친구	손가락 1개		
	손가락 2개		

b. 순수전략 내쉬균형을 구하라.

c. 만일 당신이 항상 손가락 1개를 선택한다면 당신의 친구는 어떻게 대응할 것인가? 평균적으로 당신은 얼마의 보수를 얻을 수 있는가?

d. 만일 당신이 항상 손가락 2개를 선택한다면 당신의 친구는 어떻게 대응할 것인가? 평균적으로 당신이 얻는 보수는 얼마인가?

e. 만일 당신이 손가락 1개와 2개를 50:50으로 섞어서 선택하고 당신의 친구도 동일하게 행동한다면

당신이 승리할 확률은 얼마인가? 평균적으로 당신이 얻게 되는 보수는 얼마인가? 혼합전략은 순수전략보다 더 큰 보수를 가져다주는가?

f. 당신은 1, 2, 1, 2, 1, 2, 1, 2 순서로 선택한다고 가정하자. 이러한 50:50의 혼합은 순수전략을 사용했을 때보다 더 큰 보수를 가져다주는가? 설명하라.

g. 경제학자인 딕싯(Avinash Dixit)은 자신을 놀라게 하는 것보다 상대방을 더 놀라게 하는 방법은 없다고 주장한다. 당신의 선택이 전체적으로는 50:50의 혼합이 되게 하지만 선택을 예측할 수 없게 만드는 쉬운 방법을 제안하라.

8. 두 나라 A, B는 수달피의 양을 조절하여 독점이윤을 얻고자 카르텔을 만들었다. 수요를 반영한 각 국가의 이윤은 다음 보수행렬에 표시되어 있다.

		B	
		1,000개 생산	2,000개 생산
A	1,000개 생산	$500, $500	$250, $700
	2,000개 생산	$700, $250	$400, $400

a. A국이 B국과 성공적으로 담합을 유지할 수 있다면 각 나라가 생산하는 수달피의 양은 얼마인가? 각 나라가 얻는 이윤은 얼마인가?

b. 만일 이 게임이 한 번만 진행된다면 균형은 무엇인가? 균형의 결과는 A국에 유리한 것인가?

*9. 8번 문제를 참조하라. 게임이 무기한 진행된다고 가정하는 것이 현실적일 것이다. 어쨌든 적어도 50년 간은 수달피에 대한 수요가 줄어들지 않을 것이다. 그러나 시간은 돈이므로 1년 후의 1달러는 현재에는 d달러만큼만 가치가 있다(d는 할인율로서 1달러보다 작다). 이제 A국이 'B국이 1,000개를 생산하는 한 A국도 1,000개를 생산한다. 그러나 만일 B국이 2,000개를 생산하면 A국은 그때부터 영원히 2,000개를 생산한다'는 냉혹한 방아쇠 전략을 사용한다고 가정하자. A국이 이 같은 전략을 발표한 후에 B국은 자신도 냉혹한 방아쇠 전략을 따르겠다고 약속했다.

a. 두 나라가 모두 이 같은 냉혹한 방아쇠 전략을 따른다면 A국이 얻는 이윤은 얼마인가? (미래의 소

득을 할인하는 것을 잊지 말라.)

b. A국이 B국의 약속을 악용하여 첫해부터 2,000개의 수달피를 생산한다고 가정하자. 이때 A국이 얻는 이윤은 얼마인가?

c. $d = 0.5$라고 가정하자. A국은 협약을 따르는 것이 좋은가, 배신하는 것이 좋은가? $d = 0.99$라면 답은 어떻게 달라지는가? $d = 0.01$이라면 어떻게 되는가?

d. 배신하는 것과 약속을 지키는 것 간에 무차별하게 되는 d의 값을 구하라.

10. 8번과 9번 문제 같은 반복게임을 생각해보라. 그러나 B국이 냉혹한 방아쇠 전략 대신에 맞받아치기 전략을 사용한다고 가정하자.

a. B국이 맞받아치기 전략을 사용하고 A국은 항상 협조한다면 A국이 얻는 이윤은 얼마인가?

b. A국이 단 한 번 배반을 하는 경우 얻게 되는 이윤은 얼마인가?

c. $d = 0.5$라고 가정하자. A국은 한 번 배반하는 것이 좋은가? 만일 그렇다면, 그리고 게임이 계속 반복된다면, 한 번 이상 배반하는 것은 좋은 전략인가?

d. 배반을 좋은 전략으로 만드는 d의 범위를 구하라. d가 변함에 따라 배반의 가치는 어떻게 변하는가?

11. 당신과 친구 민준은 경제학 선생님이 은밀하게 '사랑', '공정', 그리고 '예의'와 같은 개념들에 대해 이야기해온 것을 발견한다. 그러자 선생님은 경제학자들 사이에서의 자신의 평판을 유지하기 위해 다음과 같은 방법으로 당신의 침묵을 얻고자 한다. "너희 둘은 조용히 앉아 있거라. 내가 100달러짜리 지폐를 놓겠다. 너는 돈을 갖거나 혹은 민준에게 결정을 넘길 수 있다. 민준이 선택을 하기 전에 나는 100달러를 더 놓겠다. 만일 민준이 패스를 선택하면 나는 다시 100달러를 더 추가할 것이고 이제는 네가 선택할 차례가 된다. 누군가가 돈을 가져가거나 혹은 내 지갑에 있는 500달러가 모두 사라지면, 어느 쪽이 먼저든지 게임은 끝이 난다." 당신과 친구는 모두 게임을 하는 대신 선생님의 반경제학자적 행위에 대해 조용히 하기로 동의한 후에, 선생님이 설명한 것처럼 당신이 먼저 게임을 시작한다.

a. 두 사람 모두 두 번씩 패스를 선택했고 선생님이

마지막 100달러를 책상에 놓았다고 가정하자. 이제 당신 차례이다. 무엇을 선택할 것인가?

b. 당신이 두 번 패스를 했고 민준은 한 번만 패스를 했다고 가정하자. 선생님이 네 번째 100달러를 책상 위에 올려놓았다. 민준은 어떤 선택을 해야 하는가?

c. 두 사람 모두 한 번씩 패스를 했다고 가정하자. 선생님은 세 번째 100달러를 추가로 내놓았다. 당신은 어떻게 해야 하는가? 돈을 가져야 하는가 혹은 패스를 해야 하는가?

d. 당신이 한 번 패스를 했다고 가정하자. 선생님은 두 번째 100달러를 추가했다. 민준이 선택해야 하는 것은 무엇인가?

e. 선생님이 첫 번째 100달러를 내놓았고 당신이 선택할 차례이다. 어떤 선택을 해야 하는가?

f. 이 게임의 예상되는 결과는 무엇인가? 선생님은 당신들이 침묵하는 대가로 500달러를 모두 내놓아야 하는가?

12. 11번 문제에서 민준이 당신에게 다음과 같은 제안을 했다고 가정하자. "선생님을 정말 혼내주자. 만일 500달러의 반을 내게 준다면 나는 두 번째와 네 번째 순서에서 패스를 할게." 이러한 제안은 게임의 결과를 근본적으로 바꿀 것인가? (힌트 : 역진귀납법을 사용하라!)

13. 가지치기를 이용하여 다음 게임을 풀어라.

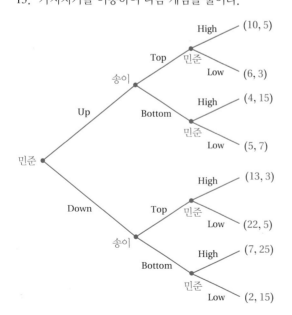

*14. 당신에게는 쌍둥이 여동생인 A와 B가 있다. 당신은 그들을 위해 멋진 생일케이크를 구워주었지만 그들은 서로 큰 조각을 먹겠다고 싸운다. 싸움을 멈추기 위해 당신은 다음과 같은 게임을 제안했다ー A가 케이크를 자르고 B가 어떤 조각을 먹을지 선택한다.

a. 게임의 전개형을 그려라. A의 전략은 '똑같이 자른다'와 '똑같지 않게 자른다'이며, B의 전략은 접시에 놓인 모습에 따라 '큰 조각을 먹는다', '작은 조각을 먹는다', 혹은 '같은 크기의 조각을 먹는다'이다. 여동생들의 보수는 먹게 되는 조각의 크기에 비례한다.

b. 역진귀납법을 이용하여 게임의 결과를 구하라. 균형은 당신의 경험과 일치하는가?

c. 게임의 규칙이 발표된 후 B는 "공평하지 않아! 내가 케이크를 자를 거야!"라고 말했다. B의 불만은 정당한가? 즉 이러한 게임에서 선행자 이점이 존재하는가?

15. 민준과 송이는 플라스마 TV를 팔고 있으며 높은 가격이나 낮은 가격을 선택할 수 있다. 만일 두 사람 모두 높은 가격을 선택하면 모두 높은 이윤을 얻는다. 만일 한 사람은 높은 가격을, 다른 한 사람은 낮은 가격을 선택하면 낮은 가격을 선택한 사람이 모든 거래를 독점하여 막대한 이윤을 얻는다. 둘 다 낮은 가격을 선택하면 이윤은 별로 크지 않게 된다.

a. 게임의 전개형을 그려라. 민준이 먼저 가격을 정하고 송이가 그다음으로 (민준의 가격을 본 후에) 가격을 정한다고 가정하라.

b. 두 사람의 가격경쟁 게임의 균형을 구하라.

c. 민준은 TV 광고를 통해 "우리보다 낮은 가격은 없다. 만일 더 낮은 가격을 발견하면 그 가격에 맞추어주겠다."라고 선언했다. 송이도 같은 방법으로 대응을 했다. 게임의 전개형을 다시 그려라.

d. 새로운 게임의 균형을 구하라. 최저가격을 보장하는 전략은 소비자에게 좋은 것인가? 최저가격 보장은 치열한 경쟁의 증거인가?

16. 수년 동안의 훈련 끝에 A는 프로 라크로스 선수로서의 계약을 체결하게 되었다. 자신의 프로선수로서의 위상을 높이기 위해서 A는 B에게 개인 매니저가 되어 달라고 부탁을 하였고, B는 A에게 두 가지 수당

지급 방법을 제시했다. 한 가지는 고정액으로 10만 달러를 지급하는 것이고, 또 한 가지는 모든 수입의 15%를 지급하는 것이다.

A는 만일 B가 (2만 달러 가치에 해당되는) 적당한 정도의 노력을 기울이면 A에게 60만 달러의 수입을 가져다줄 것이며, 만일 B가 (5만 달러 가치에 해당되는) 최선의 노력을 쏟으면 수입은 100만 달러가 될 것으로 예상했다. A와 B가 계약을 체결하는 날, B는 A에게 다음과 같이 말했다. "나는 너에게 100% 헌신할 것이며 네가 어떤 수당 지급 방법을 선택하더라도 나는 너를 위해 인간이 할 수 있는 최고의 노력을 할 것이다."

a. A는 수당 지급 방법을 선택할 수 있고 B는 노력 수준을 선택할 수 있다. 모든 가능한 결과들에 대해 적절한 보수를 구하고 A와 B가 하고 있는 게임의 전개형을 그려라.

b. 이러한 게임의 균형을 구하라. A는 고정액 지급 방법을 선택할 것인가 아니면 15% 지급 방법을 선택할 것인가? B는 적당히 노력할 것인가 아니면 최선의 노력을 할 것인가?

c. B의 약속은 믿을 만한 것인가?

d. 수당을 지급하는 방법이 각 경기자가 직면하는 인센티브와 보수에 어떤 의미를 갖는지 설명하라. 그리고 논의를 확대하여 근로자들에게 연봉을 지급하는 방법과 자신들이 만들어낸 완성품마다 일정 금액을 지급하는 ('piece-rate 보상'이라고 불리는) 방법을 비교하여 설명하라.

17. A, B, C는 대학 인적자원경영 클럽의 회원들이다. 이 클럽은 지역 농산물 시장에서 도넛을 판매하여 얻은 돈으로 학생들에게 동기를 부여할 수 있는 강연자를 초청할 계획이다. 클럽이 3주간 도넛을 판매하면 아주 뛰어난 강연자를 초빙할 수 있고 A, B, C는 각각 100단위의 행복을 얻는다. 만일 2주간만 도넛을 판매하면 평균 이상 정도의 강연자를 초청할 수 있고 세 사람은 각각 70단위의 행복을 누리게 된다. 만일 1주간만 도넛을 판매한다면 대학의 인사담당 책임자 정도를 강연자로 초청할 수 있고 그에 따라 세 사람은 각각 25단위의 행복을 얻는다. 클럽이 도넛 판매를 하지 않는 경우에는 누릴 수 있는 행복 수준은 0이다.

A가 첫 주에, B가 둘째 주에, 그리고 C가 셋째 주에 도넛을 판매하도록 일정이 잡혔다. 3주가 지나면 겨울이 시작되어 농산물 시장은 문을 닫는다. 농산물 시장에서 도넛 판매를 하는 것은 40단위의 행복을 감소시킨다. 예정된 주에 각 사람은 도넛을 판매하거나 혹은 그냥 잠을 자거나 둘 중에 하나를 선택해야 한다.

a. A, B, C의 순서로 움직이는 게임의 전개형을 그려라.

b. 이러한 게임의 균형 결과를 구하라. 각 사람은 어떻게 행동하겠는가? 결국 클럽은 어떤 강연자를 초청하게 되는가?

c. 이러한 게임에서 선행자의 이점이 존재하는가? 왜 그런지 혹은 왜 그렇지 않은지 설명하라.

18. 대학원생 2명이 약혼을 했는데 두 사람 모두 석사 논문을 쓰는 중이다. 송이의 전공은 정치학이고 민준은 음악교육이다. 소득이 학문적 성과에 달려 있기 때문에, 그리고 결혼 후 생활비를 분담하기로 계획하고 있기 때문에 각각은 자신의 약혼자가 논문을 완성하기를 바라고 있다. 그러나 송이는 동기의 혼란을 겪고 있다─그녀는 자신의 논문을 끝내기 원하지 않는다.

		송이	
		논문 완성	논문 완성 못 함
민준	논문 완성	11, 6	8, 8
	논문 완성 못 함	7, 2	4, 4

a. 표의 보수들이 송이의 동기 혼란을 어떻게 반영하고 있는지 설명하라.

b. 이러한 게임의 내쉬균형은 무엇인가?

c. 민준은 송이가 논문을 끝내기를 바라면서 이렇게 말했다. "당신이 논문을 끝내지 않는다면 나도 내 논문을 끝내지 않겠다." 보수행렬의 숫자들을 이용해서 왜 이 같은 협박이 신뢰할 수 없는 것인지 설명하라.

d. 송이가 민준의 협박을 믿었다고 가정하자. 그렇다면 왜 그러한 협박이 송이로 하여금 논문을 끝내도록 만들기에 충분한지 설명하라.

19. 18번 문제의 게임을 다시 생각해보자. 민준은 송이를 협박하지 않기로 결정하고 그 대신 만일 그녀가 논문을 끝내면 금전적 보상을 해줄 것을 약속했다고 가정하자.

   a. 송이가 논문을 끝내게 하려면 민준은 얼마의 (보수 숫자로 표시된) 보상을 해주어야 하는가?

   b. 송이가 논문을 끝내게 유도하기 위해서 민준은 얼마까지 지불할 의사가 있는가?

   c. (a)와 (b)의 답을 근거로, 민준은 송이에게 돈을 주고 송이는 논문을 완성함으로써 서로에게 이익이 되는 거래를 만들어낼 수 있는지 설명하라.

20. 두 의류업체 A, B는 단지 우편으로만 물건을 판다. 이들은 본질적으로 동일한 코트를 만든다. 코트 한 벌을 만드는 생산비용은 100달러이다. 두 업체의 코트는 완벽한 대체재이므로 소비자들은 싼 곳에서 옷을 구매한다. 만일 가격이 같다면 각 업체는 고객들을 반씩 가져가게 된다.

   편의를 위해 두 업체가 선택할 수 있는 가격은 103달러, 102달러, 101달러 세 가지라고 가정하자. 시장수요는 103달러일 때는 100벌, 102달러일 때는 110벌, 그리고 101달러일 때는 120벌이다. 각 기업의 이윤은 다음의 보수행렬에 표시되어 있다.

		B		
		$103	$102	$101
	$103	$150, $150	$0, $220	$0, $120
A	$102	$220, $0	$110, $110	$0, $120
	$101	$120, $0	$120, $0	$60, $60

   a. 이러한 게임의 균형은 무엇인가?

   b. 두 업체들 간의 담합은 유지될 수 있는가?

   c. 만일 업체들이 센트까지 가격을 정할 수 있다면 게임의 결과는 어떻게 될 것인가?

   d. 균형가격보다 높은 가격을 받기 위해 B는 자신의 코트 가격을 여름에 미리 발표하기로 결정했다. 이러한 전략적 행동은 성공을 거둘 수 있는가? 설명하라.

21. 경기자 1과 경기자 2의 다음과 같은 게임을 생각해보자.

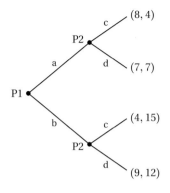

   a. 역진귀납법을 이용하여 게임의 균형을 찾아라.

   b. 경기자 2가 게임을 자신에게 유리하게 바꾸기 원한다고 가정하자. 경기자 2는 경기자 1에게 어떤 약속을 함으로써 목적을 이룰 수 있는가? 만일 그렇다면 그 약속은 어떤 것이 되어야 하는가? 그 약속은 믿을 수 있는 것인가?

   c. 경기자 2는 공약을 통해 게임을 자신에게 유리하게 바꿀 수 있는가? 만일 그렇다면 경기자 2는 어떤 공약을 제시해야 하는가?

   d. 협박을 통해 경기자 2가 자신의 목적을 이룰 수 있는가? 만일 그렇다면 어떤 협박이어야 하는가?

22. 사람이 많은 해안가에 아이스크림 노점상 A, B가 있다. 그들이 선택할 수 있는 장소는 5곳이며 1, 2, 3, 4, 5라고 표시하자. 위치 1은 해변의 북쪽 끝이며, 위치 5는 남쪽 끝, 위치 3은 해변의 중간, 그리고 2와 4는 각각 인접 위치들 간의 중간이다. 각 위치는 하나 이상의 노점상을 수용할 수 있다. 해변에는 1,000명의 관광객이 균일하게 흩어져 있으며(즉 각 위치마다 200명씩 있다), 그들은 가까운 노점상에서 아이스크림을 구매한다.

   a. 다음의 보수행렬을 완성하라. 보수는 각 노점상이 확보한 관광객의 수이다. (예를 들어 A가 위치 1, B가 위치 4에 있다면 A는 400명, B는 600명을 얻는다.)

   b. 게임의 내쉬균형(들)을 구하라. 각 노점상은 어느 위치에서 장사를 하게 되는가?

		B				
		위치 1	위치 2	위치 3	위치 4	위치 5
A	위치 1					
	위치 2					
	위치 3					
	위치 4					
	위치 5					

23. 1960년대에 담배회사들은 극심한 시장점유율 경쟁을 벌였다. 경쟁의 주요 무기는 광고였다. 광고는 새로운 고객을 끌어들이는 것이 아니라 다른 회사의 담배를 구매하던 고객을 유인하는 것이 목적이었다. 다음과 같은 시나리오를 생각해보자. 2개의 담배회사 A, B가 TV 광고를 할 것인지를 결정한다. 광고 이전에 두 회사가 얻을 수 있는 총이윤은 1억 달러이다. 만일 두 회사가 동일한 크기의 예산을 광고에 사용한다면 그들은 시장을 반씩 나누어 가지게 된다. 만일 광고예산이 다르면 더 많은 예산을 쓴 회사는 경쟁사 고객의 반을 확보하여 광고 전 이윤 중에서 7,500만 달러를 얻고 다른 회사는 2,500만 달러를 얻는다. 광고비를 고려한 순이윤이 다음 보수행렬에 표시되어 있다(단위 : 100만 달러).

		B	
		광고함	광고 안 함
A	광고함	$30, $30	$55, $25
	광고 안 함	$25, $55	$50, $50

a. 보수행렬이 게임의 내용을 제대로 반영하고 있는지 확인하라.

b. 내쉬균형은 무엇인가? 균형의 결과는 누구에게 유리한가?

c. 두 회사가 광고를 하지 않기로 약속했다고 가정하자. 이 같은 약속은 신뢰할 수 있는가? 설명하라.

d. 1971년에 연방정부는 담배의 TV 광고를 금지했고 이에 대해 담배회사들은 강력하게 항의했다. 위의 게임을 고려할 때 이 같은 담배회사들의 항의는 진심이었겠는가?

생산요소시장

제6장에서는 삼성 같은 기업이 원하는 수량을 생산하기 위해 사용하는 노동과 자본의 비율을 어떻게 선택하는지 보았다. 우리는 노동과 자본의 가격 및 생산함수가 주어졌을 때, 기업은 한계기술대체율과 투입물 가격 비율이 같아지는 투입물 비율을 선택함으로써 생산비용을 최소화함을 이미 알고 있다.

그런데 먼저 투입물의 가격을 결정하는 변수들은 무엇인지 알아볼 필요가 있다. 이 장에서는 **요소시장**(factor markets)에 대해 살펴보는데, 즉 생산에 사용되는 노동, 중간재, 토지 등과 같은 투입물(생산요소라고 함)의 시장이다. (자본시장에 대해서는 제14장에서 살펴본다.)

요소시장은 지금까지 배운 다른 제품시장들과 여러 가지로 닮았다. 수요가 있고 공급이 있다. 그리고 수요량과 공급량을 일치시키는 균형가격이 있다. 그러나 요소시장에서 '제품'은 (헤드폰과 같은) 산출물을 생산하는 데 필요한 (노동자와 같은) 투입물이다. 여기서 가격은 자재, 서비스, 에너지, 토지 투입물의 가격이며, 노동의 경우는 임금률이다. 이런 유사성 때문에 요소시장도 제품시장과 기본적으로 유사하게 움직이지만 수요과 공급곡선들의 배경에는 다소 차이가 있다. (그렇더라도 이미 살펴본 시장들과 일정한 관련성이 있음을 보게 될 것이다.)

완전경쟁적 요소시장의 분석부터 시작한다. 제8장에서 배운 완전경쟁적 산출물 시장에서처럼 모든 시장 참여자는 가격수용자로서, 시장 전체에 비해 워낙 작기 때문에 요소를 얼마나 공급하고 수요할 것인지에 대한 그들의 선택이 시장가격을 변화시키지 못한다. 따라서 시장 참여자들은 가격이 고정된 것처럼 생각하고 행동한다. 대부분의 시장에서 이런 가정이 정확하게 맞는 것은 아니지만, 완전경쟁의 경우는 실제의 시장 상황을 비교 평가하는 기준으로 유용하다.

13.1 완전경쟁적 요소시장에서의 수요

노동 투입물 시장을 살펴봄으로써 요소시장의 분석을 시작한다. 노동시장은 아마도 가장 중요한 요소시장일 것이다. 대부분 나라에서 투입물에 지출되는 돈의 60~70%가량이 노동자들에게 지불된다. 노동시장이 어떻게 움직이는지 이해하고 나면, 어떠한 요소시장의 분석도 같은 식으로 이루어진다.

요소시장
산출물을 생산하는 데 사용되는
투입물 또는 생산요소의 시장

기업의 노동수요

노동시장의 수요 측면은 산출물을 만들기 위해 노동자를 고용하고자 하는 모든 기업들로 구성된다. 우선 한 기업의 노동수요부터 살펴보기로 하자. 그다음에 모든 기업의 수요를 합해서 노동에 대한 전체 시장의 수요를 구하게 될 것이다.

스마트폰과 같은 산출물을 생산하기 위해 노동을 구매(고용)해야 하는 한 회사(가령 삼성)를 생각해 보자. 다른 시장을 분석했을 때처럼 분석을 단순화할 몇 가지 가정을 할 것이다.

먼저 모든 노동 단위는 동일하다고 가정한다—한 사람의 1시간 노동은 그가 누구든, 그가 무슨 일을 하든, 또는 그의 임금이 어떠하든 똑같은 1시간의 노동이다. 당분간 이런 차이들을 문제 삼지 않은 채 단지 삼성이 단일임금하에서 '노동'을 구매한다고 보는 것이다.

또 하나의 단순화는 삼성이 단기 고용량을 선택한다고 가정하는 것이다. 단기를 고려하는 만큼 삼성의 자본 투입물은 고정되어 있다(제6장 참조). 따라서 주어진 자본량과 함께 일할 최적의 노동량을 고용하고자 하는 것이다. 이 장의 후반에서는 장기 노동수요를 살펴보는데, 이는 기업이 자본 투입량도 바꿀 수 있는 경우의 고용을 말한다.

우선 삼성이 더 많은 노동을 고용하는 경우에 직면하게 되는 상반관계를 생각해보자. 노동자를 추가하면(또는 기존 노동자가 더 많은 시간을 일하게 하면) 삼성은 더 많은 스마트폰을 만들 수 있다. 노동 1단위의 증가로 인한 추가적인 생산량이 노동의 한계생산, MP_L이다. 우리 예에서 MP_L은 노동 1단위를 추가해서 더 만들 수 있는 스마트폰의 개수이다. 그렇지만 삼성이 스마트폰을 단지 제조만 하려는 것은 아니다. 그것을 팔아야 한다. 추가된 스마트폰이 판매됨으로써 얻어지는 추가 수입이 한계수입, MR이다. 그러므로 삼성이 노동 1단위를 더 고용함으로써 얻는 전체 편익은 만들어진 폰의 개수에 판매해서 얻어지는 수입을 곱한 것, 즉 노동의 한계생산에 한계수입을 곱한 것이다. 이 금액을 **노동의 한계수입생산**(marginal revenue product of labor), MRP_L이라고 부른다. 즉 $MRP_L = MP_L \times MR$이다.

삼성이 노동 1단위를 고용함에 따르는 비용은 시장에서 주어지는 임금이다. 완전경쟁적 시장에서 기업은 시장임금 W에서 원하는 만큼의 노동을 고용할 수 있다.

이러한 편익(MRP_L)과 비용(W)이 삼성의 고용량에 따라 어떻게 달라지는지 생각해보자. 비용 W는 고정된 것으로 고용량에 영향을 받지 않는다. 반면에, 기업의 생산은 노동과 자본에 대해서 한계수확체감을 나타낸다(제6장 참조). 따라서 노동의 한계수입생산은 삼성이 고용량을 늘려갈수록 감소하게 된다. 노동의 한계생산 MP_L은 수확체감 때문에 노동 고용량이 증가함에 따라 감소한다(단기에 자본 투입량은 고정되어 있으며, 따라서 점점 많아지는 사람들이 동일한 양의 자본을 사용하게 됨을 상기하자.) 만일 산출물 시장이 완전경쟁적이라면 MR은 일정하며 제품의 시장가격과 같다(제8장 참조). MR은 일정하지만 MP_L은 노동 고용량에 따라 감소하므로, MRP_L은 체감할 수밖에 없다. 그렇지만 (스마트폰 시장에서의 삼성처럼) 일정한 시장지배력을 가진 기업의 경우에는 MR이 판매량에 따라 감소한다(제9장 참조). 이러한 MR의 감소는 고용 증가에 따른 MP_L의 체감효과를 심화시켜 고용량 증가에 따른 MRP_L의 감소를 더욱 강화하게 된다.

노동의 한계수입생산
노동의 한계생산 곱하기 한계수입

기업의 노동수요 : 그림에 의한 접근

고용량 변화에 따른 노동의 한계수입생산의 변화가 그림 13.1에 나타나 있다. 삼성의 한계수입생산곡선 MRP_L(달러로 표시됨)은 노동 사용량 증가에 따라 감소하며, 추가 노동자에게 지불하는 임금은 일정하게 유지된다.

이제 삼성의 노동수요를 설명하기 위해 필요한 모든 것이 갖추어졌다. 고용 증가에 따른 삼성의 편익(MRP_L)과 비용(W) 간의 상관관계를 생각해보자. 상대적으로 낮은 고용 수준에서는 노동의 한계수입생산은 높은 수준인데 그 이유는 아직 MP_L이 크기 때문이다. 따라서 $MRP_L > W$이다. 이 조건이 만족하는 한 삼성은 노동 한 단위의 편익이 비용보다 더 크므로 노동 사용을 늘리고자 한다. 그림 13.1에서 l^* 이하의 모든 노동량 수준에서 이런 상황이 적용된다.

시장임금 수준 W에서 기업은 $MRP_L = W$인 노동량 l^*를 고용한다. 만일 삼성이 l^*보다 적은 양을 사용해서 $MRP_L > W$라면, 고용량을 늘림으로써 이윤을 증가시킬 수 있는데, 그로 인한 편익(MRP_L)이 비용(W)보다 크기 때문이다. 반면에 삼성이 l^*보다 많은 양을 사용해서 $MRP_L < W$라면, 비용보다 적은 편익을 얻고 있으며 고용을 줄임으로써 더 좋아질 수 있다. $MRP_L = W$의 경우에만 개선의 여지가 없어진다.

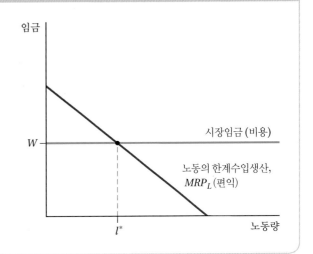

삼성은 l^*보다 큰 고용 수준에서처럼 $MRP_L < W$의 경우에는 더 이상 고용하려 하지 않을 것인데, 그 이유는 추가적인 노동단위의 편익(MRP_L)이 비용(W)보다 작기 때문이다. 실제로 삼성이 원하는 고용량은 정확히 l^*이다. l^*보다 적게 고용한다면 편익이 비용보다 큰 노동자를 더 고용할 의지가 있음을 의미한다. l^*보다 더 많이 고용한다면 비용이 MRP_L보다 큰 노동자를 고용하고 있음을 의미한다. l^*에서의 한계수입생산과 임금 간의 관계가 핵심인데, 그것이 최적고용량에 관한 진실을 나타내고 있기 때문이다. 기업은 노동의 한계수입생산과 임금이 일치할 때 최적의 노동량을 고용하고 있다.

$$MRP_L = W$$

수요곡선은 가격 변동에 따른 재화의 수요량을 보여준다. 여기서 재화는 노동이며 가격은 임금이다. 우리는 MRP_L곡선이 각 가격 수준에서의 수요량을 알려주고 있음을 보았다. 임금이 변하면 그에 따라 기업이 원하는 고용량도 변한다. 그림 13.2가 이를 보여준다. 시장의 임금이 W에서 W_1으로 상승한다면, 한계수입생산이 임금보다 큰 노동량은 줄어들며, 따라서 삼성은 $MRP_L = W_1$이 성립하는 l_1^*까지만 고용할 것이다. 임금이 W_2로 하락한다면, 삼성은 $MRP_L = W_2$가 성립하는 l_2^*까지 고용한다. 삼성은 한계수입생산이 임금과 같아질 때까지의 노동량을 고용하고자 한다. 다시 말하자면 MRP_L곡선이 바로 삼성의 **노동수요곡선**인 것이다. 우리가 살펴본 다른 수요곡선들에서처럼 그것은 우하향한다. 그림 13.2는 삼성이 노동을 전혀 원하지 않게 되는 임금 수준인 **폐색임금**(choke wage)과 (MRP_L이 0과 같아지기 때문에) 노동이 공짜가 되는 경우에 고용하게 될 최대량도 보여주고 있는데, 전자는 수요곡선이 세로축과 만나는 점이고 후자는 가로축과 만나는 점이다.

우리는 삼성을 예로 들었지만, 이러한 결과는 어떤 기업에든 적용된다. 노동수요곡선은 MRP_L곡선인데, 왜냐하면 그것이 어떤 임금 수준에서든 그때 기업이 원하는 고용량을 보여주기 때문이다.

MRP_L을 두 가지 구성요소, MP_L과 MR로 나누어보면 최적고용 조건은 또 다르게 해석될 수

폐색임금
기업이 노동을 전혀 고용하지 않게 될 임금 수준

그림 13.2 한계수입곡선이 노동수요곡선이다

MRP_L곡선은 주어진 시장임금에서 기업이 고용하게 될 노동량을 보여주므로, 그것은 기업의 노동수요곡선이기도 하다. 시장임금 W에서 삼성은 l^*만큼의 노동을 고용한다. W_1처럼 시장임금이 그보다 높다면 삼성은 대신에 l_1^*을 고용한다. W_2처럼 보다 낮은 임금에서는 삼성은 더 많은 l_2^*를 고용한다.

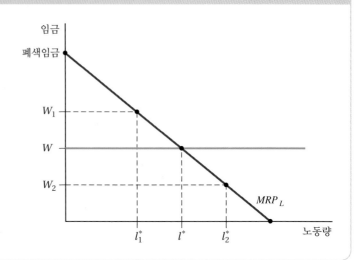

![전구 아이콘] **예제 13.1**

산악자전거 여행을 안내하는 한 여행사의 노동의 한계수입생산은 $MRP_L = 1,000 - 40l$이다. 여기서 노동량의 단위는 가이드 한 사람이 1주에 수행하는 일의 양이고, MRP_L은 노동 단위당 금액으로 측정된다. 회사가 위치한 도시의 시장임금은 주당 600달러이다.

  a. 이 회사의 노동의 최적고용량은 얼마인가?
  b. 시장임금이 얼마 이상이 되면 이 회사는 아무도 고용하려 하지 않겠는가?
  c. 현재의 한계수입생산을 가정할 때, 이 회사가 고용할 수 있는 최대의 노동량은 얼마인가?

풀이
  a. 최적고용량은 한계수입생산과 임금이 일치하는 수준이다.

$$MRP_L = W$$
$$1,000 - 40l = 600$$
$$400 = 40l$$
$$l^* = 10$$

최적고용량은 10단위이다.

  b. 이 회사가 노동을 전혀 고용하지 않게 되는 임금, 즉 폐색임금 W_{choke}는 MRP_L 방정식에서 l을 0으로 두어 구한다.

$$W_{\text{choke}} = 1,000 - 40(0)$$
$$W_{\text{choke}} = 1,000$$

임금이 1,000달러 이상이 될 경우, 회사는 노동을 전혀 수요하지 않을 것이다.

  c. 주어진 MRP_L곡선에서 한계수입생산이 0이 되는 수준의 노동량이 있다. 임금이 0이라고 하더라도 더 이상의 고용은 수입을 감소시킬 뿐이다. 이러한 최대 고용량 l_{max}는 $MRP_L = 0$으로 두어 구한다.

$$1,000 - 40l_{max} = 0$$
$$1,000 = 40l_{max}$$
$$l_{max} = 25$$

현재의 MRP_L에서 회사가 고용하려고 할 최대 노동량은 25단위이다.

있다.

$$MRP_L = MP_L \times MR = W$$

이 조건을 다시 정리하면 다음과 같다.

$$MR = \frac{W}{MP_L}$$

즉 기업의 최적고용 수준에서 한계수입은 임금을 노동의 한계생산으로 나눈 것과 같다. 우변의 비율이 나타내는 것은 노동 1단위의 추가 고용에 따른 비용을 추가된 노동 1단위가 생산하는 산출물의 양으로 나눈 것이다. 삼성의 경우, 그것은 스마트폰 생산 1단위 증가를 위해 지출해야 하는 금액(달러 혹은 보다 정확하게 '원')이며, 혹은 그 스마트폰의 한계비용이다. 다시 말해서 삼성은(그리고 기업들은 일반적으로) 한계수입과 한계비용이 일치하게 될 때까지 노동을 고용하려고 한다. 이것은 제9장에서 다룬 이윤극대화 산출량의 선택 바로 그것이다. 이 동등성이 보여주는 바는 이윤극대화 산출량의 생산이 동시에 최적노동량의 고용을 의미한다는 것이다.

생산하는 산출량과 최적노동고용량 간의 이러한 관계는 노동수요가 **파생수요**(derived demand), 즉 또 다른 제품(산출물)의 수요로부터 창출되는 한 제품(노동)의 수요임을 보여준다. 산출물과의 이러한 관계를 통해서 요소시장이 통상적인 재화시장과는 다른 점을 이해할 수 있다. 소비자가 전형적인 유형의 제품을 구매하는 것은 효용을 극대화하기 위해서지만, 기업이 요소를 구매하는 것은 다른 상품을 판매함으로써 이윤을 얻기 위한 행위의 일부이다.

파생수요
다른 제품의 수요로부터 파생되는 한 제품의 수요

기업의 노동수요곡선의 이동

다른 모든 수요곡선들과 마찬가지로, 노동수요곡선은 가격(이 경우, 임금) 외에 다른 모든 것들은 고정되어 있다고 가정한다. 노동수요에 영향을 미치는 다른 어떤 변수가 변동하면 노동수요곡선상의 이동이 아니라 곡선 자체의 이동으로 나타난다.

이들 다른 변수를 이해하기 위해서, 노동수요(MRP_L)곡선의 개별 구성요소들을 생각해보자. 노동의 한계생산 및 한계수입. 이들 중 어떤 요소를 변동시키는 힘은 노동수요곡선을 이동시킨다.

제6장에서 살펴본 바와 같이 MP_L은 생산함수와 자본량에 따라 달라진다. (기술 변화라고도 부르는) 총요소생산성의 변화로 인한 생산함수의 변동은 MP_L을 변화시키며, 따라서 노동수요곡선이 이동한다. 생산성의 향상은 MP_L을 증가시켜 주어진 임금에서의 노동수요량을 증가시키며, 따라서 노동수요곡선이 바깥쪽으로 이동한다(생산성의 하락은 반대의 효과를 갖는다).

자본의 변동도 MP_L곡선을 이동시키지만, 여기서는 자본의 양이 고정된 단기의 노동수요만을 살펴보고 있음을 상기하자. 기업의 자본 변동이 기업의 장기 노동수요에 어떤 영향을 주는지에 대해서는 나중에 살펴볼 것이다.

한계수입의 변동과 노동수요곡선의 이동 간 관계는 노동수요가 파생수요라는 사실에 기인한다. (기호 변화, 대체재 확산 등으로 인해서) 삼성 스마트폰의 수요가 감소한다면 삼성 스마트폰의 가격이 하락할 것이고 그와 함께 한계수입도 감소할 것이다. 그림 13.3에 나타난 것처럼, 이러한 한계수입의 감소는 삼성의 MRP_L곡선을 $MRP_{L,\text{high}}$로부터 $MRP_{L,\text{low}}$로 이동시킨다(여기서 'high'와 'low'는 스마트폰 수요의 수준을 가리킨다). 삼성은 임금수용자이기 때문에 고정된

그림 13.3 기업의 노동수요의 이동

시장임금은 일정한데 기업의 노동수요(MRP_L)곡선이 이동한다면 기업의 최적노동량은 변동한다. 삼성의 MRP_L 곡선이 (가령 그 스마트폰에 대한 수요의 감소로 인해서) $MRP_{L,high}$로부터 $MRP_{L,low}$로 이동한다면 노동수요량은 l^*_{high}에서 l^*_{low}로 감소할 것이다.

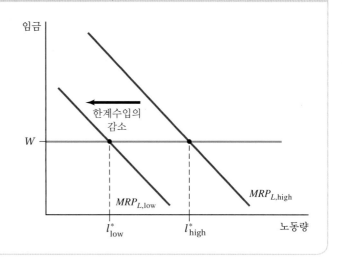

시장임금 W에 직면하고 있다. 따라서 삼성의 노동수요량은 l^*_{high}에서 l^*_{low}로 감소한다. 이러한 결론은 직관적으로 이해된다. 삼성 스마트폰을 찾는 사람이 줄어들거나 지불의 수준이 하락한다면 삼성은 이전처럼 많은 근로자를 고용하려 하지 않을 것이다. 일반적으로 기업의 한계수입곡선을 변동시키는 변수들은 모두 노동수요곡선을 이동시킨다.

시장 노동수요곡선

이제 기업 수준에서 노동수요가 어떻게 결정되는지는 알았다. 노동시장 전체가 어떻게 움직이는지를 분석하기 위해서는 모든 기업의 노동수요를 합해야 한다.

제품의 시장수요곡선은 개별 소비자의 수요곡선들의 수평합이라는 것은 제5장에서 배웠다. 마찬가지로 노동의 시장수요곡선은 모든 기업의 노동수요곡선들의 수평합이다. 어떤 임금 수준을 선택한 다음 그 수준에서 모든 기업의 수요량들을 합해서 그 임금에서의 시장수요량을 얻게 된다. 그리고 모든 임금 수준에 대해 이 과정을 반복하면 된다. 개별기업들의 노동수요곡선이 우하향이기 때문에 시장 노동수요곡선도 우하향일 수밖에 없다.

시장 노동수요에서 까다로울 수 있는 유일한 측면은 시장임금과 그 노동을 고용하는 기업들의 제품 가격의 관계와 관련된 것이다. 기업 차원의 노동수요량이 시장임금에 따라 어떻게 변하는지를 살펴볼 때는 기업 MRP_L의 구성 요소들을 포함하여 다른 모든 요인은 불변으로 가정했다. 그러나 시장 차원의 노동수요의 경우에는 시장임금과 기업들의 MRP_L 사이에 자연적인 반응 고리가 있다. 시장임금의 하락은 산업 내 모든 기업들의 비용을 낮게 되므로 산출물의 가격도 하락시키게 된다. 이러한 가격 하락은 기업의 한계수입을 감소시켜서 MRP_L곡선을 안쪽으로 이동시킨다. (시장임금의 상승은 산출물 가격을 상승시키고 기업의 MRP_L곡선을 바깥쪽으로 이동시킨다.) 따라서 시장임금 변동에 대한 기업들 전체의 반응의 크기는 시장임금과 산출물 가격 간에 관계가 없을 경우에 비해서 작을 것이다.

그림 13.4는 이런 상황을 보여준다. 초기의 시장임금과 산출물 가격에서 기업의 노동수요곡선은 MRP_{L1}이다. 그림 13.4a에서처럼 시장임금 W_1에서 기업은 l^*_1을 고용한다. 시장임금이

그림 13.4 산업 노동수요

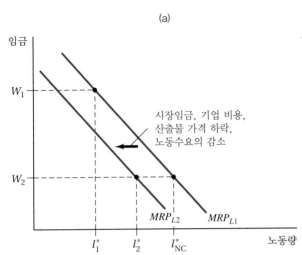

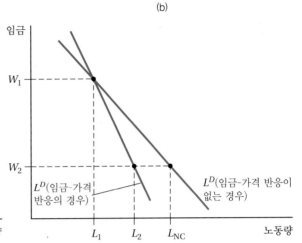

(a)를 보면 초기의 시장임금과 산출물 가격에서 기업의 노동수요곡선은 MRP_{L1}이다. 시장임금 W_1에서 기업은 l_1^*을 고용한다. 시장임금이 W_1에서 W_2로 하락하면 모든 기업의 비용이 감소하고 따라서 산출물 가격도 하락한다. 가격 하락은 한계수입의 감소를 통해 기업의 노동수요곡선을 MRP_{L2}로 이동시키며,

따라서 기업은 시장임금 W_2에서 l_{NC}^*가 아니라 l_2^*를 고용한다. (b)의 시장 차원에서 보면, 시장임금과 산출물 가격 간의 이러한 반응으로 인해서, W_1에서 W_2로의 시장임금의 하락은 반응이 없는 경우의 L_1에서 L_{NC}로가 아니라 L_1에서 L_2로 노동수요량을 증가시킨다.

W_1에서 W_2로 하락하면 모든 기업의 비용이 감소하고 따라서 산출물 가격도 하락한다. 이러한 한계수입의 감소는 기업의 노동수요곡선을 MRP_{L2}로 이동시킨다. 시장임금 W_2에서 기업은 l_2^*를 고용한다. 임금 하락에 관련된 산출물 가격의 변화가 없었더라면 기업은 (l_2^* 대신에) l_{NC}^*를 고용했을 것이다. 시장 차원에서 보면, 시장임금과 산출물 가격 간의 이러한 상호관계로 인해서 W_1에서 W_2로의 시장임금 하락에 따른 노동수요량의 증가는 반응 고리가 없을 경우처럼 L_1에서 L_{NC}로가 아니라 L_1에서 L_2로가 된다. 그러므로 시장임금과 산출물 가격 간의 상호관계는 그림 13.4b에 나타난 것처럼 그것이 없는 경우에 비해서 시장 노동수요곡선을 더 가파르게, 즉 임금 변화에 덜 민감하게 만든다.

13.2 완전경쟁적 요소시장에서의 공급

완전경쟁적 시장에서 기업 차원의 노동공급은 간단하다. 기업은 시장임금으로 원하는 만큼의 노동을 고용할 수 있기 때문에 시장임금 수준에서 완전탄력적인 노동공급에 직면하게 된다. 모든 기업의 노동수요 변동은 임금의 변화가 아니라 고용량의 변화로 나타나게 될 것이다. 노동시장에서 기업이 사용할 수 있는 노동의 공급은 사람들의 전체적인 노동 의사에 의존하게 된다. 한 사람의 노동 의사는 연령, 가족 상황, 건강 및 기타 많은 요인에 따라 달라진다. 다른 모든 공급곡선들의 경우처럼, 다른 모든 요인은 고정시키고 노동공급량에 대한 임금의 효과에 초점을 둔다. 그렇다면 시장 차원의 노동공급을 이해하기 위해서는 임금이 변동할 때 사람들의

노동 의사가 어떻게 변하는지를 이해할 필요가 있다.

노동, 여가, 개인의 노동공급

임금이 사람들의 노동공급에 미치는 효과를 파악하는 데 있어 관건은 그들이 여가시간을 어떻게 생각하는지를 이해하는 것이다. 거의 모두에게 여가는 휴대전화나 마사지와 같이 하나의 재화이다. 더 많이 소비할수록 효용은 증가한다.

여가가 하나의 재화라면 그것의 가격은 시간의 소비와 관련된다. 여가의 가격은 여가를 즐기지 않을 때 그 시간에 할 수 있는 것, 즉 일하는 것이다. (경제학자들은, 노는 것이든 아니든, 일하지 않으면서 보내는 시간은 모두 여가로 보기도 한다. 내 동료 한 사람은 학생들에게 수업에 참석하면서 소비하는 시간은 임금을 받고 있지 않기 때문에 여가로 간주됨을 상기시키곤 한다.)

노동으로부터 얻을 수 있는 내재적인 즐거움은 제쳐두고, 노동의 편익은 그로부터 얻게 되는 소득인데, 더 정확하게 말하자면 그 소득으로 구매할 수 있는 재화와 용역의 소비에서 얻는 효용이다. 만일 더 많은 여가를 즐기기로 선택한다면, 그 시간에 일함으로써 벌 수 있었을 소득을 포기하는 것이다. 잃어버린 소득은 임금과 같다. 따라서 여가의 가격은 임금이며, 결국은 그 임금으로 구매할 수 있었을 재화와 용역이다.

노동공급은 '여가의 소비'와 '일해서 얻는 소득으로 구매할 수 있는 재화와 용역의 소비' 간의 선택을 수반하는 것으로 생각할 수 있다. 그러한 다른 재화와 용역을 하나의 재화(줄여서, 금액으로 측정된 '소비'라고 부르기로 하자)로 간주한다면 여가와 소비 간의 상대가격은 임금이다. 갑의 임금이 가령 시간당 30달러인데 여가를 한 시간 더 갖기로 선택한다면 갑은 소비 30달러를 포기하는 것이다.

노동-여가 선택은 제4장에서 활용했던 분석도구를 사용해서 나타낼 수 있다―갑이라는 사람의 효용함수는 여가에 쓰는 시간과 노동소득으로부터 즐기는 소비에 의존한다. 갑은 여가와 소비의 상대가격이 임금인 예산제약하에서 효용을 극대화한다. 이것이 그림 13.5에 예시되어 있는데, 하루에 몇 시간을 일할 것인지에 대한 갑의 선택을 보여준다. (원한다면, 하루 대신에 1주나 1년과 같은 기간을 기준으로 소비-여가 선택을 생각할 수 있다. 분석은 본질적으로 같을 것이다.)

갑이 하루에 가질 수 있는 최대한의 여가는 24시간이다. 그렇게 한다면 그날 임금은 없을 것이며 소비는 0달러가 될 것이다. 따라서 예산제약에는 24시간의 여가와 0달러의 소비가 포함되어야 한다. 이것은 예산제약선의 가로축 절편이다. 그와 반대로 만일 여가를 전혀 갖지 않고 24시간 내내 일한다면, 임금 W_1에서 $24 \times W_1$만큼 최대로 소비할 것이다. 이처럼 예산제약선 BC_1의 다른 한 점은 0시간의 여가와 $24W_1$ 달러의 소비로 세로축 절편이다. 갑은 1시간의 여가를 선택할 때마다 W_1달러의 소비를 포기해야 하므로 예산제약선의 기울기는 $-W_1$이다.

갑의 효용함수로부터 무차별곡선 U_1이 그림에 나타나 있다. 갑의 최적 소비-여가 묶음은 U_1과 예산제약 BC_1의 접점인 A점이다.

임금이 W_2로 올랐다고 하자. 예산제약은 그림 13.5에서처럼 가로축 절편을 중심으로 회전한다(임금이 달라지더라도 하루에 여가로 가질 수 있는 시간이 최대 24시간이라는 사실은 변함없다). 이제는 어떤 여가 선택을 하더라도 전보다 높은 수준의 소비를 가질 수 있다. 임금 상승이 갑의 최적 소비-여가 묶음을 무차별곡선 U_2와 새로운 예산선 BC_2의 접점인 B로 이동시킨다.

그림 13.5 소비-여가 선택

W_1에서 W_2로의 임금 상승이 예산제약을 BC_1에서 BC_2로 이동시키며, 최적 소비-여가 묶음은 A에서 B로 바뀐다. 임금 상승의 대체효과는 최적묶음을 A에서 U_1과 BC'의 접점인 A'으로 이동시키는데, 이것은 여가가 상대적으로 더 비싸졌기 때문에 여가를 줄이고 소비를 늘리는 것이다. A'에서 B로의 이동이 소득효과이다.

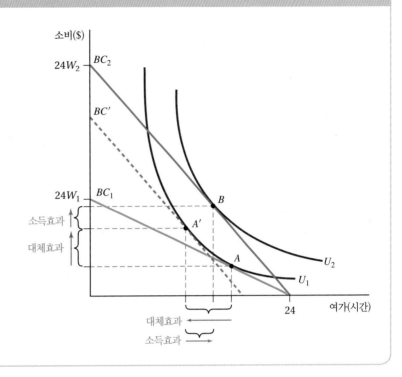

임금 변동의 소득 및 대체효과

임금 상승은 소비-여가 선택에 두 가지 효과를 미친다. 먼저, 여가의 가격은 소비에 비해 상대적으로 더 높아졌다. 1시간 덜 일하는 것이 포기된 소비의 관점에서 더 비싸진다. 이런 대체효과는 여가를 줄이고(즉 노동을 늘리고) 재화와 용역의 소비를 늘리도록 선택하게 만든다. (임금이 하락하는 경우에는 여가가 상대적으로 저렴해지므로 노동시간을 줄이게 될 것이다.)

그러나 임금 상승에는 다른 효과도 있다. 그것은 주어진 노동량에서 (같은 의미로, 주어진 여가시간에서) 소득을 증가시킨다. 이는 임금 상승에는 대체효과만이 아니라 소득효과도 있음을 의미한다. 대부분의 사람들에게 여가는 정상재이기 때문에, 소득이 증가하면 여가의 소비도 증가한다 — 대체효과와 반대가 된다.

이 두 가지 효과는 제4장에서 가격 변화를 다룰 때 본 것과 같다. 그때처럼 소비와 여가의 전체 변화는 대체 및 소득 효과에 대한 구분된 영향으로 나눌 수 있다. 그러자면 상대가격은 변했지만 소득에는 변동이 없을 때(즉 임금 변동의 대체효과는 적용되고 소득효과는 제외되는 경우) 소비-여가의 최적묶음이 어떻게 되는지 알아봐야 한다. 우리는 임금 상승 후의 새로운 예산제약선과는 평행이면서 원래의 무차별곡선 U_1에 접하는 예산제약선을 찾아내면 된다. 이것이 그림 13.5에서 점선 BC'이다. 접점 A'은 소득효과가 없는 경우에 새로운 상대가격하에서 선택될 묶음을 보여준다. 다시 말해서 대체효과의 영향만을 분리해내는 것이다. 묶음 A와 A'의 차이가 임금 상승에 따른 대체효과에 해당하며, A'과 B의 차이가 소득효과를 반영한다.

대체효과는 주어진 임금 수준에서 얼마나 일하려고 하는지를 보여주는 노동공급곡선의 기울기를 우상향으로 만든다. 이런 형태는 통상의 공급곡선의 경우와 같다—제품의 가격(임금)이 높아질수록 공급자(갑)가 공급하려고 하는 제품의 양(노동시간)은 많아진다.

후방굴절형 공급곡선

임금 변동이 얼마나 일하려고 하는지에 대해 미치는 순효과는 소득효과와 대체효과의 합이다. 원칙적으로 소득효과가 충분히 큰 경우에는 임금과 노동공급 간에 음의 관계가 나타날 것이며 노동공급곡선의 형태는 더 이상 우상향이 아닐 것이다. 그 예가 그림 13.6에 나타나 있다. W_{BB} 보다 낮은 임금에서는 대체효과가 우세하며, 임금 상승은 더 많이 일하게 만들 것이다. 하지만 W_{BB}를 넘어서면 소득효과가 우세해지기 시작하며, 임금 상승은 노동공급량을 줄이게 된다. 이 처럼 음의 기울기를 갖는 노동공급곡선을 흔히 **후방굴절**(backward-bending) 노동공급곡선이라고 부른다.

경제학자들은 특정 시장들에서 후방굴절 노동공급곡선의 예를 찾아냈다. 경제사학자 코스타 는 1890년대 미국의 남자 노동자 수천 명의 노동습관에 대한 설문조사를 수집했으며 저임금 노 동자가 고임금 노동자보다 하루 노동시간이 더 많은 것을 발견했다.[1] 구체적으로, 임금 10분위 에서 최하위 노동자들(관측된 임금률 전체의 최하 10%의 임금을 받는 사람들)은 하루에 평균 11.1시간 일했지만, 최상위 노동자들(최상 10%의 임금을 받는 사람들)은 하루에 8.9시간만 일 했다. 최상위 임금집단은 중위(median) 임금을 받는 사람들에 비해 노동시간이 5% 적었고, 중 위 임금집단은 최하위 임금집단에 비해 노동시간이 14% 적었다. 다시 말해서 1일 노동공급곡 선은 후방굴절형인 것으로 나타났다. (흥미롭게도, 코스타는 다른 자료를 이용해서 이 패턴이 1990년대에 와서는 역전되었음을 보였다. 전체적으로 평균 노동시간은 1세기 전에 비해서 줄 어들었지만, 이제는 최상위 노동자들이 최하위 노동자들보다 더 많이 일했다.)

그림 13.6 후방굴절형 노동공급

W_{BB} 이하의 임금에서는 대체효과가 우세하다. 임금이 상승하면 사람들은 더 많이 일하며(여가를 더 적게 소비하며), 노동공급량 은 증가한다. W_{BB}를 넘어서면 소득효과가 우세해지기 시작한다. 임금이 상승하면 사람들은 더 적게 일하며(여가를 더 많이 소비하 며), 노동공급량은 감소한다.

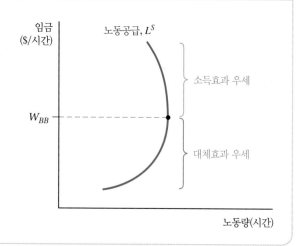

---

1 Dora L. Costa, "The Wage and the Length of the Work Day: From the 1890s to 1991," *Journal of Labor Economics* 18, no. 1 (2000): 156–181.

임금 변동의 노동공급에 대한 순효과는 대체효과와 소득효과의 합이다. 〈응용〉에서 설명하듯이, 경제학자들은 특정한 시기에 특정한 근로자들에게서 후방굴절 노동공급곡선의 증거를 발견했다.

응용 타이거 우즈의 후방굴절 노동공급

타이거 우즈는 한때, 그리고 아마도 지금까지도 프로골프에서 가장 유명한 인물일 것이다. 그는 지금까지 PGA 투어 경기에서 81회 우승했고 메이저 대회에서 15회 우승했다. 그는 제품 후원 광고에 이름을 빌려주는 대가로 수천만 달러를 벌어들였다. 하지만 우즈를 평균적인 미국 노동자와 구분 짓는 것은 단지 그의 운동기술만이 아니다. 우즈는 아마도 노동공급곡선 중 후방굴절형 부분에서 주당 임금을 받는 극소수의 사람 중 하나일 것이다. 달리 말해서, 임금이 증가함에 따라 실제로 그는 출전하는 대회 수를 줄였다.

PGA 규칙에 따라 각 골프선수는 어느 대회에 출전할지와 몇 개의 대회에 출전할지를 고를 수 있는데, 이것은 운동선수가 각 대회마다 노동-여가 선택을 고려한다는 것을 의미한다. 단지 4라운드의 골프 경기에 상금이 수백만 달러인데, 누가 출전하지 않겠는가? 실제로 대다수 골프선수가 출전한다. 일반적으로 각 대회에 100명 정도의 선수가 등록한다. 이 숫자는 PGA 투어의 25자리를 얻기 위해 혹독한 예선전부터 출전하는 1,000명 이상의 희망자는 넣지도 않은 것이다.

기회가 주어지면 이런 희망자들은 기꺼이 모든 대회를 뛸 것이지만, 경제학자 길리와 쇼팽이 발견한 것처럼, 타이거 우즈 같은 선수는 그렇게 하지 않는다.[2] 이들은 저소득과 중간소득 PGA 선수들이 임금 상승에 어떻게 대응했는지를 살펴보고, 그 결과를 고소득 선수들에서의 임금 상승의 효과와 비교하였다. 저소득 선수들은 대회 상금이 올라감에 따라 대회 출전을 늘렸지만 최상위 선수들은 임금이 상승함에 따라 대회 출전을 줄였다. 최상위 골프선수들은 실제로 공급곡선의 후방굴절형 부분에서 활동하고 있었던 것이다! 구체적으로, 대회당 평균 상금이 10,000달러에서 20,000달러로 증가할 때마다 고소득 선수의 시즌당 출전 수는 1회 감소했다. 이러한 최상위 선수들의 경우에는 소득효과가 대체효과를 압도했고, 여가-노동 선택에서 이들은 더 많은 여가를 선택했다.

경제학자들을 포함해서 다른 업종의 노동자들도 여가시간에 종종 골프를 친다. 하지만 프로 골프선수에게 그린 위에서의 하루는 여가가 아니라 노동이다. 그렇다면 PGA 선수는 쉬는 날 무엇을 할까? 길리와 쇼팽은 기혼 골프선수가 독신 골프선수보다 쉬는 날이 더 많은 것을 발견했다. 부지런한 두 경제학자는, 가정적인 남자로서의 자신들의 경험에 근거하여, 골프선수들이 아내나 자녀와의 소중한 시간을 더 많이 갖기 위해 일을 쉬는 것이 틀림없다고 결론지었다. 하지만 타이거 우즈의 예는 경제이론의 예측이 현실 세계에서 언제나 맞는 것은 아니라는 사실을 보여준다. ■

노동을 공급하고 있는 타이거 우즈

Andrew Redington/Getty Images

---

2 Otis W. Gilley and Marc C. Chopin, "Professional Golf: Labor or Leisure," *Managerial Finance* 26, no. 7 (2000): 33–45.

시장의 노동공급

시장 차원의 노동공급곡선은 모든 가능한 임금 수준에서 모든 노동자가 공급하고자 하는 전체 노동량을 보여준다. 바꿔 말하자면, 그것은 모든 노동자의 노동공급곡선들의 수평합이다. 각각의 주어진 임금 수준에서 개별 노동자들의 노동공급량을 모두 더하는 것이다. 이런 작업을 모든 가능한 임금 수준에서 반복하고 나면 시장 차원의 노동공급곡선을 얻게 된다.

앞에서 개별 노동자의 노동공급곡선이 후방굴절형이 될 수 있는 이유를 살펴보았다. 원칙적으로는 시장 노동공급곡선도 후방굴절형이 될 수 있다. 하지만 대부분의 증거에 따르면, 시장 차원에서는 대체효과가 압도적이어서 후방굴절은 없는 것으로 보인다. 시장 차원에서 후방굴절 노동공급의 가능성이 희박한 이유는, 후방굴절형 공급을 보이는 사람들이 일부 있더라도, 많은 다른 사람들이 (기존의 노동자가 노동시간을 늘리는 경우든, 일하지 않던 사람이 노동을 시작하는 경우든) 높은 임금에서 더 많은 노동을 공급하려고 함으로써 공급을 줄이는 사람들의 소득효과를 상쇄하기 때문이다. 따라서 개인의 노동공급은 후방굴절형이 될 수도 있지만 시장 노동공급곡선은 대체로 우상향인데, 이는 모든 노동자의 전체 노동 공급량은 임금 상승에 따라 증가하기 때문이다.

13.3 노동시장균형

그림 13.7에서처럼, 노동시장은 임금이 기업들의 노동수요량을 노동자들의 노동공급량과 일치시킬 때 균형에 도달하게 된다. L^D는 시장 노동수요곡선이고 L^S는 시장 노동공급곡선이다. 균형임금은 W^*이고 균형노동량은 L^*이다.

이러한 시장균형은 기업 차원의 노동수요 분석과 연관된다. 기업은 임금을 주어진 것으로 여기고 노동의 한계수입생산이 시장균형임금 W^*와 같아질 때까지 노동을 고용한다는 점을 상기하자. ($W = W^*$일 경우, 그림 13.1의 상황이다.)

그림 13.7   노동시장균형

노동시장의 균형임금 W^*는 시장 수요량(노동수요곡선 L^D가 결정)과 시장 공급량(노동공급곡선 L^S가 결정)을 일치시킨다. W^*의 임금에서 모든 기업의 노동 고용량의 합은 L^*가 될 것이다.

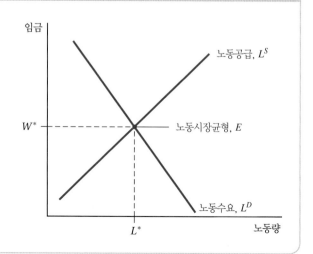

시장균형의 정의에 따라, 임금이 W^*일 때 모든 기업의 고용량의 합은 L^*일 것이다. 다시 말해서, 모든 기업이 W^*가 자신의 MRP_L과 같아질 때까지 고용한다면 — 이 고용량은 일반적으로 기업마다 MRP_L은 다른데, 각자의 생산함수와 자본량이 다르고, 제품시장에서 직면하는 수요곡선도 다르기 때문이다 — 모든 기업의 경우를 합한 전체 고용량은 L^*가 될 것이다.

13.4 장기의 노동시장

지금까지의 노동시장 분석은 기업의 자본량이 고정되어 있는 단기에 관한 것이었다. 이제 기업이 자본량을 바꿀 수 있다면 어떻게 되는지를 살펴보자.

기업이 보유하는 자본량의 변동은 노동의 한계생산 MP_L을 변동시켜서 단기 노동수요곡선의 이동을 가져온다는 것은 앞에서 본 바와 같다. 자본량의 증가는 MP_L의 증가를 통해 각 임금 수준에서 노동수요량을 증가시켜서 기업의 단기 노동수요곡선을 바깥쪽으로 이동시킨다. 자본량의 감소는 MP_L의 감소를 통해 기업의 단기 노동수요곡선을 안쪽으로 이동시킨다.

그림 13.8에서처럼 시장균형임금이 영구적으로 하락했다고 가정하자. 원래 기업의 노동수요

그림 13.8 단기 및 장기의 노동수요

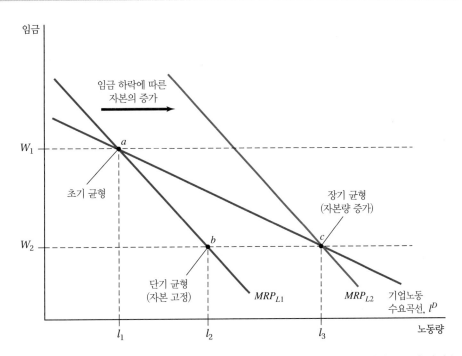

단기 노동수요곡선이 MRP_{L1}인 기업은 시장임금이 W_1일 때 l_1의 노동을 고용한다(a점). 시장임금이 W_1에서 W_2로 하락하는 경우에 단기 효과는 MRP_{L1}이 W_2와 같아질 때까지 l_2로 노동 고용량을 늘리게 만든다(b점). 장기에는 l_2로 증가한 노동량이 자본의 한계생산도 증가시키게 되어 기업은 자본을 더 구매하게 되는데, 추가된 자본이 다시 노동의 한계수입생산을 증가하게 된다. 이에 따라 기업의 단기 노동수요곡선이 MRP_{L2}로 이동하게 되고, 기업은 $W_2 = MRP_{L2}$일 때까지 늘려서 l_3의 노동을 고용한다(c점). 장기 노동수요곡선 l^D는 a점과 c점을 연결하는 것이 된다.

곡선은 MRP_{L1}이다. MRP_L은 a점에서 초기 임금 W_1과 같아지므로, 노동을 l_1만큼 고용한다. 단기에 기업의 자본량은 고정된 상태에서 임금이 W_2로 떨어진다면, 기업은 MRP_{L1}이 낮아진 임금과 같아지는 b점까지 늘려서 l_2만큼 고용할 것이다.

하지만 장기에는 이것이 낮아진 임금의 전체 효과가 아니다. l_2로의 노동 고용량 증가는 자본의 한계생산도 증가시키게 되는데, 이는 제6장에서 보았듯이 대부분 생산함수의 경우에 하나의 투입물이 증가하면 다른 투입물의 한계생산이 증가하기 때문이다. 자본의 한계생산이 증가하면 기업에게는 자본을 더 구매하려는 유인이 생긴다. 그러면 추가된 자본이 다시 노동의 한계생산을 증가시켜, 노동의 한계수입생산도 증가하게 된다. 증가된 MRP_L은 주어진 임금 수준

괴짜경제학

경제학자 시장에서의 경쟁

20년 전에 대학 경제학자들의 연봉은 평균 58,730달러였다. 역사학자들의 경우는 50,800달러로 조금 더 낮았을 뿐이다.[1] 요사이 경제학 교수는 평균 114,820달러의 연봉을 기대할 수 있다. 거의 두 배로 증가한 것으로, 신진 경제학자들에게는 희소식이다. 시간이 역사학자들에게도 친절하지는 않았다. 그들의 평균 연봉은 82,900달러로 올랐을 뿐으로,[2] 겨우 인플레이션을 따라가는 수준이다.

대학의 경제학자와 역사학자들 간 임금 격차는 어떻게 설명할 수 있는가? 이상하지만 학문적 요인과는 거의 무관한 것 같다. 경제학자들의 연봉 상승의 이유는 월가에서 벌어진 두 가지 변화이다. 첫째는 전부터 높았던 월가의 연봉이 지난 20년 동안 무섭게 치솟았다는 점이다. 미국 노동부에 따르면, 뉴욕시에서 '금융투자 및 관련 활동' 분야에 고용된 사람들이 2017년에 평균 422,459달러를 벌었다.[3] 둘째는 경제학 학위를 받으면서 배우는 지식과 기술들이 장기적으로 점점 더 높이 평가되고 있다는 점이다. 금융업계에서는 계량 모형, 경제분석, 그리고 비정상적 행태에 대한 연구가 표준이 되었다. 역사학자들에게는 유감스럽게도, 월가에서는 훌륭한 역사적 서사의 가치를 (아직은) 제대로 인식하지 못하고 있는 것 같다.

강의나 연구와 같이 대학 경제학자들의 일상적인 활동은 월가 금융인들의 일상적 활동과는 매우 다름에도 불구하고, 경제학 학위가 가르치는 매우 전문화된 재능은 두 가지 직종 모두에 대해 투입물이 된다. 그래서 경제학 교수를 찾는 대학교는 (경제학적) 재능을 두고 다른 대학교들과 경쟁하게 될 뿐 아니라 보다 광범위한 노동시장에서도 경쟁하게 되는데, 여기에는 월가, 경영컨설팅, 그리고 경제학자에게 매력적인 다른 직종들도 포함된다. 대학이 경제학 교수의 연봉을 올리는 것은 선심 때문이 아니라 우수한 인재를 유치하려면 선택의 여지가 없기 때문이다.

하지만, 대학교가 경제학자를 두고 월가와 경쟁해야 한다고 해서, 대학교가 월가 연봉을 정확히 따라가야만 한다는 것은 아니다. 많은 사람의 경우에 교수가 훨씬 더 매력적인 직업이다(짧은 근무시간, 업무상 자유, 적은 스트레스, 학생들과 교류하는 즐거움, 기타 특혜들). 따라서 다른 조건들이 같다면, 대부분의 경제학 박사들은 대학에 가기 위해서 상당한(그러나 지나치지 않은) 연봉 하락도 기꺼이 수용한다.

경제학을 전공하기로 한 학생들에게 희소식이 있는데, 모든 증거가 경제학자들에 대한 시장의 보상이 앞으로 상승하기만 할 것임을 시사한다는 점이다. 기업들은 '빅데이터(Big Data)'의 가치와 중요성을 점점 더 인식하게 되었고, 이런 데이터로부터 통찰을 끌어낼 수 있는 사람들을 찾으려고 혈안이 되어 있다. '데이터 과학자(Data scientist)'는 오늘날 미국에서 가장 빠르게 성장하고 있는 직군 중 하나인데, 이런 일자리들의 다수가 경제학자에게로 오고 있다.

경제학의 위력에 대한 추가적인 정보가 필요하다면, 멀리 갈 것도 없이 대학에서의 전공 선택 추세를 살펴보기만 하면 된다. 예컨대 위스콘신-매디슨대학교에서는 2005년에 경제학을 전공하는 학부생이 321명이었는데, 2018년에는 1,027명으로 증가했다.[4] 역사학 전공 학부생은 2005년 572명이었으나 2018년에는 286명이었다. 브라운대학교의 경우, 2005년에 경제학 주전공인 학부생이 겨우 4%뿐이었지만 2018년에는 8%가 되었다. 한편 역사학 주전공인 학부생은 2005년 7.5%에서 2018년 3.8%로 감소했다.[5] 경제학의 예측처럼, 무언가의 가치가 높아지게 되면 사람들은 그것을 더 많이 원한다.

[1]   http://www.bls.gov/news.release/history/ocwage_12202000.txt
[2]   http://www.bls.gov/news.release/pdf/ocwage.pdf
[3]   https://labor.ny.gov/stats/ins.asp
[4]   https://dataviz.wisc.edu/#/views/TrendsinStudentEnrollments/Homepage?:iid=1
[5]   http://www.brown.edu/about/administration/institutional-research/factbook/degrees-and-completions

에서 기업의 노동수요량을 증가시켜 기업의 단기 노동수요곡선을 MRP_{L2}로 이동시키는데, 이것은 더 높아진 자본량 수준에서의 한계수입생산곡선이다. 기업의 새로운 단기 노동수요곡선 MRP_{L2}는 임금 W_2와 c점에서 같아지므로 기업은 l_3를 고용한다.

임금 하락이 기업의 노동수요량에 미치는 전체 효과를 생각해보자. W_1의 임금에서 기업은 l_1의 노동량을 수요했다. 임금이 W_2로 하락했을 때, 자본량을 조정하기에 충분한 시간이 주어진다면 기업은 l_3의 노동량을 수요하게 된다. 그러므로 그림 13.8에서 a점과 c점을 연결하는 곡선 l^D가 기업의 장기 노동수요곡선이 된다. 장기 노동수요곡선은 기업이 자본투입량을 완전히 조절할 수 있는 경우 기업이 고용하고자 하는 노동량이다.

장기 노동수요곡선은 단기 수요곡선보다 기울기가 작은데, 그 이유는 장기에서는 자본량의 증가에 따라 노동수요가 증가하기 때문이다. 이 때문에 노동의 한계수입생산은 자본이 고정되어 있을 경우보다 증가하게 되어 단기에 나타나는 MRP_L의 감소를 일부 상쇄하게 된다. 실제로 기업의 노동고용 결정은 단기보다 장기에 임금 변동에 대해 더 민감하게 반응한다. 임금 하락에 따른 고용 증가효과는 단기보다 더 크고, 임금 상승에 따른 고용 감소효과도 단기보다 더 크다.

13.5 다른 완전경쟁적 요소시장들

앞서 요소시장의 구체적인 예로서 노동시장을 살펴보았다. 그 외에 다른 중요한 요소시장들도 있다. 자본은 특히 중요하다. 자본시장은 시간과 불확실성의 요소를 수반하기 때문에 이런 주제들을 다루게 되는 다음 장에서 논의하기로 한다. 그렇지만 중간재(자동차 생산에서 철강과 유리섬유, 신발 생산에서 고무 등), 서비스, 에너지, 토지 등 생산에 투입되는 어떤 요소라도 요소시장에서 구매되고 판매된다. 이들 시장은 노동시장과 유사한 점이 많다.

다른 요소시장들에서의 수요

노동과 자본 이외 요소들의 시장은 대체로 노동시장처럼 작동한다.

어떤 요소라도 수요는 노동수요와 유사하다.

1. 어떤 요소에 대한 기업의 수요는 그 요소의 한계수입생산으로 주어진다.
2. 어떤 요소의 한계수입생산은 구매량의 증가에 따라 감소하는데, 왜냐하면 한계생산체감(그리고 산출물 시장이 완전경쟁적이지 않은 경우에는 한계수입의 감소) 때문이다.
3. 가격수용적인 기업의 최적 요소 구매량은 한계수입생산과 요소의 시장가격이 일치하는 수준이다.
4. 시장 전체의 요소수요는 각 기업의 수요들을 수평으로(즉 수량) 합한 것이다.

다른 요소시장들에서의 공급

요소의 공급은 그 요소의 생산자 또는 소유자로부터 나온다.

중간재 많은 요소가 기업의 산출물이다. 다른 제품의 생산에 투입요소로 쓰이도록 만들어진 제품을 **중간재**(intermediate good)라고 부른다. 중간재의 예로는 철강, 광고, 광산설비, 회계 서비스 등이 있다. 중간재의 공급곡선은 다른 제품들의 경우와 유사하다. 곡선은 우상향인데, 시

중간재
다른 제품의 생산에 투입요소로 사용되도록 만들어진 제품

장가격이 상승하면 요소 생산자들은 더 많이 공급할 의사와 능력을 갖기 때문이다. 노동의 경우처럼 중간재의 균형가격은 수요량과 공급량이 같아지는 가격이다.

 응용 스마트폰, 콜탄, 분쟁 광물들

모든 스마트폰 안에는 미량의 희소 원자재들을 사용하는 복잡한 전자부품들이 있다. 그런 원자재 중 하나가 탄탈륨(tantalum)인데, 콘덴서 제조에 사용되는 화학원소로서 내열성이 매우 강하면서도 전하를 수용할 수 있다. 이 콘덴서는 사실상 세계의 모든 스마트폰에 들어 있다.

탄탈륨은 세계 각지에서 채굴된 탄탈라이트(콜탄) 광석으로부터 추출해서 생산한다. 그러므로 콜탄은 휴대전화 생산에 쓰이는 요소이며, 콜탄 수요는 스마트폰 수요로부터 나오는 파생수요이다.

스마트폰 수요가 크게 성장하면서 콜탄에 함유된 탄탈륨의 수요도 증가했다. 이러한 콜탄 수요의 증가는 그림 13.9에서처럼 콜탄 가격을 상승시켰다. 원래 (콜탄 광석 형태의) 탄탈륨 수요가 D_1이고, 시장가격은 P_1^*, 수량은 Q_1^*이다. 스마트폰 수요가 증가함에 따라, 스마트폰 생산자들의 탄탈륨 한계수입생산 곡선이, 즉 콜탄 광석의 수요곡선이 바깥으로 이동한다. 수요곡선이 D_2로 이동함에 따라 콜탄의 시장가격과 수량은 각각 P_2^*와 Q_2^*가 된다.

콜탄의 공급곡선 S는 우상향인데 이는 콜탄 채굴량이 늘어날수록 비용이 한계적으로 증가하기 때문이다. 몇 가지 이유들 중 대표적인 것은 콜탄 광산 소재지에 관련된 지정학이다. 콜탄 수요가 낮은 수준일 때는 캐나다와 호주로부터의 보다 용이한 공급이 시장의 수요를 충족시킬 수 있다. 그러나 수요가 증가함에 따라 광산업자들은 내전 중인 콩고공화국 및 르완다의 오지 또는 브라질 정글의 환경적으로 민감한 지역처럼 채굴이 어렵고 비용이 큰 곳으로 가면서 생산을 확대시키게 되었다.

슬프게도 콜탄 생산의 증가에 수반되는 비용은 광산업자들만이 아니라 해당 지역 주민들도 부담하게 되는데, 콜탄 채굴의 결과로 추가적인 사회적, 환경적 문제들을 겪게 된 것이다. (이

그림 13.9 콜탄시장

스마트폰 수요의 증가가 콜탄 수요곡선을 D_1에서 D_2로 이동시킨다. 그에 따라 콜탄의 균형가격과 수량은 P_1^*, Q_1^*에서 P_2^*, Q_2^*로 변한다. 콜탄의 공급곡선 S는 우상향인데, 콜탄 채굴량이 늘어날수록 비용이 한계적으로 증가하기 때문이다.

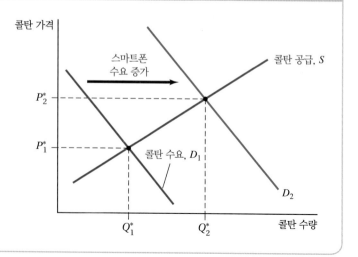

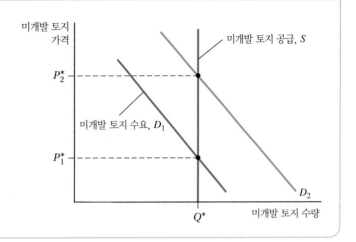

그림 13.10 미개발 토지 시장

미개발 토지의 공급은 Q^*로 고정되어 있다. 그러므로 모든 수요의 변화는 토지 가격의 변화로 귀결될 뿐이다. 예컨대 미개발 토지의 수요가 D_1에서 D_2로 증가하면 토지의 균형가격은 P_1^*에서 P_2^*로 상승하며, 수량에는 변화가 없다.

처럼 생산자들이 부담하지 않는 추가적 비용은 **외부효과**라고 하는데, 제17장에서 자세히 살펴본다.) 애플 같은 콜탄 사용자나 공급자들은 콩고의 어떤 광산이 노동안전을 중시하고 아동노동을 사용하지 않는지를 확인하는 체제를 형성하고, 문제가 심각한 생산자가 생산한 광석과 섞이지 않도록 운송 상황을 추적하기 위해서 협력하고 있다. ■

토지 노동이나 중간재 시장과는 다소 다른 시장이 **미개발 토지**(unimproved land) 시장인데, (농업, 주택, 제조업, 또는 사무실 공간 등과 같은) 경제활동이 벌어지는 물리적 공간이다. 차이점은 다른 요소들과는 달리 미개발 토지의 공급은 기본적으로 고정되어 있다는 것이다. 지구상의 토지는 있는 그대로일 뿐이다.

미개발 토지의 고정된 공급이 표준적인 수요-공급 분석에 문제를 초래하지는 않는다. 단지 공급곡선이 수직임을 의미한다. 따라서 그림 13.10에서처럼 수요의 변동은 토지의 균형가격에만 영향을 줄 뿐 수량에는 아무런 변화가 없다.

그러나 **특정 용도의 토지공급**은 고정되어 있지 않다는 점에 유의하자. 가령 작물의 가격이 상승하면 이전에는 농사를 짓지 않던 토지의 일부가 경작되기 시작할 것으로 예상할 수 있다. 마찬가지로 작물 가격이 하락하면 경작지의 일부가 주택이나 산업용과 같이 다른 용도로 전용될 것이다. 그리고 어떤 지역에서 생활수요가 증가하면 농업 또는 임업 용지이던 땅이 주거용, 상업용 또는 산업용으로 전환될 것이다.

미개발 토지
(농업, 주택, 제조업 등) 경제활동이 이루어지는 물리적 공간

13.6 불완전경쟁적 요소시장 : 수요독점, 요소수요독점

지금까지 관심의 대상은 완전경쟁적 요소시장이었다. 개별 수요자들, 즉 기업들은, 시장의 수요와 공급에 의해 결정되는 균형가격을 주어진 것으로 여기고 생산요소들을 얼마나 구매할 것인지를 결정한다. 생산요소의 공급자들도 마찬가지다. 그들은 가격을 주어진 것으로 받아들인 후 그 가격에서 얼마만큼을 공급할 것인지 결정한다.

앞에서도 살펴보았듯이 완전경쟁적 시장은 현실 세계에서는 드물다. 이제 요소 수요자나 공

급자가 가격수용자가 아닌 경우 어떻게 되는지를 살펴보기로 하자. 수요자가 시장지배력을 보유하는 경우부터 시작하자.

공급자가 일정한 독점력을 가진 경우, 즉 판매량에 대한 의사결정이 판매가격에 영향을 미친다는 것을 인식하는 경우에, 시장이 어떻게 움직이는지에 대해서는 제9~11장에서 이미 살펴본 바 있다. 일부 요소시장에서 중요한 수요 측면의 독점도 있다. 구매자가 선택한 구매량이 시장가격에 영향을 줄 때 이러한 형태의 시장지배력을 **수요독점력**(monopsony power)이라고 부른다.

일정한 수요독점력을 가질 수 있는 집중적인 구매자의 예는 많다. 펩시와 코카콜라, 타겟과 월마트, 애플과 삼성 등은 각 회사의 규모가 매우 커서 그 제품에 대해 구매자들이 지불하는 가격에 영향을 미칠 수 있을 뿐 아니라 요소공급자들에게 지불하는 가격에도 영향을 줄 수 있다. 나비스코(Nabisco)는 무화과를 재료로 하는 과자시장에서 지배적인데, (요소공급자인) 다수의 무화과 농가들로부터 무화과를 구매한다. 나비스코가 자신의 과자 생산을 줄이기로 결정하면 무화과 가격에 영향을 주게 된다.

<aside>
수요독점력
구매자의 구매량에 대한 선택이 그 제품의 시장가격에 영향을 주는 경우
</aside>

한계지출

보다 구체적으로, 캐나다의 북부 앨버타의 오지에 위치한 애서배스카 오일샌드(Athabasca Oil Sands, AOS) 지역의 석유 노동자 시장을 생각해보자. 당신이 이 지역 주민이라면 석유 생산업에 종사할 가능성이 높으며 지역을 떠나지 않는 한 직장을 바꾸기도 어려울 것이다. 동시에 소수의 대규모 회사들이 그곳의 석유 생산과 고용의 대부분을 차지한다.

이러한 사실들은 AOS 지역의 고용주들은 일정한 수요독점력을 가지고 있음을 의미한다. 각 회사가 전체 노동시장 수요의 상당 부분을 차지하기 때문에 고용량을 늘릴수록 임금은 상승할 것이다. 공급독점의 경우에서처럼, 기업은 문자 그대로 유일한 구매자가 아니면서도 수요독점력을 가질 수 있음에 주목하라. 핵심은 그가 구매(고용)할 때 가격(임금)수용자가 아니라는 점이다. 경쟁적 요소시장이라면 석유회사들이 노동자의 한계수입생산과 시장임금이 같아질 때까지 고용하게 된다는 것은 앞에서 살펴본 바와 같다. 그 임금은 시장 차원의 수요와 공급에 의해 결정되며, 기업은 그것을 주어진 것으로 여긴다. 하지만 앨버타 지역의 최대 석유회사 중 하나인 신크루드(Syncrude) 같은 수요독점자는 시장력을 가진 구매자이다. 그 회사는 시장 노동수요의 상당 부분을 고용하므로 임금에 영향을 미치게 된다. 바꿔 말하자면, 그 회사는 (수평이 아닌) 우상향의 노동공급곡선에 직면하고 있는 것이다. 신크루드는 고용을 늘릴수록 더 높은 임금을 지불해야만 한다. 따라서 신크루드 같은 수요독점자는 공급독점의 경우와 유사한 딜레마에 봉착하게 된다.

<aside>
한계지출(ME)
제품 한 단위를 더 구매하는 데 지출되는 추가적인 금액
</aside>

신크루드의 의사결정은 **한계지출**(marginal expenditure, *ME*), 즉 노동을 1단위 더 구매하는 데 따르는 추가적인 지출의 관점에서 생각해볼 수 있다. 시장력이 없는 구매자는 가격에 영향을 주지 않고 원하는 수량을 얼마든지 구매할 수 있다. 그들의 한계지출은 구매량에 관계없이 단지 시장가격이다. 하지만 수요독점자의 경우에는 그렇지 않다. 신크루드가 고용을 늘리고자 하는 경우에는 수요량의 증가가 충분히 커서, 추가적인 노동이 시장에 나오게 하려면 시장임금이 오를 수밖에 없다. 이것은 추가적인 노동 구매에 따른 한계지출(*ME*)이 단지 그 한 명의 노동에게 지불한 더 높아진 임금이 아니라는 것을 의미한다. 한계지출은 그 임금에 다른 비추가적인(즉 기존의) 노동자들 모두에게도 지불해야만 하는 추가적인 임금 상승을 더한 것이다.

예를 통해 더 쉽게 이해할 수 있다. 1,000명을 고용한다면 1인당 임금은 5만 달러이지만, 1,100명을 고용하려면 임금이 6만 달러로 상승한다고 가정하자(여기서는 노동의 한계단위가 100명이라고 가정한다). 1,000명 고용의 총임금지출은 5,000만 달러(1,000×5만 달러)인 반면 1,100명 고용의 총임금지출은 6,600만 달러(1,100×6만 달러)가 될 것이다. 따라서 추가 노동 1단위(100명)에 대한 한계지출(*ME*)은 단지 추가되는 100명에게 지불하는 600만 달러(100×6만 달러)가 아니라 1,600만 달러(1,100명일 때의 6,600만 달러 – 1,000명일 때의 5,000만 달러)가 된다. 즉 100명을 더 고용하기 위해서는 추가 인원에 대한 지불 600만 달러 외에도 1,000만 달러(기존 노동자 1,000명 각자에게 1만 달러씩)를 더 지불해야만 하는 것이다. 그러므로 독점공급자의 경우에 한계수입이 가격과 다른 것과 마찬가지로 수요독점적 구매의 경우에 한계지출은 가격(임금)과 다르다. 물론 차이의 방향은 반대이다. 한계수입은 항상 독점공급자의 (판매)가격보다 적지만, 한계지출은 독점수요자의 (구매)가격보다 더 많다.

수요독점자의 한계지출을 수학적으로 나타내면, 수량 증가에 따른 가격 변화 곱하기 수량의 금액을 가격에 더한 것이다.

$$ME = P + (\Delta P/\Delta Q) \times Q$$

이 식이 낯익어 보인다면, 그것은 제9장에서의 한계수입의 정의와 매우 유사하기 때문이다. 차이점은 공급독점력과 한계수입의 경우에는 우하향의 수요곡선에 따르는 것인 만큼 $\Delta P/\Delta Q$가 음수라는 것이다. 수요독점력과 한계지출의 경우에는 우상향의 공급곡선에 연계된 것인 만큼 $\Delta P/\Delta Q$가 양수이다. 수평의 공급곡선에 직면하고 있는 구매자, 즉 수요독점력이 없고 따라서 요소의 구매가격을 주어진 것으로 수용하는 구매자의 경우에는 $\Delta P/\Delta Q = 0$이고 $ME = P$가 됨에 주목하라.

신크루드가 수요독점자로서 노동을 고용하는 경우에는 우상향의 노동공급곡선에 직면하게 된다. 이것은 노동의 한계지출이 항상 임금보다 크다는 의미이며, 그림 13.11에서처럼 *ME*곡선은 항상 노동공급곡선의 위쪽에 위치할 것이다. 그림에서처럼 직선형 공급곡선의 경우에는 *ME*곡선은 기울기가 공급곡선의 2배인데, 이는 수요곡선과 한계수입곡선의 경우와 마찬가지다(제9장 참조).

수요독점력하의 요소수요

가격수용적 구매자는 한계수입생산이 가격과 일치할 때까지 요소를 구매한다. 따라서 가격수용적 구매자의 최적 투입량은 한계수입생산이 한계지출과 일치하게 되는 수량으로 나타낼 수 있다($MRP = ME$). 이 표현은 수요독점자든 경쟁적 기업이든 동일하게 적용된다. *ME*를 어떻게 정의하는지가 문제일 뿐이다. 수요독점적 구매자가 $MRP = ME$인 수량보다 더 많이 구매하고 있다면 수요독점자의 추가 구매지출이 그로부터 얻게 되는 추가 수입보다 클 것이다. 반대로 $MRP = ME$인 수량보다 더 적게 구매하고 있다면, 요소를 1단위 더 구매함으로써 얻는 추가 수입이 그로 인한 추가 구매지출보다 클 것이다. 오로지 $MRP = ME$인 경우에만 수요독점자는 이윤극대화 투입량을 구매하고 있는 것이다.

경쟁적인 경우든 수요독점의 경우든 똑같이 $MRP = ME$ 규칙이 적용되지만, 두 경우에 *ME*는 서로 다르다. 가격수용자의 경우 $ME = P$이지만, 수요독점자의 경우는 $ME = P + (\Delta P/\Delta Q) \times Q$

그림 13.11 수요독점기업의 고용 의사결정

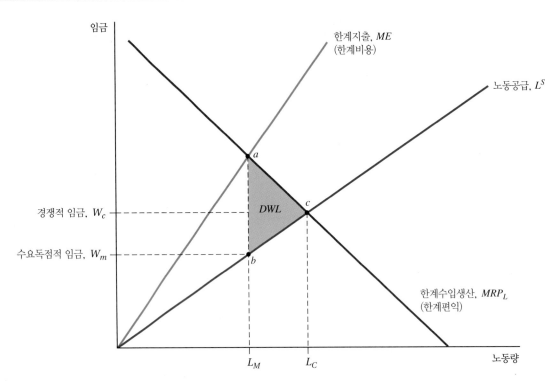

수요독점자는 우상향의 공급곡선 L^S에 직면하게 되는데, 따라서 한계지출곡선 ME는 공급곡선보다 위에 있게 된다. 수요독점자는 한계지출(노동의 한계비용)과 MRP_L(노동의 한계편익)이 일치하는 a점에서 L_M의 노동을 고용한다. 그리고 그 수량 L_M에서의 공급곡선의 높이인 b점에서 W_m의 임금을 지불한다. (수요독점 대신에) 완전경쟁적 기업들이 동일한 공급곡선에 직면하게 된다면 L_C의 노동량을 고용하고 W_c의 임금을 지불했을 것이다. 수요독점은 후생손실을 초래하는데(그림의 DWL 영역), 왜냐하면 자신이 기업을 위해 창출하는 한계수입생산보다 더 낮은 임금으로도 일할 의사가 있지만 그럴 경우에 전체 임금이 너무 많이 상승하기 때문에 고용되지 못하는 노동자들이 있기 때문이다. 후생손실은 경쟁시장에서는 고용되겠지만 수요독점시장에서는 고용되지 못하는 노동을 나타낸다. 이처럼 상실된 사회적 잉여는 L_M과 L_C 구간에서 MRP_L곡선과 L^S곡선 사이의 영역, DWL과 같다.

이며 이는 P보다 항상 크다. 그러므로 동일한 MRP와 요소공급곡선의 경우에 수요독점자는 가격수용자보다 더 적은 양을 구매할 것인데, 그 이유는 수요독점자의 한계지출곡선이 한계수입생산과 같아지는 수량이 더 적기 때문이다. 수요독점자는 고용 확대가 임금을 상승시킨다는 것을 알기 때문에 고용을 다소 자제하게 된다. 추가적인 단위의 요소 고용의 비용은 가격수용자의 경우보다 더 크다. 이렇게 공급독점자가 판매를 제한하듯이 수요독점자는 구매를 제한하게 된다.

수요독점의 균형

구매자가 수요독점력을 갖는 시장에서 균형을 찾기 위해서는 공급독점의 경우에서처럼 3단계 과정을 따르면 되는데, 다만 수요 측면 대신에 공급곡선을 살펴보아야 한다. 구체적으로

1. 구매자가 직면하는 공급곡선으로부터 한계지출(ME)곡선을 도출한다.
2. ME가 한계수입생산(MRP)과 같아지는 곳에서 최적구매량을 결정한다.
3. 최적수량 수준에서 공급곡선으로 내려가서 요소에 대한 지불가격을 결정한다.

그림 13.11이 이러한 분석을 보여준다. 신크루드의 노동의 한계수입생산곡선은 MRP_L이며 구매자가 직면하는 노동공급곡선은 L^S이다. 먼저 공급곡선에 상응하는 한계지출곡선 ME를 그린다. 알다시피 그것은 L^S보다 위에 위치하며, L^S가 직선이므로 기울기는 2배로 가파르다. 둘째, ME 곡선이 MRP_L과 교차하는 곳을 찾아서 최적고용량을 결정한다. 이는 그림의 a점으로, 수량은 L_M이다. 셋째, 수량 L_M에서 공급곡선의 위치(높이)를 보고 지불할 임금을 찾는다. 이는 그림의 b점으로, 이에 상응하는 임금 W_m은 기업이 원하는 노동량 L_M을 노동자들이 기꺼이 공급하도록 하기 위해서 지불해야만 하는 수준이다.

수요독점 수량 L_M과 임금 W_m은 (MRP_L로 표현된) 노동수요가 수요독점자의 수요가 아니라 완전경쟁적 구매자들의 수요였다면 나타났을 그것들과는 다르다. 그 경우에는 균형임금과 노동량이 시장 수요곡선과 공급곡선의 교차점인 c점, 즉 수량 L_C와 임금 W_c로 나타날 것이다. 수요독점은 경쟁시장의 경우보다 적은 고용량과 낮은 임금을 가져온다. 근로자들은 자신들의 한계생산물만큼 임금을 받지 못한다. 그보다 적게 받는다. 그리고 그 차이는—독점생산자의 이윤(markup)과 대응되는 것으로서—특정 기업이 직면하는 노동공급의 탄력성에 따라 달라진다.

공급독점에서처럼 수요독점도 후생손실(DWL)을 초래한다. 그 이유는, 자신이 기업을 위해 창출하는 한계수입생산보다 더 낮은 임금으로도 일할 의사가 있지만 그럴 경우에 전체 임금이 너무 많이 상승하기 때문에 고용되지 못하는 노동자들이 있기 때문이다. 그림 13.11에서 L_M과 L_C 사이에 해당하는 노동 단위들은 사회적 가치를 갖지만 고용되지 못하는 경우이다. 이러한 미고용 노동에 따른 후생손실의 크기는 그들이 고용되었더라면 창출되었을 총잉여이다. 주어진 노동 단위로부터의 잉여는 노동수요곡선(그 노동이 구매기업에게 가져다주는 가치)과 노동공급곡선(그 노동에게 지불해야 하는 지출)의 수직 차이이다. 경쟁시장에서는 고용되겠지만 수요독점시장에서는 고용되지 않는 노동의 잉여들을 모두 합하면 그림에 DWL로 표시된 삼각형이 된다. 이 삼각형이 수요독점력으로 인한 후생손실이다.

 응용 미국 프로농구의 신인 선수 보수체계

노동시장에서 수요독점력이 작용하는 두드러진 사례 중 하나가 미국 프로농구(NBA)의 신인 선수(rookie) 시장이다. NBA는 수요독점자인데, 미국 내 프로농구 서비스의 유일한 구매자이며, 구성 팀들은 이러한 단일 구매자 구조를 유지하기 위해서 고용활동을 조정하고 있기 때문이다. NBA와 선수들 간의 단체협약은 리그의 수요독점력을 행사해서 신인 선수들의 첫 계약에서 인위적으로 낮은 연봉을 책정한다.

예를 들어 제임스 하든, 르브론 제임스, 스테픈 커리처럼 대단한 선수들도 그들의 진정한 가치는 훨씬 더 높았음에도 불구하고 리그 활동 초기에는 신인 계약에서 규정된 최고 연봉보다 더 많이 받을 수 없었다. 82games.com 분석가들의 추정에 따르면, 예컨대 르브론 제임스가 세 번째 시즌에서 경쟁시장에서의 정당한 보수를 받았더라면 2,740만 달러였을 것이다. 하지만 실제 계약에서는 단지 460만 달러를 받을 수 있었을 뿐이다. 그것도 만만한 금액은 아니지만 자신의 가치, 그리고 NBA가 팀들의 신인 고용을 조정하지 않았다면 받을 수 있었을 수준보다는 훨씬 적은 것이다. ■

 예제 13.2

오지에서 우라늄 광산을 운영하고 있는 한 회사는 그 위치 때문에 노동시장에서 수요독점력을 갖고 있다. 노동의 한계수입생산곡선은 $MRP_L = 800 - 10L$이다. 여기서 L은 고용되는 광부 수이고, MRP_L의 단위는 (인당) 1,000달러이다. 지역 광부들의 노동공급곡선은 $W = 10L - 100$이고, W는 임금이다.

a. 노동의 한계지출곡선은?
b. 회사가 고용하려는 노동량은 얼마이며, 그때 지불하는 임금은 얼마인가?
c. 노동의 한계수입생산곡선이 완전경쟁기업들의 경우에 해당한다면 고용량과 임금은 어떻게 되겠는가?

풀이

a. 노동공급곡선이 직선이므로, 한계지출곡선은 기울기가 2배임을 알 수 있다.

$$ME = 20L - 100$$

b. 한계수입생산과 한계지출을 일치시키는 노동량을 원할 것이다.

$$MRP_L = ME$$
$$800 - 10L = 20L - 100$$
$$30L = 900$$
$$L_m = 30$$

최적고용량은 30명이다.

지불해야 할 임금을 구하려면, 노동량을 노동공급곡선에 대입한다.

$$W_m = 10L_m - 100$$
$$W = 10(30) - 100 = 300 - 100$$
$$W_m = 200$$

30명을 고용하려면 인당 20만 달러의 임금을 지불해야 한다.

c. 경쟁적인 시장은 MRP_L이 노동공급곡선의 임금과 같아질 때까지 노동을 고용할 것이다.

$$MRP_L = W$$
$$800 - 10L = 10L - 100$$
$$20L = 900$$
$$L_c = 45$$

경쟁시장이라면 45명이 고용될 것이다.
임금은 공급곡선을 이용해서 구할 수 있다.

$$W_c = 10L_c - 100$$
$$W = 10(45) - 100 = 450 - 100$$
$$W_c = 350$$

경쟁시장의 임금은 인당 35만 달러일 것이다.

13.7 불완전경쟁적 요소시장 : 요소공급독점

독점시장에 대해서는 제9장과 제10장에서 자세히 다루었다. 거기서 살펴본 개념들은 공급자가 시장지배력을 갖는 요소시장에도 똑같이 적용된다. 예를 들어 회사의 세금부담을 줄이기 위해 빠져나갈 구멍을 찾도록 도와주는 일을 세계에서 가장 잘하는 회계사를 생각해보자. 그가 (아마도 다른 회계사들은 모르는 비결을 알고 있기 때문에) 시장지배력을 갖고 있다면 완전경쟁시장의 경우보다는 적게 일할 것인데, 너무 많이 일하면 서비스의 가격이 하락한다는 것을 알기 때문이다. 아마 가격차별도 시도할지도 모른다. 이런 가능성에 대해서는 시장지배력에 관한 앞의 여러 장에서 분석했다. 요소공급자의 시장지배력은 다른 어떤 재화나 용역 공급자의 시장지배력과도 같다는 점을 유념할 필요가 있다.

노동시장과 노동조합

요소시장에서 가장 많이 연구되어온 시장지배력의 보유자는 아마도 노동조합일 것이다. 노동조합은 조합원의 노동공급 행동을 조정함으로써 이들이 집단적으로 노동의 독점적 판매자처럼 행동한다. 노동조합은 카르텔처럼 모든 구성원(조합원)의 입장에서 더 나은 결과를 얻기 위해 조합원들의 시장 행동을 조정한다. 노동조합은 앞에서 살펴본 바처럼 무임승차 및 신규 진입자의 수용 등과 같은 카르텔 안정성의 문제에 동일하게 직면하게 되지만, 이런 문제를 잘 관리하기만 한다면 조합원들이 받는 임금을 현저하게 높일 수 있다.

노동시장에서 노동조합의 효과에 대한 분석은 우리가 이미 익숙해진 표준적인 독점 모형과 유사하다. 노동조합은 제품, 즉 조합원들의 노동에 대한 수요에 직면하게 되는데, 그림 13.12의 L^D이다. 노동조합의 조정 역할 때문에 시장지배력을 갖게 되므로 조합원의 노동에 대한 수요곡선은 우하향이다. 조합원들이 노동공급량을 늘린다면 그들이 받는 임금은 하락할 것이다. 그러므로 조합의 한계수입, 즉 노동공급이 1단위 증가함에 따라 조합원들이 얻는 추가적인 수입은 임금보다 적다. 노동조합의 한계수입곡선은 그림에서 MR이다. 여기서 한계비용곡선 MC는 조합원들의 여가시간의 가치로서 그들이 노동공급을 늘릴 경우에 포기하게 되는 것이다.

여기까지는 모든 것이 이전의 독점 모형의 경우와 정확히 일치한다. 그렇지만 다른 독점적 공급자에 비해 다소 차이가 나는 것은 노동조합이 극대화를 시도하는 목표이다. 시장지배력을 가진 판매자는 이윤극대화를 위해 한계수입과 한계비용이 일치할 때까지 판매할 것임은 물론이다. 노동조합이 이렇게 한다면 조합원들이 얻는 임금소득과 그들의 노동이 갖는 기회비용의 차이를 극대화하는 것이 될 것이다. 이것이 그림 13.12의 a점으로 나타나 있다. 노동공급량은 L_1, 임금은 W_1, 그리고 조합원들의 총'이윤'은 $L=0$에서 $L=L_1$까지의 구간에서 W_1 아래, MC 위의 사다리꼴이다. (임금과 포기한 여가의 가치와의 차이는 조합원의 노동공급으로부터 창출되는 잉여로 생각할 수 있다.)

이런 분석은 일부 노동조합들의 노동공급 결정을 보여줄 수 있다. 그렇지만 그런 목표는 많은 노동조합들의 목표와는 다르다고 생각하는 경제학자들도 있다. 부분적으로는, 노동조합이 조합원들의 노동의 기회비용을 측정하기 어렵다는 점을 들 수 있다. 시장지배력을 가진 기업이 생산의 한계비용에 대해서는 잘 알고 있고 따라서 언제 이윤을 극대화하는지를 잘 알 수 있겠지만, 노동조합이 한계비용에 해당하는 것을 측정하기는 매우 어렵다. 그 대신에 경제학자들은 종종 노동조합이 조합원들의 총임금소득(즉 총노동공급량에 임금을 곱한 것)을 극대화한다고 믿는다. 이 목표는 쉽게 측정할 수 있으며(그것은 단지 각 조합원의 임금소득을 합한 것이다) 따라서 조합원이나 지도부의 실체적인 목표가 된다.

총임금소득은 조합의 한계수입(조합원이 한 명 더 추가됨에 따른 임금 수입의 증가)이 0과 같아질 때 극대화된다. 이것은 $MR=0$일 때인데, 왜냐하면 거기서부터는 더 추가되는 노동은 수입(총소득)을 감소시키기 때문이다. 이것은 그림 13.12의 b점으로 나타난다. 노동조합

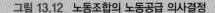

그림 13.12   노동조합의 노동공급 의사결정

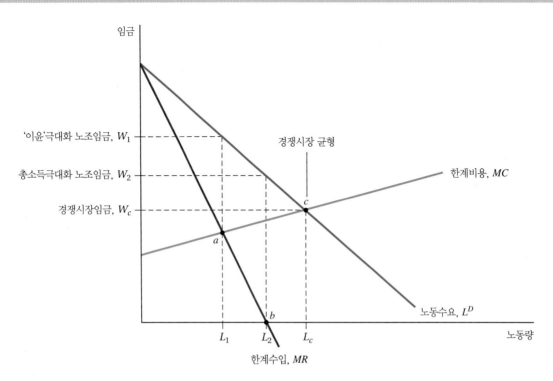

시장력을 가진 판매자의 통상적인 이윤극대화의 경우처럼, 노조가 조합원의 총'이윤'극대화를 목표로 한다면, 한계비용곡선과 한계수입곡선이 교차하는 a점에서 L_1의 노동을 공급할 것이다. 이 수량에서 임금은 노동수요곡선이 보여주듯이 W_1이 될 것이다. 그 대신에 노동조합이 총임금소득의 극대화를 목표로 한다면, 조합의 한계수입이 0이 되는 b점을 선택할 것이다. 여기서 노동공급량은 L_2, 임금은 W_2이다. c점은 경쟁시장 균형을 나타내는데, 노동수요곡선과 한계비용곡선이 교차한다. 경쟁시장임금은 W_c, 노동량은 L_c이다. 따라서 목표가 무엇이든 간에, 노동조합은 경쟁균형에 비해서 더 높은 임금으로 더 적은 노동량을 공급할 것이다.

이 이러한 목표를 추구한다면 공급량은 L_2, 임금은 W_2가 될 것이다. 이처럼 더 많은 공급량과 더 낮은 임금은 L_1과 W_1일 때에 비해서 '이윤'을 줄이게 된다(이윤은 $MR = MC$일 때 극대화되기 때문이다). 하지만 $MR = 0$이라는 목표는 노조원들이 얻는 총임금소득을 더 크게 만든다. 즉 $(L_2 \times W_2) > (L_1 \times W_1)$이다.

노동조합이 조합원들의 '이윤'을 극대화하든 총임금소득을 극대화하든, 노동조합은 경쟁시장의 경우보다 더 적은 노동량을 더 높은 임금으로 공급하게 될 것이다. 경쟁적 시장균형은 노동수요와 노동공급(여기서는 MC)의 교차점인 c점이 될 것이다. 경쟁시장에서 임금은 W_c, 노동량은 L_c이다. 노동조합이 조합원의 노동공급 결정을 조정함으로써 얻게 되는 임금 증가분(프리미엄)은 W_c와 (노동조합의 목표의 따라) W_1 또는 W_2의 차이다. 하지만 이러한 임금 증액은 경쟁적 노동시장에 비해 고용을 제한함으로써 얻어지는 것임에 유의하자.

응용 항만 노동자들의 임금 프리미엄

미국에서는 약 500만 명이 운수창고부문에서 일하고 있다. 트럭, 철도, 항공, 해운, 관수송(pipeline), 소포운송, 우체국 등 이 부문에서 사업하는 모든 기업의 주요 업무는 사람과 재화를 필요한 곳으로 이동시키는 것이다. 역동적이며 세계화된 적기공급(just-in-time) 경제에서 이 부문은 핵심적인 역할을 하고 있다.

현장의 항만 노동자

가장 최근의 자료에 따르면, 운수창고부문의 평균 연소득은 49,226달러였으며, 이것은 미국 전체의 민간부문 평균에 매우 근접해있다.

하지만 이 부문에서 수입이 그보다 훨씬 좋은 노동자 집단이 있다. 국제항운노조(ILWU)의 구성원으로서 미국 서부 연안의 29개 대형 항구에서 일하고 있는(항구에서 짐을 싣고 내리는 일을 하는) 항만 노동자들의 평균 연소득은 여섯 자리 숫자이다. 절반 정도가 10만 달러 이상을 벌고, 약 15%는 15만 달러 이상을 번다. 경력이나 기술도 없이 주간에 근무하는 ILWU 노조원의 보수는 시간당 29.49달러(풀타임이면 연봉 58,940달러)에서 시작해서 높아진다. 게다가 모든 ILWU 노조원에게는 의료서비스가 무료이다.[3]

이 집단의 노동자들은 어떻게 해서 이 부문의 다른 노동자들에 비해 2배 혹은 3배 이상의 보수를 받고 있을까? 한 가지 가능한 설명은, 그들이 평균적으로 경험과 기술이 많으며, 높은 보수는 인간자본이 생산성을 높인다는 사실을 반영한다는 것이다. 부분적으로 그럴 수 있다. 항만 노동자의 다수가 매우 가치 있는 기술을 갖고 있다—부주의한 또는 미숙련 크레인 기사는 파괴적이며 위험하다. 그러나 아마도 ILWU의 시장지배력이 또한 중요한 요인일 것이다.

ILWU가 활동하는 시장 환경의 몇 가지 특성들이 ILWU를 특별히 강한 공급자로 만들었다. 먼저 서부 연안 전반에서의 운송량의 폭발적 증가가 항만 노동자들에 대한 수요를 크게 증가시켰다. 서부 연안 컨테이너 물동량은 세계무역이 확대되고 아시아 국가들이 제조업 공장 역할을 하게 되면서 지난 35년간 6배 증가했다. 로스앤젤레스와 롱비치 항만을 보더라도 매년 4,000억 달러 가치의 상품이 이곳을 경유한다. 둘째, 항만은 대체재가 별로 없다. 재화가 배로 들어오면 화물을 내리고 내륙으로 보내야 하는데, 다른 경로가 없다. 저임금 국가로 공장을 옮기는 것처럼 항구를 옮길 수는 없으며, 새로운 항구를 건설하는 것도 쉽지 않다. ILWU가 서부 연안의 모든 주요 항구에서 활동하고 있는 만큼, 운송회사들은 그들과 협상하는 것 외에 다른 선택지가 사실상 없다. 셋째, ILWU는 효율성 향상으로 노동을 절감하게 되는 기술 변화들도, 그에 따른 이윤 증가를 노조원이 나눠 가질 수 있는 한 이를 수용해온 역사를 갖고 있다. 이 때문에 회사와 노동조합의 협상 대상이 되는 파이의 크기가 커졌고, ILWU의 '고객'인 운송회사들로서는 반대할 이유가 줄어들었다. ■

---

3 여기서 숫자들은 대개 다음에서 인용한 것이다—Chris Kirkham and Andrew Khouri, "How Longshoremen Command $100K Salaries in Era of Globalization and Automation," *Los Angeles Times*, March 1, 2015. 부문 차원의 임금과 소득 자료는 미국 노동통계국에서 인용하였다.

13.8 쌍방독점

공급 측 시장지배력이든 수요 측 시장지배력이든 간에, 이 장에서 살펴본 요소시장 시장지배력의 모형들은, 시장의 한쪽이 집중적이거나 특히 강력하고, 모두가 가격수용자라는 경쟁시장 모형의 가정이 적용되기 어려운 경우에 매우 유용하다.

그렇지만 일방적 시장지배력 모형이 상황에 잘 맞지 않는 경우의 시장도 있다. 공급과 수요 양측이 모두 집중적인 시장들이다. 예컨대 자동차 산업을 생각해보자. 소수의 거대 자동차회사들이 각기 수십억 달러의 매출을 올리고 있는데, 그것은 각 회사가 부품 공급자들에 대해서 일정한 수요독점력을 가진다는 의미일 수 있다. 반면에 타이어 생산에서는 4개의 초대형 공급자(굿이어, 미쉐린, 쿠퍼, 브리지스톤)가 타이어 판매의 대부분을 차지하고 있다. 이 기업들이 타이어 시장의 공급 측면에서 일정한 시장지배력을 가질 것은 거의 분명하다.

쌍방독점
시장의 양쪽 모두에서 시장력의 상당한 집중이 있는 경우의 시장 구조

시장의 양쪽 모두에서 상당한 시장지배력의 집중이 있는 경우의 시장 구조를 **쌍방독점**(bilateral monopoly)이라고 부른다. ('monopoly-monopsony'가 보다 정확한 표현이겠지만 그렇게 부르는 이는 없다.) 앞에서 다룬 시장지배력에 대한 모형들은 시장의 일방만이 가격책정력을 갖는다고 가정한다. 쌍방독점의 경우에는 시장의 상황이 어떻게 될지 또는 각자가 어떻게 행동해야 할지를 찾아내기 위한 분명하고 단일한 모형이 없다. 공급독점의 결과와 수요독점의 결과 사이에 어떤 것이 될 수도 있는데, 가능성의 범위로서는 넓은 것이 사실이다. 이런 상황에서 무슨 일이 일어날지는 교섭과 협상력의 문제로 귀결된다. 이런 경우의 결과를 예측하는 데는 제12장에서 배운 게임이론 도구들이 유용할 수 있다.

13.9 결론

이 장에서는 생산에 투입물로 사용되는 재화, 즉 요소에 대한 시장들을 공부했다. 이 시장들은 수요와 공급의 상호작용으로 균형수량과 가격이 결정되는 다른 시장들과 여러 가지로 유사하다. 다소 특이한 것은 요소수요는 파생수요로서, 그것을 투입하여 생산하는 산출물에 대한 수요로부터 나온다는 점이다. 요소공급의 경우에도 배경이 다소 다른데, 노동공급이 노동-여가 간의 트레이드오프(trade-off)에 대한 의사결정에서 도출되는 점과 미개발 토지의 공급은 고정되어 있다는 점 등이다. 또한 요소가격은 특별한 명칭을 가질 때도 있는데, 노동에 대해서는 임금, 토지에 대해서는 임대료 등을 들 수 있다. 그러나 결국 요소시장의 기본적 작동 방식은 다른 시장들의 경우와 거의 같으며, 따라서 그것들로부터 배운 내용은 요소시장의 가격과 수량의 이해에도 유용하다.

요약

1. **요소시장**은 산출물을 생산하는 데 사용되는 투입물들의 시장이다. 가장 중요한 요소시장 중 하나가 노동시장이다. 노동의 **한계수입생산**은 노동의 한계생산에 한계수입을 곱한 것이다. 완전경쟁적 요소시장에서 기업의 최적노동량은 노동의 한계수입생산이 임금과 같아질 때이다. 임금이 상승하면 최적 노동고용량은 감소하며, 임금이 하락하면 그 반대이다. 노동수요는 **파생수요**의 한 예인데, 즉 다른 제품의 수

요로부터 나오는 수요이다. [13.1절]

2. 생산함수나 자본량의 변화는 노동의 한계생산곡선을 이동시키며, 따라서 노동수요곡선의 이동을 가져온다. 마찬가지로 산출물에 대한 수요의 변화는 한계수입곡선을 이동시켜서 노동수요곡선의 이동을 가져올 수 있다. 시장 노동수요는 모든 기업의 노동수요곡선들의 수평합이다. [13.1절]

3. 개인의 노동공급은 여가의 소비와 노동에 따른 소득으로 구매할 수 있는 재화와 용역의 소비 간의 선택을 수반한다. 따라서 여가와 소비의 상대가격은 개인의 임금률이다. 임금 변동이 노동공급에 미치는 순효과는 대체효과와 소득효과의 합이다. 일반적으로 대체효과가 우세해서 더 높은 임금은 사람들로 하여금 더 많이 일하게 만든다. 하지만 원칙적으로 임금이 일정 수준 이상이 되면 소득효과가 더 우세해져서 임금이 상승할 경우 일하려는 시간이 감소할 수 있다. 이런 현상은 후방굴절 노동공급곡선을 가져올 수 있다. [13.2절]

4. 임금이 기업들의 노동수요량과 노동자들의 노동공급량을 일치시키는 수준이 될 때 노동시장은 균형에 도달한다. 장기적으로 기업은 자본투입을 조정할 수 있으며, 따라서 노동수요곡선은 단기에서보다 더 평평하다. [13.3, 13.4절]

5. 중간재는 다른 제품의 생산에 투입요소로 사용되도록 만들어진 제품으로, 중간재의 공급은 다른 제품들의 공급과 유사하다. 한편 특정 용도로 지정되지 않은 미개발 토지의 공급곡선은 수직선인데, 이는 공급이 본질적으로 고정되어 있기 때문이다. [13.5절]

6. 수요독점력은 구매자의 구매량 선택이 구매하는 제품의 시장가격에 영향을 주는 경우이다. 한계지출은 제품 1단위를 더 구매함에 따른 추가 지출인데, 시장지배력이 없는 구매자의 경우에는 가격과 같지만 수요독점자의 경우에는 항상 가격보다 높다. 수요독점자가 이윤을 극대화하는 투입물 구매량은 한계수입생산과 한계지출이 일치할 때이다. 수요독점에서는 경쟁시장의 경우보다 더 낮은 가격에 더 적은 양을 구매하게 된다. [13.6절]

7. 앞의 장들에서 (공급)독점에 적용되던 개념들은 요소시장에서 시장지배력을 가진 공급자의 경우에도 적용된다. 노동조합은 요소시장에서 가장 잘 알려진 시장지배력 보유자의 예이다. 노동조합이 통상적인 이윤극대화 판매자와 같이 행동한다면 한계수입과 한계비용이 일치하는 수준의 노동량을 공급할 것이다. 하지만 노동조합은 (이윤 대신) 총임금소득을 극대화한다고 보는 경제학자들이 많은데, 그럴 경우 한계수입이 0이 될 때까지 노동을 공급한다. 어느 쪽이든, 노동조합은 경쟁시장의 경우보다 더 높은 임금에서 더 적은 양의 노동을 공급한다. [13.7절]

8. 쌍방독점은 시장의 양쪽 모두에서 상당한 시장지배력 집중이 있는 경우의 시장 구조인데, 일방적 시장지배력 모형은 이런 상황에 잘 맞지 않는다. [13.8절]

복습문제

1. 완전경쟁시장의 경우, 무엇과 무엇이 일치할 때 기업의 노동 고용량이 최적 수준이 되는가? 이 조건식을 어떻게 변형시키면 우변에 노동의 한계비용이 들어가도록 할 수 있는가?

2. 완전경쟁시장에서 임금이 상승할 경우, 최적노동 고용량은 어떻게 되는가? 임금이 하락할 경우에는 어떻게 되는가?

3. 노동수요곡선을 이동시킬 수 있는 두 가지 구성요소는 무엇인가?

4. 시장 노동수요는 어떻게 구해지는가?

5. 여가와 소비의 상대가격은 무엇인가?

6. 노동 고용량 결정이 임금 변동에 대해 보다 민감해지는 것은 단기에서인가 장기에서인가?

7. 수요독점자의 한계지출은 무엇인가?

8. *MRP*와 요소공급곡선이 동일할 경우, 수요독점자의 요소 구매량은 가격수용자보다 더 적은가 더 많은가?

9. 노동조합은 어떻게 총소득을 극대화하는가?

10. 시장의 양쪽 모두에서 시장지배력이 상당히 집중적인 경우에 시장 구조를 무엇이라 부르는가?

연습문제

(별표 표시가 된 문제의 풀이는 이 책 뒤에 있다.)

1. 컴퓨터에 문제가 있는 사람들에게 온라인 및 전화 지원을 제공하는 소규모의 경쟁적 기업이 있다. 노동의 한계생산(요청된 지원 건수로 측정)은 다음과 같다.

노동 단위	MP_L	MRP_L
1	14	
2	12	
3	10	
4	8	
5	6	

   a. 건당 6달러를 부과한다고 가정할 때, 노동의 한계수입생산을 계산하라.

   b. 이 회사가 직원을 4시간 단위로 60달러에 고용한다고 가정하자. 현재 직원이 단 1명이라면 이윤이 극대화되지 않는데, 이유는 무엇인가? 두 번째 직원을 고용하는 경우에 이윤이 얼마나 증가하겠는가?

   c. 단위당 60달러에 직원을 고용한다고 가정하고, 만일 5명을 고용한다면 이윤이 극대화되지 않는데, 이유는 무엇인가?

   d. 고용해야 할 최적의 직원 수를 구하라.

*2. 기업의 산출량이 이윤극대화 수준보다 적을 경우에 MRP_L이 시장임금보다 클 가능성이 높은 이유를 두 가지 제시하라. 산출량이 늘어나면 MRP_L은 어떻게 되는가? 왜 그런가? 기업이 시장지배력을 보유하는지 여부에 따라 답이 달라지겠는가?

3. 1번 문제의 상황을 가정하자.

   a. 이 회사의 노동수요곡선을 그려라. 그리고 회사가 직면하는 노동공급곡선도 그려라. (힌트 : 노동수요는 노동의 한계수입생산과 같음을 상기하자.)

   b. 이윤극대화 노동 고용량을 표시하라.

   c. 마이크로소프트사가 특히 말썽 많은 버전의 윈도를 출시했다고 가정하자. 따라서 지원 서비스의 수요가 증가했고, 수요의 증가로 지원 서비스의 가격이 6달러에서 10달러로 상승했다. 회사의 새로운 노동수요곡선을 그리고, 최적고용량을 구하라.

   d. 노동수요가 파생수요라고 불리는 이유에 대해서, (c)의 변화가 도움이 되는가?

4. 기업이 직원에게 지불하는 **실질임금**은 기업이 직원의 화폐임금을 지불하기 위해서 팔아야만 하는 산출물의 단위 수를 가리킨다.

   a. 한 공장에서 직원은 시간당 21달러를 받으며, 제품(산출물)은 단위당 3달러에 판매되고 있다면, 직원에게 지불되는 실질임금을 구하라. 실질임금의 단위는 무엇인가?

   b. 보다 일반적으로, 실질임금을 화폐임금과 제품 가격의 함수로 나타내라.

   c. 이윤을 극대화하려면 기업은 노동의 한계수입생산이 화폐임금과 같아질 때까지 고용해야 한다. 경쟁적 기업은 노동의 한계생산이 실질임금과 같아질 때까지 고용해야 한다는 것을 보여라.

*5. 투입과 산출 양쪽이 매우 경쟁적인 산업을 가정하자. 이 산업의 기업들이 직면하는 노동의 한계생산은 $MP_L = 25 - L$이다. 단, L은 고용된 노동자 수이고, MP_L의 단위는 시간당 제품의 양이다. 제품 가격은 25단위당 10달러이다.

   a. 노동의 한계수입생산을 구하라.

   b. 임금이 얼마 이상이 되면 기업은 노동자를 전혀 고용하지 않게 되겠는가?

   c. 노동자들이 무료로 일한다면, 기업은 몇 명이나 고용하겠는가? 왜 그 이상은 고용하지 않아야 하는지 직관적으로 설명하라.

   d. 만일 시장임금이 시간당 20달러라면, 기업은 몇 명을 고용하겠는가?

   e. 새로운 생산 방식이 도입되어 노동자의 한계생산이 $MP_L = 35 - L$로 증가했다. 이런 변화가 노동자 고용 결정에 어떤 영향을 미치겠는가?

6. 어떤 생산자의 단기 생산함수가 $Q = 2L^{0.5}$과 같다. 노동의 한계생산은 $MP_L = 1/L^{0.5}$이다.

   a. 생산물의 (역)수요함수가 $P = 100 - 0.5Q$일 때 노동의 한계수입생산을 구하라.

   b. 노동자는 시간당 18달러에 고용할 수 있다. 몇 명을 고용해야 하는가?

c. 생산물은 시장에서 얼마에, 또 얼마나 팔리겠는가?

d. (b)에서 구한 최적고용량보다 한 사람 더 고용하면 어떻게 되는가?

7. 1번 문제에서의 기업을 다시 생각해보자. 이 기업은 노동시장에 일손이 부족해서 지금 노동자를 구하기가 어렵다.

a. 자격 있는 노동자를 구하기가 어려운 것은 지역적으로 고립된 마을에 위치한 때문이라고 가정하자. 이제 노동시장 상황에 따라 임금 수준이 84달러까지 올랐다면, 회사는 고용을 어떻게 조정해야 할까?

b. 노동시장 초과수요 상황이 기술산업 전반의 수요가 폭증했기 때문이며 따라서 이 기업만이 아니라 기술지원 업종의 기업 모두가 영향을 받는다고 가정하자. 고용 비용의 증가가 기술지원 서비스 가격을 6달러에서 7달러로 인상시켰다면 회사는 고용을 어떻게 조정해야 할까?

c. 임금이 가격에 미치는 효과 때문에 노동수요의 탄력성이 감소하게 되는 상황을 설명하라.

8. 세계 최악의 정치인이 최근 집회에서 다음과 같이 말했다. "이 나라는 열심히 일해서 세운 나라이다. 내가 당선된다면 소득세를 높임으로써 더 많이 일하게 만들 계획이다." 이 정치인이 옳을 가능성이 있는가? 즉 소득세 인상이 사람들로 하여금 더 일하게 만들 수 있는가? 소득효과와 대체효과를 언급해서 설명하라.

9. 노동공급곡선이 아래와 같이 후방굴절형인 사람이 있다. 임금이 시간당 50달러 이상인 경우에 임금이 상승하면 일을 줄이고 여가를 더 많이 즐기게 된다. 이는 여가가 정상재라는 의미이다. "그렇다면 시간당 50달러 미만일 때는 여가가 열등재임이 분명하다." 이 주장의 진위를 밝히고 설명하라.

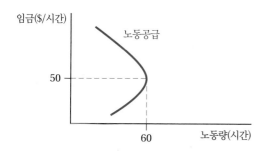

10. 조립공장에서 일하는 어떤 노동자 갑을 가정하자. 갑은 돈을 쓰는 것도 좋아하지만 일하지 않고 노는 것도 좋아한다. 갑의 무차별곡선은 그림과 같다.

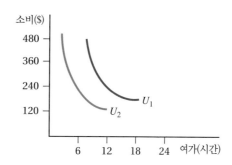

a. 갑은 현재 시간당 20달러에 일하고 있다. 갑의 예산제약을 그림에 추가하라. 몇 시간을 일하고 몇 시간을 놀게 될까?

b. 업종 사정이 나빠졌는데, 사장 말에 따르면 플라스틱 때문이란다(대체재 경쟁). 사장은 임금을 절반 수준으로 후려쳤다. 갑의 새 예산제약을 그려라. 갑은 임금 삭감 이전에 비해서 노동시간을 늘리겠는가 줄이겠는가?

c. 임금 삭감의 효과를 대체효과와 소득효과로 분해하라.

d. 갑의 경우에 여가는 정상재인가 하급재인가? (c)와는 무관하게 이 문제에 답할 수 있는 이유를 설명하라.

e. 갑의 노동공급곡선을 그려라. 그 형태에 특이한 점이 있는가?

11. 간호사 시장은 수요와 공급 양측이 모두 매우 경쟁적이다. 한 병원이 간호사를 몇 명 고용할 것인지 따지고 있다고 가정하자.

a. 고용결정이 어떻게 일어나는지 설명하기 위해 노동의 수요와 공급곡선을 그려라.

b. 간호사가 상대적으로 희소해져서 간호사의 시장임금이 상승했다고 가정하자. 이런 변화를 그림에 예시하라.

c. 시장임금의 상승이 간호사 수요를 감소시키는가? 설명하라.

d. 새로운 의료기기의 도입으로 간호사가 1시간에 더 많은 환자를 돌볼 수 있게 되었다면, 간호사의

수요와 고용에 어떤 변화가 있겠는가?

12. 다음 진술의 진위를 밝히고 그 이유를 설명하라. "기업은 장기적으로 노동을 자본으로 대체할 수 있으므로, 노동수요는 장기 탄력성이 단기 탄력성보다 더 작을 것이다."

13. 부유한 주거지역에 수영장을 건설하는 회사가 있는데, 현재 노동자들에게 시간당 10달러의 임금을 주고 있다. 회사가 직면하는 노동시장은 그림과 같다.

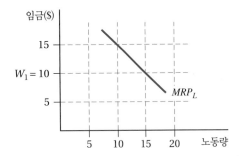

a. 회사는 10달러에 몇 사람이나 고용하겠는가?

b. 지방정부가 최근에 최저임금을 15달러로 인상했다. 회사는 단기적으로 고용을 어떻게 조정하겠는가?

c. 회사의 고용 조정으로 자본의 생산성은 어떻게 되겠는가? 장기적으로 회사는 자본량을 어떻게 조정하겠는가?

d. 회사가 자본량을 조정함에 따라서 회사 노동자들의 생산성은 어떻게 되겠는가? 자본량 변동의 효과를 그림에 나타내어라. 회사는 노동량을 어떻게 조정하겠는가?

e. 처음과 마지막의 임금-노동 점을 연결해서 회사의 장기 노동수요곡선을 나타내어라.

*14. 완전경쟁적인 밀가루 시장에서 밀가루를 구매해서 빵을 만드는 생산자가 1,000명 있다고 하자. 각 빵집의 밀가루의 한계수입생산은 $MRP_F = 60 - 0.01Q$와 같다.

a. 각 빵집의 밀가루에 대한 역수요함수는 밀가루의 한계수입생산이다. 빵집 1,000개의 수요곡선을 모두 합해서 시장수요를 구하라. (힌트 : 각자의 MRP_F 방정식을 Q에 대해 푼 다음 1,000을 곱하라.)

b. 밀가루의 시장공급은 $Q_S = 150,000P$와 같다. 밀가루의 시장가격을 구하라.

c. (b)에서 구한 가격에서 각 빵집은 몇 단위의 밀가루를 구매하려고 하겠는가?

d. 1,000개 빵집의 총수요량이 시장의 균형수량과 같음을 확인하라.

e. 빵값이 내려서 밀가루의 한계수입생산이 $MRP_F = 60 - 0.02Q$로 감소했다고 하자. 새로운 시장가격 및 수량과 각 빵집의 구매량을 구하라.

15. 조그만 마을의 노동의 독점수요자가 직면하는 노동공급이 아래 표와 그림에 나타나 있다.

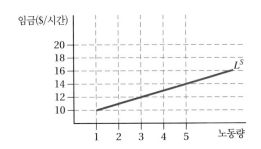

임금 ($/시간)	노동량	노동에 대한 총지출	노동에 대한 한계지출
10	1		
11	2		
12	3		
13	4		
14	5		

a. 고용하는 노동자 수에 따라 총지출이 얼마가 되는지를 계산해서 표의 빈칸을 채워라.

b. 각각의 경우에 노동에 대한 한계지출을 계산해서 표의 빈칸을 채워라.

c. 표의 한계노동지출의 값들을 그림으로 그려라.

d. 한계노동지출이 노동곡선에 비해서 어떤 형태를 갖는지 설명하라.

16. 적도 부근 작은 나라에서 정부가 모든 코코넛 생산자들의 산출물을 정부에게 팔도록 강제한다고 하자. 독점적 구매자의 한계지출은 $ME = P + (\Delta P / \Delta Q) \times Q$로 주어진다. 여기서 Q는 코코넛의 수량, P는 코코넛의 시장가격이다.

a. 정부가 직면하는 한계지출이 $ME = P(1 + 1/\varepsilon_s)$와 같아짐을 보여라. 여기서 ε_s는 코코넛 공급의 탄력성이다. (힌트 : 우변의 두 번째 항에 P를 곱하고 다시 P로 나눈다.)

b. 정부의 코코넛에 대한 한계지출은 항상 코코넛 가격 이상이 될 것임을 보여라.

c. 만일 구매 측이 경쟁적이라면 한계지출이 가격과 같아진다는 것을 (a)의 식을 이용해 설명하라.

17. 한 탄광촌의 노동 구매자가 유일한데, 그 기업이 직면하는 노동공급곡선은 $L^S = -700 + 100W$이다. 노동의 한계수입생산은 $MRP_L = 19 - 0.02L$이다.

a. 노동공급곡선을 역함수 형태로 바꾸고, 기업의 한계지출곡선을 도출하라. 노동공급과 한계지출 곡선을 그려라.

b. 이 기업의 노동 고용량은 얼마이며, 임금은 얼마를 주겠는가?

c. 노동자들을 두고 경쟁하는 광산업자들이 많이 있다면 노동 고용량과 임금은 얼마가 되겠는가?

d. 수요독점력에 따른 후생손실을 계산하라.

18. 아래 그림은 어떤 산업의 노동의 한계수입생산과 노동공급을 나타낸다.

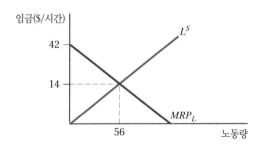

a. 노동의 한계수입생산을 수식으로 표현하라.

b. 노동공급을 수식으로 표현하라.

c. 이 산업의 투입과 산출 양쪽 모두가 경쟁적이라면, 고용량과 임금은 얼마가 되겠는가?

d. 생산자 중 하나가 다른 생산자들을 위협하여 모두 퇴출시켰다고 하자. 그 생산자는 노동의 수요독점적 구매자가 된다. 그가 직면하게 되는 한계지출 곡선을 구하고 그려라.

e. 수요독점적 생산자는 노동을 얼마나 고용하겠는가? 노동자들은 임금을 얼마나 받게 되겠는가?

f. 노동시장이 수요경쟁적에서 수요독점적으로 바뀜에 따라 고용은 얼마나 감소하는가?

g. 수요독점의 후생손실을 계산하고 그림에 표시하라. 노동의 구매 측에서 경쟁이 소멸되는 것이 사회적으로 좋은 일인가, 나쁜 일인가?

*19. 한 도시의 노동시장이 완전경쟁적이다. 노동수요는 $L^D = 200 - 5W$(L과 W는 각각 노동량과 임금이다)이다. 공급 측에서는 노동의 한계비용이 $MC = 0.5L$과 같다.

a. 노동의 역수요함수를 구한 다음, 수요와 공급을 일치시켜, 경쟁적 시장에서의 균형노동량을 구하라.

b. 노동의 균형임금을 구하라.

c. 기업들의 착취에 시달린 끝에 노동자들이 노동조합을 결성하고 노동을 집단적으로 공급하기로 결정했다. 새로 결성된 노동조합이 직면하게 되는 한계수입곡선을 도출하라.

d. 노동조합이 이윤을 극대화하기로 결정했다고 하자. 한계수입과 한계비용을 일치시켜 고용될 노동자 수를 구하라. 임금은 얼마가 되겠는가?

e. 실업률은 주어진 임금 수준에서 일하려고 하는 노동자들 중에서 실제 일하지 못하고 있는 노동자의 비율이다. 조합 임금 수준에서 일할 의사가 있는 노동자의 수를 구하고, 노동조합으로 인해 발생하는 실업률을 계산하라.

20. 어떤 기술자들의 고용이 노동조합에 의해 통제되고 있다고 가정하자. 조합의 입장에서, 노조원들의 이윤의 극대화가 바람직한가, 아니면 노조원들의 총임금소득의 극대화가 바람직한가? 사회적으로는 조합의 이윤의 극대화가 바람직한가, 노조원 총임금소득의 극대화가 바람직한가? 그림으로 설명하라.

*21. 텍사스주 유전에 큰 화재가 발생해서, 주정부가 유전화재 전문 소방업체로 유명한 회사를 고용하려고 하고 있다. 주정부가 화재진압을 위해 결국 얼마를 지불하게 될지 예측하려는 경우에, 이 장에서 살펴본 노동시장 모형들이 도움이 되지 못하는 이유를 설명하라.

투자, 시간, 그리고 보험

펠로톤(Peloton)은 단순히 운동용 자전거만을 파는 것뿐만 아니라 실시간 운동교실을 스트리밍으로 제공하는 신체단련회사이다. 많은 사람들이 자전거에 2,000달러를, 그리고 운동교실에 매달 40달러를 지불했다. 이러한 시장의 잠재력은 열정적인 투자자들의 시선을 끌었고 그들은 수억 달러를 투자했는데 지금은 그 가치가 수십억으로 올랐다.

펠로톤의 영업 이면에 존재하는 경제학은 이제까지 다루지 않았던 두 가지 흥미로운 요소를 포함하고 있다. 첫째는 *시간*이라는 요소다. 펠로톤은 성공한 기업이 되기 전까지 좀 더 좋은 자전거를 만들기 위해서, 좋은 강사를 확보하기 위해서, 그리고 투자자를 설득하기 위해서 몇 년간 애를 썼다. 수익을 얻게 되기까지 펠로톤은 막대한 돈을 써야 했다. 두 번째 요소는 불확실성이다. 펠로톤은 이제까지 존재하지 않았던 결합상품을 제공했던 것이다. 사업을 시작할 때는 초기비용을 회수하기에 충분할 만큼 수요가 클 것이라고 확신하는 사람은 아무도 없었다. (그들의 잠재적 투자자들은 더 회의적인 것처럼 보였다.) 그럼에도 불구하고 펠로톤의 경영진은 결과가 어떻게 될지 확신할 수 없는 상황에서 엄청난 일련의 결정들을 해야 했던 것이다.

펠로톤이 직면했던 시간과 불확실성이라는 본질적인 요소들은 기업과 소비자가 매일 직면하는 모든 종류의 의사결정에 내포되어 있다. 이번 장에서는 시간과 불확실성을 내포하고 있는 경제적 선택에 대해 살펴볼 것이다. 특별히 두 가지 선택에 대해 집중할 것인데, 장기간에 걸친 투자와 불확실성에 대비한 보험이 그것들이다.

투자(investment)는 미래의 수익을 기대하여 현재 자본을 구매하는 것이다. 소매상이 새로운 점포를 짓는 것은 투자의 예가 된다. 기업은 점포가 유지되는 동안의 미래의 이윤을 얻기 위해서 비용을 먼저 지불한다.[1] 우리는 서로 다른 시기에 발생하는 수익들이 어떻게 동일한 기준에서 평가될 수 있는지, 그리고 자본 투자로부터 발생하는 미래의 수익에 내재된 위험을 어떻게 고려하는지를 배운다. 또한 자본 투자 결정에서 핵심적인 역할을 하는 이자율이 자본시장에서 어떻게 결정되는지를 볼 것이다.

보험(insurance)은 한 경제주체가 자신이 직면한 위험을 줄이기 위해 다른 경제주체에게 돈을 지불하는 것이다. 소비자와 기업은 자신이 직면한 위험들을 줄이기 위해 모든 종류의 보험을 구매한다. 우리는 왜 그들이 그렇게 하는지, 그리고 위험을 줄이기 위해 얼마를 지불하려고 하는지를 살펴볼 것이다.

투자
미래에 편익을 얻을 목적으로 현재 자본을 구입하는 것

보험
한 경제주체가 직면하는 위험을 감소시킬 목적으로 다른 주체에게 돈을 지불하는 것

---

1 'investment'와 'investing'은 일상 대화에서 개인이나 기업이 은행, 중개인, 그리고 다른 금융기관들을 통해서 돈을 저축하는 행위를 묘사하기 위해 흔히 사용된다. 이것은 경제학자들이 이러한 단어를 통해 의미하려는 것과 정확히 일치하지는 않는다. 경제학적 정의는 미래의 수익을 위해 어떤 형태의 자본을 사는 것이다. 그러나 이 장의 뒷부분에서 보게 되듯이, 저축과 (경제학 정의에 의한) 투자는 사실 연관되어 있다. 그 연관성은 자본시장의 기능에서 비롯된다. 근본적으로는 저축가들은 투자자들이 자본을 구입하기 위해서 사용하는 자금을 제공한다. 그리고 투자자들은 저축가들에게 투자 수익의 일부를 돌려줌으로써 보상을 한다.

14.1 현재할인가치 분석

서로 다른 시기에 걸쳐서 비용과 편익이 발생하는 행동이나 거래에 관한 의사결정을 분석하는 것은 비용과 편익이 한 시기에 발생하는 경우보다 조금 더 복잡하다. 모든 것이 동시에 일어나면 편익이 비용보다 큰지를 판단하는 것은 간단하다. 그러나 현재 1,000달러의 비용이 들지만 5년 후에 1,200달러의 수익을 가져다주는 투자 결정을 생각해보자. 혹은 지금 500달러 그리고 1년 후와 2년 후에 다시 500달러씩의 비용이 드는 반면에 지금부터 1, 2, 3, 4년 후에 각각 400달러씩 수익이 발생하는 투자를 생각해보자. 서로 다른 시간에 발생하는 비용과 편익을 평가하는 것이 (그리고 위험할 수도 있는 미래의 편익을 평가하는 것이) 필요하다. 이번 장에서는 그것을 할 수 있는 도구를 배우게 될 것이다. 첫 번째 도구는 **현재할인가치**(present discounted value, PDV)라는 개념이다. 이것은 현재와 미래의 금전적 가치를 동일한 기준으로 전환하여 우리가 여러 기간에 걸쳐 발생하는 편익과 비용을 비교할 수 있게 해주는 수학적 개념이다.

현재할인가치
현재와 미래의 금전적 가치를 동일한 기준으로 전환하여 우리가 여러 기간에 걸쳐 발생하는 편익과 비용을 비교할 수 있게 해주는 수학적 개념

이자율

이자율은 현재의 돈에 대비하여 미래의 돈을 평가하는 방법을 제시함으로써 현재할인가치 분석에서 핵심적인 역할을 한다. 당신은 개인적 금융활동(은행저축, 자동차 할부, 학생 대출, 펀드투자 등)을 통해 이러한 개념들을 접해본 적이 있을 것이지만, 간단히 복습을 하는 것이 좋을 것이다.

이자(interest)는 빌린 자산의 크기에 따라 개인이나 기업이 지급하는 주기적인 보상이다. 이자 지급이 이루어지는 자산의 금액을 **원금**(principal)이라고 부른다. **이자율**(interest rate)은 지급된 이자가 원금에서 차지하는 비율이다. 이자율은 연, 월, 혹은 일과 같이 정해진 기간을 기준으로 표시된다. 따라서 이자의 지급은 단위기간마다 발생하는 유량 보상(flow payment)이다. 예를 들어 연 이자율이 4%인 저축예금에 100달러(원금)가 있다면 매년 말에 4달러의 이자가 지급된다. 즉 $I = A \times r$이고, I는 지급이자, A는 원금, r은 이자율이다.

한 시기에 지급된 이자가 원금에 더해지고 다음 기의 이자율이 원금 총액에 적용된다면 이것은 **복리**(compounding, compound interest)가 된다. 저축예금의 이자율이 복리로 연 4%라고 가정하자. 최초의 원금 100달러는 1년 후에 4달러의 이자를 얻는다. 예금주가 이자를 계속 예금으로 유지한다면 원금은 104달러가 된다. 2년째의 이자는 새로운 원금을 기준으로 하므로 $104 \times 0.04 = 4.16$달러가 된다. 둘째 연도의 이자가 첫해의 이자보다 약간 더 큼에 주목하라. 그 이유는 이자율이 더 커진 원금에 적용되었기 때문이다. 3년 차의 이자는 $108.16 \times 0.04 = 4.33$달러이며 원금은 112.49달러로 커진다. 만일 예금주가 예금을 건드리지 않고 그대로 유지한다면 이 같은 과정은 계속된다. 이자율이 계속 더 커진 원금에 적용되기 때문에 시간이 흐름에 따라 원금의 증가는 가속화된다.

이자
빌리거나 임차한 일정량의 자산에 연계하여 이루어지는 주기적인 보상

원금
이자가 지불되는 기반이 되는 자산

이자율
원금에 대한 비율로 표현된 이자

복리
원금과 그때까지 지불된 이자의 합을 기준으로 이자를 계산하는 것

복리가 어떻게 작동하는지를 살펴보자. 원금이 A라고 하자. 이자율이 r이면 다음 기의 원금은 $A + (A \times r) = A \times (1 + r)$이 된다. 2기 후의 원금은

$$A \times (1 + r) \times (1 + r) = A \times (1 + r)^2$$

으로 증가한다. 3기 후에 원금은

그림 14.1 복리

이자율이 각각 2%, 4%, 6%일 때 복리를 사용하여 최초 원금 100달러가 30년간 어떻게 증가하는지를 보여준다. 이자율이 높을수록 증가속도가 더 빠르지만 모든 선은 기본적으로 시간이 지날수록 기울기가 더 커진다는 공통점을 갖는다.

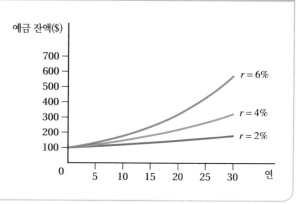

$$A \times (1+r)^2 \times (1+r) = A \times (1+r)^3$$

이 된다. 이 같은 계산을 반복하면 t기 후의 원금의 크기는

$$V_t = A \times (1+r)^t$$

이 됨을 알 수 있다.

　그림 14.1은 이러한 공식을 이용하여 최초의 원금 100달러가 30년 동안 어떻게 증가하는지를 보여주고 있다. 맨 아래 선은 이자율이 2%일 때이며, 가운데 선은 이자율이 4%일 때, 그리고 맨 위의 선은 이자율이 6%일 때이다. 이자율이 높을수록 원금의 증가속도가 더 빨라진다는 것은 조금도 놀랄 일이 아니다. 모든 선들은 기본적으로는 같은 형태를 보이지만, 그러나 시간이 지날수록 선들은 더 가파르게 증가한다. 이것은 이자율이 이전 기의 원금에만 적용되는 것이 아니라 이자에도 적용되는 복리계산 과정이 원금의 증가를 가속화하기 때문이다.

　복리로 인하여 이자율 차이보다 원금의 차이가 점점 더 커짐에 주목하라. 예를 들어 2%의 이자율이라면 30년 후의 원금은 $100 \times (1.02)^{30} = 181.14$달러가 된다. 4%의 이자율이라면 원금은 $100 \times (1.04)^{30} = 324.34$달러로서 2% 때보다 143.20달러나 더 높다. 이자율이 6%라면 30년 후의 통장잔액은 574.35달러가 된다.

　또한 복리로 인해 원금이 2배가 되는 기간은 우리가 생각하는 것보다 더 짧다. 어떤 고정이자율하에서 예금 잔액이 2배가 되는 데까지 걸리는 기간을 대략적으로 계산하는 간편한 일반 원리가 있다. 그것은 누구에게 물어보느냐에 따라 '72의 법칙(Rule of 72)' 혹은 '70의 법칙'이라고 불리는데, 단순히 72를(혹은 70을) 매기의 이자율로 나누면 된다. 이 비율은 원금이 2배가 되는 데 걸리는 대략적인 기간이 된다.[2]

　연 4%의 이자를 지급하는 예금은 매 18년마다(72/4 = 18) 잔액이 2배가 되며, 이자율이 6%일

2　72 혹은 70의 법칙이 성립하는 이유는 최초값 A가 고정률 r로 t기 동안 증가하면 그 크기는 $X = Ae^{rt}$가 되기 때문이다. X 대신에 $2A$를 넣고 양변에 모두 자연로그를 취하면 $rt = \ln 2$가 된다. $\ln 2$는 대략 0.70이 되므로 이 값을 대입해서 풀면 t는 대략 0.70/r이 된다. 따라서 70의 법칙이 더 정확하지만 72의 약수가 더 많기 때문에 72의 법칙을 사용하는 사람들도 있다.

때는 대략 72/6 = 12년이 걸리고, 이자율이 2%라면 원금이 2배가 되는 데는 대략 72/2 = 36년이 걸린다.

현재할인가치

이 장의 서론에서 언급했듯이 자본의 투자 결정에 있어서의 근본적인 특징은 투자의 비용과 편익이 서로 다른 시점에서 발생한다는 것이다. 일반적으로 투자 결정에서는 돈은 현재에 쓰지만 수익은 미래에 얻게 된다. 오늘 1,000달러가 지출되고 50년 후에 1,001달러의 수익이 발생하는 투자는 물가상승을 고려하지 않더라도 잘못된 생각이다. 서로 다른 시점에서 발생하는 비용과 편익을 조절하여 같은 기준에서 비교될 수 있도록 하는 방법이 필요하다. (단순히 현재가치 분석이라고도 불리는) 현재할인가치(PDV) 분석은 우리가 막 살펴본 복리를 역으로 이용하여 그 문제를 해결한다.

앞 절에서 우리는 만일 이자율이 복리로 적용될 때 원금이 얼마나 커질 수 있는지를 살펴보았다. 현재할인가치는 어떤 미래의 가치를 가정하고 정해진 이자율하에서 미래의 가치가 그만큼 되려면 현재의 원금은 얼마가 되어야 하는지를 묻는다. 예를 들어 4%의 이자율하에서 1년 뒤에 104달러는 현재 얼마의 가치가 있는지 알기 원한다고 하자. 4% 이자율이라면 100달러는 1년 뒤에는 104달러로 증가할 것이다. 따라서 내년의 104달러의 현재할인가치(PDV)는 100달러이다. 미래의 104달러와 현재의 100달러는 동일한 가치를 갖는다. 왜냐하면 현재의 100달러는 주어진 이자율(4%)하에서 1년 뒤에 104달러를 만들어내는 데 사용될 수 있기 때문이다.

할인은 1년이 넘는 미래의 수익을 비교하는 데도 사용될 수 있다. 다시 이자율이 4%라고 가정하자. 2년 후에 얻는 108.16달러의 PDV는 100달러이다. 3년 뒤 112.49달러의 PDV는 역시 100달러이다.

현재할인가치는 이자율과 복리를 사용하여 서로 다른 시점에서의 수익을 비교한다. 미래의 가치를 할인하여 동등한 현재의 가치로 표시되게 하는 것이다. 이러한 방법은 투자의 비용과 편익을 그것들이 언제 발생했는지에 상관없이 동등한 기준에서 비교할 수 있게 해준다. 그렇게 되면 우리는 어떤 투자가 좋은 선택인지 혹은 여러 투자들 중에서 어떤 것이 최선인지를 알 수 있게 된다.

이자율은 당신이 현재와 비교해서 미래를 얼마나 중요하게 생각하는지 말해주기 때문에 계산에서 매우 중요하다. 1년 뒤에 104달러의 수익이 발생하는 경우를 생각해보자. 이자율이 4%라면 그것의 현재가치는 100달러가 된다. 그러나 만일 이자율이 6%라면 얼마의 원금이 연 6% 성장해서 1년 뒤에 정확히 104달러가 되는지를 알아야 한다. 앞에서 구한 공식을 사용하면 그 답은 간단하다.

$$A \times (1+r) = A \times (1+0.06) = \$104$$
$$A = \frac{\$104}{1.06} = \$98.11$$

이는 이자율이 6%일 때 104달러의 PDV는 98.11달러임을 의미한다. 동일한 계산을 이자율이 2%일 때 해보면 104달러의 PDV는 101.96달러가 됨을 알 수 있을 것이다.

어떤 미래의 주어진 가치의 PDV는 항상 이자율과 역의 관계를 갖는다. 즉 이자율이 높을수록 동일한 미래가치를 만들어내는 현재의 최초 원금은 작아진다. 따라서 어떤 미래 수익의

PDV는 이자율이 높을수록 작아진다.

　　PDV를 계산하기 위해 해야 할 일은 복리하에서 미래의 가치를 계산하는 식을 거꾸로 생각하는 것이다. 우리는 그만큼의 미래가치를 만들어낼 현재의 원금을 구했다. 그것이 바로 현재할인가치이다. 앞에서 우리는 이자율이 r일 때 최초의 원금 A는 t기 동안 $V_t = A \times (1+r)^t$만큼 그 가치가 증가함을 보았다. PDV는 미래의 수익 V_t를 현재의 가치로 표시하는 것이다. 최초의 원금 A가 바로 PDV이며, 식은 다음과 같다.

$$PDV = \frac{V_t}{(1+r)^t}$$

우리는 이 식을 이용하여 t기 후에 발생하는 수익 V_t의 현재할인가치를 구할 수 있다. 이 식은 매우 중요하다. 그리고 PDV를 어떻게 계산하는지를 아는 것도 실질적으로 중요하다. 당신이 자동차를 사러 갔는데 판매원이 20,000달러에 차를 사거나 아니면 2,000달러를 선금으로 내고 나머지는 매달 500달러씩 내는 대여를 하라고 하면 어느 쪽이 더 나은 선택인지 알기 위해서는 대여금의 PDV를 계산할 줄 알아야 한다.

　　현재가치를 계산하는 식은 중요한 의미를 지닌다. 첫째, PDV는 할인되는 미래의 가치에 비례한다. 만일 V_t가 2배가 되면 PDV도 2배가 된다.

　　둘째, 이미 알고 있듯이, 주어진 V_t와 t에 대해 이자율이 높으면 PDV는 작아진다. 이러한 결과에 대한 직관은 높은 이자율은 미래가치 V_t를 만들어내기 위한 원금을 작게 만들기 때문이라는 것이다.[3]

　　마지막으로, 미래가치 V_t의 PDV는 그것이 발생하는 미래가 멀수록 더 작아진다. 1년 뒤 104달러의 PDV는 2년 뒤 104달러의 PDV보다 크며, 이것은 역시 3년 뒤 104달러의 PDV보다 크다.

 응용 폴루보토크와 사라진 수조 파운드

파블로 폴루보토크(Pavlo Polubotok) 대령은 우크라이나로부터 환영받은 1660년생 우크라이나 코사크 기병의 리더였다. 우크라이나 사람들은 그를 자신들의 독립을 위해 애쓴 영웅으로 간주한다. 그는 군대의 리더였을 뿐만 아니라 부자이기도 했다.

　　이야기는 폴루보토크가 러시아 황제 표트르 대제와 우크라이나 문제들을 의논하기 위해 상트페테르부르크로 소환된 1723년으로 거슬러 올라간다. 떠나기 전에 그는 200,000개의 금화를 담은 통을 영국은행에 안전하게 예금해놓았다. 폴루보토크가 상트페테르부르크에 도착하자, 표트르 대제는 반역을 이유로 그를 감옥에 감금했고 그는 다음 해에 그곳에서 사망했다. 폴루보토크는 금화가 자주적이고 독립적인 우크라이나에 귀속된다고 유언을 남겼다.

　　시간이 빠르게 흘러 1990년이 되었다. 소련의 붕괴와 함께 우크라이나는 주권을 가진 독립국가로 준비 중이었고 우크라이나의 법제정자인 로만 이바니추크는 공개적으로 영국은행에게

3　PDV를 계산할 때의 중요한 사항은 이자율 r을 기간 t와 일치시켜야 한다는 점이다. 즉 t가 연 단위로 표시된 것이라면 연간 이자율을 사용해야 한다. 만일 t가 월로 표시된다면 월간 이자율을 사용해야 한다. 그리고 필요한 경우에는 원래 표시된 이자율을 해당 기간에 맞도록 전환해야 한다.

폴루보토크의 예금과 이자를(아마도 7.5%이 이자를 약속받았다) 돌려줄 것을 요청하였다. 이바니추크는 총금액을 17조 파운드(29조 달러)로 계산했는데 그것은 그해 전 세계의 GDP를 능가하는 금액이었다.

비록 말도 안 되는 금액으로 보였지만 이바니추크는 그저 복리를 적용한 것뿐이었다. 최초의 금화 예금은 1990년 파운드를 기준으로 1,000만 파운드의 가치였다.[4] 267년 동안 연간 7.5%의 이자율로 복리를 계산하면 그 금액은 최초 가치의 약 2억 5,000만 배가 되는 것이다.

$$V_{1990} = V_{1723} \times (1 + r)^{267}$$
$$= £1{,}000만 \times (1.075)^{267}$$
$$\approx £1{,}000만 \times 2억\ 5{,}000만 = £25조$$

그러니까 심지어 이바니추크는 금의 가치를 너무 낮게 평가했던 것이다.

유일한 문제점은 영국은행이 예금 혹은 이자율에 대한 아무런 공식적인 기록도 찾을 수 없었다는 점이다. 영국은행은 지불을 거절했는데, 그것은 국가 건립과 재정의 역사에 대해 가장 중요한 교훈을 남겼다. 만일 당신이 재산을 당신의 미래 국가에 남겨주고자 한다면 그들에게 영수증을 주는 것을 잊지 말라.[5] ■

수익흐름의 현재할인가치 PDV 방법을 한 번의 수익을 넘어 수익의 흐름, 즉 서로 다른 시점에서 발생하는 보수들의 집합에 대해 확대 적용하는 것은 그리 어려운 일이 아니다. 전체 흐름의 PDV를 계산하려면 각 수익마다 현재가치할인식을 적용한 후에 그 결과를 모두 더하면 된다.

매년 1,000달러씩 4년 동안 장학금을 받는다고 생각해보자. 첫 번째 장학금은 오늘 지급되고 나머지 세 번은 각각 1, 2, 3년 후에 지급된다. 장학금의 PDV는 매회 지급되는 장학금들의 PDV의 합이다. 따라서 어떤 주어진 이자율 r에 대해 4년간 장학금의 PDV는 다음과 같다.

$$PDV = \$1{,}000 + \frac{\$1{,}000}{(1 + r)} + \frac{\$1{,}000}{(1 + r)^2} + \frac{(\$1{,}000)}{(1 + r)^3}$$

처음 1,000달러는 현재 기에서 발생한 수익이므로 할인되지 않는다. (이는 PDV 공식이 의미하는 바와 같다. 만일 $t = 0$이면, 즉 수익이 지금부터 0기 후에 혹은 오늘 발생한다면, PDV 공식의 첫 번째 장학금의 분모는 1이 된다.) 두 번째 장학금은 1년 후에 지급되므로 $(1 + r)$로 할인되며, 세 번째 장학금은 2년 후에 지급되므로 $(1 + r)^2$으로 할인된다. 마지막 장학금 지급은 3년 뒤에 발생하므로 $(1 + r)^3$으로 할인된다.

이자율은 한 번의 수익에 영향을 주는 것과 마찬가지로 역시 수익흐름의 PDV에도 영향을 준다. 예를 들어 $r = 0.04$일 때, 장학금의 PDV는 $\$1{,}000 + \$961.54 + \$924.55 + \$889.00 = 3{,}775.09$달러가 된다. 이 값은 할인으로 인해 단순한 합인 4,000달러보다 작다. 미래의 수익은 같은 크기의 현재수익과 같은 가치를 갖는 것이 아니다. $r = 0.06$일 경우 장학금의 PDV는 3,673.01달러로 작아지며, $r = 0.02$라면 PDV는 3,883.88달러로 커지게 된다.

---

4 금화는 한 개당 대략 3.5그램의 무게였고 당시 금의 가치는 온스당 4.25파운드였다. 따라서 700킬로그램의 금 예금은 1723년에 10만 파운드 이상의 가치를 가졌다. 그것은 영국은행의 간단한 인플레이션 계산법에 따르면 1990년 가치로 1,000만 파운드였다. https://www.bankofengland.co.uk/monetary-policy/inflation/inflation-calculator.

5 https://www.nytimes.com/1990/07/24/world/evolution-in-europe-ukraine-s-glittering-hopes.html

PDV의 특별한 경우 익혀두면 좋을 일반적인 PDV 공식을 갖는 흔한 형태의 수익흐름이 있다. 한 가지는 일정 기간 지급되는 고정수익이다. 예를 들어 자동차 할부는 60개월 동안 매달 400달러를 내야 한다. 고정이자율의 대출도 역시 같은 형태이다. 매기에 발생하는 수익을 M이라고 하자. 다음 기부터 T기 동안 발생하는 총수익은

$$PDV = \frac{M}{(1+r)} + \frac{M}{(1+r)^2} + \cdots + \frac{M}{(1+r)^T} = M \times \sum_{t=1}^{T} \frac{1}{(1+r)^t}$$

이 된다. 그리고 이것을 간단히 하면 다음과 같다.

$$PDV = \left(\frac{M}{r}\right) \times \left[1 \times - \left(\frac{1}{(1+r)^T}\right)\right]$$

이와 같은 수익흐름의 PDV는 정기적인 수익 M에 비례한다. 즉 만일 (같은 이자율과 같은 기간에 대해) 2배의 돈을 빌리면 총지급액도 2배가 된다는 것이다. 한편 수익흐름의 PDV는 이자율과 역의 관계에 있지만 정확히 반비례하는 것은 아니다. 특히 r의 변화는 이자율이 작을 때는 PDV에 매우 큰 영향을 주지만 이자율이 증가함에 따라 그 영향은 작아진다. 마지막으로, PDV는 T와 함께 커진다. 이러한 결과는 놀라운 것이 아니다. 수익이 더 오래 지속되면 총수익이 더 커짐은 당연하다. 공식은 또한 많은 대출자가 직면하는 익숙한 선택의 문제를 보여준다. 일정한 금액의 돈을 빌릴 때 (즉 PDV가 일정할 때) 대출자들은 종종 상환기간 T를 길게 함으로써 매기의 상환금 M을 줄이곤 한다.

이 같은 공식의 흥미로운 경우는 T가 무한대로 갈 때, 즉 매기의 상환금 M을 영원히 갚아야 할 때 발생한다. [이를 **영구연금**(perpetuity)이라고 한다.] 이러한 영구적인 지출흐름의 PDV는 다음과 같이 표시될 수 있다.

$$PDV = \frac{M}{(1+r)} + \frac{M}{(1+r)^2} + \frac{M}{(1+r)^3} + \cdots$$

이는 무한히 큰 값처럼 보이지만 사실은 그렇지 않다. 왜냐하면 분모에 있는 $(1+r)^t$값들이 시간이 지남에 따라 급격하게 커져서 먼 미래에 발생하는 지출의 PDV는 실질적으로 0이 되기 때문이다. 이러한 특성의 결과는 PDV 공식에서 T에 매우 큰 값을 넣어보면 알 수 있다. 예를 들어 마지막 지출이 500년 후에 이루어진다면, 이는 분모의 $(1+r)^{500}$을 매우 크게 만든다. 이자율이 4%라면 500년 후의 지출을 3억 2,500만 달러보다 큰 값으로 나누어야 그 현재가치가 계산된다. 물론 그 PDV는 실질적으로 0이다.

T가 무한대로 갈 때 PDV 공식은 다음과 같이 간단해진다.

$$PDV = \left(\frac{M}{r}\right)$$

즉 영원히 발생하는 어떤 고정적인 수익의 PDV는 그 고정수익을 이자율로 나눈 값과 같다는 것이다. 만일 이자율이 5%라면 지급액 M의 PDV는 지급액의 20배$\left(\frac{M}{0.05} = 20 \times M\right)$가 된다. 만일 이자율이 10%라면 PDV는 $10 \times M$이고, $r = 2$%라면 PDV는 $50 \times M$이 된다.

수익이 영원히 발생한다는 것은 현실적이지 않다고 생각하겠지만 실제로 그런 투자 혹은 금

융상품이 소수 존재한다. 가장 대표적인 것은 영국 정부가 발행한 콘솔(consol)이라고 불리는 채권이다. 콘솔은 누구든지 그 채권을 가진 사람에게 매년 일정한 이자를 영구히 지급한다. 이러한 채권은 무한대의 가격에 거래되지 않는다.

영국 정부의 부채는 차치하고, 영구적 PDV 공식은 PDV를 추정하는 가장 유용하고 쉬운 방법이다. 일정한 수익의 흐름이라도 그 PDV를 머리로 계산하는 것은 쉽지 않다. 그러나 수익이 영구히 지속된다고 가정할 수 있다면 대략적인 추정은 쉽다(어떤 형태의 수익흐름이 '영원히' 전에 끝난다면 PDV는 추정치보다 약간 작을 것이다).

이러한 예를 살펴보기 위해 새로운 사업을 인수하려는 친구와 대화를 하고 있다고 가정해보자. 친구는 그 사업이 일정한 기간 동안 매년 10만 달러의 이윤을 얻을 수 있다고 확신한다. 그 사업은 120만 달러에 살 수 있다. 만일 이자율이 10%라면, 그리고 그 수준에서 변하지 않을 것으로 기대된다면, 그 친구에게 사업을 시작하라고 조언할 것인가? 그 가격이라면 아니다. 그 사업이 매년 10만 달러의 이윤을 영원히 창출한다고 할지라도 사업의 PDV는

$$PDV = \frac{M}{r}$$
$$= \frac{\$100,000}{0.10}$$
$$= \$1,000,000$$

이다. 사업의 수익은 인수가격을 정당화할 수 없다. 반면에 만일 이자율이 5%라면 사업의 PDV는 $100,000/0.05 = 200만 달러가 되고 따라서 120만 달러에 그 사업을 인수하는 것은 가치 있는 투자가 된다.

 예제 14.1

송이는 정확히 1년이 지나 21세가 되면 화려한 파티를 열려고 한다. 송이는 파티에 필요한 1,000달러를 위해 저축을 하려고 한다.

　a. 만일 이자율이 6%라면, 송이는 오늘 얼마를 저축해야 하는가?

　b. 만일 이자율이 9%라면, 송이가 오늘 저축해야 할 돈은 얼마인가?

　c. 이자율이 변함에 따라 송이가 저축해야 하는 돈의 크기에 어떤 변화가 있는가? 설명하라.

풀이

　a. 1년 뒤에 1,000달러를 만들기 위해 오늘 얼마를 저축해야 할지는 PDV 공식을 통해 알 수 있다. 만일 이자율이 6%라면 금액은 다음과 같다.

$$PDV = \frac{V}{(1+r)} = \frac{\$1,000}{1+0.06} = \frac{\$1,000}{1.06} = \$943.40$$

　b. 만일 이자율이 9%라면 송이가 저축해야 하는 돈은 다음과 같다.

$$PDV = \frac{V}{(1+r)} = \frac{\$1,000}{1+0.09} = \frac{\$1,000}{1.09} = \$917.43$$

　c. 이자율이 높아질수록 1,000달러의 현재가치는 낮아진다. 그 이유는 송이의 현재 저축이 이자율이 높을수록 더 빨리 커지기 때문이다. 따라서 이자율이 높아지면 더 적은 돈을 저축해도 된다.

14.2 투자 선택의 평가

현재할인가치 분석에 대한 기본적인 내용들을 이해했다면 이제는 그 내용을 투자 선택을 평가하는 데 적용해보기로 하자.

순현재가치

14.1절에서 모든 지급액은 같은 부호를 가졌다. 그러나 어떤 지급액은 편익이고 다른 지급액은 비용인 경우도 많다. 예를 들어 투자계획은 일반적으로 초기비용을 수반하며 수익은 미래에 발생한다. 이러한 투자도 같은 방법으로 평가할 수 있다. 편익은 양($+$)의 부호로 PDV 계산에 포함되며 비용은 음($-$)의 부호를 갖는다. 지급액 흐름의 개별 항목들은 역시 모두 더해져서 PDV를 만들어낸다.

표 14.1 스키 구매의 보수 구조

기간	비용	편익
0	500달러	0달러
1	0달러	200달러
2	0달러	200달러
3	0달러	200달러

당신은 1년에 몇 번씩 스키를 타러 가는데 스키를 빌리는 불편함과 비용을 줄이기 위해 스키를 구매할 것을 고려 중이라고 가정해보자. 당신은 마음에 드는 500달러짜리 스키를 발견했고 그것을 앞으로 3년간 사용할 것이다. 스키를 빌리는 데는 매년 200달러가 든다. 따라서 스키를 구매하는 것은 1년에 200달러의 편익을 향후 3년간 가져다준다(편의를 위해 200달러의 편익은 연말에 한꺼번에 지급된다고 가정하자.) 스키 구매에 따른 보수의 흐름은 표 14.1에 표시되어 있다.

먼저 해야 할 일은 스키 구매의 현재할인가치를 구하는 것이다. PDV 공식을 적용하면 다음과 같다.

$$PDV = -\$500 + \frac{\$200}{(1+r)} + \frac{\$200}{(1+r)^2} + \frac{\$200}{(1+r)^3}$$

첫 번째 항은 스키를 사는 비용이다. 그 비용은 현재에서 발생하므로 할인되지 않는다. 그러나 편익이 아니라 비용이므로 부호는 음($-$)이다. 다른 항들은 스키를 구매하는 데 따른 미래의 편익이다. 편익이므로 양($+$)의 부호를 가지며 얼마나 먼 미래에 발생하는지에 따라 할인이 된다.

앞의 여러 예에서 보았듯이 이 같은 잠재적인 투자의 PDV는 또한 이자율에 영향을 받는다. 만일 $r=4\%$라면 스키 구매에 따른 PDV는 55.02달러이다.

$$PDV = -\$500 + \frac{\$200}{(1+r)} + \frac{\$200}{(1+r)^2} + \frac{\$200}{(1+r)^3}$$

$$= -\$500 + \frac{\$200}{(1+0.04)} + \frac{\$200}{(1+0.04)^2} + \frac{\$200}{(1+0.04)^3}$$

$$= -\$500 + \$192.31 + \$184.91 + \$177.80 = \$55.02$$

PDV가 양수라는 것은 4%의 이자율하에서 스키의 미래 편익이 현재의 비용보다 크기 때문에 스키를 구매하는 것은 합리적인 선택임을 의미한다. 그러나 만일 이자율이 4%보다 크다면

그림 14.2 스키 구매의 PDV

스키에 대한 투자의 현재할인가치(PDV)가 이자율 r에 대해 표시되어 있다. 스키에 대한 투자는 $r = 9.7\%$까지는 양(+)의 수익을 가져다준다. 이자율이 9.7%보다 높아지면 스키를 사는 것보다는 계속 스키를 빌리는 것이 더 좋은 선택이다.

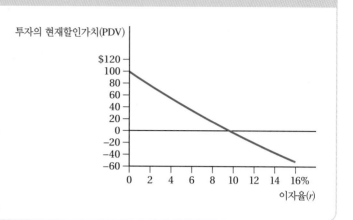

PDV는 55.02달러보다 작아진다. 사실 r이 충분히 크다면 순PDV는 음수가 될 것이다. 예를 들어 10%의 이자율하에서 PDV는 −2.63달러가 된다. 즉 스키를 구매하는 것은 현재가치로 2.63달러의 손실을 초래하는 것이다. 이자율이 10%라면 스키의 미래 편익은 현재의 비용을 보상하지 못한다. 그림 14.2는 r에 따른 스키 구매의 PDV를 나타낸다. 그림에서 볼 수 있듯이 이자율이 10%가 되기 전에, 정확히는 9.7%에서, PDV는 음의 값으로 전환되며 그 이후에는 이자율이 높아질수록 더 낮아진다.

순현재가치 분석
현재할인가치를 사용해서 투자의 장기적 기대수익을 평가하는 것

(우리가 스키 예에서 한 것처럼) PDV를 이용하여 어떤 투자의 수익을 평가하는 것이 **순현재가치 분석**[net present value(NPV) analysis]이다. 이는 투자계획의 모든 비용과 편익을 동등한 기준으로 전환하여 서로 비교될 수 있도록 함으로써 투자계획을 평가하는 방법이다. 만일 편익의 PDV가 비용의 PDV보다 크면 투자계획의 NPV(이러한 모든 PDV의 합계)는 양수가 되어 그러한 투자는 수행할 가치가 있다. 만일 비용의 PDV가 편익보다 크다면 투자계획의 NPV는 음수가 되어 그런 투자는 할 가치가 없게 된다.

이 같은 과정은 모든 투자 결정에 적용될 수 있는 일반적인 NPV 계산 방법을 제공한다. 투자계획에 따른 기간을 0, 1, 2,⋯, T라고 하자. 단, 0은 현재이며 T는 비용과 편익이 발생하는 마지막 기간이다. $B_0, B_1, \cdots, B_T$는 각 기에서 투자로부터의 편익이며 $C_0, C_1, \cdots, C_T$는 비용이다. NPV 공식은 다음과 같다.

$$NPV = (B_0 - C_0) + \frac{(B_1 - C_1)}{(1+r)} + \frac{(B_2 - C_2)}{(1+r)^2} + \cdots + \frac{(B_T - C_T)}{(1+r)^T}$$

단, $B_t - C_t$는 특정한 기간 t에서의 순편익이다. (같은 기에서 비용과 편익은 같은 비율로 할인되므로 각 기에서의 순편익만 계산하면 된다.)

스키 구매의 예에서는 $T = 3$, $B_0 = \$0$, $B_1 = B_2 = B_3 = \$200$, $C_0 = \$500$, $C_1 = C_2 = C_3 = \$0$이므로 계산은 다음과 같다.

$$NPV = (B_0 - C_0) + \frac{(B_1 - C_1)}{(1+r)} + \frac{(B_2 - C_2)}{(1+r)^2} + \cdots + \frac{(B_T - C_T)}{(1+r)^T}$$

$$= (0 - \$500) + \frac{(\$200 - 0)}{(1 + 0.04)} + \frac{(\$200 - 0)}{(1 + 0.04)^2} + \frac{(\$200 - 0)}{(1 + 0.04)^3}$$

$$= -\$500 + \$192.31 + \$184.91 + \$177.80 = \$55.02$$

NPV 공식은 매우 유용하며 편익과 비용이 발생하는 시점과 상관없이 모든 종류의 투자 결정을 평가하는 데 사용될 수 있다.

NPV 결정에서 이자율의 핵심적 역할

지급액 흐름이 양과 음의 항을 모두 가지고 있을 때 이자율의 값 r은 NPV가 양인지 음인지를 결정할 수 있다. 이는 이자율이 할인의 기능을 통해 미래 지급액과 현재에 가까운 시기의 지급액 간의 상대적 중요성을 결정하기 때문이다. r이 커지면 먼 미래의 지급액의 중요성은 상대적으로 낮아진다. 수학적으로 말하자면 분모의 $(1 + r)^t$값이 t와 함께 커지기 때문이다.

이 같은 특징은 이자율이 높을수록 투자계획은 NPV의 관점에서는 덜 매력적이 됨을 의미한다. 투자계획에는 비용이 먼저 발생하고 수익은 나중에 발생하는 것이 일반적이다. 높은 이자율은 현재 혹은 조기에 발생하는 비용과 비교할 때 미래 수익의 현재가치를 떨어뜨리고 그에 따라 투자 자체의 NPV를 작게 만든다.

그렇다면 이자율은 어디에서 오는 것인가? 이자율을 투자에 따른 기회비용이라고 생각하라. 금융자본을 잠재적인 투자계획에 사용할지를 결정하는 가계나 기업을 생각해보자. 그들은 선택에 직면해 있다. 직접 투자를 해서 투자에 따른 수익을 얻을 수도 있고 혹은 금융시장에서 다른 투자자들에게 자신의 자금을 빌려줄 수도 있다. 개인은 자신의 집을 증축하는 대신 이를테면 펀드에 투자할 수 있는 것이다. 기업도 금융시장을 통해 자신의 자금을 타인에게 빌려줄 수 있다. 만일 기업이나 가계가 투자계획을 선택한다면 그것은 금융시장을 통해 자금을 빌려줌으로써 얻을 수 있었던 수익을 포기하는 것이다. 그 수익이 바로 이자율 r이다. 이것이 바로 r이 투자의 기회비용인 이유이다. 그러므로 시장이자율이 높을수록 투자에 따른 기회비용은 커진다. 시장이자율을 사용하여 모든 지급액을 동등한 현재가치로 환산하는 NPV 분석은 암묵적으로 이 같은 기회비용을 고려하고 있는 것이다. 높은 이자율에 따른 기회비용의 증가는 일반적으로 '미래의 수익을 위한 현재의 비용'을 의미하는 투자의 NPV가 이자율 상승에 따라 낮아지는 이유가 된다. (이러한 금융시장들은 다음에 논의할 자본시장과 밀접한 관계를 갖는다. 자본은 금융시장을 통해 배분된 자금으로 사고팔리기 때문에 금융시장은 돈에 근거한 자본시장의 또 다른 측면이다. 이 같은 관련성은 왜 이자율이 생산적인 자본과 그것을 사고파는 데 사용되는 금융자산의 수요와 공급에 영향을 미치는 가격이 되는지를 설명한다.)

 응용 비행기 교체

2018년 11월 유나이티드항공은 보잉 787-10 드림라이너를 인도받음으로써 787의 모든 세 가지 변종들인 787-8, 787-9, 그리고 가장 최신이자 가장 큰 787-10을 가진 세계 최초의 항공사가 되었다. 이는 유나이티드가 주문한 52대의 드림라이너 비행기들의 대략 절반에 해당되는 물량이었다. 새 비행기들은 유나이티드로 하여금 새로운 항로를 제공할 수 있게 해줄 것이지만, 그러나 더 중요한 계획은 오래되고 연료 효율이 떨어지는 보잉 767-300 비행기들을 교체하는 데 사

표 14.2 유나이티드항공의 투자 결정에 따른 비용

연	새 비행기 구매 시 비용 (대당 100만 달러)	낡은 비행기 유지 시 비용 (대당 100만 달러)	새 비행기 구매 시의 순비용 차이 (대당 100만 달러)
0	$-(C + \$175)$	$-(C + \$7)$	$-\$168$
1	$-C$	$-(C + \$7)$	$\$7$
2	$-C$	$-(C + \$7)$	$\$7$
...	...	...	...
9	$-C$	$-(C + \$7)$	$\$7$
10	$-C$	$-(C + \$7 + \$175)$	$\$182$
11	$-C$	$-C$	0
12	$-C$	$-C$	0
...	...	...	...

용하는 것이었다.

신형 비행기를 구매할 때 유나이티드항공의 경영팀은 두 가지 선택권을 고려했다.[6] 새로운 비행기를 대당 1억 7,500만 달러에 구매할 수도 있고 혹은 계속 보잉 767-300을 유지하면서 높은 연료비를 지불할 수도 있었다. 전문가들은 드림라이너는 시간당 1,600갤런의 연료를 소비하는 767-300보다 연료 효율이 20% 더 좋은 것으로 평가했다. 따라서 갤런당 4.75달러의 연료비를 기준으로 할 때 787 드림라이너 한 대는 시간당 약 1,520달러(1,600×0.20×4.75달러)를 절약할 수 있다. 거기에 오래된 비행기의 유지비용을 더하면, 시간당 운항비용의 차이는 대략 1,600달러가 된다. 경영팀은 어떤 결정을 내려야 했을까?

지급액 흐름을 표시하는 것으로 분석을 시작해보자. 유나이티드가 신형 비행기를 구매한다면 즉시 대당 1억 7,500만 달러를 지급해야 하고 그 이후에는 연간 운항비용이 C가 된다.

만일 유나이티드가 새 비행기를 구입하지 않는다면 운항비용 C에 추가적으로 시간당 1,600 달러의 연료비를 더 지불해야 한다. 드림라이너나 767 같은 장거리 비행기는 연간 4,400시간을 운행하므로 767 한 대당 연간 700만 달러의 추가적인 연료비 지출을 의미한다. 또한 767-300이 영구히 운항할 수는 없다. 유나이티드는 당장 드림라이너를 구매하지 않더라도 언젠가는 드림라이너를 구매해야 한다. 현실적으로 판단해보면 유나이티드는 10년 후에는 새로운 비행기를 구매해야 했다. 즉 10년 후에는 유나이티드는 추가적으로 (가격이 변하지 않았다고 가정하고) 1억 7,500만 달러를 더 지출해야 한다. 새로운 비행기를 구매하고 나면 유나이티드의 연간 운항비용은 다시 당장 새로운 비행기를 구매했을 때와 마찬가지로 C가 된다.

유나이티드는 어느 쪽 비용이 더 적게 드는지를 결정해야 한다. 표 14.2는 두 지급액 흐름의 차이를 보여준다.

비용의 차이를 살펴보면 새 비행기를 구매하는 것이 올바른 투자라는 것이 명백하다. 유나이티드는 선행비용(구입비용과 높은 연료비용의 차이 1억 6,800만 달러)을 지출하지만 연간 추가적인 운항비용 700만 달러와 10년 후의 신형 비행기 구입비용 1억 7,500만 달러를 절감하게 된다. 10년이 지나면 유나이티드는 새로운 비행기를 보유하며 더 이상의 운항비용의 차이는 없다.

이자율이 5%라고 가정하자. 먼저 연간 순지급액의 PDV를 계산한다. 그러한 PDV는 표 14.3의 첫 번째 열에 표시되어 있다. 그 합계는 즉시 새 비행기를 구매하는 것의 대당 NPV이다. 합이 −650만 달러라는 사실은 새 비행기를 구매하는 것은 유나이티드에게 대당 650만 달러의 순

---

6 이 예는 유나이티드가 그 당시 직면했던 실제 의사결정을 근거로 한 것이다. 예에서 금액은 현실적인 숫자들을 선택했지만 실제로 유나이티드가 지불한 금액은 알 수가 없다. 또한 문제를 단순화하기 위해 새로운 비행기에 대한 승객들의 지불의사, 유나이티드의 비행기 선택과 노조와의 계약 간 상호관계 등과 같은 비행기 대체 문제의 여러 가지 다른 현실적인 측면은 무시했다.

손실을 초래함을 의미한다. 다시 말해 순현재
가치의 관점에서 새 비행기를 대당 1억 7,500
만 달러에 즉시 구입하는 것에 따른 추가적인
비용은 항공사가 낮은 운항비용과 새 비행기
구입을 10년간 늦추는 데 따른 비용 절감에
비해 너무 높다는 것이다. 따라서 유나이티드
는 당분간 낡은 비행기를 더 유지해야 한다.
그렇지 않으면 비행기 한 대당 650만 달러의
손실을 감수해야 한다.

어떤 조건이었다면 유나이티드가 767-300
을 교체하는 것이 더 가치 있다고 판단했을
까? 두 가지를 생각할 수 있는데, 연료비가
매년 7% 증가하는 경우와 이자율이 낮아지는
경우이다.

유나이티드가 아마도 연료비와 수선비가
상승함에 따라 767-300의 추가적인 운항비
용이 매년 7%씩 증가할 것이라고 (즉 첫해는
700만 달러, 둘째 해는 749만 달러 등) 예측
했다고 가정하자. 이러한 경우의 NPV 분석
은 표 14.3의 두 번째 열에 표시되어 있다. 연
료비 차이의 NPV가 시간이 흐름에 따라 작

표 14.3	새 비행기 구매 시 유나이티드항공의 NPV		
연	새 비행기 구매 (대당 100만 달러)	새 비행기 구매, 증가하는 운항비용 (대당 100만 달러)	새 비행기 구매, 낮은 이자율 r (대당 100만 달러)
0	−168	−168	−168
1	6.67	7.13	6.80
2	6.35	7.27	6.60
3	6.05	7.41	6.41
4	5.76	7.55	6.22
5	5.48	7.69	6.04
6	5.22	7.84	5.86
7	4.97	7.99	5.69
8	4.74	8.14	5.53
9	4.51	8.30	5.36
10	111.7	115.9	135.4
11	0	0	0
…	…	…	…
NPV =	−6.5	17.2	21.9

아지는 것이 아니라 오히려 커짐에 주목하라. 그 이유는 비용 증가율 7%가 이자율 5%보다 더
크기 때문이다. 이제는 운항비용의 증가에 따라 신형 비행기를 구매하는 것의 NPV는 양수가
되며(1,720만 달러) 이는 유나이티드가 즉시 767-300을 드림라이너로 교체해야 함을 의미한다.
이는 이치에 맞는다. 만일 시간이 흐름에 따라 낡은 767-300을 계속 보유하는 것의 비용이 커진
다면 비행기를 일찍 교체하는 것의 수익은 높아진다.

마지막 상황으로 운항비용의 차이는 연간 700만 달러로 같지만 이자율이 3%로 낮아졌다고
가정해보자. 이자율이 낮아진 것은 미래의 운항비용 절감뿐만 아니라 10년 후에 새로운 비행기
를 구매하지 않아도 되는 데 따른 비용 절감도 크게 할인되지 않음을 의미한다. 이 두 가지 요인
은 모두 즉시 새 비행기를 구매하는 가치를 높이는데, 그것은 표 14.3의 마지막 열에서 확인할
수 있다. 이제 새 비행기를 즉시 구매하는 NPV는 대당 2,190만 달러이다.

유나이티드가 처음 드림라이너를 구매했을 때는 이자율이 역사적인 수준으로 낮았고 767
-300을 유지하는 연료비와 수리비는 지속적으로 증가할 것이 예상되었다. 이는 실제로 유나
이티드가 10년을 더 기다리지 않고 즉시 드림라이너로 교체함으로써 비용을 절감했음을 의미
한다. ■

NPV 대 원금회수 기간

당신은 아마도 투자가 **원금회수 기간**(payback period)으로 평가된다는 것을 들었을 것이다. 원

원금회수 기간
초기 투자비용을 미래의 (할인하지 않은) 수익으로 회수하는 데 필요한 시간의 길이

예제 14.2

민준은 여행사를 운영하고 있는데 컴퓨터를 구매할 것을 고려 중이다. 컴퓨터가 있으면 시간에 상관없이 여행상품을 팔 수 있으므로 연간 100,000달러를 벌 수 있다. 민준은 컴퓨터를 3년만 보유할 생각이다. 3년 후에 중고 컴퓨터는 250,000달러에 팔 수 있다.

   a. 만일 컴퓨터 가격이 475,000달러이고 이자율이 7%라면 투자의 PDV는 얼마인가?

   b. 컴퓨터를 구입하는 것은 현명한 투자인가? 설명하라.

풀이

   a. 순현재가치는 매기마다의 순편익의 현재가치에서 순비용의 현재가치를 뺀 값이다. 그런데 이 같은 계산에서 고려할 사항은 세 가지다 — 민준이 지급하는 최초의 가격, 3년간 민준이 얻는 수입, 그리고 3년이 지난 후 컴퓨터를 팔아서 얻는 금액. 따라서

$$NPV = -\$475{,}000 + \frac{\$100{,}000}{1.07} + \frac{\$100{,}000}{(1.07)^2}$$
$$+ \frac{\$100{,}000}{(1.07)^3} + \frac{\$250{,}000}{(1.07)^3}$$

가 된다. 비용 475,000달러는 지금 발생하기 때문에 할인되지 않지만[그리고 부호는 음(−)이지만] 편익(연간 수입과 재판매 가격)은 미래에 발생하므로 할인되어야 함에 주의하라. 계산을 하면 우리는 다음과 같은 결과를 얻는다.

$$NPV = -\$475{,}000 + \$93{,}457.94 + \$87{,}343.87$$
$$+ \$81{,}629.79 + \$204{,}074.47 = -\$8{,}493.93$$

   b. 그렇지 않다. NPV가 음수이므로 현명한 투자가 아니다.

금회수 기간은 투자의 최초 비용이 할인되지 않은 미래의 수익으로 보상되는 데 걸리는 기간이다. 앞에서 살펴본 스키 구매의 예에서 원금회수 기간은 3년이었다. 2년 후 총편익은 $200 + $200 = 400달러로서 선행 비용 500달러보다 작았다. 그러나 3년이 지나면 총편익은 600달러로 커진다.

원금회수 기간을 계산하는 것은 매우 쉽지만 미래의 돈을 이자율로 할인하지 않기 때문에 오해의 소지가 있다. 그것은 미래의 지급액을 현재의 지급액과 동일한 가치로 취급한다. 예를 들어 스키는 3년이란 기간이 투자를 결정하는 사람에게 받아들여질 수 있는 기간이라면, 원금회수 기간의 관점에서는 가치 있는 투자가 된다. 그러나 이자율이 충분히 크다면 그러한 투자계획은 음의 NPV를 갖는다. 스키를 사지 않고 그 대신 500달러에 대한 이자를 얻는 것이 더 나을 것이다. 이자율이 높음에도 원금회수 기간을 평가기준으로 사용한다면 스키를 구매하는 잘못된 선택을 하게 된다. 이러한 이유로 원금회수 기간은, 비록 투자를 고려하는 편리한 1차 관문이기는 하지만, 잘못된 선택을 유도할 수 있다. NPV 방법이 더 좋다.

14.3 올바른 이자율 사용과 자본시장

이제까지 우리는 '이자율 r'이라는 표현을 사용했다. 그러나 실제 금융시장은 많은 서로 다른 이자율을 가지고 있다. 투자자들이 순현재가치를 계산할 때 어떤 이자율을 사용해야 할 것인가?

명목이자율 대 실질이자율

투자의 비용과 편익은 서로 다른 시점에서 발생하므로 물가상승은 투자의 순가치에 영향을 줄

수 있는데 이는 우리가 이제까지 고려하지 않은 사항이다. 시간에 따라 물가가 변하면 그것은 스스로 할인의 효과를 만들어낸다. 미래의 지급액은 같은 크기의 현재 지급액과 동일한 구매력을 갖지 못한다. 인플레이션, 즉 물가상승이 있을 때 미래의 1,000달러는 현재의 1,000달러보다 더 적은 재화와 서비스만을 구매할 수 있다. 지급액이 더 먼 미래에 발생하면 물가는 더 많이 상승할 가능성이 높고 그에 따라 구매력의 격차는 더 커지게 된다. 기업과 가계는 실질 구매력을 걱정하므로 그들은 투자를 평가할 때 이 같은 구매력 차이를 반영할 필요가 있다.

경제학자들은 명목이자율과 실질이자율을 구별함으로써 이 같은 인플레이션 상황을 고려한다. **명목이자율**(nominal interest rate)은 그것이 얼마의 구매력을 갖는지를 고려하지 않고 단지 화폐가치로 표시된 수익률을 말한다. (인플레이션 조정 이자율이라고 불리기도 하는) **실질이자율**(real interest rate)은 구매력으로, 즉 지급액이 구매할 수 있는 재화와 서비스의 양으로 수익률을 표시한 것이다. 1달러는 현재보다 미래에 더 적은 물건만을 구매할 수 있으므로 물가의 상승률이 미래 지급액의 구매력을 떨어뜨린다면, 실질이자율은 이를 반영한다.

물가상승률이 매우 크지 않은 한 기본적인 공식은 실질이자율 r은 대략 명목이자율 i에서 물가상승률 π를 뺀 값이 된다는 것이다.[7]

$$r \approx i - \pi$$

일단 실질이자율을 계산해내면 그것을 PDV와 NPV 계산에서 이자율로 사용한다. 이렇게 하는 것은 미래의 지급액이 할인되는 다른 이유들뿐만 아니라 투자기간 동안 물가가 변하는 것의 할인효과를 자동적으로 반영할 것이다.

올바른 이자율의 사용

NPV 계산에서 사용할 올바른 이자율을 찾기 위해서는 이자율이 투자의 기회비용이라는 사실을 기억하는 것이 도움이 된다. 기회비용이 되는 이유는 자본을 구매하는 데 사용된 자원은 그렇지 않았더라면 저축하여 이자를 얻는 데 사용될 수 있었기 때문이다. NPV 분석은 미래의 수익을 그 자금을 저축하여 이자를 얻는 것과 단순히 비교함으로써 투자의 미래 수익이 현재의 비용만큼 가치가 있는지를 묻는다. NPV 분석에서 미래의 현금흐름을 할인하는 것은 그것을 가능한 이자소득과 동등하게 비교할 수 있게 해준다.

이는 NPV를 계산하는 데 사용되는 이자율은 투자가 이루어졌기 때문에 포기된 다른 보수율이 되어야 함을 의미한다. 예를 들어 만일 기업이 새 점포를 지을 것을 고려 중이라면 이는 본질적으로 점포의 건축과 자금을 금융시장에 넣어 시장 수익률을 얻는 것 간의 선택이 된다. 그러나 우리는 미래의 수익에 대하여 불확실성이 존재할 때 이러한 '올바른' 이자율이 어떻게 수정되어야 하는지를 살펴볼 것이다.

---

7 이것은 20세기 초반 예일대학의 경제학자 피셔(Irving Fisher)를 기념하여 'Fisher rule'이라고 알려져 있다. 이 공식은 명목이자율 i를 얻는 어떤 원금 A는 $A \times (1+i)$만큼의 물가상승률을 반영하지 않은 가치를 갖는다는 사실에서 도출된다. 같은 기간 중의 물가상승률이 π라면, 최초에 A만큼의 가치를 갖는 재화를 구매할 수 있었던 돈은 나중에는 단지 $A/(1+\pi)$만큼의 재화만 구매할 수 있게 된다. 따라서 기간 말에 원금 A의 실질가치는 $A \times (1+i)/(1+\pi)$가 된다. 실질이자율은 최초 원금의 구매력에 대한 구매력의 변화 비율이다. 즉 $r = [(A(1+i)/(1+\pi)) - A]/A = (1+i)/(1+\pi) - 1 = (i-\pi)/(1+\pi)$. 만일 π가 매우 크지 않다면 실질이자율 r은 대략 $i - \pi$와 같아진다.

<aside>
명목이자율
화폐가치대로 표시된 수익률

실질이자율
구매력으로 표시된 수익률
</aside>

14.4 위험투자에 대한 평가

이것은 NPV 분석을 이용하여 어떻게 투자결정을 분석하는가이다. 그러나 이제까지 우리는 위험을 무시해왔다. 현실에서 기업과 가계는 투자 결정을 할 때 많은 불확실성에 직면한다. 간혹 투자가 실패하기도 한다. 이 절에서는 투자자가 투자 결정을 하기 전에 더 많은 정보를 얻기 위해 기다릴 수도 있는 상황을 포함하여, 불확실성을 고려하면서 NPV를 분석하는 방법에 대해 논의한다.

불확실성하에서의 NPV : 기댓값

표 14.4 위험투자의 분석	
수익	**수익의 확률**
0달러	0.2
100만 달러	0.6
200만 달러	0.2

기댓값
확률을 가중치로 한 평균

위험을 NPV 투자분석에 반영하는 기본적인 방법은 각 보수에 그것이 일어날 확률로 가중치를 부여함으로써 NPV를 기댓값으로 계산하는 것이다. 위험한 보수는 두 가지 조합을 내포한다 — 금액과 그것이 발생할 확률.

1년 후에 불확실한 이익을 가져다주는 위험투자의 예를 생각해보자. 표 14.4는 가능한 수익들을 확률과 함께 표시한 것이다. 이 같은 가능한 결과들을 살펴보면, 투자가 실패하여 아무런 수익도 얻지 못할 확률은 매우 작고 (0.2 혹은 20%), 크게 성공하여 200만 달러의 이익을 가져다줄 확률도 매우 작고(0.2), 적당한 100만 달러의 수익을 가져다줄 확률은 0.6으로 매우 높음을 알 수 있다.[8]

이러한 상황을 분석하는 데 우리는 확률로 가중치를 준 평균인 **기댓값**(expected value)이라는 개념을 사용한다. 어떤 불확실한 결과의 기댓값은 각 결과/수익과 그러한 결과/수익이 발생할 확률의 곱을 모두 더한 값이다. 일반적으로 N개의 수익이 가능한 불확실한 결과에 대해 기댓값은 다음과 같다.

$$기댓값 = (p_1 \times M_1) + (p_2 \times M_2) + \cdots + (p_N \times M_N)$$

여기서 M_1, M_2, $\cdots$, M_N은 가능한 수익들이고 p_1, p_2, $\cdots$, p_N은 각 수익이 발생할 확률이다. 그렇다면 앞의 투자 예에서 기대수익은 다음과 같다(단위 : 100만 달러).

$$
\begin{aligned}
기대수익 &= (0.2 \times \$0) + (0.6 \times \$1) + (0.2 \times \$2) \\
&= \$0 + \$0.6 + \$0.4 \\
&= \$1
\end{aligned}
$$

보장된, 즉 불확실성이 없는 수익흐름에 대해서 기댓값을 계산하는 것은 매우 쉽다. 수익이 확실한 것이므로 그 확률은 1(100%)이다. 따라서 기댓값은 1 곱하기 보장된 수익이다. 100만

---

8 실제 투자에서 이러한 확률에 영향을 주는 요소들은 매우 많다. 간혹 확률은 객관적으로 정의된다. 즉 입증할 수 있을 만큼 정확하다. 동전 던지기가 그러한 경우이다 — 누구나 앞면 혹은 뒷면이 나올 확률이 정확히 50%라는 것을 안다. 또 다른 예는 10%의 당첨확률을 약속한 정부의 복권게임이다. 우리는 10장 중 1장은 당첨된다는 것을 알고 있다. 그러나 대부분 현실에서의 투자는 확률이 객관적이지 않다. 즉 확률들은 의사결정자의 주관적 판단에 의해 결정되는 것이지 동전이 단지 두 면만 가지고 있거나 혹은 어떤 회계기관이 복권의 당첨확률을 검증했다는 사실에 근거하여 그 확률을 돌에 새겨놓은 식이 아니란 것이다. 주관적인 확률과 함께 어떤 요인들이 가능한 결과에 영향을 주는지를 알면 의사결정에 도움이 된다. 우리는 이러한 두 종류의 확률의 차이에 대해 걱정하려는 것은 아니다. 우리는 문제를 단순화하여 우리가 언급하는 모든 확률은 객관적으로 설정된 것이라고 가정한다. 단지 실제 상황에서 그 차이를 기억하는 것은 도움이 될 것이다.

달러의 수익이 보장된 투자는 100만 달러의 기댓값을 갖는다.

기댓값을 사용하면 NPV의 계산은 앞에서와 동일하다. 단지 모든 결과를 그 확률로 곱하기만 하면 된다.

위험과 기다리는 옵션의 가치

기댓값을 이용해서 투자를 평가하는 것은 위험을 NPV 계산에 포함시키는 자연스러운 방법을 제공한다. 위험이 의사결정에 영향을 줄 수 있는 한 가지 방식은 투자를 늦추고 더 많은 정보를 수집하려는 인센티브를 만드는 것이다. **기다리는 옵션의 가치**(option value of waiting)는 투자에 관한 불확실성이 완전히 혹은 일부 해소될 때까지 투자자가 투자의 결정을 연기할 수 있을 때 발생하는 가치이다. (이러한 이름은 투자 결정을 연기할 수 있는 투자자의 권한은 개념적으로는 금융상의 옵션, 즉 물건을 사거나 팔아야 하는 의무는 없고 권리만 있는 계약과 관련되어 있다는 사실에서 비롯된다.)

> **기다리는 옵션의 가치**
> 투자 수익에 대한 불확실성이 전적으로 또는 부분적으로 해소될 때까지 투자자가 투자 결정을 미루는 경우에 창출되는 가치

예를 통해 이것이 어떻게 작동하는지 살펴보자. 당신은 새로운 고성능의 TV를 갖기 원한다. 발전된 TV 방식에 대해서 16K와 Hyper-3D HD 간의 전쟁이 시작되고 있지만 금전적인 혹은 공간적인 제약 때문에 둘 다 살 수는 없다. 미래의 TV 방송이 16K가 될지 Hyper-3D가 될지는 분명하지 않다. 이것은 경제학자들이 '표준 전쟁(standards war)'이라고 부르는 것이다. 아마도 단 한 가지 형식만이 성공하여 업계의 표준기반이 될 수 있고 다른 형식은 아마도 사라질 것이다. 전쟁은 1년 후에는 끝날 것으로 기대된다고 가정하자. 따라서 만일 당신이 잘못된 TV를 산다면, 1년 내에 당신은 좋아하는 쇼를 볼 수 없게 된다. 만일 당신이 올바른 선택을 한다면 모든 것은 성공적이다.

이 같은 불확실성이 TV를 구매하는 데 따른 NPV와 옵션가치에 어떠한 영향을 주는지를 살펴보기 위해 구체적인 숫자를 부여해보자. 이자율이 5%이고 16K TV는 1,350달러, Hyper-3D TV는 1,200달러라고 가정하자. 또한 각 TV는 좋아하는 쇼를 볼 수 있으면 연간 150달러의 가치를 영원히, 그렇지 않다면 (표준 전쟁에서 졌기 때문에) 0달러의 가치를 창출한다고 가정한다.

이 같은 정보하에서 16K TV의 가치는 첫해에는 $-\$1,350 + \$150 = -1,200$달러가 되고 그 이후에는 그 TV가 표준이 된다면 매년 150달러가 된다. 앞에서 배운 공식을 이용하면 매년 150달러의 수익흐름의 PDV는 $\$150/0.05 = 3,000$달러가 된다. 한편 Hyper-3D TV는 첫해에는 $-\$1,200 + \$150 = -1,050$달러의 가치를, 그리고 그 이후에는 표준 전쟁에서 승리할 경우 연간 150달러의 가치를 창출한다. Hyper-3D TV의 수익흐름의 PDV 역시 3,000달러이다.

마지막으로, 분석가들은 16K가 이길 확률은 75%이고 Hyper-3D TV가 승리할 확률은 25%라고 믿고 있다고 가정하자.

이제 각 TV를 구매하는 NPV를 계산하는 데 필요한 모든 것을 알았다. 16K TV를 구매한다면 첫해의 지급액은 TV의 가격 1,350달러와 그로부터 얻는 편익 150달러를 포함하며, 다음 해부터는 75%의 확률로 (16K TV가 표준 전쟁에서 승리하여) 매년 150달러의 편익을 영원히 얻을 수 있다(PDV=3,000달러). 한편 25%의 확률로는 Hyper-3D TV가 표준이 되어 16K TV는 더 이상 쓸모가 없게 될 것이다. 따라서 16K TV를 구매하는 NPV는 다음과 같다.

$$16\text{K } NPV_{\text{now}} = (-\$1,350 + \$150) + 0.75 \times (\$3,000/1.05) + 0.25 \times (\$0/1.05)$$
$$= -\$1,200 + 0.75 \times \$2,857.14 + 0.25 \times \$0$$
$$= -\$1,200 + \$2,142.86 + \$0 = \$942.86$$

이 같은 NPV는 비용과 편익에 그것이 발생할 확률로 가중치를 부여한 기댓값임을 명심하라. 첫해의 지급액인 1,350달러의 TV 구입비와 150달러의 편익은 보장된 것이므로 1의 가중치가 부여된다. 미래의 지급액에 대해서는 16K TV가 승자가 되었을 때 받는 수익흐름의 PDV 3,000달러에는 16K TV가 실제로 전쟁에서 이길 확률 75%를 곱한다. 마찬가지로, 16K TV가 패했을 때의 수익흐름의 PDV인 0달러에는 그 결과가 발생할 확률 25%를 곱한다. 이 두 가지 미래 편익의 흐름은 1년 뒤 미래에 발생하는 것이므로 그 값들을 $(1 + r)$ 혹은 1.05로 할인한다. 이 모든 것을 반영하면 16K TV를 구매하는 NPV는 942.86달러가 된다.

Hyper-3D TV를 구매하는 NPV도 같은 방법으로 구할 수 있다. 다른 점은 Hyper-3D TV 가격은 단지 1,200달러이며 승리와 패배의 확률은 16K TV와 반대라는 것이다. Hyper-3D TV가 표준이 되어 3,000달러의 미래 편익의 PDV를 얻게 될 확률은 단지 25%이다. 전쟁에서 져서 미래 편익이 0이 될 확률은 75%이다.

$$\text{Hyper-3D } NPV_{\text{now}} = (-\$1,200 + \$150) + 0.25 \times (\$3,000/1.05) + 0.75 \times (\$0/1.05)$$
$$= -\$1,050 + 0.25 \times \$2,857.14 + 0.75 \times \$0$$
$$= -\$1,050 + \$714.29 + \$0 = -\$335.71$$

Hyper-3D TV를 구매하는 NPV는 -335.71달러이다.

16K TV를 구매하는 NPV는 942.86달러이고 Hyper-3D TV를 구매하는 NPV는 -335.71달러임을 알았다. 이 같은 결과는 만일 TV를 구매했어야 했다면 16K TV를 선택했을 것임을 의미한다.

그러나 만일 구매할지를 결정하기 전에 1년을 기다릴 수 있었다면 당신은 어떤 기준이 표준 전쟁에서 승리했는지 알 수 있고 따라서 그 제품을 구매하면 미래에 계속 프로그램들을 볼 수 있어 3,000달러의 편익을 얻을 수 있다. 기다리는 것의 가치를 구하려면 그러한 계획이 주는 NPV를 계산해야 한다. 그 계획에 따르면 내년까지는 아무것도 구매하지 않음에도 불구하고 왜 현재에서의 가치를 구해야 하는가? 그 이유는 '내년까지 기다리는 것'의 NPV를 앞에서 구한 '지금 구매하는 것'의 NPV와 동등한 기준에서 비교해야 하기 때문이다.

내년까지 기다리는 것의 NPV인 NPV_{wt+1}(아래첨자 'w'는 기다리는 옵션 가치를 의미한다)은 다음과 같다.

$$NPV_{wt+1} = 0.75 \times (-\$1,200/1.05) + 0.75 \times (\$3,000/1.05^2) + 0.25 \times (-\$1,050/1.05) + 0.25$$
$$\times (\$3,000/1.05^2)$$
$$= 0.75 \times (-\$1,142.86) + 0.75 \times (\$2,721.09) + 0.25 \times (-\$1,000.00) + 0.25 \times (\$2,721.09)$$
$$= -\$857.15 + \$2,040.82 - \$250.00 + \$680.27 = \$1,613.94$$

75% 확률로 16K TV가 표준 전쟁에서 승리하고 당신은 그 TV를 샀을 것이다. 그것은 내년에 $-1,200$달러의 순편익(1,350달러의 가격과 150달러의 편익)을 가져오고 그 이후 영원히 연간 150달러의 편익(PDV=3,000달러)을 가져다준다. 그러나 현재의 시점에서 볼 때는, 첫 번째

편익은 1년 뒤 미래에 발생하고 따라서 1.05로 할인되어야 하며, 두 번째 편익은 2년 후에 발생하므로 1.05^2으로 할인되어야 한다. 만일 25%의 확률로 Hyper-3D TV가 승리하면 당신은 내년에 그 TV를 구매할 것이고 첫해는 1,050달러를 잃고, 그리고 그 이후에는 3,000달러에 해당되는 영구수익을 얻게 된다. 이러한 확률로 가중치를 부여한 비용과 편익을 모두 더하면 내년까지 기다리는 선택은 1,613.94달러의 NPV를 갖게 된다.

지금 16K TV를 구매하는 NPV가 양수 942.86달러였지만 구매하기 전에 1년을 더 기다리는 것은 더 높은 NPV(1,613.94달러)를 갖는다. 이 같은 추가적인 이익은 표준 전쟁에서 패하는 제품을 구매하여 아무런 미래의 편익도 얻지 못할 가능성을 제거하는 것에서 비롯된 것이다. 내년까지 구매하지 않으면, 주사위를 던지면서 올바른 선택이기를 기대하는 대신에, 미래 편익의 현재가치 3,000달러를 보장받는다. 무슨 일이 일어났는지를 알고 난 후에 선택을 할 수 있는 능력이 기다리는 옵션의 가치를 만들어낸다. 즉 일찍 투자 결정을 했다면 발생할 수도 있었을 최악의 결과를 제거할 수 있다. 그러나 기다리는 것에도 비용이 따른다. 투자의 편익을 1년 동안은 누릴 수 없다. (NPV_{wt+1}을 현재의 관점에서 계산했고 따라서 일찍 구매했을 때 얻을 수 있었던 150달러의 편익을 잃어버린 것을 고려했으므로 NPV 계산에는 이러한 사실이 완벽하게 반영되었다.) 그럼에도 불구하고 불확실성의 정도가 매우 커서 그것을 제거하기

 예제 14.3

민준은 집 장사꾼이다. 그는 이득이 될 만한 낡은 집을 사서 수리한 후에 다시 시장에 내놓는다. 민준은 최근에 수리해서 다시 팔고 싶은 아름다운 빅토리아풍의 집을 발견했다. 민준이 거래에서 10%의 손해를 볼 가능성은 0.2이며, 0.7의 확률로는 8%의 이익을 얻고, 나머지 0.1의 확률로 20%의 이익을 얻을 수 있다.

  a. 이 같은 계획으로부터 얻는 민준의 기대수익을 계산하라.

  b. 다른 동네에서 같은 가격에 방갈로가 매물로 나왔다고 가정하자. 민준은 3%의 이익을 얻을 확률은 0.3, 5.8%의 이익을 얻을 확률은 0.5, 그리고 9%의 이익을 얻을 확률은 0.2라고 판단했다. 방갈로 거래를 통한 민준의 기대수익은 얼마인가?

  c. 민준은 한 채의 집만을 구매할 수 있는 재력을 가지고 있다고 가정하자. 기대수익에 근거하여 결정을 한다면 민준이 어떤 선택을 해야 하는지가 명백한가? 만일 그렇지 않다면 선택에 결정적인 영향을 줄 수 있는 추가적인 요인이 있는가?

풀이

  a. 기대가치 = $(p_1 \times M_1) + (p_2 \times M_2) + (p_3 \times M_3)$임을 기억하라. 빅토리아풍 주택에 대한 숫자들을 대입하면 기대수익은 다음과 같다.

$$기대수익 = (0.2 \times -10) + (0.7 \times 8) + (0.1 \times 20)$$
$$= -2 + 5.6 + 2 = 5.6\%$$

  b. 방갈로와 관련된 숫자들을 대입하면 기대수익은 다음과 같다.

$$기대수익 = (0.3 \times 3) + (0.5 \times 5.8) + (0.2 \times 9)$$
$$= 0.9 + 2.9 + 1.8 = 5.6\%$$

  c. 두 거래의 기대수익은 같다. 기대수익이 비교의 유일한 기준이라면 어느 쪽이 더 나은 선택이라고 말할 수 없다. 그러나 방갈로의 경우에는 손해를 볼 가능성은 없지만, 빅토리아풍 주택의 경우에는 0.2의 확률로 10%의 손실을 입을 수도 있다. 민준을 포함한 어떤 투자자들은 최악의 결과가 덜 손해가 된다면 기꺼이 작은 확률로 높은 이익을 얻는 기회를 포기하려고 할 수도 있다. 이러한 선호는 **위험기피**의 특징으로, 다음 절에서 다루게 될 것이다.

위해 기다리는 것은 여전히 매우 가치 있는 선택이었던 것이다. 기다리는 옵션의 가치는 1년 더 기다리는 선택의 NPV와 지금 16K TV를 구매하는 선택의 NPV 간의 차이와 같다. 따라서 $1,613.94 − $942.86 = 671.08달러가 된다.

불확실성은 매우 보편적인 현상이므로 기다리는 옵션의 가치는 많은 실제의 투자 결정에서 발생한다. 기다리는 것이 만들어내는 가치를 인식하는 것은 투자 선택을 평가함에 있어 가장 중요하게 고려되어야 할 사항 중 하나이다.

14.5 불확실성, 위험, 그리고 보험

기댓값은 투자의 맥락에서 위험을 고려하는 방법을 제시한다. 그러나 이 절에서 보게 되듯이 기댓값 분석을 사용할 때는 암묵적으로 사람들은 위험에 대해 특별히 걱정하지 않는다고 가정한다. 예를 들어 기댓값의 기준에서는 1%의 확률로 1억 달러를 얻는 것과 100만 달러를 확실하게 얻는 것은 동일한 가치를 갖는다. 이 절에서 우리는 사람들이 위험을 감수하는 것을 싫어할 때 무슨 일이 생기는지, 그리고 왜 그러한 사람들에게 보험이 가치가 있는지, 그리고 위험이 투자 결정을 어떻게 바꾸어놓는지도 배우게 될 것이다.

기대소득, 기대효용, 그리고 위험 프리미엄

사람들이 위험을 싫어한다는 것의 의미를 알기 위해서 어떤 사람과 그가 자신의 소득으로 살 수 있는 재화를 소비해서 얻는 효용을 생각해보자. 제4장에서의 분석은 가격과 소득이 주어져 있을 때 어떤 재화들을 선택하는지에 관한 것이었다. 그러나 소비자의 위험에 대한 혐오를 분석할 때는 그 선택된 재화들에 어떤 것들이 포함되는지에 대해 정확히 알 필요는 없다. 알아야 하는 것은 단지 그 사람이 주어진 소득수준하에서 얻게 되는 효용의 크기이다.

어떤 특정한 개인인 민준에 대해 그의 소득과 효용과의 관계를 그림 14.3에 표시했다. 민준의 소득은 x축에 표시되었고 그가 소득으로 구매하는 재화들로부터 얻는 효용은 y축에 표시되어 있다. 우리가 예상하는 것처럼 효용은 소득이 증가함에 따라 함께 증가한다. 왜냐하면 소득이 많으면 더 많은 것들을 살 수 있기 때문이다. 그러나 소득이 증가할수록 곡선은 덜 가파르게 된다. 즉 민준은 체감하는 소득의 한계효용을 갖는다는 것이다. 소득이 예를 들어 10,000달러에서 15,000달러로 증가할 때의 효용 증가는 소득이 1,000,000달러에서 1,005,000달러로 증가할 때의 효용 증가보다 더 크다. 만일 한계효용체감이 성립하면 민준은 위험에 민감하고 따라서 불확실성을 제거하거나 줄이기 위해 기꺼이 돈을 지불하려고 한다는 것이다.

위험과 한계효용체감과의 관계를 최대한 명확히 하기 위해 구체적인 예를 생각해보자. 민준의 소득 대부분은 그가 소유한 가게에서 나온다고 가정하자. 또한 그의 사업이 직면한 유일한 불확실성은 가게가 (민준의 소득에 큰 손실을 입힐) 토네이도에 의해 파괴될지에 관한 것이다.

민준이 자신의 소득으로 구매한 재화에서 얻는 효용 U는 다음과 같은 함수로 주어져 있다고 가정한다. 단, I는 민준의 소득을 1,000달러 단위로 표시한 것이다.

$$U = \sqrt{I}$$

이러한 효용함수는 그림 14.3에 표시되어 있으며 명확하게 소득의 한계효용이 체감하는 것

그림 14.3 위험기피적인 소비자는 위험을 피하기 위해 돈을 지불한다

민준의 소득은 50%의 확률로 100,000달러이고(B점) 나머지 50%의 확률로는 36,000달러이다(A점). 따라서 그의 기대소득은 68,000달러이며 기대효용은 8이다(C점). 확실한 소득 64,000달러는 역시 민준에게 8의 효용을 준다(E점). 민준은 위험기피적인 사람이므로 불확실한 소득 대신 확실한 소득 64,000달러를 얻기 위해 기꺼이 기대소득 4,000달러(C점에서 E점까지의 거리)를 포기하려고 한다.

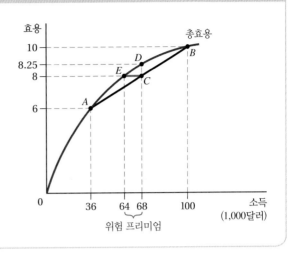

을 보여준다.

이제 민준의 연간 소득은 토네이도가 없을 때는 100,000달러이고 토네이도가 있을 때는 36,000달러라고 가정하자. 이러한 소득에 대한 효용의 수준은 그림 14.3에서 B점과 A점으로 각각 표시되어 있다. 소득이 100,000달러이면 민준의 효용은 $U = \sqrt{100} = 10$이고, 만일 소득이 36,000달러면 효용은 $U = \sqrt{36} = 6$이다.

계산을 쉽게 하기 위해서 토네이도가 발생할 확률이 50%로 비현실적으로 높다고 가정하자. 이것이 바로 불확실성이 발생하는 원인이다.

기본적인 기댓값 계산으로부터 먼저 민준의 연간 기대소득을 계산한다. 토네이도에 가게가 파괴되어 소득이 36,000달러가 될 확률은 50%이다. 또한 토네이도가 생기지 않아 소득이 100,000달러가 될 확률도 50%이다. 기댓값을 계산하는 공식을 적용하면 민준의 기대소득은 68,000달러가 됨을 알 수 있다.

$$기대소득 = (0.5 \times \$36,000) + (0.5 \times \$100,000)$$
$$= \$18,000 + \$50,000$$
$$= \$68,000$$

마찬가지 방법으로 그의 기대효용을 계산한다.

$$기대효용 = (0.5 \times 6) + (0.5 \times 10)$$
$$= 3 + 5$$
$$= 8$$

기대소득과 기대효용을 C점으로 표시한다. C점이 A와 B점을 연결한 직선, 즉 토네이도가 있을 때와 없을 때의 소득-효용 조합의 중간이라는 사실에 주목하라. 이것은 우연이 아니다. 민준의 기대소득과 기대효용은 토네이도가 발생할 **모든** 확률에 대해서 그 직선상의 어딘가에 위치한다. 그 정확한 위치는 각 사건(토네이도가 일어나거나 일어나지 않거나)의 확률에 달려 있다. 토네이도가 일어날 확률이 클수록 민준의 기대소득과 기대효용은 토네이도가 일어났을 때의 소득-효용인 A점에 가까워진다. (만일 토네이도가 발생할 확률이 100%라면 A점이 기대소득 및 기대효용 점이 된다.) 그와 반대로 토네이도가 발생할 확률이 매우 낮으면 민준의 기대소득과 기대효용은 B점에 가까워진다. C점에서의 기대가치가 직선 AB상의 중간에 위치한 것은 토네이도가 발생할 확률과 일어나지 않을 확률이 각각 50%로 같았기 때문이다.

C점에 관한 또 하나의 중요한 사실에 주목하라. 기대효용 8은 같은 소득수준에서의 효용보다 낮다. 민준의 효용함수에 의하면 68,000달러의 소득은 그림 14.3의 D점에서와 같이 $U = \sqrt{68} = 8.25$의 효용을 만들어낸다. 같은 기대소득 68,000달러라도 그러한 기댓값이 적용된 근원적인 소득이 가지고 있는 위험의 정도에 따라 다른 기대효용을 만들어낸다는 것이다. 토네이도가 발생할 가능성으로 인해 민준의 소득은 불확실하고 그의 기대소득 68,000달러는 8의 기대효용을 가져다주었다. 그러나 만일 확실한 소득 68,000달러가 보장되어 있다면 기대소득은 변하지 않았지만 기대효용은 8.25가 된다. 다시 말하자면, 소득이 얼마가 될 것인지에 대한 불확실성이 민준의 기대효용을 감소시킨 것이다. 어떤 사람이 보장된 금액을 불확실하지만 기대소득은 같은 금액보다 더 좋아한다면 우리는 그 사람을 **위험기피적**(risk-averse)이라고 말한다. 불확실성으로 인한 기대소득의 손실을 싫어하거나 혹은 같은 의미지만 그런 위험을 줄이기 위해 기꺼이 돈을 지불하려는 성향이다. 불확실성은 민준과 같은 위험기피적인 사람들의 효용을 감소시킨다.

불확실성이 어떻게 기대효용을 감소시키는지를 확인하는 한 가지 방법은 불확실한 소득과 같은 기대효용을 가져다주는 보장된 소득수준이 무엇인지를 묻는 것이다. 불확실한 소득과 동일한 기대효용을 얻는 보장된 소득수준은 **확실성등가**(certainty equivalent)라고도 불리는데, 그림 14.3에서 E점으로 표시된다. 예에서 확실성등가는 $U = \sqrt{64} = 8$이기 때문에 64,000달러이다. 민준은 보장된 소득 64,000달러로부터 50% 확률로 36,000달러를 얻고 50% 확률로 100,000달러의 소득을 얻는 경우와 동일한 효용을 얻는다. 이를 달리 표현하자면, 민준은 소득의 불확실성을 없애는 대가로 기꺼이 4,000달러의 기대소득($68,000 – $64,000)을 희생할 의사가 있다는 것이다. 이 같은 소득의 차이를 **위험 프리미엄**(risk premium)이라고 부르는데, 그것은 소득이 불확실할 때 소득이 보장되어 있을 때와 동일한 만족을 얻기 위해서 민준이 받아야 하는 추가적인 기대소득(4,000달러)을 말한다.

이제까지 우리가 살펴본 관계, 즉 위험기피적인 사람에게는 주어진 기대소득이 더 불확실해질수록 기대효용이 낮아진다는 것과 위험기피적인 사람은 불확실성을 줄이기 위해 기꺼이 돈을 지불하려 한다는 것과의 연관성은, 그림으로 설명하면, 소득의 한계효용이 체감하는 것 때문임에 주목하라. 즉 C점 혹은 AB선상의 모든 점이 소득-효용 곡선의 아래에 위치한다는 사실은 소득의 한계효용이 체감한다는 사실로부터 나온 결과라는 것이다. 한계효용체감은 소득이 증가함에 따라 소득-효용 곡선을 오목하게(concave) 만들어 어떤 불확실한 소득-효용의 조합도 기대소득이 같은 보장된 소득보다 낮은 기대효용을 갖도록 한다.

보험시장

불확실성과 위험기피적인 사람들로 가득한 세상은 보험에 대한 수요를 만들어낸다. 우리는 일상생활에서 보험의 기본적인 개념을 잘 알고 있다. 그러나 경제학자들은 보험을 한 경제주체가 다른 경제주체에게 위험을 줄여주는 대가로 돈을 지불하는 상황이라고 구체적으로 정의한다.

보험과 위험기피성 간의 자세한 연관성을 이해하는 것은 중요하기 때문에 곧 상세히 다루겠지만, 그 기본 개념은 매우 간단하다. 어떤 사람이 위험기피적이면 그는 위험을 줄이기 위해 돈을 내려고 한다. 그것이 바로 보험이 하는 일이다. 보험은 보험계약자에게 상황이 나빠졌을 때(자동차를 도둑맞거나, 아파서 많은 돈을 치료비로 내야 하는 등) 그에게 배상을 함으로써 위험을 줄인다. 그 대신 보험계약자는 자신을 나쁜 결과의 가능성으로부터 보호하기 위해 보험회사에게 보험료를 지불하고 조금 줄어든 소득에 만족한다.

보험의 가치 불확실한 소득으로 인한 기대효용의 손실과 이러한 손실을 줄이기 위해 약간의 기대소득을 기꺼이 포기하려는 의사는 민준을 더 행복하게 만드는 방법을 제시한다. 어떤 개인이나 기업이 민준에게 그의 불확실성을 줄여주는 보험계약을 제시하며 그 내용은 다음과 같다고 가정해보자. 만일 민준의 가게가 부서지면 보험회사는 그에게 돈을 지급한다. 이는 나쁜 상황에서의 손실을 줄여줄 것이다. 그 대가로 민준은 만일 토네이도가 발생하지 않는다면 보험회사에게 돈을, 즉 보험료를 지불한다. 이 보험료는 좋은 상황에서는 민준의 소득을 줄인다. 토네이도가 발생하지 않아도 민준은 보험료로 지불한 돈 없이 살아야 한다. 그러나 민준의 불확실성을 줄임으로써 보험계약은 주어진 기대소득수준에 대해서 민준의 기대효용을 높여준다. 이 같은 보험이 민준의 기대소득을 높임으로써 그의 기대효용을 높이는 것이 아님에 주목하라. 사실 보험회사는 민준의 기대소득을 낮춘다. 그럼에도 불구하고 줄어든 불확실성이 더 큰 기대효용을 가져다주기 때문에 민준은 이익을 얻는다.

우리는 예를 통해 이 같은 이익을 좀 더 구체적으로 확인할 수 있다. 간단한 보험은 토네이도가 가게를 망가뜨리면 보험회사가 민준에게 32,000달러를 지급하고 민준은 토네이도가 일어나지 않을 때 보험료로 32,000달러를 보험회사에 지불하는 것이다. 이 같은 보험하에서 민준의 소득은 토네이도와 상관없이 68,000달러이다. 토네이도가 발생하면 소득은 36,000달러인데 보험금으로 32,000달러를 받기 때문에 순소득은 68,000달러가 된다. 토네이도가 일어나지 않으면 소득은 100,000달러지만 보험료로 32,000달러를 내기 때문에 순소득은 역시 68,000달러가 된다. 앞에서 보았듯이, 보장된 소득 68,000달러는 민준에게 8.25의 기대효용을 주는데, 이는 보험 없이 기대소득이 68,000달러로 동일할 때의 기대효용 8보다 더 크다. 이러한 보험 때문에 모든 불확실성은 사라졌다. 민준은 토네이도가 발생하든 안 하든 동일한 효용을 얻는다. 결과와 상관없이 피보험자에게 동일한 만족을 주는 보험을 **완전보험**(complete insurance, full insurance)이라고 부른다.

부분보험(partial insurance)이라도 여전히 도움이 된다. 토네이도가 발생하지 않을 때는 보험료 20,000달러를 내는 대신에 토네이도가 발생하면 20,000달러를 받는 보험을 가정해보자. 이러한 보험하에서 민준의 소득은 토네이도가 발생했을 때는 $36,000 + $20,000 = 56,000달러가 되고 토네이도가 일어나지 않을 때는 $100,000 − $20,000 = 80,000달러가 된다. 민준의 기대소득은 68,000달러($0.5 \times \$56,000 + 0.5 \times \$80,000 = 68,000$달러)로 이전과 동일하다. 그러나 기대효용은 8.21($0.5 \times \sqrt{56} + 0.5 \times \sqrt{80} = 3.74 + 4.47 = 8.21$)이 된다. 이는 보장된 소득 68,000달러 하에서의 기대효용 8.25보다는 작지만, 보험이 없을 때의 기대효용 8보다는 큰 값이다.

보험은 민준에게는 좋은 거래지만 보험회사에게도 그럴까? 보험은 기본적으로 민준의 위험을 보험회사로 이전하는 것이다. 보험회사는 보험에서 얻는 이익이 얼마가 될지 확실히 알지

완전보험
결과에 관계없이 피보험자에게 동일한 상황(후생수준)을 보장하는 보험 상품

못한다. 그러나 보험회사는 많은 보험을 팔기 때문에 이 같은 위험의 이전으로 인해 손실을 입지 않는다. 판매한 모든 보험으로부터의 모든 위험을 합하면 보험회사 이윤의 불확실성은 현저하게 줄어든다.

위험을 모두 합치는 것이 왜 보험회사에게 도움이 되는지를 알기 위해서 보험회사가 민준과 동일한 수천 명의 사람에게 보험을 팔았다고 가정해보자. 그들은 모두 가게를 가지고 있고 50%의 확률로 가게가 파괴된다. 특정한 가게가 파괴될 것인지는 매우 불확실하지만, 보험회사가 수천 개의 가게를 취급하고 있기 때문에 한 해에 거의 정확히 절반의 가게들이 부서질 것이라고 예상할 수 있다. 따라서 지급해야 하는 보험금이 얼마인지가 매우 불확실한 것이 아니라, 실제로는 보험회사에게 불확실성은 낮다. 1년 중 반은 큰 이익을 얻고 나머지 기간 동안은 큰 손실을 보는 것이 아니다. 보험회사는 절반의 가게들로부터는 보험료를 받고 나머지 절반의 가게들에게는 보험금을 지급할 것이 거의 확실함을 안다. 이 같은 **다변화**(diversification), 즉 불확실한 결과들을 결합하여 위험을 낮추는 것은 보험시장의 핵심적 기능 중 하나이다. 다변화가 성공하도록 만드는 중요한 핵심은 결합되는 위험들은 적어도 부분적으로라도 서로 연관성이 없어야 한다는 것이다. 그와 반대로, 만일 위험들 간의 연관성이 매우 크다면, 예를 들어 모든 가게가 비슷한 위치에 다닥다닥 붙어 있어 한 가게가 토네이도로 부서지면 다른 모든 가게들도 부서지게 된다면 보험회사는 위험을 분산시킬 수 없다. 1년의 반은 아무 가게도 부서지지 않고 나머지 반 동안은 모든 가게가 토네이도의 피해를 입을 것이다. 그렇다면 보험회사는 민준이 겪는 불확실성과 같은, 하지만 금전적으로는 더 큰 위험에 직면하게 된다.

보험회사는 다른 방법으로 피보험자들의 위험을 없애는 것을 제시함으로써 이익을 얻을 수 있다. 위험기피적 성향은 위험을 제거하거나 줄이기 위해 기꺼이 돈을 내려 함을 기억하라. 보험회사는 이러한 돈의 일부를 얻어내는 보험을 만들 수 있다. 앞에서 다룬 두 가지 예에서 보험회사의 기대이윤은 0이었다. 토네이도가 발생했을 때 보험회사가 민준에게 지급해야 하는 보험금은 토네이도가 일어나지 않을 때 민준이 내는 보험료와 같았고, 두 가지 결과는 동일한 확률로 발생했다. (예를 들어 $0.5 \times -\$32,000 + 0.5 \times \$32,000 = -\$16,000 + \$16,000 = \$0$) 보험의 기대 순이익이 0이면, 즉 기대 보험료가 기대 지급액과 같으면, 그 보험은 **보험수리적으로 공정하다**(actuarially fair)고 말한다.

그러나 우리는 보험이 민준과 같은 피보험자에게 어떻게 가치를 주는지를 살펴보았다. 보험회사는 바로 이 같은 가치의 일부를 얻어내는 보험을 만들려고 노력한다. 다음과 같은 보험을 생각해보자. 토네이도가 발생하면 보험회사는 민준에게 20,000달러를 지급한다. 토네이도가 발생하지 않으면 민준은 보험금으로 24,000달러를 낸다. 보험하에서 민준의 기대효용은 $8.10(0.5 \times \sqrt{56} + 0.5 \times \sqrt{76} = 8.10)$이다. 보험으로 인해 민준의 기대효용은 높아졌다. 보험하에서의 민준의 기대소득은 $(0.5 \times \$56,000) + (0.5 \times \$76,000) = 66,000$달러이다. 이는 보험이 없을 때의 기대소득 68,000달러보다 2,000달러가 낮은 수준이다. 그러나 민준은 보험으로 인해 기대효용이 높아졌기 때문에 기꺼이 2,000달러를 포기할 의사가 있다. 앞에서 보았듯이, 사실 민준은 모든 소득의 불확실성을 제거해주는 보험을 사기 위해서 기꺼이 4,000달러까지 포기할 의사가 있다.

보험회사의 관점에서 생각해보자. 민준의 기대소득 중 2,000달러 감소분이 바로 그 보험으로부터 얻는 보험회사의 기대이익이다. 민준에게 20,000달러를 지급해야 하는 확률은 50%이고, 나머지 50%의 확률로는 아무것도 지급하지 않고 오히려 24,000달러의 보험료 수입을 얻는다. 따라서 기대이익은 (0.5×$24,000) − (0.5×$20,000) = 2,000달러가 된다. 이러한 결과는 비록 민준에게 판 보험에서는 불확실한 것이지만, 만일 보험회사가 위험이 서로 연관되어 있지 않은 수천 명의 사람들에게 같은 보험을 판다면 총이익에는 큰 불확실성 없이 보험당 거의 2,000달러의 이익을 얻을 수 있다.[9] 시장이 더 경쟁적일수록 보험 조건은 피보험자에게 더 유리해져 보험수리적으로 공정한 수준에 접근할 것이다.

위험기피의 정도

(효용–소득의 관계가 얼마나 큰 곡률을 갖는지에 반영되어 있는) 소득의 한계효용체감과 위험기피의 연관성을 고려할 때, 소비자의 효용함수가 더 큰 곡률을 가질수록 더 위험기피적임은 명백하다.

그림 14.4는 이러한 사실을 예로서 보여주고 있다. 2개의 그림은 곡률이 다른 2명의 효용–소득함수를 나타낸다. 왼쪽 그림의 소비자는 상대적으로 작은 곡률을 가지고 있어 소득이 증가함에 따라 그 한계효용은 상대적으로 천천히 줄어든다. 오른쪽 그림의 소비자는 상대적으로 큰 곡률을 가지고 있고 소득이 증가함에 따라 소득의 한계효용이 빠르게 작아진다.

이 소비자들이 민준과 같은 상황에 직면해 있다고 가정하자. 즉 50%의 확률로 36,000달러의 소득을 얻고 50%의 확률로 100,000달러의 소득을 얻게 된다. 이러한 결과를 나타내는 효용–소

그림 14.4 효용함수와 위험기피 성향

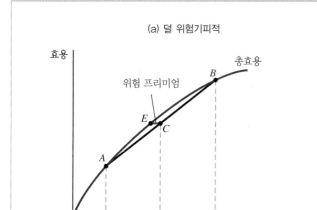
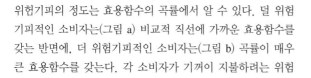
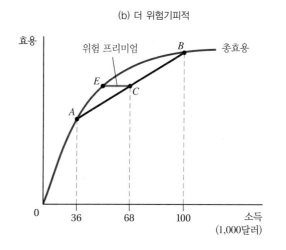

위험기피의 정도는 효용함수의 곡률에서 알 수 있다. 덜 위험기피적인 소비자는(그림 a) 비교적 직선에 가까운 효용함수를 갖는 반면에, 더 위험기피적인 소비자는(그림 b) 곡률이 매우 큰 효용함수를 갖는다. 각 소비자가 기꺼이 지불하려는 위험 프리미엄(CE 간 거리)은 위험기피의 정도에 따라 달라진다. 위험기피 성향이 강할수록 효용함수의 곡률은 더 크고, 위험 프리미엄은 더 크다.

---

9 보험회사는 종종 다른 방법으로 수익을 얻는다. 보험회사는 보험료를 징수할 때부터 보험금을 지급할 때까지의 시간 동안 피보험자들의 보험료를 투자하여 이자를 얻는다.

득 점은 두 그림에서 모두 A점과 B점이다. 소비자의 기대소득과 기대효용은 역시 AB선의 중간인 C점에서 발생한다. 그림은 또한 소비자들에게 확실성등가는 E점임을 알려준다.

C점과 E점 간의 수평거리, 즉 C점에서의 위험하에서의 기대소득을 E점에서의 확실한 소득으로 대체하기 위해 소비자들이 기꺼이 포기하려는 기대소득은 소비자들 각각의 위험 프리미엄이다. 더 위험기피적인 소비자의 위험 프리미엄이 덜 위험기피적인 소비자의 그것보다 더 크다는 사실에 주목하라. 이것은 소비자의 위험기피성 정도는 효용함수의 곡률과 (혹은 같은 의미로, 소득이 증가할 때 소득의 한계효용이 감소하는 속도와) 연결되어 있다는 사실을 반영한다. 곡률이 클수록 소득의 불확실성으로 인한 기대효용의 손실은 더 커진다. 곡률이 큰 효용함

괴짜경제학

공짜로 지하철을 타는 사람들을 위한 보험

만일 당신이 스톡홀름에서 지하철을 탄다면 이상한 현장을 목격할 수도 있다. 한 마리의 개가 역으로 들어가는 회전식 개찰구 바로 뒤에서 계속해서 뛰어오르는 광경이다. 처음에는 아마도 그 불쌍한 개가 미쳤다고 생각할 수도 있지만 그렇지는 않다. 오히려 그 개는 아주 멀쩡하다. 게다가 잘 훈련도 되어 있다. 그 개는 문이 열려 승객들이 지하철에서 나갈 수 있게 하는 감지장치의 정확한 위치를 배웠다. 지하철 요금을 내고 싶지 않은 한 창의적인 스톡홀름의 승객이 자신의 개를 훈련시켜 개찰구 밑으로 들어가서 감지장치가 작동하여 문이 열릴 때까지, 그래서 자신의 주인이 공짜로 지하철에 들어갈 수 있도록 뛰어오르기를 시킨 것이다.

요금 사기꾼들이 모두 이렇게 창의적인 것은 아니지만, 이런저런 방법으로 하루 4만 명 이상의 승객들이 공짜로 스톡홀름의 지하철을 이용하여 월 100달러의 정기승차권 구매비용을 절감하고 있다.

그러나 이러한 사기에도 위험이 따른다. 만일 한 번이라도 잡히면 160달러의 벌금을 물어야 한다. 이러한 일이 자주 일어나는 것은 아니지만 만일 발생한다면 괴로운 일이다.

다소 이상한 일을 수행하는 스웨덴의 비영리기업인 Planka.nu에 들어가보라. 그 기업은 가난을 종식시키거나 북극곰을 살리거나 혹은 병원을 지으려고 하지 않는다. 오히려 그 기업의 임무는 스웨덴에서 더 많은 사람들이 공짜로 지하철을 타게 하는 것이다. (Planka.nu란 이름은 '지금 무임승차' 정도로 번역된다. 제17장을 읽을 때 이것을 기억하라!) 당신이 이 기업의 홈페이지를 방문한다면 승객들에게 공짜로 지하철을 타는 방법을 가르쳐주는 동영상을 볼 수 있다. 한 동영상은 자신의 겨울 코트로 감지장치를 작동시키고는 코트를 개찰구 위에 걸어놓고 (개찰구는 만일 누군가 혹은 무언가를 감지하면 닫히지 않는다) 한 무리의 승객들에게 공짜로 타라고 손짓하는 신사를 보여준다.

그러나 이제까지 했던 가장 재미있는 것은 임무를 수행하기 위해 경제논리를 사용한 것이다. 모든 승객들은, 무임승차 승객들조차도, 위험기피적이고 예상치 않은 소득 감소의 충격을 피하기 위해 기꺼이 돈을 내려고 한다. 이 점을 생각하여 Planka.nu는 특별히 무임승차 승객들을 위한 보험을 만들었다. 단돈 월 11달러에 Planka.nu는 잡혔을 때 내야 하는 어떤 벌금도 지급해준다. 사기꾼이 되는 것이 상관없다면 정기권(100달러)을 사는 것보다 보험(11달러)을 사는 것이 좋다.

사기꾼이 되는 것을 괘념치 않는 무수히 많은 사람들의 존재와 낮은 무임승차 검거율이 결합해 이러한 보험은 이익을 창출하는 것으로 드러났다. 그 비영리기업은 회원들의 벌금을 물어주고 월 7,500달러의 수익을 남겼다.

스톡홀름의 지하철을 운영하는 사람들은 당연히 이 같은 보험을 싫어한다. 그래서 그들은 무엇을 할 수 있는가? 인도에서는 어떤 기업이 유사한 행동을 했을 때 교통당국은 이 같은 보험이 불법이라는 법을 통과시키도록 정부에게 압력을 행사했다. Planka.nu와 싸우는 또 다른 방법은 경제학을 이용하는 것이다. 그러한 보험이 이윤을 창출하는 유일한 이유는 무임승차 검거율이 매우 낮기 때문이다. 잡혔을 때의 벌금은 160달러이다. 만일 Planka.nu가 월 11달러에 보험을 판매하여 이익을 얻을 수 있다면, 그것은 평균적으로 보험을 든 사람이 1년에 1회 미만으로 검거된다는 의미이다. 12개월×월 11달러=연간 132달러의 보험료인데 이는 거의 한 번 잡히는 비용보다 적다. 보험에 가입한 평균적인 승객이 하루 한 번씩 지하철을 탄다고 가정하면, 그리고 매번 무임승차를 한다고 가정하면, 한 번 지하철을 탈 때마다의 평균 검거율은 1/365보다 작음을 의미한다!

본질적으로 스톡홀름의 지하철 체계는 무임승차 승객을 잡으려고 최선을 다하지 않는다. 만일 당국이 이 같은 사기행위를 근절하고자 한다면 승객들의 표를 검사하기 위해 더 많은 직원을 고용해서 무임승차의 한계비용을 한계편익보다 크게 만들어야 한다. 무임승차로 인한 수입의 손실은 연간 2,700만 달러로 추정된다. 그렇다면 최근 스톡홀름 교통당국이 검표원의 숫자를 두 배로 늘린 것은 놀라운 일이 아니다.

수를 가진 소비자들은 위험을 줄이기 위해서 더 많이 지불할 의사를 갖는다.

만약 곡선이 직선이라면 우리는 그런 소비자를 **위험중립적**(risk-neutral)이라고 부른다. 만일 곡선이 위쪽으로 구부러졌다면(이것은 가능한 일이다) 우리는 그러한 사람을 **위험애호적**(risk-loving)이라고 부른다. 위험애호가는 확실한 소득을 얻기보다는 돈을 내고 큰돈이 걸린 도박을 하기 원한다.

 예제 14.4

캘리포니아호텔은 0.02의 확률로 2억 달러의 손실을 초래하는 화재를 겪을 위험을 안고 있다. 호텔의 소유주인 송이의 효용함수는 $U = W^{0.5}$이다. 단, W는 100만 달러로 표시된 호텔의 가치로 측정된 소유주의 재산이다. 호텔의 최초 가치는 2억 2,500만 달러라고 가정하자($W = 225$).

  a. 송이의 기대손실은 얼마인가?
  b. 송이의 기대효용은 얼마인가?
  c. 송이의 위험 프리미엄은 얼마인가?

풀이

  a. 기대손실은 손실의 확률과 손실의 크기를 곱해서 얻는다.

$$기대손실 = 0.02 \times \$2억 = \$400만$$

또 다른 방법은 송이의 기대재산을 계산한 후에 그것을 화재가 없을 때의 재산에서 빼는 것이다.

$$기대재산 = (0.98 \times \$2억\,2,500만) + (0.02 \times \$2,500만)$$
$$= \$2억\,2,050만 + \$50만 = \$2억\,2,100만$$

따라서 기대손실은 $2억 2,500만 − $2억 2,100만 = 400만 달러이다.

  b. 손실이 없을 때 송이는 2억 2,500만 달러를 가지고 있다. 손실이 있을 때의 재산은 $2억 2,500만 − $2억

= 2,500만 달러이다. 손실이 없을 때의 효용($W = 225$)은 $U = W^{0.5} = (225)^{0.5} = 15$이고, 손실이 있을 때의 효용($W = 25$)은 $U = W^{0.5} = (25)^{0.5} = 5$이다.

화재가 날 확률이 0.02이므로 화재가 나지 않을 확률은 0.98이다. 따라서 송이의 기대효용은 다음과 같다.

$$기대효용 = (0.98 \times 15) + (0.02 \times 5) = 14.7 + 0.1 = 14.8$$

  c. 보험이 없을 때 송이는 14.8의 기대효용을 얻는다. 그러나 확실한 효용 14.8을 가져다주는 보장된 재산의 수준이 존재한다. 만일 보험회사가 그러한 재산 수준 혹은 그 이상을 보장한다면 송이는 그 보험을 사려고 할 것이다. 따라서 우선 송이에게 14.8의 효용을 주는 재산 수준이 무엇인지를 구해야 한다.

$$U = W^{0.5} = 14.8$$
$$W = (14.8)^2 = 219.04$$

따라서 확실한 재산 2억 1,904만 달러는 송이에게 보장된 효용 14.8을 제공한다.

위의 (a)에서 보험이 없을 때의 기대재산은 2억 2,100만 달러였다. 그러나 보험이 없을 때와 같은 기대효용을 보장한다면 송이는 기꺼이 2억 1,904만 달러의 보장된 재산을 받아들일 의사가 있다. 따라서 위험 프리미엄은 $2억 2,100만 − $2억 1,904만 = 196만 달러이다.

14.6 결론

어떻게 투자를 할 것인지, 그리고 투자를 할 것인지의 결정은 모든 기업활동과 수많은 개인의 선택에서 핵심 이슈로 남아 있다. 이러한 결정을 합리적으로 하기 위해서는 미래의 수익과 현재의 비용을 비교하는 방법이 있어야 하며, 그러한 비교를 하기 위해서는 이자율과 할인을 사용해야 한다.

투자가 위험할 때는 위험을 어떻게 계량화하여 수익과 비용을 비교하는지 알아야 하는 추가적인 어려움이 따른다. 대부분의 사람들이 소득을 평가하는 방법을 생각할 때 개인들은 종종 위험에 더욱 민감하고 이런 특징은 대부분의 보험시장의 기초가 된다.

우리는 이러한 주제들에 대해 단지 겉핥기만 시도했을 뿐이다. 재정학 분야는 시간과 불확실성이 어떻게 여러 종류의 시장을 만들어냈는지의 주제를 다루고 있다.

요약

1. **현재할인가치**(PDV)는 복리를 사용하여 미래의 수익을 현재가치로 전환함으로써 소비자들로 하여금 여러 시기에 걸쳐서 발생하는 투자의 비용과 편익을 일관된 방법으로 비교할 수 있도록 해준다. [14.1절]

2. **순현재가치**(NPV) 분석은 투자의 비용과 편익의 PDV를 통합하여 투자의 수익에 대한 요약된 척도를 만들어낸다. 투자의 최초 비용이 미래의 수익에 의해 회수되는 데 걸리는 기간을 의미하는 **원금회수 기간**이라는 개념은 어떤 투자의 순편익을 결정하는 또 다른 방법을 제시한다. 원금회수 기간의 단점은 NPV 분석과 달리 미래의 수익을 할인하지 않는다는 점이다. [14.2절]

3. **실질이자율**은 화폐단위로 표시된 투자의 **명목이자율**과 물가상승률과의 차이다. 균형이자율은, 다른 모든 재화가격과 마찬가지로, 자본에 대한 수요와 공급을 일치시킨다. [14.3절]

4. 투자는 위험하고 불확실한 사업이다. **기댓값을** (혹은 투자의 기대 결과를) 이용하여 투자를 평가하는 것은 위험을 NPV 분석에 포함시키는 한 가지 방법이다. 위험한 투자에 대해서는 간혹 **기다리는 옵션의 가치**가 발생한다. 즉 투자를 지연하는 것은 불확실성의 일부 혹은 전부를 제거할 수도 있다. [14.4절]

5. **위험기피적**인 사람은 불확실한 소득으로부터 얻는 같은 크기의 기댓값보다는 확정된 금액의 소득을 더 선호한다. **보험**은 피보험자의 위험을 줄여줌으로써 개인의 기대효용을 높여준다. **다변화**와 같은 기법을 통해서, 그리고 소비자에게 주는 보험가치의 일부를 취득하는 보험을 만들어냄으로써 보험회사들도 보험 판매로부터 이득을 얻는다. [14.5절]

복습문제

1. 투자의 예를 한 가지 제시하라.
2. 현재할인가치 분석을 사용하는 유익은 무엇인가?
3. 투자의 순현재가치가 양(+)이 되는 경우는 언제인가? 이러한 부호가 주어졌을 때 그 프로젝트에 투자해야 하는가?
4. 투자 결정을 평가함에 있어서 원금회수 기간을 이용하는 것에 비해서 순현재가치 분석이 갖는 이점은 무엇인가?
5. 투자의 명목이자율과 실질이자율 간의 대략적인 관계는 무엇인가?
6. 위험투자를 평가함에 있어 기댓값은 어떻게 이용될 수 있는가?
7. 위험기피적인 소비자에게 보험의 가치는 무엇인가?
8. 다변화를 보험시장의 핵심 기능으로 간주하는 이유는 무엇인가?

연습문제

(별표 표시가 된 문제의 풀이는 이 책 뒤에 있다.)

1. 당신이 부당하게 얻은 100달러의 이득을 외국 은행 계좌에 감춰두었다고 상상해보라. 국세청에서 찾아 내지 않는다면 당신은 45년 후에 은퇴할 때까지 그 계좌를 그냥 유지할 계획이다.

a. 은행이 연 3%의 이자를 지급한다면 은퇴 때의 은행잔고는 얼마가 되는가?

b. 은행이 연 6%의 이자를 지급한다면 은퇴 때의 은행잔고는 얼마가 되는가?

c. 이자율이 2배가 되면 누적된 잔고도 2배가 되는가? 2배 이상이 되는가? 2배보다 적게 되는가? 설명하라.

2. 당신이 한 살이었을 때 할머니가 빛나는 은으로 만든 1달러를 주셨다. 당신의 부모는 그 돈을 9%의 이자율이 보장된 저축계좌에 넣고 그 사실을 곧 잊어버렸다.

a. 72의 법칙을 사용해서 당신이 65세가 되었을 때 잔고는 얼마나 증가했을지 추산하라.

b. 복리를 이용해서 은행잔고를 정확히 계산하라.

c. (a)와 (b)의 답은 얼마나 비슷한가?

3. 영희는 자신의 유튜브 채널로부터 많은 소득을 얻고 있는 20살의 미디어 인플루언서이다. 그는 "나는 40살이 될 때까지는 백만장자가 되어 있을 거야."라고 친구에게 자랑을 하지만 들어오는 수입을 바로 다 써버리는 것 같다.

a. 현재 이자율이 9%라면 영희는 40살에 백만장자가 되기 위해 지금 얼마나 저축을 해야 하는가?

b. 40살이 아니라 30살에 백만장자가 되고 싶다면?

c. 백만장자가 되는 시기를 반으로 줄이려면 지금 저축을 두 배로 해야 하는가?

*4. 당신은 위대한 미국 소설을 쓰고 있고 세상에서 가장 유명한 출판사와 계약을 맺었다. 일정을 맞추기 위해서 출판사는 초고가 완성되면 100,000달러의 보너스를 지급하고 다음 수정본이 나오면 또 100,000달러를 주기로 약속했다. 당신은 1년 내에 초고를, 그리고 수정본은 2년 후까지는 완성할 수 있다고 믿는다.

a. 이자율이 5%라면 출판사의 미래 지급액의 현재가치는 얼마인가?

b. 출판사가 초고에는 80,000달러, 그리고 수정본에는 125,000달러를 제안했다고 가정하자. 이것은 처음보다 더 좋은 제안인가?

5. 복권협회는 다음과 같이 발표했다. "명수 씨가 막 1억 달러에 당첨되었습니다! 우리는 명수 씨에게 10년 동안 매년 1,000만 달러씩 지급할 것입니다!"

a. 명수는 정말 1억 달러를 받았는가? 설명하라.

b. 복권협회는 당첨자에게 매년 당첨금을 받는 대신 일시불로 받을 수 있는 선택권을 주고 있다. "명수 씨, 우리는 연간 지급액의 현재가치를 제안합니다." 복권협회의 이사가 말했다. "그리고 우리는 매우 너그럽기 때문에 매우 높은 이자율을 적용해서 현재가치를 계산할 것입니다. 축하합니다, 명수 씨!" 복권협회의 자비심에 대해 의견을 제시하라.

6. 당신은 막 20,000달러짜리 기아자동차를 구입했다. 판매원은 5년 동안 할부금을 동등하게 나누어 낼 것을 제안했고, 첫 번째 할부금은 1년 뒤에 지급하도록 되어 있다.

a. 판매원이 10%의 이자율을 적용한다면 당신이 매년 내는 돈은 얼마인가?

b. 만일 20,000달러짜리 기아자동차가 아니라 40,000달러짜리 캠리를 샀다면 매년 내는 할부금은 얼마가 되는가?

c. 5년 대신 10년 상환으로 한다면 매년 내는 할부금은 얼마인가? 할부금이 반으로 줄어드는가? 그렇다면 이유는 무엇인가? 혹은 그렇지 않은 이유는 무엇인가?

d. 구매할 때 10,000달러를 선금으로 지급했다면 매년 내야 하는 할부금은 얼마가 되는가?

7. 많은 대학 졸업자들은 그들의 학생대출 상환금이 평생 지속될 것처럼 느낀다. 정부가 다음과 같은 조치를 제안한다고 가정하자—대학 등록금을 모두 내주겠다. 그 대신 죽을 때까지 매년 갚아나가야 한다.

a. 정부가 매년 6,000달러를 요구한다고 가정하자. 이자율이 4%라면 당신이 내는 상환금의 현재가치는 얼마인가?

b. 대학은 4년 동안의 교육에 대해 140,000달러의 등록금을 부과한다. 당신은 정부의 제안을 받아들여야 하는가? 만일 대학이 160,000달러를 요구한다면 어떤가?

8. 자신에 대한 새해 선물로 당신은 룸메이트에게서 1976년 포드자동차를 구매했다. 친구는 두 가지 지불 방식을 제안했다. 플랜 A : 당장 500달러를 내고, 다음 2년 동안 연초에 500달러씩 낸다. 플랜 B : 당장 아무것도 내지 않고 다음 2년 동안 연초에 800달

러씩 낸다.

a. 이자율이 10%일 때 각 플랜 지급액의 현재가치를 구하라. 당신은 어떤 플랜을 선택해야 하는가?

b. 이자율이 20%일 때 각 플랜 지급액의 현재가치를 구하라. 당신은 어떤 플랜을 선택해야 하는가?

c. (a)와 (b)의 답이 다른 이유를 설명하라.

9. 송이는 뒷마당에서 공짜로 키울 수 있는 타조를 구매할 것을 고려 중이다. 타조가 다 크면 (정확히 3년 뒤에) 송이는 그것을 2,000달러에 팔 수 있다. 타조의 구매가격은 1,500달러이다.

a. 이자율이 8%라고 가정하자. 타조 투자의 순현재가치를 계산하라. NPV는 타조 구매를 지지하는가?

b. 송이는 타조를 사는 것을 포기하고 차선의 기회인 8%의 수익을 내는 정부 채권에 1,500달러를 투자했다. 3년 뒤에 송이는 얼마의 돈을 받게 되는가? 채권 구매는 타조 구입보다 더 좋은 투자인가, 아니면 더 나쁜 투자인가?

c. 이자율이 11%일 때 타조의 순현재가치를 계산하라. NPV 방식은 송이가 타조를 사야 한다는 것을 의미하는가?

d. 송이가 타조 구매를 포기하고 11%의 수익을 내는 정부 채권을 구매했다면, 3년 뒤 얼마의 돈을 얻을 수 있는가? 이러한 선택은 타조를 구매하는 것보다 좋은가, 아니면 나쁜가?

e. (b)와 (d)의 답에 근거하여, NPV 방식은 기회비용의 개념을 얼마나 잘 반영하고 있는지 설명하라.

*10. 연아는 현재 트럭운전사로서 연 40,000달러를 벌고 있다. 그녀는 직업을 바꿀 것을 고려 중이다. 30,000달러를 투자하면 그녀는 화훼전문가 면허를 따서 꽃꽂이 일을 할 수 있다. 직업을 바꾼다면 그녀의 소득은 연 48,000달러로 높아질 것이다. 연아는 퇴직까지 5년을 남겨두고 있다. (연아는 연말에 보수를 받는다고 가정해도 좋다.)

a. 이자율이 10%일 때 화훼전문가에 대한 투자의 순현재가치를 계산하라.

b. 직업만족도에 있어서는 두 직업이 동등하다고 가정하자. 연아는 직업을 바꿔야 하는가?

c. 트럭운전사로서 소득의 현재가치와 화훼전문가로서 소득의 현재가치를 비교하라. 그 차이는

30,000달러를 투자하는 것을 정당화하는가?

d. (a)에서 사용한 방법은 (c)에서 사용한 방법과 동일한 답을 제시하는가?

11. 당신은 현재 기름을 많이 먹는 뷰익을 몰고 있는데 그 차를 앞으로 5년간 더 사용할 수 있을 것으로 예상하고 있다. 최근 휘발유값이 갤런당 5달러까지 올라서 당신은 연료소모가 적은 프리우스로 변경할 것을 고민하고 있다. 뷰익의 중고차 가격은 0이며 갤런당 15마일을 달린다. 새 프리우스의 가격은 25,000달러이며 갤런당 45마일을 달린다. 당신은 1년에 10,000마일을 달린다.

a. 프리우스와 뷰익의 연간 휘발유값을 계산하라.

b. 이자율은 7%라고 가정하자. 뷰익을 5년간 더 운전할 때 드는 비용의 현재가치를 계산하라. 당신이 5년이 지난 후에 프리우스를 구매하고 프리우스의 가격은 여전히 25,000달러라고 가정하자. 그리고 기름값도 연말에 지불된다고 가정하자. (단지 5년 동안의 비용만 계산하라.)

c. 당장 새로운 프리우스를 구매할 때의 비용의 현재가치를 계산하라. 역시 비용 계산은 5년 동안에 대해서만 적용하라.

d. (b)와 (c)에서의 답에 근거했을 때, 당신은 당장 프리우스를 구입해야 하는가, 아니면 5년을 더 기다려야 하는가?

e. 뷰익이 갤런당 30마일을 달린다면 당신의 답은 달라지겠는가?

12. 위스키 제조업자들은 보통과 다른 사업모델을 가지고 있다. 그들은 오늘 제품을 만들고 판매하기 전까지 20년을 창고에 보관한다. 오늘 한 병의 위스키를 만드는 데 12달러의 비용이 든다고 가정하자. 위스키 제조업자들은 20년 후에 위스키 한 병당 얼마를 받아야 오늘의 투자가 손해가 되지 않을까? (시장이자율은 연 6%라고 가정하라.)

13. 당신은 5.25%의 이자율이 적용되는 은행계좌에 832.66달러를 가지고 있다.

a. 저축한 돈을 20년 동안 놔둔다면 잔고는 얼마가 될 것인가?

b. 향후 20년간 물가상승률은 연 3.25%가 될 것으로 예상된다. 실질이자율을 사용해서 물가상승률이

반영된 20년 후의 잔고를 계산하라.

c. (b)에서의 잔고는 (a)에서의 잔고보다 적다. (b)에서 계산된 잔고가 당신에게 정확히 무엇을 말해주는지와 왜 차이가 발생하는지 설명하라.

14. 형준이는 M&M 초콜릿을 정말 좋아한다. 그는 지금 100달러를 가지고 있는데 초콜릿은 한 봉지당 1달러이므로 100봉지의 M&M를 살 수 있다. 그리고 그는 내년에 더 많은 초콜릿을 먹기 위해 그 돈을 은행에 저축할지 생각 중이다.

a. 이자율이 7%라고 하자. 1년 뒤에 형준이는 얼마를 벌 수 있는가? 몇 봉지의 초콜릿을 먹을 수 있는가?

b. 실질수익률은 달러가 아니라 재화나 용역으로 계산되어야 한다. 내년에 먹을 수 있는 초콜릿 양을 오늘 먹을 수 있는 양으로 나누어 형준이의 실질수익률을 계산하라. 퍼센트로 따지면 얼마나 더 먹을 수 있는 것인가?

c. 이자율은 7%로 동일하지만 1년 동안 M&M의 가격이 3% 올라 1.03달러가 된다고 가정하자. 형준이가 오늘 저축을 하면 내년에 몇 봉지의 초콜릿을 먹을 수 있는가? 실질수익률은 얼마인가?

d. M&M의 가격이 10%가 오른다면 형준이의 실질수익률은 어떻게 달라질 것인가?

e. 앞에서의 답들을 사용하여 명목이자율, 실질이자율, 그리고 물가상승률 간의 관계를 나타내는 공식을 만들어라. 공식은 근사치일 수 있다.

15. 갑은 미래에도 석유를 사용할 수 있는지를 걱정하는 위험중립자이다. 그는 미래의 석유가 폭등에 대비하여 오늘 1갤런의 석유를 사서 창고에 10년간 저장하려고 생각 중이다.

a. 오늘 석유 가격이 갤런당 4달러이고 미래의 가격이 갤런당 6달러라면, 석유를 창고에 보관하는 것은 좋은 생각인가? 이자율은 4%라고 가정하라.

b. 갑은 미래의 석유 가격에 대해 확신하지 못한다. 그는 0.1의 확률로 가격이 4달러로 유지되고, 0.4의 확률로 5달러가 되고, 0.5의 확률로 6.8달러가 될 것으로 예상한다. 갑은 석유를 창고에 보관해야 하는가? 만일 갑이 위험기피자라면 답은 어떻게 달라지는가?

16. 당신은 명수에게 마음이 있지만 늘 경제학클럽의 회장과 데이트를 하기 원했다. 명수는 민준과 경제학클럽의 주도권을 놓고 경쟁 중이다. 결과는 1년 내로 결정되어야 하고, 당신은 명수가 이길 확률이 60%라고 예상한다. 명수의 마음을 얻고 관계를 유지하는데는 1,000달러 가치의 노력이 필요하다. 만일 명수가 회장이 되면 당신은 2,200달러 가치의 편익을 얻는다(이러한 편익은 사귄 지 1년 후에 발생한다고 가정하자). 만일 명수가 선거에서 패하면 당신은 아무것도 얻지 못한다.

a. 이자율은 10%라고 가정하라. 오늘 명수와의 관계를 구축하는 것의 현재가치를 구하라. 명수의 마음을 얻는 비용은 정해져 있지만 편익은 불확실함에 주의하라.

b. (a)에서의 답만을 고려한다면, 명수와 사귀는 것을 시작해야 하는가? 당신은 위험중립자라고 가정하고 답하라.

c. 명수와 사귀는 것을 회장선거가 끝날 때까지 미루는 것의 현재가치를 구하라. 현재로서는 사귀는 것의 편익과 비용은 모두 불확실하지만, 1년 뒤에는 둘 다 확실해짐에 주의하라.

d. (a)와 (c)에서의 답에 근거하여, 오늘 명수의 마음을 얻어야 하는가, 아니면 회장선거가 끝날 때까지 기다려야 하는가?

*17. 당신은 낡은 소방서를 구입해 실내놀이터로 전환할 생각이다. 소방서는 200,000달러에 살 수 있고 놀이터는 (건설비용을 제외하고) 평생이윤 700,000달러를 보장한다. (이윤은 1년 뒤에 모두 발생한다고 가정하라.) 그러나 시의회가 도시계획을 변경해서 놀이터와 같은 시설을 허가하지 않을 확률이 20%이다. 공청회는 내년으로 계획되어 있고 만일 도시계획이 변경되면 당신의 이윤은 0이 된다. 당신이 고려하고 있는 다른 투자는 없다고 가정하자.

a. 이자율이 10%라고 가정하자. 오늘 놀이터를 시작하는 것의 순현재가치를 계산하라. 건물을 사는 비용은 확실하지만 편익은 불확실함에 주의하라.

b. 1년 후 도시계획이 확정된 후에 놀이터를 시작하는 것의 순현재가치를 계산하라. 놀이터를 시작하는 비용과 편익은 오늘은 불확실하지만 1년 뒤에

는 확실함에 주의하라.

c. ⒜와 ⒝에서의 답에 근거한다면, 당신은 당장 놀이터를 시작해야 하는가, 아니면 도시계획이 확정될 때까지 기다려야 하는가?

*18. 명수는 방문 세일즈맨이다. 그의 효용함수는 $U = I^{0.5}$이다. 단, U는 효용이고 I는 소득이다. 명수의 소득은 주당 900달러이다. 그러나 영업 중에 속도위반 딱지를 떼면 막대한 벌금을 물어야 한다. 일주일 동안 속도위반에 걸릴 확률은 50%이며 그에 따른 벌금은 500달러이다.

a. 명수의 기대소득과 기대효용을 구하라.

b. 명수의 상사는 속도위반에 걸릴 위험을 없애기 위해서 온라인 판매를 제안했다. 방문 세일즈와 같은 효용을 주는 온라인 판매의 주급은 얼마인가?

c. 그 대신 명수는 속도위반의 모든 벌금을 물어주는 보험에 가입할 수 있다. 보험을 사기 위해서 명수가 지불하려고 하는 최대금액은 얼마인가? 어떻게 답을 구했는지 설명하라.

d. 보험회사가 ⒞에서 구한 금액으로 보험을 제공한다면 보험회사는 이윤을 얻을 수 있는가? 그렇다면 이윤은 얼마인가?

19. 민준은 농부인데 그의 효용함수는 $U = I^{0.5}$이다(U는 효용, I는 소득). 날씨가 좋으면 소득은 100,000달러가 된다. 우박이 내리면 소득은 50,000달러가 된다. 연간 우박이 내릴 확률은 30%이다.

a. 보험에 들지 않았을 때 민준의 기대소득은 얼마인가? 기대효용은 얼마인가?

b. 수확보험이 민준에게 다음과 같이 제안한다고 가정하자. 우박이 없는 해에는 민준이 보험회사에게 16,000달러를 지불한다. 우박이 있는 해에는 보험회사가 민준에게 34,000달러를 지급한다. 이 같은 보험하에서 민준의 기대소득과 기대효용은 각각 얼마인가?

c. ⒜와 ⒝의 답에 대한 다음과 같은 주장에 대해 답하라. "⒝에서의 보험계약은 민준의 기대소득을 감소시킨다. 따라서 민준의 효용을 떨어뜨린다."

d. 이제 보험회사가 민준에게 다음과 같은 제안을 한다고 가정하자. 우박이 없는 해에는 민준이 보험

회사에게 10,000달러를 지불한다. 우박이 있는 해에는 보험회사가 민준에게 20,000달러를 지급한다. 새로운 보험하에서 민준의 기대소득과 기대효용을 보험이 없는 경우 ⒜ 및 기존 보험하의 ⒝와 비교하라.

20. 헨리는 골동품 가게에서 도자기 하나를 구매할까 고민 중이다. 도자기 가격은 3,000달러인데 도자기가 진품인 경우에는 4,500달러에 되팔 수 있지만 그렇지 않을 경우에는 단지 1,000달러만 받을 수 있다. 헨리는 도자기가 진품일 확률이 2/3라고 평가한다.

a. 헨리가 돈의 기댓값에 근거해서 결정을 한다면 도자기를 사야 할까?

b. 헨리의 효용은 소득에 달려 있으며 효용함수는 $U = W^{1/4}$이다. 최종소득에 근거해서 헨리의 효용을 계산하라.

c. 헨리가 기대효용에 근거해서 구매를 결정한다면 도자기를 사야 되는가?

d. 헨리가 호텔 바에서 너무 시간을 지체하는 바람에 계산해보지도 않고 무조건 도자기를 구매했다고 가정하자. 다음 날 아침 그 도자기를 본 수지는 헨리에게 그 도자기를 사야겠다고 결심했다. 수지가 헨리를 설득할 수 있는 최소금액은 얼마인가? (헨리는 아직도 도자기가 진품인지 아닌지 모르며 수지의 제안은 모든 불확실성을 제거해준다는 점을 기억하라.)

e. 헨리의 위험 프리미엄은 얼마인가?

21. 한 친구가 다음과 같은 게임을 제안한다. 그가 면이 열 개인 주사위를 던진다. 숫자가 1에서 9 사이라면 그는 당신에게 10달러를 준다. 숫자가 10이 나오면 그는 당신에게 110달러를 준다.

a. 당신이 위험중립적이라면, 그리고 모든 결정을 소득의 기댓값에 근거한다면, 당신이 이 게임을 하기 위해 지불할 최대금액은 얼마인가?

b. 리사의 효용함수는 $U = W^2$(W는 소득)이다. 리사가 기대효용에 근거하여 결정을 한다면 이러한 게임을 하기 위해 지불하려는 최대금액은 얼마인가? 위험에 대한 리사의 태도에 대해 무엇을 알 수 있는가?

일반균형

대부분의 지방정부들은 지역 내에 정착할 사업을 끌어들이는 경제개발부서를 가지고 있다. 사람들이 자신이 사는 곳을 사랑하는 이유는 매우 많겠지만, 경제적 활력도 중요하다. 지역이 발전하는 가장 쉬운 방법은 돈 방석 위에 앉는 것이다. 그것은 실제로 텍사스주 미들랜드, 노스다코타주 윌리스턴, 노르웨이의 스타방에르, 스코틀랜드의 애버딘과 같은 도시들에서 일어났던 일이다. 그들은 막대한 석유매장량을 가지고 있었던 것이다.

그러나 삶은 그렇게 간단하지 않다. 이러한 지역들이 천연자원으로부터 부자가 되면서 다른 문제들이 생겨났다. 자원을 발굴하는 분야의 기업들과 근로자들은 윤택해졌지만 이는 다른 사람들의 생활비 상승을 초래했다. 서비스와 다른 재화들이 부족해지고 따라서 비싸졌다. 기업들은 근로자들이 석유채굴부문으로 이동하지 못하게 하려고 임금을 올려야 했다. 지역의 제조업자들도 근로자들을 붙잡아두기 위해 임금을 올려야 했고 따라서 오일 붐이 없는 지역의 기업들과 경쟁하기가 더 힘들어졌다. 집은 구하기 어려워졌고 더 비싸졌다.

천연자원의 선물로부터 발생한 이러한 종류의 결과들은 매우 일반적 현상이기 때문에 경제학자들은 그것을 네덜란드병(Dutch Disease : 네덜란드에서 천연가스를 발견된 후의 경험에서 붙여진 이름)이라고 부른다. 이것은 한 시장이 어떻게 전혀 다른 시장에 영향을 줄 수 있는지를 보여주는 완벽한 예다. 이 책의 대부분에서 우리는 시장들이 독립적으로 어떻게 움직이는지를 살펴보았다. 각 시장은 소비자의 선호를 반영한 수요와 생산자의 요소비용, 생산기술, 그리고 시장지배력으로부터 도출된 공급을 갖는다. 이러한 시장의 두 면이 서로 합쳐져서 그 시장에서의 균형가격과 균형생산량을 만들어낸다.

앞에서 우리는 대체재와 보완재, 수요의 교차탄력성, 그리고 서로 다른 상품들에 대한 시장들의 상호작용에 관한 주제들을 언급했지만, 실제로 다른 시장이 간접적으로 우리가 분석하고 있는 시장에 어떻게 영향을 주는지를 고려하지 않았던 것이 사실이다. 시장 간 교차효과를 무시하면 우리의 분석은 매우 쉬워지지만, 잃는 것도 있다. 현실에서 대부분의 시장들은 서로 연관되어 있다. (텍사스의 석유와 같은) 한 시장에서 일어난 일은 (텍사스의 트럭과 같은) 다른 시장의 결과에 영향을 준다. 가끔은 이러한 교차효과가 대단히 커서 이를 무시하면 이야기의 중요한 부분을 놓칠 수도 있다.

이 장에서는 이러한 교차효과를 무시하는 것을 중단하고 한 시장에서의 균형이 얻어지는 과정이 다른 시장에서의 균형에 어떤 영향을 주는지를 생각해보기로 한다. 경제학자들은 이러한 과정을 **일반균형 분석**(general equilibrium analysis)이라고 부르는데, 이는 시장 간 교차효과를 고려하여 모든 시장들이 동시에 균형이 되는 조건들에 관심을 갖는다.

일반균형은 모든 시장이 동시에 균형에 있을 때 얻어진다. 다른 시장에 대한 영향을 인지하면서 각 시장이 어떻게 작동하는지를 분석하는 것이 일반균형의 효과를 이해하는 핵심이다. 이제까지 우리가 했던 것은 **부분균형 분석** (partial equilibrium analysis)으로서 시장 간 상호 영향이 없다고 가정하고 한 시장에서의 균형을 찾는 것이다. 일반균형 분석은 추적해야 할 변동 부분들이 더 많기 때문에 더 복잡할 수밖에 없다. 아마 모든 시장이 동시에 균형에 도달하는 것은 매우 가능성이 낮다고 생각할지 모른다. 그러나 미시경제학의 가장 기본적인 결과 중 하나는 적절한 조건들하에서는 모든 것이 하나로 합쳐질 수 있다는 것이다.

일반균형 이론은 동시에 '시장이 자원을 얼마나 잘 배분하는가'라는 개념적 질문을 다룬다. 그것은 일반균형에서의 시장성과가 바람직한지를 묻는다. 그런데 '바람직하다'는 것을 정의하는 것이 어려운 일이 될 수 있기 때문에

일반균형 분석
시장들 간에 발생하는 영향을 설명하고 모든 시장이 동시에 균형 상태에 있게 될 조건들에 관심을 두는 연구

부분균형 분석
시장들 간에 파급효과가 없다는 가정하에 특정 시장의 균형을 결정하는 것

경제학자들은 그러한 개념에 적용될 수 있는 기준들에 대해 매우 구체적이다. 이 장에서 우리는 이러한 기준들이 무엇이며 그것들을 만족시키기 위해 어떤 조건들이 성립해야 하는지에 대해 살펴볼 것이다.

15.1 일반균형효과의 작동

일반균형 분석은 두 부분으로 나뉜다. 한 부분은 시장 상호관계의 작동원리를 분석하여 여러 시장의 특성이 어떻게 균형의 크기와 방향에 영향을 주는지 설명한다. 이것은 시장을 있는 그대로 묘사하는 것이다. 또 다른 부분은 경제 전반의 시장균형이 효율적인지 혹은 형평에 맞는지를 (그리고 이러한 개념들을 어떻게 정의하는지를) 묻는다. 이러한 분석은 시장이 어때야 하는지에 초점을 맞춘다. 사람들은 물론 시장이 어떤 모습이어야 하는지에 대해 완벽하게 의견의 일치를 보이지는 않지만, 일반균형 분석은 적어도 그것이 어떻게 가능할 수 있는지에 대해 설명할 수 있게 해준다.

이러한 두 접근방법은 일반균형에 대해 조금은 서로 다른 분석틀을 사용하고 따라서 어느 정도는 상호 독립적이다. 우선 첫 번째 접근 방법부터 시작해보자. 일반균형이 시장에서 어떻게 작동하고 시장의 어떤 특성들이 이러한 작동원리에 영향을 주는지 살펴보기로 한다.

일반균형효과에 대한 개요

미국 의회의 구성원들은 에탄올을 좋아한다. 마시는 것이 아니고(좋아할 수도 있지만) 재생연료로서 말이다. 1970년대의 석유위기 이후 미국 정부는 에탄올 생산을 보조해왔다. 이러한 지원은 직접적인 자금지원, 수입규제, 그리고 에너지로서의 강제사용 등을 포함한다. 일반균형효과는 무엇인가?

미국 내 에탄올은 대부분 옥수수에서 만들어진다. 따라서 에탄올의 의무사용은 곧 옥수수의 의무사용을 의미한다. 이러한 의무사용은 옥수수에 대한 수요를 증가시킨다. 우리는 앞 장에서의 분석으로부터 의무사용이 옥수수 시장에서의 균형 가격과 수량에 어떤 영향을 미치는지 알 수 있다.

수요의 증가는 가격을 상승시키고 생산을 증대시킨다. 옥수수 생산자들은 밀, 콩, 혹은 쌀과 같은 대체재들은 덜 생산하고 옥수수 재배를 늘린다. 수요의 증가는 시장을 공급곡선의 상부로 이동시켰고(왜냐하면 추가 생산으로 한계비용이 높아졌기 때문에) 옥수수의 균형가격과 생산량을 높였다.

그러나 옥수수로 만든 에탄올의 의무사용에 의해 영향받은 것은 옥수수만이 아니다. 일반균형은 관련된 곡물시장들이, 비록 이런 곡물들이 의무사용에 포함되어 있지 않더라도, 영향받게 됨을 시사한다. 옥수수 가격의 상승은 옥수수의 대체재인 밀, 쌀, 콩 등에 대한 수요를 높이게 됨을 알 수 있다.

이러한 시장 간 교차효과는 여기에서 멈추지 않는다. 옥수수

바이오연료를 만들기 위해 옥수수를 사용하는 것이 밀의 가격을 상승시킬 수 있을까?

에 대한 수요 증대는 또한 옥수수를 생산하기 위해 필요한 생산요소들에 대한 수요를 높였다. 이러한 생산요소들은 우상향하는 공급함수를 가졌을 것이므로 옥수수에 대한 수요의 증가는 농기계, 비료, 그리고 농지의 가격을 높였다. 더욱이 밀과 같은 대체재에 대한 수요 증대는 이러한 대체재들을 만드는 생산요소의 가격을 높여놓았다.

이러한 모든 타 시장에 대한 스필오버(spillover) 효과는 옥수수 시장에 다시 영향을 미친다. 그림 15.1은 이러한 피드백이 어떻게 일어나는지를 보여준다. 그림 15.1a는 옥수수 시장이다. 의무사용 이전에는 시장은 수요함수 D_{c1}과 공급함수 S_{c1}에 의해 균형을 이루고 있고, 균형생산량과 가격은 Q_{c1}과 P_{c1}이다. 의무사용의 직접적 효과는 옥수수에 대한 수요를 D_{c1}에서 D_{c2}로 증가시키는 것이다. 부분균형 분석에 의해 이러한 변화는 생산량과 가격을 각각 Q_{c2}와 P_{c2}로 증가시킬 것이다.

그러나 일반균형 분석은 밀과 옥수수가 대체재 관계에 있으므로 옥수수에 대한 수요의 증가는 그림 15.1b에서처럼 밀 시장에 영향을 미칠 것을 안다. 의무사용 이전에 밀의 수요와 공급은 S_{w1}과 D_{w1}이다. 의무사용에 의한 옥수수 가격의 상승은 사람들로 하여금, 예를 들어, 옥수수로 만든 아침 시리얼에서 밀로 만든 시리얼로 전환하도록 만들고 그에 따라 밀의 수요를 D_{w1}에서 D_{w2}로 증가시켜 결국 밀의 생산량과 가격은 Q_{w2}와 P_{w2}로 상승한다.

그런데 밀은 옥수수의 대체재이므로 밀 가격의 상승은 다시 옥수수에 대한 수요 증가를 가져와 옥수수의 수요가 D_{c2}에서 D_{c3}로 증가하는 2차적 효과가 발생한다. 그 결과 옥수수 생산량과

그림 15.1 옥수수와 밀 시장에서의 일반균형효과

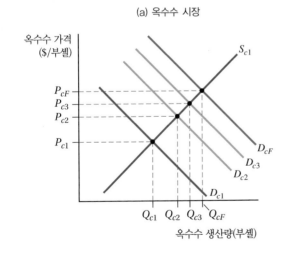

(a) 옥수수 시장

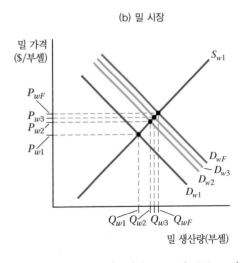

(b) 밀 시장

(a) 옥수수 에탄올 의무사용 이전에 시장은 최초의 수요함수 D_{c1}과 공급함수 S_{c1}이 만나는 (Q_{c1}, P_{c1})에서 균형을 이루고 있다. 강제법안의 직접적 효과는 옥수수에 대한 수요를 D_{c2}로 증가시킨다. 그러나 강제법안은 또한 밀 가격을 상승시키기 때문에 옥수수에 대한 수요는 D_{cF}가 S_{c1}과 만나는 (Q_{cF}, P_{cF})에서 일반균형에 도달할 때까지 증가한다.

(b) 옥수수의 대체재인 밀은 최초의 수요 D_{w1}과 공급 S_{w1}이 만나는 곳에서 최초의 균형(Q_{w1}, P_{w1})에 있었다. 의무사용이 옥수수의 가격을 상승시키면, 밀에 대한 수요는 D_{w2}로 증가한다. 계속되는 옥수수 가격의 상승은 밀에 대한 수요를 증가시켜 결국 D_{wF}가 S_{w1}과 만나는 (Q_{wF}, P_{wF})에서 일반균형이 얻어진다.

가격은 Q_{c3}와 P_{c3}로 높아진다. 옥수수 가격의 상승은 다시 밀의 수요를 D_{w2}에서 D_{w3}로 증가시키고 그에 따라 밀의 생산량과 가격은 다시 Q_{w3}와 P_{w3}로 높아진다. 그리고 이 과정은 계속된다.

이러한 피드백은 결국 느려지다가 멈춘다. 2차적인 피드백 효과는 최초의 수요 변화보다 작고, 3차적인 효과는 2차적 효과보다 작아지며 이러한 과정은 시장이 다시 안정적인 점에 머물 때까지 지속된다. 옥수수와 밀 시장에서 이러한 모든 피드백 효과가 끝난 후의 최종 수요는 옥수수는 D_{cF}, 밀은 D_{wF}로 표시되어 있다.

이처럼 옥수수 시장에서의 의무사용의 일반균형효과는 생산량을 Q_{c1}에서 Q_{cF}로, 그리고 가격을 P_{c1}에서 P_{cF}로 상승시킨 것이다. 이러한 변화는 부분균형 분석이 예측하는 생산량과 가격의 변화인 Q_{c2}와 P_{c2}보다 상당한 정도 더 크다. 옥수수와 밀처럼 두 시장의 연관성이 강하면 옥수수 시장에서의 부분균형 분석과 일반균형 분석은 더 큰 결과의 차이를 나타내게 된다. 더욱이 부분균형 분석에서는 재생연료 의무사용이 밀의 생산량과 가격에 미치는 효과, 즉 Q_{w1}과 P_{w1}에서 Q_{wF}와 P_{wF}로의 이동은 완전히 무시된다.

또한 두 시장이 같은 생산요소를 사용한다면 두 시장의 공급 관련성도 분석할 수 있다. (이러한 경우는 뒤에서 자세히 다루기로 한다.) 이러한 경우 옥수수에 대한 수요의 증가는 농부들이 밀의 생산 중 일부를 옥수수 생산으로 전환하기 때문에 밀의 공급 하락이 발생한다. 밀의 공급함수가 안쪽으로 이동하면 밀에 대한 수요의 변화가 없더라도(공급 측면에 초점을 맞추기 위해 위에서 분석한 수요의 스필오버는 무시하자) 밀의 균형생산량은 줄어들고 가격은 높아진다. 이러한 현상은 그림 15.2에 나타나 있다. 밀의 공급이 S_{w1}에서 S_{w2}로 줄어들고 밀의 가격이 높아

그림 15.2 산업 간 공급 측면에서의 생산요소 연관성

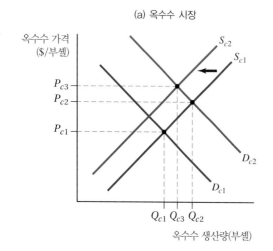
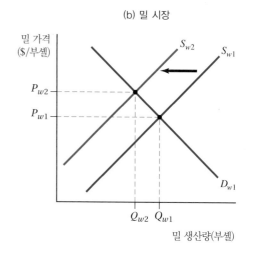

(a) 옥수수 시장

(b) 밀 시장

(a) 옥수수에 대한 수요의 증가는 수요함수를 D_{c1}에서 D_{c2}로 이동시킨다. 그에 따라 옥수수의 생산량은 Q_{c1}에서 Q_{c2}로 늘어나고 옥수수의 가격은 P_{c1}에서 P_{c2}로 높아진다.

(b) 옥수수 수요의 증가는 농부들로 하여금 밀에서 옥수수로 생산을 전환하도록 만든다. 그 결과로 밀의 공급은 S_{w1}에

서 S_{w2}로 줄어든다. 밀의 생산량은 Q_{w1}에서 Q_{w2}로 줄어들고 밀의 가격은 P_{w1}에서 P_{w2}로 높아진다. 밀 가격의 상승은 다시 옥수수 시장에 영향을 끼쳐 옥수수의 공급이 S_{c1}에서 S_{c2}로 줄어드는데, 그 이유는 옥수수 생산에 필요한 생산요소의 가격이 높아졌기 때문이다.

지면 이는 다시 옥수수 시장에 피드백으로 작용하여 옥수수의 공급이 S_{c1}에서 S_{c2}로 줄어드는데 그 이유는 옥수수 생산에 필요한 생산요소의 가격이 높아졌기 때문이다.

일반균형이 어떻게 작동하는지에 대하여 대략적으로 이해했으므로 앞에서 다루었던 두 가지 경우에 실제적인 숫자를 부여하여 일반균형의 효과를 좀 더 명확하게 살펴보기로 하자.

양적인 일반균형 : 수요 측면이 상호 연관된 옥수수 사례

일반균형효과의 분석을 좀 더 잘 이해하기 위해 위에서 다루었던 내용에 특정한 숫자들을 대입해보기로 하자. 분석의 편의를 위해 세상에는 단지 밀과 옥수수 두 상품만 존재한다고 가정하자. 그렇다면 일반균형은 두 시장에서 동시에 수요와 공급을 일치시키는 밀과 옥수수의 가격이 될 것이다.

이 절에서는 밀과 옥수수 시장 간에 수요가 서로 연관되어 있어 발생하는 (즉, 밀과 옥수수에 대한 소비자들의 선호가 서로 연관되어 있기 때문에) 시장 간 일반균형효과를 살펴볼 것이다. 그리고 다음 절에서는 두 시장 간 공급의 상호 연관성(밀과 옥수수의 생산이 상호 연관성을 갖는 것)이 어떻게 일반균형효과를 유발하는지 살펴볼 것이다.

밀의 공급이 $Q_w^s = P_w$라고 하자(단, Q_w^s는 밀의 공급량, P_w는 밀의 가격). 이러한 공급함수는 전형적으로 우상향하는 형태이다. 밀의 가격이 올라갈 때 밀의 공급량도 늘어난다. 마찬가지로 옥수수의 공급은 $Q_c^s = P_c$라고 하자 (Q_c^s는 옥수수의 공급량, P_c는 옥수수의 가격). 이러한 공급함수 역시 우상향한다. 옥수수의 가격이 올라갈 때 옥수수의 공급량도 늘어난다.

밀의 수요가 $Q_w^d = 20 - P_w + P_c$로 주어져 있다고 하자. 이 식은 보통의 수요함수와 마찬가지로 밀의 수요량은 밀의 가격이 올라갈 때 하락함을 의미한다. 그러나 밀의 수요량은 또한 옥수수의 가격 P_c에 의해 영향을 받음에 주목하라. 옥수수 가격이 올라가면 Q_w^d도 역시 증가한다. 이러한 두 번째 효과는 밀이 옥수수의 대체재라는 사실을 반영한다. 따라서 옥수수의 가격이 올라가면 소비자들은 옥수수 대신 밀의 구매를 늘리게 되는 것이다. 그에 따라 모든 밀의 가격에 대해 밀의 수요량이 증가하게 되는데, 이는 곧 밀의 수요함수가 오른쪽으로 이동함을 의미한다. 옥수수의 수요함수가 $Q_c^d = 20 - P_c + P_w$로 주어져 있다고 가정하자. 옥수수는 밀의 대체재가 된다. 밀의 가격이 올라갈 때 옥수수의 수요함수는 오른쪽으로 이동하게 된다.

이러한 예에서 밀과 옥수수가 서로 대체재라는 사실이 일반균형효과를 만들어내는 원인이다. 만일 밀과 옥수수의 수요가 단지 자신의 가격에만 영향을 받는다면, 공급함수가 이전과 동일할 때, 시장 간 교차효과는 발생하지 않을 것이다. 밀의 가격 변화는 옥수수에 대한 수요를 변화시키지 않으며 일반균형효과는 존재하지 않을 것이다.

균형가격 찾기 두 상품으로 구성된 모형에서 일반균형을 알아보려면 두 시장에서 모두 수요와 공급을 일치시키는 가격들을 찾아야 한다. 먼저 밀 시장을 분석해보자. 밀의 시장에 대해 수요와 공급함수를 수요량과 공급량이 같아야 한다는 부분균형 조건에 대입하면 다음과 같다(단위 : 100만 부셸, 달러).

$$Q_w^s = Q_w^d$$
$$P_w = 20 - P_w + P_c$$

이 식으로부터 밀의 균형가격을 옥수수의 가격으로 표시하면 다음과 같다.

$$P_w = 10 + \frac{P_c}{2}$$

동일한 과정을 옥수수 시장에 대해 적용하면 (즉 수요량과 공급량을 같게 놓고 옥수수 가격을 밀의 가격의 함수로 표시하면) 다음과 같다.

$$P_c = 10 + \frac{P_w}{2}$$

이 두 식은 서로 유사한 형태인데 그 이유는 두 시장이 동일한 형태의 공급 및 수요함수를 갖도록 설정되었기 때문이다.

밀과 옥수수 가격에 대한 두 식은 각 시장에서의 균형가격이 다른 시장에서의 가격에 영향을 받고 있음을 확인해준다. 두 시장 모두 균형이 되는 가격을 찾기 위해 $P_c = 10 + \frac{P_w}{2}$ 를 $P_w = 10 + \frac{P_c}{2}$ 식의 P_c 에 대입하면 P_w 를 얻는다.

$$P_w = 10 + \frac{P_c}{2}$$

$$= 10 + \frac{\left(10 + \frac{P_w}{2}\right)}{2}$$

$$3\frac{P_w}{4} = 15$$

$$P_w = \$20$$

밀의 일반균형가격은 20달러가 된다.

일반균형에서의 옥수수 가격을 찾기 위해서는 앞에서 얻은 밀의 가격 $P_w = 20$ 을 옥수수의 가격을 나타내는 식에 대입하면 된다.

$$P_c = 10 + \frac{P_w}{2}$$

$$= 10 + \frac{20}{2} = \$20$$

옥수수의 가격 역시 20달러이다. 다시 말하지만, 옥수수와 밀의 가격이 같은 것은 두 시장이 동일한 형태의 수요와 공급함수를 갖는다고 가정했기 때문에 얻어진 특별한 결과일 뿐이다.

균형생산량 찾기   균형가격을 알았다면 그것들을 공급함수 혹은 수요함수에 대입하여 일반균형 생산량을 구할 수 있다.

	밀	옥수수
공급	$Q_w^s = P_w$	$Q_c^s = P_c$
	$Q_w^s = 20$	$Q_c^s = 20$
수요	$Q_w^d = 20 - P_w + P_c$	$Q_c^d = 20 - P_c + P_w$
	$Q_w^d = 20 - 20 + 20$	$Q_c^d = 20 - 20 + 20$
	$Q_w^d = 20$	$Q_c^d = 20$
균형생산량 Q	$Q_w^s = Q_w^d = Q_w = 20$	$Q_c^s = Q_c^d = Q_c = 20$

일반균형에서의 밀과 옥수수의 생산량은 각각 2,000만 부셸이 된다. 이상이 일반균형의 최초

상태이다. 앞의 예에서의 Q_{c1}, Q_{w1}, P_{c1}, P_{w1}과 유사하다.

일반균형효과 옥수수로 만든 에탄올의 의무사용으로 인해 모든 가격에 대해 옥수수에 대한 수요가 1,200만 부셸 늘어났다고 가정하자. 그렇다면 옥수수에 대한 수요함수는 다음과 같이 변하게 된다.

$$Q_c^d = 32 - P_c + P_w$$

이러한 변화는 그림 15.3에서 옥수수의 수요함수가 D_{c1}에서 D_{cF}로 이동한 것으로 표시된다.

그렇다면 옥수수의 가격이 변해야 한다 — 만일 가격이 계속 20달러에 머물러 있다면 옥수수에 대한 수요량은 3,200만 부셸이 되지만 공급량은 단지 2,000만 부셸에 불과하기 때문이다. 옥수수 시장에서 새로운 일반균형가격을 찾기 위해서는 새로운 옥수수 수요함수를 이용하여 위에서 했던 계산 과정을 반복해야 한다.

밀의 공급과 수요는 의무사용 조항에 의해 영향을 받지 않으므로 옥수수 가격으로 표시된 밀의 가격은 이전과 동일하다. 즉 $\left(P_w = 10 + \dfrac{P_c}{2}\right)$이다. 그러나 옥수수의 균형가격은 수요함수의 변화에 따라 더 이상 $P_c = 10 + \dfrac{P_w}{2}$가 아니다. $Q_c^s = Q_c^d$ 조건으로부터 다음 식을 얻게 된다.

$$P_c = 32 - P_c + P_w$$
$$= 16 + \frac{P_w}{2}$$

그림 15.3 옥수수로 만든 에탄올의 의무사용이 옥수수와 밀 시장에 미치는 효과

(a) 옥수수 시장

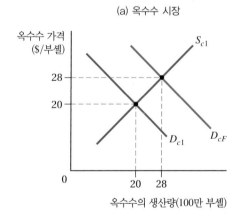

(b) 밀 시장

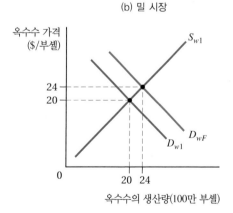

(a) 재생연료 의무사용 전에 옥수수 시장은 D_{c1}이 S_{c1}과 만나는 곳에서 2,000만 부셸의 옥수수를 부셸당 20달러의 가격으로 공급한다. 옥수수에 대한 수요가 D_{cF}로 증가할 때 옥수수의 가격은 28달러로 상승하고 생산량은 2,800만 부셸로 증가한다.

(b) 옥수수의 대체재인 밀은 최초의 수요함수 D_{w1}이 공급함수

S_{w1}과 만나는 곳에서 20달러의 가격에서 2,000만 부셸을 공급하는 최초 균형에 있다. 재생연료 의무사용이 옥수수 가격을 상승시키면, 밀에 대한 수요가 D_{wF}로 증가한다. 밀 시장은 이제 D_{wF}와 S_{w1}이 만나는 곳에서 2,400만 부셸의 밀을 24달러에 공급한다.

또한 밀의 가격은 옥수수의 가격을 밀 가격식에 대입해서 얻을 수 있다.

$$P_w = 10 + \frac{P_c}{2}$$

$$= 10 + \frac{\left(16 + \frac{P_w}{2}\right)}{2}$$

$$\frac{3}{4}P_w = 18$$

$$P_w = \$24$$

밀의 가격은 24달러가 되었다. 이 가격을 다시 새로운 옥수수 가격식에 대입하면 옥수수 가격은 $P_c = 16 + \frac{24}{2} = 28$달러가 됨을 알 수 있다. 이렇게 얻은 가격들을 공급함수 혹은 수요함수에 대입하면 새로운 일반균형에서의 생산량이 얻어진다.

$$Q_c^d = 32 - 28 + 24 = 2{,}800만 \text{ 부셸의 옥수수}$$
$$Q_w^d = 20 - 24 + 28 = 2{,}400만 \text{ 부셸의 밀}$$

요약   우리는 옥수수에 대한 수요의 증가가 부분균형 분석에서 예측된 바와 같이 옥수수의 가격과 생산량을 늘렸을 뿐만 아니라 어떻게 밀의 가격과 생산량도 상승시켰는지 살펴보았다. 옥수수의 가격 상승(8달러 증가 혹은 40% 증가)이 밀의 가격 상승(4달러 증가 혹은 20% 증가)보다 더 크게 나타난 것은 전혀 놀랄 일은 아닐 것이다. 그러나 옥수수 수요의 증가가 밀의 공급과 수요에 직접적인 영향을 미치지 않았음에도 불구하고 밀의 가격이 상승하게 된 것에 주목하기 바란다. 일반균형의 효과는 이전 장들에서 다룬 부분균형 분석에는 포함되지 않았었다.

 예제 15.1

사과사이다와 오렌지주스는 대체재이다. 사이다에 대한 수요는 $Q_c = 20 - P_c + 0.5P_o$이며 오렌지주스에 대한 수요는 $Q_o = 20 - P_o + 0.5P_c$라고 가정하자. 단, Q_c와 Q_o는 100만 갤런 단위이며, P_c와 P_o는 갤런당 가격이다. 사이다와 오렌지주스의 공급은 각각 $Q_c = P_c$와 $Q_o = P_o$이다.

a. 사과사이다와 오렌지주스의 일반균형가격과 생산량을 구하라.

b. 사이다에 대한 수요가 모든 가격에 대해서 5단위씩 감소했다고 가정하자. 즉 $Q_c = 15 - P_c + 0.5P_o$이다. 사과사이다와 오렌지주스의 새로운 일반균형가격과 생산량을 구하라.

풀이

a. 먼저 사이다 시장에서 수요와 공급을 일치시킴으로써 사

이다의 가격을 오렌지주스 가격의 함수로 풀어야 한다.

$$20 - P_c + 0.5P_o = P_c$$
$$2P_c = 20 + 0.5P_o$$
$$P_c = 10 + 0.25P_o$$

그런 뒤 같은 과정을 오렌지주스 시장에 적용하여 오렌지주스의 가격을 사이다 가격의 함수로 표시한다.

$$20 - P_o + 0.5P_c = P_o$$
$$2P_o = 20 + 0.5P_c$$
$$P_o = 10 + 0.25P_c$$

이 식을 P_o 식에 대입하여 P_c값을 구한다.

$$P_c = 10 + 0.25P_o = 10 + 0.25[10 + 0.25P_c]$$
$$= 10 + 2.5 + 0.0625P_c$$
$$0.9375P_c = 12.5$$
$$P_c = \$13.33$$

이는 다시

$$P_o = 10 + 0.25P_c = 10 + 0.25(13.33) = 10 + 3.33 = \$13.33$$

을 의미한다.

$Q_c = P_c$와 $Q_o = P_o$이므로, $Q_c = 1{,}333$만 갤런이고 $Q_o = 1{,}333$만 갤런이다.

b. 오렌지주스에 대한 수요가 감소하면 두 시장이 모두 영향을 받는다. (a)에서 했던 과정을 반복하면 새로운 균형가격과 생산량을 구할 수 있다.

먼저 오렌지주스 가격을 사이다 가격의 함수로 표시한다.

$$15 - P_c + 0.5P_o = P_c$$
$$2P_c = 15 + 0.5P_o$$
$$P_c = 7.5 + 0.25P_o$$

주스의 수요와 공급은 최초에는 영향을 받지 않았으므로 (a)로부터

$$P_o = 10 + 0.25P_c$$

임을 안다. 따라서 이 식을 P_c에서의 P_o에 대입하여 P_c값을 구한다.

$$P_c = 7.5 + 0.25P_o = 7.5 + 0.25[10 + 0.25P_c]$$
$$= 7.5 + 2.5 + 0.0625P_c$$
$$0.9375P_c = 10$$
$$P_c = 10.67$$

이는 다시

$$P_o = 10 + 0.25P_c = 10 + 0.25(10.67) = 10 + 2.67 = 12.67$$

을 의미한다.

$Q_c = P_c$와 $Q_o = P_o$이므로, $Q_c = 1{,}067$만 갤런이고 $Q_o = 1{,}267$만 갤런이다.

 ## 응용 카마겟돈의 일반균형

2011년 7월, LA 시민들은 재난에 대비하고 있다. 시민들은 주말 동안 집을 떠나지 않아도 되도록 먹을 것들을 집에 쌓아두었다. 병원들은 충분한 의료진을 확보하기 위해 비상사태를 발동하였다. 지역 뉴스는 현장취재를 준비하였다.

이들은 지진이나 홍수나 군사적 공격에 대비하는 것은 아니었다. 그들은 미국에서 가장 교통량이 많은 고속도로들 중 하나인 405번 도로의 10마일 구간이 전면 통제되는 주말 동안의 건설 프로젝트인 카마겟돈(Carmageddon)에 대비하는 것이었다.

시 당국은 이 사업이 끝나면 악명 높은 LA 고속도로의 교통혼잡과 운전시간이 줄어들 것이라 기대했다. 이러한 목적을 위해 공무원들은 1개의 도로선을 추가로 만들고, 사람들이 그들의 동료와 함께 출퇴근을 하도록 유도하기 위해 카풀전용 도로를 도입하기로 계획했다. 이러한 조치들은 얼마나 성공적이었을까? 카마겟돈 프로젝트는 모든 혼란을 감내할 만큼 가치가 있었을까?

아마도 아닐 것이다. 교통량 분석회사인 INRIX는 새로 건설된 고속도로의 평균속도가 프로젝트 이전보다 빨라지지 않았음을 확인했다. INRIX는 LA를 2017년에 미국에서 가장 복잡한 도시로 평가했고, 405번 도로의 확장은 미국에서 여섯 번째로 최악인 혼잡한 고속도로 확장이라고 지적했다. 그 길을 정기적으로 통근하는 사람들은 아무것도 얻지 못한 채 몇 년간 공사로 고생만 했다고 통렬하게 불만을 드러냈다.

LA 주민들이 듀랜턴과 터너라는 경제학자들의 논문을 읽었더라도 그들은 결과에 대해 놀라지 않았을 것이다. 그 연구의 결과는 이 건설 프로젝트는 일반균형의 효과로 인해 출퇴근에 별 차이를 가져다주지 못할 것임을 지적했던 것이다.[1]

지난 20년 동안 미국의 도로가 확장되면서 도시 주변의 도로를 운행하는 차의 평균 대수도 거의 2배로 증가하였다. 이러한 사실을 출발점으로 하여 두 연구자는 주요 도로의 증가가 도시 지역에서의 교통혼잡에 미치는 효과를 좀 더 세밀하게 조사하였다. 특히 연구자들은 차선길이의 증가가 차의 운행거리에 미치는 효과를 살펴보았다. 차선길이는 도로의 길이와 차선 수의 곱으로 구해지는데, 이것은 도로의 총 운행차량 수송 능력을 나타낸다. 운행거리는 도로에 주행 중인 차량의 수와 이들의 평균 주행거리를 곱한 값이다.

연구자들이 발견한 내용은 405번 도로를 달리는 주행자들의 공감을 얻었다. 운행거리와 차선길이 간의 탄력성은 대략 1.03이었다. 즉 도로의 수송 능력이 늘어날 때마다 거의 같은 비율로 운행량이 늘어난다는 것이다. 예를 들어 만일 405번 도로 확장에 따라 차량 수송 능력이 10% 증가한다면 도로를 운행하는 차량 역시 10% 늘어난다는 것이다. 교통혼잡을 완화하려고 조치들이 시도되었지만 운전자들이 겪는 교통혼잡은 변함이 없어 보였다.[2]

왜 도로가 확장됨에 따라 차량의 밀도가 줄어들지 않는 것일까? LA가 교통난을 해소하기 위해 도로건설을 할 때 시 당국은 부분균형 분석에 의존했다. 그러나 불행히도 상황은 일반균형의 효과를 내포하고 있다. 도로의 증가는 직접적인 영향 이상의 효과들을 내포한다. 듀랜턴과 터너의 연구는 도로공급의 증가로 인해 더 많은 기업가와 사람들이 LA 지역으로 이주해온다는 사실을 밝혔다. 이러한 도로에 대한 수요 증가는 이 지역의 교통상황이 (끔찍한) '자연스러운 (natural)' 균형 상태에 도달할 때까지 지속된다.

도로건설 이전에 이러한 결과들을 알았다면 LA 운전자들의 피와 땀과 눈물을 방지할 수 있었으리라. 그러나 카마겟돈이 지역의 교통상황에 예상치 않게 기여한 바는 있었다. 건설이 진행된 주말 동안 대부분의 사람들이 집에 머물러 있었기 때문에 차를 몰고 도로로 나간 사람들은 며칠 동안 텅 빈 도로를 즐길 수 있었다. ■

양적인 일반균형 : 공급 측면이 상호 연관된 옥수수 사례

앞에서 다룬 예에서 옥수수와 밀의 연관성은 수요 측면을 통해서였다. 두 상품은 대체재였고 따라서 한 상품의 가격 변화는 다른 상품의 수요에 영향을 주었다. 공급의 연관성도 일반균형 효과를 만들어낸다. 예를 들어 옥수수와 밀은 동일한 생산요소(비료, 땅, 농부 등)를 사용한다.

다시 구체적으로 간단한 상황을 상정하자. 밀의 수요함수는 $Q_w^d = 20 - P_w$이고 옥수수의 수요함수는 $Q_c^d = 20 - P_c$이다. 두 시장 간 수요의 연관성이 사라졌음에 주목하라. 오직 자신의 가격만이 수요량에 영향을 준다. 수요의 연관성은 존재하지 않는다.

그러나 밀의 공급함수는 $Q_w^s = 2P_w - P_c$, 그리고 옥수수의 공급함수는 $Q_c^s = 2P_c - P_w$라고 가정하자. 독자들은 이 새로운 공급함수로부터 두 시장이 연관되어 있음을 확인할 수 있을 것이

---

1 Gilles Duranton and Matthew A. Turner, "The Fundamental Law of Road Congestion: Evidence from US Cities," *American Economic Review* 101, no. 6 (October 2011): 2616-2652.

2 교통혼잡을 줄이는 다른 접근 방법을 보려면 제17장에 나오는 〈응용〉 '높은 주행세는 우리를 행복한 운전자로 만들어줄 것인가?'를 보라.

다. 각 시장에서 공급량은 자신의 가격이 올라갈 때 증가하고 다른 상품의 가격이 올라갈 때는 감소한다. 이러한 연관성은 한 재화의 가격이 오르면 그 재화의 생산이 늘어나고, 따라서 필요한 희소자원을 다른 재화로부터 가져오게 되는 (밀 재배지를 옥수수 재배지로 바꾸는 것과 같은) 현상을 보여준다.

우리는 수요가 연관되어 있을 때 사용했던 것과 동일한 방법으로 일반균형가격과 생산량을 구할 수 있다. (방법이 동일하므로 자세한 과정은 생략하기로 하자.) $Q_w^s = Q_w^d$ 조건으로부터 밀의 가격을 옥수수 가격의 함수로 구하면 $P_w = \dfrac{20}{3} + \dfrac{P_c}{3}$가 된다.

이전의 예에서와 마찬가지로 두 시장을 대칭적으로 설정했기 때문에 옥수수 가격에 대해서도 유사한 결과인 $P_c = \dfrac{20}{3} + \dfrac{P_w}{3}$를 얻을 수 있다. 이 두 가격식을 동시에 풀면 $P_w = P_c = 10$달러가 된다. 이렇게 구해진 가격들을 공급 혹은 수요함수에 대입하면 일반균형에서의 생산량은 밀과 옥수수 모두 1,000만 부셸이 됨을 알 수 있다.

이제 에탄올 의무사용으로 인해 옥수수에 대한 수요가 모든 가격에 대해 1,200만 부셸만큼 증가해서 수요함수가 $Q_c^d = 32 - P_c$가 되었다고 가정하자. 밀의 가격을 옥수수 가격의 함수로 표시한 것은 앞에서와 동일하다$\left(P_w = \dfrac{20}{3} + \dfrac{P_c}{3} \right)$. 왜냐하면 밀의 공급과 수요함수는 직접적인 영향을 받지 않았기 때문이다. 그러나 옥수수의 가격식은 변해서 $P_c = \dfrac{32}{3} + \dfrac{P_w}{3}$가 된다. 두 가격식을 동시에 풀면 $P_w = 11.50$달러와 $P_c = 14.50$달러가 된다. 이러한 균형가격들을 공급 혹은 수요함수에 대입하면 밀과 옥수수의 균형생산량은 각각 850만 부셸과 1,750만 부셸이 된다.

요약 앞의 예에서와 마찬가지로 일반균형에서는 옥수수에 대한 수요의 증가가 옥수수 가격뿐만 아니라 밀의 가격도 상승시킨다. 이러한 결과는 두 시장 간의 연관성이 공급 측면을 통해서든 수요 측면을 통해서든 상관없이 동일하다.

공급 측면이 연관되어 있으면 옥수수 가격의 상승은 밀에서 옥수수로의 생산 전환을 가져오고 그에 따라 밀의 공급은 감소한다. 그런데 밀의 수요는 변하지 않았으므로 밀의 가격이 올라간다. 또한 수요 측면의 연결에서와 마찬가지로 가격의 증가는 직접적으로 수요가 변화한 옥수수 시장에서 더 크게 나타난다.

그러나 이러한 유사성은 수요 측면의 시장연결이 공급 측면의 연결과 동일한 일반균형효과를 가져다주는 것은 아님에 주의해야 한다. 가격은 두 시장에서 모두 상승하지만 생산량에 대한 의미는 서로 다르다. 수요 측면이 연결된 경우에는 옥수수에 대한 수요의 증가로 인해 두 시장에서 모두 생산량이 증가하였다. 그러나 공급 측면이 연결된 경우에는 옥수수의 생산량은 증가했지만 밀의 생산량은 감소했다.

이처럼 생산량의 결과가 다르게 나타난 이유는 다음과 같다. 수요가 연결된 경우에는 옥수수에 대한 수요의 증가가 밀의 수요도 증가시킨다. 두 시장 모두 공급이 변하지 않기 때문에 이러한 수요의 증가는 두 시장에서 모두 가격의 상승을 가져다준다. 그러나 공급이 연결된 경우에는 옥수수에 대한 수요의 증가는 밀의 공급 감소를 초래하고 그에 따라 밀의 생산량 감소를 가져온다. 밀 시장에서의 생산량 변화에 대한 상반된 효과는 옥수수와 밀의 가격 상승이 수요 측면에서 비롯된 것인지 아니면 공급 측면에서 비롯된 것인지를 알 수 있게 해준다. 두 상품이 대체재라면 수요 측면의 연결은 옥수수의 수요 증가에 대하여 밀의 **생산량**이 늘어날 것을 의

괴짜경제학

양고기에 대한 추억

아마도 당신은 양고기(mutton)를 먹어본 적이 없고 그래서 아마도 다행으로 여길지도 모른다. 양고기는 다 자란 양의 고기이다. 그것은 어린양고기(lamb)보다 냄새가 강하고 상당히 꼭꼭 씹어 먹어야 한다. 양고기를 좋아하는 사람들조차 그것은 후천적으로 얻어진 취향임을 인정한다. 그러나 양고기가 칠면조, 치즈, 코코아, 혹은 쌀 보다 더 많이 소비되었던 적이 있다! 그런데 왜 양고기가 사라진 것일까? 답은 당신이 상상도 할 수 없었을 것이다.

양고기의 파멸에 주문을 건 사람은 월리스 흄 캐러더스로 거슬러 올라간다. 캐러더스는 델라웨어주 윌밍턴에 살았던 키가 작고 안경을 쓴 사람이었다. 그는 양고기에 관심이 없었다. 그는 복잡한 화학적 혼합물, 특별히 폴리아미드라고 불리는 분자 군에 열정을 가지고 있었다. 그는 종종 보호시설에 격리되어야 할 정도로 강박적으로 일했다. 사실 1935년 2월의 위대한 발견은 그가 정신병원에서 퇴원한 직후에 이루어진 것이었다.

캐러더스는 양고기의 대체재를 발견한 것은 아니다. 양고기를 퇴출시킬 정도의 결함을 발견한 것도 아니었다. 그가 발견한 것은 나일론이었다.

나일론은 여성의 패션을 혁명적으로 바꾼 기적의 섬유였다. 나일론에 대한 수요는 급등했다. 수백 혹은 수천의 여성들이 나일론 스타킹을 사기 위해 백화점 앞에 줄을 서는 '나일론 폭동'은 1940년대에 이르러서는 일상적인 현상이 되었다. 한 사건을 보자면, 13,000켤레의 스타킹 중의 하나를 살 기회를 얻기 위해 4만 명의 여성들이 피츠버그의 한 상점 앞에서 줄을 섰다.

점점 더 많은 여성들이 양모 스타킹을 포기하고 나일론 스타킹을 선택했다. 양모에 대한 수요가 급락하여 가격이 하락했다. 그로 인해 농부들은 양 사육을 줄였다. 농부들이 양을 키운 것은 양고기 때문이 아니라 양모 때문이었다. 도살된 양을 고기로 파는 것은 단지 약간의 부수입을 가져다주었을 뿐이다. 양 사육이 줄어들자 양고기 공급도 줄었다. 양고기의 희소성은 그것을 희귀한 별식으로 만들 수도 있었지만 그런 일은 일어나지 않았다. 오늘날 미국에서는 양고기는 보통 개와 고양이 사료로 사용될 뿐이다.

한 시장이 타 시장에 미치는 영향은 바로 일반균형이 의미하는 바이다. 그러나 일반균형의 효과는 양고기와 나일론의 관계처럼 항상 미묘한 것은 아니다. 나일론이 발명된 몇 년 후 폴리에스터라고 불리는 새로운 물질이 거리를 강타했다. 그것은 물, 대부분의 화학물질, 빛, 그리고 열에 대해 나일론보다 강했다. 나일론의 지위는 즉시 폴리에스터에 의해 잠식되어 오늘날 폴리에스터는 시장에서 나일론보다 10배 정도 더 많이 팔린다. 양고기 애호가들은 나일론이 몰락하자 정의가 살아있다고 믿었을지 모르지만, 나일론의 몰락은 양고기의 귀환을 가져다주진 못했다. 나일론과 마찬가지로 폴리에스터도 양모의 대체재였고 따라서 양고기의 양은 더 줄어들었던 것이다.

미한다. 이와 반대로 만일 밀의 생산량이 줄었다면 공급 측면의 연결이 더 중요함을 의미하는 것이다.[3]

 응용 미국은 네덜란드병을 겪었는가?

이번 장을 시작할 때 우리는 한 지역에서의 천연자원의 발견이 바람직하지 않은 일반균형효과를 가져다줄 수 있는지에 대해 논의했다. 많은 경제학자들은 이러한 네덜란드병의 효과가 특히 새롭게 발전하는 지역의 제조업자들에게 해롭다고 생각한다. 왜냐하면 그들은 부지와 근로자들에게 막대한 비용을 지불해야 하면서도 그러한 비용 증가가 없는 지역의 업자들과 경쟁해야 하기 때문이다.

경제학자 헌트 앨컷과 대니얼 케니스톤의 최근 연구는 미국 내에서 지난 반세기 동안 막대한 양의 석유와 가스 매장량 발견을 경험한 지역에서 제조업자들이 네덜란드병에 걸렸는지를 자

---

3   다른 영향들이 밀과 옥수수의 생산에 미치는 효과를 통제하면서 이 두 가지 가능성에 대해 검증을 하려면 종합적인 분석이 필요하지만, 원래의 숫자들을 살펴보는 것은 여전히 교훈을 준다. 미국의 옥수수 경작지는 2005~2018년 사이에 9% 증가했고 밀의 경작지는 같은 기간 동안 18% 감소했다. 이는 수요 측면보다는 공급 측면의 여파에서 비롯된 관측된 밀 가격의 상승과 일치한다.

세하게 조사했다.[4] 그들은 석유와 가스의 발견 기간 동안, 그리고 그 이후의 제조업자들을 분석하기 위해 미국 인구조사국으로부터 얻은 매우 자세한 자료들을 사용했다.

그들은 네덜란드병의 증거들이 있었음을 발견했다. 석유와 가스 발굴이 확대되면서 주로 타지역에서 판매를 하는 지역 내 제조업자들의 영업은 위축되었다. 그러나 그들은 전체적인 효과는 그보다 훨씬 더 복잡하다고 결론 내렸다. 지역 제조업자들의 상당 부분은 오히려 성장했는데, 그들은 지역 내의 석유 및 가스 산업에서 사용되는 생산요소들을 만드는 특화된 생산업자들이었다. 사실 이 같은 특화된 제조업자들의 성장은 지역 내 다른 제조업자들의 위축을 상쇄하고도 남을 정도였다. 결과적으로, 평균적으로 볼 때 지역 제조업의 규모는 석유와 가스 발견 이후에도 별다른 변화는 없었다.

앨컷과 케니스톤은 막대한 자료를 가지고 또한 천연자원의 붐이 사라진 지 오래된 지역에서의 효과를 분석할 수 있었다. 그들은 호황기의 중립적인 효과와 석유와 가스로 인한 성장을 합하면 그러한 지역에서 지속적인 임금과 고용의 증대가 있었음을 발견했다. 따라서, 평균적으로 볼 때, 미국의 호황 지역들은 최악의 네덜란드병은 피할 수 있었다고 하겠다. ■

15.2 일반균형 : 형평과 효율

일반균형 분석의 두 번째 관점은 '시장이 얼마나 자원 배분을 잘하는가'라는 다소 개념적인 혹은 철학적인 질문을 다룬다. 즉 일반균형에서의 시장 결과가 '바람직한지' 질문한다. 무엇이 바람직한 것인지에 대해서는 논란이 많지만, 경제학자들은 잘 작동하는 시장의 기준에 대해 좀 더 구체적이다. 이번 절에서는 이러한 기준들에 대해, 그리고 시장이 그런 기준들을 만족시키는지에 대해 논의해보기로 하자.

시장의 성과를 측정하는 기준 : 사회후생함수

경제학자들이 종종 시장성과의 '바람직함'에 대해 생각하는 한 가지 방법은 **사회후생함수**(social welfare function)를 이용하는 것이다. 사회후생함수는 경제의 성과를 측정하는 하나의 기준을 얻기 위해 사회의 모든 구성원의 효용을 결합하는 수학적 함수이다. 이를 통해 다양한 시장의 결과들(말하자면 구성원 간 효용의 배분)이 서로 비교될 수 있다. 만일 어떤 결과가 다른 결과보다 더 큰 사회후생함수의 값을 갖는다면 높은 함숫값을 갖는 결과가 더 바람직한 것이 된다.

다양한 시장 결과 간의 순위는 결과들을 평가하기 위해 최초에 선택한 사회후생함수의 형태에 따라 달라진다. 예를 들어 개인 효용의 불균등에 대해 명백한 감점을 부여하는 함수는 단지 평균 효용의 크기만을 고려하는 함수와는 전혀 다른 순위를 나타낼 것이다. 따라서 사회후생함수의 선택은 다소 철학적인 문제가 된다. 그것은 어떤 결과들이 바람직한지에 대한 개인적인 견해에 달려 있기 때문이다. 이처럼 사회후생함수는 일단 어떤 특성들(불평등의 정도나 혹은 특정 집단이 일관되게 더 높거나 혹은 낮은 효용을 갖는지 등)이 바람직한 것인지 결정된 후에 경제적 성과들 간의 순위를 결정하는 방법으로 이해될 수 있다.

사회후생함수
개인들의 효용수준을 결합해서 사회의 총효용수준에 대한 단일한 척도로 바꾸는 수학적 함수

---

4 Hunt Allcott and Daniel Keniston, "Dutch Disease or Agglomeration? The Local Economic Effects of Natural Resource Booms in Modern America," *Review of Economic Studies* (April 2018): 695–731.

당신이 사회후생함수를 선택하면 그것은 불평등이 사회에 얼마나 나쁜지를 자동적으로 설명한다. 사회후생함수 선택의 주관성을 고려할 때, 경제학자들은 어떤 특정한 형태의 사회후생함수가 사용되어야 하는지에 대해서는 아직도 확실하고도 신속한 결정을 내리지 못하고 있다. 어떤 형태들이 다른 형태들보다 더 빈번하게 사용되고 있는데 그 이유는 그런 함수들이 다루기 쉽거나 혹은 개인들 간 효용의 배분의 관점에서 무엇이 바람직한지에 대한 다양한 철학적 견해를 간결하게 잘 반영하고 있기 때문이다.

공리주의 사회후생함수   한 가지 일반적인 사회후생함수의 형태는 모든 구성원의 효용을 동일한 가중치로 더하는 것이다.

$$W = U_1 + U_2 + \cdots + U_N$$

W는 사회후생함수의 값으로서 사회 구성원들의 모든 효용을 모두 합한 것이다. 아래첨자는 개인들을 나타내며 경제 내에 N명의 사람들이 존재한다. 이 같은 **공리주의 사회후생함수** (utilitarian social welfare function)는 사회의 후생은 모든 개인 효용의 합이라고 말한다. 이러한 주장은 충분한 것처럼 보인다. 그러나 공리주의적 사회는 효용이 개인들 간에 얼마나 평등하게 배분되어 있는지에 대해서는 상대적으로 별 관심을 갖지 않는다는 점에 주목하라. 그 사람이 이미 얼마나 잘살고 있었는지와 상관없이 누구의 효용이라도 같은 크기로 높아진다면 사회후생에 미치는 효과는 동일하다는 것이다. 사실 공리주의적 함수는 어떤 사람의 효용을 0으로 낮춘다고 할지라도 다른 사람이 같은 크기의 효용 증대를 누린다면, 그 사람이 이미 다른 어떤 사람보다 더 잘살고 있었을지라도 사회적으로는 아무런 피해도 발생하지 않는다고 말한다.

공리주의 사회후생함수
사회 전체의 후생을 각 개인의 후생의 합으로 계산하는 수학적 함수

롤스와 평등주의 사회후생함수   효용의 불평등에 대한 공리주의 사회후생함수의 무관심으로 인해 사람들은 다른 형태의 사회후생함수를 사용하기도 한다.

롤스의 사회후생함수(Rawlsian social welfare function)는 사회후생을 가장 못사는 사람의 후생으로 계산하는 수학적 함수이다. 이는 정치철학자인 롤스(John Rawls)의 이름을 딴 것인데, 그는 사회정의를 위해서는 가장 못사는 사람의 후생을 극대화해야 한다고 주장했다. 롤스의 사회후생함수를 수학적으로 표현하면 다음과 같다.

롤스의 사회후생함수
가장 열악한 개인의 후생에 따라 사회 전체의 후생을 계산하는 수학적 함수

$$W = \min(U_1, U_2, \cdots, U_N)$$

다시 말해서 사회후생 W는 사회의 모든 효용 중 최솟값이다. 가장 못사는 사람의 효용만이 중요할 뿐 다른 사람들의 효용은 아무 문제가 되지 않는다는 것이다. 롤스의 효용함수는 이상적인 사회는 모두가 똑같이 잘사는 사회라는 신념을 반영한 **평등주의적**(egalitarian) 후생함수의 극단적 예이다.

평등주의적
각자가 똑같이 잘사는 사회가 이상적 사회라는 믿음

사회후생함수의 한계   사회후생함수가 유용하기는 하지만 실제로 시장의 성과를 평가하는 기준으로 사용되기는 매우 어렵다. 무엇보다 서로 다른 함수들이 바람직한 결과에 대해 다른 답을 제시하고 있기 때문이다. 예를 들어 부자에게 세금을 부과하여 가난한 사람에게 주는 것에 대해 공리주의와 평등주의가 얼마나 서로 다르게 생각하는지를 생각해보자. 앞에서 언급했듯이, 이러한 정책의 결과를 어떻게 평가하는지는 무엇보다 불평등을 줄이는 것이 얼마나 가치 있는

예제 15.2

A, B, C는 페루의 작은 공동부락의 주민이다. A는 현재 55 수준의 효용(U_A)을 얻고 있고, B의 효용(U_B)은 35, 그리고 C의 효용(U_C)은 10이다. 공동부락의 자비로운 통치자인 D는 A의 효용을 10만큼 높이고 C의 효용은 5만큼 줄이는 새로운 정책을 고려 중이다.

a. D가 생각하는 사회후생함수가 $W = U_A + U_B + U_C$라면 새로운 정책을 시행해야 하는가?

b. D가 생각하는 사회후생함수가 $W = \min(U_A, U_B, U_C)$라면 새로운 정책을 시행해야 하는가?

c. D가 생각하는 사회후생함수가 $W = U_A \times U_B \times U_C$라면 새로운 정책을 시행해야 하는가?

풀이

a. D가 새로운 정책을 시행해야 하는지를 알려면 정책 전과 후의 사회후생 변화를 계산해야 한다.

전 : $W = U_A + U_B + U_C = 55 + 35 + 10 = 100$

후 : $W = U_A + U_B + U_C = 65 + 35 + 5 = 105$

변화 후에 사회후생이 증가하므로 D는 새로운 정책을 시행해야 한다.

b. 전 : $W = \min(U_A, U_B, U_C) = \min(55, 35, 10) = 10$

후 : $W = \min(U_A, U_B, U_C) = \min(65, 35, 5) = 5$

후생이 낮아지므로 새로운 정책을 시행하면 안 된다.

c. 전 : $W = U_A \times U_B \times U_C = 55 \times 35 \times 10 = 19,250$

후 : $W = U_A \times U_B \times U_C = 65 \times 35 \times 5 = 11,375$

역시 사회후생이 낮아지므로 새로운 정책을 도입해서는 안 된다.

일인지에 대한 주관적 판단에 의존한다.

더욱이 모든 사람이 어떤 사회후생함수의 형태에 대해 동의했다고 할지라도, 개인의 효용을 수학적으로 합치는 것은—그것이 사회후생함수의 핵심인데—제4장에서 살펴본 것처럼 개념적으로도 위험한 일이다. 왜냐하면 그것은 사람들 간 효용수준의 비교와 결합을 요구하기 때문이다.

시장의 성과를 측정하는 기준 : 파레토 효율

시장의 성과를 평가하는 기준으로서 사회후생함수를 이용하는 것이 어렵다는 사실은 경제학자들로 하여금 누구나 이해할 수 있고 동의할 수 있는 다른 기준을 사용하도록 유도하였는데, 그것이 바로 파레토 효율이다.

적어도 한 명을 더 나빠지게 하지 않고서는 자원을 재배분할 수 없는 상태를 **파레토 효율**(Pareto efficiency)이라고 한다. 예를 통해 이해해보자. 어떤 작은 조직에서 김씨는 노트북을, 이씨는 TV를, 박씨는 중고 소나타 승용차를 가지고 있다고 하자. 만일 그들이 가진 것들을 재배분해서 아무도 더 나빠지지 않고 적어도 한 사람 이상을 더 좋아지게 만들 수 없다면 현재의 상황이 파레토 효율적이다. 만일 물건의 재분배가 아무도 더 나빠지게 하지 않으면서 한 사람 이상은 더 좋아지게 만들 수 있다면 현재 상황은 파레토 효율적이 아니다. 예를 들어 김씨는 자신의 노트북을 박씨의 소나타와 바꾸기 원하고 박씨 역시 이러한 교환을 원한다면 최초의 배분상태는 파레토 효율적이 아니다. 이러한 거래는 파레토 효율인 상황에서는 불가능한데, 그 이유는 누군가는(거래를 통해 나빠지는 사람은) 그러한 거래에 참가하기를 거부할 것이기 때문이다. 파레토 효율하에서 자원의 재배분은, 그것이 단순한 두 사람 간 두 물건의 교환이든 혹은

파레토 효율
적어도 한 사람을 더 나빠지게 만들지 않고서는 재배분이 이루어질 수 없는 경제적 배분 상태

훨씬 더 복잡한 거래이든 간에, 누군가를 반드시 더 나빠지게 만든다.[5]

이러한 사실이 일반균형에 대해 의미하는 바는 파레토 효율적인 경제는 아무런 대가 없이 무언가를 얻을 수 없음을, 즉 경제학자들이 '공짜 점심' 혹은 '길가에 버려진 20달러짜리 지폐'라고 부르는 것은 존재하지 않음을 의미한다. 이처럼 파레토 효율은 효율성에 대한 매우 직관적인 개념이다.

파레토 효율이 형평을 의미하는 것도 아니고 혹은 어떤 사회후생함수를 극대화함도 아님에 주의하라. 파레토 효율적인 배분은 개인의 효용 간 큰 차이를 가져다줄 수도 있다. 사실 한계효용이 양(+)이기만 하면 어떤 사람에게 모든 것을 주고 다른 모든 사람에게는 아무것도 주지 않더라도 파레토 효율은 달성된다. 왜냐하면 이러한 상태에서 배분을 어떻게 바꾸더라도 모든 것을 가졌던 사람을 더 나쁘게 만들어야 하는데, 이는 파레토 효율의 기준을 위반하는 것이기 때문이다.

바로 이러한 점 때문에 파레토 효율은 단지 시장이 만족해야 할 약한 기준임을 기억하는 것이 중요하다. (간혹 파레토 균형이라고 불리는) 파레토 효율적인 결과지만 그것을 형평의 관점에서 받아들이기 어려울 수도 있다. 그럼에도 불구하고 파레토 효율은 유용한 기준이 된다. 왜냐하면 자유로운 거래가 이미 존재하고 있던 '공짜 점심'을 해소할 수 있는지를 아는 것이 매우 중요하기 때문이다.

시장에서 파레토 효율 찾기

시장의 성과를 평가하는 기준으로서 파레토 효율의 의미를 알았으므로 이제 시장의 결과를 어떻게 파레토 효율적인 결과와 비교하는지 살펴보자. 이것은 경제학자들에게는 매우 중요한 질문이다. 시장은 수많은 재화들을 수많은 사람들에게 배분하는 가장 보편적인 방법이다. 우리는 시장이 이러한 일들을 잘하는지 알기 원한다. 그러나 이 같은 질문에 답하려면 우리는 시장균형을 파레토 효율과 같은 기준들과 비교해야 한다.

결론부터 말하는 것으로 시작하자. 시장의 환경에 대한 일정한 가정들하에서 시장이 만들어낸 결과들은 파레토 효율적이다. 경제학자들은 경제학자들이 존재해왔던 시간만큼 오랫동안 이러한 가능성에 대해 숙고해왔다. 애덤 스미스의 유명한 보이지 않는 손(시장에 참여한 사람들은 단지 자신의 이익만을 위해 행동함에도 불구하고 시장이 사회적으로 바람직한 결과를 만들어내게 된다는 보이지 않는 힘)이라는 개념은 근본적으로 시장의 결과들이 효율적일 수 있다는 점을 말하고 있다. 그러나 시장의 파레토 효율성이 수학적으로 입증된 것은 20세기 중반에 들어서였다. [고도의 수학적 증명은 이 장의 범위를 넘어서며 그 결과를 증명한 두 명의 경제학자 애로(Ken Arrow)와 드브뢰(Gerard Debreu)는 노벨경제학상을 받았다.] 증명 이면에 있는 경제학적 직관에 대해서는 곧 설명할 것이다.

시장이 효율적이란 결론은 경제학자들이 시장에 대해 호의적으로 생각하는 큰 이유가 된다. 시장은 일정한 조건들하에서 효율적인 결과에 도달하는 자연적인 경향을 가지고 있다. (독자들은 이미 이러한 몇 가지 가정, 예를 들어 완전경쟁이나 공급자와 수요자들 간의 가격순응 행동 등을 잘 알고 있을 것이다.) 현실에서 이러한 모든 가정이 실제로 만족될 가능성은 낮기 때문에

---

5   이것이 파레토 효율인 결과로부터 재화를 재배분함으로써 아무도 더 좋아질 수 없음을 의미하는 것이 아님에 주의하라. 사실 한 개인 혹은 개인들의 집단이 더 좋아질 가능성이 높다. 그러나 이는 다른 사람들의 손해로 얻어진 것이다.

현실에서 시장은 파레토 효율적이 아닐 수도 있다.

현실적인 시장들이 완벽하게 효율적이지는 않지만 경제학자들은 아직도 일반 대중들보다는 시장을 통한 해법에 더 호의적이다. 그것은 시장의 효율성에 대한 입증이 곧 시장이 효율적이기 위해서는 어떤 조건들이 만족되어야 하는지를 정확히 보여주기 때문이다. 즉 시장을 잘 작동하게 하거나 혹은 실패하게 하는 원인은 전혀 불가사의한 것이 아니라는 말이다. 우리는 시장을 망쳐놓는 것들이 무엇인지 알기 때문에 시장의 효율성을 높이기 위해 어떠한 정책들이 필요한지를 제안할 수 있다.

따라서 정치적 성향이 강한 경제학자들은 시장이 최대다수의 최대행복을 가져다줄 잠재력을 가지고 있다고 생각하는 경향이 있다. 그들이 의견의 일치를 보이지 못하는 것은 시장이 잘 작동하려면 얼마만큼의 (시장지배력을 줄이기 위한 정부의 조치 같은) 정부개입이 필요한지에 대해서이다.

시장의 효율성—세 가지 전제조건

이제 시장이 효율적으로 작동하기 위해서는 어떤 조건들이 전제되어야 하는지를 자세히 살펴볼 때가 되었다. 효율적 시장을 위해서는 세 가지 기본 조건들이 만족되어야 한다.

1. **교환 효율성**(exchange efficiency)은 소비자들 간에 파레토 최적의 재화 배분이다. 이것은 다른 소비자를 나쁘게 하지 않고서는 누구도 더 좋아지는 소비를 할 수 없을 때 성립한다. 교환이란 용어는 우리가 어떤 재화들이 생산되고 누가 어떻게 그것들을 구매하는지에 대해서는 신경을 쓰지 않는다는 사실로부터 비롯된 것이다. 단지 사람들이 원하면 재화를 거래(교환)할 수 있기만 하면 된다.

   교환 효율성
   소비자들 간에 재화들이 파레토 효율적으로 배분되는 것

2. **투입 효율성**(input efficiency)은 생산자들 간에 파레토 최적의 생산요소 배분이다. 어떤 재화를 더 많이 생산하려면 적어도 하나 이상의 다른 재화의 생산이 줄어들도록 생산요소들이 여러 재화의 생산에 배분되어 있을 때 요소 투입의 효율성이 만족된다.

   투입 효율성
   생산자들 간에 투입물이 파레토 효율적으로 배분되는 것

3. **산출 효율성**(output efficiency)은 교환 효율성과 투입 효율성을 동시에 만족시키는 산출물의 혼합이다. 위의 두 조건은 생산된 재화들이 주어져 있음을 전제로 하고 그 재화들이 소비자들 간(교환 효율성)에 그리고 생산자들 간(투입 효율성)에 어떻게 배분되는지에 대해 효율성을 평가한다. 산출 효율성은 어떤 상품들이 얼마나 생산되는지에 관한 것이다. 어떤 소비자 혹은 어떤 생산자를 더 나쁘게 하지 않고서는 상품의 구성과 양이 변경될 수 없을 때 산출 효율성이 달성된다.

   산출 효율성
   한 경제 내에서 투입물과 생산물이 파레토 효율적으로 배분되는 것

이러한 세 가지 전제조건을 각각 자세히 살펴보고 이들이 효율적인 일반균형에서 어떻게 상호 연관되어 있는지를 분석해보자.

15.3 시장의 효율성 : 교환 효율성

효율적인 일반균형의 여러 가지 측면을 분석하기 위해 **교환 효율성**을 살펴보기 전에, 시장의 효율성을 분석하기에 매우 편리한 도구인 **에지워스 상자**(Edgeworth box)를 소개하기로 하자. 이것은 아일랜드 경제학자인 에지워스(Francis Edgeworth)의 이름을 딴 것으로, 시장의 효율

에지워스 상자
시장 효율성을 분석하기 위한 2인 2재화 경제의 그래프

성을 분석하기 위해 두 경제주체(소비자들 혹은 생산자들)로 구성된 경제를 설명하는 그래프이다.

에지워스 상자

2명의 소비자 송이와 민준이 각각 2개의 상품인 시리얼과 팬케이크에 대해 일정한 선호를 가지고 있다고 가정하자. 또한 두 사람이 나누어 가질 수 있는 시리얼과 팬케이크는 각각 총 10개와 8개가 있다고 하자. 이제 두 사람 간에 상품들을 어떻게 파레토 효율적으로 배분할 수 있는지 살펴보자.

이러한 분석을 위해 에지워스 상자를 이용한다. 에지워스 상자는 상품의 양이 정해져 있고 이를 두 사람이 나누어 가질 때, 한 사람이 어떤 상품을 하나 더 갖는다는 것은 필연적으로 다른 사람이 그 상품을 하나 덜 갖게 된다는 사실을 이용한다. 예를 들어 민준이 시리얼을 1개 더 갖게 되면 송이는 1개를 덜 가져야 한다. 에지워스 상자 안의 점들은 두 사람(송이와 민준) 간 두 상품(시리얼과 팬케이크)의 배분을 나타낸다.

그림 15.4는 에지워스 상자가 어떻게 작동하는지를 보여준다. 상자의 수평선은 총 10개의 시리얼을 나타내고 수직선은 총 8개의 팬케이크를 나타낸다. 왼쪽 아래의 원점은 아무것도 갖지 않은 한 사람(민준)을 나타낸다. 만일 민준에게 시리얼을 1개 더 준다면 민준의 위치는 1단위 오른쪽으로 이동하게 되고, 만일 팬케이크를 1개 더 준다면 민준의 위치는 1단위 위쪽으로 이동하게 된다.

오른쪽 위의 원점은 아무것도 가지지 않은 송이의 위치이다. 송이가 아무것도 가지지 않았다면 민준이 모든 상품을, 즉 시리얼 10개와 팬케이크 8개를 모두 가지고 있음을 의미함에 주목하라. 만일 송이에게 시리얼을 1개 더 준다면 그의 위치는 1단위 왼쪽으로 이동할 것이다(민준이 소유한 시리얼은 1단위 감소한다). 만일 송이에게 팬케이크를 1개 더 준다면 송이의 위치는 아래로 1단위 이동한다(민준이 소유한 팬케이크는 1단위 감소한다).

그림 15.4 소비 에지워스 상자

에지워스 상자는 두 소비자인 송이와 민준 간의 시리얼(총 10개로 수평선에 표시됨)과 팬케이크(총 8개로 수직선에 표시됨)의 특정한 배분점들을 나타낸다. 만일 송이가 시리얼 7개와 팬케이크 2개를 소비한다면 민준은 시리얼 3개와 팬케이크 6개를 소비한다(A점). 만일 송이가 B점에서 시리얼을 1개 덜 소비한다면 민준의 시리얼 소비는 3개에서 4개로 증가한다. C점에서 송이는 팬케이크를 1개 더 먹고 따라서 민준의 팬케이크 소비를 1개 줄여서 5개가 된다.

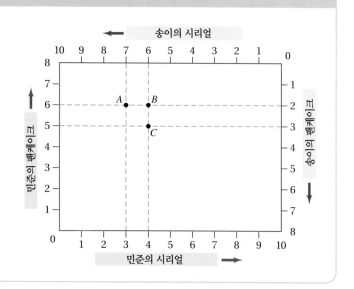

에지워스 상자에 좀 더 익숙해지기 위해서 간단한 연습을 해보자. 그림 15.4에서 최초의 배분이 A점이었다고 하자. A점에서 민준은 시리얼 3개, 팬케이크 6개를 가지고 있고, 송이는 시리얼 7개, 팬케이크 2개를 가지고 있다. 만일 송이에게서 시리얼을 1개 빼앗아 민준에게 준다면 배분점은 B점으로 이동하게 된다. 즉 민준은 시리얼 4개와 팬케이크 6개를, 그리고 송이는 시리얼 6개와 팬케이크 2개를 갖게 된다. 계속해서 민준에게서 팬케이크를 1개 빼앗아 송이에게 준다면 우리는 C점으로 이동하게 된다(민준은 시리얼 4개와 팬케이크 5개를, 그리고 송이는 시리얼 6개와 팬케이크 3개를 갖는다). 한 소비자의 위치를 이동하게 만드는 배분의 변화는 다른 소비자의 위치를 크기는 같으나 방향은 반대로 움직이게 만든다. 결과적으로 에지워스 상자는 두 소비자 간 두 상품 배분 변화의 효과를 동시에 알 수 있게 해준다. 각 사람의 위치가 다른 사람의 반대에 있는 보드게임과 거의 같다고 생각하라.

에지워스 상자에서 교역의 이익

배분이 효율적인지 분석하려면 소비자들의 선호에 대해 알아야 한다. 우리는 제4장에서 무차별곡선이 소비자의 선호를 나타낸다는 것을 배웠다. 거래를 통한 이익을 확인하기 위해 우리는 송이와 민준의 무차별곡선을 에지워스 상자에 추가하고자 한다(그림 15.5).

시리얼과 팬케이크에 대한 민준의 선호는 무차별곡선 U_{M1}, U_{M2}, U_{M3} 등으로 표시되어 있다. 각 무차별곡선은 민준에게 같은 수준의 만족을 주는 시리얼과 팬케이크의 조합이다. 민준의 원점에서 먼 무차별곡선일수록 더 높은 효용을 나타낸다. 송이의 선호는 무차별곡선 U_{S1}, U_{S2}, U_{S3} 등으로 표시된다. 송이의 무차별곡선은 좀 이상하게 보일 수 있지만, 송이의 원점은 오른쪽 위의 구석이었음을 기억한다면 역시 일반적인 원점에 대해 볼록한 무차별곡선임을 알 수 있을 것이다. 송이의 원점에서 먼 무차별곡선일수록 더 높은 효용을 의미한다.

송이와 민준의 선호를 추가하면 그것을 이용하여 효율적 배분이 무엇인지를 알아낼 수 있다. 임의의 A점을 선택한 후에 상품을 재배분함으로써 송이와 민준 모두를 A점에서보다 더 행복하

그림 15.5 두 종류의 무차별곡선이 표시된 에지워스 상자

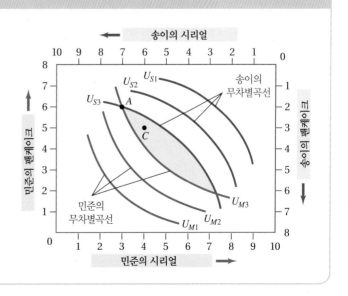

송이와 민준의 무차별곡선들을 추가함으로써 우리는 효율적인 시리얼과 팬케이크의 배분점을 결정할 수 있다. A점은 비효율적인 배분점이다. 왜냐하면 C점을 포함한 음영 표시된 부분의 어떤 점도 송이와 민준 모두에게 더 큰 효용을 주기 때문이다.

게 만들 수 있는지 따져본다. (파레토 효율의 정의를 기억하라. 적어도 한 사람을 이전보다 더 나쁘게 만들지 않고서는 누가 무엇을 가질 것인지를 재배분할 수 없다.) A점에서 이러한 재배분은 가능한데, 왜 그런지 살펴보기로 하자.

송이와 민준은 각각 A점을 지나는 무차별곡선 U_{M3}와 U_{S3}를 가지고 있다. 제4장에서 배운 것처럼, U_{M3}의 오른쪽 위 방향의 점들은 민준에게 A점에서보다 더 높은 효용을 준다. 마찬가지로, U_{S3}보다 왼쪽 아래에 있는 소비점들은 송이의 효용을 더 높인다. 이러한 사실로부터 우리는 두 사람을 모두 더 행복하게 만들거나 혹은 다른 사람을 더 나쁘게 하지 않으면서 적어도 한 사람을 더 좋게 만드는 배분점들을 찾을 수 있다. 그림 15.5에서 음영 표시된 부분이 바로 그런 점들이다. 이 영역 안에 있는 어떤 배분도 송이와 민준 모두에게 더 높은 만족을 주는 무차별곡선 상에 있다(그림을 복잡하게 만들지 않기 위해 그런 무차별곡선을 그리지는 않았다). A점에서 음영 표시된 영역으로의 어떤 배분의 이동도 송이와 민준을 모두 더 좋아지게 만든다. 예를 들어 송이의 시리얼 1개를 민준에게 주고 민준이 가진 팬케이크 1개를 송이에게 준다면 우리는 음영 표시된 영역의 C점으로 이동하고 그 결과로 송이와 민준 모두 최초 A점에서보다 더 높은 효용을 얻게 된다.

파레토 효율적인 배분이란 만일 어떤 식으로든지 배분을 바꾸게 된다면 적어도 한 사람은 더 나빠지게 만드는 상태임을 기억하자. 두 사람을 모두 더 좋아지게 만드는 다른 배분 방법이 존재하므로(음영 표시된 영역), A점은 파레토 효율이 되지 못한다. (아무도 나빠지게 하지 않고 적어도 한 사람 이상을 더 좋게 만드는 재배분을 파레토 증진 재배분 혹은 단순히 파레토 개선이라고 부르기도 한다.)[6]

그림 15.5에서와 같은 음영 표시된 영역이 존재한다는 사실이 현 상태가 파레토 효율이 아님을 의미한다면, 그런 영역을 갖지 않는 배분 상태만이 파레토 효율이 됨을 알 수 있을 것이다. 그러한 배분 상태가 어떤 것인지 알아보기 위해 음영 표시된 영역 내에 있는 또 다른 점인 C점을 생각해보자.

비록 C는 A보다 두 사람 모두에게 더 큰 효용을 주지만 상호 이익이 되는 거래는 여전히 존재한다. 그림 15.6에서 이러한 사실을 알 수 있는데, 예를 들어 U_{M4}와 U_{S4}를 C점을 지나는 송이와 민준의 무차별곡선이라고 하자. U_{M4}와 U_{S4}가 감싸고 있는 영역은 C점보다 두 사람 모두를 더 나아지게 만드는 소비점들이다. 따라서 C도 역시 파레토 효율이 아니다. 그러나 C점이 만들어내는 이런 영역의 크기는 A와 관련된 영역보다는 작음에 주목하라. 즉 우리는 파레토 효율에 좀 더 접근한 것이다.

파레토 효율적인 배분을 찾기 위해서 우리는 송이와 민준의 무차별곡선 사이에 아무런 공간도 존재하지 않는 상황을 찾아야 하는데 그것은 그림 15.6의 D점과 같이 두 사람의 무차별곡선이 단 한 점에서 만날 때이다. D점을 지나는 두 사람의 무차별곡선 U_{M5}와 U_{S5}는 서로 접하고 있음에 주목하라. 또한 배분을 조금만 바꿔도 누군가는 더 나빠질 수밖에 없음에 주목하라. 따라서 D점은 파레토 효율적인 것이다.

우리는 교환의 효율성은 두 사람의 무차별곡선이 서로 접할 때 달성됨을 알았다. 이러한 접

---

6 그림 15.5에서는 2명의 소비자와 2개의 상품을 가정했지만, 이러한 개념은 어떤 숫자의 상품 및 소비자에도 적용된다. 단지 우리가 4차원 이상의 공간을 그리지 못할 뿐이다. 그러나 계속 노력 중이니 행운을 빌어주시길.

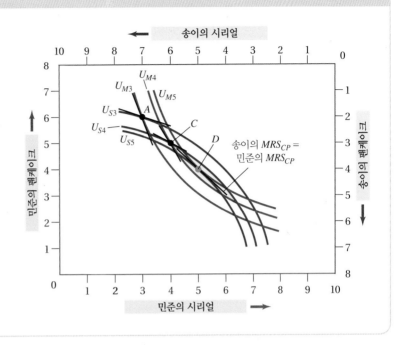

그림 15.6 파레토 효율로의 접근

시리얼과 팬케이크의 파레토 효율적인 배분은 송이와 민준의 무차별곡선이 서로 접하는, 즉 송이의 한계대체율 MRS_{CP}가 민준의 MRS_{CP}와 같아지는 점에서 발생한다. 이 경우에 파레토 효율적인 배분은 민준의 무차별곡선 U_{M5}가 송이의 무차별곡선 U_{S5}와 접하는 D점이다. 그곳에서 송이와 민준은 각각 5개의 시리얼과 4개의 팬케이크를 소비한다.

점에서만 상호 이익이 되는 더 이상의 교환은 존재하지 않는다. 접점의 특성은 교환의 효율성이 달성되기 위해서는 어떤 조건이 만족되어야 하는지에 대한 해석을 제공한다. 제4장에서 배운 것처럼 어떤 점에서의 무차별곡선의 기울기는 그 점에서의 재화들 간의 한계대체율(MRS)을 나타냄을 기억하라. D점과 같은 접점은 송이와 민준의 무차별곡선이 같은 기울기를 가짐을 의미한다. 따라서 D점에서 송이와 민준은 시리얼과 팬케이크 간에 동일한 한계대체율을 갖는다. 파레토 효율이 아닌 모든 점에서는 소비자들은 재화들에 대해 서로 다른 한계대체율을 갖는다. 그림 15.6의 A점이나 C점에서는 송이와 민준의 무차별곡선이 서로 다른 기울기를 갖는 것을 쉽게 확인할 수 있다.

왜 MRS가 같아야 하는지를 이해하기 위해서, 만일 같지 않다면 어떨지 생각해보자. 한 소비자는 다른 소비자보다 한 재화에 대해 더 큰 한계효용을 갖는다. 동일한 재화에 대한 한계효용이 소비자들 간에 같지 않다면 각 소비자는 한계효용이 낮은 재화를 다른 소비자에게 주고 그 대신 높은 한계효용을 가진 재화를 받을 수 있다. 자신에게 낮은 가치를 주는 상품을 포기하고 그 대신 자신에게 높은 한계효용을 주는 상품을 얻고자 할 것이다. 이는 다른 소비자에게도 동일하게 적용되므로 따라서 두 소비자 모두 더 좋아지게 된다. 두 소비자 간에 한계효용의 비율이 동일할 때, 즉 교환의 효율성이 달성되어 있을 때만 더 이상의 상호 이익이 되는 교환은 존재하지 않는다.

그림 15.6의 A점에서 민준은 팬케이크 3개를 주고 시리얼 1개를 얻기를 바란다. 다시 말하면 민준의 MRS_{CP}, 즉 무차별곡선 기울기의 절댓값은 3이다. 송이는 시리얼 3개를 주고 팬케이크 1개를 얻고, 혹은 1/3의 팬케이크를 1개의 시리얼과 교환하고자 한다. 즉 송이의 $MRS_{CP} = 1/3$이다. 따라서 민준은 상대적으로 시리얼로부터 더 큰 효용을 얻고 송이는 그 반대

이다. 송이는 팬케이크 1개를 얻기 위해 시리얼 3개를 포기할 의사가 있다. 명백히 두 사람은 C점으로 이동하기 위한 교환을 통해 이익을 얻는다. 두 사람 모두 C점을 A점보다 좋아한다는 것은 명백하다. 송이와 민준 간에 상호 이익이 되는 교환은 이처럼 D점에 도달할 때까지 계속된다. D점에서는 즉 두 사람의 MRS가 같고 따라서 아무도 교환을 원하지 않게 된다. 더 이상의 교환은 필연적으로 적어도 한 사람을 D점에서보다 더 나쁘게 만든다.

가격과 재화의 배분   지금까지는 마술사와 같은 경제학자들이 소비자들에게 재화를 원하는 대로 배분할 수 있는 것처럼 생각하고 재화의 배분에 대해 논의하였다. 그러나 현실에서 소비자들이 주어진 가격하에서 각 재화를 얼마나 소비할 것인지를 결정한다. 제4장에서 우리는 효용을 극대화하는 소비자들은 상품 간 MRS가 가격의 비율과 같아지도록 소비를 결정함을 배웠다. (이러한 최적 소비는 무차별곡선이 예산선과 접하는 점에 위치한다.)

송이와 민준의 경우, 두 사람 모두 $MRS_{CP} = \dfrac{P_C}{P_P}$가 되는 점에서 소비를 할 것임을 알 수 있다. 우리는 또한 두 사람의 MRS_{CP}는 파레토 효율인 상황에서는 같아짐을 보았다. 따라서 시장에서의 파레토 효율은

$$\text{송이의 } MRS_{CP} = \text{민준의 } MRS_{CP} = \frac{P_C}{P_P}$$

를 의미하게 된다. 다시 말해서 효율적인 시장에서 상품들의 상대적 가격은 그 상품들에 대한 소비자들의 MRS와 같아진다.

만일 최초의 배분이 효율적이 아니었다면 소비자들은 시장가격보다 한계효용이 낮은 상품들을 팔려고 할 것이고, 그렇게 얻는 수익으로 한계효용이 높은 상품들을 구매할 것이다. 이러한 교환이 가능한 것은 시장에는 그런 상품들에 대한 상대적 한계효용이 이들 소비자와는 반대가 되어 기꺼이 그런 거래에 응하려는 소비자들이 존재하기 때문이다. 이러한 방법으로 인해 모든 소비자의 MRS가 같아지게 하기 위해서 마술사와 같은 경제학자들이 필요하지 않게 된다. 가격은 소비자들로 하여금 이러한 일을 스스로 하게 유도하는 것이다.

소비계약곡선   교환의 효율성을 위한 핵심 조건인 소비자들의 MRS가 같아지는 것, 즉 소비자들의 무차별곡선이 서로 접하는 것은 에지워스 상자 안에서 단지 한 점에서만 만족되는 것이 아니다. 그림 15.7에서 볼 수 있듯이 송이와 민준의 무차별곡선이 서로 접하는 경우는 여러 곳에서 발생한다. 이러한 접점들을 모두 연결하면, 이러한 곡선상의 모든 점은 소비자들의 MRS가 같으므로 파레토 효율이 된다. 이러한 곡선은 **소비계약곡선**(consumption contract curve)이라고 불리는데, 두 재화를 소비하는 2명의 소비자 간에 모든 가능한 파레토 효율적인 배분을 나타낸다.

계약곡선은 앞에서 언급한 효율과 형평의 차이를 잘 강조해서 보여준다. 계약곡선상의 모든 점이 효율적이지만, 그들은 송이와 민준 각각의 효용수준에 대해서는 매우 다른 의미를 지닌다. 에지워스 상자의 왼쪽 아래에 있는 점들은 민준의 효용은 낮고 송이의 효용은 높음을 의미한다. 그 반면에 오른쪽 위의 점들은 상대적으로 민준에게는 좋고 송이에게는 나쁘다.[7]

소비계약곡선
소비자들 간에 재화가 파레토 효율적으로 배분될 수 있는 상황을 보여주는 곡선

---

7 사실은 에지워스 상자의 왼쪽 아래와 오른쪽 위 구석 점은—그들은 실질적인 원점들이다—계약곡선상에 포함될 수 있다. 각 원점에서, 민준이나 송이 중 한 명은 모든 것을 소비하고 나머지 한 명은 아무것도 소비하지 않는다. 만일 민준과 송이의 한계효용이 항상 양(+)이라면, 모든 것을 소비하고 있는 사람을 더 나빠지게 만들지 않으

그림 15.7 소비계약곡선

소비계약곡선은 송이와 민준의 시리얼과 팬케이크에 대한 무차별곡선들이 서로 접하는 모든 점을 연결한다. 계약곡선상의 각 점은 송이와 민준 사이에서의 시리얼과 팬케이크의 파레토 효율적인 배분점을 나타낸다.

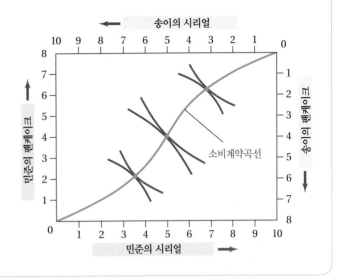

예제 15.3

2명의 소비자인 갑과 을이 소비할 수 있는 소다와 피자의 양을 나타내는 에지워스 상자를 생각해보자(그림 A).

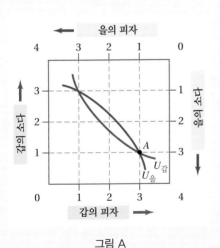

그림 A

a. 갑과 을은 최초에 *A*점에 있다고 가정하자. 각 소비자는 소다와 피자를 얼마나 소비하는가?

b. 갑과 을의 아들인 병이 갑에게서 피자 2조각을 가져다

가 을에게 주고, 을에게서는 소다 2개를 빼앗아 갑에게 준다고 가정하자. 새로운 배분점을 에지워스 상자에서 찾고 그 점을 *B*라고 표시하라. 이 점은 파레토 개선을 나타내는가?

c. (b)에서와 달리 병이 1조각의 피자와 1개의 소다를 재분배한다고 가정하자. 이 같은 재배분은 파레토 개선을 나타내는가? 무차별곡선을 이용해 답을 설명하라.

풀이

a. *A*점에서 을은 3개의 소다를, 갑은 1개의 소다를 가지고 있다. 그리고 을은 1조각의 피자를, 갑은 3조각의 피자를 가지고 있다.

b. 만일 병이 2조각의 피자를 갑에게서 빼앗아 을에게 준다면, 갑은 1조각, 을은 3조각을 갖게 된다. 만일 병이 2개의 소다를 을에게서 빼앗아 갑에게 준다면, 을은 1개의 소다를 갖게 되고 갑은 3개의 소다를 갖게 된다. 이러한 배분점은 그림 B에서 *B*점으로 표시된다. 파레토 개선은 아무도 더 나빠지지 않으면서 적어도 한 사람이

면서 두 소비자 간에 상품을 재분배할 수 있는 방법은 없다. 한 사람이 모든 것을 갖고 다른 사람은 아무것도 갖지 않는 배분은 파레토 효율적일 수 있다.

좋아질 때 발생한다. B점은 A점과 동일한 무차별곡선 상에 있기 때문에 갑도 을도 더 좋아진 것이 없다. 따라서 이것은 파레토 개선이 아니다.

c. 병이 갑에게서 피자 1조각을 빼앗아 을에게 주면, 두 사람 모두 2조각의 피자를 갖게 된다. 병이 을에게서 1개의 소다를 빼앗아 갑에게 주면, 두 사람 모두 2개의 소

다를 갖게 된다. 이러한 배분점은 그림 C에서 C점으로 표시된다. C점이 을과 갑 모두에게 더 높은 효용수준의 무차별곡선상에 있고 이것은 새로운 배분으로 인해 두 사람 모두 더 좋아졌음을 의미한다. 따라서 이것은 파레토 개선이다. 또한 그림에서 볼 수 있듯이, C점은 유일한 파레토 효율적인 배분점이다.

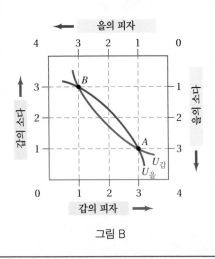

그림 B

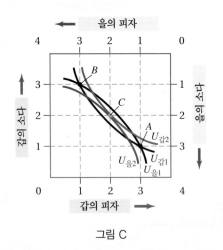

그림 C

15.4 시장의 효율성 : 투입 효율성

교환 효율성은 시장이 효율적이기 위해서 수요 측면에서 어떤 조건들이 만족되어야 하는지를 보여준다. 효율성은 생산 측면에서도 중요한데, 특히 여러 가지 재화와 서비스의 생산에 투입요소들이 배분되는 효율성도 중요하다. 투입요소는 여러 가지 상품의 생산에 이용될 수 있지만 동시에 이용될 수는 없다. 그렇다면 어떤 상품의 생산에 그 투입요소가 사용되어야 할 것인가? 말하자면, 얼마나 많은 철이 부엌칼이나 수술도구를 만드는 데보다 자동차를 만드는 데 사용되어야 하는지, 혹은 몇 명의 근로자가 각 산업에서 일해야 하는지에 대해 어떻게 답해야 하는가? 이러한 질문들은 일반균형에서의 두 번째 시장 효율성의 조건, 즉 **투입 효율성**의 핵심이다.

교환 효율성을 분석하기 위해 사용했던 많은 도구들은 투입 효율성을 분석하는 데도 여전히 유용하다. 교환 효율성에서 소비자들의 무차별곡선이 서로 접하는 지점에서 상품들이 소비됨을 보았다. 마찬가지로, 투입 효율성 역시 생산자들 간의 투입요소의 배분이 생산자들의 **등량곡선**이 서로 접하도록 이루어지기를 요구한다. 그 이유는 교환 효율성에서와 유사하다. 생산자들의 등량곡선들이 서로 접하는 위치에서 생산자들 간에 투입요소가 이동하게 되면 적어도 1개 이상의 상품 생산이 감소할 수밖에 없다.

두 가지 문제의 유사성으로 인해 우리는 에지워스 상자를 투입 효율성 분석에도 이용한다. 에지워스 상자는 송이와 민준의 문제를 분석할 때 사용했던 것과 같은데, 한 가지 차이점은 두 소비자를 두 생산자로 대체하면 된다.

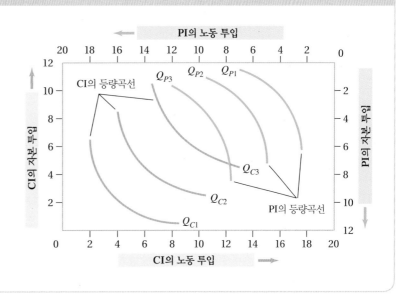

그림 15.8 생산 에지워스 상자

에지워스 상자는 두 기업 간의 효율적인 투입요소 배분을 결정하는 데도 사용될 수 있다. 이 경우 CI와 PI의 노동 투입은 수평축에, 그리고 그들의 자본 투입은 수직축에 표시된다. Q_{C1}, Q_{C2}, Q_{C3}는 CI의 등량곡선의 예들이고, Q_{P1}, Q_{P2}, Q_{P3}는 PI의 등량곡선의 예들이다.

그림 15.8은 총 20단위의 노동(수평축)과 12단위의 자본(수직축)이 시리얼을 만드는 기업 CI와 팬케이크를 만드는 기업 PI 간에 어떻게 배분되는지를 보여준다. CI의 원점, 즉 노동과 자본을 둘 다 전혀 사용하지 않는 점은 상자의 왼쪽 아래 구석이다. CI가 사용하는 투입요소의 증가는 오른쪽(노동)과 위쪽(자본)으로의 이동으로 나타난다. CI의 등량곡선 Q_{C1}, Q_{C2}, Q_{C3} 등은 동일한 생산량을 만들어내는 노동과 자본의 조합들을 보여준다. 한편 PI의 원점은 상자의 오른쪽 위의 구석이다. PI가 투입요소를 늘리는 것은 왼쪽(노동)과 아래쪽(자본)으로의 이동을 의미하게 된다. PI의 등량곡선들 Q_{P1}, Q_{P2}, Q_{P3}는 역시 동일한 생산량을 만들어내는 노동과 자본의 조합들을 나타낸다.

송이와 민준의 소비 선택에 대한 분석과 기업 CI와 PI의 투입요소 사용에 대한 분석은 서로 직접적인 관련성을 갖는다. CI의 등량곡선들은 '정상적'으로 보인다. PI의 등량곡선들도, 만일 우리가 그것들을 오른쪽 위의 원점에서 바라보아야 함을 기억한다면, 역시 정상적인 모습이다. 두 기업 간에 임의로 투입요소를 배분한 점, 예를 들어 그림 15.9의 F점에서 시작해보자. 이 점에서 CI는 14단위의 노동과 4단위의 자본을 사용하고 있으며, 이는 PI는 6단위의 노동과 8단위의 자본을 사용하고 있음을 의미한다. CI의 등량곡선 Q_{C1}과 PI의 등량곡선 Q_{P1}은 F점을 지나며 서로에 의해 둘러싸인 영역을 만들어낸다. 만일 두 기업이 이 영역에서 투입요소를 사용한다면 두 기업 모두 F점에서보다 더 많은 상품들을 만들어낼 수 있다. 총투입요소의 양은 같은데 기업들이 더 많이 생산하므로 F점은 파레토 효율적인 투입요소의 배분이 될 수 없다.

두 기업의 등량곡선 Q_{C2}와 Q_{P2}가 접하는 G점에서는 투입요소들을 기업들 간에 이동시킴으로써 다른 기업의 생산량을 줄이지 않고 적어도 한 개 이상의 기업이 더 많은 생산량을 얻는 것은 불가능하다. 따라서 G점은 파레토 효율적인 투입요소의 배분이 된다. 접하는 조건은 또한 기업들이 서로 투입요소를 교환함으로써 상호 이익을 얻을 수 없음을 의미한다.

투입과 교환 효율성 간에는 더 많은 유사성이 존재한다. 교환 효율성은 소비자들의 한계대

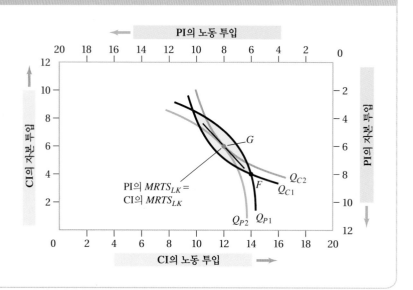

그림 15.9 두 종류의 등량곡선이 표시된 에지워스 상자

자본과 노동의 파레토 효율적인 배분은 CI 와 PI의 등량곡선이 서로 접하는 점에서 발생한다. 그 점에서 CI의 한계기술대체율 ($MRTS_{LK}$)은 PI의 $MRTS_{LK}$와 같다. F점은 두 기업 간 가능한 노동과 자본의 배분을 나타낸다. 그 점은 등량곡선 Q_{CI}과 Q_{PI}이 만나는 곳에 있고 접하는 곳에 있지 않기 때문에, F는 비효율적인 배분점이다. Q_{C2}와 Q_{P2}가 접하는 점인 G는 파레토 효율적인 투입요소 배분점이다.

체율, 즉 무차별곡선의 기울기들이 같음을 의미한다. 투입 효율성은 생산자들의 등량곡선의 기울기가 같음을 의미한다. 제6장에서의 내용을 기억하겠지만, 이 기울기는 한계기술대체율 ($MRTS$)이라고 불리는 투입요소들의 한계생산물 비율이다. 예를 들어 노동과 자본 간의 $MRTS$ 는 $MRTS_{LK} = \dfrac{MP_L}{MP_K}$이다. 우리의 예에서 투입 효율성을 위한 조건은 다음과 같다.

$$\text{CI의 } MRTS_{LK} = \text{PI의 } MRTS_{LK} = \frac{MP_L^{\text{CI}}}{MP_K^{\text{CI}}} = \frac{MP_L^{\text{PI}}}{MP_K^{\text{PI}}}$$

이 공통의 $MRTS_{LK}$ 기울기는 그림 15.9에서 확인할 수 있다.

우리는 또한 제6장에서 비용최소화를 하는 기업은 $MRTS$가 투입요소의 상대가격(노동과 자본의 경우 임금과 자본 임대료의 상대가격)과 같도록 행동함을 배웠다. 이상의 조건들을 모두 함께 표시하면 투입 효율성은 다음 조건을 의미하게 된다.

$$\text{CI의 } MRTS_{LK} = \text{PI의 } MRTS_{LK} = \frac{MP_L^{\text{CI}}}{MP_K^{\text{CI}}} = \frac{MP_L^{\text{PI}}}{MP_K^{\text{PI}}} = \frac{W}{R}$$

여기서 W는 임금, R은 자본의 임대료를 의미한다.

교환과 투입 효율성 간의 마지막 유사성은 효율적 배분들의 집합에 있다. 교환 효율성의 경우 효율적인 상품의 배분, 즉 계약곡선은 소비자들의 무차별곡선의 모든 접점을 연결한 것이다. **생산계약곡선**(production contract curve)은 모든 생산자의 등량곡선의 접점을 연결한 것으로서 생산자 간에 모든 효율적인 투입요소의 배분을 포함한다(그림 15.10).

소비계약곡선상의 서로 다른 점들이 소비자들에게 전혀 다른 총효용의 수준을 의미하듯이, 생산계약곡선상의 서로 다른 점들은 두 상품의 서로 다른 생산량을 의미한다. 왼쪽 아래 영역에서는 기업 CI가 적은 투입요소를 사용해서 상대적으로 적은 양의 시리얼을 만들어내고 반대

생산계약곡선
생산자들 간에 투입물이 파레토 효율적으로 배분되는 상황을 보여주는 곡선

그림 15.10 생산계약곡선

생산계약곡선은 노동과 자본에 대하여 CI와 PI의 등량곡선이 접하는 모든 점을 연결한다. 생산계약곡선의 각 점은 파레토 효율적인 투입요소의 배분을 나타낸다. H점과 I점에서는 상대적으로 적은 시리얼이 생산되고, 상대적으로 더 많은 팬케이크가 생산된다. J점에서는 팬케이크는 생산되지 않고 CI는 주어진 투입요소를 가지고 최대의 시리얼을 생산한다.

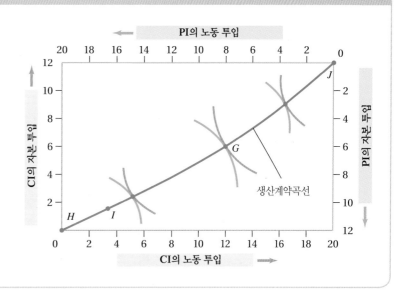

로 팬케이크는 많이 생산한다. 반면에 오른쪽 위 영역에서는 시리얼의 생산량은 많고 팬케이크의 생산량은 적다.

생산가능곡선

생산계약곡선은 유용한 아이디어를 제공한다. 두 기업 간 다양한 투입요소의 배분이 두 상품간 선택(tradeoff)의 관점에서 무엇을 의미하는지 생각해보자. 그림 15.10에서 생산계약곡선을따라 왼쪽 아래 구석부터 오른쪽 위 구석까지 움직이는 것을 상상해보라. 단, 각 점들을 투입요소들의 관점에서가 아니라 시리얼과 팬케이크의 생산량 관점에서 생각해보자.

맨 왼쪽 아래 구석에서는 시리얼을 만드는 데 사용된 투입요소는 전혀 없고 따라서 시리얼의 생산은 0이다. 그러나 팬케이크의 생산은 그 점에서 극대화되고 있다. 이러한 조합은 그림 15.11의 H점으로 표시된다. (비교를 위해 이에 해당되는 투입요소의 조합을 그림 15.10에 같은

그림 15.11 생산가능곡선

생산가능곡선(PPF)은 투입요소가 효율적으로 배분되었을 때 생산가능한 모든 시리얼과 팬케이크의 조합을 나타낸다. H, I, G, J점은 모두 효율적인 생산을 가져다준다. PPF 내부에 있는 F점은 생산자들 간에 투입요소가 비효율적으로 배분된 결과이다.

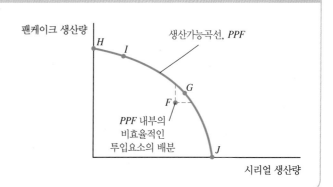

알파벳 부호로 표기하였다.) 팬케이크의 생산량은 양(+)이며 시리얼의 생산량은 0이다.

이제 생산계약곡선을 따라 오른쪽 위 방향에 있는 그림 15.10의 *I*점으로 이동해보자. 이러한 이동은 투입요소를 팬케이크 생산으로부터 시리얼 생산으로 전환시킨다. 그로 인한 생산량에 대한 효과는 그림 15.11에서 *H*에서 *I*로의 이동으로 나타난다. 시리얼 생산은 늘어났고 팬케이크의 생산은 줄었다. 생산계약곡선을 따라 같은 방향으로 계속 이동함에 따라 시리얼의 생산은 더욱 늘어나고 팬케이크의 생산은 더욱 감소하게 된다. 에지워스 상자의 맨 오른쪽 위의 구석점에 도달하게 되면 시리얼의 생산은 극대화되는 반면에 팬케이크의 생산은 0이 된다(*J*점).

우리는 투입요소가 생산자들 간에 효율적으로 배분될 때 얻을 수 있는 시리얼과 팬케이크의 모든 가능한 조합을 추적해보았다. 특정 상품의 생산량은 얼마의 투입요소가 그 생산에 사용되었는지에 달려 있다. 그런데 생산량이 얼마든 간에 투입요소의 배분이 생산계약곡선상에 있다면 효율성은 어느 한 상품의 생산을 줄이지 않고서는 다른 상품의 생산을 늘릴 수 없음을 의미한다. 모든 가능한 생산조합을 연결한 곡선인 그림 15.11에서의 곡선 *HJ*를 **생산가능곡선** (production possibilities frontier, PPF)이라고 부른다. 다시 말하지만 효율성이 형평성을 보장하는 것은 아니다. 생산가능곡선상의 위치에 따라 두 상품의 양은 매우 달라질 수 있는 것이다.

투입요소의 배분이 비효율적이라면 생산은 PPF 안쪽에서 이루어진다. 예를 들어 그림 15.9에서 *F*점은 비효율적인 투입요소의 배분을 의미했는데 이는 생산량의 관점에서는 그림 15.11의 *F*점에 해당된다. 그런데 *F*점에서는 동일한 양의 투입요소를 갖고도 두 재화 모두 더 많이 생산할 수 있는데, 그림 15.11에서 쐐기 모양의 영역이 그것이다. 이 쐐기 모양의 영역은 그림 15.9에서 Q_{C1}과 Q_{P1} 사이의 음영 표시된 부분 내에 있는 투입요소의 조합으로 만들어낼 수 있는 생산량을 의미한다. PPF상에 있는 점들은 생산계약곡선을 따라 투입요소가 효율적으로 배분되었을 때의 생산량을 의미한다. 예를 들어 그림 15.11의 *G*점은 그림 15.9에서 효율적인 투입요소의 배분인 *G*점에 상응하는 생산량이 된다.

생산가능곡선
두 재화의 효율적인 생산량의 모든 가능한 조합을 연결한 곡선

 예제 15.4

어떤 작은 경제 내에 사용가능한 투입요소로서 10단위의 자본과 20단위의 노동이 있다고 가정하자. 이 투입요소들은 빵과 옷을 만드는 데 사용된다.

  a. 만일 $MRTS_{LK}$가 옷 산업에서는 4, 빵 산업에서는 3이라면, 생산은 효율적으로 이루어지고 있는가?
  b. 만일 생산이 효율적으로 이루어지지 않고 있다면, 파레토 개선을 가져다줄 노동과 자본 간의 재배분을 설명하라.

풀이

  a. 생산 효율성은 노동과 자본 간 *MRTS*가 두 산업에서 동일해져야 함을 요구한다. 그런데 옷 산업에서 $MRTS_{LK}$

가 빵 산업에서의 $MRTS_{LK}$보다 크기 때문에 현재 생산은 효율적으로 이루어지지 못하고 있다.
  b. $MRTS_{LK}$가 같아지기 위해서는 옷 산업에서의 $MRTS_{LK}$는 작아져야 하고 빵 산업에서의 $MRTS_{LK}$는 더 커져야 한다. 이는 곧 옷 산업이 노동을 더 많이 사용하고 자본의 사용은 줄여야 하며 빵 산업에서는 그 반대가 되어야 함을 의미한다. 옷 산업이 더 많은 노동과 더 적은 자본을 사용할수록 MP_L은 작아지고 MP_K는 커지므로 $MRTS_{LK}$는 작아지게 된다. 마찬가지로 옷 산업이 노동을 더 적게, 그리고 자본을 더 많이 사용하게 되면 MP_L은 커지고 MP_K는 작아져서 결국 $MRTS_{LK}$는 커진다. 이 같은 파레토 개선은 생산의 효율성을 가져다줄 것이다.

15.5 시장의 효율성 : 산출 효율성

우리는 이제까지 교환 및 투입의 효율성이 달성되기 위한 조건들을 살펴보았고 이 두 종류의 효율성 간에는 많은 유사점, 예를 들어 공통의 접점, 소비와 생산의 계약곡선 등이 존재함도 알게 되었다. 그러나 우리는 아직 이러한 두 종류의 효율성 간에 어떤 직접적인 관련성이 있는지는 밝혀내지 못했다.

그런데 조금 더 생각해보면 분명히 어떤 관련성이 존재함이 분명하다. 생산자들은 투입요소를 이용하여 소비자가 구매하는 상품을 만들어낸다. 상품들을 생산하는 요소 투입의 효율성과 이러한 상품들을 소비자들에게 배분하는 효율성 간에는 반드시 어떤 연관성이 있을 것이다. 그 연관성은 바로 각 상품을 얼마나 생산해야 하는지에 대한 **산출의 효율성**이다. 산출 효율성을 이해하려면 여러 상품 간의 본질적인 대체관계에 대해 이해해야 한다. 그럼 이러한 대체관계에 대해 먼저 설명한 후에 이제까지 배운 세 가지 종류의 효율성이 어떻게 서로 연결되는지에 대해 설명하기로 하자.

한계전환율

생산계약곡선과 관련이 있는 생산가능곡선은 어떤 상품을 더 생산하기 위해서 다른 상품의 생산을 얼마나 포기해야 하는지를 보여준다. 그리고 이러한 대체관계를 **한계전환율**(marginal rate of transformation, *MRT*)이라고 한다.

한계전환율
시장의 모든 재화들의 생산 간에 존재하는 상충관계

예를 들어 시리얼로부터 팬케이크로의 *MRT*는 그림 15.11의 생산가능곡선의 기울기이다. *H*점에서 생산가능곡선의 기울기는 비교적 완만하며 따라서 *MRT*는 작다. 다시 말하자면, 시리얼을 1개 더 생산하기 위해서 포기해야 하는 팬케이크의 생산량은 적다는 것이다. 이러한 결과가 성립하는 것은 투입요소들의 한계생산을 체감한다고 가정했기 때문이다. 모든 투입요소가 팬케이크의 생산에 사용된다면 투입요소들의 한계생산은 팬케이크의 생산에서는 상대적으로 작고 시리얼의 생산에서는 상대적으로 크게 된다. 이런 상황에서 만일 투입요소를 팬케이크의 생산으로부터 시리얼의 생산으로 조금 이동한다면 팬케이크 생산에는 별 영향이 없지만 시리얼의 생산에는 상당한 영향을 미치게 될 것이다.

*J*점에서는 정반대의 상황이 벌어진다. 팬케이크의 한계생산은 크지만 시리얼의 한계생산은 작다. 따라서 팬케이크로부터 시리얼로의 *MRT*는 따라서 매우 높게 나타난다. *MRT*는 생산가능곡선상의 중간 지점, 예를 들면 *G*에서, 중간 정도의 값을 갖는다.

이러한 논리는 한계전환율이 투입요소의 한계생산과 어떻게 연관되어 있는지를 보여준다. 이러한 연관성은 다음과 같은 논리적 실험을 통해 명확해질 수 있다. 시리얼을 더 많이 생산하기 원한다고 가정하자. 이를 위해 PI에서 팬케이크를 생산하고 있던 노동 1단위를 CI에서의 시리얼 생산으로 전환해보자. 그에 따라 팬케이크의 생산은 PI에서 노동의 한계생산 MP_L^{PI}만큼 줄어들지만, 시리얼의 생산은 CI에서 노동의 한계생산 MP_L^{CI}만큼 늘어난다. 이 두 값의 상대적 비율, 즉 시리얼을 더 생산하기 위해 포기해야 하는 팬케이크가 한계전환율 *MRT*의 정의가 된다. 따라서 다음과 같다.

$$MRT_{PC} = \frac{MP_L^{PI}}{MP_L^{CI}}$$

즉 팬케이크로부터 시리얼로의 한계전환율은 팬케이크 생산에서의 노동생산성과 시리얼 생산에서의 노동생산성의 상대적 비율인 것이다.

마찬가지로, 1단위의 자본을 PI로부터 CI로 전환할 때의 MRT 역시 두 상품 생산에서의 자본의 한계생산의 비율

$$MRT_{PC} = \frac{MP_K^{PI}}{MP_K^{CI}}$$

가 된다. 이러한 동일한 성질은 또 다른 방법으로도 확인할 수 있다. 우선 앞에서 배운 두 가지 사실을 기억하라. 생산계약곡선은 $MRTS$가 같은 모든 점을 연결한 것이고, 생산계약곡선상의 각 점들은 생산가능곡선상의 점들과 대응하고 있다. 따라서 기업의 $MRTS$는 생산가능곡선상의 모든 점에서 동일하다. 다음으로, $MRTS$는 투입요소의 한계생산물 비율이므로 생산가능곡선상의 모든 점에서 $\frac{MP_L^{PI}}{MP_K^{PI}} = \frac{MP_L^{CI}}{MP_K^{CI}}$가 성립한다. 이 식을 다시 정리하면 $\frac{MP_L^{PI}}{MP_L^{CI}} = \frac{MP_K^{PI}}{MP_K^{CI}}$가 된다. 즉 상품 간 투입요소의 한계생산성 비율은 모든 투입요소에 대해 동일하며, 이는 다시 PPF상에서 MRT가 투입요소들의 한계생산성과 연관되어 있다는 의미이다.

우리는 MRT의 개념을 정의했고 이것이 투입요소의 한계생산물과 연관되어 있음을 보였다. 그리고 이러한 한계생산물을 통해 MRT가 기업의 $MRTS$와도 연관되어 있음을 알았다. 이러한 사실들은 교환 효율성과 투입 효율성을 연결시키는 역할을 하고 있는 것이다.

먼저 소비와 생산이 각각 독립적으로 효율적 배분을 달성하고 있다고 가정하자. 구체적인 예로서 민준과 송이는 계약곡선상에서 시리얼과 팬케이크의 $MRTS$가 1.5인 점에서 교환 효율성을 달성하고 있다고 하자. 각 소비자는 1개의 시리얼을 더 얻기 위해 1.5개의 팬케이크를 포기할 의사가 있다. (혹은 각 소비자는 1개의 시리얼을 포기하기 위해 1.5개의 팬케이크를 보상받아야 한다.)

또한 PPF상에서 MRT가 1인 점에서 효율적인 투입요소의 배분을 달성하고 있다고 가정하자. 즉 팬케이크를 1개 더 생산하려면 시리얼 생산을 1개 포기해야 한다.

그런데 이러한 상황은 소비자가 원하는 교환 비율과 생산자가 제공할 수 있는 교환 비율 간의 불일치를 초래한다. 시리얼을 1개 더 소비하기 위해서 민준과 송이는 모두 1.5개의 팬케이크를 기꺼이 포기하려 한다. 그러나 시리얼을 1개 더 **생산**하기 위해서 팬케이크의 생산은 단지 1개만 줄어들면 된다. 따라서 현재는 소비와 생산 간의 대체관계가 끊어진 상태이다. 시리얼에 대한 민준과 송이의 선호는 시리얼 생산의 비용보다 더 강하기 때문에 우리는 더 많은 투입요소가 시리얼 생산에 쓰이기를 원한다. 이러한 예는 비록 교환과 투입 효율성이 동시에 달성되었음에도 불구하고 경제 전체의 완벽한 효율성을 위해서는 무언가 연결이 빠져있음을 보여준다. 실종된 연결은 바로 **산출 효율성**이다.

산출 효율성은 소비와 생산 간 대체관계가 동등할 때 달성된다. 소비 측면에서의 대체관계는 MRS이며, 생산 측면에서의 대체관계는 MRT다. 따라서 산출 효율성은 $MRS = MRT$일 때 달성된다. 우리가 살펴본 예에서 만일 민준과 송이가 그들의 공통의 MRS가 MRT와 같은 효율적 상태에 있다면 산출 효율성은 달성된다.

그림 15.12는 그림 15.11에서의 생산가능곡선에 소비자들의 무차별곡선을 추가한 것이다. 교환 효율성은 두 사람이 같은 MRS를 가졌음을 의미하므로 누구의 무차별곡선인지는 아무런

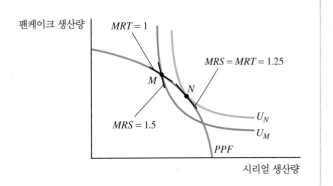

그림 15.12 산출 효율성 달성

산출 효율성은 소비자들의 무차별곡선과 생산가능곡선의 접점에서 발생한다. 그리고 그 점에서 한계대체율 *MRS*는 한계전환율 *MRT*와 같다. *M*점은 팬케이크와 시리얼의 생산 가능한 조합을 나타낸다. 그 점은 PPF와 무차별곡선 U_M의 교차점─접점이 아니라─에 위치하므로 비효율적인 생산 조합이다. PPF와 U_N이 접하는 *N*점은, *MRS* = *MRT* = 1.25 이므로 효율적인 산출 배분이 된다.

상관이 없다. 즉 두 사람의 무차별곡선은 모든 효율적인 배분점에서 동일한 기울기를 갖는다는 것이다.

민준과 송이의 *MRS*가 1.5이고 *MRT*가 1인 상태는 *M*점에 해당된다. 민준과 송이가 동일한 *MRS*를 가졌기 때문에 교환의 효율성은 달성되어 있다. 그리고 생산이 PPF상에 있기 때문에 투입 효율성 역시 달성되어 있다. 그러나 산출 효율성은 달성되지 못한 상태인데 그 이유는 *M*점을 지나는 무차별곡선이 PPF의 내부를 자르고 들어가고 있기 때문이다. 이러한 상태는 두 가지 중요한 사실을 내포한다. 첫째, U_M의 오른쪽 위에 있는 산출은 U_M보다 더 선호된다. 둘째, PPF의 곡선상 및 내부의 모든 점은 주어진 투입요소들로서 생산가능하다. 따라서 U_M과 PPF는 *M*점보다 더 선호되면서 동시에 생산가능한 모든 점의 경계가 된다. 이러한 상황은 효율적이 아니다. 왜냐하면 투입요소를 더 많이 사용하지 않고서도 민준과 송이를 모두 더 나아지게 만들 수 있기 때문이다.

그것은 산출량이 *N*에 도달할 때까지 생산을 팬케이크로부터 시리얼로 전환하면 된다. *N*점에서는 무차별곡선 U_N이 PPF와 접한다. 따라서 *MRS* = *MRT*가 성립하여 (그림에서는 이 값을 1.25라고 가정하고 있다) 산출 효율성이 만들어진다. 이 상태가 효율적인 산출물 조합인 이유는 민준과 송이 모두에게 더 높은 효용을 주는 다른 생산가능한 산출물 조합이 존재하지 않기 때문이다. 이처럼 산출 효율성 역시 접점 조건에 의해 특징지어진다.

MRT = *MRS* 조건을 이해하는 또 다른 방법은 한계편익이 한계비용과 같아야 한다는 경제적 효율성에 대한 전통적인 원칙을 통해서이다. 앞에서 배운 것처럼, 상품들 간 *MRS*는 그 상품들의 상대적 가격과 같다. 제8장에서 살펴본 것처럼, 완전경쟁하에서 이윤극대화 기업들은 한계비용이 상품의 가격과 같아지는 수준에서 생산량을 정한다. 시리얼과 팬케이크의 예에서 완전한 효율성을 얻으려면 한계대체율이 상대가격과 같아야 할 뿐만 아니라 한계비용의 상대적 비율과도 같아져야 한다. 즉 $MRS_{CP} = \dfrac{P_C}{P_P} = \dfrac{MC_C}{MC_P}$ 가 성립해야 한다. 그런데 한계비용은 투입요소의 가격을 한계생산으로 나눈 것이므로 (이것은 산출을 1단위 늘리기 위해서 필요한 추가적인 투입요소에 얼마를 더 지출해야 하는가의 문제이다), $MC_C = \dfrac{W}{MP_L^C}$ 와 $MC_P = \dfrac{W}{MP_L^P}$ 가 성립하며, 따라서 $\dfrac{MC_C}{MC_P} = \dfrac{MP_L^P}{MP_L^C}$ 가 된다. 앞에서 우리는 이 노동의 한계생산성 비율이 *MRT*와 같음

예제 15.5

에코랜드에서 생산자들은 TV와 시계를 만든다. 현재의 생산 수준에서 시계의 한계비용은 50달러이고 TV의 한계비용은 150달러이다.

a. TV를 1대 더 만들기 위해서는 몇 개의 시계를 포기해야 하는가?

b. 시계로부터 TV로의 한계전환율은 얼마인가?

c. 현재의 생산 수준에서, 소비자들은 TV를 1대 얻기 위해 기꺼이 2개의 시계를 포기할 의사가 있다. 에코랜드는 산출 효율성을 달성하고 있는가? 설명하라.

풀이

a. TV 생산의 한계비용이 시계 생산의 한계비용의 3배이 므로, 에코랜드는 TV를 1대 더 생산할 때마다 3개의 시 계를 포기해야 한다.

b. 한계전환율(MRT)은 다른 상품을 하나 더 얻기 위해서 어떤 상품을 얼마나 포기해야 하는지를 측정한다. 따라 서 시계로부터 TV로의 한계전환율은 3이다.

c. 소비자들은 시계 2개와 TV 1대를 교환하기 원하므 로 한계대체율(MRS)은 2이다. 그러나 산출 효율성은 MRS = MRT를 요구한다. 따라서 에코랜드는 산출 효율 성을 달성하지 못하고 있다.

을 보았다. (노동 대신에 자본의 한계생산성을 이용해도 그 비율은 같아야 하므로 역시 동일한 결과를 얻는다.) 산출 효율성이 MRT = MRS를 의미한다는 것은 곧 재화들에 대한 소비자들의 한계효용의 비율이 그러한 재화들을 만드는 한계비용의 비율과 같다는 말과 동일한 것이다.

15.6 시장, 효율성, 그리고 후생정리

한계전환율, 한계대체율, 그리고 투입요소와 산출물 가격들 간의 연관성은 시장이 효율적인 결 과를 만들어내는 능력에 대해 시사하는 바가 있다.

교환, 투입, 그리고 산출 효율성을 분석하는 동안 우리는 어떤 간단한 개입을 통해 투입요소 및 산출물의 조합을 변경하는 것이 쉬운 것처럼 가정했다. 그러나 우리가 다룬 예들은 본질적 으로 과도하게 단순화된 것들이다. 즉 2개의 투입요소, 2개의 산출물, 2개의 기업, 그리고 2명 의 소비자라는 가정이 그러하다. 또한 (우리가 직접 예를 만들었기 때문에) 기업의 생산함수와 소비자의 효용함수에 대해서도 모든 것을 알고 있었다.

그러나 실제 경제는 훨씬 더 복잡하다. 투입요소들을 생산에 배분하고 소비재들을 소비자들 에게 배분하는 일들을 중앙에서 조절하고 동시에 최적의 산출물 조합을 만들어내는 것은 천문 학적으로 어려운 일이다. 대규모로 중앙의 통제와 조정이 시도될 때마다 그것은 놀라울 정도의 실패를 가져다준다. 예를 들어 베네수엘라 정부는 우유, 설탕, 고기, 화장지, 그리고 비누와 같 은 특정한 기본 소비재들의 가격을 직접 통제하려고 노력했다. 그 결과는 (폭력과 영양실조를 언급하지 않더라도) 공급부족, 배급(rationing), 물건을 사기 위한 긴 줄, 그리고 밀수였다. 베네 수엘라 당국은 여러 원인들을 비난했지만(베네수엘라 국민들의 과식과 베네수엘라의 '기생충 같은 중산층'의 비축을 포함하여), 이는 계획경제에서의 자원배분 실패의 전형적인 증상일 뿐 이다.

이러한 복잡하고 냉혹한 현실은 파레토 효율은 단지 이론적인 환상일 뿐임을 의미하는가? 그렇지는 않을 것이다. 교환 효율성과 효용극대화 행동 간의 연관성을 분석할 때 제안했던 것처럼, 시장과 가격은 전지전능한 경제의 통제자가 없이도 효율성을 달성할 수 있다.

교환 효율성을 다룬 절에서 우리는 소비자들이 (상품의 가격이 주어졌을 때) 자신의 효용을 극대화하면 그들은 모두 같은 한계대체율을 갖는다는 것을 배웠다. 시장은 이러한 방법으로 교환 효율성 조건을 만족시킬 수 있다.

한편 생산 측면에서는, 투입요소의 가격이 주어져 있을 때, 이윤극대화를 추구하는 기업들은 한계기술대체율(MRTS)이 투입요소들의 상대가격과 같아지도록 투입요소의 배분을 결정한다. 그 결과로 모든 기업들의 MRTS는 같아지며 따라서 투입 효율성의 조건이 만족되는 것이다.

다음 두 장에서 논의할 특정한 종류의 시장실패들을 고려하지 않는다면, 시장가격은 3개의 효율성 조건 중에서 2개를 만족시킨다. 마지막 연결고리인 산출 효율성은 이러한 두 가지 조건을 함께 연결시킨다. 산출 효율성의 조건인 MRT = MRS는 상품들의 상대가격이 생산의 한계비용 비율과 같아짐을 의미한다. 만일 상품들이 완전경쟁시장에서 생산된다면 가격은 한계비용과 같아진다. 따라서 가격과 비용의 상대적 비율은 서로 같아져 투입과 교환의 효율성은 그대로 유지되고 추가로 산출 효율성이 달성된다. 분권화된 경쟁시장은 세 가지 종류의 효율성을 모두 달성할 수 있다.

이것은 우리가 처음 효율성에 대해 논의를 시작했을 때 내렸던 결과이다. 시장은 가격이 자신의 일을 하도록 내버려두기만 하면 개입과 강제적인 배분 없이도 효율적인 결과를 만들어낼 수 있다. 투입요소 가격은 생산에서 한계기술대체율의 일치를 가져다주고, 산출물 가격은 생산자들 간에 최적의 산출물 조합을 이끌어내며 동시에 소비자들로 하여금 그들의 한계대체율이 모두 같아지도록 유도한다. 일반균형에서의 완전경쟁시장이 자원을 파레토 효율적인 방법으로 배분한다는 결과를 **후생경제학의 제1정리**(First Welfare Theorem)라고 부른다. 이는 애덤 스미스의 '보이지 않는 손'의 개념을 구체화했다.

후생경제학의 제1정리는 많은 조건하에서 성립한다. 가장 중요한 조건은 기업과 소비자들이 모두 투입요소 및 상품의 가격을 주어진 것으로 받아들인다는 것이다. 다른 말로 하면, 시장지배력이 없다는 것이다. 시장지배력은 시장이 효율적인 결과를 얻는 것을 방해하는데, 그 이유는 상품의 상대가격이 주어진 것이 아니라 생산자들에 의해 결정되기 때문에 더 이상 한계비용의 상대적 비율과 같아질 필요가 없기 때문이다. 그 결과 시장지배력은 이 두 비율 간의 괴리와 산출의 비효율성을 야기하는 판매마진(markup)을 가능하게 한다. 만일 기업이나 혹은 개인이 상품을 구매하는 데도 시장지배력을 갖는다면 이 역시 비효율성을 만들어낼 것이다.

후생경제학의 제1정리는 우리가 간과해서는 안 될 다른 가정들에도 의존한다. 이러한 가정들에는 **비대칭정보, 외부효과,** 그리고 **공공재**가 존재하지 않는다는 가정도 있다. 우리는 이러한 것들이 무엇을 의미하고 왜 시장실패를 초래하는지 제16장과 제17장에서 살펴보게 될 것이다.

후생경제학의 제1정리
완전경쟁시장의 일반균형에서는 자원이 파레토 효율적으로 배분되고 있음을 제시하는 정리

응용 인도 제조업에서의 산출 효율성

우리는 산출 효율적인 상품조합이 어떻게 비용(한계전환율 혹은 MRT)과 수요(한계대체율 혹은 MRS)의 요인들을 반영하는지, 그리고 잘 작동하는 시장이 어떻게 그런 최적의 상품조합을 생산해내는지에 대해 배웠다. 현실에서는 그런 비용 및 수요의 요인들은 지속적으로 변한다. 변화가 일어나면 경쟁시장에서 가격 역시 변하게 되고 기업들로 하여금 새로운 최적의 상품조합

으로 전환하도록 유도한다.

경제학자들은 기업이 어떤 상품을 생산할 것인지를 결정할 때 시장의 신호에 대해 반응한다는 많은 증거를 제공한다. 그렇지만 한 연구에서 일군의 경제학자들은 인도에서는 이러한 상품 조합의 변화가 다른 경제권에서보다 더 천천히 그리고 덜 빈번하게 발생한다는 것을 발견하였다.[8] 그 결과 인도는 다른 국가들보다 산출 효율성의 관점에서 더 뒤처지고 있을지도 모른다.

그 연구는 4,000개 이상의 인도 제조업체들을 대상으로 그들이 만들어내는 약 2,000개의 상품에 대해 추적조사를 실시하였다. (이러한 연구가 어느 정도 세밀하게 이루어졌는지를 설명하자면, 철강 산업의 상품들은 용접파이프 막대, 표준적인 철사줄, 늘어나는 철주물 등을 포함한다.) 어떤 기업들은 단지 1개의 상품만을 만들지만 많은 기업들은 여러 개의 상품을 만들어낸다.

연구 결과는 재미있는 대비를 보여준다. 어떤 면에서 인도 기업들의 생산 결정은 선진국의 모습을 닮았다. 예를 들어 평균적으로 대기업들은 작은 기업들보다 훨씬 더 다양한 많은 제품들을 만들어낸다. 그리고 기업들의 성장은 종종 새로운 제품을 추가하면서 이루어진다. 그러나 연구 결과는 또한 전반적인 상품의 순환, 즉 기업들이 새로운 제품들을 만들어내고 오래된 제품들의 생산을 중단하는 빈도가 인도에서는 현저하게 낮다는 것을 보여주었다. 인도의 '제품순환율'은 미국 순환율의 2/3에도 미치지 못하는 수준이다. 특히 흥미로운 결과는 이러한 낮은 제품순환율의 원인이 인도의 기업들이 새로운 제품을 잘 만들지 않기 때문이 아니라는 것이다. 오히려 오래된 제품들을 포기하지 않기 때문이었다.

이러한 결과가 인도의 산출 효율성에 대해 무엇을 말해주는가? 비용과 선호가 변함에 따라 어떤 제품들의 효율적인 생산량은 늘어나고 다른 제품들의 생산량은 줄어들게 된다. 만일 시장이 잘 작동한다면 가격은 이러한 비용과 선호의 변화를 반영하도록 변할 것이며 기업들은 이러한 가격 변화에 대응하여 생산의 변화를 추구할 것이다. 더 많은 기업들이 시장이 확대되는 제품을 만들게 될 것이다. 그리고 시장이 축소되는 제품을 만드는 기업들은 조업을 중단하거나 혹은 생산을 줄일 것이다. 이러한 변화는 사라져가는 시장으로부터 성장하는 시장으로 투입요소들이 이전되게 한다. (혹은 제품 자체가 사라지는 것은 아니지만 비용의 변화는 그 물건을 만드는 것이 이전보다 훨씬 더 힘들어지게 만들 수도 있다. 이런 경우, 그런 기업들은 제품의 생산라인을 중단하고 그 대신 보다 효율적인 기업들이 생산을 대체하게 될 것이다.)

인도에서는 기업들이 소비가 줄어드는 (그에 따라 수익성이 줄어드는) 제품들의 생산을 잘 중단하지 않는다. 너무 많은 자원이 낮은 한계효용을 가져다주는 제품들의 생산에 사용되어 $MRT = MRS$라는 조건과 산출 효율성을 무너뜨린다.

연구자들은 기업들이 언제 그리고 어떻게 고용의 수준과 장소를 변동할 것인지에 대해 너무 엄격한 규제가 있기 때문에 기업들이 기존의 생산라인을 중단하는 것에 너무 큰 비용이 발생하는 것이 원인일 것이라고 추측한다. (인도의 광범위한 규제제도는 종종 '면허지배'라고 불린다.) 그 결과 산출물 조합은 효율적 조합과는 거리가 멀어지게 되고 기업들은 사람들이 그다지 가치 있게 생각하지 않는 제품들을 너무 많이 생산하게 된 것이다. 이것이 시장이 인도의 생산을 효율적이지 못하게 만드는 이유다. ■

---

8 Pinelopi K. Goldberg, Amit K. Khandelwal, Nina Pavcnik, and Petia Topalova, "Multiproduct Firms and Product Turnover in the Developing World: Evidence from India," *Review of Economics and Statistics* 92, no. 4 (November 2010): 1042–1049.

일반균형의 효율성에 대한 분석을 끝내는 시점에서, 효율성은 평등을 의미하지 않는다는 것과 또한 그 누구의 공평성 개념과도 일치할 필요는 없음을 기억하기 바란다. 효율적 시장은 평등에 맞지 않는 결과를 가져다줄 수 있고 또 실제로 가져다준다. 이러한 사실이 형평을 증진하려는 노력은 필연적으로 효율성을 저해함을 의미하는 것은 아니지만 그러나 실제로는 종종 그렇기도 하다.

이론적으로는 효율성을 유지하면서도 시장의 결과를 형평에 맞게 고치는 것이 가능하다. 이러한 결론은 **후생경제학의 제2정리**(Second Welfare Theorem)의 예측이다. 이러한 공리는 (후생경제학의 제1정리와 동일한 가정하에서) 최초의 자원 배분을 적절히 정하면 어떤 파레토 효율적인 균형도 얻을 수 있음을 말하고 있다. 이것이 의미하는 바는, 만일 우리가 효율적인 동시에 (어떤 판단기준을 사용하든지) 형평에 맞는 결과를 원한다면, 재화와 투입요소들을 소비자와 생산자들에게 최초에 잘 배분함으로써 그런 결과가 가능하다는 것이다. 예를 들어 소비계약곡선상에서 평등에 맞지 않는 바람직하지 못한 시장 결과로부터 가장 형평에 맞다고 생각하는 점으로 소비자들에게 재화를 재배분하는 것을 생각해보자. 그렇게 함으로써 우리는 효율성을 유지하면서도 좀 더 평등하다고 생각되는 결과로 이동하는 것이다.[9] 투입요소시장에서도 생산가능곡선을 따라 전반적인 효율성을 유지하면서도 우리가 선호하는 특정한 결과를 얻기 위해서 동일한 재배분을 적용할 수 있다.

이러한 목적을 달성하는 것은 쉬운 일은 아니다. 첫째, 정확한 배분이 무엇인지 알기 위해 필요한 선호와 생산기술에 대해 충분한 정보를 얻는 실제적인 어려움이 존재한다. 둘째, 필요한 재배분은 이전의 크기가 개인의 선택에 의해 영향을 받지 않는 소위 **정액이전**(lump-sum transfer)이어야 한다. 그런데 이러한 이전은 앞에서 언급한 마술사와 같은 경제학자들이 할 수 있는 일이다. 사람들의 행동에 전혀 아무런 영향도 주지 않는 세금과 보조금을 만들어내는 것은 어렵기 때문에 현실에서 이러한 정액이전은 '거의' 사용되지 않는다('거의'란 단어를 삭제해도 좋을지 모르겠다).[10]

현실에서 정부는 (얼마나 일하는지에 좌우되는) 소득세, (얼마나 구매하는지에 좌우되는) 판매세, (재산이 얼마인지에 따라 달라지는) 재산세 등과 같은 세금과 (과거와 현재에 일한 양에 달려 있는) 사회보장연금, (얼마나 많은 의료 서비스를 받는지에 달려 있는) 의료보장제도 등과 같은 보조금처럼 개인의 행동에 영향을 주는 이전(세금과 보조금)을 통해 형평을 달성하려고 노력해야 한다. 문제는 이런 종류의 이전이 세금이 부과되고 보조금을 받는 행위 및 상품들의 상대가격을 변화시킨다는 것이다. 이는 재화와 서비스의 생산비용과 세금 부과 및 보조금 지급 이후에 소비자들이 직면하는 가격 간 괴리를 만들어 (시장지배력이 그런 것처럼) 효율성의 손상을 가져다준다.

이런 사실이 조금 더 형평에 맞는 결과를 추구하는 것이 잘못되었음을 의미하는 것은 아니

후생경제학의 제2정리
최초의 자원 배분을 적절히 정하면 어떤 파레토 효율적인 균형도 얻을 수 있음을 제시하는 정리

정액이전
받거나 주는 금액이 당사자의 선택과 관계없이 고정되어 있는 이전

---

9 이렇게 정확한 배치가 필요한 것은 아니다. 요구되는 바는 형평에 맞으면 서로 효율적인 점에서 소비자들의 무차별곡선과 접하는 선의 어딘가에 재화를 배분하도록 개입하는 것이다. 시장가격하에서의 소비자들 간 교역이 이러한 선상의 어떤 최초 배분이라도 효율적인 점으로 이동시킬 것이다.

10 정액세는 정치가들에게도 위험하다. 사람들은 조세부담을 경감하기 위해 할 수 있는 것이 전혀 없다고 (올바르게) 느끼기 때문에 정액세를 매우 싫어한다. 사실 인두세는 ㅡ 그 사람의 행동이나 상황과 상관없이 각 사람에게 부과되는 세금 ㅡ 미국 헌법에 의해 금지되어 있다. 마거릿 대처가 영국 수상직에서 물러나게 된 것도 상당 부분 정액세 구조와 근접한 조세제도를 도입하려는 보수당의 정책에 대한 대중의 부정적인 반응에서 비롯된 것이다.

다. 단지 형평을 추구하다 보면 약간의 비효율성이 발생할 수 있음을 말해주는 것이다.

15.7 결론

이 장에서 우리는 모든 시장이 서로 연관되어 있음을 보았다. 어떤 한 시장에서 일어난 일은 셀 수 없이 많은 다른 시장들에 영향을 미친다. 초콜릿 아이스크림을 사기 위해 슈퍼마켓에 가보자. 그 단순한 아이스크림이 당신의 손에 들어오기까지 대관령의 낙농업자는 소의 젖을 짰고, 브라질 사탕수수가 가공되어 팔려나갔으며, 카카오나무가 수확되었다. 이것은 아이스크림을 만드는 데 기여한 수많은 시장 중에서 단지 3개의 예에 불과하다. 예를 들어 아이스크림을 포장하는 시장과 같은 더 많은 시장들이 또한 관련되어 있다. 이런 많은 시장들이 단지 한 가지 상품을 만드는 데 모두 관련되어 있고 서로 영향을 주고 있다는 것은 일반균형이 실제 작동하는 한 예가 된다.

일반균형은 부분균형이 설명할 수 없는 많은 개념을 고려하는 것을 가능케 한다. 경제 상황의 바람직함에 대한 이슈들은 교환, 투입, 그리고 산출 효율성의 조건을 이용해 분석할 수 있다. 우리는 일정한 조건들이 만족되면 자유시장이 어떤 (정부의) 개입 없이도 효율성을 달성할 수 있음을 보았다. 그러나 현실에서는 이런 조건들이 종종 만족되지 못한다. 우리는 이미 제 9~11장에서 이러한 조건들이 만족되지 못하는 한 가지 경우, 즉 시장지배력에 대해 심도 있게 논의하였다. 제16장과 제17장에서는 시장실패가 비효율적인 결과를 초래하는 좀 더 다양한 현상에 대해 다룰 것이다.

요약

1. 이 장에서 우리는 시장을 별도로 생각하는 일반적인 접근 방법을 넘어서 그 대신 시장들이 어떻게 상호 연결되어 있는지를 생각해보았다. 시장들의 상호관련성에 대한 이러한 인식과 그 효과들을 명시적으로 고려하는 것을 **일반균형 분석**이라고 한다. 그것은 모든 시장이 동시에 균형을 이루려면 어떤 조건이 필요하며 그럴 경우 무슨 일이 일어나는지에 초점을 맞춘다. [15.1절]

2. 일반균형 분석은 시장의 결과들이 바람직한지에 관한 근본적인 질문들을 고려할 수 있게 해준다. 사회후생함수(사회의 모든 구성원의 효용수준을 요약한 함수)는 이러한 판단을 하기 위해서 경제학자들이 사용하는 한 가지 수단이지만 몇 가지 문제점을 내포하고 있다. 따라서 그 대신 경제학자들은 판단기준으로서 **파레토 효율**에 초점을 두곤 한다. 적어도 한 사람을 나빠지게 하지 않고서는 자원을 재배분할 수 없으면 시장은 파레토 효율적이다. 경제 전반의 효율성을 만들어내기 위해 개별 시장들은 세 종류의 효율성을 달성해야 한다. 그것은 **교환 효율성**, **투입 효율성**, 그리고 **산출 효율성**이다. [15.2절]

3. **에지워스 상자**는 2명의 소비자와 2개의 재화로 구성된 간단한 모형경제를 보여주며 교환 효율성 분석을 가능하게 해준다. 파레토 효율적인 배분은 두 소비자의 무차별곡선이 서로 접하는 곳에서 발생한다. **소비계약곡선**은 두 재화에 대한 두 사람의 소비의 모든 파레토 효율적인 배분을 나타낸다. [15.3절]

4. 투입 효율성은 경제의 생산 측면을 고려하며 두 기업의 등량곡선이 서로 접하거나 혹은 두 기업의 한계기술대체율이 같아질 때 달성된다. **생산계약곡선**은 이러한 두 생산자 간의 효율적인 배분을 표시한 것이다. **생산가능곡선(PPF)**은 효율적인 생산하에서 생산 가능한 두 재화의 조합들을 나타낸다. [15.4절]

5. 산출 효율성은 교환 효율성과 투입 효율성을 연결하며 소비 측면과 생산 측면에서의 교환조건이 같아질 때 발생한다. 어떤 두 재화 생산 간의 교환은 **한계전환율**(*MRT*)이며 생산가능곡선의 기울기와 같다. 한계전환율이 한계대체율과 같을 때, 시장은 산출 효율성을 달성한다. [15.5절]

6. 일정한 조건하에서 시장은 어떤 정부의 개입 없이 효율성을 얻을 수 있다. **후생경제학의 제1정리**는 어떻게 시장이 파레토 효율적인 재화의 배분을 만들어낼 수 있는지를 보여준다. **후생경제학의 제2정리**는 모든 파레토 효율적인 배분은 어떤 초기 배분에 대해서 일반균형의 결과임을 설명한다. 시장 효율성을 만들어내는 조건들이 현실에서 항상 충족되는 것은 아닐 수 있지만, 그럼에도 불구하고 시장 효율성의 결과는 시장의 효율성과 시장실패에 대한 우리의 이해를 강화해주는 강력한 발견이다. [15.6절]

복습문제

1. 일반균형 분석의 두 분야에 대해 설명하라.
2. 사회후생함수는 모든 사회 구성원의 효용수준을 하나의 지표로 통합한다. 세 종류의 사회후생함수를 제시하고 그것들의 의미를 설명하라.
3. 경제학자들은 일반적으로 시장에서의 효율성을 어떻게 정의하는가?
4. 시장 효율성의 세 가지 전제조건은 무엇인가?
5. 에지워스 상자는 무엇을 분석할 때 사용될 수 있는가? 에지워스 상자는 무엇을 나타내는가?
6. 효율적인 시장에서 소비자의 한계대체율과 재화의 가격들 간의 관계는 무엇인가? 이러한 관계는 에지워스 상자에서 어떻게 알 수 있는가?
7. 소비계약곡선은 파레토 효율성과 어떻게 연관되어 있는가?
8. 투입 효율성은 한계기술대체율과 요소가격 간의 관계에 대해 무엇을 의미하는가? 이러한 관계는 에지워스 상자에서 어떻게 알 수 있는가?
9. 생산계약곡선은 파레토 효율성과 어떻게 연관되어 있는가?
10. 생산가능곡선은 한계전환율과 어떻게 연관되어 있는가?
11. 후생경제학의 제1정리가 성립하기 위한 전제조건들은 무엇인가?
12. 후생경제학의 제2정리는 무엇을 말하고 있는가?

연습문제

(별표 표시가 된 문제의 풀이는 이 책 뒤에 있다.)

1. 땅콩버터는 언제나 맛있고 건강에 좋은 음식으로 생각되어 왔다. FDA가 땅콩버터의 결함에 대해 발표하기 전까지는 말이다. FDA의 발표 이후에 땅콩버터에 대한 수요는 감소했다.
   a. 땅콩버터의 가격과 소비량에 미치는 즉각적인 효과는 무엇인가?
   b. 땅콩버터와 젤리는 보완재이다. 젤리의 가격에 미치는 효과는 무엇인가?
   c. (b)에서 제시한 젤리 가격의 변화는 땅콩버터의 수요에 어떤 영향을 주는가?
   d. (c)에서 제시한 수요효과는 땅콩버터의 가격과 생산량을 원래의 값으로 돌려놓으려 하는가, 아니면 더 멀어지게 하는가?

*2. 재생연료 의무사용 시행에 따라 에탄올의 핵심 재료인 노란옥수수에 대한 수요가 폭등하였다.
   a. 수요 증가가 노란옥수수의 가격과 생산량에 미친 즉각적인 효과는 무엇인가?
   b. 노란옥수수와 (옥수수 빵의 주재료인) 하얀옥수수는 서로 생산에서의 대체재이다. 노란옥수수 시장에서의 변화의 결과로 하얀옥수수 공급에는 어떤 변화가 일어나는가?
   c. 하얀옥수수 공급의 변화는 하얀옥수수 가격에 어떤 영향을 주는가?
   d. 하얀옥수수의 가격이 변함에 따라 노란옥수수의 공급에 어떤 변화가 생기는가? 생산되는 노란옥수수의 가격과 물량에 미치는 효과를 설명하라.

e. 하얀옥수수 가격의 변화는 노란옥수수의 가격과 생산량을 원래의 수준을 향해 움직이게 하는가 아니면 더 멀어지게 하는가?

*3. 다음의 주장들은 치즈와 와인 시장 각각에 대한 공급과 수요의 상황을 설명한다.

- 치즈의 수요는 $Q_c^d = 30 - P_c - P_w$이다. 단, Q_c^d는 온스로 표시된 치즈의 1주일간의 수요량, P_c는 1파운드당 치즈의 가격, P_w는 병당 와인가격이다.
- 와인에 대한 수요는 $Q_w^d = 30 - P_c - P_w$이다.
- 치즈의 공급은 $Q_c^s = P_c$이다.
- 와인의 공급은 $Q_w^s = P_w$이다.

a. 와인과 치즈는 공급 측면에서 서로 관련이 있는가 아니면 수요 측면에서 연결되어 있는가?

b. 치즈시장에서의 수요와 공급을 같게 놓고 치즈의 가격을 와인 가격의 함수로 표시하라.

c. 와인시장에서 수요와 공급을 같게 놓고 와인의 가격을 치즈 가격의 함수로 표시하라.

d. (c)에서 구한 와인 가격의 식을 (b)에서 구한 식에 대입하여 치즈의 가격을 구하라.

e. (d)에서 구한 치즈의 가격을 (c)에서 구한 식에 대입하여 와인의 가격을 구하라.

f. (d)와 (e)에서 구한 치즈와 와인의 가격을 다시 와인과 치즈의 공급 혹은 수요함수에 대입하여 와인과 치즈의 균형생산량을 구하라.

4. 3번 문제에서 풀었던 와인과 치즈 문제를 다시 생각해보자. 와인에 대한 수요가 변해서 모든 가격에 대해 수요량이 10병씩 감소했다고 가정하자.

a. 치즈의 가격이 고정되어 있을 때 와인의 수요 변화에 따른 부분균형효과를 계산하라. 가격은 어떻게 변했겠는가? 수량의 변화는 어떠한가?

b. 새로운 와인 가격을 치즈의 수요함수에 대입하라. 와인시장에 대한 충격은 치즈에 대한 수요를 증가시켰는가 아니면 감소시켰는가?

c. 치즈에 대한 수요 변화가 치즈의 가격과 생산량에 미치는 효과를 계산하라.

d. 새로운 치즈 가격을 와인의 수요함수에 대입하라. 와인의 수요는 증가하는가 아니면 감소하는가? 와인시장의 균형은 최초 균형을 향해 이동하는가 아니면 최초 균형에서 더 멀어지는가? 이 같

은 와인시장에서의 변화는 다시 치즈시장에 어떤 영향을 주는가?

e. 새로운 치즈의 수요함수를 이용하여 3번 문제에서 했던 과정을 반복해 와인과 치즈 시장에서의 새로운 일반균형가격과 생산량을 구하라.

f. (e)에서 계산한 와인의 최종 일반균형가격과 생산량은 (a)에서 구한 부분균형효과와 어떻게 비교되는가?

5. 양상추와 토마토는 수요 측면에서 서로 연관된 상품들이고 두 상품시장은 모두 균형에 있다고 가정하자. 송이와 민준은 토마토에 대한 수요 증가의 효과를 분석하고 있다. 송이는 부분균형 방법을, 그리고 민준은 일반균형 방법을 사용하고 있다. 다음의 주장이 참인지 거짓인지 밝히고 그 이유를 설명하라.

a. 송이는 민준보다 더 큰 폭의 토마토 가격 상승을 예측할 것이다.

b. 송이는 민준보다 더 큰 폭의 토마토 판매량 증가를 예측할 것이다.

c. (a)와 (b)에서의 답은 양상추와 토마토가 서로 대체재인지 아니면 보완재인지에 따라 달라진다.

6. 미국 중부에서 농지는 모두 옥수수와 콩의 재배에 사용되고 있다. 콩의 공급(100만 부셀 단위)은 $Q_b^s = 2P_b - P_c$이고 옥수수의 공급은 $Q_c^s = P_c - P_b$이다. 콩에 대한 수요는 $Q_b^d = 30 - P_b$이고 옥수수에 대한 수요는 $Q_c^d = 30 - P_c$이다.

a. 콩과 옥수수에 대해서 일반균형가격과 생산량을 구하라. (힌트 : 풀기가 어려우면 3번 문제에서의 과정을 따라 하라.)

b. 콩의 수요에 대해서 외부적인 충격이 있어 모든 가격에 대해 수요량이 800만 부셀씩 증가했다고 가정하자. 새로운 콩의 수요함수는 $Q_b^d = 38 - P_b$이다. 콩과 옥수수의 새로운 일반균형가격과 생산량을 구하라.

c. 수요 증가로 인해 콩의 가격과 생산량은 어떻게 변했는가?

d. 콩의 수요 증가로 인해 옥수수의 가격과 생산량이 어떻게 변했는가? 설명하라.

7. A, B, C는 페루의 작은 공동부락의 주민이다. A는 현재 55의 효용수준(U_A)을 가지고 있고, B의 효용

(U_B)은 35, 그리고 C의 효용(U_C)은 10이다. 공동부락의 자비로운 통치자인 D는 어떤 두 사람들 간에도 서로의 효용을 맞교환할 수 있는 재배분정책을 생각해냈다.

a. D가 생각하는 사회효용함수가 $W = \min(U_A, U_B, U_C)$일 때

  i. 만일 그러한 효용이전이 가능하다면, 사회후생을 높일 수 있는 효용이전을 제안하라.

  ii. 공동부락이 얻을 수 있는 최대의 후생은 얼마인가? 세 사람 간에 효용은 어떻게 배분되어야 하는가?

b. D가 생각하는 사회효용함수가 $W = U_A + U_B + U_C$일 때

  i. 만일 그러한 효용이전이 가능하다면, 사회후생을 높일 수 있는 효용이전을 제안하라.

  ii. 공동부락이 얻을 수 있는 최대의 후생은 얼마인가? 세 사람 간에 효용은 어떻게 배분되어야 하는가?

c. D가 생각하는 사회효용함수가 $W = U_A \times U_B \times U_C$일 때

  i. 만일 그러한 효용이전이 가능하다면, 사회후생을 높일 수 있는 효용이전을 제안하라.

  ii. 공동부락이 얻을 수 있는 최대의 후생은 얼마인가? 세 사람 간에 효용은 어떻게 배분되어야 하는가?

8. 단테와 나이아는 돈에서 효용을 얻는다. 단테의 효용함수는 $U_d = 10M^{1/3}$이고 나이아의 효용함수는 $U_n = 10M^{1/2}$이다. 지금 단테는 1,000달러를, 나이아는 400달러를 가지고 있다.

a. 롤스의 사회후생함수는 평등주의를 지향한다. 단테와 나이아에 대한 롤스의 사회후생함수의 값을 구하라.

b. 단테로부터 나이아에게 100달러를 이전하는 프로그램을 생각해보라. 이러한 프로그램은 롤스의 사회후생함수하에서 복지를 증진시킬 것인가?

c. 나이아로부터 단테에게 100달러를 이전하는 프로그램의 효과를 롤스의 사회후생함수하에서 평가하라.

d. 단테로부터 나이아로의 이전이 롤스의 사회후생을 저해한다면, 나이아로부터 단테로의 이전은 왜 사회후생을 증진시키지 못하는가?

e. 평등주의를 일부 반영한 또 다른 사회후생함수 $W = U_d + U_n - 0.3(|U_d - U_n|)$를 생각해보라. 이러한 사회후생함수의 값을 구하고 (b)에서 언급된 이전을 평가하라. 이러한 사회후생함수는 소득의 이전에 대해서 롤스와 동일한 제안을 할 것인가? 설명하라.

9. A, B, 그리고 C는 같은 입맛을 가진 일란성 세쌍둥이다. 그들이 베이컨, 달걀, 그리고 치즈로부터 얻는 효용은 다음 표에 요약되어 있다.

소비량	베이컨의 효용	달걀의 효용	치즈의 효용
1	100	60	80
2	155	110	135
3	175	150	183
4	190	180	210
5	200	200	225

따라서 만일 A가 베이컨 4조각과 달걀 3개를 먹는다면 그의 총효용은 $190 + 150 = 340$이다.

a. 최초에 A는 5조각의 베이컨을, B는 5개의 달걀을, 그리고 C는 5조각의 치즈를 가지고 있다고 가정하자. 베이컨, 달걀, 치즈가 시장에서 모두 1:1로 교환된다고 할 때, 모두의 효용을 높이는 파레토 개선의 거래를 제안하라.

b. 거래가 다 끝났을 때 각 사람은 무엇을 갖게 되었는지 설명하라.

c. 거래에서의 이익이 모두 얻어진 후에, 만일 A로 하여금 B와 거래하도록 강요한다면, 두 사람 중 누구도 더 좋아지지 못하고 적어도 한 사람은 더 나빠지게 됨을 증명하라.

10. 갑과 을의 냉장고 안에 있는 복숭아와 크림의 양을 나타낸 에지워스 상자를 생각해보자.

a. 갑과 을이 냉장고 안에 갖고 있는 복숭아는 몇 개인가?

b. 갑과 을이 냉장고 안에 갖고 있는 크림의 양은 얼마인가?

c. 갑이 복숭아 5개와 크림 1통을 꺼내고는 을에게

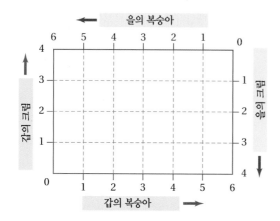

"나머지는 네가 가져도 좋아."라고 말했다고 가정하자. 이러한 배분을 에지워스 상자에 표시하고 *A*라고 하자.

d. 을은 나머지 복숭아와 크림을 꺼내면서 "나는 크림은 좀 남는데 복숭아는 부족해. 내 크림을 한 통 가져가고 그 대신 복숭아 몇 개를 나에게 줘."라고 말했다. 이 같은 배분점을 에지워스 상자에 표시하고 *B*라고 하자.

e. 갑은 우연히 어젯밤 요리를 하고 남은 몇 개의 복숭아를 발견하고는 "찾은 사람이 임자다!"라고 외쳤다. 에지워스 상자를 변형하여 갑의 발견을 표시하라. 단, 을은 갑의 주장을 받아들였다고 가정한다.

11. 송이와 민준이 먹을 수 있는 홍차와 핫케이크의 양을 나타낸 에지워스 상자를 생각해보자.

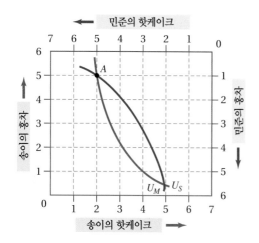

a. 현재 송이와 민준은 *A*점에 있다고 가정하자. 각

사람이 가지고 있는 홍차와 핫케이크의 양은 얼마인가?

b. 송이가 화장실을 사용하는 동안 민준은 송이로부터 홍차 4잔을 가져갔다. 죄책감을 느낀 민준은 그 대신 핫케이크 2개를 놓고 집을 나갔다. 이러한 재배분이 파레토 개선임을 보여라.

c. 만일 민준이 단지 1개의 핫케이크만 남겨놓고 갔다면 그러한 재배분은 파레토 개선이 아님을 보여라.

12. 송이와 민준은 이혼을 하면서 음반을 나누려고 한다. 음반은 컨트리음악과 대중가요 두 종류이다. 한 중재가가 최초의 음반 배분을 제안했다. 그 제안에 따르면 대중가요와 컨트리음악 간의 *MRS*는 송이는 3이고 민준은 1이다.

a. 에지워스 상자를 이용하여 이 같은 배분은 효율적이지 않음을 보여라. 두 사람의 무차별곡선을 그리고 최초의 배분하에서의 각각의 *MRS*를 표시하라.

b. 두 사람을 모두 더 행복하게 만들 수 있는 일반적인 재배분을 제시하라. 누가 컨트리음악을 포기해야 하는지, 누가 대중음악을 포기해야 하는지 설명하라.

c. 일련의 재배분이 일어난 후 두 사람의 *MRS*가 같아졌다. 그때의 배분은 파레토 효율적임을 보여라.

13. 생선과 감자튀김에 대한 A와 B의 선호를 나타낸 다음의 에지워스 상자를 생각해보자.

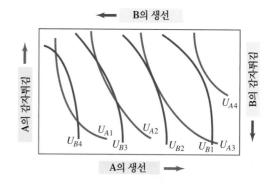

이러한 선호와 일치하는 소비계약곡선을 그려라. (힌트 : 몇 개의 무차별곡선을 더 그려야 할지도 모른다.)

14. 갑과 을은 사과와 오렌지를 좋아한다. 갑은 항상 오렌지 1개와 사과 1개를 교환하기 원한다. 을은 오렌

지 2개와 사과 1개를 교환하려고 한다.

a. 두 사람이 나눌 수 있는 사과가 10개, 오렌지가 10개 있다고 가정하자. 에지워스 상자를 그려라.

b. 에지워스 상자에 갑과 을의 무차별곡선을 갑은 진하게, 을은 흐리게 그려라. (힌트 : 두 사람 모두 사과와 오렌지를 완전대체재로 생각한다는 것을 명심하라.)

c. 두 사람 모두 사과와 오렌지를 다 갖고 있는 어떤 배분 상태도 파레토 효율적이지 못함을 증명하라.

d. 파레토 효율적인 배분을 몇 개 구하고 소비계약곡선을 그려라. [힌트 : (c)에서 두 사람 모두 두 상품을 다 가진 것은 파레토 효율이 아님을 보였다!]

15. 시드니와 사이먼은 둘 다 커피와 파이를 좋아한다. 두 사람의 효용함수는 동일하다. $U_{Si} = U_{Sy} = C^{1/2}P^{1/2}$ (단, C는 커피, P는 파이의 양)

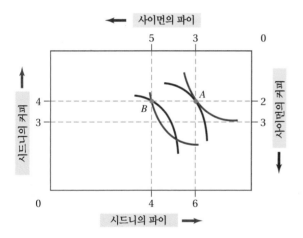

시드니와 사이먼의 커피와 파이 배분은 에지워스 상자에 표시되는데 현재 상황은 A점이다. 사이먼은 커피 2잔과 파이 3조각을, 시드니는 커피 4잔과 파이 6조각을 가지고 있다.

a. 현재의 배분은 파레토 최적인가? 어떻게 알 수 있는가?

b. 사회후생함수가 $W = U_{Si} \times U_{Sy}$로 주어져 있다고 가정하자. A의 배분이 B보다 사회적으로 바람직하지 못함을 보여라.

c. B점은 파레토 최적인가?

d. 설명 : 파레토 최적 배분이 최대의 사회후생을 의미하지는 않기 때문에. 더 큰 사회후생을 만들어

내는 다른 배분이 반드시 파레토 최적은 아니기 때문에.

16. 다음 에지워스 상자는 조난을 당한 갑과 을이 음식과 옷의 생산에 노동과 자본을 어떻게 배분하는지를 보여준다. 현재 상황은 A점에 있다.

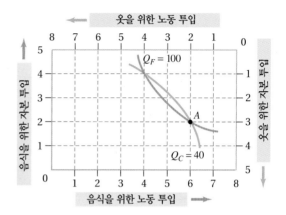

a. 각 재화를 생산하는 데 사용된 노동과 자본의 양은 각각 얼마인가?

b. 음식과 옷은 각각 얼마나 생산되고 있는가?

c. 두 사람이 더 많은 음식과 옷을 얻을 수 있는 노동과 자본의 간단한 재배분을 제안해보라.

17. 밀워키에서는 모터사이클과 맥주를 만드는 데 노동과 자본이 함께 사용되고 있다. 모터사이클 산업에서 $MRTS_{LK}$는 1이고 맥주 산업에서 $MRTS_{LK}$는 3이다.

a. 지금 경제는 생산효율적인가? 설명하라.

b. 만일 그렇지 않다면 파레토 개선을 만들어내는 노동과 자본의 재배분을 제안하라.

18. 총과 장미의 생산에 대한 노동과 자본의 효율적인 배분을 나타낸 생산계약곡선을 생각해보자.

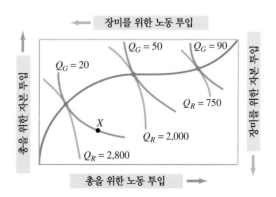

a. 생산계약곡선에서의 정보를 이용해 총과 장미에 대한 생산가능곡선을 그려라. 장미를 수평축에, 그리고 총을 수직축에 놓아라. 생산요소가 모두 총 생산에 투입되면 100개의 총을 만들 수 있고, 만일 모두 장미의 생산에 투입되면 3,000송이의 장미를 만들 수 있다고 가정하라.

b. 에지워스 상자에서 X점을 정하고 생산가능곡선에서 X에 상응하는 점을 그려라. 점을 표시할 때 최대한 정확히 하기 바란다.

19. 모든 생산요소가 효율적으로 사용되었을 때 만들 수 있는 총과 장미의 조합을 나타낸 다음과 같은 생산가능곡선을 생각해보라.

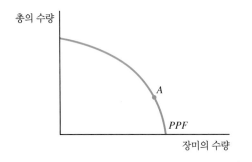

a. 만일 A점에서 MRT_{GR}이 2.0이고 총 생산에서의 노동의 한계생산이 12라면, 장미 생산에서의 노동의 한계생산은 얼마가 되어야 하는가?

b. 만일 A점에서 MRT_{GR}이 2.0이고 총 생산에서의 노동의 한계생산이 6이라면, 장미 생산에서의 노동의 한계생산은 얼마가 되어야 하는가?

20. 내슈빌 경제는 기타와 캐딜락을 생산하고 있다. 생산가능곡선과 대표적(representative) 소비자의 효용을 나타내는 무차별곡선은 아래에 표시되어 있다. 내슈

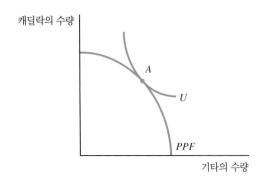

빌 경제는 현재 A점에 있는데 생산 효율성과 교환 효율성을 만족하고 있다. A에서 기타의 한계효용이 10이고 캐딜락의 한계효용은 5라고 가정하자. 그리고 기타 산업에서의 노동의 한계생산물이 10이라면 캐딜락 산업에서의 노동의 한계생산물은 얼마가 되어야 하는가?

21. 스위스에서는 초콜릿을 생산하는 한계비용이 2달러이고 시계를 생산하는 한계비용은 20달러이다.

a. 시계를 한 개 더 생산하려면 초콜릿 몇 개를 포기해야 하는가?

b. 초콜릿에서 시계로의 한계전환율은 얼마인가?

c. 시계의 한계효용은 30이고 초콜릿의 한계효용은 10이다. 두 재화 간 한계대체율은 얼마인가?

d. 스위스는 산출 효율성을 달성하고 있는가? 그래프를 통해 설명하라.

22. 아래 에지워스 상자는 두 재화 X와 Y에 대한 갑과 을의 배분을 나타낸다. 갑과 을은 현재 계약곡선상의 A점에 있다.

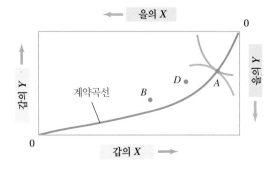

a. 재화의 배분에서 파레토 효율성은 우리가 만족시켜야 하는 특성으로 보인다. 그러나 파레토 최적이 전부인가? A와 B로 표시되는 배분이 얼마나 바람직한지 설명하라.

b. 후생경제학의 제2정리는 비효율적인 배분보다 사회 구성원 모두에게 더 좋은 파레토 최적인 배분이 항상 존재함을 의미한다. B점에서 갑과 을의 무차별곡선을 추가하여 두 사람 모두에게 더 좋은 계약곡선상의 배분을 찾아 C라고 표시하라.

c. 갑과 을은 현재 A점에 있지만 사회후생함수는 C점이 최적 배분임을 의미한다고 가정하자. 단지 교환만으로는 갑과 을을 A점에서 C점으로 이동시

키는 것이 불가능함을 보여라.

d. 후생경제학의 제2정리는 자원을 적당히 재배분한 후에 개인 간의 교환을 허용하면 파레토 최적인 배분에 도달할 수 있음을 의미한다. 정부가 X와 Y 의 최초 배분을 재배분하여 사회적으로 최적 배분인 C를 얻고자 한다고 가정하자. B점으로의 재배분은 그러한 목적을 이룰 수 있지만, D점으로의 재배분은 그러지 못하는 이유를 설명하라.

비대칭정보

거의 모든 사람들은 인생의 어떤 시점에서 중고차를 생각하게 된다. 매년 미국에서는 3,500만 대가 넘는 중고차와 소형트럭들이 거래되고 있는데 이는 새 차 거래량의 2배가 넘는 숫자이다.[1] 그리고 모든 구매자들은 자신이 사려고 하는 중고차의 품질을 걱정한다. 개별 판매자와 거래할 때 당신은 아마도 왜 이 사람이 이 차를 팔려고 할까 궁금해할 것이다. 만일 딜러에게서 차를 샀다면 당신은 그 차가 렌터카는 아닌지 혹은 차 관리에 소홀한, 주인도 아닌 운전자들에게 학대당했던 차가 아닌지 의심한다. 혹은 전혀 차 관리를 해본 적이 없는 원주인에게서 재구매한 차는 아닐까.

이제까지 우리가 했던 분석들은 이러한 상황을 완벽하게 설명하지 못한다. 그 이유는 이제까지 우리가 다루었던 주제들에서는 의사결정을 하는 경제주체들이 그들이 활동하는 시장에 관한 모든 필요한 정보를 다 알고 있다고 가정했기 때문이다. 소비자들은 구매하려는 상품의 모든 특성들을 다 안다. 기업들은 자신의 한계비용과 종업원이 얼마나 열심히 일할지 등을 다 알고 있다. 즉 우리는 모든 시장 참여자들이 의사결정에 필요한 중요한 모든 것을 알고 있는 **완전정보**(complete information)하의 시장을 분석한 것이다.

그러나 현실에서는 정보는 공짜도 아니고 거래 당사자들이 함께 공유하고 있지도 않다. **비대칭정보**(asymmetric information)란[2] 경제적 거래의 당사자들 간에 정보가 불균형인 상황, 즉 한쪽은 다른 쪽이 모르는 것을 알고 있는 상황을 말한다. 이러한 상황을 이해하려면 추가적인 도구들이 필요하다.

비대칭정보는 시장에 막대한, 종종 매우 부정적인 영향을 줄 수 있다. 실제로 만일 정보의 차이가 매우 크다면 거래를 통해 모든 사람이 이익을 얻을 수 있음에도 불구하고 시장은 *완전히 붕괴*될 수도 있다. 흥미로운 것은 이러한 시장실패로 인해 피해를 입는 사람들에는 더 적은 정보를 가진 사람들뿐만 아니라 더 많은 정보를 가진 사람들도 포함된다는 사실이다. 우리는 왜 이러한 일들이 발생하는지를 설명하고자 한다. 비대칭정보가 시장에서 얻는 막대한 소비자 및 생산자의 이익을 파괴할 수 있기 때문에 이러한 부정적 효과를 약화시키기 위해 많은 제도가 존재한다. 이 장에서는 이러한 제도들에 대해서도 살펴볼 것이다.

완전정보
모든 시장 참여자들이 의사결정에 필요한 중요한 모든 것을 알고 있는 상황

비대칭정보
경제적 거래에 참여하는 양측이 각자가 가진 정보에서 불균형적인 상황

16.1 레몬문제 및 역선택

비대칭정보의 대표적인 형태는 **레몬문제**(lemons problem)이다. 이러한 문제는 파는 사람이 사는 사람보다 거래되는 물건의 품질에 대해 더 많은 정보를 갖고 있을 때 발생한다. 서론에서 나왔던 중고차의 예는 이러한 경우에 해당된다. 사실 중고차의 예는 레몬문제라는 이름이 시작된 곳인데, 왜냐하면 낮은 품질의 자동차가 종종 레몬이라고 불리기 때문이다. 이러한 이슈는 조지 애컬로프라는 경제학자에 의해 최초로 구체화되었고 그가 노벨경제학상을 받는 데 기여

레몬문제
거래되는 재화의 품질에 대해서 판매자가 구매자보다 더 많이 알고 있는 경우에 발생하는 비대칭정보 문제

---

1 U.S. Department of Transportation. *National Transportation Statistics*.

2 모든 거래 당사자가 같은 지식을 공유함을 의미하는 대칭정보하의 경제적 상황은 완전한 정보뿐만 아니라 시장 참여자들이 완전한 정보를 갖고 있지 않지만 **동등하게 무지한** 두 가지 경우를 모두 포함한다.

했다.[3]

레몬문제를 이해하기 위해서 다음과 같은 예를 생각해보자. (과도하게 단순화한 것이지만 핵심 이슈를 분명하게 해준다.) 중고차에는 좋은 차[서양에서는 자두(plum)라고 부른다]와 나쁜 차(레몬) 두 종류가 있다고 가정하자. 중고차의 반은 좋은 차이고 나머지 반은 레몬이다. 잠재적 고객은 좋은 차는 10,000달러의 가치가 있다고 생각하고 나쁜 차의 가치는 0이라고 생각한다. 파는 사람은 좋은 차는 8,000달러의 가치가 있지만 나쁜 차의 가치는 0이라고 생각한다.

중고차의 품질을 관측할 수 있는 경우

중고차의 품질이 사는 사람과 파는 사람 모두에게 관측가능하다면, 파는 사람은 좋은 차를 8,000달러의 가치가 있다고 평가하고, 사는 사람은 10,000달러로 평가하므로 중고차의 절반인 좋은 차들은 8,000달러와 10,000달러 사이의 가격에서 모두 거래되며 거래를 통해 양쪽 모두 이익을 얻게 된다. 레몬은 현재 소유주나 잠재적 고객 모두에게 아무런 가치가 없기 때문에 어떤 거래도 일어나지 않고 따라서 아무도 나빠지지 않는다.

중고차의 품질이 관측가능할 때는 중고차의 거래를 통해서 파는 사람과 사는 사람 모두 아무도 나빠지지 않고 많은 사람들은 더 좋아지게 된다. 이것은 바로 잘 작동하는 시장이 하는 일이며 그에 따라 시장 참여자들의 후생을 높이게 된다.

중고차의 품질을 관측할 수 없는 경우

이제 파는 사람은 차의 품질을 알지만 사는 사람은 그것이 좋은 차인지 아니면 레몬인지를 모르는 비대칭정보하에서의 결과를 분석해보자. 사는 사람이 아는 것은 거래되는 중고차들의 반은 좋은 차이고 나머지 반은 레몬이라는 사실뿐이다. 따라서 그들은 어떤 특정한 차가 좋은 차일 확률은 50%라고 생각한다.

구매자가 좋은 차의 가치를 10,000달러로, 레몬의 가치를 0달러로 생각하고 있고, 좋은 차와 나쁜 차일 확률이 각각 50%이므로, 어떤 중고차에 대해 지불하려는 최대가격은 ($10,000 \times 0.5) + ($0 \times 0.5) = 5,000달러가 된다. 이것보다 더 높은 가격에 차를 구매한다면 손해를 본다고 여길 것이다. 어떤 중고차든지 그 기대가치는 5,000달러이기 때문이다.

이제 좋은 차를 갖고 있는 사람이 차를 팔려는 상황을 생각해보자. 차의 소유주는 중고차가 8,000달러의 가치가 있다고 여긴다. 그러나 소유주는, 사는 사람은 그 차가 좋은 차인지 아닌지를 모르기 때문에, 자신의 좋은 차를 5,000달러보다 더 많이 받고 팔 수 없다는 사실을 안다. 따라서 좋은 차를 가진 사람은 자신의 차를 팔려고 내놓지 않게 되고 단지 레몬만 내놓는다. 그런데 여기에서 문제가 발생한다. 잠재적 고객들은 바보가 아니다. 가격이 5,000달러인 상황에서 좋은 차를 가진 사람들은 자신의 차를 팔려고 하지 않을 것이므로 따라서 팔려고 내놓은 중고차는 모두 레몬일 수밖에 없음을 안다. 5,000달러에 레몬을 사려는 사람은 없기 때문에 잠재적 고객들은 어떤 가격에서도 중고차를 구매하지 않게 된다.

---

3 George Akerlof, "The Market for 'Lemons': Quality Uncertainty and the Market Mechanism," *Quarterly Journal of Economics* 84, no. 3 (August 1970): 488–500. 애컬로프는 이 문제를 최초로 형식화한 덕분에 문제의 이름을 칭하는 권리를 얻었는데, 그는 사실 이 문제를 'Lemons Principle'이라고 불렀다. 그가 적당한 이름을 선택한 것은 좋은 일이다. '애컬로프'보다는 '레몬'이 철자를 정확하게 기억하기 더 쉽다.

이것이 레몬문제의 비극이다. 만일 정보가 양쪽 모두에게 동등하게 공유된 상황이라면 사람들을 더 좋아지게 만드는 많은 중고차 거래가 발생할 것이다. (좋은 차에 대해서 사는 사람이 파는 사람보다 더 높은 가치를 부여하고 있기 때문이다.) 그러나 정보의 비대칭성이 상당한 정도로 존재하면 아무런 거래도 일어나지 않게 된다. 시장이 사라진다. 시장실패가 발생하는 것이다. 어느 한쪽이 다른 쪽보다 더 많은 정보를 갖고 있기 때문에 거래를 통해 얻을 수 있었던 모든 이익은 사라져버린다.

역선택

위의 예는 비대칭정보와 레몬문제에 관해 두 가지 중요한 점을 말해주고 있다. 첫째는 품질의 차이는 그 자체로 시장실패의 원인은 아니다. 양측이 모두 완전한 정보를 가지고 있다면 질 좋은 상품은 높은 가격에 거래될 것이고 질이 낮은 상품은 낮은 가격에 거래될 것이다. (앞의 예에서 품질이 좋은 중고차의 가격은 8,000~10,000달러 사이가 될 것이고 레몬의 가격은 0달러가 될 것이다.) 품질에 대해 높은 가치를 부여하는 소비자들은 그 값을 지불할 것이며 시장에는 아무런 문제가 없다. 파는 사람이 느끼는 가치보다 더 높은 가격을 기꺼이 지불하려는 모든 구매자는 중고차를 살 것이다. 즉 시장은 자원을 효율적으로 배분한다.

레몬문제는 구매자와 판매자가 품질에 대해 서로 다른 정보를 가지고 있을 때 발생한다. 이러한 정보의 비대칭성은 품질이 낮은 상품이 과도하게 더 많이 공급되게 만든다. 즉 팔려고 내놓은 상품의 평균적 품질은 팔려고 내놓지 **않은** 상품들을 포함한 전체 상품의 평균 품질보다 낮다. 이것이 바로 앞에서 살펴본 간단한 예에서 발생한 문제다. 소비자가 느끼는 모든 중고차의 평균적 가치는 5,000달러지만 실제로 팔려고 내놓은 중고차들의 평균 가치는 0달러였다. 따라서 만일 정보가 동등하게 분배되었다면 일어났을 거래가 발생하지 않게 된 것이다.

'나쁜' 타입의 상품이 '좋은' 타입의 상품보다 거래에 참여할 더 큰 인센티브를 가질 때 이를 **역선택**(adverse selection)이라고 부른다(시장에 참여하는 상품이 품질이 나쁜 쪽으로 해롭게 기울었다는 것에서 역선택이라는 이름이 비롯되었다). 중고차의 예에서 레몬은 나쁜 타입이다. 소비자들이 레몬과 좋은 차를 구별할 수 없기 때문에 레몬들이 더 많이 중고차 시장에 팔리려고 나오게 된다. 소비자들은 품질을 모르는 중고차에 대해 낮은 가격만 지불하기 원하고 그에 따라 품질이 좋은 중고차를 가진 소유주는 (낮은 가격에) 자신의 차를 팔려고 내놓지 않게 된다. 따라서 그 가격에도 팔려고 하는 사람들의 차는 모두 레몬일 수밖에 없다. 사려는 측면에서의 역선택 역시 문제를 일으킨다. 추후 보험시장을 다룰 때 이에 대해 살펴볼 것이다.

앞에서 다룬 예가 의미하는 두 번째 중요한 점은 정보의 비대칭성은 정보를 덜 가진 사람뿐만 아니라 정보를 더 **많이** 가진 사람들에게도 피해를 입힌다는 사실이다. 그 이유는 사는 사람과 파는 사람에게 모두 이익이 되는 거래가 비대칭정보로 인해 일어나지 않기 때문이다. 역설적으로, 정보를 더 많이 가지고 있다는 사실은 판매자에게 이점이 아니라 장애가 되는 것이다.

잠재적 구매자들에게 자신의 차는 좋은 품질의 차라고 말을 함으로써 판매자가 이런 문제를 극복할 수 있을까? 문제는 레몬의 주인들이 자신의 차의 품질에 대해 거짓말을 해서 좋은 차라고 팔아넘기려는 인센티브를 갖고 있다는 것이다. 만일 이런 거짓말을 할 인센티브를 구매자들이 알아차린다면 단지 자신의 차가 좋은 차라고 말하는 것은 차의 진짜 품질에 대해 아무런 정보도 제공하지 못한다. 추가적인 정보가 없다면 구매자는, 좋은 차와 레몬을 구별할 수 없듯이,

역선택
'나쁜' 타입의 상품이 '좋은' 타입의 상품보다 거래에 참여할 더 큰 인센티브를 가지게 되는 상황

(자신의 차가 좋은 차라고 주장하는) 좋은 차를 파는 사람과 (역시 자신의 차가 좋은 차라고 주장하는) 레몬을 파는 사람을 서로 구별할 수 없다. 그러나 좋은 차를 가진 사람들이 그 정보를 설득력 있게 구매자들에게 제공하여 문제를 해결할 수 있는 방법이 있다. 이러한 방법들에 대해 더 알아보기로 하자.

앞에서 살펴본 구체적인 예는 이미 말한 것처럼 의도적으로 단순화된 것이다. 일반적으로 레몬문제가 시장을 완전히 붕괴시키지는 않는다. 어쨌든 현실에서는 수많은 차들이 중고차 시장에서 거래된다. 그러나 역선택은 여전히 경제적으로 효율적 수준보다는 낮은 규모의 거래만 일어나도록 만든다. 품질에 대한 불확실성은 구매자의 지불 의사를 낮추고 그에 따라 품질이 낮은 차들이 더 많이 시장에 나오도록 만들며 그에 따라 구매자들의 지불 의사는 더욱 낮아지고 이러한 악순환은 역선택의 문제를 더욱 악화시킨다. 우리가 다룬 간단한 예에서는 이러한 반복적 과정이 너무 강력해서 구매자들은 시장에 나온 **어떤** 차에 대해서도, 그것들이 모두 레몬임을 확신하기 때문에, 어떠한 돈을 지불하려고 하지 않았다. 그러나 현실에서는 시장이 완전히 사라지기 전에 역선택의 악순환을 약화시키는 요인들이 있다.

예를 들어 현실에서는 중고차의 품질은 단지 두 단계가 아니라 매우 폭넓게 분포되어 있다. 더욱이 구매자와 공급자들이 동일한 품질의 차에 대해 모두 같은 가치를 부여하는 것은 아니다. 이러한 요인들은 비대칭정보가 시장에 미치는 재앙적 피해를 약화시켜준다. 비록 시장에는 레몬들이 더 많이 판매되고 있고 거래량은 비효율적으로 낮은 수준이지만, 차들은 여전히 매매될 것이다.

역선택은 중고차를 사려고 할 때 왜 당신이 이 장의 서론에서 언급했던 차의 품질에 대한 고민을 하게 하는지를 설명한다. 예를 들어 당신이 구매를 고려하는 기아자동차의 최신 모델이 기아자동차 최신 모델 전체의 평균보다 낮은 품질일 것임을 잘 안다. 왜냐하면 현재 타고 있는 기아자동차에 만족한 사람들은 자신의 차를 팔려고 내놓지 않았을 것이기 때문이다. 이러한 사실은 그 차에 대해 지불하려는 가격을 낮추게 되고 이는 다시 좋은 기아자동차를 타고 있는 사람들로 하여금 자신의 차를 중고차 시장에 더 내놓지 않게 만들 것이다.

레몬문제의 다른 예

잠재적인 레몬문제는 많이 존재한다. 우리는 중고차 시장이라는 가장 잘 알려진 예를 분석해보았지만 상품의 질에 대해 수요자보다 공급자가 더 많은 정보를 가진 모든 시장에서 '레몬'은 존재할 수 있다. 온라인 거래는 특히 레몬문제에 취약하다. 직접 만나서 거래를 하는 것이 아니며 특히 잠재적 고객은 물건을 미리 직접 검사할 수도 없다.

역선택은 서비스와 생산요소시장에서도 보편적으로 발생한다. 예를 들어 집을 개조하려는 사람들은 레몬문제에 직면하게 된다. 일을 맡은 사람들의 일솜씨 수준을 판단하는 것은 어려운 일이다. 이러한 염려는 집주인으로 하여금 일을 맡으려는 사람들에게 적절한 보상을 하는 것을 꺼리도록 만든다. 그러나 이러한 거부감은 다시 우수한 (그러나 비싼) 시공업자가 그 일을 맡게 될 가능성을 떨어뜨린다. 그리고 그렇게 낮은 가격에 일을 맡겠다는 시공업자는 능력이 떨어지는 사람일 가능성이 높아진다.

생산요소시장에서 레몬문제는 중고 자본재 거래에서 발생할 수 있다. 트럭, 기계, 그리고 건물조차도 종종 구매자보다 더 그 품질에 대해 잘 알고 있는 공급자로부터 구입되곤 한다. 노동시장은 그 고유의 역선택 문제를 내포하고 있다. 근면성, 정직성 혹은 일을 수행하는 데 필요한 기술의 습득 등과 같은 근로자들의 능력이 서로 다르고 근로자들은 자신의 능력에 대해 알고 있다고 가정하자. 고용주가 어떤 근로자의 능력을 바로 알 수 있다면 그의 한계생산성에 해당하는 임금을 지불할 것이므로 아무런 문제가 없다. 그러나 만일 고용주가 좋은 근로자와 나쁜 근로자를 쉽게 구별할 수 없다면 이들의 한계생산성의 평균에 해당되는 임금만을 지불하려고 할 것이다. 그렇게 되면 능력이 높은 근로자들은 이러한 기업에 지원하기를 꺼려 할 것이고 따라서 지원자들은 능력이 낮은 근로자들에 의해 역선택될 것이다.

레몬문제를 완화하는 방법

레몬문제는 막대한 경제적 가치를 손상시키기 때문에 현실의 시장에서는 비대칭정보의 문제를 약화시키는 많은 방법이 만들어지고 있다. 다시 중고차 시장의 예에서 시작해보겠지만 여기서 얻은 교훈은 훨씬 더 일반적일 수 있다. 중고차 시장에서 비대칭정보를 완화하는 수단은 다음 세 가지 중 한 가지 방법으로 작동한다 — 구매자에게 거래 전에 차의 품질을 관측할 수 있게 하는 것, 레몬을 좋은 차라고 속여서 파는 판매자들을 처벌하는 것, 시장에 나오는 좋은 차의 숫자를 늘림으로써 역선택을 줄이는 것. 두 번째와 세 번째 방법은 구매자들이 직접 차의 품질을 관측할 수 있도록 하는 것은 아님에 주목하라. 그 대신 두 번째 방법은 판매자들이 차의 품질에 대해 진실을 밝힐 인센티브를 만들어내며, 세 번째 방법은 좋은 차를 가진 사람들이 자신의 차를 중고차 시장에 내놓을 인센티브를 갖게 하는 것이다. 각 방법의 사례를 살펴보기로 하자.

직접적으로 비대칭정보를 줄이는 방법 구매자들이 중고차의 품질을 알 수 있는 방법에는 몇 가지가 있다. 예를 들어 구매자들은 판매자와 아무런 관련이 없으면서 동시에 믿을 만한 정비사에게 구매 이전에 차를 검사해달라고 할 수 있다. 차 주인은 소유권과 함께 그동안 차를 관리한 기록들을 구매자에게 제공할 수 있다. (앞에서 언급했듯이, 레몬문제가 상호 이익이 되는 거래를 억제하면 정보를 많이 가진 사람조차 피해를 입기 때문에 차 주인은 더 많은 정보를 갖고 있음에도 불구하고 정보의 격차를 스스로 줄이려 한다.)

정보의 비대칭성을 줄인 성공적인 비즈니스 모델이 된 기업들도 있다. 오토체크(AutoCheck)와 카맥스(CarMax)는 중고차에 대한 정보를 제공하는 데 특화한 기업들이다. 구매자들이 차의 고유번호를 이들 회사의 홈페이지에 입력하면 즉시 해당 중고차의 소유권 변동과 가끔은 관리 기록까지도 볼 수 있다. 이는 물론 구매자에게 유용한 정보지만 판매자 역시 이러한 서비스로부터 혜택을 받는다. 사실 이들 회사의 조사비의 상당 부분은 구매자들이 아니라 고객들이 자신이 사려고 생각하는 차를 조사해볼 수 있도록 차를 파는 딜러들에 의해 조달되고 있다.

솔직하게 차의 품질을 알릴 인센티브 두 번째 방법은 판매자가 차의 품질에 대해 솔직하지 않은 것이 비용부담으로 작용하도록 만들어 레몬문제를 줄이는 것이다. 이러한 방법은 판매자가 구매자에게 자신이 아는 모든 정보를 제공하지 않아도 효과를 거둘 수 있다.

한 가지 방법은 정부가 레몬을 좋은 차라고 속이는 것을 불법으로 만들어 그렇게 하는 판매자를 벌주는 것이다. 어떤 지역에서는, 예를 들어, 판매자가 과거에 의심할 만한 행위를 한 적이 있으면 정보공개 의무가 시행되고 있다.

그러나 정부개입이 아닌 방법들도 존재한다. 이러한 방법의 고전적인 예는 평판, 즉 판매자에 대한 잠재적 구매자들의 견해이다. (좋은 차를 팔거나 혹은 질이 낮은 차를 파는 경우에는 그 사실을 알려주고 그에 맞는 낮은 가격을 매기는) 정직한 기업들은 그렇게 함으로써 평판을 쌓게 된다. 이러한 평판은 구매자들이 그런 기업들과 좀 더 거래를 많이 하도록 만든다. 이와 반대로 정직하지 못한 딜러는 그들의 행동에 대해 소문이 돌게 되면 손해를 입게 된다.

평판 인센티브는 사업이 장기간 계속될 것이라고 기대될 때 가장 큰 효과를 발휘한다. 왜냐하면 좋은 평판에는 미래의 사업이 잘되는 보상이 따르기 때문이다. 치고 빠지는 식의 사업을 하는 판매자는, 평판을 잃어버린 것이 정말 문제가 되기 전에 무언가 다른 일로 전환할 것을 알고, 사람들을 속여서 단기간에 큰돈을 벌려고 한다.

보증 역시 역선택을 줄인다. 품질이 좋은 차의 판매자는 거래 이후 적절한 기간 내에 발생한 모든 문제를 해결해주거나 혹은 소비자가 만족하지 않을 경우 거래대금을 돌려주는 보증을 함으로써 소비자들에게 자신의 차의 가치를 알릴 수 있다. 평판과 마찬가지로 보증도 비대칭정보를 해소함으로써 레몬문제를 해결하는 것은 아니다. 그 대신 판매자들로 하여금 차의 품질에 대해 정직해질 인센티브를 주는 것이다. 레몬임을 아는 차에 대해 보증을 제공하는 것은 너무나도 부담이 크다. 이러한 사실을 인지하고 소비자는, 만일 차가 보증과 함께 팔린다면, 그것이 품질이 좋은 차라는 것을 합리적으로 추론할 수 있는 것이다. 보증이 없는 차는 품질이 낮은 차일 가능성이 높다. (가격이 낮은 품질을 잘 반영하고 있다면 보증이 없는 것은 사실 문제가 되지는 않는다.)[4]

잘 고안된 법과 규제 역시 역선택을 완화할 수 있다. 미국에서 대부분의 주들은 '레몬법'을 갖고 있다. 이름이 말해주듯이, 이 법들은 자동차 거래에서 충족되어야 할 조건들에 초점을 맞추고 있다. 법은 기본적으로 딜러가 파는 차에 대해서는 정해진 기간과 마일리지 한도 내에서 단기적인 보증을 제공할 것을 강제하고 있다. 이러한 강제보증은 품질이 낮은 차들이 시장에서 퇴출되도록 돕는다. 품질이 낮은 차가 팔리지 않도록 하는 것이 반드시 효율적이 아님에 주의하라. 가격만 적당하다면 낮은 품질의 차를 선호하는 소비자들이 있기 때문이다. 중요한 것은 낮은 품질의 차가 시장에서 사라지게 하는 것이 아니라 모든 잠재적 고객들이 그런 차들을 구별해서 알 수 있도록 하는 것이다.

시장에 나온 차들의 평균 품질을 높이는 방법   역선택을 줄인다면 레몬문제는 약화될 수 있다. 개별 차에 대한 품질은 여전히 관측할 수 없을지라도, 질 좋은 차가 더 많이 시장에 들어온다면 이러한 목적을 달성할 수 있다. 차들의 평균 품질을 높이면 중고차에 대한 소비자의 지불 의사는 높아진다. 이러한 수요의 증가는 다시 질 좋은 차를 가진 사람들이 자신의 차를 팔도록 유도한다. 결국 시장에서 거래되는 양이 늘어나고 구매자와 판매자 모두 더 좋아지게 된다.

리스 프로그램은 그 한 가지 방법이다. 구매자는 계약기간이 끝나면 차를 다시 판매자에게 돌려주는 옵션으로 일정 기간 동안 차에 대한 소유권을 갖게 된다. 차의 품질과 상관없이 사전에 정해진 날짜에 차를 돌려줌으로써 임대는 중고차 시장에 품질이 좋은 차의 수를 늘려주고

---

4 보증을 좋은 자동차에 제공하는 것이 나쁜 자동차에 제공하는 것보다 비용이 덜 들고 따라서 보증은 소비자들이 다른 방법으로는 관측할 수 없었던 품질을 구별할 수 있는 효과적인 수단이 된다는 사실은, 보증은 경제학자들이 신호(signals)라고 부르는 것임을 의미한다. 신호는 비대칭정보의 문제에 대한 특별한 해결 방법인데 이에 대해서는 이 장의 뒷부분에서 자세히 다루기로 한다.

그에 따라 오직 레몬의 소유주만 중고차를 팔려고 내놓는 역선택이 감소한다.

중고차 시장을 넘어서 중고차 사례에서 알 수 있듯이, 레몬문제는 잠재적으로는 시장에 매우 큰 피해를 주지만 동시에 소비자나 기업들이 그 피해를 줄이려는 노력을 할 인센티브를 갖도록 만든다. 비대칭정보가 있는 다른 시장들에서도 유사하게 만들어진 수단들을 쉽게 찾아볼 수 있다.

예를 들어 앞에서 언급된 집수리 서비스나 노동시장의 예에서도 유사한 방법들이 작동하고 있음을 알 수 있다. 집수리의 경우 평가를 공유하는 네트워크는 집주인으로 하여금 일을 맡기기 전에 계약자들의 업적과 전문성에 대해 더 많이 알 수 있도록 해준다. 앤지스 리스트(Angie's List)는 고객들로부터 공사 담당자에 대한 등급을 축적하는 기업이다. 집주인들은 어떤 공사 담당자를 고용할지를 고려할 때 이러한 등급을 활용할 수 있다. (이 같은 정보는 가치를 갖는다. 100만 명이 넘는 사람들이 이러한 등급자료를 볼 수 있는 멤버십을 구입했다.) 앤지스 리스트와 기타 다른 평가기관들은 또한 좋은 평판을 유지하는 공사 담당자들에게도 이익을 가져다준다.

참조와 평판은 노동시장에서도 분명한 기능을 발휘한다. 사람들은 보통 자신의 이력서에 참조인들을 적는다. 그러면 기업들은 이들 참조인들과 이전 직장의 상사들로부터 잠재적 직원의

 예제 16.1

소비자들은 성능이 좋은 중고 노트북은 400달러의 가치가 있고 성능이 나쁜 중고 노트북은 100달러의 가치가 있다고 생각한다. 성능이 좋은 노트북의 공급은 $Q_H = P_H - 100$이며 성능이 나쁜 노트북의 공급은 $Q_L = 2P_L - 50$이다. 잠재적 고객들은 성능을 모른 채 노트북을 구매하게 된다.

a. 구매자들은 어떤 중고 노트북이 좋은 성능일 확률이 50%라고 생각한다. 그렇다면 구매자들이 중고 노트북에 대해 지불하려고 하는 최대가격은 얼마인가?

b. (a)에서 정해진 최대가격이 중고 노트북의 가격이 된다면 시장에 나온 성능 좋은 노트북은 몇 대인가? 성능이 낮은 노트북의 공급량은 몇 대인가? 시장에 나와 있는 노트북의 50%가 좋은 노트북일 것이라고 생각한 구매자들의 기대는 맞았는가? 설명하라.

c. 시간이 지남에 따라 구매자들이 좋은 노트북을 사게 될 진짜 확률에 대해 알게 되면 어떤 일이 발생할지 설명하라.

풀이

a. 소비자들이 팔려고 내놓은 노트북의 50%가 좋은 성능이라고 예상한다면 노트북의 기대성능은 $0.50 \times \$400 + 0.50 \times \$100 = \$200 + \$50 = 250$달러이다. 따라서 250달러가 소비자가 중고 노트북을 사기 위해 지불하려는 최대가격이다.

b. 중고 노트북 가격이 250달러라면 성능이 좋은 노트북 공급량은 $Q_H = P_H - 100 = 250 - 100 = 150$대이다. 또한 성능이 나쁜 노트북 공급량은 $Q_L = 2P_L - 50 = 2(250) - 50 = 500 - 50 = 450$대이다. 따라서 시장에는 총 600대의 중고 노트북이 공급되고 있는데 그중 150대는 좋은 것이고 450대는 나쁜 노트북이다. 좋은 노트북을 사게 될 확률은 50%가 아니라 $150/600 = 25\%$가 된다. 비대칭정보로 인해 소비자들은 중고 노트북에 매우 높은 가격을 지불하려고 하지 않는다. 따라서 좋은 성능의 노트북을 가진 사람들은 자신의 노트북을 팔지 않으려 할 것이며 낮은 성능의 노트북을 가진 사람들은 기꺼이 자신의 것을 팔고자 할 것이다. 이것이 실제 팔려고 내놓은 좋은 노트북의 비율을 변화시킨 것이다.

c. 시간이 지나면 소비자들은 중고 노트북의 기대가치를 (사실과 맞게) 조정하게 된다. 그러면 소비자들이 지불하려는 최대가격은 더 낮아진다. 좋은 노트북을 가진 사람들은 더욱더 자신의 노트북을 시장에 내놓지 않게 될 것이고, 그에 따라 중고시장에 나와 있는 좋은 노트북의 비율은 더욱 낮아진다. 결국 시장에는 성능이 낮은 노트북만 존재하는 것도 가능해진다.

성과를 확인한다. 학교, 협회 등의 다른 기관들도 다양한 업무에서의 능력에 관하여 객관적으로 입증해주는 역할을 한다. 노동시장에도 '보증'과 같은 종류의 것이 존재한다. 근로자들은 종종 자신이 맡은 일의 정상적인 임금보다 낮은 임금을 받는 임시직이나 혹은 기업이 해고를 쉽게 할 수 있는 일정 기간의 수습직원으로 고용된다.

　이러한 예들은 시장에 도움이 될 수 있다. 어떤 경우에는 이러한 방법들이 대단히 효과적이어서 비대칭정보가 거래에 미치는 효과를 완벽하게 제거하기도 한다. 그러나 그런 경우에도 레몬문제가 여전히 시장에 영향을 주고 있음을 기억하는 것이 중요하다.

 ### 응용 이름에 무엇이 있나? 기업 이름과 평판

많은 기업들에 있어 평판은 가장 중요한 자산들 중의 하나다 — 구축하는 데는 많은 시간과 노력과 자원이 들어갈 수 있다. (평판을 자본재의 한 형태로 간주할 수도 있다.) 비대칭정보가 잠재적인 문제인 많은 시장들에서 좋은 평판은 매우 가치 있는 것이 된다. 그러나 평판은 쉽게 깨질 수도 있다. 워런 버핏(Warren Buffett)이 말했던 것처럼 "평판을 얻는 데는 20년이 걸리지만 무너지는 데는 5분이면 족하다."

　대부분 기업들의 평판은 기업의 이름에 반영되어 있다. 구매자들에게는 기업의 이름은 그 기업이 어떤 상품을 파는지뿐만 아니라 그 상품을 판매하는 방식까지도 요약해준다. 제품이 정직하게 제시간에 배달되는지, 그리고 고객이 완전히 만족하지 않았을 때 환불해주거나 혹은 새 제품으로 바꾸어주는지 등.

　기업의 이름과 평판 간의 긴밀한 연관성은 어떤 기업이 이런저런 이유로 충분히 나쁜 평판을 얻게 되었다면 기업의 이름을 아예 바꾸어버릴 수 있음을 의미한다. 자사 제품과 기업명 간의 관련성을 끊음으로써 기업은 소비자의 마음을 편하게 만들고 그래서 나쁜 평판이 이윤에 미치는 손해를 막을 수 있기를 바라는 것이다. 이런 기업은 본질적으로 나쁜 평판보다는 평판이 없는 것을 더 선호한다.

　경제학자인 라이언 맥데빗의 연구는 이를 입증했다.[5] 일리노이주에 있는 수천 개의 배관작업을 하는 기업들의 기록을 조사하여 맥데빗은 기업명의 변경이 드문 일이 아님을 보였다. 1년 동안 대략 12개 기업 중의 하나가 이름을 변경했다. 기업명과 평판과 관련하여, 결국 이름을 바꾼 것은 Better Business Bureau(미국의 기업평가업체)에 많은 소비자들의 불만이 접수되었던 경우들이다. 이름을 바꾼 기업들은 그렇지 않은 기업들보다 불만이 평균적으로 7배나 더 많이 접수되었다. 그리고 불만의 정도가 같다면 더 오래 사업을 해온 기업들이 이름을 덜 변경했다. 이는 이미 자리를 잡은 기업들은 나쁜 상황을 헤쳐나가려고 노력하는 반면에 (불만이 있다고 왜 평판을 버리겠는가?) 새로 시작한 기업들은 쉽게 다시 시작하기로 결정함을 의미한다.

　맥데빗은 이름을 유지하는 기업들 중에서도 그들이 선택하는 특정한 형태의 이름이 평판과 관련 있음을 발견했다. 시카고 지역에서 수집한 자료에 의하면, 배관기업들의 약 20%가 숫자나 혹은 'A'로 시작하는, 보통은 여러 번 반복되는, 기업명을 가지고 있었다. (A-AAAA Sewer &

---

5 Ryan C. McDevitt, "Names and Reputations: An Empirical Analysis," *American Economic Journal*: *Microeconomics* (2011), and "'A' Business by Any Other Name: Firm Name Choice as a Signal of Firm Quality," *Journal of Political Economy* (2014).

Drains, AAAA Scott's Plumbing은 좋은 예들이다.) 이런 이름들은 기업들을 알파벳 순서의 앞쪽에 놓이게 함으로써 목록에서 더 빨리 보이게 해준다. 맥데빗은 이러한 'A' 배관기업들이 앤지스 리스트와 옐프(Yelp)에서 다른 배관기업들보다 더 불만이 많이 접수되었고 더 나쁜 평가를 받았음을 보였다. 그들은 미래의 고객들이 상대적으로 잘 모른 채 업체를 조사할 때 이런 종류의 이름이 가져다주는 높은 가시성을 위해 군건한 평판과 더 전통적인 (그러나 발견하기 어려운) 기업명을 포기한 것처럼 보인다.

이러한 이슈들은 배관 사업 이상으로 확대된다. 예를 들어 밸류제트(ValuJet) 항공은 느슨한 유지보수 때문이라고 보고된 치명적인 사고 이후 이름을 에어트랜(AirTran)으로 변경했다. 와인스타인 컴퍼니(Weinstein Company)는 언론에서 그에 대한 성폭력의 혐의가 보도된 후 창업자인 하비 와인스타인(Harvey Weinstein)의 이름을 기업명에서 빼버렸다. 그러나 이름의 변경으로는 충분하지 못했다. 몇 개월 후 그 기업은 파산에 이르게 된 것이다. ■

구매자가 더 많은 정보를 가진 경우의 역선택 : 보험시장

이제까지 다룬 레몬문제 상황들에서는 재화의 질에 대해 판매자가 구매자보다 더 많은 정보를 가졌다. 그러나 구매자가 판매자보다 더 많이 알고 있는 비대칭정보 역시 문제를 일으킨다. 보험시장은 그 한 가지 예이다.

보험시장에서 구매자는 위험상황에 관해 보험회사보다 더 많이 알고 있을 것이다. 보험이 무엇인지 생각해보자. 그것은 특정한 사건들이 일어났을 때 피보험자에게 보상을 해주는 상품을 말한다. 보험의 종류에 따라서 이러한 사건들은 피보험자가 아프거나, 차 사고를 당했거나, 나무가 넘어져 집이 부서졌거나, 혹은 심지어 죽음까지도 포함할 수 있다. 이러한 사건들이 일어날 가능성이 높다고 예상한 사람들은 당연히 보험에 가입하는 것에 큰 가치를 부여할 것이다. 예를 들어 만일 당신이 비싼 치열교정기를 필요로 하게 될 것을 알았다면, 치열교정 비용에 도움이 되므로 치과보험에 큰 가치를 부여할 것이다.

그러나 이것은 보험시장에서는 구매자가 역선택됨을 의미한다. 보험회사의 입장에서 볼 때 잠재적 고객들은 보험금 청구의 가능성이 서로 다르기 때문에 그들의 '품질'은 모두 다르다. 위험한 운전자들은 자동차보험을 더 많이 청구할 가능성이 높다. 건강하지 않은 사람들은 더 많은 건강보험금을 청구하게 될 것이다.

앞에서 살펴본 '공급 측면'의 레몬문제와 마찬가지로, 다른 종류의 고객들이 존재한다는 것은 그 자체로는 문제가 되지 않는다. 만일 보험회사가 잠재적 피보험자의 위험도를 쉽게 관측할 수 있다면 위험에 비례하여 보험료를 책정하기만 하면 된다. 더 위험한 사람들은 더 비싼 보험료를 낼 것이다. 경제적 효율성의 손실은 발생하지 않는다. 위험한 고객들은 더 높은 보험료를 내고 보험 적용을 받게 된다.

역선택 문제는 고객이 보험회사보다 예상되는 보험금 청구에 대하여 더 많이 알고 있을 때 발생한다. 보험회사는 가장 고위험군인 고객들이 가장 보험을 사기 원한다는 것을 안다. 그들은 저위험군 고객들보다 더 많이 보험을 살 것이다. 어쨌든 그들은 보험에 가입함으로써 최대의 이익을 얻는다. 만일 보험회사가 좋은 위험(보험금 청구를 많이 하지 않는 고객들)과 나쁜 위험을 구별할 수 없다면, 보험료를 높게 책정하여 더 위험성이 높은 사람들이 보험을 더 많이 사는 것에 대비할 수밖에 없다.

이것이 악순환의 시작이다. 높은 보험료는 위험성이 낮은 고객들을 시장에서 몰아낸다. 저위험군 고객들은 상대적으로 덜 필요한 보험에 대해 높은 보험료를 지불하려고 하지 않을 것이다. 그렇게 되면 다시 피보험자들 중에 고위험군 고객들이 차지하는 비율은 더 높아진다. 이는 보험회사로 하여금 보험료를 더 높이도록 만들게 되어 악순환은 반복된다. 최악의 시나리오는 앞에서 살펴본 중고차 시장의 경우처럼 시장 자체가 붕괴될 수 있다는 것이다.

수요자 측에서의 역선택은 공급자 측의 역선택과 동일하게 파괴적이다. 그리고 위의 경우에서처럼 정보를 더 많이 가진 쪽도 정보를 덜 가진 쪽과 마찬가지로 피해를 입는다. 특히 저위험군 고객들은 보험회사에게 자신들이 저위험군임을 입증할 수 없다면 보험을 살 수 없게 될 수 있다. 동시에 보험회사들도 만일 모든 사람의 실제 위험도를 알았더라면 가장 보험을 팔고 싶었던 고객들에게 보험을 파는 것이 더 어려워지기 때문에 역선택으로부터 피해를 입는다. (보험시장에는 보험회사가 피보험자들의 모든 행동을 관측할 수 없을 때 발생하는 또 다른 비대칭정보의 문제가 존재한다. 일단 어떤 사람이 특정 사건에 대한 보험에 가입하면 그는 그 사건이 일어나지 않도록 노력을 할 인센티브가 약해진다. 예를 들어 자동차보험을 산 사람은 그렇지 않은 사람만큼 조심해서 운전을 하지는 않을 것이다. 이러한 문제를 도덕적 해이라고 부르며 이 장의 뒷부분에서 좀 더 상세히 다루게 될 것이다.)

보험에서 역선택을 완화하는 방법

공급자 측면의 레몬문제를 가졌던 시장들에서 살펴본 것처럼 보험에서의 역선택을 완화하기 위해 많은 방법이 생겨났다.

단체보험 한 가지 예는 단체로 보험을 들게 하는 것이다. 이는 특정 집단의 구성원, 즉 종종 특정 기업의 종업원들에 대해 적용되는 일반적인 보험이다. 예를 들어 미국에서는 대부분의 사람들이 이러한 방법을 통해 보험에 가입한다. 보험회사는 보험을 고용조건에 연결시킴으로써 개인의 위험도와 그들의 보험 구입 간의 관련성을 상당한 정도로 제거하므로 단체보험은 역선택을 완화한다. 단체보험으로 광범위한 위험군을 함께 묶는 것이다. 좋은 위험이 나쁜 위험과 합쳐지면 건강보험을 사려는 사람들과 아플 가능성 간의 상관관계가 약해진다. 이는 많은 점에서 리스가 차의 품질과 중고차로 판매될 가능성 간의 연결고리를 끊음으로써 중고차 시장에서의 레몬문제를 약화시키는 것과 유사하다. (건강하지 않은 사람들은 고용이 잘 안 될 것이므로 보험회사의 입장에서도 단체보험은 해가 되지 않는다. 이 역시 역선택을 약화시킨다.)

심사 역선택을 줄이는 두 번째 방법은 심사제도이다. 보험회사는 보험금을 청구할 가능성에 대해서 최대한 많은 위험 요인들의 관측을 통해 잠재적 고객들을 심사한다. 예를 들어 생명보험을 사려는 사람들은 건강질문서에 응답해야 하고 혈액 및 소변검사 결과를 제출하며 간혹 종합건강검사 결과까지도 제출해야 한다. 일단 위험이 구매자와 판매자 모두에게 알려지면 고객은 위험수준에 맞는 높은 보험료를 내야 하거나 혹은 보험가입이 거부될 수 있다. 예를 들어 생명보험의 경우 흡연자, 당뇨병 환자, 혹은 고혈압 환자에게는 더 높은 보험료를 받는다. 위험인자에 대한 심사는 예상되는 보험금 청구에 대해 직접적으로 영향을 주는 것에 국한되지 않는다. 만일 당신이 자동차보험을 샀다면 당신의 운전습관에 대해 묻고 운전법규 위반이나 사고의 기록을 조사하는 것 이외에도 보험회사는 우수학생에 대한 할인을 받으려면 학업성적표를 제출하

괴짜경제학

온라인 평가와 정보의 비대칭성

영국의 음식은 한때 좋지 않은 명성을 얻었지만 그것은 이미 오래전 일이다. 특히 런던은 많은 일류 셰프들과 세계에서 가장 훌륭한 레스토랑들을 가진 최고의 도시로 알려져 있다. 얼마 전, 전에는 잘 알려지지 않았던 'Shed at Dulwich'라는 레스토랑이 급부상하여 트립어드바이저 웹사이트에서 (15,000개가 넘는 레스토랑들 중에서) 런던 최고 레스토랑으로 평가받았다. 전 세계의 식도락가들은 런던 중심가에서 남쪽으로 몇 마일 떨어진 곳에 위치한, 이전에는 무명이었던, 핫스팟에 대한 관심으로 어떻게 예약을 할 수 있을까 애쓰면서 떠들썩했다.

예약은 그들이 생각했던 것보다 더 어려웠다. 'Shed at Dulwich'에는 예약가능한 좌석이 없었는데 그 이유는 그곳은 실제로 레스토랑이 아니었기 때문이다. 그곳은 남부 런던 덜위치 근처에 있는 버틀러(Oobah Butler)의 뒷마당 헛간이었다. 그곳은 음식을 제공하지도 않았고 손님을 받지도 않았다. 버틀러는 온라인 평가 사이트가 얼마나 쉽게 조작될 수 있는지, 그리고 사용자들에게 얼마만큼의 영향을 줄 수 있는지를 알아보기 위한 실험의 일환으로 '레스토랑'을 만들었던 것이다. (면도크림이나 식기세척기 세정제와 같은 집안의 물건들로 만든 가짜 메뉴 사진들로 장식한) 가짜 식당 웹사이트를 만든 다음에, 버틀러와 그의 친구들은 가짜 식당의 음식과 분위기의 뛰어남을 격찬하면서 트립어드바이저에 수많은 극찬의 리뷰를 작성하기 시작했다. 결국 그 사이트의 점수 알고리즘은 'Shed at Dulwich'를 런던 최고의 식당에 올려놓게 되었다. 버틀러는 딱 하루 저녁 지금은 유명해진 (그리고 그들은 모르지만 가짜인) 식당의 예약에 성공한 소수의 손님들에게 저녁을 제공하는 것으로 그 프로젝트를 마감했다. 메뉴는 전자레인지에 익혀 먹는 냉동식품과 머그잔에 제공되는 값싼 와인이었다. 손님들은 그 경험을 매우 즐겼다고 전했다.

어떻게 존재하지도 않는 식당이 실제로 그런 돌풍을 일으켰을까? 만일 모든 사람이 모든 장사의 좋고 나쁨을 (혹은 진실을) 이미 알았다면 트립어드바이저와 같은 온라인 평가는 아무 문제가 되지 않는다. 그러나, 특히 대도시에서는, 잠재적인 고객들은 모든 식당, 스파, 그리고 치과의사의 수준에 대해 다 알 수가 없다. 비대칭정보가 존재하는 것이다. 그 결과로 트립어드바이저나 옐프와 같이 많은 사람들이 방문하는 사이트에서의 별 다섯 개의 평가는 사업 평판에 실질적인 도움이 된다. 그리고 별 하나의 평가는 실질적인 피해가 된다. 온라인 평가가 중요한 것이다.

온라인 평가의 한 가지 효과는 좀 더 나은 고객 서비스를 만들어낸다는 것이다. 품질에 대한 정보를 얻는 소비자의 비용이 줄어들면 기업들은 고객들을 좀 더 잘 접대하려는 인센티브를 갖게 된다. 그러나 더 좋은 소비자 접대는 쉬운 일이 아니다. 아마도 고객들을 유인하는 좀 더 쉬운 방법이 있을 것이다. 그것은 어느 세 명의 경제학자가 온라인 호텔 평가의 자료를 조사하여 밝혀낸 것이다.*

저자들은 누구나 평가를 적을 수 있는 트립어드바이저와 오직 지난 6개월 동안 최소 1박 이상 예약을 했던 사람들만 평가를 적을 수 있는 익스피디아에 기록된 호텔 평가를 조사했다. 평가 작성이 알려진 고객들에게만 국한된 것이 아니었기 때문에 트립어드바이저에서는 거짓 평가를 작성하는 것이 쉬웠다. 호텔 자신이 평가를 남겨놓기 시작했던 것처럼 보이며, 자기 호텔에 대한 긍정적인 평가뿐만 아니라 경쟁 호텔에 대한 부정적인 평가도 남겼다. 저자들은 인접한 호텔들에 대한 부정적인 평가가 익스피디아와 비교할 때 트립어드바이저에서 1.9%가 더 높았음을 발견했다. 최악의 공격자들은 독립적인 개인 소유의 호텔들이었다. 만일 당신의 호텔이 이런 부류의 호텔 근처에 위치한다면, 트립어드바이저에서는 부정적인 평가가 평균적으로 6개 더 많지만 익스피디아에서는 아무 차이가 없음을 발견할 것이다.

결국 너무 많은 가짜 평가는 잠재적인 고객들이 어떤 평가가 믿을 만한 것인지 알 수 없게 만들고 따라서 평가 웹사이트는 그 유용성을 (따라서 당신의 소득원을) 상실하게 됨을 의미한다. 호텔이 이웃 호텔에 대해 통렬하지만 거짓인 평가를 적는다면, 그런 일은 이웃의 평가에 해를 끼칠 뿐만 아니라 평가 사이트의 평판에도 해를 끼친다. 익스피디아가 예약하지 않은 사람들에게 평가를 남길 수 없도록 한 이유가 바로 이것이다. 트립어드바이저는 검증할 수 있는 고객들에게만 평가를 남길 수 있도록 하지는 않지만 거짓 평가를 가려내기 위해 오래된 조사 방법과 컴퓨터를 이용한 검색 방법을 이용하고 그런 행위에 대해 등급 강등으로 벌을 주고 있다.

* Dina Mayzlin, Yaniv Dover, and Judith Chevalier, "Promotional Reviews: An Empirical Investigation of Online Review Manipulation," *American Economic Review* 104, no. 8 (August 2014): 2421–2455.

라고 요청했을 수도 있다. 비록 학업성적이 운전과 직접적인 관련은 없지만 우수한 학업성적은 낮은 사고율과 관련된다는 것이 역사적인 데이터에 나타난 현상이기 때문이다. 보험회사는 가능한 많은 관측가능한 위험요소를 고려해서 보험료를 책정하기를 원한다. (물론 모든 관측가능한 위험요소와 실제 보험료 청구의 관계는 평균적인 것이며 개인별로 성립하는 것은 아니다.)

보험 적용 거부 보험회사는 또한 특정 위험요소를 가진 사람들에게 보험 적용을 거부함으로써 역선택을 회피할 수 있다. 과거에는 건강보험은 보험에 가입할 당시 이미 존재하고 있었던 건강 상태들에 대해서는 보험을 적용하지 않는 것이 허용되었다. 만일 당신이 아프고 난 이후에 보험에 가입할 수 있다면 많은 사람들이 미리 보험을 사려고 하지 않을 것이다. 보험회사는 수입은 적으면서 막대한 보험금 지급을 해야 한다. 이런 것이 보편화되면 건강한 사람이나 아픈 사람이나 누구든 보험 적용을 받을 수 없게 될 것이다.

이런 문제는 'Affordable Care Act'(오바마케어 혹은 ACA라고 알려진 법안)의 '이미 존재하는 건강 상태'와 원래의 '강제'조항의 조합, 그리고 그 배경이 된 매사추세츠 건강보험 법률의 이면에 있는 경제학을 설명한다. ACA의 최초안에는 보험회사가 누구든지 보험가입 거부를 할 수 없고 모든 사람은 누구나 의료보험을 사야 하는 것을 강제화하는 조항들이 포함되어 있었다. 거부금지 조항은 과거에도 그리고 현재까지도 미국인들에게는 보편적이다. ACA 이전에는 건강보험을 사고 싶어도 이미 존재하는 건강상황 때문에 보험을 사지 못한 사람들이 매우 많았다. 반면에 강제 가입조항은 보편적이지 못했다. (사실 이 조항은 2019년부터 발효된 새로운 조세법의 통과와 함께 삭제되었다.) 논란의 여지는 있지만, 강제조항은 극단적인 역선택 문제의 가능성을 해소하는 데 도움을 준다. 강제조항은 정부가 주도한 단체보험과 매우 흡사하다. 모든 사람이 보험을 사게 하는 것은 역선택을 완전히 제거함으로써 역선택 문제를 해결한다. 강제조항하에서는 평균적인 보험 고객은 전체 모집단의 평균 위험수준을 갖는다. 이는 바로 모든 주정부가 모든 운전자에게 강제로 자동차보험을 들도록 강제하는 이유이다. 강제조항이 없으면 거부금지 조항은 사람들이 정말로 보험을 사는 것이 필요할 때까지 기다릴 수 있음을 의미한다. 이는 막대한 잠재적인 역선택의 문제를 드러낸다. 이것이 거의 모든 주에서 운전을 하는 운전자들에게 보험 구매가 강제화된 한 가지 이유이다.

요약 이러한 방법 및 기타 유사한 것들은 이미 살펴본 공급자 측 제도들과 같은 이유로 보험시장에서의 역선택을 완화한다. 이런 방법들이 없다면 비대칭정보는 거래에서 얻을 수 있는 막대한 이익을 파괴할 수 있다.

 응용 신용카드에서의 역선택

수요자 측면의 역선택은 대출시장에서 보편적인 현상이다. 돈을 빌려주는 사람이 관측하기 어려운 더 큰 신용위험에 있는 사람들은 여러 가지 이유에서 더 많이 신용대출을 받고자 한다. 그들의 위험한 금융행위가 그들로 하여금 돈이 절박하게 필요하도록 만들 수도 있다. 이러한 경우에 대출을 신청하는 차용자들은 시장에서의 잠재적 차용자들의 평균적인 위험을 갖지 않는다. 그들은 더 위험이 큰 차용자들이다. 더욱이 이 같은 위험에 대비하기 위해 이자율을 높인다면 덜 위험한 고객들은 시장에서 밀려나게 되고 따라서 잠재적 차용자들은 더 위험한 집단이 된다.

아가왈 등 세 명의 경제학자가 신용카드 시장에서 일련의 실험을 통해 이러한 가설을 검증해보았다.[6] 실험에서는 대형 금융기관들이 잠재적 고객들에게 새로운 신용카드를 제안하는 우편

---

6 Sumit Agarwal, Souphala Chomsisengphet, and Chunlin Liu, "The Importance of Adverse Selection in the Credit Card Market: Evidence from Randomized Trials of Credit Card Solicitations," *Journal of Money, Credit and Banking* 42, no. 4 (June 2010): 743-754.

을 보냈다. 제안들은 무작위로 서로 달랐는데 어떤 것들은 좀 더 유리한 금융조건들을 포함했다. 연구자들은 우편을 받고 신청서를 보낸 사람들은 그렇지 않은 사람들보다 현저하게 신용이 더 나쁜 사람들임을 발견했다. 이 결과는 비록 실험 대상자들이 위험도가 낮은 집단들로 구성되었음에도 불구하고 시장에서 역선택이 일어나고 있음을 의미한다. 더욱이 연구자들이 여러 가지 제안들에 대한 응답자들의 신용위험을 조사했을 때 그들은 이자율이 높은 제안에 (즉 차용인들에게 더 비싼 제안에) 대해 신청한 사람들이 이자율이 낮은 제안에 대해 신청한 사람들보다 더 위험수준이 높음을 알게 되었다. 시장에 역선택이 존재할 뿐만 아니라 신용대출의 조건이 차용자에게 불리할수록 역선택은 더 심각해졌다.

연구자들은 은행이 카드발급을 승인한 차용자들의 신용경력을 추적해보았다. 비록 승인은 카드 소지자들이 은행의 신용 심사과정을 통과했음을 의미하지만, 연구자들은 가장 불리한 조건으로 카드를 발급받은 사람들이 일단 카드를 쓰기 시작하면 가장 카드대금 지급을 연체할 가능성이 높음을 발견했다.

신용이 '좋다'고 판단되는 고객집단 내에서도 신용카드 시장에서의 역선택은 존재한다. 신용이 위험한 고객들로부터의 손실을 만회하기 위해 이자율을 높이는 것은 문제를 더 악화시킬 뿐이다. 시장에 이러한 문제가 존재한다는 것은 카드사가 자신들을 더 위험한 사람들로부터 구별할 수 없기 때문에 신용카드를 발급받지 못하는 사람들이 존재함을 의미한다. ■

16.2 도덕적 해이

시장에서 문제를 야기할 수 있는 또 하나의 정보의 비대칭성은 도덕적 해이다. **도덕적 해이** (moral hazard)는 거래에 참여한 한쪽이 다른 쪽의 행동을 관측하지 못할 때 발생하는 상황이다. 여기서 '행동'이라는 단어가 중요하다. 도덕적 해이는 어떤 경제적 관계가 형성된 이후 (즉 보험이 팔리고 난 이후, 계약이 성사된 이후, 근로자가 회사에 고용된 이후 등) 한쪽이 어떻게 행동하는지에 관한 것이다.

도덕적 해이 문제의 두드러진 예는 사기이다. 당신의 차를 수리하기 위해 정비사에게 돈을 지급했는데, 정비사는 당신이 그 사실을 알아내지 못할 것이라 기대하고 실질적인 수리도 하지 않은 채 돈만 챙겼다고 가정하자. 그는 자신의 행동이 관측되지 못한다는 사실을 믿었던 것이다. 만일 당신이 차 수리가 되었는지 볼 수 없다면, 차의 성능만을 가지고 정비가 잘 되었는지 판단하는 것은 어려운 일이다. 차의 성능이 좋아지지 않은 것은 수리가 되지 않았음을 의미할 수도 있지만 정비사가 수리를 제대로 했음에도 차의 성능이 좋아지지 않는지를 설명할 진짜 이유들도 존재할 수 있다.

사기가 아니더라도, 여러 가지 도덕적 해이의 상황들은 악의가 덜 한 것이긴 하지만 여전히 잠재적으로는 시장에 피해를 준다. 보험시장은 역시 이러한 많은 경우를 제공한다. 우리는 보험을 사려는 사람들의 관측할 수 없는 위험도와 관련된 보험에서의 역선택을 살펴보았다. 도덕적 해이는 다르다. 도덕적 해이는 보험이 개인의 행동에 미치는, 특히 이미 보험에 가입하고 나면 보험금을 청구하게 되는 상황을 피하려는 노력을 더 적게 기울이게 되는 효과와 관련된 것이다. 따라서 도덕적 해이는 보험회사에게는 보험계약이 체결된 이후의 걱정거리가 된다.

도덕적 해이
경제적 거래에서 한쪽 당사자가 다른 쪽 당사자의 행동을 볼 수 없는 경우에 발생하는 상황

극단적인 도덕적 해이의 예

한 가지 예가 이 점을 분명하게 해줄 것이다. (요점을 드러내기 위해 과장되었다.) 영화 제작사가 만일 어떤 영화의 판매가 일정 수준에 도달하지 못할 때 정해진 총매출을 보장해주는 '매표소 보험'을 살 수 있다고 가정해보자. 더 많은 적용 범위, 즉 더 높은 매출 보장을 원하는 제작사는 더 높은 보험료를 내고 그것을 살 수 있다.

이런 보험은 가치가 있을 수 있다. 영화 수입은 예측불가능하다. 제작사는 많은 이유 중에서도 특히 미래의 계획을 위해서도 좀 더 고정적인 수입을 선호할 것이고 위험성이 높은 영화는 만들어지지 않을 가능성이 높다. 보험회사도 이러한 보험을 파는 것에 원칙적으로는 매력을 느낄 수 있다. 보험회사들이 충분히 많은 영화들에 자신의 위험을 분산시킨다면 성공한 영화로부터 큰 수입을 얻어 실망스러운 영화에 대한 보험금 지급을 하고도 이윤을 남길 수 있을 것이다.

그러나 도덕적 해이가 있다. 이런 보험에 의해 보호받는 제작사가 직면한 의사결정을 생각해보자. 보험을 샀을 때 영화는 아직 제작되지 않았다고 가정하자. 제작사는 어떤 영화를 만들든지 이미 일정한 총수입을 보장받고 있다. 따라서 제작사는 가능한 한 낮은 예산으로 영화를 만들려고 할 것이다. 제작사는 영화 제작에 아무런 돈도 쓰지 않은 채 보장된 수입을 얻게 될 것이다. 보험계약이 영화 제작 이후에 체결되었더라도 제작사는 영화를 홍보할 아무런 인센티브도 갖지 못한다.

물론 이것은 핵심을 설명하기 위해 만들어진 다소 우스꽝스러운 예지만 이런 힘들이 많은 시장에서 작동하고 있다. 그림 16.1은 도덕적 해이가 좀 더 일반적으로 어떻게 발생하는지를 보여준다. 그림은 잠재적 피보험자의 '좋은' 결과가 나올 가능성을 높이는 행동을 취하는 데 따른 한계편익과 한계비용을 나타내고 있다.

우리가 '좋은' 결과라고 부르는 것은 특정한 상황들에 의존한다. 여기에는 매표소에서의 매출이 높은 것, 운전자가 사고를 내지 않는 것, 건강이 나빠지지 않는 것 등이 포함될 수 있다. 그러나 이러한 좋은 결과를 얻을 가능성을 높이는 행동들에는 반드시 비용이 수반된다. 그런 행동들은 훌륭한 배역과 스태프들을 고용하고 탄탄한 영화 홍보 계획을 세우는 등의 재정적 지출

그림 16.1 보험시장에서의 도덕적 해이

보험이 없는 시장에서는 잠재적 피보험자는 좋은 결과의 가능성을 높이기 위해서 추가적인 노력을 기울이는 데 따른 한계편익 MB가 그에 따른 한계비용 MC와 같아지는 A^*점까지 노력을 기울인다. 만일 완전보험에 가입하면 MB는 MB_{FI}로 이동하고 피보험자는 좋은 결과를 얻기 위한 어떤 행동도 하지 않게 된다. 만일 보험이 단지 부분보험이라면 MB는 MB_{PI}로 이동하고 피보험자는 A_{PI}^* 수준의 행동(노력)을 선택한다.

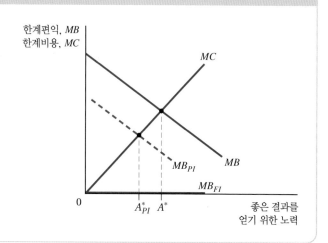

을 포함할 수도 있고, 항상 조심스럽게 운전을 하고 운전하면서 친구에게 문자를 보내고 싶은 유혹을 참아야 하고, 잘 먹고 정기적으로 운동을 하는 등의 노력을 수반한다. 이러한 종류의 노력을 조금 더 기울이는 데 요구되는 돈과, 노력으로 표시된 비용이 그림 16.1에서 한계비용 MC 로 표시되어 있다. 이러한 한계비용은 증가함을 가정하자. 이러한 가정은 현실적이다. 좋은 영화를 만들거나 부주의한 운전을 하지 않기 위해 들이는 최초의 노력은 아마도 그다지 어렵지 않고 따라서 큰 비용이 들지 않는다. 그러나 쉬운 노력들을 한 후에는 결과를 좋게 만들기 위해 더 많은 노력을 하는 일은 점점 더 인내를 필요로 하고 비용이 많이 든다.

이러한 노력들의 편익은 좋은 결과가 나왔을 때 잠재적 피보험자가 얻는 이익이다. 따라서 한계편익은 추가적인 노력이 만들어내는 좋은 결과(혹은 좋은 결과가 나올 확률)의 증가분이다. 그림 16.1에서 한계편익은 MB로 표시되어 있으며 노력이 증가할수록 감소한다고 가정한다. 왜냐하면 좋은 결과를 만들어내기 위해 취한 노력은 수확체감을 나타낼 가능성이 높기 때문이다.

보험이 없는 시장에서 잠재적 피보험자는 A^*점까지 노력을 기울인다. 이 점에서 추가적인 노력을 기울이는 데 따른 한계편익은 그에 따른 한계비용과 같아진다. 이 점보다 노력을 더 많이 하거나 더 적게 하면 순편익은 줄어든다. A^*보다 낮은 수준의 노력은 비용이 절감되는 것보다 더 큰 편익의 손실을 초래한다. A^*보다 높은 수준의 노력은 편익의 증가보다 더 큰 비용을 발생시킨다.

이제 나쁜 결과에 대비하여 보험을 들었다고 가정하자. 만일 영화가 실패하거나, 자동차 사고를 당하거나, 혹은 건강하지 못한 행동으로 인해 치료를 받게 되었다면 보험이 작동하기 시작한다. 만일 보험이 완전보험이었다면, 즉 보험금이 충분히 지급되어 피보험자가 나쁜 결과가 아니라 좋은 결과를 얻었을 때와 동일한 수준의 후생을 보장받는다면, 좋은 결과를 얻으려는 노력에 따른 한계편익은 0이 된다. 보험에 든 사람은 어떤 결과가 발생하든지 상관없이 동일한 만족을 누린다. 이런 경우 그림 16.1에서 한계편익곡선은 (완전보험에 해당되는) MB_{FI}로 이동한다. 완전보험하에서는 좋은 결과의 가능성을 높이려는 노력이 가져다주는 한계편익이 0이므로 그 곡선은 x축과 같아진다. 이런 경우에는, 아무리 간단한 노력이라 할지라도 그 한계비용은 한계편익보다 크기 때문에 피보험자는 좋은 결과를 얻으려는 어떤 노력도 하지 않는다. 이러한 결과는 보험금을 지급해야 할 가능성이 더 높아짐을 의미하므로 보험회사에게는 끔찍한 것이다.

완전보험이 아니라도 나쁜 결과가 발생했을 때 돈을 지급하는 보험의 존재는 좋은 결과를 얻으려는 노력에 대한 피보험자의 한계편익을 감소시킨다. 보험회사가 얼마를 지급하든지, 그것은 나쁜 결과가 보험이 없었을 때만큼 나쁘지는 않다는 것을 의미한다. **부분보험**의 상황에서 한계편익곡선은 그림 16.1의 MB_{PI}와 같은 곡선이 된다. 이런 경우, 피보험자는 여전히 좋은 결과를 얻기 위해 노력하지만 보험이 없었을 경우보다는 적은 노력만 기울인다. 구체적으로 피보험자는 한계비용이 낮아진 한계편익과 같아지는 A_{PI}^* 수준의 노력을 기울인다. 따라서 나쁜 결과가 발생할 가능성은 보험에 가입하지 않았을 경우보다는 더 높아지는 것이다.

이러한 경우들은 보험에서의 도덕적 해이를 잘 보여준다. 나쁜 결과에 대비하여 보험에 들었다는 것은 피보험자로 하여금 나쁜 결과가 발생할 가능성을 높일 행동을 하게 만든다. 예를 들어 매표소의 낮은 실적으로 인한 손실이 보험으로 인해 사라진다면, 피보험자는 매표소의 낮은 매출을 방지할 동기를 갖지 못한다. 혹은 당신이 자동차 사고가 났을 때 수리비의 일부가 보

예제 16.2

송이와 민준은 카페를 소유하고 있는데 영업의 특성상 주방에서 화재가 발생할 위험을 안고 있다. 이러한 화재의 위험은 소방기구의 구입 등과 같이 사전 주의를 기울이거나 혹은 종업원들에 대한 안전교육을 늘림으로써 그 가능성을 줄일 수는 있다. A는 화재예방의 노력이라고 할 때, 이러한 사전 주의 노력에 따른 한계비용은 $MC = 80 + 8A$이며 한계편익은 $MB = 100 - 2A$이다.

a. 만일 카페가 보험에 가입하지 않았다면 송이와 민준이 선택하는 최적 노력 수준은 얼마인가?

b. 이제 카페가 보험에 가입해 한계편익이 $MB = 90 - 4A$로 낮아졌다고 하자. 최적 노력 수준은 어떻게 변하는지 설명하라.

풀이

a. 보험이 없을 때 최적 주의 수준은 $MB = MC$일 때 결정된다.

$$100 - 2A = 80 + 8A$$
$$10A = 20$$
$$A = 2$$

b. 보험이 있으면 주의를 기울이는 데 따른 한계편익이 $MB = 90 - 4A$로 떨어진다. 그에 따라 최적 주의 수준도 낮아진다.

$$MB = MC$$
$$90 - 4A = 80 + 8A$$
$$12A = 10$$
$$A = 0.83$$

보험이 있으면 최적 주의 수준은 낮아진다. 만일 화재가 발생하면 카페의 주인들은 보험으로 인해 작은 피해만을 입는다. 따라서 주인들이 화재를 예방할 인센티브는 낮아진다.

험에서 지급된다는 사실을 알면, 운전할 때 좀 덜 주의를 기울이게 될 것이다. 이러한 행동들은 보험회사가 보험금을 지급해야 할 가능성을 높인다.

도덕적 해이 문제에서 비대칭정보의 역할은 보험회사가 피보험자의 행동을 관측하고 검증할 능력이 없다는 데서 비롯된다. 만일 보험회사가 피보험자가 취해야 할 행동들을 명시하고 피보험자가 그것들을 이행했는지를 관측할 수 있다면 도덕적 해이는 별문제가 되지 않는다. (이 점에 대해서는 다음 절에서 더 언급할 것이다.) 예를 들어 매출에 대한 보험을 판 보험회사는 배우와 스태프들, 최소예산, 방영시간, 홍보비용 등과 같이 영화 제작에 대한 요구사항을 명시할 수 있다. 그러나 실제적인 문제로서 영화의 매출에 영향을 주는 제작사의 모든 행동을 관측하고 검증하는 것은 불가능한 일이다. 따라서 도덕적 해이 문제는 항상 어느 정도 존재한다. 제작사의 행동의 많은 부분이 검증할 수 없는 것이기 때문에, 도덕적 해이의 문제는 영화 매출 부진에 대한 보험시장이 존재할 수 없도록 만들 것이다.

보험시장에서의 도덕적 해이 사례

현실에서의 보험시장에는 도덕적 해이가 많이 존재한다. 미국의 국가홍수보험프로그램 (National Flood Insurance Program)은 집주인들로 하여금 물에 너무 가깝게 집을 짓도록 (혹은 다시 짓도록) 유도한다. 이 정책은 미국 정부에 의해 관리되며 홍수에 의한 집의 피해를 보상해준다. (민간보험은 이러한 손해를 거의 보상해주지 않는다.) 그러나 이 프로그램은 보험료와 위험을 잘 조화시키지 못하고 있다. 이전에 막대한 보상을 받았던 사람조차도 상대적으로 싼 가격으로 다시 보험에 가입할 수 있다. 예상하는 것처럼 자신의 집이 폭풍이나 해일이 발생한 경우에도 완벽하게 보험으로 보상받을 수 있다는 것을 안다면 피해에 취약한 지역에 집을 짓는 일을 망설일 이유는 전혀 없다. 폭풍으로 몇 번이나 반복적으로 피해를 입고도 같은 자리에 다시 집을 지은 집에 대해서도 보험금이 지급된 사례도 다수 존재한다. 미국회계감사원은 이러한 프로그램에 의해 보상을 받은 주택의 1%는 반복적인 손실을 경험했는데 그 보상금은 총지급액의 25~30%에 이른다고 밝혔다.[7]

자동차보험회사는 항상 피보험자의 관측되지 않는 운전습관에 대해 걱정한다. 보험은 보통 운전 강도에 의해서가 아니라 일정 기간별로 요금이 정해진다. 가끔은 주행거리에 대해 대략적인 보험료 조정이 적용되긴 하지만 그것도 실제 주행거리가 아니라 피보험자가 보고한 '상징적인' 주행거리에 근거한다. 더욱이 급격한 출발과 정지 혹은 앞차에 바짝 붙여 운전을 하는 등 사고의 가능성을 높이는 과격한 운전에 대한 보험료 조정은 없다. 일단 보험의 적용을 받기만 하면 운전자는 더 많은 주행거리를 운전하거나 혹은 과격하게 운전함으로써 보험회사에게 전가하는 한계비용을 모두 부담하지 않아도 된다. 따라서 운전자들은 사고의 가능성을 높이는 행동을 피할 인센티브를 거의 갖지 못하게 된다.

직업을 잃은 사람들에게 잃어버린 급여의 일부분을 보상해주는 실업보험은 역시 실업자들이 새로운 일을 찾을 인센티브를 약화시킨다. 실업급여가 수여자가 적극적으로 일자리를 찾는 것과 연계되어 있긴 하지만, 그 프로그램을 주도하는 공무원들은 급여를 받는 사람들이 실제로 얼마나 일자리를 찾기 위해 노력하는지를 관측할 수 없다. 인터뷰를 통해 얼마나 직업을 찾는 노력을 했는지를 알기는 명백히 어려운 일이다.

보험시장 밖에서의 도덕적 해이

도덕적 해이의 문제는 보험시장에만 국한된 것이 아니다. 금융시장에서는 돈을 빌리는 사람과 빌려주는 사람 사이에서도 발생할 수 있다. 빌려주는 측은 종종 특정 목적에 사용하도록 자금을 빌려준다. 어떤 사람이 새로운 설비투자를 위해 자금을 빌려달라고 부탁했다고 가정하자. 그러나 일단 자금이 생기면 그는 다른 데에 그 돈을 쓰는 것이 더 매력적이라고 생각할 수 있다. 아마도 멋진 고가구로 치장된 사무실에 더 끌릴 수도 있다. 돈을 빌린 사람이 고가구를 구입하는 데 자금을 사용하고 설비구입 비용을 줄인다면, 그리고 빌려준 사람은 자금이 어떻게 사용되었는지 충분히 관측할 수 없다면 도덕적 해이 문제가 발생한다. 자금의 일부를 비생산적인 고가구 구매에 사용하고 나머지 돈만을 생산적인 자본에 사용했다면, 돈을 빌린 사람은 자금을 갚을 수 있는 가능성을 떨어뜨린 것이 된다. 이는 돈을 빌려준 사람에게는 나쁜 소식이다. 이런 문제는 돈을 빌려준 사람이 돈을 빌린 사람은 그 자금을 어떻게 사용하는지를 정확히 관측할 수 없다는 데서 비롯된다.

2008년의 금융위기에 대한 정책대응과 관련한 의견들은 도덕적 해이에 관한 걱정들을 포함하고 있다. 전 세계의 정부들은 은행과 다른 금융기관들에게 금융 시스템의 붕괴를 모면하기 위해 긴급자금을 제공하였다. 그러나 위기 때 정부가 개입할 것을 안다면 은행들이 미래에 지나치게 위험한 행동을 하도록 유도할 것이라는 우려가 있다. 그들의 베팅이 실패해도 은행들이 어떻게든 도움을 받을 것이라면 왜 위험을 감수하지 않을 것인가? 이러한 시나리오는 보험시장

---

7 Government Accountability Office, "National Flood Insurance Program: Continued Actions Needed to Address Financial and Operational Issues," Statement of Orice Williams Brown, September 2010.

밖에서 일어난 일이지만 보험회사가 직면한 도덕적 해이의 문제와 많은 점에서 유사하다. 여기서는 납세자들이 바로 보험회사인 것이다. 만일 금융기관들이 일이 잘못되었을 때 정부로부터 긴급자금 지원을 받을 것을 안다면, 그들은 본질적으로 그런 결과에 대비하여 보험에 가입해 있는 것이다. 따라서 그들은 나쁜 결과를 피하기 위한 노력(덜 위험한 행동을 하는 등의 노력)을 덜 하게 된다.

관측되지 못한 행동은 노동시장에서도 중요한 역할을 한다. 고용주는 근로자들의 모든 행동을 관측하지 못한다. 근로자들은 근무시간 중에 인터넷 검색이나 동료들과의 수다와 같은 회사의 이익을 극대화하지 않는 일들을 하고 싶어 할지도 모른다. 고용주는 근로자들의 행동을 관측할 수 없음에도 불구하고 어떻게 그들을 일에 전념하게 만들 수 있는지에 대해 어려움을 느낀다. 고용주-근로자의 관계는 공장장과 현장근로자의 관계부터 주주와 기업의 최고경영진의 관계에 이르기까지 모든 경영자-종업원의 관계에 적용된다. 사실 이러한 이슈들을 다루는 경제학의 특별한 분석이 존재하는데 그것을 주인-대리인 관계라고 부른다. 이에 대해서는 이 장의 뒷부분에서 자세히 다루기로 하자.

도덕적 해이를 완화하는 방법

역선택과 레몬문제와 마찬가지로 도덕적 해이를 줄이기 위해 몇몇 시장의 장치들이 만들어졌다. 앞에서 암시한 것처럼 보험시장을 위한 한 가지 가능성은 보험회사가 보험의 적용을 받기 위한 조건으로서 피보험자가 수행해야 하는 일정한 행동들을 규정하는 것이다. 예를 들어 손해보험회사들은 보험에 가입된 건물들에 화재감지기 및 화재진압 장비들을 설치하고 유지 관리할 것을 요구할 수 있다. 이들 보험회사들은 이러한 규칙들이 이행되고 있는지 확인하기 위해 조사원을 파견할 수 있다. 많은 생명보험회사들은 피보험자가 자살을 하면 보험금을 지급하지 않는 조항을 설정하고 있다.

이러한 접근 방법들은 피보험자가 해야 할 일들을 규정하고 감시함으로써 도덕적 해이 문제를 직접적으로 회피하고자 한다. 즉 이런 방법들은 피보험자의 행동이 완전하게 관측가능한 것은 아니지만, (보험회사가 피보험자의 행동을 관측하고 검증할 수 있는 능력을 가지고 있다는 가정하에) 보험회사의 지출에 막대한 영향을 주는 핵심 행동들은 계약에 의해 규정될 수 있다는 사실에 주목한다.

연관된 접근 방법은 보험회사가 피보험자에게 위험을 줄일 행동을 할 인센티브를 주는 것이다. 집주인은 화재감지기나 고성능 자물쇠를 설치하면 보험료 할인 혜택을 받는다. 담배를 끊은 사람들에게는 생명보험의 보험료가 낮아진다. 자동차보험은 사고경력이 없는 사람들에게 보험료를 할인해준다. 보험회사는 피보험자와 보험자의 인센티브를 일치시킴으로써 도덕적 해이를 줄일 수 있다. 이는 보험에 가입한 사람들에게 약간의 '게임의 판돈'을 줌으로써 이루어진다. 즉 보험회사와 피보험자의 이익을 같게 묶는 방법이다. 예를 들어 보험회사는 공제제도(deductible)를 적용할 수 있는데 이는 보험회사가 보험금을 지급하기 전에 피보험자가 자기 주머니에서 초기 비용을 지급하도록 하는 것이다. 보험회사는 고객도 비용의 일부를 부담하는 공동부담(copayment)을 의무화할 수도 있다. 즉 보험회사는 배상의 일부에 대해서만 책임을 지는 것이다.

이러한 방법들은 보험시장에 대한 도덕적 해이의 영향을 줄여줌으로써 보험시장의 존재로 인한 경제적 이득을 상당한 정도 보호한다. 그러나 이러한 방법들에 의해 약화되긴 해도 도덕적 해이는 여전히 시장의 구조에 영향을 줄 수 있다는 점을 기억하는 것이 중요하다.

16.3 주인-대리인 관계에서의 비대칭정보

주인-대리인 관계(principal-agent relationship)는 주인과 대리인 간에 비대칭정보가 관여된 경제적 거래상황인데 주인이 대리인의 행동을 완벽하게 관측할 수 없는 경우이다. 좀 더 구체적으로 말하자면, 한쪽(주인)이 다른 쪽(대리인)을 고용하여 어떤 일을 수행토록 하는데 주인이 대리인의 행동을(혹은 가끔은 대리인이 가진 정보를) 완벽하게 관측할 수 없기 때문에 비대칭정보의 문제를 갖는 경우에 늘 발생하는 상황이다. 이 같은 비대칭정보가 주인과 대리인의 개인적 이해관계가 일반적으로 일치하지 않는다는 사실과 결합되면 상황은 흥미로워진다.

 주인-대리인 관계의 예는 너무나도 많다. 가장 보편적이며 동시에 이 절에서 다룰 것은 고용주와 종업원 간의 관계이다. 고용주는 종업원이 어떤 일을 수행하기를 원한다. 종업원은 일을 하고 보수를 받기 원하지만 고용주가 원하는 만큼의 강도와 종류의 일을 하는 것을 선호하지는 않을 것이다.

 고용주(갑)의 선호와 종업원(을)의 선호 간 괴리는 그 자체로는, 그리고 그것만으로는 문제가 되지 않는다. 양측은 을이 갑이 정한 일을 수행하거나 정보를 제공하면 보수를 지급한다는 고용계약을 체결할 수 있다. 을은 갑이 원하는 대로 일하려는 강한 인센티브를 갖게 될 것이고 갑은 을이 요구된 일을 기꺼이 수행하기에 충분한 보수를 지급하면 된다. 문제는 정보의 비대칭성으로 인해 을이 요구된 일을 수행했는지를 갑이 결코 확실히 알 수 없다는 사실에 있다. 갑은 단지 을의 업무 성과에 대한 불완전한 정보만을 가지고 을이 책임을 다했는지를 최대한 추론해 내야 한다. 예를 들어 갑은 매출을 보고 을이 얼마나 열심히 일했는지 알 수는 없다. 을이 열심히 일을 하지 않았을 수도 있지만 다른 원인들이 매출을 높였을 수도 있다. 혹은 을이 열심히 일을 했음에도 불구하고 다른 요인들이 매출 하락을 초래했을 수도 있다. 매출이 을의 노력과 관련되어 있지만 관련이 없는 요인들에 의해서도 영향을 받는다. 매출은 갑이 을의 실제 노력을 평가하는 불완전한 수단일 뿐이다.

 이러한 논리는 다른 형태의 주인-대리인 관계에도 적용된다. 회사의 주주(주인)들은 CEO가 회사의 시장가치를 극대화하기 위해 노력하기를 원한다. 그러나 CEO는 예를 들어 커다란 제트비행기와 같은 회사의 자원을 개인적 특혜를 위해 이용하려 한다. 만일 이러한 지출들이 정당한 것인지가 분명하지 않다면―회사의 제트비행기는 시간을 절약할 수도 있다―주주들은 경영진이 주주의 이익을 위해 일하고 있는지를 확신할 수 없게 된다.

 보험회사와 피보험자가 직면한 도덕적 해이 문제도 주인-대리인 관계로 모형화될 수 있다. 보험회사(주인)는 피보험자(대리인)가 위험을 줄이는 행동을 하기 바란다. 일반적으로는 보험회사가 이러한 모든 행동을 관측할 수 없기 때문에 주인-대리인 문제가 존재한다.

 이러한 상황에서 주인은 무엇을 할 수 있을까? 주인은 대리인이 주인이 원하는 행동을 하는 것이 자신에게 가장 큰 이익이 되도록 인센티브를 만들어야 한다.

주인-대리인과 도덕적 해이 : 사례

간단한 예를 들어보자. 쇼핑센터 내에 있는 작은 이동전화 대리점의 하루 이윤은 불확실하지

주인-대리인 관계
고용된 대리인의 행동을 주인이 충분히 확인할 수 없다는 의미에서, 양자 간의 정보비대칭으로 특징지어지는 경제적 거래

만 유일한 종업원인 민준이 열심히 일을 했을 때 더 높아진다고 가정하자. 민준이 일을 열심히 하면 이윤은 80%의 확률로 1,000달러, 그리고 나머지 20%의 확률로 500달러가 된다. 그와 반대로 민준이 친구와 문자를 하면서 게으름을 피울 수도 있는데 그 경우 이윤은 20%의 확률로 1,000달러이고 80%의 확률로 500달러가 된다. 민준은 열심히 일하기를 원치 않으며 열심히 일하려면 적어도 150달러를 받아야 한다. 그렇지 않다면 민준은 온종일 친구들과 채팅을 하며 지낼 것이다.

대리점 주인인 송이는 민준의 보수를 어떻게 정해야 할까? 주인-대리인 문제의 근원은 주인이 종업원의 노력을 완전하게 관측할 수 없다는 것임을 기억하라. 아마도 송이가 대리점을 온종일 감시하는 것은 너무 비용이 많이 들거나 혹은 민준의 노력은 다른 이유에서 송이에게 즉각적으로 명백하게 보이지 않을 수도 있다. 그렇지 않다면 송이는 민준에게 열심히 일할 것을 요구한 후 민준이 그렇게 하면 150달러를 주면 된다. 민준은 자신의 노력의 비용을 충분히 보상받기 때문에 이러한 제안을 받아들일 것이다. 송이 역시 이러한 제안을 좋아하는데 왜냐하면 민준으로 하여금 열심히 일을 하도록 만들면 기대이윤이 600달러(0.2×\$1,000+0.8×\$500)에서 900달러(0.8×\$1,000+0.2×\$500)로 300달러가 증가하지만 그에 따른 비용은 최대 150달러이기 때문이다.

그러나 민준의 노력이 관측가능하지 않다면 그의 보수는 그가 얼마나 열심히 일했는지에 따라 결정될 수 없다. 민준에게 단순히 150달러의 보수를 제안하는 것은 해답이 아니다. 민준은 열심히 일하는 데는 비용이 따르지만 그가 노력을 하든 하지 않든 간에 동일한 보수를 받을 것이므로 게으름을 피우는 것을 선택할 것이다.

그러나 송이가 할 수 있는 것은 민준의 보수를 그의 노력과 관련이 있는 무언가, 즉 대리점의 이윤과 연결하는 것이다. 민준이 열심히 일을 함으로써 대리점의 이윤이 (따라서 보수가) 높아질 가능성에 영향을 줄 수 있으므로 이러한 제안은 민준으로 하여금 열심히 일할 인센티브를 갖게 만들 수 있다. 물론 열심히 일하는 데 따른 추가적인 임금은 추가적인 노력에 대한 충분한 보상이 될 만큼 높아야 한다.

송이가 민준에게 다음과 같은 제안을 했다고 생각해보자. 대리점의 이윤이 높으면(즉, 1,000달러) 255달러를 주고 낮으면(500달러) 0달러를 준다. 민준의 선택을 생각해보자. 만일 열심히 일하면 255달러를 받을 확률이 80%이고 0달러를 받을 확률이 20%이다. 따라서 기대보수는 204달러(0.8×255+0.2×0)이다. 그러나 이런 노력에는 150달러에 해당하는 비용이 수반된다. 따라서 열심히 일하는 것의 순기대보수는 54달러가 된다. 게으름을 피우면 민준은 80%의 확률로 0달러를 받고 20%의 확률로 255달러를 받아 기대보수는 51달러가 된다. 민준이 게으름을 피우면 노력의 비용이 들지 않으므로 게으름에 따른 순기대보수는 51달러이다. 따라서 이러한 보상패턴하에서 민준은 열심히 일하는 것을 선택할 것이다.

송이 역시 이러한 새로운 계획을 좋아한다. 민준이 열심히 일할 때 대리점의 기대이익은 그렇지 않을 때보다 300달러가 더 높아졌다. 송이는 민준이 열심히 일할 때 평균적으로 204달러(0.8×255+0.2×0)의 보수를 지급하게 되므로 송이의 이익은 96달러만큼 높아진다.

주인인 송이는 대리인인 민준을, 비록 그의 노력수준을 관측할 수 없어도, 열심히 일하게 만들 수 있다. 핵심은 관측불가능한 노력과 연관된 관측가능한 사건이 일어났을 때 (즉 민준이 열심히 일을 해서 이윤이 높아졌을 때) 민준에게 더 높은 보수를 지급해야 한다는 점이다. 대리인의 보수를 주인이 원하는 결과와 연결함으로써 주인은 대리인의 인센티브를 자신의 인센티브와 같게 만드는 것이다.

더 일반적인 주인-대리인 관계들

송이-민준의 예는 간단하다. 높은 이윤과 낮은 이윤 단 두 가지 결과만이 존재하고 대리인의 선택도 많은 노력과 적은 노력 단 두 가지뿐이다. 그러나 직관은 다수의 가능한 결과와 대리인의 선택 범위가 넓은 일반적 상황에서도 동일하게 성립한다. 최적 보수체계는 대리인의 한계인센티브를 주인의 그것과 완벽하게 일치시킨다. 다른 말로 설명하자면, 주인은 대리인으로 하여금 주인이 직접 대리인의 행동을 선택했을 때 갖는 인센티브와 동일한 인센티브를 갖도록 보수체계를 고안하기 원한다는 것이다. 그렇지 않을 경우에는 주인과 대리인의 인센티브가 서로 일치되지 못해 비효율적인 결과가 나타나게 된다.

만일 주인-대리인 관계가 그렇게 보편적인 것이라면, 특히 고용관계에 있어서, 왜 성과급(혹은 어쩌면 결과에 대한 월급이 더 정확한 표현일 수도 있다)이 기준이 되지 않는지 의아해할지도 모른다. 물론 많은 판매직원들은 자신의 성과와 관련된 결과와 직접 연동된 월급을 수당의 형태로 받는다. 어떤 종업원은 자신이 끝낸 일의 1단위마다(예 : 바느질된 옷 1벌당) 정해진 금액을 성과급으로 받는다. 그러나 많은 사람들은 고정 시급 혹은 고정 연봉을 받는다. 이는 이런 직업들에서는 주인-대리인의 역학관계가 존재하지 않음을 의미할 수도 있지만, 일의 결과와 보수를 연결하는 다른 수단들도 사용가능함을 의미할 수 있다. 1년에 한 번 받는 보너스, 승진, 스톡옵션, 지연된 보상, 그리고 해고의 위협 등은 모두 고용주가 종업원들에게 주인이 원하는 대로 일할 인센티브를 갖도록 만드는 수단이다. 따라서 만일 주인-대리인의 증거를 찾고자 한다면, 대리인으로 하여금 주인의 이익을 극대화하는 행동을 하도록 (주인이 관측할 수는 없지만) 유도하기 위해 주인이 사용할 수 있는 모든 수단을 고려해야 함을 잊어서는 안 된다.

 응용 주택 거래에서의 주인-대리인 문제

집을 파는 사람은 부동산 중개인을 고용할 때 비대칭정보의 문제에 직면하게 된다. 주택시장의 상황에 대해 중개인은 집을 파는 사람보다 더 많은 정보를 갖고 있다. 중개인의 추가적인 정보가 바로 사람들이 중개인을 고용하는 이유이다.

이러한 정보의 차이뿐만 아니라, 미국에서의 계약은 중개인으로 하여금 최대한 높은 가격에 집을 팔아줄 인센티브를 갖지 못하게 한다. 대부분의 중개인들은 집의 판매가격의 일정한 비율을 수수료로 받는다. 통상적으로 수수료의 총액은 거래금액의 6%이다. 그러나 집을 사는 사람의 중개인과 그가 일하는 중개업소가 자신의 몫을 가져가고 나면 집을 파는 중개인은 단지 거래금액의 1.5% 정도만 받게 된다.

보수가 집을 파는 사람이 원하는 결과(즉 높은 가격)와 연동되도록 하는 것이 우리가 분석한 최적 주인-대리인 보수체계에 잘 맞는다고 생각할지도 모른다. 그러나 이것은 단지 제한된 범위에서만 맞는 말이다. 문제는 더 높은 가격을 받으려는 중개인의 인센티브가 집주인의 인센티브보다 훨씬 약하다는 것이다. 집값을 1,000달러 높이는 노력을 했을 때 중개인은 단지 15달러를 받지만 집주인은 940달러를 더 받게 된다. 집주인의 인센티브는 중개인의 그것에 비해 60배가 넘는다.

정보의 격차와 일치하지 않은 인센티브가 결합되면, 이 책의 저자들 중 두 사람인 레빗과 사이버슨이 부동산 거래에 관한 자신들의 연구에서 지적했듯이,[8] 왜곡을 만들어낼 수 있다. 대리인들은 집을 파는 비용의 많은 부분(오픈하우스를 열고, 광고를 하고, 잠재적 구매자에게 집을 보여주는 등)을 부담하지만 높은 가격으로부터 얻는 편익은 매우 작기 때문에 집주인에게 싼 가격에 빨리 팔기를 설득하려는 인센티브를 갖는다. 예를 들어 대부분의 집주인들은 10,000달러만큼 더 높은 가격을 받을 수 있다면 2주를 더 기다리기 원하지만(이는 파는 사람에게 9,400달러의 추가적인 가치를 준다), 대리인들은 인상된 중개수수료로 겨우 150달러를 더 받고 2주간 늘어난 판매비용을 부담하려고 하지는 않는다. 그리고 자신의 집에 대한 미래의 가능한 제안에 대해서 집주인이 대리인보다 훨씬 조금 알고 있기 때문에, 집주인들은 낮은 가격을 빨리 받아들이라는 제안에 설득당하기 쉽다.

이 이론을 검증하기 위해 위에서 묘사된 전형적인 주인-대리인 상황에서의 주택 판매 결과와 대리인이 집주인인 경우의 판매 결과를 비교해보았다. 후자의 경우, 주인과 대리인은 같은 사람이므로 주인-대리인 문제는 발생하지 않는다. 두 결과를 비교함으로써 비대칭정보와 집주인과 중개인 간의 주인-대리인 관계에서의 일치하지 않은 인센티브가 만들어낸 왜곡을 측정하였다.

결과는 위에서의 예측을 확증하였다. 중개인들이 자신의 집을 팔 경우에는, 대리인이 아닌 사람이 소유한 집들보다 자신들의 집을 시장에 더 오래 놓아두고 더 높은 가격에 팔았다. (사실 대리인들은 평균적으로 3.7% 더 높은 판매가격을 받았고 10일을 더 기다렸다.) 이는 대리인들이 자신들은 받아들이지 않았던 초기의 제안을 집주인에게는 받아들이도록 설득할 수 있음을 의미한다. ■

16.4 비대칭정보 문제를 해결하기 위한 신호 보내기

우리는 이 장의 앞부분에서 고품질의 상품을 파는 판매자가 그 사실을 소비자들에게 확신시키는 방법들에 대해 논의했다. 한 가지는 보증을 제공하는 것이다. 저품질 상품은 보증을 제공하는 비용이 크기 때문에 (왜냐하면 더 많이 고장 날 것이므로) 판매자가 보증을 제공한다는 사실은 곧 그 상품이 고품질임을 의미하게 된다.

신호 보내기
비대칭정보 문제의 대책으로, 정보를 가진 당사자가 상대방에게 재화의 보이지 않는 특성에 대해서 알리는 것

이러한 기본적인 아이디어는 많은 경제적 상황에 적용되어 **신호 보내기**(signaling)라는 고유의 이름을 얻게 되었다. 신호 보내기는 정보를 가진 사람이 다른 사람에게 관측할 수 없는 상품의 특성에 대해서 알려줌으로써 비대칭정보의 문제를 해결하는 방법이다.

신호 보내기는 경제학자인 스펜스에 의해 1970년대 초에 처음으로 공식화되었고 그 공로로 스펜스는 노벨경제학상을 받았다.[9] 신호 보내기의 기본적인 아이디어는 그것을 보내는 사람에 대한 알려지지 않은 정보를 전달하는 '신호(signal)'라고 불리는 행동이 있다는 것이다. 신호가 의미를 가지려면, 즉 신호를 받는 사람이 실제로 신호를 보낸 사람에 대하여 무언가를 알 수 있

---

8   Steven D. Levitt and Chad Syverson, "Market Distortions When Agents Are Better Informed: The Value of Information in Real Estate Transactions," *Review of Economics and Statistics* 90, no. 4 (November 2008): 599–611.

9   Michael Spence, "Job Market Signaling," *Quarterly Journal of Economics* 87, no. 3 (August 1973): 355–374.

으려면, 신호를 보내는 사람의 '유형(type)'에 따라 그 순편익이 달라야 한다. 즉 신호를 보내는 것이 어떤 유형에게는 다른 유형들에게보다 비용이 적게 들어야 한다. 보증의 예에서, 보증을 해준다는 신호를 보내는 것은 고품질 상품 생산자들에게는 저품질 상품 생산자들에게보다 부담이 적다. 이 같은 차이로 인하여 고품질 상품이 보증을 제공하여 소비자들로 하여금 상품 구매 시 관측할 수 없었던 그 상품의 품질에 대해 추론할 수 있도록 해줄 가능성이 더 높아지는 것이다.

신호 보내기의 고전적인 예 : 교육

신호 보내기는 놀라울 정도로 강력한 효과를 발휘할 수 있다. 비록 신호는 그 자체적으로는 가치가 없어도, 즉 행동 자체는 신호 이외의 어떤 경제적 의미도 갖지 못하는 경우에도 그것이 전달하는 정보는 균형가격과 생산량에 큰 차이를 가져다줄 수 있다. 어떻게 그런 것이 가능한지 보기 위해서 고전적인 신호 보내기 예를 생각해보자. 대학 졸업생은 평균적으로 고등학교 졸업생보다 더 높은 임금을 받는다는 잘 입증된 사실에 초점을 맞춘다.

대학에 가는 것은 직장에서의 생산성을 전혀 증가시키지 않는다고 가정하자. (이것은 노동경제학자들이 발견한 사실과는 다르지만 신호 보내기가 얼마나 효과가 있는지를 보여줄 것이다.) 생산성은 개인적인 체계성, 인내, 일에 몰두하고 새로운 것들을 빨리 배우는 능력의 함수라고 가정하자. 고용주는 이 같은 자질을 갖춘 근로자를 찾기 원한다. 그들은 생산성이 높은 근로자를 고용하기 원하며 그들에게 기꺼이 더 높은 임금을 주고자 한다. 그러나 비대칭정보의 문제가 발생한다. 고용주는 면접이나 이력서를 통해서는 누가 이 같은 특성을 가졌는지를 쉽게 알 수 없다.

생산성이 높은 근로자는 잠재적 고용주에게 자신의 특성을 알리고 싶어 한다. 그러나 단순히 "이것 보세요, 나는 매우 생산성이 높은 사람입니다."라고 말할 수는 없다. 누구나 그런 주장을 할 수 있다. 생산성이 높은 사람들은 그것을 증명할 무언가가 필요하다.

대학 학위가 바로 그것이다. 대학은 비싸며, 중요한 것은 누군가에게는 다른 사람들에게보다 더 비싸다는 점이다. 대학은 돈의 관점에서도 비싸지만 많은 노력이 든다는 점에서도 비싸다. 필요한 노력을 들일 수 있으려면 학생은 특정한 자질을 갖추어야 한다. 예를 들어 잘 체계화되고, 인내하려 하고, 공부에 집중하는 능력이 있어야 한다. 근로자를 생산적으로 만들어주는 특성들은 곧 학위를 받는 것을 쉽게 만들어주는 특성들이 된다. 대학은 어렵지만 이 같은 특성들을 갖지 못한 사람들에게는 더욱 어렵다. 당신이 생산적인 근로자로 인식되기 원한다면 그것을 잠재적 고용주에게 주장하는 한 가지 좋은 방법은 대학 학위를 얻는 것이다. 당신은, 그렇지 않았더라면 관측하기 어려웠을 당신의 자질에 대해 정보를 주기 위해 취해진 비싼 선택인 신호인 것이다. 그 **신호**(signal)는 당신의 생산성을 입증하려는 목적으로 고용주에게 보내진 것이다.

이러한 예에서, 만일 생산성이 낮은 근로자도 학위를 받는다면 신호는 의미를 갖지 못한다. 그런 경우라면 고용주는 더 이상 학위를 통해 생산성이 높은 근로자와 낮은 근로자를 구별할 수 없다. 신호를 보내는 것이 생산성이 낮은 근로자들에게 더 큰 비용을 초래하는 것이 중요한 이유가 바로 여기에 있다. 비용의 차이가 충분히 크다면 생산성이 낮은 근로자들은 대학 학위를 취득하지 않으려 할 것이다.

생산성이 높은 근로자들은 대학을 나오고 그렇지 않은 근로자들은 대학을 나오지 않았다면, 고용주는 그들을 구별할 수 있게 된다. 고용주는 대학 졸업자에게는 더 높은 임금을 줄 것이다.

신호
달리 확인하기는 어려운 무엇인가를 보여주기 위해서 비용을 들여 실행하는 경제주체의 행동

왜냐하면 그들은 생산성이 높기 때문이다. 앞에서 언급한 실증적인 사실로 마무리하자. 대학 졸업생은, 비록 학교에서 아무것도 배우지 않은 경우라도, 월급을 더 많이 받는다.

신호 보내기 : 수학적 접근 구체적인 숫자를 이용해 위의 결과를 좀 더 분명하게 확인해보자. 생산성이 높은 근로자와 낮은 근로자 두 유형이 있다고 가정하자. 대학교육은 매년 생산성이 높은 근로자에게는 25,000달러의 비용이 든다. 이것은 수업에 가고 숙제를 하고 시험공부를 하는 등의 비용을 돈으로 환산한 것이다. 생산성이 낮은 근로자의 비용은 매년 50,000달러인데 왜냐하면 더 많은 노력을 해야 하기 때문이다. 따라서 대학에 다니는 총비용은 다음과 같다.

$$C_H = \$25,000y$$
$$C_L = \$50,000y$$

여기서 y는 대학에 다니는 햇수, C_H와 C_L은 각각 생산성이 높은 근로자와 낮은 근로자가 대학에 다니는 비용이다.

직장에 근무하는 동안 생산성이 높은 근로자는 고용주에게 250,000달러의 가치를 생산해주고 생산성이 낮은 근로자는 125,000달러의 가치를 생산해준다고 가정하자. 이 같은 추가적인 가치의 기여로 인해 고용주는 생산성이 높은 근로자에게 최대 125,000달러의 임금을 더 줄 의향이 있다.[10]

그러나 생산성이 높은 근로자에게 더 많은 임금을 주려면 고용주는 그들을 생산성이 낮은 근로자와 구별할 수 있어야 한다. 고용주가 대학 학위를 그 수단으로 이용한다고 가정하자. 즉 고용주는 $y \geq 4$인 근로자에게 125,000달러의 임금을 더 준다. 이 같은 임금 전략을 사용하기 위해서는 생산성이 높은 근로자들만 대학에 가는 것이 사실이어야 한다. 그렇지 않으면 고용주는 높은 임금을 정당화할 만큼 높은 가치를 만들어내지 못하는 낮은 생산성의 근로자들에게도 추가적인 임금을 지불하게 될 것이다.

따라서 먼저 생산성이 높은 근로자들만 대학을 가는지를 확인해야 한다. 각 유형의 근로자가 대학을 졸업하는 데 따른 편익과 비용을 생각해보자. 생산성이 높은 근로자는 대학을 졸업하는 데($y = 4$) 100,000달러의 비용이 든다.

$$C_H = \$25,000y = \$25,000 \times 4 = \$100,000$$

생산성이 낮은 근로자는 대학을 졸업하는 데 더 큰 비용을 지불해야 한다.

$$C_L = \$50,000y = \$50,000 \times 4 = \$200,000$$

대학을 졸업하는 데 따른 편익은 유형과 상관없이 동일하다. 고용주는 대학 졸업자에게 $B = 125,000$달러의 추가임금을 지불한다. 고용주가 직접 근로자의 생산성을 알 수 없기 때문에 대학 학위에 근거하여 구별을 하려고 노력함을 기억하라.

따라서 대학을 졸업하는 순편익(net benefit, NB)은, 생산성이 높은 근로자에게는

$$NB_H = B - C_H = \$125,000 - \$100,000 = \$25,000$$

---

10 노동시장이 충분히 경쟁적이라면 임금은 정확히 125,000달러 더 많아진다. 편의를 위해 이러한 상황을 가정하지만, 경쟁시장의 가정이 신호 보내기가 효력을 갖기 위해서 반드시 필요한 것은 아니다.

이고, 생산성이 낮은 근로자에게는

$$NB_L = B - C_L = \$125,000 - \$200,000 = -\$75,000$$

이다. 생산성이 높은 근로자는 대학을 졸업하면 순편익이 25,000달러 증가하므로 대학을 다닐 것이다. 생산성이 낮은 근로자는 대학에 다니면 비용이 높아서 순편익이 오히려 감소하므로 대학에 가지 않는다.

신호 보내기 : 그림에 의한 접근 예를 통해 고용주의 전략이 이치에 맞다는 것을 보였다. 고용주는, 비록 생산성을 직접 관측할 수 없음에도, 대학 졸업자들은 생산성이 높은 사람일 것이란 기대에 근거하여 그들에게 추가임금을 제공한다. 이 같은 기대는 옳은 것으로 드러난다. 왜냐하면 생산성이 낮은 사람들은 대학교육에 드는 추가적인 비용을 지불하려고 하지 않을 것이기 때문이다.

이러한 결과는 대학교육에 따른 근로자의 비용과 편익을 대학교육을 받은 기간의 함수로 표시한 그림 16.2를 통해 알 수 있다. 생산성이 낮은 근로자의 비용은 곡선 C_L로 표시되며 매년 50,000달러씩 증가한다. 생산성이 높은 근로자의 비용곡선은 C_H인데, 이들은 단지 매년 25,000달러의 비용만 지불하기 때문에 C_H는 C_L보다 낮다. 대학교육에 따른 추가임금(편익)은 두 유형 모두에게 곡선 B로 표시된다. 4년보다 적은 교육을 받은 사람들은 추가임금을 받지 못한다. 그러나 4년 이상의 대학교육을 받은 사람들은 추가임금 125,000달러를 받는다. $y = 4$일 때 추가임금이 0에서 125,000달러로 뛰는 이유가 바로 이것이다.

생산성이 낮은 근로자에게는 어떤 대학교육도 양(+)의 순편익을 만들지 못한다. 4년 미만으로 대학에 다니는 것은 추가임금을 얻지 못하면서 비용만 높인다. 딱 4년 대학을 다니면 추가임금 125,000달러를 받지만 그것은 200,000달러의 비용보다 적다. 그리고 4년을 넘게 대학에 다니면 비용만 높아질 뿐 추가임금은 더 높아지지 않는다. 그러나 생산성이 높은 근로자에게 4년의 대학교육은 의미가 있다. 4년 대학교육은 100,000달러의 비용이 들지만 125,000달러의 추

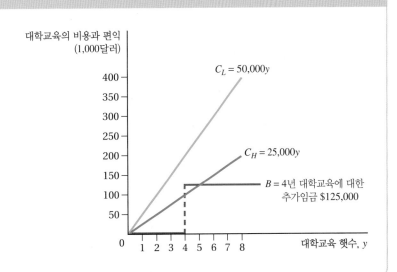

그림 16.2 노동시장에서 신호로서의 교육

노동시장에서 교육이라는 신호의 편익은, 생산성이 높은 근로자와 낮은 근로자에 대한, 4년제 대학 졸업의 상대적인 비용과 편익으로 나타낸다. 생산성이 낮은 근로자의 비용은 매년 50,000달러씩 증가하며 C_L로 표시된다. 생산성이 높은 근로자의 비용은 C_H로 표시되며 매년 25,000달러로 더 낮다. 대학교육 4년에서 추가임금은 0달러에서 125,000달러로 뛰어오른다. 이 시장에서는 생산성이 높은 근로자는 정확히 4년 동안 대학에 다닌다. 왜냐하면 편익이 비용보다 크기 때문이다. 생산성이 낮은 근로자는 교육비용이 편익보다 크기 때문에 대학에 가지 않는다.

가임금을 창출하여 25,000달러의 순편익을 가져다준다. 이 예에서 생산성이 높은 근로자들은 사실 대학을 졸업할 인센티브를 가진 것이 아니라 대학을 4년에 끝낼 인센티브를 가진 것이다. 왜냐하면 더 오래 대학을 다니면 추가임금의 편익은 없고 단지 비용만 증가하기 때문이다.

이 예는 신호 보내기의 잠재적 힘을 보여준다. 사회에 실질적인 편익을 주지 않는 무언가가 (교육은 근로자의 생산성을 높이지 않는다고 가정했으므로) 실제로는 각 근로자의 소득을 결정한다. 생산성이 높은 사람들은 대학에 가지만 사회는 그로부터 아무런 경제적 이익을 얻지 않는다. 대학 졸업장은 근로자들을 더 생산적으로 만들지 않는다. 왜냐하면 그들은 대학에 가기 전부터 이미 생산적인 사람들이었기 때문이다. 그러나 대학 학위를 신호로 사용하는 것은 생산적인 근로자들로 하여금 자신의 생산성을 고용주에게 알려 더 높은 임금을 받도록 해준다. 그러나 4년의 대학교육은 다소 비싼 신호이다! 만일 근로자들이 자신의 생산성을 알릴 더 싼 신호를 발견한다면 사회후생은 증진될 것이다.

경제학자들은 단지 신호를 보내는 목적으로 자원을 낭비하는 것을 간혹 '화폐 태우기'라고 줄여서 부른다. 사실 문자 그대로 화폐를 태우는 것이 어떤 경우에는 신호가 될 수도 있다. 재산은 관측하기 어려운데(아마도 사람들에게 자산을 한꺼번에 보여주고 그 가치를 확신시키는 것은 어려울 것이다), 어떤 사람이 자신의 부를 타인에게 알리기 원한다고 가정해보자. 그는 화폐 모닥불을 피움으로써 자신의 부를 알릴 수 있을 것이다. 돈을 태우는 것은 명백히 비용이 들지만, 부자에게는 상대적으로 덜 비싼 선택이다. 따라서 부자는 실제로 돈을 태움으로써 자신이 부자라는 것을 알릴 수 있다.

교육과 생산성   경제학자들은 현실에서는 대학이 (그리고 그 이상의 일반적인 교육이) 실제적으로 생산성에 긍정적인 영향을 미친다는 많은 증거를 발견했다. 학생들은 단지 자신들이 좋은 종업원이 될 것을 입증하기 위해 등록금과 시간을 낭비하진 않는다. 그러나 학력에 따른 임금 격차의 일부는 신호 보내기 효과에서 비롯된 것이라는 증거가 있다. 예를 들어 '졸업증서 효과(sheepskin effect)'라고 불리는 증거가 있다. 4년 동안 대학을 다니고 학위증을 가진 학생들은 역시 4년 대학교육을 받았지만 단지 어떤 졸업요건을 충족하지 못해서 학위증만 받지 못한 학생들보다 더 높은 임금을 받는 것으로 나타났다. 만일 학교에서의 시간이 일터에서 유용한 기술을 부여하는 것이라면, 그리고 고용주가 근로자에게서 발견하는 기술에 근거하여 임금을 지불하는 것이라면, 학생이 학위증을 가지고 있는지 여부는 임금에 영향을 주어서는 안 된다. 학위증을 가진 것이 근로자의 임금에 영향을 준다는 사실은 신호 보내기가 실제로 작동함을 시사한다. 부분적으로 고용주는 학위증에 근거하여 근로자의 임금을 정한다.

이러한 졸업증서 효과는 대학교육의 비용과 더 많은 교육을 받는 것에 따른 실제적인 생산성의 편익에 관한 논쟁을 만들어냈다. 결국 만일 등록금 수준이 2배가 된 것이 대학이 졸업생들의 생산성을 높여서가 아니라 더 인정받는(그래서 더 비싼) 대학에 감으로써 학생들이 자신의 능력을 더 열심히 신호하는 것 때문이라면, 이러한 상황은 대학생들 간의 군비확대 경쟁(arms race)과도 같은 것이다. 즉 실질적인 등급의 개선은 없으면서 단지 경쟁자보다 앞서 나가려고 노력하는 경쟁의 상황이다. 이 예에서, 학생들은 더 많은 비용을 지불했지만 모두 이전과 같은 신호를 보내기 때문에 노동시장에서의 기회에는 실질적인 변화가 없다. 더욱이 늘어난 지출은 생산성이 높은 근로자들을 더 많이 만들어내는 것이 아니므로 사회에 추가적인 이익을 제공하지 않는다.

다른 신호들

신호 보내기는 비단 우리의 예에서뿐만 아니라 모든 종류의 경제상황에 존재한다. 약혼자를 위해 약혼반지를 사는 것은 결혼하겠다는 자신의 결심을 신호할 수 있다. 만일, 가끔 일어나는 일처럼, 결혼이 취소되어도 여자가 반지를 갖는다면, 실제 결혼이 이루어질 것이라고 믿는 남자만 반지를 사려고 할 것이다. 반지는, 대학에 다니고 보증을 제공하는 것처럼, 남자로 하여금 (불완전하게만 관측할 수 있는) 자신의 진심에 대한 '비싼 수다'로서 그렇지 않았더라면 값싼 수다였을 것을 대신할 수 있게 해준다.

사용할 물건에 대한 결정 혹은 살아가는 방식도 신호가 될 수 있다. 사람들은 가족, 친구, 이웃, 그리고 심지어 낯선 사람들에게도 (신호가 아니라면 알리기 어려운) 자신의 성격의 어떤 면을 알리기 원할 수 있다. 어떤 수사는 빈곤의 서약을 한다. 이것은 부분적으로 자신의 헌신을 신호한다. 일하러 갈 때 옷을 잘 차려입는 것은 일에 대한 자신의 약속과 진지함에 대한 신호가 될수 있다. 소비 행태는 사회 구성원들에게 자신의 소득이나 부를 알리는 신호로 사용될 수 있다.

이러한 예들은 우리 사회에서 일어나고 있는 폭넓은 신호 보내기들의 겉핥기에 불과하다. 그들은 또한 경제적 상호관계에서의 비대칭정보의 정도와 그것을 줄이기 위한 신호의 효력을 보여준다.

 응용 품질에 대한 신호로서의 광고

기업들은 광고를 통해 자신의 상품에 관한 모든 종류의 메시지를 전달한다. 새롭거나, 싸거나, 멋있거나, 무엇이든지 그것을 말하는 광고가 있다. 그러나 많은 경제학자들은 가끔 상품에 대한 메시지는 광고의 내용이 아니라 광고가 존재한다는 사실 그 자체라고 주장한다. 다른 말로 표현하자면, 기업이 상품을 광고한다는 사실 그 자체는 그 상품이 어떤 매력을 가졌다는 신호를 보내는 것이다.

신호로서의 광고를 주장하는 논리는 다음과 같다. 광고는 비용이 드는데, 성공할 수 없고 수익을 낼 수 없는 기업에게는 더 큰 비용을 발생시킨다. 광고를 감당할 수 있는 기업은 소비자들이 구매하고 싶어 하는 물건을 만드는 기업들뿐이다. 광고를 통해 기업들은 효과적으로 소비자들에게 말한다. "우리의 물건은 매우 훌륭하여 큰 이윤을 얻게 해줄 것이기 때문에 우리는 이런 돈을 들여 광고를 할 수 있다. 조잡한 물건을 만드는 기업들은 이런 것을 할 수 없다." 신호 보내기가 효과를 발휘하는 데 필요한 것은 단지 기업이 광고에 돈을 쓰는 것이다. 그리고 광고는 심지어 제품에 대해 어떤 특별한 정보를 제공할 필요도 없다.

정보 제공은 없는 단지 신호로서의 광고의 대표적인 예는 수년 전 슈퍼볼에서의 이트레이드 광고일 것이다. 슈퍼볼은 역사상 최고의 광고시청률을 달성하고 있다. 이트레이드 광고는 이상한 옷을 입은 2명의 남자가 문이 열려 있는 차고 안에서 잔디밭에서 쓰는 의자에 앉아 있는 장면으로 시작한다. 두 사람 사이에는 이트레이드 티셔츠를 입은 침팬지가 양동이 위에서 '라쿠카라차'에 맞춰 춤을 추고, 남자들은 박자에 맞춰 (엉성하게) 손뼉을 친다. 25초 후에 화면이 어두워지고 한 줄의 글이 나타난다. "우리는 방금 200만 달러를 낭비했습니다. 당신은 당신의 돈으로 무엇을 하고 있습니까?" 이 광고는 성공적이었다고 널리 알려졌다. 명백하게 수백만 명의 사람들은 '이런 슈퍼볼 광고에 돈을 낭비할 수 있다면 그 기업은 대단한 무역회사임에 틀림없

예제 16.3

작년에 '중고차는 우리'라는 기업은 차를 많이 팔지 못해서 큰 손해를 입었다. 기업의 소유주인 민준은 자신의 기업은 오직 품질이 좋은 중고차만 거래한다는 것을 광고함으로써 내년에는 딜러들이 더 많은 차를 팔 수 있도록 하기 위해 두 가지 전략을 개발했다.

- 기업의 이름을 '고품질 중고차는 우리'로 바꾼다.
- 판매되는 모든 차에 대해 60일간의 완벽한 보증을 제공한다.

어떤 전략이 좋은 품질에 대한 최고의 신호가 되겠는가? 설명하라.

풀이

품질에 대한 좋은 신호가 되려면 신호는 품질이 좋은 생산자에게는 더 싸고 품질이 나쁜 생산자에게는 더 비싼 것이 되어야 한다. 따라서 최고의 신호는 60일 보증이다. 팔리는 차가 정말 품질이 좋은 차라면 보증은 별다른 비용부담이 되지 않을 것이다. 그러나 만일 품질이 나쁜 차를 판다면 보증은 매우 큰 비용부담이 되어 늘어난 판매수익을 의미 없게 만들 것이다. 따라서 보증을 제공하는 딜러는 그렇지 않은 딜러보다 더 좋은 차를 판다는 것을 확신할 수 있다.

기업의 이름을 바꾸는 것은 단지 '값싼 수다'에 불과하다. 어떤 기업도 이름을 바꿀 수 있고 그렇게 하는 비용은 좋은 차를 파는 딜러에게나 나쁜 차를 파는 딜러에게나 동일하다.

다'고 생각했다. 신호는 보내졌고 받아들여졌다. ■

16.5 결론

이 장에서 우리는 거래되는 재화나 서비스에 대해 한 사람이 다른 사람보다 더 많이 알고 있는 비대칭정보가 존재하는 시장을 공부했다. 비대칭정보는 시장이 얼마나 잘 작동하는지에 큰 영향을 미칠 수 있음을 알았다. 예를 들어 완전정보하에서는 시장에서의 구매자와 판매자가 서로에게 이익이 되는 거래에 참여하고 그로 인한 잉여를 나누어 갖는다. 극단적으로 비대칭정보는, 구매자와 판매자가 자신들에게 해로운 결과를 가져오는 선택을 너무 두려워하기 때문에 시장이 완전히 멈추는 원인이 될 수 있다. 시장 거래가 멈추는 것은 정보를 갖지 못한 사람들뿐만 아니라 더 많은 정보를 가진 사람들에게도 피해를 준다. 경제적 피해의 잠재성은 왜 많은 경제적 장치들이 비대칭정보의 효력을 줄이기 위해 만들어졌는지를 설명해준다.

우리는 비대칭정보의 문제가 시장에서 어떻게 나타나는지에 관한 여러 가지 예를 살펴보았다 — 역선택, 도덕적 해이, 주인-대리인 문제. 그리고 기업과 소비자가 비대칭정보의 효과를 약화시키기 위해서 애쓰는 방법들에 대해서도 논의하였다. 비록 우리가 많은 주제를 다루었지만, 이것은 매우 흥미로운 경제학 분야를 단지 맛본 것에 불과함을 기억하는 것이 중요하다.

다음 장에서 우리는 이 책의 앞부분에서 배운 표준적인 시장들이 어떻게 사회적으로 최적인 결과를 만들어내는 데 실패하는지에 대해 공부하게 될 것이다. 특히 외부효과와 공공재의 역할에 대해 연구해볼 것이다.

요약

1. 중고차 시장과 같은 시장들의 보편적인 특징인 **레몬문제**는 판매자가 상품의 품질에 대해 구매자보다 더 많이 알고 있을 때 발생한다. 시장에서 레몬의 존재는 **역선택**을 초래한다. 소비자들이 구매하기 전에는 품질이 좋은 물건과 품질이 나쁜 물건을 구별할 수 없기 때문에 품질이 나쁜 물건들이 시장에 더 많이 나오게 된다. 같은 형태의 역선택 문제는 보험시장에서처럼 판매자보다 구매자가 더 많은 정보를 갖고 있을 때도 발생한다. [16.1절]

2. 거래 당사자 중 한 사람이 다른 사람의 **행동**을 관측할 수 없을 때는 **도덕적 해이**가 발생한다. 도덕적 해이는 특히 보험시장의 보편적인 현상이다. 왜냐하면 어떤 나쁜 상황에 대비하여 보험에 가입하고 나면 피보험자는 그 나쁜 상황이 발생할 가능성을 높이는 방식으로 행동하게 되기 때문이다. 보험의 혜택을 받기 위해서 피보험자가 준수해야 할 행동을 규정하는 조항은 도덕적 해이를 완화하기 위해 고안된 것이다. [16.2절]

3. 작업장이나 다른 경제행위의 장에서의 정보의 비대칭성은 **주인-대리인 문제**를 야기할 수 있다. 이런 경우 주인은 대리인을 고용하는데 대리인의 행동을 완전히 관측할 수 없다. 대리인이 주인의 이익을 위해 일하도록 만들기 위해 주인은 대리인의 이익을 주인의 이익과 일치시키는 인센티브 체계들을 만들어야 한다. [16.3절]

4. 정보의 비대칭성 문제를 해결하는 한 가지 방법은 **신호 보내기**이다. 신호 보내기는 거래 당사자의 한쪽이 즉각적으로 관측할 수 없는 정보를 전달하는 거래이다. 신호 보내기의 일반적인 예는 교육이다. 교육은 고용주로 하여금 상대적으로 생산성이 높은 근로자들과 그렇지 않은 근로자들을 구별할 수 있게 해준다. [16.4절]

복습문제

1. 완전정보 시장과 비대칭정보 시장을 비교하여 설명하라. 완전정보 시장의 예는 어떤 것이 있는가?

2. 레몬문제를 야기하는 시장의 특성들은 어떤 것이 있는가?

3. 역선택을 정의하라. 레몬문제가 역선택으로 이어지는 이유는 무엇인가?

4. 보증은 어떻게 시장에서의 레몬문제를 줄일 수 있는가?

5. 보험회사는 어떻게 역선택 문제를 완화할 수 있는가?

6. 도덕적 해이란 무엇인가? 보험시장에서의 도덕적 해이의 예를 들어보라.

7. 보험회사가 인센티브 장치들을 이용해서 어떻게 도덕적 해이를 줄일 수 있는지 설명하라.

8. 주인-대리인 관계에서 문제를 일으킬 수 있는 시장의 특성들은 무엇인가?

9. 주인-대리인 관계와 관련된 문제를 주인은 어떻게 줄일 수 있는가?

10. 신호 보내기가 어떻게 비대칭정보를 줄일 수 있는가?

11. 노동시장에서 교육이 어떻게 신호로 사용될 수 있는가?

12. 교육이 아닌 신호의 두 가지 예를 들라. 그런 예들이 어떻게 비대칭정보를 완화하는가?

연습문제

(별표 표시가 된 문제의 풀이는 이 책 뒤에 있다.)

1. 중고차 구매자에게 품질이 좋은 차는 16,000달러, 그리고 품질이 낮은 차는 8,000달러의 가치를 갖는다. 품질이 좋은 차의 공급은 $Q_H = -200 + 0.05P_H$이고 품질이 낮은 차의 공급은 $Q_L = -200 + 0.1P_L$이다. 잠재적 고객들은 차를 살 때 좋은 차와 나쁜 차의 차이를 알 수 없다.

   a. 구매자가 좋은 차를 사게 될 확률이 75%라고 믿는다면 구매자가 품질을 알 수 없는 차를 살 때 지

불하려는 가격은 얼마인가?

   b. (a)에서 구한 가격에서 팔기 위해 내놓은 좋은 차의 수량은 얼마인가? 시장에 나온 중고차들 중에서 품질이 좋은 차의 비중은 얼마인가? 그것은 구매자의 기대와 일치하는가?

   c. 좋은 차의 실제 비율이 알려져 있다면 무슨 일이 발생하는가? 중고차 가격과 팔려고 내놓은 좋은 차의 양에 미치는 영향에 대해 설명하라. 이러한 분석에서의 논리적 결론은 무엇인가?

2. 1번 문제에서 우리는 중고차의 품질에 대한 불완전한 정보는 좋은 차가 사람들이 기대하는 것보다 더 적게 시장에 나오는 문제를 야기했음을 보았다. 단계별로 생각해보자.

   a. 이러한 좋은 차의 비율의 변화는 품질을 알 수 없는 중고차의 기대가치에 어떤 영향을 주는가?

   b. 중고차의 기대가치의 변화는 또다시 시장에 나오는 좋은 차의 숫자에 어떤 영향을 주는가?

   c. 이 같은 피드백 과정의 논리적 결과를 간단히 설명하라.

*3. 한 외딴 마을에 2개의 서로 다른 자동차 시장이 있다. 소비자들은 품질이 좋은 차에 대해서는 12,000달러까지, 그리고 품질이 낮은 차에 대해서는 8,000달러까지 지불할 의사가 있다. 시장에 나와 있는 품질이 좋은 차는 100대이며 판매자들은 최소 11,000달러를 받고자 한다. 또한 품질이 낮은 차의 대수는 역시 100대이며 판매자들이 받아들일 수 있는 최소 판매가격은 5,000달러이다. 유보가격 이상에서 자동차의 공급은 완전비탄력적이다.

   a. 정보가 완전하다면 고품질 차와 저품질 차는 각각 몇 대가 팔리겠는가?

   b. 차의 품질이 판매자에게는 알려져 있지만 구매자에게는 알려져 있지 않다고 가정하자. 만일 구매자들이 낮은 품질의 차를 사게 될 확률을 정확히 50%로 추정한다면 시장가격은 얼마가 되겠는가? 그 가격에서 거래되는 고품질의 차는 몇 대인가?

   c. 판매자가 모든 조절을 끝낸 후에는 자동차의 균형가격은 얼마가 되는가? 거래되는 차들 중에서 고품질의 차가 차지하는 비중은 얼마인가?

   d. 만일 고품질의 차를 파는 판매자의 유보가격이

11,000달러가 아니라 9,500달러라면 (a), (b), (c)에서의 답은 어떻게 달라지는가?

4. 1960년대에 예일대학은 학생들에게 학생 대출을 받는 것의 대안을 제공하기 시작했다. 그 대신 학생들은 상당한 기간 동안 자신의 소득의 일정한 비율을 내는 대가로 학교에 다닐 수 있게 되었다. 예일은 이 프로그램이 적자를 보지 않도록, 즉 소득이 높은 사람들에게 많이 받아 소득이 낮은 사람들에게 조금 받는 것을 상쇄할 수 있도록 그 비율을 정하기 위해서 역사적 데이터를 이용했다.

   a. 당신이 월가의 금융가가 될 계획이라면 학생 대출을 받을 것인가 아니면 예일 프로그램에 등록할 것인가? 그 이유는 무엇인가?

   b. 당신이 선교사가 될 계획이라면 학생 대출을 받을 것인가 아니면 예일 프로그램에 등록할 것인가? 그 이유는 무엇인가?

   c. 등록금 프로그램은 대학에게 재정적으로 큰 손실을 가져다주게 되었다. (a)와 (b)에서의 답이 그 이유를 설명해줄 수 있는가? 그 이유는 무엇인가?

   d. 예일대학의 프로그램은 어떤 종류의 정보 문제로 인해 어려움을 겪은 것인가?

5. 도요타는 정기적으로 자신의 차를 새 모델로 바꾸어준다. 그러고는 그 중고차들을 엄격하게 검사한 후에 결함을 고쳐서 보증기간을 늘려 다시 판매한다. 이러한 절차가 어떻게 도요타로 하여금 역선택 문제를 해결하는 데 도움을 주는지 설명하라.

*6. 두 종류의 사람이 건강보험을 찾고 있다. 스카이다이버와 땅을 사랑하는 사람이다. 1년 동안 다칠 확률은 스카이다이버가 75%이고, 땅을 사랑하는 사람은 25%이다. 모든 상해에는 4,000달러의 치료비가 든다.

   a. 당신은 건강보험회사를 운영하고 있고 스카이다이버와 땅을 사랑하는 사람의 숫자가 동일하다고 믿는다. 그러나 불행하게도 누가 누구인지를 알아볼 수는 없다. 만일 단지 치료비만 회수하겠다면 각 고객에게 얼마의 보험금을 청구해야 하는가?

   b. (a)에서 구한 보험금하에서 누가 그 보험을 좋아하고 누가 싫어하겠는가?

   c. 보험금을 알고 난 후 스카이다이버와 땅을 사랑하

는 사람의 반응을 각각 묘사해보라. 누가 보험을 사는지에 대한 함의는 무엇인가? 얼마의 보험금을 책정해야 하는지에 대한 함의는 무엇인가?

d. 스카이다이버가 더 다칠 위험이 큰 것처럼 비흡연자에 비해 흡연자가 아플 가능성이 더 크다. 현실에서는 흡연자와 비흡연자가 동일한 보험집단에 속함에도 불구하고 이 문제에서는 왜 스카이다이버만 보험을 구매하는지 설명하라.

7. 모든 사람에게 적절하고 감당할 수 있는 건강관리를 보장하는 것을 돕기 위해서 연방정부는 건강보험회사들로 하여금 신체적 조건과 상관없이 모두에게 건강보험을 제공할 것을 명령했다. 보험회사는 이미 존재하는 건강상의 문제로 인해 보험 가입을 거절할 수 없다.

a. 이러한 강제조항이, 그것만을 놓고 본다면, 왜 심각한 역선택의 문제를 초래할 수 있는지 설명하라.

b. 기존 건강 상태와 상관없이 보험적용을 의무화하는 최초의 ACA 법안의 두 번째 파트는 모든 사람은 건강보험에 가입해야 한다는 강제조항이다. 이러한 강제조항이 어떻게 역선택 문제를 줄일 수 있는지 설명하라.

c. 최근의 세법개정은 (b)에서 논의된 의무가입 조항을 폐지했다. 이러한 폐지가 건강보험료에 미친 영향은 무엇일까? 건강보험 시장은 애컬로프가 중고차 시장에 대해 기술한 것처럼 진행될 것으로 예상하는가?

8. 연방정부는 모든 사람이 건강보험의 도움을 받기를 원한다. 최근 정부는 보험회사가 신청자의 흡연습관을 조사하는 것을 허락했지만 (피검사를 통해 니코틴을 검사할 수 있다) 그 결과를 어떤 유전적 검사를 하는 데 사용하는 것은 금지했다. 이 같은 일견 일관성이 없어 보이는 조치가 일관될 뿐만 아니라 정부의 목표와도 일치함을 설명하라.

9. 자동차 보험회사 프로그레시브(Progressive)는 최근 새로운 프로그램을 시행했다. 자발적으로 스냅샷 텔레매틱스(Snapshot telematics)를 장착하는 것에 동의하는 피보험자는 자동차 보험금을 조금 할인받을 수 있다. 스냅샷 장치는 거리, 시간, 속도, 그리고 급제동 행위를 비행기의 블랙박스와 거의 같은 방법으로

기록하고 그 정보를 프로그레시브에 보고한다. 좋은 운전습관을 가진 사람들은 상당한 보험금 할인을 받고, 나쁜 습관을 가진 사람들은 보험금이 인상된다.

a. 스냅샷 장치가 어떻게 프로그레시브가 역선택을 극복하는 데 도움이 되는지 설명하라.

b. 스냅샷 장치가 어떻게 프로그레시브가 도덕적 해이를 극복하는 데 도움이 되는지 설명하라.

10. 강의하고, 연구하고, 여러 위원회에서 활동도 하면서 6년의 수습기간이 지난 후에 정해진 기준을 통과한 교수들은 종신재직권(tenure)을 받게 된다. 종신재직권은 교수들에게 엄청난 직업의 안정성을 제공한다.

a. 종신재직권이 왜 대학으로 하여금 도덕적 해이에 직면하게 만드는지 설명하라.

b. 종신재직권으로 인한 도덕적 해이 문제가 역선택 문제보다 더 심각할 가능성이 높은 이유를 설명하라.

11. 역선택의 문제를 해결하기 위해서 새로운 연방 레몬법은 모든 중고차 딜러들에게 판매하는 모든 차에 대해서 1년 보증을 제공하도록 했다고 가정하자. 역선택을 줄이려고 만들어진 이 법안이 어떻게 도덕적 해이 문제를 더 증가시킬 수 있는지 설명하라.

*12. 명수는 연아와 데이트를 하려고 한다. 명수는 거절당할까 봐 너무 걱정을 해서 비싼 머리 손질, 댄스 강습, 체육관 회원권 등 자신을 매력적으로 보이게 하는 데 상당한 자원을 쓴다. 명수가 연아에게 매력적으로 보이게 만드는 한계비용은 아래 그래프에 MC로 표시되어 있다. 물론 연아는 그의 노력을 존중한다. 명수가 자신의 노력에서 얻는 한계편익(거절당할 확률을 나타낸다)은 MB로 표시된다.

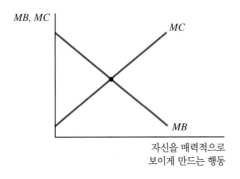

a. 연아에게 더 매력적으로 보이기 위해서 명수가 사

용해야 할 최적 자원의 양은 얼마인지 그래프에 표시하라.

b. 명수는 연아와 결혼한다. 결혼계약은 관계를 끝내는 데 따른 비용을 높인다. 따라서 연아가 명수를 차버릴 가능성은 줄어든다. 결혼계약의 효과를 그래프에서 어떤 곡선이 어느 방향으로 이동하는지를 정확히 선택하여 설명하라.

c. "명수는 결혼한 뒤로 너무 막 행동한다. 트림을 자주 하고, 면도를 잘 안 하고, 쓰레기를 버리지 않는다." 이 같은 말은 당신이 그린 그림과 일치하는가?

d. 이것은 어떤 문제를 설명하는가? 역선택인가 도덕적 해이인가?

e. '계약결혼'은 일정 기간 동안은 서로 헤어질 수 없는 결혼이다. 계약결혼의 효과를 그래프에 나타내고, 계약결혼으로 만들어진 부부관계의 속성에 대한 그래프상의 예측에 대해 의견을 말하라.

13. 이혼은 모든 당사자들에게 매우 큰 비용을 발생시킨다. 최근에 한 기업은 이혼으로 발생한 재정적 타격을 갚아주는 이혼보험을 제안했다. 이혼보험금은 두 이혼 당사자에게 일시금으로 배분되며 48개월이 지나면 지불된다.

a. 그림 16.1과 비슷한 그래프를 통해서 이혼보험이 어떻게 도덕적 해이 문제를 야기할 수 있는지 설명하라.

b. 보험회사는 어떻게 역선택의 문제에 대처하는가 설명하라.

14. 집에 도둑이 드는 것을 방지하는 비용과 편익을 나타낸 그래프를 생각해보자. 더 주의를 기울일수록 한계비용은 증가한다. 좋은 자물쇠를 다는 것은 싸지만, 침입자를 탐지하는 보이지 않는 레이저 장치를 다는 것은 매우 어렵다. 주의를 더 기울일수록 한계편익은

감소한다. 이미 전기 울타리를 설치하고 각 문과 창에 30개의 자물쇠를 설치한 후에 경비견을 추가하는 것은 도둑방지 효과를 별로 높이지 않을 것이다.

a. 도난보험이 없을 때 집주인의 최적 주의 수준을 구하라.

b. 집주인이 도둑으로 인한 손실의 50%를 보장해주는 도난보험을 살 수 있다고 가정해보자. 한계편익곡선이 집주인의 손실금액을 나타낸다면, 한계편익곡선을 적절히 이동시켜 집주인의 주의 수준에는 어떤 변화가 생기는지 설명하라.

c. 보험회사가 공제제도를 도입하기로 결정했다고 가정하자. 처음 1,000달러까지의 손실은 집주인이 부담하고, 그 이후의 손실금액은 보험회사와 집주인이 반씩 부담한다. 한계편익곡선을 적절한 정도로 이동시켜라. (이동의 크기를 적절한 방법으로 나타내야 한다.) 공제제도는 집주인의 주의 수준에 어떤 영향을 미치는가?

15. 자수성가 백만장자인 사이먼은 세상에서 가장 방대한 장인의 정원 석상들을 보유하고 있다. 그의 소장품은 도둑들에게 매우 인기였으므로 사이먼은 자신의 투자를 보호하기 위해 값비싼 조치들을 취했다. 이러한 조치의 한계편익은 $MB = 5,000 - 5A$(A는 도난방지를 위한 조치의 양)이다. 이러한 조치의 한계비용은 $MC = 1,000 + 3A$이다.

a. 보험에 들지 않았을 경우 자신의 가치 있는 소장품들을 보호하기 위해 사이먼이 취할 예방적 조치의 최적치는 얼마인가?

b. 사이먼이 보험에 가입했는데 보험계약은 손실의 반을 보장해주는 것이라고 가정하자. 즉 한계편익은 이제 $MB = 2,500 - 2.5A$이다. 사이먼의 최적 조치 수준에는 어떤 변화가 생기는가? 설명하라.

c. 만일 보험이 완전보험이라면 사이먼의 최적 조치 수준은 얼마가 되는가?

*16. 수년 동안의 훈련 끝에 송이는 프로 라크로스 선수로서의 계약을 체결하게 되었다. 자신의 프로선수로서의 위상을 높이기 위해서 송이는 민준에게 개인 매니저가 되어달라고 부탁을 하였고 민준은 송이에게 두 가지 수당 지급 방법을 제시했다. 한 가지는 고정액으로 10만 달러를 지급하는 것이고, 또 한 가지는 모

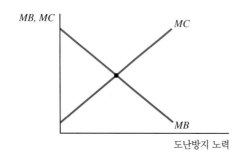

도난방지 노력

든 수입의 15%를 지급하는 것이다.

송이는 만일 민준이 (2만 달러 가치에 해당되는) 적당한 정도의 노력을 기울이면 송이에게 60만 달러의 수입을 가져다줄 것이며, 만일 민준이 (5만 달러 가치에 해당되는) 최선의 노력을 쏟으면 수입은 100만 달러가 될 것으로 예상했다.

a. 송이가 고정액 지급 방법에 동의했다고 가정하자. 민준이 적당한 정도의 노력을 선택하는 경우 송이가 받게 되는 보수는 얼마인가? 만일 민준이 최선의 노력을 하는 경우라면? 각 경우에서 민준은 얼마를 받게 되는가? 이러한 상황에서의 주인-대리인 문제를 설명하라. 누가 대리인인가?

b. 두 가지 가능한 노력 수준에 대하여, 송이가 15% 지급 방법을 선택할 때 민준과 송이가 받는 보수를 계산 하라. 송이가 이러한 방법을 선택한다면 어떤 주인-대리인 문제가 발생하게 되는가?

17. 어떤 기업의 이사회는 새로운 CEO의 월급을 정하려고 한다. 한 가지 옵션은 이사회가 새 CEO에게 고정급으로 연 100만 달러를 제시하는 것이다. 두 번째 옵션은 기본급 20만 달러에 추가로 기업 이윤의 10%를 주는 이익 분배 방식이다. CEO가 업무에 최선을 다하면 기업은 1,000만 달러의 이윤을 얻고, 적당히 일하면 이윤은 700만 달러가 된다. 최선을 다하는 데 따른 CEO의 비용은 50만 달러이고 적당히 일하는 데 따른 비용은 30만 달러이다.

a. 이사회와 CEO 간 게임을 게임트리로 그려라. 이사회가 먼저 월급의 방식을 결정하고, 그 후에 CEO가 자신의 노력 수준을 결정한다고 가정하자. 이사회의 (그리고 이사회가 대변하는 주주들의) 보수와 CEO의 보수를 정확히 표시하라.

b. 게임의 결과는 무엇인가? 이사회는 어떤 월급 방식을 제시해야 하는가? CEO는 어떤 수준의 노력을 선택해야 하는가?

18. 17번 문제에서 이사회와 CEO가 직면한 문제를 생각해보자. 앞에서와 마찬가지로 적당한 노력을 기울이는 비용은 30만 달러지만, 최선의 노력을 하는 비용은 75만 달러라고 가정하자.

a. 게임의 전개형을 그리고 균형을 구하라. 최선의 노력을 하는 비용이 달라진 것이 결과에 영향을

주는가? 설명하라.

b. 이익 분배 방식에서 기본급을 바꾸는 것은 이사회의 이익을 높이지 못함을 증명하라.

c. CEO로 하여금 최선을 다하도록 유도하는 데 필요한 최소한의 이익 배분 비율은 얼마인가?

19. 대부분의 직장은 연방정부의 최저임금 가이드라인의 제약을 받지만 식당은 그렇지 않다. 현재 식당 주인은 종업원들에게, 그들의 서비스가 팁을 받을 만큼 적절하다면, 시간당 단지 2.13달러만 지급하도록 되어 있다.

a. 이러한 지불체계(최저임금과 팁의 합)가 어떻게 주인-대리인의 문제를 해결하는지 설명하라.

b. 이러한 지불체계는 식당 주인에게 또 다른 형태의 주인-대리인의 문제를 야기할 수 있음을 설명하라.

20. 공주에게는 여러 명의 잠재적인 구혼자가 있다. 공주는 그들을 진심으로 공주와 결혼하기 원하는 사람들과 단지 공주가 편하고 예쁘고 부자라서 관심을 가진 사람들의 두 그룹으로 나누기 원한다. 이 두 그룹을 각각 '관심 있는'과 '무심한'이라고 부르자. 이 두 그룹을 가려내기 위해서 공주는 잠재적인 구혼자들이 성에 와서 청혼을 하려면 용을 죽여야 하는 계획을 짰다.

- 필요한 숫자인 $\overline{D}$ 마리의 용을 죽인 자는 공주에게 청혼할 수 있다.
- 필요한 만큼의 용을 죽이지 못한 자는 단지 공주의 못생긴 의붓동생에게만 청혼할 수 있다.
- 모든 사람에게 있어 공주에게 청혼하는 편익은 1,000달러이다.
- 모든 사람에게 공주의 의붓동생에게 청혼하는 편익은 64달러이다.
- 억제할 수 없는 열정으로 자신의 목적을 이루려는 '관심 있는' 그룹의 사람에게 공주의 시험을 통과하는 비용은 D^2이다. 단, D는 죽인 용의 수이다.
- 성의 없이 자신의 목적을 이루려는 '무심한' 그룹의 사람에게는 공주의 시험을 통과하는 비용은 D^3이다. 단, D는 죽인 용의 수이다.

a. 공주는 무심한 자들로부터 관심 있는 자들을 가려내기 원한다. 이러한 목적을 이룰 수 있는 최솟값은 얼마인가? (적절한 정수로 답하라.)

b. 공주가 (a)에서 구한 것보다 세 마리 적은 용을 죽

이라고 요청했다고 가정하자. 이런 숫자로는 무심한 자들을 가려낼 수 없는 이유를 설명하라.

c. 관심 있는 자와 무심한 자를 구별할 수 있는 **최댓값**은 얼마인가? (적절한 정수로 답하라.)

d. 공주가 (c)에서 구한 것보다 세 마리 더 용을 죽이라고 요청했다고 가정하자. 이런 숫자로는 무심한 자들을 가려낼 수 없는 이유를 설명하라.

e. 공주는 적절한 용의 숫자를 정해서 무심한 자들을 가려냈고 관심 있는 그룹에서 왕자를 골랐다고 가정하자. 이제 공주는 그 왕자가 사랑 때문에 자신을 원하는지 아니면 그녀의 막대한 재산에만 관심이 있는지 알고 싶어 한다. 공주가 진실을 밝히는 심사 전략으로 사용할 수 있는 현대 미국의 법적 장치는 무엇인가? 설명하라.

*21. 세상에는 생산성이 높은 A와 생산성이 낮은 B 두 형태의 근로자가 존재한다고 가정하자. 시장은 A를 고용하기 위해서는 70,000달러를, 그리고 B에게는 20,000달러를 지불하려고 한다. (모든 값들은 현재 가치이다.) 문제는 기업이 근로자의 모습만으로는 A와 B를 구별할 수 없다는 것이다. A와 B를 구별하는 한 가지 방법은 대학 학위를 요구하는 것이다. 학위를 따는 것은 A에게는 쉬운 일이지만(4년의 기간과 40,000달러의 비용이 든다) B에게는 어려운 일이다 (6년이 걸리고 60,000달러가 든다). 대학교육은 생산성을 증가시키지 않는다고 가정하자.

a. 만일 기업이 대학 학위를 요구하지 않고 단순히 평균 임금 45,000달러를 지불한다면, 지원자들의 대부분은 어떤 유형의 근로자겠는가?

b. 기업이 학위자에게는 70,000달러를, 그리고 비학위자에게는 20,000달러를 지불한다고 공지했다고 가정하자. 대학 학위의 편익은 A와 B에게 각각 얼마인가? 학위 요구는 생산성이 낮은 근로자들을 제거할 수 있는가?

c. 생산성이 낮은 근로자들을 돕기 위한 정부의 보조금 정책으로 학위를 취득하는 비용이 46,000달러로 낮아졌다고 가정하자. 대학 학위의 편익은 A와 B에게 각각 얼마인가? 학위 요구는 생산성이 낮은 근로자를 제거할 수 있는가?

d. (b)와 (c)에서의 답에 근거하여 다음 주장에 대해 논하라. "효과가 있으려면 신호는 비용을 수반해야 하지만, 생산성이 낮은 지원자들에게 더 비용이 커야 한다."

e. 대학들은 학점 인플레로 비난을 받고 있다. 실제로 어떤 대학들은 F학점을 주는 것을 규정위반으로 정하고 있다. (d)에서의 답을 근거로 이 같은 학교의 방침이 대학 학위의 신호로서의 가치에 미치는 영향에 대해 설명하라. 이런 방침은 학생들에게 좋은 것인가? 답은 학생들의 질에 따라 달라지는가? 설명하라.

*22. 꼬리가 아름다운 공작은 정글에서 야생으로 살고 있다. 정글에서 꼬리는 치명적이다. 나는 속도를 떨어뜨리고 약탈자에게는 공작을 낚아챌 훌륭한 도구가 된다. 그럼에도 불구하고 수컷들은 계속 꼬리를 자라게 한다. 왜냐하면 암컷들은 꼬리가 길면 길수록 더 그 화려함을 좋아하기 때문이다.

a. 신호가 강한 새에게 비용이 되어야 하지만 약한 새에게는 더 큰 비용이 되어야 한다는 일반적인 원칙에 초점을 맞추어, 신호로서 긴 꼬리의 가치를 설명하라.

b. 모든 공작이 꼬리를 반으로 자른다고 해도 암컷들은 동일한 정보를 얻는다. 이 같은 사실에 근거하여 왜 신호가 사회적으로 비용을 증가시키는지 설명하라.

c. 모든 수컷이 꼬리를 반으로 자르기로 약속했다고 가정하자. 이 같은 약속이 오래 지켜지기 어려운 이유를 설명하라. 그리고 약속의 붕괴가 모든 공작을 더 나빠지게 만드는 이유를 설명하라.

23. 쉽게 설립할 수 있고 대부분 규제되지 않았던 1800년대 후반의 '불건전한 은행들(wildcat banks)'이 미국 서부 전역에서 생겨났다. 어떤 새로운 은행들은 간단하고 값싼 목조건물에서 영업하는 것을 선택했고, 다른 은행들은 많은 장식품으로 치장한 돌로 만든 아름다운 건물을 지었다.

a. 건물의 다양한 형태가 왜 잠재적인 도덕적 해이의 탓인지 설명하라.

b. 1800년대 미국에서의 은행가들에 의한 건물의 선택이 어떻게 신호의 잠재적 낭비를 입증하는지를 설명하라.

17

외부효과와 공공재

전 세계 주요 도시에 사는 대부분의 사람들에게 대기오염은 생활의 실체이다. 오존, 미세먼지, 그리고 일반적인 공기 중의 '더러운 것'들은 차를 운전하거나 공장을 움직이는 것과 같은 경제적 행위들의 산물이다. 이러한 오염은 그것과 함께 살아야 하는 사람들의 건강에 막대한 비용을 발생시킨다. 몇몇 연구들은 건강비용의 관점에서 오염의 피해가 미국에서만 매년 2,250억 달러 이상이라고 추정하고 있다.[1]

지난 50여 년 이상 동안 미국은 자동차와 여러 산업에 의해 만들어지는 오염에 대해 상한선을 설정함으로써 대기오염을 줄이려는 노력을 해왔다. 그러나 최근 몇 년 동안 미국 서해안에서의 오염의 기준 수준(국내에서 오염 배출자가 없었을 때의 오염 수준)은 상당히 높아졌다. 전문가들은 기준 수준이 높아진 것은 상당 부분 아시아(주로 중국)의 석탄을 태우는 발전소에서 만들어져 제트기류를 타고 태평양을 건너 미국의 서해안에 정착한 오염된 공기 때문이라고 믿고 있다.

이 예에서, 중국에서 발전소와 그들의 고객 간에 거래가 일어나지만, 그러나 거래로부터 영향을 받는 것은 그들만이 아니다. 미국 서부에 사는 사람들은 심해진 대기오염을 경험한다.

이것은 미국에게는 불운 이상이다―그것은 시장실패이다. 제3장에서 배웠듯이 사회에 이익을 가져다주는 모든 거래가 일어날 때 시장은 효율적이다. 그러나 거래가 그 거래에 직접 참여한 당사자들뿐만 아니라 *사회* 전체를 더 좋아지게 만든다는 조건은 발전소의 예에서는 만족되지 않는다. 아시아에 있는 발전소는 자신의 비용을 살핀 후에 생산과 비용에 관한 장에서 조언한 대로 가격을 결정한다. 전력 소비자들은 거래로부터의 비용과 편익을 고려한다. 그들의 거래가 미국 서해안에 사는 사람들에게 발생시킨 비용은 아무도 고려하지 않는다. 효율적인 시장은 모

중국 북동부에 있는 장춘시의 석탄을 태우는 발전소에서 배출된 공해는 미국의 LA와 다른 서해안 도시들 상공에 머문다.

Shi zhongwei/Imaginechina/AP Images

DSP/steinphoto/istock/E+/Getty Images

---

1 World Bank, Institute for Health Metrics and Evaluation, *The Cost of Air Pollution: Strengthening the Economic Case for Action*, 2016.

든 비용들을 고려할 것이지만, 미국 서해안에 거주하는 사람들은 거래 당사자가 아니기 때문에, 이러한 비용들은 기업의 비용 계산 및 생산량 결정에 반영되지 않는다.

제16장에서 우리는 거래 당사자 간 정보의 불균형이 (생산과 소비가 너무 많거나 너무 적은) 비효율적인 시장의 결과를 초래하여 소비자와 생산자가 얻는 잉여를 감소시켜 사회후생을 떨어뜨릴 수 있음을 살펴보았다. 비대칭정보는 시장실패의 한 가지 원인이다. 이 장에서 우리는 시장실패의 또 다른 두 가지 원인으로 (예에서 살펴본 오염과 같은) *외부효과*와 (이 장에서 자세히 분석하게 될) *공공재*를 살펴볼 것이다. 외부효과와 공공재의 존재가 왜 그리고 어떻게 시장실패를 야기하는지 살펴본 후에, 시장실패를 제거하는 것을 목표로 하는 정부 정책에 대해 살펴볼 것이다.

17.1 외부효과

외부효과
어떤 경제적 거래에 직접 관련되지 않은 제3자에게 주어지는 비용 또는 편익

부정적 외부효과
어떤 경제적 거래에 직접 관련되지 않은 제3자에게 부과되는 비용

긍정적 외부효과
어떤 경제적 거래에 직접 관련되지 않은 제3자에게 주어지는 편익

서론에서 배웠듯이 **외부효과**(externality)는 경제적 거래가 거래에 직접 참여하지 않은 제3자에게 영향을 주는 비용이나 편익을 의미한다. (서해안에서의 증가된 오염 같은) **부정적 외부효과**(negative externality)는 직접 거래에 참여하지 않은 제3자에게 부과되는 비용이다. **긍정적 외부효과**(positive externality)는 직접 거래에 참여하지 않은 제3자에게 발생하는 편익이다. 긍정적 외부효과의 고전적인 예는 벌과 관련이 있다. 양봉업자의 벌통 안에 있는 벌들은 양봉업자에게 꿀을 만들어줄 뿐만 아니라 주변에 있는 농작물이나 꽃이 가루받이를 하는 것을 도와주는데 이는 이웃주민들이 양봉업자에게 대가를 지불하지 않는 유익한 서비스이다.

외부효과가 존재할 때 자유시장은 일반적으로 최적의 생산량을 만들어내지 못한다. 그 대신 시장은 부정적 외부효과를 발생시키는 재화는 너무 많이, 그리고 긍정적 외부효과를 발생시키는 재화는 너무 적게 생산한다.

왜 문제가 되는가 : 외부효과로 인한 경제적 비효율성

외부 한계비용
추가적으로 생산 또는 소비되는 재화 1단위가 제3자에게 끼치는 비용

외부 한계편익
추가적으로 생산 또는 소비되는 재화 1단위가 제3자에게 미치는 편익

사회적 비용
경제적 거래가 사회에 끼치는 비용으로, 사적 비용에 외부 비용을 더한 것과 같음

사회적 편익
경제적 거래가 사회에 주는 편익으로, 사적 편익에 외부 편익을 더한 것과 같음

외부효과가 비효율적인 결과를 만들어내는 이유는 어떤 거래로부터의 사회적 편익이나 비용이 그 거래에 참여한 소비자나 생산자의 사적인 편익이나 비용과 다르기 때문이다. **외부 한계비용**(external marginal cost)은 추가적인 1단위가 더 생산되거나 소비될 때 제3자에게 부과되는 비용이며, **외부 한계편익**(external marginal benefit)은 추가적인 1단위가 더 생산되거나 소비될 때 제3자에게 발생하는 편익이다.

시장에 외부효과가 없을 때는 사회적 편익과 비용이 사적 편익과 비용과 같고 따라서 외부 한계 편익이나 비용은 존재하지 않는다. 외부효과가 존재할 때는 **사회적 비용**(social cost)은 사적 비용과 외부적 비용을 합한 것이며, **사회적 편익**(social benefit) 역시 사적 편익에 외부적 편익을 더한 것이 된다. 다음 절에서 보듯이 사회적 비용과 편익을 반영하면 최적 생산량과 가격을 포함한 시장성과에 대한 분석은 달라진다.

부정적 외부효과 : 나쁜 것이 너무 많음

부정적 외부효과를 공부하기 위해 화석연료를 사용하는 발전소가 전기를 만들 때 발생하는 공기오염을 살펴보자(그림 17.1). 경쟁시장에서 기업들은 제8장에서 배운 기본적인 방법에 따라, 즉 가격(한계수입과 같으며 경쟁시장에서는 수요함수에 의해 표시된다)과 한계비용(MC_I)이 같

그림 17.1 경쟁적 전력시장에서의 부정적 외부효과

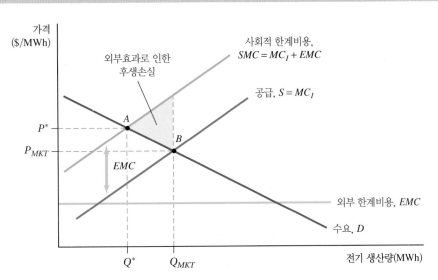

전기의 사회적 한계비용(SMC)은 산업의 사적 한계비용(MC_I)에 외부 한계비용(EMC)을 더한 것과 같다. 사회적 최적 수준의 전력 Q^*는 사회적 한계비용곡선 SMC와 D가 만나는 A점에서 얻어진다. 그러나 경쟁적 시장에서는 생산은 $MC_I = S = D$가 되는 B점 (Q_{MKT}, P_{MKT})에서 일어난다. 시장은 외부 한계비용(EMC)을 고려하지 않기 때문에 사회 최적 수준 Q^*보다 많은 양의 전기를 생산한다. 이것은 음영 표시된 삼각형만큼의 후생손실을 가져다준다.

아지는 수준에서 몇 MWh의 전기를 생산할지를 결정한다.[2] 그러나 이러한 한계비용은 사적 한계비용임에 주의하라. 그것은 시장에서의 산출물이 다른 사람들에게 부과한 어떤 외부적 비용도 포함하지 않고 있기 때문에 사회적 비용이 아니다. 발전소는 그런 비용을 지불하지 않는다. 시장은 Q_{MKT} MWh만큼의 전기를 생산하고 1MWh당 균형 시장가격은 P_{MKT}가 된다.

시장이 Q_{MKT}만큼을 생산하면서 동시에 다른 사람들에게 건강과 환경상의 피해를 주는 미세먼지, 오존, 그리고 기타 오염물질들을 만들어낸다고 가정하자. 문제를 쉽게 하기 위해 오염 1단위당 외부 한계비용은 일정하며 EMC라고 가정하자.[3] 외부 한계비용은 그림 17.1에서 EMC로 표시되어 있다.

사회적 한계비용을 구하기 위해서 MC_I와 EMC를 더하면 SMC곡선을 얻는다. 외부효과의 비용을 고려하면 전기 1단위를 생산하는 데 따른 사회 전체의 한계비용은 시장의 한계비용보다 더 크다는 것을 알 수 있다(SMC곡선은 MC_I곡선보다 위에 있다). 모든 비용을 고려하면 총잉여는 Q^*에서 최대가 되고 가격은 가격이(수요가) 사회적 한계비용과 같아지는 P^*가 된다. 외부효과의 비용을 포함시켰기 때문에 가격은 시장균형보다 높아지고 생산량은 작아진다. 어떤 재화의 생산이 부정적인 외부효과를 만들어냄에도 불구하고 생산자들이 그러한 외부비용을 고려하

---

2 물론 발전소들은 완전경쟁시장에서 발전을 하지는 않는다. 우리는 같은 분석을 한계수입과 한계비용이 같아지는 점에서 생산량을 결정하는 독점에 대해서도 동일하게 적용할 수 있다. 독점인 경우에도 역시 외부 한계비용은 기업의 의사결정에 반영되지 않고 따라서 비효율적인 생산량 수준을 만들어낸다. 그러나 완전경쟁시장을 가정하는 것이 분석을 더 쉽게 만들기 때문에 이러한 가정을 사용하기로 한다.

3 현실에서는 외부 한계비용은 발전량이 늘어날수록 증가할 수도 혹은 감소할 수도 있지만 분석은 동일하다.

지 않으면 시장은 사회적으로 최적인 수준보다 더 많은 생산량을 만들어내게 된다.

오염의 외부효과와 그로 인해 발생하는 시장의 비효율성은 발전소가 오염의 비용을 지불하지 않기 때문에 발생한다. 발전소는 단지 연료비, 인건비, 자본비용 등과 같은 사적 비용만 지불한다. 발전소는 시장이 만들어내는 오염 때문에 사회가 부담해야 하는 비용은 전혀 고려하지 않는다. (현실에서는 발전소들이 이러한 외부비용을 부담할 것을 요구받기도 한다. 그 방법에 대해서는 뒤에서 설명하기로 하자.) 만일 시장에 있는 기업이 이 두 가지 비용을 모두 부담해야 한다면 시장은 더 적은 양의 전기를 생산하게 될 것이다.

A점에서 전기를 구매하는 모든 사람은 전기의 가치를 최소한 전기를 생산하는 사회적 비용(오염비용 포함)만큼 평가한다. 그러나 시장은 B점에서 생산을 하는데, A점과 B점 사이의 수요함수는 전기에 대한 가치를 그것을 생산하는 사회적 비용보다 더 낮게 평가하는 소비자들을 나타낸다. 그들은 단지 시장가격이 제품의 실제 비용을 포함했을 때보다 낮기 때문에 전기를 구매한다.

비효율성의 크기는 만일 가격이 실제 사회적 비용을 반영했더라면 전기를 구매하지 않았을 것임에도 전기를 구매한 소비자들의 수에 달려 있다. 이는 Q^*와 Q_{MKT}의 차이로 나타난다. 또한 비효율성의 크기는 그 재화를 만드는 사회적 비용과 그 재화로부터 소비자들이 얻는 편익의 차이에 의존한다. 이러한 손실의 크기는 사회적 한계비용곡선 SMC와 수요함수 D의 수직적 간격으로 알 수 있다. 그 차이가 클수록 시장의 성과는 사회적 최적과 더 멀어진다.

생산량의 차이와 비용 및 편익의 차이를 함께 고려하면 외부효과로 인한 비효율성의 크기를 정확히 측정할 수 있다. 그것은 Q^*와 Q_{MKT} 간의 SMC와 수요함수 D 사이로 표시된 삼각형 의 크기이다. 이 부분은 전기를 과도하게 생산하는 데 들어간 사회적 비용(SMC로 표시됨)이 그만큼을 더 구매하는 데 따른 소비자의 편익(수요함수 D로 표시됨)보다 얼마나 더 큰지를 나타낸다. 이 삼각형은 사회적 비용이 소비자의 편익보다 커서 발생하는 손실의 합이다.

이 삼각형은 앞에서 배운 후생손실과 동일하다. 이러한 후생손실은 비용이 편익보다 큰 재화를 생산하는 데 자원이 사용되었기 때문에 발생하는 사회 후생의 감소분이다.

세상에는 부정적 외부효과의 예가 많다. 그것은 시장과 정부의 영역에서 발생하는 거대한 이슈들로부터 우리의 일상에서 발생하는 작은 귀찮은 일들에 이르기까지 광범위하다.

- 미국에서는 개인 소유의 소형 제트비행기는 큰 상업용 비행기에 비해 훨씬 낮은 공항사용료를 지불하지만 그들은 항공노선을 복잡하게 만들어 다른 비행기들의 운항 지연을 초래하기도 한다. 개인용 비행기들은 그들의 운행에 따른 비용(혼잡비용 등)을 모두 부담하지 않아도 되기 때문에 이것은 부정적 외부효과에 해당된다.
- 개인(혹은 그들의 자녀들)이 홍역 예방접종을 받지 않기로 결정하면 그들과 그 자녀들은 다른 사람에게 병을 옮길 수 있는 전염병 매개체가 된다. 의사들이 환자들에게 과도한 항생제를 처방하면 박테리아는 약에 대한 저항력을 키우게 된다. 이러한 행동들은 제3자에게 비용을 발생시키므로 부정적 외부효과에 해당된다.
- 당신이 스포츠 구경을 갔는데 앞에 앉은 사람이 커다란 모자를 쓰고 있어 당신의 시야를 가린다면 그 여자는 그 모자를 쓰기로 선택을 할 때 외부 한계비용을 고려하지 않은 것이다.

생산량 결정을 할 때 외부비용을 고려하지 않으면 기업들은 외부효과를 만들어내는 상품을 너

예제 17.1

공책이 완전경쟁시장에서 팔리고 있다고 가정하자. 시장의 단기 공급곡선 혹은 한계비용곡선은 $P = MC = 2Q$이다(단, Q는 100만 개 단위로 표시된 공책의 수량이다). 공책에 대한 역수요함수는 $P = 40 - 8Q$이다.

　a. 균형가격과 생산량을 구하라.

　b. 공책을 만들 때 기업이 쓰레기를 인근 시내에 버린다고 가정하자. 외부 한계비용은 공책 1개당 0.50달러로 추정된다. 사회 최적 수준의 공책 생산량과 가격을 구하라.

풀이

a. 우선 공급함수와 수요함수를 모두 공급량과 수요량으로 표시하면 다음과 같다.

$$P = 2Q \qquad P = 40 - 8Q$$
$$Q^S = 0.5P \qquad 8Q = 40 - P$$
$$Q^D = 5 - 0.125P$$

시장균형은 $Q^D = Q^S$일 때 얻어지므로

$$0.5P = 5 - 0.125P$$
$$0.625P = 5$$
$$P = \$8$$

P가 8달러일 때

$$Q^S = 0.5P = 0.5(8) = 4$$
$$Q^D = 5 - 0.125P = 5 - 0.125(8) = 5 - 1 = 4$$

이다. 따라서 공책 1개는 8달러에 팔리며 총 400만 개의 공책이 거래된다.

b. 사회적 한계비용은 시장의 한계비용과 외부 한계비용의 합이다.

$$SMC = MC + EMC$$
$$= 2Q + 0.50$$

사회 최적 수준의 가격과 생산량을 구하기 위해 사회적 한계비용과 역수요함수를 같게 놓으면

$$2Q + 0.50 = 40 - 8Q$$
$$10Q = 39.50$$
$$Q^* = 3.95$$

사회 최적 수준의 생산량은 395만 개이다. 사회 최적 수준의 가격은 최적의 생산량을 사회적 한계비용이나 혹은 역수요함수에 대입해서 구할 수 있다.

$$P^* = 2Q + 0.50 = 2(3.95) + 0.50 = \$7.90 + 0.50 = \$8.40$$
$$= 40 - 8Q = 40 - 8(3.95) = 40 - 31.60 = \$8.40$$

따라서 사회 최적 가격은 8.40달러이다.

무 많이 생산하고 그것들을 너무 싼 가격에 팔게 됨을 기억하라.

긍정적 외부효과 : 좋은 것이 충분히 생산되지 않음

긍정적 외부효과는 어떤 경제적 행위가 직접 그 거래에 참가하지 않은 제3자에게 편익을 발생시킬 때 존재한다. 부정적 외부효과가 사적 한계비용과 사회적 한계비용 간의 괴리를 (외부적 한계비용만큼) 만들어내듯이, 긍정적 외부효과는 (수요함수로 요약되는) 사적 편익과 사회적 편익 간의 차이를 만들어낸다. 사회적 편익은 수요자의 사적 편익(수요함수)과 외부적 한계편익의 합으로 표시되는 사회적 수요함수로 표시된다.

　우리는 교육을 얼마나 받을 것인지에 대한 결정을 통해 긍정적 외부효과를 분석할 수 있다. 교육을 더 많이 받는 것에는 편익이 존재하며 그것은 수요함수로 나타낼 수 있다. 또한 교육을 받는 데는 등록금, 책값, 학용품값뿐만 아니라 월급을 받을 수 있는 직장을 포기한 기회비용(이것은 종종 등록금보다 더 비싸다)도 포함한 (종종 막대한!) 비용이 발생한다. 그러나 어떤 도시나 국가에서 더 많은 사람들이 더 많은 교육을 받으면 그 지역에 사는 다른 사람들의 구직기회 및 월급도 올라간다는 증거가 있다. 이러한 관련성에 대한 한 가지 가능한 설명은 교육을 더 많

그림 17.2 대학 학위시장에서의 긍정적 외부효과

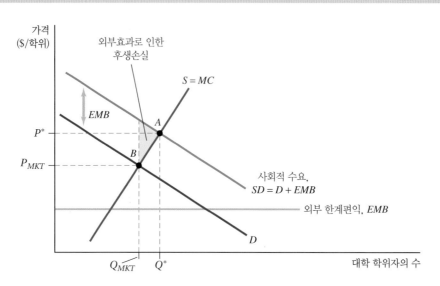

대학 학위에 대한 사회적 수요(SD)는 사적 한계편익곡선(D)과 외부 한계편익(EMB)의 합이다. 대학 학위의 사회적 최적 수 Q^* 는 한계비용곡선 $S = MC$와 SD가 만나는 A점에서 얻어진다. 규제되지 않은 대학 학위시장에서는 생산은 $D = S = MC$가 되는 점인 $B(Q_{MKT}, P_{MKT})$에서 이루어진다. 시장은 외부 한계편익(EMB)을 고려하지 않기 때문에 사회 최적 수준 Q^*보다 적은 대학 학위 Q_{MKT}를 만들어내고 그 결과 음영 표시된 삼각형만큼의 후생손실을 야기한다.

이 받은 사람들은 다른 사람들을 고용하는 기업을 운영할 가능성이 높아진다는 것이다. 이것이 사실이라면 더 많은 교육을 받는 것은 긍정적 외부효과를 창출한다. 더 오래 교육을 받는 것의 사회적 편익은 사적 편익보다 크다. 이러한 상황에서는 자유시장이 사람들로 하여금 사회적 최적 수준보다 적은 교육만 받게 한다는 것은 전혀 놀라운 일이 아니다.

그 이유를 알아보기 위해 그림 17.2에 나타난 것 같은 대학 학위에 대한 시장을 생각해보자. 분석을 쉽게 하기 위해서 모든 대학의 학위가 동일한 가치를 가지고 있으며 교육시장은 완전경쟁적이라고 가정한다.

대학 학위를 받는 학생의 수는 학위로부터 얻는 한계편익(수요함수에 의해 측정됨)과 학위를 받는 한계비용이 같아지는 B점에서 결정된다. 시장의 기능에 의해 Q_{MKT}만큼의 대학 학위가 생산되고 소비되는 수준에서 균형이 생기고 그때 대학 학위의 가격은 (경쟁시장인 경우 $MC = P = MR$이 만족되는) P_{MKT}가 된다.

각 사람이 대학 학위를 받는 데 따른 외부 한계편익은 EMB곡선으로 표시된다.[4] 사회적 수요함수 SD는 사적 한계편익(즉 수요함수)과 외부 한계편익의 합이다. SD는 대학 학위가 단지 학생 자신에게 주는 한계편익이 아니라 사회 전체에 주는 한계편익을 나타낸다. 그림 17.2에서 $SD = D + EMB$이다.

---

4 다시 한번 편의를 위해 EMB곡선이 수평임을, 즉 추가적인 1단위 대학 학위의 외부 한계편익은 일정함을 가정한다. 실제로 EMB곡선은 학위를 받는 학생들의 수가 늘어남에 따라 증가할 수도 혹은 감소할 수도 있으나 분석은 별로 달라지는 것이 없다.

사회적 최적 수준의 대학 학위 수는 한계비용곡선과 사회적 수요함수 SD가 만나는 A점에서 발생한다. 최적점에서 P^*의 가격에 Q^*만큼의 학위가 제공된다. 그러나 자유시장의 균형점인 B에서 학위의 수는 Q_{MKT}인데 이는 너무 낮은 수준으로 그림 17.2의 음영 처리한 부분만큼의 후생손실을 초래한다. Q_{MKT}와 Q^* 사이의 모든 잠재적 학위들에 대해 사회적 수요함수는 한계비용곡선의 위에 존재하지만, 사적 수요함수는 한계비용곡선의 아래에 존재한다. 그 결과 어떤 사람들은, 비록 사회는 그 사람들이 학위를 받기 원하지만, 학위를 받지 않기로 결정한다. 이 잠재적 학생들은 학위를 받을지를 결정할 때 외부 한계편익을 고려하지 않으며, 학위를 받는 것이 사회적 관점에서는 최적임에도 불구하고 자신들에게는 대학 학위가 가치 있다고 여길 만큼 사적 편익이 충분히 크지 않은 것이다. 핵심은 어떤 재화가 긍정적 외부효과를 창출할 때 시장은 외부 한계편익을 고려하지 않기 때문에 그 재화를 너무 적게 생산한다는 것이다.

이 장의 뒷부분에서 우리는 정부가 긍정적 외부효과가 있는 시장에서의 생산과 소비를 어떻게 증가시킬 수 있을지를 자세하게 살펴볼 것이다. 지금은 여러 국가들이 대학생들에게 보조금을 지급함으로써 국민들이 자신들이 선택하려는 것보다 더 많은 교육을 받도록 유도한다는 것을 언급하기로 하자.

긍정적 외부효과의 또 다른 대표적인 예는 많은 산업에서 기업들에 의해 수행되는 연구개발(R&D)이다. 이들 기업은 새롭고 우수한 상품을 만들기 위해 돈을 사용하지만 종종 그들이 발견한 것들은 다른 기업들이 상품을 개선하고 새로운 아이디어를 얻는 데 도움을 준다. 애플은 자신의 R&D를 통해 아이폰과 아이패드를 위한 iOS 운영체제를 만들어냈는데, 이는 다시 앱 개발자들로 하여금 프로그램을 만들어 돈을 버는 것을 가능하게 해주었다. 예를 들어 컴퓨터게임 개발기업인 에픽 게임(Epic Games)은 인기 있는 포트나이트(Fortnite) 게임을 만들었는데 그것은 아이폰과 아이패드 사용자들에 의해 수천만 번 이상 다운로드되었다. 애플의 R&D가 없었다면 에픽은 그 같은 큰 이윤을 얻지 못했을 것이다. 애플은 R&D 투자를 결정할 때 사회적 수요함수를 충분히 고려하지 않기 때문에 사회가 원하는 것보다는 낮은 R&D 투자를 할 가능성이 높다. 같은 논리가 여러 종류의 과학적 연구, 특히 기초과학연구에도 적용된다. 기업들은 자신들의 R&D 투자가 만들어내는 사회적 편익을 완벽하게 회수할 수 없다면 충분히 R&D 투자를 하지 않을 것이다.

긍정적 외부효과는 다른 사람들의 안전을 높이거나 다른 사람들의 재산가치를 높이는 행위들에도 적용된다. 따라서 사이버 안전을 위해 돈을 쓰는 기업들은 모든 사람에게 인터넷을 좀 더 안전한 것으로 만들어준다. 그리고 자신의 집을 꾸미는 데 투자를 하는 사람들은 전체 지역 주민들의 재산가치를 높여준다.

응용 전자기기 찾아주는 앱과 긍정적 외부효과

2017년 어느 날 아침, 플로리다의 포트 오렌지에 사는 한 집주인은 잠에서 깨어나 악몽에 빠졌다. 그가 자고 있는 동안 집에 도둑이 들었던 것이다. 두 명의 도둑은 픽업트럭과 스포츠카의 차 키를 포함해서 많은 값진 것들을 가져갔다. 그 차들은 훔친 물건들을 도주차량까지 가져가는 데 이용되었다.

그 같은 일이 자신의 집에서 일어난 것에 경악했지만 집주인은 그래도 더 큰 범죄가 발생할 수 있었던 일을 방지한 생각을 급하게 해낼 수 있었다. 그는 자신의 아이패드가 도둑맞은 것을 알았다. 그래서 그는 'Find My iPad' 앱을 사용했다. 아이패드는 옆 동네 호텔에 있었던 것이다. 경찰이 긴급출동하여 절도범들과 전리품을 찾아냈다. 그들은 훔쳐갔던 물건들을 돌려줬는데, 1분만 늦었어도 잡히지 않을 뻔했다. 도둑들은 경찰에게 자신들이 막 출발하려던 참이었고 그날 몇 건의 절도를 더 할 계획이었다고 말했다. Find My iPad가 큰일을 해낸 것이다.[5]

매년 수백만 개의 노트북, 스마트폰, 그리고 다른 전자기기들이 도둑맞는다. 도둑맞았을 때 절도범의 피해자가 사용했던 Find My iPad처럼 자신의 기기를 추적하는 것을 돕는 앱이 다수 존재한다. 그러나 많은 (어떤 조사에 의하면 대부분의) 사람들은 그들의 기기 환경을 설정하지 않는다. 왜 더 많은 사람들이 이런 앱들을 이용하지 않는 것일까? 외부효과가 한 가지 큰 이유이다.

절도범들은 어떤 기기에 위치추적 소프트웨어가 설치되어 있는지 알 수 없기 때문에 앱이 직접적으로 전자기기의 절도를 막지는 못한다. 그러나 일단 기기가 없어지면 앱은 도둑이 잡힐 확률을 높인다. 여전히 앱은 간접적으로 전자기기 절도를 방지하는 역할을 한다. 더 많은 사람들이 그런 앱을 설치하면 절도범들은 어떤 기기를 훔쳤을 때 잡힐 확률이 높아진다는 것을 깨닫는다. 따라서 누군가 Find My iPad나 그와 유사한 앱을 자신의 전화기에 설치할 때마다 그것은 모든 사람들의 전화기가 도둑맞을 확률을 낮추게 된다.

이러한 결과는 잃어버린 전자기기의 위치를 알려주는 앱 설치의 사회적 편익이 사적 편익보다 더 클 가능성이 있음을 의미한다. 대부분의 소프트웨어들의 절도방지 기능은 그 소프트웨어가 설치된 기기뿐만 아니라 다른 모든 기기에도 적용된다. 사적 편익은 그 앱이 설치된 기기를 다시 찾을 가능성이 높아진 것임에 비해, 사회적 편익은 절도의 전반적인 감소이다. 다른 말로 표현하자면, Find My iPad는 긍정적인 외부효과를 갖는다. 기기의 주인이 절도방지 소프트웨어를 설치할 때 그들은 다른 모든 기기의 주인들에게 끼치는 많은 편익들을 고려하지 않는다. 그 결과 실제 설치된 앱의 수는 사회 최적 수준보다 낮을 것이다. ∎

17.2 외부효과의 해결

그대로 놓아둔다면 자유시장은 최적의 후생극대화 수량보다 더 많거나(부정적 외부효과가 있을 때) 혹은 더 적게(긍정적 외부효과가 있을 때) 생산하게 된다. 그 결과 시장은 외부효과가 존재할 때는 사회후생의 손실을 초래한다.

그러나 사회는 이러한 비효율성을 운명으로 감내할 필요는 없다. 제16장에서 보았듯이 ─ 비대칭정보로 인한 잠재적 후생손실은 다시 그것을 치유하는 수단들을 만들어낼 인센티브를 제공했다 ─ 외부효과도 마찬가지다. 정부나 혹은 시장의 경제주체들은 외부효과가 만들어내는 비효율성을 줄일 수 있는 시장개입을 시행할 수 있다.

외부효과의 수정은 기본적으로 가격에 영향을 주는 방법과 물량에 영향을 주는 방법 두 가지 형태로 이루어진다. 두 가지 방법 모두는 시장이 (단지 사적 한계비용과 편익만을 고려하는) 사적 시장의 비효율성에서 벗어나 (사회적 한계비용과 편익을 고려하는) 좀 더 효율적인 결과로

---

5 Katie Kustura, "Burglars Hit New Smyrna Beach's Venezia Neighborhood," *The Daytona Beach News-Journal*, August 15, 2017, http://www.news-journalonline.com/news/20170818/teens-arrested-in-volusia-burglary-spree.

방향을 돌릴 수 있도록 한다.

이러한 수단들을 이해하기 위해 공해로부터의 부정적 외부효과에 초점을 맞추도록 한다.

공해의 효율적 수준

외부효과를 어떻게 치료할 수 있는지를 생각하기 전에 우선 정부가 효율적인 목표 수준을 어떻게 정할 것인지를 살펴볼 필요가 있다. 목표는 공해의 허용 수준을 효율적 수준에서 결정하는 것이다. **공해의 효율적 수준**(efficient level of pollution)은 외부효과와 연결되어 있는 재화의 효율적 양을 생산하는 데 필요한 공해의 양이다. 즉 그것은 수요와 **사회적 한계비용**이 일치하는 생산량으로부터 나오는 수준이다.

또한 공해(혹은 어떤 부정적 외부효과)의 효율적 수준은 그것의 비용과 편익의 균형을 맞추는 수준으로 생각할 수도 있다. 건강과 환경에 미치는 효과와 같은 공해의 비용은 쉽게 파악할 수 있다. 그러나 공해의 '편익'은 상상하기 어렵다. 그것은 어느 정도의 공해는 예를 들어 전기와 같은 재화의 생산에서 자동적으로 만들어지는 부산물이라는 사실로부터 도출될 수 있다. 공해를 없앤다는 것은 이러한 재화의 생산을 중단하고 그에 따라 사회적 손실을 초래하는 것을 의미한다. 그렇다면 공해의 편익은 공해를 수반하는 재화들의 편익을 반영한다. (이러한 이유 때문에 시장의 효율성은 일반적으로 부정적 외부효과가 0의 수준까지 내려가야 함을 의미하지 않는다.)

우리는 그림 17.3에서 효율적인 공해의 수준이 어떻게 결정되는지를 알 수 있다. 현실에서 공해의 한계비용(MC_P)은 공해의 양에 따라 증가한다. 공해가 적을 때는 공해가 더 증가하는 데 따른 추가적인 피해는 별로 크지 않지만, 공해가 증가함에 따라 그 피해의 정도는 더욱 심각해진다. 이러한 현상은 그림 17.3에서 MC_P곡선의 형태에 반영되어 있다.

그와 반대로 공해의 한계편익(MB_P)은 공해가 적을 때는 크다. 왜냐하면 약간의 양(+)의 공해량은 상품을 만드는 데 필요하기 때문이다. 그러나 공해의 한계편익은 공해량이 (그리고 재화의 생산량이) 증가함에 따라 작아진다. 이러한 요인들은 그림 17.3의 MB_P곡선에 반영되어 있다.

공해의 효율적 수준
외부효과와 연결되어 있는 재화의 효율적 양을 생산하는 데 필요한 공해의 양

그림 17.3 공해의 효율적 수준

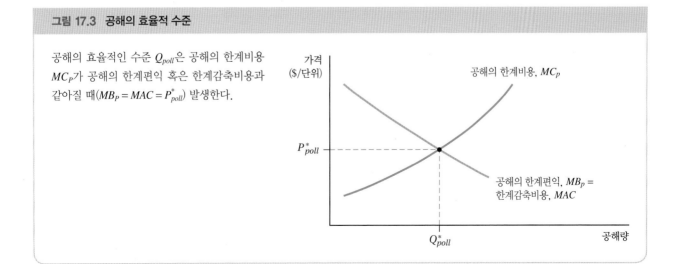

공해의 효율적인 수준 Q_{poll}은 공해의 한계비용 MC_P가 공해의 한계편익 혹은 한계감축비용과 같아질 때($MB_P = MAC = P^*_{poll}$) 발생한다.

가격
($/단위)

공해의 한계비용, MC_P

P^*_{poll}

공해의 한계편익, MB_P = 한계감축비용, MAC

Q^*_{poll}

공해량

MB_P에 대한 또 다른 해석은 기업이 자신이 만들어낸 공해를 줄이는 데 얼마의 비용이 드는지를 생각해보는 것이다. MB_P곡선이 공해로부터의 한계편익을 나타내듯이 그것은 동전의 또 다른 면을 의미한다. 그것은 바로 공해를 줄이는, 혹은 공해를 감축하는 한계비용이다. 생산자가 줄이는 공해 1단위는 한계편익의 손실, 즉 그 1단위의 공해를 사용해서 만들 수 있었던 재화의 추가적인 생산으로부터 얻는 판매수입의 손실을 의미한다. 공해를 더 많이 줄일수록 (즉 x축의 우측에서 좌측으로 이동할수록) 공해를 줄이는 한계비용은 증가한다. 따라서 MB_P는 종종 경제학자가 **한계감축비용**(marginal abatement cost, *MAC*)이라고 부르는 공해 감축의 한계비용, 즉 공해를 1단위 줄이는 비용을 나타낸다. 이러한 내용은 그림 17.3에 나타나 있는데, MB_P와 MAC가 동일하여 어떤 의미로 해석되어도 상관없다.

한계감축비용
오염 배출을 1단위 줄이는 데 소요되는 비용

공해의 효율적 수준은 공해의 한계편익이 공해의 한계비용과 같아지는 점에서, 즉 그림 17.3의 Q_{poll}^*에서 발생한다. 만일 어떤 것의 한계편익이 한계비용보다 크다면 더 많이 생산하고, 만일 한계비용이 한계편익보다 크다면 더 적게 생산한다. 최대 편익은 그 둘이 같아질 때 발생한다.

만일 한계편익곡선을 한계감축비용곡선으로 생각하기 원한다면 최적 수준의 공해를 오염 축소로 해석할 수 있다. 오염을 줄이는 한계비용(MAC곡선으로 나타남)이 줄어든 피해(MC_P로 나타남)보다 작다면 공해는 감소되어야 한다. 이는 Q_{poll}^*보다 큰 어떤 공해량에 대해서도 성립한다. 반면에, Q_{poll}^*보다 낮은 수준에서처럼, 만일 한계감축비용이 공해의 한계비용보다 크다면, 오히려 공해를 늘리는 것이 좋다. 이러한 고려들은 최적 공해 수준인 Q_{poll}^*에서 균형을 이루는 것이다.

공해의 최적 '가격'은 최적 공해량에서의 공해의 한계비용(따라서 공해의 한계편익)과 같으며 그림 17.3에서 P_{poll}^*이 된다. 만일 공해를 거래하는 것이 가능하다면(뒤에서 살펴보겠지만 사실 이것은 가능하다), P_{poll}^*에서 공해 배출자들은 Q_{poll}^*까지 공해를 배출할 수 있는 권리를 구매하기 원할 것이다. Q_{poll}^*보다 낮은 공해 수준에서는 공해 가격 Q_{poll}^*은 공해를 더 배출하는 데 따른 편익, 즉 공해의 한계편익보다 낮다. 동시에 공해로 인해 피해를 본 사람들은 Q_{poll}^*만큼의 공해를 배출할 수 있는 권한을 팔기 원한다. 왜냐하면 Q_{poll}^* 가격에서는 공해로 인해 받는 피해 이상으로 보상받을 수 있기 때문이다($P_{poll}^* > MC_P$).

원칙적으로 공해의 최적 수준은 가격 기능이나 혹은 물량 기능 어떤 방법으로도 달성될 수 있다. 만일 규제당국이 사회적으로 최적인 가격을 강제할 수 있다면 그 가격에서 (외부효과 자체 혹은 그것을 만들어내는 상품) 양은 역시 사회적 최적 수준이 될 것이다. 마찬가지로 만일 규제당국이 사회적 최적 수준의 양을 설정한다면, 그 물량에서의 가격은 최적의 가격이 될 것이다. 그러나 현실적으로는 외부효과의 성격과 규제당국이 가진 정보에 따라 어떤 한 가지 방법이 다른 방법보다 더 적용하기 용이할 수 있다.

가격을 통해 외부효과를 해결하는 방법

외부효과하에서의 시장실패는 시장 참여자들이 의사결정을 할 때 사회 전반의 올바른 비용과 편익을 고려하지 않는다는 데 있다. 만일 가격이 조정되어 사적 비용과 사회적 비용이 일치되거나 혹은 사적 편익과 사회적 편익이 일치된다면, 생산자와 소비자는 후생을 극대화하는 가격과 생산량을 선택할 것이다.

부정적 외부효과와 관련된 상품의 경우에는 가격에 근거한 치료 방법은 기업이나 소비자로 하여금 그들이 생산하거나 소비하는 상품에 대해 추가비용을 지불하게 하는 것이다. 이러한 방법은 경제주체들로 하여금 생산이나 소비를 줄이도록 유도하여 시장에서의 생산량을 효율적 수준으로 접근시킨다.

긍정적 외부효과와 관련된 상품인 경우에는 기업의 생산이나 혹은 소비자의 구매에 보상을 하여 추가적인 생산이나 소비가 발생하도록 한다. 이러한 방법은 생산자가 직면한 수요함수를 증가시켜 생산을 증가시킨다. 따라서 판매자가 받는 가격과 생산되는 상품의 양은 효율적 수준과 같아지게 된다.

피구세   부정적 외부효과를 치료하기 위해서 사용되는 가격교정 방법 중 가장 보편적인 것은 **피구세**(Pigouvian tax)이다.[6] 이 같은 세금(영국의 경제학자 아서 피구의 1920년 아이디어에서 유래)은 부정적 외부효과에 의해 발생한 외부 한계비용을 고려하여 상품의 가격을 인상시키기 위해 경제행위에 부과되는 세금이다.[7]

피구세가 어떻게 작동하는지를 살펴보자. 석탄을 태우는 발전소가 인근 지역의 공기를 더럽히고 지역 주민들의 건강에 비용을 발생시키는 공해를 배출한다고 가정해보자. 이러한 발전소에 의해 만들어지는 전기에 대한 피구세는 전력시장의 균형을 효율적인 생산량과 가격 수준으로 접근시킨다(그림 17.4).

피구세
부정적 외부효과에 의해 발생한 외부 한계비용을 고려하여 상품의 가격을 인상시키기 위해 경제행위에 부과되는 세금

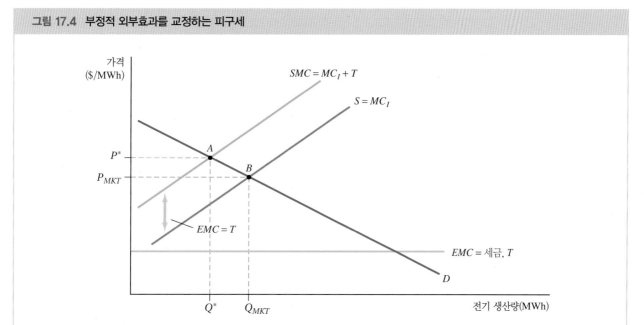

그림 17.4 부정적 외부효과를 교정하는 피구세

통제되지 않은 시장에서는 전력 산업은 P_{MKT}에서 Q_{MKT}를 과잉생산하고 있다(B점). 외부 한계비용 EMC와 같은 피구세(T)는 공급곡선(S)을 $S = MC_I$로부터 사회적 한계비용곡선(SMC)까지 위로 이동시킨다. 이제 시장은 SMC가 수요(D)와 만나는 A점에서 생산을 하고, 사회적으로 최적인 양 Q^*MWh를 가격 P^*에서 공급한다.

---

6 정부는 다양한 형태의 세금과 보조금을 사용한다. 외부효과를 해결하기 위해 고안된 것들만 피구세 혹은 피구 보조금이라고 한다.

7 Arthur C. Pigou, *The Economics of Welfare*, London: Macmillan, 1920.

전력시장의 사적 한계비용 MC_I가 사회적 한계비용 SMC와 같지 않기 때문에 과잉생산이 일어난다. 사회 최적 수준은 Q^*지만 전력회사는 Q_{MKT}만큼 생산한다.

이제 정부가 생산되는 전력 1단위, 즉 1MWh마다 공해의 외부 한계비용 EMC와 같은 크기의 세금 T를 부과한다고 가정해보자. 이는 전력을 공급하는 사적 한계비용을 MC_I에서 $MC_I + T$까지 증가시킨다. $T = EMC$이므로 시장의 한계비용곡선은 이제 사회적 한계비용곡선 SMC와 같아졌다. 이전의 한계비용곡선 MC_I는 가격이 P_{MKT}일 때 수요곡선과 만났다. 그 가격에서 시장에서의 생산량은 Q_{MKT}였다. 만일 세금을 포함한 한계비용곡선 $MC_I + T$가 효율적 가격인 P^*에서 수요곡선과 만나도록 세금이 정해진다면 시장에서의 전력 생산량은 효율적 수준인 Q^*로 떨어지게 된다.

피구세는 전력시장에서의 한계비용을 전기 생산이 야기하는 외부 피해의 크기만큼 높인다. 이러한 방법은 시장의 사적 인센티브를 사회적 인센티브와 일치시키게 된다. 사실 피구세는 공해의 외부효과를 '내부화'하는 것이다. 즉 피구세는 시장이 얼마큼의 전기를 만들어낼 것인지를 결정할 때 전기 생산에 따른 외부적 피해를 고려하도록 만든다. 이러한 과정은 효율적인 시장 결과를 만들어낸다.

현실에는 다양한 형태의 피구세가 존재한다. 담배와 술에 세금을 부과하는 것, 그리고 최근에 탄산음료에 세금을 부과하자는 요구의 한 가지 근거는 그렇게 하지 않으면 이러한 상품의 소비자들이 외부적 비용(간접흡연, 음주운전, 비만, 건강비용 등)을 부담하지 않는다는 것이다.

 응용 탄소의 사회적 비용

기후변화에 관한 정책논쟁에서 가장 중요한 경제적 숫자들 중의 하나는 탄소의 사회적 비용(social cost of carbon, SCC)이다. SCC는 이산화탄소가 1단위 더 배출될 때 기후변화에 미치는 효과를 통해 발생하는 부정적 외부효과이다. SCC를 설명하는 또 다른 방법은 사회적으로 최적인 이산화탄소를 배출하도록 유도하기 위해 얼마만큼의 피구세가 필요한가이다.

많은 환경경제학자들이 탄소의 사회적 비용을 측정하려고 노력해왔다. 그것은 쉬운 일이 아니다. 기후가 어떻게 작동하는지, 기후변화가 가져오는 경제적 효과의 유형과 크기, 그리고 현재의 인류가 미래 세대의 후생을 생각하는 정도에 대해 많은 불확실성이 존재한다. 이 같은 모든 요소들은 추정을 할 때 고려되어야 한다. 이것이 추정치가 톤당 20달러 미만에서부터 600달러가 넘는 값까지 광범위하게 차이가 나는 이유이다.

최근 노벨상 수상자인 윌리엄 노드하우스에 의한 추정은 많은 관심을 받았다.[8] 기후와 경제의 방대한 최신 모형을 이용하여 그는 SCC가 대략 톤당 36달러(2018년 달러 기준)라고 계산했다. 평균적으로 차량 한 대는 1년에 5톤 가량의 이산화탄소를 배출한다. 따라서, 만일 노드하우스의 계산이 기후변화의 피구세를 설정하는 데 사용된다면, 그것은 대략 차 한 대당 연 180달러 정도가 된다.

당신은 이렇게 생각할지도 모른다, "음, 1년에 180달러가 아무것도 아닌 건 아니지만, 세금

---

8 William D. Nordhaus, "Revisiting the Social Cost of Carbon," *Proceedings of the National Academy of Sciences* 114, no. 7 (2017): 1518–1523.

이 그 정도라면 나는 계속 운전을 하겠다. 나의 탄소 배출을 어떻게 막는단 말인가?" 대답은 그것이 당신의 탄소 배출을 멈추게 하지 않고 그래서도 안 된다는 것이다. 여기저기 운전하며 다니는 것으로부터 운전은 효용을 가져다준다. 이것이 바로 당신이 세금을 내는 이유이다. 탄소세가 없다면, 당신은 당신이 만들어낸 손실에 대해 아무것도 지불하지 않은 채 기후변화 문제를 심화시킬 것이다. 만일 세금이 부과되면(그리고 그것이 이산화탄소 배출의 진짜 사회적 비용과 같게 설정된다면), 당신은 정확히 당신이 만들어낸 손실만큼 돈을 내는 것이다. 당신은 이러한 비용을 운전에서 얻는 편익과 균형을 맞추어 사회적 관점에서 최적인 양만큼 운전을 하게된다. 그것은 세금이 없어서 부정적 외부효과에 대해 아무것도 지불하지 않을 때의 운전량보다는 적을 것이지만 0보다는 클 것이다. ■

피구 보조금 긍정적 외부효과가 존재할 때는 외부 한계편익을 반영하여 (소비자가 지불하는) 가격을 낮추는 방법으로 **피구 보조금**(Pigouvian subsidy)을 사용할 수 있다. 보조금은 생산자가 자신의 상품을 팔 수 있는 유효가격(시장가격에 보조금을 더한 것)을 높여서 생산량을 사회후생을 극대화하는 수준까지 늘리는 것이 이윤을 극대화하는 것이 되도록 만든다. 피구 보조금은 제3장에서 논의된 다른 보조금과 같은 방법으로 분석될 수 있다.

> **피구 보조금**
> 외부 한계편익을 반영하여 (소비자가 지불하는) 가격을 낮추는 활동에 대해 지불되는 보조금

많은 실제의 보조금 유형들이 적어도 피구 원칙에 근거한 것으로 보인다. 교육에 대한, 혹은 하이브리드 자동차나 에너지효율이 높은 가전제품의 구매에 대한 조세 감면은 피구 보조금의 예에 속한다.

피구세와 보조금이 갖는 실질적인 한 가지 문제점은 그 정확한 크기를 어떻게 계산하는지다.

예제 17.2

예제 17.1을 참조하라. 정부가 팔리는 공책 1개당 0.50달러의 세금을 부과한다고 가정하자.

a. 소비자가 지불하는 가격과 생산자가 받는 가격(세금 제외)은 각각 얼마인가?

b. 공책은 몇 개가 팔릴 것인가?

풀이

a. 이 문제를 풀기 위해서는 제3장에서 배운 방법을 사용할 수 있다. 소비자가 지불하는 가격 P_b는 판매자가 받는 가격 P_s에 세금을 더한 것이다. 즉 $P_b = P_s + T = P_s + 0.50$이다. 예제 17.1에서의 수요 및 공급함수를 다시 쓰면 다음과 같다.

$$Q^D = 5 - 0.125P_b, \quad Q^S = 0.5P_s$$

$P_b = P_s + 0.50$이므로 이것을 수요함수식에서 P_b에 대입하면 $Q^D = 5 - 0.125(P_s + 0.50) = 5 - 0.125P_s - 0.0625 =$ 4.9375 - 0.125P_s$가 된다. 공급함수와 수요함수가 모두 P_s의 함수로 표시되었으므로 $Q^D = Q^S$를 풀면

$$4.9375 - 0.125P_s = 0.5P_s$$
$$0.625P_s = 4.9375$$
$$P_s = \$7.90$$
$$P_b = P_s + 0.50 = \$7.90 + \$0.50 = \$8.40$$

이 된다. 이것은 바로 예제 17.1에서 도출했던 사회 최적 가격임에 주목하라.

b. 거래량을 계산하기 위해서는 소비자가격($P_b = \$8.40$)을 수요함수에 대입하거나 혹은 생산자가격($P_s = \$7.90$)을 공급함수에 대입하면 된다.

$$Q^D = 5 - 0.125P_b = 5 - 0.125(8.4) = 5 - 1.05 = 3.95$$
$$Q^S = 0.5P_s = 0.5(7.9) = 3.95$$

이것은 바로 사회 최적 생산량이다.

현실적으로 탄소 공해의 외부 한계비용이나 혹은 더 많은 대학 학위에 따른 외부 한계편익을 정확히 추정하는 것은 어려운 일이며, 따라서 피구세 혹은 보조금의 정확한 비율을 정하는 것도 어렵다. 만일 정부가 피구세나 보조금을 옳지 않은 수준에서 정하게 되면, 시장가격과 생산량도 역시 비효율적이 된다. 이러한 문제에 대해 좀 더 논의해보자.

응용 높은 주행세는 우리를 행복한 운전자로 만들어줄 것인가?

당신이 도로 위의 유일한 운전자라고 상상해보라. 당신은 빨리 달릴 수 있고, 정지신호를 무시할 수도 있고, 마주 오는 차를 확인하지 않고 좌회전을 할 수도 있다. 이 모든 것은 다른 차와 부딪칠 염려가 없기 때문이다. 도로 위에 다른 차들이 있으면 부정적 외부효과가 만들어진다. INRIX라는 연구기관은 최근에 도로혼잡은 연료비와 생산성의 손실로 인해 미국 국민들에게 매년 3,000억 달러 이상의 비용을 발생시킨다고 평가했다.[9] 이것은 심지어 가벼운 접촉사고나 다른 교통사고들을 고려하지 않은 비용이다. 차선을 벗어나거나 정지신호에 지나가는 등 운전자들이 저지르는 대부분의 실수는 만일 다른 차가 나타나면 충돌을 초래할 뿐이다.

어떤 지역들은 경제적 관점에서 볼 때 운전자의 부정적 외부효과를 제한하는 데 있어 매우 창의적이다. 예를 들어 런던은 주중에 시내로 들어오는 운전자들에게 11.5파운드(약 15달러)의 피구세를 부과한다. 섬 도시국가인 싱가포르는 차 자체에 피구세를 부과한다. 싱가포르에서 새 차를 구매할 때 평균적으로 지불해야 하는 물품세는 차 가격의 100%가 넘는다. 혼잡세를 부과하는 다른 도시들은 스톡홀름과 밀라노를 포함하며, 그와 유사한 세금이 뉴욕과 시카고의 지방 정부에 의해 제안되었다. 이러한 세금들의 핵심은 시간낭비, 공해, 그리고 사고로 인한 사망의 사회적 비용을 줄이는 것이다.

자율주행차량(autonomous vehicles, AVs)의 발전은 사람들로 하여금 대부분의 차들이 자율차량인 세상으로 가는 것이 부정적 외부효과에 어떤 영향을 줄 것인가를 생각하게 만들었다. 한편으로는 시뮬레이션들은 AVs가 사람이 운전하는 차들보다 더 빨리 그리고 더 적은 사고를 내면서 움직일 것으로 예측한다. 그러나 다른 한편으로는 차 안에서 주의를 기울일 필요가 없기 때문에 운전의 비용이 줄어들고 그에 따라 여행에 대한 수요가 증가하여 교통체증을 가져올 수도 있다. 이러한 세상에서 어느 정도의 피구세가 최적인지는 이 같은 상반된 요인들의 상대적 크기에 달려 있다.

사람들이 생각하는 한 가지 시나리오는 자율주행차량이 촉진하는 차량공유 서비스가 독점으로 갈 가능성이 있는가이다. 기본적으로 어떤 시장에 있는 사람들은 모두 한 기업의 로봇 차량들을 통해 이동하게 될지도 모른다. 정말 그렇게 될지는 확신할 수 없지만, 만일 그렇게 된다면 교통체증 문제를 해결하기 위한 피구세가 필요한지는 분명치 않다. 그 이유는 독점적인 카풀기업이 야기하는 교통체증의 외부효과는 자기 자신에게 발생하기 때문이다. 따라서 그 기업은 차량의 수를 늘릴 때 기존 차량들의 효율성에 (운전비용과 고객들의 지불의사를 통해) 부정적 영향을 준다는 것을 고려할 것이다. 경제학자들이 말하는 것처럼 기업은 외부효과를 내부화하여 효율적인 차량 대수를 운행할 것이다. ■

---

9 Graham Cookson, *INRIX Global Traffic Scorecard*, INRIX Research, Kirkland, WA, February 2018.

외부효과를 줄이는 수량적 방법

수량에 근거한 개입은 가격에 근거한 장치들과 같은 목적을 갖는다. 외부효과를 수반한 시장을 효율적인 결과로 이동시키는 것이다. 단지 다른 수단을 이용하는 것뿐이다.

할당　수량에 근거한 방법 중 가장 간단한 것은 **할당**(quota)을 설정하는 것인데 재화나 외부효과를 정해진 양만큼 생산하거나 소비하도록 제한하거나(부정적 외부효과) 혹은 요구하는(긍정적 외부효과) 규제이다. 제한하는 할당은 상한규제(caps)라고도 불린다[그리고 요구되는 할당은 하한규제(floors)라 부른다]. 생산량의 상한을 규제함으로써 이 상품을 만드는 데 수반되는 외부효과의 양도 함께 규제된다. 우리가 예상할 수 있듯이, 부정적 외부효과가 존재할 때, 수량제한은 자유로운 시장균형 생산량 미만에서, 사회 최적의 수준과 일치되도록 설정되어야 한다.

그림 17.5에서 우리는 전력시장에서 공해의 외부효과는 과도한 생산 Q_{MKT}와 비효율적인 시장 결과를 초래함을 볼 수 있다. 정부가 전력 생산량이 Q^*를 초과할 수 없도록 규제하는 법안을 시행한다고 가정하자. 이러한 법에 의해 사적 MC_I곡선은 통제된 수량에서 수직선이 된다. 사적 MC_I곡선은 이제 A점에서 수요함수와 만나고 사적인 의사결정은 사회적으로 효율적인 선택과 일치하게 된다.

실제로 사용되는 할당의 예들은 공장이 방출할 수 있는 공해량과 이웃이 만들어낼 수 있는 소음의 양, 그리고 아름다운 관광지를 방문할 수 있는 관람객의 수에 대한 제한을 포함한다. 사냥 및 낚시 면허는 지나친 낚시와 사냥으로 인한 부정적 외부효과 때문에 한 사람이 잡을 수 있

할당
어떤 재화나 외부효과의 생산 또는 소비를 일정 수준 이하로 제한하거나(부정적 외부효과) 그 이상으로 요구하는(긍정적 외부효과) 규제

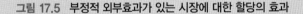

그림 17.5　부정적 외부효과가 있는 시장에 대한 할당의 효과

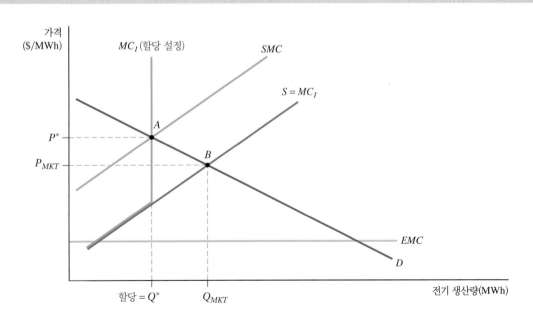

규제되지 않은 시장에서 전력 산업은 가격 P_{MKT}에서 과도한 전력량 Q_{MKT}를 생산한다(B점). 정부가 생산량을 Q^*에서 제한하는 할당을 시행하면 사적 한계비용곡선 MC_I는 Q^*에서 수직선이 되고, 사회적 최적수량 Q^*와 가격 P^*에서(A점) 사회적 한계비용 SMC 및 수요함수 D와 만난다.

는 물고기와 짐승의 양을 제한한다.

시장균형의 양보다 더 많이 생산하는 것을 요구하는 긍정적 외부효과에 대한 강제조항은 현실에서는 그리 많지 않다. 그러나 존재하긴 한다. 대부분의 미국 주에서 사람들은 법에 의해 16세까지는 학교에 다니도록 규정되어 있다. 많은 주들은 학교에 다니는 학생들에게 전염병에 대한 백신 접종을 의무화한다. 운전자에게 책임보험을 강제로 들게 하는 것도 마찬가지다. 이러한 것들은 수량에 근거하여 다른 사람들에게 긍정적 외부효과를 미치는 행동들을 촉진하는 방법이다.

그러나 할당의 사용은 현실적으로 복잡한 문제들을 야기한다. 첫째, 피구세를 정하는 것과 마찬가지로 사회적으로 최적인 할당량이 얼마인지 아는 것은 어렵다.

둘째, 정부는 시장에서 만들어지는 외부효과의 총량을 규제하기 원하지만 기업별로 할당량을 설정할 수 있을 뿐이다. 예를 들어 오래된 공장에서 배출되는 공해를 줄이는 것은 비용이 많이 들고 새로운 공장에서 공해를 줄이는 것은 비용이 적게 든다. 이 같은 조건하에서, 각 공장이 동일한 목표량을 충족하도록 규정하는 것은 공해를 줄이는 목적을 달성하는 가장 비용효율적인 방법이 아니다. (다음 절에서 공해 배출권을 나누어주고 거래를 허용하는 것이 이 같은 복잡한 문제를 해결할 수 있음을 논의할 것이다.)

셋째는 비용과 편익의 배분 문제이다. 예를 들어 피구세는 정부의 재정수입(피구 보조금인 경우는 정부에게 비용)을 만들어낸다. 할당과 강제조항은 편익과 비용을 시장 참여자들에게 남긴다. 면허하에서는 정부는 약간의 수입을 얻고 시장 참여자들은 비용을 부담하며 또한 편익도 얻는다.

정부가 재화를 공급함   긍정적 외부효과가 있는 경우 수량을 통한 개입의 또 다른 형태는 정부가 실제로 그 물건을 직접 만드는 것이다. 기초과학연구는 대규모의 긍정적 외부효과를 만들어내지만 개인 후원자는 별로 많지 않다. 따라서 정부는 조세 감면이나 연구기금을 통해서 보조금을 지원한다. 미국이 국립보건원(National Institutes of Health, NIH)에서 하듯이, 그리고 연방정부의 연구실 운영처럼, 정부도 직접 연구를 수행한다.

불확실성하에서의 수량기반 개입 대 가격기반 개입

우리는 앞에서 원칙적으로 수량과 가격 수단은 외부효과를 해결함에 있어 동일하게 효과적일 수 있음을 보았다. 그러나 현실에서는 한 방법이 다른 방법보다 선호되는 상황들이 존재한다.

한 방법이 다른 방법보다 더 선호될 수 있는 특별히 중요한 상황은 외부효과의 최적 수준이 완전하게 알려져 있지 않을 때이다. 외부효과의 문제에서 불확실성의 중요성은 미국 경제학자인 마틴 와이츠먼에 의해 1974년에 처음으로 주목되기 시작했다.[10]

공해의 한계편익과 한계비용은 측정하기 어렵고 종종 기술 변화, 생산요소 가격, 그리고 공해가 인간의 건강에 얼마나 해로운지에 대한 새로운 발견 등에 따라 달라진다. 따라서 외부효과가 존재하는 시장에 개입하려는 노력은 일반적으로 정확하지 않고 규제당국이 정하는 어떤 피구세나 수량제한도 정확히 옳을 수는 없다. 정확히 옳지 않다는 것은 항상 비용을 수반하지

---

10 Martin Weitzman, "Prices vs. Quantities," *The Review of Economic Studies* 41, no. 4 (1974): 477–491.

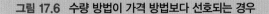

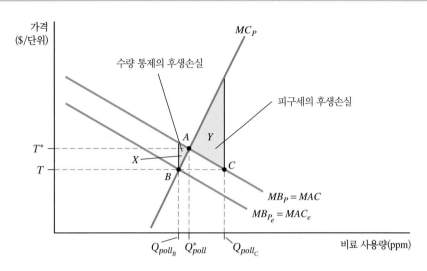

그림 17.6 수량 방법이 가격 방법보다 선호되는 경우

$MB_P = MAC$와 MC_P는 농부들이 비료를 사용하는 데 따른 한계편익(한계감축비용) 및 한계비용곡선들이다. 수질오염의 최적 수준은 Q^*_{poll}이다. 정부가 농부의 한계감축비용을 $MAC_e < MAC$로 잘못 추정하면, 피구세가 오염을 $Q_{poll_C} > Q^*_{poll}$만큼 증가시킴에 비해 수량에 근거한 개입은 오염을 $Q_{poll_B} < Q^*_{poll}$로 줄인다. MAC가 MC_P보다 상대적으로 기울기가 작으므로, 두 방법이 초래한 후생손실을 비교해서 알 수 있듯이($X < Y$) 수량에 근거한 개입이 가격 방법보다 선호된다.

만 잘못된 시장개입이 사용되면 비용은 더 커질 수 있다.

농장에서 흘러나온 비료로 인한 수질오염의 한계비용과 한계편익을 나타낸 그림 17.6을 살펴보자. 수질오염의 한계비용은 MC_P곡선으로 표시되어 있다. 오염의 한계편익과 오염을 제거하는 한계비용은 $MB_P = MAC$곡선으로 표시된다. (오염의 한계편익과 오염 감축의 한계비용은 동일한 것임을 기억하라.) 그림 17.6에서 시장에서의 오염의 효율적인 양 Q^*_{poll}은 오염의 한계비용과 한계편익이 같아지는 A점에서 결정된다.

불확실성이 시장을 효율적인 공해 수준으로 이동시키는 규제의 능력에 어떤 영향을 미치는지를 분석하기 전에, 오염 수준이 효율적 수준과 같지 않을 때 발생하는 후생손실은 효율적인 오염 수준과 현재의 오염 수준 사이의 모든 오염 수준에 대한 오염의 한계편익(혹은 한계감축비용)과 한계비용 간의 면적임을 기억하라.

만일 오염 수준이 너무 높다면(Q^*_{poll}의 오른쪽) 오염이 사회에 주는 비용(MC_P곡선)은 편익(공해와 함께 생산되는 산출물의 양의 관점이며 이는 MB_P곡선임)보다 크다. 반대로 오염 수준이 비효율적으로 낮다면(Q^*_{poll}의 왼쪽) 사회적으로 비용보다 더 큰 편익을 가져다주는 (발생하지 않은) 오염이 존재한다는 것이다.

이제 정부가 농부들의 한계감축비용을, 즉 오염의 한계편익을 정확히 알지 못한다고 가정하자. 정부가 오염을 효율적인 수준으로 낮추는 데 수량 방법과 가격 방법 중 어떤 것이 더 낫다고 말할 수 있을까?

예를 들어 정부가 농부의 한계감축비용을 실제보다 낮게, 그림 17.6에서 $MB_{P_e} = MAC_e$로 잘못 추정했다고 가정해보자. 만일 이것이 실제 절감비용이라면 최적 오염 수준은 Q_{poll_B}일 것이다. 왜냐하면 오염의 한계비용이 추정된 오염의 한계감축비용과 B점에서 같아지기 때문이다. 규제당국은 두 가지 방법으로 Q_{poll_B}를 달성할 수 있다. 사용되는 비료의 양을 제한하여 오염을 Q_{poll_B}가 되게 하거나 혹은 가격 T만큼 오염에 대해 세금을 부과하는 것이다.

규제당국이 수량 방법을 사용한다면 오염량은 Q_{poll_B}가 되는데 이는 사회 최적 수준인 Q^*_{poll}보다 낮은 수준이다. 이 경우 수량을 틀리게 규제한 데 따른 후생손실은 그림 17.6에서 삼각형 X만큼이다. 이 부분은 실제 사회적 한계편익이 사회적 한계비용보다 큰 오염을 반영한다. 그러나 수량이 잘못된 오염 수준에서 제한되었기 때문에 이러한 (바람직한) 오염은 발생하지 않는다.

만일 규제당국이 T와 같은 피구세를 부과한다면 농부들은 자신의 한계감축비용이 세금과 같아지는 수준까지 비료의 사용을 줄일 것이다(C점). 이 점보다 더 오염을 줄이는 것은 공해세를 내는 것보다 (생산을 포기한다는 관점에서) 더 비싸다. 따라서 한계감축비용을 잘못 계산해서 적용한 잘못된 세금은 농부들로 하여금 효율적 수준보다 훨씬 더 많은 Q_{poll_C}만큼의 오염을 배출하도록 만든다. 이 같은 정부의 실수로 인한 후생손실은 면적 Y이다. (잘못된 가격 설정에서 비롯된) 후생손실 Y와 (잘못된 수량 설정에서 비롯된) 후생손실 X를 비교하면, 비록 두 가지 경우 모두 절대적인 크기에서는 효율적 수준에서 그리 크게 벗어난 것은 아니더라도, 세금을 잘못 설정하는 것이 더 큰 후생손실을 야기함이 명백하다. 최적 세금은 T^*이며 그때 오염의 양은 Q^*_{poll}이 됨에 주목하라.

가격에 근거한 방법이 더 큰 비효율성을 초래한다는 결과는 항상 성립하는 것은 아니며 정부가 한계감축비용을 실제보다 낮게 추정했기 때문도 아니다. 만일 정부가 실제보다 더 크게 추정했더라도 우리는 같은 결론에 도달한다. (단, 이 경우에 오염 수준은 수량 방법하에서는 최적 수준보다 높지만 피구세하에서는 최적 수준보다 낮다.)

이 예에서 가격 방법하에서 후생손실이 더 큰 이유는 한계감축비용곡선은 비교적 기울기가 작고 한계비용곡선은 비교적 기울기가 크기 때문이다. 기울기가 작은 MAC곡선은 농부들의 오염 절감이 절감비용(즉 세금)에 매우 민감함을 의미하며, 따라서 피구세를 조금만 잘못 정해도 농부들이 만들어내는 오염에는 큰 변화가 일어난다. 이러한 큰 변화는 다시, 오염의 한계비용이 오염의 양에 매우 민감하기 때문에(MC_P곡선은 기울기가 큼) 매우 큰 후생손실을 가져오는 것이다. 따라서 농부의 오염 절감비용이 세금에 민감하고 오염의 한계비용이 오염 수준에 따라 급격히 증가할 때는, 규제당국은 수량에 근거한 개입을 더 선호하게 된다. 만일 규제당국이 시장이 어느 정도의 조정을 필요로 하는지에 대해 틀렸을 때, 이 방법하에서는 피해가 제한적이기 때문이다.

만일 상황이 바뀐다면, 즉 한계감축비용곡선의 기울기가 크고 한계비용곡선이 상대적으로 더 수평적이라면, 가격 방법이 수량 방법보다 더 작은 비효율성을 초래할 것이다. 그런 경우는 그림 17.7에 나와 있다.

그림 17.7에서 오염의 효율적인 양 Q^*_{poll}은 오염의 한계비용과 한계편익이 같아지는 A점에서 결정된다. 다시 한번 정부가 농부의 한계감축비용을 실제보다 낮게 $MB_{P_e} = MAC_e$로 잘못 추정했다고 가정해보자. 규제당국이 수량 방법을 사용한다면 오염량은 Q_{poll_B}가 되는데 이는 사회 최적 수준인 Q^*_{poll}보다 낮은 수준이며 그에 따른 후생손실은 삼각형 X 부분이다. 만일 규제당국이 그 대신 피구세를 이용하면 세금은 T가 된다. 농부들은 Q_{poll_C}만큼의 오염을 배출하게 되며 그로 인한 후생손실은 면적 Y이다.

그림 17.7 **가격 방법이 수량 방법보다 선호되는 경우**

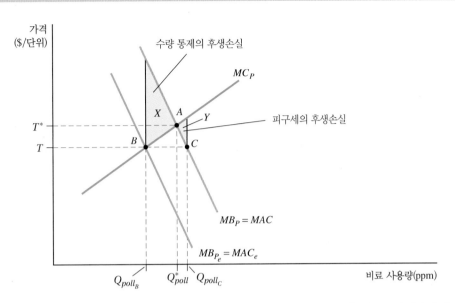

정부가 농부의 한계감축비용을 $MAC_e < MAC$로 잘못 추정하면, 피구세가 오염을 $Q_{poll_C} > Q^*_{poll}$만큼 증가시킴에 비해 수량에 근거한 개입은 오염을 $Q_{poll_B} < Q^*_{poll}$로 줄인다. MAC가 MC_P보다 상대적으로 기울기가 크므로, 두 방법이 초래한 후생손실을 비교해서 알 수 있듯이 $(X > Y)$, 가격에 근거한 개입이 수량 방법보다 더 선호된다.

그림 17.7은 만일 한계감축비용곡선의 기울기가 상대적으로 한계비용곡선의 기울기보다 더 크면, 피구세 설정의 오류는 수량제한을 설정하는 것보다 그 피해가 더 작게 됨을 보여준다. 오염 감축이 세금 수준에 상대적으로 둔감한 것은 세금을 조금 잘못 설정했을 때 실제 오염 수준에는 큰 영향이 없음을 의미한다. 그러나 수량을 잘못 설정하는 것은 그 피해가 매우 크다. 농부들로 하여금 불필요하게 많은 양의 오염을 절감하도록 하는 규제는 그것이 줄여주는 오염의 한계비용보다 더 큰 비용을 초래한다. 마찬가지로, 오염을 너무 적게 줄이도록 강제하는 것도 비용보다 편익이 큰 오염 절감이 이루어지지 않음을 의미한다.

따라서 정부가 외부효과의 최적 수준을 잘 모를 경우 수량과 가격 방법 간의 선택은 정부가 인지하는 오염의 한계비용과 한계감축비용 간의 상대적 민감도에 달려 있다.

외부효과를 줄이는 시장지향적인 방법 : 거래가능한 공해 배출권 시장

각 기업의 양을 제한하거나 혹은 적절한 세금을 부과함으로써 시장에서의 외부효과를 통제하는 것은 어려운 일이다. 그보다 더 나쁜 것은 만일 생산량을 변경하는 비용이 생산자들 간에 서로 다르다면 그런 방법들은 비싼 실수들을 초래할 수 있다는 점이다. 더 싼 비용으로 그렇게 할 수 있는 기업들이 더 많은 생산량 조절을 감당하는 것이 최적일 것이다. 그러나 규제당국이 각 기업의 비용을 알아서 수량제한이나 세금 부과를 적절하게 시행하는 것은 매우 어려운 일이다.

이러한 경우에는 **거래가능한 공해 배출권**(tradable permit)을 이용해서 기업들이 함께 어떻게 외부효과를 최적 수준까지 줄일지 결정하도록 허용하는 것이 더 좋을 수 있다. 공해 배출권은

거래가능한 공해 배출권
기업이 생산에 따른 오염을 일정량 배출할 수 있게 허용하며 다른 기업들에게 매각할 수도 있는 정부의 권리증

정부가 발행한 권리증으로, 그것을 가진 기업이 일정량의 공해를 배출할 수 있도록 허용하며 기업들 간 거래가능하다. 배출권이 없으면 공해를 배출할 수 없다. 권리증이 기업들 간에 분배된 이후에 그것은 거래될 수 있어 어떤 기업들이 다른 기업들보다 더 많은 공해를 배출할 수 있게 해준다. 본질적으로 공해 배출시장이 형성되는 것이다. 이러한 제도는 간혹 '상한선과 거래(cap-and-trade)'라고 불리기도 한다. 정부가 공해 배출의 상한선을 설정하고 그 상한선만큼의 공해 배출권을 발행한 후에 기업들은 서로 공해를 배출할 수 있는 권리를 거래하기 때문이다. 예를 들어 미국은 거래할 수 있는 권리를 통해 아황산가스(SO_2)의 양을 통제한다.

경쟁적인 거래가능한 공해 배출권 시장에서는 한계감축비용이 모든 기업들 간에 같아지도록 배출권의 가격이 결정된다. 배출권 가격이 기업의 한계감축비용(혹은 공해 배출의 한계편익)보다 높다면 기업은 공해를 1단위 줄이고 남는 배출권을 팔아서 더 큰 이윤을 얻을 수 있다. 만일 배출권 가격이 공해 배출의 한계편익보다 낮다면 기업은 배출권을 구매해서 공해를 더 배출함으로써 이윤을 증가시킬 수 있다. 배출권 가격이 한계감축비용과 같을 때만 기업은 공해 배출량을 변동시키지 않을 것이다. 이러한 논리는 모든 기업에게 적용되므로 각 기업이 배출하는 공해의 양은 그 기업의 한계감축비용과 배출권의 가격을 일치시킬 수밖에 없다. (이것은 모든 기업이 자신의 한계비용과 생산물의 가격이 같아지도록 생산량을 정하는 완전경쟁시장의 논리와 유사하다.)

이는 중요한 결과다. 그것은 (정부에 의해 상한선이 정해진) 산업 내의 총감축량이 효율적으로 달성되었음을 의미한다. 만일 한 기업이 다른 기업보다 낮은 한계감축비용을 가지고 있다면 그 기업은 더 많이 공해를 줄여야 한다. 배출권 시장은 모든 기업이 동일한 한계감축비용을 갖도록 보장하므로 기업들 간 공해 감축을 재배분한다고 해도 총감축비용은 더 낮아지지 않는다.

더욱이, 만일 정부가 배출권의 양을 효율적인 공해 수준과 같도록 설정한다면, (효율적 수준이란 정의에 따라) 배출권 가격은 공해 감축의 한계편익과 같아질 것이다. 따라서 경쟁적인 배출권 시장에서는 각 기업은 공해를 줄이는 비용이 공해 감축의 사회적 편익과 같아지는 수준까지 공해를 줄이게 된다.

배출권 시장은 효율성에 필요한 총공해 감축을 가능한 최소의 비용으로 달성하며 정부가 어떤 기업이 얼마나 공해를 줄여야 하는지를 결정할 필요가 없다. 배출권을 거래할 수 있게 한 것이 성공하는 이유는 감축비용이 낮은 기업들로 하여금 더 큰 공해 절감의 부담을 지고 배출권을 팔아 그 보상을 받도록 했기 때문이다. 감축비용이 높은 기업들은 직접 공해를 줄이는 것보다 더 싸기 때문에 공해 배출권을 사는 것을 더 선호한다. 이것이 일부 사람들이 세상이 탄소공해와 기후변화의 문제를 극복할 수 있다고 지지하는 방법이다. 탄소세를 부과하는 대신 국가들이 지구 전체의 상한선에 동의한 후 배출권을 자유시장에서 거래할 수 있게 하는 것이다.

17.3 코즈 정리 : 외부효과를 스스로 해결하는 자유시장

우리는 이론적으로 정부가 세금, 보조금, 혹은 할당을 통해 외부효과의 문제를 해결하고 시장이 효율적인 가격과 생산량에 도달하도록 도울 수 있음을 알았다. 그러나 가끔은 개인들이 외부효과를 스스로 해결할 수 있다. 이러한 일이 가능한 이유가 (그리고 그것이 요구하는 조건들이) 만일 협상비용이 충분히 작다면 시장 참여자들 간의 협상은 재산권이 어떻게 배분되었는지와 상관없이 효율적인 시장 결과를 이끌어낼 수 있다는 **코즈 정리**(Coase theorem)의 핵심이다. 코즈 정리는 1960년에 노벨경제학상 수상자인 로널드 코즈에 의해 개발되었다.[11]

코즈 정리가 어떻게 작동하는지를 보여주는 예시로서 경영대학의 이름에 대한 권리시장을 생각해보자. 지난 수십 년에 걸쳐 많은 경영대학들이 대학의 이름을 정하는 권리를 돈 많은 기부자들에게 팔아왔다. 미시간대학의 Ross School of Business, 뉴욕대학의 Stern School of Business, 그리고 UCLA의 Anderson School of Management는 단지 몇 개의 예일 뿐이다. [사실 이 책의 저자들 중 두 명인 굴스비와 사이버슨은 동문이자 기부자인 데이비드 부스(David Booth)의 이름을 기념하기 위해 이름 붙여진 시카고대학의 Booth School of Business에서 공부했다.]

대학들은 자신의 경영대학의 이름을 정하는 권리를 팔 권리가 있지만 그러나 이름을 정하는 것에는 외부효과가 발생할 수 있다. 종종 다른 동문들이나 학생들은 자신의 학교가 단지 대학의 이름만 보유하고 기증자의 이름을 포함하지 않기를 바란다. 따라서 만일 대학이 이름을 정할 권리를 팔면 그들의 효용은 낮아진다. 그들은 대학과 기부자 간의 거래에 직접적으로 관여하고 있지 않기 때문에 이 같은 효용감소는 부정적 외부효과이다.

일견 이러한 관행에 대한 비판은 운이 나쁜 일처럼 보인다. 학교는 이름을 팔 권리가 있고 기증자는 그것을 살 권리가 있으며, 법이 어떤 이유에선지 다른 사람들에게 학교의 이름 권리를 파는 것을 결정하는 권리는 주지 않았다면 이름을 파는 것을 좋아하지 않는 사람들은 체념하는 편이 나을 것이다.

그러나 코즈 정리는 이런 생각이 틀린 것임을 말해준다. 어떤 상황하에서는 누가 거래의 재산권(property rights)을 가졌는가는, 즉 누가 법적으로 의사결정권을 가졌는가는(예에서는 학교와 기증자) 문제가 되지 않는다. 코즈 정리는 만일 시장 참여자들이 협상을 할 수 있다면 그들은 이러한 결정권과 상관없이 경제적으로 효율적인 결과를 얻어낼 수 있다고 주장한다.

왜 그리고 어떤 조건하에서 이러한 거래가 일어나는지를 이해하기 위해서 위스콘신대학의 Wisconsin School of Business의 사례를 생각해보자. 2000년대 중반 위스콘신대학은 다른 많은 경쟁 대학들이 했던 것처럼 학교의 이름을 정하는 권리를 팔 것을 고려했다. 그러나 일부 동문들은 학교가 결코 이름을 변경해서는 안 된다고 생각했다. 법적으로 그들이 할 수 있는 것은 없었다. 만일 대학이 학교의 이름을 팔고자 한다면 동문의 승인이 있든지 없든지 그렇게 할 수 있었다. 그러나 코즈 정리는 해답을 제공한다. 만일 동문들이 학교의 이름을 팔지 않는 것의 가치를 기증자가 학교의 이름을 얻는 것의 가치보다 더 크게 여긴다면 그들은 그 일을 막을 수 있다.

이 일은 실제로 일어났다. 2007년에 13명의 동문들은 대학이 적어도 20년간 Wisconsin School of Business란 이름을 유지하는 것을 보장하면 8,500만 달러를 기부할 것을 약속했다. 학교는 이름을 팔 수 있는 법적 권리를 가졌지만 결국 그렇게 하지 않았다. 왜냐하면 사실 학교가 동문들에게 끼친 외부효과가 이름을 바꾸어서 얻는 가치보다 더 컸기 때문이다. 동문들은 외부효과가 자신들에게 부과되지 않게 하려고 학교에 돈을 지불한 것이다.

만일 가치의 크기가 반대라면, 그래서 대학이 이름을 팔아 얻는 가치가 동문들이 이름을 유지해서 얻는 가치보다 크다면, 효율적인 결과는 이름을 바꾸는 것이고 코즈 정리는 그런 일이

코즈 정리

시장 참여자들이 비용 없이 협상할 수 있다면 누가 법적 소유권을 가졌는지와 관계없이 효율적 시장 결과를 얻을 수 있다는 정리

---

11 Ronald H. Coase, "The Problem of Social Cost," *Journal of Law and Economics* 3 (1960): 1-44.

실제 일어날 것임을 말해준다.

한 가지 기억할 중요한 점은 코즈 정리는 재산권이 다르게 설정되었더라도 동일한 결과를 예측한다는 것이다. 대학의 동창회가 이름 변경에 대해 거부권을 행사할 수 있다고 가정해보자. 이름을 팔지 않는 것에 대해 동문들이 느끼는 가치보다 대학이 이름을 팔아서 얻는 가치가 더 크다면 대학은 이름을 팔고 동문들의 손실을 보상해줌으로써 대학과 동문들 모두 더 좋아질 수 있다. 만일 동문들이 대학보다 이름에 대해 더 큰 가치를 부여한다면 이름은 팔리지 않을 것이다.

결론은 결국 자원(여기서는 이름을 정할 권리)이 누가 재산권을 가지고 있는지와 상관없이 가장 큰 가치를 창출하는 쪽으로 배분된다는 것이다. 만일 동문들이 느끼는 현재 상태의 가치보다 대학이 느끼는 이름 변경의 가치가 더 크다면 대학이나 동문 중 누가 이름을 정하는 권리를 가졌는지에 상관없이 이름은 결국 팔리게 된다. 그 대신 만일 동문들이 이름을 바꾸지 않는 것에 더 큰 가치를 부여한다면 이름은 변경되지 않을 것이다. 역시 어느 쪽이 권리를 가지고 있든지 상관없이 말이다.

이 예는 부정적 외부효과가 존재할 때 외부비용의 피해를 입은 제3자가 외부효과를 발생시킨 자에게 외부효과를 중단해달라고 돈을 지불할 수 있다는 것을 보여준다. (물론 이런 일은 제3자가 입은 외부비용의 크기가 그것을 발생시킨 자에게 가져다주는 가치보다 클 때만 일어날 것이다.) 마찬가지로, 외부효과를 일으킨 자가 제3자에게 외부효과를 발생시킬 권리를 얻기 위해 돈을 지불할 수도 있다. 이러한 지불은 협상을 통해 효율적인 결과를 얻게 한다.

재산권은 효율적인 결과에 도달하기 위해 누가 누구에게 돈을 지불하는가에 영향을 준다는 점에서만 문제가 된다. 다시 동문들이 Wisconsin School of Business라는 이름을 유지하는 데서 얻는 가치가 대학이 그것을 팔아서 얻는 가치보다 크다고 가정하자. 이러한 상황은 효율적 결과는 처음 누가 권리를 가지고 있는가와 상관없이 이름이 바뀌지 않고 남아 있는 것임을 말해준다. 그러나 동문들이 대학이 이름을 바꾸지 않도록 돈을 지불해야 하는지는 재산권의 배분에 달려 있다. 권리가 대학에 있다면 동문들은 대학에 돈을 지불한다. 만일 동창회가 이름 변경을 승인해줄 권리를 가지고 있다면 돈을 지불하는 일은 없다(그리고 이름은 여전히 바뀌지 않는다). 둘 다 효율적인 결과를 얻는다. 그러나 첫 번째 경우에는 동문들이 돈을 내야 하고 두 번째 경우에는 돈을 내지 않는다. 코즈 정리는 형평에 관한 것이 아님에 주목하라. 협상의 결과는 어떤 당사자에게는 매우 불공정할 수 있다. 코즈 정리는 단지 결과가 효율적인가에 관한 것이다.

우리는 이러한 협상 과정을 지나치게 단순화하고 외부효과 문제를 해결하기 위해 코즈 형태의 협상에 너무 많이 의존하지 않도록 주의해야 한다. 관련된 당사자들이 (외부효과를 만들어 낸 사람들과 그로 인해 피해를 입은 사람들이) 아무런 비용부담 없이 협상을 할 수 있다는 가정은 결정적으로 중요하다. 만일 협상에 비용이 수반된다면, 예를 들어 협상에 변호사가 개입하거나 모든 동문들에게 연락하는 것이 어렵다면, 코즈 정리는 작동되지 않을 수 있다.

이해 당사자가 다수일 때도 역시 이 같은 협상을 만들어내는 것은 어렵다. Wisconsin School of Business의 동문들은 자신들의 행동을 통일할 수 있었다. 그러나, 예를 들어 중국에 있는 공장에게 더러운 석탄을 태우는 것을 멈춰달라고 돈을 지불하는 것에 대해서 북미 서해안에 사는 수백만 명의 사람들이 동의한다는 것은 어려운 일이다. 코즈 정리는 법이 공장에게 원하는 만큼의 오염물질을 배출할 권리를 부여하거나 혹은 석탄을 태우기 전에 공기를 마시는 모든 사람

예제 17.3

세탁소 근처에 비료회사가 있다. 비료회사는 생산 과정에서 유해한 악취를 발생시키고 그 냄새가 세탁소에 있는 옷에 스며든다. 그 결과 세탁소는 시간이 흐르면서 많은 고객을 잃게 되었다. 세탁소는 악취가 자신의 영업에 끼친 피해를 연 10,000달러로 추정했다. 비료회사는 생산 과정을 바꿈으로써 악취를 제거할 수 있는데, 그 비용은 연 12,000달러이다.

a. 만일 비료회사가 악취를 발생시킬 권리를 가지고 있다면 사회적으로 최적인 결과는 무엇인가? 그것은 어떻게 달성될 수 있는가? 어떤 보상이 발생하는가?

b. 만일 세탁소가 맑은 공기를 누릴 권리를 가지고 있다면 사회적으로 최적인 결과는 무엇인가? 그것은 어떻게 달성될 수 있는가? 어떤 보상이 발생하는가?

풀이

a. 사회 최적의 결과는 비료회사가 악취를 내보낼 때 달성된다. 오염을 제거하는 비용(연 12,000달러)이 악취로

인한 외부적 비용(연 10,000달러)보다 크다. 만일 비료회사가 오염을 배출할 권리를 가졌다면, 비료회사는 계속 그렇게 할 것이다. 세탁소는 깨끗한 공기에 비료회사로부터 권리를 사는 것만큼 높은 가치를 부여하지는 않는다. 따라서 금전적 보상은 발생하지 않는다.

b. 사회 최적의 결과는 여전히 비료회사가 악취를 내보내는 것이다. 최적 결과는 비료회사와 세탁소가 공기라는 자원에 대해 부여하는 상대적 가치에 의해 결정된다. 공기에 대해 비료회사가 더 높은 가치를 부여하고 있기 때문에 비료회사가 그 자원을 사용해야 하며 따라서 악취를 내보내야 한다. 그러나 세탁소가 깨끗한 공기에 대한 권리를 가지고 있기 때문에, 비료회사는 세탁소로부터 악취를 내보낼 권리를 사야 한다. 이러한 거래가 비용 없이 이루어질 수 있다고 가정하면, 비료회사는 세탁소에게 권리의 대가로 10,000~12,000달러 사이의 어떤 금액을 지불해야 한다.

에게 허락을 받도록 요구하는 것은 문제가 되지 않는다고 말한다. 그러나 협상이 어려울 때는 코즈 정리는 실패하게 되고, 따라서 우리는 외부효과를 다루는 정부의 역할로 돌아가게 된다.[12]

 ## 응용 가끔 코즈 정리는 시간이 걸린다

블리클리와 페리는 코즈 정리가 성립하는지를 보기 위해 특정한 시장을 살펴보았다. 코즈 정리가 성립했다. 효율적인 배분이 개인들 간의 협상과 교환에 의해 달성되었다. 그러나 그들이 조사한 시장의 경우 이 같은 결과에 도달하는 데는 조금 시간이 걸렸다.[13] 우리가 '조금'이라고 한 것은 사실 약 150년이었다.

블리클리와 페리의 연구는 미국 조지아주의 많은 지역에서 일어난 (토지수용과 원주민 소유자들의 퇴거 이후의) 첫 번째 거주의 결과를 조사했다. 1800년대 초반 이런 땅들에 거주가 허용되었을 때 주정부는 복권을 통해 크기가 다른 땅들을 거주자들에게 배분했다. 운 좋은 어떤 거주자들은 넓은 땅을 받았고 다른 사람들은 작은 땅을 받았다. 가장 작은 크기의 땅은 효율적으로 농작을 할 수 없을 정도였기 때문에 (훗날 최적 농경지 크기가 커짐에 따라 이 문제는 더 심

---

[12] 비대칭정보 역시 코즈 정리의 예측에 문제를 야기할 수 있다. 만일 협상 당사자들이 외부효과에 대한 (혹은 그것을 없애는 데 대한) 자신들의 가치에 관해서 사적 정보를 가지고 있다면, 그들은 그 정보를 협상 상대방과 공유하려고 하지 않을 것이다. 제16장에서 보았듯이, 만일 정보의 비대칭성이 심각하다면 완전정보하에서는 합의가 효율적임에도 불구하고 협상은 결렬될 수 있다.

[13] Hoyt Bleakley and Joseph Ferrie, "Land Openings on the Georgia Frontier and the Coase Theorem in the Short- and Long-Run," working paper, 2014.

각해졌다) 그런 땅들은 서로서로 부정적 외부효과를 초래했다. 작은 땅의 존재는 다른 땅도 효율적인 경작을 할 수 없는 작은 규모로 만들었다.

코즈 정리는 협상의 과정과 땅 매매가 크기가 작은 땅의 소유자들로 하여금 인근 큰 규모의 땅 소유자에게 (혹은 땅들을 합칠 수 있는 또 다른 소규모 땅 소유자에게) 자신의 땅을 매각하도록 유도해서 효율적 크기의 농작이 이루어질 수 있음을 의미한다. 농경의 효율성 증대에 따른 경제적 이익은 소규모의 땅 소유자들이 농경으로 생계를 이어감을 포기하도록 보상하고도 남았다. (만일 농부들의 능력이 다른 경우라면 넓은 땅을 가진 능력이 떨어지는 소유자가 능력은 크지만 크기가 작은 땅을 가진 소유주에게 토지를 매각할 것이다. 어떤 경우든지 효율적인 경작지 규모는 달성된다.)

블리클리와 페리는 이것이 약 150년 후에 실제로 일어난 일임을 입증했다. 그들은 복권 도입 50년 후까지는 경작지 규모가 복권에 의해 배분된 경작지 규모와 완벽하게 일치했음을 발견했다. 달리 말하자면 50년간 토지 경계에는 아무런 변화가 없었다. 땅의 가치는 이러한 경작이 실제로 규모가 너무 작았음을 의미했고 따라서 여전히 외부효과가 작동되고 있음이 분명했다. 그러나 시간이 흐름에 따라 농지의 경계들은 점차 변하기 시작했다. 마침내 복권 실행 약 150년 후에 농경지 규모는 복권에 의한 최초의 크기에서 벗어났고 농경지 규모는 효율적 크기에 도달한 것으로 보였다.

코즈 정리가 작동되는 데 그렇게 긴 시간이 걸린 것은 협상이 복잡하고 비쌌기 때문이다. 한 가지는, 적당한 규모지만 현재 농지에서 멀리 있다면 현재 소유주가 팔기 원해도 그 땅을 사는 것은 합리적이지 못한 일이다. 비대칭정보의 문제부터 가족 간 말다툼까지 다른 모든 형태의 협상비용도 존재했다. 이런 모든 것들을 해결하는 데 아주 긴 시간이 걸린 것이다. 블리클리와 페리의 연구 결과는 효율적인 해결에 도달하는 데 얼마나 긴 시간이 걸릴 수 있는지에 대해 놀라운 증거를 제공한다. ■

코즈 정리와 거래가능한 배출권 시장

코즈 정리가 현실에 영향을 미친 한 분야는 공해와 싸우는 정부의 전략을 디자인하는 것이다. 이 장의 앞부분에서 설명했듯이 거래가능한 배출권은, 종종 할당과 같은 수량정책보다 더 낮은 비용으로, 부정적 외부효과가 존재하는 시장을 사회적 최적인 결과로 이동시킬 수 있다.

코즈 정리는, 기업들이 자유롭게 거래할 수 있고 협상비용이 작다면, 누가 공해를 배출할 권리를 가졌는지(즉 할당 배분)는 문제가 되지 않음을 말해준다. 따라서 정부는 거래가능한 배출권 시장을 만들어줌으로써 공해의 효율적인 수준에 도달할 수 있다.

거래를 허용함으로써 배출권 시장은 외부효과의 감축이 기업들 간에 어떻게 배분되어야 하는지를 결정하는 정부의 고민을 덜어주면서 오염물 감축을 효율적으로 이루어낼 수 있다. 정부는 시장 내에 있는 기업들에게 최적 숫자의 배출권을 발행하고 그들 사이에서 올바른 결과에 도달할 수 있도록 서로 거래할 수 있게 허용함으로써 효율적인 총오염 수준을 달성할 수 있다. 감축비용이 낮은 기업들은 더 많이 공해를 줄일 것이다. 배출권의 판매는 그들로 하여금 추가적인 감축비용을 보상받을 수 있도록 해준다. 동시에, 감축비용이 큰 기업들은 직접 공해를 줄이는 것보다 더 저렴하기 때문에 그러한 배출권을 구매하기 원한다.

교정되지 않은 외부효과는 시장을 비효율적으로 만든다. 그러나 거래가능한 배출권 시장은 외부효과 그 자체에 대해 새로운 시장을 만든다. 외부효과는 본질적으로 시장 거래와 연결된 추가적이고 가격이 매겨지지 않은 '재화'이다. 공해를 배출하는 사람들은 그러한 비용을 부담할 필요가 없기 때문에 자신의 오염 배출의 외부적 비용을 고려하지 않는다. 그러나 공해에 대한 시장을 만들어줌으로써, 거래가능한 배출권 시장은 실질적으로 공해 그 자체에 가격을 매긴다. 배출권 시장이 공해를 배출하는 기업들로 하여금 이 가격에 직면하도록 만들기 때문에, 공해를 배출하는 기업들은 자신의 생산활동이 사회에 미치는 영향을 고려해야만 한다. 외부효과를 다루기 위해 사용되는 (피구세와 같은) 가격제도들도 동일한 목적을 달성한다. 그들은 외부효과에 대해, 일반적으로 존재하지 않는, 가격을 부과하여 시장 참여자들로 하여금 외부효과의 영향을 인식하도록 만든다.

따라서 우리는 외부효과를 상실된 시장(missing market)의 결과로 생각할 수 있다. 근본적인 문제는, 정부의 개입이 없다면, 시장이 일반적인 재화에 대해 하는 것들을 외부효과에 대해서는 할 방법이 없다는 것이다. 코즈 정리는 기본적으로 만일 당신이 외부효과에 대한 시장을 만들 수 있다면 시장의 공급과 수요의 기능은 그 시장을 효율적인 결과로 만들 것임을 의미한다.

17.4 공공재

이제까지 우리는 외부효과나 혹은 불확실한 재산권으로 인해 시장이 비효율적인 생산을 하게 되는 시장실패를 살펴보았다. 그런데 시장이 사회적으로 최적인 수준의 산출물을 만들어내지 못하는 또 다른 형태의 재화가 존재한다. **공공재**(public good)는 누구나 그것을 소비할 수 있으며, 다른 사람들이 그것을 소비해도 소비자에게 여전히 동일한 가치로 남아 있는 재화들(국방, 불꽃놀이, 혹은 깨끗한 공기 등)이다. 예를 들어 당신이 뒷마당에서 불꽃놀이를 구경할 때 지역 주민이 함께 구경할지라도 당신의 효용에는 아무런 상관이 없다. 그리고 불꽃놀이를 진행하는 사람들은, 그들이 원한다고 할지라도, 다른 사람들이 그것을 구경하는 것을 막을 수 없다. 그 결과 공공재는 시장이 효율적인 수준에서 그것을 제공하는 것이 어렵다는 특징을 갖게 된다. 비록 시장이 너무 적게 생산하거나 혹은 전혀 생산을 하지 않기 때문에 종종 정부가 공공재를 만들지만, 공공재는 반드시 정부에 의해 제공되는 것은 아님에 주의하라.

공공재는 어떤 의미에서는 긍정적 외부효과와 유사하다. 그들은 그것을 구매하는 사람 이외의 다른 사람들에게 외부적 편익을 제공한다. 예를 들어 만일 당신이 아름다운 정원을 위해 돈을 지불할 때 이웃이 얻게 되는 편익은 고려하지 않는다. 이는 정원의 모든 편익이 고려되지 않았기 때문에 사회 최적 수준보다 낮은 생산이 이루어짐을 의미한다. 간단히 표현하자면, 정확한 사회적 편익이 모두 고려되었다면 세상에는 더 훌륭한 불꽃놀이와 더 아름다운 정원들이 있었을 것이다.

공공재는 두 가지 중요한 특징을 갖는다. 첫째는 **비배제적**(nonexcludable)인데 이는 소비자들은 그 재화의 소비를 금지당할 수 없다는 것이다. 그 재화를 원하는 모든 사람은 그것을 얻을 수 있다. 비배제성은 어떤 특정한 사람이 그 재화를 사용하는 것을 감시하고 제한하는 것이 불가능함을 의미한다. 불꽃놀이의 예에서 당신은 사람들이 하늘을 쳐다보는 것을 금지할 수 없다. 따라서 불꽃놀이는 비배제적이다.

공공재의 두 번째 특징은 **비경합적**(nonrival)이다. 비경합적이란 한 사람의 소비가 같은 재화

공공재
누구든 원하면 소비할 수 있고 (비배제성) 다른 사람이 소비하더라도 가치가 여전하게 남아 있는(비경합성) 재화

비배제적
공공재를 정의하는 특성으로, 소비자가 그것을 소비하지 못하게 막을 수 없는 것

비경합적
공공재를 정의하는 특성으로, 한 사람이 소비해도 다른 사람의 소비가 감소하지 않는 것

에 대한 다른 사람의 소비를 줄이지 않는다는 것이다. 비경합적 재화를 생각하는 다른 방법은 한 사람에게 더 재화를 공급하는 한계비용은 0이라는 것이다. 예를 들어 일기예보는 비경합적 재화이다. 왜냐하면 일기예보의 가치는 같은 방송을 보는 사람들의 수에 영향을 받지 않기 때문이다. 당신의 이웃이 일기예보 앱을 본다는 사실은 당신이 그 정보를 받는 것으로부터 얻는 효용을 어떤 방법으로도 줄이거나 없애지 않는다. 그것을 다 소진하거나 그 가치를 떨어뜨림 없이 많은 사람이 독립적으로 소비할 수 있는 재화는 비경합적이다. 반대로 만일 한 소비자가 경합적인(정상적인, 사적인) 재화를 구매한다면 다른 사람은 바로 그 재화를 구매할 수 없다. 예를 들어 당신이 타코를 먹는다면 다른 사람은 그 타코를 먹을 수 없다. 타코는 경합적이며(한 사람의 소비가 다른 사람의 소비 능력에 영향을 미친다) 또한 배제적이므로(어떤 사람을 소비하지 못하게 할 수 있으므로) 그것은 **사적 재화**(private good)이다. 표 17.1은 경합성과 배제성에 따라 분류된 서로 다른 유형의 재화들을 보여준다.

사적 재화
경합성(한 사람의 소비가 다른 사람의 소비가능성에 영향을 미침)과 배제성(특정인이 소비하지 못하도록 막을 수 있음)이 있는 재화

공유자산
모든 사람이 자유로이 사용할 수 있지만, 한 소비자가 얻는 가치는 다른 소비자들의 사용에 따라 감소하게 되는 재화

클럽재
경합성은 없고 배제성은 있는 재화(집단재)

- 경합적, 배제적 재화의 예는 1갤런의 휘발유이다. 휘발유는 경합적이므로 다른 사람은 당신이 산 똑같은 갤런을 소비할 수 없다. 휘발유는 또한 배제적이다. 왜냐하면 당신이 구매하지 않으면 생산자는 그것을 소비하지 못하도록 할 수 있기 때문이다.

- 경합적이지만 비배제적인 특별한 종류의 재화는 **공유자산**(common resource)으로 다른 사람들이 그것을 소비할수록 그 재화의 가치는 줄어들며 누구나 공짜로 그 재화를 소비할 수 있다. (공유자산은 이 장의 뒷부분에서 다루게 될 공유의 비극이라고 불리는 특별하고도 종종 치명적인 형태의 외부효과에 의해 어려움을 겪을 수 있다.) 공유자산의 한 예는 참다랑어와 같은 특정 어종이다. 한 배에서 잡힌 물고기는 다른 배에서는 잡을 수 없으므로 이 재화는 경합적이다. 그러나 이 재화는 누군가 잡고자 한다면 실질적으로 그것을 억제하는 것이 불가능하므로 비배제적이다.

- 비경합적, 배제적인 재화의 예는 위성 TV의 축구 중계방송이다. 이 재화는 누구나 다른 사람의 시청을 방해함 없이 위성 전송을 받을 수 있으므로 비경합적이다. 그러나 이 재화는 시청료를 내야만 위성 신호를 받을 수 있으므로 배제적이다. 비경합적, 배제적인 재화는 간혹 **클럽재**(club good)라고 불린다.

- 비경합적, 비배제적인 재화의 예는 종종 수로에 살충제를 뿌려서 수행하는 모기박멸이다. 이 재화는 한 사람이 누리는 모기 없는 환경이 다른 사람의 동일한 만족에 영향을 주지 않으므로 비경합적이다. 그리고 모기를 없애는 것이 누가 그 돈을 냈는지와 상관없이 모든 사람

표 17.1 특성에 따른 재화들의 예	**배제적** 사람들이 소비를 못 하게 할 수 있다.	**비배제적** 사람들이 소비하지 못하게 할 수 없다.
경합적 한 사람의 소비는 다른 사람의 소비에 영향을 준다.	**사적 재화** : 타코, 휘발유, 종이	**공유자산** : 공동의 재산, 어장, 고속도로
비경합적 한 사람의 소비는 다른 사람의 소비에 영향을 주지 못한다.	**클럽재** : 위성 TV 서비스, 개인 공원, 영화	**공공재** : 불꽃놀이, 모기박멸, 국방

에게 도움을 주기 때문에 모기박멸은 비배제적이다. 비경합적이며 비배제적인 재화는 종종 **순수공공재**(pure public good)라고 불린다.

순수공공재
비배제적이고 비경합적인 재화

공공재의 최적 수준

시장이 왜 공공재를 비효율적인 수준으로만 만들어내는지를 살펴보기 전에, 이러한 종류의 재화에 대해서는 효율적 수준의 생산량이 무엇인지 정의해야 한다. 그것은 앞에서 분석한 효율성 조건과는 조금 다르다.

일반적으로 효율성은 시장이 한계생산비용과 사회가 얻는 한계편익이 같아지는 양을 생산할 때 달성된다. 외부효과가 없는 경쟁적 시장에서는 그것은 바로 공급과 수요가 같아지는 생산량과 같다. 이 장의 앞부분에서 보았듯이, 외부효과가 존재하는 시장에서는 효율적 생산량을 결정할 때 반드시 모든 외부적 비용과 편익을 고려해야 한다. 따라서 이러한 시장들에서는 효율성은 (사회적 한계편익을 나타내는) 사회적 수요와 사회적 한계비용이 같아지는 생산 수준에서 얻어진다.

공공재의 경우에는 재화로부터 얻는 한계편익은 단지 한 사람의 편익이 아니다. 왜냐하면 많은 사람이 그 재화를 동시에 소비할 수 있기 때문이다. 공공재는 비경합적이므로 그 재화의 가치를 평가하려면 그것을 소비하는 모든 사람의 한계편익을 모두 합해야 한다. 공공재의 총한계편익곡선은 그것을 소비하는 모든 소비자의 한계편익곡선들의 수직적 합이다. 공공재가 효율적 수준에서 공급될 때 이 같은 **총한계편익**(total marginal benefit, MB_T)은 한계비용과 같아진다. 식으로 표현하면, 총한계편익은 $MB_T = \sum MB_i$이다. 합의 기호인 $\sum$는 재화의 한계편익은 그것을 소비하는 (i로 표시된) 모든 소비들에 대해서 더해져야 함을 의미한다.

총한계편익
공공재 소비자의 한계편익곡선들의 수직적 합

그러나 '한계비용의 합'이라는 조건은 없다. 왜냐하면 더 많은 사람들이 그 재화를 소비해도 더 많이 비용을 들일 필요가 없기 때문이다. 한 사람을 위해서 만들어지건 혹은 모든 소비자를 위해 만들어지건 단위당 한계비용은 동일하다.

그림 17.8은 공공재가 두 사람에 의해 소비되는 간단한 예에서 공공재 효율성의 조건을 보여준다. 각 사람의 한계편익곡선은 MB_1과 MB_2이다. 공공재의 총한계편익곡선은 MB_T로 표시되는데 그것은 개인의 한계편익곡선들의 수직적 합이다. MC는 재화를 만드는 한계비용이다.

효율성은 공공재가 $MB_T = MC$가 되는 A점에서 Q^*_{Pub}만큼 공급되는 것을 요구한다. 그리고 이것은 두 사람이 모두 소비하는 공공재의 양임을 아는 것이 중요하다. 공공재는 비경합적이므로 두 사람은 Q^*_{Pub}을 나누어서 소비할 필요가 없다. 그들은 동시에 각각 Q^*_{Pub}만큼의 공공재를 소비한다.

외부효과가 있는 시장에서 본 것과 같은 이유로, 자유시장은 올바른 수준의 공공재를 제공하는 데 문제가 있다. 시장은 사적 한계비용이 사적 한계편익과 같아질 때까지 생산이 일어난다. 그러나 그것은 다수 소비자들의 더해진 한계편익이 한계비용과 일치할 때가 아니다. 만일 개인들이 스스로 한계비용의 가격에서 공공재를 구매할 수 있다면 각 사람은 자신의 한계편익이 한계비용과 같아지는 양만큼 구매할 것이다. 그림 17.8을 다시 살펴보면, 첫 번째 사람은 $MB_1 = MC$가 되는 Q_1만큼 구매하고 두 번째 사람은 Q_2만큼을 구매한다.

따라서 비록 두 소비자 모두 공공재 소비에 기꺼이 돈을 지불할 의사를 갖고 있음에도 불구하고, 자신의 한계편익이 합해진 한계편익보다 작기 때문에 아무도 효율적 물량에 대한 가격을

그림 17.8 공공재 시장에서의 효율성

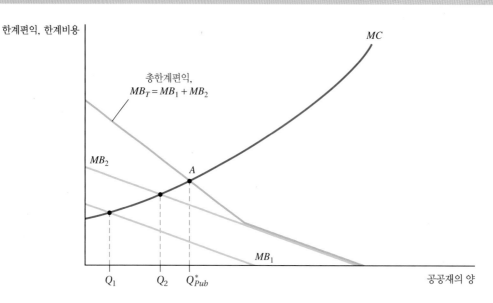

공공재의 두 소비자들의 한계편익곡선은 MB_1과 MB_2이다. 효율적인 점에서 두 소비자는 Q^*_{Pub}만큼의 공공재를 소비하고 그때 총한계편익곡선(MB_T)은 한계비용곡선(MC)과 만난다. 만일 두 소비자가 개인적으로 재화를 구매한다면 각 소비자는 MB_1과 MB_2가 각각 MC와 만나는 곳에서 효율적 수준보다 낮은 Q_1과 Q_2만큼만 소비를 할 것이다.

지불하지는 않는다. 비효율성의 발생은 긍정적 외부효과가 있을 때 비효율성이 발생하는 이유와 비슷하다. 공공재에 돈을 지불하는 개인들은 다른 사람들이 그 재화로부터 얻는 편익은 고려하지 않는다. 사적 시장은, 그대로 놓아두면 국방, 모기박멸, 깨끗한 공기, 불꽃놀이 같은 것들을 충분히 제공하지 않는다.

총한계편익을 고려하지 않아서 사회 최적인 수준보다 적게 재화를 공급하는 문제에 추가해서 **무임승차자의 문제**(free-rider problem)가 있다. 무임승차자 문제는 가격을 지불하지 않고 공공재나 서비스를 소비하는 사람들 때문에 발생하는 비효율성의 원인이다. 예를 들어 전자제품 제조업자, 신발 제조업자, 그리고 자동차 제조업자들은 사람들이 구매하기 전에 자신의 상품을 체험적으로 사용해보기 원하며, 실제로 그런 서비스를 제공하는 판매자들도 있다. 그러나 많은 경우에, 무료체험 등의 서비스를 제공하지 않아도 되는 (혹은 그것에 값을 지불하지 않아도 되는) 온라인 소매업자들은 인터넷을 사용하지 않는 전통적인 가게들보다 훨씬 더 싼 가격을 제시할 수 있다. 온라인 소매업자들은 전통적 가게들이 제공하는 서비스에 무임승차하는 것이다. 이것의 문제는, 많은 사람들이 소매점에서 물건을 시험해보고 그 후에는 온라인에서 싼 가격에 구매를 하면[이러한 행동은 종종 '쇼루밍(showrooming)'이라고 불린다] 오프라인 소매상들은 시험사용 서비스를 중단할 것이라는 점이다. 자유시장은 그것이 공공재이기 때문에 (소비자와 생산자에게 이익을 주는) 시험사용 정보를 너무 적게 생산한다.

무임승차자의 문제
소비자가 공공재를 대가의 지불 없이 소비하기 때문에 발생하는 비효율성의 원천

예제 17.4

민준과 송이는 시골에 사는 이웃이다. 그들은 아름다움을 즐기고 또한 집의 가치를 높이기 위해서 땅의 경계에 합작하여 큰 분수를 만들려고 생각 중이다. 분수에서 얻는 민준의 한계편익은 $MB_M = 70 - Q$(Q는 피트로 표시된 분수의 직경)이고 송이의 한계편익은 $MB_S = 40 - 2Q$이다. 분수를 만드는 한계비용은 직경 1피트당 80달러로 일정하다고 가정하자.

  a. 분수의 총한계편익을 나타내는 식을 구하라.

  b. 사회적으로 최적인 분수의 크기는 얼마인가?

  c. 만일 민준이나 송이가 혼자서 분수를 만들어야 한다면 아무도 가장 작은 분수조차 만들지 않을 것임을 증명하라.

풀이

  a. 총한계편익은 민준과 송이의 개인적 한계편익의 수직적 합이다.

$$MB_T = MB_M + MB_S = (70 - Q) + (40 - 2Q) = 110 - 3Q$$

  b. 분수의 사회 최적 크기는 MB_T가 한계비용과 같을 때 결정된다.

$$MB_T = MC$$
$$110 - 3Q = 80$$
$$3Q = 30$$
$$Q = 10$$

분수의 최적 크기는 직경 10피트이다.

  c. 민준의 한계편익은 $MB_M = 70 - Q$이다. 만일 가장 작은 분수의 직경이 0피트라면($Q = 0$), 민준의 한계편익은 단지 70달러지만 한계비용은 80달러이다. 마찬가지로 송이에게 직경이 0인 분수의 한계편익은 $MB_S = 40 - 2Q = 40$달러인데 이는 역시 한계비용 80달러보다 작다.

무임승차자 문제의 해결 방법

불꽃놀이, 온라인 소매상, 그리고 보다 일반적으로 공공재에 대한 가격 지불의 경우에서, 무임승차에 대한 보편적인 해결 방법은 정부나 제조사와 같은 조직이 사람들로 하여금 세금이나 소매 수수료 등을 통해서 비용을 공동 부담하도록 강제하는 것이다. 국방, '법 적용' 재화들(예: 법정제도, 경찰 서비스), 그리고 국가의 교통기반시설 ― 이들은 무임승차가 가장 심각한 것들이다 ― 과 같은 비싸고도 광범위한 공공재들이 세금을 통해서 그 비용이 조달되는 이유가 바로 이것이다.[14]

다른 해법들도 가능하다. 공공재의 수혜자들이 조직을 만들어 회원들에게 공공재 비용에서 자신들의 몫을 지불하도록 강제할 수 있다. 이러한 상황에서의 어려운 점은 잠재적 회원들이 **자발적으로** 그들의 대가를 조금도 지불하지 않으려고 하는 것에 대해서 비용을 지불하도록 **강제**하는 어떤 조직을 만들도록 설득하는 문제이다. 예를 들어 콘도의 소유주들은 종종 콘도조합을 만들어 수영장 및 콘도의 다른 시설들을 보수하는 비용을 부담하기도 한다. 그렇게 하지 않으면 소유주들 간에 무임승차 문제가 발생하기 때문이다.

경제학자인 올슨이 1965년에 지적했듯이, 무임승차의 해결가능성은 그 공공재를 소비하는 그룹의 잠재적 회원 1명당 편익이 얼마나 큰지에 달려 있다.[15] 만일 협조적인 행동으로부터 얻

---

14 세금을 통해서 공공재 제공에 필요한 수입을 얻는 정부가 효율성을 달성하기 위해서 직접 공공재를 생산할 필요는 없음에 주의하라. 원칙적으로 정부는 사적 단체가 공공재를 제공하는 대가를 지불하는 데 조세수입을 이용할 수 있다. 예를 들어 미국의 주간 고속도로는 공공기금에 의해 조달되었지만 사기업에 의해 만들어졌다.

15 Mancur Olson, *The Logic of Collective Action: Public Goods and the Theory of Groups*, Cambridge, MA: Harvard University Press, 1965.

는 각 잠재적 회원의 이익, 즉 공공재가 효율적인 수준으로 제공되도록 하는 데 따른 편익이 크다면 협조적인 조직이 만들어질 가능성이 높다. 잠재적 회원당 편익이 작으면 조직을 만드는 것이 성공할 가능성은 낮아진다. 각 회원은 공공재로부터 아주 작은 이익만을 얻기 때문에 무임승차를 시도해서 잃는 것도 매우 작다. 무임승차의 인센티브는 어떤 가능한 조직을 형성하는 것을 어렵게 만든다. (이것은 왜 기업들의 수가 많을 때보다 적을 때 카르텔을 형성하기 더 쉬운지에 대해 우리가 제11장에서 논의한 것과 매우 흡사하다.)

공공재로부터 회원 1명이 얻는 편익은 공공재의 총편익과 밀접한 상관관계를 갖지 않는다는 것을 깨닫는 것이 중요하다. 막대한 총편익을 제공하는 공공재임에도 그 잠재적 수혜집단의 크기가 역시 매우 커서 1명당 평균적인 편익이 무임승차를 극복할 만큼 크지 못하기 때문에 결국 그 공공재가 제공되지 못하는 것도 매우 가능한 일이다. 동시에, 만일 소수의 사람들에게만 편익을 제공하여 1명당 편익이 크다면, 총편익이 훨씬 더 작은 공공재는 제공될 수 있다. 이 같은 효과는 왜 특정한 이익집단들이 훨씬 더 큰 비용을 다른 사람들에게 전가하면서도 자신의 회원들에게는 이익을 주는 프로그램을 성공적인 로비를 통해 만들어내는지에 대한 설명이 될 수 있다. 자신들의 안건을 상정하고 의원들이 그 프로그램에 찬성하도록 로비스트에게 대가를 지불함으로써 특정 이익집단의 각 회원은 큰 이익을 얻는다. 로비활동은 회원들에게는 공공재로 인식될 수 있다. 그 프로그램이 이익집단 밖의 사람들에게는 큰 비용을 초래하더라도 각 개인이 부담하는 비용은 너무 작아서 무임승차를 극복할 수 없고, 따라서 아무도 그 법안을 저지하기 위해 노력하지 않는다.

공유의 비극

공유자산(경합적이고 비배제적인 형태의 공공재)은 순수한 의미에서의 공공재는 아니지만 유사한 형태의 비효율성을 초래한다. **공유의 비극**(tragedy of the commons)은 누구나 자유롭게 사용할 수 있으므로 자원이 사적으로 소유되었을 때보다 더 집중적으로 사용될 때 공유자산이 만들어내는 딜레마다.

공유의 비극
사적으로 소유되는 경우에 비해서 공유자산이 보다 과도하게 사용되는 현상

저수지, 공개된 삼림, 공개된 전파, 심지어 공중화장실도 모두 공유자산의 예에 속한다. 핵심적 요소는 비배제성이다. 누구나 공유자산을 사용할 수 있고 그것을 사용하는 사람들을 쉽게 감시할 수 없다. 자원에 대한 접근이 모든 사람에게 공유되기 때문에 공유자산은 **공유-풀**(common-pool) 혹은 **공유물 자산**(common-property resources)이라고 불리기도 한다.

공유의 비극은 부정적 외부효과로 인한 문제로 생각할 수 있다. 아무도 자신이 공유자산을 사용함으로써 타인에게 발생시키는 부정적 외부효과를 고려하지 않기 때문에 모든 사람이 그것을 너무 많이 사용하게 된다. 공유자산과 관련된 외부효과는 공개된 접근과 사용에 따른 고갈의 결합 때문에 발생한다. 공유자산을 얼마나 사용할지를 결정할 때 모든 사람은 자신의 비용만을 고려한다. 그러나 이러한 사용은 다른 모든 사람에게 자원의 고갈을 초래한다. 사람들은 공유자산을 얼마나 사용할지를 결정할 때 다른 사람들에게 끼치는 비용을 고려하지 않기 때문에 그 자원을 너무 많이 사용하게 된다. 그리고 공유자산을 사용하는 모든 사람이 똑같은 외부효과를 만들어내기 때문에 자원의 총사용은 사회적 최적 수준을 넘어서게 된다. 이러한 결과는 앞에서 살펴본 부정적 외부효과의 예에서 시장에서의 생산량이 효율적 수준보다 높았던 것과 유사하다. 통제가 없다면 사람들은 너무 많은 지하수를 끌어다 쓸 것이고, 과도한 어획이 일

괴짜경제학

화재예방은 공공재인가?

테네시주의 사우스 풀턴을 막 벗어난 한 집에서 작은 쓰레기통 불씨가 화재를 일으키자 소방대원들이 그곳으로 달려왔다. 그러나 불길을 잡는 대신 소방대원들은 옆에 서서 그냥 집이 불에 다 타도록 내버려두었다.*

그들은 왜 아무것도 하지 않았을까? 그 이유를 알기 위해서는 먼저 사우스 풀턴 소방서의 재정이 어떻게 조달되고 있는지 이해해야 한다. 사우스 풀턴의 주민들은 소방서의 재정을 부담하기 위해 세금을 내고 따라서 시 자체가 화재를 담당한다. 사우스 풀턴 밖 시골 지역이 자신의 소방서를 갖는 것은 비효율적이다. 따라서 사우스 풀턴 소방서는 한 집당 연 75달러를 받고 인근 지역에 소방 서비스를 제공한다. 사우스 풀턴 정부는 외부 주민에게 돈을 내라고 강요할 수 없다. 자발적으로 75달러를 내는 것은 시골의 집주인들에게 달려 있다. 당신이 상상할 수 있듯이, 많은 사람들이 돈을 내지 않는다. 그들은 계산을 한다. "결국 내 집에 화재가 날 가능성은 얼마인가? 그리고 만일 불이 나면 소방서가 실제로 내 집이 불타게 놔둘까? 그럴 리는 없다."

그러나 사우스 풀턴의 소방대장 와일즈는 경제학자처럼 생각을 했다. 비경제학자들은 돈을 내는 것과 상관없이 어떤 시골의 화재라도 진압하려고 하는 것이 이웃으로서 해야 할 일이라고 생각할 것이다. 그러나 지역 소방대장은 중요한 사실을 깨달았다. 연회비를 강제하지 않으면 화재진압

테네시주 사우스 풀턴의 소방대원들은 시골 지역이 사우스 풀턴의 화재방지 서비스에 무임승차하는 것을 막기 위해 이 사람의 집이 불에 타도록 놓아두었다.

은 비배제적 재화이다. 즉 화재진압에서 어떤 개인이나 집도 배제될 수 없다. 화재를 예방하고, 발생한 화재를 진압하고, 화재가 없을 때 감시하면서 기다리는 데 투입된 소방서의 시간과 노력은, 불이 난 것이 자신의 집이든 아니든 간에 지역의 모든 사람에게 이익이 된다.

몇몇 집주인들은 이러한 비배제적인 재화의 편익을 누리기 원하지만 자신의 집에 화재가 났을 때만 실제로 돈을 지불한다. (이것은 제16장에서 다룬 보험시장에서의 역선택과도 관련이 있다.) 그러나 이 같은 지불 방식은 소방서를 운영하는 예산을 충당할 수 없다. 따라서 소방서는 모든 시골의 집주인들에게, 만일 그들의 전화에 소방서가 응답하기를 바란다면, 미리 화재담당 서비스 수수료를 낼 것을 요구한다.

우리는 왜 소방대원들이 불길을 잡지 않았는지 알았다. 그것은 공공재의 문제이다. 그러나 왜 그곳까지 갔을까? 대답은 역시 화재진압의 공공재적 특성과 관련되어 있다. 소방대원들은 수수료를 낸 (불이 난) 집의 이웃들에게 책임이 있다. 이것이 그들이 거기에 가서 집이 불에 타는 것을 지켜보면서 불이 옆집으로 옮아간다면 그것을 진압하려고 대비한 이유이다. 그리고 실제로 소방대원들은 원래 집에서의 타오르는 불길은 무시하면서도 이웃집으로 옮아간 불길은 진압했다.

이러한 소방서의 정책 뒤에 있는 강한 경제적 정당성에도 불구하고 그러한 결정은 많은 분노를 불러일으켰다. 집을 불타게 놔둔 사건은 소방대장인 와일즈에게 전국적인 관심이 모이게 했고, 언론은 그가 내린 결정의 경제논리를 인정하지 않았다. 대중의 분노에 대한 대응으로, 와일즈가 정치적 압력에 굴복하여 그러한 정책을 포기할 것은 이해가 된다. 만일 그렇게 될 것으로 생각했다면, 당신은 와일즈를 과소평가한 것이다. 1년쯤 후에 그는 또 다른 집을 불에 타도록 놓아둠으로써 괴짜경제학 명예의 전당에 입성하는 것을 확실시했다.

---

* "No Pay, No Spray: Firefighters Let Home Burn," October 6, 2010, http://www.nbcnews.com/id/39516346/ns/us_news-life/t/no-pay-no-spray-firefighters-let-home-burn/, and "Firefighters Let Home Burn over $75 Fee—Again," December 7, 2011, http://usnews.nbcnews.com/_news/2011/12/07/9272989-firefighters-let-home-burn-over-75-fee-again.

(사진 출처: WPSD Local 6/AP Images)

어날 것이고, 공유지에서는 너무 많은 나무들이 잘려나가게 되며, 너무 많은 통화 기기와 방송들이 전파의 혼잡을 가져올 것이다.

예를 들어 미국 애리조나주에 있는 석화림국립공원은 바위 속에서 돌처럼 굳어버린 쓰러진 고목들로 가득한 초현실적인 경치를 자랑한다. 그것은 누구나 즐길 수 있는 공유자산이지만 많

은 방문객이 석화된 나무 조각을 기념품으로 훔쳐가곤 한다. 공원관리소 측은 매년 약 12톤이 도난당한다고 추정한다. 훔쳐가는 각 사람은 '나는 단지 작은 조각만을 가져가기 때문에 별 영향을 주지 않을 것이다'라고 생각하며, 한 조각을 가져가는 것이 다른 사람들에게 공원의 가치를 떨어뜨린다는 것은 고려하지 않는다. 공원 감시경찰, 무거운 벌금과 벌칙 등의 통제가 없으면 이 같은 태도는 금방 공원의 쇠락을 불러일으킬 것이다. 이러한 일은 매사추세츠주에 있는, 1620년 메이플라워호 이주민들이 정박한 곳이라고 추정되는, 원래의 플리머스 바위에서 발생했다. 너무 많은 사람들이 바위 조각을 떼어가서 1835년까지 그것은 원래 크기의 반으로 줄어들었고 완전히 사라지는 것을 방지하기 위해 담장 뒤로 옮겨야 했다.

어떤 경우 이러한 과도한 사용의 결과는 심각할 수 있다. 예를 들어 지속될 수 있는 어획고를 보존하는 대신 과도하게 어획을 하면 모든 어종이 쉽게 멸종할 수 있다. 어부들이 어류의 멸종을 선호한 것이 아니다. 사실 그들은 지속적인 어획가능한 공급을 원한다. 그러나 외부효과와 어장에 대한 공개된 접근으로 인해 과도한 어획이 일어난다.

공유의 비극에 대한 치유책 공유의 비극은 부정적 외부효과의 특별한 형태이므로 앞 절에서 설명된 어떤 해법도 그 치유책으로 사용될 수 있고 실제로도 많은 현실 상황에서 사용되고 있다. 예를 들어 정부는 가격에 근거한 정책(피구세)을 사용하여 공유자산에 끼친 외부효과에 대해 개인에게 그 부담을 지운다. 혹은 (국립공원에의 입장료와 같이) 각 개인이 사용한 공유자산에 대해 단위당 수수료를 물리기도 한다. 정부는 또한 어획, 사냥 혹은 벌목 등에 대한 수량제한(할당)처럼 공유자산이 사용되는 속도에 한도를 설정한다. 이 같은 개입들은 정부나 다른 공공 및 민간 규제당국에 의해 사용될 수 있다. 사실, 다른 형태의 공공재에서처럼, 공유자산의 사용자들은 서로 협력하여 자원의 사용을 자율적으로 규제할 인센티브를 갖는다.

공유자산의 외부효과를 치료하는 다른 방법은 코즈 정리에서 밝혀진 것처럼 재산권을 설정하고 자산을 공유한 사람들 간의 협상을 촉진하는 것과 관련되어 있다. 예를 들어 전파에 대해서는, 정부는 주파수 대역을 경매로 팔고 그 주파수 대역을 사는 사람만이 그 주파수를 이용해서 방송을 할 수 있다고 공표한다. 자원을 통제할 수 있는 권한을 한 사람에게만 주는 것은 부정적 외부효과를 제거해준다. 권한을 가진 그 사람은 그 자원을 사용하는 데 따른 모든 편익을 혼자 받고 모든 비용을 혼자 부담하므로, 그는 그 자원을 과도하게 사용할 인센티브를 갖지 않는다.

17.5 결론

책 전체를 통해서 우리는 경제가 생산자와 소비자에게 최적의 결과를 제공하기 위해서 자유롭고 경쟁적인 시장에 의존함을 보았다. 생산자와 소비자는 재화의 한계편익이 한계비용과 같아지는 점까지 생산하고 소비한다. 그러나 외부효과가 존재하거나 공공재가 관련되어 있으면 이러한 과정은 성공을 거두지 못한다.

한 경제주체의 구매 혹은 생산 결정이 그 거래에 참여하지 않은 다른 경제주체들에게 비용이나 편익을 발생시킬 때, 의사결정자는 이러한 비용과 편익을 고려하지 않고 따라서 자유시장의 결과는 최적에서 벗어나게 된다. 부정적 외부효과가 있을 때는 너무 많이 생산되고, 긍정적 외부효과가 있을 때는 너무 적게 생산된다. 공유자산과 공공재는 외부효과와 조금 다르지만 그 시장들은 (공유자산의) 과도한 소비와 (공공재의) 부족한 공급과 같은 많은 동일한 병리현상들을 드러낸다.

시장실패와 관련된 문제들을 약화시키거나 심지어 제거하는 많은 방법이 존재한다. 정부는 외부효과가 있는 시장에 대해 피구세나 보조금을 부과해서 사적인 비용과 편익을 실제의 사회적 비용 및 편익과 일치시킬 수 있다. 공유자산과 공공재의 문제에 대해서는 정부가 수량을 제한하거나 강제하고 혹은 심지어 그 재화를 직접 생산할 수도 있다. 그러나 정부는 이러한 시장실패를 교정할 수 있는 유일한 조직은 아니다. 코즈 정리는, 만일 협상비용이 충분히 낮다면, 민간 부문이 최적에 가까운 해법을 제시할 수 있음을 보여준다.

이번 장의 핵심은 왜 어떤 시장들은 일반적인 경제 모형이 예측하는 것처럼 효율적으로 움직이지 않는지를 이해하는 것이다. 이 책의 마지막 장에서는 경제주체(소비자, 생산자)들이 이 책의 전반에 걸쳐 우리가 가정했던 것처럼 합리적이고 효용과 이윤을 극대화하는 주체들이 아닌 것처럼 보이는 상황들을 분석하게 될 것이다.

요약

1. **외부효과**는 경제적 거래에 직접 관련되지 않는 제3자에게 비용이나 편익을 발생시킨다. 시장에 대한 개입이 없다면, **부정적 외부효과와 긍정적 외부효과**는 모두 비효율적인 시장 결과를 야기한다. 효율적인 시장에서 기업들은 재화에 대한 시장수요가 사회적 한계비용과 같아지는 점에서 생산을 한다. [17.1절]

2. 규제당국은 외부효과를 해결하고 시장균형을 효율적인 결과로 바꾸기 위해서 수량 혹은 가격에 근거한 개입을 사용할 수 있다. **피구세**(혹은 **보조금**)는 재화의 생산이나 소비에 대한 세금(혹은 보조금)이다. 수량에 근거한 개입의 가장 간단한 형태는 **할당**이다. 피구세와 같은 가격개입과 할당과 같은 수량개입 중에서 어떤 것이 사용되어야 하는지는 **한계감축비용**과 **외부 한계비용**곡선의 상대적 기울기에 달려 있다. [17.2절]

3. **코즈 정리**는 거래비용이 없을 때 경제주체들 간의 협상은 누가 재산권을 가졌는지와 상관없이 효율적인 결과를 이끌어냄을 예측하며, 실제로 공해 문제를 해결하기 위해 빈번하게 사용되는 전략인 **거래가능한 배출권**의 근거로 사용된다. [17.3절]

4. 모든 **공공재**는 두 가지 특징으로 정의된다. 첫째, 공공재는 **비경합적**이다. 한 사람의 소비가 다른 사람의 효용을 감소시키지 않는다. 둘째, 공공재는 **비배제적**이다. 공공재가 시장에 존재하면 사람들이 그것을 소비하지 못하도록 막는 것은 불가능하다. 이 두 가지 특성으로 인해서 공공재는 **무임승차의 문제**를 야기한다. 소비자들은 다른 사람들이 만들어내는 공공재를 공짜로 소비하거나 혹은 무임승차하기 원한다. **공유자산**은 경합적이지만 비배제적인 특별한 형태의 공공재이다. **공유의 비극**은 공유된 자원에 영향을 주는데 그들의 행동을 조정할 수 있었다면 원하는 수준보다 더 집중적으로 사용되게 만든다. [17.4절]

복습문제

1. 부정적 외부효과와 긍정적 외부효과를 비교하라. 각 형태의 외부효과에 대해 한 가지 예를 들라.

2. 부정적 외부효과가 있을 때 규제되지 않은 시장이 과잉생산을 하는 이유는 무엇인가?

3. 외부효과의 효율적 수준을 결정함에 있어서 외부 한계편익곡선과 외부 한계비용곡선이 어떻게 사용되는가?

4. 공해의 한계편익과 한계감축비용이 같은 이유를 설

명하라.

5. 규제당국은 피구세를 이용해서 어떻게 효율적인 결과를 만들어내는가?

6. 공해 문제를 해결하는 데 거래가능한 배출권이 어떻게 사용되는지 설명하라.

7. 피구세와 수량에 근거한 외부효과의 해법을 비교/대조하여 설명하라. 각 방법의 이점과 한계는 무엇인가?

8. 코즈 정리의 핵심 예측은 무엇인가?

9. 공공재를 정의하는 두 가지 특징은 무엇인가?

10. 언제 공공재가 효율적으로 생산되는가?

11. 무임승차 문제가 생기는 원인은 무엇인가?

12. 공유의 비극을 다루는 해결책에는 어떤 것들이 있는가?

연습문제

(별표 표시가 된 문제의 풀이는 이 책 뒤에 있다.)

*1. 캔자스시는 바비큐로 유명하다. 그러나 좋은 바비큐는 비싸다. 식당 주인은 천천히 익는 연한 돼지고기 혹은 소고기 가슴살을 만드는 비용을 부담해야 한다. 게다가 외부비용도 있다. 주인이 1판의 갈비를 구울 때마다 그것은 근처 동물애호가들의 감정을 상하게 한다. 경쟁적 바비큐 시장에서 전형적인 그래프를 이용한 설명을 생각해보자.

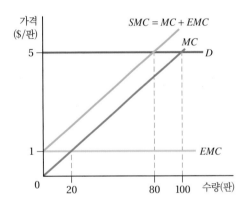

a. 바비큐의 시장가격은 얼마인가?

b. 바비큐 1판당 동물애호가들이 겪는 심리적 피해(외부비용)는 얼마인가?

c. 만일 식당 주인이 자신의 개인적인 비용만을 고려한다면 그는 몇 판의 바비큐를 구울 것인가? 동물애호가들이 겪는 총피해는 얼마인가?

d. 만일 식당 주인이 동물애호가들에게 연민을 느껴서 몇 판을 만들지 결정할 때 그들의 감정을 모두 반영한다면, 몇 판의 바비큐가 구워지겠는가?

e. 동물애호가의 감정을 고려한 결정은 갈비시장의 거래로부터 받는 그들의 피해를 제거하는가?

f. (d)에서 얻은 수준보다 적은 생산량은 분명히 동물애호가에게 이익이 된다. 이 같은 결정으로 누가 손해를 보는가? 이 같은 생산량 감축이 파레토 효율적이지 못한 이유를 설명하라. 즉 아무도 손해를 보지 않게 하면서 누군가의 이익을 높일 또 다른 배분이 있음을 보여라.

2. 갑은 자신의 뒷마당에서 키운 꽃다발을 판다. 꽃다발을 생산하는 갑의 한계비용은 $MC = 0.25Q$이다. 여기서 Q는 갑이 만드는 꽃다발의 개수이다. 갑은 자신이 원하는 만큼을 모두 지역 농산물 시장에서 꽃다발 1개당 6달러에 팔 수 있다. 불행히도 갑의 원예는 옆집 이웃인 을의 알레르기를 악화시킨다. 갑의 꽃다발은 개당 50센트 가치의 재채기를 유발한다.

a. 갑은 자신의 이윤을 극대화 원한다. 이윤을 극대화하는 꽃다발의 양을 구하라.

b. 갑이 (a)에서 구한 만큼을 생산한다고 가정하자. 마지막 꽃다발로 인한 갑의 비용과 을의 비용을 합하고 그것을 마지막 꽃다발이 소비자에게 준 편익인 6달러와 비교하라. 마지막 꽃다발의 생산은 사회에 유익한 일인가?

c. 사회적 관점에서 갑은 꽃다발을 너무 많이 생산하고 있는가 혹은 너무 적게 생산하고 있는가?

d. 갑이 을과 결혼했다고 가정하자. 갑의 사적인 한계비용에 꽃다발 1개가 만들어내는 을의 50센트에 해당되는 피해를 더해서 사회적 한계비용을 계산하라. 식을 이용해서 답을 설명하라.

e. 갑이 남편에게 부담시키는 비용을 완전하게 고려한다면 몇 개의 꽃다발을 생산할 것인가? 을이 단순히 이웃인 것과 남편인 것이 왜 다른 결과를 만

드는지 설명하라.

3. 생맥주 산업은 매우 경쟁적이다. 시장의 단기 공급함수는 $P = 1 + 0.5Q$이다. (단 Q의 단위는 100만 배럴이다.) 생맥주의 역수요함수는 $P = 10 - Q$이다.

 a. 생맥주의 균형 가격과 생산량을 구하라.

 b. 맥주 제조과정은 근처 주민들이 싫어하는 냄새를 만들어낸다. 맥주 경제학자는 이러한 외부 한계비용을 $EMC = 0.5Q$라고 추정한다. 사회적으로 최적인 생맥주 생산량과 가격을 구하라.

*4. 휘발유는 그것을 사는 사람들에게 큰 편익을 준다. 그러나 기름을 태우는 것은 또한 외부비용을 만들어 낸다. 휘발유에 대한 수요, 휘발유 생산의 사적인 한계비용, 그리고 사회적 한계비용을 나타내는 다음 그래프를 생각해보라.

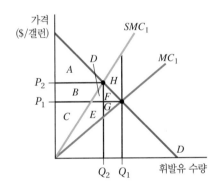

 a. 휘발유의 소비자와 생산자가 다른 사람들에게 발생시키는 외부적 한계비용을 고려하지 않는다고 가정하자. 이때 균형 생산량과 가격을 구하라. 그리고 그림의 알파벳 글자들을 이용해서 다음 표의 적절한 곳들을 채워라.

	고려되지 않은 외부 한계비용	고려된 외부 한계비용
소비자잉여		
생산자잉여		
외부 피해(−)		
총사회적 순가치		

 b. 양심적인 생산자들이 외부 한계비용을 자신들의 생산 결정에 반영하기로 결정했다고 가정하자. 새

로운 생산량(힌트 : 사회적 한계비용곡선을 이용하라)과 가격을 구하고, 그림의 글자들을 이용해서 표의 적절한 곳들을 채워라. (생산자잉여는 적절한 생산량까지에 대해서 사적 한계비용의 위와 가격 아래의 면적임을 명심하라.)

 c. 생산자들은 양심적인 행동을 하지 않고 단지 자신들의 사적 한계비용만을 고려할 가능성이 높다. 두 경우의 총잉여를 비교해서 외부 한계비용이 고려되지 않았을 때의 외부효과로 인한 후생손실의 크기를 구하라.

5. 시내에는 신선한 쿠키를 만들어 파는 몇 개의 경쟁적인 빵집이 있다. 쿠키에 대한 수요는 $P = 16 - 0.25Q$, 한계생산비용은 $MC = 2 + 0.25Q$이다. (Q의 단위는 더즌.)

 a. 쿠키의 균형 가격과 생산량을 구하라.

 b. 누가 신선한 쿠키 굽는 냄새를 좋아하지 않을 수 있을까? 시내의 주민과 행인들은 쿠키 1더즌당 2달러만큼의 편익을 얻는다. 빵집들은 사회적 최적 수준보다 적게 생산함을 보여라. 그리고 쿠키의 가격은 너무 낮게 책정됨도 보여라.

6. 당신은 매력적인 새 차를 구입했고 도둑들로부터 차를 보호하려고 한다. 당신은 도둑들이 쉽게 차를 몰고 갈 수 없도록 운전대를 잠그는 커다란 막대인 'Club'을 구매할까 생각 중이다. 또 다른 대안은 차가 도둑맞은 것을 알려주면 경찰이 차의 위치를 찾아내는 감춰진 전자장치인 'LoJack'을 설치하는 것이다.

 a. 〈응용〉 '전자기기 찾아주는 앱과 긍정적 외부효과'를 다시 생각해보라. 그리고 왜 Club이 LoJack보다 도둑을 방지하는 데 더 효과적인지 설명하라.

 b. LoJack 구매자들은 자신들의 자동차에 LoJack이 설치되어 있음을 알려주는 스티커나 다른 어떤 표시도 하지 않을 것에 동의해야 한다. LoJack을 만든 회사는 왜 이런 동의를 요구할까?

 c. 운전자들은 사회적으로 최적인 수준의 Club을 구매하지만 LoJack은 너무 적게 설치한다는 주장을 뒷받침해보라.

7. 부정적 외부효과를 수반하는 재화들에는 사회적으로 최적인 수준보다 낮은 가격이 책정된다. 그러나 이상

하게도 긍정적 외부효과를 수반하는 재화들에도 **역시** 사회 최적보다 낮은 가격이 책정된다. 이러한 모순에 대해 설명하라.

8. 드라이브인 영화에 대한 사적인 수요는 $P = 20 - 0.1Q$이다. 영화를 보여주는 시장의 한계비용은 $MC = 0.1Q$이다.

   a. 사적 수요함수와 한계비용함수를 그리고, 영화의 가격과 양을 구하라.

   b. 드라이브인 영화는 담장 밖에서도 불완전하게 볼 수 있다. 이러한 구경꾼들이 얻는 외부적 한계편익은 $EMB = 2 - 0.01Q$이다. 외부적 한계편익곡선을 그리고, 그 정보를 이용해서 사회 수요함수를 그려라.

   c. 모든 드라이브인 영화가 국유화되어서 공공재로 상영된다고 가정하자. 정부는 영화를 보는 위치와 상관없이 모든 관람객에게 비용을 제한 순편익이 극대화되게 하는 가격과 수량을 선택한다. 최적 가격과 생산량을 구하라.

   d. 긍정적 외부효과로 인해 발생하는 후생손실을 그래프의 면적으로 표시하고 그 크기를 구하라. (힌트 : 드라이브인 영화가 사적 소유일 때 마지막 영화가 주는 외부적 한계편익을 계산해야 할 것이다.)

   e. 긍정적 외부효과가 존재할 때 정부가 운영하는 영화관이 사적인 시장 결과보다 잠재적으로 더 개선된 결과를 가져다줄 수 있는가?

*9. 가죽에 대한 역수요함수는 $P = 50 - 0.5Q$이다. 가죽의 시장공급은 한계비용 $MC = 0.45Q$에 의해 정해진다. 불행히도 가죽의 생산은 해로운 화학적 찌꺼기가 지하수로 스며들게 만든다. 이 같은 찌꺼기로 인한 외부 한계비용은 생산량에 비례하여 증가하며 $EMC = 0.05Q$로 추정되었다.

   a. 정부가 수량제한(할당)을 통해서 외부효과를 효율적인 수준으로 감소시키기 원한다고 가정하자. 가죽 생산에 대해 설정해야 하는 최대 생산량은 얼마인가? 이 같은 할당이 적용되면 시장가격은 얼마가 되겠는가?

   b. 정부가 가죽 생산에 세금을 부과하여 외부효과를 효율적인 수준까지 낮추려고 한다고 가정하자. 세

금은 얼마가 되어야 하는가? 세금이 시행되면 소비자가 지불하는 순가격은 얼마가 되는가? 세금이 부과되면 가죽 생산량은 얼마가 되는가?

10. 자물쇠 시장을 생각해보자. 자물쇠를 만드는 데 따른 부산물은 유해한 검노란 연기의 배출이다. 유해연기는 지역 주민의 건강관리비용을 증가시킨다. 유해연기 배출로 인한 외부 한계비용은 EMC로 표시된다.

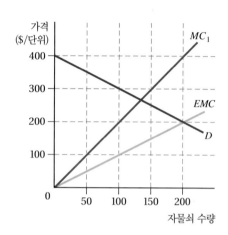

   a. 사회적 한계비용곡선을 그래프상에 주의해서 표시하라. 정확성이 중요하다!

   b. 환경규제가 없다면 얼마나 많은 자물쇠가 생산되는가?

   c. 사회적 관점에서 볼 때 최적 생산량은 얼마인가?

   d. 규제당국은 세금 부과를 통해서 최적 생산량을 만들어내려고 한다. 효율적 생산량을 달성하기 위해서 세금은 얼마가 되어야 하는가?

   e. (d)에서 구한 세금을 반영한 사회 공급곡선을 그려라. 외부효과를 세금으로 내부화하게 되는 민간 생산자들은 사회적으로 최적인 양만큼 생산하게 됨을 보여라.

   f. 자물쇠 구매자에게 세금을 부과해도 동일한 결과를 얻을 수 있는가? 그렇다면 세금의 크기는 얼마가 되어야 하는가?

11. 지난 10년간 Ancestry.com 그리고 23andMe와 같은 유전자검사 서비스가 보편적으로 증가했다. 이런 서비스들은 당신의 DNA 프로필을 만들어 가능성이 높은 당신의 조상을 밝혀내고 그리고 심지어 비슷한 DNA를 가진 친척들과 연결시켜줄 수도 있다. 최근

에 법률 기관은 미제사건에서 얻어진 DNA를 유전자 검사 서비스에서 만들어진 (그리고 검사에 참여한 사람들이 자발적으로 제공한) DNA 프로필과 대조해보기 시작했다. 용의자의 친척들과 연결해봄으로써 법률 기관들은 몇 건의 중대 범죄를 해결했다.

a. 이 문제에서 나타난 외부효과를 밝혀라.

b. 이 장에서 배운 용어를 이용해서 왜 시장이 DNA 검사 서비스를 너무 적게 혹은 너무 과도하게 제공하는지 설명하라.

c. 이러한 DNA 검사 서비스의 과소 혹은 과다 제공의 문제를 해결하는 적절한 정부의 정책은 무엇인가? 할당, 세금, 보조금, 혹은 상한을 설정하고 거래하는 것? 각 선택이 왜 적절한지 혹은 적절하지 않은지 이유를 설명하라.

*12. 파리에서는 수백 개의 작은 빵집들이 한계비용 $MC = 2 + 0.1Q$로 빵을 만들어 고객들에게 팔고 있다. 빵에 대한 역수요함수는 $P = 10 - 0.1Q$이다. 빵을 만드는 것은 긍정적 외부효과를 창출한다. 신선한 빵을 굽는 냄새 같은 것은 세상에 또 없다. 관광객과 시민들이 얻는 외부 한계편익은 $EMB = 2 - 0.02Q$이다.

a. 정부개입이 없을 때 파리에서 생산되는 빵의 양을 구하라.

b. 사회적으로 최적인 생산량을 얻기 위해서 정부는 가격에 근거한 개입을 사용할 수 있다. 정부가 이러한 목적을 달성할 수 있는 이상적인 수단은 무엇인가? 그러한 정책의 유형과 크기를 명확히 설명하라.

13. 발전소에서 배출되는 유황가스의 외부 한계비용과 그 공해를 제거하는 한계감축비용을 나타낸 다음 그림을 생각해보자.

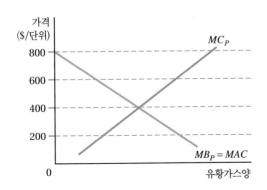

a. 한계감축비용(혹은 공해의 한계편익)곡선이 우하향하는 이유를 설명하라.

b. 효율적인 공해 수준을 구하고 그래프상에 표시하라.

c. 수백 혹은 수천 마일 떨어져 있는 사람들에게 미치는 피해를 전혀 고려하지 않는 기업들은 스스로 최적 수준의 공해를 만들어낼 인센티브를 갖지 못한다. 만일 규제당국이 공해 1톤당 400달러의 세금을 부과하면 전력회사들이 공해 배출을 사회 최적 수준까지 줄이게 되는 이유를 설명하라.

d. 600달러의 세금은 너무 높고 200달러는 너무 낮은 이유를 설명하라.

14. 유황은 가공분말을 만드는 부산물이다. 유황을 마시는 사람들에 의해 유발되는 외부 한계비용은 그림에서 MC_{P_e}로 표시되어 있다. 가공분말 제조회사의 한계감축비용($MB_P = MAC$)도 그림에 잘 표시되어 있다. 규제당국이 유황이 유발하는 피해를 과대평가했다고 가정하자. 정부가 추정한 피해는 MC_{P_e}이다.

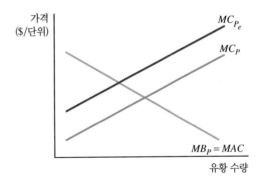

a. 그래프를 이용해서 만일 규제당국이 자신이 믿는 효율적인 유황의 양을 만들어내려면 유황의 양을 제한하든지 아니면 자신이 생각하는 효율적인 세금을 부과하든지 상관이 없음을 보여라.

b. 그래프를 이용해서 수량 혹은 가격 개입을 선택함에 있어서 한계감축비용과 한계비용의 탄력성은 아무 상관이 없음을 증명하라.

c. (a)와 (b)에서 구한 답은 규제당국이 유황이 유발하는 한계공해비용을 **과소평가**한 경우에도 동일하게 성립함을 보여라.

15. 피구세는 오염을 배출한 당사자가 그들이 다른 사람

들에게 부과한 비용을 지불하여 '외부효과를 내부화'하도록 함으로써 문제를 해결한다. 총오염의 상한을 설정하고 오염배출 권한을 거래할 수 있게 하는 것이 어떻게 마찬가지로 '외부효과를 내부화'하도록 만드는지 설명하라.

*16. 갑은 자신의 뒷방에서 자신이 속한 밴드의 음악단원들과 주기적으로 아코디언 음악을 연습한다. 자신의 집에서 연습하는 것은 연습장소를 임대하는 데 필요한 연 500달러의 임대비를 절약해준다. 그러나 집에서 연습하는 것은 이웃인 을로 하여금 밤마다 잠을 설치도록 만든다. 을이 잠을 못 자는 것의 가치는 연 600달러이다.

   a. 갑이 자신의 집에서 연습하는 것은 효율적인가? 설명하라.

   b. 만일 갑이 집에서 연습하는 것이 불법이라면, 갑은 계속 집에서 연습을 하게 되겠는가? 연습을 중단시키기 위해서 을은 어떤 일을 하겠는가?

   c. 갑이 집에서 연습하는 것이 합법이라고 가정하자.

     i. 연습을 중단시키기 위해 을은 얼마까지 지불할 의사가 있는가?

     ii. 갑이 연습을 중단하는 대가로 받기 원하는 최소금액은 얼마인가?

     iii. 가능하다면, 집에서 연습을 하지 않는 것에 합의하는 을과 갑 사이의 협상을 만들어보라. 그러한 협상이(만일 가능하다면) 두 사람을 모두 더 행복하게 만든다는 것을 보여라.

   d. (b)와 (c)에서의 답에 근거하여, 이러한 분쟁의 결과는 법에 따라 달라지는가? 그리고 그 결과는 (a)에서의 답과 일치하는가?

   e. 갑은 한 이웃에게 600달러의 피해를 주는 대신에 600명의 이웃에게 각각 1달러씩의 피해를 준다고 가정하자. 600명의 이웃들은 을이 했던 것처럼 쉽게 갑의 연습을 중단시킬 수 있을까? 설명하라.

17. 지구온난화는 실제적 현상이고 인간에 의해 비롯된 것임에 모두가 동의한다고 가정하자. 코즈의 이론에 따른 협상이 과도한 탄소 배출을 해결할 수 없는 두 가지 핵심적인 이유를 설명하라.

*18. 낙농업자인 민준과 송이는 공동으로 목초지를 소유하고 있다. 각각은 한 마리나 혹은 두 마리의 소를 목초지에서 키울 수 있다. 만일 두 마리가 목초지에서 풀을 뜯어 먹는다면 각 소는 매년 1,000갤런의 우유를 만들어내고 그것은 지역 농산물 시장에서 갤런당 1달러에 팔린다. 만일 소가 세 마리라면 풀이 줄어들고 소 한 마리당 생산되는 우유는 750갤런이 된다. 만일 네 마리가 같이 풀을 뜯어 먹으면 풀이 다시 자랄 수 없게 되고 소 한 마리당 생산하는 우유는 400갤런이 된다.

   a. 공유 목초지에서 키울 수 있는 효율적인 소는 몇 마리인가? 설명하라.

   b. 만일 송이가 소 한 마리를 키운다면 민준은 몇 마리의 소를 목초지에 풀어놓아야 하는가? (민준이 관심을 갖는 유일한 것은 농산물 시장에서 얻는 수익이라고 가정하라.)

   c. 만일 송이가 목초지에 두 마리의 소를 풀어놓는다면 민준은 몇 마리의 소를 선택해야 하는가?

   d. 이제 송이에 대해서 동일한 분석을 하라. 목초지에는 몇 마리의 소가 존재하게 되겠는가?

   e. 공유지에서의 소들이 과도하게 풀을 뜯어 먹는 것을 방지하는 효과적인 전략은 무엇인가?

19. 비경합적, 비배제적, 사적 재화, 공공재, 공유자산 등의 용어를 이용해 다음 재화를 분류하라.

   a. 햄버거

   b. 등대

   c. 홍수방지

   d. 수영장

   e. 공원

   f. TV 방송

   g. 이동전화 서비스

   h. 컴퓨터 소프트웨어

20. 적절한 용어를 사용해서 청취자들의 기부금으로 운영되는 공중 라디오 방송은 왜 항상 재정적인 위기를 겪는지 설명하라.

21. 야구시합의 홈경기 승리는 주민들에게 (자긍심이라는) 편익을 주며 이것은 비경합적이고 비배제적이다. 다음 그래프는 홈팀의 승리로부터 얻는 세 지역 주민의 한계편익을 보여준다. 또한 승리를 만들어내는 한계비용도 표시되어 있다.

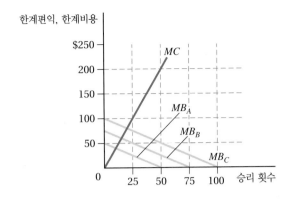

a. 세 지역 주민이 얻는 총한계편익을 그래프에 표시하라.

b. 사회 최적인 승리 횟수를 구하고 그래프에 표시하라.

22. 공공재인 모기박멸에 2명의 소비자가 있다. 모기박멸로 인한 A의 편익은 $MB_A = 100 - Q$이고, B의 편익은 $MB_B = 60 - Q$이다. 단, Q는 줄어든 모기의 숫자이다.

a. 총한계편익 MB_T를 구하라.

b. 모기박멸의 한계비용이 $MC = 2Q$라면, 모기박멸의 최적 수준은 얼마인가?

c. 최적 모기박멸 수준에서 A와 B가 얻는 편익은 각각 얼마인가? (모기를 줄이는 비용은 정부가 부담하여 그에 따른 A와 B의 비용부담은 발생하지 않는다고 가정하라.)

행동 및 실험 경제학

당신이 미국 조지아주 애틀랜타시에 있는 미국질병관리본부(CDC)를 운영하고 있다고 생각해보자. 당신의 일은 미국을 안전하게 유지하는 것이다. 갑자기 특이한 질병이 플로리다에서 발생한다. 당신의 최고의 과학자들은 정부가 조치를 취하지 않으면 그 병으로 600명의 미국 시민들이 사망할 것이라고 추정한다. 당신의 직원은 이 같은 위기를 다루기 위해 두 가지 가능한 프로그램을 제시한다. 각 프로그램 내에서 당신은 두 가지 대응 중 하나를 선택해야 한다. 다음의 각각에 대해 당신은 무엇을 선택할 것인가?

■ 프로그램 1은 위기에 대하여 동일한 비용이 드는 두 가지 가능한 대응을 제시한다. 자원의 제약으로 인해 당신은 단지 한 가지만을 선택할 수 있다. 대응 A는 확실한 것으로서 200명을 구할 것이다. 대응 B는 모험적이다. 1/3의 확률로 600명을 모두 구하지만 2/3의 확률로는 아무도 구하지 못한다. 어느 쪽을 선택할 것인가?

■ 프로그램 2도 역시 비용이 동일한 두 가지의 가능한 대응을 제시한다. 역시 당신은 단 한 가지만을 선택할 수 있다. 대응 C로는 확실하게 400명이 죽는다. 대응 D로는 1/3의 확률로 아무도 죽지 않고 2/3의 확률로 감염된 600명 모두가 죽는다. 어느 쪽을 선택할 것인가?

만일 당신이 프로그램 1에서는 A를 선택했다면 프로그램 2에서는 C를 선택했는가? 그랬어야 한다. 왜냐하면 그 둘은 같은 것이기 때문이다. 단지 다르게 표현되었을 뿐이다. 두 경우 모두 확실하게 200명이 살고 400명이 죽는다. 마찬가지로 대응 B와 D는 같은데 달리 표현되었을 뿐이다. 모두 살아날 확률은 1/3이고 아무도 구하지 못할 확률은 2/3이다.

한 유명한 연구는 사람들에게 어떤 대응을 선택할 것이냐고 물었다.[1] 프로그램 1에 대해서는 72%의 사람들이 A를 선택했다. A를 통해 200명을 확실하게 구하는 것이 B를 통해 더 많은 사람을 구하기 위해 아무도 구하지 못할 수도 있는 도박을 하는 것보다 낫다는 것이다. 그러나 프로그램 2가 제시되었을 때는 78%의 (동일한) 사람들은 D를 선택했다. 이유는? 모두를 구할 수 있는 기회가 있는데 어떻게 400명이 확실히 죽는 대안(C)을 선택할 수 있느냐는 것이었다. 그러나 A와 C는 같은 것이었음을 기억하라. A를 선택하면 200명을 확실하게 구한다(그리고 400명은 확실하게 죽는다). C를 선택하면 400명은 확실하게 죽는다(그리고 200명은 확실하게 산다). (지금은 노벨상 수상자들이 된) 트버스키와 카너먼은 이러한 대안들을 표현하는 방법들을 조작함으로써 선택을 획기적으로 바꿀 수 있었다.

표준적인 경제 모형에서는 이러한 결과가 생겨날 수 없다. 앞의 17개 장에서 다룬 효용함수, 비용, 위험 등을 생각해보았을 때, 선택이 어떻게 묘사되는지는 아무 문제가 될 수 없다. 당신은 한 소비재 묶음을 다른 소비재 묶음보다 선호하거나 선호하지 않거나 할 뿐이다. 표준적인 경제 모형은 문제를 '구한 생명 대 잃은 생명'으로 표현하는 것이 왜 중요한지를 설명하지 못한다. 또한 경제 모형은 왜 기업들이 가격을 99센트씩 증가하도록 책정하는지, 혹은 왜 소비자가 25달러짜리 나이키 옷은 단지 하나만 구입하면서 가격이 50달러에서 50% 할인된 것으로 표시되면 같은 옷을 3개나 구입하는지를 쉽게 설명하지 못한다. 경제 모형을 세울 때 경제학자들은 경제주체들이 항상

---

1 Amos Tversky and Daniel Kahneman, "The Framing of Decisions and the Psychology of Choice," *Science* 211, no. 4481 (1981): 453–458.

합리적으로 행동하므로 A와 C로는 200명이 살아나고, 두 경우 모두 나이키 옷의 가격은 25달러라는 것을 잘 알고 있다고 가정한다.

최근 들어 경제학자들은 표준적인 경제 모형이 세상이 어떻게 움직이는지를 설명함에 있어 **훌륭한** 일을 했지만 인간의 심리가 사람들의 의사결정에 영향을 미칠 때는 가끔 형편없이 실패하기도 한다는 것을 점점 더 많이 받아들이고 있다.

이 같은 모형들의 실패의 본질이 문제다. 만일 사람이나 기업들이 가끔은 실수를 하고 앞 장들에서의 분석의 전제였던 완벽하게 합리적이고 이기적인 경제주체와 다른 행동을 한다면, 그리고 그러한 실수들이 무작위적이라면 (즉 그것들은 어떤 예측할 수 있는 패턴에 따라 일어나지 않는다면), 표준적인 경제 모형들은 아무 문제가 없다. 그러나 만일 모형의 실수들이 *체계적*이라면, 즉 만일 사람들이 예측할 수 있는 방법으로 반복해서 모형과 다르게 행동한다면, 결점은 훨씬 더 심각하다. 인간 심리학의 통찰을 경제적 행동의 모형 속에 포함시키는 경제학의 한 분야인 **행동경제학**(behavioral economics)이 각광받도록 만든 것은 바로 이러한 합리적인 의사결정으로부터의 체계적인 이탈이다.

행동경제학이라는 분야 그 자체와 마찬가지로 이 장은 이제까지 다루어진 전통적인 미시경제학과 조금 다르다. 특정한 모형을 설계하고 그것을 어떻게 풀고 어떻게 응용하는지를 보여주는 대신에, 이 장은 경제학자와 심리학자들이 현실에서의 행동을 더 잘 설명하기 위한 노력으로 전통적인 경제 모형을 확장해나가고 있는 몇 가지 방법을 살펴볼 것이다. 이 장의 전반부는 행동경제학 연구로부터 드러난 사람들이 저지르는 몇 가지 보편적인 심리학적 편견과 실수들에 대한 개요와 그러한 것들이 왜 전통 경제학에 문제를 제기하는지를 설명한다. 또한 잘 작동하는 시장에서 완벽하게 합리적이고 이기적인 시장 참여자들이 이 같은 편견들을 어떻게 이용할 수 있는지 배운다. 이 같은 편견들은 표현에 대한 감수성(앞의 질병의 예에서 보았던 편견), 과도한 확신, 지나친 현재에 대한 집착, 매몰비용을 무시하지 못함, 그리고 다른 경제적 잘못들을 포함한다.

이 장의 후반부에서는 계량경제학과 같은 전통적인 통계학적 방법 대신에 실제적인 실험을 통해서 경제학자들이 이러한 행동경제학 모형들을 검증하기 시작한 새로운 방법들을 논의할 것이다. 행동경제학이 미시경제학의 미래에 어떤 의미를 갖는지를 논의함으로써 이 장 및 이 책을 끝맺기로 한다.

행동경제학
경제행위 모형에 심리학의 통찰을 적용하는 경제학의 한 분야

18.1 인간들이 경제 모형의 예측대로 행동하지 않을 때

경제 모형에 사는 사람들은 단 한 가지만을 걱정한다. 자기 자신을 위해 할 수 있는 한 최대를 얻는 것. 기업들은 이윤을 극대화한다. 소비자들은 효용을 극대화한다. 그들은 합리적 선택을 하고, 그러한 선택은 종종 감동적일 정도의 계산 능력을 요구한다.

'통상적인' 경제 모형에 대한 비판들은 조롱하듯이 호모 에코노미쿠스(Homo economicus)라는 용어를 사용하여 경제적 세상에 살고 있는 피조물의 종을 묘사한다. 호모 에코노미쿠스는, 어떤 복잡한 경제 문제라도 풀 수 있고, 결코 실수하지 않으며, 무언가를 극대화하는 법을 알고 있다는 점을 제외하면 보통의 인간(호모 사피엔스)과 같다. 다른 말로 하자면, 호모 에코노미쿠스는 전혀 호모 사피엔스 같지 않다는 것이다.

이 절에서는 행동경제학이 '호모 에코노미쿠스는 호모 사피엔스와 다르다'라고 말하는 가장 중요한 다섯 가지 이유를 살펴볼 것이다.[2]

---

2 행동경제학에 흥미를 느낀다면 리처드 탈러의 똑똑한 사람들의 멍청한 선택(*Misbehaving*)(박세연 역, 2016)과 대니얼 카너먼의 생각에 관한 생각(*Thinking, Fast and Slow*)(이창신 역, 2018)은 그 분야의 전체적인 개요를 보여줄 것이다.

체계적 편견 1 : 과도한 확신

실제 사람들이 겪는 것이라고 행동경제학자들이 말하는 하나의 심리학적 편견은, 자신의 기술과 판단이 실제보다 낮다고 믿거나 혹은 결과가 실제보다 더 좋을 것이라고 기대하는 **과도한 확신**(overconfidence)이다. 과도한 확신을 가진 사람들은 현실적인 기대를 가지고 있고 철저하게 그러한 기대에 근거하여 의사결정을 한다고 가정하는 합리적 경제 모형에서는 체계적인 실수를 하게 될 것이다.

설문조사를 통해 물어보면, 미국 대학생의 93%는 자신들이 평균 이상의 운전자라고 대답한다. 대부분의 사람들은 자신이, 단지 운전에서만 아니라, 여러 가지 다른 점들에서 뛰어나다고 믿고 있다. 다른 연구에서는 사람들이 자신의 지적 능력, 유머감각, 그리고 많은 다른 요소를 과대평가하는 것을 확인하였다. 적어도 하나의 인터넷 데이트 사이트에 등록한 사람들 중 (남녀의 비율은 비슷했다) 77%는 자신들을 '매우 좋은' 혹은 '평균 이상의' 신체적 매력을 가지고 있다고 평가하고 있었다. 공평하게 말하자면, 아마도 그들은 자신들의 매력이 뛰어나다고 믿지는 않지만 첫 번째 데이트를 이끌어내고 그래서 자신들의 스마트함과 유머감각으로 상대방을 열광케 하기 위해서 그렇게 말할지도 모르겠다.

과도한 확신이 중요한 역할을 하는 두 가지 경제 상황은 증권시장과 선물시장(futures market)이다. 이 같은 시장에서 누군가 거래를 할 때마다, 예를 들어 구글의 주식 100주나 혹은 수천 배럴의 석유를 팔 때, 반드시 그러한 거래에 응하는 상대방이 존재한다. 구매자는 가치가 오를 것으로 기대하는 것이 틀림없고 판매자는 그렇지 않을 것이라고 기대한다. 둘 중 한 사람은 틀렸다. 만일 거래의 어느 한쪽이 상대방이 더 뛰어난 정보나 판단을 가지고 있다고 믿는다면, 그는 그런 거래를 하지 않을 것이다. 그러나 각 거래 당사자가 자신이 다른 사람들보다 더 똑똑하다고 생각하면, 그는 더 많은 거래를 하려 할 것이다.

마찬가지로 자신의 능력을 확신하는 기업 경영진들은 성공할 것이라는 과도한 확신에 근거하여 더 큰 투자와 더 많은 모험을 시도한다.

시장이 과도한 확신을 가진 사람들을 이용하는 방법 심리적 편견을 가진 사람은 시장에서 더 합리적인 사람들에게 이용당할 가능성에 노출된다. 헬스클럽 시장은 이 점을 잘 이해하여 과도한 확신을 가진 사람들을 이용한다. 사람들이 헬스클럽에 등록을 할 때, 그들은 자신들이 운동 목표를 준수할 것이라는 전망에 대해 지나치게 낙관적인 경향이 있다. 평균적으로 그들은 처음 기대한 것보다 헬스클럽을 훨씬 덜 이용한다. 이것을 알고, 헬스클럽들은 과도한 낙관주의를 이용할 수 있는 조건들을 제시한다. 예를 들어 헬스클럽을 자주 이용하는 사람들은 등록비로 한 달에 100달러를 낼 의사가 있지만, 자주 이용하지 않는 사람들에게는 회원권이 단지 20달러의 가치를 갖는다고 가정하자. 새해에는 좀 더 건강해지겠다고 설날에 결심을 하고, 과도하게 낙관적인 소비자들은 자신들이 1년 내내 자주 헬스클럽에 갈 것이라고 믿는다. 그리고 실제로 어떤 사람들은 1년 동안 그러한 결심을 잘 지키기도 한다. 그러나 대부분의 사람들은 단지 몇 달 (혹은 며칠) 동안만 헬스클럽을 열심히 이용하게 될 것이다.

이러한 관점에서 보면, 합리적인 헬스클럽 주인들은 사업 전략을 발견할 수 있다. 그들은 대부분의 상품들에 가격을 매기는 방법(1갤런의 우유나 영화티켓처럼 한 단위당)으로 요금을 정할 수도 있었다. 그러나 헬스클럽은 그렇게 요금을 책정하지 않는다. 그들은 고객들이 클럽에

과도한 확신

능력이나 판단을 실제보다 더 좋은 것으로 믿는 것 또는 좋은 결과가 나타날 확률을 실제보다 더 큰 것으로 믿는 것

올 때마다 10달러씩 낼 수 있도록 허용하지 않는다. 그 대신 헬스클럽은 고객들에게, 가끔은 아주 짧은 무료체험 기간과 함께, 많은 돈을 미리 내는 장기 계약에 서명하게 한다.

만일 각 고객들이 자신은 헬스클럽에 열심히 나올 것이라는 과도한 확신을 갖는다면 그는 2년 동안 횟수의 제한 없이 헬스클럽을 사용할 수 있는 회원권에 1,200달러의 선금을 기꺼이 지불할 것이다. 이 같은 계약은 방문할 때마다 요금을 부과하는 방식보다 과도하게 낙관적인 소비자들로부터 더 많은 수익을 끌어낸다. 소비자들은 자주 헬스클럽에 가지 않을 것이기 때문에, 한 번 갈 때마다 매우 높은 요금을 지불함으로써 더 좋아질 수 있음에도 불구하고 기꺼이 막대한 선금을 지불하려고 한다. 행동경제학 연구자들은 헬스클럽 사업에서의 이 같은 상황을 정확히 보고하고 있다.[3]

체계적 편견 2 : 자기통제와 과도한 할인

행동경제학에 의해 강조된 또 다른 심리적 편견은 사람들이 무언가를 지금 갖고자 하는 강한 욕망과 자제심이 있는 척하는 어려움이다. 우리는 순현재가치에 대해서 배운 제14장과 반복게임을 다룬 제12장에서 미래를 할인하는 것을 분석했다. 그러한 분석에서 우리는 사람들은 미래를 매기 일정한 비율로, 예를 들어 매년 10%(즉 1년 후의 1달러를 오늘의 0.90달러와 동등하다고 평가한다)로 할인하는 단순한 할인체계를 사용했다. 행동경제학자들은 비록 사람들이 미래의 선택에 관해 그렇게 생각할 수 있지만, 당장의(immediate) 보수를 기본적인 할인율이 제안하는 것보다 훨씬 더 크게 생각한다고 주장한다. 이러한 행동을 **과도한 할인**(hyperbolic discounting)이라고 부르는데, 비록 나중의 보수가 훨씬 더 크더라도 사람들은 나중의 보수보다 당장의 보수를 더 선호하는 경향을 갖는다는 것을 의미한다.

이것을 이해하는 한 가지 방법은 TV에서 본 론코(Ronco)의 주스 만드는 기계를 구매하려는 사람에 관해서 생각해보는 것이다. 그것은 일시불로 200달러나 혹은 4개월 동안 매달 65달러를 내고 구매할 수 있다. 어떤 방법으로 지불하든 론코는 구매 즉시 물건을 배달해준다. 할부를 선택했다고 해서 4개월 후에 상품을 받는 것은 아니다. 물건을 구매하는 완벽하게 합리적인 (즉 경제 모형의 합리성 가정에 부합하는) 사람은 할인율에 근거하여, 예를 들어 매달 5%(이것은 매우 큰 값이지만 더 낮은 할인율을 사용하는 것보다 핵심을 더 잘 보여준다) 할인한 순현재가치를 계산할 것이다. 일시불 구매의 경우에 주스 만드는 기계의 비용은 200달러이다. 할인되지 않는 4개월 할부금의 총액은 260달러지만 NPV는 $[65/(1.05) + 65/(1.05)^2 + 65/(1.05)^3 + 65/(1.05)^4] = 230.49$달러이다. 4개월 할부금의 NPV가 일시불 비용보다 크기 때문에 소비자는 일시불로 그 상품을 구매해야 한다.

그러나 과도한 할인을 하는 사람들은 현재에 과도하게 높은 가치를 부여하기 때문에 첫 번째 기간에 대해 막대한 할인율을 적용한다. 이것을 달리 표현하면, 그들은 즉각적인 만족을 연기하는 것을 가치 있게 만들려면 훨씬 더 큰 이자율을 얻어야 한다는 것이다. 우리의 예에서, 과도한 할인 소비자는 첫 달을 25%로 할인하고 남은 세 달은 5%로 할인한다고 가정하자. 그렇다면 NPV는 $[65/(1.25) + 65/(1.25)(1.05) + 65/(1.25)(1.05)^2 + 65/(1.25)(1.05)^3] = 193.61$달러가 되

3 Stefano DellaVigna and Ulrike Malmendier, "Paying Not to Go to the Gym," *American Economic Review* 96, no. 3 (2006): 694–719.

과도한 할인
경제적 의사결정에서 가까운 미래보다도 당장의 현재를 훨씬 중요시하게 되는 경향

는데 이는 일시불 200달러보다 작다. 물건들을 정말 당장 원하는 사람은 할부를 선택할 것이다. 왜냐하면 주스 기계를 가질 수 있고 또한 더 많은 돈을 오늘 가지고 있을 수 있기 때문이다. 과도한 할인자의 매우 높은 첫 기의 할인율은 즉시 200달러를 지급하는 것을 매우 고통스러운 것으로 만든다. 왜냐하면 그는 그 돈을 (그가 당장 원하는) 다른 물건들을 사는 데 쓰기 원하기 때문이다.

과도한 할인은 단지 높은 할인율을 갖는다는 것과는 다르다는 점에 주목하라. 정상적인 할인은 기간의 간격이 동일한 어떤 두 기에 대해서도 동일한 할인율을 적용한다. 예를 들어 정상적인 방법으로 미래를 할인하는 소비자들은 오늘과 내일 사이에 대해서와 내일과 모레 사이에 대해서 동일한 할인율을 적용한다. (론코의 예에서 이러한 할인율은 5%였다.) 과도한 할인은 오늘과 내일 사이에 대해서와(론코의 예에서는 25%) 미래의 두 날짜 사이에 대해서(론코의 예에서는 5%) 서로 다른 할인율을 적용한다.

과도한 할인의 이중적 할인의 특징이 갖는 한 가지 문제점은 소비자들이 더 이상 어떤 경제적 거래에서 그것이 먼 미래의 일이든지 아니면 당장의 일이든지 소비자의 선호에 일관성이 존재하는 **시간일관적**(time-consistent)이지 않다는 것이다. 즉, 소비자들은 오늘 무언가를 하기 원할 수 있다. 그러나 내년이 되면 그들은 자신이 세웠던 최초 계획을 따르지 않는 경향이 있다는 것이다. 선택이 미래의 일이라면 한 달을 더 기다리는 것은 과도한 할인을 하는 사람들에게는 별문제가 되지 않을 것이다. 그러나 1년이 지나서 똑같은 기다림이 오늘과 다음 달 사이라면 그런 기다림은 훨씬 더 비용이 크게 느껴진다. 사람들이 2년 후에 할 것이라고 **생각하는** 것과 2년 후에 그들이 **실제로** 하는 것은 더 이상 일치하지 않는다.

사람들이 시간일관적이지 않으면 그들의 행동을 분석하는 것은 복잡해진다. 오늘의 나와 내일의 내가 다르고, 이런 사실은 자기통제(self-control)라는 이슈를 두 사람 간의 게임으로 바꾼다. '오늘의 당신'은 내년에 많은 돈을 저축하기 원하지만 '내년의 당신'은 차라리 그 돈을 쓰고 저축을 1년 더 미루기를 원한다. 만일 당신이 이와 같다는 것을 이해하면, (내년에 저축하기를 원하는) '오늘의 당신'은 (돈을 쓰기 원하는) 미래의 당신이 저축을 하도록 만드는 공약을 선택할 수 있다. 당신은 내년부터 자동적으로 당신의 월급에서 돈을 빼 퇴직연금에 넣도록 당신의 고용주와 계약을 맺을 수도 있다. 혹은 당신이 좋아하지 않는 단체에 기부금 수표를 써서 그것을 친구에게 주고 만일 당신이 당신의 계획을 따르지 않으면 그 수표를 발송할 것을 (그리고 만일 계획대로 행동하면 그 수표를 파기할 것을) 약속하게 할 수도 있다. 사람들은 항상 이것들보다는 덜 극단적인 공약수단을 사용한다. 미래의 자신이 유혹받지 않도록 흡연자들은 담배를, 다이어트를 하는 사람들은 아이스크림을 버릴 수도 있다.

시장이 자기통제의 문제를 가진 사람들을 이용하는 방법   과도한 할인을 하는 사람들은 현재에 너무 큰 비중을 두기 때문에 그들은 종종 장기적으로는 후회를 하는 선택을 한다. 예를 들면 학기말 시험을 위해 열심히 공부하지 않는 것, 미래를 위해 충분히 저축을 하지 않는 것 등이 있다.

현명한 상인들은 종종 사람들의 충동성을 이용하려고 한다. 가구점은 당신을 침대에 앉아보게 하고는 시간이 지날수록 더 비용이 많이 드는 '계약금 없는' 구매를 제시한다. 신용카드회사들은 처음 한 달간은 0%의 이자율, 청구서에 대해 최소금액만 납부, 그리고 다른 카드로부터 공짜로 잔액을 이전하는 등의 내용을 제시한다. 이러한 각 경우에, 신용카드는 소비자들로 하

시간일관적
주어진 경제적 거래에서 소비자의 경제적 선호가 먼 미래든 목전의 경우든 무관하게 일관성을 가짐

여금 지금 돈을 얻거나 혹은 돈을 빌리는 비용을 최대한 낮추지만, 그것은 그들이 미래에 갚아야 할 높은 비용과 맞바꾼 것이다.

당신이 생각하듯이, 만일 어떤 사람이나 기업들은 현재에 큰 가중치를 부여하는 과도한 할인자들이고 다른 사람들은 정상적인 할인율을 적용하는 완전히 합리적인 사람들이라면, 그 합리적인 할인자들이 모든 돈을 가져갈 것이고(왜냐하면 그들은 인내심이 있고 계속 저축을 할 것이므로) '지금 원하는' 사람들은 파산하고 말 것이다(왜냐하면 그들은 모든 것을 지금 원하고 모든 돈을 다 써버릴 것이므로). 그래서 만일 당신이 충동적인 과도한 할인을 하는 성향이 있다고 생각되면 주의하기 바란다. 당신의 계획에 충실하고 유혹을 피하는 방법을 찾도록 노력하라.

체계적 편견 3 : 표현의 먹이

의사결정에 있어서의 또 다른 체계적인 편견은 사람들은 종종 선택이나 문제가 어떻게 표현되는지에 따라 모순된, 따라서 합리적이지 않은 결정을 한다는 것이다. 이 장의 처음에서 다룬 질병에 대처하는 계획의 예는 그러한 경우이며, 그 밖에도 표현의 편견은 매우 다양하다.

한 형태는 단순히 어떤 것을 가졌다는 사실이 그것을 더 가치 있는 것으로 만드는 **보유효과**(endowment effect)이다. 즉, 처음 그것을 구매할 때 지불했던 것보다 그것을 포기할 때는 더 많이 보상받아야 한다는 것이다. 예를 들어 교수가 자신의 수업을 듣는 모든 학생에게 선물을 주기로 결정한다고 가정해보자. 그는 절반의 학생들에게는 커피 잔을, 그리고 나머지 절반에게는 초콜릿을 준다. 선물의 가격은 모두 같고 무작위로 배분되므로 커피 잔을 좋아하는 학생이 초콜릿을 받을 수도 있고 그 반대의 경우도 생겨난다. 전통적인 경제 모형에 따르면, (제15장에서 논의한 것처럼) 만일 학생들에게 자유롭게 거래를 허용하면 총후생이 높아진다. 같은 가치를 가지고 개수도 같은 선물들이 있으므로, 그리고 무작위로 배분되었으므로 절반 정도의 학생들은 선물을 바꾸기를 원해야 한다.

연구자들은 이런 가설과 또 유사한 각본들을 현실에서 검증했는데, 그러나 실제는 그렇지 않았다. 행동경제학자인 탈러(Richard Thaler)가 이와 똑같은 실험을 했는데, (이론이 예측한 50%가 아니라) 단지 15%의 학생들만이 자신들이 최초에 받았던 것을 그것이 무엇이든지 상관없이 교환하기 원했다. 커피 잔이나 초콜릿을 받자마자 학생들은 그 물건이 자신에게 더 가치가 있다고 느낀다. 실제로, 받은 선물을 소매가격에 다시 실험자에게 팔겠냐고 물었을 때, 비록 그들은 과거에 가게에서 그 물건을 산 적이 없음에도 불구하고 많은 학생들이 거절을 했다. (아마도 가게에서 커피 잔을 그냥 지나쳤다면 그것은 그들이 커피 잔의 가치를 가격보다 낮게 평가했기 때문일 것이다.) 커피 잔에서 느끼는 효용은 그 잔의 소유권에 따라 달라졌던 것이다. 이것이 바로 보유효과이다. 또 다른 예에서는 온라인 뉴스사이트인 'Business Insider'가 막 복권을 구매한 14명의 사람들에게 구매한 가격의 두 배에 복권을 사겠다고 제안했을 때 약 80%가 거절했다.[4]

보유효과는 소비자가 어떤 기준을 선택하고 그 주변에서는 이득이 느끼는 좋은 감정보다 손실이 가져다주는 상처를 더 크게 느끼는 표현의 편견인 **손실기피**(loss aversion)라고 불리는 더 넓은 행동 행태의 한 가지 특별한 경우이다. 기준에 미치지 못하는 것은(이것은 손실을 겪는다

보유효과
어떤 재화를 소유하게 되면 그것이 더 큰 가치를 갖게 되는 현상. 즉 소유한 것을 포기하는 대가로 요구하는 금액은 애초에 그것을 살 때 지불했을 금액보다 더 많음

손실기피
'틀 짓기'(framing) 편향의 한 유형으로, 선택된 기준점을 기준으로 손실의 고통이 이익의 즐거움보다 훨씬 큰 것

---

4 Immanuel Ocbazghi and Sara Silverstein, "Why Most People Refuse to Sell Their Lottery Tickets for Twice What They Paid," *Business Insider*, October 23, 2018, https://www.businessinsider.com/powerball-tickets-winning-numbers-regret-avoidance-behavioral-economics-2017-8

고 인식된다) 기준을 넘어서는 것보다(이것은 이익을 얻는다고 인식된다) 더 큰 상처를 준다. 그렇기 때문에, 예를 들어, 만일 음식점이 가격을 올리고 소비자의 기준점이 그가 이전에 지불했던 가격이라면, 그는 음식점이 같은 크기로 가격을 내렸을 때 행복했던 것보다 더 큰 효용의 감소를 느낀다. 기준점은 물론 전적으로 자의적일 수 있다.

이것은 경제학의 전통적인 소비자들에게는 사실이 아니다. 그들은 그들이 구매할 수 있는 소비재 묶음에만 관심을 갖는다. 가격이 조금 올랐을 때의 효용 감소는 본질적으로 가격이 조금 내릴 때의 효용 증가와 크기가 같다. 손실기피가 다른 것은 소비자의 선택이 자신이 출발했던 것에 의존한다는 것이다. 손실기피적 사람이 기준점보다 조금 위에 있으면 그는 매우 위험기피적인 것처럼 행동한다. 그러나 기준점보다 조금 아래에 있으면 그는 기준점으로 돌아가기 위해 위험애호적인 것처럼 행동할 가능성이 매우 높다.

또 다른 표현의 편견은 **닻 내리기**(anchoring)이다. 사람들은 자신들이 가진 특정한 정보에 근거하여 결정을 하는 경향이 있다. 예를 들어 UN 회원국들 중에 아프리카에 있는 나라의 비율은 얼마나 되냐고 물어보면 사람들은 그 질문이 "65% 이상인가?"일 때보다 "10% 이상인가?"일 때 더 낮은 비율로 응답한다.[5] 시장 거래에서 닻 내리기 편견은, 예를 들어 소비자가 처음에 몇 개의 비싼 보트들을 보면 그것이 보트 구매의 틀을 형성하여 그의 지불 의사를 높인다는 것을 의미한다. 따라서 전통적인 수요이론은 지불 의사는 소비자의 선호에서 나온다고 말하는 반면에 상품들의 소개와 그 가격들은 소비자의 선택에 영향을 미친다. 어떻게 프레임을 짜고 어떻게 라벨을 붙이느냐는 문제가 될 수 없다.

표현 편견의 마지막 형태는 **심리계좌**(mental accounting)인데, 이것은 사람들이 자신들의 자산 전체에 근거하여 구매 결정을 하는 대신 현재와 미래의 자산을 별개의 이전할 수 없는 부분들로 나눌 때 발생한다. 전통적인 소비자 행동이론에서는 소비자는 소득, 가격, 그리고 자신의 효용함수를 구성하는 요소들에 근거하여 저축이나 혹은 여러 가지 재화의 구매를 합리적으로 결정한다. 이 같은 합리적인 소비자와 달리, 어떤 행동경제학자들은 사람들은 자신의 돈과 구매를 나누어놓는 심리적인 계좌를 가지고 있다고 주장한다. 저축을 하나의 큰 분류로 생각하는 대신, 예를 들어 사람들은 등록금, 여행비, 은퇴자금에 대한 별도의 심리적 계좌들을 가지고 있으며 그 계좌들 간에는 자금의 이전이 어렵거나 불가능하다고 생각한다. 소비에 대해서는, 그들은 '소비'를 위한 하나의 계좌 대신에 기름, 옷, 음식에 쓰는 계좌들을 가지고 있을지도 모른다.

심리계좌는 서로 다른 소득원에 대해서도 적용될 수 있다. 만일 어떤 사람이 20달러짜리 지폐를 길바닥에서 발견하면 그 횡재를 다 써버리면서도 일을 하면서 받은 20달러 팁은 대부분 저축을 한다면, 그것이 심리계좌이다. 일반적인 경제 모형은 20달러의 보너스는 20달러의 보너스일 뿐이라고 말한다. 그것이 땅바닥에서 왔든 인심 좋은 손님에게서 왔든 상관없다.

시장이 표현의 먹이가 되는 사람들을 이용하는 방법 현명한 시장이 표현의 편견을 이용하여 돈을 버는 방법은 거의 무한대이다. 어떤 비판가는 그 방법을 아는 것이 바로 현명한 마케팅의 정의라고까지 말한다.

보유효과의 편견을 가진 사람들을 이용하기 위해서 기업은 환불보장을 제공한다. 물건을 사

닻 내리기
'틀 짓기(framing)' 편향의 한 유형으로, 한 사람의 의사결정이 주어지는 특정 정보에 따라 달라지는 것

심리계좌
'틀 짓기(framing)' 편향의 한 유형으로, 자기가 가진 전체 자산에 따라 구매 의사결정을 하는 대신에, 현재와 미래의 자산들을 별개의 격리된 부분들로 나누는 것

---

5 Amos Tversky and Daniel Kahneman, "Judgment under Uncertainty: Heuristics and Biases," *Science* 185, no. 4157 (1974): 1124-1130.

기 전에는, 완벽하게 합리적인 소비자는 자신이 그 물건을 좋아할지 항상 확신할 수 없기 때문에 환불의 옵션은 가치를 갖는다. 환불보장은 한번 사용해보기 위해 물건을 구매할 가능성을 높인다. 그러나 물건을 구매한 후 보유효과를 가진 고객은 그 물건이 자신에게 주는 가치를 과장하게 되고 따라서 그 물건에 완벽하게 만족하지 않았더라도 환불을 받기 위해 물건을 반납하는 일은 잘 일어나지 않는다.[6]

닻 내리기 편견을 가진 사람들을 이용하기 위해 기업은 인위적으로 기본 가격을 부풀리고 '50% 세일'이라는 광고를 한다. 그 물건이 본래의 부풀려진 가격만큼의 가치를 갖는다는 생각에 고정된 사람에게 반값은, 비록 '50% 세일' 가격은 그 물건이 보통 팔렸던 가격임에도, 횡재처럼 느껴진다.

심리계좌를 가진 구매자는 전 세계의 자동차 판매원이 종종 사용하는 전략을 조심해야 한다. "차를 사는 데 얼마를 쓰기 원하십니까?" 당신이 돈을 심리계좌에 넣은 순간 똑똑한 판매원은 그것을 꺼내는 방법을 찾을 것이다.

체계적 편견 4 : 매몰비용을 고려함

경제학에서 중요한 한 가지 테마는 의사결정을 할 때 매몰비용을 무시하는 것이다. 돈은 이미 지출되었고 회수될 수 없기 때문에 의사결정에는 아무런 상관이 없다. 합리적 의사결정자는 한계적으로 생각하고 단지 기회비용만을 고려한다. (이러한 내용을 복습하려면 제7장을 보라.)

매몰비용의 오류
매몰비용이 미래지향적 의사결정에 영향을 주게 되는 오류

그러나 행동경제학자들은 현실에서 사람들은 매몰비용이 의사결정에 영향을 미치도록 허용하는 실수인 **매몰비용의 오류**(sunk cost fallacy)의 먹이가 된다고 말한다. 매몰비용 오류의 대표적인 예는 1985년에 심리학자 아크스와 블루머에 의해 이루어진 실험에서 나온다.[7] 1985년에 두 사람은 오하이오대학 극장과 연구계약을 체결했는데, 그것은 어떤 사람이 매표소에 와서 10일 동안 쓸 수 있는 시즌티켓을 사겠다고 할 때 가격을 무작위로 정하는 것이었다. 고객들 중 1/3은 공연당 15달러의 정상가격으로 시즌티켓을 샀다. 두 번째 그룹은 (공연당) 13달러를 지불했고, 그리고 세 번째 그룹은 단지 (공연당) 8달러에 시즌티켓을 샀다.

공연일 아침 모든 사람이 티켓을 가지고 있기 때문에 티켓값으로 얼마를 지불했는지는 그들이 공연을 봄으로써 얻는 한계편익에 아무런 영향을 주지 않는다. 티켓 가격은 매몰비용이고 공연을 보는 한계비용은 단지 그들의 시간의 가치이다. 추가적인 비용은 없었다. 그러나 시즌의 전반기 동안 티켓값을 다 주고 산 사람들은 할인을 받은 사람들보다 약 25% 더 많은 공연을 보았다. 행동경제학자들은 그 이유가, 높은 가격으로 구매한 사람들은 티켓 비용에 해당되는 편익을 얻기 위해 공연을 보아야 한다는 더 큰 책임감을 느꼈기 때문이라고 주장한다. 이러한 결과는 사람들은 매몰비용을, 합리적으로는 그렇게 해야 함에도, 무시하지 못한다는 것을 보여

---

6 판매자들이 환불보장을 제시함에 있어서 행동경제학과 상관없는 다른 이유들도 있음에 주목하기 바란다. 비대칭 정보가 있을 때(제16장) 질이 좋은 제품을 만드는 생산자는 환불보장을 그 물건이 고품질임을 알리는 수단으로 사용할 수 있다. 품질이 낮은 제품을 만드는 기업에게 환불보장은 더 많은 고객들이 반품을 할 것이므로 더 비용이 많이 든다. 따라서 미리 보장을 하는 것은 그 물건이 정말 잘 만들어진 것이라는 믿을 수 있는 신호가 된다. 이 같은 경제적 행동에 대한 상반된 견해들이 경제학자들 사이에서 일어나는 행동경제학에 대한 활발한 논쟁의 핵심에 있다.

7 Hal R. Arkes and Catherine Blumer, "The Psychology of Sunk Cost," *Organizational Behavior and Human Decision Processes* 35, no. 1 (1985): 124-140.

준다.[8]

기업과 정부도 유사한 매몰비용의 오류를 범한다. 한 가지 예는 영국과 프랑스 정부에 의해 함께 진행된 콩코드의 초음속 비행기 개발과 관련되어 있다. 합작투자는 큰 낙관론 속에서 1960년대 초에 시작되었다. 그러나 계획은 급격하게 잘못되어 갔다. 결국 개발비용은 예상했던 것의 6배가 되었는데, 이는 훨씬 일찍 예견되었던 비용 초과였다. 모든 관점에서 올바른 선택은 프로젝트를 중단하는 것이었다. 그러나 정부는, 이 주제에 관한 앨런 테거의 1980년 책에 기술된 것처럼, '포기하기에는 너무 많이 투자됐다'라는 이유로 사업을 계속했다.[9] 최종적으로 단지 20대의 비행기만이 만들어졌고 결국 프로젝트는 끝났다.

응용 매몰비용의 오류와 프로 운동선수들

스타 프로선수들은 수백만 달러를 받는다. 그들이 속한 팀들은 게임을 보려는 팬들의 지불의사 때문에 이런 종류의 연봉을 제시한다. 좋은 선수들은 팬들을 더 열광시키고 팀을 더 이기게 만들수록 더 많이 경기를 하고 더 많은 돈을 받는다. 적어도 이렇게 되어야 한다. 그러나 경기시간과 몸값 간의 관계는 좀 더 복잡하다는 증거들이 있다. 어떤 선수들은, 그렇게 훌륭하지 않아도, 단지 돈을 많이 받았기 때문에 더 많은 시간을 뛴다. 그 이유는 팀들이 매몰비용의 오류에 빠졌기 때문으로 보인다.

경제학자인 퀸 키퍼는 NFL(National Football League)에서 이런 형태의 행위를 발견했다.[10] 새로운 경기자들은 보통 각 팀이 돌아가면서 선수를 뽑는 드래프트를 통해 팀에 배당이 된다. 드래프트는 일곱 라운드로 진행되며 각 팀은 매 라운드마다 한 명의 선수를 뽑는다.

짐작할 수 있듯이 어떤 라운드에서 마지막으로 뽑히는 선수는 다음 라운드에서 첫 번째로 뽑히는 선수와 기본적으로 같은 재능을 가지고 있다. 결국 그들은 서로 바로 다음 순서에 뽑힌다.

그들의 경기력에 대한 통계는 거의 동일하지만 연봉은 그렇지 않다. 앞선 라운드에서 마지막으로 뽑힌 선수는 다음 라운드에서 첫 번째로 뽑힌 선수보다 상당한 정도 더 많은 연봉을 받는다. 이러한 연봉의 차이는 첫 번째 라운드와 두 번째 라운드에서 가장 큰데, 처음 라운드에서 마지막으로 뽑힌 선수의 연봉은 두 번째 라운드에서 첫 번째로 뽑힌 선수의 연봉보다 35%가 더 많다.

일단 팀이 계약을 끝내고 나면 선수가 얼마를 받았는가는 그 선수의 경기시간에 영향을 미칠 수 없다. 경기시간은 선수가 팀의 성과에 얼마나 기여하는가에 의해 결정되어야 한다. 경기력이 같은 선수들은 경기시간이 같아야 한다.

그렇지 않다. 첫 번째 라운드에서 마지막으로 뽑힌 선수는 두 번째 라운드에서 첫 번째로 뽑

---

8 일반적인 경제 모형은 시즌의 전반기보다 후반기 관객들의 행동을 더 잘 예측한다는 점에 주목할 필요가 있다. 시즌의 후반기에는 티켓에 지불한 가격에 따른 관람 횟수에 아무런 차이가 없었고 따라서 어떤 매몰비용의 오류도 존재하지 않았다. 사실 세 그룹 모두 그들이 공연을 그다지 가고 싶어 하지 않음을 알았던 것 같다. 티켓 가격과 상관없이 후반기에는 관람 횟수가 2회 정도로 낮아졌다.

9 Allan I. Teger, *Too Much Invested to Quit*, Oxford: Pergamon Press, 1980.

10 Quinn A. W. Keefer, "The Sunk-Cost Fallacy in the National Football League: Salary Cap Value and Playing Time," *Journal of Sports Economics* 18, no. 3 (2015): 282-297.

힌 선수보다 한 시즌 동안 대략 다섯 게임을 더 뛴다. 그것은 NFL의 한 시즌 16게임의 1/4이 넘는다. 팀은 첫 번째 라운드에서 뽑은 선수에게 훨씬 더 많은 돈을 지불했다면 그는, 비록 그들이 팀의 성공에 기여하는 정도가 같더라도, 더 적은 연봉을 받는 두 번째 라운드에서 뽑힌 선수보다 더 많이 뛰어야 한다고 믿는 것 같다.

높은 연봉의 선수는 그들이 자신의 잠재력을 발휘했을 때 팀에 도움이 된다. 그러나 서로 다른 라운드에서 뽑혔지만 동일한 능력을 보이는 선수들 간에 경기시간이 다른 것은 팀이 매몰비용에 부적절한 의미를 부여하고 있음을 보여준다. 만일 NFL 팀 매니저들이 경제학자들처럼 생각한다면 그들은 연봉과 상관없이 팀에 가장 크게 기여하는 선수들을 기용하는 것이 옳은 것임을 알게 될 것이다. ■

시장이 매몰비용을 생각하여 손실을 기피하는 사람들을 이용하는 방법   가장 기본적인 수준에서 시장은 손실과 비용을 매몰비용의 오류에 사로잡힌 사람들에게 전가할 것이다. 예를 들어 위의 〈응용〉에서 피해를 입는 것은 고집스러운 NFL 팀들이다. 그들은 더 적은 연봉으로 동일한 능력을 가진 선수들과 계약했다면 이겼을 수도 있는 게임들을 잃었다. 매몰비용의 오류를 겪지 않는 시장 참여자들은 오류에 빠진 사람들의 실수로부터 이익을 얻을 수 있다.

체계적 편견 5 : 공정함과 관대함

경제 모형은 소비자들과 기업들의 합리적인 이기적 동기를 전제로 한다. 아마도 이 같은 가정에 대한 가장 기본적인 도전은 사람들이 종종 너그럽고 이타적인 행동을 한다는 것이다. 부모들은 자식들을 위해 희생을 하고, 자원봉사자들이 여러 가지 이유로 오래 열심히 일을 하며, 사람들은 자신의 이익만큼 공정함에 신경을 쓰는 것처럼 보인다. 경제학자들은 ['따뜻한 기부의 광채(warm glow of giving)'라고 불리는] 관대함에 대한 선호를 효용함수에 추가하거나 혹은 부모의 효용이 자신이 소비뿐만 아니라 자녀들의 소비에도 영향을 받도록 함으로써 이 같은 행동을 일반적인 경제 모형에 포함시키려고 노력했다. 그러나 이런 방법들은 약간의 술수처럼 보인다. 그것들은 사람들이 자신에게는 이익이 되지 않지만 자주 남을 도움으로써 항상 합리적인 경제주체로서 행동하지는 않는다는 기본적인 이슈를 다루지는 못하고 있다.

관대함의 한 가지 특별한 형태는 사람들이 공정에 대해 내재적인 선호를 가지고 있는 듯하다는 것이다. 즉 사람들은 좀 더 공정한 결과를 얻기 위해 (적어도 그런 행동들의 사회적 편익과 비용을 무시하는) 표준적인 비용-편익의 관점에서는 이익이 되지 않는 비용이 드는 행동들을 하고자 한다.

예를 들어 종종 '최후통첩게임(ultimatum game)'이라고 불리는 다음과 같은 게임에 대한 사람들의 반응을 생각해보자. 경기자 1은 실험자로부터 돈을 받아 익명의 또 다른 경기자 2에게 일정한 금액을 제안한다. 경기자 2는 그러한 제안을 수락하거나 거절할 수 있다. 만일 경기자 2가 제안을 받아들이면 각 경기자는 제안에 따른 만큼의 돈을 받게 된다. 만일 경기자 2가 경기자 1의 제안을 거절하면 두 사람 모두 아무것도 갖지 못한다.

이 책에서 다룬 전통적인 이론은 경기자 1이 최소한의 금액을, 예를 들어 1센트만을, 제안하고 경기자 2는 그런 제안을 받아들여 경기자 1이 실질적으로 돈을 거의 다 가지게 되는 결과를 예측한다. 왜 그런지는 역진귀납법을 사용해보면 알 것이다. 어떤 제안을 받은 경기자 2의 선택을 생각해보자. 제안을 거절하면 경기자 2는 아무것도 갖지 못하기 때문에 그는 0보다 큰 어떤 제안도 받아들일 것이다. 아무리 작은 금액이라도 0보다는 좋기 때문이다. 이것을 알기 때문에 경기자 1은 0보다는 크지만 아주 작은 금액만을 경기자 2에게 제안하고 자신이 거의 모든 돈을 갖는다.

그러나 실험에서 이 같은 게임을 하는 사람들은 역진귀납법에 의해 예측된 결과와는 아주 다른 행동을 하는 것으로 드러났다. 평균적으로 경기자 1은 전체 금액의 40~50% 사이만큼을 경기자 2에게 주겠다고 제안했고, 경기자 2는 20% 미만의 제안을 종종 거절했다. 경기자 2는 작은 금액의 제안을 다소 불공평하다고 생각한 듯하고 이기적인 행동을 한 경기자 1을 벌주기 위해서 (경기자 1이 제안한 금액이 얼마든지) 자신이 가질 수 있는 돈을 기꺼이 포기하려 했다. 이것을 아는 경기자 1은 경기자 2가 불공평하다고 생각되는 제안을 거절해서 자신이 아무것도 갖지 못하게 될 것을 두려워하여 좀 더 너그러운 제안을 한 것이다.[11]

시장이 자비로운 사람들을 이용하는 방법   불행하게도 이러한 시나리오는 매우 자명하다. 원칙적으로 한쪽이 더 이기적이지 않거나 자비로울수록 순전히 이기적인 쪽은 그들을 착취할 수 있다. 공정과 자비심에 대한 연구에서 좀 더 민감한 답변은 많은 사람들의 이타적 행동은 상호관계와 연결되어 있다는 것이다. 오랜 기간에 걸쳐 일관되게 타인의 관대함을 이용하기만 하는 사람들은 배제되거나 기피된다. 그러한 장기적인 전략적 생각이 기본적인 원칙을 좀 더 복잡하게 만드는 것이다.

 ## 응용 심리적 요인이 동물의 의사결정에도 영향을 주는가?

당신은 최후통첩게임의 실험에서 사람들이 단지 이기적이 아니라 공정을 수용하는 식으로 행동함에 대해 배웠다. 과학자들은 이 같은 행동이 단지 인간의 심리 혹은 문화만을 드러내는 것인지, 그리고 동물들은 단지 자신의 이기심에 따라서만 행동하는지에 대해 의문을 가졌다. 프록터, 윌리엄슨, 드왈, 브로스넌은 침팬지를 통해 이러한 질문에 대한 답을 찾고자 했다.[12] 그들은 침팬지에게 전형적인 최후통첩게임을 시도했다. 단, 돈 대신 바나나와 교환할 수 있는 표를 주었다. (침팬지들은 이미 표가 어떻게 사용될 수 있는지, 그리고 최후통첩게임이 어떻게 진행되는지에 대해 훈련을 받았다.)

침팬지들의 행동은 한 가지 관점에서 인간의 행동과 일치했다. 경기자 1인 침팬지는 전체 실험 횟수의 거의 75%에서 절반에 가까운 제안을 하여 그들도 공평성에 관심을 갖는다는 것을 시사했다. 그러나 인간 경기자 2와 달리 침팬지 경기자 2는 제안이 얼마나 작은지에 상관없이 제안을 거절한 적이 없었다. 한쪽으로 기운 제안을 거절하지 않은 것은 경기자 2인 침팬지가 공정에 대해 신경 쓰지 않음을 의미한다. 만일 그렇다면 경기자 1인 침팬지는 왜 반씩 나누어 갖는

11 Ernst Fehr and Klaus M. Schmidt, "Theories of Fairness and Reciprocity: Evidence and Economics Applications," in *Advances in Economics and Econometrics: Theory and Applications, Eighth World Congress*, vol. 1, New York: Cambridge University Press, 2003, 208-257을 보라. 그것은 공정성과 관련된 염려에 관한 이론과 자료의 뛰어난 요약을 제공한다. 그리고 공정성에 관한 세계 최고의 전문가 중 한 명은 물론 Fehr이다.

12 Darby Proctor, Rebecca A. Williamson, Frans B. M. de Waal, and Sarah F. Brosnan, "Chimpanzees Play the Ultimatum Game," *Proceedings of the National Academy of Sciences* 110, no. 6 (February 5, 2013): 2070-2075.

"겨우 오이라니. 공정하지 않다. 우리는 포도를 원한다."

제안을 하곤 하는 것일까?

경기자 2도 공정에 관심을 갖는 것으로 밝혀졌다. 침팬지들은 인간과 다른 방법으로 그것을 표현할 뿐이었다. 공정하지 못하게 여겨지는 제안을 거절하는 대신 경기자 2인 침팬지들은 종종 그러한 제안을 한 경기자 1인 침팬지에게 침을 뱉거나 두 침팬지를 갈라놓은 벽을 치는 등의 협박으로 반응했다. 반씩 나누는 제안의 횟수가 높은 것은, 특히 경기자 2인 침팬지의 전형적인 반응에 익숙해진 실험 후반에, 경기자 1인 침팬지들이 비록 자신의 제안이 결코 거절되는 일이 없더라도 이 같은 협박의 의미를 이해했다는 것을 시사한다.

침팬지 연구의 두 공저자였던 브로스넌과 드왈의 두 번째 실험은 다소 유사한 실험을 한 쌍의 암컷 원숭이들에게 적용했다.[13] 두 마리 원숭이들은 각각 자신의 둥지를 가지고 있는데 그것은 플라스틱으로 만들어졌기 때문에 다른 원숭이 둥지에서 무슨 일이 일어나는지를 서로 볼 수가 있다. 첫 번째 실험에서는 두 마리 원숭이 모두 실험자에게 표를 주면 오이 조각을 얻는다. 두 번째 실험에서는 한 원숭이는 표를 주면 오이 조각을 얻지만 다른 원숭이는 (원숭이가 오이보다 훨씬 더 좋아하는) 포도를 얻는다. 그리고 세 번째 실험에서는 한 원숭이는 표를 주면 오이 조각을 얻지만 다른 원숭이는 표를 내지 않더라도 포도를 얻는다.

연구자들은 두 번째와 세 번째 실험에서 오이를 받는 원숭이는 연구자가 오이를 주었을 때 종종 그것을 거부함을 확인했다. (실험 비디오는 특히 화가 난 한 원숭이가 오이를 다시 실험자에게 던지는 것을 보여준다.) 오이를 받게 되는 원숭이가 애당초 표를 주려고도 하지 않는 경우들도 있었다. 원숭이가 먹는 것을 거부하는 일은 거의 보고된 바 없었고 이 같은 일반적이지 않은 행동은 다른 원숭이가 '공짜'로 포도를 얻을 때 가장 극명하게 드러났다. 오이를 받게 된 원숭이들은, 자신들이 공정하지 못한 처사라고 여기는 것에 대해 불만을 가졌기 때문에, 보통이라면 먹었을 음식을 거절하여 공정에 대한 자신들의 선호를 표현하고자 했던 것이다. ■

18.2 행동경제학은 우리가 배운 모든 것이 무익함을 의미하는가

이 시점에서, 행동경제학이 사람들은 실제로 경제 모형들이 예측하는 것처럼 행동하지 않는다고 말한다면 왜 굳이 경제 모형에 관한 17개의 장을 읽었는지 당신은 궁금해할지 모른다. 우리는 잘 맞지도 않는 어려운 모형과 이론을 공부하지 말고 그 대신 그냥 행동경제학에 관한 책을 읽을 수도 있었을 듯하다.

---

13 Sarah F. Brosnan and Frans B. M. de Waal, "Monkeys Reject Unequal Pay," *Nature* 425 (September 18, 2003): 297–299.

그러나 그렇지 않다. 무엇보다 이 장에서 다룬 행동의 변칙들은 우리가 배운 경제 모형들을 무효화하지 않는다. 그것들은 어떤 사람들은, 특정한 상황하에서, 기본적인 모형이 간과했을지도 모르는 방법으로 행동함을 보여준다. 그러나 우리가 배운 기초적인 모형들은 세상이 어떻게 움직이는지를 설명함에 있어 대부분은 놀라울 만큼 성공적이다. 인간의 행동과 같은 복잡한 것들을 묘사할 때 그것은 여전히 중요한 발전이다.

둘째, 행동경제학이 다른 답을 제공하는 것처럼 보이는 많은 경우에서도, 기본 경제 모형의 간단한 조정은 종종 완벽하게 실용적인 대안적 설명을 제시한다. 예를 들어 사람들이 흡연과 같이 자신에게 해로운 것에 중독되는 것처럼, 기본적인 합리적 소비자의 의사결정 모형이 잘 설명하지 못하는 행동들을 생각해보자. 그러나 노벨경제학상 수상자인 게리 베커는 이 같이 일견 비합리적으로 보이는 행동들을 설명하기 위한 전통적인 경제 모형들을 개발했다. 그의 (케빈 머피와 함께 개발한) '합리적 중독(rational addiction)' 모형은 우리가 제4장과 제5장에서 공부한 소비자 행동이론의 변형일 뿐이다.[14] 그 모형에서 소비자들은, 지금 시작하면 미래에 멈추기 어렵다는 것을 알고, 중독이 됨에 따른 평생의 비용에 대해 생각하고 그것을 흡연에서 얻는 효용과 균형을 맞춘다. 이 이론은, 예를 들어 왜 중독 비율이 가격에 의존하는지를, 사람들은 단지 어쩔 수 없기 때문에 중독이 된다는 생각에 근거한 설명보다 더 나은 방법으로 설명할 수 있다.

셋째, 이전 절에서 강조했듯이, 체계적인 편견을 가진 개인과 기업들은 시장에서 편견을 갖지 않은 사람들에게 돈을 잃게 될 것이다. 시장은 체계적인 편견들을 제거할 수 있으며, 시장에 반복적으로 참여하는 경제주체들은 종종 자신들의 행동의 편견을 인지하고 조절하거나 혹은 시장에서 완전히 퇴출된다. 편견을 가진 참여자들이 사라지면 남은 참여자들은 무작위로 선정된 설문조사 응답자보다 덜 비합리적인 행동을 보이게 된다.

사람들이 어떻게 행동하는지를 경제학자들과 사업가들이 할 수 있는 한 최대로 철저하게 검증하는 것이 중요하다. 소비자, 고객, 공급자, 그리고 생산자의 행동을 더 잘 이해하려는 이 같은 욕구는 또 다른 새로운 경제학 분야의 탄생을 가져왔는데 그것은 바로 실험경제학이다.

18.3 데이터를 통해 경제이론을 검증함 : 실험경제학

최근 몇 년간 행동경제학 연구에서 나온 정통적이지 않은 결과들은 경제학자들이 행동 모형들을 검증하는 이슈에 보다 더 큰 의미를 부여하게 하였다. 어떤 예측들은 검증하는 것이 매우 쉽다. 예를 들어 수요이론은 가격이 올라가면 사람들이 덜 소비하기 때문에 수요함수가 우하향한다고 예측한다. 그렇다면 확인을 해보자. 그러나 현실의 복잡함은 모형의 가장 기본적인 예측조차도 그것을 검증하는 일에 방해가 된다. 예를 들어 여러 도시에 걸쳐 닭튀김에 대한 가격과 거래량의 자료를 가지고 있더라도, 수요-공급 이론은 가격이 높은 시장에서는 수요량이 작음을 예측한다고 말할 수 없다. 이론은 다른 조건들이 같다면 가격이 오를 때 소비자들은 그 물건을 덜 구매한다고 예측한다. 만일 다른 모든 조건들이 같다면 두 시장을 비교하는 것이 이 같은

---

14 Gary S. Becker and Kevin M. Murphy, "A Theory of Rational Addiction," *Journal of Political Economy* 96, no. 4 (August 1988): 675-700.

질문에 답을 주겠지만, 현실에서 그것은 성립하기 어려운 '만일'이다.

현실에서의 복잡함의 문제를 풀기 위해서 경제학자들은 경제이론을 검증하는 데 도움을 줄 많은 데이터를 사용한 통계적, 분석적 기법들을 만들어냈다. 예를 들면 공급함수의 이동을 이용하여 그와 연관된 수요함수를 통계적으로 추적하는 기법이다. 이 같은 기법들은 수학과 통계학을 이용하여 경제이론을 검증하는 **계량경제학**(econometrics) 분야의 일부이다. 그러나 가장 뛰어난 계량경제학 기법들조차도, 대부분의 데이터에 내재된 부도덕성은 말할 것도 없고, 현실의 잠재적인 복잡함을 풀기 위해서 아직도 어느 정도의 강한 가정들에 의존하고 있다.

계량경제학과 같은 실증적 자료 방법에 만족하지 못한 일부 경제학자들은 구체적인 실험을 통해 다른 조건들을 일정하게 유지하면서 경제가설을 직접 검증할 수 있는 **실험경제학**(experimental economics)으로 전환하였다.

연구실 실험

연구실 실험(lab experiment)은 연구실 상황에서 경제이론을 검증함으로써 경제학자들로 하여금 검증의 모든 면을 통제할 수 있도록 하여 정확히 무엇을 했는지를 설명할 수 있게 해준다. 일반적으로 실험자는 피실험자를, 보통은 대학생들을, 그룹별로 같은 행동에 참여하게 하되 한 그룹에 대해서만 행동의 한 가지 요소를 변경한다. 예를 들어 수요함수가 우하향하는지를 검증하기 위해서, 실험자는 학생들을 연구실로 불러서 각각 30달러씩을 주고 그들을 무작위로 세 그룹으로 나눈다. 각 그룹은 학교의 마스코트가 그려진 커피 잔을 살 수 있는 기회를 갖는데, 한 그룹에게는 가격이 3달러이고, 두 번째 그룹은 5달러이고, 세 번째 그룹은 10달러이다. 이 실험에서는 가격을 제외한 모든 것이 동일하며 따라서 그룹 간 구매량의 비교는 수요함수를 추적하며 실험자로 하여금 그것이 우하향하는지를 검증할 수 있게 해준다.

참여자들을 무작위로 각 그룹에 배정하는 무작위 실험은 연구자들로 하여금 심리계좌의 오류, 과도한 확신, 보유효과, 그리고 이 장의 앞부분에서 언급했던 다른 편견들의 영향을 검증할 수 있게 해준다.

연구실 실험의 경제학이 유용한 것과 마찬가지로 그들은 결함과 논란의 여지도 갖고 있다. 경제실험은 대부분의 실험 방법의 과학적 적용에는 없는 중요한 약점을 지닌다. 첫째, 화학적 합성이나 실험실의 쥐와 달리, 인간은 자신이 실험에 참가할 때 자신의 행동이 감시되고 있음을 안다. 그 결과 경제실험의 참가자들이 자신들이 관측되고 있기 때문에 일상과 다르게 행동하는 경향이 있다고 비판하는 것은 전혀 놀라운 일이 아니다. 참여자들의 행동을 왜곡하는 한 가지 요인은 그들이 실험자나 다른 참가자들을 기쁘게 하거나 자신들을 좋게 보이려는 방법으로 행동하려는 강한 경향을 갖는다는 것이다. 예를 들어 실험에서 대학생들은 좀 더 사회적으로 바람직하고 협조적이며 혹은 도덕적으로 옳은 선택을 반복하며 자신들을 지나치게 이기적으로 보이게 하거나 혹은 단순히 실험에서 자신의 이익을 극대화하는 것들은 주저한다. 이 같은 왜곡은 경제학의 실험을 비판하는 사람들로 하여금 연구실 실험이 정말 실제적인 시장에서의 사람들의 행동을 예측하는지, 그리고 사람들이 그들의 의사결정에서 체계적인 실수를 저지른다는 것을 정말 입증하는 것인지에 대해 의문을 갖게 한다.

전형적인 연구실 실험에 대한 두 번째 이슈는 실험에서 판돈으로 걸려 있는 이익이 종종 현실에서와 너무 다르다는 것이다. 학부 학생을 실험에 참여시키는 데는 그다지 많은 돈이 들지

계량경제학
경제이론의 검증을 위해 수학적이고 통계적인 기법을 개발하고 사용하는 분야

실험경제학
경제행위를 실험을 통해 해명하고자 하는 경제학의 한 분야

연구실 실험
경제이론을 실험실 상황에서 시험하는 것

않는다. 그 결과 전형적인 경제학 실험에서 위험에 걸려 있는 판돈은 적다. 낮은 판돈은 참가자들이 자신의 이익과 반하는 행동을 하는 데 따른 비용을 작게 만든다. 더욱이 가끔 실험은 정말로 복잡하고 지루한 일들을 요구하기 때문에 실험자들은 그렇게 작은 이익을 얻기 위해서 그런 일들을 할 가치가 없어 보인다. 그러나 현실에서는 만일 어떤 지루한 계산을 함으로써 100만 달러를 벌 수 있다면 사람들은 그 계산을 끝내려고 할 것이다.

연구실 실험과 관련된 세 번째 이슈는 학생들은 종종, 무작위적이고도 이상한 규칙을 가진 경매나 혹은 복잡한 보수함수를 갖는 추상적인 게임처럼 그들이 전혀 해보지 않은 일에 참여해 달라고 부탁받는다는 점이다. 이러한 일에 초보자들은 실제 일을 해보거나 그런 일에서 이익을 얻었던 전문가들보다는 훨씬 더 일을 잘 못할 가능성이 높다.

마지막으로, 비록 실험자는 실험을 통제할 수 있지만 그는 참가자들이 가져오는 개인적 신념을 통제할 수는 없다. 예를 들어 실험자는 종종 실험 참가자들의 선택이 어떤 미래에 대한 고려가 아니라 전적으로 직접적인 보수에만 영향을 받도록 일회성 게임을 고안한다. 그러나 현실에서 사람들은 그들의 문화적 규범을 무시할 수 없어 보인다. 다음 페이지에 나오는 〈괴짜경제학〉은 서로 다른 문화에서 온 사람들이 같은 연구실 게임에서 얼마나 다르게 행동하는지를 보여줌으로써 다른 모든 것을 동일하게 통제하는 실험을 기획하는 것의 어려움을 강조하고자 한다.

연구실 실험의 잠재적인 위험에도 불구하고, 그것은 여전히 유용한 경제학적 수단이다. 어쨌든 비실험적인 자료의 분석도 많은 단점을 가지고 있다. 그러나 실험실에서 일어난 일들이 자동적으로 현실의 시장에서도 일어날 것이라고 생각하는 것에는 주의를 해야 한다. 그 대신 실험에서 얻어진 자료들을 접하면, 우리가 분석한 여러 가지 편견을 고려하고 그것들이 실험실의 결과에 대한 해석을 어떻게 왜곡할 수 있는지를 신중하게 생각하기 바란다.

자연적 실험과 현장 실험

연구실 실험에 대한 비판에 대응하여 경제학자들은 그들의 이론을 검증하기 위해서 실험실 대신에 현실에서의 실험을 이용하기 시작하면서 연구실 실험의 통제적 특징과 시장의 실제적인 이해관계 및 상황을 통합할 수 있기를 기대했다.

현실 실험의 한 가지 형태는 우연히 발생하는 무작위 혹은 거의 무작위인 **자연적 실험**(natural experiment)이다. 자연적 실험은 실험자들로 하여금 흥미로운 경제적 질문에 관하여 배울 수 있도록 해주는 어떤 일이 우연히 일어나는 상황을 말한다. 예를 들어 미국이 대기정화법(Clean Air Act)과 그 수정안을 통과시켰을 때 그것은 미국의 자치구들에게 공해의 한계를 설정했다. 어떤 자치구가 한계를 아주 조금이라도 초과하는 공해를 배출하면 공해를 줄이라는 엄격한 요구를 받게 된다. 어떤 자치구가 그 한계 미만의 공해를 배출하면, 아주 작은 차이더라도 공해를 줄이라는 요구는 적용되지 않는다. 한계를 아주 조금 초과하거나 혹은 한계에 아주 조금 미치지 못한 자치구들에 대해서 대기정화법은 환경 규제의 효과에 대한 자연적인 실험을 제공하게 되고 연구자들은 공해, 산업활동, 건강, 유아 사망률 등에 관한 효과를 기록한다(그리고 규제가 매우 중요한 것처럼 보인다). 자연적 실험의 명백한 문제점은 그러한 상황을 찾기가 어렵다는 점이다. 두 번째 약점은 특정한 자연적 실험을 다른 경제적 상황에 일반화하는 것이 항상 쉽지만은 않다는 점이다.

현실 실험의 또 다른 형태는 현실의 상황에서 연구소와 같은 무작위를 이용한 연구 방법인

자연적 실험
우연히 발생하는 (준)무작위적인 상황

괴짜경제학

경제이론의 검증을 통해 (말 그대로) 세상의 끝까지 가보기

경제학 실험의 거의 대부분은 대학생들을 통해 이루어진다. 이것은 경제학의 원리가 실제 작동하는 완벽한 예가 된다. 학생 수는 많고, 그들은 적은 임금으로도 기꺼이 실험에 참가하려고 한다. 그래서 대학 캠퍼스에서 실험을 진행하는 것은 쉽고도 싼 방법이며 따라서 경제학 실험자들은 이 같은 실험을 많이 수행한다. 실험자들이 CEO, 프로 축구선수, 벼룩시장의 판매상들과 같은 학생들이 아닌 다른 대상을 피실험인으로 삼아도 결과는 일반적으로 학생들에게서 얻는 것과 유사하다. 또한 미국인과 유럽인은 많은 실험에서 유사한 선택을 하는 경향이 있다.

실험실의 결과가 서로 다른 피실험자 집단들에 대해 변함이 없다는 사실은 실험에는 좋은 소식이다. 왜냐하면 어떤 특정한 실험에서 얻어진 결과는 다른 환경에 대해서도 일반화될 수 있기 때문이다. 그러나 실험에 참가한 거의 모든 피실험자에게 공통적인 한 가지 특징은 그들의 문화이다. 미국인들은, 그들이 대학생이든 CEO든 혹은 프로 축구선수든, 복합적인 문화적 배경하에서 성장했다. 유럽인의 문화는 미국인의 문화와 다르지만, 많은 비서양 문화들과 비교하면 둘은 서로 가깝다. 만일 실험이 다른 장소에서 이루어지면 경제적 행동에 관한 연구실 실험은 유사한 결과를 나타내게 될까?

경제학자와 인류학자들의 연합팀은 이 같은 질문에 대답하기 시작했다.* 그 팀은 지구상의 많은 다른 지역에서 토착사회들과 같이 살면서 그들을 연구해온 인류학자들을 함께 모았다. 그들은 실질적으로 현대적 세상과 아무런 접촉이 없는 작은 규모의 집단들이었다. 그런 집단들은 탄자니아의 사냥꾼, 몽골의 유목민, 인도네시아의 고래사냥꾼을 포함하고 있다.

인류학자들은 실험적 게임을 수행하는 방법을 배웠고 그 집단들을 접촉하기 위해서 먼 오지로 흩어졌다. 이러한 서로 다른 집단들에서 얻은 결과들은 지도에 상세히 기록되었다. 어떤 그룹들은 서양인들보다도 조금 더 호모 에코노미쿠스처럼 행동했고, 다른 그룹들은 미국 대학생들보다 더 많이 경제학의 예측에서 벗어났다. 어떤 문화에 속한 사람들은 놀라울 정도의 이타심을 보인 반면에, 다른 문화의 사람들은 이기심의 전형이었다.

그러나 이 같은 뒤범벅의 발견들로부터도 간단하지만 의미 있는 패턴이 드러났다. 사람들이 실험 게임을 어떻게 수행하는지는 그들의 문화 속에 존재하는 규범과 체계적인 연관성을 갖는다는 것이다. 예를 들어 동인도네시아의 라마레라(Lamalera)는 고래사냥으로 살아가는데, 그것은 성공을 위해 많은 수의 사냥꾼들 간의 강도 높은 협조를 요구하는 일이다. 그들에게는 다른 경기자들에게 손해를 주면서 자신에게는 이익을 주는 기회를 자주 포기함으로써 다른 경기자들과 게임을 협조적으로 수행하는 것이 조금도 이상한 일이 아니다.

그와 반대로, 탄자니아에 사는 사냥꾼들인 하드자(Hadza)는 매우 이기적이며 서로 협조하지 않는다. 청바지의 주머니가 깊어서 사냥의 전리품을 이웃들에게 들키지 않고 효과적으로 숨길 수 있기 때문에 하드자가 서양의 청바지를 얻기 위해 자신의 전통복장을 포기했다고 전해진다. 실험에서의 하드자는 다른 경기자들과 좀처럼 협조를 하지 않고 자신의 이익만 추구했다.

실험실에 반영된 문화의 아마도 가장 주목할 만한 예는 파푸아뉴기니의 오족(Au)과 노족(Gnau) 사람들에게서 나왔다. 파이를 자신과 다른 사람

현장 실험
현실 세계의 상황에서 무작위적으로 수행되는 연구 방법

현장 실험(field experiment)이다. 이상적으로는 연구 대상자들은 자신들이 실험의 대상임을 알지 못한 채 일상의 일부로 의사결정을 한다. 결과적으로 인위적인 연구실 실험이 결과를 왜곡할 것을 걱정할 필요 없이 현장 실험으로부터 강한 추론을 얻어낼 수 있다.

현명한 기업들은 오랫동안 현장 실험을 수행해왔고 우리는 그 사실을 알지 못한 채 우리의 생활을 통해 그러한 실험들의 일부가 되어왔다. 온라인 판매자들은 지속적으로 현장 실험을 하고 있다. 고객들에게 제품들이 소개되는 순서를 바꾸기도 하고, 제품에 대한 소개를 변경하면서 어떤 것이 더 높은 판매량을 만드는지 확인하고, 서로 다른 사람들에게 서로 다른 가격을 제시하기도 하면서 말이다. 성적이 좋은 고등학생들에게 돈을 주면 더 나은 결과를 얻을 수 있는지, 사람들에게 체중을 줄이려는 인센티브를 갖게 만드는 가장 좋은 방법은 무엇인지, 그리고 어떤 영화가 흥행에 성공할지 등과 같은 다양한 질문에 답하기 위해 경제학자들은 더 많이 현장 실험에 의존하고 있다.

Superstock

Ariadne Van Zandbergen / Alamy

라마레라는 고래사냥과 게임에서 협조를 하고, 반면에 사냥을 하는 부족인 하드자는 보다 이기적이고 덜 협조적인 모습을 보인다.

간에 나누는 실험실 게임을 할 때, 오족과 노족은 종종 더 큰 조각을 상대방에게 제공했고(이것은 미국 학생들에게서는 결코 일어나지 않는 일이었다), 상대방은 종종 큰 조각 받기를 거절했다(이것도 미국 학생들에게서는 일어나지 않는 일이다). 오족과 노족 사회는 오늘 선물을 받는 것은 미래에 상대에게 더 큰 선물을 주어야 하는 책임이 수반되는, 따라서 경쟁적으로 선물을 주는 사회라는 것이 밝혀졌다. 따라서 그런 문화에서 선물은 복합적인 축복이 된다. 비록 실험은 일회성 게임이고 익명으로 이루어지므로 큰 조각의 파이를 받은 사람이 미래에 더 크게 되갚아야 할 기회가 없다는 것을 명확하게 설명했음에도, 오족과 노족 사람들은 그 같은 강력한 문화적 규범을 실험실로 가져와 마치 전형적인 실제 생활에서의 선물 교환인 것처럼 실험에 참가한 것이다.

이 같은 실험들은 우리에게 연구실 실험에 관하여 중요한 교훈을 가르쳐준다. 비록 실험자들이 수행되는 게임과 실험의 상황들을 정하는 것 같지만, 실제로는 피실험자들이 자신의 상황들을 실험실로 가져온다는 것이다. 특히 사람들이 실험실에 들어설 때, 그들은 사회가 기대하는 것과 그들이 현실에서 잘 살아갈 수 있게 하는 원칙들에 대한 삶의 교훈들을 즉각적으로 포기할 수 없는 것이다.

* Joseph Henrich, Robert Boyd, Samuel Bowles, Colin Camerer, Ernst Fehr, Herbert Gintis, and Richard McElreath, "In Search of Homo Economicus: Behavioral Experiments in 15 Small-Scale Societies," *American Economic Review Papers and Proceedings* 91, no. 2 (May 2001): 73-78.

18.4 결론 그리고 미시경제학의 미래

이 장에서는 행동경제학으로 알려진 여러 주제를 다루었다. 행동경제학의 주장과 예측은 종종 이 책의 앞 장들에서 배운 경제 모형에서의 발견들과 상충된다. 행동경제학은 과도한 확신, 심리계좌, 표현에 민감함, 매몰비용의 오류 등과 같은 심리적 편견들에 근거하여 체계적으로 실수를 저지르는 경제적 의사결정자들(기업, 소비자, 정부)을 묘사한다. 행동경제학에 의해 예측되는 행동들은, 우리가 역시 강조하려고 애썼듯이, 편견을 가진 경제주체들이 모든 종류의 합리적 주체들로부터 이용당할 여지를 남긴다. 그러나 어떤 의미에서는, 이 장에서 공부한 행동경제학의 아이디어들은 앞의 장들에서 소개된 전통적인 미시경제학에 대하여 비판을 제공한다.

그런 비판과 함께 이론들을 검증하는 방법이 새롭게 강조되었다. 데이터를 이용하여 경제이론을 검증하는 것은 계량경제학의 영역이나, 계량경제학 기법에 관한 본격적인 논의는 이 책의 범위를 넘어서는 것이다. 그러나 우리는 경제학자들과 기업들이 실험실과 현장에서의 실험을 이용하여 계량경제학 밖에서 경제이론들을 검증할 수 있는 몇 가지 새로운 방법을 소개했다.

그러한 실험의 결과는 간혹 행동경제학적 비판의 중요성을 시사하고 또 간혹 우리가 공부한 주요 경제 모형들의 유용성을 입증하기도 한다.

이 책의 저자들은 미시경제학의 중요성과 통찰을 강하게 신뢰한다. 우리는 전통적인 모형들은, 비록 대단히 강력하지만, 완전하지는 않음을 인정한다. 모든 경제학자들의 목표는 실제의 경제행위를 이해하는 것이 되어야 한다. 만일 그것이 우리의 학문의 한계를 발견하는 것을 의미한다면 우리는 그러한 한계를 반드시 찾아내야 한다.

결국 미시경제학은 인간이 만들어낸 가장 유용하고도 중요한 기여이다. 이 과정에서 우리가 배운 것들은, 그렇게 하도록 허용만 한다면, 삶에서 매우 유용하게 작용할 것이다.[15] 만일 세상의 나머지 사람들이 당신이 미시경제학을 끝낸 후에 아는 것만큼 미시경제학에 대해 안다면 우리는 모두 더 나아질 것이라는 생각을 하지 않을 수 없다.

학문의 목적은 가르침과 글쓰기를 통해 지식을 전파하는 것이다. 당신은 당신의 행동들을 통해 그 지식이 전파되는 데 도움을 줄 수 있다. 우리는 당신들이 이 과정을 즐겼기를, 그리고 남은 인생에서 배운 것을 사용하기를 바란다.

---

15 따라서 우리는 당신이 이 책을 미래의 참조로 보관하기를 제안한다! 물론 당신은 이 같은 제안을 당신의 경제 분석 기법들을 이용해서 분석해야 할 것이며 관련된 모든 이해 당사자의 인센티브를 고려해야 한다.

요약

1. 앞 장들에서 다룬 전통적인 경제 모형들은 소비자, 기업과 같은 경제주체들이 완벽하게 합리적이고 이기적이며 그들의 후생을 극대화하고 어떤 체계적인 실수도 범하지 않는다고 가정한다. **행동경제학**은 전통적인 경제학이 인간 행동에서의 심리적인 편견들을 고려하지 않으며 이러한 체계적인 편견들은 거래에 참여하는 당사자들의 행동에 영향을 준다고 주장한다. 이러한 편견들은 **과도한 확신, 시간 비일관성,** 표현에 민감함, 매몰비용 고려, 그리고 이타적인 행동들을 포함한다. 시장은 심리적 편견을 가진 사람들을 착취하여 그들을 시장에서 몰아낼 수 있다. [18.1절]

2. 우리가 체계적인 인간의 심리적 편견들의 존재를 받

아들이더라도, 앞 장에서 다룬 기본적인 미시경제학은 여전히 놀라울 정도로 가치 있고 현실에 적합하다. [18.2절]

3. 경제학자들은 순전히 **계량경제학적**인 자료 분석보다는 **연구실 실험**이나 **자연적 실험, 현장 실험**을 통해 경제이론들을 검증하는 새로운 영역으로 이동하고 있다. 실험은 경제학자들로 하여금 다른 조건들을 동일하게 통제하면서 관심 있는 경제이론들만을 검증할 수 있도록 해준다. [18.3절]

4. 아마도 미시경제학은 당신의 일생에서 배우는 것들 중에서 가장 중요하고 유용할 것이다. [18.4절]

복습문제

1. 호모 에코노미쿠스와 호모 사피엔스의 차이를 설명하라.

2. 과도한 확신의 의미를 정의하라.

3. 과도한 할인은 소비자들로 하여금 무엇을 더 선호하게 만드는가?

4. 시간 비일관성이 경제 모형에서 중요한 이유는 무엇인가?

5. 보유효과는 전통적인 경제이론의 견해와 어떻게 모순되는가?

6. 손실기피에서 기준점의 중요성은 무엇인가?

7. 닻 내리기의 예를 한 가지 들라.

8. 심리계좌가 개인의 소비 결정에 미치는 영향은 무엇인가?

9. 경제학자들이 이타심을 경제 모형에서 어떻게 설명하려고 하는가?

10. 이 책의 저자들에 의하면 시장에서는 비합리적이거나 혹은 편견을 가진 경제주체들에게 무슨 일이 일어나는가?

11. 연구실 실험은 경제학자들로 하여금 다른 변수들을 고정시키면서 경제이론을 검증할 수 있게 한다. 연구실 실험의 실패 원인들은 무엇인가?

12. 자연적 실험과 현장 실험을 대비하여 설명하라. 각 실험의 장점은 무엇인가?

연습문제

(별표 표시가 된 문제의 풀이는 이 책 뒤에 있다.)

1. 민준은 제값을 모두 주고 영화관에서 어벤져스를 보았다. 그러나 3분 후에 민준은 그 영화가 집에서 TV로 볼 수 있는 그 어떤 것보다도 더 재미가 없다는 것을 알게 되었다. 그러나 그는 끝까지 앉아 있었다. "… 왜냐하면 나는 영화표를 사려고 9달러를 냈기 때문이다." 민준은 어떤 행동의 편견에 빠진 것인가? 설명하라.

2. 민준과 송이는 연인 사이지만 둘 사이에는 말다툼과 불신이 끊이지 않았다. 송이의 친구가 송이에게 말한다. "민준이는 얼간이야. 왜 너는 그를 떠나지 않지?" 송이가 대답한다. "어리석기는. 우리는 9년이나 같이 지냈어! 나는 그 세월들을 버릴 수 없어!" 송이가 어떻게 매몰비용의 오류에 빠졌는지 설명하라.

3. '새해의 결심'에 대한 구글 검색은 2억 1,900만 회 이상을 기록했다. 매년 운동과 살 빼기가 최상위 결심에 포함된다. 이런 목적을 달성하기 위해 많은 사람들은 1월 초에 큰돈을 내고 헬스클럽에 등록한다. 불행하게도 6월까지는 새해 결심의 80%가 포기되고 대부분의 헬스클럽 회원들은 단지 몇 번 정도만 운동할 뿐이다.

   a. 어떤 비정상적인 행위의 원인이 사용하지도 않을 헬스클럽에 많은 돈을 지불하게 만드는가?

   b. 이러한 증거는 매몰비용 편견을 지지하는가, 아니면 기각하는가? 당신의 논리를 설명하라.

*4. 최근의 조사에서 응답자의 2/3는 은퇴를 대비하여 충분한 저축을 하지 않는다고 대답했다. 사람들이 미래의 삶의 수준을 위해 충분히 저축하려고 하지 않은 것은 어떤 행동상의 편견으로 설명할 수 있는가?

5. 구독박스(subscription box)는 요즘 맹위를 떨치고 있다. 구독자들은 적은 구독료를 내고 매달 음악, 옷, 전자제품, 음식 등이 담긴 박스를 받는다. 10대 소녀 줄리엣은 구독박스를 신청한 후 엄마한테 말했다. "별로 돈이 들지 않을거야. 맘에 들지 않으면 그대로 돌려보낼거야. 마음에 드는 물건에 대해서만 돈을 내면 돼." 왜 줄리엣이 가게에서 구매하는 것보다 더 많은 화장품을 사게 될 것인지 설명하라. 구독박스가 이용하는 적어도 두 개의 체계적인 편견을 기술하라.

*6. 경제학자 칼란(Dean Karlan)은 그가 '공약가게(commitment store)'라고 부르는 비영리 조직인 stickk.com을 개설했다. 어떤 목적(살을 빼거나 담배를 끊거나 매일 글을 기고하는 등)을 이루려고 하는 사람들은 stickk.com에게 만일 자신이 목적을 이루지 못하면(제3자인 심판자에 의해 판단됨) 사전에 정해진 벌금을 부과할 수 있는 권한을 위임한다.

   a. stickk.com은 어떤 행동상의 편견을 극복하는 것을 돕기 위해 만들어진 것인가?

   b. 가입자들은 만일 자신들이 실패하면 부과되는 벌금을 자신이 돕는 자선단체나 혹은 자신이 싫어하는 단체에 기부할 옵션을 가지고 있다. 그들의 손해가 직접 자선단체로 이전되게 하는 것은 왜 가입자들의 결심을 약화시킬 수 있는가?

7. 당신은 헤지펀드 매니저가 될 것을 고려 중이며 고객들의 돈을 관리하는 대가로 수수료를 받아 생계를 유지할 것이다. 당신은 두 가지 지불 방식을 고려 중이다. 하나는 고객마다 당신이 관리하는 금액에 대하여 비교적 높은 퍼센트로 계산된 연회비를 받는 'no-load' 방식이고, 또 하나는 투자되는 금액에 비례하여 매우 높은 일회적인 수수료를 받지만 연회비는 매

우 낮은 'front-load' 방식이다.

   a. 만일 투자자가 비정상적으로 높은 수익률을 만들 것이라고 당신의 능력에 대해 과도한 확신을 한다면 어떤 방식이 당신에게 더 큰 이익을 가져다줄 것인가? 설명하라.

   b. 만일 투자자들이 매우 보수적인 비관론자들이라면 어떤 방식이 당신에게 더 유리하겠는가? 설명하라.

*8. 경제학 교수인 앨런은 어찌할 바를 몰랐다. 매년 첫 번째 미시경제학 시험 전에 그는 학생들에게 수요의 가격탄력성의 공식을 외워야 할 것이라고 말한다. 그러나 매번 학생들은 시험에서 그 공식을 정확히 답하는 데 실패한다. 앨런은 좀 더 나은 성과를 위해 두 가지 옵션을 고려 중이다. 옵션 A는 학생들에게 "만일 정확히 공식을 쓰면 보너스로 3점을 더 주겠다."라고 말하는 것이고, 옵션 B는 학생들에게 "너희들에게 3점의 보너스 점수를 주겠다. 그러나 정확히 공식을 쓰지 못하면 보너스 점수를 취소한다."라고 말하는 것이다.

   a. 앨런의 학생들이 완벽하게 합리적이라면 어떤 옵션이 더 공식을 잘 외울 인센티브를 줄 것인가? 아니면 두 가지 옵션은 동일한 인센티브를 줄 것인가?

   b. 앨런의 학생들이 보유효과에 영향받고 있다면 어떤 옵션이 공식을 외우도록 하는 데 더 효과적일까? 설명하라.

   c. 이 문제에 내포된 보유효과와 표현의 편견의 상호작용에 대해 논하라.

9. 다음 중 어느 곳에서 더 인종차별이 심하겠는가? 매우 경쟁적인 금융 서비스 산업인가, 아니면 (4개의 기업이 약 99%의 시장점유율을 가지고 있는) 담배 산업인가? 제 8, 9, 11장에서 다룬 시장 구조에 관한 지식을 이용해 설명하라.

10. 인기 있는 TV 쇼인 '누가 백만장자가 되고 싶나요'에서 참가자들은 점점 난이도가 높아지는 일련의 객관식 문제에 답한다. 매 질문마다 상금은 높아진다. 질문이 주어지기 전에 참가자들은 자유롭게 게임을 포기하고 그때까지 확보한 자신의 상금을 가져갈 수 있다. 게임이 진행됨에 따라 운 좋은 참가자들은 50만 달러를 얻게 되었고 이제 그 상금을 가져가든지 혹은 마지막 문제에 도전하든지 선택할 수 있다. 만일 답을 맞히면 100만 달러를 집으로 가져갈 수 있다. 만일 틀리면 단지 5만 달러만 갖게 된다. 왜 어떤 사람이 1/4의 확률로 100만 달러를 얻는 게임에서 50만 달러를 걸면서 같은 1/4의 확률에 은퇴자금 50만 달러를 걸지는 않는지 설명하라. 어떤 편견이 작동하고 있는가?

11. 오프라인 소매상인 JCPenney는 매주 여는 세일로 유명한데 특정 옷, 신발, 보석, 그리고 살림도구들이 할인된 가격에 집중적으로 광고가 된다. 2012년 인터넷 소매상과의 경쟁에서 고전하게 되자 JCPenney의 CEO인 론 존슨은 더 이상 세일은 없으며 그 대신 모든 가격들을 영구히 낮춘다고 발표했고 JCPenney는 '매일 낮은 가격'을 열렬히 홍보했다. JCPenney의 실험은 엄청난 실패였다. 매출은 곤두박질쳤다. 1년이 되기 전에 존슨은 해고되었고 JCPenney는 다시 제품들의 가격을 올렸으며 상점들은 다시 할인의 표시로 가격을 낮출 수 있었다. 이렇게 함으로써 JCPenney가 이용한 (소비자들의) 비정상적인 행동을 설명하라.

12. "가장 진심에서 우러나온 선물은 익명의 선물이다." 행동의 특징을 고려한 효용함수에 관한 지식에 근거하여 이 같은 명제를 설명하라.

13. 가끔 실험경제학 연구실에서 이루어지는 2인 최후통첩게임을 생각해보자. 최후통첩게임에서는 한 사람이 일정한 금액의 돈을 받고 그중 일부를 마음대로 정해서 두 번째 사람에게 준다. 두 번째 사람은 그 같은 제안을 받아들이거나 거부할 수 있다. 제안을 거부하면 두 사람 모두 아무것도 얻지 못한다.

   a. 전통적인 경제이론(개인은 이기적인 효용극대화를 추구하는 사람이다)에 의하면, 첫 번째 사람은 얼마를 두 번째 사람에게 제안해야 하는가?

   b. 전통적인 경제학은 두 번째 사람에게 어떤 제안을 하겠는가?

   c. 실험상황에서, 첫 번째 사람은 종종 두 번째 사람에게 약 50%를 제안한다. 이 같은 결과는 게임이론과 일치하는가? 이 같은 비정상적인 행동을 선천적인 공정성의 감성과는 다른 어떤 것의 탓으로 돌릴 수 있는가? 설명하라.

14. 실험실에서 종종 행해지는 2인 독재자 게임을 생각해보자. 독재자 게임에서는 (독재자인) 한 사람이 일정한 금액의 돈을 받고 그중 일부를 두 번째 사람에게 준다. 두 번째 사람은 첫 번째 사람이 얼마를 주든지 그것을 받아들여야 한다.

   a. 전통적인 경제이론에 의하면 첫 번째 사람은 얼마를 두 번째 사람에게 주어야 하는가?

   b. 실험상황에서, 두 번째 사람에게 준 평균치는 전체 돈의 약 30%이다. 이 같은 제안이 선천적인 공정성의 감성에 의한 것이 아닐 수 있음을 설명하라.

15. 코즈 정리를 소개하는 한 가지 방법은 '거래비용이 없을 때 어떤 행위에 대한 재산권은 그것에 가장 높은 가치를 부여하는 사람에 의해 소유된다'이다. 이는 만일 최초에 환경론자가 (습지를 분양토지로 바꾸기 원하는) 개발자보다 습지에 대해 더 높은 가치를 부여하고 있었다면 비록 개발자가 어떻게 그 땅을 취득했다고 할지라도 환경론자는 다시 그 습지를 사서 습지를 보호할 수 있음을 의미한다. 보유효과의 존재가 어떻게 협상 과정을 방해하여 결국 최적이 아닌 자원배분의 상태를 만들어낼 수 있는지 설명하라.

16. 쌍둥이인 A와 B는 동일한 선호를 가지고 있다. 둘 다 축구경기 보러 가는 것을 좋아하고 또한 둘 다 모교의 동창회 축구경기에 갈 생각이다. A는 미리 자신의 표를 샀고, B는 현장에서 표를 살 계획이다. 시합 당일 강한 눈보라가 휘몰아쳤다. 행동경제학의 이론을 이용하여 왜 B가 A보다 더 집에 남아 있을 가능성이 큰지 설명하라. 어떤 편견이 작동하는가? 설명하라.

17. 민준은 두 가지 선택을 제안받았다.

    선택 A : 오늘 현금화할 수 있는 100달러 수표를 받거나, 혹은 2년 후에 현금화할 수 있는 보증된 200달러 수표를 받는다.

    선택 B : 6년 후에 현금화할 수 있는 보증된 100달러 수표를 받거나, 혹은 8년 후에 현금화할 수 있는 200달러 수표를 받는다.

    a. 민준의 입장에서 생각하라. 선택 A에서는 어느 쪽을 선택할 것인가? 선택 B에서는?

    b. 민준은 선택 A에서는 100달러 수표를 선택했고 선택 B에서는 200달러 수표를 선택했다. 민준의 선택이 시간일관적이지 못함을 설명하라.

    c. 민준은 어떤 체계적인 편견에 빠진 것인가?

18. 형제인 사차와 사이먼은 농구를 좋아한다 — 그리고 농구팬들에게는 '3월의 광란'보다 더 좋은 것은 없다. 만일 그들이 오늘 NCAA 게임을 볼 기회를 얻는다면 각각은 8강 경기는 1,000달러, 4강 경기는 1,600달러, 그리고 결승전은 1,800달러의 가치가 있다고 평가할 것이다. 자비로운 이모가 사차와 사이먼에게 각자가 원하는 한 경기의 입장권을 제안했다. 그러나 문제가 있다. 자비로운 이모는 약간의 조작을 가미했다. 8강 경기는 올해 갈 수 있지만 만일 4강 경기를 선택하면 1년을 기다려야 하고 결승전을 선택하면 2년을 기다려야 한다.

    a. 사차가 한 해를 기다리는 것에 대해 10% 할인을 한다고 가정하자. 사차는 어떤 것을 선택할 것인가?

    b. 사이먼은 과도하게 할인을 하여 1년 후의 일은 항상 30% 할인을 하며 1년 후부터는 매년 10% 할인을 한다고 가정하자. 사이먼은 무엇을 선택할 것인가?

    c. 다음 해에 이모는 말하기를 "너희들은 대단히 인내심 있게 기다렸다. 오늘 4강 경기를 보고 싶다면 그렇게 하거라. 아니면 1년을 기다려서 내년에 결승전을 볼 수 있다." 사이먼과 사차는 어떤 옵션을 선택할 것인가?

    d. 사차의 선호는 시간일관적임에 비해 사이먼의 선호는 그렇지 않은 이유를 설명하라.

19. 당신은 막 대학을 졸업해서 하는 일이 같은 두 기업에서 입사 제안을 받았다. 기업 A는 연봉 40,000달러를 제안했고 당신의 동료 역시 같은 월급을 받는다고 알려주었다. 기업 B는 당신에게 연봉 38,000달러를 제안했고 당신의 동료는 35,000달러를 받는다고 알려주었다.

    a. 경제이론은 당신이 어떤 제안을 받아들일 것이라고 예상하는가?

    b. 피실험자들에게 어떤 기업에 가는 것이 당신을 더 행복하게 할 것이냐고 물었을 때 피실험자들의 절반 이상이 기업 B를 더 선호한다고 대답했다. 같은 일을 하는데 더 적은 월급을 주는 기업을 더 선호하는 체계적인 편견은 무엇인지 생각할 수 있는가? 설명하라.

수학 부록

1절 : 기초적 개념과 기법

경제학이 발상에 관한 학문이라는 데는 의심의 여지가 없다. 이런 경제학적 발상은 말부터 수식과 그래프의 사용에 이르기까지 다양한 언어로 전달될 수 있다. 우리는 본문에서 이런 방법을 모두 사용했으며, 책의 곳곳에 있는 부록에서는 미적분이라는 제3의 언어를 추가했다.

어떤 경우에는 말보다 수학적 기호를 이용해 경제학적 발상을 표현하고 이해하는 것이 더 쉽다. 우리가 여기에서 소개하는 내용은 각 장의 부록에서 사용했던 미적분뿐만 아니라 본문에서 사용했던 수학과 기하학적 개념을 포함한다. 이러한 개념과 기법 대부분은 당신이 이미 고등학교나 대학교 수학이나 미적분 수업에서 배운 내용일 테지만, 여기서는 경제학 학습에 가장 적절한 형태로 그 내용을 엮었다. 먼저 직선과 곡선에 관한 논의부터 시작한다. 직선과 곡선은 효용이나 소득과 같은 경제학적 개념에 있어 핵심적인 내용이며, 우리가 소개하는 다른 내용의 기초가 될 것이다.

직선과 곡선   함수는 입력변수와 출력변수 간의 관계를 나타내는데, 일반적으로 $y = f(x)$와 같이 쓴다. 여기서 x는 입력변수이고 y는 출력변수이다. 우리의 학습에 있어 매우 중요한 함수 중하나가 직선인데, 보통 $y = mx + b$와 같이 쓴다. 그림 A.1에 이 식이 x-y 평면, 즉 데카르트 평면상에 그려져 있다. 일반적인 함수에서와 같이 x와 y는 각각 입력변수와 출력변수이다.

직선의 함수 형식으로부터 많은 것을 알 수 있는데, 직선의 함수 형식은 기울기-절편 형식이라고 하며 그렇게 부르는 이유는 곧 분명해질 것이다. 직선의 기울기인 m은 주어진 x의 변화에 따른 y의 변화를 나타내며 수학적으로는 다음과 같이 쓸 수 있다.

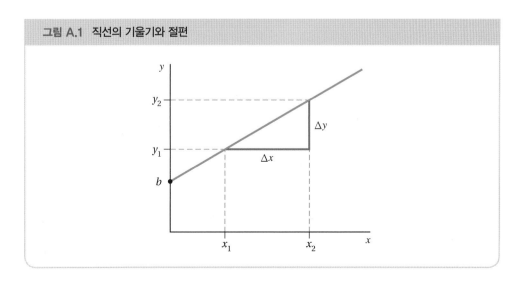

그림 A.1 직선의 기울기와 절편

$$m = \frac{\Delta y}{\Delta x} = \frac{y_2 - y_1}{x_2 - x_1}$$

여기서 Δ는 변수의 변화분을 나타내며, (x_1, y_1)과 (x_2, y_2)는 직선상의 두 점이다.

기울기는 직선에 관해 두 가지 중요한 정보를 알려준다. 첫째, 기울기는 직선이 얼마나 완만하거나 가파른지를 나타낸다. 달리 말해 'x가 1단위 증가할 때 y는 얼마큼 변하는가?'라는 질문에 답할 수 있다. 기울기는 또한 x와 y의 관계가 양인지 음인지도 알려준다. 그림 A.1에서와 같은 우상향하는 직선은 기울기가 양수인데, 이것은 x가 증가할 때 y도 증가함을 뜻한다. 수평선은 기울기가 0이다. x가 증가할 때 그에 대응하는 y의 변화가 없다. 수직선의 경우에는 y가 증가하거나 감소해도 x가 전혀 변하지 않는다. 결과적으로 수직선의 기울기(무한대임)는 정의되지 않는다고 말한다.

$y = mx + b$라는 식은 직선에 관한 또 다른 중요한 정보를 갖고 있는데, 그것은 b, 즉 y절편이다. 그림 A.1에서 이것을 분명히 볼 수 있다. 절편은 직선이 y축과 만나는 점이다. 이 경우에는 y절편이 양수지만, 절편이 음수여서 x축 아래에서 y축과 만나거나, y절편이 0일 수도 있다.[1]

직선식을 기울기-절편 형식으로 나타냈지만, 입력변수 x와 출력변수 y 사이의 관계를 보여주는 다른 어떤 방식으로도 표현할 수 있다. 직선이 $mx - y = -b$와 같은 표준적인 형태나 혹은 $x = \dfrac{(y - b)}{m}$와 같은 형태로 표현되는 경우도 있다. 사실 이 마지막 형태는 경제학을 공부할 때 여러 곳에서 자주 보게 될 것이다. 우리가 보통 공급함수나 수요함수를 표현하는 것이 이런 방식이다.

직선의 기울기는 정의상 상수이다. 즉 x와 y의 변화를 어디에서 측정하든 기울기는 같다. 하지만 x와 y 사이의 관계가 더 복잡할 수도 있다. 직선과 달리 곡선은 곡선상의 각 점에서 기울기가 다를 수 있다. 곡선의 형태와 곡률의 가짓수는 거의 무한대이기 때문에 곡선을 나타내는 표준적인 함수 형식은 존재하지 않는다.

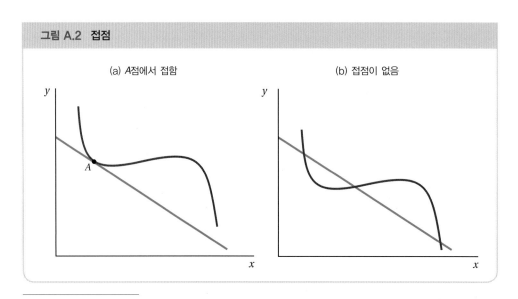

그림 A.2   접점

(a) A점에서 접함

(b) 접점이 없음

접선과 접점 주어진 직선과 곡선이 교차하거나 겹치지 않고 접촉하는 점을 접점이라고 한다. 접점은 직선의 기울기가 곡선상의 특정 점에서의 기울기와 같은 점을 나타낸다. 이 접점 개념은 미시경제학 공부에 있어 특히 유용하다. 미시경제학에서 이윤극대화나 효용극대화 같은 최적화 문제를 풀 때 접하는 조건에 의존하기 때문이다.

그래프를 보면 접점을 쉽게 알 수 있다. 그림 A.2a의 A점은 곡선과 직선 사이의 접점이다. 이 점이 접점인지 어떻게 알 수 있을까? 점 A에서 곡선은 직선을 가로지르지 않으면서 접촉한다. 이 경우에 이 점이 곡선의 기울기가 직선의 기울기와 같은 유일한 점이고, 따라서 직선과 접한다.

직선과 곡선이 항상 서로 접하는 것은 아니다. 그림 A.2b는 교차하지만 접하지는 않는 곡선과 직선의 예를 보여준다.

 예제 A.1

어느 직선의 기울기가 -2이고 절편이 10이다.

  a. 이 직선을 기울기-절편 형식으로 나타내라.
  b. 이 직선을 데카르트 평면에 그려라.
  c. 이 직선에 접하는 곡선을 그려라.

풀이

  a. 직선의 기울기-절편 형식은 $y = mx + b$로 쓸 수 있다. 여기서 m은 기울기이고 b는 절편이다. 따라서 $m = -2$와 $b = 10$에 대응하는 기울기-절편 형식은 $y = -2x + 10$이다.

  b. 식 $y = -2x + 10$을 데카르트 평면에 그리기 위해서는 두 절편의 좌표를 계산해 두 점을 연결한다. 식이 기울기-절편 형식으로 주어져 있기 때문에 y절편이 $(0, 10)$이라는 것은 이미 알고 있다. [이것을 구하는 또 다른 방법은 $x = 0$을 식에 집어넣는 것이다. $x = 0$일 때 $y = -2(0) + 10 = 10$이 된다는 점에 주목하기 바란다.]

  x축 절편을 구하기 위해서는 $y = 0$을 직선식에 대입하여 $0 = -2x + 10$을 푼다. 이 식을 다시 정리하면 $2x = 10$, 즉 $x = 5$라는 것을 알 수 있다. 따라서 $(5, 0)$이 이 직선상의 또 다른 점이라는 것을 알게 되었다. 다음으로 이 두 점을 연결해 x-y 평면에서 직선을 그린다.

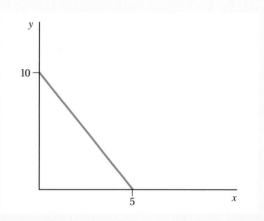

  c. 직선 $y = -2x + 10$과 접하는 곡선이 그림에 그려져 있다. 이 예에서는 앞의 문제에서 그린 직선과 접하는 점이 하나밖에 없다는 것에 주목하기 바란다. 두 점 이상에서 직선과 접하는 곡선을 그릴 수도 있다.

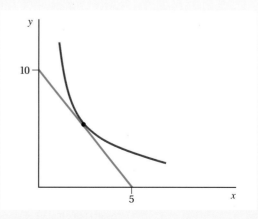

2절 : 미적분 개관

앞에서 살펴본 기본적인 수학 개념은 이 책 전반에 걸쳐 사용된다. 이번에는 미적분에 대해 살펴볼 것이다. 우리는 경제학적 개념에 대한 이해를 심화하기 위해 본문의 부록에서 미적분을 이용했다. 이전에 미적분 수업을 들었다면 이 절은 순전히 복습이 될 것이다. 만약 미적분 수업을 듣지 않았다면 여기서 몇 가지 요령을 배울 수 있을 것이다. 이 절에서 소개하는 내용이 미적분에 대한 배경지식의 대체물이 될 수는 없다. 미적분을 경제학에 적용하려면 미적분학 초급 과정에서 제공하는 견실한 기초에서 시작해야 한다.

일계도함수 경제학을 공부하는 데 기울기가 매우 중요하다는 것을 이미 보았다. 직선의 기울기는 $\frac{\Delta y}{\Delta x} = \frac{y_2 - y_1}{x_2 - x_1}$이라는 공식을 사용해 구할 수 있다. 곡선은 직선과 달리 각 점에서 기울기가 달라지므로 그 기울기를 나타내지 못했다. 미적분이 도움이 되는 곳이 바로 이 부분이다.

특히 주어진 점에서의 함수의 순간 변화율인 **도함수**를 사용해 곡선(혹은 직선)의 기울기를 나타낼 수 있다. 함수 $y = f(x)$에 대해 생각해보자. 이 함수의 도함수를 다음과 같이 동일한 의미를 갖는 여러 형태로 나타낼 수 있다.

$$f'(x) = \frac{df(x)}{dx} = \frac{dy}{dx}$$

일계도함수를 구하는 것은 몇몇 기초적인 형태의 도함수를 이용하면 쉽게 보일 수 있다. 아래에서 그 개요를 보여준다. 여기서 소개하는 법칙들은 도함수 법칙을 빠짐없이 소개하는 목록과는 거리가 멀다. 이를 위해서는 미적분 교과서를 참고해야 한다. 하지만 여기서 소개하는 법칙들은 각 장의 미적분 부록에서 주로 사용되는 것이며 경제학의 맥락에서 가장 자주 접하게 되는 것들이다.

상수의 도함수 : 함수 $f(x) = c$에 대해 생각해보자. 여기서 c는 상수이다. 이 경우 $\frac{df(x)}{dx} = 0$이다. 왜 그럴까? 이러한 형태의 직선은 $y = c$에서 수평이다. 수평선은 기울기가 0이기 때문에 도함수 역시 0일 수밖에 없다.

멱함수의 도함수 법칙 : 아마 우리가 가장 자주 사용하는 법칙이 멱함수의 도함수 법칙일 것이다. 함수 $f(x) = cx^\alpha$에 대해 생각해보자. 여기서 c는 상수이다. 이 함수의 도함수는 $\frac{df(x)}{dx} = c\alpha x^{\alpha - 1}$의 형태를 띤다. 즉 x를 그 지수로 곱하고 원래의 지수에서 1을 빼면 도함수가 얻어진다. 예를 이용해 이 법칙을 잘 보여줄 수 있다. $f(x) = 3x^4$이라고 하자. 이때 $\frac{df(x)}{dx} = 3(4)x^{4-1} = 12x^3$이 된다.

합과 차의 도함수 법칙 : 앞에서 본 법칙들을 이용해 $f(x) = g(x) + h(x)$와 같은 식의 도함수를 구할 수 있다. $\frac{df(x)}{dx}$를 구하기 위해서는 단순히 $g(x)$와 $h(x)$ 각각의 도함수를 구하면 된다.

$$\frac{df(x)}{dx} = \frac{dg(x)}{dx} + \frac{dh(x)}{dx}$$

앞에서와 마찬가지로 간단한 예를 통해 이 법칙을 살펴보자. 함수 $f(x) = x^2 + 10$에 대해 생각해보자. 이 경우 $\dfrac{df(x)}{dx} = \dfrac{d(x^2)}{dx} + \dfrac{d(10)}{dx} = 2x + 0 = 2x$이다.

빼기는 단순히 음수를 더하는 것과 같으므로, 위 법칙이 합이나 차에 모두 적용된다는 점에 주목하기 바란다. 달리 말해, 만약 $f(x) = g(x) - h(x)$라면 $\dfrac{df(x)}{dx} = \dfrac{dg(x)}{dx} - \dfrac{dh(x)}{dx}$이다.

이계도함수   위에서 함수의 도함수를 구했는데, 어떤 경우에는 다음과 같이 도함수의 도함수, 즉 이계도함수를 구할 필요가 있다.

$$f''(x) = \frac{d^2f(x)}{dx^2} = \frac{d^2y}{dx^2}$$

이계도함수는 함수에 관해 무엇을 알려줄까? 일계도함수가 함수의 기울기를 나타내는 데 비해 이계도함수는 함수의 곡률을 나타낸다. 함수의 곡률은 볼록하거나(그림 A.3a) 오목하다(그림 A.3b)고 말한다. 함수가 A.3c처럼 어떤 x값들에 대해서는 볼록하고 어떤 x값들에 대해서는 오목할 수도 있음에 주목하기 바란다.

어떤 x구간에서 x에 대한 이계도함수가 0보다 크면 볼록이라고 하며 다음을 의미한다.

$$\frac{d^2f(x)}{dx^2} > 0$$

다음이 성립하면 오목이다.

$$\frac{d^2f(x)}{dx^2} < 0$$

이 두 법칙이 엄밀해 보이지 않을 수도 있지만 그 배후의 직관은 분명하다. 우선 함수의 일계도함수의 의미에 대해 생각해보자 ─ 일계도함수가 양(음)이라는 것은 그 구간에서 함수가 증가(감소)한다는 것을 나타낸다. 마찬가지로 생각하면, 이계도함수는 일계도함수로 측정된 기울기가 그 구간에서 증가하는지 감소하는지를 알려준다. 이계도함수가 양이라는 것은 x가 커질 때 기울기가 증가한다는 것을 나타낸다(그림 A.3a). 이것을 볼록이라고 한다. 이계도함수가 음이

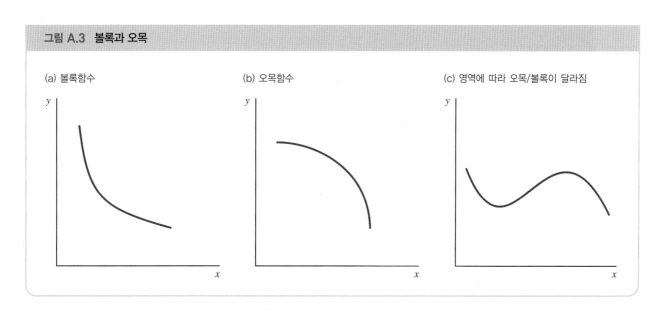

그림 A.3 볼록과 오목

(a) 볼록함수

(b) 오목함수

(c) 영역에 따라 오목/볼록이 달라짐

면 x가 커질 때 기울기가 감소한다는 것을 의미한다(그림의 A.3b). 이것을 오목이라고 한다.[2]

편도함수 앞에서 우리는 일변수함수의 일계도함수와 이계도함수를 구했다. 하지만 어떤 경우에는 다변수함수의 기울기와 곡률을 구할 필요가 있다. 그런 경우에는 편도함수를 적용한다.

함수 $z = f(x, y)$에 대해 생각해보자. 여기서 x와 y는 둘 다 z를 결정하는 함수의 입력변수이다. 주어진 이 함수에 대해 2개의 편도함수를 구할 수 있다. 하나는 x에 대한 z의 일계도 함수인 $f_x(x, y) = \dfrac{\partial f(x, y)}{\partial x} = \dfrac{\partial z}{\partial x}$이고, 다른 하나는 y에 대한 z의 일계도함수인 $f_y(x, y) = \dfrac{\partial f(x, y)}{\partial y} = \dfrac{\partial z}{\partial y}$이다.

표준적인 도함수를 계산할 수 있으면 편도함수를 계산하는 것은 간단하다. $\dfrac{\partial f(x, y)}{\partial x}$를 구하려면 y를 고정한 상태에서 x에 대한 $f(x, y)$의 일계도함수를 구한다. $f(x, y) = x^\alpha y^{1-\alpha}$와 같은 형태의 표준적인 콥-더글러스 식[3]을 써서 이것을 보이자. 멱함수의 도함수 법칙을 사용하면 다음을 얻는다.

$$\frac{\partial f(x, y)}{\partial x} = \alpha x^{\alpha-1} y^{1-\alpha}$$

마찬가지로,

$$\frac{\partial f(x, y)}{\partial y} = (1-\alpha) x^\alpha y^{1-\alpha-1} = (1-\alpha) x^\alpha y^{-\alpha}$$

이 편도함수들은 각각 x와 y방향으로의 기울기(혹은 함수의 변화율)를 분리해낸다. 다변수함수의 곡률을 알고 싶으면 어떻게 하면 될까? 이를 위해서는 이계편도함수를 이용한다. 이름이 다소 어렵게 들리지만 표준적인 이계도함수와 비교해서 이계편도함수를 생각하면 쉽다. 표준적인 이계도함수가 표준적인 도함수의 표준적인 도함수인 것과 마찬가지로, 이계편도함수는 편도함수의 편도함수이다. 함수 $z = f(x, y)$에 대해 우리의 주된 관심은 두 방향으로의 곡률을 구하는 데 있다.

$$f_{xx}(x, y) = \frac{\partial^2 f(x, y)}{\partial x^2} = \frac{\partial^2 z}{\partial x^2}$$

$$f_{yy}(x, y) = \frac{\partial^2 f(x, y)}{\partial y^2} = \frac{\partial^2 z}{\partial y^2}$$

위의 콥-더글러스 함수를 이용하면 다음을 얻는다.

$$\frac{\partial^2 f(x, y)}{\partial x^2} = \alpha(\alpha-1) x^{\alpha-2} y^{1-\alpha}$$

---

2 그림 A.3a에서 오른쪽으로 갈수록 음수의 절댓값이 작아지므로 기울기가 증가한다는 점에 주목하기 바란다. 마찬가지로, 그림 A.3b에서는 오른쪽으로 갈수록 음수의 절댓값이 커지므로 기울기가 감소한다.

3 경제학을 공부할 때 콥-더글러스 함수를 자주 보게 될 것이다. 콥-더글러스 함수는 효용함수와 생산함수 같은 여러 다양한 경제학 개념을 표현할 때 가장 흔하게 쓰이는 함수 형태 중 하나이다. 여기서 그 세부적인 특징에 대해 다루지는 않을 것이지만, 매우 흔하게 쓰이는 이 함수에 대해 기본적인 미적분 기법을 적용해보는 것은 유용하다. 본문에 나오는 미적분 부록에서 우리는 경제학 문제를 풀기 위한 목적으로 $0 < \alpha < 1$을 가정한다. 하지만 일계편도함수와 이계편도함수를 구하기 위해서는 실제로 그런 가정은 필요 없으며, 따라서 여기서는 그런 가정을 하지 않는다. 지수 α가 양수이든 음수이든, 분수이든 정수이든, 여기서 소개하는 법칙은 여전히 성립한다.

$$\frac{\partial^2 f(x, y)}{\partial y^2} = -\alpha(1-\alpha)x^\alpha y^{-\alpha-1}$$

사실 이 경우 또 다른 종류의 이계도함수를 계산할 수 있다. 그것은 교차편도함수라고 알려진 것으로, 먼저 x에 대한 일계편도함수를 계산하고 다음으로 y에 대한 이계편도함수를 계산하거나, 혹은 그 반대의 순서를 취한다.

$$f_{xy}(x, y) = \frac{\partial^2 f(x, y)}{\partial x \partial y} = \frac{\partial^2 z}{\partial x \partial y}$$

$$f_{yx}(x, y) = \frac{\partial^2 f(x, y)}{\partial y \partial x} = \frac{\partial^2 z}{\partial y \partial x}$$

이러한 교차편도함수를 알아두는 것이 유용하기는 하지만, 이 책의 분석에서는 교차편도함수를 사용하지 않을 것이다.

우리가 사용하는 편도함수의 응용 중 하나는 전미분이다. 전미분은 함수의 **총변화**, 즉 x와 y 방향으로의 결합된 변화를 알려준다. 전미분은 경제학 학습에서 자주 나타난다. 어떤 경우에는 두 변수가 동시에 움직일 때 곡선을 따라 일어나는 변화를 설명할 필요가 있다. 제6장에서 기업의 투입요소인 자본 K와 노동 L이 변하는 경우가 그런 경우이다. 다변수함수를 전미분하기 위해서는 다음을 푼다.

$$df(x, y) = \frac{\partial f(x, y)}{\partial x} dx + \frac{\partial f(x, y)}{\partial y} dy$$

이 식의 각 부분이 알려주는 것을 나누어 살펴보자. 두 편도함수 $\left(\dfrac{\partial f(x, y)}{\partial x}$와 $\dfrac{\partial f(x, y)}{\partial y} \right)$는 각각 x와 y방향으로의 변화율을 가리킨다. 마찬가지로, dx와 dy는 x와 y의 변화분이다. 이것들을 위 식에서와 같이 결합하면 모든 변수에 대한 함수의 **총변화**를 얻게 된다.

제약이 없는 최적화 문제 여러 가지 의미에서, 이 수학 부록에서 우리가 다룬 내용은 이제 우리가 볼 마지막 수학적 개념을 위한 것이다. 그 개념은 바로 기본적인, 혹은 **제약이 없는** 최적화이다. (제약하의 최적화에 대해서는 제4장의 부록을 참조하기 바란다.) 최적화 문제를 풀 때 우리는 지금까지 학습한 도함수 기법에 의존할 것이다.

함수 $y = f(x)$에서 시작하자. 우선 일계조건이라고 부르는 것부터 구할 것이다. 이를 위해서는 일계도함수를 다음과 같이 0으로 놓는다.

$$\frac{df(x)}{dx} = 0$$

이것이 무엇을 말하는 것일까? 먼저 $\dfrac{df(x)}{dx}$가 함수 $f(x)$의 기울기라는 점을 기억하자. 그러한 예가 그림 A.4에 나타나 있다. 기울기가 0이면 곡선에 접하는 직선은 수평이다. 이것은 곡선이 최대이거나(그림 A.4a) 최소라는(그림 A.4b) 것을 의미한다. 우리가 찾은 일계조건에 따라 극댓값을 구했는지 극솟값을 구했는지는 사실 아직 알지 못한다. 우리가 아는 것은 단지 최적값을 찾았다는 것이다. 함수를 극대화했는지 극소화했는지 알려면 도함수에 대한 두 번째 지식, 즉 이계도함수로 돌아가야 한다. 구체적으로 말하면, 함수의 이계도함수를 구해 그것이 양수인지 음수인지 따져보아야 한다.

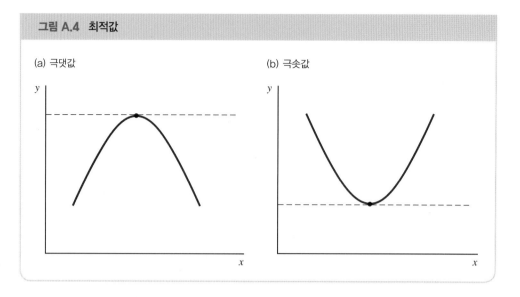

그림 A.4   최적값

(a) 극댓값

(b) 극솟값

$\dfrac{d^2f(x)}{dx^2} < 0$이면 곡선은 오목이고 그 점은 극대점이다.

$\dfrac{d^2f(x)}{dx^2} > 0$이면 곡선은 볼록이고 그 점은 극소점이다.

 예제 A.2

일변수함수 $y = 5x^2 - 100x$의 최적값을 찾아라. 이계도함수를 이용해 그 점이 극댓값인지 극솟값인지 판별하라.

풀이

우선 일계도함수를 0으로 놓아 일계조건을 푼다. 이 문제의 경우 다음과 같다.

$$\frac{df(x)}{dx} = \frac{d(5x^2 - 100x)}{dx} = 5(2)x^{2-1} - 100 = 10x - 100 = 0$$

이 식을 x에 대해 풀면 다음과 같이 최적값을 얻는다.

$$10x - 100 = 0$$
$$x = 10$$

여기서도 일계조건은 단지 함수를 최적화했다는 것만 알려준다. 이것이 극댓값인지 극솟값인지 판별하기 위해서는 다음과 같이 이계도함수를 구한다.

$$\frac{d^2f(x)}{dx^2} = \frac{d(10x - 100)}{dx} = 10 > 0$$

$\dfrac{d^2f(x)}{dx^2} > 0$이기 때문에 이것이 극솟값이라는 것을 알 수 있다.

복습문제 풀이

제1장

1. 미시경제학이 소비자와 생산자의 구체적인 경제적 행동을 보는 데 비해, 거시경제학은 한 경제의 모든 소비자와 생산자의 결합된 경제적 행동을 폭넓게 분석한다.

2. 당신은 매일 여러 가지 소비 결정을 내린다. 아침에 커피를 사는 것에서부터 교육을 위해 수업을 듣고 교과서와 공책을 사는 것 등이 모두 그런 예이다.

3. 소비와 생산 결정이 상호 연결되어 시장가격과 공급을 결정한다. 이는 생산자가 소비자가 소비하는 재화와 서비스를 생산하기 때문이다.

4. 미시경제학은 미시경제학 이론과 현상을 분석하기 위해 실증적인 방법과 더불어 그래프, 수학과 같은 도구에 의존한다.

5. 컴퓨터 덕분에 실증분석이 더 쉬워지고 빨라졌다. 경제학적 용어로 말하면 실증분석의 상대가격이 낮아졌다.

제2장

1. 공급과 수요 모형은 다음을 가정한다 — (a) 공급과 수요가 하나의 시장에 있다. (b) 시장의 모든 재화는 동질적이다. (c) 모든 재화는 같은 가격에 팔리며 시장의 모든 사람은 같은 정보를 갖는다. (d) 시장에 다수의 소비자와 생산자가 있다.

2. 보완재는 다른 재화와 함께 구매하여 사용하는 재화이다. 대체재는 다른 재화 대신 사용할 수 있는 재화이다.

3. 소비자의 구매량에 영향을 미칠 수 있는 다른 요인에는 변화가 없다고 가정한다. 우하향하는 기울기는 가격이 올라감에 따라 소비자들이 재화를 덜 산다는 사실을 반영한다.

4. 수요량의 변화는 그 재화의 가격 변화 때문에 발생하는 수요곡선상의 이동이다. 반면 수요의 변화는 그 재화의 가격 이외에 수요를 결정하는 요인이 변화하여 수요곡선 전체가 이동하는 것을 나타낸다.

5. 역수요함수는 상품의 가격을 수요량의 함수로 나타낸다. 역공급곡선은 상품의 가격을 공급량의 함수로 나타낸다. 가격을 수량의 함수로 나타내면 수요 및 공급폐색가격이 더 분명해진다.

6. 우상향하는 공급곡선은 다른 모든 조건이 일정할 때 가격이 오를수록 생산자들이 공급을 늘린다는 사실을 반영한다.

7. 공급량의 변화는 그 재화의 가격 변화 때문에 발생하는 공급곡선상의 이동이다. 반면 공급의 변화는 그 재화의 가격 이외에 공급을 결정하는 요인이 변화하여 공급곡선 전체가 이동하는 것을 나타낸다.

8. 시장균형은 한 재화의 수요곡선과 공급곡선이 만나는 곳에서 발생한다. 균형에서는 생산자의 공급량이 소비자의 수요량과 일치한다.

9. 시장가격이 너무 낮으면 초과수요가 발생하는데, 이는 상대적으로 낮은 가격에서는 생산자들이 공급하려는 양보다 소비자들이 재화를 더 많이 수요하기 때문이다.

10. 수요가 이동하면 균형가격과 수량은 같은 방향으로 움직인다. 더 구체적으로 보면, 수요곡선이 바깥쪽으로 이동하면 가격과 수량이 둘 다 증가하고, 반면에 수요곡선이 안쪽으로 이동하면 가격과 수량이 둘 다 감소한다.

11. 공급이 이동하면 균형가격과 수량은 반대 방향으로 움직인다. 더 구체적으로 보면, 공급곡선이 바깥쪽으로 이동하면 가격은 떨어지지만 수량은 증가하고, 공급곡선이 안쪽으로 이동하면 가격은 올

라가지만 수량은 감소한다.

12. 수요와 공급이 둘 다 이동하면 수량이나 가격의 변화 방향은 이동의 상대적 크기와 방향에 의해 결정된다.

13. 공급과 수요가 둘 다 증가하면 수량이 증가한다. 공급과 수요가 둘 다 감소하면 수량이 감소한다. 가격에 미치는 영향은 알 수 없으며 공급과 수요 이동의 상대적 크기에 따라 달라진다.

14. 공급곡선이나 수요곡선의 기울기는 가격 수준의 변화와 수요량이나 공급량 수준의 변화 간의 관계를 나타낸다. 탄력성은 가격에 대한 수량의 민감도를 나타낸다. 좀 더 구체적으로 말하면, 탄력성은 주어진 가격 변화율에 대한 수량의 변화율로 나타낸다.

15. 각 크기는 다음과 같다 — 비탄력적 $E < 1$, 탄력적 $E > 1$, 단위탄력적 $E = 1$, 완전탄력적 $E = 0$, 완전비탄력적 $E = \infty$.

16. 정상재는 양의 소득탄력성을 갖는다. 사치재의 소득탄력성은 1보다 크다. 열등재는 음의 소득탄력성을 갖는다.

17. 한 재화가 다른 재화와 양의 교차가격탄력성을 가지면 그 재화는 다른 재화의 대체재이다. 한 재화가 다른 재화와 음의 교차가격탄력성을 가지면 그 재화는 다른 재화의 보완재이다.

제3장

1. 소비자잉여는 소비자가 재화 구입에 지불할 용의가 있는 가격과 소비자가 실제로 지불하는 가격의 차이다. 생산자잉여는 생산자가 재화나 서비스를 팔 용의가 있는 금액과 생산자가 실제로 받는 가격의 차이다.

2. 수요폐색가격은 수요량이 0으로 감소하는 가격이다. 소비자잉여는 밑변이 판매량이고 높이가 시장가격과 수요폐색가격 간의 차이인 삼각형의 면적과 같다.

3. 공급폐색가격은 공급량이 0으로 감소하는 가격이다. 생산자잉여는 밑변이 판매량이고 높이가 시장가격과 공급폐색가격 간의 차이인 삼각형의 면적

과 같다.

4. 공급곡선이 안쪽으로 이동하면 소비자잉여는 감소하고 생산자잉여에 대한 영향은 불분명하다. 공급곡선이 바깥쪽으로 이동하면 소비자잉여는 증가하는 반면, 생산자잉여에 대한 영향은 역시 불분명하다.

5. 수요곡선이 안쪽으로 이동하면 생산자잉여는 감소하고 소비자잉여에 대한 영향은 불분명하다. 수요곡선이 바깥쪽으로 이동하면 생산자잉여는 증가하는 반면, 소비자잉여에 대한 영향은 역시 불분명하다.

6. 가격상한은 어떤 재화에 대해 법적으로 지불할 수 있는 가장 높은 가격을 설정한다. 이 가격이 균형가격보다 낮게 설정되면 생산자가 공급하려는 양보다 소비자들이 이 재화를 더 많이 사려고 해서, 결과적으로 이 재화에 대한 초과수요가 발생한다.

7. 가격하한은 어떤 재화에 대해 법적으로 지불할 수 있는 가장 낮은 가격을 설정한다. 이 가격이 균형가격보다 높게 설정되면 소비자가 구매하려는 양보다 생산자들이 이 재화를 더 많이 생산해서, 결과적으로 이 재화의 초과공급이 발생한다.

8. 후생손실은 시장 비효율에 따른 총잉여의 감소이다. 가격탄력성이 크다는 것은 공급이나 수요가 가격에 민감하다는 것을 의미한다. 결과적으로 가격탄력성이 큰 시장에서 발생하는 후생손실은 상대적으로 크다.

9. 가격상한이 균형가격보다 높이 설정되면 비구속적이고, 가격하한이 균형가격보다 낮게 설정되면 비구속적이다.

10. 가격상한이나 가격하한이 재화나 서비스의 가격을 직접 규제하는 것과 달리, 수량할당은 제공되는 재화와 서비스의 수량을 직접 규제한다.

11. 세금은 수량을 감소시키고 소비자가 지불하는 가격을 인상시킨다. 조세격차는 공급자가 재화에 대해 받는 가격이 소비자가 지불하는 가격보다 세액만큼 낮기 때문에 발생한다.

12. 조세격차는 시장에서 소비자잉여와 생산자잉여를 둘 다 감소시켜, 세금의 후생손실이 발생한다.

13. 조세부담의 귀착은 생산자와 소비자 중 누가 실질적으로 조세부담을 지는가 하는 것이다. 조세부담

의 귀착은 공급과 수요의 탄력성에 의해 결정된다.

14. 보조금은 세금과 반대되는 것으로, 정부가 재화나 서비스의 구매자나 판매자에게 돈을 지급하는 것이다.

15. 보조금은 생산자잉여와 소비자잉여를 둘 다 증가시킨다.

16. 보조금이 있는 시장에서는 경쟁시장에서보다 더 많은 사람들이 재화나 서비스를 구매한다. 이에 따른 후생손실은 경쟁시장에서라면 물건을 구입하지 않았을 사람들로부터 나온다.

제4장

1. 완비성과 순위결정가능성은 소비자가 모든 소비묶음을 비교할 수 있음을 뜻한다. '많을수록 좋다'는 대부분의 재화는 더 많이 소비하면 소비자에게 이득이 된다는 가정을 말한다. 이행성은 어느 소비자가 A를 B보다 더 좋아하고 B를 C보다 더 좋아하면 A를 C보다 더 좋아함을 뜻한다. 끝으로, 소비자가 다양성을 좋아한다는 것은 소비자가 특정 재화를 더 많이 갖게 될수록 그 재화를 더 얻기 위해 포기하려고 하는 다른 재화의 양이 감소한다는 것을 뜻한다.

2. 효용은 소비자가 소비묶음으로부터 얻는 만족감에 대한 척도를 제공한다. 효용함수는 소비자의 만족 수준, 즉 효용과 소비자가 실제로 소비하는 것 사이의 관계를 나타낸다.

3. 무차별곡선은 주어진 효용수준에서의 모든 소비조합을 보여준다. 달리 말하면, 효용수준이 주어졌을 때 무차별곡선은 소비자가 무차별하게 느끼는 모든 소비조합을 보여준다.

4. Y재에 대한 X재의 한계대체율은 효용수준을 유지한 채 소비자가 X재를 얻기 위해 Y재를 기꺼이 포기하려는 정도를 보여준다.

5. 무차별곡선의 기울기에 음의 부호를 붙인 것은 소비자의 MRS_{XY}, 즉 X재를 더 얻기 위해 Y재를 얼마나 포기할 용의가 있는지와 같다. 표준적인 경우의 소비자의 무차별곡선을 따라 이동할 때, 무차별

곡선의 곡률은 두 재화에 대한 소비자의 상대적 선호 변화를 나타낸다. 특히 소비자가 X재를 더 많이 얻을수록 Y재를 덜 포기하려고 하는데, 이것은 소비자가 다양성을 좋아한다는 가정으로부터 나오는 무차별곡선의 성질이다.

6. 상대적으로 가파른 무차별곡선은 소비자가 X재를 1단위 더 얻기 위해 Y재를 많이 포기할 용의가 있음을 나타낸다. 상대적으로 완만한 무차별곡선은 소비자가 Y재 1단위를 기꺼이 포기하기 위해서 X재를 훨씬 더 많이 가져야 함을 의미한다.

7. 완전대체재는 소비자가 정해진 단위로 두 재화를 맞바꿀 때 동일한 효용수준을 얻는 재화이다. 완전대체재의 무차별곡선은 직선이다.

8. 완전보완재는 서로 고정된 비율로 사용되는 것에 의해 효용이 결정되는 재화이다. 완전보완재의 무차별곡선은 L 모양이다.

9. 소비자는 재화의 가격과 소비자의 소득에 근거하여 효용극대화 결정을 한다.

10. 소비자의 예산제약을 포함하는 경제 모형을 정의하기 전에 다음의 세 가지 가정을 한다 — (a) 각 재화는 가격이 고정되어 있고 수량에는 제한이 없다. (b) 소비자의 소득은 고정되어 있다. (c) 소비자는 저축하거나 돈을 빌릴 수 없다.

11. 소비자의 예산제약은 소비자가 소득 전부를 쓸 때 구입할 수 있는 소비묶음 집합 전체를 나타낸다.

12. 예산제약의 기울기는 두 재화의 가격 비에 음의 부호를 붙인 $-P_x/P_y$와 같다. 재화가격이 비례적이지 않은 방식으로 변하면 기울기가 바뀐다.

13. 소비자의 최적 소비묶음, 즉 효용극대화 소비묶음은 예산제약과 무차별곡선 사이의 접점에서 발생한다.

14. 소비자의 예산제약과 무차별곡선 사이의 접점에서 재화의 한계효용 비는 재화의 가격 비와 같다.

제5장

1. 소득효과는 소비자의 소득의 구매력 변화에 따른 소비자의 소비 선택 변화를 나타낸다. 이 변화를

나타낼 때 재화의 가격은 고정시킨다.

2. 소득이 오를 때 한 재화의 소비가 증가하면 정상재라고 특징짓는다. 사치재는 소득탄력성이 1보다 큰 정상재이다. 정상재와 달리 열등재의 소비는 소득이 오를 때 감소한다.

3. 소득확장경로는 한 소비자에 대해 두 재화의 최적묶음들을 연결한 것이고, 엥겔곡선은 한 재화의 소비량과 소비자의 소득 간 관계를 보여준다. 엥겔곡선과 소득확장경로 모두 같은 정보를 담고 있지만, 소득확장경로는 임금 상승에 따라 두 재화의 상대적 수량이 어떻게 변하는지 이해하게 해준다. 엥겔곡선은 소득 변화가 재화 하나의 소비에 미치는 영향을 따로 떼어낸다.

4. 소비자의 소득을 고정시킨 상태에서, 한 재화의 가격이 변할 때 효용을 극대화하는 각 점에서의 이 재화의 수량을 연결하여 수요곡선을 그릴 수 있다. 재화의 가격이 상승하면 그 재화에 대한 소비자의 수요가 감소하여 우하향하는 수요곡선이 만들어진다.

5. 피자 수요는 다른 재화의 가격뿐 아니라 소비자의 소득이나 선호가 변하면 이동하게 된다. 피자 수요의 이동이 가능한 세 가지 경우가 아래에 제시되어 있다.

   a. **소비자의 소득 증가** : 피자가 정상재라면 소비자의 소득이 증가할 때 피자 수요곡선은 밖으로 이동한다.

   b. **피자에 대한 소비자의 상대적 선호 감소** : 가령 소비자가 피자의 대체재인 포장해서 가져갈 수 있는 중국음식을 더 좋아하기 시작해서 피자에 대한 상대적 선호가 감소한다면, 피자 수요는 안쪽으로 이동할 것이다.

   c. **다른 재화가격의 증가** : 중국음식과 같은 재화의 가격이 상승하면 소비자의 피자 수요는 밖으로 이동할 것이다. 소비자가 피자와 함께 즐기는 음료수 같은 보완재의 가격이 상승하면, 소비자의 피자 수요는 안쪽으로 이동할 것이다.

6. 소득효과와 대체효과는 모두 두 재화의 가격 변화에 기인한다. 대체효과가 두 재화의 상대가격 변화에 따른 소비자의 소비 선택 변화인 반면, 소득효과는 소비자의 구매력에 따른 변화를 나타낸다.

7. 세 가지 기본적인 단계를 이용해 소득효과와 대체효과를 분리할 수 있다. 애초의 효용극대화 묶음이 A인 소비자를 상정하자.

   a. 재화의 가격이 변하면 예산제약이 회전한다. 새로운 최적묶음(B)은 새로운 예산제약이 새로운 무차별곡선과 접하는 점이다.

   b. 새로운 예산제약과 평행하지만 원래 무차별곡선과 접하는 선에서 A'을 얻는다. 대체효과는 A에서 A'으로 이동하는 것이다.

   c. 소득효과는 A'에서 새로운 최적묶음 B로 이동하는 것이다.

8. 대체효과의 방향은 정상재나 열등재나 똑같지만, 소득효과는 두 종류의 재화 사이에 차이가 있다. 정상재의 가격이 하락하면 소득효과에 의한 소비 변화는 그 재화 소비의 증가로 나타난다. 열등재의 가격이 하락하면 소득효과에 의한 소비 변화는 그 재화 소비의 감소로 나타난다.

9. 기펜재는 가격과 수요량이 양의 상관관계를 갖는 재화이다. 달리 말해, 재화가격이 하락하면 소비자는 그 재화를 더 사는 것이 아니라 덜 산다.

10. 보완재는 다른 재화와 같이 구입하여 사용하는 재화이다. 대체재는 다른 재화 대신에 사용할 수 있는 재화이다.

11. 한 재화(X)의 가격이 하락하면 소비자들은 X를 더 많이 살 것이다. 두 번째 재화(Y)에 대한 수요 역시 증가하면 이는 소비자들이 X와 Y를 함께 소비하고 싶어 한다는 것을 보여준다. 즉 이들은 보완재이다. 만약 X 가격이 하락할 때 소비자들이 Y를 덜 사는 식으로 대응하면 소비자들은 Y를 X로 대체하는 것이다. 즉 두 재화는 대체재이다.

12. 무차별곡선의 모양은 두 재화의 대체가능성 정도에 관한 정보를 드러낸다. 무차별곡선의 곡률이 작을수록 두 재화의 대체가능성이 높아진다.

13. 시장수요는 한 재화에 대한 모든 개별수요곡선의 수평합이다.

14. 주어진 가격 변화에 대해, 시장 전체 수요량의 변화는 적어도 한 개별 소비자의 수요량 변화만큼은

되어야 한다. 결과적으로 시장수요곡선은 적어도 개별수요곡선만큼은 완만해야 한다.

제6장

1. 단기에는 기업의 자본이 고정되어 있는 반면에 장기에는 노동과 자본의 투입량을 모두 변화시킬 수 있다.

2. 생산함수는 기업의 투입물(자본과 노동)과 생산량의 관계를 보여준다.

3. 고정비용은 기업이 생산하는 산출량에 따라 변하지 않는다. 1단위를 생산하든 100만 단위를 생산하든 0단위를 생산하든 동일하다. 가변비용은 산출량에 따라 달라지는데, 산출량이 많아질수록 가변비용도 증가한다.

4. 장기에는 모든 투입물의 양을 조정할 수 있다. 단기에는 적어도 하나 이상의 투입물이 고정되어 있어서 조정될 수 없다.

5. 생산자의 등량곡선은 소비자의 무차별곡선과 많은 특성을 공유한다. 원점에서 멀어질수록 더 높은 생산량 수준에 대응한다. 등량곡선은 서로 교차할 수 없다. 만일 교차한다면 같은 양의 투입물이 서로 다른 양의 생산물을 생산한다는 의미가 되기 때문이다.

6. 한계기술대체율은 생산량을 일정하게 유지하면서 한 투입물(X)을 다른 투입물(Y)로 대체할 수 있는 비율로서, 등량곡선의 기울기로 나타낸다. 이것은 X의 한계생산과 Y의 한계생산의 비율과 같다. 표준적인 경우에 등량곡선을 따라 오른쪽 아래 방향으로 이동하면 노동의 한계생산은 감소하고 자본의 한계생산은 증가한다.

7. 등량곡선이 굽은 정도는 자본과 노동 간의 대체 정도를 나타낸다. 거의 직선에 가까운 등량곡선은 $MRTS$가 거의 일정하다는 것을 의미하며, 두 투입물이 생산 과정에서 서로 밀접한 대체재임을 가리킨다. 보다 굽은 등량곡선은 자본과 노동이 생산 과정에서 대체성이 약하다는 것을 가리킨다.

8. 등비용선은 동일한 비용으로 얻을 수 있는 모든 투입물 조합을 보여준다. 등비용선 기울기의 절댓값은 임금과 자본 임대료의 비율이므로($-W/R$), 비용에서의 노동과 자본의 상반관계를 나타낸다.

9. 한 투입물의 가격이 다른 것에 비해서 상승하면, 장기적으로 기업은 그 투입물의 사용을 줄이고 다른 투입물 사용을 늘릴 것이다.

10. 규모에 대한 수익은 모든 투입물의 비례적인 변화의 결과로 나타나는 생산량의 변화를 가리킨다. 규모에 대한 수익 불변은 생산량도 같은 비율로 변하는 경우이고, 규모에 대한 수익 증가는 생산량이 투입물들의 변화 비율보다 더 크게 변하는 경우이며, 규모에 대한 수익 감소는 더 적게 변하는 경우이다.

11. 기술 변화(A)는 생산함수에서 규모(또는 비율) 계수로 들어간다. 즉 $Q = Af(K, L)$. 이런 유형의 기술 변화는 기술이 개선됨에 따라서 전과 같은 양의 투입물들로부터 추가적인 생산량을 얻게 됨을 의미한다.

12. 확장경로란 각각의 생산량에 대한 최적 투입물 조합들을 연결한 것이다. 총비용곡선은 확장경로를 따라가면서, 생산량의 변화에 따라 그 생산량을 얻기 위한 투입물 비용이 어떻게 변하는지를 나타낸 것이다.

제7장

1. 회계적 비용은 기업 운영에 들어가는 직접적 비용들을 가리키는 반면, 경제적 비용은 거기에 기회비용까지 포함한 것이다. 기업은 이윤을 두 가지 방식으로 계산할 수 있는데, 회계적 이윤은 총수입에서 회계적 비용을 뺀 것이고, 경제적 이윤은 총수입에서 경제적 비용을 뺀 것이다.

2. 기회비용은 생산자가 한 투입물을 사용함으로써 포기한 것의 가치이다. 경제적 비용과 회계적 비용의 차이에 해당하는데, 구체적으로 기회비용은 경제적 비용에 포함되지만 회계적 비용에는 포함되지 않는다.

3. 매몰비용 오류란 (기업의) 의사결정에 매몰비용이 영향을 미치는 것을 가리킨다. 앞을 내다보는 관점

에서, 기업(일반적으로 사람)은 이미 지출되었고 회수할 수 없는 비용이 현재의 의사결정에 영향을 미치게 해서는 안 된다.

4. 고정비용에는 건물이나 공장의 건설비용과 같은 간접비 지출이 포함된다. 이런 지출은 일단 지불되고 나면 매몰비용이 되지만, 폐업(전기-수도요금의 경우는 조업 중단)하는 경우에는 회피할 수도 있다. 그렇지만 일단 매몰비용이 된 경우에는 생산 의사결정에서 고려되지 않아야 한다. 고려한다면 매몰비용 오류를 범하는 것이 된다.

5. 기업의 총비용은 고정비용과 가변비용의 합과 같다.

6. 고정비용은 생산량 수준에 관계없이 일정하므로 고정비용곡선은 수평선이 된다. 가변비용은 생산량 증가에 따라 함께 증가하므로 가변비용곡선은 양(+)의 기울기를 갖는다.

7. 평균고정비용(AFC), 평균가변비용(AVC), 평균총비용(ATC)은 단위당 고정비용, 가변비용, 총비용을 구한 것이다.

8. 고정비용은 생산량 수준에 따라 변화하지 않으므로 추가적 생산의 한계비용에 영향을 주지 않는다. 한계비용은 가변비용에 의해서만 달라진다.

9. 단기에는 자본비용이 고정되어 있는 반면 장기에는 자본과 노동 투입량을 모두 바꿀 수 있다. 따라서 (선택에 제약이 큰) 단기 총비용은 장기 총비용보다 크다(같아질 수도 있다). 평균비용은 생산량 단위당 총비용이므로, 평균비용도 단기와 장기에서 총비용과 같은 관계에 있다.

10. 규모의 경제성은 생산량(엄밀하게는 생산 규모)에 따라 비용이 증가하는 방식을 가리킨다. 규모의 경제는 비용이 생산량보다 느리게 증가하는 경우이고, 규모의 불경제는 비용이 생산량보다 빠르게 증가하는 경우이며, 규모의 불변 경제성은 같은 정도로 증가하는 경우이다.

11. 범위의 경제성은 복수의 생산물들을 생산함에 따라서 비용이 어떻게 변화하는지를 나타낸다. 범위의 경제는 둘 이상의 생산물을 동시에 함께 생산하는 경우에 각각 별개로 생산할 때보다 비용이 감소하

는 것을 가리키며, 범위의 불경제는 그 반대의 상황을 가리킨다.

제8장

1. 완전경쟁 산업은 수많은 기업이 동일한 제품을 생산하고 있으며 진입장벽이 없는 산업이다.

2. 완전경쟁적 기업은 가격수용자이다. 따라서 기업이 직면하는 수요곡선은 수평선이다. 기업이 얼마를 생산하든 판매가격은 시장가격 수준에서 일정하다.

3. 기업의 이윤은 수입과 총비용의 차이다.

4. 이윤을 극대화하는 생산량은 기업의 한계비용이 시장가격과 일치하게 되는 수준이다.

5. 기업은 이윤극대화 생산량 수준에서 시장가격이 평균가변비용 이상이기만 하면 조업을 계속할 것이다. 단기적으로 고정비용은 조업 여부와는 무관하게 지불되는 것이기 때문에 고정비용은 조업 여부 결정에서 무시된다.

6. 완전경쟁적 기업의 단기 공급곡선은 단기 한계비용곡선에서 평균가변비용의 최젓값보다 높은 부분이다. 최저 평균가변비용보다 낮은 가격에서는 기업은 조업을 중단하며, 공급량은 0이 된다.

7. 단기 산업공급곡선은 개별기업들의 단기 공급곡선들을 수평 방향으로 합한 것이다.

8. 단기에 고정비용이 기업의 생산 의사결정에 영향을 주지 않으므로, 고정비용이 아무리 변해도 단기 산업공급곡선에 영향을 주지 않는다.

9. 생산자잉여는 생산량 각 단위의 가격-한계비용 차이를 모두 합한 것, 또는 수입에서 가변비용을 뺀 것이다. 이윤은 생산자잉여에서 고정비용을 뺀 것이다.

10. 완전경쟁 산업의 기업은 시장가격이 장기 ATC의 최젓값보다 높은 경우, 또는 산업 내 기업들이 양(+)의 경제적 이윤을 얻고 있는 경우에 진입한다. 반대로 시장가격이 장기 ATC의 최젓값보다 낮은 경우, 또는 산업 내 기업들이 음(-)의 경제적 이윤을 얻고 있는 경우에 퇴출한다.

11. 장기 경쟁균형은 가격이 기업들의 최소 ATC와 같을 때이다. 다시 말해 장기적으로 진입도 퇴출도 없으며 기업들은 0의 경제적 이윤을 얻고 있는 상태이다.

12. 어떤 기업이 산업 내 다른 기업들보다 비용을 낮출 경우 경제적 지대를 얻게 된다.

13. 경제적 이윤은 기업의 기회비용을 감안해서 계산된다. 기회비용을 감안하게 되면, 완전경쟁 산업의 모든 기업은 (양의 경제적 지대를 얻고 있는 기업들까지도) 0의 경제적 이윤을 얻게 된다.

제9장

1. 자기 제품의 판매가격에 영향을 미칠 수 있다면, 그 기업은 시장력을 갖는다.

2. (1) 자연독점, 즉 산업 전체의 공급량을 한 기업이 생산하는 것이 효율적인 경우 다른 기업들에게는 사실상의 진입장벽이 된다. (2) 전환비용이 큰 경우, 소비자가 한 기업 또는 제품으로부터 다른 쪽으로 바꾸기 어렵게 된다. (3) 제품차별화로 인해서 제품 간 대체성이 약해질 경우, 진입기업은 낮은 가격에도 고객을 얻기가 어려워진다. (4) 기존 기업이 핵심 투입물을 통제하고 있다면(절대적 비용우위) 진입이 어려워진다.

3. 자연독점은 모든 생산량 수준에서 규모의 경제성이 작용하는 경우로, 기업 규모가 커질수록 ATC가 낮아진다. 산업 생산량을 여러 기업에게 분산시킬 경우 ATC는 상승할 것이며, 따라서 한 기업이 전체 산업 생산량을 생산하는 것이 가장 효율적이 된다.

4. 수요곡선은 판매량과 가격(평균 수입)의 관계를 보여주며 한계수입곡선은 판매량과 한계수입의 관계를 나타낸다. 직선 수요곡선의 한계수입곡선은 수직축 절편은 같고 기울기는 수요곡선 기울기의 2배이다.

5. 기업의 이윤극대화 생산량은 한계수입이 한계비용과 같아질 때이다.

6. 완전경쟁적 기업의 경우 시장가격이 한계비용과 같으므로 생산자잉여가 없다. 시장력을 가진 기업은 한계비용보다 높은 가격을 책정할 수 있으므로 생산자잉여를 얻게 되며, 소비자잉여는 완전경쟁의 경우보다 줄어들게 된다.

7. 후생손실은 시장력의 비효율성을 나타낸다 — 가격이 한계비용보다 높아도 구매하겠지만 이윤극대화 가격에서는 구매하지 않는 소비자들이 있으며, 이들이 구매하지 못함에 따라 상실되는 잉여가 후생손실이다.

8. 시장력을 가진 기업은 이윤극대화 가격과 수량을 갖지만 엄밀하게 말해서 이 조합이 공급곡선은 아니다. 이 가격-수량 조합은 (수요자들의) 수요곡선에 따라 달라지는데, 정의상 공급곡선은 수요곡선과 무관하게 존재하는 것이다.

9. 완전경쟁에서 공급자의 생산 의사결정은 수요의 가격탄력성과는 무관하지만, 시장력을 가진 기업의 경우는 다르다. 수요의 가격탄력성이 변하면 수요곡선이 회전 이동하며 그에 따라 한계수입곡선도 회전 이동한다. 기업의 이윤극대화 가격-수량 조합은 새로운 한계수입곡선과 한계비용곡선의 교차점에서 이루어진다.

10. 기업의 시장력을 제한하고 후생손실을 줄이기 위한 정부 규제로는 직접적인 가격규제와 경쟁(독점금지/공정거래)정책을 들 수 있다. 후자는 경쟁제한적인 기업 행동을 규제한다.

제10장

1. 가격차별을 위해서 기업은 시장력을 가져야만 하고 재판매 또는 차익거래를 방지할 수 있어야 한다.

2. 완전 가격차별에서 생산자는 개별 고객마다 지불 용의가격과 같은 수준의 가격을 책정한다. 따라서 생산자는 가능한 잉여들을 모두 갖게 되므로, 생산자잉여가 극대화된다.

3. 직접적 가격차별에는 완전(제1도) 가격차별도 포함될 수 있지만, 시장분할 또는 제3도 가격차별이 전형적인 경우이다. 가시적인 집단별 특성에 근거해서 상이한 집단에 대해 상이한 가격을 책정하는 것이다.

4. 시장분할은 다양한 고객 특성들에 근거해서 이루어질 수 있는데, 예를 들면 연령, 성별, 과거 구매행동, 지리적 위치, 구매 시점 등이 있다.

5. 직접적 가격차별은 고객들의 수요 특성을 구매 이전에 구분해내는 기업의 능력에 달려 있다. 간접적 가격차별의 경우에 기업은 이런 정보가 없다. 대신에 다양한 가격 방식을 제시해서 고객들이 선택하게 함으로써 사실상 고객들이 수요 특성에 따라서 스스로 나뉘도록 하는 것이다.

6. 유인합치성은 각 고객집단에게 제시된 가격이 그 집단에 의해 선택되어야 함을 의미한다. 이 조건이 충족되지 못하면, 간접적 가격차별은 잉여를 극대화할 수 없다.

7. 제품 버전차별 전략은 고급형과 보급형, 일반용과 학생용 등과 같이 품질 차이에 따른 차별화가 전형적이며, 비행기에서 비즈니스 좌석과 이코노미 좌석의 경우도 포함될 수 있다.

8. 시장분할은 고객집단별 특성에 대한 정보를 이용한 직접적 차별이다. 수량할인은 대량구매 고객에게 낮은 단위가격을 적용하는 간접적 차별의 예이다. 구간별 가격책정은 수량할인과 유사하게 구매량에 따라 가격을 낮춘다. 그렇지만 구간별 가격책정은 앞의 경우들과는 달리, 고객들 간의 수요곡선 및 가격탄력성의 차이와는 무관하다. 모든 고객에게 더 많은 양을 더 낮은 가격으로 구매할 수 있는 선택권을 제시하면서도 잉여를 증가시킬 수 있다 (모든 구매자의 수요곡선이 동일한 경우도 해당됨).

9. 순수 묶어팔기에서는 묶음상품만이 제공되는 반면, 혼합 묶어팔기에서는 묶음상품 구매와 별개 구매 간에 고객이 선택할 수 있다.

10. 2부 요금제는 가격이 두 부분으로 구성된다—통상적인 단위당 가격과 구매량에 관계없이 먼저 지불해야 하는 고정요금.

제11장

1. 불완전경쟁시장은 완전경쟁과 독점시장의 중간적인 성격을 가진다. 과점과 독점적 경쟁이 그 예이다.

2. 내쉬균형은 모두가 경쟁자들의 행동을 전제로 하여 최선의 선택을 하고 있는 상태이다. 과점시장에서 어떤 기업도 자발적으로 행동을 바꾸려 하지 않는다면 내쉬균형 상태이다.

3. 카르텔의 참여자는 합의로부터 이탈함으로써 시장점유율을 늘리고 이윤을 증대하려는 강한 유인을 갖는 것이 일반적이다. 따라서 담합과 카르텔은 불안정적이다.

4. 동질재 베르트랑 경쟁에서 시장균형은 완전경쟁의 경우와 같다—가격은 한계비용과 같아진다. 모든 기업이 판매량 증대를 위해 가격을 낮추려는 강한 유인을 갖기 때문이다. 가격이 한계비용과 같아질 때까지 모두가 가격 인하를 계속할 것이다.

5. 베르트랑 경쟁에서 기업들은 각자가 동시에 가격을 책정한다. 쿠르노 경쟁에서는 기업들이 **공급량**을 선택하며, 모두가 동일한 시장가격으로 공급한다. 따라서 베르트랑 경쟁균형은 가격 인하가 지속된 결과로서 완전경쟁균형과 같아진다. 쿠르노 경쟁균형은 기업들의 대응곡선이 교차하는 곳에서 이루어진다.

6. 잔여수요곡선은 경쟁자들의 공급량이 주어지고 나서 남아 있는 수요량을 보여준다.

7. 쿠르노 경쟁에서 대응곡선은 경쟁자의 공급량 선택들에 대해 최선의 대응이 되는 공급량을 보여준다. 쿠르노 경쟁의 균형은 대응곡선들의 교차점에서 이루어진다.

8. 슈타켈베르크 경쟁에서는 쿠르노 경쟁과는 달리 기업들의 공급량 선택이 동시적으로가 아니라 순차적으로 이루어진다. 따라서 먼저 선택하는 기업이 선행자의 이점을 갖는다. 선행자가 최선의 공급량을 결정하면 나머지 기업들이 거기에 대응해야 한다.

9. 동질재 베르트랑 시장의 균형가격은 완전경쟁시장에서처럼 한계비용 수준이지만, 차별재 베르트랑 시장에서는 기업들이 일정한 시장력을 가지며, 따라서 가격은 완전경쟁의 경우보다 높아진다.

10. 독점적 경쟁시장의 기업은 첫째, (소비자 입장에서 완전대체재가 아닌) 차별화된 제품을 생산한다. 둘

째, 기업의 잔여수요곡선은 경쟁자들의 선택에 따라 영향을 받지만, 각 기업은 이러한 상호작용을 무시하고 생산을 결정한다. 셋째, 시장 진입이 완전경쟁의 경우처럼 자유롭다.

11. 독점적 경쟁시장에서 기업들이 양(+)의 경제적 이윤을 얻고 있다면 진입이 발생할 것이며, 경제적 이윤이 0이 되면 진입은 멈출 것이다.

12. 독점적 경쟁에서 기업은 가격수용자가 아니며 우하향하는 수요곡선에 직면하게 된다. 따라서 가격은 한계수입(따라서 한계비용)보다 높아지고, 시장은 완전경쟁균형에 도달하지 못한다.

제12장

1. 모든 경제적인 게임은 세 가지 공통요소를 갖는다.
   a. 경기자, 혹은 게임에서의 의사결정자
   b. 전략, 혹은 경기자의 게임에서의 행동계획
   c. 보수, 혹은 게임의 결과

2. 일인문제와 달리, 게임이론은 경기자의 행동이 자신의 것뿐만 아니라 경쟁자들의 선택과 보수에 영향을 미치는 상황에 관심을 갖는다.

3. 다수의 내쉬균형이 존재하는 게임에서는, 내쉬균형을 갖는 다른 모든 게임에서와 마찬가지로, 기업의 최적 대응은 경쟁기업들의 선택에 따라 달라진다. 그 결과 우리는 가능한 결과들을 좁힐 수는 있지만 게임이 진행되기 전에는 최종 결과를 알 수 없다.

4. 보수행렬은 게임의 모든 세 가지 요소, 즉 경기자, 가능한 전략, 그리고 관련된 보수에 대한 정보를 포함하고 있다. 따라서 그것은 가능한 균형 결과에서 열등전략들을 제거하고 경기자들의 상호 최적 대응이나 혹은 내쉬균형을 만드는 전략을 찾는 데 사용될 수 있다.

5. 어떤 경우에는 사용가능한 순수전략들 중에서 무작위로 선택을 해 혼합전략을 사용하는 것이 경기자에게 최선일 수 있다. 한 가지 예는 순수전략이 상호 최적 대응을 만들어내지 못하는 (즉 체크 방법을 사용해서 2개의 체크를 만들어내지 못하는)

게임의 경우이다.

6. 최대최소 전략을 사용하는 경기자는 최대의 보수를 목표로 하지 않고 오히려 손실을 최소화하는 보수적인 전략을 선택하려 한다.

7. 역진귀납법은 일련의 최적 선택들을 찾기 위해서 게임의 끝에서부터 처음까지 역순으로 추론하는 방법이다. 역진귀납법을 사용하려면 먼저 게임의 마지막 단계를 풀고 게임의 처음 방향을 향해 역순으로 과정을 반복하여 매 단계에서의 최적의 선택을 찾으면 된다.

8. 냉혹한 방아쇠 전략을 사용하는 경기자는 상대방이 역시 협조를 하는 한 상대방과 협조를 한다. 상대방이 배신을 하면 그는 영원히 협조를 끝낸다. 맞받아치기 전략에서 경기자는 상대방의 행동을 따라 한다. 상대방이 협조하면 그도 협조하고, 상대방이 배신하면 경기자는 그다음 기에 배신한다.

9. 정규형 행렬과 달리 의사결정 나무는 순차게임의 결과에 핵심적인 정보인 선택의 시점에 관한 정보를 포함한다.

10. 어떤 게임에서는 경기자가 상대방에게 측면 보상을 제안할 수 있다. 이러한 보상은 상대방이 나에게 최적인 전략을 선택하도록 계획된 것이며, 측면 보상이 없었을 때보다 두 경기자 모두 더 큰 보수를 받을 수 있게 해준다.

11. 진입 저지는 신뢰성에 달려 있다. 신뢰성이 없으면 새로운 기업이 들어왔을 때 취하겠다는 행동에 관한 기업의 주장은 단지 공허한 위협에 불과하다. 신뢰할 만한 공약하에서는 기업의 위협은 진입을 저지할 수 있고 더 많은 기업들이 시장에 있을 때보다 더 큰 이익을 가져다준다.

12. 소송에 대항해서 싸우거나, 새로운 진입기업에 맞서 공격적으로 경쟁하거나, 예측불가능하거나 혹은 미쳤거나 등과 같은 평판은 어떤 게임 전략에 대한 공약을 신호한다. 이러한 평판은 상대방으로 하여금 그렇지 않았다면 사용하지 않았을 전략을 선택하도록 하여 신규진입을 저지하는 것같이 평판을 가진 경기자에게 이익을 가져다준다.

제13장

1. 기업이 최적으로 고용하고 있다면 산출량을 1단위 더 생산함에 따른 한계편익(한계수입)이 한계비용과 같아야 한다. 산출량을 1단위 더 생산하기 위해서는 노동을 더 고용해야 하는데, 산출량 1단위의 한계비용은 추가로 지불된 임금을 추가로 생산된 산출량으로 나눈 것이다. 따라서 기업이 최선의 고용을 하고 있다면 $MR = W/MP_L$이다. 이 식의 양변에 MP_L을 곱하면 $MR \times MP_L = W$이다. 이것은 한계수입생산($MR \times MP_L$)이 노동의 한계비용인 임금(W)과 같아질 때까지 고용한다는 의미이다.

2. 완전경쟁시장에서 임금이 상승할 경우, 기업이 수요하는 노동량은 감소하며 따라서 고용량이 감소한다. 임금이 하락할 경우에는 기업의 노동수요량이 증가하며 따라서 고용량이 증가한다.

3. 노동수요곡선은 기업의 노동의 한계수입생산곡선이다. 따라서 노동의 한계생산이나 산출물의 한계수입을 변화시키는 요인은 무엇이든 노동수요를 변화시킬 것이다. 기술 향상이나 자본량 증가로 인해 노동의 한계생산이 증가하면 노동수요는 증가할 것이다. 산출물에 대한 수요의 증가로 인해서 (산출물의) 한계수입이 전반적으로 증가하는 경우에도 노동수요는 증가할 것이다.

4. 시장 노동수요는 각 임금 수준에서 모든 기업이 수요하는 노동량을 더해서 구한다. 다시 말해서 노동의 시장수요는 개별 기업들의 노동수요곡선의 수평합이다.

5. 노동자가 1시간을 여가에 쓰기로 했다면, 1시간 노동해서 얻는 소득으로 구매할 수 있는 재화나 용역을 소비하는 기회를 포기한 것이다. 따라서 여가와 소비의 상대가격은 노동자의 임금이다.

6. 임금이 하락하면 생산성이 더 낮은 노동자들을 고용하기가 쉬워지므로 고용이 증가한다. 이렇게 추가된 노동자들은 자본의 생산성을 높이게 된다. 단기적으로 자본량은 고정되어 있지만, 장기적으로는 더 많은 자본이 고용될 것이다. 추가된 자본이 노동의 한계생산을 증가시킴에 따라 기업은 더 많

은 노동을 고용할 것이다. 따라서 노동 고용량 결정은 단기보다 장기에 더 크게 반응하게 된다.

7. 수요독점자의 한계지출은 (여기서는 노동) 구매량을 1단위 늘릴 경우에 부담하게 되는 추가적인 지출이다. 구매자가 수요독점자(대규모 구매자)이므로 구매량이 늘 때마다 모든 단위에 지불되어야 할 가격이 상승하게 된다. 기업이 부담하는 추가지출은 최종 단위의 가격 P만이 아니라 구매되는 다른 모든 단위 Q에 지불되어야 할 가격의 상승($\Delta P/\Delta Q$)을 더한 것이다. 즉 $ME = P + (\Delta P/\Delta Q) \times Q$이다.

8. MRP와 요소공급곡선이 동일할 경우, 수요독점적 구매자는 가격수용자보다 더 적은 양을 구매하게 된다. 가격수용적 기업은 규모가 작아서 원하는 구매량을 가격의 변동 없이 구매할 수 있다. 그러나 수요독점자는 요소시장에서 큰 부분을 차지하므로 고용량을 늘릴 경우에 가격이 상승하게 되므로 고용의 부담이 커진다.

9. 노동조합은 노동의 독점 공급자이다. 다른 모든 독점 판매자와 마찬가지로, 한계수입이 0이 될 때의 노동량을 판매함으로써 총수입(이 경우 조합원들의 총소득)을 극대화한다.

10. 시장의 양측 모두에서 시장력이 상당히 집중되어 있는 경우에 시장 구조를 쌍방독점이라고 한다.

제14장

1. 투자는 그 자본으로부터 미래의 편익을 얻을 목적으로 지금 자본을 구매하는 것으로 정의된다. 투자의 예에는 소매상의 새로운 점포에 대한 투자나 혹은 제조업체의 새로운 생산기술의 구매와 같은 경제적인 거래뿐만 아니라 주식과 채권의 구입도 포함된다.

2. 현재할인가치(PDV) 분석은 이자율과 복리를 사용하여 모든 보수를 등가의 현재가치로 표시한다. PDV 분석의 장점은 서로 다른 시점에 발생하는 보수들을 서로 비교할 수 있게 해준다는 것이다.

3. 투자의 순현재가치는 편익의 PDV가 비용의 PDV

보다 클 때 양의 값을 갖는다. 그때 투자는 가치가 있음을 의미한다.

4. 원금회수 기간은 투자의 최초 비용과 미래의 편익을 비교하는 상대적으로 간단한 방법이지만, 그것은 투자의 미래 지급액을 이자율로 할인하지 않는다. 따라서 원금회수 기간 분석은 현재가치로 환산한 비용과 편익을 고려한 NPV 분석보다 신뢰성이 떨어진다.

5. 투자의 명목이자율은 현금가치 그대로 수익률을 표시하는 반면에, 실질이자율은 수익률을 구매력으로 표시한다. 실질이자율은 명목이자율에서 물가상승률을 뺀 값과 대략적으로 동일하다.

6. 기대가치는 투자의 수익이 발생할 확률을 이용하여 투자와 관련된 불확실성을 고려한다. 좀 더 구체적으로, 그것은 각 지급액과 그러한 지급이 발생할 확률의 곱을 모두 더한 것과 같다.

7. 보험은 어떤 투자나 상황과 관련된 불확실성을 줄임으로써 위험기피적 소비자들에게 편익을 가져다준다. 이 같은 불확실성의 감소는 피보험자의 기대효용을 증가시킨다.

8. 보험회사는 많은 소비자들에게 보험을 제공하기 때문에 보험에서 순이윤을 얻을 뿐만 아니라 자신의 위험을 줄이기 위해 다변화에 의존할 수 있다. 다변화는 피보험자들 간의 불확실한 (그리고 상호 연관되지 않은) 결과들을 종합하여 보험회사의 위험을 줄인다. 그 결과 보험회사는 보험들의 일정 부분에 대해서만 보험금을 지급하면 되고, 남은 모든 보험에서는 보험료를 거두어들일 수 있다.

제15장

1. 일반균형 분석은 시장을 두 가지 특징적인 방법으로 설명한다. 첫째는 시장들을 현실에 있는 그대로 묘사한다. 둘째로 일반균형 분석은 시장들이 어떤 모습이어야 하는지를 설명하며 무엇이 효율적이거나 혹은 형평에 맞는 시장을 만드는지를 규명하려고 노력한다.

2. 우리는 세 가지 형태의 사회후생함수를 살펴보았

는데, 공리주의의 후생, 롤스의 후생, 그리고 평등주의의 후생이 그것이다. 공리주의의 사회후생함수는 모든 개인의 후생의 총합이다. 롤스의 세계관에 따르면 사회후생은 가장 못사는 사람의 효용에 의해 결정되며 따라서 사회후생함수는 모든 개인의 효용 중에서의 최솟값과 같다. 평등주의적 사회후생함수는 이상적인 사회란 모든 개인이 똑같이 잘사는 것이라고 가정한다.

3. 대부분의 경제학자들은 파레토 효율이라는 개념을 사용하여 시장의 효율성을 고찰한다. 파레토 효율적인 배분은 적어도 한 개인을 이전보다 더 나빠지게 하지 않고서는 재화를 재배분할 수 없는 상태를 말한다.

4. 경제가 효율적이 되기 위해서는 교환, 투입, 그리고 산출 효율성이 달성되어야 한다.

5. 에지워스 상자는 교환, 투입, 그리고 산출 효율성을 포함한 시장의 효율성을 검토하는 데 사용될 수 있다. 그것은 두 경제주체(소비자나 기업) 간의 두 재화(산출물 혹은 투입요소)의 배분을 그림으로 나타낸다.

6. 두 재화는 소비자들의 한계대체율이 재화의 상대가격과 같을 때 효율적으로 배분된다. 파레토 효율적인 배분은 두 소비자의 무차별곡선이 서로 접하는 곳에서 얻을 수 있다.

7. 계약곡선은 모든 가능한 파레토 효율적인 배분들의 집합을 나타내는 선이다.

8. 경제는 두 기업의 한계기술대체율이 임금과 자본 임대료 간의 비율과 같을 때 투입 효율성을 달성한다. 효율적인 투입 배분은 두 기업의 등량곡선이 서로 접하는 곳에서 얻을 수 있다.

9. 소비자에 대한 계약곡선과 유사하게, 생산의 계약곡선은 모든 가능한 파레토 효율적인 투입요소의 배분의 조합을 나타낸다.

10. 한계전환율은 어떤 산출물을 1단위 더 얻기 위해 다른 산출물을 얼마나 포기해야 하는지를 나타내는 교환 비율이다. 이것은 모든 가능한 파레토 효율적인 산출물 조합을 나타내는 생산가능곡선상의 특정한 점에서의 기울기이다.

11. 후생경제학의 제1정리는 간혹 현실에서 만족되지 않는 많은 조건에 의존한다. 첫 번째 가정은 기업들이 완전하게 경쟁적인 시장에서 활동을 하고 있다는 것이다. 제1정리는 또한 시장지배력과 비대칭정보, 외부효과, 공공재와 같은 다음 장에서 다룰 몇 가지 현상이 존재하지 않는다는 가정에 의존한다.

12. 후생경제학의 제2정리는 모든 파레토 효율적인 배분은 어떤 최초 배분에 대한 일반균형의 결과가 됨을 예측한다.

제16장

1. 완전경쟁시장과 같이 정보가 완전한 시장에서는 모든 거래 당사자들이 관련된 정보를 알고 있다. 비대칭정보 시장이 아마도 더 일반적일 것이다. 비대칭정보 시장이란 거래에 참가한 한쪽이 다른 쪽보다 더 많이 알고 있는 시장이다.

2. 레몬문제는 판매자가 구매자보다 물건의 품질에 대해 더 많이 알고 있는 시장에서 발생한다.

3. 역선택은 시장에 품질이 높은 상품들보다 품질이 낮은 상품들이 불균형적으로 더 많이 공급되는 현상이다. 레몬문제가 있는 시장에서는 구매자들이 품질이 좋은 상품과 나쁜 상품을 구별할 수 없고, 품질이 좋은 상품에 대해서 구매자들이 지불하려는 가격은 판매자들이 품질 좋은 상품을 판매하기 위해서 받고자 하는 가격보다 낮아서 역선택이 발생한다.

4. 보증은 상품이 상대적으로 고품질임을 잠재적인 구매자들에게 신호하는 역할을 한다. 품질이 낮은 제품의 판매자들은 보증을 제공하지 않을 것이기 때문이다. 자신이 레몬임을 아는 상품에 대해서 보증을 제공하는 것은 돈이 너무 많이 든다.

5. 보험시장에서는 구매자(잠재적인 피보험자)는 보험회사보다 자신이 보험금을 청구하게 될 가능성에 대해서 더 많이 알고 있다. 보험시장 진입에서 구매자들의 역선택을 초래하는 이 같은 비대칭정보 문제에 대한 다양한 해결책은 다음과 같은 것들을 포함하고 있다.

a. 다양한 위험을 가진 사람들을 함께 묶는 단체보험

b. 잠재적 피보험자들이 보험금을 청구하게 될 가능성을 조사하는 심사

c. 건강보험 시장에서 이미 가지고 있는 건강상의 문제가 있는 사람들에 대한 보험(가입) 거부

6. 도덕적 해이는 거래 당사자 중 한 사람이 다른 사람의 행동을 관측하지 못할 때 발생한다. 도덕적 해이는 특히 보험시장에서의 문제인데, 그 이유는 피보험자는 일단 보험에 가입하면 이제는 보험회사가 감당하게 되는 나쁜 상황이 발생하는 것을 피하기 위한 노력을 덜 기울이게 되기 때문이다.

7. 보험회사는 도덕적 해이를 완화하기 위해 여러 가지 조치를 취한다. 화재경보기의 설치와 같이 보험의 혜택을 받기 위해서 피보험자가 반드시 취해야 하는 행동들을 규정할 수도 있다. 무사고 운전자에 대한 할인 혜택과 같은 제도는 피보험자에게 위험을 줄일 인센티브를 제공한다. 마지막으로 공제제도, 공동부담, 공동보험은 피보험자의 보수를 보험회사의 보수와 직접적으로 연결하고 있다.

8. 핵심적인 시장의 특성 두 가지가 결합하여 주인-대리인 문제를 만들어낸다. 첫째, 주인(예 : 고용주)은 대리인(예 : 종업원)의 행동을 완벽하게 관측할 수는 없어야 한다. 둘째, 주인의 이익과 대리인의 이익은 일치하지 않는다.

9. 주인은 대리인의 인센티브를 자신의 인센티브와 일치시키기 원한다. 그렇게 하기 위해 주인은 대리인의 행동에 대해 주인이 갖는 인센티브와 같은 인센티브를 대리인이 갖도록 (대리인에게) 보상을 할 수 있다. 수수료, 성과급, 연말 보너스 등은 이러한 목적으로 만들어진 것들이다.

10. 신호 보내기는 정보를 가진 사람이 관측할 수 없는 특성을 다른 사람에게 전달하는 상황을 말한다. 이러한 정보의 전달은 많은 시장에서 비대칭정보의 문제를 해결할 수 있다.

11. 고전적인 신호 보내기 모형에서, 교육은 개인의 생산성에는 아무런 영향을 주지 못하지만 잠재적 고용주에게는 근로자에 대한 정보를 제공하는 비용을 수반하는 행동이다. 생산성이 낮은 근로자가 실

행하기에는 비용이 너무 많이 들기 때문에, 생산성이 높은 근로자들만이 대학 학위를 받는다. 직업시장에서 대학 학위는 개인의 생산성을 잠재적 고용주에게 알리는 신호의 역할을 한다.

12. 신호는 삶의 모든 분야에서 사용될 수 있다. 약혼반지를 사는 것은 결혼을 하겠다는 당신의 결심을 알리는 것이다. 길에 비싼 차를 세워두는 것은 이웃들에게 당신의 부를 알리는 것이다. 그리고 좋은 옷을 입고 출근하는 것은 당신의 고용주에게 당신이 직장을 얼마나 중요하게 생각하는지를 알게 한다.

제17장

1. 공해와 같은 부정적 외부효과는 거래에 직접적으로 참여하지 않은 제3자에게 비용을 부과한다. 긍정적인 외부효과는 제3자에게 편익을 가져다준다. 교육과 증가하는 면역과 같은 요인들은 직접적으로 관련되지 않은 사람들에게까지 편익을 가져다준다.

2. 규제되지 않은 시장에서는 기업들은 단지 재화 생산의 사적 비용만을 부담한다. 부정적인 외부효과를 만들어내는 재화의 경우에는 외부 한계비용이 양(+)이기 때문에 사적 비용은 재화 생산의 사회적 비용과 일치하지 않는다. 그 결과 기업들은 사회적 비용보다 적은 비용만을 부담하고 따라서 재화를 과잉생산하게 된다.

3. 외부효과의 효율적인 수준은 (사적 한계비용과 외부 한계비용을 더한) 사회적 한계비용곡선과 (사적인 한계편익과 외부 한계편익을 더한) 사회적 수요곡선이 만나는 점에서 달성된다.

4. 공해의 한계편익곡선은 공해를 만든 기업이 그것을 줄이는 데 얼마의 비용이 드는지를 알 수 있게 해주므로 한계감축비용이라고 알려진 공해를 줄이는 한계비용과 같다.

5. 피구세는 외부효과에 의해 부과된 외부 한계비용과 같은 세금을 말한다. 이러한 세금은 한계비용을 사회적 한계비용까지 이동시켜 시장에서 효율적인 생산을 가져다준다.

6. 정부가 발행한 거래가능한 배출권을 가진 사람에게는 두 가지 선택권이 있다―그 기업은 배출권만큼 허용된 공해를 배출하거나 혹은 시장 내에 있는 다른 기업에게 배출권을 팔 수 있다. 발행된 배출권의 수를 제한함으로써 정부는 어떤 시장이 만들어낼 수 있는 공해의 상한선을 설정한다. 동시에, 배출권이 거래될 수 있으므로 이러한 정책은 개별기업들 간에 공해 배출량이 달라질 수 있도록 하며 효과적으로 공해에 대한 시장을 만들어낸다.

7. 외부효과의 최적 수준이 알려진 시장에서는, 피구세와 같은 가격에 근거한 정책이나 혹은 할당이나 거래가능한 배출권과 같은 수량에 근거한 정책이 동일한 효율적인 결과를 만들어낸다. 그러나 최적 수준이 알려져 있지 않을 때는 후생손실이 발생한다. 시장 특성에 따라 피구세나 혹은 수량에 근거한 정책 중 어떤 하나가 더 효율적일 수 있다. 특히 상대적으로 기울기가 작은 한계감축비용곡선을 가진 시장에서는 수량규제가 적용되었을 때 규제로 인한 후생손실이 최소화된다. 상대적으로 기울기가 큰 한계감축비용곡선을 가진 시장에서는 피구세가 더 효율적이다.

8. 코즈 정리는 만일 당사자들이 비용 없이 서로 협상을 할 수 있다면, 누가 재산권을 가졌는지와 상관없이, 그들은 외부효과의 효율적인 수준을 만들어낼 수 있다고 예측한다.

9. 공공재는 비경합적이고 비배제적이다. 이것은 누구나 그 재화를 사용할 수 있고(비배제적), 어떤 사람의 소비가 그 재화로부터 얻는 다른 사람의 효용을 줄이지 않음을(비경합적) 의미한다.

10. 효율적으로 생산될 때 공공재의 총한계편익, 즉 모든 개별 소비자의 한계편익을 수직으로 합한 것은 그것을 생산하는 한계비용과 같아진다.

11. 무임승차자는 값을 지불하지 않고 재화나 서비스를 사용하는 사람이다. 공공재는 비배제적이고 비경합적이므로 무임승차의 문제를 야기한다.

12. 공유의 비극은 누구나 제약 없이 공유자산을 사용할 수 있을 때 발생하는 현상이다. 그 결과로 공유

자산은 그것이 사적으로 소유되었을 때보다 훨씬 더 많이 사용된다. 다른 부정적 외부효과처럼, 피구세나 혹은 수량에 근거한 정책은 공유의 비극에 대한 해결책이다. 또 하나의 해결책은 개인에게 재산권을 주는 것이다. 즉 자산을 공유된 것으로부터 사적으로 소유된 것으로 변환하는 것이다.

제18장

1. 호모 에코노미쿠스는 호모 사피엔스와 달리 경제학의 원칙과 예측을 정확하게 따른다. 그는 자신이 원하는 것과 어떻게 그것을 얻는지를 알며 그가 만나는 모든 경제 문제를 (얼마나 복잡하든지 상관없이) 실수하지 않고 풀 수 있다.

2. 호모 에코노미쿠스가 아닌 보통의 인간을 괴롭히는 특징인 과도한 확신은 자신의 능력이나 판단이 실제보다 더 뛰어나다고 믿는 것이다.

3. 과도한 할인은 소비자들로 하여금 미래의 이익이 더 큰 금전적 가치를 가지고 있음에도 불구하고 미래의 이익보다 현재의 이익을 더 선호하도록 만든다.

4. 시간 비일관적인 사람의 선택은 시간에 따라 달라진다. 그가 오늘 선택한 것은 그가 미래에 선택한 것과 다르며, 바로 이 사실은 자기통제의 문제를 2명의 서로 다른 사람들 간의 게임이론의 경쟁처럼 만든다. 그 결과로 전통적인 경제이론과 모형을 통해 그의 행동을 분석하는 것은 어렵다.

5. 보유효과는 어떤 물건의 가치에 대한 개인의 인식은 그 재화를 소유한 것에 의해 영향을 받는다는 것을 설명한다. 달리 표현하자면, 그 물건을 포기할 때 느끼는 고통은 그것을 받았을 때 느낀 기쁨보다 더 크다는 것인데, 이러한 사실은 전통적인 경제 모형에서는 고려되고 있지 않다.

6. 보편적인 경제 모형에서의 손실기피는 사람들이 실질적 가치에 반응한다고 가정함에 비해서, 명목적 손실기피는 특별히 사람들이 자신들의 손실에 대해 물가상승률을 반영한 것이 아닌 명목적 가치를 걱정하는 상황을 의미한다.

7. 닻 내리기는 의사결정을 어떤 특별한 주어진 단편적인 정보에 의존하는 경향을 말한다. 한 가지 가능한 예로서, 처음에 고급 디자이너의 옷을 본 쇼핑객은 처음에 싼 옷을 본 쇼핑객보다 결국 사게 되는 옷에 대해 높은 가격을 지불할 가능성이 높다.

8. 심리계좌는 사람들이 현재와 미래의 자산을 별개의 서로 이전할 수 없는 부분으로 나누는 편견을 묘사한다. 심리적으로 소득을 별도의 구매 및 저축 부류로 나누는 것은 그 사람이 얼마나 소비하고 무엇에 소비하는지에 영향을 줄 수 있다.

9. 경제학자들은 자비를 효용함수에 포함시키거나 혹은 개인의 효용을 자신의 소비뿐만 아니라 자녀와 같은 타인의 소비에도 영향을 받게 함으로써 이타심이 주는 행복감을 설명한다.

10. 비합리적이거나 편견을 가진 사람들은 더 합리적이고 경제적으로 정상적인 시장 참여자들에게 이익을 잃는 경향을 보인다. 그 결과 경제적 편견을 보이는 사람들은 종종 시장에서 퇴출된다.

11. 실험실은 연구실 실험을 잠재적으로 문제가 있게 만드는 몇 가지 방법에서 실제 생활과 다르다. 첫째, 자신들이 실험자에 의해 관측되고 있음을 알 때 사람들의 행동은 달라진다. 둘째, 실험실에서 이루어지는 경제적 게임에 걸려 있는 이익의 크기는 현실에서 일어나는 게임의 이익보다 훨씬 작다. 또한 실험 참가자들은 종종 실험을 통해 자신들에게 낯선 일을 수행하기를 요구받는다. 그리고 현실에서는 사람들은 보통 자신들의 문화적 규범을 무시하지 않는다. 그럼에도, 연구실의 실험은 실험경제학자들에게 많은 경제이론을 검증하고 직관을 얻도록 해준다.

12. 자연적 실험은 연구자가 경제적 질문에 관해 알 수 있게 해주는 어떤 일이 우연히 일어나는 상황이다. 현장 실험은 실험실에서처럼 무작위 표본을 사용하지만 현실적 상황에서 수행된다. 자연적 실험과 현장 실험은 모두 경제학자들로 하여금 자연스러운 환경에서 경제적 행위들을 검사할 수 있게 해준다. 그리고 현장 실험은 연구실 실험처럼 경제학자들에게 이론이 검증되는 방법에 대해서 어느 정도의 통제를 할 수 있게 해준다.

연습문제 풀이

제2장

3. a. $P_C = 5$이고 $I = 10$일 때 유기농 당근의 수요곡선은 다음과 같다.

$$Q_O^D = 75 - 5P_O + P_C + 2I$$
$$Q_O^D = 75 - 5P_O + 5 + (2 \times 10)$$

이것을 간단히 하면 다음과 같다.

$$Q_O^D = 100 - 5P_O$$

역수요곡선을 찾기 위해서는 항을 재정리하여 P를 Q의 함수로 표현한다.

$$5P_O = 100 - Q_O^D$$
$$P_O = 20 - 0.2Q_O^D$$

폐색가격은 수요량 0에 대응하는 가격을 구해 찾을 수 있다.

$$P_O = 20 - (0.2 \times 0) = 20$$

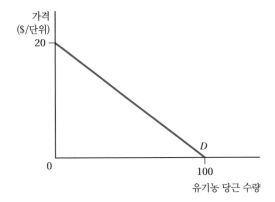

b. $P_O = 5$일 때 수요량은 다음과 같다.

$$Q_O^D = 100 - 5P_O = 100 - 5(5) = 75$$

$P_O = 10$일 때 유기농 당근의 수요량은 다음과

같다.

$$P_O = 20 - 0.2Q_O^D$$
$$10 = 20 - 0.2Q_O^D$$
$$10 = 0.2Q_O^D$$
$$50 = Q_O^D$$

c. 수요식에서 시작해서 주어진 값을 P_C와 I에 대입한다.

$$Q_O^D = 75 - 5P_O + P_C + 2I$$
$$Q_O^D = 75 - 5P_O + 15 + (2 \times 10)$$

이것은 다음과 같이 단순화된다.

$$Q_O^D = 110 - 5P_O$$

역수요곡선을 찾기 위해서는 항을 재정리하여 P를 Q의 함수로 표현한다.

$$5P_O = 110 - Q_O^D$$
$$P_O = 22 - 0.2Q_O^D$$

유기농 당근 가격에 10을 대입하여 수요량을 찾을 수 있다.

$$10 = 22 - 0.2Q_O^D$$
$$0.2Q_O^D = 12$$
$$Q_O^D = 60$$

폐색가격은 수요량을 0으로 만드는 가격을 찾아 구할 수 있다.

$$P_O = 22 - 0.2Q_O^D$$
$$P_O = 22 - (0.2 \times 0) = 22$$

수요곡선 전체가 오른쪽으로 이동했기 때문에 유기농 당근에 대한 수요가 변했다.

d. 유기농 당근에 대한 수요가 증가하여 수요곡선이 오른쪽으로 이동했다. 일반 당근 가격의 증가가 모든 가격대에서 유기농 당근의 수요량을 증가시켰기 때문에, 이는 두 재화가 서로 대체재임을 보여준다.

e. 소득 변수의 계수가 양수(+2)이다. 이는 소득이 증가하면 유기농 당근에 대한 수요가 오른쪽으로 이동할 것임을 뜻한다. 결과적으로 유기농 당근이 정상재임을 알 수 있다.

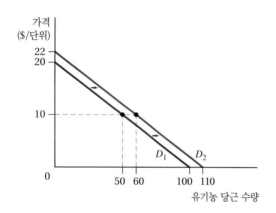

4. a. 차와 커피는 대체재의 대표적인 예이므로, 차 가격이 상승함에 따라 커피 수요는 증가할 것이다.

b. 도넛 가격이 상승하면 도넛 수요량은 감소한다. 도넛과 커피는 보완재이므로 커피 수요가 감소할 것이다.

c. 커피 가격이 하락하면 수요곡선상의 이동에 의해 수요량이 증가할 것이다.

d. 공중위생국장의 발표는 커피 섭취에 관심이 있는 사람의 숫자를 늘릴 것이고, 따라서 커피 수요를 증가시킬 것이다.

e. 폭우는 커피 공급을 감소시킬 것이다. 이는 공급곡선이 안쪽으로 이동하는 것으로 나타난다. 결과적으로 균형가격이 상승하고 균형수량은 감소한다. 이런 조정은 수요곡선상의 이동을 통해 이루어진다.

10. a. 역공급곡선은 $P = \dfrac{Q^S}{10}$ 이고 역수요곡선은 $P = 20 - \dfrac{1}{5}Q^D$ 이다. 그래프는 다음과 같다.

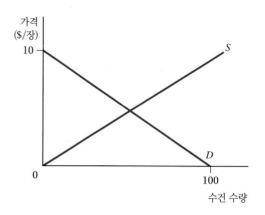

b. Q_E 와 P_E 를 각각 균형수량과 가격으로 정의하자. 균형에서 가격은 수요와 공급을 일치시킨다. 따라서 균형에서는 다음이 성립한다.

$$\frac{Q^S}{10} = 20 - \frac{Q^D}{5}$$

$$\frac{Q_E}{10} = 20 - \frac{Q_E}{5}$$

$$Q_E = 200 - 2Q_E$$

$$3Q_E = 200$$

$$Q_E = \frac{200}{3} = 66\frac{2}{3}$$

따라서 균형가격은 다음과 같다.

$$P_E = \frac{Q_E}{10} = \frac{\frac{200}{3}}{10} = \frac{20}{3} = 6\frac{2}{3}$$

c. 새로운 공급함수는 다음과 같다.

$$Q^S = 10P - 20$$

따라서 새로운 역공급함수는 다음과 같다.

$$P = \frac{1}{10}Q^S + 2$$

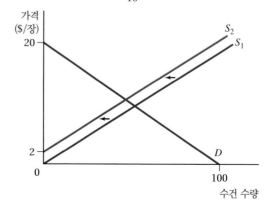

d. 새로운 균형가격과 수량을 구하면 다음을 얻는다.

$$\frac{Q^S}{10} + 2 = 20 - \frac{Q^D}{5}$$

$$\frac{Q_E}{10} + 2 = 20 - \frac{Q_E}{5}$$

$$Q_E + 20 = 200 - 2Q_E$$

$$3Q_E = 180$$

$$Q_E = 60$$

균형가격은 다음과 같다.

$$P_E = \frac{Q_E}{10} + 2 = \frac{60}{10} + 2 = 8$$

공급 감소가 균형수량을 60으로 낮추고 균형가격을 8로 높였다.

e. 수건 수요량이 모든 가격대에서 전보다 25만큼 작다면, 이는 수요식이 $Q^D = 75 - 5P$가 되고 역수요가 $P = 15 - 0.2Q^D$임을 뜻한다.

따라서 균형에서는 다음이 성립한다.

$$\frac{Q^S}{10} = 15 - \frac{Q^D}{5}$$

$$\frac{Q^E}{10} = 15 - \frac{Q^E}{5}$$

$$Q^E = 150 - 2Q^E$$

$$3Q^E = 150$$

$$Q^E = 50$$

균형가격은 이제 $P_E = \frac{Q^S}{10} = \frac{50}{10} = 5$이다.

수요 감소가 균형가격과 수량을 둘 다 낮췄다. 이것은 공급 감소가 균형수량을 낮추고 균형가격을 높인 것과 대조된다.

15. a. 균형에서는 $Q^S = Q^D$이므로 다음이 성립한다.

$$Q^D = 100 - P = -20 + 2P = Q^S$$

$$100 - P = -20 + 2P$$

$$P_E = 40$$

베개의 균형가격은 40이다.

b. 균형수량은 다음과 같다.

$$Q_E = 100 - P_E = 60$$

c. 공급식을 이용한 균형수량은 다음과 같다.

$$Q^S = -20 + 2P_E = 60 = Q_E$$

따라서 $Q^S = Q^D = Q_E$가 되어 (b)에서 구한 것과 같다.

d. 공급이나 수요의 탄력성은 다음 식을 이용해 계산할 수 있다.

$$E = \frac{1}{\text{역수요곡선의 기울기}} \times \frac{P}{Q}$$

균형점에서 $P = 40$이고 $Q = 60$이라는 것에 주목하자. 수요곡선의 기울기가 -1이므로 다음을 얻는다.

$$E_D = \frac{1}{-1} \times \frac{40}{60} = -\frac{2}{3}$$

반면 공급곡선의 기울기는 0.5이므로 다음을 얻는다.

$$E_S = \frac{1}{0.5} \times \frac{40}{60} = \frac{4}{3}$$

수요탄력성은 $-1 < E_D < 0$ 구간에 속한다. 따라서 수요는 비탄력적이다. 공급탄력성의 계수는 탄력적이다. 둘 중 공급이 더 탄력적이다.

e. 수요곡선의 역함수를 취하면 다음을 얻는다.

$$Q^D = 100 - P$$

$$P = 100 - Q^D$$

공급곡선의 역함수를 취하면 다음을 얻는다.

$$Q^S = -20 + 2P$$

$$P = 0.5Q^S + 10$$

균형에서는 다음을 얻는다.

$$100 - Q^D = \frac{Q^S}{2} + 10$$

$$100 - Q_E = \frac{1}{2}Q_E + 10$$

$$\frac{2}{3}Q_E = 90$$

$$Q_E = 60$$

$$P_E = 100 - Q_E = 40$$

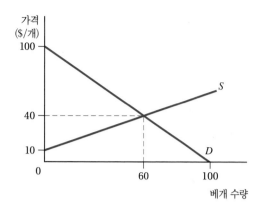

따라서 균형점은 앞에서 구한 답과 일치한다. 균형점이 같고 두 곡선의 기울기도 변하지 않았으므로 탄력성은 앞의 (d)에서 구한 계수와 일치할 것이다.

19. a. 임의의 점에서 수요탄력성은 $(\Delta Q/\Delta P) \times (P/Q)$로 계산된다. $\Delta Q/\Delta P$는 수요곡선의 기울기이다. 하지만 우리가 가진 것은 역수요곡선의 기울기인 $\Delta P/\Delta Q$이다. 그러므로 수요탄력성은 $(1/(\Delta P/\Delta Q)) \times (P/Q)$, 즉 $(1/기울기) \times (P/Q)$로 쓸 수 있다. 여기서 "기울기"는 역수요곡선의 기울기이다. 따라서 조에게 A점에서의 수요탄력성은 $(1/(-3)) \times (3/1) = -1$이다. B점에서의 수요탄력성은 $(1/(-4/3)) \times (2/1.5) = -1$이다. C점에서의 수요탄력성은 $(1/(-1/3)) \times (1/3) = -1$이다. 그러므로 조의 수요곡선의 모든 점에서 수요탄력성은 -1이다. 따라서 조의 수요는 단위탄력적이다.

   b. Q점에서 카일의 수요탄력성은 $(-1) \times (3/1) = -3$이다. 따라서 수요는 탄력적이다. R점에서 카일의 수요탄력성은 $(-1) \times (1/3) = -1/3$이다. 따라서 수요는 비탄력적이다. 그러므로 카일의 수요탄력성은 수요곡선의 각 점에서 상이하다.

   c. 조의 수요곡선은 점마다 기울기가 다르지만 탄력성은 변하지 않는다. 카일의 수요곡선은 기울기가 항상 같지만 탄력성은 점마다 다르다. 그러므로 기울기와 탄력성이 관련은 있지만(탄력성식에 수요곡선의 기울기가 포함되어 있다) 절대로 같지는 않다고 결론 내릴 수 있다.

제3장

5. a. 새로운 수요곡선식은 $Q^D = 7,000 - 20P$이다. (수요 변화를 반영하여 절편이 1,000 증가하였음에 주목하라.)

   b. $Q^D = Q^S$이므로, $7,000 - 20P = 30P - 2,000$, 즉 $50P = 9,000$이 성립한다. 에 대해 풀면 달러가 나온다. 이 값을 수요곡선이나 공급곡선의 둘 중 하나에 대입하면 을 얻는다.

   c. 최초에 시장은 다음과 같다.

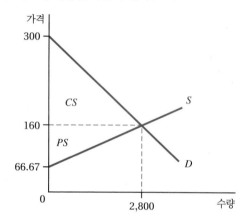

원래 수요곡선에서 $Q^D = 0$으로 놓아 원래 수요폐색가격을 구했다. $Q^D = 6,000 - 20P$이면 $Q^D = 0$일 때 $0 = 6,000 - 20P$, 즉 $20P = 6,000$으로부터 $P = 300$이 나온다. 공급폐색가격도 마찬가지로 $Q^S = 0$으로 놓아 구했다. 즉 $Q^S = -2,000 + 30P$이면 $Q^S = 0$일 때 $0 = -2,000 + 30P$, 즉 $30P = 2,000$으로부터 $P = 66.67$이 나온다.

소비자잉여는 수요곡선의 아래이고 공급곡선의 위인 영역으로 계산되며, $(1/2) \times (300 - 160) \times 2,800$, 즉 196,000달러이다. 생산자잉여는 공급곡선 위이고 가격 아래인 영역이며, $(1/2) \times (160 - 66.67) \times 2,800$, 즉 130,666.67달러이다.

수요곡선 이동 후, 시장은 다음과 같다.

새로운 수요곡선에서 $Q^D = 0$으로 놓아 새로운 수요폐색가격을 구했다. $Q^D = 7,000 - 20P$이면 $Q^D = 0$일 때 $0 = 7,000 - 20P$, 즉 $20P = $

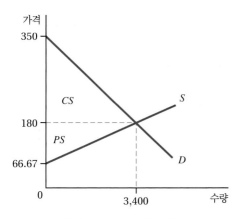

7,000으로부터 $P = 350$이 나온다.

소비자잉여는 수요곡선의 아래이고 공급곡선의 위인 영역으로 계산되며, $(1/2) \times (350 - 180) \times 3,400$, 즉 289,000달러이다. 생산자잉여는 공급곡선 위이고 가격 아래인 영역이며, $(1/2) \times (180 - 66.67) \times 3,400$, 즉 192,666.67달러이다.

따라서 수요 변화의 결과 소비자잉여는 $289,000 - $196,000, 즉 93,000달러 증가했다. 생산자잉여는 $192,666.67 - $130,666.67, 즉 62,000달러 감소했다.

8. a. 잉여 손실에 따른 소비자의 비용은 다음과 같다.

A와 B의 면적 = $(0.5 - 0) \times ($4 - $3) +$

$$\frac{1}{2} \times (1 - 0.5) \times ($4 - $3) = $0.75$$

수량이 100만 파운드 단위로 측정되므로, 소비자의 비용은 750,000달러이다.

b. 납세자의 비용은 다음과 같다.

$$(1.5 - 0.5) \times $4 = $4$$

따라서 납세자의 비용은 400만 달러이다.

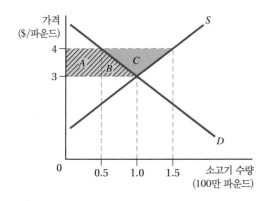

c. 생산자잉여의 증가분은 다음과 같다.

A, B, C의 면적 = 소비자 비용 + $\frac{1}{2} \times (1.5 - 0.5)$

$$\times ($4 - $3) = $1.25$$

따라서 생산자는 125만 달러만큼 이득을 본다.

d. 사회적 손실은 다음과 같다.

$$$4,000,000 + $750,000 - $1,250,000 = $3,500,000$$

e. 이 프로그램으로부터 생산자가 얻는 이득은 125만 달러이다. 따라서 생산자들에게 이 이득보다 조금 높게 보상해주면 충분하다. 목축협회의 제안을 따르면 소비자와 납세자를 합쳐 475만 달러 대신 220만 달러만 든다. 따라서 이 계획은 관계된 당사자 모두에게 더 좋다.

15. a. 역수요함수는 다음과 같다.

$$Q^D = 20 - 2P$$
$$P = 10 - 0.5Q^D$$

역공급곡선은 다음과 같다.

$$Q^S = 4P - 10$$
$$P = 2.5 + 0.25Q^S$$

균형가격은 다음과 같다.

$$Q^D = 20 - 2P = 4P - 10 = Q^S$$
$$6P = 30$$
$$P^* = $5$$

균형수량은 $20 - (2 \times 5) = 10$갤런이다.

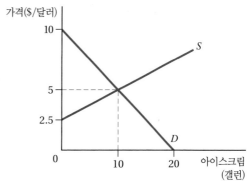

b. 수요곡선은 세금만큼 안쪽으로 이동한다. 다음 그래프를 참조하라.

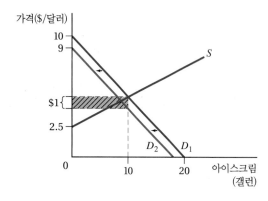

c. 구매자는 새로운 가격인 P_S + 세금에 직면하며, 판매자는 P_S에 판매한다.

$$Q^D = 20 - 2 \times (P_S + 1) = 4P_S - 10 = Q^S$$
$$6P_S = 28$$
$$P_S \approx 4.67$$

따라서 구매자는 5.67달러를 지불하고 판매자는 4.67달러에 판매한다. 판매량은 다음과 같다.

$$4 \times 4.67 - 10 = 8.68$$

d. 1달러의 세금이 부과된 후 구매자는 아이스크림 1갤런당 5.67달러를 지불한다. 구매자가 세금을 낸 후 판매자는 결국 판매된 1갤런당 4.67달러밖에 얻지 못한다. 따라서 소비자 가격이 갤런당 67센트 상승했으므로, 정부로 가는 1달러 중 대략 67%는 소비자의 주머니에서 나오는 것이다. 공급자에 의해 실현되는 가격은 갤런당 대략 33센트 하락한다. 이 세금의 부담은 67%는 구매자에게, 33%는 판매자에게 귀착된다. 따라서 구매자가 비례적으로 더 큰 부담을 진다. 이는 공급에 비해 수요가 상대적으로 비탄력적일 때 발생하는데, 위의 경우 공급이 상대적으로 탄력적이다.

e. 세금 부과 전에 수요폐색가격은 아이스크림 1갤런당 10달러이다. 따라서 소비자잉여는 다음과 같다.

$$\frac{1}{2} \times (10 - 0) \times (\$10 - \$5) = \$25$$

세금 부과 후 수요폐색가격은 아이스크림 1갤런당 9달러이다. 따라서 소비자잉여는 다음과 같다.

$$\frac{1}{2} \times (8.68 - 0) \times (\$10 - \$5.67) \approx \$18.79$$

또는 폐색가격을 1달러 감소시키고 세금을 뺀 가격인 4.67달러를 사용해도 소비자잉여는 여전히 다음과 같다.

$$\frac{1}{2} \times (8.68 - 0) \times (\$9 - \$4.67) \approx \$18.79$$

f. 세금 부과 전 공급폐색가격은 아이스크림 1갤런당 2.50달러이다. 따라서 공급자잉여는 다음과 같다.

$$\frac{1}{2} \times (10 - 0) \times (\$5 - \$2.50) \approx \$12.50$$

세금 부과 이후 생산자잉여는 다음과 같다.

$$\frac{1}{2} \times (8.68 - 0) \times (\$4.67 - \$2.50)$$
$$= 0.5 \times 8.68 \times \$2.17 \approx \$9.42$$

g. 정부가 올리는 조세수입은 다음과 같다.

$$\$1 \times 8.68 \approx \$8.68$$

h. 세금으로 인해 수량이 1.33단위 감소한다. 이 세금은 다음과 같은 후생손실을 낳는다.

$$0.5 \times \$1 \times 1.33 \approx \$0.67$$

16. a. 균형에서 수요의 가격탄력성은 $(-0.5) \times (6/7)$, 즉 $-3/7$이다. 공급탄력성은 $2 \times (6/7)$, 즉 $12/7$이다.

b. 소비자가 부담하는 세금 비율 = $E_s/(|E_d| + E_s)$이다. 이는 $(12/7)/[(3/7) + (12/7)]$, 즉 $(12/7)/(15/7)$와 같으며, 그 값은 0.8이다. 생산자가 부담하는 세금 비율 = $|E_d|/(|E_d| + E_s)$이다. 이는 $(3/7)/[(3/7)+(12/7)]$, 즉 $(3/7)/(15/7)$과 같으며, 그 값은 0.2이다.

c. 구매자는 세금 1달러 중 80%를 부담하므로 구매자가 지불하는 가격은 6달러에서 6.80달러로 80센트 상승한다. 판매자는 세금 1달러 중 20%를 부담하므로 판매자가 받는 가격은 6달러에

서 5.80달러로 20센트 하락한다.

제4장

6. A와 B는 동일한 무차별곡선 U_1상에 있는 두 묶음이므로, A와 B를 잇는 직선상의 어떤 묶음도 더 높은 무차별곡선상에 놓인다. 복숭아 3개와 사과 2개로 구성된 C묶음이 그러한 묶음이므로 민준은 A가 아닌 C를 선택할 것이다.

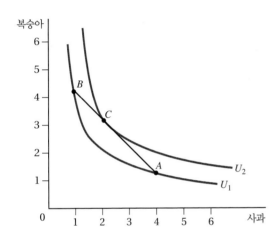

7. a.

$$U(1, 2) = (1)(2) = 2$$
$$U(2, 1) = (2)(1) = 2$$
$$U(5, 2) = (5)(2) = 10$$

b.

묶음	X의 수량	Y의 수량	효용
A	2	2	4
B	10	0	0
C	1	5	5
D	3	2	6
E	2	3	6

표에서 $U(D) = U(E) > U(C) > U(A) > U(B)$이므로 다음과 같은 순위를 갖는다. (>는 강선호, ~는 무차별을 나타낸다.)

$$D \sim E > C > A > B$$

c.

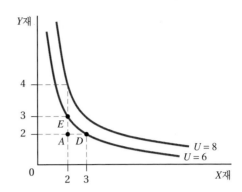

'많을수록 좋다'는 가정이 충족된다.

19. a. 소비자의 한계대체율은 각 재화의 한계효용으로부터 알아낼 수 있다.

$$MRS_{LG} = \frac{MU_L}{MU_G} = \frac{0.5L^{-0.5}G^{0.5}}{0.5L^{0.5}G^{-0.5}}$$
$$= \frac{G}{L} = \frac{2}{1}$$
$$G^* = 2L^*$$

소비자의 최적묶음은 예산선 $2L + G = 30$상에 있어야 한다. 접점 조건을 대입하면 다음을 얻는다.

$$2L^* + 2L^* = 30$$
$$4L^* = 30$$
$$L^* = 7.5$$

그리고

$$G^* = 15$$

최적 소비묶음은 $(L^*, G^*) = (7.5, 15)$이고 이에 따른 소비자의 효용은 $U = (7.5)^{0.5}(15)^{0.5} = 10.6$이다.

b. 기타 피크 가격이 2배가 되어 $PG = 2$달러라면 접점 조건으로부터 다음을 얻는다.

$$MRS_{LG} = \frac{P_L}{P_G}$$
$$\frac{G}{L} = \frac{2}{2}$$
$$G^* = L^*$$

소비자는 두 재화를 똑같이 소비하려고 할 것이

다. 효용 $U = 10.6$을 유지하려면 다음이 성립해야 한다.

$$U(L, G) = L^{0.5}G^{0.5}$$
$$10.6 = L^{0.5}G^{0.5}$$

$G^* = L^* = k$라고 놓으면

$$10.6 = k^{0.5}k^{0.5}$$
$$10.6 = k$$

소비자는 $(L^*, G^*) = (10.6, 10.6)$묶음을 소비할 것이고, 이것을 사는 데 드는 비용은 기타 피크 가격이 바뀌었을 때 다음과 같다.

$$(2)(10.6) + (2)(10.6) = \$42.40$$

소비자는 같은 효용수준을 유지하려면 소득이 $I' = 42.40$달러만큼 필요하다.

제5장

7. a. 영화표 가격이 10달러이면 민준은 극장에서 영화 6편을 본다.

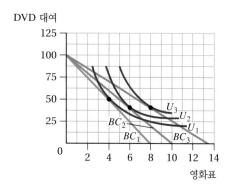

DVD 대여

b~e.

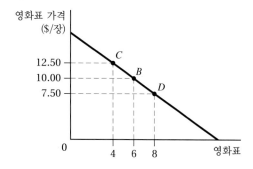

12. a.

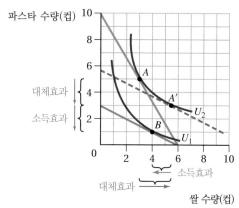

파스타 수량(컵)

b. 파스타에 대한 두 효과는 각 효과에 대해 파스타가 2컵씩 감소하여 크기가 동일한 것으로 보인다. 쌀에 대해서는 대체효과가 소득효과를 압도한다. 특히 대체효과에 의해 쌀이 2컵 증가하는 반면, 소득효과에 의해서는 쌀이 1컵 감소한다.

15. a. 최적묶음이 암시하는 것은 명수의 소득이 적어도 600달러는 된다는 것이다. 거기다 무차별곡선이 통상적인 형태를 띤다고 가정하면 명수의 소득은 600달러보다 크다. 세금 및 환불의 결과 양축의 절편이 바뀐다. 세금 및 환불 이후 가로축 절편은 $Y/3$의 왼쪽에 놓인다. 세금 및 환불 이후 세로축 절편은 Y 위쪽에 놓인다. 그래프는 다음과 같다. 그래프에 나타난 것처럼, 명수의 탄산음료 소비는 줄고 복합재 소비는 증가할 것이다.

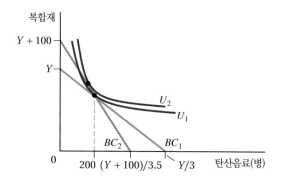

복합재

b. 최적묶음이 전보다 높은 무차별곡선상에 위치하므로 명수는 더 좋아질 것이다.

c. 명수가 탄산음료 소비를 줄이므로 정부가 올리는 조세수입은 100달러보다 작다. 동시에 정부는 명수에게 보조금을 주기 위해 100달러를 쓴다. 따라서 정부는 더 나빠진다.

16. a. 민준의 팥 수요곡선

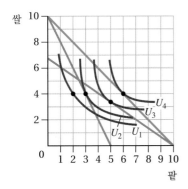

c. 쌀 가격이 3달러로 오르면 팥 수요는 감소한다.
d. 가격과 수량 변화는 보완재의 정의에 부합한다.

제6장

8. a. 생산량은 600이다.
  b. 600의 생산량은 자본 3단위와 노동 2단위, 또는 자본 2단위와 노동 3단위, 또는 자본 1단위와 노동 6단위 등으로도 달성될 수 있다.
  c.

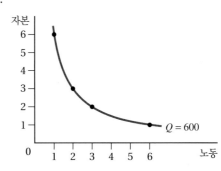

10. a. 자본의 한계생산은 자본량 증가에 따라 감소하고 노동의 한계생산은 노동량 증가에 따라 감소한다. 즉 둘 다 한계생산체감을 보여준다. 한계기술대체율은 다음과 같다.

$$(2K^{0.5}L^{-0.5})/(2K^{-0.5}L^{0.5}) = K/L$$

노동의 증가에 따라 이 값은 감소한다. 따라서 한계기술대체율은 체감한다.

  b. 주어진 노동량에서 자본의 한계생산은 일정하다. 주어진 자본량에서 노동의 한계생산은 불변이다. 따라서 어느 쪽도 수확체감을 보여주지 않는다. 한계기술대체율은 다음과 같다.

$$4K/4L = K/L$$

노동량 증가에 따라 $MRTS$는 감소할 것이다.

  c. (a)와 (b) 모두에서 생산함수는 한계기술대체율 체감을 보여준다. 하지만 (b)에서는 두 가지 요소가 모두 한계생산 불변이다. 따라서 한계기술대체율 체감은 한계생산이 체감하지 않는 경우에도 나타날 수 있다.

12. a.

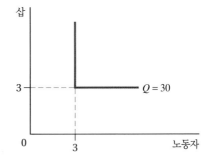

b.

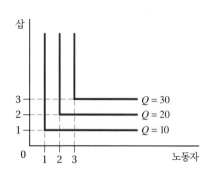

c.

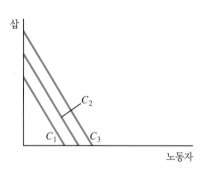

d. 계약을 완수하는 데 필요한 최소비용

$$3 \times \$5 + 3 \times \$25 = 90달러$$

e. 필요한 노동자와 삽의 수가 전과 같으므로, 투입물 조합에는 변화가 없을 것이다.

13. a. 비용함수

$$\$12 \times L + \$7 \times K$$

b.

$$\$100 = \$12 \times L + \$7 \times K$$

$$K = \frac{100}{7} - \frac{12}{7}L$$

c.

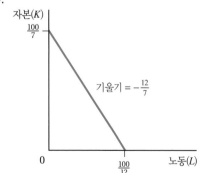

d. 세로축 절편은 노동은 전혀 고용하지 않을 경우에 100달러로 임대할 수 있는 자본의 양을 가리

키며, 가로축 절편은 자본은 전혀 임대하지 않을 경우에 100달러로 고용할 수 있는 노동의 양을 나타낸다.

e. 기울기(절댓값)는 노동의 가격(임금)과 자본의 임대가격의 비율이다. 등비용선의 기울기는 $-12/7$이다.

f. 등비용선은 안쪽으로 회전 이동한다.

$$K = \frac{100}{7} - 2L$$

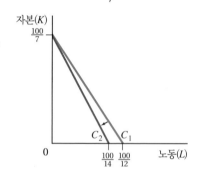

새 등비용선은 더 가파르며, 기울기는 -2이다.

제7장

2. a. 맞다. 경제적 비용은 회계적 비용과 기회비용을 포함한다. 기회비용이 없다면 회계적 비용과 경제적 비용은 같아질 수 있지만, 기회비용이 음수인 경우는 없으므로 경제적 비용이 회계적 비용보다 작아질 수는 없다.

b. 틀리다. 경제적 이윤은 총수입에서 경제적 비용을 뺀 것인 반면, 회계적 이윤은 총수입에서 회계적 비용을 뺀 것이다. 경제적 비용이 회계적 비용보다 적을 수는 없으므로 회계적 이윤 없이 경제적 이윤을 얻는 것은 불가능하다.

8. a. L을 좌변에 두고 L에 대한 식으로 바꾸자.

$$100L = 3,000 + Q$$

$$L = 30 + 0.01Q$$

b. $TC = w(30 + 0.01Q) = 30w + 0.01Qw$

생산량	가변비용 ($)	평균 총비용 ($)	평균 고정비용 ($)	평균 가변비용 ($)
1	25	75	50	25
2	35	42.5	25	17.5
3	52	34	16.67	17.33
4	77	31.75	12.5	19.25
5	115	33	10	23
6	160	35	8.33	26.67

19. 두 가지 선택 간에 무차별할 조건은

$$ATC_1 = ATC_2$$

이다. 따라서 둘 간에 무차별하게 되는 생산량은 다음과 같다.

$$Q^2 - 6Q + 14 = Q^2 - 10Q + 30$$
$$Q = 4$$

$Q < 4$에서는 ATC_1이 더 적은 반면 $Q > 4$에서는 ATC_2가 더 적다. 따라서 $LATC$는 다음과 같다.

$$\begin{cases} Q^2 - 6Q + 14, & Q \le 4 \\ Q^2 - 10Q + 30, & Q > 4 \end{cases}$$

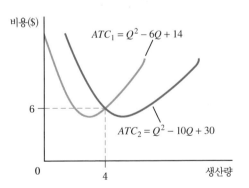

20. a. 이 함수는 규모에 대한 수익 불변을 나타낸다. 따라서 장기 평균비용곡선은 수평선이며, 장기 총비용곡선은 우상향의 직선이다.

   b. 이제 생산함수는 규모에 대한 수익 증가를 보여준다. 장기 평균비용곡선은 우하향하며, 장기 총비용곡선은 우상향하지만 기울기는 갈수록 완만해진다.

제8장

2. 수요탄력성의 핵심적 결정요인은 대체재의 수이다. 콩의 대체재는 많지 않지만, 어떤 개별 생산자가 생산한 콩에는 많은 대체재가 있다(다른 생산자들의 콩). 제품이 좁게 정의될수록 대체재의 수가 많아지므로 탄력성은 커진다.

9. a. 100달러에 1,000단위를 팔 때의 총수입은 $ADGH$ 영역이다.

   b. 가변비용은 $MLGH$ 영역이다.

   c. 고정비용은 $KJLM$ 영역이다.

   d. 총비용은 $KJGH$ 영역이다.

   e. 이윤은 $ADJK$ 영역이다.

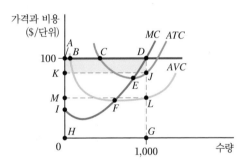

12. a. $MR = MC$인 생산량은 5,000이다.

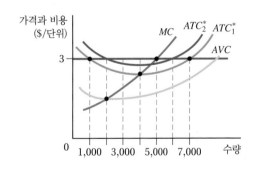

   b. 이자 지출의 상승은 고정비용을 증가시키므로, ATC곡선이 상향 이동한다.

   c. ATC곡선만 이동한다. 이자 지출이 증가해도 가변비용은 변하지 않으므로 AVC곡선은 변동하지 않는다. 마찬가지로 MC곡선도 변동하지 않는다.

   d. 이자 지출이 변해도 MC가 변하지 않으므로 단기적인 생산량 결정에는 변화가 없다. (그러나 이

로 인하여 *TC*가 *TR*보다 더 커져서 이윤이 음수가 된다면, 장기적으로는 퇴출하게 될 것이다.)

e. 이윤은 감소한다. 총수입에는 변화가 없지만, 고정비용 상승으로 총비용이 증가했다.

f. 단기 공급곡선은 *AVC*곡선 위쪽의 *MC*곡선인데, 둘 다 변치 않았으므로 공급곡선도 움직이지 않는다.

17. a. 장기 평균총비용(*LATC*)

$$LATC = \frac{LTC}{Q} = Q^2 - 15Q + 40$$

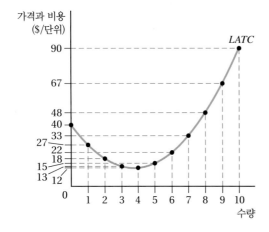

b. 장기 균형가격은 *LATC*곡선의 최저점인 약 12달러이다.

c. 각 기업은 *LATC*곡선의 최저점에 상응하는 수량을 생산할 것이므로, 4단위이다.

d. 수요곡선에 가격을 대입한다. 장기 균형에서의 수요량은 약 996단위이다.

$$Q^D = 999 - 0.25P = 999 - 0.25 \times 12 = 996$$

e. 각 기업의 생산량은 4단위이므로, 장기 균형에서 공급자의 수는 다음과 같다.

$$\frac{996}{4} = 249$$

22. a. 두 유형의 생산자가 모두 생산하고 있다면, 가격은 한계적 생산자(*D*)의 비용에 의해 결정될 것이다. 가격이 *D* 생산자의 최저 *LAC*보다 낮다면 이들은 퇴출할 것이다. 가격이 *D* 생산자의 최저 *LAC*보다 높다면 이윤이 있어서 진입을 유발할 것이다. 따라서 균형에서 가격은 *D* 생산자의 최저 *LAC*와 같아질 수밖에 없다. 그런데 *D* 생산자의 최저 *LAC*는 무엇인가? 최저점에서는 $LAC_D = LMC_D$이다. 따라서 이 조건이 충족되는 수량을 찾아서 그때의 *LAC*를 보면 된다.

$$LMC_D = LAC_D$$
$$3Q^2 - 40Q + 105 = Q^2 - 20Q + 105$$
$$2Q^2 = 20Q$$
$$2Q = 20$$
$$Q = 10$$

$Q = 10$에서 $LAC_D = 10^2 - 20(10) + 105 = 5$

따라서 *D* 생산자의 최저 *LAC*는 5달러이다. 시장이 균형 상태에 있으므로 가격은 한계적 생산자의 최저 *LAC*와 같아야 하며, 따라서 단위당 5달러에 판매될 수밖에 없다.

b. 5달러의 시장가격에서 저비용 생산자(*I*)의 최적 산출량은 $LMC_I = P$에서 달성된다.

$$LMC_I = P$$
$$3Q^2 - 32Q + 67 = 5$$
$$3Q^2 - 32Q + 62 = 0$$

2차방정식의 해를 구하면, 이윤극대화 산출량 수준은 8,120단위이다.

$Q = 8,120$에서 평균비용은

$$LAC_I = Q^2 - 16Q + 67$$
$$LAC_I = (8.12)^2 - 16(8.12) + 67$$
$$LAC_I = \$3.01$$

따라서 *I* 생산자는 단위당 5 − 3.01 = 1.99달러의 경제적 지대를 얻게 된다. 산출량이 8,120이므로 생산자가 벌게 되는 지대는 8,120(1.99), 즉 16,158달러이다.

c. 저비용 생산자의 지대는 농업용수 이용에서 나온다. 용수 이용은 기회비용을 수반한다. 그것은 누군가에 판매하거나 임대할 수 있다. 용수권을 가진 농부 A가 농부 B에게 자기 땅을 임대하는 경우, 용수 이용이 불가능한 토지에 비해

서 연간 16,158달러에 달하는 임대료 차이를 가져올 수 있다. 비싼 임대료 때문에 농부 B의 비용은 고비용 생산자 D의 경우와 같아질 것이다. 농부 B는 0의 이윤을 얻게 된다. 농부 A는 농사를 짓지 않고도 지대를 차지할 것이다.

따라서 농부 A가 누군가에게 땅을 임대하는 대신 농사를 짓기로 할 경우에 그의 경제적 이윤에는 누군가에게 임대하는 것의 기회비용이 감안되어야 한다. 그러고 나면 농부 A는 양(+)의 지대를 벌지만 경제적 이윤은 0이다.

제9장

4. a. b. c.

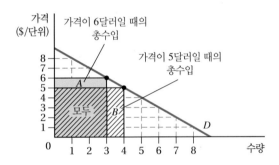

d. A는 가격 인하에 따른 손실을 가리킨다.
e. B는 (가격 인하에 의한) 판매량 증가에 따른 이득을 가리킨다.
f. A의 면적

$$(\$6 - \$5) \times 3 = \$3$$

B의 면적

$$\$5 \times (4 - 3) = \$5$$

B에서 A를 빼면, $5 - $3 = 2달러이다.
g. $MR = TR_B - TR_A = (\$5 \times 4) - (\$6 \times 3) = 2$달러이다. 따라서 (f)에서 구한 값과 같다.

7. a. Q의 함수로서 P를 나타내는 역수요곡선을 구한다. $P = 25 - (1/32)Q$. 한계수입곡선은 절편이 같고 기울기가 2배이다. $MR = 25 - (1/16)Q$.
   b. $Q = 96$이면, $MR = 25 - (1/16)(96) = 19$.
   $Q = 480$이면, $MR = 25 - (1/16)(480) = -5$.

비교적 적은 수량에서는 MR이 양수이고, 수량이 많아지면 음수가 된다.

c. MR 식에 0을 대입하면,

$$0 = 25 - (1/16) \times Q$$
$$(1/16) \times Q = 25$$
$$Q = 25 \times 16$$
$$Q = 400$$

d. 수요곡선의 중간 지점으로서 수요탄력성은 −1 (절댓값은 1)이다.

10. a. $MR = MC$에 따라 100단위이다.
    b. 100단위를 판매할 수 있는 가격은 단위당 100달러이다.
    c.

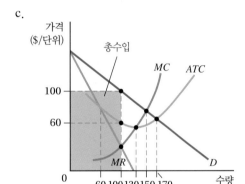

d.

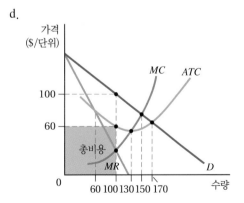

e. $\pi = TR - TC = (100 \times \$100) - (100 \times \$60) = \$4,000$

16. a. 역수요곡선은

$$Q = 40 - 0.5P$$
$$P = 80 - 2Q$$

이다. 따라서 한계수입은 다음과 같다.

$$MR = 80 - 4Q$$

b.
$$MR = 80 - 4Q = 10 = MC$$
$$4Q = 70$$
$$Q = 17.5$$

c.
$$17.5 = 40 - 0.5P$$
$$0.5P = 40 - 17.5$$
$$P = \$45$$

d. 수요가 $Q = 55 - 0.5P$로 증가했다면, 역수요 곡선은 $P = 110 - 2Q$가 되고, 한계수입곡선은 $MR = 110 - 4Q$가 된다.

$$MR = 110 - 4Q = 10 = MC$$
$$100 = 4Q$$
$$Q = 25$$

이윤극대화 가격은 $P = 110 - 2(25) = 60$이다.

19. a.
$$MR = 40 - Q = 5 = MC$$
$$Q = 35$$

규제가 없는 경우, 독점기업은 35단위를 판매할 것이다.

b. 68번째 단위까지는 (소비자들의 지불용의가격이 6달러 이상이므로) 한계수입곡선은 상한가격 6달러와 같다(수평선). 그렇지만 69번째 단위를 판매하려면 가격을 5.50달러로 인하해야 한다. 68단위를 판매할 때의 총수입은 $\$6 \times 68 = 408$달러이고, 69단위를 판매할 때의 총수입은 $\$5.50 \times 69 = 379.50$달러이다. 따라서 69번째 단위의 한계수입은 -28.50달러가 된다(가로축 아래에 위치할 것임).

c. 이윤극대화를 위해서는 68단위를 6달러에 판매할 것이다(MR이 MC보다 큼). 그렇지만 69번째 단위는 판매하지 않을 것인데, MC가 MR보다 크기 때문이다.

d. 그림에서 보듯이, 가격상한으로 인해서 후생손실(DWL)이 감소하게 된다.

예 1 : 규제 없는 독점기업

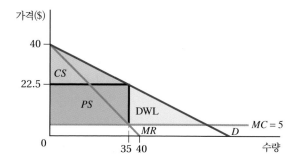

예 2 : 가격상한

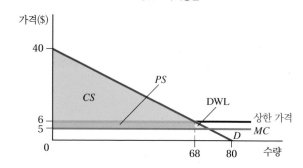

제10장

3. a.
- 항공사는 승객들을 일등석(매우 비싼 가격), 비즈니스석(다소 비싼 가격), 보통석/이코노미석(싼 가격)으로 분류한다. 상등석은 서비스가 약간 좋고 좌석공간이 조금 넓다.
- 이코노미/보통석 승객은 요금을 더 내고 넓은 공간, 복도석, 출구석 등을 선택할 수 있다.
- 기내 휴대 수화물 외에 짐을 부치는 승객은 추가요금을 내야 한다.
- (여유가 있는 업무 출장객이 선호하는) 주중 여행에 대해서는 추가요금이 붙기도 한다.
- 출발 직전에 구입하는 항공권은 더 비싼 경우도 있는데, 그것이 가격에 민감한 여가 여행이 아니라 긴급한 여행의 경우임을 의미하기 때문이다.
- 일반적으로 고객은 예약을 할 때 원하는 옵션이나 업그레이드를 통해서 자신의 지불의사를 드러낸다.

c. 항공사에게는 다행스럽게도, 항공권의 승객 간 이전은 법으로 제한된다. 가격차별은 서비스업에서 종종 나타나는데, 재화는 개인 간 이전이 용이하지만 교육이나 머리손질 같은 서비스는 이전이 어려운 것이 보통이기 때문이다.

6. a. 일반인의 역수요함수는

$$P = 500 - 0.1Q$$

이고, 따라서 한계수입은 다음과 같다.

$$MR = 500 - 0.2Q$$

학생들의 역수요함수는

$$P = 100 - 0.01Q$$

이고, 따라서 한계수입은 다음과 같다.

$$MR = 100 - 0.02Q$$

b. 일반인에 대한 이윤극대화 판매량

$$MR = MC$$
$$500 - 0.2Q = 10$$
$$Q = 2,450$$

학생들에 대한 이윤극대화 판매량

$$100 - 0.02Q = 10$$
$$Q = 4,500$$

c. 일반인에 대한 이윤극대화 가격은

$$P^*_{ad} = 500 - 0.1Q^*_{ad} = 500 - (0.1 \times 2,450) = \$255$$

이고, 학생들에 대한 이윤극대화 가격은

$$P^*_{st} = 100 - 0.10Q^*_{st} = 100 - (0.01 \times 4,500) = \$55$$

이다. 따라서 일반인 가격이 더 높다.

d. 일반인에서 이윤은

$$TR - TC = (\$255 \times 2,450) - (\$10 \times 2,450) = \$600,250$$

이고, 학생들에서 이윤은

$$TR - TC = (\$55 \times 4,500) - (\$10 \times 4,500) = \$202,500$$

이다. 따라서 총이윤은 802,750달러이다.

e. 수용 능력이 5,000인 경우, 일반인에게는 여전히 2,450석을 255달러에 판매해서 이윤을 극대화한다. 남은 2,550석은 학생들에게 가능한 최고의 가격으로 판매한다. 학생들이 지불하게 되는 가격은 74.50달러[100 − (0.01×2,550)]이고, 총이윤은 $164,475 + $600,250 = 764,725달러이다.

13. a. 가격에 민감한 '알뜰' 고객들의 경우, 보급형 제품은 지불용의가격(6,000달러)이 가격(5,000달러)보다 높은 반면에 고급형 제품은 지불용의가격(8,000달러)이 가격(10,500달러)보다 낮으므로 보급형을 구입할 것이며, 따라서 유인합치성이 충족된다. 그러나 성능을 중시하는 '전문' 고객들의 경우, 보급형의 소비자잉여(2,000달러)가 고급형의 그것(1,500달러)보다 더 커서 역시 보급형을 구입하려고 할 것이므로, 유인합치성에 위배된다.

b. 고급형의 가격은 적어도 500달러 인하되어야 하지만, 인하 폭이 3,500달러 이상 되어서는 안 된다.

c. 가능하다. 보급형 가격을 5,000달러에서 5,501달러 이상으로(단, 6,000달러 이하로) 인상함으로써 이윤합치성이 달성될 수 있다. 그러면 알뜰 고객은 여전히 보급형을 구매하겠지만, 전문 고객은 고급형을 선택하게 될 것이다.

소비자 가치평가(지불용의가격)		
	보급형	고급형
알뜰 소비자	6,000달러	8,000달러
전문 소비자	7,000달러	12,000달러

보급형 5,000달러, 고급형 10,500달러일 때 소비자잉여		
	보급형	고급형
알뜰 소비자	1,000달러	−2,500달러
전문 소비자	2,000달러	1,500달러

d. 두 가지 모두 유인합치성을 충족하지만, (c)의 경우는 가격을 내리기 대신에 올려서 충족시킨다. 가격 인상이 더 유리하다.

15. a. 구매 이전 단계에서 고객의 수요 유형을 확인하기는 어려울 것이다.

b. 워드는 가격이 120달러로 작가들만 사도록 하고, 엑셀은 150달러로 경제학자들만 사게 해야 한다. 이윤은 270달러이다(비용은 무시함). 워드를 모두에게 판매하려면, 낮은 쪽의 지불용의가격인 50달러로 판매가격을 책정해야 한다. 두 유형에게 모두 판매하지만, 이윤은 100달러($=\$50+\$50$)가 되어, 가격을 120달러로 했을 경우보다 20달러 감소한다. 엑셀의 경우에도 마찬가지다. 가격이 40달러면 두 유형이 모두 사겠지만 이윤은 150달러 대신 80달러가 된다.

c. 묶음상품 오피스 프로그램의 가격은 두 유형 모두 사도록 160달러로 책정되어야 한다.

d. 묶어팔기에서의 이윤은 320달러이며, (a)의 별개 판매에서의 이윤 270달러보다 더 크다.

17. a. 역수요함수는 $P = 2.5 - 0.1Q$이다. 따라서 한계수입 $MR = 2.5 - 0.2Q$이다.

이윤극대화 판매량은 다음과 같다.

$$MR = 2.5 - 0.2Q = 0.5 = MC$$
$$Q = 10$$

가격은

$$P = 2.5 - (0.1 \times 10) = \$1.50$$

이고, 고객 1인당 이윤은 다음과 같다.

$$TR - TC = (P - ATC) \times Q = (\$1.50 - \$0.50) \times 10 = \$10$$

소비자잉여는 그림의 A영역이다.

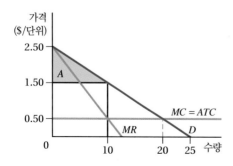

따라서

$$\frac{1}{2} \times (\$2.50 - \$1.50) \times 10 = \$5$$

b. c. 수요함수가 바뀌지는 않는다. 수요함수의 '할인' 부분을 생각해보자.

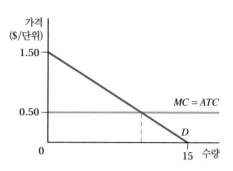

새로운 역수요함수는 $P = 1.5 - 0.1Q$이다. 따라서 한계수입은 $MR = 1.5 - 0.2Q$이다.

이윤극대화 판매량은 다음과 같다.

$$MR = 1.5 - 0.2Q = 0.5 = MC$$
$$Q = 5$$

이윤극대화 가격은 다음과 같다.

$$P = 1.5 - (0.1 \times 5) = \$1$$

각 소비자는 원가격(10달러)으로 10개, 그리고 할인가격(5달러)으로 5개 구매할 것이다.

d. 이러한 2단계 가격 방식에 따른 이윤은

$$\$10 + (\$1 - \$0.50) \times 5 = \$12.50$$

이며, (a)에서의 이윤(10달러)보다 2.5달러 증가한 것이다.

e.

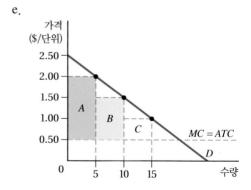

3단계 가격 방식을 실시하기 위해서, 그림에서처럼 한계비용보다 위에 위치하는 수요곡선을 4등분 해보자. 첫 5개는 2달러, 다음 5개는 1.50달러, 11개부터는 1달러로 책정한다면, 소비자

는 모두 15개를 구매할 것이다. 이윤은, 첫 5개에서 $5 \times (\$2 - \$0.50) = 7.50$달러($A$영역), 다음 5개에서 $5 \times (\$1.50 - \$0.50) = 5$달러($B$영역), 나머지 5개에서 $5 \times (\$1 - \$0.50) = 2.50$달러이다($C$영역). 전체 이윤은 15달러이며, 2단계 가격 방식(d)의 경우 더 크다.

f. 결과적으로 20단계 가격 방식이 된다. 2.40달러부터 시작해서 한 번에 1개씩 수요곡선을 따라 내려가면서 판매하는 것이다. 가격이 생산비용보다 낮아지게 되면 가격 인하를 중단할 것이며, 따라서 모두 20개를 판매하게 되고 마지막 가격은 0.50달러가 될 것이다.

　생산비용을 빼고 계산하면, 전체 이윤은 $\$1.90 + \$1.80 + \cdots + \$0.10 + \$0 = 19.00$달러이다.

g. 소비자잉여는 점점 감소하며, 그만큼 이윤으로 바뀌게 된다. 후생손실도 모두 이윤으로 바뀌게 된다.

제11장

3. a. i. 한계수입은 $MR = 30 - 4Q$이다.
  ii. 이윤극대화를 위한 결합 생산량은 $MR = MC$ 조건에서 구한다.

$$30 - 4Q = 6$$
$$4Q = 24$$
$$Q = 6$$

  iii. 가격은 다음과 같다.

$$P = 30 - 2Q = 30 - (2 \times 6) = \$18$$

  iv. 둘이서 이윤을 똑같이 나눈다면 각자 $(P - ATC) \times Q = (\$18 - \$6) \times 3 = 36$달러를 얻으며, 카르텔 전체 이윤은 72달러이다.
 b. i. 1단위 추가 생산은 시장에서 가격을 하락시킨다.

$$P = 30 - 2Q = 30 - (2 \times 7) = \$16$$

  ii. B의 이윤은 이제

$$(P - ATC) \times Q = (\$16 - \$6) \times 4 = \$40$$

이다. 따라서 B는 배신으로 4달러의 득을 본다.

  iii. A의 이윤은 이제

$$(P - ATC) \times Q = (\$16 - \$6) \times 3 = \$30$$

이다. 따라서 A는 6달러의 손실을 입는다.

  iv. 전체 이윤은 이제 $\$40 + \$30 = 70$달러로, 극대이윤 수준보다 2달러 더 적다.
 c. i. 1단위가 다시 추가 생산됨으로써 시장가격은 더욱 하락한다.

$$P = 30 - 2Q = 30 - 2(8) = \$14$$

  ii. A의 이윤은 다음과 같다.

$$(P - ATC) \times Q = (\$14 - \$6) \times 4 = \$32$$

따라서 A는 (b)에서보다 2달러를 얻는다.

  iii. B의 이윤은 다음과 같다.

$$(P - ATC) \times Q = (\$14 - \$6)4 = \$32$$

따라서 B는 (b)에서보다 8달러를 더 잃는다.

  iv. 전체 이윤은 이제 $\$32 + \$32 = 64$달러이다. 이는 극대이윤 수준보다 8달러 더 적다.

  v. 생산량 증가가 계속될 경우에는 모두의 이윤이 감소하게 될 것이다. 구체적으로 어느 한쪽이 1단위 더 생산한다면 총공급량은 9가 되고 가격은 12달러로 하락할 것이다.

$$P = 30 - 2Q = 30 - 2(9) = \$12$$

당사자의 이윤은 이제

$$(P - ATC) \times Q = (\$12 - \$6) \times 5 = \$30$$

이다. 그러므로 이윤이 32달러에서 30달러로 감소하는 만큼 어느 쪽도 더 이상 배신(추가 생산)의 유인을 갖지 않을 것이다.

10. a. 역수요함수

$$P = 1,000 - 2(q_S + q_A)$$

S가 직면하는 잔여수요

$$P = (1,000 - 2q_A) - 2q_S$$

 b. S의 잔여한계수입

$$MR_S = (1,000 - 2q_A) - 4q_S$$

c. S의 이윤극대화에 따라

$$MR_S = 1,000 - 2q_A - 4q_S = 200 = MC$$

$$q_S = 200 - 0.5q_A$$

d. A의 잔여한계수입은

$$MR_A = 1,000 - 4q_A - 2q_S$$

이고, 따라서

$$MR_A = 1,000 - 4q_A - 2q_S = 200 = MC$$

$$q_A = 200 - 0.5q_S$$

e. S 생산량의 함수로서 A의 반응함수는

$$q_A = 200 - 0.5q_S = 200 - 0.5(200 - 0.5q_A)$$

$$0.75q_A = 100$$

$$q_A = 133.33$$

둘 모두 한계비용이 200달러로 일정하므로, S
의 이윤극대화 생산량도 133.33이다.

f. 산업 생산량은 266.66이다. 따라서 가격은 다음
과 같다.

$$P = 1,000 - 2(q_S + q_A) = 1,000 - 2(266.66) = \$466.66$$

S와 A는 모두 같은 이윤을 얻는다.

$$(P - ATC) \times Q = (\$466.66 - \$200) \times 133.33 \approx \$35,556$$

산업 전체의 이윤은 71,111.11달러이다.

g. 만일 S가 독점기업이 된다면, $MR = MC$에 따라
가격을 책정할 것이다.

$$MR = 1,000 - 4Q = 200 = MC$$

$$Q = 200$$

가격은 다음과 같다.

$$P = 1,000 - 2Q = 1,000 - 2 \times 200 = \$600$$

이윤은 이제

$$(P - ATC) \times Q = (\$600 - \$200) \times 200 = \$80,000$$

이다. 따라서 공급량은 감소하고, 가격은 상승
하며, 산업 전체의 이윤도 증가한다.

14. a. G의 대응곡선은 다음과 같다.

$$MR_G = 100 - q_P - 2q_G = 20 = MC$$

$$q_G = 40 = 0.5q_P$$

P의 대응곡선은 다음과 같다.

$$MR_P = 100 - 2q_P - q_G = 20 = MC$$

$$q_P = 40 - 0.5q_G$$

b. G의 균형수량

$$q_P = 40 - 0.5q_P = 40 - 0.5(40 - 0.5q_G) = 20 + 0.25q_G$$

$$= 26.67$$

P의 균형수량

$$q_P = 40 - 0.5q_G = 40 - (0.5 \times 26.67) = 26.67$$

시장가격은

$$P = 100 - q_P - q_G = \$46.67$$

이므로, G의 이윤은 다음과 같다.

$$(P_G - ATC_G) \times Q_G = (\$46.67 - \$20) \times 26.67 = \$711.11$$

P의 이윤은 다음과 같다.

$$(P_P - ATC_P) \times Q_P = (\$46.67 - \$20) \times 26.67 = \$711.11$$

c. i. G가 직면하는 수요는 다음과 같다.

$$P = 100 - q_P - q_G = 100 - (40 - 0.5q_G) - q_G = 60 - 0.5q_G$$

ii. G의 한계수입은 다음과 같다.

$$MR_G = 60 - q_G$$

iii. G의 생산량은 다음과 같다.

$$MR_G = 60 - q_G = 20 = MC$$

$$q_G = 40$$

iv. P의 생산량은 다음과 같다.

$$q_P = 40 - 0.5q_G = 40 - (0.5 \times 40) = 20$$

v. 시장가격은 다음과 같다.

$$P = 100 - q_P - q_G = 100 - 20 - 40 = \$40$$

쿠르노 경쟁의 경우에 비해서 산업 공급량

은 더 크고 가격은 더 낮다.

vi. G의 이윤

$$(P_G - ATC_G) \times Q_G = (\$40 - \$20) \times 40 = \$800$$

P의 이윤

$$(P_P - ATC_P) \times Q_P = (\$40 - \$20) \times 20 = \$400$$

쿠르노 경쟁의 경우에 비해서 슈타켈베르크 경쟁에서 G의 이윤은 더 큰 반면에 P의 이윤은 더 작다. 즉 선행자가 이득을 얻는다.

25.

	담합 (독점)	쿠르노 과점	베르트랑 과점	슈타켈베르크 과점 (A가 선행자)
A의 생산량	23.75	31.67	47.50	47.50
B의 생산량	23.75	31.67	47.50	23.75
산업 생산량	47.50	63.33	95	71.25
가격	$52.50	$36.67	$5	$28.75
A의 이윤	$1,128.13	$1,002.70	$0	$1,128.13
B의 이윤	$1,128.13	$1,002.70	$0	$564.06
산업이윤	$2,256.25	$2,005.40	$0	$1,692.19

담합(독점)의 경우

기업들은 정확히 같은 수량을 생산해서 $MR = MC$ 일 때의 가격으로 판매한다.

$$MR = 100 - 2Q = 5 = MC$$
$$Q = 47.50$$

그래서 각기 23.75단위를 생산한다. 독점가격은 다음과 같다.

$$P = 100 - Q = \$52.50$$

기업 A와 B는 동일한 이윤을 얻게 된다.

$$(P - ATC) \times Q = (\$52.50 - \$5) \times 23.75 = \$1,128.13$$

산업 전체의 이윤은 2,256.25달러이다.

쿠르노 과점의 경우

역수요함수는

$$P = 100 - q_A - q_B$$

이고, 기업 A의 잔여한계수입은

$$MR = 100 - 2q_A - q_B$$

이고, 기업 A의 대응곡선은

$$100 - 2q_A - q_B = 5$$
$$q_A = 47.5 - 0.5q_B$$

이다. 따라서 각 기업의 공급량은

$$q_1 = 47.5 - 0.5q_2 = 47.5 - 0.5(47.5 - 0.5q_1)$$
$$= 23.75 + 0.25q_1$$
$$q_A = 31.67 = q_B$$

산업 공급량은 63.33이다. 시장가격은 다음과 같다.

$$P = 100 - q_A - q_B = \$36.67$$

두 기업은 동일한 이윤을 얻게 된다.

$$(P - ATC) \times Q = (\$36.67 - \$5) \times 31.67 = \$1,002.70$$

따라서 산업 전체의 이윤은 다음과 같다.

$$\$1,002.70 \times 2 = \$2,005.40$$

베르트랑 과점의 경우

두 기업 모두 한계비용 5달러와 같은 가격에 판매하는데, 정확히 같은 생산량을 생산한다.

$$5 = 100 - 2q_i$$
$$q_i = 47.50$$

한계비용이 같은 가격으로 판매하는 만큼 이윤은 0달러이다. 따라서 산업 전체의 이윤도 0이다.

슈타켈베르크 과점의 경우

기업 B의 대응곡선은 다음과 같다.

$$100 - q_A - 2q_B = 5$$
$$q_B = 47.5 - 0.5q_A$$

기업 A가 선행자라고 가정하면, A가 직면하는 역수요함수는 다음과 같다.

$$P = 100 - q_A - q_B = 100 - q_A - 47.5 + 0.5q_A$$
$$= 52.5 - 0.5q_A$$

$MR = MC$에 따라 A의 생산량을 구하면

$$MR = 52.5 - q_A = 5$$
$$q_A = 47.50$$

이다. 따라서 B의 생산량은 다음과 같다.

$$q_B = 47.5 - 0.5q_A = 47.5 - 0.5 \times 47.5 = 23.75$$

산업 생산량은 71.25이다. 시장가격은 다음과 같다.

$$P = 100 - q_A - q_B = \$28.75$$

A의 이윤은

$$(P_A - ATC_A) \times Q_A = (\$28.75 - \$5) \times 47.50 = \$1,128.13$$

이고, B의 이윤은

$$(P_B - ATC_B) \times Q_B = (\$28.75 - \$5) \times 23.75 = \$564.06$$

이다. 따라서 산업 전체의 이윤은 1,692.19달러이다.

제12장

1. a. 경기자들은 민준과 송이다.
   b. 송이의 전략은 a, b, c이다.
   c. 만일 민준이 A를 선택하고 송이가 c를 선택하면, 민준의 보수는 5가 된다.
   d. 만일 민준이 C를 선택하고 송이가 b를 선택하면, 송이의 보수는 3이 된다.

9. a. 합은 $500 + d \times 500 + d^2 \times 500 + \cdots$ 이다.
   b. 합은 $700 + d \times 400 + d^2 \times 400 + \cdots$ 이다.
   c. 만일 $d = 0.5$라면 (a)에서의 합은

$$500 + d \times 500 + d^2 \times 500 + \cdots = 500 + \left(\frac{500d}{1-d}\right)$$
$$= \left(\frac{500}{1-d}\right) = \$1,000$$

만일 배신한다면 얻게 되는 이익은

$$700 + d \times 400 + d^2 \times 400 + \cdots = 700 + \left(\frac{400d}{1-d}\right)$$
$$= 700 + 400 = \$1,100$$

따라서 $d = 0.5$라면 배신을 해야 한다.
   d. (a)와 (b)의 합을 같게 만드는 d값을 찾으면

$$500 + d \times 500 + d^2 \times 500 + \cdots = 700 + d \times 400 + d^2$$
$$\times 400 + \cdots$$
$$\left(\frac{500}{1-d}\right) = 700 + \left(\frac{400d}{1-d}\right)$$
$$500 = 700(1-d) + 400d$$
$$d = \frac{2}{3}$$

$d = \frac{2}{3}$ 일 때 약속을 지키는 것과 배신하는 것은 무차별하다.

14. a.

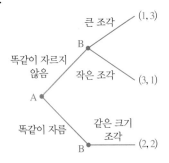

   b. 이러한 게임의 균형 결과는 (2, 2) 혹은 (똑같이 자른다, 같은 크기의 조각을 먹는다)이며 따라서 두 사람은 동일한 크기의 케이크를 먹는다. 그 이유는, 만일 크기가 다르게 자른다면 B는 항상 큰 조각을 선택할 것이기 때문이다. 따라서 A는 크기를 다르게 자르면 자신은 작은 조각을 먹게 될 것을 안다. 그러므로 A의 최선의 전략은 케이크를 동일한 크기로 자르는 것이다.
   c. (b)의 논의를 고려하면 누가 먼저 케이크를 자르든지 상관없이 균형은 항상 동일한 크기로 케이크를 자르는 것이 된다. 따라서 선행자 이점은 존재하지 않는다.

제13장

2. 기업이 산출량을 늘려 이윤을 증가시킬 수 있다면 노동자를 1명 더 고용함에 따른 편익(한계수입생산)이 그에 따른 비용(임금률)보다 크기 때문이다. 한편 한계수입생산은 고용되는 노동자 수가 늘어날수록 감소하므로, 산출량이 줄어들수록 커질 것

이다. 그렇다면 이윤극대화 산출량 수준에서 한계수입생산이 임금과 일치하는 만큼 그보다 낮은 산출량 수준에서는 한계수입생산이 임금보다 클 것이다. 이런 관계는 기업이 시장력을 보유하는지 여부와 무관하게 성립한다. 노동의 한계생산체감이라는 가정으로부터 나오는 것이기 때문이다.

5. a. $MRP_L = \left[\dfrac{(25-L)}{25}\right] \times 10$

   b. 임금이 첫 노동자의 MRP_L보다 높다면 기업은 노동자를 1명도 고용하지 않으려 할 것이다. 따라서 임금이 시간당 9.60달러보다 높아지면 고용은 0이 된다.

   c. 기업은 한계생산이 음수가 될 때까지 노동자를 고용하려고는 하지 않을 것이다. 25명 수준에서 한계생산은 0이다. 따라서 비록 공짜라고 하더라도 25명이 고용할 수 있는 최대한이다.

   d. 0이다. (b)의 답을 참조하라. 20달러에 1명이라도 고용되려면 MP_L이 50보다 커야 한다.

   e. 기술혁신에 따라 MRP_L은 $[(35-L)/25] \times 10$이 될 것이다. 어떤 임금 수준에서든 전보다는 고용량이 늘어날 것이다.

14. a. 역수요함수는 다음과 같다.

   $$P = 60 - 0.01Q$$

   Q에 대해 풀어서 개별 생산자의 수요함수를 구한다.

   $$0.01Q = 60 - P$$
   $$Q = 6,000 - 100P$$

   1,000을 곱해서 시장 전체 수요를 구한다.

   $$Q_D = 6,000,000 - 100,000P$$

   b. 시장가격은 공급량과 수요량을 일치시켜 구한다.

   $$150,000P = 6,000,000 - 100,000P$$
   $$250,000P = 6,000,000$$
   $$P = 24$$

   c. (a)의 개별수요로부터 각 빵집이 24달러의 가격에 구매할 밀가루의 양을 구한다.

   $$Q = 6,000 - 100(24) = 3,600단위$$

   d. (a)의 시장수요로부터 시장균형수량은 다음과 같다.

   $$Q_D = 6,000,000 - 100,000(24) = 3,600,000$$

   이 숫자는 3,600단위씩 구매하는 빵집 1,000개의 수량과 일치한다.

   $$3,600 \times 1,000 = 3,600,000$$

   e. 역수요함수는 노동의 한계수입생산이다.

   $$P = 60 - 0.02Q$$

   이 식을 Q에 풀어서 수요함수로 바꾼다.

   $$0.02Q = 60 - P$$
   $$Q = 3,000 - 50P$$

   이것이 개별 빵집의 수요함수이다.
   시장 전체의 수요를 구하기 위해 1,000을 곱한다.

   $$Q_D = 3,000,000 - 50,000P$$

   시장가격은 수요량과 공급량을 일치시켜 구한다.

   $$150,000P = 3,000,000 - 50,000P$$
   $$200,000P = 3,000,000$$
   $$P = 15$$

   시장균형수량은

   $$3,000,000 - 50,000(15) = 2,250,000$$

   이다. 1,000개의 빵집은 각기 $3,000 - 50(15) = 2,250$단위를 구매할 것이다.

19. a. 수요함수를 W에 대해 푼다.

   $$L = 200 - 5W$$
   $$5W = 200 - L$$
   $$W = 40 - 0.2L$$

   그다음, 임금을 한계비용에 일치시킨다.

$$40 - 0.2L = 0.5L$$
$$40 = 0.7L$$
$$L \approx 57$$

경쟁시장에서는 57명이 고용될 것이다.

b. $W = 40 - 0.2(57) = 28.60$

c. 노동공급곡선이 직선일 경우, 한계지출곡선은 기울기가 노동공급곡선의 2배이므로

$$MR = 40 - 0.4L$$

d. $MR = MC$의 경우

$$40 - 0.4L = 0.5L$$
$$40 = 0.9L$$
$$L \approx 44$$

$$W = 40 - 0.2(44) = 40 - 8.8 = 31.20$$

44명이 임금 31.20달러로 고용될 것이다.

e. 노동공급(한계비용) 방정식을 이용해서 31.20 달러에서 일하려는 노동자의 수를 구한다.

$$MC = 0.5L = W$$
$$L = 2W$$
$$L = 2(31.20) \approx 62$$

이 임금에서 62명이 일하려고 할 것이지만, 44명만이 고용될 것이다. 실업률은 다음과 같다.

$$\frac{(62 - 44)}{62} = \frac{18}{62} = 29\%$$

21. 쌍방독점의 경우이다. 이 회사는 텍사스주가 고용하려고 할 유일한 기업이므로, 일정한 공급독점력을 갖게 된다. 한편 텍사스주도 이런 소방 서비스를 구매할 필요가 있는 몇 안 되는 정부단체들 중 하나이므로 일정한 수요독점력을 가진다. 따라서 텍사스주가 지불할 금액을 결정하는 데는 협상기술과 교섭력이 중요한 역할을 한다.

제14장

4. a. 출판사의 미래 지급액의 가치는 다음과 같다.

$$\frac{\$100,000}{1.05} + \frac{\$100,000}{1.05^2} = \$185,941$$

b. 두 번째 제안의 가치는

$$\frac{\$80,000}{1.05} + \frac{\$125,000}{1.05^2} \approx \$189,569$$

이다. 따라서 이것은 최초 제안보다 더 낫다. 첫해의 지급액 감소의 순현재가치($20,000/1.05$)는 둘째 해의 지급액 증가의 순현재가치($25,000/1.05^2$)에 의해 보상되고도 남는다.

10. a. 연아의 투자의 순현재가치는 다음과 같다.

$$-\$30,000 + \frac{\$8,000}{1 + 0.10} + \cdots + \frac{\$8,000}{(1 + 0.10)^5} = -\$30,000$$
$$+ \$30,326.29 = \$326.29$$

b. 연아의 투자의 순현재가치는 326.29달러이므로 연아는 직업을 바꿔야 한다.

c. 연아가 트럭운전사로 얻는 소득의 현재가치는

$$\frac{\$40,000}{1 + 0.10} + \cdots + \frac{\$40,000}{(1 + 0.10)^5} = \$151,631.47$$

이다. 연아가 화훼전문가로서 얻는 소득의 현재가치는

$$\frac{\$48,000}{1 + 0.10} + \cdots + \frac{\$48,000}{(1 + 0.10)^5} = \$181,957.76$$

이다. 둘의 차이는 $\$181,957.76 - \$151,631.47 = 30,326.29$달러인데 이것은 투자금액 30,000달러를 정당화하기에 충분히 큰 금액이다.

d. (a)와 (c)의 방법은 동일한 답 326.29달러를 얻는다.

$$\frac{\$48,000}{1 + 0.10} + \cdots + \frac{\$48,000}{(1 + 0.10)^5} - \frac{\$40,000}{1 + 0.10} + \cdots + \frac{\$40,000}{(1 + 0.10)^5} - \$30,000$$
$$= -\$30,000 + \frac{\$8,000}{1 + 0.10} + \cdots + \frac{\$8,000}{(1 + 0.10)^5} = \$326.29$$

17. a. NPV는 다음과 같다.

$$-\$200,000 + 0.80 \times \frac{\$700,000}{(1+0.10)} + 0.20 \times \frac{\$0}{(1+0.10)}$$

$$= \$200,000 + \frac{\$560,000}{(1.10)} = \$309,090.91$$

b. 놀이터를 시작하는 순현재가치는 다음과 같다.

$$\frac{-\$200,000}{1.10} + \frac{\$700,000}{(1+0.10)^2} = \$396,694.21$$

c. (b)에서 구한 NPV가 (a)에서의 NPV보다 크기 때문에 당신은 공청회에서 결정이 날 때까지 기다려야 한다.

18. a. 명수의 기대소득은

$$\$900 - 0.50 \times \$500 = \$650$$

이다. 그의 기대효용은 다음과 같이 계산된다. 시간의 반 동안은 그는 $900^{0.5}$ 혹은 30의 효용을 얻고 나머지 반 동안은 $400^{0.5}$ 혹은 20의 효용을 얻는다. 따라서

$$U = 0.5 \times 30 + 0.5 \times 20 = 25$$

b. 625달러의 주급은 방문 세일즈맨으로 일할 때와 동일한 효용을 가져다준다. 왜냐하면 $625^{0.5} = 25$이기 때문이다.

c. 명수는 위험이 없는 주당 625달러로부터 평균적으로 650달러를 얻는 위험한 직업에서와 같은 효용을 얻는다. 어쨌든 매주 속도위반으로 250달러를 내고 있으므로 명수는 불확실성을 줄이기 위해 매주 25달러를 기꺼이 더 지불할 의사가 있다. 따라서 속도위반 보험에 들기 위해서 기꺼이 275달러를 낼 것이다.

d. 보험회사가 매주 명수에게 250달러를 보험료로 부과하면 이윤은 0이 된다. 만일 명수가 지불하려고 하는 금액 275달러를 부과한다면 보험회사는 25달러의 이윤을 얻게 된다.

제15장

2. a. 노란옥수수의 가격과 생산량은 증가한다.

b. 농부들이 생산의 일부를 하얀옥수수에서 노란옥수수로 전환하기 때문에 하얀옥수수의 공급은 감소한다.

c. 하얀옥수수의 시장가격은 증가한다.

d. 하얀옥수수 가격의 증가로 인하여 농부들이 생산의 일부를 다시 하얀옥수수로 전환하기 때문에 노란옥수수의 공급은 감소한다. 노란옥수수의 가격은 증가하고 생산량은 감소한다.

e. 하얀옥수수의 가격 증가는 노란옥수수의 가격을 최초의 수준에서 더 멀어지게 만든다. (두 함수가 모두 움직임에 따라서, 노란옥수수 수요의 증가와 공급의 감소는 가격을 더 상승하게 만드는 반면에 생산량은 최초 수준 방향으로 다시 줄어든다.)

3. a. 와인과 치즈는 수요 측면에서 서로 연관되어 있다.

b. $Q_c^d = 30 - P_c - P_w = P_c = Q_c^s$

$P_c = 15 - 0.5P_w$

c. $Q_w^d = 30 - P_c - P_w = P_w = Q_w^s$

$P_w = 15 - 0.5P_c$

d. $P_c = 15 - 0.5P_w = 15 - 0.5(15 - 0.5P_c)$

$= 7.5 + 0.25P_c$

$0.75P_c = 7.5$

$P_c = \$10$

e. $P_w = 15 - 0.5P_c = 15 - 0.5 \times 10 = \$10$

f. $Q_w = 30 - P_c - P_w = 30 - 10 - 10 = 10$

$Q_c = 30 - P_c - P_w = 30 - 10 - 10 = 10$

제16장

3. a. 정보가 완전하다면 100대의 고품질 차와 100대의 저품질 차가 팔릴 것이다.

b. 차의 품질이 구매자에게 알려져 있지 않다면, 구매자가 지불하려는 중고차의 기대가격은 다음과 같다.

$$\$12,000 \times \frac{1}{2} + \$8,000 \times \frac{1}{2} = \$10,000$$

이 가격은 고품질 차의 판매자가 받아들일 수 있는 가격하한인 11,000달러보다 낮으므로 품

질이 좋은 차는 시장에 나오지 않게 된다.

c. 품질이 좋은 차는 팔려고 내놓지 않고, 중고차의 균형가격은 5,000~8,000달러 사이에서 구매자와 품질이 낮은 차의 판매자 간의 협상기술에 따라 결정된다.

d. 만일 정보가 완전하다면 (a)에서의 답은 달라지지 않는다. 마찬가지로 구매자의 지불의사가 달라지지 않았기 때문에 중고차의 시장가격도 10,000달러에서 변하지 않는다. 고품질 차의 판매자의 유보가격이 9,500달러이므로, 기대가격이 유보가격보다 높기에 품질이 좋은 차 100대는 모두 팔리기 위해서 시장에 나오게 된다. 또한 품질이 낮은 차 100대도 모두 10,000달러에 팔리기 위해 시장에 나온다. 결국 균형가격은 10,000달러이며, 모든 차 중에서 고품질 차의 비율은 $\frac{1}{2}$이 된다.

6. a. 스카이다이버의 기대 수술비용은 $0.75 \times \$4,000 = 3,000$달러이다. 땅을 사랑하는 사람의 기대 수술비용은 $0.25 \times \$4,000 = 1,000$달러이다. 두 부류에 속한 사람의 비율이 동일하므로 보험회사는 평균적으로 $0.5 \times \$3,000 + 0.5 \times \$1,000 = 2,000$달러를 지불하게 된다. 따라서 이러한 비용을 만회하기 위해서 보험회사는 2,000달러의 보험금을 책정해야 한다.

b. 스카이다이버는 매년 평균적으로 3,000달러의 치료비가 필요하지만 보험금은 2,000달러만 내면 된다. 이런 보험은 최고의 선택이다. 땅을 사랑하는 사람은 매년 평균적으로 1,000달러의 치료비가 필요하지만 보험금은 2,000달러이다. 이런 보험은 좋은 선택이 아니다.

c. 땅을 사랑하는 사람은 보험을 구매하는 대신에 자신이 치료비를 낼 것이다. 보험을 든 사람은 스카이다이버들뿐이고 따라서 보험금은 결국 3,000달러가 될 것이다.

d. 한 가지 명백한 답은 보험회사가 어떤 사람이 흡연자인지 아닌지를 판단하는 것이 쉽다는 것이다. 흡연자에게 높은 보험금을, 비흡연자에게 낮은 보험금을 책정할 수 있다. 그러나 스카이

다이버에게는 그러한 판단이 어렵고 따라서 모든 사람이 동일한 보험을 적용받게 되어 보험시장이 붕괴된다. 이러한 이유 외에도 현실에서는 많은 비흡연자들이 고용자에 의해 단체보험에 가입되어 있다. 달리 말하자면 피보험자들은 자신들이 보험금을 내는 것이 아니라 보수의 일부로 보험을 제공받는다는 것이다.

12. a.

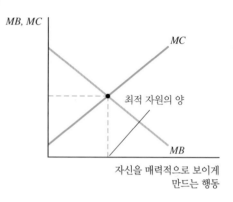

b. 한계편익곡선이 왼쪽으로 이동한다. 그에 따라 자신을 개선하려는 노력의 최적 수준은 줄어든다.

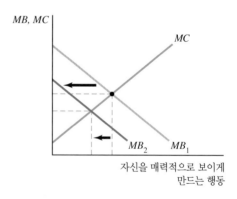

c. 그렇다. 그림의 설명과 일치한다. 자신을 개선하려는 노력의 양은 줄어든다.

d. 명수의 행동이 인센티브의 변화에 따라 달라지므로, 그것은 도덕적 해이 문제이다.

e. 한계편익곡선은 0에서 수평선이 되고 그에 따라 자기개선을 위한 최적의 노력 수준은 0이 된다.

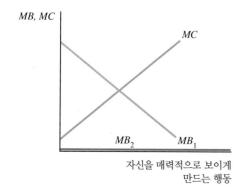

자신을 매력적으로 보이게
만드는 행동

16. a. 민준이 적당한 정도의 노력을 하면 송이는 60만
달러의 수입을 얻지만 민준에게 10만 달러를 지
급해야 하므로 50만 달러의 순수입을 얻게 된
다. 만일 민준이 최선의 노력을 기울이면 송이
는 100만 달러의 수입을 얻고 민준에게 10만 달
러를 지급해야 하므로 90만 달러의 순수입을 얻
는다.

민준이 적당한 정도의 노력을 기울이면 노력의
비용은 2만 달러지만 송이에게 10만 달러를 받
게 되어 8만 달러의 순수입을 얻는다. 만일 민
준이 최선의 노력을 기울이면 노력의 비용은 5
만 달러이고 송이에게 10만 달러를 받으므로 결
국 5만 달러의 순수입을 얻는다.

여기에서 송이는 주인이고 민준은 대리인이
다. 문제는 송이에게는 민준이 최선의 노력을
선택하는 것이 가장 좋지만, 민준 자신에게는
적당한 정도의 노력만 기울이는 것이 가장 좋다
는 사실이다.

b. 15% 지급 방법하에서, 만일 민준이 적당한 정
도의 노력만 기울이면 송이는 60만 달러의 수입
을 얻고 민준에게 9만 달러를 지급하므로 결국
51만 달러의 순수입을 얻는다. 만일 민준이 최선
의 노력을 기울인다면, 송이는 100만 달러의 수
입을 얻고 그중에서 15만 달러를 민준에게 지급
하므로 결국 85만 달러의 순수입을 얻게 된다.

민준이 적당한 정도의 노력을 선택하면 송이
는 2만 달러의 비용을 지불하고 9만 달러를 받
게 되어 7만 달러의 순수입을 얻는다. 만일 민
준이 최선의 노력을 선택하면 그에 따른 비용은

5만 달러이고 15만 달러를 받게 되어 결국 순수
입은 10만 달러가 된다.

15% 지급 방법은 주인-대리인 문제를 해결
한다 — 최선의 노력을 기울이는 것이 송이와
민준 모두에게 가장 좋은 방법이다.

21. a. 기업이 평균 임금 45,000달러를 지급하면 지원
자들의 대부분은 생산성이 낮은 사람들일 것이
다.

b. 학위를 통해서 자신의 능력을 신호한 사람들
에게 시장은 70,000달러를 지불하고자 한다.
학위가 요구되었기 때문에 학위가 없다면 보
수는 20,000달러가 될 것이다. 따라서 학위
를 얻는 것의 순편익은 두 보수의 차이 50,000
달러에서 학위를 따는 데 드는 비용을 뺀 것
이 된다. 생산성이 높은 사람에게 순편익은
+10,000달러($50,000 – $40,000)이고, 생산
성이 낮은 사람에게는 순편익은 – 10,000달러
($50,000 – $60,000)가 된다. 따라서 학위를 요
구하는 것은 기업으로 하여금 두 종류의 사람들
을 구별할 수 있게 해준다.

c. 생산성이 높은 사람에 대한 대학 학위의 순편익
은 변하지 않는다. 그러나 생산성이 낮은 사람
에게 순편익은 $50,000 – $46,000 = 4,000달러
로 달라진다. 이 경우에 학위의 순편익이 두 종
류의 사람들에게 모두 양(+)이 된다. 따라서 학
위를 요구하는 것은 더 이상 기업이 생산성이 낮
은 사람들을 가려낼 수 있는 수단이 되지 못한다.

d. 주장은 옳다. 신호를 얻는 것은 생산성이 낮은
사람들에게 더 비용부담이 커야 한다. 그렇지
않다면 생산성이 낮은 사람들을 걸러내는 것은
불가능하다.

e. 학점 인플레는 학생들 간의 질적 차이의 간격을
메워서 학생들의 수준과 잠재력을 구별하는 것
을 거의 불가능하게 만들기 때문에 명백하게 학
생들에게 좋은 관행이 아니다. A, B, 혹은 B+의
학생들이 모두 A를 받게 되므로 적절한 분류와
성적우수의 효율적인 기능을 방해한다. 이것은
자신을 구별되게 하기 원하는 우수한 학생들에

게는 나쁜 현상이다. 이것은 또한 두 종류의 학생들 모두에게 나쁜 영향을 주는데, 그 이유는 신호 보내기가 더 높은 단계의 교육을 받기 위해서 가장 비싸고 가장 우수한 대학에 진학하고 졸업할 수 있는 학생들 간의 '군비확대 경쟁'이 되기 때문이다.

22. a. 신호는 두 종류의 새들에게 모두 비용을 부과한다. 왜냐하면 그것은 나는 속도가 느려지고 따라서 약탈자의 먹이가 될 가능성을 높이는 비용을 초래하기 때문이다. 그러나 그것은 이미 약탈자의 희생이 될 가능성이 높았던 약한 새에게는 더 큰 비용부담이 된다.

　b. 만일 같은 신호를 (꼬리 길이가 반으로 줄었을 때 약탈자에 의해 잡힐 위험이 낮아지는 것으로 표현되는) 더 낮은 비용으로 얻을 수 있다면, 그보다 더 꼬리를 길게 기르는 것은 사회적 관점에서 볼 때 자원의 낭비이다.

　c. 그 같은 약속은 공작들이 암컷들에게 더 큰 매력을 신호하기 위해서 배신하고 자신의 꼬리를 기를 인센티브를 갖기 때문에 오래 지속될 것 같지 않다. 따라서 그 방법은 실패할 것이며 모든 공작은 자신의 꼬리를 길게 기를 것이다. 이 같은 신호는 공작들이 나는 속도를 떨어뜨리고 더 많이 약탈자의 먹이가 되게 할 것이므로 비용을 발생시킨다.

제17장

1. a. 시장가격은 한계편익이 한계비용과 같아지는 곳에서 5달러가 된다.

　b. 구워지는 양과 상관없이 외부비용은 1달러이다.

　c. 한계편익곡선(수요)과 한계비용곡선이 만나는 점에서 생산량이 결정된다. 따라서 100판이 구워질 것이다. 동물애호가들은 각 판마다 1달러의 피해를 입게 되어 총 100달러의 피해를 입는다.

　d. 외부비용을 포함하면 주인은 80판의 바비큐를 생산하게 된다.

　e. 동물애호가들이 받는 총피해는 80달러이다. 피해의 일부가 제거되었지만 다 사라진 것은 아니다.

　f. 생산량을 더 줄이는 것은 식당 주인에게 피해를 준다. 이윤이 더 줄어들기 때문이다. 이러한 생산량 감축은 파레토 최적이 아니다. 비록 생산량 감축은 1판당 1달러씩 동물애호가들의 피해를 줄이지만, 80판 미만으로 줄이는 것은 식당 주인의 이윤을 1판당 1달러 이상 감소시킨다.

4. a. 균형가격은 P_1이고 생산량은 Q_1이다.

	고려되지 않은 외부한계비용	고려된 외부한계비용
소비자잉여	$A+B+D+F$	
생산자잉여	$C+E+G$	
외부 피해($-$)	$D+E+F+G+H$	
총사회적 순가치	$A+B+C-H$	

　b. 새로운 생산량은 Q_2이고 가격은 P_2이다.

	고려되지 않은 외부한계비용	고려된 외부한계비용
소비자잉여	$A+B+D+F$	A
생산자잉여	$C+E+G$	$B+C+D+E$
외부 피해($-$)	$D+E+F+G+H$	$D+E$
총사회적 순가치	$A+B+C-H$	$A+B+C$

　c. 앞의 표에서 알 수 있듯이, 외부비용이 생산자에 의해 무시되었을 때, 총순가치는 H면적만큼 줄어든다. 따라서 H가 후생손실이다.

9. a. SMC는 $MC+EMC=0.45Q+0.05Q=0.5Q$이다. 효율적인 생산량 수준은 $MB=SMC$일 때 얻어진다.

$$50-0.5Q=0.5Q$$
$$Q^*=50$$

따라서 정부는 할당을 50에서 설정해야 한다.

이러한 할당이 시행되었을 때 시장에서 결정되는 가격은 다음과 같다.

$$P = 50 - 0.5Q^* = 50 - 0.5 \times 50 = \$25$$

b. 효율적인 생산량 수준 $Q^* = 50$에서, 외부 피해는 $0.05Q$ 혹은 2.50달러로 계산된다. 만일 정부가 생산자에게 2.50달러의 세금을 부과한다면, 그들의 사적 한계비용은 $MC = 0.45Q + 2.50$이 된다. 생산자들은 $MB = MC$인 곳에서, 즉 $50 - 0.5Q = 0.45Q + 2.50$일 때 이윤극대화 생산량을 결정한다. 이 식을 풀면 이윤극대화 생산량 $Q = 50$을 얻는다. 시장가격은 $Q = 50$을 MB곡선에 대입해서 구한다.

$$P = 50 - 0.5(50) = \$25$$

구매자들은 25달러를 지불한다. 판매자들은 그 가격에서 세금만큼 적은 돈, 즉 22.50달러를 받게 된다.

12. a. 정부개입이 없다면 빵의 생산량은 다음과 같다.

$$P = 10 - 0.1Q = 2 + 0.1Q = MC$$
$$0.2Q = 8$$
$$Q = 40$$

b. 이상적으로 사회는 생산자들이 그들의 행동이 만들어내는 모든 편익을—내부적 편익과 외부적 편익을—모두 고려하기 원한다. 따라서 총 사회적 편익은 다음과 같다.

$$SD = P + EMB = 10 - 0.1Q + 2 - 0.02Q = 12 - 0.12Q$$

따라서 가격에 근거한 개입이 추구하는 생산량은 다음과 같다.

$$12 - 0.12Q = 2 + 0.1Q = MC$$
$$0.22Q = 10$$
$$Q \approx 45.45$$

생산자들은 후생극대화 생산량 45.45에 비해서 더 적은 양만을 생산한다. 정부는 가격에 근거한 개입정책을 사용하여 생산자들이 더 많이 생산하도록 유도할 수 있다. 이러한 경우 적절한

개입 수단은 생산자에게 보조금을 주는 것이다. 이상적인 생산량 수준에서 빵을 굽는 것이 만들어내는 외부 한계편익은

$$EMB = 2 - 0.02(45.45) = \$1.09$$

이다. 만일 정부가 빵 한 덩어리당 1.09달러의 보조금을 제안하면, 생산자들의 한계비용은

$$MC = 2 + 0.1Q - 1.09$$

가 된다. MC와 MB를 같게 놓으면

$$2 + 0.1Q - 1.09 = 10 - 0.1Q$$
$$Q = 45.45$$

가 된다. 1.09달러의 보조금은 생산자들로 하여금 사회적으로 최적인 양을 생산하도록 유도한다.

16. a. 아니다. 집에서 연습하는 것은 갑에게 500달러의 편익을 가져다주지만 을에게는 600달러 가치의 수면손실을 초래한다. 갑의 연습으로 인해 사회는 100달러의 후생을 잃었다.

b. 만일 연습이 불법이라면, 을은 갑의 연습을 중단시키기 위해서 단지 경찰을 부르기만 하면 된다. 연습은 사라질 것이다.

c. i. 을은 갑이 다른 곳에서 연습하도록 하기 위해서 매년 600달러까지 지불할 의사가 있다.

ii. 갑이 받아들일 수 있는 최소금액은 500달러이다.

iii. 을이 조용히 하는 대가로 550달러를 지급했다고 가정하자. 그러한 제안을 받아들여 50(=\$550−\$500)달러의 이익을 얻었기 때문에 갑은 더 행복해졌다. 을도 $600−\$550 = 50$달러이므로 그런 돈을 지급함으로써 역시 더 행복해졌다.

d. 결과는 법에 따라 달라지지 않는다. 연습이 불법이라면, 을은 경찰을 부른다. 연습이 합법이라면, 을은 갑에게 다른 곳에서 연습하도록 돈을 준다. 법이 어떻게 규정하든 간에 사회는 동일하게 효율적인 결과를 얻는다.

e. 이웃들이 조직을 만들어서 갑의 임대료를 보상

해줄 돈을 모으는 것은 더 어려울 것이다. 이웃들은 돈을 내지 않고 무임승차를 하려고 할 것이다. 따라서 비록 갑이 집에서 연습하는 것이 효율적은 아니지만 그것이 사회에서의 결과가 될 것이다.

18. a.

소의 숫자	2	3	4
총우유 생산량(갤런, 연)	2,000	2,250	1,600

효율적인 소의 숫자는 3이다.

b. 만일 민준이 1마리의 소를 키운다면 그 소는 1,000갤런의 우유를 만들어내고 민준은 1,000달러를 얻게 된다. 만일 민준이 2마리의 소를 키운다면, 각 소는 750갤런의 우유를 만들어내고 민준은 1,500달러를 얻게 된다. 민준은 2마리의 소를 키울 것이다.

c. 만일 민준이 1마리의 소를 키운다면, 그 소는 750갤런의 우유를 만들어내고 민준은 750달러를 얻게 된다. 만일 민준이 2마리의 소를 키운다면, 각 소는 400갤런의 우유를 만들어내고 민준은 800달러를 얻게 된다. 민준은 2마리의 소를 키울 것이다.

d. 같은 논리를 따른다면, 송이의 최적 선택은 민준이 몇 마리의 소를 키우든지 상관없이 항상 2마리의 소를 키우는 것이 된다. 따라서 민준과 송이는 각각 2마리씩의 소를 키우게 된다. 사회적으로 최적인 소의 수 3마리에 비해서, 민준과 송이는 너무 많은 수의 소를 키우고 따라서 목초지의 풀은 과도하게 소비된다.

e. 정해진 면적당 소의 수를 제한하거나 혹은 풀을 뜯어 먹는 것에 세금을 부과하는 것이 도움이 될 것이다. 또 다른 대안은 목초지를 민준과 송이에게 파는 것이다. 그렇게 되면 그들은 사회적으로 이상적인 수의 소를 키울 사적인 인센티브를 갖게 될 것이다.

제18장

4. 이러한 행동상의 편견은 과도한 할인이라고 알려져 있다. 사람들은 의사결정을 할 때 미래보다 현재에 상대적으로 더 큰 의미를 부여한다. 즉 사람들은 은퇴를 위해 저축하기보다는 오늘 더 많이 소비하는 것을 선택한다.

6. a. stickk.com은 시간 비일관성으로 이어지는 과도한 할인 문제를 극복하는 것을 돕는다. 자신들의 목표를 구체적으로 명시함으로써 사람들은 벌금을 회피하기 위해 자신의 목표를 일관되게 추구하려는 인센티브를 갖게 된다.

b. 사람들이 이타적이거나 혹은 자비롭다고 가정한다면, 자신의 목표를 달성하지 못한 것이 그다지 큰 비용이 되지 않는다. 왜냐하면 벌금이 자신들이 큰 호감을 가지고 있는 단체에 기부되기 때문이다. 따라서 자신들이 싫어하는 자선단체를 규정해놓으면 자신들이 싫어하는 곳에 기부를 해야 하는 비용을 회피하기 위해 더 열심히 일하게 되기 때문에 자신의 목표에 더 집중하게 된다.

8. a. 두 가지 옵션은 학생들에게 동일한 인센티브를 주어야 한다. 어떤 경우든지 공식을 올바로 외우고 시험을 다 맞은 학생은 103점을 받고, 공식을 외우지 못한 채 만점을 맞은 학생은 100점을 받는다.

b. 옵션 B가 학생들에게 더 강한 인센티브를 준다. 옵션 A하에서 동일한 점수를 받는 것보다 이미 받은 보너스 점수를 잃지 않기 위해 더 열심히 공식을 외울 것이다.

c. 보너스 점수를 잠재적 이익보다는 잠재적 손실로 표현함으로써 앨런은 학생들에게 더 큰 인센티브를 줄 수 있다.

용어 해설

가격상한(price ceiling) 재화 또는 용역에 대해 합법적으로 지불될 수 있는 가격의 최고 수준을 정하는 가격규제

가격차별(price discrimination) 시장력을 가진 기업이 동일한 제품에 대해서 고객들의 지불용의 수준에 따라 상이한 가격을 부과하는 가격책정 전략

가격책정 전략(pricing strategy) 주어진 시장 조건들하에서 기업이 이윤을 극대화하기 위해 제품 가격을 책정하는 계획

가격하한(가격지지)[price floor(price support)] 재화 또는 용역에 대해 합법적으로 지불될 수 있는 가격의 최저 수준을 정하는 가격규제

가변비용(variable cost) 기업의 생산량에 따라서 변동하는 투입물 비용

가변투입물(variable inputs) 단기에도 변동될 수 있는 투입물

간접적 가격차별(제2도 가격차별)[indirect (second-degree) price discrimination] 기업이 제시한 다양한 가격책정 방식들 중에서 고객이 선택하도록 만드는 가격책정 전략

거래가능한 공해 배출권(tradable permit) 기업이 생산에 따른 오염을 일정량 배출할 수 있게 허용하며 다른 기업들에게 매각할 수도 있는 정부의 권리증

게임이론(game theory) 복수의 경제행위자들 간의 전략적 상호작용을 연구하는 분야

경기자(player) 경제적 게임의 참여자로서, 다른 사람의 행동 여하에 따라서 자신의 행동을 결정해야 함

경제적 비용(economic cost) 생산자의 회계적 비용과 기회비용의 합

경제적 이윤(economic profit) 기업의 총수입에서 경제적 비용을 뺀 것

경제적 지대(economic rent) 특화된 투입물의 수입에서 기업이 지불한 수준을 상회하는 부분

계량경제학(econometrics) 경제이론의 검증을 위해 수학적이고 통계적인 기법을 개발하고 사용하는 분야

고정비용(fixed cost) 생산량에 따라 변동하지 않는 투입물 비용

고정투입물(fixed inputs) 단기에는 변동될 수 없는 투입물

공공재(public good) 누구든 원하면 소비할 수 있고(비배제성) 다른 사람이 소비하더라도 가치가 여전하게 남아 있는

(비경합성) 재화

공급(supply) 한 시장에서 모든 생산자가 판매하려고 하는 한 재화의 총량

공급곡선(supply curve) 다른 조건들은 고정된 상황에서, 재화의 가격과 공급량 간의 관계

공급량의 변화(change in quantity supplied) 가격의 변동에 따른 공급곡선상의 이동

공급의 변화(change in supply) 공급의 결정 요인 중 자체 가격 외의 다른 요인의 변동에 따른 공급곡선 전체의 이동

공급폐색가격(supply choke price) 생산하려는 기업이 없고 공급량이 0이 되는 가격 수준. 역공급곡선의 수직축 절편

공리주의 사회후생함수(utilitarian social welfare function) 사회 전체의 후생을 각 개인의 후생의 합으로 계산하는 수학적 함수

공유의 비극(tragedy of the commons) 사적으로 소유되는 경우에 비해서 공유자산이 보다 과도하게 사용되는 현상

공유자산(common resources) 모든 사람이 자유로이 사용할 수 있지만, 한 소비자가 얻는 가치는 다른 소비자들의 사용에 따라 감소하게 되는 재화

공해의 효율적 수준(efficient level of pollution) 외부효과와 연결되어 있는 재화의 효율적 양을 생산하는 데 필요한 공해의 양

과도한 할인(hyperbolic discounting) 경제적 의사결정에서 가까운 미래보다도 당장의 현재를 훨씬 중요시하게 되는 경향

과도한 확신(overconfidence) 능력이나 판단을 실제보다 더 좋은 것으로 믿는 것, 또는 좋은 결과가 나타날 확률을 실제보다 더 큰 것으로 믿는 것

과점(oligopoly) 소수의 경쟁자들이 활동하는 시장 구조

교환 효율성(exchange efficiency) 소비자들 간에 재화들이 파레토 효율적으로 배분되는 것

구간별 가격책정(block pricing) 대량구매의 경우에 가격을 할인하는 것

구석해(corner solution) 효용극대화 소비묶음이 예산제약선의 한 구석에 위치하는 경우로, 여기서 소비자는 두 재화 중 하나만을 구매하게 됨

규모에 대한 수익(returns to scale) 모든 투입물이 같은 비율로 증가 또는 감소함에 따라 나타나는 생산량의 변화

규모에 대한 수익 감소(decreasing returns to scale) 모든 투입물의 투입량이 같은 비율로 변동될 때 생산량은 그보다 낮은 비율로 변동하게 되는 생산함수

규모에 대한 수익 불변(constant returns to scale) 모든 투입물의 투입량이 같은 비율로 변동될 때 생산량도 그와 같은 비율로 변동하게 되는 생산함수

규모에 대한 수익 증가(increasing returns to scale) 모든 투입물의 투입량이 같은 비율로 변동될 때 생산량은 그보다 높은 비율로 변동하게 되는 생산함수

규모의 경제성(economies of scale) 총비용이 생산량의 증가보다 느리게 증가하는 것

규모의 불경제성(diseconomies of scale) 총비용이 생산량의 증가보다 빠르게 증가하는 것

규모의 불변 경제성(constant economies of scale) 총비용이 생산량 증가와 같은 비율로 증가하는 것

균형가격(equilibrium price) 공급량과 수요량이 일치하는 유일한 가격

긍정적 외부효과(positive externality) 어떤 경제적 거래에 직접 관련되지 않은 제3자에게 주어지는 편익

기다리는 옵션의 가치(option value of waiting) 투자 수익에 대한 불확실성이 전적으로 또는 부분적으로 해소될 때까지 투자자가 투자 결정을 미루는 경우에 창출되는 가치

기댓값(expected value) 확률을 가중치로 한 평균

기펜재(Giffen good) 가격이 하락하면 소비자가 덜 소비하는 재화

기회비용(opportunity cost) 생산자가 투입물을 사용함으로써 포기하게 되는 것의 가치

내구재(durable good) 사용기간이 긴 재화

내부해(interior solution) 두 재화의 소비량이 모두 양수인 효용극대화 소비점

내쉬균형(Nash equilibrium) 각 기업이 경쟁자들의 행동을 주어진 조건으로 하여 최선의 행동을 하고 있는 균형 상태

냉혹한 방아쇠 전략(죽음의 신 전략)[grim trigger strategy (grim reaper strategy)] 한 참여자가 배신하면 협조 행위가 종결되는 전략

네트워크재(network good) 각 소비자가 얻는 가치가 그 재화의 다른 소비자들의 수가 많아짐에 따라 증가하는 재화

노동의 한계수입생산(marginal revenue product of labor) 노동의 한계생산 곱하기 한계수입

다변화(diversification) 불확실한 결과들을 결합함으로써 위험을 감소시키는 전략

단기(short run) 생산이론에서, 한 가지 이상의 투입물이 변동될 수 없는 기간

단기 총비용곡선(short-run total cost curve) 자본량은 고정된 상태에서 상이한 생산량을 생산하기 위해 필요한 총비용의 수학적 표현

단위탄력적(unit elastic) 절댓값이 1이 되는 가격탄력성

담합, 카르텔(collusion, cartel) 과점시장에서 기업들이 독점이윤을 얻을 목적으로 서로 조정하여 함께 하나의 독점기업처럼 움직이는 것

닻 내리기(anchoring) '틀 짓기(framing)' 편향의 한 유형으로, 한 사람의 의사결정이 주어지는 특정 정보에 따라 달라지는 것

대응곡선(reaction curve) 경쟁자의 가능한 행동들에 대한 기업의 최적 대응(반응)을 보여주는 함수. 쿠르노 경쟁에서는 경쟁자의 가능한 수량 선택들에 대한 기업의 최적 대응 생산량이 됨

대체재(substitute) 다른 재화 대신에 사용될 수 있는 재화

대체효과(substitution effect) 두 재화의 상대가격이 변함에 따라 나타나는 소비자 소비 선택의 변화

도덕적 해이(moral hazard) 경제적 거래에서 한쪽 당사자가 다른 쪽 당사자의 행동을 볼 수 없는 경우에 발생하는 상황

독점(monopoly) 유일한 기업이 공급하는 시장

독점금지법(antitrust law) 경쟁시장을 촉진하려는 목적에서 경쟁 제한적인 기업 행동들을 금지하는 법률

독점기업(monopolist) 한 재화의 유일한 공급자이자 가격을 책정하는 주체

독점적 경쟁(monopolistic competition) 수많은 기업들이 차별화 제품을 판매하며 진입장벽은 없는 시장 구조로서, 각 기업은 일정 수준의 시장력을 갖지만 장기적으로 경제적 이윤은 얻지 못함

동시게임(simultaneous game) 각 참여자가 상대방의 전략에 대해 모르는 상태에서 동시에 행동을 선택하는 게임

동질적 상품(commodities) 시장에서 거래되는 상품 중 소비자들이 여러 제품을 사실상 대체가능한 것으로 보는 상품

등량곡선(isoquant) 동일한 생산량을 얻을 수 있는 모든 투입물 조합을 나타내는 곡선

등비용선(isocost line) 동일한 비용을 가져오는 모든 투입물

조합을 나타내는 곡선

러너지수(Lerner index) 기업의 마크업(가격마진) 또는 시장력 수준의 척도

레몬문제(lemons problem) 거래되는 재화의 품질에 대해서 판매자가 구매자보다 더 많이 알고 있는 경우에 발생하는 비대칭정보 문제

롤스의 사회후생함수(Rawlsian social welfare function) 가장 열악한 개인의 후생에 따라 사회 전체의 후생을 계산하는 수학적 함수

마크업(markup) 기업이 책정한 가격에서 한계비용보다 큰 (또는 한계비용에서 올라간) 부분의 비율

맞받아치기(tit-for-tat) 매번 상대방의 직전 행동과 같이 행동하는 전략. 가령 이전 시기에 상대가 배신했다면 역시 배신으로, 상대가 협조적이었으면 역시 협조로 대응하는 것

매몰비용(sunk cost) 지출되고 나면 회수할 수 없는 비용

매몰비용의 오류(sunk cost fallacy) 매몰비용이 미래지향적 의사결정에 영향을 주게 되는 오류

명목이자율(nominal interest rate) 화폐가치대로 표시된 수익률

무임승차자의 문제(free-rider problem) 소비자가 공공재를 대가의 지불 없이 소비하기 때문에 발생하는 비효율성의 원천

무차별(indifferent) 소비자가 둘 이상의 소비묶음 각각에서 동일한 효용수준을 얻게 되는 특수한 경우

무차별곡선(indifference curve) 소비자에게 동일한 효용을 가져다주는 모든 상이한 소비묶음을 연결한 것의 수학적 표현

묶어팔기(bundling) 2개 이상의 제품을 하나로 묶어서 하나의 가격으로 판매하는 가격 전략

미개발 토지(unimproved land) (농업, 주택, 제조업 등) 경제 활동이 이루어지는 물리적 공간

미시경제학(microeconomics) 소비자와 생산자들의 특정한 선택을 연구하는 경제학 분야

반복게임(repeated games) 같은 경제주체들 간에 동시게임이 연속되는 것

버전차별 전략(버저닝)(versioning) 상이한 유형의 소비자들을 대상으로 선택가능한 복수의 제품들을 설계해 제시하는 가격책정 전략

범위의 경제성(economies of scope) 기업이 여러 제품을 함께 생산할 때 비용이 각 제품을 따로 생산하는 경우보다 낮아지는 것

범위의 불경제성(diseconomies of scope) 기업이 여러 제품을 함께 생산할 때 비용이 각 제품을 따로 생산하는 경우보다 높아지는 것

베르트랑 경쟁(Bertrand competition) 각 기업이 자기 제품 가격을 선택하게 되는 과점 모형

보수(payoff) 참여자가 게임의 결과로 얻게 되는 것

보수행렬(payoff matrix) 경제적 게임의 참여자, 전략, 보수들을 나열한 표

보완재(complement) 다른 재화와 함께 구매되어 사용되는 재화

보유효과(endowment effect) 어떤 재화를 소유하게 되면 그것이 더 큰 가치를 갖게 되는 현상. 즉 소유한 것을 포기하는 대가로 요구하는 금액은 애초에 그것을 살 때 지불했을 금액보다 더 많음

보조금(subsidy) 재화나 용역의 구매자 또는 판매자에게 정부가 지급하는 것

보험(insurance) 한 경제주체가 직면하는 위험을 감소시킬 목적으로 다른 주체에게 돈을 지불하는 것

보험수리적으로 공정하다(actuarially fair) 순지불액의 기댓값이 0인 보험 상품을 가리킴

복리(compounding, compound interest) 원금과 그때까지 지불된 이자의 합을 기준으로 이자를 계산하는 것

부분균형 분석(partial equilibrium analysis) 시장들 간에 파급효과가 없다는 가정하에 특정 시장의 균형을 결정하는 것

부정적 외부효과(negative externality) 어떤 경제적 거래에 직접 관련되지 않은 제3자에게 부과되는 비용

불완전경쟁(imperfect competition) 완전경쟁과 독점 중간의 특성을 가진 시장 구조

비경합적(nonrival) 공공재를 정의하는 특성으로, 한 사람이 소비해도 다른 사람의 소비가 감소하지 않는 것

비대칭정보(asymmetric information) 경제적 거래에 참여하는 양측이 각자가 가진 정보에서 불균형적인 상황

비배제적(nonexcludable) 공공재를 정의하는 특성으로, 소비자가 그것을 소비하지 못하게 막을 수 없는 것

비용 감소 산업(decreasing-cost industry) 기업들의 총비용이 산업 전체 생산량의 증가에 따라 감소하는 산업

비용 불변 산업(constant-cost industry) 기업들의 총비용이 산업 전체 생산량에 따라 달라지지 않는 산업

비용 증가 산업(increasing-cost industry) 기업들의 총비용이 산업 전체 생산량의 증가에 따라 증가하는 산업

비용곡선(cost curve) 기업의 생산량과 생산비용 간의 수학적 관계

비용최소화(cost minimization) 기업이 주어진 생산량을 최소 비용으로 생산하는 목표

비탄력적(inelastic) 가격탄력성의 절댓값이 1보다 작은 경우

사적 재화(private good) 경합성(한 사람의 소비가 다른 사람의 소비가능성에 영향을 미침)과 배제성(특정인이 소비하지 못하도록 막을 수 있음)이 있는 재화

사치재(luxury good) 소득탄력성이 1보다 큰 재화

사회적 비용(social cost) 경제적 거래가 사회에 끼치는 비용으로, 사적 비용에 외부 비용을 더한 것과 같음

사회적 편익(social benefit) 경제적 거래가 사회에 주는 편익으로, 사적 편익에 외부 편익을 더한 것과 같음

사회후생함수(social welfare function) 개인들의 효용수준을 결합해서 사회의 총효용수준에 대한 단일한 척도로 바꾸는 수학적 함수

산출 효율성(output efficiency) 한 경제 내에서 투입물과 생산물이 파레토 효율적으로 배분되는 것

생산(production) 사람들이 수요하는 재화나 용역을 개인, 기업, 정부, 비영리기관 등이 만들어내는 과정

생산가능곡선(production possibility frontier, PPF) 두 재화의 효율적인 생산량의 모든 가능한 조합을 연결한 곡선

생산계약곡선(production contract curve) 생산자들 간에 투입물이 파레토 효율적으로 배분되는 상황을 보여주는 곡선

생산기술(production technology) 재화를 만들고 유통하고 판매하는 데 사용되는 과정들

생산자잉여(producer surplus) 생산자가 재화를 팔고 실제로 받는 가격과 재화 생산비용(공급곡선의 높이로 측정) 간 차이

생산함수(production function) 투입물들의 상이한 결합으로부터 나오는 생산량을 보여주는 수학적 관계

선행자 이점(first-mover advantage) 슈타켈베르크 경쟁에서 생산량을 먼저 결정하는 기업이 얻게 되는 이점

소득탄력성(income elasticity) 소득 1% 변동에 따라 나타나는 소비량의 백분율 변화

소득확장경로(income expansion path) 각 소득수준에서의 최적 소비묶음들을 연결한 곡선

소득효과(income effect) 소득의 구매력이 변함에 따라 나타나는 소비자 소비 선택의 변화

소비계약곡선(consumption contract curve) 소비자들 간에 재화가 파레토 효율적으로 배분될 수 있는 상황을 보여주는 곡선

소비묶음(consumption bundle) 소비자가 구매하려는 재화 또는 용역의 집합

소비자잉여(consumer surplus) 소비자가 어떤 재화를 구입하기 위해 지불할 용의가 있는 가격(수요곡선의 높이로 측정)과 실제로 지불해야 하는 가격 간 차이

손실기피(loss aversion) '틀 짓기(framing)' 편향의 한 유형으로, 선택된 기준점을 기준으로 손실의 고통이 이익의 즐거움보다 훨씬 큰 것

수량할당(quota) 어떤 재화나 서비스를 일정 수량으로 정하는 규제

수량할인(quantity discount) 대량구매 고객에게 보다 낮은 단위가격을 부과하는 것

수요(demand) 모든 소비자가 구매하려고 하는 한 재화의 총량

수요곡선(demand curve) 다른 조건은 고정된 상황에서, 재화의 가격과 소비자들의 수요량 간의 관계

수요독점력(monopsony power) 구매자의 구매량에 대한 선택이 그 제품의 시장가격에 영향을 주는 경우

수요량의 변화(change in quantity demanded) 가격의 변동에 따른 수요곡선상의 이동

수요의 가격탄력성(price elasticity of demand) 가격이 1% 변화할 때 나타나는 수요량의 백분율 변화

수요의 교차가격탄력성(cross-price elasticity of demand) 다른 재화 Y의 가격 변화율에 따른 한 재화(가령 X)의 수요량 변화율

수요의 변화(change in demand) 수요의 결정 요인 중 자체 가격 외의 다른 요인의 변동에 따른 수요곡선 전체의 이동

수요의 소득탄력성(income elasticity of demand) 소비자의 소득 1% 변동에 따른 수요량의 백분율 변화

수요의 자체가격탄력성(own-price elasticities of demand) 재화 자체가격의 백분율 변화로 인해 나타는 수요량의 백분율 변화

수요폐색가격(demand choke price) 구매하려는 소비자가 없고 수요량이 0이 되는 가격 수준. 역수요곡선의 수직축 절편

순수 묶어팔기(pure bundling) 묶어팔기의 한 유형으로, 기업이 제품들을 묶음 형태로만 판매하는 것

순수공공재(pure public good) 비배제적이고 비경합적인 재화

순수전략(pure strategy) 참여자가 특정한 행동을 확실하게 선택하게 되는 전략

순차게임(sequential games)   한 참여자가 먼저 행동하고 다른 참여자가 이를 본 다음 행동을 결정하게 되는 게임

순현재가치 분석[net present value (NPV) analysis]   현재할인가치를 사용해서 투자의 장기적 기대수익을 평가하는 것

슈타켈베르크 경쟁(Stackelberg competition)   기업들이 순차적으로 생산량을 결정하게 되는 과점 모형

시간일관적(time-consistent)   주어진 경제적 거래에서 소비자의 경제적 선호가 먼 미래든 목전의 경우든 무관하게 일관성을 가짐

시장 구조(market structure)   기업이 활동하는 경쟁적 환경

시장균형(market equilibrium)   수요곡선과 공급곡선이 만나는 점

시장력(market power)   기업이 자기 제품의 시장가격에 영향을 줄 수 있는 능력

시장분할(제3도 가격차별)[segmenting (third-degree price discrimination)]   상이한 고객그룹에 대해서 상이한 가격을 부과하는 직접적 가격차별

신뢰할 수 없는 협박(noncredible threat)   당사자가 실행하는 것이 합리적이지 않은 위협

신뢰할 수 있는 공약(credible commitment)   미래에 일정한 조건이 발생할 경우, 특정한 행동을 취할 것임을 보장하는 선택 또는 선택의 제약

신호(signal)   달리 확인하기는 어려운 무엇인가를 보여주기 위해서 비용을 들여 실행하는 경제주체의 행동

신호 보내기(signaling)   비대칭정보 문제의 대책으로, 정보를 가진 당사자가 상대방에게 재화의 보이지 않는 특성에 대해서 알리는 것

실증적(empirical)   현상을 설명하기 위해 자료 분석과 실험을 동원하는 것

실질이자율(real interest rate)   구매력으로 표시된 수익률

실행가능한 (소비)묶음(feasible bundle)   소비자가 구매할 수 있는 묶음으로, 소비자의 예산제약선상 또는 그 아래에 위치함

실행불가능한 (소비)묶음(infeasible bundle)   소비자가 구매 능력이 없는 묶음으로, 소비자의 예산제약선보다 위쪽에 위치함

실험경제학(experimental economics)   경제행위를 실험을 통해 해명하고자 하는 경제학의 한 분야

심리계좌(mental accounting)   '틀 짓기(framing)' 편향의 한 유형으로, 자기가 가진 전체 자산에 따라 구매 의사결정을 하는 대신에, 현재와 미래의 자산들을 별개의 격리된 부분들로 나누는 것

쌍방독점(bilateral monopoly)   시장의 양쪽 모두에서 시장력의 상당한 집중이 있는 경우의 시장 구조

에지워스 상자(Edgeworth box)   시장 효율성을 분석하기 위한 2인 2재화 경제의 그래프

엥겔곡선(Engel curve)   소비자의 소득과 재화 소비량 간의 관계를 보여주는 곡선

역공급곡선(inverse supply curve)   가격이 공급량의 함수 형태로 표시된 공급곡선

역선택(adverse selection)   '나쁜' 타입의 상품이 '좋은' 타입의 상품보다 거래에 참여할 더 큰 인센티브를 가지게 되는 상황

역수요곡선(inverse demand curve)   가격이 수요량의 함수 형태로 표시된 수요곡선

역진귀납법(backward induction)   다단계 게임의 답을 구하는 과정으로, 먼저 마지막 단계의 답을 구한 다음 첫 단계 쪽으로 거슬러 올라가면서 답을 구해감

연구실 실험(lab experiment)   경제이론을 실험실 상황에서 시험하는 것

열등재(inferior good)   소득이 증가하면 수요량이 감소하는 재화

열등전략(dominated strategy)   상대가 선택하는 전략에 관계없이 항상 열등한 전략

예산제약(budget constraint)   소비자가 소득을 모두 지출할 때 구매할 수 있는 소비묶음의 집합을 나타내는 곡선

완전 가격차별(제1도 가격차별)[perfect (first-degree) price discrimination]   기업의 고객들에게 정확히 각자의 지불용의 수준만큼 가격을 부과하는 직접적 가격차별

완전경쟁(perfect competition)   수많은 기업들이 동일한 제품을 생산하며 진입장벽이 없는 시장

완전대체재(perfect substitute)   다른 재화와 일정하게 바꾸어 써도 같은 효용수준을 얻을 수 있는 재화

완전보완재(perfect complement)   다른 재화와 고정된 비율로 사용되는지 여부에 따라 효용수준이 정해지는 재화

완전보험(complete insurance, full insurance)   결과에 관계없이 피보험자에게 동일한 상황(후생수준)을 보장하는 보험 상품

완전비탄력적(perfectly inelastic)   값이 0인 탄력성. 가격이 변해도 수요량이나 공급량에 변화가 없음

완전정보(complete information) 모든 시장 참여자들이 의사결정에 필요한 중요한 모든 것을 알고 있는 상황

완전탄력적(perfectly elastic) 무한대의 가격탄력성. 가격이 어떻게 변해도 그로 인해 수요량 또는 공급량은 무한대로 변함

외부 한계비용(external marginal cost) 추가적으로 생산 또는 소비되는 재화 1단위가 제3자에게 끼치는 비용

외부 한계편익(external marginal benefit) 추가적으로 생산 또는 소비되는 재화 1단위가 제3자에게 미치는 편익

외부효과(externality) 어떤 경제적 거래에 직접 관련되지 않은 제3자에게 주어지는 비용 또는 편익

요소시장(factor markets) 산출물을 생산하는 데 사용되는 투입물 또는 생산요소의 시장

우월전략(dominant strategy) 상대가 선택하는 전략에 관계없이 항상 우월한 전략

원금(principal) 이자가 지불되는 기반이 되는 자산

원금회수 기간(payback period) 초기 투자비용을 미래의 (할인하지 않은) 수익으로 회수하는 데 필요한 시간의 길이

위험기피적(risk-averse) 불확실성 때문에 기대효용의 손실을 입음. 따라서 그런 위험을 줄이기 위해 대가를 지불할 용의가 있음

위험 프리미엄(risk premium) 기대효용의 손실 없이 위험을 부담하게 되는 대가로서 보상되어야 할 금액

유인합치성(incentive compatibility) 간접적 가격차별 전략에서 각 소비자 집단에게 제시되는 가격을 그 집단이 실제로 선택하게 된다는 조건

이론과 모형(theories and models) 경제주체의 행동 방식과 그 이유에 대한 이해와 예측을 도와주는, 사물의 작동 방식에 대한 설명

이윤(profit) 기업의 수입액(매출)과 총비용의 차이

이자(interest) 빌리거나 임차한 일정량의 자산에 연계하여 이루어지는 주기적인 보상

이자율(interest rate) 원금에 대한 비율로 표현된 이자

이전(transfer) 가격규제의 결과로 잉여가 생산자에게서 소비자로, 혹은 그 반대 방향으로 이동하는 것

일반균형 분석(general equilibrium analysis) 시장들 간에 발생하는 영향을 설명하고 모든 시장이 동시에 균형 상태에 있게 될 조건들에 관심을 두는 연구

자연독점(natural monopoly) 한 기업이 산업 생산량 전체를 모두 생산하는 것이 효율적인 시장

자연적 실험(natural experiment) 우연히 발생하는 (준)무작위적인 상황

자유 진입(free entry) 기업이 법적 또는 기술적 장벽을 만나지 않고 한 산업에로 진입할 수 있는 것

자유 퇴출(free exit) 기업이 법적 또는 기술적 장벽을 만나지 않고 한 산업에서 퇴출할 수 있는 것

잔여수요곡선(residual demand curve) 쿠르노 경쟁에서, 경쟁기업의 생산량이 주어진 후에 남아 있는 수요

잔여한계수입곡선(residual marginal revenue curve) 잔여수요곡선에 상응하는 한계수입곡선

장기(long run) 생산이론에서, 모든 투입물이 충분히 조정될 수 있는 기간

장기 경쟁균형(long-run competitive equilibrium) 시장가격이 최소 평균비용과 같은 수준이어서 기업들이 진입해도 이윤을 얻을 수 없는 상태

전개형(의사결정 나무)(extensive form or decision tree) 참여자의 행동의 선택과 시점을 보여주는, 순차게임의 표현 방식

전략(strategy) 경제적 게임에서 참여자가 취하는 행동 계획

전략적 의사결정(strategic decision) 상대방 행동에 대한 예상에 근거하여 취하는 행동

전략적 행동(strategic move) 게임의 최종 결과를 유리하게 바꾸기 위해서 앞서 취하는 행동

정규형(normal form) 경제적 게임을 참여자, 전략, 보수행렬로 나타내는 통상적인 구성

정상재(normal good) 소득 증가에 따라 수요량이 증가하는 재화

정액이전(lump-sum transfer) 받거나 주는 금액이 당사자의 선택과 관계없이 고정되어 있는 이전

제품차별화(product differentiation) 한 제품의 여러 유형들 간의 불완전한 대체가능성

조세부담의 귀착(tax incidence) 세금을 실제로 부담하는 사람이 누구인가 하는 문제

조업비용(operating cost) 기업이 생산활동에서 부담하게 되는 비용

조업수입(operating revenue) 기업이 생산량을 판매함으로써 버는 돈

죄수의 딜레마(prisoner's dilemma) 참여자 모두에 대해 내쉬균형 결과가 다른 (불안정한) 결과보다 나쁜 상황

주인-대리인 관계(principal-agent relationships) 고용된 대리인의 행동을 주인이 충분히 확인할 수 없다는 의미에서, 양

자 간의 정보비대칭으로 특징지어지는 경제적 거래

중간재(intermediate good)   다른 재화의 생산을 위해 사용되는 재화

직접적 가격차별(direct price discrimination)   눈에 보이는 고객 특성에 따라서 상이한 고객들에게 상이한 가격을 부과하는 가격책정 전략

진입장벽(barriers to entry)   생산자잉여가 큰 시장에로의 진입을 방해하는 요인들

차별적 재화시장(differentiated product market)   한 제품이 여러 종류로 존재하는 시장

차익거래(arbitrage)   원래 판매가격보다 더 높은 가격으로 재판매하는 것

초과공급(excess supply)   가격하한에서 공급량과 수요량의 차이

초과수요(excess demand)   가격상한에서의 수요량과 공급량의 차이

총비용(total cost)   기업의 고정비용과 변동비용의 합

총비용곡선(total cost curve)   특정 생산량의 생산비용을 보여주는 곡선

총요소생산성 증가(기술 변화)[total factor productivity growth (technological change)]   같은 양의 투입물로부터 더 많은 생산량을 얻을 수 있는 방향으로 기업의 생산함수를 변화시키는 기술의 진보

총한계편익(total marginal benefit)   공공재 소비자의 한계편익곡선들의 수직적 합

총효과(total effect)   가격 변동에 따른 소비자의 최적 소비묶음의 전체 변화(대체효과 + 소득효과)

최대최소 전략(maximin strategy)   참여자가 손실에 대한 노출을 최소화하는 전략

최적 전략(optimal strategy)   가장 높은 기대보수를 가져다주는 행동

최종재(final good)   소비자가 구매하는 재화

측면 보상(side payment)   전략적 게임의 결과에 영향을 미치게 되는 일종의 '뇌물'

코즈 정리(Coase theorem)   시장 참여자들이 비용 없이 협상할 수 있다면 누가 법적 소유권을 가졌는지와 관계없이 효율적 시장 결과를 얻을 수 있다는 정리

쿠르노 경쟁(Cournot competition)   각 기업이 자기 생산량을 선택하게 되는 과점 모형

클럽재(club good)   경합성은 없고 배제성은 있는 재화(집

단재)

탄력성(elasticity)   한 변수의 백분율 변화와 다른 변수의 그것과의 비

탄력적(elastic)   가격탄력성의 절댓값이 1보다 큰 경우

투입 효율성(input efficiency)   생산자들 간에 투입물이 파레토 효율적으로 배분되는 것

투자(investment)   미래에 편익을 얻을 목적으로 현재 자본을 구입하는 것

특유성 자본(specific capital)   원래 용도 외로는 사용될 수 없는 자본

파레토 효율(Pareto efficiency)   적어도 한 사람을 더 나빠지게 만들지 않고서는 재배분이 이루어질 수 없는 경제적 배분 상태

파생수요(derived demand)   다른 제품의 수요로부터 파생되는 한 제품의 수요

평균가변비용(average variable cost)   생산물 단위당 가변비용

평균고정비용(average fixed cost)   생산물 단위당 고정비용

평균생산(average product)   투입물 단위당 생산량

평균총비용(average total cost)   생산물 단위당 총비용

평등주의적(egalitarian)   각자가 똑같이 잘사는 사회가 이상적 사회라는 믿음

폐색임금(choke wage)   기업이 노동을 전혀 고용하지 않게 될 임금 수준

피구 보조금(Pigovian subsidy)   외부 한계편익을 반영하여 (소비자가 지불하는) 가격을 낮추는 활동에 대해 지불되는 보조금

피구세(Pigovian tax)   부정적 외부효과에 의해 발생한 외부 한계비용을 고려하여 상품의 가격을 인상시키기 위해 경제 행위에 부과되는 세금

필수재(necessity good)   소득탄력성이 0과 1 사이에 있는 정상재

학습효과(learning by doing)   기업의 생산량이 증가함에 따라서 생산에서 보다 효율적이 되어가는 과정

한계감축비용(marginal abatement cost, MAC)   오염 배출을 1단위 줄이는 데 소요되는 비용

한계기술대체율(marginal rate of technical substitution of X for Y, MRTS$_{XY}$)   기업이 같은 생산량을 유지하면서 투입물 X를 투입물 Y와 대체할 수 있는 비율

한계대체율(marginal rate of substitution of X for Y, MRS$_{XY}$)   소비자가 동일한 수준의 효용을 유지하면서 한 재화(X축 재

화)를 다른 재화(Y축 재화)로 대체할 수 있는 비율

한계비용(marginal cost)   생산을 1단위 늘리는 데 드는 추가적인 생산비용

한계생산(marginal product)   (다른 투입물의 양은 고정하고) 투입물을 1단위 더 투입함으로써 추가되는 생산물의 양

한계생산체감(diminishing marginal product)   기업이 특정 투입물을 추가적으로 고용함에 따라서 그 투입물의 한계생산이 감소한다는, 생산함수의 특성

한계수입(marginal revenue)   생산량을 1단위 더 판매함에 따라 추가되는 수입

한계전환율(marginal rate of transformation, *MRT*)   시장의 모든 재화들의 생산 간에 존재하는 상충관계

한계지출(marginal expenditure, *ME*)   제품 한 단위를 더 구매하는 데 지출되는 추가적인 금액

한계효용(marginal utility)   소비자가 재화를 1단위 더 소비함으로써 추가되는 효용

할당(quota)   어떤 재화나 외부효과의 생산 또는 소비를 일정 수준 이하로 제한하거나(부정적 외부효과) 그 이상으로 요구하는(긍정적 외부효과) 규제

행동경제학(behavioral economics)   경제행위 모형에 심리학의 통찰을 적용하는 경제학의 한 분야

현장 실험(field experiment)   현실 세계의 상황에서 무작위적으로 수행되는 연구 방법

현재할인가치(present discounted value, PDV)   현재와 미래의 금전적 가치를 동일한 기준으로 전환하여 우리가 여러 기간에 걸쳐 발생하는 편익과 비용을 비교할 수 있게 해주는 수학적 개념

혐오재(bad)   음(−)의 효용을 갖는 재화 또는 서비스

혼합 묶어팔기(mixed bundling)   묶어팔기의 한 유형으로, 기업이 소비자에게 둘 이상의 제품을 별개로 구매하거나 한 묶음으로 구매하는 것을 선택하게 하는 것

혼합전략(mixed strategy)   참여자가 자신의 행동을 무작위적으로 만드는 전략

확실성등가(certainty equivalent)   어떤 불확실한 소득의 기대효용과 같은 수준의 효용을 보장하는 (확실한) 소득수준

확장경로(expansion path)   노동과 자본의 최적 조합이 총생산량에 따라 어떻게 변하는지를 보여주는 곡선

회계적 비용(accounting cost)   원자재비 등 사업 운영을 위한 직접적 비용

회계적 이윤(accounting profit)   기업의 총수입에서 회계적 비용을 뺀 것

효용(utility)   소비자가 얼마나 만족하는지의 척도

효용함수(utility function)   소비자가 실제 소비한 양과 만족 수준의 관계를 보여주는 수학적 함수

후생경제학(welfare economics)   사회 전체의 경제적 후생 문제를 다루는 경제학 분야

후생경제학의 제1정리(First Welfare Theorem)   완전경쟁시장의 일반균형에서는 자원이 파레토 효율적으로 배분되고 있음을 제시하는 정리

후생경제학의 제2정리(Second Welfare Theorem)   최초의 자원배분을 적절히 정하면 어떤 파레토 효율적인 균형도 얻을 수 있음을 제시하는 정리

후생손실(deadweight loss, *DWL*)   한 시장으로부터 소비자와 생산자가 얻을 수 있는 총잉여의 최대치와 가격규제 이후 그들이 얻는 총이득 간 차이

2부 요금제(two-part tariff)   총지불액이 단위당 가격과 고정요금 두 가지로 구성되는 가격책정 방식

참고문헌

Acemoglu, Daron, and Amy Finkelstein. "Input and Technology Choices in Regulated Industries: Evidence from the Health Care Sector." *Journal of Political Economy* 116, no. 5 (2008): 837–880.

Agarwal, Sumit, Souphala Chomsisengphet, and Chunlin Liu. "The Importance of Adverse Selection in the Credit Card Market: Evidence from Randomized Trials of Credit Card Solicitations." *Journal of Money, Credit and Banking* 42, no. 4 (June 2010): 743–754.

Aguiar, Mark, and Mark Bils. "Has Consumption Inequality Mirrored Income Inequality?" *American Economic Review* 105, no. 9 (September 2015): 2725–2756.

Akerlof, George. "The Market for 'Lemons': Quality Uncertainty and the Market Mechanism." *Quarterly Journal of Economics* 84, no. 3 (August 1970): 488–500.

Allcott, Hunt, and Daniel Keniston. "Dutch Disease or Agglomeration? The Local Economic Effects of Natural Resource Booms in Modern America." *Review of Economic Studies* (April 2018): 695–731.

Arkes, Hal R., and Catherine Blumer. "The Psychology of Sunk Cost." *Organizational Behavior and Human Decision Processes* 35, no. 1 (1985): 124–140.

Becker, Gary S., and Kevin M. Murphy. "A Theory of Rational Addiction." *Journal of Political Economy* 96, no. 4 (August 1988): 675–700.

Berry, Steven, James Levinsohn, and Ariel Pakes. "Differentiated Products Demand Systems from a Combination of Micro and Macro Data: The New Car Market." Journal of Political Economy 112, no. 1, Part 1 (February 2004): 68–105.

Black, Dan A., Seth Sanders, and Lowell Taylor. "The Economic Reward for Studying Economics." *Economic Inquiry* 41, no. 3 (2003): 365–377.

Bleakley, Hoyt, and Joseph Ferrie. "Land Openings on the Georgia Frontier and the Coase Theorem in the Short- and Long-Run." Working paper, 2014.

Brosnan, Sarah F., and Frans B. M. de Waal. "Monkeys Reject Unequal Pay." *Nature* 425 (September 18, 2003): 297–299.

Brown University, Office of Institutional Research. Degrees Awarded by Brown University (2006–2015). http://www.brown.edu/about/administration/institutional -research/factbook/degrees-and-completions

Budish, Eric, Benjamin Roin, and Heidi Williams. "Do Firms Underinvest in Long-Term Research? Evidence from Cancer Clinical Trials." *American Economic Review,* 105, no. 7 (July 2015): 2044–2085.

Chiappori, Pierre-André, Tim Groseclose, and Steven Levitt. "Testing Mixed-Strategy Equilibria When Players Are Heterogeneous: The Case of Penalty Kicks on Soccer." *American Economic Review* 92, no. 4 (September 2002): 1138–1151.

Coase, Ronald H. "The Problem of Social Cost." *Journal of Law and Economics* 3 (1960): 1–44.

Cookson, Graham. *INRIX Global Traffic Scorecard,* INRIX Research, Kirkland, WA, February 2018.

Costa, Dora L. "The Wage and the Length of the Work Day: From the 1890s to 1991." *Journal of Labor Economics* 18, no. 1 (2000): 156–181.

DellaVigna, Stefano, and Ulrike Malmendier. "Paying Not to Go to the Gym." *American Economic Review* 96, no. 3 (2006): 694–719.

Dubé, Jean-Pierre. "Product Differentiation and Mergers in the Carbonated Soft Drink Industry." *Journal of Economics and Management Strategy* 14, no. 4 (2005): 879–904.

Duranton, Gilles, and Matthew A. Turner. "The Fundamental Law of Road Congestion: Evidence from US Cities." *American Economic Review* 101, no. 6 (October 2011): 2616–2652.

Dwyer, Gerald P., Jr., and Cotton M. Lindsay. "Robert Giffen and the Irish Potato." *American Economic Review* 74, no. 1 (1984): 188–192.

Ellison, Glenn, and Sara Ellison. "Search, Obfuscation, and Price Elasticities on the Internet." *Econometrica* 77, no. 2 (2009): 427–452.

Fehr, Ernst, and Klaus M. Schmidt. "Theories of Fairness and Reciprocity: Evidence and Economics Applications." in *Advances in Economics and Econometrics: Theory and Applications, Eighth World Congress,* vol. 1, New York: Cambridge University Press, 2003, 208–257.

Fillmore, Ian. "Price Discrimination and Public Policy in the U.S. College Market." Working paper, Washington University of St. Louis, 2018.

Fleming, Charles. "That Sinking Feeling." *Vanity Fair,* August 1, 1995.

Fleming, Charles. "Fishtar? Why 'Waterworld,' with Costner in Fins, Is Costliest Film Ever." *Wall Street Journal,* January 31, 1996.

Gilley, Otis W., and Marc C. Chopin. "Professional Golf: Labor or Leisure." *Managerial Finance* 26, no. 7 (2000): 33–45.

Goldberg, Pinelopi K., and Frank Verboven. "Cross-Country Price Dispersion in the Euro Era: A Case Study of the European Car Market." *Economic Policy* 19, no. 40 (October 2004): 484–521.

Goldberg, Pinelopi K., Amit K. Khandelwal, Nina Pavcnik, and Petia Topalova. "Multiproduct Firms and Product Turnover in the Developing World: Evidence from India." *Review of Economics and Statistics* 92, no. 4 (November 2010): 1042–1049.

Goolsbee, Austan, and Chad Syverson. "How Do Incumbents Respond to the Threat of Entry? Evidence from the Major Airlines. *Quarterly Journal of Economics* 123, no. 4 (2008): 1611–1633.

Government Accountability Office. "National Flood Insurance Program: Continued Actions Needed to Address Financial and Operational Issues." Statement of Orice Williams Brown, September 2010.

Harford, Tim. *The Logic of Life: The Rational Economics of an Irrational World.* New York: Random House, 2008. 18–21.

Henrich, Joseph, Robert Boyd, Samuel Bowles, Colin Camerer, Ernst Fehr, Herbert Gintis, and Richard McElreath. "In Search of Homo Economicus: Behavioral Experiments in 15 Small-Scale Societies." *American Economic Review Papers and Proceedings* 91, no. 2 (2001): 73–78.

Hortaçsu, Ali, and Steven L. Puller. "Understanding Strategic Bidding in Multi-Unit Auctions: A Case Study of the Texas Electricity Spot Market." *RAND Journal of Economics* 39, no. 1 (2008): 86–114.

Hortacsu, Ali, and Chad Syverson. "The Ongoing Evolution of U.S. Retail: A Format Tug-of-War." *Journal of Economic Perspectives* 29, no. 4 (2015): 89–112.

Hsieh, Chang-Tai, and Enrico Moretti. "Can Free Entry Be Inefficient? Fixed Commissions and Social Waste in the Real Estate Industry." *Journal of Political Economy* 111, no. 5 (2003): 1076–1122.

Huang, K. S., and B. Lin. Estimation of Food Demand and Nutrient Elasticities from Household Survey Data, Technical Bulletin 1887, Food and Rural Economic Division, Economic Research Service, U.S. Department of Agriculture, August 2000.

Jackson, Joe. *The Thief at the End of the World: Rubber, Power and the Seeds of Empire.* New York: Viking, 2008.

Jensen, Robert. "The Digital Provide: Information (Technology), Market Performance, and Welfare in the South Indian Fisheries Sector." *The Quarterly Journal of Economics* 122, no. 3 (2007): 879–924.

Jensen, Robert T., and Nolan H. Miller. "Giffen Behavior and Subsistence Consumption." *American Economic Review* 98, no. 4 (2008): 1553–1577.

Kahneman, Daniel. *Thinking, Fast and Slow.* New York: Farrar, Straus and Giroux, 2011.

Kaplan, Steven N., and Bernadette A. Minton. "How Has CEO Turnover Changed?" *International Review of Finance* 12, no. 1 (2012): 57–87.

Keefer, Quinn A. W. "The Sunk-Cost Fallacy in the National Football League: Salary Cap Value and Playing Time." *Journal of Sports Economics* 18, no. 3 (2015) 282–297.

Kirkham, Chris, and Andrew Khouri. "How Longshoremen Command $100K Salaries in Era of Globalization and Automation." *Los Angeles Times,* March 1, 2015. http://www.latimes.com/business/la-fi-dockworker-pay-20150301-story.html

Kreps, David M., and José A. Scheinkman. "Quantity Precommitment and Bertrand Competition Yield Cournot Outcomes." *Bell Journal of Economics* 14, no. 2 (1983): 326–337.

Kustura, Katie. "Burglars Hit New Smyrna Beach's Venezia Neighborhood." *The Daytona Beach News-Journal,* August 15, 2017, http://www.news-journalonline.com/news/20170818/teens-arrestedin-volusia-burglary-spree

Levitt, Steven, and Chad Syverson. "Market Distortions When Agents Are Better Informed: The Value of Information in Real Estate Transactions." *Review of Economics and Statistics* 90, no. 4 (2008): 599–611.

Levitt, Steven D., and Sudhir Alladi Venkatesh. "An Economic Analysis of a Drug-Selling Gang's Finances." *Quarterly Journal of Economics,* 115, no. 3 (August 2000): 755–789.

Martinez, Jose. "Uber Prices Are Surging Because of Snow and People Aren't Happy." November 15, 2018, https://www.complex.com/life/2018/11/uber-prices-are-surging-because-of-the-snow-and-people-arent-happy/

Mayzlin, Dina, Yaniv Dover, and Judith Chevalier. "Promotional Reviews: An Empirical Investigation of Online Review Manipulation." *American Economic Review* 104, no. 8 (August 2014): 2421–2455.

McDevitt, Ryan C. "Names and Reputations: An Empirical Analysis." *American Economic Journal: Microeconomics* 3(3) (2011): 193–209.

McDevitt, Ryan C. "'A' Business by Any Other Name: Firm Name Choice as a Signal of Firm Quality." *Journal of Political Economy* 122, no. 4 (2014): 909–944.

Minority Staff, Special Investigations Division, Committee on Government Reform, U.S. House of Representatives. "Prescription Drug Price Discrimination in the 5th Congressional District in Florida: Drug Manufacturer Prices Are Higher for Humans than for Animals." Prepared for Rep. Karen L. Thurman, http://lobby.la.psu.edu/010_Insuring_the_Uninsured/Congressional_Statements/House/H_Thurman_031600.htm

MSNBC.com. "No Pay, No Spray: Firefighters Let Home Burn." October 6, 2010. http://www.nbcnews.com/id/39516346/ns/us_news-life/t/no-pay-no-spray-firefighters-let-home-burn/

MSNBC.com. "Firefighters Let Home Burn over $75 Fee—Again." December 7, 2011. http://usnews.nbcnews.com/_news/2011/12/07/9272989-firefighters-let-home-burn-over-75-fee-again

Murphy, S. M., C. Davidson, A. M. Kennedy, P. A. Eadie, and C. Lawlor. "Backyard Burning." *Journal of Plastic, Reconstructive & Aesthetic Surgery* 61, no. 2 (2008): 180–182.

Nevo, Aviv. "Measuring Market Power in the Ready-to-Eat Cereal Industry." *Econometrica* 69, no. 2 (2001): 307–342.

Nordhaus, William D. "Revisiting the Social Cost of Carbon." *Proceedings of the National Academy of Sciences* 114, no. 7 (2017): 1518–1523.

Ocbazghi, Immanuel, and Sara Silverstein. "Why Most People Refuse to Sell Their Lottery Tickets for Twice What They Paid." *Business Insider*, October 23, 2018, https://www.businessinsider.com/powerball-tickets-winning-numbers-regret-avoidance-behavioral-economics-2017-8

Olson, Mancur. *The Logic of Collective Action: Public Goods and the Theory of Groups.* Cambridge, MA: Harvard University Press, 1965.

PayScale. College Salary Report, 2015–2016. http://www.payscale.com/college-salary-report/majors-that-pay-you-back/bachelors

Pigou, Arthur C. *The Economics of Welfare.* London: Macmillan, 1920.

Proctor, Darby, Rebecca Williamson, Frans B. M. de Waal, and Sarah F. Brosnan. "Chimpanzees Play the Ultimatum Game." *Proceedings of the National Academy of Sciences* 110, no. 6 (February 5, 2013): 2070–2075.

Rosen, Sherwin. "Potato Paradoxes." *Journal of Political Economy* 107, no. 6 (1999): S294–S313.

Scott Morton, Fiona M., and Joel M. Podolny. "Love or Money? The Effects of Owner Motivation in the California Wine Industry." *Journal of Industrial Economics* 50, no. 4 (December 2002): 431–456.

Spence, Michael. "Job Market Signaling." *Quarterly Journal of Economics* 87, no. 3 (August 1973): 355–374.

Teger, Allan I. *Too Much Invested to Quit.* Oxford: Pergamon Press, 1980.

Tversky, Amos, and Daniel Kahneman. "Judgment under Uncertainty: Heuristics and Biases." *Science* 185, no. 4157 (1974): 1124–1130.

Tversky, Amos, and Daniel Kahneman. "The Framing of Decisions and the Psychology of Choice." *Science* 211, no. 4481 (1981): 453–458.

U.S. Department of Labor, Bureau of Labor Statistics. Occupational Employment and Wages in 1999 on the New Standard Occupational Classification System. December 20, 2000. http://www.bls.gov/news.release/history/ocwage_12202000.txt

U.S. Department of Labor, Bureau of Labor Statistics. Occupational Employment and Wages—May 2014. March 25, 2015. http://www.bls.gov/news.release/pdf/ocwage.pdf

U.S. Department of Transportation, Bureau of Transportation Statistics. National Transportation Statistics. http://www.rita.dot.gov/bts/sites/rita.dot.gov.bts/files/publications/national_transportation_statistics/index.html

Waldfogel, Joel. "The Deadweight Loss of Christmas." *American Economic Review* 83, no. 5 (1993): 1328–1336.

Weitzman, Martin. "Prices vs. Quantities." *The Review of Economic Studies* 41, no. 4 (1974): 477–491.

World Bank, Institute for Health Metrics and Evaluation. *The Cost of Air Pollution: Strengthening the Economic Case for Action*, 2016.

찾아보기

Lumina Foundation

오스탠 굴스비(Austan Goolsbee)는 1995년부터 몸담고 있는 미국 시카고대학교 경영대학원 석좌교수이다. 2009년부터 2011년까지 미국 예일대학교에서는 경제자문회의 구성원으로 일했는데, 2010년부터는 의장이었다. 학사 및 석사는 예일대학교에서, 그리고 경제학박사는 MIT에서 받았다.

Beth Rooney

스티븐 레빗(Steven Levitt)은 시카고대학교 석좌교수로서 '베커(Becker) 가격이론 연구센터'를 이끌고 있다. 하버드대학교에서 학사, MIT에서 경제학박사 학위를 받은 뒤, 1997년부터 시카고대학교에서 가르치고 있다. 2004년에 '존 베이츠 클라크 메달(John Bates Clark Medal)'을 받았으며, 2006년에는 타임지의 '100대 인물'에 선정되었다. 괴짜경제학(Freakonomics)과 슈퍼괴짜경제학(SuperFreakonomics)의 공저자이자 '괴짜경제학' 블로그의 공동운영자이다.

JasonSmith.com

채드 사이버슨(Chad Syverson)은 시카고대학교 경영대학원 교수로 있다. 노스다코타대학교에서 경제학과 기계공학을 공부한 후, 메릴랜드대학교에서 경제학박사 학위를 받았고, 2001년부터 시카고대학교에서 가르치고 있다. 기업 구조와 시장 구조 및 생산성 간 상호관계의 연구에 특히 관심을 두고 있다. 그는 국립과학재단 연구비를 수차례 받았고, 국립학술원에서 일했으며, 다수의 경제경영학술지 편집진으로 활동하고 있다.

역자 소개

김광호
서울대학교 경제학과 학사
미국 펜실베이니아대학교 경제학 박사
현재 한양대학교 경제금융학부 교수

김재홍
서울대학교 경제학과 학사
미국 펜실베이니아대학교 경제학 박사
현재 한동대학교 명예교수

박병형
서울대학교 경제학과 학사
미국 뉴욕주립대학교(버팔로) 경제학 박사
현재 동아대학교 경제학과 교수